Avaliação Psicológica na infância e adolescência

Coleção Avaliação Psicológica

Coordenador:
Makilim Nunes Baptista

Conselho editorial de especialistas:
Hugo Ferrari Cardoso
Cristiane Faiad de Moura
Thatiana Helena de Lima

Dados Internacionais de Catalogação na Publicação (CIP)
(Câmara Brasileira do Livro, SP, Brasil)

Avaliação Psicológica na infância e adolescência / (orgs.) Marcela Mansur-Alves... [et al.]. – Petrópolis, RJ : Vozes, 2021. – (Coleção Avaliação Psicológica)

Vários autores.
Outros organizadores: Monalisa Muniz, Daniela Sacramento Zanini, Makilim Nunes Baptista

ISBN 978-65-5713-147-3

1. Adolescentes – Aspectos psicológicos 2. Avaliação Psicológica 3. Crianças – Aspectos psicológicos I. Mansur-Alves, Marcela. II. Muniz, Monalisa. III. Zanini, Daniela Sacramento. IV. Baptista, Makilim Nunes. V. Série.

21-61444   CDD-150.287

Índices para catálogo sistemático:
1. Avaliação Psicológica   150.287

Cibele Maria Dias – Bibliotecária – CRB-8/9427

Avaliação Psicológica na infância e adolescência

Marcela Mansur-Alves
Monalisa Muniz
Daniela Sacramento Zanini
Makilim Nunes Baptista
(orgs.)

© 2021, Editora Vozes Ltda.
Rua Frei Luís, 100
25689-900 Petrópolis, RJ
www.vozes.com.br
Brasil

Todos os direitos reservados. Nenhuma parte desta obra poderá ser reproduzida ou transmitida por qualquer forma e/ou quaisquer meios (eletrônico ou mecânico, incluindo fotocópia e gravação) ou arquivada em qualquer sistema ou banco de dados sem permissão escrita da editora.

CONSELHO EDITORIAL

Diretor

Gilberto Gonçalves Garcia

Editores

Aline dos Santos Carneiro
Edrian Josué Pasini
Marilac Loraine Oleniki
Welder Lancieri Marchini

Conselheiros

Francisco Morás
Ludovico Garmus
Teobaldo Heidemann
Volney J. Berkenbrock

Secretário executivo

João Batista Kreuch

Editoração: Leonardo A.R.T. dos Santos
Diagramação: Raquel Nascimento
Revisão gráfica: Nilton Braz da Rocha / Fernando Sergio Olivetti da Rocha
Capa: WM design

ISBN 978-65-5713-147-3

Editado conforme o novo acordo ortográfico.

Este livro foi composto e impresso pela Editora Vozes Ltda.

Sumário

Prefácio, 9
   Débora Dalbosco Dell'Aglio

Apresentação, 13
   Daniela Sacramento Zanini, Marcela Mansur
   -Alves, Makilim Nunes Baptista e Monalisa
   Muniz

**Parte I – Conhecimentos básicos para avaliação
psicológica de crianças e adolescentes, 15**

1 Aspectos desenvolvimentais típicos de
   crianças e adolescentes, 17
   Débora de Hollanda Souza e Natália Benincasa
   Velludo

2 Transtornos mentais comuns no
   desenvolvimento de crianças e adolescentes, 36
   Janaína Thaís Barbosa Pacheco e Giovanna
   Nunes Cauduro

3 Teoria do apego: Conceituação, pesquisas e
   avaliação na infância e adolescência, 55
   Makilim Nunes Baptista, Gustavo Kastien
   Tartaro e Evandro de Morais Peixoto

4 O processo de avaliação psicológica de
   crianças e adolescentes, 69
   Denise Ruschel Bandeira, Andréia Melo de
   Almeida Schneider e Beatriz Cancela Cattani

5 Especificidades da avaliação psicológica em
   crianças e adolescentes, 84
   Caroline Tozzi Reppold e Lucila Moraes
   Cardoso

6 Técnicas em avaliação psicológica de crianças
   e adolescentes, 98
   Adriana Jung Serafini, Joice Dickel Segabinazi e
   Caroline Tozzi Reppold

7 Uso de tecnologias de informação e
   comunicação para a avaliação de crianças e
   adolescentes, 115
   Marcela Mansur-Alves e Fabiano Koich
   Miguel

8 Avaliação de multitraços e por multimétodos
   em crianças e adolescentes, 131
   Karina da Silva Oliveira, Carolina Rosa
   Campos e Evandro Morais Peixoto

9 Avaliação e construção de protocolos de
   intervenção cognitiva na infância, 151
   Emmy Uehara, Bruna Guimarães Marques e
   Maíra Biajoni Guimarães

10 Especificidades do laudo psicológico para
   crianças e adolescentes, 173
   Daniela Sacramento Zanini, Ariane Cristina
   Ramello Carvalho e Alessandra Gotuzo Seabra

11 Aspectos éticos na avaliação psicológica de
   crianças e adolescentes, 183
   Daniela Sacramento Zanini e Monalisa Muniz

**Parte II – Demandas atuais em avaliação
psicológica de crianças e adolescentes, 199**

12 Avaliação psicológica em psicoterapia
   infantil, 201
   Maycoln Leôni Martins Teodoro, Ana
   Cláudia Dutra Cipriano Lara e Juliana
   Nassau Fernandes

13 Avaliação psicológica de crianças de até 6
   anos, 221
   Mônia Aparecida da Silva, Denise Balem Yates
   e Sérgio Eduardo Silva de Oliveira

14 Avaliação cognitiva em crianças e
adolescentes, 246
Patrícia Waltz Schelini

15 Avaliação da personalidade na infância e
adolescência, 259
Marcela Mansur-Alves e Pedro Saulo Rocha
Martins

16 Avaliação de habilidades para a vida e
sua importância na prevenção em saúde e
promoção de bem-estar, 277
Carmem Beatriz Neufeld, Isabela Maria Freitas
Ferreira e Juliana Maltoni

17 Depressão e suicídio na infância e
adolescência, 299
Makilim Nunes Baptista, Ana Celi Pallini e
Ricardo Franco de Lima

18 Evaluación de los trastornos del
comportamiento, 322
Maria Forns i Santacana e Ernesto
Magallón-Neri

19 Avaliação de crianças e adolescentes em
situação de vulnerabilidade social, 351
Luísa Fernanda Habigzang, Laura Nichele
Foschiera e Priscila Lawrenz

20 Avaliação de risco de violência em
adolescentes: Aspectos teóricos e práticos, 370
André Vilela Komatsu e Marina Rezende
Bazon

21 Avaliação de crianças e adolescentes vítimas
de violência sexual, 392
Sabrina Mazzo D'Affonseca, Rachel de Faria
Brino e Marina Souto Lopes Bezerra de Castro

22 Avaliação psicológica de crianças e
adolescentes em situações de disputas de
guarda, 411
Katya Luciane de Oliveira, Izabel Hazin e
Marina de Pol Poniwas

23 Avaliação psicológica de crianças e
adolescentes em um serviço-escola
público, 424
Katya Luciane de Oliveira, Amanda Lays
Monteiro Inácio e Patricia Emi de Souza

24 Avaliação psicológica de crianças e
adolescentes no contexto hospitalar, 439
Clarissa Marceli Trentini, Juliana Unis Castan
e Flávia Moreira Lima

Parte III – Estudos de casos, 453

25 Avaliação de bebês com atrasos no
desenvolvimento, 455
Mônia Aparecida da Silva, Tatiele Jacques
Bossi e Denise Ruschel Bandeira

26 Avaliação de transtornos do
neurodesenvolvimento: Transtorno do
espectro do autismo, 476
Tatiana Pontrelli Mecca

27 Avaliação psicológica/neuropsicológica
em um caso de suspeita de transtorno de
aprendizagem com prejuízo na leitura/
escrita, 498
Cláudia Hofheinz Giacomoni, Érica Prates
Krás Borges, Gabriella Koltermann e Jerusa
Fumagalli de Salles

28 Avaliação de transtornos específicos da
aprendizagem da matemática, 517
Júlia Beatriz Lopes Silva, Giulia Moreira Paiva
e Ricardo Moura

29 Avaliação de crianças e de adolescentes
em risco de suicídio: Estudos de casos
clínicos, 536
Maycoln Leôni Martins Teodoro, Luciene
Oliveira Rocha Lopes e Luciana Almeida Santos

30 Avaliação de adolescente com problemas de
comportamento: A utilização de múltiplos

instrumentos no levantamento de hipóteses funcionais, 553

    Alessandra Turini Bolsoni-Silva e Priscila Ferreira de Carvalho Kanamota

31 Problematizando as avaliações em contexto de proteção às crianças e aos adolescentes: Estudo de casos, 575

    Marina Rezende Bazon, Roberta Noronha Azevedo e Fernanda Papa Buoso

32 Avaliação psicológica de crianças e adolescentes com suspeita de abuso sexual, 592

    Luiziana Souto Schaefer, Adriana Miele e Daniela Valle Krieger

Sobre os autores, 609

Prefácio

Débora Dalbosco Dell'Aglio

Foi uma grande satisfação receber o convite da diretoria do Instituto Brasileiro de Avaliação Psicológica (Ibap), por intermédio do Prof. Dr. Makilim Nunes Baptista, para escrever o prefácio do livro *Avaliação psicológica na infância e adolescência: Aspectos básicos e demandas atuais*. É uma alegria poder participar de alguma forma deste trabalho, no qual estão incluídos capítulos de grandes colegas, ex-alunos e ex-alunas, amigos e amigas que conheci ao longo de minha trajetória acadêmica. Também é uma satisfação poder ter a oportunidade de constatar o avanço do conhecimento na área de avaliação psicológica de crianças e adolescentes, que tem possibilitado grandes contribuições em diferentes contextos, na busca de uma psicologia de qualidade, ética e comprometida com o bem-estar dos indivíduos.

Cabe salientar que a avaliação psicológica tem se destacado como uma área muito importante para embasar o trabalho técnico e consistente de prevenção e intervenção em diferentes situações, e tem apresentado grande crescimento, especialmente nas últimas duas décadas. Desde 1997, quando o Conselho Federal de Psicologia criou a Câmara Interinstitucional de Avaliação Psicológica, foram observados muitos avanços, registrados em grupos de pesquisa, eventos científicos, congressos específicos na área de avaliação psicológica, cursos de formação de profissionais, produção de documentos e de resoluções técnicas, além de inúmeras publicações. O Ibap, como uma entidade nacional com ações relevantes, teve, nesse percurso, um importante papel, procurando sempre garantir os aspectos éticos, técnicos e científicos das atividades de avaliação psicológica.

A necessidade da avaliação psicológica de crianças e adolescentes se faz presente na prática profissional do psicólogo, em diversos contextos, tais como contexto clínico, hospitalar, educacional, jurídico, na pesquisa, entre outros. Para essa avaliação precisa-se manter permanentemente o compromisso de alinhar a formação dos profissionais às necessidades de cada situação, com uso de instrumentos e técnicas adaptadas à faixa etária, sem deixar de considerar aspectos geográficos, histórico-culturais, socioeconômicos, étnicos, de gênero, religião e fatores psicofisiológicos, entre outros. A infância e adolescência são etapas do desenvolvimento com características específicas, que requerem a construção de novos instrumentos de medida e métodos de avaliação, à medida que novos fenômenos são investigados e conforme a demanda social, não deixando de considerar sua pluralidade e permanente evolução.

Mudanças sociais, como por exemplo a que estamos vivenciando atualmente frente à pandemia de Covid-19 e o isolamento social, exigem uma constante atenção e flexibilidade dos profissionais nos processos de avaliação, buscando adaptações e inovações. O contato não presencial, com entrevistas virtuais, embora necessário em alguns casos, ainda é um desafio. O avanço da tecnologia também nos desafia a desenvolver instrumentos de avaliação mediados pelo computador, que podem ser mais lúdicos, atrativos e de fácil manejo para as crianças, além de incluir outras possibilidades que vão além do formato lápis-papel, com o uso, por exemplo, de movimento, cores, controle de tempo, entre outros. Equipamentos eletrônicos, como tablet e celular, que hoje fazem parte do dia a dia das crianças e adolescentes, também podem ser incluídos na avaliação psicológica, favorecendo a interação entre terapeuta e criança e nos aproximando de sua realidade.

Outro aspecto que merece ser destacado é a questão da avaliação psicológica com crianças e adolescentes em situações de risco. Estudos que avaliem essa população e gerem conhecimentos que possam ser utilizados para reduzir a vulnerabilidade, aumentar a resiliência e melhorar a qualidade de vida desses jovens, são importantes e necessários. A identificação precoce de condições negativas que podem trazer consequências para o desenvolvimento ao longo da vida é de suma importância para a prevenção e para programas de intervenção. Para isso, é fundamental que possamos adequar nossas técnicas, respeitando, por exemplo, a linguagem da criança, sua realidade, seu desenvolvimento cognitivo e formas de brincar. O conhecimento gerado pela pesquisa que inclui a avaliação psicológica dessas crianças e adolescentes pode, ainda, contribuir na formulação de programas e políticas sociais de proteção, sendo essencial que os procedimentos de avaliação sejam conduzidos de maneira ética, contextualizada e fundamentada.

Há muitos desafios na área de avaliação de crianças e adolescentes, que envolvem não só a criação, adaptação e padronização de novos instrumentos para novos construtos e novos contextos, mas também a inclusão de novas técnicas de entrevista e de observação. Na área de psi-

cologia jurídica, por exemplo, tem aumentado muito a demanda para avaliação de crianças e adolescentes em situações que envolvem disputa de guarda dos filhos, adoção, maus-tratos, situações de abuso sexual, medidas de proteção e medidas socioeducativas. No entanto, a avaliação de pessoas em desenvolvimento não pode ser realizada com a mera transposição de técnicas utilizadas tradicionalmente com adultos e há, ainda, um número muito limitado de testes direcionados especificamente para crianças. As entrevistas individuais com crianças e adolescentes, assim como com seus familiares, requerem conhecimento técnico e teórico, muitas vezes, com a utilização de protocolos de entrevista já validados para essas situações. Na busca de informações para essas avaliações, seja para o diagnóstico ou para encaminhamentos legais, é necessário preservar a intimidade, o sigilo e a integridade física e psicológica da criança, sem revitimizá-la com perguntas invasivas, por exemplo. Tanto as crianças, adolescentes, como os familiares, podem estar abertos à colaboração ou apresentarem resistência, o que nos desafia a conhecer melhor esses processos e buscar permanentemente qualificação para esse tipo de avaliação.

Assim, este livro é uma obra de relevância científica e social, que possibilita o avanço do conhecimento sobre a avaliação psicológica de crianças e adolescentes e que busca preencher lacunas sobre aspectos e contextos específicos, tais como situações em que ocorrem psicopatologias, transtornos do desenvolvimento, vulnerabilidade social, situações de violência, problemas de aprendizagem, entre outros. Esta obra engloba capítulos de profissionais e pesquisadores que integram o conhecimento técnico e prático com o conhecimento teórico e científico, favorecendo o desenvolvimento de práticas baseadas em evidências. Essas práticas precisam ser descritas, divulgadas, disseminadas e utilizadas no campo de trabalho cotidiano dos profissionais da psicologia e áreas afins. Dessa forma, os capítulos deste livro apresentam conhecimentos básicos para a avaliação psicológica de crianças e adolescentes, demandas atuais e estudos de caso, que permitem uma compreensão mais aprofundada dos fenômenos discutidos. Seu conteúdo revela o investimento na divulgação do conhecimento científico, com um empenho para a construção de um trabalho comprometido com os desafios atuais de nossa sociedade e com a perspectiva de apresentar pluralidade metodológica e formas de avaliação que podem ser aplicadas na nossa realidade, com criatividade e inovação.

Parabenizo os organizadores desta obra pela contribuição à compreensão dos processos envolvidos na avaliação psicológica de crianças e adolescentes no nosso contexto e pelo compromisso social com a Ciência Psicológica.

Apresentação

Há muitos anos, nos primórdios da Psicologia como campo de conhecimento científico, um psicólogo ousado e inovador deu o passo inicial para a construção do primeiro instrumento de avaliação da inteligência para crianças e adolescentes. Alfred Binet deu o pontapé inicial para a criação de um dos mais importantes e produtivos campos de atuação do profissional psicológico, que é o da avaliação psicológica infantojuvenil. A avaliação psicológica aplicada a essas faixas etárias se expandiu de forma impressionante desde a época de Binet (início do século XX), tanto conceitual quanto tecnicamente. Atualmente, representa grande parte do fazer do psicólogo e abrange diferentes demandas, contextos e formas de trabalho.

A avaliação psicológica de crianças e adolescentes auxilia na detecção precoce de problemas de desenvolvimento, na identificação de problemas relacionais, sociais, cognitivos e emocionais, mas também aponta para as forças e potencialidades dos indivíduos. Em conjunto, essas informações auxiliam no desenvolvimento de intervenções mais adequadas e eficazes, na estruturação de programas escolares mais adaptados, na melhora das relações parentais e no uso de recursos terapêuticos que potencializam um desenvolvimento mais saudável e feliz.

Por estar relacionada a diferentes demandas, contextos e formas de trabalho e apresentar múltiplas possibilidades de emprego, a realização de avaliação psicológica exige do profissional um amplo domínio de teorias e métodos reconhecidos pela Ciência Psicológica além de constante atualização em relação às normatizações que regulamentam a profissão e regulam a utilização dos testes psicológicos no contexto profissional.

No Brasil existem poucos materiais técnicos, mais especificamente livros, voltados ao público infantojuvenil, sendo que o profissional de psicologia que trabalha com avaliação psicológica, muitas vezes, carece de informações de qualidade em sua área de atuação. Nesse sentido, o Instituto Brasileiro de Avaliação Psicológica (Ibap), em parceria com a Editora Vozes, pensou em uma coleção de livros, denominados Coleção Ibap, com renomados autores, de várias áreas, no desenvolvimento de livros que pudessem suprir lacunas teóricas, técnicas e práticas.

Assim surgiu a obra intitulada *Avaliação psicológica na infância e adolescência*, cujo objetivo é abordar temáticas fundamentais para a prática do psicólogo em sua área de atuação. O livro é composto por 32 capítulos divididos em três partes denominadas: (I) "Conhecimentos básicos para avaliação psicológica de crianças e adolescentes"; (II) "Demandas atuais em avaliação psicológica de crianças e adolescentes", e (III) "Estudos de casos".

Na primeira seção os capítulos abordam temáticas essenciais para a realização da avaliação psicológica em crianças e adolescentes com qualidade teórica, técnica e ética. A seção inicia discorrendo acerca de variáveis sobre o desenvolvimento de crianças e adolescentes e que devem ser consideradas para a compreensão do funcionamento social, emocional e cognitivo desse público. Em seguida os capítulos trazem informações mais técnicas sobre o processo da avaliação psicológica, incluindo as etapas, as especificidades, os recursos e os documentos. Por fim, há o capítulo sobre ética na avaliação psicológica, tema que é transversal a todo conhecimento teórico e prático da avaliação. A segunda seção teve como objetivo discutir demandas atuais de contextos e temáticas da avaliação psicológica, principalmente quando a população é de crianças e adolescentes, pois, como anteriormente apontado, ainda há escassez de informações e produções da avaliação para esse público. Essa seção propicia conhecimentos específicos para cada demanda, o que também exige do avaliador competências especializadas, ou seja, a prática da avaliação psicológica deve ser construída em consonância com o contexto, a temática e a população, e essa complexidade pode ser constatada na terceira parte do livro com apresentação de estudos de casos. Assim, a terceira seção ilustra processos de avaliação psicológica de demandas da seção dois; no entanto, a forma como foram conduzidos os estudos de caso não é um passo a passo de como deve se realizar uma avaliação psicológica nessas situações, mas são ótimos exemplos de atuações que, contudo, devem ser adaptadas conforme cada caso.

A avaliação psicológica é complexa porque para ser bem realizada exige conhecimentos de diversas áreas da psicologia e de especificidades de contextos, temáticas, populações, além das diversas técnicas, métodos e instrumentos que são os principais recursos para a avaliação. Então, a presente obra não esgota todo o conhecimento existente sobre a área e nem sobre o fazer da avaliação, mesmo porque a avaliação psicológica é uma área muito dinâmica que está em constante desenvolvimento e aprimoramento, sempre em consonância com as transformações das sociedades.

Parte I
Conhecimentos básicos para avaliação psicológica de crianças e adolescentes

1
Aspectos desenvolvimentais típicos de crianças e adolescentes

Débora de Hollanda Souza
Natália Benincasa Velludo
Universidade Federal de São Carlos

Highlights
- Contribuições da Psicologia do Desenvolvimento para a avaliação psicológica.
- O impacto de práticas culturais e/ou familiares no desenvolvimento motor.
- Avanços das pesquisas sobre desenvolvimento cognitivo e da linguagem.
- As relações entre teoria da mente, funções executivas e autorregulação emocional.
- A escolha de instrumentos de avaliação psicológica de crianças e adolescentes.

No primeiro capítulo do livro *Psicometria moderna*, Rust e Golombok (2009) nos lembram que a avaliação (não apenas a psicológica) faz parte da vida de todos nós. Somos avaliados nas escolas e universidades quando alunos; precisamos passar por diferentes testes para obter uma carteira de habilitação para dirigir; somos avaliados em processos de seleção para emprego ou para obter uma promoção; e quando queremos concorrer a uma premiação ou a um financiamento para pesquisa científica. Segundo esses mesmos autores, no entanto, uma boa avaliação precisa ter quatro elementos essenciais: ser confiável, válida, padronizada e livre de viés. A Psicometria garante que a avaliação feita por psicólogos tenha justamente essas características.

É importante lembrar também que a avaliação psicológica cumpre importantes funções (Turner et al., 2001): (a) classificação, ao fornecer dados necessários para o diagnóstico clínico; (b) descrição, uma vez que os resultados de testes psicológicos permitem caracterizar o perfil ou repertório de um indivíduo ou grupo; (c) predição, pois permite que façamos inferências sobre o comportamento futuro dos indivíduos avaliados; (d) planejamento de intervenções, ao indicar o nível de adequação de determinada intervenção, considerando as características do público-alvo; (e) rastreamento, pois os resultados dos testes psicológicos são fundamentais para o acompanhamento de um indivíduo/grupo ao longo do tempo. Para realizar avaliações de qualidade e que cumpram uma ou mais dessas funções, o psicólogo precisa ter conhecimento suficiente de Psicometria, dos pré-requisitos necessários para um bom instrumento psicológico, mas é fundamental que esse indivíduo também domine a ciência do desenvolvimento humano.

A construção e o uso de qualquer teste psicológico requerem uma compreensão do que é esperado dos indivíduos sendo avaliados em cada momento do desenvolvimento. Por exemplo, imagine que você é um psicólogo clínico que recebe a mãe de uma criança de 3 anos com a seguinte queixa: ela acha que o filho tem Transtorno de Déficit de Atenção com Hiperatividade (TDAH) porque não consegue ficar quieto durante uma festa de aniversário de adultos, de uma missa aos domingos ou enquanto ela e o marido assistem mais um noticiário na TV, falando sobre a Covid-19. Antes de fazer qualquer avaliação dessa criança, esse psicólogo precisa saber que o lobo pré-frontal de uma criança de 3 anos está ainda em pleno desenvolvimento e que ela provavelmente não tem suas funções executivas (controle inibitório, memória de trabalho e flexibilidade cognitiva) suficientemente desenvolvidas. Nesse caso, o trabalho deve ser o de orientar os pais, dizendo que essas atividades não são adequadas para uma criança nessa faixa etária, e não fazer imediatamente uma bateria de testes.

O objetivo do presente capítulo é oferecer evidências de como a ciência do desenvolvimento humano é uma fonte de informação indispensável para todo e qualquer profissional interessado na avaliação psicológica de crianças e adolescentes. A nossa proposta é simplesmente a de destacar alguns marcos do desenvolvimento importantes em diferentes domínios: habilidades motoras, linguagem, cognição, cognição social e autorregulação emocional. Lembramos que a Psicologia do Desenvolvimento é uma ciência muito ativa e há décadas de pesquisas/estudos sobre cada um desses domínios. Portanto, pretendemos oferecer aperitivos da ciência do desenvolvimento humano; aperitivos que possam ser úteis e informativos nessa valiosa missão que é a da avaliação psicológica.

Desenvolvimento motor

Muitas escalas de desenvolvimento infantil são instrumentos de avaliação global de desenvolvimento em diferentes domínios (linguagem, cognição, habilidades motoras, comportamento social, autocuidado etc.), como por exemplo as Escalas Bayley, o Teste Denver e o Inventário Portage Operacionalizado (para uma revisão das escalas de desenvolvimento infantil, ver Rodrigues, 2012). Outras escalas foram criadas especificamente para avaliar o desenvolvimento psicomotor, como o Alberta Infant Motor Scale (AIMS) e o Peabody Developmental Motor Scale (Escala PDMS), entre outros. Muitos desses instrumentos são fundamentais para a avaliação continuada, em especial, de bebês considerados de risco, como é o caso dos prematuros (Silva et al., 2011). Mas o que podemos esperar em termos de habilidades motoras nos primeiros anos de vida de uma criança?

Na maioria dos manuais de Psicologia do Desenvolvimento ou em artigos de especialistas na área, encontraremos alguma versão de uma linha do tempo do desenvolvimento motor (e. g., Adolph & Franchak, 2016; Cole & Cole, 2004; Levine & Munsch, 2018; Shaffer & Kipp, 2011; Siegler et al., 2017):

Figura 1
Marcos principais do desenvolvimento motor

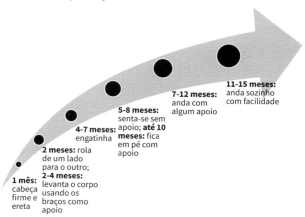

Em termos das habilidades motoras finas, os seguintes marcos são destacados (Arias et al., 2010; Cole & Cole, 2004):

- Entre 4 e 5 meses, o bebê é capaz de fazer o movimento de preensão palmar de forma voluntária.

- Aos 6 meses, um bebê já deve ser capaz de buscar, alcançar e manipular objetos, por exemplo, movendo esse objeto de uma mão para a outra.

- Entre 10 e 12 meses, surge o movimento de preensão de precisão ou movimento de pinça, usando o polegar e o dedo indicador.

- Aos 18 meses, o bebê consegue puxar meias dos pés, empilhar dois objetos ou mesmo segurar um lápis para fazer rabiscos.

- Aos 2 anos, já é capaz de abrir gavetas, beber com um canudo, segurar a colher e se alimentar sozinho.

É importante destacar, no entanto, que diferentes práticas culturais podem acelerar ou atrasar o surgimento dessas habilidades motoras. Adolph e Robinson (2013) reportam diversos estudos transculturais demonstrando diferenças na cronologia do desenvolvimento motor: por exemplo, em um estudo com bebês jamaicanos, cujas mães realizavam uma rotina tradicional de massagens e exercícios, quase 30% dos participantes começaram a andar sem terem passado antes pela fase de engatinhar; os outros participantes começaram a engatinhar aos 10 meses e poucos dias depois já estavam andando. Estudos com crianças em diferentes países africanos têm demonstrado também o surgimento muito mais precoce, às vezes, com uma antecedência de meses, das habilidades de sentar-se, ficar em pé e andar. Estes dados sugerem que certas práticas culturais ou experiências particulares durante o primeiro ano de vida podem explicar variações nessa linha do tempo do desenvolvimento motor.

Consequentemente, dados de entrevista com os pais, investigando a frequência e a natureza das interações com a criança (e. g., se os pais colocam o bebê em um tapete no chão para que ele se movimente livremente; se respondem de forma contingente e reforçadora a novos comportamentos do bebê; se utilizam diferentes meios para estimular a criança etc.), são muito importantes para se obter uma avaliação diagnóstica mais precisa. Por exemplo, um bebê que fica muito tempo no berço ou no colo, com poucas oportunidades de contato com outras superfícies e objetos, pode apresentar um aparente atraso no desenvolvimento motor. Após uma avaliação adequada, o psicólogo pode sugerir atividades variadas de estimulação que podem rapidamente desenvolver os repertórios comportamentais desejados.

Desenvolvimento da linguagem

Ao contrário do que muitos pensam, a linguagem começa muito antes de os bebês produzirem suas primeiras palavras. Mesmo antes do nascimento, estamos de alguma forma processando *input* linguístico, como pode ser evidenciado por estudos demonstrando que recém-nascidos preferem ouvir a voz da mãe quando em comparação à de uma pessoa estranha (Kisilevsky et al., 2003); e preferem ouvir a sua língua nativa em comparação a uma língua estrangeira (Moon, Cooper & Fifer, 1993). Esses dados sugerem que, mesmo *in utero*, os bebês estão prestando atenção à prosódia, ou seja, a padrões rítmicos e de entonação da língua ao qual estão sendo expostos.

Para adquirir sua primeira língua, no entanto, os bebês ainda precisam enfrentar muitos desafios. Por exemplo, eles precisam identificar as fronteiras de palavras (quando elas começam e quando terminam) em um discurso contínuo. Na linguagem escrita, podemos ver os espaços entre as palavras, mas ninguém realiza pausas significativas entre uma palavra e outra quando conversando com alguém. Como os bebês conseguem então extrair corretamente palavras no seu *input* linguístico? Décadas de pesquisa sobre desenvolvimento da linguagem tem nos ajudado a compreender esse processo. Uma das linhas de investigação mais promissoras nesse campo de estudos é a da aprendizagem estatística (para uma revisão, cf. Cannistraci et al., 2019), que se baseia no pressuposto de que os bebês conseguem detectar regularidades da sua língua nativa. Os bebês utilizam essas estatísticas para segmentar a fala e extrair as palavras que eventualmente serão mapeadas a seus significados.

Outra habilidade surpreendente de bebês, especialmente ao longo do primeiro ano de vida, é a de detectar contrastes fonéticos, mesmo aqueles que não estão presentes em sua língua-mãe. Em um dos estudos mais citados na literatura sobre aquisição de linguagem, Werker (1989) demonstrou que bebês canadenses, cuja língua nativa era o inglês, conseguiam perceber a diferença entre dois tipos de "da" presentes no hindi (há dois diferentes fonemas "t" no hindi, um dental e outro retroflexo), mas não no inglês. Os bebês de 6 a 8 meses do estudo de Werker conseguiam discriminar os dois fonemas, como um nativo do hindi; no entanto, os bebês de 12 meses, assim como adultos canadenses, não conseguiam mais fazer essa discriminação. Werker propõe que os bebês sejam dotados de uma "sensibilidade fonética universal" que os tornaria preparados para aprender qualquer língua humana, mas com o desenvolvimento eles vão ficando cada vez mais especializados em sua língua-mãe e vão perdendo essa extraordinária habilidade.

Outro desafio inerente ao processo de aquisição de linguagem é o de descobrir os significados das palavras recém-extraídas do *input*, ou seja, o do desenvolvimento semântico. Ao mesmo tempo, a criança precisa aprender as regras da sua própria língua, compreender como as palavras são organizadas em uma frase com sentido, ou seja, ela precisa conhecer também a sintaxe da sua língua-mãe. Finalmente, para conseguir ser bem-sucedida em interações comunicativas, a criança precisa estar familiarizada com as regras sociais/culturais sobre como a língua deve ser usada em diferentes contextos sociais. Não basta, por exemplo, aprender o significado das palavras presentes na frase "Tudo bem com você?"; a criança precisa descobrir que, quando alguém faz essa pergunta, ela espera que você responda, mas espera também que você devolva a pergunta, algo como "Tudo bem. E com você?" Considerando todos esses desafios e a complexidade do *input*, é, de fato, impressionante a capacidade das crianças para desenvolverem uma linguagem tão rapidamente (Hoff, 2014).

Antes de descrevermos os marcos do desenvolvimento da linguagem, no entanto, é importante destacar novamente que devemos sempre esperar diferenças individuais (Kidd et al., 2018). Por exemplo, algumas crianças, quando começam a balbuciar ou produzir as primeiras palavras, são capazes de produzir frases inteiras com um padrão de entonação típico da língua, sem que seja possível compreender uma palavra sequer do que elas estão dizendo. Outras crianças parecem produzir poucas palavras inicialmente, em comparação a crianças da mesma idade, mas a pronúncia é precisa e adequada (Hoff, 2014). Muitas variáveis contextuais podem explicar essa variação (e. g., ter irmãos, ambiente familiar e escolar com mais ou menos estimulação, ter pais bilíngues ou viver em um país com mais de uma língua oficial etc.). Por essa razão, é sempre recomendável adotar uma avaliação multidimensional antes de fechar um diagnóstico de transtorno de linguagem. Além disso, muitas referências disponíveis sobre os marcos do desenvolvimento da linguagem reportam os dados de estudos realizados com crianças de classe média nos Estados Unidos, Canadá ou em países europeus. Precisamos de mais estudos com crianças brasileiras, assim como precisamos de mais instrumentos de avaliação de linguagem (em suas diferentes dimensões: semântica, sintaxe, fonologia, pragmática), validados para a população brasileira.

Como a nossa intenção é apenas a de oferecer um guia para o leitor, apresentamos a seguir uma descrição bastante sintética dos marcos principais desse processo de desenvolvimento:

0 a 2 anos

• a criança inicialmente consegue detectar contrastes fonéticos de qualquer língua falada, mas ao final do 1º ano vai se tornando cada vez mais especializada nos sons da sua língua nativa;

• entre 3 e 4 meses, pode-se observar a brincadeira vocal e o bebê direciona o olhar a alguém que o chama pelo nome (reconhece seu próprio nome);

• entre 6 e 9 meses, há comunicação intencional, atenção compartilhada e o balbucio canônico (duplicação de sílabas tipo "dadada") aparece;

• entre 9 e 12 meses, surgem as primeiras palavras;

• aos 18 meses, estima-se um vocabulário médio de 50 palavras e para alguns autores há um crescimento exponencial de palavras a partir dessa idade, a chamada "explosão de vocabulário". Bloom (2000), no entanto, argumenta que esta expressão parece indicar uma ideia equivocada de mudança repentina ou abrupta e que deveria ser evitada, já que o aumento do vocabulário no segundo ano de vida é rápido, mas gradativo.

2 a 3 anos

• combinações de duas palavras ("Papai água!"), seguidas da fala telegráfica ("Eu mimir sofá");

• uso de dicas contextuais e sintáticas na aquisição de vocabulário;

• produção de frases interrogativas e negativas.

3 a 6 anos

• uso de morfemas ("Eu nadei na piscina");

• fala egocêntrica ou o que na linguagem popular chamamos de "falar com os seus botões", muito frequentemente quando a criança está tentando resolver algum problema mentalmente.

7 a 11 anos

• Desenvolvimento das habilidades narrativas e metalinguísticas.

Finalmente, queremos lembrar que as crianças surdas, expostas a uma língua de sinais desde o nascimento, passam por estágios semelhantes de desenvolvimento da linguagem, apenas em uma modalidade diferente: balbuciam, depois produzem sinais distintos individuais; esses sinais eventualmente começam a ser combinados; e finalmente essas combinações de sinais vão sendo aperfeiçoadas à medida que esses bebês adquirem uma sintaxe e morfologia mais sofisticadas (Hoff, 2014).

Desenvolvimento cognitivo

A Psicologia do Desenvolvimento compreende o desenvolvimento cognitivo como resultante do intercâmbio constante entre os contextos individuais de desenvolvimento biológico e sociocultural (Liben & Müller, 2015). A inauguração do campo de estudos sobre a inteligência de bebês e a elaboração da primeira grande teoria sobre o desenvolvimento da cognição infantil se devem ao trabalho do psicólogo suíço Jean Piaget (1896-1980). A sua extensa obra possibilitou frutíferas direções de pesquisa, ainda assim, os seus achados foram questionados e largamente revisados, uma vez que os métodos utilizados em seus estudos frequentemente levaram a resultados que subestimavam as competências infantis (e. g., Miller, 2011).

Durante os primeiros meses de vida, a cognição do bebê tem uma natureza muito mais prática. Inicialmente, ele exercita seus diversos reflexos, ou seja, respostas involuntárias a tipos específicos de estimulação. Alguns reflexos sofrem mudanças evolutivas ao longo do primeiro mês de vida e passam a ocorrer diante de novos estímulos, como o sugar dos dedos pelo bebê (Piaget & Inhelder, 1968). A partir de então, surge a coordenação funcional de ações motoras, como a sucção-preensão (i. e., levar à boca e sugar qualquer coisa que tenha segurado) (Piaget, 1970a), bem como o uso de informações de um sentido por outro, por exemplo, a sensação tátil de uma chupeta permitir a sua identificação visual (Meltzoff & Borton, 1979).

Em torno do quarto mês de vida, os bebês apresentam busca motora ativa, ainda assim, imediatamente param de procurar objetos que fogem do alcance de sua visão, não realizando busca visual ou manual pelos mesmos (Piaget, 1970a). Tal evidência era usada como prova piagetiana de que os bebês não possuíam o conceito de objeto, isto é, a noção de que eles continuam a existir ainda que ocultos. No entanto, os estudos de pesquisadores como Renée Baillargeon evidenciaram que o início dessa aquisição pode ocorrer muito antes, entre 4 e 5 meses (Baillargeon, 1987). Ainda assim, esse não seria um conceito maduro, que por sua vez permitiria pensar no objeto em sua ausência (Flavell et al., 1999).

Entre 8 e 12 meses de vida, surgem comportamentos verdadeiramente intencionais, que são emitidos para alcançar determinados objetivos, combinando ações simples, de uma forma que tende a ser fixa e estereotipada (Piaget, 1970a). A partir dessa época, começa a emergir a procura manual de objetos totalmente ocultos, o que evidenciaria a noção de permanência de objeto, segundo Piaget. De todo modo, os bebês dessa faixa etária exibem o que é conhecido como erro AB (ou "erro A e não B"), em que os bebês insistem em buscar um objeto oculto por um adulto no local costumeiro (local A), após algumas tentativas com o mesmo padrão, ao invés de procurarem no local atual (B), mesmo tendo testemunhado a ocultação do objeto no novo lugar e, ao não o encontrarem, os bebês param de procurar (Piaget, 1970b).

Entre 12 e 18 meses, os bebês apresentam uma exploração ativa do ambiente, proposital, com maior variabilidade, em que também demonstram ensaio e erro. Nessa etapa, os bebês não exibem mais o erro AB quando testemunham deslocamentos de objetos (Piaget, 1970a).

Por sua vez, entre os 18 e os 24 meses, a última etapa da fase de bebê, surge a capacidade de representação simbólica, em que símbolos passam a ser usados no lugar de itens ausentes. Assim, a criança supera a limitação de interagir com o que está imediatamente presente, nomeando objetos ausentes e conseguindo imaginar formas de agir sem necessariamente exibi-las. Entre as diversas evidências dessa capacidade simbólica, destacamos: (a) a aquisição de linguagem, que se dá graças a símbolos que são socialmente compartilhados; (b) a busca por objetos ocultos, sendo que as crianças insistem em procurar no entorno algo que tenha sumido; (c) a resolução sistemática de problemas, em que o bebê antecipa eventos e infere uma solução, antes de executá-la, ao invés de simplesmente agir por uma série de tentativas e erros; (d) a imitação atrasada de eventos, quando o evento original ocorreu muito anteriormente; (e) a brincadeira simbólica (ou faz de conta), na qual as crianças interagem com objetos de modo não literal, como substituto de algo ausente (p. ex., fingir que está bebendo de um copo vazio, ninar uma boneca) (Cole & Cole, 2004; Piaget, 1970a; Flavell et al., 1999).

Diversas aquisições cognitivas ocorrem a partir de então, graças ao aparecimento do pensamento simbólico, como: (a) categorização em classes artificiais e culturalmente relevantes, pois crianças de 24 meses espontaneamente classificam brinquedos quanto a uma dimensão (i. e., formato) e aos 30 meses exibem a coordenação simultânea de formato e cor em suas categorizações (Sugarman, 1983); (b) compreensão de fotografias aos 20 meses (DeLoache et al., 1998), uso de uma figura representando uma sala real para achar um objeto escondido, aos 30 meses (DeLoache & Burns, 1994), bem como a utilização de uma maquete para realizar a mesma tarefa, aos 36 meses (DeLoache, 1995); (c) aplicação consistente do princípio de cardinalidade para realizar a contagem de itens, aos 40 meses (Wynn, 1990).

Segundo Piaget e Inhelder (1968), as crianças entre os 3 e os 5 anos, em idade pré-escolar, apresentam um pensamento caracteristicamente centrado, pois tendem a se concentrar no aspecto mais saliente de qualquer evento, negligenciando os outros. Uma vez que as crianças não conseguem considerar aspectos diversos ao mesmo tempo (descentrar), frequentemente chegam a conclusões ilógicas. Algumas manifestações da centração seriam: a ausência de conservação (e. g., ao testemunhar a transferência do líquido de um copo para o outro, concluir que o mais alto e estreito tem maior volume); o raciocínio pré-causal, confundindo causa e consequência; a confusão entre aparência e realidade; o egocentrismo, ou seja, a dificuldade em diferenciar entre a sua perspectiva e do outro, tendendo a se concentrar em seu próprio ponto de vista.

Diversos pesquisadores descobriram, no entanto, que o pensamento das crianças não é tão limitado como Piaget imaginava. Por exemplo, empregando uma versão adaptada da tarefa piagetiana das três montanhas, Helen Borke (1975) demonstrou que até mesmo crianças de 3 anos conseguiam realizar a tomada de perspectiva visual de um personagem de Vila Sésamo, que passeava com seu carro. Por sua vez, Merry Bullock (1984) indicou que, sob algumas circunstâncias favorecedoras, as crianças são capazes de compreender relações de causa (uma bola entrar em um aparato transparente) e efeito (aparecer uma figura do Snoopy em seguida).

Na verdade, algumas variáveis interferiam no desempenho das crianças, tais como a dificuldade de compreensão linguística, a falta de familiaridade com a tarefa utilizada, ao mesmo tempo, o alto nível de exigência em termos de outras habilidades cognitivas, tais como atenção e memória (e. g., Cole & Cole, 2004; Borke, 1975; Siegler, 1996).

Outra aquisição cognitiva importante na primeira infância é a aquisição das funções executivas (FE), um construto que envolve processos cognitivos superiores, responsáveis pela capacidade de autorregulação (Carlson et al., 2013). As FE possuem diversos componentes, relevantes para a avaliação neuropsicológica (Barros & Hazin, 2013), sendo os mais centrais o controle inibitório, a memória de trabalho e a flexibilidade cognitiva (Miyake et al., 2000). O controle inibitório divide-se entre o controle de interferência, que se relaciona à atenção seletiva e à inibição cognitiva, a fim de se resistir a estímulos ambientais, e ao autocontrole, que possibilita suprimir comportamentos frequentes ou impulsivos. A memória de trabalho, por sua vez, diz respeito à capacidade de manter informações de breve duração na memória, assim como de manipulá-las, a fim de executar determinada tarefa. A flexibilidade cognitiva, por sua vez, envolve ser capaz de mudar de perspectivas espaciais, interpessoais (i. e., tomar a perspectiva dos outros) e considerar alternativas diversas para um mesmo problema (Diamond, 2013; Sternberg & Sternberg, 2017).

Entre os 3 e os 5 anos, há um pronunciado desenvolvimento de controle inibitório e memória de trabalho (Carlson et al., 2013), mas a flexibilidade cognitiva avança de forma mais significativa entre os 5 e 7 anos. É importante lembrar, no entanto, que o curso de desenvolvimento das FE segue até o início da vida adulta (Dias & Seabra, 2013).

A faixa dos 6 aos 11 anos, equivalente à idade escolar, está relacionada a uma nova forma de pensar, que é mais flexível, lógica e organizada. De acordo com Piaget, algumas características da cognição dessa etapa são: (a) descentração, ou seja, a capacidade de considerar simultaneamente mais de um atributo de um objeto; (b) conservação, que é a compreensão de que as propriedades de algo se mantêm, ainda que a sua aparência seja alterada, apresentando uma noção de identidade; (c) necessidade lógica, ou seja, a tendência a não aceitar qualquer argumento que contradiga a lógica ou o que a criança entende ser verdade; (d) compensação, em que a mudança em um aspecto de uma situação pode ser comparada com outra mudança, que por sua vez compensa a primeira alteração, e) reversibilidade, que é a compreensão de que uma operação pode reverter o efeito de uma outra (Piaget & Inhelder, 1968).

Ainda há outros ganhos cognitivos, que melhoram com o aumento da idade, como: (a) compreensão de relações espaciais em desenhos, mapas e capacidade de localização (Gauvain, 1993); (b) compreensão de causalidade (Amsel et al., 1996); (c) raciocínio indutivo e dedutivo – este último se evidenciando em problemas adaptados aos 8 anos, bem mais cedo do que o proposto por Piaget (Galotti et al., 1997); (d) compreensão de números e matemática gradualmente mais complexa, sendo que, entre os 6 e os 7 anos, as crianças já fazem conta de cabeça (Resnick, 1989); (e) categorização de itens, no que se refere à seriação, inferência transitiva e inclusão de classes (e. g., Piaget & Inhelder, 1968).

Outra conquista importante é a metacognição, definida como a capacidade de pensar sobre os próprios pensamentos, e que impacta os desempenhos cognitivos em termos de "capacidades de planejamento e regulação da própria atividade" (Corso et al., 2013, p. 21). Os estudos da área demonstram que as habilidades metacognitivas das crianças tornam-se cada vez melhores durante a idade escolar, o que colabora muito para sua aprendizagem (Flavell et al., 1995).

Na fase da adolescência, que se inicia em torno dos 12 anos, o amadurecimento cognitivo relaciona-se a uma nova forma de pensar, que é mais abstrata e flexível. Segundo Inhelder e Piaget (1976), nessa etapa da vida seria alcançado o nível máximo de desenvolvimento cognitivo, caracterizado também pelo raciocínio hipotético-dedutivo, que possibilita combinar variáveis de interesse de um modo sistemático, a fim de se encontrar a solução para determinado problema. O raciocínio formal depende de estimulação apropriada, de modo que a escolarização e a cultura desempenham um papel primordial nesse quesito (Piaget, 1972), o que é confirmado por evidências de que este modo de pensar pode ser ensinado a adolescentes (Kuhn & Dean, 2005).

Finalmente, de acordo com Eccles et al. (2003), os adolescentes já têm mais conhecimento armazenado na memória de longo prazo e a capacidade de retenção da memória de trabalho é ampliada. Mas há ganhos importantes também em velocidade de processamento e em amadurecimento das FE (Kuhn, 2006). Em um estudo conduzido em laboratório, foi possível verificar que os adolescentes igualavam o desempenho de adultos em inibição de resposta aos 14 anos, velocidade de processamento aos 15 anos e memória de trabalho aos 19 anos, no entanto, tais resultados devem ser analisados com cautela, no que se refere à generalização dos dados (Luna et al., 2004).

Desenvolvimento sociocognitivo

A cognição social refere-se ao conjunto de habilidades cognitivas necessárias para o processamento de informações sociais e emocionais (Mecca et al., 2016), que resulta da experiência interpessoal e que é imprescindível para que alguém apresente desempenho social competente (Macrae & Miles, 2012). Os cientistas interessados em cognição social investigam as crenças das pessoas acerca das percepções, sentimentos e pensamentos. Em especial, psicólogos interessados em desenvolvimento sociocognitivo estudam quando e como as crianças passam a compreender a si mesmas e os outros como seres psicológicos, isto é, possuidores de emoções, desejos e pensamentos próprios (Meltzoff, 2011).

A cognição social se estabeleceu como uma abordagem conceitual e empírica a partir da década de 1970 (Garrido et al., 2011). Segundo os especialistas consultados por Pinkham et al. (2014), o campo de estudos sobre cognição social divide-se em quatro grandes domínios: o processamento de emoções (reconhecimento, compreensão e gerenciamento dessas emoções), a percepção social (interpretação de dicas e do contexto social), viés de atribuição (inferência da causa de acontecimentos) e a teoria da mente – que tem ocupado uma posição de destaque na Psicologia do Desenvolvimento (Wellman, 2014).

A teoria da mente se refere à compreensão de estados mentais (i. e., intenções, desejos, crenças e emoções), permitindo interpretar, explicar e predizer a ação de terceiros (compreensão social) e suas próprias (autorreflexão). Uma teoria da mente madura envolve um sistema interpretativo complexo, que por sua vez depende de aquisições que se iniciam na fase de bebê e continuam por toda a infância (Astington & Hughes, 2013; Wellman, 2014). De acordo com Tager-Flusberg e Sullivan (2000), a teoria da mente se divide em dois subsistemas: o socioperceptivo e o reflexivo. O socioperceptivo permite inferir estados mentais a partir de estímulos como a expressão facial, o tom de voz e o movimento das pessoas, sendo que ele começa a se evidenciar até os 2 anos. Por sua vez, o reflexivo possibilita à criança raciocinar sobre os estados mentais e o comportamento das pessoas, por meio da integração de dados perceptivos de eventos, ao longo do tempo, e se constrói ao longo dos anos pré-escolares.

Predisposições inatas facilitam a interação e a aprendizagem social por bebês recém-nascidos (Astington & Hughes, 2013), mas destacamos a preferência pela voz humana (Colombo & Bundy, 1981) e por imagens semelhantes a rostos (Johnson et al., 1991). No primeiro ano de vida, algumas aquisições sociocognitivas merecem destaque: (a) a expectativa de respostas contingentes de cuidadores (Mesman et al., 2009); (b) atenção conjunta, aos 9 meses (Scaife & Bruner, 1975); (c) emissão do comportamento de apontar e sua compreensão, aos 9 meses (Brune & Woodward, 2007); (d) o oferecimento de objetos para outra pessoa, com base no seu interesse por um objeto novo para ela, aos 12 meses (Tomasello & Haberl, 2003); (e) referenciamento social, isto é, a regulação do seu comportamento com base na expressão emocional de seu cuidador, aos 12 meses (Sorce et al., 1985).

A partir dos 18 meses, os bebês exibem: (a) regulação social indireta, por exemplo, uma expressão social de desagrado de uma pessoa direcionada a outra afeta o comportamento do bebê (Repacholi & Meltzoff, 2007); (b) compreensão de ações intencionais, já que bebês conseguem inferir o objetivo pretendido por um ator a partir de um comportamento malsucedido (Meltzoff, 1995); (c) entre os 18 e 24 meses, o emprego e compreensão de palavras que se referem a estados mentais (Bartsch & Wellman, 1995).

É válido pontuar que o entendimento das ações intencionais requer uma percepção social madura, que subjaz uma parte significativa do desenvolvimento cognitivo e social infantis iniciais (Woodward, 2013). Embora alguns pesquisadores acreditem que esta habilidade surja muito antes (e. g., Woodward, 1998), outros acreditam que uma compreensão conceitual apenas se evidencia aos 18 meses, um período de avanços marcantes na linguagem (Povinelli, 2001). Para Wellman (2014), o raciocínio sobre desejo e emoção possibilita que as crianças compreendam que os desejos são subjetivos e estão relacionados às ações e emoções das pessoas.

Nos anos da pré-escola, especificamente entre os 4 e os 5 anos, um avanço muito significativo é a compreensão da natureza representacional dos estados mentais, ou, como alguns autores preferem, uma teoria da mente representacional, visto que as crianças pequenas já entendem os desejos como estados internos subjetivos e, a partir de então, desenvolvem a compreensão de que as crenças são representações da realidade, e que elas nem sempre reproduzem o mundo fielmente.

Um dos procedimentos mais utilizados em décadas de pesquisa sobre teoria da mente é a chamada tarefa de crença falsa que avalia se as crianças possuem ou não a capacidade de atribuir uma crença falsa a um personagem que desconhece algum aspecto da realidade e, com base nessa atribuição, predizer a sua ação. Destacamos aqui três tipos de tarefas que avaliam a compreensão de crença falsa de pré-escolares: deslocamento de objeto, conteúdo inesperado e aparência e realidade (Astington, 2001).

Na tarefa de deslocamento de objeto, a criança ouve uma história sobre uma criança que guarda um objeto em um local; mas, na sua ausência, ele é transferido para um segundo local.

Quando o personagem retorna à cena, a história é interrompida e a criança é então questionada sobre onde o protagonista irá procurar pelo objeto (i. e., no local original, ou no local onde ele, de fato, está). Para obter sucesso nessa tarefa, a criança deve ser capaz de diferenciar entre o que ela mesma sabe e o que o protagonista mal-informado acredita e o que ele fará em decorrência da sua crença falsa (Wimmer & Perner, 1983).

Na tarefa de conteúdo inesperado, podemos utilizar uma embalagem conhecida (p. ex., caixa de bombons) que contém objetos inusitados (p. ex., bolas de gude). Após os participantes serem surpreendidos, eles são questionados sobre (a) o que inicialmente tinham pensado que havia na caixa e (b) ao ver a embalagem pela primeira vez, o que alguém pensaria ser o seu conteúdo (Perner et al., 1987). Por fim, na tarefa de aparência e realidade, é empregado um objeto de aparência enganosa (p. ex., esponja que parece ser uma pedra), que é inicialmente observado e depois manipulado pelas crianças. Os participantes são questionados sobre o que o objeto parece ser e o que ele realmente é (Flavell et al., 1983).

Wellman et al. (2001) realizaram uma metanálise de quase 2000 estudos testando compreensão de crença falsa, contabilizando mais de 5.000 participantes. Os resultados apontam para um claro efeito de idade: crianças de 3 anos têm invariavelmente dificuldade nas tarefas de crença falsa, mas o desempenho das crianças entre 4 e 5 anos é acima do esperado pelo acaso. O mesmo estudo demonstrou que, mesmo quando as tarefas eram modificadas, a fim de facilitar a compreensão por crianças mais novas, ainda assim o desempenho delas não se equiparava ao das crianças de 5 anos.

Para além da compreensão de crença falsa, em que as crianças esperam que as pessoas ajam de acordo com o que acreditam (ainda que estejam enganadas), as mudanças sociocognitivas que se iniciam entre os 3 e os 4 anos também incluem: (a) explicações das ações humanas com referência a estados mentais (Schult & Wellman, 1997); (b) a compreensão e uso de mentiras e engano (Siegal & Peterson, 1998); (c) a compreensão de que pensamentos e sonhos são experiências imateriais e privadas (Richert & Harris, 2006).

Durante os anos escolares, outra competência importante emerge: a compreensão de que os seres humanos possuem crenças sobre o pensamento de outras pessoas, bem como o entendimento de que tais estados mentais podem ser diferentes, ou até errados. Essa aquisição é medida pela tarefa de crença falsa de segunda ordem, que demanda que a criança identifique a crença falsa que um protagonista de uma história tem a respeito da crença de uma terceira pessoa (Astington & Hughes, 2013). Na tarefa utilizada por Astington et al. (2002), as crianças de 7 anos conseguiam atribuir crença falsa de segunda ordem. Em uma versão adaptada, no entanto, em que era oferecida a resposta correta após as questões de controle e com uma ajuda de memória imediatamente antes da questão de teste, crianças de 5 e 6 anos já apresentavam melhor desempenho.

Assim como a atribuição de crença falsa de segunda ordem, outras habilidades sociocognitivas importantes para o sucesso nas interações sociais surgem nos anos escolares. Por exemplo, a compreensão de ironia surge por volta dos 6 anos de idade (Souza & Villa, 2013), mas a capacidade de detectar gafe social (Baron-Cohen et al., 1999), em geral, só aparece a partir dos 7 anos. A capacidade de discriminar entre emoções reais e aparentes (p. ex., compreender que alguém pode estar se sentindo triste, mas estar sorrindo para que ninguém perceba o seu real sentimento) também só começa a surgir por volta da mesma idade (Harris et al., 1986). Finalmente, alguns estudos mais recentes têm explorado avanços sociocognitivos na adolescência que são decorrentes de relações mais maduras entre teoria da mente e outros processos cognitivos, em especial, as funções executivas (Dumontheil et al., 2010).

Desenvolvimento emocional

Pesquisadores têm investigado diferentes aspectos do desenvolvimento emocional: (a) o surgimento de diferentes emoções (i. e., quando elas começam a ser expressas pela criança, se há um conjunto de emoções básicas inatas ou se todas as emoções são aprendidas); (b) o surgimento da habilidade de discriminar diferentes emoções em si mesmo e em outras pessoas; (c) o desenvolvimento da habilidade de falar sobre emoções, nomeando-as e compreendendo o significado de termos referentes a emoções; (d) o desenvolvimento da autorregulação emocional, entre outros (Saarni, 1999).

Há diferentes posições teóricas sobre a natureza e emergência das emoções (Siegler et al., 2017), mas o avanço desse campo de estudos já permite alguns consensos importantes. Por exemplo, já sabemos que logo após o nascimento os bebês são capazes de expressar, por meio de respostas comportamentais, interesse, repulsa, contentamento ou estresse. Um dos primeiros marcos importantes do desenvolvimento emocional é o aparecimento do "sorriso social", que é direcionado a pessoas e em resposta a algum estímulo reforçador (p. ex., o próprio sorriso da pessoa com quem ela interage). Portanto, embora muitos pais orgulhosos saiam da maternidade

afirmando que o seu bebê, com 3 dias de vida, já sorri para eles, na verdade, esse "sorriso" é provavelmente uma resposta reflexa a algum estímulo, mas não é considerado um verdadeiro "sorriso social", funcional e contingente. Mas entre 6 e 7 semanas, esses pais terão provas irrefutáveis de que o seu bebê já emite um sorriso intencional direcionado a alguém. Entre 3 e 4 meses, esses pais vão testemunhar também gargalhadas muito divertidas, em resposta aos mais diversos comportamentos (p. ex., a mãe fazendo cócegas, usando a "fala direcionada aos bebês", com uma entonação e ritmo variado, balançando-o gentilmente no seu colo etc.).

Um segundo marco muito importante nesse primeiro ano de vida ocorre entre os 6 e 9 meses, quando muitos bebês começam a demonstrar medo de estranhos ou estresse quando seus pais (ou principais figuras de apego) estão ausentes (Witherington et al., 2010). Outras emoções básicas como tristeza, surpresa, raiva e nojo já podem ser observadas ao longo do primeiro ano de vida, mas emoções secundárias (vergonha, culpa, inveja e orgulho) emergem mais tarde, no segundo ano.

O medo também aparece em situações inconsistentes com a rotina do bebê, em especial, com o que esperam acontecer em uma experiência face a face com seus cuidadores. Muitos estudos utilizando o paradigma *still face* (ou face imóvel) têm evidenciado esse tipo de reação (Adamson & Frick, 2003). Criado por Edward Tronick e colaboradores, o paradigma consiste em colocar o bebê em uma cadeirinha enquanto a mãe (ou principal cuidadora) interage livremente com ele, conversando, sorrindo e brincando. A mãe é treinada, no entanto, a virar de costas para o bebê em determinado momento e, em seguida, quando retorna à posição inicial, ela deve olhar para o bebê sem expressar qualquer reação, emoção e sem emitir uma palavra sequer. Invariavelmente, os bebês ficam muito estressados, choram, buscam o contato com a mãe, tentam tocá-la, mesmo sem sucesso. Essa parte do procedimento dura apenas 2 minutos, mas já é suficiente para evidenciar minimamente um extremo desconforto do bebê com a imobilidade da mãe.

Uma outra mudança a ser destacada está relacionada ao desenvolvimento da compreensão de emoções e de suas funções. Entre 6 e 12 meses de idade, os bebês começam a atentar para as reações emocionais de seus cuidadores em relação a objetos, eventos ou outras pessoas do seu ambiente compartilhado. Por exemplo, muitos de vocês já devem ter testemunhado um bebê que se aproxima de algo perigoso, como por exemplo uma tomada, mas antes de tocá-la olha para a sua mãe, que diz: "Não, não pode!", fazendo uma cara séria ou brava e o bebê interrompe então o seu movimento. Segundo Witherington et al. (2010, p. 582), esse fenômeno (mencionado na seção sobre desenvolvimento sociocognitivo), conhecido como "referenciamento social", é "talvez o pilar emocional da intersubjetividade secundária", pois demonstra que o bebê já é capaz de compreender que as emoções expressas por seus cuidadores também dizem respeito a pessoas e objetos que não fazem parte da díade cuidador-bebê. Simultaneamente, é possível observar, por volta de 9 meses, que o bebê já está engajado em atenção compartilhada ou atenção conjunta, um precursor importante de linguagem e de cognição social (Aquino & Salomão, 2009). Essa habilidade consiste basicamente em compartilhar com o outro o seu foco de atenção (p. ex., a mãe olha e aponta para a bola, diz "bola" e o bebê olha para onde a mãe direciona o olhar e compreende aquilo a que a mãe se refe-

re exatamente. A ausência da atenção compartilhada, em geral, é considerada um sinal precoce do Transtorno do Espectro Autista (Bosa, 2002).

Aos 3 anos, as crianças começam a utilizar termos que se referem a emoções, mesmo que ainda tenham dificuldade de diferenciar algumas delas (p. ex., medo *versus* raiva). É importante destacar que muitos pais já falam sobre emoções com a criança, mesmo antes de ela começar a falar entre 1½ e 2 anos. De fato, os pais exercem um papel fundamental para que a criança aprenda não só a falar sobre emoções, mas sobre a adequação da expressão de diferentes emoções em situações sociais distintas, assim como ajudam a criança a treinar autorregulação emocional. Mas vale lembrar mais uma vez que variáveis culturais, inclusive fatores como crenças religiosas e práticas parentais, precisam também ser consideradas (Saarni, 1999). Por exemplo, crianças cujos pais encorajam a expressão de emoções na família e que conversam muito sobre como lidar com emoções podem apresentar alguma vantagem no desenvolvimento emocional, em comparação a crianças cujos pais nunca conversam sobre emoções e as situações que as evocam.

Finalmente, em relação ao desenvolvimento da autorregulação emocional, destacamos que, a partir dos 6 meses, os bebês já começam a utilizar estratégias para controlar suas emoções, como colocar a mão na boca, sugar, segurar as mãozinhas juntas ou desviar o olhar de um estímulo aversivo, encontrando assim uma fonte de distração. E com a aquisição da linguagem e o desenvolvimento motor, eles se tornam mais eficazes nessa autorregulação. Por exemplo, a partir dos 3 anos, se algo no ambiente se torna desagradável ou aversivo, a criança pode se retirar do ambiente e ir brincar sozinha para se distrair. Ou quando, sentindo raiva, pode expressar verbalmente o que sente para os pais (Siegler et al., 2017). Mas, na verdade, os maiores avanços ocorrem no período de 3 a 6 anos, com o desenvolvimento do lobo pré-frontal e, consequentemente, das funções executivas. No exemplo oferecido no início deste capítulo, a criança de 3 anos sai correndo pela igreja porque ela tem dificuldade de manter o foco de atenção em um mesmo estímulo por muito tempo e porque não consegue inibir o seu impulso de sair correndo de um ambiente pouco atrativo. Ela não entende o que o padre está dizendo, todo mundo fica sentado sem fazer nada e ninguém está interagindo com ela. Para conseguir ficar nesse ambiente sem reclamar, suas funções executivas precisam ter avançado suficientemente, o que não é provável em uma criança dessa idade.

Outro importante ganho com o desenvolvimento cognitivo é o fato de que as crianças se tornam mais competentes para lidar com situações de frustração e raiva. Alguns estudos longitudinais têm demonstrado que o comportamento agressivo das crianças, em geral, atinge um pico entre o terceiro e o quarto ano de vida, mas a frequência desses comportamentos cai significativamente nos anos posteriores (Priolo Filho et al., 2016). Ainda, nesse mesmo período, as crianças começam a adquirir a habilidade de se autocontrolar para esperar uma gratificação maior em longo prazo (Eigsti et al., 2006). No clássico experimento de Walter Mischel, o "teste do *marshmallow*", as crianças são informadas de que podem escolher entre comer um único *marshmallow* imediatamente, ou comer dois se esperarem a pesquisadora retornar à sala (15 minutos depois). As crianças com maior autocontrole utilizavam estratégias para se distrair (e. g., cantavam, olhavam para o teto, conversavam consigo mesmas) e para não pensar no *marshmallow*

colocado bem à sua frente. As mais novas tinham muito mais dificuldade para se autocontrolar e não comer o *marshmallow* imediatamente.

Finalmente, nos anos escolares, as crianças vão aprendendo novas estratégias cognitivas (não apenas comportamentais) para regular a atenção e suas emoções. Além disso, as crianças aprendem mais sobre as regras de bom convívio social, normas sociais, valores morais e as expectativas dos adultos em diferentes situações sociais (p. ex., se você ganha um presente de aniversário que não gosta, você não deve demonstrar o seu desapontamento). Na adolescência, os indivíduos continuam tendo ganhos em autorregulação, como resultado do desenvolvimento neuronal continuado, o que explica, por exemplo, uma menor propensão para assumir riscos e uma maior habilidade para planejar ações futuras e assumir responsabilidades. Contudo, cabe ressaltar que o consumo de álcool na adolescência, prática bastante comum em alguns países, pode comprometer seriamente o desenvolvimento dessas habilidades (Lees et al., 2020).

Considerações finais

Em uma entrevista recente (McDowall & Rojan, 2016), John Rust, professor da Universidade de Cambridge, forneceu algumas dicas importantes para os interessados em avaliação psicológica, entre elas, a seguinte: "Reconheça que não existe teste perfeito. A chave é escolher o teste certo para um dado contexto e ter clareza de que nenhum teste é imune ao erro". Essa é uma das razões pelas quais acreditamos que a Psicologia do Desenvolvimento tem muito a contribuir para a avaliação psicológica, em especial, para a avaliação de crianças e adolescentes. Para escolher os instrumentos mais adequados e interpretar resultados é preciso antes conhecer o que é esperado, em termos de desenvolvimento, do indivíduo sendo avaliado, bem como conhecer os diferentes contextos em que este indivíduo está se desenvolvendo (Bronfenbrenner, 1996). Sabemos que há dezenas de outros processos de desenvolvimento que não conseguimos cobrir neste capítulo, mas esperamos que o que oferecemos, de forma bastante sintética, seja evidência suficiente de como a ciência do desenvolvimento humano pode ser uma aliada importante para a avaliação psicológica.

Referências

Adamson, L. B., & Frick, J. E. (2003). The still face: A history of a shared experimental paradigm. *Infancy, 4*(4), 451-473. https://doi.org/10.1207/S15327078IN0404_01

Adolph, K. E., & Franchak, J. M. (2017). The development of motor behavior. *Wiley Interdisciplinary Reviews: Cognitive Science, 8*(1-2), e1430. https://doi.org/10.1002/wcs.1430

Adolph, K. E., & Robinson, S. R. (2013). The road to walking: What learning to walk tells us about development. In P. Zelazo (org.), *Oxford handbook of developmental psychology* (vol. 1, pp. 403-443). Oxford University Press.

Amsel, E., Goodman, G., Savoie, D., & Clark, M. (1996). The development of reasoning about causal and noncausal influences on levers. *Child Development, 67*, 1.624-1.646. https://doi.org/10.1111/j.1467-8624.1996.tb01818.x

Aquino, F. D. S. B., & Salomão, N. M. R. (2009). Contribuições da habilidade de atenção conjunta para a cognição social infantil. *Psicologia em Estudo, 14*(2), 233-241. https://doi.org/10.1590/S1413-73722009000200003

Arias, A. V., Gonçalves, V. M. G., Campos, D., Santos, D. C. C., Goto, M. M. F., & Campos-Zanelli, T. M. C. (2010). Desenvolvimento das habilidades motoras finas no primeiro ano de vida. *Revista de Neurociências, 18*(4), 544-554. https://doi.org/10.4181/RNC.2010.ip01.11p

Astington, J. W. (2001). The paradox of intention: Assessing children's metarepresentational understanding. In B. F. Malle, L. J. Moses & D. A. Baldwin (eds.), *Intentions and intentionality: Foundations of social cognition* (pp. 85-103). MIT Press.

Astington, J. W., & Hughes, C. (2013). Theory of mind: Self-reflection and social understanding. In P. D. Zelazo (ed.), *The Oxford handbook of developmental psychology: Vol. 2. Self and Other* (pp. 398-424). Oxford University Press. https://doi.org/10.1093/oxfordhb/9780199958474.001.0001

Astington, J. W., Pelletier, J., & Homer, B. (2002). Theory of mind and epistemological development: The relation between children's second order understanding and their ability to reason about evidence. *New Ideas in Psychology*, 20, 131-144. https://doi.org/10.1016/S0732-118X(02)00005-3

Baillargeon, R. (1987). Object permanence in 3½- and 4½-month-old infants. *Developmental Psychology, 23*(5), 655-664. https://doi.org/10.1037/0012-1649.23.5.655

Baron-Cohen, S., O'Riordan, M., Jones, R., Stone, V., & Plaisted, K. (1999). A new test of social sensitivity: Detection of faux pas in normal children and children with Asperger syndrome. *Journal of Autism and Developmental Disorders, 29*(5), 407-418. https://doi.org/10.1023/A:1023035012436

Barros, P. M., & Hazin, I. (2013). Avaliação das funções executivas na infância: Revisão dos conceitos e instrumentos. *Psicologia em Pesquisa, 7*(1), 13-22. https://doi.org/10.5327/Z1982-12472013000100003

Bartsch, K., & Wellman, H. (1995). *Children talk about the mind*. Oxford University Press.

Bloom, P. (2002). *How children learn the meanings of words*. MIT press.

Borke, H. (1975). Piaget's mountains revisited: Changes in the egocentric landscape. *Developmental Psychology, 11*(2), 240- 243. https://doi.org/10.1037/h0076459

Bosa, C. (2002). Atenção compartilhada e identificação precoce do autismo. *Psicologia: Reflexão e Crítica, 15*(1), 77-88. https://doi.org/10.1590/S0102-79722002000100010

Bronfenbrenner, U. (1996). *A ecologia do desenvolvimento humano: Experimentos naturais e planejados.* Artes Médicas.

Brune, C. W., & Woodward, A. L. (2007). Social cognition and social responsiveness in 10-month-old infants. *Journal of Cognition and Development, 8*(2), 133-158. https://doi.org/10.1080/15248370701202356

Bullock, M. (1984). Preschool children's understandings of causal connections. *British Journal of Developmental Psychology, 2*, 139-142. https://doi.org/10.1111/j.2044-835X.1984.tb00777.x

Cannistraci, R. A., Dal Ben, R., Karaman, F., Esfahani, S. P., & Hay, J. F. (2019). Statistical learning approaches to studying language development. In J. Horst & J. von Koss Torkildsen (eds.), *International handbook of language acquisition.* Routledge.

Carlson, S. M., Zelazo, P. D., & Faja, S. (2013). Executive function. In P. D. Zelazo (ed.), *The Oxford handbook of developmental psychology: Vol. 1. Body and mind* (pp. 706-743). Oxford University Press.

Cole, M., & Cole, S. R. (2004). *O desenvolvimento da criança e do adolescente.* Artmed.

Colombo, J. A., & Bundy, R. S. (1981). A method for the measurement of infant auditory selectivity. *Infant Behavior & Development, 4*(2), 219-223. https://doi.org/10.1016/S0163-6383(81)80025-2

Corso, H. V., Sperb, T. M., Jou, G. I., Salle, J. F. (2013). Metacognição e funções executivas: Relações entre os conceitos e implicações para a aprendizagem. *Psicologia: Teoria e Pesquisa, 29*(1), 21-29. https://doi.org/10.1590/S0102-37722013000100004

DeLoache, J. S. (1995). Early understanding and use of symbols: The model. *Current Directions in Psychological Science, 4*(4), 109-113. https://doi.org/10.1111/1467-8721.ep10772408

DeLoache, J. S., & Burns, N. M. (1994). Symbolic functioning in preschool children. *Journal of Applied Developmental Psychology, 15*(4), 513-527. https://doi.org/10.1016/0193-3973(94)90020-5

DeLoache, J. S., Miller, K. F., & Pierroutsakos, S. L. (1998). Reasoning and problem solving. In D. Kuhn & R. S. Siegler (orgs.), *Handbook of child psychology: Vol. 2. Cognition, perception, and language* (5. ed., pp. 801-850). Wiley.

Diamond, A. (2013). Executive Functions. *Annual Review of Psychology, 64*, 135-168. https://doi.org/10.1146/annurev-psych-113011-143750

Dias, N., & Seabra, A. (2013). Funções executivas: Desenvolvimento e intervenção. *Temas sobre Desenvolvimento, 19*(107), 206-212.

Dumontheil, I., Apperly, I. A., & Blakemore, S. J. (2010). Online usage of theory of mind continues to develop in late adolescence. *Developmental science, 13*(2), 331-338. https://doi.org/10.1111/j.1467-7687.2009.00888.x

Eccles, J. S., Wigfield, A., & Byrnes, J. (2003). Cognitive development in adolescence. In I. B. Weiner, R. M. Lerner, M. A. Easterbrooks & J. Mistry (eds.), *Handbook of psychology: Vol. 6. Developmental psychology* (pp. 325-350). Wiley.

Eigsti, I. M., Zayas, V., Mischel, W., Shoda, Y., Ayduk, O., Dadlani, M. B., ... & Casey, B. J. (2006). Predicting cognitive control from preschool to late adolescence and young adulthood. *Psychological Science, 17*(6), 478-484. https://doi.org/10.1111/j.1467-9280.2006.01732.x

Flavell, J. H., Green, F. L., & Flavell, E. R. (1995). Young children's knowledge about thinking. *Monographs of the Society for Research in Child Development, 60*(1), 1-114.

Flavell, J. H., Miller, P. H., & Miller, S. A. (1999). O bebê. In J. H. Flavell, P. H. Miller & S. A. Miller, *Desenvolvimento cognitivo.* Artes Médicas.

Flavell, J., Flavell, E., & Green, F. (1983). Development of the appearance-reality distinction. *Cognitive Psychology, 15*(1), 95-120.

Galotti, K. M., Komatsu, L. K., & Voelz, S. (1997). Children's differential performance on deductive and inductive syllogisms. *Developmental Psychology, 33*(1), 70-78. https://doi.org/10.1037/0012-1649.33.1.70

Garrido, M. V, Azevedo, C., & Palma, T. (2011). Cognição social: Fundamentos, formulações atuais e perspectivas futuras. *Psicologia*, *25*(1), 113-157.

Gauvain, M. (1993). The development of spatial thinking in everyday activity. *Developmental Review*, *13*(1), 92-121. https://doi.org/10.1006/drev.1993.1004

Harris, P. L., Donnelly, K., Guz, G. R., & Pitt-Watson, R. (1986). Children's understanding of the distinction between real and apparent emotion. *Child development*, 895-909. http://dx.doi.org/10.2307/1130366

Hoff, E. (2014). *Language Development* (5. ed.). Cengage Learning.

Inhelder, B., & Piaget, J. (1976). O pensamento do adolescente. In B. Inhelder & J. Piaget (orgs.), *Da lógica da criança à lógica do adolescente* (pp. 249-260). Pioneira.

Johnson, M., Dziurawiec, S., Ellis, H., & Morton, J. (1991). Newborns' preferential tracking of face-like stimuli and its subsequent decline. *Cognition*, *40*(1-2), 1-19. https://doi.org/10.1016/0010-0277(91)90045-6

Kidd, E., Donnelly, S., & Christiansen, M. H. (2018). Individual differences in language acquisition and processing. *Trends in cognitive sciences*, *22*(2), 154-169. https://doi.org/10.1016/j.tics.2017.11.006

Kisilevsky, B. S., Hains, S. M., Lee, K., Xie, X., Huang, H., Ye, H. H., ... Wang, Z. (2003). Effects of experience on fetal voice recognition. *Psychological Science*, *14*, 220-224. https://doi.org/10.1111/1467-9280.02435

Kuhn, D. (2006). Do cognitive changes accompany developments in the adolescent brain? *Perspectives on Psychological Science*, *1*(1), 59-67. https://doi.org/10.1111/j.1745-6924.2006.t01-2-.x

Kuhn, D. (2008). Formal Operations from a Twenty--First Century Perspective. *Human Development*, *51*, 48-55. https://doi.org/10.1159/000113155

Kuhn, D., & Dean, D. (2005). Is developing scientific thinking all about learning to control variables? *Psychological Science*, *16*(11), 866-870. https://doi.org/10.1111/j.1467- 9280.2005.01628.x

Lees, B., Meredith, L. R., Kirkland, A. E., Bryant, B. E., & Squeglia, L. M. (2020). Effect of alcohol use on the adolescent brain and behavior. *Pharmacology Biochemistry and Behavior*, *192*, 172906. https://doi.org/10.1016/j.pbb.2020.172906

Levine, L. E., & Munsch, J. (2018). *Child development from infancy to adolescence: An active learning approach*. Sage.

Liben, L. S., & Müller, U. (2015). Preface. In R. M. Lerner, L. S. Liben & U. Müller (eds.), *Handbook of child psychology and developmental science: Cognitive processes* (7. ed., vol. 2, pp. xvi-xvii). Wiley.

Luna, B., Garver, K. E., Urban, T. A., Lazar, N. A., & Sweeney, J. A. (2004). Maturation of cognitive processes from late childhood to adulthood. *Child Development*, *75*(5), 1.357-1.372. https://doi.org/10.1111/j.1467-8624.2004.00745.x

Macrae, C. N., & Miles, L. K. (2012). Revisiting the sovereignty of social cognition: Finally, some action. In S. Fisk & C. N. Macrae (eds.), *The Sage Handbook of Social Cognition* (pp. 1-12). Sage. https://doi.org/10.4135/9781446247631

McDowall, A., & Rojon, C. (2016). The enigma of testing. *The Psychologist*, *28*(1), 44-45.

Mecca, T. P., Dias, N. M., & Berberian, A. A. (2016). Cognição Social. In T. P. Mecca, T. P., Dias, N. M., & Berberian, A. A. (orgs.), *Cognição social: Teoria, pesquisa e aplicação* (pp. 10-23). Memnon.

Meltzoff, A. N. (1995). Understanding the intentions of others: Re-enactment of intended acts by 18-month-old children. *Developmental Psychology*, *31*(5), 838-850. https://doi.org/10.1037/0012-1649.31.5.838

Meltzoff, A. N. (2011). Social cognition and the origins of imitation, empathy, and theory of mind. In U. Goswami (ed.), *The Wiley-Blackwell Handbook of Childhood Cognitive Development* (2. ed., pp. 49-75). Backwell. https://doi.org/10.1002/9781444325485.ch2.

Meltzoff, A. N., & Borton, R. W. (1979). Intermodal matching by human neonates. *Nature*, *282*, 403-404. https://doi.org/10.1038/282403a0

Mesman, J., van IJzendoorn, M. H., & Bakermans--Kranenburg, M. J. (2009). The many faces of the still-face paradigm: A review and meta-analysis.

Developmental Review, 29(2), 120-162. https://doi.org/10.1016/j.dr.2009.02.001

Miller, P. H. (2011). Piaget's theory: Past, present, and future. In U. Goswami (ed.), *The Wiley-Blackwell handbook of childhood cognitive development* (2. ed., pp. 650-672). Blackwell. https://doi.org/10.1002/9781444325485

Miyake, A., Friedman, N. P., Emerson, M. J., Witzki, A. H., & Howerter, A. (2000). The unity and diversity of executive functions and their contributions to complex "frontal lobe" tasks: A latent variable analysis. *Cognitive Psychology, 41*(1), 49-100. https://doi.org/10.1006/cogp.1999.0734

Moon, C., Cooper, R. P., & Fifer, W. P. (1993). Two-day-olds prefer their native language. *Infant Behavior and Development, 16,* 495-500. https://doi.org/10.1016/0163-6383(93)80007-U

Perner, J., Leekam, S., & Wimmer, H. (1987). Three-year-olds' difficulty with false belief: The case for a conceptual deficit. *British Journal of Developmental Psychology, 5*(2), 125-137. https://doi.org/10.1111/j.2044-835X.1987.tb01048.x

Piaget, J. (1970a). *O nascimento da inteligência na criança*. Zahar.

Piaget, J. (1970b). *A construção do real na criança*. Zahar.

Piaget, J. (1972). Intellectual evolution from adolescence to adulthood. *Human Development, 15*(1), 1-12. https://doi.org/10.1159/000271225

Piaget, J., & Inhelder, B. (1968). *A psicologia da criança*. Difel.

Pinkham, A., Penn, D., Green, M., Buck, B., Healey, K., & Harvey, P. (2013). The social cognition psychometric evaluation study: Results of the expert survey and RAND panel. *Schizophrenia Bulletin, 40*(4), 813-823. https://doi.org/0.1093/schbul/sbt081

Povinelli, D. J. (2001). On the possibilities of detecting intentions prior to understanding them. In B. F. Malle, L. J. Moses & D. A. Baldwin (eds.), *Intentions and intentionality: Foundations of social cognition* (pp. 225-248). MIT Press.

Priolo Filho, S., Pompermaier, H. M., Almeida, N. V. F., & Souza, D. H. (2016). Comportamento Agressivo de Crianças em um Centro de Educação Infantil. *Paidéia, 26*(64), 235-243. https://doi.org/10.1590/1982-43272664201611

Repacholi, B. M., & Meltzoff, A. N. (2007). Emotional eavesdropping: Infants selectively respond to indirect emotional signals. *Child development, 78*(2), 503-521. https://doi.org/10.1111/j.1467-8624.2007.01012.x

Resnick, L. B. (1989). Developing mathematical knowledge. *American Psychologist, 44*(2), 162-169. https://doi.org/10.1037/0003-066X.44.2.162

Richert, R. A., & Harris, P. L. (2006). The ghost in my body: Children's developing concept of the soul. *Journal of Cognition and Culture, 6*(3-4), 409-427. https://doi.org/10.1163/156853706778554913

Rodrigues, O. M. P. R. (2012). Escalas de desenvolvimento infantil e o uso com bebês. *Educar em Revista, 43,* 81-100. http://dx.doi.org/10.1590/S0104-40602012000100007

Rust, J., & Golombok, S. (2009). *Modern psychometrics: The science of psychological assessment* (3. ed.). Routledge.

Saarni, C. (1999). *The development of emotional competence*. Guilford.

Scaife, M., & Bruner, J. S. (1975). The capacity for joint attention. *Nature, 253,* 265-266. https://doi.org/10.1038/253265a0

Schult, C. A., & Wellman, H. M. (1997). Explaining human movements and actions: Children's understanding of the limits of psychological explanation. *Cognition, 62*(3), 291-324. https://doi.org/10.1016/S0010-0277(96)00786-X

Shaffer, D. R., & Kipp, K. (2011). *Psicologia do Desenvolvimento: Infância e adolescência* (8. ed.). Pioneira Thomson Learning.

Siegal, M., & Peterson, C. C. (1998). Preschoolers' understanding of lies and innocent and negligent mistakes. *Developmental Psychology, 34*(2), 332-341. https://doi.org/10.1037/0012-1649.34.2.332

Siegler, R. S. (1996). *Emerging minds: The process of change in children's thinking*. Oxford University Press.

Siegler, R. S., Saffran, J., Eisenberg, N., DeLoache, J., Gershoff, E., & Leaper, C. (2017). *How children develop* (5. ed.). Worth.

Silva, N. D. S. H., Lamy Filho, F., Gama, M. E. A., de Carvalho Lamy, Z., do Lago Pinheiro, A., & do Nascimento Silva, D. (2011). Instrumentos de avaliação do desenvolvimento infantil de recém-nascidos prematuros. *Journal of Human Growth and Development, 21*(1), 85-98. https://doi.org/10.7322/jhgd.19998

Sorce, J. F., Emde, R. N., Campos, J. J., & Klinnert, M. D. (1985). Maternal emotional signaling: Its effects on the visual cliff behavior of 1-year-olds. *Developmental Psychology, 21*, 195-200. https://doi.org/10.1037/0012-1649.21.1.195

Souza, D. H., & Villa, N. (2013). O papel da teoria da mente no desenvolvimento da compreensão de ironia. In T. M. Sperb & A. Roazzi (orgs.), *O desenvolvimento de competências sociocognitivas: Novas perspectivas*. Vetor.

Sternberg, R. J., & Sternberg, K. (2017). *Psicologia cognitiva*. Cengage Learning.

Sugarman, S. (1983). *Children's early thought: Developments in classification*. Cambridge.

Tager-Flusberg, H., & Sullivan, K. (2000). A componential view of theory of mind: Evidence from Williams syndrome. *Cognition, 76*, 59-89. https://doi.org/10.1016/S0010-0277(00)00069-X

Tomasello, M., & Haberl, K. (2003). Understanding attention: 12- and 18-month-olds know what is new for other persons. *Developmental Psychology, 39*(5), 906-912. https://doi.org/10.1037/0012-1649.39.5.906

Turner, S. M., DeMers, S. T., Fox, H. R., & Reed, G. M. (2001). APA's guidelines for test user qualifications: An executive summary. *American Psychologist, 56*(12), 1099.

Wellman, H. M. (2014). *Making minds: How theory of mind develops*. Oxford University Press.

Wellman, H. M., Cross, D. D., & Watson, J. (2001). Meta-analysis of theory-of-mind development: The truth about false belief. *Child Development, 72*, 655-684. https://doi.org/10.1111/1467-8624.00304

Werker, J. F. (1989). Becoming A Native Listener. *American Scientist, 77*, 54-59. www.jstor.org/stable/27855552

Wimmer, H., & Perner, J. (1983). Beliefs about beliefs: Representation and constraining function of wrong beliefs in young children's understanding of deception. *Cognition, 13*, 103-128. https://doi.org/10.1016/0010-0277(83)90004-5

Witherington, D. C., Campos, J. J., Harriger, J. A., Bryan, C., & Margett, T. E. (2010). Emotion and its development in infancy. In J. G. Bremner & T. D. Wachs (eds.), *The Wiley-Blackwell handbook of infant development* (2. ed., vol. 1, pp. 569-591). Blackwell.

Woodward, A. (2013). Infant foundations of intentional understanding. In M. R. Banaji & S. A. Gelman (eds.), *Navigating the social world: What infants, children, and other species can teach us* (pp. 75-80). Oxford. https://doi.org/10.1093/acprof:oso/9780199890712.001.0001

Woodward, A. L. (1998). Infants selectively encode the goal object of an actor's reach. *Cognition, 69*(1), 1-34. https://doi.org/10.1016/s0010-0277(98)00058-4

Wynn, K. (1990). Children's understanding of counting. *Cognition, 36*(2), 155-193. https://doi.org/10.1016/0010-0277(90)90003-3

2
Transtornos mentais comuns no desenvolvimento de crianças e adolescentes

Janaína Thaís Barbosa Pacheco
Universidade Federal de Ciências da Saúde de Porto Alegre

Giovanna Nunes Cauduro
Universidade Federal do Rio Grande do Sul

Highlights
- A exposição precoce a adversidades afeta o desenvolvimento ao longo da vida.
- Questões relacionadas à saúde mental são responsáveis por 16% das doenças em adolescentes.
- Estima-se que 10% a 20% dos adolescentes vivenciam problemas de saúde mental.
- Uma compreensão ampla dos problemas infantis no mundo exige esforços de pesquisa.
- Diagnóstico pode ocorrer por observação clínica, relato dos pais ou avaliação psicológica.

O desenvolvimento infantil é um processo maturacional e interativo que resulta de uma progressão ordenada de habilidades perceptuais, motoras, cognitivas, da linguagem, socioemocionais e de autorregulação. Embora esse desenvolvimento seja similar entre culturas, a taxa de progressão pode variar conforme aspectos culturais específicos (Black et al., 2017). A criança alcança seu potencial desenvolvimental quando adquire competências acadêmicas, comportamentais e socioemocionais. Muitos fatores influenciam na aquisição dessas competências, incluindo saúde, nutrição, segurança, cuidado responsivo e aprendizagens precoces; esses domínios interagem e podem potencializar o desenvolvimento (Black et al., 2017).

A transição da infância para a adolescência implica a mudança de demandas e de expectativas da cultura sobre o indivíduo. Na adolescência, o indivíduo vive um período importante para a consolidação e o desenvolvimento de padrões sociais, comportamentais e emocionais que contribuem para o bem-estar geral ao longo da vida. Esses padrões incluem: hábito de sono saudável; exercícios físicos regulares; desenvolvimento de habilidades de enfrentamento, de resolução de problemas e de habilidades interpessoais e autorregulação emocional (Organização Pan-Americana para a Saúde [Opas], 2018). Por outro lado, nesse período, a exposição à mídia e às normas de gênero podem aumentar as diferenças entre a realidade e as percepções ou aspirações para o futuro do adolescente, interferindo na sua capacidade de avaliação e de enfrentamento de problemas. Outros riscos à saúde mental são condições de vida, estigma, discriminação ou exclusão e a falta de acesso a serviços e apoio de qualidade (OPAS, 2018). Além disso, aspectos socioculturais também podem afetar o desenvolvimento, como ambientes inseguros e com crises humanitárias; ou adolescentes que fazem parte de minorias étnicas ou sexuais ou outros grupos discriminados (OPAS, 2018).

O curso do desenvolvimento considerado típico pode ser alterado devido a fatores de risco que afetam crianças e adolescentes e que podem envolver aspectos genéticos, clínicos, ambientais ou vulnerabilidades psicológicas. Com relação aos fatores de risco ambientais, que será foco deste texto, a exposição precoce a adversidades afeta o desenvolvimento ao longo da vida, especialmente quando adversidades múltiplas como pobreza, deficiências nutricionais, violência e baixa qualidade de recursos coincidem (Black et al., 2017). Dentre os fatores de risco relacionados à ocorrência de psicopatologia na infância e na adolescência, pode-se destacar pobreza, maus-tratos e cuidados parentais inadequados.

A pobreza extrema aumenta a probabilidade de as crianças ficarem expostas a outras adversidades, como estresse familiar, abuso ou negligência, insegurança alimentar e violência, principalmente se viverem em comunidades com recursos limitados. O acúmulo de adversidades costuma ser mais prejudicial para as crianças por, possivelmente, afetar os sistemas fisiológicos e inibir a autorregulação e o gerenciamento do estresse (Evans & Kim, 2013).

Petresco et al. (2014) encontraram que crianças com menor nível socioeconômico (NSE) apresentaram uma prevalência maior de qualquer transtorno mental avaliado do que crianças com alto NSE (14% vs. 8%). A prevalência de Transtorno de Déficit de Atenção e Hiperatividade e Transtorno de Oposição Desafiante apresentaram maior diferença entre as categorias de NSE, o que não ocorreu com os Transtornos Depressivos e de Ansiedade.

A exposição a maus-tratos na infância tem sido relacionada com a ocorrência de transtornos mentais. Em um estudo recente, Oliveira et al. (2018) investigaram o efeito cumulativo de vivências de maus-tratos sobre desfechos em saúde mental em 347 adolescentes da periferia de Salvador. O estudo replicou o método e as análises de um trabalho inglês (Cecil et al., 2017) e utilizou o Child Behavior Checklist (CBCL) (Achenbach & Rescorla, 2001), instrumento amplamente validado para a avaliação de sintomas psiquiátricos. Concordando com os resultados de Cecil et al. (2017), os autores encontraram que: diferentes tipos de maus-tratos ocorreram simultaneamente; o número de tipos de maus-tratos experienciados foi linearmente associado com a severidade dos sintomas psicopatológicos; e o abuso emocional emergiu como o preditor mais robusto de saúde mental, independentemente do informante (adolescente ou pais), gênero ou domínio avaliado (internalização ou externalização). As análises indicaram também que a influência dos maus-tratos nos sintomas psiquiátricos (especificamente internalizantes autorrelatados) foi parcialmente mediada pela vitimização por pares (sofrer *bullying*).

A vivência de adversidades na infância está relacionada com risco aumentado para psicopatologia, incluindo transtornos de internalização (p. ex., ansiedade e depressão) e de externalização (p. ex., agressividade e agitação), ao longo do desenvolvimento até a adultez. O modelo de risco cumulativo (*cumulative risk model*) prevalece nos estudos que investigam a relação entre a exposição a estressores na infância e a ocorrência posterior de psicopatologia (Miller et al., 2018).

O modelo de risco cumulativo soma o número de experiências adversas sem, necessariamente, considerar o tipo, a cronicidade ou severidade e usa esse escore para prever os desfechos (Miller et al., 2018). Essa abordagem tem demonstrado forte correlação entre o total de exposição a adversidades e o desenvolvimento de desfechos negativos e ressaltado a importância da prevenção a condições adversas na infância (Miller et al., 2018). O estudo de Oliveira et al. (2018), citado anteriormente, é um exemplo de análise cumulativa de eventos adversos sobre desfechos em transtorno mental. Para Miller et al. (2018), no entanto, o modelo de risco cumulativo acrescenta pouco com relação aos mecanismos desenvolvimentais que expliquem as vivências com os desfechos.

McLaughlin e Sheridan (2016) testaram um modelo alternativo denominado Modelo Dimensional de Adversidade e Psicopatologia (*Dimensional Model of Adversity and Psychopathology* – DMAP) para investigar o efeito da exposição a fatores de risco sobre o desenvolvimento. Nesse modelo, os autores identificaram dois mecanismos distintos relacionados a desfechos psicopatológicos na infância, são eles ameaça e privação. A ameaça envolve experiências ou ameaça de prejuízo (como o abuso físico, p. ex.) e privação a ausência de estimulação provenientes do ambiente (como a ausência de estimulação cognitiva e social, p. ex.). Segundo os autores (McLaughlin & Sheridan, 2016; Miller et al., 2018), essas dimensões estão presentes em diferentes tipos de adversidades as quais as crianças podem ser expostas, constituindo-se em uma característica transversal. Por exemplo, a ameaça é a característica principal de abusos físicos, sexuais ou violência na comunidade; enquanto privação é a característica principal de negligência, institucionalização ou pobreza.

Embora as dimensões "ameaça" e "privação" possam ocorrer simultaneamente em diferentes situações adversas, o DMAP propõe que o curso desenvolvimental de cada uma das dimensões é parcialmente distinto. Especificamente, experiências de violência ou de risco de violência alteram o desenvolvimento de circuitos corticais e subcorticais envolvidos na aprendizagem de medo e de rápida identificação de perigo no ambiente. Por outro lado, a privação de estimulação ambiental afetaria o desenvolvimento cognitivo incluindo funções executivas e linguísticas (Miller et al., 2018).

Miller et al. (2018) testaram uma hipótese do DMAP de que habilidades verbais mediam a relação entre experiências de privação na infância com a ocorrência de psicopatologia na adolescência. Participaram do estudo 585 crianças, e seus pais, avaliadas aos 5, 6, 14 e 17 anos. Os resultados indicaram que privações importantes antes dos 6 anos de idade foram associadas ao aumento de problemas de externalização aos 17 anos, mediado pela menor habilidade verbal aos 14 anos. Além disso, experiências de ameaça antes dos 6 anos de idade foram diretamente associadas com problemas de internalização e externalização aos 17 anos, sem haver mediação das habilidades verbais. Esses resultados corroboram outros estudos que indicam que as habilidades linguísticas são um fator crítico para a compreensão de problemas de comportamento. Embora os estudos citados indiquem esforços para compreender a forma como a exposição a situações adversas na infância relaciona-se com a ocorrência posterior de sintomas psicopatológicos, outras pesquisas em diferentes culturas são necessárias para avaliar a aplicabilidade dos modelos, bem como a implicação prática dos achados em termos de prevenção e de tratamento.

Além da etiologia, a determinação da prevalência dos transtornos mentais na infância e na adolescência é um desafio decorrente do fato de as pesquisas serem desenvolvidas em diferentes centros, utilizando métodos diversos para a coleta de dados e pela dificuldade de muitas pessoas aceitarem participar, ou por não entenderem os instrumentos utilizados ou por terem informações imprecisas (Weiss, 2017). Logo, os dados encontrados, embora importantes e organizadores de um quadro geral sobre o tema, devem ser analisados com cuidado.

Uma revisão sistemática da literatura realizada por Thiengo et al. (2014) revisou 27 artigos com o objetivo de reunir os estudos recentes para avaliar a prevalência de transtornos mentais na infância e na adolescência e os possíveis fatores associados. Os resultados indicaram que os transtornos mais encontrados nas amostras estudadas foram Depressão (0,6% a 30%), Transtornos de Ansiedade (3,3% a 32,3%), Transtorno de Déficit de Atenção e Hiperatividade (0,9% a 19%), Transtorno por Uso de Substâncias (1,7% a 32,1%) e Transtorno de Conduta (1,8% a 29,2%). Os instrumentos utilizados nos estudos variaram, embora o uso dos critérios diagnósticos propostos pelo DSM-IV (APA, 1994) tenha sido um dos mais utilizados. Quanto aos fatores relacionados, os que se mostraram mais fortemente associados foram: fatores biológicos, como sexo; fatores genéticos, como histórico familiar de transtorno mental; fatores ambientais, como presença de violência familiar e comunitária e configuração familiar (morar somente com um dos pais ou nenhum); fatores psicossociais como baixa autoestima e baixa resiliência foram associados aos transtornos mentais em apenas dois estudos.

Petresco et al. (2014) realizaram um estudo de coorte com crianças nascidas em 2004 na cidade de Pelotas. Em uma avaliação realizada quando as participantes tinham 6 anos de idade e que incluiu 3.585 crianças, os pesquisadores identificaram que cerca de 13% das crianças apresentavam um diagnóstico psiquiátrico de acordo com o DSM-IV (1994), com maior prevalência em meninos do que em meninas (14,7% e 11,7%, respectivamente). Os Transtornos de Ansiedade foram os mais prevalentes entre todos os transtornos (8,8%), sendo as Fobias Específicas (5,4%) e Ansiedade de Separação (3,2%) os subtipos mais comuns. Nesse grupo, também foram diagnosticados Transtorno de Déficit de Atenção e Hiperatividade (2,6%), Transtorno de Oposição Desafiante (2,6%) e Depressão (1,3%). Das crianças avaliadas, 17% apresentaram comorbidades, ou seja, mais de um diagnóstico psiquiátrico.

Crianças dessa coorte de Pelotas foram avaliadas, novamente, aos 11 anos de idade (3.562 participantes) utilizando os mesmos instrumentos de avaliação (La Maison et al., 2018). Os resultados indicaram que, de acordo com o DSM-V (2014), a prevalência geral de transtornos psiquiátricos foi de 13,2% nos adolescentes iniciais; sendo que os meninos apresentaram maior prevalência (15,6%) do que as meninas (10,7%). Os transtornos mais comuns foram Transtorno de Ansiedade (4,3%), Transtorno de Déficit de Atenção e Hiperatividade (4,0%) e Transtorno de Oposição Desafiante (2,8%). Observando-se os resultados das duas avaliações realizadas nas crianças pertencentes à coorte (2004) é possível observar certa estabilidade na ocorrência e no tipo de transtornos ao longo do desenvolvimento, fato estudado por uma área de conhecimento denominado psicopatologia desenvolvimental.

Ainda segundo a prevalência de transtornos mentais na adolescência, a OPAS (2018) relata que questões relacionadas à saúde mental são responsáveis por 16% das doenças em adolescentes com idade entre 10 e 19 anos; em todo o mundo, estima-se que 10% a 20% dos adolescentes vivenciam problemas de saúde mental. Em um documento atualizado em setembro de 2018, a OPAS apresenta que metade dos problemas em saúde mental começam por volta dos 14 anos de idade, mas a maioria dos casos não é diagnosticada ou tratada; em todo o mundo, a depressão é a principal causa de doenças e incapacitação entre adolescentes; e o suicídio é a terceira principal causa de morte entre adolescentes de 15 a 19 anos.

Apesar de os dados sobre prevalência de psicopatologia na infância e na adolescência indicarem um panorama preocupante, de acordo com Couto et al. (2008), observa-se uma inclusão tardia da saúde mental infantil nas políticas públicas de saúde mental. Para os autores, isso deve-se a diversos fatores, tais como:

1) grande variabilidade de problemas relacionados à saúde mental na infância e na adolescência, que incluem transtornos globais do desenvolvimento, problemas de internalização e de externalização;

2) o conhecimento sobre as características dos transtornos mentais na infância, bem como o impacto deles na adolescência e na adultez ser recente;

3) somente recentemente vem se organizando um corpo de conhecimento sobre a eficácia e a efetividade de intervenções para a prevenção e tratamento de transtornos mentais na infância;

4) a dificuldade de trabalho em conjunto de diferentes setores que atendem a saúde mental na infância, tais como atenção básica à saúde, educação, assistência social e justiça. O fato de não se abordar os problemas de saúde mental na adolescência implica maior comprometimento funcional na adultez.

O'Reilly et al. (2020) examinaram a associação entre psicopatologia na infância e comportamentos suicidas e de autolesão na adolescência. O estudo identificou dois resultados principais, segundo os autores. Primeiro, os fatores gerais de psicopatologia na infância foram os únicos preditores estatisticamente significativos para comportamentos suicidas e de autolesão em comparação com fatores específicos como desatenção, impulsividade, oposição e ansiedade. Segundo, o estudo identificou influências genéticas no fator geral de psicopatologia. Dados como esse indicam a importância da avaliação e do diagnóstico na infância e na adolescência, bem como o acesso a tratamentos adequados.

Classificação diagnóstica dos quadros clínicos

A manifestação de problemas de comportamento e de sinais e sintomas de transtornos mentais na adolescência pode gerar grande preocupação e estresse familiar. O conjunto de comportamentos, pensamentos, emoções e outras manifestações não esperadas ou previstas para determinada faixa etária é, geralmente, fonte de sofrimento também para a criança ou adolescente que as manifesta (Thiengo et al., 2014; Weis, 2017). Quando não identificados e tratados adequadamente, tais problemas podem perdurar até a vida adulta, podendo agravar os sintomas existentes e acarretar prejuízos importantes no funcionamento do indivíduo. Nesse sentido, entende-se a importância do diagnóstico precoce dos transtornos e problemas no desenvolvimento, uma vez que implicam a saúde e a qualidade de vida da criança e do adolescente. Tal diagnóstico pode ocorrer, em geral, ou por meio da observação clínica e relato dos pais, ou de processo de avaliação psicológica estruturado, com utilização de testes e outras fontes externas (Silva, Bandeira & Yates, 2019; Weis, 2017).

Duas principais abordagens taxonômicas são utilizadas em pesquisas com crianças e adolescentes para avaliar a manifestação desses problemas e transtornos: a avaliação baseada em diagnóstico e a avaliação baseada empiricamente (Bird, 1996). A avaliação baseada em diagnóstico é derivada de modelos nosológicos de avaliação, nos quais problemas específicos são entendidos como manifestações sintomáticas de transtornos classificados conforme categorias diagnósticas. São exemplos desse tipo de avaliação o *Manual diagnóstico e estatístico de transtornos mentais*, o DSM-5 (American Psychiatric Association, 2014) e na Classificação Internacional de Doenças e Problemas Relacionados à Saúde (CID-11; Organização Mundial da Saúde, 2019). A avaliação empiricamente baseada propõe a medida dimensional das síndromes, e indica o diagnóstico por meio de escalas construídas compatíveis com os sinais e sintomas dos transtornos mentais comuns da infância facilitando a estimativa do comportamento da criança/adolescente. Esse modelo de avaliação é representado principalmente pelo sistema de avaliação Aseba (Achenbach & Rescorla, 2007), composto por escalas que podem ser respondidas por diferentes fontes de informação (familiares e professores). As dimensões investigadas por esse tipo de avaliação podem ser diferenciadas por síndromes internalizantes e síndromes externalizantes, que serão explicadas mais adiante no capítulo. É importante salientar, no entanto, que o capítulo não tem como objetivo esgotar as discussões sobre ambos os tipos de avaliação, e sim apresentar, dentro de cada um dos modelos, as explicações teóricas para as manifestações dos problemas mais frequentes na população infantojuvenil.

Avaliação baseada em diagnóstico

Na avaliação baseada em diagnóstico, caracterizada principalmente pelo uso dos sinais e sintomas descritos nos critérios do DSM-5 (APA, 2014), as psicopatologias são apresentadas com ênfase nas diferentes formas que elas podem assumir no curso da vida do indivíduo (Bird, 1996). Diferente da versão anterior do manual, o DSM-IV-TR (APA, 1994), a versão atual parte do pressuposto de que os critérios propostos para classificação de transtornos mentais perpassam, invariavelmente, questões desenvolvimentais e variações pessoais. Entretanto, a perspectiva adotada na nova versão do manual foi alvo de críticas, principalmente devido à preocupação pela ampliação dos critérios diagnósticos, que poderia implicar o aumento nas taxas de prevalência em diferentes quadros clínicos. Este aumento estaria também condicionado à maior influência de fatores ambientais e culturais, além da experiência clínica do pesquisador para a realização do diagnóstico (Araújo & Neto, 2014).

A versão atual do DSM foi lançada em 2014 no Brasil, e, comparada à sua versão anterior, apresenta modificações no que tange à compreensão de transtornos na população infantojuvenil. Uma das principais alterações foi a retirada do capítulo intitulado "Transtornos diagnosticados inicialmente na infância e na infância/adolescência" que abordava os transtornos mais comuns a estas etapas do desenvolvimento. Outra modificação significativa foi a proposta de um novo quadro clínico denominado Transtorno da Desregulação do Humor, uma condição que ocorre na infância e engloba as demonstrações de irritabilidade extrema, raiva e "explosões" frequentes e intensas. Ademais, as alterações feitas nos critérios diagnósticos para Transtornos Alimentares (TA) e Transtorno do Déficit de Atenção e Hiperatividade (TDAH), além das mudanças feitas nos critérios diagnósticos para os Transtornos Invasivos do Desenvolvimento, que passou a ser denominado Transtorno do Espectro do Autismo (TEA) influenciaram significativamente a compreensão da manifestação de transtornos e problemas comuns à infância e à adolescência. Aqui serão descritos brevemente os transtornos mentais mais comuns à infância e adolescência, organizados conforme prevalência decrescente, ou seja, do transtorno mais prevalente ao menos prevalente (Araújo & Neto, 2014; Dorneles et al., 2014). Para maior detalhamento dos critérios diagnósticos, recomenda-se a consulta do DSM-5 (APA, 2014).

Transtornos do neurodesenvolvimento

Os transtornos do neurodesenvolvimento englobam as perturbações comportamentais, cognitivas e emocionais que se manifestam cedo no desenvolvimento da criança e causam prejuízos no funcionamento pessoal, social e acadêmico do indivíduo ao longo da vida. Esses transtornos podem variar desde limitações muito específicas na aprendizagem até prejuízos globais em habilidades sociais, funcionamento ou inteligência. Ao longo de seu desenvolvimento um indivíduo pode ser diagnosticado com mais de um transtorno do neurodesenvolvimento ao mesmo tempo. É comum, por exemplo, que indivíduos com Transtorno do Espectro Autista (TEA) apresentem algum grau de Deficiência Intelectual (DI) associado. Este grupo inclui tanto transtornos cujos sintomas são manifestados em excesso quanto em déficits e atrasos em atingir

marcos do desenvolvimento. Todos os transtornos do neurodesenvolvimento começam na infância e seguem ao longo da adolescência até a vida adulta. A seguir são apresentados os transtornos do neurodesenvolvimento mais prevalentes ou mais facilmente encontrados na prática clínica (APA, 2014).

Transtorno do Déficit de Atenção e Hiperatividade (TDAH)

O TDAH é o transtorno do neurodesenvolvimento mais prevalente na população infanto-juvenil, ocorrendo em cerca de 8% das crianças e 7% dos adolescentes em populações de diferentes culturas. O transtorno tende a ser mais frequente em indivíduos do sexo masculino, com uma proporção de 2:1 em crianças e 1,6:1 em adultos (APA, 2014; Weis, 2017). A principal característica do TDAH é o padrão persistente de desatenção e/ou hiperatividade-impulsividade que interfere no desenvolvimento e funcionamento do indivíduo ao longo da vida. Para que o diagnóstico seja confirmado, os sintomas devem estar presentes durante pelo menos 6 meses, e devem manifestar-se em mais de um ambiente diferente, como casa e escola, por exemplo (Weis, 2017). A desatenção é manifestada por meio da divagação em tarefas, dificuldade em manter o foco, desorganização e falta de persistência que não é mais bem justificado pela dificuldade da tarefa ou falta de compreensão. A hiperatividade é entendida como atividade motora excessiva em situações nas quais é inapropriado fazê-lo, como batucar ou conversar em excesso, por exemplo. A impulsividade, terceiro critério para diagnóstico do transtorno, refere-se às ações precipitadas momentâneas que ocorrem sem premeditação de danos e consequências, derivadas geralmente da busca por recompensas imediatas ou da dificuldade ou incapacidade de postergar as gratificações (APA, 2014).

A etiologia do TDAH é multifatorial, e é mais bem explicada no DSM-5 (APA, 2014). Os primeiros sinais do transtorno surgem cedo na infância, e é possível observar as primeiras manifestações logo quando a criança começa a caminhar, quando a atividade motora excessiva é evidenciada. Devido à semelhança entre algumas manifestações iniciais do TDAH e comportamentos típicos dessa fase do desenvolvimento, é comum que pais, cuidadores e profissionais que tenham contato com a criança não percebam o surgimento da condição (APA, 2014). Durante o período do Ensino Fundamental, no entanto, a desatenção é salientada e passa a ser mais prejudicial para o indivíduo, facilitando a identificação do transtorno. É comum que crianças e adolescentes com TDAH apresentem níveis de desempenho escolar e sucesso acadêmico inferiores ao de indivíduos sem o transtorno, além de maiores níveis de rejeição social ao longo da vida. A criança ou o adolescente com TDAH tende a apresentar baixa tolerância à frustração, irritabilidade ou labilidade do humor associados aos comportamentos do transtorno, sendo, portanto, frequentemente rotulados como crianças difíceis de lidar, de temperamento forte ou crianças "brabas" (Barkley, 2013). Esse rótulo pode influenciar no manejo por parte dos pais e profissionais da saúde e educação com a criança, resultando, possivelmente, no agravamento do quadro ao longo do tempo (Weis, 2017).

Indivíduos cujo transtorno inicia-se na infância têm maior probabilidade de desenvolver transtorno de conduta na adolescência e transtorno da personalidade antissocial na vida adulta. As chances de um adolescente com TDAH associado a transtorno de conduta desenvolver,

ainda, transtorno por uso de substância são aumentadas. A identificação precoce do transtorno, bem como o acesso a tratamentos medicamentosos e psicoterapêuticos adequados, pode minimizar as consequências e efeitos do transtorno sobre a vida do indivíduo. Torna-se essencial, portanto, o entendimento adequado do transtorno por parte dos pais e profissionais presentes na vida do adolescente, para que tanto ele tenha acesso ao melhor tipo de tratamento e manejo quanto possam ser minimizadas as situações de preconceito ou interpretação errônea e julgadora da manifestação dos sintomas (APA, 2014).

Transtorno do Espectro Autista (TEA)

O Transtorno do Espectro Autista (TEA) é um transtorno do neurodesenvolvimento caracterizado pelo prejuízo persistente na comunicação recíproca, na interação social e na manifestação de padrões restritos e repetitivos de comportamentos, interesses ou atividades. Essas características compõem um espectro de sinais e sintomas que variam em severidade e apresentação, tornando o TEA um transtorno complexo devido a sua ampla variabilidade (Weis, 2017). Dados do DSM-V sobre a prevalência do TEA apontam que cerca de 1% da população geral apresenta o transtorno, refletindo um aumento na taxa em comparação com a versão anterior do manual (APA, 2014). Em 2018, uma a cada 69 crianças apresentava critérios suficientes para o diagnóstico de autismo em populações clínicas, sendo de quatro a cinco vezes mais frequentes em meninos (Baio et al., 2018). Os sintomas do TEA estão presentes desde o início da infância e afetam diretamente o funcionamento diário da criança. As apresentações do transtorno variam conforme a gravidade da condição, do nível de desenvolvimento da criança e da idade cronológica. No entanto, o nível de prejuízo funcional é evidenciado conforme as condições do indivíduo e de seu ambiente, uma vez que intervenções, compensações e apoio de outras pessoas podem disfarçar a verdadeira dificuldade da criança (APA, 2014).

Os principais sintomas do transtorno podem ser reconhecidos durante o segundo ano de vida (dos 12 aos 24 meses), embora, dependendo da gravidade do caso, possam aparecer antes (maior gravidade) ou depois (menor gravidade) desse período. Pais e cuidadores costumam relatar atrasos precoces no desenvolvimento ou perda de habilidades já adquiridas, podendo ser uma deterioração gradual ou relativamente rápida de comportamentos antes presentes no repertório da criança (Weis, 2017).

Os prejuízos na interação social e na comunicação permanecem ao longo do tempo, e tanto os déficits verbais quanto os não verbais manifestam-se de diferentes formas em cada um dos indivíduos, dependendo da idade, da capacidade intelectual e linguística, além da história de tratamento ao longo do tempo e do nível atual de apoio que a pessoa recebe. Dificuldades verbais podem ser apresentadas como ausência total da fala, atrasos na linguagem, compreensão reduzida da fala, ecolalia, linguagem explicitamente literal, dentre outras. Em alguns casos, algumas habilidades linguísticas formais estão intactas, porém o indivíduo ainda manifestará comunicação social recíproca prejudicada. Em geral, esse prejuízo é identificado já em crianças pequenas, que podem apresentar pouca ou nenhuma capacidade de iniciar interações e compartilhar emoções, além da linguagem unilateral utilizada para solicitar ou rotular, ao invés de comentar ou conversar (APA, 2014).

Déficits na comunicação não verbal, em geral, são manifestados por meio de contato visual reduzido, ausente ou atípico em comparação às normas culturais. Outra expressão desta dificuldade está presente nos gestos, expressões faciais, orientação corporal ou entonação na fala. Um dos aspectos que se manifesta precocemente é o prejuízo na atenção compartilhada, ou seja, a criança tem dificuldades ou não consegue apontar, mostrar ou trazer objetos com objetivo de compartilhar seu interesse com os outros, seja por conta própria ou seguindo o gesto de outras pessoas. Em alguns casos, o prejuízo pode ser relativamente sutil em áreas individuais, mas é enfatizado pela dificuldade de integrar satisfatoriamente todos os elementos necessários para a comunicação social. As dificuldades em comunicação e interação social englobam também déficits em desenvolver, manter e compreender as relações sociais, considerando as características culturais que influenciam o comportamento de cada indivíduo. Em geral, indivíduos com TEA podem ter interesse social diminuído, inexistente ou atípico, além de passividade ou abordagens inadequadas que podem ser interpretadas como agressivas ou disruptivas. Esses déficits são mais perceptíveis em crianças pequenas, que é quando, em indivíduos sem TEA, a imaginação, a abstração e a flexibilidade estão presentes na brincadeira cotidiana, evidenciando as dificuldades da criança com TEA (APA, 2014; Weis, 2017).

Deficiência Intelectual (DI)

A Deficiência Intelectual (DI) é um transtorno do neurodesenvolvimento cuja prevalência é em torno de 1% da população geral, com variações conforme a idade e gênero, com propensão de indivíduos do sexo masculino receberem o diagnóstico das formas moderadas e graves (1,6:1 e 1,2:1 respectivamente). O transtorno é caracterizado pelo prejuízo em funções intelectuais (raciocínio, solução de problemas, e planejamento, pensamento abstrato) associado a prejuízos na função adaptativa diária (capacidade de independência pessoal e responsabilidade social). A DI ocorre durante o desenvolvimento do indivíduo, e pode manifestar-se em quatro níveis de gravidade: leve, moderada, grave e profunda. As manifestações comportamentais desse transtorno são extremamente diversificadas, podendo variar desde crianças com comprometimentos físicos e cognitivos severos, que dependem de cuidado contínuo, até jovens com atrasos leves em processos cognitivos com nível de funcionalidade semelhante ao de seus pares. A miríade de apresentações do transtorno interfere nos dados de prevalência dada a dificuldade em identificar e contabilizar todos os casos de DI existentes em suas diferentes manifestações e gravidades (APA, 2014).

A idade e os aspectos característicos do início do transtorno dependem da etiologia e da gravidade da disfunção cerebral. Em casos mais graves, os atrasos em marcos do desenvolvimento motor, de linguagem e socioemocional podem ser identificados até os dois primeiros anos de vida do bebê. Os níveis mais brandos de manifestação do transtorno podem não ser identificados até a idade escolar, quando as dificuldades de aprendizagem ficam mais evidentes. Em geral, o transtorno perdura por toda a vida do indivíduo após a primeira infância, ainda que os níveis de gravidade possam variar ao longo do tempo. Condições médicas e genéticas subjacentes, além de fatores contextuais, influenciam no curso da doença, sendo que intervenções precoces e continuadas podem, inclusive, melhorar o funcionamento adaptativo tanto na infância quanto na

vida adulta. É comum que profissionais posterguem a comunicação do diagnóstico de bebês e de crianças pequenas à família para após o curso apropriado de intervenção, uma vez que o tratamento pode clarear possíveis fatores confundidores do transtorno (APA, 2014).

Os fatores de risco para DI estão relacionados tanto a etiologias pré quanto perinatais. Síndromes genéticas, erros inatos do metabolismo, malformações encefálicas e doença materna podem contribuir para o surgimento do transtorno no indivíduo. Influências ambientais como ingestão de álcool e outras drogas pela mãe durante a gestação ou exposição a toxinas e medicações teratógenas também aumentarão as chances de ocorrência da DI. Eventos no trabalho de parto e nascimento podem levar à encefalopatia neonatal e as causas após o nascimento em geral incluem lesão isquêmica hipóxica, lesão cerebral traumática, infecções, dentre outras. Ao longo do curso do transtorno, podem estar presentes concomitantemente algumas condições mentais e físicas, sendo que as taxas de algumas condições são de 3 a 4 vezes mais altas do que na população em geral. Comumente são identificados associados à manifestação da DI transtornos como TDAH, transtornos depressivo e bipolar, transtornos de ansiedade, TEA, transtorno do movimento estereotipado, transtornos do controle de impulsos e transtorno neurocognitivo maior (APA, 2014).

Todos os indivíduos com DI, independentemente do nível de gravidade, apresentam funcionamento intelectual significativamente baixo, em geral em torno de dois desvios-padrão ou mais abaixo da média populacional. Esse funcionamento intelectual está relacionado principalmente ao desempenho em atividades que envolvam funções como compreensão verbal, memória de trabalho, raciocínio perceptivo, raciocínio quantitativo, pensamento abstrato e eficiência cognitiva. O nível de funcionamento intelectual é medido com o auxílio de instrumentos de avaliação da inteligência, administrados individualmente, adaptados para a cultura do indivíduo e que apresentem propriedades psicométricas robustas. Para que o diagnóstico de DI esteja correto, é necessário estar presente o prejuízo no funcionamento adaptativo, que é caracterizado pela capacidade de atender às demandas diárias básicas da vida pessoal, escolar, acadêmica, profissional e social em maneiras apropriadas à sua idade (Sturmey, 2014) e compreende três domínios: conceitual, social e prático (APA, 2014). O prejuízo nesse aspecto reflete na dificuldade ou incapacidade de lidar com problemas e situações comuns da etapa do desenvolvimento na qual o indivíduo se encontra, além da dificuldade em atender aos critérios de independência pessoal esperados para sua idade e contexto (Weis, 2017).

O funcionamento adaptativo é comumente avaliado tanto por meio de observações e avaliações clínicas quanto pela aplicação de instrumentos individualizados, adaptados para a cultura do indivíduo e que apresentem características psicométricas apropriadas. Fontes adicionais de informação podem ser acessadas e contribuem significativamente para a compreensão do prejuízo nesse componente. Podem ser acessadas informações médicas, educacionais e desenvolvimentais para complementar a avaliação do indivíduo. A compreensão dos prejuízos no funcionamento adaptativo é tão importante quanto o entendimento do prejuízo no funcionamento intelectual, uma vez que o diagnóstico de DI só ocorre mediante a identificação de ambos os prejuízos na vida do indivíduo (Weis, 2017).

Transtornos de Ansiedade

Ansiedade é entendida como um estado mental complexo de desconforto psicológico, geralmente manifestado por meio de reações emocionais, comportamentais, fisiológicas e cognitivas diante de ameaças (Barlow, Conklin & Bentley, 2015). Diferente do medo, que é uma reação fisiológica e comportamental primária diante de ameaças imediatas e percebidas, a ansiedade consiste em uma reação majoritariamente cognitiva, na qual o indivíduo antecipa e prepara-se para possíveis imprevistos ou situações de perigo. Ambos são reações naturais do organismo e têm função evolutiva clara de antecipar, proteger e reagir a estímulos ameaçadores. No entanto, Transtornos de Ansiedade (TA) ocorrem quando as respostas de ansiedade diferem significativamente das respostas adaptativas em intensidade, cronicidade e nível de prejuízo causado ao indivíduo. Na infância, as manifestações mal-adaptativas de ansiedade estão entre os transtornos mentais mais frequentemente identificados. Cerca de 20% das crianças e adolescentes desenvolvem algum transtorno de ansiedade antes da idade adulta (Weis, 2017), sendo as meninas com maiores chances de apresentar algum transtorno é de 1:2 a 1:3, dependendo da idade. Estudos longitudinais têm indicado que crianças com TA tendem a desenvolver transtornos depressivos na adolescência e jovem adultez. Quatro dos sete TAs descritos no DSM surgem no início ou meio da infância: (1) Transtorno de ansiedade de separação; (2) mutismo seletivo; (3) fobia específica e (4) transtorno de ansiedade social (APA, 2014).

A fobia específica, caracterizada pelo medo ou ansiedade circunscritos à presença de um estímulo fóbico (situação ou objeto), é um dos TAs mais comuns na infância e adolescência e ainda assim um dos menos tratados. Cerca de 5% das crianças e 16% dos adolescentes recebem o diagnóstico de fobia específica durante essas fases do desenvolvimento. O medo ou a ansiedade em geral são identificados como intensos ou acentuados, podendo chegar à forma de um ataque de pânico com todos ou quase todos os sintomas do ataque presentes. Indivíduos com Transtorno de Ansiedade de Separação (TAS) apresentam medo ou ansiedade excessivos de separar-se de casa ou de figuras de apego. O sofrimento ante a possibilidade ou concretização da situação de separação é excessivo e recorrente, geralmente associado à preocupação com o bem-estar das figuras de apego, manifestado pela necessidade de saber o paradeiro das figuras de apego. Dados da população americana indicam que a prevalência de TAS em crianças, em um período de 6 a 12 meses, é estimada em aproximadamente 4%. Em adolescentes, a prevalência de 12 meses é de 1,6%. O início do TAS ocorre em qualquer momento durante a infância, e raramente na adolescência, ainda que um indivíduo diagnosticado com o transtorno na infância possa ainda manifestá-lo durante a adolescência (APA, 2014).

O Transtorno de Ansiedade Social é considerado outro TA relativamente comum entre crianças e adolescentes. Os estudos de prevalência dos Estados Unidos indicam que, entre a população infantojuvenil, cerca de 7% apresentam ao longo da vida manifestações diversas do Transtorno de Ansiedade Social. Esse transtorno é caracterizado principalmente pelo medo ou ansiedade acentuados presentes em uma ou mais situações sociais em que o indivíduo é exposto a possível avaliação por outras pessoas e, em crianças, naquelas que envolvam seus pares. Essa avaliação ocorreria em interações sociais, como conversas ou encontros com pessoas que não são de sua família, situações de desempenho ou nas quais são observados durante atividades corriqueiras, como beber ou comer. Não somente a situação em si causa ansiedade como também a possibilidade de demonstrar sinais de ansiedade, como sudorese e rubor, temendo que a percepção de tais sintomas por outras pessoas seja humilhante ou constrangedora, provocando a rejeição. Em crianças, esse medo ou ansiedade é geralmente manifestado por meio do choro, de ataques de raiva, de imobilização ou de agarrar-se a uma figura de segurança, por exemplo. Para que o diagnóstico de transtorno de ansiedade social ocorra, o medo ou ansiedade deve ser persistente, durando mais de 6 meses; deve ser desproporcional à ameaça real apresentada pela situação social e causar sofrimento ou prejuízo no funcionamento consideráveis no indivíduo. O transtorno inicia comumente perto do início da adolescência e pode ser do tipo somente desempenho, no qual os indivíduos têm preocupações com desempenho que são prejudiciais à sua vida acadêmica ou profissional, ou do tipo relacionados a falar em público (APA, 2014).

Outro transtorno que surge durante a infância é o mutismo seletivo. Ainda que não tenha sua prevalência conhecida, o mutismo seletivo tende a surgir antes dos 5 anos de idade, embora, na maioria dos casos, a perturbação não seja percebida até a entrada na escola. Indivíduos com mutismo seletivo são caracterizados pelo fracasso persistente em falar diante de situações sociais específicas nas quais se espera que eles falem. Essa perturbação interfere diretamente na realização educacional ou profissional, uma vez que dificulta a comunicação de dúvidas ou dificuldades na escola, por exemplo. A duração mínima do fracasso em falar deve ser de no mínimo um mês, não necessariamente limitado ao primeiro mês de escola e não está relacionado a um desconhecimento ou desconforto com o idioma exigido pela situação social. Ressalta-se que crianças com mutismo seletivo conseguem falar em sua casa na presença de sua família imediata, mas com frequência não se comunicam reciprocamente com familiares de segundo grau como avós, por exemplo. Sabe-se que a perturbação é caracterizada também por forte ansiedade social, devendo também ser investigados sinais e sintomas deste transtorno nos casos de Mutismo Seletivo (APA, 2014; Weiss, 2017).

Transtornos Depressivos

A atenção dada a Transtornos de Humor em crianças e adolescentes aumentou nas décadas recentes, sendo que, na geração anterior a essa, acreditava-se que crianças eram incapazes de desenvolver depressão. Atualmente, sabe-se que além de crianças e adolescentes apresentarem transtornos do humor, a prevalência é elevada nessa faixa etária. Dentre os transtornos depressivos descritos no DSM-5, três são mais frequentemente observados em crianças e adolescentes e serão abordados aqui: Transtorno Disruptivo da Desregulação do Humor (TDDH), Transtorno Depressivo Maior (TDM) e Transtorno Depressivo Persistente (TDP ou Distimia). O Transtorno Disruptivo da Desregulação do Humor (TDDH) ocorre em cerca de 2 a 5% da população infantojuvenil e é caracterizado principalmente pela irritabilidade crônica grave. A irritabilidade crônica grave pode ser manifestada por meio de explosões diante de situações de frustração, podendo ocorrer como falas ou comportamentos, em forma de agressão contra si, aos outros ou à propriedade. Concomitantemente à explosão de raiva está o humor irritável persistente, que está presente entre as explosões de raiva. Este humor

deve ser característico da criança e deve ser observado na maior parte do dia, quase todos os dias, por outras pessoas no ambiente da criança (APA, 2014).

Outro transtorno depressivo recorrente na população infantojuvenil é o Transtorno Depressivo Maior (TDM). Birmaher e Brent (2015) apontam que cerca de 1 a 2% de crianças pré-púberes são diagnosticadas com TDM, e em adolescentes a prevalência aumenta para 3 a 7%, devido ao número crescente de adolescentes do sexo feminino com o transtorno. Indivíduos do sexo feminino apresentam duas vezes mais chances de desenvolverem algum episódio depressivo. O diagnóstico de TDM é feito a partir da identificação de humor deprimido (ou humor irritável, no caso de crianças) ou perda de interesse e prazer a maior parte do dia, quase todos os dias, durante pelo menos 2 semanas. Esses sintomas são seguidos de ao menos quatro das seguintes manifestações, observadas quase todos os dias: alterações (aumento ou diminuição) no apetite ou dificuldade em obter o peso esperado; alterações no sono (insônia ou hipersonia); agitação ou retardo psicomotor; fadiga ou perda de energia; sentimentos de inutilidade ou culpa excessivos; capacidade diminuída de pensar ou concentrar-se; pensamentos recorrentes de morte, ideação suicida sem plano ou histórico de tentativa de suicídio. Os sintomas são relativamente semelhantes em adultos e crianças, sendo que algumas sutilezas devem ser consideradas (APA, 2014).

O Transtorno Depressivo Persistente (TDP) é considerado a consolidação do TDM crônico e é o equivalente ao transtorno distímico descrito na versão anterior do DSM. Nos Estados Unidos, segundo a última versão do DSM, a prevalência do TDP foi de 0,5% e a de TDM Crônico de

1,5%. Assim como o TDM, o TDP é caracterizado pelo humor deprimido durante a maior parte do dia, em quase todos os dias durante pelo menos 2 anos. Em crianças, o transtorno manifesta-se principalmente como humor irritável e deve ter a duração mínima de um ano. Além do humor deprimido, o indivíduo deve apresentar, concomitantemente, duas ou mais das seguintes características: aumento ou diminuição no apetite; dificuldades para dormir (menos ou excessivamente mais do que o habitual); menor energia ou fadiga; baixa autoestima; dificuldades em concentrar-se ou tomar decisões e sentir desesperança. A depressão maior pode anteceder o transtorno depressivo persistente, e os episódios depressivos maiores também podem estar presentes no TDP. Quando o indivíduo apresenta sintomas para diagnóstico de TDM por mais de 2 anos, tanto o diagnóstico de TDM quanto o de TDP são atribuídos (APA, 2014; Weis, 2017).

Transtornos Disruptivos, do Controle de Impulsos e da Conduta

Na seção denominada Transtornos Disruptivos, do Controle de Impulsos e da Conduta no DSM-V (APA, 2014) estão incluídos o Transtorno de Oposição Desafiante, o Transtorno Explosivo Intermitente, o Transtorno da Conduta e o Transtorno da Personalidade Antissocial. As taxas de prevalência do Transtorno de Conduta (TC) variam entre 1% e 10% e as do Transtorno de Oposição Desafiante (TOD), entre 2 e 16%, sendo os transtornos disruptivos mais comuns.

O TOD é um padrão de humor raivoso/irritável, de comportamento questionador/desafiante ou índole vingativa com duração de pelo menos 6 meses, exibido na interação com pelo menos um indivíduo que não seja um irmão (APA, 2014). As manifestações clínicas envolvem desafio, hostilidade e negativismo. Existe evidência com relação à alta comorbidade entre TOD e Transtornos de Déficit de Atenção e Hiperatividade, por questões etiológicas e de aprendizagem (Hautmann et al., 2008), o que pode dificultar o diagnóstico de ambos os transtornos.

O Transtorno da Conduta caracteriza-se por um padrão repetitivo e persistente de comportamento no qual são violados os direitos básicos dos outros ou normas ou regras sociais importantes apropriadas à idade, os critérios diagnósticos são divididos em agressão a pessoas ou animais; destruição de propriedade; defraudação ou furto; e sérias violações a regras. O DSM-5 (APA, 2014) introduziu um especificador nesse diagnóstico denominado "emoções pró-sociais limitadas". O especificador aplica-se aos indivíduos com um padrão mais grave de comportamento caracterizado por um estilo interpessoal insensível e sem emoção, em várias configurações e relações. Do ponto de vista desenvolvimental, o TOD é um fator de risco para a ocorrência de Transtorno Conduta posteriormente e, nesse sentido, se configura como um agravamento dos problemas de comportamento da infância para a adolescência (Hamilton & Armando, 2008). Tanto o TOD quanto o Transtorno da Conduta envolvem manifestações clínicas consideradas problemas de externalização e são uma importante razão para a busca de serviços de saúde mental em crianças e adolescentes (Garland et al., 2001).

Avaliação empiricamente baseada

Ao contrário da avaliação baseada em diagnóstico, a avaliação empiricamente baseada é dimensional, partindo do pressuposto da atribuição de escores para descritores específicos do funcionamento da criança. Esses escores são posteriormente adicionados às escalas que avaliam psicopatologia e funcionamento geral da população infantojuvenil, e os escores individuais de cada criança podem ser comparados aos escores da amostra normativa. Esta comparação serve para indicar o nível de desvio da pessoa avaliada em relação à média da população com as mesmas características. Os escores são avaliados por meio de escalas e questionários, que apresentam tanto vantagens quanto desvantagens em seu uso. As vantagens de avaliar os comportamentos, emoções e cognições de crianças e adolescentes por meio dessas ferramentas é, principalmente, a possibilidade de obter informações sobre a criança referentes a longos períodos e a comportamentos que talvez ela não emitisse e não pudessem ser avaliados sob observação clínica. As desvantagens desse tipo de instrumento podem ser a diferença entre os aplicadores; flexibilização ou severidade nas classificações, erros de contraste com outras crianças, vieses decorrentes de episódios recentes de problemas comportamentais, dentre outros.

Este tipo de avaliação também permite a coleta de dados de relevância ecológica, ao invés de apenas dados de precisão e fidedignidade. Essa relevância ecológica se dá pela possibilidade desses instrumentos serem respondidos por pais, professores e outros cuidadores importantes da vida da criança, permitindo ao avaliador uma visão contextual do problema apresentado. Existem dois conjuntos de instrumentos para avaliação dimensional que são mais frequentemente utilizados: o *Achenbach System of Empirically Based Assessment* (Aseba) (Achenbach & Rescorla, 2000) e o *Strengths and Difficulties Questionnaire* (SDQ) (Goodman, 1997). O SDQ é um instrumento, enquanto o Aseba é um sistema de avaliação que investiga a partir da perspectiva da avaliação empiricamente baseada, tanto

os problemas apresentados pela criança quanto suas características preservadas e positivas. Ainda, os formulários de cada conjunto são breves e servem de instrumentos de rastreio de transtornos mentais mais graves. Essas características associadas à facilidade de administração e as traduções do instrumento para diversos idiomas têm aumentado o uso desse tipo de medida em diversas culturas diferentes.

A avaliação empiricamente baseada fornece uma classificação dos sintomas em crianças e adolescentes amplamente utilizada principalmente em *settings* clínicos e escolares. Essa classificação foi apresentada pela primeira vez em 1966 por Thomas Achenbach como o conjunto de um *continuum* bipolar entre internalização *versus* externalização e outro conjunto de diversas síndromes semelhantes a modelos diagnósticos tradicionais ou problemas comuns a certos estágios do desenvolvimento. O primeiro conjunto, representado pelo primeiro fator principal encontrado no estudo de Achenbach (1966, apud Achenbach, 2016), derivou de um conjunto de dados de 600 crianças, e refletia as manifestações sintomáticas tanto de conflitos com o ambiente (síndromes internalizantes) quanto de problemas com o *Self* (problemas internalizantes). Os principais conjuntos de comportamentos do fator externalização foram desobediência, luta, mentiras, comportamentos destrutivos, vandalismo, dentre outros. Já o fator internalização engloba as manifestações fóbicas, obsessões, somatizações, depressão, ansiedade, medos. Esse modelo dicotômico de compreensão dos transtornos mentais é valorizado principalmente pela possibilidade de guiar tanto a prática clínica quanto a pesquisa pensando na associação entre diagnósticos e apresentação de características saudáveis ou positivas concomitantemente aos sintomas (Achenbach & Rescorla, 2016).

O principal objetivo deste capítulo é apresentar os tipos existentes de avaliação e os desdobramentos possíveis de cada um deles, entendendo-se que o tema não será esgotado. Por um lado, tem-se que a disponibilidade de um modelo de avaliação baseado em diagnóstico é útil por diversas razões, a principal é consistência entre diagnósticos de diferentes pacientes para um mesmo transtorno, considerando que os mesmos critérios serão utilizados. Além disso, a avaliação baseada em diagnóstico facilita a comunicação entre diferentes profissionais da saúde, uma vez que unifica a linguagem de sinais e sintomas dos transtornos. Os benefícios não são restritos a esta forma de avaliação. A avaliação empiricamente baseada contribui significativamente para a avaliação de transtornos mentais comuns no desenvolvimento infantojuvenil ao propor a visão contextual e idiossincrática do transtorno, ainda que utilizando o referencial de uma amostra normativa. Além disso, o conjunto de ferramentas oriundo deste modelo de avaliação facilita a prática profissional, uma vez que possibilita o acesso a dados que não seriam obtidos apenas com observação clínica, por exemplo, por contemplarem dados de datas anteriores ao momento da avaliação. Assim, entende-se que os modelos podem não ser essencialmente complementares, não dependendo um do outro para identificação dos transtornos, mas auxiliam o profissional em sua prática clínica ao proporcionar critérios e instrumentos padronizados que possibilitam o diagnóstico baseado em extensas pesquisas clínicas.

Considerações acerca da avaliação diagnóstica na infância e na adolescência

A avaliação de crianças e de adolescentes envolve processos específicos que serão abordados ao longo deste livro. No entanto, com relação ao diagnóstico de transtornos mentais, algumas considerações parecem necessárias. Crianças e adolescentes são indivíduos em pleno desenvolvimento com mudanças cognitivas, motoras, emocionais e comportamentais que acontecem em um curto espaço de tempo. Alguns comportamentos típicos podem, inadvertidamente, serem considerados atípicos por pais, professores ou clínicos. Por exemplo, comportamentos de afirmação ou busca por autonomia podem ser interpretados como desafio ou oposição; ou comportamentos de exploração de um ambiente ou excitação com novidades podem ser interpretados como agitação ou hiperatividade. Em uma direção diferente, mas importante da mesma forma, transtornos internalizantes como ansiedade e depressão podem levar mais tempo para serem identificados como problemas de saúde mental por, em geral, impactarem menos o ambiente social; são crianças que "não incomodam".

A avaliação diagnóstica deve incluir múltiplos informantes e técnicas apropriadas à idade e à capacitação do profissional que realizará a avaliação. A inclusão de diferentes informantes como a própria criança, pais, professores ou outras pessoas que convivem com a criança, como avós, ajudam a compor um panorama mais amplo dos problemas apresentados e a identificar variáveis ambientais que podem afetar seu comportamento. Por exemplo, não é incomum observarmos crianças que manifestam comportamento inibido e de esquiva na escola, mas não o manifesta na família ou com amigos próximos; ou ainda, adolescentes que possuem comportamento desafiador com os pais, mas não com professores.

É necessário, também, que os instrumentos estejam adequados à idade da criança ou do adolescente, às habilidades de avaliação do profissional e à gravidade do transtorno, uma vez que, em indivíduos com gravidade moderada a grave, o uso de instrumentos que demandem funções verbais pode ser inadequado ou ineficiente. As técnicas diagnósticas devem permitir, ainda, a avaliação da existência de transtornos concomitantes que influenciem a comunicação, linguagem e/ou a função motora ou sensorial do indivíduo.

Por fim, é desejável que a avaliação envolva aspectos não psicológicos e que, portanto, devem ser realizadas por outros profissionais, como médicos, fonoaudiólogos, entre outros, com os quais o psicólogo deve estar em contato, preferencialmente para a realização de um trabalho em conjunto. Além disso, quando possível, a observação naturalística, ou seja, da criança em seu ambiente natural, pode ser bastante útil para a identificação das potencialidades e dificuldades da criança sem depender do relato verbal de um informante.

Nas últimas décadas, esforços têm sido empenhados para identificar e ajudar crianças cujos problemas comportamentais e emocionais prejudicam o seu funcionamento. Muitas das pesquisas multiculturais sobre psicopatologia infantil têm sido geradas por abordagens diagnósticas e empiricamente baseadas. As principais pesquisas ocorrem em culturas economicamente desenvolvidas, no entanto, uma compreensão mais ampla dos problemas infantis ao redor do mundo exige esforços de pesquisa, de desenvolvimento de instrumentos e intervenção que incluam todas as culturas (Achenbach, 2007).

Referências

Achenbach, T. M., & Rescorla, L. A. (2000). *Manual for the Aseba School-Age Forms & Profiles*. University of Vermont, Research Center for Children, Youth & Families.

Achenbach, T. M., & Rescorla, L. A. (2007). *Multicultural supplement to the Manual for the Aseba School-Age Forms & Profiles*. University of Vermont, Research Center for Children, Youth & Families.

Achenbach, T. M., & Rescorla, L. A. (2016). Developmental issues in assessment, taxonomy, and diagnosis of psychopathology: Life span and multicultural perspectives. *Developmental Psychopathology*, 1-48.

American Psychiatric Association. (1994). *Diagnostic and statistical manual of mental disorders* (4. ed.). American Psychiatric Association.

American Psychiatric Association. (2014). *Manual diagnóstico e estatístico de transtornos mentais: DSM-5*. Artmed.

Araújo, A. C., & Neto, F. L. (2014). A nova classificação americana para os transtornos mentais, o DSM-5.

Revista Brasileira de Terapia Comportamental e Cognitiva, 16(1), 67-82. https://doi.org/10.31505/rbtcc.v16i1.659

Baio, J., Wiggins, L., Christensen, D. L., Maenner, M. J., Daniels, J., Warren, Z., ... & Durkin, M. S. (2018). Prevalence of autism spectrum disorder among children aged 8 years: Autism and developmental disabilities monitoring network, 11 sites, United States, 2014. *MMWR Surveillance Summaries*, 67(6), 1. https://doi.org/10.15585/mmwr.ss6706a1

Barkley, R. A. (2013). *Taking charge of ADHD: The complete, authoritative guide for parents*. Guilford.

Barlow, D. H., Conklin, L. R., & Bentley, K. H. (2015). Psychological treatments for panic disorders, phobias, and social and generalized anxiety disorders. In P. E. Nathan & J. M. Gorman (eds.), *A guide to treatments that work* (pp. 409-461). Oxford University Press.

Bird, H. (1996). Epidemiology of childhood disorders in cross-cultural context. *Journal of Child Psychology and Psychiatry*, 37, 35-49.

Birmaher, B., & Brent, D. A. (2015). Depressive and disruptive mood regulation disorders. In M. K. Dulcan (ed.), *Dulcan's textbook of child and adolescent psychiatry* (pp. 245-276). American Psychiatric Publishing.

Black, M. M., Walker, S. P., Fernald, L. C., Andersen, C. T., DiGirolamo, A. M., Lu, C., ... & Devercelli, A. E. (2017). Early childhood development coming of age: Science through the life course. *The Lancet, 389*(10064), 77-90.

Cecil, C. A., Viding, E., Fearon, P., Glaser, D., & McCrory, E. J. (2017). Disentangling the mental health impact of child abuse and neglect. *Child Abuse & Neglect, 63*, 106-119.

Couto, M. C. V., Duarte, C. S., & Delgado, P. G. G. (2008). A saúde mental infantil na Saúde Pública brasileira: Situação atual e desafios. *Brazilian Journal of Psychiatry, 30*(4), 384-389.

Dorneles, B. V., Corso, L. V., Costa, A. C., Pisacco, N. M. T., Sperafico, Y. L. S., & Rohde, L. A. P. (2014). Impacto do DSM-5 no diagnóstico de transtornos de aprendizagem em crianças e adolescentes com TDAH: Um estudo de prevalência. *Psicologia: Reflexão e Crítica, 27*(4), 759-767. https://doi.org/10.1590/1678-7153.2014274167

Evans, G. W.; Kim, P. (2013). Childhood poverty, chronic stress, self-regulation, and coping. *Child Development Perspect, 7*, 43-48.

Garland, A. F., Hough, R. L., McCabe, K. M., Yeh, M. A. Y., Wood, P. A., & Aarons, G. A. (2001). Prevalence of psychiatric disorders in youths across five sectors of care. *Journal of the American Academy of Child & Adolescent Psychiatry, 40*(4), 409-418.

Hamilton, S. S.; Armando, J. (2008). Oppositional defiant disorder. *American Family Physician, 78*(7), 861-866.

Hautmann, C., Hanish, C., Mayer, I., Plurck, J., & Dopfner, M. (2008). Effectiveness of the prevention program for externalizing problem behaviour (PEP) in children with symptoms of attention deficit/hyperactivity disorder and oppositional defiant disorder generalization to the real world. *Journal of Neural Transmission, 115*(2), 363-370.

La Maison, C., Munhoz, T. N., Santos, I. S., Anselmi, L., Barros, F. C., & Matijasevich, A. (2018). Prevalence and risk factors of psychiatric disorders in early adolescence: 2004 Pelotas (Brazil) birth cohort. *Social Psychiatry and Psychiatric Epidemiology, 53*(7), 685-697.

McLaughlin, K. A., & Sheridan, M. A. (2016). Beyond cumulative risk: A dimensional approach to childhood adversity. *Current Directions in Psychological Science, 25*, 239-245. http://dx.doi.org/10.1177/0963721416655883

Miller, A. B., Sheridan, M. A., Hanson, J. L., McLaughlin, K. A., Bates, J. E., Lansford, J. E., ... & Dodge, K. A. (2018). Dimensions of deprivation and threat, psychopathology, and potential mediators: A multi-year longitudinal analysis. *Journal of abnormal psychology, 127*(2), 160.

Morais, R. L. S., Carvalho, A. M., & Magalhães, L. C. (2016). O contexto ambiental e o desenvolvimento na primeira infância: Estudos brasileiros. *Journal of Physical Education, 27*(1).

Oliveira, I. R., Matos-Ragazzo, A. C., Zhang, Y., Vasconcelos, N. M., Velasquez, M. L., Reis, D., ... & Cecil, C. A. (2018). Disentangling the mental health impact of childhood abuse and neglect: A replication and extension study in a Brazilian sample of high-risk youth. *Child abuse & neglect, 80*, 312-323. https://doi.org/10.1016/j.chiabu.2018.03.021

Organização Mundial da Saúde (2019) *Classificação estatística internacional de doenças e problemas relacionados à saúde* (11. ed.). https://icd.who.int/

Organização Pan-Americana de Saúde. (2019, set.). *Saúde mental dos adolescentes.* https://www.paho.org/bra/index.php?option=com_content&view=article&id=5779:folha-informativa-saude-mental-dos-adolescentes&Itemid=839

O'Reilly, L. M., Pettersson, E., Quinn, P. D., Klonsky, E. D., Lundström, S., Larsson, H., ... & D'Onofrio, B. M. (2020). The association between general childhood psychopathology and adolescent suicide attempt and self-harm: A prospective, population-based twin study. *Journal of Abnormal Psychology, 129*(4), 364-375.

Petresco, S., Anselmi, L., Santos, I. S., Barros, A. J., Fleitlich-Bilyk, B., Barros, F. C., & Matijasevich, A.

(2014). Prevalence and comorbidity of psychiatric disorders among 6-year-old children: 2004 Pelotas Birth Cohort. *Social Psychiatry and Psychiatric Epidemiology, 49*(6), 975-983.

Silva, M. A., Bandeira, D. R., & Yates, D. B. (2019). Conceitos e procedimentos de avaliação psicológica e neuropsicológica no CAP-UFRGS. In D. B. Yates, M. A. Silva, D. R. Bandeira. *Avaliação psicológica e desenvolvimento humano: Casos clínicos* (pp. 5-21). Hogrefe.

Sturmey, P. (2014). Adaptive behavior. In P. Sturmey, & R. Didden (eds.), *Evidence based practice and intellectual disabilities* (pp. 29-60). Wiley.

Thiengo, D. L., Cavalcante, M. T., & Lovisi, G. M. (2014). Prevalência de transtornos mentais entre crianças e adolescentes e fatores associados: Uma revisão sistemática. *Jornal Brasileiro de Psiquiatria, 63*(4), 360-372. http://dx.doi.org/10.1590/0047-2085000000046

Weis, R. (2017). *Introduction to abnormal child and adolescent psychology*. Sage.

3
Teoria do apego

Conceituação, pesquisas e avaliação na infância e adolescência

Makilim Nunes Baptista
Gustavo Kastien Tartaro
Evandro de Morais Peixoto
Universidade São Francisco

Highlights

- Revisões teóricas têm apresentado associação entre apego e indicadores de saúde mental.
- Ao realizar a separação dos bebês de suas mães, não só os pequenos foram afetados, mas suas mães também sofreram.
- Adolescentes com a representação de apego seguro apresentaram maior autonomia e segurança nas relações.
- As primeiras relações com os cuidadores podem ser fundamentais no desenvolvimento de características psicológicas.
- No que concerne à avaliação do apego, pode-se encontrar uma infinidade de instrumentos e métodos.

Definido como a conexão psicológica entre as pessoas (Bowlby, 1969), o apego tem sido alvo de constantes estudos nas últimas décadas. Revisões teóricas têm apresentado associação entre apego e indicadores de saúde mental, construtos psicológicos facilitadores de relações interpessoais e inserção cultural (Cassidy et al., 2013). O objetivo deste capítulo é apresentar a teoria do apego, suas bases teóricas, pesquisas e avaliação relacionando com o período de desenvolvimento da infância e adolescência. Para tanto, organiza-se em diferentes etapas: antecedentes históricos que embasaram a formalização da teoria do apego, apresentação da proposta teórica desenvolvida por John Bowlby e a aplicabilidade das diferenças individuais nas categorias de apego e suas influências no desenvolvimento humano, mais especificamente durante a adolescência. Além disso, o capítulo pretende apresentar pro-

cedimentos e instrumentos para avaliação para este construto em crianças, adolescentes e também em adultos, pois, apesar da ênfase do apego nos primeiros anos de vida, ele se estende até o término da vida e seu desenvolvimento influenciará o curso da infância e adolescência à entrada na vida adulta (Waters et al., 2000).

Experimentos prévios da Teoria do Apego

Sobre o apego, ao longo de muito tempo defendeu-se a ideia de que os filhotes de determinada prole se fixavam a uma figura maior por necessidades alimentares, afinal, estes não eram capazes ou não possuíam maturidade suficiente para caçar o próprio alimento garantindo sua sobrevivência. Essa percepção começou a ser contestada a partir de uma série de experimentos propostos por Harlow (1958) e realizados com macacos da espécie *Rhesus*. Em um de seus experimentos mais reconhecidos, observou a interação de pequenos macacos separados de suas mães que foram substituídas por bonecos com aparência similar à de um primata, com a distinção de que um dos bonecos apresentava uma mamadeira embutida ao corpo (fonte de alimentação), e o outro, por sua vez, não possuía mamadeira, mas seu corpo era coberto com um material que se assemelhava a pelagem do animal, com uma lâmpada que o mantinha aquecido.

O pesquisador pôde documentar que, apesar de existir a busca do pequeno macaco por alimentação ao ter fome, havia maior conforto em contato com o boneco com pelagem. Na presença de estímulos aversivos (ruídos, agitação) ou de possíveis ameaças, os filhotes deixavam de explorar o ambiente para abraçar-se a este boneco peludo e quente, como se estivessem na presença de algo que lhes pudesse oferecer segurança. Dessa forma, Harlow (1958) chegou à conclusão de que as necessidades alimentares apresentavam menor impacto para o desenvolvimento afetivo e da vinculação quando comparadas ao conforto de contato.

Posteriormente Seay et al. (1962) conduziram experimentos com quatro bebês macacos (com tempo de vida de 170 a 206 dias), sendo estes separados de suas mães pelo período de 3 semanas. Os pesquisadores puderam observar que, mesmo após o reencontro dos bebês com suas mães, atitudes que indicavam protesto contra a separação continuavam presentes. Três dos quatro macacos apresentaram aumento nos comportamentos de proximidade como contato visual, abraços, mas um dos macacos apresentou comportamentos opostos, indicando evitação em relação à mãe.

A partir dos estudos com as primeiras relações entre os primatas surgiram alguns outros acerca do impacto da separação. Ainda com macacos bebês, Hinde e Spencer-Booth (1971) e Hinde e McGinnis (1977) trabalharam para favorecer a separação em uma pequena comunidade criada em ambiente controlado. Um grupo de bebês era separado do grupo familiar para ambiente isolado e estranho, outro grupo era apenas separado da mãe com a retirada desta do ambiente. Os autores puderam constatar que ao realizar a separação dos bebês de suas mães não só os pequenos foram afetados, mas suas mães também sofreram e apresentaram modificações comportamentais (com o passar do tempo após a reunião, as mães apresentaram diminuição na capacidade de responder às demandas de seus bebês e maior necessidade de reestabelecer contato com os outros membros do grupo).

Já os bebês deixados em um ambiente familiar no período em que as mães foram removidas mostraram comportamento de protesto breve e depois profundo desamparo, enquanto os bebês removidos para uma gaiola totalmente estranha apresentaram comportamento de protesto por mais tempo e maior agitação. Alguns efeitos dos procedimentos no relacionamento mãe-bebê resultaram em comportamentos de protesto ou evitação, intensificados em outras situações estressoras, sendo tal intensificação ainda percebida 2 anos depois do experimento (período em que os macacos foram acompanhados). Embora seja limitado comparar bebês macacos a bebês humanos, estes experimentos representam o curso evolutivo instintual, tanto do desenvolvimento social e cognitivo dos mamíferos primatas quanto da espécie humana. Dados semelhantes foram constatados em estudos com crianças humanas (Ainsworth et al.,

1978; Bowlby, 1952, 1973; Mineka & Suomi, 1978).

Dos macacos aos humanos: o desenvolvimento da teoria do apego

Os estudos supracitados com base na etologia (estudo do comportamento animal, em questão, com os pequenos macacos *Rhesus*) forneceram uma base empírica para o que viria a ser a teoria do apego. Os pilares teóricos conceituais da teoria do apego se sustentavam inicialmente por meio dos saberes provenientes dos campos da psicanálise, da psicologia cognitiva, da biologia evolucionista e da teoria dos sistemas de controle. Tais contribuições de matrizes conceituais distintas a constituíram como uma teoria diferenciada por tentar alinhar diferentes correntes conceituais para observar um único fenômeno, a vinculação, sendo posteriormente incorporada à psicologia do desenvolvimento humano (Bretherton, 1992).

Ainda em relação aos aspectos históricos, mencionar a teoria do apego sem citar John Bowlby seria injusto, pois o desenvolvimento deste construto psicológico tem ligação direta com o desenvolvimento profissional deste autor, sendo que sua carreira evoluiu partindo da prática clínica e pesquisas sobre os efeitos do cuidado materno nos bebês humanos. Apesar de fazer parte da Sociedade Britânica de Psicanálise ao longo de sua carreira, seus conceitos sobre essa relação destoavam bastante das visões psicanalíticas dominantes. Contrariando o pensamento de teóricos como Melanie Klein, que defendia as motivações internas ao psiquismo da criança, Bowlby concebia os relacionamentos externos como o modo pelo qual os pais interagiram com a criança estabelecendo fortes influências em seu desenvolvimento psicossocial no presente e no futuro (Hinde, 2016; Berrios & Freeman, 1991).

Em 1951, já como diretor do Hospital de Tavistock (Inglaterra) e consultor da Organização Mundial da Saúde, Bowlby (1952) redigiu um relatório contendo uma grande revisão bibliográfica dividida em duas partes sobre as evidências acerca da privação do contato com relações parentais. A primeira era direcionada a análises observacionais nas quais pôde-se constatar decréscimo de habilidades cognitivas e psicossociais em crianças privadas de contato, e a segunda contendo estudos retrospectivos (QI rebaixado, maior frequência de adoecimento, habilidades sociais reduzidas etc.), ressaltando o impacto posterior da separação precoce dos pais na adolescência. De modo geral, Bowlby alertou que as crianças privadas de seus pais corriam risco de sofrer de adoecimentos mentais e físicos. Considerando o período pós-Segunda Guerra Mundial, tais dados foram apresentados como uma preocupação significativa para os países europeus.

Para guiar a teoria do apego, Bowlby (1969) considerou outros aspectos do comportamento infantil e da interação mãe-bebê como atos que só poderiam ser compreendidos em termos da função evolutiva da espécie. Os humanos se adaptaram à vida moderna, mas carregam traços filogenéticos, como o medo da escuridão, reflexo de retirada (medo de cair) e especialmente a resistência sobre a separação da mãe. Para ele, o comportamento de busca por proximidade se trata de algo adaptativo: a proteção materna teria sido crucial para evitar a fome, a exposição e os ataques de predadores.

Seguindo esta mesma lógica, o choro e o contato visual estabelecidos pelos bebês com os cuidadores têm, provavelmente, funções importantes nas fases iniciais da interação social e da sobrevivência, sendo adaptativos e modificados, tendo como um dos alvos a manutenção da proximidade da mãe ou cuidador como uma base segura para a exploração do meio (Bowlby, 1969). A abrangência de informações captadas pelo autor baseou-se em diferentes campos de estudos, além da Psicanálise, para o desenvolvimento de seu modelo conceitual, tais como biologia evolucionista, etologia, psicologia do desenvolvimento, ciências cognitivas e teoria dos sistemas de controle (Bowlby, 1980).

Essa abordagem múltipla de campos de estudos foi inserida na teoria do apego como o sistema de comportamento de apego, sendo ativada de forma coerente à necessidade do cuidado ofertado pela figura de apego em situações nas quais o indivíduo se sinta ameaçado. Dessa forma, o desenvolvimento do apego da criança à mãe depende de algumas variáveis como a capacidade de a mãe ser sensível e responder às necessidades da criança, sobretudo durante os primeiros meses de vida. Desse modo, ao estar diante de uma figura protetiva (base segura) a criança poderia explorar o ambiente e buscar a figura de apego em situações de potencial ameaça (Bowlby, 1969, 1980).

O comportamento oposto pode ser compreendido como ativação do sistema de comportamento exploratório, este por sua vez é dado pela diminuição da busca da criança pela figura de apego por não se sentir mais em risco. Ou seja, a diminuição do sistema de comportamento do apego indica que a criança está segura em relação ao meio, podendo deixar por alguns momentos de se preocupar com a proximidade ao cuidador, dedicando-se a outras atividades (Ainsworth et al., 1978; Bowlby, 1969, 1973, 1980).

Para a teoria do apego, o conforto e o contato são indispensáveis na formação do relacionamento mãe-bebê, exercendo influência em seu posterior desenvolvimento psicossocial. Apesar da necessidade de nutrição da criança, como nos experimentos de Harlow (1958) e demais estudos citados, este fator não possui o mesmo impacto que a proximidade de contato (Hinde & McGinnis, 1977; Hinde & Spencer-Booth, 1971; Mineka & Suomi, 1978; Seay et al., 1962). Obviamente, a nutrição nos primeiros anos e ao longo da vida é fundamental para um desenvolvimento saudável e maturação neurológica, mas não influencia diretamente a capacidade de o organismo se apegar. Mesmo crianças que sofrem maus-tratos e negligências praticados pelos próprios cuidadores são capazes de estabelecer relações de apego por eles (Bowlby, 1969, 1973, 1980; Cassidy, 2008). Tais aspectos implicam questões como a maleabilidade do apego, que permite que o comportamento de busca por proximidade se direcione não apenas à mãe, mas a qualquer figura capaz de ofertar a percepção, mesmo que momentânea, de segurança, a partir de ordem de preferência estabelecida.

Esta ordem de preferência e hierarquização ocorre após o amadurecimento neurológico e vivências ambientais da criança em suas primeiras fases de vida; esse comportamento passa a ser modificado de maneira sistemática se tornando cada vez mais complexo, fazendo com que o organismo incorpore modelos representacionais sobre si e sobre os outros (chamado por Bowlby de *working models*). Assim, a concepção de *Self* estabelece referência à representação mental que os sujeitos fazem de si mesmos, baseados na forma com que percebem o cuidado e o conteúdo que lhe são ofertados.

De modo bastante similar, criam-se as representações acerca do mundo e dos outros, o que envolve hipóteses e expectativas acerca do outro, sobre como será tratado ou percebido pelos agentes sociais. Essas características dinâmicas permitem que padrões de apego sejam adaptativos, embora algumas pessoas possam demonstrar padrões estáveis para os relacionamentos. Alguns estilos de apego são passíveis de modificações mediante situações e vivências ao longo da vida, neste aspecto, são variáveis que exercem influência: estilo parental, a vivência com parceiros íntimos na adolescência e os relacionamentos na vida adulta, além de aspectos neurobiológicos e da personalidade (Fraley, 2016; Fonagy et al., 2011).

As pessoas dizem ser mais apegadas ou menos apegadas a outras pessoas, além de ser evidente que existem tipos de apego e até mesmo apego a coisas específicas, tais como objetos, animais de estimação dentre outros. No entanto, o intuito deste capítulo é abordar padrões de apego a outras figuras humanas de maneira geral e apresentar alguns dos possíveis estilos ou padrões. Após a afirmação da importância que o apego possui durante as fases iniciais de desenvolvimento, trabalho este empreitado por Bowlby (1969, 1973, 1980), cria-se a necessidade de sistematizações dos possíveis estilos.

Padrões de apego

É possível que as pessoas demonstrem estilos de apegos diferentes, mas o instinto de apego é algo compartilhado em algumas espécies (p. ex., mamíferos, aves). A ideia de instinto de apego, segundo Bowlby (1969) em concordância com Cassidy (2008), não é compreendido como na mesma perspectiva dos comportamentos reflexos (p. ex., dilatação da pupila, reflexo de Babinski, preensão palmar, dentre outros). O instinto de apego é compreendido como capaci-

dade inata de apegar-se, sendo algo com importância evolutiva para a espécie. Mesmo crianças que apresentam transtornos de desenvolvimento como autismo e espectro autista apresentam estilos de apego e elevada vinculação com a mãe (Sanini et al., 2008).

Em uma perspectiva experimental observacional, Mary Ainsworth foi a pioneira ao iniciar, no final da década de 1960, estudos com crianças e mães a exemplo do *"The Strange Situation Procedure"*, que consistia na observação da reação da criança em relação ao ato de explorar o ambiente na presença da mãe e na ausência da mãe e em seu retorno, servindo estes estudos para as primeiras classificações sistemáticas dos estilos de apego. As primeiras classificações de apego foram nomeadas por Ainsworth et al. (1978) de apego seguro, apego ansioso, apego evitante ou evitativo, resistente/ambivalente, as quais serão abordadas sequencialmente.

Estas classificações estabelecidas por Ainsworth passaram a ser concebidas a partir de três estilos principais de apego, sendo eles: seguro, ansioso e evitativo. Assim, ao pesquisar sobre os estilos de apego é muito frequente encontrar uma grande distinção geral entre apego seguro e o inseguro, compreendendo os estilos evitativo e ansioso, unindo o ambivalente a este último.

Crianças classificadas com estilo de apego seguro, ao passarem pela separação exploravam o ambiente, despreocupadas, protestavam durante a separação, mas no momento de reunião se acalmavam e voltavam a explorar o ambiente, despreocupadas. Já as crianças que apresentaram o estilo de apego ansioso ao ficarem distantes de suas mães, demonstravam agitação, comportamentos de protesto como choro e procura incessante pela mãe e os comportamentos continuavam mesmo na presença da mãe. As crianças com apego evitativo, no retorno da mãe ao ambiente experimental, demonstravam-se esquivas, rejeitando ou ignorando a proximidade física. Por fim, as crianças resistentes/ambivalentes demonstravam ansiedade em relação à ausência da mãe, e ao retornar o contato com esta estabeleciam aproximação com hostilidade e atitudes raivosas, como se desejassem contato; mas, ao mesmo tempo, a rejeitavam (Ainsworth et al., 1978).

Com o tempo surgiram críticas a este modelo, uma vez que as classificações possíveis acerca dos estilos de apego poderiam ser amplas demais (Collins & Read, 1990). Bowlby (1980) em seu último volume lança mão de uma variada gama de estilos de apego possíveis, o que demandou a necessidade de sistematização. A exemplo, Bartholomew e Horowitz (1991) distinguem os estilos de apego com base no modelo de funcionamento interno, envolvendo a percepção de si, e a percepção sobre os outros, resultando nos estilos: seguro, temeroso, preocupado e desinvestido.

Figura 1
Modelos de apego adaptado de Bartholomew e Horowitz (1991, p. 139)

Seguindo o exemplo apresentado na figura 1, o estilo de apego seguro envolve uma percepção positiva de si e dos outros, o que sugere baixo nível de ansiedade e evitação na interação do sujeito com o ambiente e relação com a figura de apego. O indivíduo com uma vinculação segura é capaz de explorar o meio despreocupadamente e acessar a figura de apego em momentos de necessidade.

O estilo preocupado apresenta visão negativa de si (*Self*), porém, sua percepção em relação aos outros é positiva. Desse modo, o outro está em um nível diferenciado quando comparado ao próprio indivíduo. Esse estilo é marcado por alta ansiedade e baixa evitação – traduzida em comportamentos desesperados por aprovação. O estilo temeroso, assim como o preocupado, é referente a um modo de vinculação insegura, com a distinção de que o padrão temeroso apresenta tanto uma visão negativa de si quanto dos outros, resultando em alta ansiedade e alta evitação (diferentemente do estilo preocupado como visto). Por último, como exemplificado na figura 1, há o estilo de apego desinvestido. Este estilo de apego apresenta uma percepção positiva de si, mas não dos outros, que por sua vez gera maior distanciamento, evitação e baixa ansiedade em relação à interação, afinal, a visão de si é positiva e há pouco investimento no contato físico e íntimo com os outros.

Há ainda outro estilo de apego, não incluso nesta sistematização, que vale a pena ser mencionado. O estilo desorganizado é enfatizado por Main e Solomon (1986), já que os autores notaram que este estilo de vinculação sugere o histórico de oferta de cuidado ameaçadora durante os primeiros anos de desenvolvimento, por exemplo: ameaças frequentes a segurança física, exposição a abusos físicos, sexual e/ou psicológico, negligência dentre outras situações que colocam em dúvida a segurança projetada por parte da criança no cuidador. O desenvolvimento desta categoria de apego, para os autores, indica uma vinculação dos cuidadores com seus próprios pais malresolvida, exageradamente conflituosa, atuando como um resquício negativo diante do cuidado a que são responsáveis (Dykas et al., 2010).

É possível que a maneira mais convincente teoricamente pela qual as experiências iniciais de apego possam influenciar o desenvolvimento posterior da personalidade seja por meio de seus efeitos nos modelos de trabalho interno, o citado *"working models"*, como proposto por Bowlby (1969, 1973, 1980). Segundo o autor, os padrões de interação criança-cuidador são codificados na forma de conjuntos de crenças e expectativas sobre a probabilidade de outras pessoas fornecerem ajuda e nutrição quando necessário, sobre o grau em que o "eu" é visto por outras pessoas como digno de cuidado e afeto.

Relação entre apego, desenvolvimento e saúde mental

As crianças em que os cuidadores são consistentemente responsivos tendem, na adolescência e no início da idade adulta, a desenvolver esquemas positivos sobre si, sobre os outros e sobre os relacionamentos de maneira mais geral, o que aumenta a probabilidade de que vivenciem os relacionamentos posteriores com conforto e confiança. Nesta perspectiva, com base em Bowlby, as crianças cujos pais não são responsivos ou são negligentes, intrusivos ou ainda abusivos, desenvolvem representações mentais negativas, aumentando a probabilidade de que entrem em relacionamentos adultos com menos conforto e confiança e com menores perspectivas de estabilidade nos relacionamentos (Meyer & Pilkonis, 2005).

Mas apesar da importância dos mecanismos mediadores entre a parentalidade e a psicopatologia, é difícil afirmar a existência de influências diretas à personalidade em um sentido determinístico e absoluto. As experiências interpessoais significativas, como perda de um dos pais, melhorias na parentalidade, terapia, vivência conjugal, dentre outras, em momentos posteriores da vida, podem alterar o rumo entre ambiente e adaptação. Tentando responder à lacuna entre apego e persistência do estilo de apego ao longo da vida, Fraley (2016) analisou dados longitudinais de 25 estudos para examinar a maleabilidade do construto da infância até a idade adulta. O autor pôde verificar que os dados apresentam melhor encaixe a um modelo teórico prototípico, em que as representações iniciais permanecem pouco alteradas ao longo do desenvolvimento, sendo estável nos primeiros 19 anos de vida.

Para Holmes (2017) a própria dinâmica dos estilos de apego pode influenciar na adaptação ao meio, de modo que pessoas com padrões inseguros por apresentarem representações negativas sobre si e dos outros podem adotar estratégias psicossociais menos favoráveis. Por exemplo, um indivíduo com características de apego ansioso (incluindo ansioso/ambivalente) tende a apresentar comportamentos ligados à ansiedade e facilidade a se frustrar, o que pode aumentar seu risco para alguns transtornos de personalidade como transtorno de personalidade evitativa, obsessivo-compulsivo, personalidade dependente, limítrofe ou ainda histriônica. Aqueles com apego evitativo tendem a se sentir alheios aos outros, apresentar menor empatia, maior hostilidade, sugerindo que podem estar em risco de desenvolver personalidades antissociais, narcísicas ou paranoicas.

Já o apego desorganizado tende a estar vinculado a estratégias comportamentais incoerentes e estados de dissociação, sugerindo risco para distúrbios de personalidade limítrofe e possivelmente esquizotípico. As formas de apego inseguro precoces também podem afetar os indivíduos, interferindo na capacidade de estabelecer relacionamentos suportivos. O isolamento social resultante do padrão de vinculação e interação social podem constituir estressores patogênicos e dificultar a busca por apoio social. Vale a pena ressaltar que, além de bases dinâmicas de modelos representacionais, as relações precoces de apego podem afetar o desenvolvimento cerebral e neurológico, deste modo, envolve as bases neurológicas da personalidade. Os relacionamentos precoces de apego também podem determinar o aprendizado e a capacidade posterior da criança para uma regulação eficaz das emoções (Fonagy et al., 2011; Hinde, 2016; Lyons-Ruth et al., 2016; Meyer & Pilkonis, 2005).

Apesar da ênfase teórica nas relações mãe e bebê, é comumente na adolescência que algumas fragilidades no padrão de cuidado e relacionamento ganham maior destaque, pois durante esta fase de desenvolvimento as emoções tornam-se mais intensas. A adolescência representa um período de transição desafiador, em que mudanças nos domínios bioló-

gico, emocional, cognitivo e social podem aumentar o risco de desenvolver problemas internalizantes, incluindo depressão e outras psicopatologias. O estilo de apego dos adolescentes, o suporte percebido e o funcionamento familiar podem aumentar o risco de psicopatologias ou reduzi-las (Baptista et al., 2001). Apesar do crescimento físico e mudanças no corpo do adolescente, a figura de apego ainda é importante para ofertar cuidado, proteção e auxílio em discriminar estados internos e emoções, ajudar a nomear sentimentos, lidar com situações conflituosas para as quais não está preparado, criação de limites e outras regulações externas nas quais o adulto serve de mediador (Rawatlal et al., 2015; Dykas et al., 2008).

Somado a esses fatores, a representação do apego nos adolescentes afeta a forma com que estabelecem ou deixam de estabelecer a relação com a autonomia. Desse modo, Dykas et al. (2010) observaram que adolescentes com a representação de apego seguro apresentaram maior autonomia e segurança nas relações e maior abertura que os adolescentes com estilos de vinculação insegura. As memórias acerca da relação com pais e pares são, geralmente, mais positivas. Já para o grupo de adolescentes com apego inseguro o processo de rememorar as relações também é um pouco mais difícil pela possibilidade de estarem em processo de recuperação de vivências incômodas. Um achado importante deste trabalho é que pais de adolescentes com apego inseguro, principalmente as mães de garotas desse grupo, apresentaram maior hostilidade na relação com as filhas.

Na estruturação familiar em suas mais diversas configurações, como em qualquer grupo de interação humana, podem existir conflitos; desse modo, é importante que haja manejo da situação. Doyle e Markewicz (2005), em estudo transversal com 175 adolescentes, observaram que o conflito conjugal esteve relacionado com os estilos de apego inseguros e comportamentos externalizantes desses adolescentes com a diminuição da autoestima e desempenho escolar.

Se, por um lado, é comum o comportamento de crianças pequenas de choro e birra para chamar a atenção, por outro, os adolescentes, ao se depararem com problemas no estabelecimento de comunicação com suas figuras de apego, podem se envolver em condutas de risco, abuso de substâncias e produzir outros sintomas com comportamentos danosos. Esses comportamentos podem ser voluntários ou ainda operar fora da consciência, a exemplo das desordens alimentares. Kuipers et al. (2016) realizaram um estudo em grupo controle com 51 adolescentes com bulimia e anorexia, sendo que o comportamento autolesivo foi associado ao estilo de apego inseguro, assim como transtorno de personalidade *borderline*, já que as estratégias pouco favoráveis presentes no estilo de apego inseguro influenciaram negativamente o enfrentamento de eventos estressores.

Estudando as correlações entre apego e personalidade com gêmeos, Eggert et al. (2007), com uma amostra de 85 gêmeas e trigêmeas, tiveram como resultado a associação entre estilos de apego inseguro com neuroticismo e desordens alimentares. O melhor preditor para as desordens alimentares foi a personalidade com elevação de traços de neuroticismo, tendo como

aspecto em comum o padrão de apego inseguro. Já a análise empírica realizada por Crawford et al. (2007) com 239 pares de gêmeos investigou a relação entre apego e transtornos da personalidade. Os achados relativos à amostra estudada indicaram um percentual de 40% hereditário na variação no apego inseguro ansioso; ou seja, tratava-se de algo compartilhado entre pessoas com a mesma carga genética, além do que, o estilo de apego evitativo foi mais influenciado pelas experiências ambientais não compartilhadas no ambiente familiar, como relações entre parceiros românticos e rejeição diferenciativa pelos cuidadores.

As pesquisas realizadas com o apego podem utilizar uma série de métodos de investigação diferentes para chegar às suas conclusões relatadas. Sendo assim, é verificável na literatura procedimentos de avaliação baseados em observações sistematizadas, instrumentos projetivos, entrevistas e escalas de auto ou heterorrelato nessas investigações, conforme será explicitado no próximo tópico.

Instrumentos para investigação do apego

No que concerne à avaliação do apego, pode-se encontrar uma infinidade de instrumentos e métodos, em sua grande maioria desenvolvidos no exterior, tanto direcionados para crianças quanto para adolescentes e adultos. Na tabela 1, pode-se observar alguns desses métodos de avaliação, listados pelo *National Collaborating Centre for Mental Health* (NICE, 2015).

Tabela 1
Instrumentos e procedimentos na avaliação do apego

Instrumento/procedimento	Idade	Formato	Local de aplicação	Tempo estimado
The Strange Situation Procedure – SSP (Ainsworth et al., 1973)	1-1.5	Observacional	Laboratório	45 minutos
Attachment Q-Sort – AQS (Waters & Deane, 1985)	1-4	Observacional	Casa	2-3 horas
Preschool Assessment of Attachment – PAA (Crittenden, 1992)	2-4	Observacional	Laboratório	Não informado
Cassidy–Marvin preschool attachment coding system – C-M (Cassidy & Marvin, 1988)	2-4	Observacional	Laboratório	Não informado
Manchester Child Attachment Story Task – MCAST (Green et al., 2000)	4-7	Histórias contadas pela criança	Não especificado	17 minutos
MacArthur Story Stem Battery – MSSB (Brerton et al., 1990)	4-7	Histórias contadas pela criança	Não especificado	45 minutos
Story Stem Assessment Profile – SSAP (Hodges, 2004)	4-7	Histórias contadas pela criança	Não especificado	2-3 horas
Separation Anxiety Test – SAT (Hansburg, 1972)	7-15	Histórias contadas pela criança	Não especificado	Não informado
Child Attachment Interview – CAI (Shmueli-Goetz et al., 2008)	7-15	Entrevista semiestruturada	Qualquer local silencioso e adequado	Não informado
School-age Assessment of Attachment – SAA (Crittenden et al., 2010)	6-12	Cartões de figuras usados para obter histórias de fantasia e episódios recordados	Qualquer local silencioso e adequado	17 minutos
Adult Attachment Interview – AAI (George et al., 1985) (a AAI também pode ser encontrada em uma versão para adolescentes)	>18	Entrevista semiestruturada semiclínica	Qualquer local silencioso e adequado	45 minutos

Fonte: Adaptado de Nice (2015).

Como já mencionado, Ainsworth et al., (1978) e sua equipe foram pioneiros ao realizar estudos observacionais da interação de suas mães e crianças, aplicando o procedimento que ficou conhecido como *"Strange Situation Procedure"* (SSP), resultando nas primeiras classificações de apego. Com o passar do tempo, no campo da teoria do apego, seja para finalidades terapêuticas ou de pesquisa, foram realizados avanços para além de estudos observacionais. Dessa forma, destacam-se outros três métodos principais: autorrelato, em que comumente se faz uso de escalas; entrevistas, em que o profissional avalia a partir de uma série de questões direcionadas e, por fim, os métodos projetivos, comumente compostos por pranchas contendo estímulos que levam o avaliando a produzir respostas, tal como o The Adult Attachment Projective Picture System, criado por George e West (2012). É possível ver na tabela 1 diversos métodos que utilizam a verbalização com crianças acima dos 4 a 7 anos de idade. Já pensando em crianças maiores ou adolescentes, existe a possibilidade de oferta de estímulos visuais, entrevistas ou alguns instrumentos de autorrelato.

Outros instrumentos, não presentes na tabela 1, precisaram passar por tradução e adaptação transcultural, como é o caso da Escala de Apego Materno-fetal (EAM) e da Experiences in Close Relationship (ECR). A EAM, criada inicialmente por Cranley (1981), é um instrumento de autorrelato que objetiva avaliar o apego materno-fetal com base em comportamentos, atitudes, sentimentos e expectativas da gestante em relação ao bebê, atribuindo-lhe características com base em expectativas, anseio por cuidado ou ainda em alguns casos, rejeição. Este instrumento é bastante importante, pois, como visto ao longo do capítulo, as relações iniciais entre o adulto cuidador e a criança podem gerar impactos na saúde mental da criança (Bowlby 1969, 1973, 1980; Ainsworth et al., 1978; Cassidy, 2008; Main & Solomon, 1986). A EAM passou por validação para o contexto brasileiro em um estudo de Feijó (1999).

A ECR é um instrumento voltado aos estilos de apego envolvidos nas relações de adultos, enfocando os estilos de apego seguro, ansioso e evitativo. É também um instrumento de autorrelato criado por Brennan et al. (1998), sendo um de seus estudos mais recentes na população brasileira o de Rocha et al. (2017), com o objetivo de avaliar as evidências de validade de estrutura interna desta escala, em uma amostra nacional, encontrando dois fatores para cada uma de suas subescalas direcionadas a mãe, pai, amigo e parceiro, com bons índices de confiabilidade (Coeficiente α de Cronbach entre 0,78 a 0,91 entre as escalas).

Há ainda uma das primeiras iniciativas de construção de um instrumento de avaliação psicológica para apego em adultos em desenvolvimento, como o caso da Escala Brasileira de Apego-Adulto (Ebrapeg-A), que está sendo desenvolvida pelo Laboratório de Avaliação Psicológica em Saúde Mental (LAPSaM) da Universidade São Francisco (Campinas-SP). A Ebrapeg-A tem como premissa a avaliação dos fatores apego Seguro, Desinvestido, Temeroso, Preocupado e Desorganizado, as evidências de validade baseadas no conteúdo dos itens foram investigadas. Os estudos acerca de outras propriedades psicométricas, como evidências de validade baseadas na estrutura interna, relações com outras variáveis e precisão encontram-se em andamento.

Interessante notar que variados métodos utilizados em pesquisas ou em ambientes clínicos podem servir a propósitos diferentes, faixas etárias diferentes, bem como podem possuir referenciais teóricos e fatores diferenciados. Sendo assim, é importante que o pesquisador/clínico tenha conhecimento sobre as origens teóricas de cada instrumento/método, bem como saiba compreender os aspectos psicométricos presentes no desenvolvimento das escalas, de modo a poder escolher a melhor forma de avaliar o fenômeno. Do ponto de vista clínico, quanto maior a abertura do profissional para lançar mão de multimétodos na avaliação, maior a possibilidade de obter dados mais completos e contextualizados sobre o caso em avaliação.

Considerações finais

No decorrer deste capítulo foi possível compreender a trajetória do desenvolvimento da Teoria do Apego, desde os experimentos realizados com primatas até sua generalização em experimentos com humanos. Diversas são as abordagens a respeito da existência de categorias de apego, sendo que diferentes autores compreendem os estilos de apego de maneiras distintas, inclusive utilizando nomenclaturas diferentes.

As pesquisas apresentadas demonstram o quanto as primeiras relações com os cuidadores podem ser fundamentais no desenvolvimento de características psicológicas durante o ciclo de desenvolvimento, não deixando de relevar outras questões também fundamentais no desenvolvimento humano, tais como a herdabilidade genética, o ambiente e demais características de personalidade. Do ponto de vista clínico, avaliar e compreender como se desenvolveram as primeiras relações do cliente/paciente com seus cuidadores podem auxiliar o profissional na compreensão dos relacionamentos atuais de seu cliente/paciente, bem como na relação estabelecida pela díade paciente/cliente-psicoterapeuta, uma vez que estas relações podem reatualizar padrões relacionais não elaborados no passado, o que pode configurar-se como material terapêutico a ser desenvolvido durante o processo.

Referências

Ainsworth, M. D. S., Blehar, M. C., Waters, E., & Wall, S. (1978). *Patterns of attachment: A psychological study of the strange situation*. Psycologic; Classical.

Baptista, M. N., Baptista, A. S. D., & Dias, R. R. (2001). Estrutura e suporte familiar como fatores de risco na depressão de adolescentes. *Psicologia: Ciência e Profissão, 21(2)*, 52-61. https://doi.org/10.1590/S1414-98932001000200007

Bartholomew, K., & Horowitz, L. M. (1991). Attachment styles among young adults: A test of a four-category model. *Journal of Personality and Social Psychology, 61(2)* 212-218. https://psycnet.apa.org/buy/1991-33075-001

Berrios, G. E., & Freeman, H. L. (eds.). (1991). *150 years of British psychiatry, 1841-1991* (vol. 1). Amer Psychiatric.

Bowlby, J. (1952). *Maternal care and mental health*. World Health Organization.

Bowlby, J. (1969). *Attachment and loss: Vol. 1. Attachment*. Basic Books.

Bowlby, J. (1973). *Attachment and loss: Vol. 2. Separation*. Basic Books.

Bowlby, J. (1980). *Attachment and loss: Vol. 3. Loss, sadness, and depression*. Basic Books.

Brennan, K. A., Clark, C. L., & Shaver, P. R. (1998). Self-report measurement of adult attachment: An integrative overview. In J. A. Simpson & W. S. Rholes (eds.), *Attachment theory and close relationships* (pp. 46-76). Guilford.

Bretherton, I. (1992). The origins of attachment theory: John Bowlby and Mary Ainsworth.

Developmental Psychology, 28(5), 759-775. https://doi.org/10.1037/0012-1649.28.5.759

Cassidy, J. (2008). *The nature of the child's ties*. In J. Cassidy & P. R. Shaver. Guilford.

Cassidy, J., Jones, J. D., & Shaver, P. R. (2013). Contributions of attachment theory and research: A framework for future research, translation, and policy. *Development and psychopathology, 25*(42), 1.415-1.434. https://doi.org/10.1017/S0954579413000692

Collins, N. L., & Read, S. J. (1990). Adult attachment, working models, and relationship quality in dating couples. *Journal of Personality and Social Psychology, 58*(4), 644-663.

Cranley, M. S. (1981). Development of a tool for the measurement of maternal attachment during pregnancy. *Nursing Research*, *30*(5), 281-284.

Crawford, T. N., Livesley, W. J., Jang, K. L., Shaver, P. R., Cohen, P., & Ganiban, J. (2007). Insecure attachment and personality disorder: A twin study of adults. *European Journal of Personality, 21*(2), 191-208. https://doi.org/10.1002/per.602

Doyle, A. B., & Markiewicz, D. (2005). Parenting, marital conflict and adjustment from early- to mid-adolescence: mediated by adolescent attachment style? *Journal of Youth and Adolescence, 34*(2), 97-110. https://doi.org/10.1007/s10964-005-3209-7

Dykas, M. J., Ziv, Y., & Cassidy, J. (2008). Attachment and peer relations in adolescence. *Attachment & Human Development, 10*(2), 123-141. https://doi.org/10.1080/14616730802113679

Dykas, M. J., Woodhouse, S. S., Ehrlich, K. B., & Cassidy, J. (2010). Do Adolescents and Parents Reconstruct Memories About Their Conflict as a Function of Adolescent Attachment? *Child Development, 81*(5), 1.445-1.459. https://doi.org/10.1111/j.1467-8624.2010.01484.x

Eggert, J., Levendosky, A., & Klump, K. (2007). Relationships among attachment styles, personality characteristics, and disordered eating. *International Journal of Eating Disorders, 40*(2), 149-155. https://doi.org/10.1002/eat.20351

Feijó, M. C. C. (1999). Validação brasileira da escala maternal-fetal attachment scale. *Arquivo Brasileiro de Psicologia, 51*(4), 52-62. https://pesquisa.bvsalud.org/portal/resource/pt/lil-278550?lang=es

Fonagy, P., Luyten, P., & Strathearn, L. (2011). Borderline personality disorder, mentalization, and the neurobiology of attachment. *Infant Mental Health Journal, 32*(1), 47-69.

Fraley, C. R. (2002). Attachment stability from infancy to adulthood: Meta-analysis and dynamic modeling of developmental mechanisms. *Personality and Social Psychology Review, 6*(2), 123-151. https://doi.org/10.1207/S15327957PSPR0602_03

George, C., & West, M. L. (2012). *The adult attachment projective picture system: Attachment theory and assessment in adults*. Guilford.

Harlow, H. F. (1958). The nature of love. *American Psychologist, 13*(12), 673-685. https://doi.org/10.1037/h0047884

Hinde, R. A. (2016). Ethology and attachment teory. In K. E. Grossmann, K. Grossmann & E. Waters. *Attachment from infancy to adulthood the major longitudinal* (pp. 151-170). Guildford.

Hinde, R. A., & McGinnis, L. (1977). Some factors influencing the effects of temporary mother-infant separation: Some experiments with rhesus monkeys. *Psychological Medicine, 7*(2), 197-212. https://doi.org/10.1017/S0033291700029275

Hinde, R. A., & Spencer-Booth, Y. (1971). Effects of brief separation from mother on rhesus monkeys. *Science, 173*(3992), 111-118. https://doi.org/10.1126/science.173.3992.111

Holmes, J. (2017). Attachment theory. *The Wiley-Blackwell Encyclopedia of Social Theory,* 1-3. https://doi.org/10.1002/9781118430873.est0235

Kuipers, G. S., Loenhout, Z. van, Ark, L. A. van der, & Bekker, M. H. J. (2016). Attachment insecurity, mentalization and their relation to symptoms in eating disorder patients. *Attachment & Human Development, 18*(3), 250-272. https://doi.org/10.1080/14616734.2015.1136660

Lyons-Ruth, K., Pechtel, P., Yoon, S. A., Anderson, C. M., & Teicher, M. H. (2016). Disorganized attachment in infancy predicts greater amygdala volume in adulthood. *Behavioural Brain Research, 308*, 83-93. https://doi.org/10.1016/j.bbr.2016.03.050

Main, M., & Solomon, J. (1986). *Discovery of an insecure-disorganized/disoriented attachment pattern*. In T. B. Brazelton & M. W. Yogman (eds.), Affective development in infancy (pp. 95-124). Ablex Publishing.

Meyer, B., & Pilkonis, P. A. (2005). An Attachment Model of Personality Disorders. In M. F. Lenzenweger & J. F. Clarkin (eds.), *Major theories of personality disorder* (pp. 231-281). Guilford.

Mineka, S., & Suomi, S. J. (1978). Social separation in monkeys. *Psychological Bulletin, 85*(6), 1.376-1.400. https://doi.org/10.1037/0033-2909.85.6.1376

Nice (org.). (2015). *Children's attachment: Attachment in children and young people who are adopted from care, in care or at high risk of going into care*. National Institute for Health and Care Excellence.

Rawatlal, N., Kliewer, W., & Pillay, B. J. (2015). Adolescent attachment, family functioning and depressive symptoms. *South African Journal of Psychiatry, 21*(3), 80-85. https://www.ajol.info/index.php/sajpsyc/article/view/125059

Rocha, G. M. A., Peixoto, E. M., Nakano, T. C., Motta, I. F., & Weithaeuper, D. (2017). The experiences in close relationships – Relationship Structures Questionnaire (ECR-RS): Validity evidence and reliability. *Psico-USF, 22*(1), 121-132. https://doi.org/10.1590/1413-82712017220111

Sanini, C., Ferreira, G. D., Souza, T. S., & Bosa, C. A. (2008). Comportamentos indicativos de apego em crianças com autismo. *Psicologia: Reflexão e Crítica, 21*(1), 60-65.

Seay, B., Hansen, E. and Harlow, H. F. (1962). Mother-infant separation in monkeys. *Journal of Child Psychology and Psychiatry, 3*(1), 123-132. https://doi.org/10.1111/j.1469-7610.1962.tb02047.x

Waters, E., Merrick, S., Treboux, D., Crowell, J., & Albersheim, L. (2000). Attachment Security in Infancy and Early Adulthood: A Twenty-Year Longitudinal Study. *Child Development, 71*(3), 684-689. https://doi.org/10.1111/1467-8624.00176

4
O processo de avaliação psicológica de crianças e adolescentes

Denise Ruschel Bandeira
Andréia Mello de Almeida Schneider
Beatriz Cancela Cattani
Universidade Federal do Rio Grande do Sul

Highlights

- A avaliação psicológica de crianças e adolescentes tem particularidades que a difere do processo avaliativo com adultos.
- O profissional deve conhecer as etapas do desenvolvimento normal, psicopatologia e psicometria.
- O profissional deve se capacitar constantemente sobre as técnicas e instrumentos específicos para uso com a referida faixa etária.
- Quando o processo de avaliação for on-line, devem ser utilizados instrumentos que tenham evidências para esse tipo de uso.
- O profissional deve sempre se questionar sobre o quanto realmente encontra-se preparado para conduzir um processo de avaliação psicológica.

Introdução

A realização de um processo de avaliação psicológica exige do psicólogo um grande conhecimento a respeito de teorias e métodos reconhecidos pela Ciência Psicológica. Os processos de avaliação psicológica podem acontecer em diferentes contextos, tais como a clínica, quando comumente é chamado de psicodiagnóstico e no Poder Judiciário, quando é chamada de perícia psicológica. É a partir do resultado de um processo de avaliação psicológica que decisões sobre o melhor encaminhamento ou indicações de conduta para uma criança ou um adolescente são tomadas. E, para garantir que esse processo seja idôneo e o mais isento possível do viés do psicólogo avaliador, o uso de testes psicológicos padronizados é importante. Eles são mais precisos, com mais estudos de evidências de validade, mais facilmente reproduzíveis e mais objetivos do que uma avaliação baseada somente em instrumentos e técnicas não padronizadas. Contudo, deve-se ressaltar que nem sempre o uso de testes é pertinente, necessário ou possível em um processo de avaliação psicológica (Kroeff et al., 2019). A pertinência e a necessidade devem ser avaliadas pelo psicólogo, porém a possibilidade de uso depende de outros fatores tais como a resistência do paciente em se submeter ao teste ou mesmo existência de testes com parecer favorável do Sistema de Avaliação de Testes Psicológicos (Satepsi). No caso de instrumentos para crianças pequenas e para aplicação no ambiente on-line, por exemplo, esta ainda é restrita, carecendo de mais pesquisas nessa área.

O contato inicial com a família e outros profissionais na avaliação psicológica de crianças e adolescentes

Aspectos legais e éticos

Ao conduzir um processo de avaliação psicológica com crianças e adolescentes, uma característica que o diferencia da avaliação psicológica com adultos é o fato de que o processo não se efetivará apenas com a participação do avaliando. Primeiramente, o consentimento dos pais ou responsáveis legais do menor de idade é imprescindível para dar início ao processo. Esta orientação está presente no artigo 8º do Código de Ética Profissional do Psicólogo (Cepp) para todo e qualquer atendimento de crianças e adolescentes (Conselho Federal de Psicologia [CFP], 2005) e é reforçada pela Resolução CFP n. 11/2018 (CFP, 2018) que aponta a necessidade de consentimento expresso de ao menos um dos responsáveis legais, quando o atendimento é on-line. Algumas dicas para elaboração de um Consentimento Informado estão presentes no e-book *Boas práticas para a avaliação psicológica on-line* (Schneider et al., 2020) e podem também servir como base para o atendimento presencial.

Entrevista com pais

As entrevistas iniciais com os responsáveis pela criança ou adolescente são importantes para compreender a demanda de avaliação e o ponto de vista deles acerca dessa demanda, além do seu entendimento sobre as características da criança ou do adolescente a ser avaliado. Também é importante para verificar o que os pais desejam saber ao final do processo de avaliação psicológica, além do que foi solicitado pelo profissional que fez o encaminhamento. Em situações nas quais os responsáveis do paciente não tenham mais contato ou relacionamento entre si (pais separados, p. ex.), o processo de avaliação psicológica pode transcorrer apenas com a autorização e participação de um dos responsáveis legais (CFP, 2005). Entretanto, a recomendação é que o profissional tente estabelecer contato com ambos desde o início do processo, já que, a partir da perspectiva de diferentes cuidadores (o que, salienta-se, pode diferir significativamente), o psicólogo terá acesso a uma maior diversidade de informações sobre a criança ou adolescente em avaliação.

Engajar os pais nas entrevistas iniciais auxilia no processo de avaliação psicológica, assim como nos encaminhamentos posteriores. São nesses primeiros encontros que ocorrem também as combinações necessárias para a realização do trabalho. O profissional deve explicar a importância de os responsáveis legais conversarem com seus filhos sobre a avaliação, em uma linguagem clara e acessível, de acordo com a idade do avaliando, pois isso facilita o engajamento nos encontros com o psicólogo. Com crianças pequenas, durante as entrevistas iniciais com os responsáveis, uma sugestão prática para o psicodiagnóstico, que entendemos como adequada para crianças até aproximadamente os 10 anos de idade, é o psicólogo emprestar para a família, na primeira entrevista com os responsáveis, o livro infantil *Preciso de um psicodiagnóstico: E agora?* (Wainstein & Bandeira, 2018). Em casa, os pais podem ler para a criança a história, antes do primeiro encontro desta com a psicóloga. Esse livro é um importante recurso que explica o que acontecerá durante o processo de avaliação psicológica. Inclusive, no primeiro encontro com a criança, o profissional pode abordar pontos acerca dos personagens da história, quebrando o gelo do contato inicial.

Outros informantes além dos pais

Além dos responsáveis, outras fontes de informação, tais como professores ou outros profissionais que acompanhem o avaliando (p. ex., fonoaudiólogos e neurologistas), podem ser importantes para se ter uma visão mais global do funcionamento da criança ou adolescente para obter informações específicas. Esses profissionais podem ser contatados logo após a primeira entrevista com os responsáveis e o primeiro encontro com a criança, a fim de não interferirem nas impressões iniciais do psicólogo. Nesse momento, as informações dadas por eles também podem auxiliar na elaboração de hipóteses e na costura dos dados que vão se apresentar ao longo do processo. Além disso, por vezes, esses profissionais podem ter informações que tenham sido distorcidas ou mesmo omitidas pelos pais do avaliando, especialmente quando há discordância dos responsáveis pela criança ou adolescente quanto à gravidade da queixa apresentada, o que requer atenção redobrada do psicólogo ao longo do processo avaliativo (Silva & Bandeira, 2016).

A busca por essas informações de outros profissionais pode ocorrer presencialmente, com a ida do profissional às instituições, consultórios ou serviços de saúde, ou de forma remota, por meio do uso de Tecnologias da Informação e Comunicação (TICs), desde que preservado o sigilo das informações. Quanto ao uso de TICs durante o processo de avaliação psicológica, recomendamos a leitura do artigo "Avaliação psicológica on-line: Considerações a partir da pandemia do novo coronavírus (Covid-19) para a prática e o ensino no contexto a distância" (Marasca et al., 2020)

que aborda peculiaridades e pontos de atenção ao usar as TICs na prática de avaliação psicológica.

Na esfera forense, tendo em vista que no processo de avaliação psicológica o juiz é o cliente do psicólogo (e não os sujeitos avaliados) (Rovinski, 2020), a demanda para a avaliação é proveniente das manifestações do magistrado nos autos. Ou seja, mesmo que os responsáveis constatem demandas diversas, será o juiz quem definirá o escopo do trabalho (p. ex., identificar o estado emocional dos genitores e da criança para determinações sobre a modalidade de guarda mais indicada). Já o contato com outros profissionais pode ocorrer na realidade forense assim como ocorre no contexto clínico, mas pode ser suprimido em função do reduzido tempo para a realização da avaliação e produção do laudo psicológico, que geralmente tem o prazo entre 30 e 60 dias. Contudo, maiores informações podem ser obtidas durante a leitura dos autos processuais, os quais o psicólogo tem acesso ao ser nomeado perito, ou no contato direto com o juiz do caso.

O contato com a criança ou adolescente

Seja no contexto forense ou no clínico, quando chega o momento de o profissional encontrar a criança ou adolescente, é preciso considerar uma adaptação do comportamento e da linguagem para que esteja de acordo com a idade do avaliando. Por exemplo, no atendimento de adolescentes que já não brincam, geralmente aqueles com idades entre 13 e 17 anos, pode ser interessante uma postura mais despojada por parte do psicólogo. Com crianças, talvez seja importante sentar-se no chão para realmente entrar e participar das brincadeiras e jogos. O profissional que deseja trabalhar com crianças precisa ter essa disponibilidade: sentar-se no chão, usar a fantasia, permitir-se envolver com a brincadeira, claro que sem perder o seu papel técnico no processo. Entende-se que esse tipo de apresentação do profissional pode fazer com que o avaliando sinta-se mais acolhido e torne-se mais colaborativo.

Conforme Krug et al. (2016), não existe um padrão único de condução desse tipo de encontro com a criança, mas os autores referem que é importante que o psicólogo acompanhe e se engaje no brincar. O brincar faz parte da rotina da criança e na avaliação psicológica ele também se mostra extremamente útil, possibilitando que se conheça a criança tanto em nível comportamental como emocional, cognitivo e motor. Deve-se utilizar jogos e brinquedos estruturados e não estruturados adequados para a faixa etária. O importante é que tenha objetos diversos que possam ser utilizados de formas diferentes.

No consultório particular, onde o profissional detém maior controle dos móveis e brinquedos disponíveis, isso pode ser mais simples do que no contexto forense, em que o psicólogo nem sempre sabe qual *setting* terá disponível para realizar o seu trabalho. Considerando que no judiciário nem todos os psicólogos peritos têm vínculo empregatício com o Tribunal de Justiça, a sala do foro destinada ao trabalho de avaliação psicológica não costuma contar com brinquedos, poltronas e outros recursos geralmente disponíveis em consultório. Desse modo, o psicólogo perito deve preparar-se levando seus próprios recursos.

No contexto em que se estiver, o psicólogo deve estar atento ao *setting* e ao controle de variáveis que podem interferir e comprometer a validade das informações obtidas. É importante garantir o sigilo profissional e a livre-manifestação do avaliando, sem o risco de interferência por outras pessoas ou mesmo instituições. Outro ponto em comum para qualquer um dos cenários, é que o profissional deve ter conhecimento sobre características pertinentes aos estágios de desenvolvimento humano, pois auxiliará o psicólogo a fazer inferências e a desenvolver hipóteses sobre os achados na avaliação tendo como fundamentação os marcos de desenvolvimento infantil e juvenil.

No primeiro encontro com a criança ou adolescente é fundamental que se inicie com uma conversa, ou *rapport*, explicando o que vai ocorrer e explorar o que já tem de conhecimento sobre a avaliação. Mesmo assim, alguns avaliandos, principalmente os que apresentam comportamento opositor, podem ter dificuldades no engajamento ao processo avaliativo. De qualquer modo, é fundamental que o psicólogo seja verdadeiro e coerente e explore com o avaliando o que ele gostaria de saber e conhecer sobre si ou, em outras palavras, quais as demandas de avaliação na visão dele. Entende-se que esse procedimento pode tornar o avaliando mais colaborativo e interessado em seguir os encaminhamentos posteriores.

A demanda, o objetivo e o construto

Os três pontos que compõem o título deste item são importantes no passo a passo do planejamento de um processo de avaliação psicológica (Schneider et al., 2020). Independentemente do contexto, seja ele clínico ou forense, o ponto de partida do profissional é a clareza quanto ao objetivo, ou seja, o que motivou a solicitação de uma avaliação psicológica. É a partir da demanda e do objetivo que teremos a indicação das características e do(s) construto(s) que deve(m) ser avaliado(s).

Quanto à demanda, é comum que a família que tem a criança ou o adolescente encaminhado para um processo avaliativo não tenha clareza sobre o que deve ser avaliado, até mesmo porque a família pode estar diretamente implicada no processo que gera as dificuldades apresentadas pela criança ou adolescente. Nesse sentido, é muito importante esclarecer junto ao solicitante o motivo pelo qual a avaliação psicológica está sendo requerida. No contexto clínico, o psicólogo pode entrar em contato com o profissional que fez o encaminhamento (p. ex., professor, médico, psicoterapeuta). No contexto forense, a demanda de avaliação será definida pelo magistrado, que indicará o que deverá ser investigado pelo psicólogo (Shine & Fernandes, 2020) e geralmente envolve perdas ou ganhos de direitos como a guarda de um filho ou a adoção de uma criança.

Quanto ao objetivo, uma forma de pensar sobre ele é formular uma ou mais perguntas a respeito do motivo que levou a criança ou adolescente até o psicólogo (Bandeira et al., 2016). Durante o processo de avaliação psicológica, essa(s) pergunta(s) indicará(ão) quais construtos deverão ser avaliados, as etapas do processo e a escolha dos instrumentos. A formulação da pergunta deve estar diretamente relacionada ao contexto no qual a avaliação será realizada. Por exemplo, na realidade forense é comum a solicitação para verificar o estado emocional de uma criança e de seus responsáveis (os litigantes) para auxiliar o juiz na sua decisão quanto à modalidade de guarda mais adequada para uma família (Shine & Fernandes, 2020).

Entretanto, apesar da importância da pergunta inicial, ela não deve, jamais, fechar as possibilidades de avaliação. Isso quer dizer que se a pergunta for sobre o estado emocional dos responsáveis e da criança em um contexto de disputa de guarda, sinais que apontem para um possível atraso no desenvolvimento, por exemplo, não devem passar despercebidos pelo psicólogo, devendo ser apontados no laudo psicológico, mesmo que não aprofundados, já que não seria o objetivo da avaliação psicológica.

O profissional deve estar atento a psicopatologias e características psicológicas que possam se confundir, sobrepor ou mesmo contradizer uma hipótese inicial. Por exemplo, com frequência crianças são encaminhadas para psicodiagnóstico por apresentarem dificuldade de aprendizagem. Essa dificuldade pode ser advinda de uma dificuldade cognitiva, de uma dificuldade afetivo-emocional ou mesmo os dois motivos simultaneamente. A partir das entrevistas iniciais, vão se colocando hipóteses e possíveis respostas a serem esclarecidas por meio do processo de avaliação psicológica. Os objetivos de cada avaliação, aliados ao contexto de cada avaliando, são muito diferentes entre si e requerem do psicólogo um entendimento específico sobre cada situação.

Quais instrumentos, métodos e técnicas usar?

Enquanto fonte fundamental de informação, de acordo com a Resolução CFP n. 9/2018 (CFP, 2018), a entrevista é uma técnica que permite entender a história prévia do avaliando e de sua família, as intervenções já realizadas e possíveis sintomas. Tem grande importância, pois possibilita o acesso a informações referentes à queixa ou aos motivos que levaram para a busca da avaliação (Serafini, 2016). Como é o ponto de partida para o planejamento do processo de avaliação psicológica, quanto mais informações coletadas nesse período, será melhor a execução do planejamento. Assim, é importante que as entrevistas iniciais do processo de avaliação psicológica ocorram no início do processo. Não existe uma orientação fixa do número de encontros necessários para todo o processo, contudo, com crianças e adolescentes, pensando em sessões de aproximadamente 45 minutos a 1 hora, entende-se que 8 a 10 sessões, incluindo todas as etapas, seria um número adequado para o contexto clínico. Já no contexto forense, o número de atendimentos para o processo de avaliação psicológica tende a ser menor, visto o tempo reduzido que os peritos têm para realizar a avaliação, redigir o laudo psicológico e anexá-lo aos autos processuais, prazo este definido pelo juiz (Rovinski, 2020). Independentemente da realidade, o número de sessões de avaliação psicológica não é fixo, depende de quantas pessoas serão entrevistadas, do tempo necessário para o avaliando se sentir à vontade para ser verdadeiro, engajado e receptivo ao processo de avaliação psicológica e construto(s) a ser(em) avaliado(s).

Mais importante do que o número de atendimentos que devem ser realizados em um processo de avaliação psicológica, o profissional deve preocupar-se em ter dados suficientes sobre o avaliando para se sentir seguro para conduzir e finalizar seu trabalho. E, sempre que surgir alguma dúvida, que esta possa ser esclarecida, independentemente da etapa em que está a avaliação. Pais e filhos, juntos, não precisam, e nem devem, estar presentes simultaneamente em todos os encontros com o psicólogo; algumas vezes cabe entrevistar somente pais (por vezes somente um dos responsáveis, em outro atendimento o outro responsável e em algum momento os dois responsáveis em uma mesma sessão) e depois somente a criança ou adolescente. Isso permite um espaço de autonomia, o qual possibilita maior confiança. Atendimentos individuais são importantes

para que o avaliando possa se sentir à vontade e então ter a oportunidade de falar sobre o maior número de informações relevantes para o processo de avaliação. Contudo, cabe ressaltar, que não se trata de sessões de psicoterapia, devendo o psicólogo ter bem claro o objetivo da avaliação psicológica e, consequentemente, o motivo pelo qual se faz necessária cada entrevista.

Se o processo de avaliação psicológica fizer uso de testes psicológicos, é necessário que o profissional conheça os instrumentos com parecer favorável do Satepsi para a faixa etária do avaliando. É importante que o psicólogo tenha noções básicas de psicometria para não ter limitado entendimento dos manuais dos testes e assim possa conhecer os pontos fortes e fracos de cada teste psicológico (Andrade & Valentini, 2018) e, consequentemente, todas as informações que o instrumento pode oferecer para a compreensão do caso. Além de consultar o Satepsi e a literatura científica concernente ao construto e público envolvido, a etapa de consulta aos manuais dos testes é imprescindível. A escolha de um teste não deve se basear no fato de ter o instrumento disponível, mas sim na qualidade psicométrica (padronização, normas, confiabilidade e evidências de validade) adequada ao contexto e ao avaliando ao qual a pergunta, motivo e objetivo da avaliação psicológica, precisa ser respondida.

A decisão de usar ou não usar testes passa também pela idade da criança ou adolescente. Se o avaliando tem 5 anos, por exemplo, talvez seja importante usar técnicas mais lúdicas do que se utilizaria com um adolescente de 13 anos. Ainda, outros informantes como professores e responsáveis podem ser entrevistados e preencher instrumentos padronizados como, por exemplo, os inventários de sintomas e comportamentos como o Child Behavior Checklist e Teacher's Report Form (Bordin et al., 2013) que podem funcionar muito bem como fontes complementares de informação, a fim de coletar informações sobre como estes percebem os comportamentos e sintomas do avaliando. Nenhum caso é igual ao outro e cada situação terá a sua pergunta para direcionar o processo de avaliação psicológica e, consequentemente, a sua bateria de testes e técnicas mais adequadas.

Já faz algum tempo que a literatura aponta a necessidade de que os processos de avaliação psicológica sejam conduzidos considerando diferentes métodos de acessar as informações no avaliando (Bornstein, 2017; Mihura & Graceffo, 2014; Primi, 2010), a chamada avaliação multimétodo. Por diferentes métodos entende-se o uso, por exemplo, de instrumentos de autorrelato, heterorrelato, assim como aqueles baseados na *performance* típica do avaliando, claro, sempre considerando a demanda e o objetivo da avaliação psicológica, as características do avaliando e o contexto. As práticas mais competentes e eticamente comprometidas são aquelas em que se utilizam diferentes recursos (Primi, 2010), pois cada tipo de instrumento tem seus pontos fortes e suas limitações. A avaliação que utiliza multimétodos pode produzir formulações de casos mais ricos e intervenções mais direcionadas do que a avaliação que preconiza somente escalas e inventários enquanto instrumentos de autorrelato. Em um processo de avaliação psicológica multimétodo, diferentes formas de adquirir os dados da criança ou adolescente e sua família se equilibram e se complementam para superar as limitações de evidências de validade e confiabilidade de uma única fonte de coleta de dados. Além disso, o uso de diferentes tipos de instrumentos ajuda a revelar aspectos da dinâmica de um avalian-

do e dos problemas apresentados que, de outro modo, não seriam reconhecidos.

Entretanto, dependendo do construto, do contexto e das características do avaliando, usar testes pode não ser indicado ou necessário (Kroeff et al., 2019), o que não descaracteriza a avaliação multimétodo, pois existem diversas fontes fundamentais e complementares de informação (CFP, 2018) que não são unicamente baseadas em testes psicológicos. Caso não seja possível usar testes, a anamnese, as entrevistas psicológicas com os responsáveis e cuidadores diretos da criança ou adolescente, a hora do jogo e as observações nos ambientes em que o avaliando frequenta são ricas fontes de informação, por exemplo. Destaca-se a hora do jogo como uma das principais técnicas para avaliar crianças (Kroeff et al., 2019), visto ser a brincadeira a forma prioritária de comunicação infantil (Schaefer, 2014).

Finalizando o processo: Devolução dos resultados

A devolução apresenta ao paciente, aos seus responsáveis e ao solicitante os resultados encontrados ao longo do processo de avaliação psicológica. Neste momento, também são feitos os encaminhamentos e as indicações necessárias. No contexto clínico, quando uma família busca o psicodiagnóstico é porque existe algum sofrimento, algum prejuízo no desenvolvimento ou algum sintoma que carece de atenção. Quando chega o momento da devolução dos resultados da avaliação para a família, geralmente todos estão ansiosos, com medo do que pode ser dito pelo psicólogo. Então, neste momento, o psicólogo deve adotar uma postura acolhedora e respeitar o sofrimento das pessoas envolvidas. É algo que vai muito além da mera apresentação de resultados dos testes, do que foi observado pelo profissional ao longo das sessões. Muitas vezes é necessário mais de um encontro para devolução dos resultados e entrega do laudo para que a família possa ter tempo de elaborar e discutir algumas questões. A devolução dos resultados de um processo de avaliação psicológica deve seguir o ritmo dos envolvidos e adaptar-se às demandas da família, mas lembrando que não se trata de um processo psicoterapêutico. Há um número de sessões limitado, haja vista o contrato inicial e o Consentimento Informado que foi estabelecido entre o psicólogo e a família.

Após o laudo psicológico pronto, muitos profissionais, atualmente, agendam uma ou duas sessões de devolução para conversar com a família sobre os resultados. E, dependendo dessa conversa, ainda alguns ajustes podem ser feitos no documento para enfatizar ou melhor esclarecer algum ponto específico. É importante que o psicólogo vá para a sessão de devolução com o documento pronto, mesmo sabendo que ainda não o entregará à família, pois assim terá uma compreensão melhor da dinâmica do caso para discuti-lo. O momento da devolução também deve ser um momento para a sensibilização e psicoeducação da família quanto à seriedade do documento produzido e entregue, e das informações ali contidas.

Aliás, com relação ao processo de escrita do laudo psicológico, documento tão importante que fundamenta decisões e encaminhamentos para o avaliando, é recomendado que o psicólogo não deixe para buscar supervisão somente na véspera da entrevista de devolução. É importante que busque esse auxílio de um profissional psicólogo experiente e de reconhecida competência ainda na fase do planejamento e que, ao longo da execução do planejamento já vá escrevendo as sínteses interpretativas dos instrumentos usados, e elabore resumos das entrevistas e observações. A supervisão durante todo o processo facilitará a compreensão dinâmica do caso em questão, além de trazer qualidade para o trabalho, especialmente se o profissional for iniciante (Cattani, 2020; Schneider et al., 2020).

Ainda, no que concerne ao contexto clínico, uma etapa importante do processo de avaliação psicológica é a devolução dos resultados para a criança ou adolescente, pois os encaminhamentos e decisões tomadas a partir do laudo psicológico irão envolvê-los diretamente. Para evitar constrangimentos e mal-entendidos com os seus responsáveis, a ocorrência de uma etapa da devolução dos resultados para o menor avaliado deve estar especificada no contrato. Claro, a devolução para esses avaliandos deve estar orientada pelas demandas destes e de acordo com uma linguagem que possa ser por eles compreendida. O modo como o profissional devolverá os resultados de um psicodiagnóstico para a criança ou adolescente deve variar de acordo com cada caso. Pode ser necessário o uso de brinquedos e jogos ou que ela transcorra por meio de uma conversa detalhada, com o avaliando e o psicólogo sentados nas poltronas. Isso vai depender de cada caso. Para tomar essa decisão, a supervisão com profissional qualificado pode ajudar.

Em se tratando de crianças e adolescentes, entende-se que o momento de realizar a entrevista de devolução deva ser pensado para cada caso. Ela pode acontecer antes ou após a devolução para os responsáveis. Ao realizar a devolutiva antes, podemos analisar com o avaliando o que vai ser dito aos pais, já que ele é o principal motivo da avaliação. No caso de adolescentes, receber a devolução antes dos responsáveis pode ser um fator que auxilie no seu desenvolvimento emocional e amadurecimento, tornando-o também responsável pelas decisões e comprometimento com o encaminhamento a ser dado no laudo psicológico.

Por outro lado, para a real efetivação das indicações terapêuticas, o profissional pode sentir necessidade de uma aprovação dos responsáveis. Então, realizar a entrevista de devolução do avaliando após a dos responsáveis, já com o plano de tratamento combinado com eles, auxilia para que a devolutiva com o avaliando seja no sentido de esclarecer e planejar as indicações terapêuticas decorrentes do processo de avaliação psicológica. O profissional deve ter em mente que as informações para os pais e para o avaliando serão as mesmas, mas respeitará a fase do desenvolvimento e as características do funcionamento psicológico de cada um.

No contexto forense, a realidade é distinta, visto tratar-se de uma avaliação compulsória. O Ofício-circular n. 63/2020/GTec/CG-CFP salienta que a avaliação psicológica pericial difere da avaliação psicológica clínica, já que pressupõe a não voluntariedade da participação do avaliando periciado, sendo o laudo mais um elemento de prova nos autos do processo. Nessas avaliações, o psicólogo deve lembrar que na fase processual o solicitante é o juiz e ele é quem deve receber os resultados, posteriormente dando ciência às partes envolvidas no processo (Rovinski, 2020). Mesmo que a Resolução CFP n. 6/2019, em seu artigo 18, deixe claro que para a entrega do laudo é dever do psicólogo conduzir ao menos uma entrevista de devolução, ela também esclarece que, na impossibilidade de isso acontecer, o profissional deve deixar claro os motivos. Além disso, o psicólogo deve atender o que preconiza o Cepp (CFP, 2005) em seu artigo 1º, parágrafo "g", que afirma que devemos entregar a quem de direito os resultados decorrentes da avaliação.

Para atender ao princípio da isonomia do processo, o laudo psicológico deve ser anexado aos autos do processo, pois assim as partes terão acesso às mesmas informações ao mesmo tempo. Entrevistas devolutivas a somente uma das partes podem gerar dados aos quais o juiz e a outra parte não teriam acesso e poderiam ter implicações sobre aspectos processuais. Além disso, imagine se o psicólogo fornecesse para as partes informações sobre os seus achados na avaliação, informações essas que pudessem sugerir sobre destinos possíveis para a criança ou adolescente, e o juiz tomasse uma posição distinta? Isso poderia causar um impacto negativo significativo, além de gerar confusão entre os avaliados. Se necessário, o perito poderá se reunir com o juiz para apresentar e explicar seus achados, e também pode se colocar à disposição do avaliando para esclarecimento de dúvidas em relação ao laudo, desde que isso seja feito somente após o documento se tornar público em audiência ou publicação oficial (Rovinski, 2019). Assim, compreendemos que no contexto forense esclarecimentos sobre o laudo psicológico podem se dar no espaço da audiência no qual o profissional poderá se manifestar, caso seja demandado.

Elaboração dos documentos

A Resolução CFP n. 6/2019 (CFP, 2019) atualmente é a que institui as regras para a elaboração de documentos escritos produzidos pelos psicólogos no exercício profissional. O material deve ser rigorosamente seguido pelos profissionais, a fim de não serem cometidas falhas técnicas e éticas. A resolução prevê a elaboração de seis tipos de documentos, mas quando se trata de um processo de avaliação psicológica como os que descrevemos ao longo deste capítulo os documentos serão o laudo psicológico ou o atestado. De acordo com a Resolução, o atestado certifica, com fundamento em um diagnóstico psicológico, determinada situação, estado ou funcionamento psicológico, com a finalidade de afirmar as condições psicológicas de quem o solicita; serve para informar sobre a saúde mental do avaliando a partir de evidências científicas encontradas no âmbito da Ciência Psicológica. Já o laudo psicológico tem a finalidade de subsidiar decisões relacionadas ao contexto em que surgiu a demanda. Apresenta informações técnicas e científicas dos fenômenos psicológicos, considerando as condicionantes históricas e sociais. O capítulo 10 deste livro "Especificidades do laudo psicológico para crianças e adolescentes" abordará mais detalhes sobre este documento.

Na mesma Resolução constam orientações quanto à entrega dos documentos. No contexto clínico, esses devem ser entregues diretamente ao solicitante (responsáveis pela criança ou adolescente), mediante ao menos uma entrevista de devolução e assinatura de um recibo de entrega. É comum profissionais inexperientes acreditarem que devem entregar o laudo psicológico diretamente ao profissional que solicitou a avaliação aos responsáveis – psiquiatra ou psicoterapeuta, por exemplo. Neste caso, compreendemos que o profissional pode sim disponibilizar uma cópia a ser entregue para o profissional (pela família ou pelo próprio psicólogo, se assim for previamente contratado), mas que a família deve ficar com uma cópia para si, já que este é um documento que mostra detalhes do funcionamento psicológico do contratante do serviço de avaliação psicológica.

A avaliação psicológica on-line de crianças e adolescentes

Atualmente a Resolução CFP n. 11/2018 (CFP, 2018) autoriza a condução de processos de avaliação psicológica por meio de Tecnologias da Informação e Comunicação (TICs). Contudo, o Cepp (CFP, 2005) orienta que psicólogos somente assumam trabalhos para os quais se sintam aptos a realizar, o que ressalta a importância de uma reflexão por parte do profissional quanto a sua capacidade para realizar um trabalho ético e de qualidade. Reforçando o Cepp, especificamente no que diz respeito à avaliação de crianças e adolescentes por meio das TICs, o artigo 5º da Resolução CFP n. 11/2018 afirma que o atendimento de crianças e adolescentes ocorrerá somente com o consentimento expresso de ao menos um dos responsáveis legais e mediante avaliação de viabilidade técnica por parte do psicólogo para a realização desse tipo de serviço (CFP, 2018).

Mesmo com a orientação do Conselho Federal de Psicologia quanto à possibilidade de se conduzir processos de avaliação psicológica com crianças e adolescentes de forma virtual, é fundamental ponderar que esta modalidade não é indicada para todo e qualquer caso. Cabe ao profissional refletir sobre o caso, as ferramentas disponíveis e a indicação mais propícia para cada avaliando, pensando se essa forma de avaliação será benéfica para a criança ou adolescente atendidos e se está contemplada por suas capacidades profissionais (Schneider et al., 2020). A presença de certos diagnósticos de transtornos mentais, o tipo de sintoma apresentado pelo paciente (p. ex., sintomas psicóticos) e o uso de substâncias psicoativas podem ser importantes indicadores de risco para processos conduzidos nessa modalidade (American Psychological Association [APA], 2013).

No contexto clínico, no momento atual, em que se carece de testes psicológicos mediados por TICs e que, dependendo da idade da criança, a técnica da hora de jogo pode ser prejudicada em relação ao presencial, entendemos que somente partes do processo de avaliação psicológica pode ser conduzido a distância. As entrevistas iniciais com pais e encontros com outros profissionais como professores do avaliando poderiam ser conduzidas por meio das TICs sem maiores prejuízos para o processo de avaliação psicológica como um todo.

Salienta-se que, em meio a um contexto social em que há uma euforia pelos atendimentos on-line, é preciso que o psicólogo reflita sobre a pertinência e a eficácia de se conduzir um processo de avaliação psicológica on-line com crianças e adolescentes. Uma das limitações é a falta de controle do *setting*, pois os pais podem interferir no atendimento invadindo o *setting*, fazendo comentários ou dando instruções, algumas vezes até sem que o psicólogo perceba. Outra limitação no atendimento de crianças que teriam a hora de jogo, também chamada hora lúdica (Krug et al., 2016) como um instrumento importante de obtenção de dados, é que o psicólogo não consegue se engajar efetiva e plenamente na brincadeira. A própria Resolução CFP n. 11/2018 orienta que a avaliação psicológica on-line só aconteça se for tecnicamente viável.

É evidente que nesta modalidade de atendimento o *setting* se altera. Se de um lado podemos garantir que estaremos sozinhos, atentos ao sigilo dos dados e munidos de boa conexão de internet, não podemos ter o mesmo controle sobre a postura e intenções do avaliando e sua família. Tal mudança de *setting* impõe ao profissional atenção redobrada na realização do contrato de trabalho, o qual deverá apontar no Consentimento Informado deveres e direitos tanto da dupla (profissional e avaliando) quanto dos responsáveis. Além de aspectos tradicionais de um contrato de trabalho (objetivo, frequência, honorários etc.), no contrato de prestação de avaliação psicológica on-line deve ser contemplada a necessidade de o avaliando ter equipamentos adequados de áudio e vídeo, bem como fones de ouvido e conexão de internet de qualidade. A plataforma pela qual ocorrerão os atendimentos também deve ser definida no Consentimento Informado, devendo ser utilizadas aquelas protegidas por sistema de segurança como a criptografia de ponta a ponta (CFP, 2020a).

Combinações quanto ao sigilo dos dados também devem ser destacadas, já que no ambiente on-line o acesso do avaliando a meios de gravação de áudio ou vídeo dos atendimentos é facilitado. Assim, deve ser conversado com a família que não é autorizada a gravação por ninguém da dupla, devendo o tópico ser retomado sempre que o profissional venha a desconfiar que algo possa estar interferindo no processo e que possa influenciar a confiança mútua e, consequentemente, os resultados da avaliação.

Considerando que o paciente frequentemente está em casa durante os atendimentos que são realizados on-line, combinações sobre a necessidade de estar sozinho em um cômodo são fundamentais. Dessa forma, entendemos que o sigilo que deve ser compreendido e preservado tanto pelo profissional quanto pela família da criança ou adolescente atendidos, já que não é raro que pais entrem no cômodo onde a criança está ou que adolescentes estejam na companhia de amigos. A presença, durante o atendimento, de pessoas não envolvidas diretamente na avaliação pode resultar na produção de dados não confiáveis e seguros do ponto de vista psicológico (Marasca et al., 2020).

Ainda se tem poucos dados de pesquisa acerca do processo de avaliação psicológica on-line. O uso de testes psicológicos em ambiente virtual e suas diferenças em relação à versão de lápis e papel é expresso na literatura (APA, 2020). Um teste psicológico com parecer favorável do Satepsi para uso na versão papel e lápis não pode simplesmente ser usado de modo on-line. É necessário haver pesquisas que comprovem a confiabilidade e as evidências de validade do instrumento (Andrade & Valentini, 2018) por meio das TICs.

É vedado ao psicólogo interferir na validade e fidedignidade de instrumentos e técnicas psicológicas (CFP, 2005). Isso quer dizer que se um instrumento foi desenvolvido para o ambiente presencial, mesmo que tenha aplicação ou levantamento informatizado, a validade e fidedignidade dos achados só existe neste contexto. A Resolução CFP n. 11/2018 (CFP, 2018) enfatiza a necessidade de estudos de padronização e normatização específicos para a modalidade on-line/remota, a qual, salienta-se, é diferente da informatizada.

Quanto ao uso de TICs no judiciário, foi emitido pelo Conselho Federal de Psicologia (CFP, 2020b) o Ofício Circular n. 63/2020/GTec/CG-CFP, o qual tece recomendações sobre a elaboração de documentos psicológicos para o Poder Judiciário no contexto da pandemia de Covid-19. Apesar de emitido no período da pandemia, entende-se que as indicações propostas no documento deverão se manter mesmo após a pandemia, pois reconhece os limites e particularidades da atuação do psicólogo em serviços cuja qualidade pode ser prejudicada pela modalidade de atendimento psicológico prestada por meio das TICs, ao menos até que novas pesquisas atestem a qualidade do processo de avaliação psicológica on-line na esfera forense. Uma particularidade importante é a não voluntariedade do avaliando e sua família no processo de avaliação psicológica. Como a responsabilidade de todo processo de avaliação psicológica é do psicólogo, é dever desse profissional garantir as adequadas condições do procedimento avaliativo às demandas pessoais, legais e processuais específicas de cada caso. O Ofício Circular mencionado orienta os psicólogos que atuam no Poder Judiciário a se manifestarem de forma fundamentada quando da inviabilidade do controle de fatores como a técnica de coleta de dados e sigilo. No documento ainda são ressaltadas as particularidades do cenário judicial, no qual impera o modelo adversarial, como em uma disputa de guarda, e da participação dos sujeitos, a qual não tem como premissa a voluntariedade do avaliando (o avaliando é intimado a participar). Tais características, bastante distintas da realidade clínica, impactam diretamente na validade dos achados da avaliação psicológica. Ainda, a beligerância, associada à noção de perdas e ganhos de direitos (p. ex., alteração da guarda de um filho ou perda do poder familiar) podem influenciar diretamente na postura e colaboração das pessoas avaliadas. A avaliação psicológica pericial é uma prova que tem direta influência nas decisões legais dos magistrados.

Similarmente ao contexto clínico, os casos devem ser analisados e compreendidos na sua radical singularidade, e as decisões tomadas pelo profissional quanto à realização da avaliação psicológica on-line devem ser baseadas em reflexões teóricas, técnicas, éticas e contextuais. Processos nos quais a beligerância é diminuída ou nula podem representar cenários mais satisfatórios para a realização de avaliação psicológica on-line.

Considerações finais

Recomenda-se que o profissional tenha sempre em mente que a avaliação psicológica é um processo que tem por objetivo o benefício do avaliando, orientando encaminhamentos e auxiliando na tomada de decisões. Nesse sentido, o próprio *Código de Ética Profissional do Psicólogo* (CFP, 2005) afirma que

> são deveres fundamentais dos psicólogos: [...]
>
> b) Assumir responsabilidades profissionais somente por atividades para as quais esteja capacitado pessoal, teórica e tecnicamente.
>
> c) Prestar serviços psicológicos de qualidade, em condições de trabalho dignas e apropriadas à natureza desses serviços, utilizando princípios, conhecimentos e técnicas reconhecidamente fundamentados na Ciência Psicológica, na ética e na legislação profissional (p. 8).

É necessário que o psicólogo, antes de iniciar um processo de avaliação psicológica, reflita sobre a sua capacidade e competência para realizar o trabalho. O psicólogo deve pensar sobre quais instrumentos e técnicas são mais apropriados e quão bem conhece esses recursos. Caso a resposta a qualquer uma dessas perguntas seja "não", recomenda-se a busca de cursos, supervisão ou até mesmo não aceitar prosseguir nesse trabalho, encaminhando os avaliandos a um profissional devidamente habilitado. Se o psicólogo optar por buscar um supervisor, recomenda-se buscar profissional de reconhecida competência na área. É importante que aquele que busca supervisão faça uma pesquisa acerca do conhecimento e da conceituação do profissional.

Atualmente, com a possibilidade da supervisão por meio das TICs, o psicólogo tem acesso a profissionais de referência mesmo em localidades distantes. A premissa de que o trabalho do psicólogo interfere na vida das pessoas acentua a importância de se escolher um bom supervisor. Um trabalho malrealizado pode, por exemplo, interferir nas evidências de validade dos instrumentos utilizados e coloca em risco decisões importantes eliciadas pelo objetivo da avaliação psicológica, o que pode causar prejuízos à vida do avaliando e à de seus familiares.

Agradecimento

Agradecemos à psicóloga e doutoranda do Grupo de Estudo, Aplicação e Pesquisa em Avaliação Psicológica (Geapap) da Universidade Federal do Rio Grande do Sul (UFRGS), Aline Riboli Marasca pela leitura do manuscrito e sugestões.

Referências

American Psychological Association. (2013). Guidelines for the practice of telepsychology. *American Psychologist, 68*(9), 791-800. https://doi.org/10.1037/a0035001

American Psychological Association. (2020, 1 mai.). *How to do psychological testing via telehealth.*

Andrade, J. M., & Valentini, F. (2018). Diretrizes para a construção de testes psicológicos: A Resolução CFP n. 9/2018 em destaque. *Psicologia: Ciência e Profissão, 38*(spe), 28-39. https://doi.org/10.1590/1982-3703000208890

Bandeira, D. R., Trentini, C. M., & Krug, J. (2016). Psicodiagnóstico: Formação, cuidados éticos, avaliação de demanda e estabelecimento de objetivos. In C. S. Hutz, D. R. Bandeira, C. Trentini & J. S. Krug (orgs.), *Psicodiagnóstico* (pp. 21-26). Artmed.

Bordin, I. A., Rocha, M. M., Paula, C. S., Teixeira, M. C. T. V., Achenbach, T. M., Rescorla, L. A., & Silvares, E. F. M. (2013). Child Behavior Checklist (CBCL), Youth Self-Report (YSR) and Teacher's Report Form (TRF): An overview of the development of the original and Brazilian versions. *Cadernos de Saúde Pública, 29*(1), 13-28. https://doi.org/10.1590/S0102-311X2013000500004

Bornstein, R. F. (2017). Toward an integrative perspective on the person: Opportunities and challenges of multimethod assessment. In R. E. Erard & F. B. Evans (eds.), *The Rorschach in multimethod forensic assessment: Conceptual foundations and practical applications* (pp. 3-22). Routledge; Taylor & Francis.

Cattani, B. C. (2020). A entrevista com crianças em Varas de Família. In C. S. Hutz, D. R. Bandeira, C. M. Trentini, S. L. R. Rovinski & V. M. Lago (orgs.), *Avaliação psicológica no contexto forense* (pp. 219-228). Artmed.

Conselho Federal de Psicologia (2005). *Resolução CFP n. 10/2005*. Aprova o Código de Ética Profissional do Psicólogo. http://site.cfp.org.br/wp-content/uploads/2012/07/codigo_etica.pdf

Conselho Federal de Psicologia. (2018). *Resolução CFP n. 11/2018*. Regulamenta a prestação de serviços psicológicos realizados por meios de tecnologias da informação e da comunicação e revoga a Resolução CFP n. 11/2012. https://site.cfp.org.br/wp-content/uploads/2018/05/RESOLU%C3%87%C3%83O-N%C2%BA-11-DE-11-DE-MAIO-DE-2018.pdf

Conselho Federal de Psicologia. (2018). *Resolução CFP n. 9/2018*. Estabelece diretrizes para a realização de avaliação psicológica no exercício profissional da psicóloga e do psicólogo, regulamenta o Sistema de Avaliação de Testes Psicológicos – Satepsi e revoga as resoluções n. 2/2003, n. 6/2004 e n. 5/2012 e notas técnicas n. 1/2017 e 2/2017. https://site.cfp.org.br/wp-content/uploads/2018/04/Resolu%C3%A7%C3%A3o-CFP-n%C2%BA-09-2018-com-anexo.pdf

Conselho Federal de Psicologia. (2019). *Resolução CFP n. 6/2019 – Comentada*. Orientações sobre elaboração de documentos escritos produzidos pela(o) psicóloga(o) no exercício profissional. https://site.cfp.org.br/wp-content/uploads/2019/09/Resolu%C3%A7%C3%A3o-CFP-n-06-2019-comentada.pdf

Conselho Federal de Psicologia. (2020a). *Guia de orientação para profissionais de Psicologia: Atendimento on-line no contexto da Covid-19.* https://www.crprs.org.br/conteudo/publicacoes/guia_orientacao_covid.pdf

Conselho Federal de Psicologia. (2020b). *Ofício-circular n. 63/2020/GTec/CG-CFP*. Recomendações do Conselho Federal de Psicologia sobre a elaboração de documentos psicológicos para o Poder Judiciário no contexto da pandemia do novo coronavírus. https://bit.ly/2Vr8C6j

Kroeff, C., Cattani, B. C., & Fagundes, N. K. (2019). Menino de 4 anos com agitação e comportamento opositor. In D. B. Yates, M. S. Aparecida & D. R. Bandeira (orgs.), *Avaliação psicológica e desenvolvimento humano: Casos clínicos* (pp. 43-58). Hogrefe.

Krug, J. S., Bandeira, D. R., & Trentini, C. M. (2016). Entrevista lúdica diagnóstica. In C. S. Hutz, D. R. Bandeira, C. Trentini & J. S. Krug (orgs.), *Psicodiagnóstico* (pp. 73-98). Artmed.

Marasca, A. R., Yates, D. B., Schneider, A. M. A., Feijó, L. P., & Bandeira, D. R. (2020). Avaliação psicológica on-line: Considerações a partir da pandemia do novo coronavírus (Covid-19) para a prática e o ensino no contexto a distância. *Estudos de Psicologia, 37.* https://doi.org/10.1590/1982-0275202037e200085

Mihura, J. L., & Graceffo, R. A. (2014). Multimethod assessment and treatment planning. In C. J. Hopwood & R. F. Bornstein, *Multimethod clinical assessment* (pp. 285-318). Guilford.

Primi, R. (2010). Avaliação psicológica no Brasil: Fundamentos, situação atual e direções para o futuro. Psicologia: *Teoria e Pesquisa, 26*(spe), 25-35. https://doi.org/10.1590/S0102-37722010000500003

Rovinski, S. L. R. (2019). Avaliação psicológica no contexto forense. In M. N. Baptista, M. Muniz, C. T. Reppold, C. H. S. S. Nunes, L. F. Carvalho, R. Primi, A. P. P. Noronha, A. G. Seabra, S. M. Wechsler, C. S. Hutz & L. Pasquali (orgs.), *Compêndio de avaliação psicológica* (pp. 311-321). Vozes.

Rovinski, S. L. R. (2020). O papel do perito e do assistente técnico. In C. S. Hutz, D. R. Bandeira, C. M. Trentini, S. L. R. Rovinski & V. M. Lago (orgs.), *Avaliação psicológica no contexto forense* (pp. 41-52). Artmed.

Schaefer, C. E. (2014). *Play therapy for preschool children*. American Psychological Association.

Schneider, A. M. A., Marasca, A. R., Dobrovolski, T. A. T., Muller, C. M., & Bandeira, D. R. (preprints). Planejamento da avaliação psicológica: Implicações para a prática e para a formação. https://doi.org/10.1590/SciELOPreprints.521

Schneider, A. M. A., Marasca, A. R., Yates, D. B., Feijó, L. P., Rovinski, S. L. R., & Bandeira, D. R. (2020). *Boas práticas para a avaliação psicológica on-line*. Grupo de Estudo Aplicação e Pesquisa em Avaliação Psicológica. http://www.ufrgs.br/geapap/arquivos/E-book-GEAPAP-Boas-Praticas-Versao-5.pdf

Serafini, A. J. (2016). A entrevista psicológica no psicodiagnóstico. In C. S. Hutz, D. R. Bandeira, C. M. Trentini & J. S. Krug (orgs.), *Psicodiagnóstico* (pp. 45-51). Artmed.

Shine, S., & Fernandes, M. (2020). Avaliação em situações de regulamentação de guarda e direito de convivência. In C. S. Hutz, D. R. Bandeira, C. M. Trentini, S. L. R. Rovinski & V. M. Lago (orgs.), *Avaliação psicológica no contexto forense* (pp. 207-218). Artmed.

Silva, M. A., & Bandeira, D. R. (2016). A entrevista de anamnese. In C. S. Hutz, D. R. Bandeira, C. M. Trentini & J. S. Krug (orgs.), *Psicodiagnóstico* (pp. 52-67). Artmed.

Wainstein, E. Z., & Bandeira, D. R. (2013). *Preciso de um psicodiagnóstico: E agora?* Casa do Psicólogo.

5
Especificidades da avaliação psicológica em crianças e adolescentes

Caroline Tozzi Reppold
Universidade Federal de Ciências da Saúde de Porto Alegre

Lucila Moraes Cardoso
Universidade Estadual do Ceará

Highlights

* Levantamento da demanda e contrato com os responsáveis pela criança ou adolescente.
* Elaboração e implementação do plano de avaliação.
* Estratégias avaliativas para uso com crianças ou adolescentes.
* Devolutiva da avaliação psicológica com crianças e adolescentes.

Introdução

A quantidade de crianças que são encaminhadas para avaliação e atendimento psicológico na atualidade revela, por um lado, o crescente interesse, por parte de familiares e profissionais da saúde e da educação, em compreender o comportamento infantil, a fim de que se possa tentar prover recursos em prol do desenvolvimento mais saudável possível ao longo da vida. Por outro lado, indica, provavelmente, uma alta exposição das crianças a fatores de risco que podem ter impacto sobre sua saúde física e emocional, seu desempenho cognitivo e seu comportamento social. Seja como for, baseada em evidências científicas e em recomendações de organizações internacionais, como a Organização Mundial de Saúde (OMS) e o Fundo das Nações Unidas para Infância (Unicef), a mídia tem publicizado cada vez mais a ideia de que os primeiros anos de vida têm papel determinante na saúde e no desenvolvimento do ciclo vital, e que a prevenção de riscos e a redução de danos são estratégias que podem ter efeitos em longo prazo. Nessa linha, a avaliação psicológica, enquanto área de conhecimento, tem sido útil no planejamento dessas estratégias visto que seus achados contribuem para construir conhecimentos a respeito de construtos psicológicos e do que seriam indicadores de um desenvolvimento típico/atípico. Enquanto prática profissional, a avaliação psicológica também tem sido proficiente nas políticas de saúde à medida que busca identificar e/ou predizer possíveis desajustes e, consequentemente, orientar e encaminhar ações, a partir de evidências fundamentadas cientificamente. Trata-se, portanto, de uma prática indispensável no âmbito do atendimento preventivo e interventivo (Borges & Baptista, 2018). De acordo com Noronha e Reppold (2010), a prática da avaliação psicológica é ainda um recurso promotor da atenção aos Direitos Humanos, visto sua condição de viabilizar que os indivíduos que necessitem sejam encaminhados a tratamento condizente, e evitar que sejam submetidos a tratamentos inócuos ou desnecessários.

No campo do atendimento em saúde, qualquer prática profissional da Psicologia deveria envolver a elaboração de um raciocínio científico, pautado pela observação sistemática do fenômeno avaliado, o levantamento de hipóteses e a busca de evidências que confirmem ou refutem as hipóteses consideradas e fundamentem a tomada de decisões clínicas. Contudo, Reppold, Zanini e Noronha (2019) ressaltam que esse raciocínio investigativo, inerente a toda forma de atuação de uma psicóloga, é diferente do processo técnico de avaliação psicológica, caracterizado como um procedimento estruturado mais amplo, destinado à prática avaliativa, que busca fornecer informações sobre construtos e formas de funcionamento psicológico, respondendo a demandas específicas.

Nessa linha, o Conselho Federal de Psicologia (2018), por meio da Resolução n. 9/2018, define a avaliação psicológica como "um processo estruturado de investigação de fenômenos psicológicos, composto de métodos, técnicas e instrumentos, com o objetivo de prover informações à tomada de decisão, nos âmbitos individual, grupal ou institucional, com base em demandas, condições e finalidades específicas". Em acréscimo, na Resolução CFP n. 6/2019 – Comentada, fica explícito que nem toda prática profissional que resulte em um documento psicológico é fruto de um processo de avaliação psicológica. Ao instituir as regras para a elaboração de documentos escritos no exercício profissional, a resolução determina que "a confecção do documento psicológico deve ser realizada mediante solicitação da(o) usuária(o) do serviço

de Psicologia, de seus responsáveis legais, de um profissional específico, das equipes multidisciplinares ou das autoridades, ou ser resultado de um processo de avaliação psicológica" (art. 4º, §1º.), sendo a estrutura do documento organizada de acordo com a modalidade e finalidade desse (p. ex., laudo, relatório ou parecer).

Reppold et al. (2019) especificam que o processo de avaliação psicológica se configura como uma prática que, geralmente, envolve o levantamento de demandas; a elaboração de um plano de trabalho (definição do método ou das estratégias mais indicadas para coleta de dados, bem como dos objetivos da avaliação); o estabelecimento de um contrato de trabalho; a execução do plano constituído; a análise, interpretação e triangulação dos dados obtidos; a elaboração de um documento psicológico e a devolução dos resultados obtidos. Esses passos listados são comuns a todos os tipos de avaliação psicológica, assim como a diferentes grupos, incluindo crianças e adolescentes. Contudo, a avaliação psicológica do público infantil possui especificidades importantes a serem consideradas. Essas particularidades perpassam todas as etapas descritas por Reppold et al. (2019). O propósito deste capítulo é apresentar algumas dessas especificidades.

Levantamento de demandas

Quando uma criança chega a uma profissional de Psicologia, sempre é levada por um responsável, podendo ser o pai, a mãe, um familiar próximo, ou um detentor da guarda (Borges & Baptista, 2018; Silva, Naves & Lins, 2018). Desse modo, há a percepção de uma pessoa responsável pela criança de que ela tem um problema que precisa ser compreendido e tratado. No primeiro atendimento com a criança, geralmente, a psicóloga não tem informações sobre o quanto a criança sabe e reconhece as demandas apresentadas pelo responsável (Borges & Baptista, 2018), se ela se interessa/aprecia estar em atendimento e quais as fantasias que possui sobre a situação de avaliação ou sobre a/o psicóloga/o que a atende (Silva, Naves & Lins, 2018). Nesse sentido, Cardoso e Resende (2018) citam a relevância de informar a criança sobre os motivos pelos quais foi encaminhada à avaliação psicológica e oferecer a ela a oportunidade de falar sobre seus sentimentos e demandas. Nesse exercício, é importante que a psicóloga fique atenta às fantasias relacionadas ao processo avaliativo e seus possíveis desfechos (Cardoso & Resende, 2018).

Ainda que os responsáveis legais levem as crianças aos consultórios, por vezes, a demanda surge em contextos externos à família; por exemplo, na escola, devido ao processo de aprendizagem ou do comportamento da criança, ou no contexto jurídico, em casos de disputa de guarda, entre outros. Assim, o contexto de onde partiu a demanda deve ser considerado na avaliação e na compreensão sobre as expectativas e fantasias da criança durante o processo.

Nesse aspecto, deve considerar também que os motivos indicados pela criança ou adolescente à avaliação psicodiagnóstica (avaliação psicológica no contexto clínico) nem sempre coincidem com as queixas apontadas pelos pais, responsáveis ou por quem fez o encaminhamento. Um estudo empírico realizado por Reppold e Hutz (2008), com 211 prontuários de adolescentes entre 12 e 17 anos de idade, atendidos em clínicas-escolas, demonstrou que as demandas a serem consideradas variam conforme a fonte de informação. Os motivos alegados com maior frequência para o encaminhamento à avaliação foram conflitos de interação social e problemas de externalização [um contínuo que inclui mentiras, desobediências, descumprimento de combinações, atos de irresponsabilidade, condutas provocativas e humilhantes (*bullying*), violência, comportamentos hedonistas indiferentes aos direitos alheios e delinquência]. No entanto, as queixas mais frequentemente relatadas pelos adolescentes foram indicadores de problemas de internalização (humor deprimido, apatia, isolamento social, ansiedade, estresse, baixa autoestima etc.), sobretudo no grupo feminino. Esses achados reforçam a importância do uso de técnicas de autorrelato e da triangulação de dados oriundos de diferentes fontes de informação na avaliação das demandas a serem consideradas em cada caso clínico avaliado.

Uma vez estabelecidas as demandas, o passo seguinte do trabalho de uma psicóloga é associá-las aos aspectos psicológicos a serem avaliados, tais como personalidade, emoções, interação social, assertividade, motricidade e características cognitivas. Destacando-se que ao falar de características cognitivas consideram-se aspectos como atenção, memória, linguagem, habilidades visuoconstrutivas, funções executivas e inteligência (Uehara, 2018). Serafini, Levandowski e Yates (2018) reforçam que para conduzir uma avaliação psicológica infantil, a psicóloga deve conhecer os marcos e aquisições esperados durante o desenvolvimento infantil, sabendo aproximadamente em que idades devem ser atingidos, atentando-se para os diferentes ritmos de desenvolvimento, conforme os domínios avaliados.

Estabelecimento de um contrato de trabalho

O contrato de trabalho será inicialmente estabelecido com o responsável pela criança ou adolescente, sendo fundamental que, desde o início, a profissional deixe explícito seu modo de trabalhar, a maneira como o processo será realizado e as questões éticas envolvidas. É imperativo que os responsáveis compreendam que haverá o sigilo e o respeito pelo relato das crianças e dos adolescentes durante o processo, e que a devolutiva abarcará somente os dados que forem relevantes à tomada de decisão apresentada na demanda, mantendo-se os limites do sigilo profissional.

No contato com a criança ou adolescente, é importante que a psicóloga mantenha uma postura aberta e receptiva desde o primeiro contato. O *setting* pode contribuir com esse processo; ou, para tal, a sala deve ser confortável o suficiente para que as pessoas se sintam acolhidas (p. ex.: deve ter espaço para acomodar pelo menos três pessoas sentadas). É essencial que a psicóloga se certifique de que a sala é segura e acessível para as atividades propostas (p. ex., tenha tela nas janelas, se for em andar alto; tenha isolamento acústico; etc.). Além disso, um espelho na sala de atendimento também é um elemento que pode contribuir durante a avaliação.

Para o atendimento de crianças, é interessante que haja mobília com tamanho adequado para que elas estejam confortáveis, bem como materiais gráficos, brinquedos e jogos de competição em armário ou local de fácil acesso e, na medida do possível, pia com torneira (Borges & Baptista, 2018). Para o atendimento de adolescentes, é importante que a sala seja mais sóbria, pois, por vezes, adolescentes se incomodam com salas muito infantilizadas. Eventualmente, no caso de avaliação de adolescentes, um computador com acesso à internet pode ser um recurso que ajude a psicóloga a compreender o padrão de interação do avaliando com os demais e seus interesses.

A comunicação é outro fator a ser cuidadosamente pensado desde o contrato. É interessante que a psicóloga esteja inteirada do mundo infantojuvenil e conheça a rotina esperada para cada período do desenvolvimento, conhecendo os personagens de desenho animado mais populares no momento, as brincadeiras e os jogos comuns a cada faixa etária (Borges & Baptista, 2018 e Silva, Naves & Lins, 2018). Além disso, sugere-se o uso de palavras de fácil compreensão (especialmente com as crianças), e uma postura flexível, sensível, empática e criativa por parte da psicóloga (Cardoso & Resende, 2018). Após esse primeiro contato com os responsáveis e com a criança ou o adolescente, a psicóloga terá as informações necessárias para desenvolver o plano de trabalho inicial.

Elaboração de um plano de avaliação

Para a organização de um plano de avaliação, é preciso diferenciar a avaliação psicológica da testagem. Ainda que esses termos sejam erroneamente compreendidos por alguns profissionais como equivalentes, o termo "testagem" se refere a uma etapa específica de um processo mais amplo que envolve a integração de dados oriundos de diversas fontes e técnicas psicológicas, dentre as quais entrevistas, observações, testes e análise de documentos. Por sua vez, uma avaliação psicológica mais ampla é um processo dinâmico, que conta com métodos, técnicas e instrumentos variados, cujos resultados devem ser integrados, de modo a considerar os determinantes históricos e sociais e seus efeitos sobre o psiquismo (CFP, 2018). Usando apenas a testagem, a psicóloga corre o risco de fazer inferências de modo descontextualizado (Andrade & Sales, 2017; Borsa, 2016).

Nessa linha, os recursos lúdicos são um ponto de partida para se pensar a avaliação infantil. Um plano de avaliação requer compreensão adequada da demanda apresentada pela família e pela criança como linha mestra para planejar e desenvolver as suas ações (Trentini, Bandeira & Krug, 2016). Após relacionar a demanda com os construtos psicológicos a serem avaliados (Borges & Baptista, 2018), será possível a escolha de estratégias avaliativas mais adequadas, sendo interessante que haja diversidade de recursos no plano de avaliação (jogos, desenhos, histórias, brincadeiras livres ou estruturadas etc.).

Conforme Borges e Baptista (2018), a avaliação deve partir de uma demanda específica e cada processo de avaliação é único, inviabilizando protocolos fixos de avaliação. Trentini, Bandeira e Krug (2016) corroboram essa perspectiva e alertam que equívocos na seleção dos recursos avaliativos podem trazer malefícios ao avaliando, pois podem levar a conclusões e encaminhamentos inapropriados e, consequentemente, repercutir de modo negativo na vida do examinando.

Cada plano de ação deve ser constituído considerando o contexto da avaliação, seu propósito, os construtos relacionados às queixas/motivos do encaminhamento e a adequação das características dos recursos disponíveis à criança e ao adolescente a serem avaliados (Trentini, Bandeira & Krug, 2016). Tão importante quanto é considerar o conhecimento técnico que a psicóloga dispõe para utilizar aqueles recursos específicos. Ter domínio das técnicas a serem utilizadas é condição essencial para que a avaliação ocorra de maneira correta e ética, e isso depende de formação continuada, muitas vezes. A formação continuada possibilita, entre outras vantagens, a aprendizagem e o aperfeiçoamento do uso das diversas estratégias avaliativas, tais como entrevistas, observações, testes psicológicos e recursos lúdicos.

Considerações sobre o uso de testes psicológicos

Nos últimos anos, aumentou o número de instrumentos publicados que apresentam boa estimativa de precisão e evidências de validades para avaliação de populações específicas e de construtos não cobertos por outros instrumentos (Reppold & Noronha, 2018). O levantamento publicado por Cardoso e Silva-Filho (2018) indicava que, em 2018, o número de testes com parecer favorável para uso profissional era quase quatro vezes maior do que o disponível no mercado em 2003, o que ilustra a necessidade de contínua atualização das psicólogas em termos técnicos e teóricos. Algumas publicações realizadas nos últimos anos congregam informações sobre os testes psicológicos disponíveis especificamente para avaliação de crianças e/ou adolescentes, detalhando os construtos cobertos pelos testes e as idades de indicação de uso dos instrumentos. Cite-se, como referências, o artigo de Reppold et al. (2017) e o capítulo de Borges e Baptista (2018), além do capítulo 6, deste livro, que trata também de técnicas psicológicas próprias para avaliação infantojuvenil.

Nessas publicações constata-se que, apesar do crescimento da área, ainda é restrito o número de construtos possíveis de serem mensurados por instrumentos normatizados para a faixa etária que vai até os 18 anos. Sobretudo, para avaliação de crianças mais novas. Os construtos mais frequentemente avaliados pelos testes disponíveis para população infantil são relacionados à avaliação de inteligência, personalidade e habilidades sociais; porém, os levantamentos mostram que aspectos fundamentais para avaliação da população infantojuvenil são ainda descobertos pelos testes disponíveis, o que reforça a importância de uma avaliação multimétodo. A boa notícia é que as produções dos grupos de pesquisa envolvendo avaliação psicológica [disponíveis no diretório de pesquisa ou no *Catálogo de laboratórios de avaliação psicológica no Brasil* (Silva-Filho, Martins & Silva, no prelo)] mostram diversos estudos psicométricos sendo realizados em território nacional com testes destinados a essa população e obtendo boas evidências de validade e estimativa de precisão, o que é um indicador promissor para o aumento no quantitativo de instrumentos capazes de avaliar uma diversidade mais ampla de construtos com o público infantojuvenil.

Assim, a consulta ao site do Sistema de Avaliação de Testes Psicológicos (Satepsi) é uma rotina a ser incorporada na prática de psicólogas que trabalham com avaliação psicológica. Na escolha dos testes psicológicos, para além de verificar se estes estão com parecer favorável, as psicólogas podem consultar no site do Satepsi (http://Satepsi.cfp.org.br) (CFP, 2020), entre outras, informações relativas à autoria e editora do teste, ao construto avaliado, ao público-alvo a que se destina, à idade das amostras de normatização do instrumento e à natureza e formato do instrumento (forma de aplicação e correção). Dessa forma, é indubitável que o Satepsi contribui para informar sobre os recursos existentes. Destaca-se que os testes psicológicos nunca devem ser compreendidos como tendo um fim em si mesmos (Serafini, Levandowski & Yates, 2018) e, como já dito, recomenda-se que seu uso seja combinado com outras estratégias avaliativas.

O uso desses instrumentos, no entanto, só faz sentido se a psicóloga tiver conhecimentos técnico e teórico sobre sua aplicação, forma de interpretação e se souber como integrar a informação obtida à história do avaliando e à demanda do caso. Nesse sentido, ao escolher um recurso para uso como fonte fundamental ou complementar deve-se considerar sua pertinência teórica, sua adequação à realidade da criança ou do adolescente e da família e a possibilidade desse contribuir para compreender a situação a ser avaliada. Incluir testes (ou outros recursos) que fogem do escopo da avaliação é uma falha que aumenta o tempo e o custo da avaliação e fere o princípio ético de beneficência (e não maleficência) que uma avaliação deveria considerar (Reppold, 2011). Contudo, para conhecer o funcionamento psicológico de uma criança ou adolescente, é importante considerar não apenas a avaliação de suas limitações ou deficiências, mas também de suas habilidades, competências e/ou forças pessoais (Reppold & Almeida, 2019). Isso pode ajudá-los a se vincularem mais facilmente ao processo avaliativo e a aceitarem melhor os resultados posteriormente informados em uma entrevista devolutiva, além de ter impacto sobre a identidade e o bem-estar dos avaliandos, identificando recursos pessoais que podem futuramente contribuir para eventual tratamento, se for o caso.

Especificamente ao tratar do uso dos métodos projetivos, Cardoso e Resende (2018) reforçam as potencialidades destes na medida em que essas técnicas não exigem habilidades de leitura e autorreflexão sobre como as crianças pensam, sentem e se comportam diante das situações cotidianas. Os métodos projetivos permitem observar e avaliar o desempenho comportamental da criança ao gerar informações sobre o que ela faz e não o que a criança diz que faz (Weiner & Greene, 2017).

Considerações sobre o uso de técnicas de entrevista

Todo processo avaliativo começa com uma entrevista que, no caso de avaliação com crianças e adolescentes, é inicialmente estabelecida com os responsáveis por elas. Dentre os principais tipos de entrevistas usadas no processo de avaliação psicológica com crianças e adolescentes, tem-se a entrevista inicial e a anamnese, bem como as entrevistas para composição do genograma, a entrevista com múltiplos informantes e a entrevista devolutiva.

Na entrevista inicial, a psicóloga realiza o levantamento e aprofundamento da demanda e estabelece o contrato de trabalho. Lins, Muniz e Uehara (2018) recomendam que o pai e a mãe compareçam na primeira entrevista, à exceção em situação de conflitos entre eles ou de impedimento maior, e que a psicóloga pondere sobre as vantagens e desvantagens da presença, ou não, da criança na primeira entrevista. Para as autoras, a presença da criança na sala, de um lado possibilita que se obtenham dados sobre a interação com os responsáveis e que ela se sinta incluída no processo, por outro lado, pode, a depender da demanda, levar a uma fala contida por parte dos responsáveis ou a expor a criança a colocações diretas, inadequadas ou até mesmo desagradáveis.

A entrevista de anamnese permite a compreensão do histórico de vida da criança ou adolescente. A anamnese é considerada uma entrevista semiestruturada na medida em que possui roteiros preestabelecidos a serem seguidos de maneira flexível, isto é, a psicóloga pode incluir perguntas adicionais ou remover perguntas que considere desnecessárias para o caso. Silva e Bandeira (2016) apresentam modelos interessantes de entrevista de anamnese de acordo com diferentes grupos etários, incluindo um roteiro para uso na avaliação de criança e outro para avaliação de adolescentes. Recomenda-se essa leitura para profissionais que tenham interesse em obter ou criar roteiros de anamnese.

Boeckel e Prati (2016) recomendam o uso do genograma como técnica avaliativa e interventiva para conhecer e contextualizar a demanda da família. As autoras organizam o uso dessa técnica em cinco etapas norteadoras, a saber, contextualização da estrutura familiar e avaliação da utilidade do genograma; investigação das interações na família de origem de cada um dos membros do casal em separado, investigação relacional da família atual e, por fim, associação transgeracional e conexões com a demanda da avaliação. Essa estratégia avaliativa pode ser conduzida mais para o final do processo para possibilitar um aprofundamento de hipóteses relacionais hipotetizadas nas etapas anteriores.

No que se refere às entrevistas com múltiplos informantes, Rocha e Emerich (2018) recomendam que, para completa avaliação do repertório comportamental de uma criança, sejam incluídos os relatos de diferentes informantes, tais como outros cuidadores, professores ou profissionais que acompanhem a criança em outros contextos. Segundo esses autores, o nível de convergência entre os informantes possibilita a compreensão da extensão e severidade do problema infantil. Por fim, há, também, as entrevistas devolutivas a serem realizadas com a criança ou com o adolescente e seus responsáveis. Essa modalidade será mais bem descrita adiante no tópico sobre devolução dos resultados.

Considerações sobre o uso de técnicas de observação

Outra estratégia avaliativa é a observação, que pode ser realizada no *setting* terapêutico ou em outros contextos. Ao tratar da observação no *setting*, sugere-se atenção se os sintomas descritos pela família aparecem espontaneamente e, quando aparecem, quais situações podem ter colaborado para seu surgimento na sessão. Além disso, em situações específicas, é possível criar estratégias para que os comportamentos relatados pelos pais possam emergir na sessão e observar como são esses comportamentos, bem como compreender a maneira da criança ou adolescente lidar com ele.

Há, ainda, a possibilidade de realizar a observação em espaços frequentados pelo avaliando, tal como na escola ou em alguma outra instituição que a criança frequente. Na avaliação de crianças e adolescentes, vários aspectos devem ser levados em consideração, tais como o nível de desenvolvimento cognitivo, as habilidades linguísticas, entre outros (Serafini, Levandowski & Yates, 2018).

Considerações sobre o uso de recursos lúdicos

No que se refere ao uso de recursos lúdicos, Silva, Naves e Lins (2018) fizeram um amplo levantamento de brinquedos, livros, filmes e jogos relacionando-os com possíveis temas ou construtos a serem avaliados, podendo esse referencial ser um ponto de partida para profissionais que queiram montar ou atualizar os recursos disponíveis em seus consultórios. Esse recurso é especialmente útil às crianças mais novas, em especial, às que não falam ou que ainda não tenham saído da fase da garatuja na escrita.

Na escolha dos recursos lúdicos, deve-se considerar aspectos como a idade e o gênero da criança, o nível de desenvolvimento infantil, informações previamente fornecidas pelos pais sobre os interesses da criança e especificidades da criança, tal como alguma deficiência, e da demanda. Geralmente, as crianças mais novas lidam bem com atividades pouco estruturadas; mas, à medida que vão se desenvolvendo, há uma tendência a preferirem atividades mais estruturadas ou com princípio de regra. Ademais, na escolha da sequência de uso dos recursos lúdicos, sugere-se que se pondere sobre o tempo e exposição ao brinquedo ou a mídia a ser utilizada. É interessante que sejam alternados o uso de brinquedos que a criança conhece com atividades desconhecidas por ela (Silva et al., 2018).

Execução do plano constituído

Após definir o plano de avaliação, a profissional deverá implementar o planejamento, mantendo-se flexível para mudanças que possam ser necessárias. As linhas mestras que guiarão o planejamento da psicóloga são, como já dito, as demandas e as hipóteses levantadas. Assim, independentemente do recurso usado, recomenda-se, a todo momento, atenção às variáveis que modificam o comportamento da criança.

Uma conduta amigável e tranquila ajuda a acalmar a ansiedade do avaliando durante a aplicação das estratégias planejadas. Assim, as tarefas podem ser apresentadas às crianças como um jogo, evitando que sejam introduzidas de modo enfadonho. Além disso, é desejável eliminar possíveis elementos surpresa.

No caso de uso dos testes psicológicos, todas as orientações contidas no manual do respectivo instrumento devem ser mantidas e é recomendável que os períodos de testagem sejam breves, usando tarefas variadas e interessantes para a criança e o adolescente. É permitido que seja explicado à criança ou ao adolescente que não se espera que as pessoas façam todos os itens corretamente e que é comum que algumas pessoas tenham dificuldade com alguns itens.

Por fim, é fundamental que a profissional mantenha o registro permanente das atividades realizadas e das observações feitas. Tal cuidado é previsto na Resolução CFP n. 1/2009 e é bastante útil à etapa de análise, interpretação e triangulação dos dados obtidos.

Análise, interpretação e triangulação dos dados obtidos

Essa é, sem dúvida, a etapa da avaliação psicológica cuja experiência e qualificação profissional mais fazem diferença. Não há um passo a passo ou dicas que sejam capazes de abarcar toda a singularidade e profundidade que esse momento requer. Ainda que na graduação esses assuntos sejam abordados, é preciso ter certo tempo de prática para desenvolver o raciocínio clínico que cada momento exige. Nesse sentido, defende-se aqui, a importância da formação continuada e a participação constante em eventos científicos para que a profissional possa se manter atualizada e sempre reflexiva sobre sua prática. O momento dos 3 Is (Interpretar, Integrar e Inferir) requer da psicóloga reflexão constante.

No momento de **interpretar** os resultados dos testes e das observações feitas, sugere-se que a profissional tente se isentar de suas impressões para avaliar os dados de modo mais técnico quanto seja possível e gerar as informa-

ções mais "neutras". Na sequência, ao **integrar**, mais do que olhar para os dados coletados nas entrevistas, nas observações, nas sessões lúdicas e nos resultados dos testes psicológicos, é preciso identificar certos padrões de conduta, seja da pessoa avaliada ou do contexto em que ela vive (Arzeno, 1995). Assim, a psicóloga deverá incorporar certo rigor ao trabalho sem renunciar o pensamento "clínico", conforme adequa os dados obtidos ao contexto da avaliação. Por fim, para **inferir**, os dados coletados estão relacionados com as teorias de personalidade e desenvolvimento, bem como, se for o caso, com as bases de psicopatologia.

No momento de **integrar** os dados do processo, a psicóloga se atentará às especificidades de cada área. No contexto escolar, por exemplo, aspectos relacionados à personalidade e ao comportamento da criança e do adolescente serão associados com informações referentes à competência socioemocional e aos dados psicoeducacionais. No contexto forense, como de praxe, evita-se confiar em fonte única de informação de modo que é preciso confirmar dados dos informantes e outros registros relevantes. Já no contexto das avaliações neuropsicológicas, há uma perspectiva de complementaridade dos aspectos idiográficos com os nomotéticos (Segabinazi, 2016).

Vale reforçar que elaborar um diagnóstico psicológico consiste, sobretudo, em descrever o funcionamento biopsicossocial da pessoa avaliada e não colocar rótulos ou enquadrar o examinando. Desse modo, o resultado da avaliação, em especial, quando se trata da avaliação de crianças, que passam por rápidas mudanças desenvolvimentais, deve ser considerado provisório e não definitivo (Serafini et al., 2018).

Elaboração de um documento psicológico

Quanto à elaboração de um documento psicológico, é essencial que se considere a regulamentação vigente, disposta na Resolução CFP n. 6/2019. Nessa Resolução, o Conselho instrui as regras para escrita de documentos decorrentes do exercício profissional, subsidiando, em termos éticos e técnicos, a elaboração desses materiais. Entre outros tópicos, a resolução delibera sobre as modalidades de documentos pertinentes a cada prática e suas finalidades, a estrutura que cada tipo de documento deve ter, o tempo de validade do conteúdo expresso nesses, as condições de guarda e seus destinatários e orienta sobre as entrevistas devolutivas.

Recomenda-se a leitura da Resolução CFP n. 6/2019 – Comentada. Nela, é possível compreender, de modo didático, a diferença, por exemplo, de um relatório psicológico, um relatório multiprofissional e um laudo psicológico. A esse propósito, a resolução é explícita ao afirmar, no artigo 13, que "o laudo psicológico é o resultado de um processo de avaliação psicológica, com finalidade de subsidiar decisões relacionadas ao contexto em que surgiu a demanda". Já o relatório psicológico, conforme o artigo 11, "Visa a comunicar a atuação profissional da(o) psicóloga(o) em diferentes processos de trabalho já desenvolvidos ou em desenvolvimento, podendo gerar orientações, recomendações, encaminhamentos e intervenções pertinentes à situação descrita no documento, não tendo como finalidade produzir diagnóstico psicológico". Por sua vez, o parecer psicológico, descrito no artigo 14, "é um pronunciamento por escrito, que tem como finalidade apresentar uma análise técnica, respondendo a uma questão-problema do campo psicológico ou a documentos psicológicos questionados. [...] IV – O parecer psicológico não é um documento resultante do processo de avaliação psicológica ou de intervenção psicológica".

A partir desses artigos da Resolução CFP n. 6/2019, tem-se que a avaliação psicológica de crianças ou adolescentes, o documento a ser elaborado expondo os procedimentos e conclusões gerados pelo processo é o laudo psicológico. Esse documento necessariamente deve ser "construído com base no registro documental elaborado pela(o) psicóloga(o) [...] e na interpretação e análise dos dados obtidos por meio de métodos, técnicas e procedimentos reconhecidos cientificamente para uso na prática profissional" (CFP, 2019).

O laudo psicológico é composto por seis elementos, a saber, identificação; descrição da demanda; procedimento conduzido; análise das informações obtidas; conclusões geradas a partir do processo avaliativo; referências. Ressalta-se que na descrição dos procedimentos deve-se informar todos os recursos utilizados como fontes fundamentais e complementares, "com citação de sua base técnica-científica e uso de referências" (Resolução CFP n. 6/2019 – Comentada, p. 26). A propósito, o uso de referências passou a ser obrigatório na escrita de laudos psicológicos; conforme o artigo 13 (§ 7) da resolução, "na elaboração de laudos, é obrigatória a informação das fontes científicas ou referências bibliográficas utilizadas, em nota de rodapé, preferencialmente". Isso inclui a referência dos testes psicológicos e de outros recursos utilizados no processo avaliativo, bem como das evidências científicas e explicações teóricas que fundamentam as conclusões apresentadas. Dessa feita, ao usar um teste psicológico que tenha diferentes manuais conforme período do desenvolvimento, tal como o Teste das Pirâmides Coloridas de Pfister (TPC) e o Instrumento de Avaliação Neuropsicológica Breve (Neupsilin), deve-se usar e referenciar a versão do manual adequada à faixa etária avaliada.

Devolução dos resultados obtidos

Após a elaboração do laudo psicológico, há a etapa de devolução dos resultados, tratando-se da última etapa do processo (Albornoz, 2016). Nessa fase, a psicóloga sintetizará e informará sua compreensão em relação à demanda inicialmente apresentada à pessoa avaliada e à pessoa que demandou a avaliação. Cardoso e Muniz (2018) reforçam que não há um padrão de como essa devolutiva deve ser realizada e cabe à profissional escolher estratégias que facilitem a compreensão dos resultados. A esse respeito, cite-se que a Resolução CFP n. 6/2019 determina, no artigo 18, que "para entrega do relatório e laudo psicológico é dever da(o) psicóloga(o) realizar ao menos uma entrevista devolutiva à pessoa, grupo, instituição atendida ou responsáveis legais". Contudo, a Resolução não determina um padrão sobre o modo como tal entrevista deve ser conduzida.

Alguns profissionais optam por primeiro fazer a devolutiva com os pais, para combinar como será o encaminhamento e poder incluir esse desfecho na devolutiva com a criança. Sinattolli (2008) relata que, em sua prática, opta por dar a devolutiva primeiro à criança e depois aos pais, pois, por vezes, após receber o laudo psicológico, os pais deixaram de levar a criança à sessão de encerramento.

É importante que as crianças e os adolescentes também recebam devolutiva do processo em que foram avaliados. Esse cuidado de dar uma devolutiva à criança e ao adolescente corrobora uma postura de respeito ao examinando, de modo que esses possam se sentir partícipes do processo até sua finalização. Sinattolli (2008) afirma que as crianças possuem capacidade de entender as suas vivências e que a profissional deve criar estratégias para facilitar a compreensão da criança, por meio de uma linguagem acessível. Um dos recursos recomendados como estratégia facilitadora é o uso de histórias.

Em nossa experiência, temos usado diversos recursos para devolutiva, tais como histórias, jogos e músicas com metáforas sobre a história de vida ou sobre a demanda da criança ou do adolescente. Na maioria das vezes, temos criado esses recursos, especialmente para facilitar a compreensão, e os entregue ao avaliando ao final do processo, para que possam levar para casa. Esses recursos têm possibilitado que a criança ou o adolescente possam elaborar aos poucos a devolutiva. Temos recebido *feedback* positivo dos responsáveis que, após ter contato com o material entregue aos participantes, chegam para a devolutiva mais receptivos e relatam que a criança avaliada, ou o adolescente, expressou satisfação com o recurso e devolutiva recebidos.

Considerações sobre as especificidades impostas pela pandemia de Covid-19

Na Resolução CFP n. 11/2018 foi regulamentado entre os serviços psicológicos que podem ser realizados por meio de tecnologias da informação e da comunicação, as "consultas e/ou atendimentos psicológicos de diferentes tipos (de maneira síncrona ou assíncronas)", bem como "a utilização de instrumentos psicológicos devidamente regulamentados por Resolução pertinente, sendo que os testes psicológicos devem ter parecer favorável do Sistema de Avaliação de Instrumentos Psicológicos (Satepsi), com padronização e norma" (art. 2º). Especificamente, em relação ao atendimento infantojuvenil, o artigo 5 indica que o atendimento de crianças e adolescentes pode ocorrer "com o consentimento expresso de ao menos um dos responsáveis legais e mediante avaliação de viabilidade técnica por parte da psicóloga e do psicólogo para a realização desse tipo de serviço".

Ao pensar sobre a viabilidade técnica da avaliação psicológica de crianças e adolescentes em situação remota, tem-se que considerar que essa modalidade de atendimento implicaria desafios extras para cada uma das etapas da avaliação psicológica. Esses desafios estariam presentes desde o momento de receber a demanda e estruturar um plano de trabalho, visto que seria preciso verificar a autonomia da criança ou adolescente para manusear os recursos tecnológicos de maneira independente. Essa autonomia é importante para que o atendimento possa ocorrer sem a presença de um responsável e para que assegure a privacidade prevista para os atendimentos psicológicos.

No plano de avaliação também seriam necessárias algumas adequações. A começar pela entrevista inicial com os responsáveis, em que seria preciso fazer uma ampla investigação sobre a real necessidade de conduzir uma avaliação psicológica em período de pandemia pela Covid-19. Também seria necessário refletir sobre o impacto do distanciamento físico na rotina e funcionamento da família como um todo e no reflexo disso à demanda apresentada. Além disso, como no processo avaliativo com crianças, geralmente, são usados recursos lúdicos e testes psicológicos, poderia haver um limite de material a ser usado, visto que não se sabe quais materiais a criança dispõe para utilizar durante avaliação (folha, lápis, jogos lúdicos, entre outros) e, no momento, não existem testes psicológicos voltados para o público infantojuvenil que tenham parecer favorável no Satepsi para uso remoto. Em síntese, considera-se que com os recursos tecnológicos existentes atualmente não seria indicada a avaliação remota com crianças.

Considerações finais

Este capítulo objetivou abordar especificidades da avaliação psicológica com crianças e adolescentes. Conforme pode ser observado, a estrutura de um processo de avaliação psicológica tende a ser a mesma, independentemente da faixa etária, considerando o levantamento de demandas; a elaboração de um plano de trabalho; o estabelecimento de um contrato de trabalho; a execução do plano constituído; a análise, interpretação e triangulação dos dados obtidos; a elaboração de um documento psicológico e a devolução dos resultados obtidos. Contudo, em cada uma das etapas desse processo, há particularidades quando se pensa no público infantojuvenil. Este capítulo apresentou algumas dessas particularidades, buscando aguçar no leitor uma compreensão crítica para a valorização e respeito das singularidades que cada caso requer.

Referências

Albornoz, A. C. G. (2016). Devolução das informações do psicodiagnóstico. In C. S. Hutz, D. R. Bandeira, C. M. Trentini & J. S. Krug (orgs.), *Psicodiagnóstico* (pp. 160-171). Artmed.

Andrade, J. M., & Sales, H. F. S. (2017). A diferenciação entre avaliação psicológica e testagem psicológica: Questões emergentes. In M. R. C. Lins & J. C. Borsa (orgs.), *Avaliação psicológica: Aspectos teóricos e práticos* (pp. 9-22). Vozes.

Arzeno, M. E. G. (1995). *Psicodiagnóstico clínico: Novas contribuições*. Artmed.

Boeckel, M. G., & Prati, L. E. (2016). Genograma familiar. In C. S. Hutz, D. R. Bandeira, C. M. Trentini & J. S. Krug (orgs.), *Psicodiagnóstico* (pp. 136-148). Artmed.

Borges. L., & Baptista, M. N. (2018). Avaliação psicológica e psicoterapia na infância. In M. R. C. Lins, M. Muniz & L. M. Cardoso (orgs.), *Avaliação psicológica infantil* (pp. 71-90). Hogrefe.

Borsa, J. C. (2016). Considerações sobre a formação e a prática em avaliação psicológica no Brasil. *Temas em Psicologia, 24*(1), 131-143. http://dx.doi.org/10.9788/TP2016.1-09

Cardoso, L. M., & Muniz, M. (2018). Encerramento do processo avaliativo infantil: A entrevista devolutiva. In M. R. C. Lins, M. Muniz & L. M. Cardoso (orgs.), *Avaliação psicológica infantil* (pp. 265-280). Hogrefe.

Cardoso, L. M., & Resende, A. C. (2018). O uso dos métodos projetivos na avaliação de crianças. In M. R. C. Lins, M. Muniz & L. M. Cardoso (orgs.), *Avaliação psicológica infantil* (pp. 245-264). Hogrefe.

Cardoso, L. M., & Silva-Filho, J. H. (2018). Satepsi e a qualidade técnica dos testes psicológicos no Brasil. *Psicologia: Ciência e Profissão, 38*(spe), 40-49. https://doi.org/10.1590/1982-3703000209112

Conselho Federal de Psicologia. (2009). *Resolução CFP n. 1/2009*. Dispõe sobre a obrigatoriedade do registro documental decorrente da prestação de serviços psicológicos. https://site.cfp.org.br/wp-content/uploads/2009/04/resolucao2009_01.pdf

Conselho Federal de Psicologia. (2018). *Resolução CFP n. 9/2018*. Estabelece diretrizes para a realização de avaliação psicológica no exercício profissional da psicóloga e do psicólogo, regulamenta o Sistema de Avaliação de Testes Psicológicos – Satepsi e revoga as resoluções n. 2/2003, n. 6/2004 e n. 5/2012 e notas técnicas n. 1/2017 e 2/2017. https://site.cfp.org.br/wp-content/uploads/2018/04/Resolu%C3%A7%C3%A3o-CFP-n%C2%BA-09-2018-com-anexo.pdf

Conselho Federal de Psicologia. (2019). *Resolução CFP n. 6/2019 – Comentada*. Orientações sobre elaboração de documentos escritos produzidos pela(o) psicóloga(o) no exercício profissional. https://site.cfp.org.br/wp-content/uploads/2019/09/Resolu%C3%A7%C3%A3o-CFP-n-06-2019-comentada.pdf

Conselho Federal de Psicologia. (2019). *Resolução CFP n. 6/2019*. Institui regras para a elaboração de documentos escritos produzidos pela(o) psicóloga(o) no exercício profissional e revoga a Resolução CFP n. 15/1996, a Resolução CFP n. 7/2003 e a Resolução CFP n. 4/2019. https://atosoficiais.com.br/cfp/resolucao-do-exercicio-profissional-n-6-2019-institui-regras-para-a-elaboracao-de-documentos-escritos-produzidos-pela-o-psicologa-o-no-exercicio-profissional-e-revoga-a-resolucao-cfp-no-15-1996-a-resolucao-cfp-no-07-2003-e-a-resolucao-cfp-no-04-2019?q=006/2019

Conselho Federal de Psicologia. (2020). *Satepsi*. http://satepsi.cfp.org.br

Lins, M. C. R., Muniz, M., & Uehara, E. (2018). A importância da entrevista inicial no processo avaliativo infantil. In M. R. C. Lins, M. Muniz & L. M. Cardoso (orgs.), *Avaliação psicológica infantil* (pp. 143-158). Hogrefe.

Noronha, A. P. P., & Reppold, C. T. (2010). Considerações sobre a avaliação psicológica no Brasil. *Psicologia: Ciência e Profissão, 30*(spe), 192-201. https://doi.org/10.1590/S1414-98932010000500009

Reppold, C. T. (2011). Qualificação da avaliação psicológica: Critérios de reconhecimento e validação a partir dos Direitos Humanos. In Conselho Federal de Psicologia (org.), *Ano da avaliação psicológica:*

Textos geradores (pp. 21-28). Conselho Federal de Psicologia.

Reppold, C. T., & Almeida, L. (2019). *Psicologia positiva: Educação, saúde e trabalho.* Cerpsi.

Reppold, C. T., & Hutz, C. S. (2008). Investigação psicodiagnóstica de adolescentes: Encaminhamentos, queixas e instrumentos utilizados em clínicas-escolas. *Avaliação Psicológica, 7*(1), 85-91. http://pepsic.bvsalud.org/scielo.php?script=sci_arttext & pid=S1677-04712008000100011 & lng=pt & tlng=pt

Reppold, C. T., & Noronha, A. P. P. (2018). Impacto dos 15 anos do Satepsi na avaliação psicológica brasileira. *Psicologia: Ciência e Profissão, 38*(spe), 6-15. https://doi.org/10.1590/1982-3703000208638

Reppold, C. T., Serafini, A. J., Ramires, D. A., & Gurgel, L. G. (2017). Análise dos manuais psicológicos aprovados pelo Satepsi para avaliação de crianças e adolescentes no Brasil. *Avaliação Psicológica, 16*(1), 19-28. https://dx.doi.org/10.15689/ap.2017.1601.03

Reppold, C. T., Zanini, D., & Noronha, A. P. (2019). O que é avaliação psicológica? In M. N. Baptista, et al. (orgs.), *Compêndio de avaliação psicológica* (pp. 15-28). Vozes.

Rocha, M. M., & Emerich, D. R. (2018). A importância de múltiplos informantes na avaliação psicológica. In M. R. C. Lins, M. Muniz & L. M. Cardoso (orgs.), *Avaliação psicológica infantil* (pp. 159-178). Hogrefe.

Segabinazi, J. D. (2016). Integração dos dados coletados e o diagnóstico psicológico. In C. S. Hutz, D. R. Bandeira, C. M. Trentini & J. S. Krug (orgs.), *Psicodiagnóstico* (pp. 149-159). Artmed.

Serafini, A. J., Levandowski, D. C., & Yates, D. B. (2018). Os testes psicométricos na avaliação psicológica com crianças. In M. R. C. Lins, M. Muniz & L. M. Cardoso (orgs.), *Avaliação psicológica infantil* (pp. 229-244). Hogrefe.

Silva, M. A., & Bandeira, D. R. (2016). A entrevista de anamnese. In C. S. Hutz, D. R. Bandeira, C. M. Trentini & J. S. Krug (orgs.), *Psicodiagnóstico* (pp. 52-67). Artmed.

Silva, T. C., Naves, A. R. C. X., & Lins, M. R. C. (2018). Estratégias lúdicas na avaliação infantil. In M. R. C. Lins, M. Muniz & L. M. Cardoso (orgs.), *Avaliação psicológica infantil* (pp. 179-202). Hogrefe.

Silva-Filho, J. H., Martins, H. M., & Silva, A. G. B. (no prelo). *Catálogo dos laboratórios de avaliação psicológica do Brasil.* LAP-AM/Ibap.

Sinattolli, S. (2008). *Era uma vez... na entrevista devolutiva.* Casa do Psicólogo.

Trentini, C. M., Bandeira, D. R., & Krug, J. S. (2016). Escolha dos instrumentos e das técnicas no psicodiagnóstico. In C. S. Hutz, D. R. Bandeira, C. M. Trentini & J. S. Krug (orgs.), *Psicodiagnóstico* (pp. 68-72). Artmed.

Uehara, E. (2018). Características cognitivas do desenvolvimento infantil. In M. R. C. Lins, M. Muniz & L. M. Cardoso (orgs.), *Avaliação psicológica infantil* (pp. 7-31). Hogrefe.

Weiner, I. B., & Greene, R. L. (2017). *Handbook of Personality Assessment* (2. ed.). Wiley.

6
Técnicas em avaliação psicológica de crianças e adolescentes

Adriana Jung Serafini
Universidade Federal de Ciências da Saúde de Porto Alegre

Joice Dickel Segabinazi
Pontifícia Universidade Católica do Rio Grande do Sul

Caroline Tozzi Reppold
Universidade Federal de Ciências da Saúde de Porto Alegre

Highlights
- Define-se avaliação psicológica e as fontes de informação no processo avaliativo.
- Discute-se o uso de fontes fundamentais na avaliação de crianças e adolescentes.
- Debate-se o uso de fontes complementares na avaliação de crianças e adolescentes.
- Argumenta-se a relevância da abordagem multimétodo no processo clínico avaliativo.
- Aborda-se a entrevista de devolução como técnica no processo de avaliação psicológica.

Introdução

O Conselho Federal de Psicologia (2018), por meio da Resolução CFP n. 9/2018, define a avaliação psicológica como "um processo estruturado de investigação de fenômenos psicológicos, composto de métodos, técnicas e instrumentos, com o objetivo de prover informações à tomada de decisão, nos âmbitos individual, grupal ou institucional, com base em demandas, condições e finalidades específicas". Esse processo envolve etapas que necessariamente devem ser contempladas durante uma prática avaliativa, sendo essas: definição dos objetivos da avaliação e características de quem será avaliado; coleta de dados por meio de diferentes técnicas, métodos e fontes; integração dos dados coletados e estabelecimento das hipóteses iniciais; determinação das respostas relacionadas

às demandas avaliadas e comunicação dos resultados (CFP, 2003, 2010, 2013, 2018, 2019). Entretanto, a avaliação psicológica voltada ao público infantil e adolescente possui características típicas que envolvem desde as especificidades das próprias etapas do desenvolvimento até particularidades do processo relacionadas às queixas mais comuns para a busca de atendimento, à escolha das técnicas de avaliação, à forma de comunicação com o paciente, à devolução dos resultados e à autonomia do avaliando ao longo da avaliação. Assim, considerando o que diferencia o processo avaliativo de crianças e adolescentes em relação às demais populações, o objetivo do presente capítulo é discorrer sobre as técnicas disponíveis para avaliação psicológica de crianças e adolescentes.

A definição de infância e adolescência pode variar em termos culturais e legais, a depender dos marcos considerados para essas indicações. No entanto, um dos parâmetros frequentemente considerados para essa classificação nas políticas de atendimento à área da saúde e direitos humanos no Brasil é o estabelecido pelo Estatuto da Criança e do Adolescente (Brasil, 1990). De acordo com esse documento, a infância compreende o período que vai até os doze anos incompletos, ao passo que a adolescência abarca as idades entre 12 e 18 anos. Partindo dessa prerrogativa, um dos primeiros pontos a ser considerado pelo psicólogo no âmbito do atendimento infantojuvenil é a pertinência das técnicas/instrumentos a serem utilizados para a avaliação desse público, considerando as conformidades dessas em termos de normas de interpretação dos resultados e sua adequação às capacidades e habilidades do avaliando.

Nesse sentido, cabe destacar que a Resolução CFP n. 9/2018 dá ao psicólogo a prerrogativa de escolher quais instrumentos, métodos e técnicas melhor se adequam a cada caso e que a literatura da área (Baptista et al., 2019; Reppold & Gurgel, 2015; Reppold & Noronha, 2018) é congruente ao afirmar que a avaliação psicológica é um processo dinâmico, que pode ser baseado em três vértices: técnicas de entrevista, métodos de observação e instrumentos psicológicos. Contudo, o Conselho Federal de Psicologia (2018) estabelece que os psicólogos devem, obrigatoriamente, em uma avaliação psicológica, fundamentar seus achados e conclusões em métodos, técnicas ou instrumentos psicológicos que tenham evidências científicas. O conselho define as técnicas de entrevista, métodos de observação e instrumentos psicológicos favoráveis para uso pelo Conselho Federal de Psicologia como fontes fundamentais de informação em um processo avaliati-

vo. De forma adicional, também é possível fazer uso de fontes complementares de informação, utilizadas como recursos auxiliares à(s) fonte(s) principal(is).

Técnicas em avaliação psicológica: Fontes fundamentais

O Conselho Federal de Psicologia (2018), por meio da Resolução n. 9/2018, dispõe o que pode ser considerado como fonte fundamental e como fonte complementar para realização de uma avaliação psicológica, a saber:

> Consideram-se fontes de informação:
>
> I – Fontes fundamentais: (a) testes psicológicos aprovados pelo Conselho Federal de Psicologia para uso profissional da psicóloga e do psicólogo e/ou; (b) Entrevistas psicológicas, anamnese e/ou; (c) protocolos ou registros de observação de comportamentos obtidos individualmente ou por meio de processo grupal e/ou técnicas de grupo.
>
> II – Fontes complementares: (a) técnicas e instrumentos não psicológicos que possuam respaldo da literatura científica da área e que respeitem o Código de Ética e as garantias da legislação da profissão; (b) documentos técnicos, tais como protocolos ou relatórios de equipes multiprofissionais.

Dentre essas fontes fundamentais, salienta-se a importância das entrevistas (sejam essas estruturadas ou não) para o estabelecimento da avaliação psicológica, pois, em geral, essa é a primeira técnica que o psicólogo lança mão durante esse processo avaliativo. A entrevista inicial que, na maioria das vezes, ocorre com o profissional que solicitou a avaliação e/ou o paciente (ou, no caso das crianças e adolescentes, os pais ou responsáveis) é a principal fonte das informações que tornará possível compreender por qual motivo o paciente foi encaminhado e como o processo de avaliação deve ser estruturado a partir das hipóteses geradas. O contato com a fonte de encaminhamento, além de auxiliar na elucidação dos objetivos da avaliação psicológica, é de suma importância para o planejamento das entrevistas seguintes e para que o profissional se sinta seguro para receber o paciente e seus responsáveis (Serafini, 2016).

Quando se trata de uma criança, a primeira entrevista é realizada com os responsáveis. No caso de pacientes adolescentes, o ideal é que essa etapa ocorra com o próprio paciente, no intuito de que o adolescente se sinta responsável, desde o início, pelo processo de avaliação psicológica em que está inserido. Nesse momento, é importante investigar como o próprio paciente compreende o motivo da avaliação e o impacto das queixas trazidas na sua vida em diferentes contextos (escolar, familiar, social). Posteriormente, realiza-se entrevistas com seus responsáveis (Serafini, 2016).

De acordo com Lins et al. (2018), é por meio da entrevista com os responsáveis que se pode obter dados sobre o histórico familiar, de saúde e desenvolvimento do paciente, além de informações sobre os sintomas ou queixas atuais e como elas ocorrem. Essa entrevista também é importante para a coleta de informações sobre a parentalidade e a forma como os responsáveis manejam comportamentos da criança/adolescente e sobre sua relação com a escola e professores. Eventualmente, a fonte de informação das entrevistas iniciais pode ser (também) outros cuidadores do paciente (babás) ou pessoas que coabitam com a família (avós, tios etc.), ou mesmo com professores ou outros profissionais que atendem a criança ou o adolescente. Outras fontes que podem ser consideradas como material de apoio são documentos como encaminhamentos médicos, boletim escolar, pasta de trabalhos escolares, caderneta de saúde, livros de recordações da primeira infância, fotos familiares etc. Conforme destacam Rocha e Emerich (2018), a avaliação psicológica baseada em entrevistas com múltiplos informantes permite acessar tanto a consistência no comportamento do paciente quanto às discrepâncias nos relatos. A integração dos dados e a análise dessas convergências e divergências permitirão, assim, ao clínico, uma compreensão mais abrangente da demanda de avaliação (Segabinazi, 2016).

Conceitualmente, a entrevista realizada para investigar aspectos da história de vida do avaliando relacionados à queixa clínica que o levou à avaliação é definida como anamnese. Por ser direcionada a investigar fatos pontuais, esse tipo de entrevista clínica requer uma postura ativa do psicólogo e roteiros minimamente elaborados. Desse modo, para fornecer os dados referentes a esse tipo de entrevista, é importante que o informante possua conhecimento sobre os fatos a serem investigados na vida do avaliando, recuperando, via memória, informações questionadas pelo avaliador sobre a vida pregressa do paciente. É por isso que, como dito, normalmente, a entrevista de anamnese de crianças é realizada com os pais/responsáveis. Contudo, para os adolescentes, pode-se iniciar a entrevista com o próprio paciente e, posteriormente, complementá-la com informações que serão trazidas pelos responsáveis, em especial no que diz respeito aos dados sobre o desenvolvimento durante a infância e sobre a forma como esses percebem as queixas trazidas e suas consequências.

Como referem Silva e Bandeira (2016), a entrevista de anamnese difere-se em termos de estrutura de acordo com a faixa etária do paciente; porém, alguns aspectos devem ser investigados em todas as idades. São eles: (1) a configuração das relações familiares, (2) o número de familiares imediatos e suas respectivas ocupações, (3) características do ambiente familiar, (4) rede de apoio que possui o avaliando, (5) contextualização da queixa, incluindo a sua evolução, histórico de tratamentos (incluindo uso de medicação), impacto do problema no funcionamento psicossocial do paciente e a percepção deste em relação à queixa.

No caso da avaliação psicológica de crianças, a anamnese deve conter perguntas relativas ao histórico pré e perinatal, como condições de saúde física e mental da mãe durante a gestação, utilização de substâncias ou medicações, intercorrências durante a gravidez (como acidentes ou hospitalizações) e se a gestação foi planejada ou desejada. Dados sobre o parto e as condições da criança ao nascer (Apgar) devem ser incluídos, assim como a investigação dos marcos de desenvolvimento (amamentação, sono, aspectos psicomotores, da fala e linguagem, controle esfincteriano). Questões relacionadas ao histórico escolar (adaptação escolar, interesse, dificuldades e facilidades, repetências), às interações interpessoais (com colegas, professores, amigos e familiares), de rotinas e hábitos (como é sua rotina diária e em dias especiais), assim como preferências (com quem e com o que gosta de brincar) da mesma forma são itens de uma anamnese (Lins et al., 2018; Silva & Bandeira, 2016).

No caso da avaliação de pacientes adolescentes, também é importante investigar os tópicos da infância relacionados à história de vida e ao desenvolvimento, já relatados. No entanto, nessa etapa da vida, as mudanças físicas, hormonais e de identidade possuem um peso importante. Assim, a entrevista deve incluir perguntas sobre relacionamentos com os pais, com pares, relacionamentos íntimos e sexualidade. Deve-se investigar aspectos de independência e autonomia em relação aos pais, bem como os conflitos existentes e a maneira como o adolescente lida com regras e limites. Visto que, nessa fase, o grupo de amigos adquire protagonismo, a forma como se estabelecem as relações de amizade e eventual inimizade (*bullying*) deve ser questionada. O uso ou abuso de álcool e drogas também pode ocorrer e é recomendável que a anamnese inclua questões relacionadas a isso (Silva & Bandeira, 2016).

Em alguns casos, pode não ser possível acessar dados da história prévia do paciente; por exemplo, nos casos de adoção ou de crianças/adolescentes em situação de abrigamento. Nessas situações, deve-se buscar as informações possíveis por meio de prontuários, registros, entrevistas com cuidadores ou entrevistas com familiares com quem o paciente ainda possua algum vínculo, como irmãos. Mesmo assim, é possível que dados pregressos sejam inacessíveis; nessa situação, o profissional deverá dar andamento à avaliação com os dados disponíveis, relatando também a falta das informações não obtidas no documento produzido. Na vinheta clínica 1, é descrito o caso de um paciente encaminhado para avaliação por suspeita de deficiência intelectual, cuja entrevista de anamnese foi realizada com a mãe adotiva. Observa-se que informações anteriores ao primeiro ano de idade do adolescente são ausentes, mas os dados trazidos a partir dessa idade mostram-se importantes para a investigação do motivo do encaminhamento.

Vinheta clínica 1

Eduardo*, 15 anos, foi encaminhado para avaliação psicológica por suspeita de deficiência intelectual. O adolescente foi adotado com 1 ano de idade e, na época, encontrava-se com saúde precária. O paciente apresentava diversas infecções e sinais de desnutrição, além de doença renal. A mãe referiu que sempre buscou estimular o filho com intuito de que ele atingisse os marcos desenvolvimentais com poucos atrasos. Eduardo começou a engatinhar com 1 ano e 6 meses e adquiriu o controle dos esfíncteres por volta dos 2 anos e 8 meses. Conforme o relato da mãe, ele já estava começando a falar quando foi adotado. Ela também referiu que o paciente sempre apresentou dificuldades no aprendizado, sendo descritos comportamentos mais infantilizados quando comparado com seus outros filhos. Como exemplos, a mãe trouxe que Eduardo aprendeu a nomear as cores aos 6 anos de idade e não conseguia acompanhar as brincadeiras das crianças de sua faixa etária.

Caso o paciente seja uma criança, deve-se incluir entre essas primeiras entrevistas, a entrevista lúdica diagnóstica (ou hora do jogo diagnóstica). Em geral, esse é o primeiro encontro entre o paciente e o psicólogo avaliador e, desse modo, possui extrema importância, não apenas para se obter informações sobre a criança que vem para o atendimento e sua realidade, mas também para o estabelecimento do vínculo entre ela e o avaliador. De acordo com Werlang (2000, p. 104), a entrevista lúdica possibilita ao psicólogo "compreender a natureza do pensamento infantil, fornecendo informações significativas do ponto de vista evolutivo, psicopatológico e psicodinâmico".

Silva et al. (2018) recomendam que, durante o processo avaliativo, se use a brincadeira livre como forma de se observar o comportamento da criança. Porém, apesar de a brincadeira ser livre, o avaliador deve ter em mente os objetivos dessa entrevista e estar com o olhar atento para o funcionamento da criança. Desse modo, é possível que, de acordo com as características da criança, o avaliador possa também dispor de jogos ou tarefas com o intuito de avaliar as capacidades, interesses e habilidades do paciente.

Na vinheta clínica 2, apresenta-se o caso de uma paciente de 8 anos com suspeita de déficit cognitivo. As informações coletadas ao longo da entrevista lúdica mostraram-se relevantes, não apenas para triangulação das informações obtidas a partir das diferentes técnicas utilizadas, mas também para se obter dados sobre as habilidades e capacidades da paciente, o que se torna fundamental no momento de se estabelecer o conjunto de fontes fundamentais e complementares a ser utilizado. No caso em questão, observou-se muitas dificuldades na comunicação verbal da paciente (a avaliadora muitas vezes não compreendia o que a menina falava). Assim sendo, instrumentos verbais não seriam os mais indicados para a avaliação, em especial, da área cognitiva.

Vinheta clínica 2

Rebeca*, 8 anos, encaminhada para psicodiagnóstico por suspeita de deficiência intelectual. As queixas incluíam problemas na aprendizagem e atraso no desenvolvimento de habilidades e competências esperadas para a sua idade. Durante a entrevista lúdica, observou-se dificuldades na identificação de cores, números, letras, objetos e formas. Rebeca evidenciou dificuldades também na compreensão das instruções fornecidas pela avaliadora referentes às atividades desenvolvidas, como jogos ou tarefas como desenho. Demonstrou déficits na manutenção da atenção e baixa motivação ao longo dessas atividades. Durante a entrevista lúdica, percebeu-se ainda problemas no desenvolvimento da linguagem, sendo, muitas vezes, difícil compreender a fala da paciente, que se apresentou pobre em repertório e prejudicada no aspecto fonológico/fonético. Apesar dos déficits observados, ao longo da entrevista, a paciente demonstrou compreensão cognitiva de certas regras sociais ao solicitar ajuda quando necessitava, pedir por favor, depositar o lixo na lixeira e guardar os brinquedos, por exemplo.

Como já descrito, as informações obtidas nesses primeiros contatos realizados com pacientes, responsáveis, familiares, profissionais, entre outras fontes de informação, irão guiar os passos seguintes da avaliação. Schelini (2019) refere que, a partir do primeiro encontro com os responsáveis, e da realização da entrevista de anamnese, em sessões posteriores, já é possível delimitar as primeiras hipóteses e estabelecer um plano inicial de avaliação. Esse plano, em muitos casos, irá incluir os testes psicológicos com o objetivo de avaliar questões específicas, embora o uso de testes como fonte fundamental não seja imprescindível.

No caso do uso de testes psicológicos, é importante que o psicólogo utilize instrumentos que permitam a avaliação de construtos considerados a partir das hipóteses iniciais levantadas nas entrevistas anteriores e na análise de documentos relacionados à demanda e ao histórico familiar e escolar do paciente (p. ex., encaminhamentos médicos, boletim escolar, álbum de fotos etc.). Nesse sentido, deve-se atentar que os testes psicológicos considerados como fontes fundamentais de informação são exclusivamente aqueles aprovados pelo Conselho Federal de Psicologia para uso profissional, divulgados no site do Sistema de Avaliação de Testes Psicológicos (Satepsi)[1]. No capítulo que antecede a esse, o leitor encontra uma descrição mais detalhada sobre as especificidades da avaliação psicológica de crianças e adolescentes, contemplando, inclu-

sive, particularidades sobre o uso de testes psicométricos e projetivos nesse contexto.

A *análise* dos manuais psicológicos aprovados pelo Satepsi para avaliação de crianças e adolescentes no Brasil, publicada por Reppold et al. (2017), indica, contudo, que os testes disponíveis até recentemente cobrem um número limitado de construtos psicológicos. Dos 158 testes analisados apenas 11,39% (n = 18) eram destinados exclusivamente à avaliação de crianças, 5,06% (n = 8) destinavam-se ao uso em crianças e adolescentes, 2,53% (n = 4) ao uso exclusivo de adolescentes, 16,45% (n = 26) indicados para adolescentes e adultos e 7,59% (n = 12) indicados para crianças, adolescentes e adultos. Portanto, 68 testes apresentavam indicação ou amostras de normatização envolvendo crianças ou adolescentes, representando 43,67% da totalidade de instrumentos considerados como favoráveis para uso na lista do Satepsi. A maior carência é observada em relação à faixa etária que vai até os 5 anos de idade. Os construtos mais frequentemente cobertos por esses testes eram inteligência, personalidade e habilidades sociais, no caso da avaliação infantil, autoconceito, personalidade, inteligência, motivação para aprendizagem e orientação profissional, no caso dos testes indicados para adolescentes. Ressalta-se que o artigo apontou também que alguns manuais não especificavam para qual faixa etária o teste era indicado, ou apresentavam discrepância entre a idade de indicação e a idade dos participantes dos estudos de busca de evidências de validade.

---

1. http://satepsi.cfp.org.br/testesFavoraveis.cfm

A análise de Reppold et al. (2017) enfatiza a importância da avaliação multimétodo, sobretudo se consideradas as pesquisas que indicam os principais motivos de encaminhamento de crianças e adolescentes para psicodiagnóstico em clínicas-escolas e ambulatórios de avaliação. Queixas somáticas, problemas de aprendizagem, dificuldades afetivas e de relacionamento interpessoal e problemas de comportamento frequentemente constam nessa lista de motivos, que inclui também indicadores de transtornos específicos do desenvolvimento (Aguiar et al., 2018; Autuori & Granato, 2017; Silvares et al., 2015). Borsa et al. (2013), em um estudo que apresenta um levantamento dos motivos de encaminhamento em uma clínica-escola especializada em avaliação e diagnóstico psicológico, revelam que as queixas mais frequentes de pacientes infantis e adolescentes referem-se a problemas de aprendizado e comportamento, déficit de atenção e hiperatividade, suspeita de deficiência intelectual e problemas afetivos. Reppold e Hutz (2008), porém, indicam que os motivos apontados por pais, professores e médicos para avaliação psicodiagnóstica de crianças e adolescentes muitas vezes divergem das queixas apontadas pelos próprios avaliandos durante a triagem. Quando consideradas como fontes de informação as avaliações de terceiros, problemas de externalização são mais frequentes; já quando considerados métodos de autorrelato, problemas de internalização são mais recorrentes.

Na prática clínica, observa-se que instrumentos para a avaliação da inteligência, como a Escala Wechsler de Inteligência para Crianças, quarta edição, (WISC-IV) e a Escala Wechsler Abreviada de Inteligência (WASI), são instrumentos muito utilizados, sendo considerados testes padrão-ouro para mensuração da inteligência. Instrumentos não verbais para avaliação desse construto também são uma possibilidade, em especial quando se necessita de uma avaliação mais breve ou então quando o paciente possui alguma restrição que impossibilite a aplicação de testes verbais. Exemplos de instrumentos para avaliação não verbal da inteligência são o *R-2:* Teste Não Verbal de Inteligência para Crianças, o Teste de Inteligência Geral-Não Verbal (TIG-NV), o Teste Não Verbal de Raciocínio para Crianças (TNVRI), a Escala de Maturidade Mental Colúmbia Edição Brasileira Revisada (CMMS 3), o SON-R 2½ [7] e o Teste Não Verbal de Inteligência Geral Beta-III (Subtestes Raciocínio Matricial e Códigos).

No caso da avaliação de atenção, são poucos os instrumentos favoráveis para uso em crianças ou adolescentes. Cite-se, por exemplo, a Bateria Psicológica para Avaliação da Atenção (BPA), o Teste de Atenção Visual (TAVIS 4) e o Teste de Atenção Seletiva (TAS). Já para avaliação de queixas relativas a dificuldades comportamentais, afetivas e/ou interpessoais, alguns dos instrumentos que, por ora, são considerados favoráveis para uso profissional são o Inventário de Habilidades Sociais, Problemas de Comportamento e Competência Acadêmica para Crianças (SSRS), o Roteiro de Entrevista de Habilidades Sociais Educativas Parentais (RE-HSE-P), o Inventário de Habilidades Sociais para Adolescentes (IHSA-Del-Prette), o Teste de Habilidades Sociais para Crianças em Situação Escolar (THAS-C), a Escala de Stress para Adolescentes (ESA) e a Escala Baptista de Depressão – versão InfantoJuvenil (Ebadep-IJ). Dentre as técnicas gráficas e projetivas, cite-se, por exemplo, o Teste da Casa-Árvore-Pessoa (HTP) e os testes de apercepção temática (TAT, CAT-A, CAT-H).

Esses dados sobre instrumentos utilizados são coerentes com um levantamento recente realizado por Reppold et al. (no prelo), que descreveu o perfil dos psicólogos brasileiros que utilizam testes psicológicos no que tange a sua(s) área(s) de atuação, ao uso que fazem dos instrumentos psicológicos em suas práticas e aos testes que utilizam com maior frequência no exercício profissional. O estudo realizado com 668 psicólogos mostrou que 67,82% dos respondentes indicaram realizar atividades profissionais na área da clínica/saúde, 29,90% na neuropsicologia e 20,25% na área da Psicologia Educacional/Escolar, sendo que a maioria desses utilizam testes para fins psicodiagnósticos. Alguns dos testes psicológicos mais frequentemente citados pelos psicólogos participantes em suas práticas profissionais junto a crianças ou adolescentes foram a Escala de Inteligência Wechsler para Crianças – WISC (indicado para idade de 6 a 16 anos), o *HTP* (Técnica projetiva de Desenho, indicada para uso a partir dos 8 anos), o Teste Palográfico de Avaliação da Personalidade (indicado para uso entre 16 e 60 anos), o Teste AC (uso de 17 a 64 anos), a Bateria Fatorial de Personalidade – BFP (indicada para adolescentes e adultos), o Teste de Apercepção Temática – TAT (indicado de 14 a 40 anos), a Escala de Inteligência Wechsler Abreviada – WASI (indicada de 6 a 89 anos), as Pirâmides Coloridas de Pfister: Versão para crianças e adolescentes (indicada para uso entre 6 e 14 anos), a Bateria Psicológica para Avaliação de Atenção – BPA (indicada para público entre 6 e 82 anos) e o CAT (Teste de Apercepção Infantil), seja na Forma Animal (de 5 a 10 anos) ou na Forma Humana (de 7 a 12 anos).

Além das entrevistas e testes psicológicos, a observação, incluindo seus protocolos de registro, é outra técnica considerada como uma fonte fundamental para a avaliação psicológica. Souza e Aiello (2018) referem que a observação proporciona ao avaliador uma diversidade de dados sobre a qualidade dos comportamentos e a forma como eles se manifestam na realidade fora do consultório. Essa técnica possibilita informações sobre o padrão de interação com diferentes pares: pais e criança (ou adolescente), professores e criança (ou adolescente), criança e criança (ou adolescente e seus pares). Também pode-se observar quais as variáveis individuais e situacionais que se mostram vinculadas aos problemas de comportamento identificados em outros ambientes. Os autores salientam a importância de se realizar registros das observações e ressaltam que existem diferentes procedimentos para se codificar os dados provenientes de uma observação, sendo necessário que o psicólogo utilize aquele que melhor se ajuste aos seus objetivos e ao comportamento que está sendo observado, devendo este ter fundamentação técnica. As observações ocorridas durante o momento da testagem também se mostram de grande relevância. Entende-se que a comunicação não verbal é fonte de informações que muitas vezes não se manifestam na fala do paciente.

A vinheta clínica 3 traz um exemplo de um psicodiagnóstico cujo encaminhamento a princípio possuía uma demanda relacionada a dificuldades de aprendizagem. Ao longo das entrevistas, a integração entre dados obtidos com a observação dos comportamentos do paciente em conjunto com as informações coletadas com a escola e os familiares contribuíram para o redirecionamento da avaliação.

Vinheta clínica 3

Oliver*, 8 anos, encaminhado pela escola por apresentar dificuldades de aprendizagem. Nas sessões, observou-se que o menino questionava repetidamente sobre seu próprio desempenho, falhando em executar algumas das tarefas. Também apresentava frequentes repetições de palavras utilizadas pela avaliadora (ecolalia). As entrevistas com a escola confirmaram tais observações, e indicaram dificuldades do menino em realizar atividades em grupo, muitas vezes em função da frequência aumentada de tiques vocais. Os pais apresentaram vídeos caseiros nos quais o menino executava movimentos complexos e repetitivos (virava a cabeça para o lado e encolhia os ombros e movimentos nos dedos das mãos), os quais eram explicados pelo menino como "o meu momento". Identificou-se que a frequência e a intensidade dos movimentos aumentavam quando o menino estava a caminho da escola, ou antes de eventos sociais. Tais informações modificaram a demanda inicial da avaliação e indicaram a necessidade de uma investigação mais detalhada de sintomas relacionados a Transtornos de Ansiedade, ao Transtorno de Tique e ao Transtorno do Espectro Autista.

Técnicas em avaliação psicológica: Fontes complementares

As fontes complementares são técnicas e instrumentos não psicológicos, mas que tenham evidências científicas e que respeitem o *Código de Ética Profissional do Psicólogo* (CFP, 2018). Dentre essas técnicas estão os instrumentos avaliados pelo Conselho Federal de Psicologia e classificados como instrumentos não privativos do psicólogo. Como exemplos pode-se citar o Teste de Desempenho Escolar, a Escala de avaliação do Desenvolvimento do Comportamento da Criança em seu Primeiro Ano de Vida, a Escala para Avaliação das Estratégias de Aprendizagem para o Ensino Fundamental (Eavap – EF), e a Triagem de Indicadores de Altas Habilidades/Superdotação – Versão Professor.

Além de testes e instrumentos, as técnicas complementares podem se constituir de documentos como protocolos ou relatórios de equipes multiprofissionais (CFP, 2018). Em especial nos casos de pacientes que recebem acompanhamento de outros profissionais (p. ex., médicos, fonoaudiólogos, pedagogos), que estejam em atendimento em algum serviço de saúde (como Unidade Básica de Saúde, hospitais) ou mesmo pacientes abrigados, esses relatórios são muito importantes para que se possa ter dados da história clínica e pregressa do paciente, além da evolução nos tratamentos, exames e avaliações já realizadas.

A abordagem multimétodo: Aplicação de fontes fundamentais e complementares em avaliação psicológica

A escolha das técnicas e testes psicológicos, fontes fundamentais da avaliação, assim como a utilização de fontes complementares, como já referido, partem, inicialmente, das queixas, demandas e das hipóteses diagnósticas geradas. Compreende-se que os dados obtidos a partir de todas essas fontes devem adquirir sentido a partir da integração de seus múltiplos resultados, que irão direcionar o avaliador para as conclusões do caso. Tais conclusões envolvem tanto uma compreensão dinâmica do caso, com o entendimento das causas das manifestações sintomáticas apresentadas pelo paciente, quanto uma definição de um diagnóstico, caso a investigação aponte nessa direção. Ressalta-se que nem sempre (e muitas vezes isso ocorre) o processo de avaliação envolve o estabelecimento de um diagnóstico.

A seguir, neste capítulo, serão apresentadas possibilidades de uma avaliação multimétodo, processo no qual são utilizadas diversas fontes (fundamentais e/ou complementares) aplicadas ao contexto clínico. Especificamente, serão discutidas possibilidades de uso dessas diferentes fontes para a avaliação do Transtorno de Déficit de Atenção e Hiperatividade (TDAH).

Como já referido, dentre as queixas mais frequentemente reportadas nos encaminhamentos para avaliação de crianças e adolescentes está a dificuldade de atenção. Isso pode ser observado, por exemplo, no estudo de Borsa et al. (2013) que caracterizou a clientela infantojuvenil de uma clínica-escola especializada em avaliação psicológica. No levantamento, a maioria das avaliações realizadas (72,9%) foram indicadas por médicos (neurologistas, psiquiatras e neuropediatras) e pouco mais da metade (57,6%) das crianças e adolescentes já utilizavam medicação. A partir dessas considerações, as autoras concluíram que muitos dos processos de avaliação psicológica eram indicados com o objetivo de complementar um diagnóstico prévio, ou para o esclarecimento da melhor abordagem terapêutica.

No contexto de avaliação dos problemas atencionais, são frequentes os encaminhamentos específicos por suspeita de Transtorno de Déficit de Atenção/Hiperatividade (TDAH). Wagner e Rohde (2016) salientam a essência clínica do diagnóstico, que é realizado com base no *Manual diagnóstico e estatístico de transtornos mentais – DSM-5* (American Psychiatric Association, 2014) e tem como foco a avaliação da presença, duração e gravidade dos sintomas e seus desdobramentos sociais, comportamentais e emocionais. Desse modo, as entrevistas e as observações, técnicas estabelecidas como fundamentais pelo CFP, mostram-se como fontes de informação relevantes no processo de avaliação. A entrevista de anamnese, por exemplo, possibilita que o avaliador compreenda de que forma os sintomas se manifestam ao longo do desenvolvimento do avaliando, que se investigue a presença dos sintomas em outros membros da família e o impacto que esses sintomas possuem em diversas áreas da vida do paciente, entre outros dados. A entrevista viabiliza ao avaliador obter a percepção do próprio paciente em relação a si mesmo e suas dificuldades. Além disso, as entrevistas com múltiplos informantes, como professores e outros profissionais que acompanham o avaliando, auxiliam que se compreenda se os sintomas se mostram restritos ou não a um único ambiente, o que é um critério importante para o diagnóstico de TDAH. O mesmo ocorre com as observações. A possibilidade de se observar os comportamentos tanto no contexto clínico quanto em outros âmbitos auxilia o processo de avaliação, já que, muitas vezes, no consultório os sintomas de desatenção e/ou hiperatividade podem ser menos evidentes em função de um maior controle dos estímulos externos.

Os testes psicológicos, também fontes fundamentais de informação, são instrumentos que, apesar de não determinarem o diagnóstico de TDAH, podem auxiliar na compreensão e melhor condução do caso. As investigações que buscaram estabelecer um perfil cognitivo do TDAH indicaram a heterogeneidade desse perfil e dos sintomas relacionados; ou seja, a presença de múltiplos déficits podem coexistir em um mesmo indivíduo e distintos padrões de déficits em diferentes funções cognitivas e motivacionais (Nigg, 2013; Salum et al., 2018). Dada essa natureza heterogênea do TDAH, observa-se novamente a importância do uso de diferentes técnicas que abarquem a avaliação desses diversos sintomas e déficits. Dentre os testes psicológicos que vêm sendo utilizados para a avaliação do TDAH, pode-se citar aqueles que mensuram e analisam o componente planejamento das funções executivas, como o Teste Wisconsin de Classificação de Cartas (WCST) e o Figuras Complexas de Rey; bem como instrumentos para a avaliação da inteligência, por exemplo, WISC-IV, em especial, os subtestes *Dígitos, Sequência de Números e Letras (que* informam sobre alguns componentes da memória de trabalho) e os subtestes Códigos e Procurar Símbolos (que são medidas de velocidade de processamento). Desse modo, não apenas uma técnica ou teste é utilizado para o estabelecimento de um diagnóstico, ou para se refutar uma hipótese diagnóstica. As diversas fontes de informação mostram-se complementares e auxiliam o avaliador na medida em que se pode comparar seus resultados, encontrando-se convergências e divergências que serão importantes para compreensão do funcionamento do avaliando.

Além das fontes fundamentais, fontes complementares são úteis na avaliação do TDAH, como, por exemplo, as informações obtidas por meio de prontuários do paciente ou relatórios multiprofissionais. É comum que os pacientes com TDAH sejam acompanhados por outros profissionais como psiquiatras, neurologistas ou pedagogos.

Nessa linha, um outro aspecto técnico importante nas avaliações psicológicas de paciente com dificuldades de atenção e suspeita de TDAH são as modificações possivelmente causadas por psicofármacos que já estejam sendo utilizados. Porto et al. (2018) reforçam que é papel do psicólogo considerar as possíveis consequências do uso da medicação durante o processo. Ressalta-se que cabe ao médico as decisões relacionadas ao esquema de administração da medicação, e não ao psicólogo, sendo um dever de ambos os profissionais manterem um diálogo durante o processo de avaliação. Xavier e Chachamovic (2016) complementam esse cuidado, referindo que drogas estimulantes (como o metilfenidato, frequentemente utilizado por pacientes avaliados por suspeita de TDAH) possuem um potencial de melhorar o desempenho na testagem psicológica e neuropsicológica daqueles pacientes que realmente tenham o transtorno. Na prática clínica, é comum uma proposta de controle deste efeito: propor sessões de avaliação repetidas, ou seja, realizar uma sessão de testagem no turno oposto àquele no qual a medicação é utilizada em comparação à testagem no turno no qual ela é geralmente administrada.

Nesse sentido, novamente, evidencia-se a importância de fontes complementares como os relatórios de equipes multiprofissionais. Além dos dados trazidos pelo paciente, prontuários e relatórios médicos são úteis para obter-se informações do histórico das medicações utilizadas, assim como das dosagens e da posologia. A partir das informações do horário de administração e dose utilizada (que vão indicar os horários do dia relacionados à farmacocinética da droga), o psicólogo pode definir sessões de avaliação com testes alternativos (que mensuram funções cognitivas semelhantes) em horários nos quais o paciente esteja sob efeito do medicamento e em horários nos quais esse efeito é clinicamente inexistente, ou não detectável. A discrepância entre o desempenho poderá ser mais um balizador do diagnóstico de TDAH. Ressalta-se que psicólogos e médicos (psiquiatra/neurologista/pediatra) devem agir em conjunto para o estabelecimento da melhor estratégia de avaliação, considerando as especificidades de cada paciente e o contexto familiar e social em que está inserido. A seguir, é apresentada uma vinheta clínica (vinheta clínica 4) de uma avaliação por suspeita de deficiência intelectual e TDAH, na qual a abordagem multimétodo foi empregada para o estabelecimento do diagnóstico.

Vinheta clínica 4

Rafael*, 9 anos, estudante do 3º ano do Ensino Fundamental (E.F.) de uma escola pública, foi encaminhado para psicodiagnóstico pelo médico neurologista. A avaliação ocorreu no mesmo hospital onde Rafael realizava tratamento neurológico. As hipóteses diagnósticas eram de Deficiência Intelectual (DI) ou Transtorno de Déficit de Atenção e Hiperatividade (TDAH). Foram realizadas entrevistas com o profissional que encaminhou o paciente para avaliação, com os pais e professores do menino. Além disso, foram coletadas informações sobre o histórico clínico de Rafael, por meio do prontuário do paciente, e sobre o histórico escolar, por meio de relatórios das professoras e orientadora pedagógica da escola. Essas diversas entrevistas e dados obtidos apontaram queixas relacionadas a comportamentos desatentos, hiperativos e impulsivos do menino, além de problemas nos relacionamentos interpessoais. Também foram descritas grandes dificuldades escolares, sendo referido que Rafael só havia atingido o 3º ano do Ensino Fundamental, visto a impossibilidade de repetência. Durante a entrevista lúdica, a avaliadora percebeu o menino como colaborativo, cordial e interessado, apesar de ter demonstrado certa dispersão e desatenção quando eram realizadas atividades ou jogos que dependiam de maior foco, ou que apresentavam um maior nível de dificuldade para a sua execução. Entretanto, quando era estimulado, o paciente mostrava-se mais engajado. A partir das hipóteses e informações iniciais, foi elaborado um plano de avaliação primeiramente para confirmação ou descarte de deficiência intelectual. Os resultados do WISC-IV não evidenciaram um rebaixamento do QI total, porém foram observadas dificuldades específicas nos Índices de Memória Operacional e de Velocidade de Processamento. A partir do resultado do WISC-IV, foram elencados outros instrumentos para avaliação da suspeita de TDAH. Utilizou-se o teste de Figuras Complexas de Rey, cujos resultados sugeriram a presença de prejuízo significativo na capacidade de memória imediata. Também se fez uso do Inventário de Habilidades Sociais, Problemas de Comportamento e Competência Acadêmica para Crianças (SSRS) e foi realizada uma entrevista semiestruturada com os pais e professores para investigar a presença de sintomas de TDAH, de acordo com os critérios e sintomas descritos pelo Manual Diagnóstico e Estatístico de Transtornos – DSM-5. Essas técnicas demonstraram características de comportamento impulsivo, hiperativo e desatento e a influência do comportamento para as competências acadêmicas avaliadas. A partir dos resultados das técnicas utilizadas, incluindo as informações coletadas por meio das observações ao longo das consultas, confirmou-se a hipótese de Transtorno de Déficit de Atenção e Hiperatividade, levando-se em consideração os critérios diagnósticos do DSM-5.

A devolução dos resultados

A devolução dos resultados constitui a etapa final, mas não menos importante, do processo de avaliação. Nesse momento, o avaliador, invariavelmente, fará uso da técnica de entrevista (entrevista devolutiva) para relatar ao paciente e aos seus responsáveis os achados da avaliação, assim como suas questões relacionadas como diagnóstico (se for o caso), prognóstico e indicações terapêuticas. Além do paciente e seus responsáveis, o profissional que encaminhou ou outros profissionais que acompanhem o paciente (professores, médicos, psicoterapeutas, fonoaudiólogos, pedagogos, entre outros) poderão também receber uma devolução, o que deve ser contratado já no início do processo como paciente e seus responsáveis.

De acordo com Albornoz (2016), o momento de devolução dos resultados deve constituir-se de uma comunicação circular, entre o paciente, seus responsáveis e o psicólogo. A ideia é que neste momento não apenas o psicólogo informe os resultados da avaliação, mas que esses resultados possam ser discutidos entre todos esses agentes do processo, servindo como um momento de *insight*. Desse modo, mesmo o paciente infantil deverá receber um retorno sobre a avaliação realizada.

A entrevista de devolução deve ser planejada, mas é importante que o profissional esteja aberto à ocorrência de imprevistos e desdobramentos que podem envolver reações de quem recebe os resultados e novas informações que podem surgir nesse momento. É interessante que se inicie a entrevista de devolução retomando, junto ao paciente e aos responsáveis, o motivo que originou o processo de avaliação. Posteriormente, pode-se relembrar as técnicas e testes que foram utilizados na investigação das queixas e/ou sintomas apresentados. Deve-se prestar atenção às reações verbais e não verbais com intuito de acolher os sentimentos do paciente e de seus responsáveis e esclarecer as dúvidas que surgirem. Na apresentação dos resultados e conclusões da avaliação, sugere-se sempre iniciar abordando as forças, potencialidades e aspectos saudáveis do paciente para posteriormente apresentar os pontos de dificuldades, fraquezas ou questões patológicas. É importante também trazer aquelas características que são esperadas ou aquelas que são incomuns à fase de desenvolvimento do paciente e/ou aqueles sintomas que se referem a um momento de vida

(Albornoz, 2016). Conforme Albornoz (2016), deve-se explicar que os sintomas são parte do problema do paciente, estabelecendo seus significados e relações. Por fim, deve-se discutir as possibilidades terapêuticas, indicando alternativas para tratamento ou orientação.

Tanto para as crianças quanto para os adolescentes, a entrevista devolutiva pode ser dividida em dois momentos. De acordo com Campo e Arzeno (2011), a devolução realizada de forma separada para o paciente auxilia na diferenciação de identidades dos membros de um grupo familiar. Assim, pode-se iniciar conversando apenas com o paciente, em uma linguagem acessível para a sua compreensão, apresentando as informações aqui discutidas. Posteriormente, a entrevista é conduzida com os responsáveis, podendo o paciente permanecer com eles ou não. Especialmente no caso de adolescentes, pode-se questionar se eles desejam permanecer junto aos responsáveis nesse segundo momento. Essa sempre é uma possibilidade interessante, pois pode-se observar como o paciente e familiares reagem às informações que serão trazidas pelo avaliador; além disso, é uma oportunidade de se realizar combinações entre os responsáveis e o paciente em relação às orientações terapêuticas, assim como ouvir cada um e, se necessário, mediar conflitos (Albornoz, 2016). As crianças, na maioria das vezes, acabam acompanhando os responsáveis durante esse momento, já que não podem aguardar sozinhas na sala de espera, mas caso se observe a necessidade de um momento a sós com os responsáveis, pode-se combinar duas datas distintas para essas devoluções.

Na entrevista de devolução com crianças, o avaliador também pode fazer uso de recursos lúdicos como jogos, brincadeiras, atividades gráficas (como desenhos) ou teatro. Em um relato de experiência, Monteiro (2010) descreve um caso clínico em que a devolução dos resultados do psicodiagnóstico foi realizada com a criança por meio de uma história contada por fantoches. A história envolvia uma metáfora sobre a vida da criança, trazendo seus conflitos nas relações familiares. A autora relata que a história não possuía um final pronto, sendo que o paciente deveria criá-lo. Pedroso e Yates (2019), em trabalho sobre devolução em avaliação psicológica, também apresentam uma proposta de entrevista devolutiva para crianças. As autoras descrevem um caso clínico de uma paciente de 10 anos diagnosticada com Mutismo Seletivo. Durante o período de avaliação, a menina não falou, mas comunicou-se de forma escrita e gestual. Na devolução, foram utilizados os desenhos produzidos pela paciente, de modo a contar uma história, narrada pela avaliadora, que se relacionava com a história de vida e com a queixa inicial. Após escutar a história, a menina desenhou uma árvore e um pássaro com balões de fala contextualizando uma despedida. Percebe-se que, a partir de tais recursos, podemos adequar as informações à linguagem da criança e às suas necessidades, favorecendo a sua reflexão sobre o processo realizado e sobre os resultados obtidos e sua relação com aspectos da sua vida.

Outro ponto importante nas entrevistas de devolução no contexto do psicodiagnóstico diz respeito ao caminho entre as orientações terapêuticas, a disponibilidade e a busca pelos serviços sugeridos. Steigleder (2016) realizou um estudo de seguimento (*follow-up*) dos processos psicodiagnósticos realizados em um serviço--escola com famílias encaminhadas nas quais a queixa inicial era de dificuldade de aprendizagem. A autora identificou que, apesar de as famílias terem seguido os encaminhamentos indicados (principalmente psicoterapia), grande parte delas não tiveram acesso ao serviço. Entre os motivos apontados pelas famílias entrevistadas na pesquisa, destacou-se a falta de clareza das informações sobre os encaminhamentos.

Na prática clínica, percebe-se que o psicodiagnóstico, muitas vezes, configura-se como primeiro acolhimento para essa população e suas famílias. Dessa forma, ao final da entrevista de devolução, sugere-se a entrega de um documento separado no qual as indicações terapêuticas (contidas no laudo) são acompanhadas por sugestões de locais de atendimento, com respectivos telefones, nomes de profissionais de referência, além de algumas informações sobre a forma de funcionamento (realização ou não de triagem, p. ex.). Indica-se que o psicólogo que está encaminhando realize contato prévio com o serviço ou profissional e que a importância, viabilidade, e prioridades nos atendimentos sejam ponderadas em conjunto com a família das crianças e adolescentes atendidos.

Considerações finais

O presente capítulo teve como objetivo definir e discutir as técnicas utilizadas no processo de avaliação psicológica de crianças e adolescentes. A partir da Resolução CFP n. 9/2018, apresentou-se o que são consideradas fontes fundamentais e o que são fontes complementares para a avaliação psicológica. Discorreu-se sobre as possibilidades do uso de fontes fundamentais como entrevistas, observações e testes psicológicos considerados favoráveis pelo Satepsi, além do uso de fontes complementares como instrumentos não psicológicos e documentos, como protocolos ou relatórios de equipes multiprofissionais.

Além da apresentação das técnicas psicológicas e as especificidades da utilização dessas com público infantil e adolescente, discutiu-se a abordagem multimétodo e a importância do uso de diferentes fontes de informação para a integração dos dados e para as conclusões da avaliação psicológica. Compreende-se que essa abordagem confere maior segurança para a tomada de decisão em relação ao diagnóstico ou compreensão do caso, permitindo a triangulação dessas diversas informações.

O capítulo abordou também a entrevista de devolução como uma técnica que integra o processo avaliativo, discutindo as características e os cuidados necessários para sua realização. Salienta-se que é direito de todo avaliando obter um retorno sobre a avaliação psicológica realizada. Por fim, destaca-se que as técnicas de avaliação para uso na avaliação psicológica de crianças e adolescentes são diversas e estão em constante atualização. Assim sendo, é fundamental que os psicólogos mantenham formação continuada de modo a acompanhar a evolução da área, a oferta de novos recursos, as normativas que orientam o processo avaliativo e a literatura científica que respalda o uso das técnicas eleitas. Essa é a única forma de garantir o uso das técnicas mais adequadas em cada caso, considerando suas particularidades e demandas.

Referências

Aguiar, B., Rafihi-Ferreira, R., Alckmin-Carvalho, F., Emerich, D., & Moura, C. B. (2018). Similaridades e diferenças de crianças/cuidadores atendidos em serviço-escola de Psicologia e Psiquiatria. *Psico-USF, 23*(1), 109-125. https://doi.org/10.1590/1413-82712018230110

Albornoz, A. C. (2016). Devolução das informações do psicodiagnóstico. In C. S., Hutz, D. R., Bandeira, C. M., Trentini & J. S., Krug (orgs.), *Psicodiagnóstico* (pp. 160-171). Artmed.

American Psychiatric Association. (2014). *Manual diagnóstico e estatístico de transtornos mentais* (5. ed.). (DSM-5). Artmed.

Autuori, M., & Granato, T. M. M. (2017). Encaminhamento de crianças para atendimento psicológico: Uma revisão integrativa de literatura. *Psicologia Clínica, 29*(3), 449-467. http://pepsic.bvsalud.org/scielo.php?script=sci_arttext & pid =S0103-56652017000300006 & lng=pt & tlng=pt.

Baptista, M. N., Muniz, M., Reppold, C. T., Nunes, C. H. S. S., Carvalho, L. F., Primi, R., Noronha, A. P. P., Seabra, A. G., Weschler, S., Hutz, C. S., & Pasquali, L. (2019). *Compêndio de avaliação psicológica*. Vozes.

Borsa, J. C., Oliveira, S. E. S., Yates, D. B., & Bandeira, D. R. (2013). Centro de Avaliação Psicológica – CAP: Uma clínica-escola especializada em avaliação e diagnóstico psicológico. *Psicologia Clínica, 25*(1), 101-114.

Borsa, J. C., Yates, D. B., Segabinazi, J. D., & Bandeira, D. R. (2013). Caracterização da clientela infantojuvenil de uma clínica-escola de avaliação psicológica de uma universidade brasileira. *Psico-PUCRS, 44*(1), 73-81.

Brasil. (1990). *Lei n. 8.069, de 13 de julho de 1990*. Dispõe sobre o Estatuto da Criança e do Adolescente e dá outras providências. http://www.planalto.gov.br/ccivil_03/leis/l8069.htm

Campo, M. L. S., & Arzeno, E. E. G. (2011). Devolução de informação no processo psicodiagnóstico. In M. L. S., Ocampo, M. E. G. Arzeno & E. G. P. Piccolo (orgs.), *O processo psicodiagnóstico e as técnicas projetivas* (pp. 383- 406). Martins Fontes.

Conselho Federal de Psicologia. (2003). *Resolução CFP n. 2/2003*. Define e regulamenta o uso, a elaboração e a comercialização de testes psicológicos e revoga a Resolução CFP n. 25/2001. http://site.cfp.org.br/wp-content/uploads/2003/03/resolucao2003_02_Anexo.pdf

Conselho Federal de Psicologia. (2010). *Avaliação psicológica: Diretrizes na regulamentação da profissão*. Conselho Federal de Psicologia.

Conselho Federal de Psicologia. (2013). *Cartilha avaliação psicológica*. http://satepsi.cfp.org.br/docs/Cartilha-Avalia%C3%A7%C3%A3o-Psicol%C3%B3gica.pdf

Conselho Federal de Psicologia. (2018). *Resolução CFP n. 9/2018*. Estabelece diretrizes para a realização de avaliação psicológica no exercício profissional da psicóloga e do psicólogo, regulamenta o Sistema de Avaliação de Testes Psicológicos – Satepsi e revoga as resoluções n. 2/2003, n. 6/2004 e n. 5/2012 e notas técnicas n. 1/2017 e 2/2017. https://cutt.ly/4bXPII1

Conselho Federal de Psicologia. (2019). *Resolução CFP n. 6/2019*. Institui regras para a elaboração de documentos escritos produzidos pela(o) psicóloga(o) no exercício profissional e revoga a Resolução CFP n. 15/1996, a Resolução CFP n. 7/2003 e a Resolução CFP n. 4/2019. https://cutt.ly/5bXPP7v

Lins, M. R. C., Muniz, M., & Uehara, E. (2018). A importância da entrevista inicial no processo avaliativo infantil. In M. C. R. Lins, M. Muniz & L. M. Cardoso (orgs.), *Avaliação psicológica infantil* (pp. 143-158). Hogrefe.

Monteiro, R. M. (2010). Relato de uma entrevista de devolução com a criança no psicodiagnóstico. *Estudos Interdisciplinares em Psicologia, 1*(1), 129-135.

Nigg, J. T. (2013). Attention deficits and hyperactivity-impulsivity: What have we learned, what next? *Development and Psychopathology, 25*(4), 1.489-1.503. https://doi.org/10.1017/S0954579413000734

Pedroso, T., & Yates, D. B. (2019). Devolução no psicodiagnóstico infantil: Estórias que contam a história. Apresentação de Pôster. *Jornada Geapap de Avaliação Psicológica*. Universidade Federal do Rio Grande do Sul.

Porto, R. M., Targino, R. de M., & Lima, L. F. (2018). Princípios fundamentais da psicofarmacologia na avaliação psicológica. In M. Lins, M. Muniz & L. Cardoso (orgs.), *Avaliação psicológica infantil* (pp. 91-111). Hogrefe.

Reppold, C. T., & Gurgel, L. G. (2015). O papel do teste na avaliação psicológica. In C. S. Hutz, D. R. Bandeira & C. M. Trentini (orgs.), *Psicometria* (pp. 147-164). Artmed.

Reppold, C. T., & Hutz, C. S. (2008). Investigação psicodiagnóstica de adolescentes: Encaminhamentos, queixas e instrumentos utilizados em clínicas-escola. *Avaliação Psicológica 7*(1), 85-91. http://pepsic.bvsalud.org/scielo.php?script=sci_arttext & pid=S1677-04712008000100011 & lng=pt & tlng =pt.

Reppold, C. T., & Noronha, A. P. (2018). Impacto dos 15 anos do Satepsi na avaliação psicológica brasileira. *Psicologia: Ciência e Profissão, 38*, 6-15. https://doi.org/10.1590/1982-3703000208638

Reppold, C. T., Serafini, A. J., Ramires, D. A., & Gurgel, L. G. (2017). Análise dos manuais psicológicos aprovados pelo Satepsi para avaliação de crianças e adolescentes no Brasil. *Avaliação Psicológica, 16*(1), 19-28. https://dx.doi.org/10.15689/ap.2017.1601.03

Reppold, C. T., Weschsler, S., Almeida, L., Elosua, P., & Hutz, C. (no prelo). Perfil dos psicólogos brasileiros que utilizam testes psicológicos: Áreas e instrumentos utilizados. *Psicologia: Ciência e Profissão*.

Rocha, M. M., & Emerich, D. R. (2018). A importância de múltiplos informantes na avaliação psicológica infantil. In M. Lins, M. Muniz & L. Cardoso (orgs.), *Avaliação psicológica infantil* (pp. 159-178). Hogrefe.

Salum, G. A., Gadelha, A., Polanczyk, G. V., Miguel. E. V., & Rohde, L. A. (2018). Diagnostic operationalization and phenomenological heterogeneity in psychiatry: The case of attention deficit hyperactivity disorder. *Salud mental, 41*(6), https://doi.org/10.17711/SM.0185-3325.2018.037

Schelini, P. W. (2019). Avaliação psicológica infantil. In M. N., Baptista et al. (orgs.), *Compêndio de avaliação psicológica* (pp. 284-290). Vozes.

Segabinazi, J. D. (2016). Integração dos dados coletados e o diagnóstico psicológico. In C. S. Hutz, D. R. Bandeira, C. M. Trentini & J. S. Krug (orgs.), *Psicodiagnóstico* (pp. 149-159). Artmed.

Serafini, A. J. (2016). Entrevista psicológica no psicodiagnóstico. In C. S. Hutz, D. R. Bandeira, C. M. Trentini & J. S. Krug (orgs.), *Psicodiagnóstico* (pp. 45-51). Artmed.

Serafini, A. J., Levandowski, D. C., & Yates, D. B. (2018). Os testes psicométricos na avaliação psicológica com crianças. In M. Lins, M. Muniz & L. Cardoso (orgs.), *Avaliação psicológica infantil* (pp. 229-243). Hogrefe.

Silva, M. A., & Bandeira, D. R. (2016). A entrevista de anamnese. In C. S. Hutz, D. R. Bandeira, C. M. Trentini & J. S. Krug (orgs.), *Psicodiagnóstico* (pp. 52-67). Artmed.

Silva, T. C., Naves, A. R. C. X., & Lins, M. R. C. (2018). Estratégias lúdicas na avaliação infantil. In M. Lins, M. Muniz & L. Cardoso (orgs.), *Avaliação psicológica infantil* (pp. 229-243). Hogrefe.

Silvares, E. F. M., Emerich, D. R., & Rocha, M. M. (2015). *Instrumentos de Avaliação em Saúde Mental*. Artmed.

Silvares, E., Miyasaki, M. C. O., & Fernandes, L. F. B. (2010). Levantamento de problemas de comportamento infantil no Ambulatório de Pediatria: Subsídios para implementação de intervenções preventivas. In M. M. C. Hubner, M. R. Garcia, P.

Abreu, E. Cillo & P. Faleiros (orgs.), *Sobre comportamento e cognição: Análise experimental do comportamento, cultura, questões conceituais e filosóficas* (pp. 154-167). Esetec.

Souza, D. H., & Aiello, A. L. R. (2018). Técnicas de observação no contexto clínico infantil. In M. Lins, M. Muniz & L. Cardoso (orgs.), *Avaliação psicológica infantil* (pp. 229-243). Hogrefe.

Steigleder, B. G. (2016). *Psicodiagnóstico*: Follow-up *de casos atendidos em um serviço-escola* [Trabalho de conclusão de curso, Universidade Federal do Rio Grande do Sul].

Wagner, F., & Rohde, L. A. (2016). Psicodiagnóstico e Transtorno de Déficit de Atenção/Hiperatividade. In C. S. Hutz, D. R. Bandeira, C. M. Trentini & J. S. Krug (orgs.), *Psicodiagnóstico* (pp. 323-330). Artmed.

Werlang, B. G. (2000). Entrevista Lúdica. In J. A. Cunha (org.), *Psicodiagnóstico* (vol. V, pp. 96-104). Artmed.

Xavier, F. M. F., & Chachamovic, E. (2016). A influência do uso de fármacos no psicodiagnóstico. In C. S. Hutz, D. R. Bandeira, C. M. Trentini & J. S. Krug (orgs.), *Psicodiagnóstico* (pp. 126-135). Artmed.

7
Uso de tecnologias de informação e comunicação para a avaliação de crianças e adolescentes

Marcela Mansur-Alves
Universidade Federal de Minas Gerais

Fabiano Koich Miguel
Universidade Federal de São Carlos

Highlights
- Vantagens e desafios do uso de TICs na avaliação e testagem psicológica.
- Instrumentos informatizados para avaliação de crianças e adolescentes são recentes.
- Apresentação de soluções inovadoras como avaliação invisível.
- Inclusão digital de crianças de grupos especiais.

Introdução

As tecnologias da informação e comunicação (TICs) dizem respeito a um conjunto de recursos tecnológicos utilizados com o propósito de facilitar tanto a troca de informações quanto a interação social (Morigi & Pavan, 2004). Nesse sentido, o termo não se refere a um equipamento ou método específico, mas a todo tipo de artefato que cumpre esse propósito, desde dispositivos como computador, tablet ou celular, passando por recursos já bastante conhecidos como e-mail e aplicativos de mensagens, até ferramentas complexas como chamadas de vídeo em conjunto ou editores de texto em que é possível vários usuários trabalharem simultaneamente.

Diversas áreas têm feito uso das TICs. Na educação, a transferência de conhecimento pode extrapolar a sala de aula e a consulta a materiais físicos, como livros na biblioteca. A comunicação pode utilizar e-mails, arquivos digitais com material complementar, vídeos que ilustram o tema sendo estudado, salas de bate-papo virtuais, e até avaliações feitas em ambiente digital. No trabalho, tem-se como exemplos as conferências realizadas de maneira on-line, agendas compartilhadas, painéis virtuais em que é possível postar memorandos, e até a substituição (completa ou parcial) do trabalho presencial pelo virtual, podendo ser realizado em escritórios com equipamentos específicos ou mesmo em casa (*home office*). Como exemplo, a organização deste livro foi totalmente compartilhada entre os organizadores em um "drive" e todas as mudanças eram modificadas, atualizadas e compartilhadas nesta ferramenta.

No que diz respeito à Psicologia, o trabalho profissional já deixou de ser apenas o clássico frente a frente pessoalmente, passando a utilizar as TICs também como ferramentas de trabalho. O Conselho Federal de Psicologia (2018b) publicou a Resolução n. 11/2018 revisando regulamentações anteriores e instruindo quanto à utilização dos recursos digitais para serviços psicológicos, o que inclui atendimentos psicológicos de maneira síncrona (e. g., chamadas de vídeo) ou assíncrona (e. g., mensagens de texto ou áudio). O estabelecimento de possibilidades de trabalho por vias digitais foi um reflexo natural da presença dessas tecnologias no dia a dia das pessoas, inclusive dos psicólogos. Nesse sentido, o fenômeno de utilização de TICs em contextos psicológicos já vem sendo estudado, como a possibilidade de integração de espaços reais e digitais na clínica (Stoque et al., 2016) ou a influência de ferramentas digitais sobre os estilos de aprendizagem (Roza & Wechsler, 2017).

Embora a utilização de TICs na Psicologia estivesse em um ritmo de constante desenvolvimento, percebeu-se uma aceleração forçada devido ao confinamento e isolamento social durante a pandemia da Covid-19. Essa situação levou à publicação da Resolução CFP n. 4/2020, trazendo instruções mais específicas para o atendimento remoto.

Dentre as possibilidades de trabalho, naturalmente encontra-se a avaliação psicológica. A Resolução CFP n. 11/2018 incluía a possibilidade de utilização de instrumentos e testes psicológicos por vias de TICs, assegurando-se que dispusessem de estudos psicométricos suficientes para essa modalidade. Nesse sentido, recursos tecnológicos poderiam beneficiar o trabalho de coleta de informações na avaliação.

A utilização de recursos tecnológicos na avaliação psicológica não é de todo recente, havendo registros de sua utilização desde a década de 1980 (Mansur-Alves & Serpa, 2019). Contudo, apenas mais recentemente pode-se encontrar um desenvolvimento que permitiu uma utilização mais completa de todos seus recursos. Por exem-

plo, no início da década de 2010, a velocidade da internet ainda era limitada para dispositivos móveis e até mesmo para computadores; já no início da década de 2020, a velocidade é muito maior e os recursos para compressão de dados são mais avançados, permitindo transmissão mais rápida de informações. Além disso, percebe-se o crescente investimento em plataformas digitais para aplicação e/ou pontuação de testes psicológicos.

Uso de TICs na avaliação psicológica: panorama geral

No que diz respeito ao uso de recursos para avaliação psicológica informatizada, pode-se encontrar desde a utilização de ferramentas já existentes até a criação de instrumentos específicos para esse formato. Por exemplo, há pesquisas investigando a utilização de jogos digitais como ferramentas para investigação da capacidade de atenção de crianças (Ramos et al., 2018). Há também instrumentos já existentes em modalidade impressa que vêm sendo transformados em versão informatizada, como o Teste Wisconsin de Classificação de Cartas (Reppold et al., 2010) e o Inventário de Habilidades Sociais (Del-Prette & Del-Prette, 2010). E há instrumentos criados para aplicação exclusiva em formato digital, beneficiando-se dos recursos que essa modalidade apresenta, como o Teste informatizado de Percepção de Emoções Primárias, que utiliza vídeos de pessoas (Miguel & Primi, 2014).

Há diversos benefícios que podem ser elencados para a utilização de instrumentos informatizados. De maneira mais abrangente, com a informatização tem-se recursos multimídia que podem substituir o tradicional material em papel, podendo-se alcançar locais distantes para aplicação e minimizando-se a presença de erro durante a pontuação (Joly & Noronha, 2006). De maneira mais específica, a seguir serão apresentadas vantagens do uso de recursos informatizados em quatro aspectos dos testes psicológicos: quanto ao material, quanto às instruções de aplicação, quanto à aplicação em si e quanto à pontuação.

No que diz respeito ao material, os recursos multimídia disponíveis em aplicativos informatizados permitem procedimentos impossíveis em versão impressa, como imagens em movimento e sons. Antes da disseminação das TICs, esses recursos eram utilizados predominantemente em contextos de pesquisa, como trechos de filmes mostrados em televisão. Dado o alto custo, recursos digitais (como softwares específicos) estavam disponíveis para poucos pesquisadores até o início da década de 1990 (Jewitt, 2012). Atualmente, mesmo os aparelhos de celular já possuem tecnologia suficiente para se criar vídeos de alta qualidade de imagem e som. A multimídia pode ser aplicada não apenas para vídeos do mundo real, mas também para criação de animações ou figuras abstratas, como tradicionalmente se utiliza em testes de atenção ou raciocínio. Além disso, em situações de risco à saúde (como a pandemia de Covid-19), há preocupação quanto à higienização do material utilizado para avaliação psicológica. No caso de recursos informatizados, há maior facilidade em se fazer a limpeza de um computador ou tablet do que material impresso, que inclusive pode deteriorar. Essa situação é ainda mais evidente no caso de testes complexos que utilizam diversas peças ou recursos, como as baterias de avaliação cognitiva.

Quanto às instruções, a informatização de testes psicológicos pode auxiliar na compreensão da tarefa a ser executada. Na maioria dos instrumentos, há instruções que são transmitidas no início para que a pessoa avaliada entenda como é o teste. Costuma-se utilizar exemplos que as pessoas respondem para conhecer o formato da tarefa e para se garantir que compreendeu o que deve ser feito. Uma dificuldade comum de psicólogos em aplicação coletiva é garantir que a instrução e os exemplos tenham sido devidamente compreendidos por todos. Mesmo em aplicações individuais, nem sempre se pode ter certeza dessa compreensão. Com instrumentos informatizados, os exemplos podem ser apresentados gradualmente, sendo que o programa identifica se a pessoa está preenchendo corretamente. Caso se detecte algum erro, o programa pode apresentar novas instruções, evitando que a pessoa avance na tarefa ainda não compreendida, ou até mesmo enviar uma mensagem para o psicólogo, informando da dificuldade. Além disso, as instruções podem ocorrer em formato de áudios, animações ou outras modalidades dinâmicas e interativas.

Em relação à aplicação, as vantagens da utilização de testes informatizados dizem respeito tanto à apresentação dos itens quanto à coleta de dados. Para a apresentação dos itens, pode-se adotar a estratégia de aleatorização, mesmo que o teste seja uma versão informatizada de um instrumento já existente. No caso de inventários de autorrelato, normalmente a ordem dos itens não é um fator que influencia no resultado final, pois a disposição dos itens já costuma ser aleatória, independentemente da sua dificuldade. Já no caso de testes de desempenho cognitivo, tradicionalmente se inicia pelos itens mais fáceis, avançando-se gradualmente para os mais difíceis, portanto nesses casos não seria recomendável que a ordem dos itens fosse aleatória. Contudo, é possível aleatorizar a sequência das alternativas; por exemplo, em uma aplicação apresenta-se as alternativas na ordem ABCDE, em outra aplicação na ordem CAEDB, e assim por diante. Embora a princípio essa estratégia pareça indiferente no que diz respeito ao desempenho final, ela evita que pessoas possam memorizar previamente o gabarito do teste.

Para a coleta dos dados da aplicação, a informatização pode beneficiar tanto a prática profissional quanto a pesquisa. Em alguns testes de desempenho cognitivo não é interessante que a pessoa avaliada veja os itens mais avançados (p. ex., para evitar constrangimento ou porque as dificuldades dos itens são crescentes). Em versões impressas, pode-se virar as páginas; já no caso de teste informatizado, o programa pode controlar o acesso a itens anteriores e posteriores. Outra vantagem da informatização é a garantia de que a pessoa avaliada está assinalando a resposta no lugar correto. Por exemplo, alguns instrumentos impressos utilizam um caderno com as perguntas e uma folha de respostas separada. Não raramente algumas pessoas respondem no próprio caderno ou então em partes erradas da folha de respostas. Com testes informatizados, a resposta é feita no próprio item (em vez de um local separado), garantindo se tratar da resposta ao item que deveria ser. Além disso, essa modalidade evita que as pessoas deixem respostas em branco ou assinalem duas alternativas em um item só, o que é relativamente comum em escalas tipo Likert. Muitas vezes também, os cadernos de exercícios possuem custo elevado (pois podem ser coloridos, encadernados e em papel diferenciado) e não é raro que o avaliando escreva ou faça anotações no mesmo, apesar de a instrução ser clara para que isso não ocorra. Esta prática inviabiliza o reuso do caderno para novas aplicações (pois o candidato pode anotar a resposta correta ou errada no caderno, ao invés de fazer isso na folha de resposta), o que aumenta os custos da aplicação.

Ademais, a informatização da aplicação pode facilitar o trabalho do psicólogo quando o teste requer observação de variáveis comportamentais, como tempo de resposta, quantidade de tentativas, quantidade de vezes que altera uma resposta, entre diversos outros (Miguel, 2019). Em versões impressas, tradicionalmente o psicólogo utiliza um cronômetro e faz anotações; em versões informatizadas, o programa faz esse tipo de registro, permitindo que o psicólogo fique livre para fazer observações qualitativas de outros tipos de comportamento (p. ex., comentários, expressões emocionais etc.). Além disso, o registro de tempo é muito mais preciso pelo computador (podendo ser em milésimos de segundos).

Por fim, no que diz respeito ao procedimento de correção, a vantagem sobre os testes impressos é bastante clara. Tradicionalmente o trabalho do psicólogo nesse momento é identificar se as alternativas assinaladas são corretas (utilizando crivos ou a própria leitura), tomar o cuidado de inverter as pontuações em escalas tipo Likert, somar os itens que correspondem a determinado fator para encontrar o resultado bruto, e consultar tabelas normativas. Esse processo pode facilmente estar sujeito a erros de atenção ou devido ao cansaço, principalmente quando se aplica uma quantidade grande de protocolos. Muitos testes já possuem a correção informatizada no sistema de suas editoras, isto é, a aplicação é feita em versão impressa e então o psicólogo transfere as respostas para o sistema on-line, que, então, faz os cálculos. Esse é um avanço, pois permite a economia de tempo e diminuição de erros, devendo-se apenas tomar o cuidado de transferir as respostas corretamente. Em testes em que a aplicação é inteiramente feita na plataforma digital, não há necessidade de se transferir as respostas, sendo que o próprio programa pode fazer os cálculos e apresentar os resultados, além de proporcionar gráficos e figuras comparativas com as normas ou mesmo mostrar as diferenças em aplicações seriadas de uma mesma pessoa, a fim de verificar alteração ou estagnação de determinado aspecto em diferentes momentos.

Como foi visto, há diversos benefícios para a utilização de instrumentos informatizados. Em uma realidade em que a utilização de TICs é cada vez mais presente no trabalho psicológico, alcançando mais pessoas e regiões (Ferrete & Santos, 2020), é inevitável e necessário que a avaliação psicológica acompanhe esses avanços. Logicamente, a informatização de testes psicológicos não está completamente destituída de limitações e necessidade de cautela. Por exemplo, deve-se tomar cuidado para se preservar o material impresso respondido pelas pessoas; no caso de testes informatizados, não há papel a ser guardado em armário, mas há o protocolo de respostas armazenado digitalmente, seja em um computador ou no sistema on-line de sua editora. Tanto o sistema deve possuir a tecnologia necessária de segurança (para evitar hackers ou instabilidade no serviço) quanto o psicólogo deve tomar cuidado com seu acesso, evitando senhas muito fáceis ou compartilhar seu usuário/*login* com outras pessoas.

Além disso, a falta de inclusão digital pode ser um dificultador para a aplicação de testes informatizados. Se a pessoa avaliada tiver pouca experiência com TICs (p. ex., não souber manipular o mouse, não souber deslizar o dedo na tela *touch* ou até mesmo se sentir intimidada pela tecnologia), seu desempenho poderá ser prejudicado. Por isso, o psicólogo deve verificar o nível de familiaridade da pessoa com o dispositivo que pretende utilizar. Alguns grupos ainda têm acesso mais restrito, como idosos, pessoas com menor poder aquisitivo, entre outros. Em um ponto positivo, percebe-se que a inclusão digital vem aumentando na população, impulsionada pela utilização de programas cada vez mais intuitivos (Alvarenga et al., 2019; Bolzan & Löbler, 2016; Carvalho, 2003).

Também deve-se tomar cuidado com a aplicação remota de testes informatizados. Recomenda-se que o psicólogo aplicador possa observar a pessoa durante o processo, não apenas para complementar a sua avaliação, mas também para assegurar que a aplicação foi feita corretamente. Nesse sentido, assim como seria uma avaliação presencial, deve-se evitar que o ambiente tenha ruídos, interrupções e que haja iluminação e conforto adequados para a atividade a ser feita. Em situações de pesquisa, essa limitação pode se intensificar ainda mais, pois costuma-se fazer aplicação remota por meio de links ou e-mails, sem que o psicólogo pesquisador observe diretamente os participantes. Nesses casos, não se pode garantir que o conforto do ambiente esteja adequado, que a pessoa esteja em um ambiente isolado, que outras pessoas não estejam ao lado influenciando suas respostas, que a pessoa esteja engajada e atenta à tarefa, entre diversas outras possibilidades. Pode-se utilizar instruções no convite à pesquisa para que a pessoa siga, esclarecendo que a fidedignidade dos seus resultados e o sucesso da pesquisa dependem de uma aplicação bem-feita, contudo, ainda assim, não há total garantia. Por outro lado, mesmo em aplicações presenciais com testes impressos não se pode ter certeza de que a pessoa avaliada está respondendo autenticamente, tratando-se, portanto, de um desafio para a avaliação psicológica em geral, e não apenas para os testes informatizados (Miguel, 2019).

Logicamente, para que um teste possa ser utilizado em modalidade informatizada é necessário que haja estudos psicométricos atestando sua adequação, mesmo que seja a adaptação de uma versão impressa já existente. Nos casos de transposição da versão impressa para digital, a maioria dos estudos mostra que a equivalência se mantém, sendo o desempenho semelhante nas duas versões. Em alguns casos, considera-se até que há melhora na qualidade do instrumento devido ao fato de se medir variáveis (como tempo) e realizar cálculos de maneira mais precisa. Além disso, a possibilidade de se utilizar recursos multimídia tem sido apontada como responsável por incentivar mais as pessoas a responder os instrumentos (Gosling et al., 2004; Miguel et al., 2018; Spiegel & Lonigan, 2018; Van de Vijver & Harsveld, 1994; Williams & McCord, 2006). Porém, deve-se tomar cuidado com o tipo de TIC utilizado para a avaliação. Como os formatos são diversos, pode haver diferença no desempenho ao se aplicar em um computador de mesa com mouse e tela grande e em um celular de tela *touch* e pequena, por exemplo. Os estudos psicométricos devem verificar essa questão, e incluir tabelas normativas diferenciadas em seus manuais, caso se constante diferença.

Algumas especificidades do uso de TICs na avaliação de crianças e adolescentes

Conforme explicitado anteriormente, o uso das tecnologias de informação e comunicação é cada vez mais presente na atuação profissional do psicólogo, sendo as possibilidades de inserção das TICs no trabalho do psicólogo as mais varia-

das, ainda que no Brasil elas estejam emergindo de forma mais tímida (Mansur-Alves & Serpa, 2019; Stoque et al., 2016). Especificamente sobre a área de avaliação psicológica, conforme anteriormente apresentado, foi nos anos de 2000 que se assistiu a um crescimento vertiginoso da criação de plataformas de testes para administração on-line e o uso de dispositivos portáteis para aplicação de testes psicológicos (Mansur-Alves & Serpa, 2019). Esse crescimento acelerado muito provavelmente só foi possível em função da disponibilização e utilização cada vez maior de computador, celular e internet por pessoas das mais variadas faixas etárias.

Em se tratando de crianças e adolescentes, relatório do Fundo das Nações Unidas para a Infância [Unicef] (2017) aponta que crianças estão acessando a internet cada vez mais novas, tanto que, em alguns países, o uso da internet por crianças com menos de 15 anos é o mesmo do que o de adultos acima de 25 anos. Não obstante, um em cada três usuários de internet no mundo são indivíduos com menos de 18 anos de idade. Esse relatório mostra, ainda, que o uso de smartphones por crianças tem se tornado cada dia mais privado e menos supervisionado (Unicef, 2017). Segundo o Unicef (2017), a inclusão digital de crianças e adolescentes em várias partes do mundo tem trazido inúmeras possibilidades para a aprendizagem e educação, além de oferecer oportunidades econômicas ao promover possibilidades de treinamento e oferta de serviços de trabalhos de maneira remota. Certamente que, para além dos benefícios do uso de tecnologias digitais por crianças e adolescentes, há pontos de atenção, tais como o *cyberbullying*, a maior suscetibilidade a ofensores sexuais e conteúdo não apropriado, o isolamento social com consequências para saúde mental (depressão e ideação suicida), os transtornos associados à dependência de internet e a criação de uma nova linha de divisão entre as pessoas que é a exclusão digital (*digital divide*) (Unicef, 2017). Este último ponto será tratado novamente mais para frente no capítulo.

Considerando que crianças e adolescentes estão cada vez mais conectados e expostos às TICs, a utilização de recursos tecnológicos na avaliação psicológica de crianças e adolescentes parece ser bastante promissora. Desafios comumente citados para o uso de TICs na testagem psicológica, como o nível de familiaridade do examinando com instrumentos digitais interferindo no seu desempenho no teste, parecem incidir menos sobre a testagem de crianças e adolescentes (Bauer et al., 2012). Pode, pois, ser mais simples e menos dispendioso para o profissional aplicar testes usando dispositivos tecnológicos em crianças. Além disso, parece que as crianças e os adolescentes se sentem mais motivados e menos ansiosos quando são submetidos a testes em plataformas digitais (Delgado et al., 2012). Há, ainda, um esforço de pesquisadores da área para o desenvolvimento de instrumentos de avaliação infantil que contenham elementos favorecedores do engajamento desse público, tais como movimento, sons e cenários semelhantes a jogos de videogame (Schatz, 2017). Esse tipo de teste, construído com uso de elementos de *games* (recursos de gamificação), tem sido cunhado de avaliação invisível.

A avaliação invisível tem por objetivo principal reduzir a semelhança dos testes, especialmente daqueles de desempenho, de conteúdos de tarefas ou atividades escolares, aumentando, como consequência, o engajamento das crianças e a sua atenção para execução dos itens do teste (Rosas et al., 2015). A maior parte dos instrumentos construída tendo como base o paradigma de avaliação invisível não é proveniente de uma transposição de um teste de lápis e papel para uma plataforma digital apenas, como acontece com outros instrumentos, por exemplo, os Cubos de Corsi, Torre de Londres, o Teste Wisconsin de Classificação de Cartas e as Escalas Wechsler de Inteligência para Crianças – 5ª Edição (Mansur-Alves & Serpa, 2019; Reppold et al., 2010; Rosas et al., 2015). Esses testes são inteiramente, e pela primeira vez, elaborados para aplicação e correção em plataforma digital, uma vez que congregam elementos que é impossível de serem operacionalizados em um instrumento no formato lápis e papel. A seguir será apresentado um exemplo que ilustra o uso desse paradigma na avaliação infantil.

O Teste de Avaliação Neuropsicológica Infantil (Teni, seu acrônimo em espanhol)[2] é uma bateria de avaliação digital de funções cognitivas, desenvolvida no Chile, para crianças de 3 a 9 anos de idade[3]. Os oito subtestes que compõem o Teni avaliam dez funções cognitivas, a saber: habilidades perceptomotoras, velocidade de nomeação, raciocínio abstrato, memória de trabalho, memória episódica, controle inibitório, atenção sustentada, atenção concentrada, tomada de perspectiva e habilidades visuoespaciais (Delgado et al., 2014). Todos os subtestes contêm elementos de jogos, desde a história que é contada para a criança e contextualiza a execução de cada uma das subprovas até informações sonoras e movimentos dos personagens. A figura 1 apresenta a tela de início do Teni. Em uma das tarefas (de velocidade de nomeação, Tic-Tac), a

---

2. O Teni está em processo de validação para uso no Brasil, portanto, não se encontra disponível para utilização pelo profissional psicólogo.

3. Mais informações sobre a versão chilena do Teni estão disponíveis no portal do Centro de Desenvolvimento de Tecnologias de Inclusão (Cedeti) da Pontifícia Universidade Católica do Chile em: http://www.cedeti.cl/

fala da criança (resposta oral) é registrada pelo sistema, bem como o tempo de execução. Conforme apresentado na seção anterior deste capítulo, uma das grandes vantagens no uso de testes informatizados é justamente a elevada acurácia de medidas comportamentais, tais como o tempo de reação ou o tempo total de execução de uma tarefa. Na subprova da Casa Mexicana, em que a criança precisa reproduzir a imagem de uma casa (cópia) e depois proceder a um novo desenho sem acesso visual à figura (recordação imediata), a criança executa o desenho utilizando a função *touchscreen* do tablet em que o teste é aplicado. O desenho da criança é registrado para posterior cotação pelo examinador. O tablet está conectado, via internet, a um portal on-line em que os dados de cada aplicação são armazenados e recuperados para correção automática e produção de um relatório de desempenho com os resultados da criança avaliada.

A figura 2 traz a primeira página do relatório produzido, em espanhol. O Teni está em processo de adaptação e validação transcultural para o uso no Brasil pelo Laboratório de Avaliação e Intervenção na Saúde (Lavis) da Universidade Federal de Minas Gerais. Foram realizados, até o momento, estudos de validação de conteúdo, estrutura interna, relação com outros instrumentos que avaliam construtos semelhantes e com outras variáveis externas e grupos clínicos. Mais informações sobre o processo de adaptação do Teni podem ser encontradas em Valgas-Costa (2018) e Fialho (2019).

Figura 1
Tela inicial com os desenhos representando cada uma das oito subprovas do Teni

Nota: As oito subprovas, de cima para baixo, da esquerda para a direita: Bzz!, A Fazenda, Lilica a Toupeira Desastrada, Ana e Bia, Universos Alternativos, Tic-Tac, Duno e as Minhocas e a Casa Mexicana.

Figura 2
Perfil produzido pela aplicação do Teni e disponível para o profissional em plataforma on-line

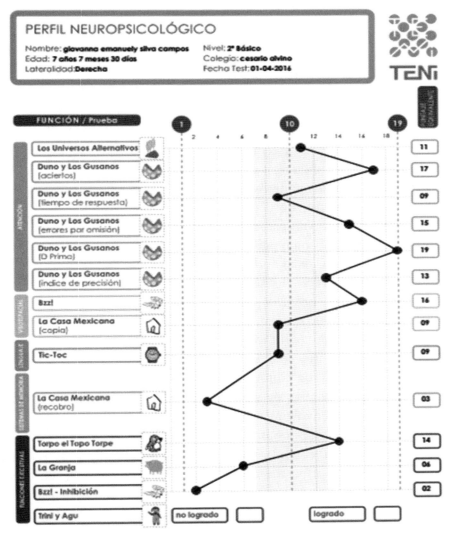

Para além dos instrumentos informatizados baseados no paradigma de avaliação invisível, ainda com expressão tímida no meio da testagem psicológica, os instrumentos tradicionalmente utilizados em formato lápis e papel têm migrado para o ambiente digital, haja vista as inúmeras vantagens e aplicabilidades dessa migração, já destacadas neste capítulo. As Escalas Wechsler de Inteligência Infantil, bateria de avaliação da inteligência amplamente utilizada em todo o mundo, em sua quinta edição (ainda não disponível para uso profissional no Brasil), já possui versão completamente aplicável usando um dispositivo portátil, como o tablet (Mansur-Alves & Serpa, 2019). Além das vantagens já destacadas para uso de testes informatizados, a facilidade de deslocamento (transporte) e, portanto, a maior acessibilidade, de se poder ter em um único dispositivo eletrônico uma bateria inteira de provas cognitivas é demasiadamente atraente.

No Brasil, a disponibilização de testes psicológicos completamente informatizados (não apenas com correção informatizada) para uso profissional encontra-se em fase recente de ascensão. Em se tratando de testes psicológicos destinados à avaliação de crianças e adolescentes (até 17 anos), a disponibilização é ainda mais escassa. Em consulta realizada ao Sistema de Avaliação de Testes Psicológicos (Satepsi) no dia 6 de maio de 2020, na lista de testes com parecer favorável, dos 48 testes que indicam como público-alvo ou idade de normatização crianças e adolescentes até 17 anos, nove deles (18,75%)[4] têm correção informatizada e apenas um (2%), o Teste de Atenção Visual – TAVIS-4, é um instrumento totalmente informatizado (aplicação e correção). Por um lado, esse cenário pode ser reflexo do recém-chegado interesse de editoras (nesse caso, também da pequena oferta de soluções) e pesquisadores para o desenvolvimento de instrumentos informatizados; mas, por outro, pode também refletir o estado atual e, ainda em seus primórdios, das discussões e normativas do Conselho Federal de Psicologia no que se refere à regulamentação da inclusão das TICs no trabalho do profissional psicólogo, de maneira mais geral (Mansur-Alves & Serpa, 2019).

Sem sombra de dúvidas, para além dos benefícios e vantagens do uso de testes informati-

___

4. São eles: Bateria para Avaliação da Atenção (BPA), WISC-IV, Escala de Autoeficácia para a Escolha Profissional, Inventário de Habilidades Sociais para Adolescentes, Teste Não Verbal de Inteligência (SON-R), BETA III, Bateria de Provas de Raciocínio (BPR-5), Bateria Fatorial de Personalidade e o Teste de Atenção Concentrada D2.

zados para crianças e adolescentes, há algumas desvantagens e inúmeros desafios para o campo. No que se refere às possíveis desvantagens, algumas chamam atenção como, por exemplo, a divergência entre dados gerados em diferentes plataformas devido às diferenças no *hardware* e sistema operacional do dispositivo (Schatz, 2017). Ainda que o tamanho da tela possa afetar o desempenho de idosos em testes feitos em ambiente digital, esse fator parece não ter efeitos positivos ou negativos no tempo de execução da tarefa e nem no desempenho geral de crianças (Lai & Wu, 2012). Há, ainda, resultados divergentes quanto ao efeito do brilho e da luminosidade das telas sobre o desempenho de crianças, adolescentes e adultos na execução de testes informatizados (Schatz et al., 2015). Outro ponto negativo do uso de ambientes digitais para avaliação psicológica recai sobre a segurança e a propagação de materiais de uso exclusivo do psicólogo, tanto internacionalmente quanto no Brasil. O alto potencial de uso indevido, como a realização de cópia e divulgação de estímulos, é um enorme desafio para órgãos de classe, sociedades científicas, editoras e pesquisadores.

Não menos importante é a necessidade da investigação da equivalência entre as versões informatizadas e tradicionais dos testes psicológicos, destacada não apenas por organizações internacionais, mas também apontada na Resolução CFP n. 9/2018 (2018a). Essa preocupação é válida especialmente para testes que foram construídos para serem utilizados em formato lápis e papel e, posteriormente, foram migrados para o ambiente digital, uma vez que testes totalmente desenvolvidos em ambiente digital devem seguir as mesmas diretrizes, de validação e normatização, ditadas pelo Conselho Federal de Psicologia para que sejam considerados favoráveis para uso profissional, dos testes tradicionais. Isso significa dizer que apenas transformar um teste psicológico em formato tradicional (não informatizado), já aprovado pelo Conselho Federal de Psicologia e com parecer favorável, para uso em dispositivos digitais não garante a sua aprovação automática para utilização profissional, considerando que essa transposição de ambientes pode afetar as propriedades psicométricas do instrumento. Por exemplo, a execução de uma tarefa de armar objetos (com materiais concretos) ou de fazer desenhos (na folha de papel com lápis) pode não representar o mesmo construto sendo mensurado ao se usar uma caneta ou o dedo para desenhar na tela do tablet ou arrastar esses mesmos objetos nessa tela, especialmente se considerarmos que habilidades perceptomotoras e visuoconstrutivas estão em franco desenvolvimento na infância. Csapó et al. (2014), por exemplo, realizaram estudo com crianças com desenvolvimento típico em que compararam as versões tradicional e digital de uma bateria cognitiva que avalia discriminação dos sons da fala, raciocínio relacional, raciocínio dedutivo, raciocínio inferencial e habilidades de contagem. A pesquisa demonstrou que houve invariância de medida apenas entre as versões dos subtestes de raciocínio indutivo e discriminação dos sons da fala. Os resultados sugerem que as diferentes versões não avaliam exatamente o mesmo construto. Houve diferenças também nos índices de confiabilidade, com valores mais elevados nos subtestes digitais de discriminação dos sons, raciocínio relacional e indutivo, e inferior na versão digital da tarefa de contagem. Nesse sentido é que a apresentação de evidências de equivalência entre versões é importante e necessária para a garantia de qualidade dos instrumentos.

Um desafio fundamental no uso de TICs na avaliação psicológica de crianças e adolescentes está associado aos impactos da avaliação em plataformas digitais para crianças de grupos clínicos ou com necessidades especiais. Considerando que grande parte da demanda por avaliação vem justamente de queixas escolares ou associadas à aprendizagem, entender o impacto que a avaliação digital possui em crianças com deficiência intelectual, transtorno do espectro do autismo, transtorno do déficit de atenção/hiperatividade (TDAH) e de crianças com paralisia cerebral, cegueira e surdez traz inúmeras possibilidades e desafios. Por exemplo, crianças com paralisia cerebral poderiam ser extremamente beneficiadas por testagem computadorizada e uso de dispositivos portáteis para execução de testes executivos e gráficos. Crianças/adolescentes com deficiência intelectual poderiam se beneficiar de testes cognitivos construídos tendo como base a testagem adaptativa, que se ajustariam melhor ao seu desempenho, evitando, assim, subestimação de suas capacidades cognitivas. Por outro lado, essas crianças/adolescentes com deficiência intelectual poderiam ter maiores dificuldades na execução de subtestes gráficos ou motores em ambiente virtual do que com materiais concretos, já que possuem desenvolvimento psicomotor mais lento e prejudicado. De forma semelhante, o uso de *softwares* de leitura poderia tornar mais padronizada e, portanto, mais confiável, a aplicação de questionários de autorrelato para crianças com cegueira total ou parcial. Crianças surdas poderiam se beneficiar do uso de tecnologia para criação de ambientes virtuais para testagem psicológica que fizessem uso de softwares em Língua Brasileira de Sinais (Libras), assim como vêm sendo amplamente utilizados na educação, especialmente para alfabetização (Carvalho, 2011).

Raiford et al. (2014) afirmam que o impacto da administração computadorizada sobre populações clínicas e especiais é pouco conhecido. Nesse sentido, alguns estudos visam levantar evidências de equivalência entre as versões digital e tradicional do WISC-V, por exemplo, a fim de entender o impacto diferencial sobre crianças com diferentes condições (deficiência intelectual, altas habilidades, transtornos específicos de aprendizagem em leitura ou matemática, autismo ou transtorno do déficit de atenção e hiperatividade – TDAH) (Raiford et al., 2015, 2016). Os resultados encontrados com a aplicação digital do WISC-V são consistentes com o padrão esperado para cada grupo clínico, bem como semelhantes aos apresentados na versão tradicional da bateria, levando, assim, à conclusão de que ambas as versões apresentam consistência entre os resultados e podem ser utilizadas para avaliações de tais grupos. Especificamente no caso do TDAH, a discussão sobre o impacto diferencial da avaliação em plataformas digitais tem se concentrado na forma como essas crianças reagem aos motivadores presentes em testes computadorizados, principalmente àqueles que incluem elementos similares aos observados em videogames. Tarefas altamente motivadoras poderiam facilitar a liberação de dopamina, melhorando os níveis de atenção e aumentando o foco de crianças com TDAH. Assim, o teste poderia estar mascarando ou camuflando o déficit atencional que pretende avaliar (Lumsden et al., 2016). Por outro lado, outros autores afirmam que, mesmo com tarefas mais motivadoras (digitais), o desempenho das crianças com TDAH em tarefas de funções executivas, ainda que potencializado, não é normalizado, indicando que a utilização de jogos poderia maximizar o desempenho, mas não suprimir o déficit (Dovis et al., 2011).

Aliada aos desafios de uso de TICs na avaliação de crianças e adolescentes de grupos clínicos e populações especiais, também emerge a discussão sobre o *digital divide* ou, simplesmente, a exclusão digital de grupos específicos em um mundo que está cada dia mais conectado (Bolzan & Löbler, 2016; Livingstone & Helsper, 2007). A questão que aqui é colocada é a de como lidar com a incorporação necessária, muitas vezes vantajosa e inevitável da tecnologia na avaliação psicológica e não deixar de lado tanto profissionais quanto crianças que, por diversas razões, não têm acesso à internet ou a dispositivos tecnológicos (tablets, smartphones, notebooks e computadores) em casa. Profissionais psicólogos que trabalham em cidades pequenas, áreas rurais e remotas teriam redes de internet estáveis e disponíveis a todo o tempo para aplicações em plataformas em tempo real? Além disso, é possível pensar que algumas dessas tecnologias poderiam tornar ainda mais caro o teste psicológico e, talvez, menos acessível para uma categoria profissional que já possui um piso salarial baixo? Aqui não se está dizendo apenas do investimento inicial na aquisição do material; mas, também, na sua manutenção constante, uma vez que inovação tecnológica requer investimento monetário recorrente tanto para pagamento das plataformas de suporte quanto para a atualização de sistemas envolvidos na tecnologia disponível para o teste. Ademais, anteriormente se destacou que o desempenho nos testes, bem como sua validade, pode ser afetado pela familiaridade com a tecnologia. Nesse sentido é que crianças vivendo em áreas socialmente vulneráveis e remotas poderiam ter seu desempenho prejudicado a partir da aplicação de instrumentos informatizados. Assim, parece que a exclusão digital se encontra diretamente associada à exclusão social. Portanto, é vital refletir sobre as consequências sociais desse tipo de estratégia de avaliação (Livingstone & Helper, 2007).

Esse fenômeno fica mais evidente se pensarmos nos efeitos da pandemia da Covid-19 no ano de 2020, para a educação, atendimento psicológico à distância e *home office*. Não é possível para todas as pessoas continuar estudando ou trabalhando a distância porque não possuem as ferramentas tecnológicas tão facilmente ao seu alcance. De forma semelhante, o atendimento psicológico fica comprometido, uma vez que muitos pacientes têm apenas acesso a computadores compartilhados em suas residências e pouca privacidade. No caso da avaliação psicológica, os desafios são ainda maiores se pensarmos que essa não se resume apenas à aplicação de testes informatizados e a distância, ainda que todos os instrumentos disponíveis tivessem versões informatizadas. Assim, o experimento natural oferecido pela necessidade de isolamento e distanciamento social impostos para contenção da propagação da Covid-19 nos oferece um bom modelo para reflexões posteriores sobre o uso de TICs na avaliação. Não estamos argumentando contra o uso dessas tecnologias, apenas lançando luz a alguns dos pontos e contrapontos da sua utilização.

Em resumo, os testes informatizados para avaliação de crianças e adolescentes possuem inúmeras vantagens; tais como: maior precisão no tempo cronometrado, apresentação padronizada, economia no trabalho, tempo e custo, maior motivação, facilidade de higienização, desenvolvimento de tipos inovadores de avaliação, podendo abarcar a educação especial, além de proporcionar maior acesso a avaliações atualizadas. Apesar de ser uma área nova e ainda em desenvolvimento, o campo da avaliação utilizando TICs tem gerado importantes métodos e ferramentas que auxiliam a produção do conhecimento, tornam acessível e inovam na oferta de serviços psicológicos para a população, sendo possível que em breve as dificuldades e limitações apresentadas, na atualidade, pelo uso dessas tecnologias possam ser contornadas.

Considerações finais

A tecnologia faz cada vez mais parte do cotidiano de crianças, adolescentes, adultos e idosos. A informatização de instrumentos psicológicos para crianças e adolescentes possui vantagens e desvantagens, bem como inúmeros desafios. De toda forma, a informatização implicaria a adoção de ferramentas com as quais a maioria das crianças já estaria familiarizada, aumentando seu engajamento no momento da testagem, além da utilização da tecnologia em benefício da coleta e análise dos dados. A utilização de TICs na Psicologia tem caminhado em ritmo acelerado, mas ainda demanda estudos e questionamentos, tanto do ponto de vista psicométrico dos instrumentos quanto do ponto de vista ético dessa prática.

Como forma de superar o modelo de adaptação atual, no qual há apenas uma transposição dos testes tradicionais para plataformas digitais, estudos futuros podem buscar a construção de baterias totalmente digitais desde a sua primeira versão. Podem, ainda, buscar adaptar para a população brasileira instrumentos já utilizados em cenário internacional ou construir novos instrumentos.

Referências

Alvarenga, G. M. O., Yassuda, M. S., & Cachioni, M. (2019). Inclusão digital com tablets entre idosos: Metodologia e impacto cognitivo. *Psicologia, Saúde & Doença, 20*(2), 384-401.

Bauer, R., Iverson, G., Cernich, A., Binder, L., Ruff, R., Naugle, R. (2012). Computerized Neuropsychological Assessment Devices: Joint Position Paper of the American Academy of Clinical Neuropsychology and the National Academy of Neuropsychology. *Archives of Clinical Neuropsychology, 27*(3), 362-373.

Bolzan, L. M., & Löbler, M. L. (2016). Socialização e afetividade no processo de inclusão digital: Um estudo etnográfico. *Organizações & Sociedade, 23*(76), 130-149.

Carvalho, D. D. (2011). *Software em língua portuguesa/Libras com tecnologia de realidade aumentada: Ensinando palavras para alunos com surdez* [Tese de doutorado, Universidade Estadual Paulista]. https://repositorio.unesp.br/bitstream/handle/11449/102184/carvalho_d_dr_mar.pdf?sequence=1

Carvalho, J. O. F. (2003). O papel da interação humano-computador na inclusão digital. *Transinformação, 15*(spe), 75-89. https://doi.org/10.1590/S0103-37862003000500004

Conselho Federal de Psicologia. (2018a). *Resolução CFP n. 9/2018.* Estabelece diretrizes para a realização de avaliação psicológica no exercício profissional da psicóloga e do psicólogo, regulamenta o Sistema de Avaliação de Testes Psicológicos – Satepsi e revoga as resoluções n. 2/2003, n. 6/2004 e n. 5/2012 e notas técnicas n. 1/2017 e 2/2017. https://site.cfp.org.br/wp-content/uploads/2018/04/Resolu%C3%A7%C3%A3o-CFP-n%C2%BA-09-2018-com-anexo.pdf

Conselho Federal de Psicologia. (2018b). *Resolução CFP n. 11/2018.* Regulamenta a prestação de serviços psicológicos realizados por meio de tecnologias da informação e da comunicação e revoga a Resolução CFP n. 11/2012. https://site.cfp.org.br/wp-content/uploads/2018/05/RESOLU%C3%87%C3%83O-N%C2%BA-11-DE-11-DE-MAIO-DE-2018.pdf

Conselho Federal de Psicologia. (2020). *Resolução CFP n. 4/2020.* Dispõe sobre regulamentação de serviços psicológicos prestados por meio de tecnologia da informação e da Comunicação durante a pandemia de Covid-19. http://www.in.gov.br/en/web/dou/-/resolucao-n-4-de-26-de-marco-de-2020-250189333

Csapó, B., Molnár, G., & Nagy, J. (2014). Computer-based assessment of school readiness and early reasoning. *Journal of Educational Psychology, 106*(3), 639.

Delgado, M. T., Uribe, P. A., Aparicio, A. A., Benavente, C., Thibaut, C., & Díaz, R. R. (2012). *Test de evaluación neuropsicológica infantil: Manual técnico-interpretativo.* Cedeti.

Del-Prette, Z. A. P., & Del-Prette, A. (2010). Testes informatizados na avaliação de habilidades sociais. In M. C. R. A. Joly & C. T. Reppold (orgs.), *Estudos de testes informatizados para avaliação psicológica* (pp. 247-276). Casa do Psicólogo.

Dovis, S., Van der Oord, S., Wiers, R., & Prins, P. (2011). Can Motivation Normalize Working Memory and Task Persistence in Children with Attention-Deficit/Hyperactivity Disorder? The Effects of Money and Computer-Gaming. *Journal of Abnormal Child Psychology, 40*(5), 669-681. https://doi.org/10.1007/s10802-011-9601-8

Ferrete, A. A. S. S., & Santos, W. L. (2020). Inclusão digital na escola: Uma análise dos relatos de experiências dos professores da educação básica no município de Jeremoabo-BA. Revista Rios Eletrônica, 23, 13-29. https://www.unirios.edu.br/revistarios/media/revistas/2020/23/inclusao_digital_na_escola.pdf

Fialho, M. B. (2019). *Efeitos da utilização do formato digital de testes cognitivos no desempenho de crianças com e sem sintomas do déficit de atenção e hiperatividade* [Dissertação de mestrado, Universidade Federal de Minas Gerais].

Gosling, S. D., Vazire, S., Srivastava, S., & John, O. P. (2004). Should we trust web-based studies? A comparative analysis of six preconceptions about internet questionnaires. *American Psychologist, 59*(2), 93-104. https://doi.org/10.1037/0003-066X.59.2.93

Jewitt, C. (2012). *An introduction to using video for research.* National Centre for Research Methods Working Paper. http://eprints.ncrm.ac.uk/2259/

Joly, M. C. R. A., & Noronha, A. P. P. (2006). Reflexões sobre a construção de instrumentos psicológicos informatizados. In A. P. P. Noronha, A. A. A. Santos & F. F. Sisto (orgs.), *Facetas do fazer em avaliação psicológica* (pp. 95-105). Vetor.

Lai, C. C., & Wu, C. F. (2012). Size effects on the touchpad, touchscreen, and keyboard tasks of netbooks. *Perceptual and Motor Skills, 115*(2), 481-501. https://doi.org/10.2466/24.31.PMS.115.5.481-501

Livingstone, S., & Helsper, E. (2007). Gradations in digital inclusion: Children, young people, and the digital divide. *New Media & Society, 9*(4). pp. 671-696. https://doi.org/10.1177/1461444807080335

Lumsden, J., Edwards, E., Lawrence, N., Coyle, D., & Munafò, M. (2016). Gamification of cognitive assessment and cognitive training: A systematic review of applications and efficacy. *JMIR Serious Games, 4*(2), e11. https://doi.org/10.2196/games.5888

Mansur-Alves, M., & Serpa, A. O. (2019). Avaliação psicológica por meio das novas tecnologias de informação e comunicação. In M. N. Baptista, M. Muniz, C. T. Reppold, C. H. S. S. Nunes, L. F. Carvalho, R. Primi, A. P. P. Noronha, A. G. Seabra, S. M. Wechsler, C. S. Hutz & L. Pasquali (orgs.), *Compêndio de avaliação psicológica* (pp. 160-172). Vozes.

Miguel, F. K. (2019). Testes informatizados. In M. N. Baptista, M. Muniz, C. T. Reppold, C. H. S. S. Nunes, L. F. Carvalho, R. Primi, A. P. P. Noronha, A. G. Seabra, S. M. Wechsler, C. S. Hutz & L. Pasquali (orgs.), *Compêndio de avaliação psicológica* (pp. 89-97). Vozes.

Miguel, F. K., & Primi, R. (2014). Estudo psicométrico do teste informatizado de percepção de emoções primárias. *Avaliação Psicológica, 13*(1), 1-9. http://pepsic.bvsalud.org/scielo.php?script=sci_arttext & pid=S1677-04712014000100002 & lng=pt & tlng =pt

Miguel, F. K., Hashimoto, E. S., Gonçalves, E. R. D. S., Oliveira, G. T., & Wiltenburg, T. D. (2018). Estudos de validade do Questionário On-line de Empatia. *Temas em Psicologia, 26*(4), 2.203-2.216. https://doi.org/10.9788/TP2018.4-18Pt

Morigi, V. J., & Pavan, C. (2004). Tecnologias de informação e comunicação: Novas sociabilidades nas bibliotecas universitárias. *Ciência da Informação, 33*(1), 117-125.

Raiford, S. E., Drozdick, L. W., & Zhang, O. (2015). *Q-interactive Special Group Studies: The WISC –V and children with autism spectrum disorder and accompanying language impairment or attention-deficit/ hyperactivity disorder. Q-interactive technical report 11.* Pearson. https://www.pearsonclinical.com/content/dam/ped/ani/us/helloq/media/Technical_Report_11_WISC-V_Children_with_Autism_Spectrum_Disorder_and_Accompanying_Language_Impairment_or_Attention_Deficit_Hyperactivity_Disorder.pdf

Raiford, S. E., Drozdick, L. W., & Zhang, O. (2016). *Q-interactive Special Group Studies: The WISC –V and children with specific learning disorders in reading or mathematics. Q-interactive technical report 13.* Pearson. https://www.pearsonclinical.com/content/dam/ped/ani/us/helloq/media/Q-i%20TR13_WISC-V_SLDR_SLDM_FNL.pdf

Raiford, S. E., Holdnack, J., Drozdick, L. W., & Zhang, O. (2014). *Q-interactive Special Group Studies: The WISC–V and children with intellectual giftedness and intellectual disability. Q-interactive technical report 9.* Pearson. https://www.pearsonclinical.com/content/dam/ped/ani/us/helloq/media/Technical_Report_9_WISC-V_Children_with_Intellectual_Giftedness_and_Intellectual_Disability.pdf

Ramos, D. K., Melo, H. M., & Mattar, J. (2018). Jogos digitais na escola e inclusão digital: Intervenções para o aprimoramento da atenção e das condições de aprendizagem. *Revista Diálogo Educacional, 18*(58). https://doi.org/10.7213/1981-416X.18.058.DS04

Reppold, C. T., Pedron, A. C., & Trentini, C. M. (2010). Avaliação das funções executivas por meio do Teste Wisconsin de Classificação de Cartas – versão computadorizada. In M. C. R. A. Joly & C. T. Reppold (eds.), *Estudos de testes informatizados para avaliação psicológica* (pp. 45-62). Casa do Psicólogo.

Rosas, R., Ceric, C., Aparicio, A., Arango, P., Arroyo, R., Benavente, C., ... Véliz, S. (2015). ¿Pruebas tradicionales o evaluación invisible a través del juego? Nuevas fronteras de la evaluación cognitiva. *Psykhe, 24*(1), 1-11. http://dx.doi.org/10.7764/psykhe.24.1.724

Roza, R. H., & Wechsler, S. M. (2017). Análise da produção científica sobre estilos de aprendizagem e uso de tecnologias. *Id Online Revista Multidisciplinar e de Psicologia, 11*(37), 13-26.

Schatz, P. (2017). Computer-based assessment: Current status and next steps. In R. L. Kane & T. D. Parsons (eds.), *The role of technology in clinical neuropsychology* (pp. 28-44). Oxford University Press.

Schatz, P., Ybarra, V., & Leitner, D. (2015). Validating the accuracy of reaction time assessment on computer-based tablet devices. *Assessment, 22*(4), 405-410. https://doi.org/10.1177/1073191114566622

Spiegel, J. A., & Lonigan, C. J. (2018). A head-to-toes approach to computerized testing of executive functioning in young children. *Early Childhood Research Quarterly, 44*, 15-23. https://doi.org/10.1016/j.ecresq.2018.01.008

Stoque, F. M. V., Scotton, I. L., Lisboa, C. S. M., & Neufeld, C. B. (2016). Tecnologias da informação e comunicação e formação do psicólogo clínico. *Revista Brasileira de Terapias Cognitivas, 12*(2), 83-90.

Unicef. (2017). *Children in a digital world: The state of the world's children*. https://www.unicef.org/publications/files/SOWC_2017_ENG_WEB.pdf

Valgas-Costa, M. (2018). *Adaptação e validação transcultural do Teste de Avaliação Neuropsicológica Infantil (Teni)* [Dissertação de mestrado, Universidade Federal de Minas Gerais].

Van de Vijver, F. J. R., & Harsveld, M. (1994). The incomplete equivalence of the paper-and-pencil and computerized versions of the General Aptitude Test Battery. *Journal of Applied Psychology, 79*(6), 852-859. https://doi.org/10.1037/0021-9010.79.6.852

Williams, J. E., & McCord, D. M. (2006). Equivalence of standard and computerized versions of the Raven Progressive Matrices Test. *Computers in Human Behavior, 22*(5), 791-800. https://doi.org/10.1016/j.chb.2004.03.005

8
Avaliação de multitraços e por multimétodos em crianças e adolescentes

Karina da Silva Oliveira
Universidade Federal de Minas Gerais

Carolina Rosa Campos
Universidade Federal do Triângulo Mineiro

Evandro Morais Peixoto
Universidade São Francisco

Highlights
- A avaliação psicológica deve ser entendida como processual.
- Testagem psicológica e avaliação psicológica não são sinônimos.
- O processo de avaliação deve contemplar a participação de múltiplos informantes.
- O processo de avaliação deve empregar múltiplos métodos, técnicas e instrumentos.
- Ao conduzir um processo de avaliação é necessário contemplar diferentes fenômenos psicológicos que podem exercer influência sobre a queixa.

Avaliação psicológica da criança e do adolescente

A avaliação psicológica pode ser compreendida como um processo sistemático de investigação de fenômenos psicológicos. Neste processo, o profissional pode empregar diferentes métodos, técnicas, sendo possível o uso, ou não, de instrumentos de medida. Tal processo permite orientar o psicólogo para tomada de decisão, tanto no que tange à identificação de demandas, como na escolha de tipos e propostas de intervenção que sejam apropriados (Resolução CFP n. 9/2018). Portanto, faz-se necessário refletir sobre as diferenças entre a testagem em si e o processo de avaliação, uma vez que ainda são confundidos e vistos como sinônimos, tal confusão pode impactar negativamente as práticas da conduta profissional e do avaliado (Cunha, Almeida Neto & Stackfleth, 2016). Cabe esclarecer que, enquanto o termo "avaliação psicológica" refere-se ao processo estruturado de investigação, tal como mencionado, o termo "testagem", por sua vez, diz respeito ao emprego de uma técnica específica, isto é, do teste psicológico (Pasquali, 2011).

Assim, a avaliação psicológica caracteriza-se pela coleta e integração de informações oriundas de múltiplas técnicas, tais como as observações, as entrevistas, podendo ser incluídos os testes psicológicos. Cabe ressaltar que a avaliação, compreendida como prática processual, contribui com diferentes contextos de atuação do psicólogo, uma vez que fornece compreensões empiricamente fundamentadas que auxiliam na tomada de decisões que potencialmente impactarão a vida de indivíduos, grupos e da sociedade (Andrade & Valentini, 2018; Primi, 2010, 2018; Rueda & Zanini, 2018). Importante destacar que, quando malconduzida, pode acarretar danos para o avaliando, uma vez que pode sugerir conclusões, encaminhamentos e intervenções que serão inadequadas e não oferecerão o suporte requerido pelo quadro.

Ainda no que diz respeito a esta diferenciação, quando tomamos os aspectos específicos relacionados à testagem, é possível notar que o teste psicológico se caracteriza por ser uma estratégia sistemática de observação de um fenômeno, ou comportamento, cuja finalidade é descrevê-lo por meio de recursos quantitativos, como, por exemplo, escalas ou categorias fixas (Pasquali, 2011). Assim, o emprego dos testes psicológicos no processo de avaliação deve se dar a partir dos objetivos, favorecendo a identificação, descrição e quantificação de características psicológicas, por meio de estratégias científicas que sustentem e possibilitem segurança na interpretação dos dados (Urbina, 2007). Cabe destacar ainda a recomendação de Ambiel e Carvalho (2017) referente à escolha do(s) teste(s). Para estes autores é fundamental que os profissionais, ao selecionarem os instrumentos, o façam de maneira responsável, considerando suas capacidades de aplicação, correção e interpretação dos dados. Tais recomendações têm em vista a ponderação das consequências decorrentes da condução inadequada do uso de instrumentos psicológicos.

Quando tomamos a prática da avaliação e da testagem psicológica junto ao público infantil e adolescente, pode-se dizer que tal reflexão quanto a diferenciação dos termos se faz ainda mais relevante, uma vez que o processo de avaliação deve contemplar, não apenas a multiplicidade de técnicas, mas também deve considerar as especificidades dos processos de desenvolvimento, as interações sociais e familiares, as intercorrências de elementos sintomatológicos e metapsicológicos, entre outros (Krug & Wagner, 2016). Assim, tendo em vista estes aspectos, a avaliação infantil e do adolescente pode ter um caráter preventivo, contribuindo para a identificação precoce de condições que podem afetar o desenvolvimento sadio por toda vida. Dessa forma, faz-se necessária a realização completa de investigação do repertório comportamental do avaliado, integrando informações advindas de diferentes informantes em distintos contextos no qual está inserido (Achenbach, Ivanova, Rescorla, Turner & Althoff, 2016). Isso significa alinhar o trabalho do psicólogo frente à obtenção de determinantes que permitirá considerar os aspectos psicológicos do avaliado, conciliando as variáveis ambientais às quais está exposto e inserido (McConaugh, 2013).

Visando aprofundar a reflexão acerca da realização de um processo global de avaliação psicológica, a seguir será abordada a temática considerando a importância da integração de dados provenientes de diferentes informantes, utilizando múltiplos instrumentos, métodos e técnicas. Na sequência, será abordada ainda a relevância de se considerar distintos traços e construtos em um mesmo processo de avaliação psicológica.

Avaliação psicológica por meio de distintos informantes

Tradicionalmente, o processo de avaliação psicológica clínica é comumente associado a uma relação bipessoal, a qual envolve o trabalho que se estabelece entre psicólogo e avaliado (Rigoni & Sá, 2016). Entretanto, quando se realiza o processo de avaliação psicológica na infância e na adolescência, este processo requer uma amplitude maior de informantes, tendo em vista, a participação do psicólogo, do avaliado e, ao menos, de seus responsáveis (Krug & Wagner, 2016). No tocante, os autores ressaltam que a colaboração de diferentes informantes permite, de forma mais global, a investigação dos fenômenos psicológicos da infância e adolescência, considerando as perspectivas de familiares, profissionais de outras áreas da saúde, profissionais da comunidade escolar, dentre outros.

De acordo com Rocha e Emerich (2018), a relevância de se ter um processo de avaliação psicológica baseado em múltiplos informantes permite obter uma visão abrangente da real situação em que a criança ou o adolescente estão e quais os recursos necessários e possíveis para se propor intervenções significativas. Para isso, as autoras afirmam a necessidade de se analisar os níveis de concordância e de discordância entre as informações advindas dos adultos que convivem diretamente com o avaliado (pais/responsáveis, familiares, cuidadores, professores, entre outros), além de se considerar, neste processo, a própria criança/adolescente, avaliando sua percepção sobre si e sua relação com o meio social. Dessa forma, a presença de diferenças não deve ser entendida como negativa para o processo de coleta de dados, mas devem ser utilizadas como complementares. Neste caso, a compreensão deve ser a de que cada informante relate as percepções e detalhes de acordo com o contexto nos quais estão inseridos, cabendo ao psicólogo realizar a integração destas informações, a fim de compor a compreensão mais ampla do quadro psicológico, evitando generalizações enviesadas.

É de comum conhecimento que as avaliações das queixas iniciais são baseadas em roteiros preestabelecidos com pais/responsáveis e, na sequência, por professores, realizados em sua maioria, por meio de protocolos de observação, entrevistas, questionários, escuta, dentre outras técnicas empregadas. Embora pertinentes, o psicólogo necessita ter um olhar crítico e articulado para compreender a percepção desses respondentes sobre a real demanda, como articulam a possibilidade de influência de variáveis como a presença ou histórico de psicopatologias parentais, a relação entre comportamentos manifestos e pensamentos latentes e as diferenças de relação que estabelecem entre os diferentes contextos nos quais o avaliado está inserido, ou seja, se são capazes de discriminar comportamentos semelhantes ou discrepantes de acordo com o ambiente e indivíduos que o cercam (Foley, et al. 2005, Gauy & Guimarães, 2006; Kerr et al. 2007).

Essa avaliação pautada em informações coletadas por vários informantes que possuem relação com o avaliado possibilita diferentes perspectivas sobre o comportamento, e enriquece o olhar global e multifacetado por parte do avaliador, facilitando seu processo de tomada de decisão para que seja mais assertivo. Ainda nesse processo, como já mencionado, a perspectiva da criança/adolescente sobre sua vida é extremamente relevante para o processo diagnóstico. De acordo com De los Reyes & Kazdin (2005), a autoavaliação por parte da criança e do adolescente avaliado pode contribuir para que o psicólogo que está avaliando possa compreender as reais vivências e, em conjunto com as observações, propor intervenções mais focais. Confluindo e analisando, de modo crítico, tais percepções com as informações coletadas entre os demais informantes, o avaliado também passa a ser protagonista de seu próprio processo de intervenção, tendo mais motivação e aderência às propostas interventivas futuras (Rocha, Ferrari & Silvares, 2011).

Ainda, outro ponto a se considerar envolve as discrepâncias entre os relatos dos pais e das crianças ou adolescentes sobre os comportamentos destes. Estudos de meta-análise têm apontado para baixos e moderados índices de correlação entre a autoavaliação do público infantil e juvenil e a avaliação realizada por seus pais e/ou responsáveis, bem como de professores, indicando a necessidade de o profissional estar atento a estas divergências e considerá-las durante as investigações no processo diagnóstico (Achenbach, McConaughy & Howell, 1987; Salbach-Andrae, Leniz & Lehmkuhl, 2009).

Nesse sentido, é fundamental que o psicólogo compreenda tais divergências como informações complementares, uma vez que cada informante tem acesso a um contexto específico do avaliado, podendo estar mais atento a diferentes aspectos da queixa. A título de exemplo, em um caso de avaliação de queixas emocionais e de humor, os familiares podem apresentar dados mais aprofundados sobre o quadro considerando a proximidade das relações. Por sua vez os professores, por tradicionalmente estarem mais empenhados no desenvolvimento de habilidades acadêmicas e cognitivas, podem ter menos acesso às variações de humor e às expressões emocionais da criança ou adolescente. Entretanto, compreender a intensidade dos comportamentos associados à queixa, em cada um desses contextos, auxilia o processo de investigação e de formulação de hipóteses.

Avaliação psicológica por meio de distintos instrumentos, métodos e técnicas

Conforme mencionado no início deste capítulo, a avaliação psicológica caracteriza-se por ser um processo intencional, estruturado e de integração de informações sobre o funcionamento psicológico de indivíduos ou grupos de indivíduos a fim de fundamentar a tomada de decisão (Primi, 2018). Portanto, deve-se ter em mente que a avaliação, diferentemente da testagem, possui um caráter processual e amplo no qual o psicólogo empregará diferentes métodos, técnicas e instrumentos. Assim, neste momento faremos uma reflexão sobre as possíveis estratégias que podem compor o processo avaliativo de crianças e adolescentes.

Por meio da Resolução CFP n. 9/2018, o Conselho Federal de Psicologia orienta os profissionais a utilizarem métodos e técnicas que sejam reconhecidos cientificamente e sugere duas classificações de fontes de informações, são elas as fontes fundamentais e as fontes complementares. Segundo este documento, são fontes fundamentais: os testes psicológicos que estejam aprovados pelo Conselho para uso profissional, as entrevistas psicológicas, anamnese e os protocolos de registros de observação de comportamentos. Por sua vez, são considerados como fontes complementares as técnicas e os instrumentos entendidos como "não psicológicos", mas que apresentem respaldo científico e os documentos técnicos (p. ex., protocolos ou relatórios). Portanto, há uma orientação bastante clara vinda do Conselho Federal de Psicologia sobre quais metodologias devem ser utilizadas no processo de avaliação. A partir dessas questões cabe ponderar sobre os recursos fundamentais e complementares que estão disponíveis para a avaliação de crianças e adolescentes.

Fontes fundamentais

Testes psicológicos

Os testes psicológicos são tradicionalmente definidos como procedimentos sistemáticos que favorecem a observação de um comportamento, cujas descrições baseiam-se em escalas numéricas, ou ainda, em categorias fixas. Assim, pode-se afirmar que o uso de um teste psicológico tem como objetivo favorecer a compreensão de um aspecto específico do funcionamento psicológico, como por exemplo a inteligência, a personalidade, diferentes habilidades, dentre outros (Pasquali, 2011).

Em consulta no site do Satepsi (satepsi.cfp. org.br/testesFavoraveis.cfm) em 8 de abril 2020 foi possível verificar a existência de 154 instrumentos com pareceres favoráveis ao uso profissional. Destes, 96 (62,34%) informavam que o público-alvo era crianças e adolescentes. Embora este número pareça promissor, cabe destacar que destes 96 instrumentos nove (9,38%) tinham como foco a testagem de crianças até 12 anos incompletos, dois (2,07%) tinham como objetivo a avaliação somente de adolescentes entre 12 e 18 anos, 16 (16,67%) voltavam-se para a testagem de crianças e adolescentes, 48 (50%) tinham como público-alvo adolescentes e adultos e 21 (21,88%) apresentavam uma variação maior da faixa etária, contemplando a infância, a adolescência e adultos (incluindo idosos). Cabe informar que para o processo de categorização das faixas etárias, utilizou-se como referência a classificação presente no artigo 2º do Estatuto da Criança e do Adolescente (Brasil, 1990), onde se afirma que é considerada criança a pessoa com até 12 anos incompletos, por sua vez, é entendido como adolescente a pessoa com idade compreendida entre 12 e 18 anos.

Outro aspecto que chama a atenção nestes dados refere-se aos construtos avaliados em cada momento do desenvolvimento. Na infância, nota-se que dos nove instrumentos disponíveis três são voltados para a avaliação da inteligência. Já na adolescência, os construtos avaliados são habilidades/competência e percepção de suporte social. Quando tomados os 16 instrumentos que avaliam crianças e adolescentes, pode-se observar que os construtos com mais ferramentas disponíveis são inteligência (n = 4), personalidade (n = 3) e habilidades/competências (n = 2). Por sua vez, para a população adolescente e adulta, dos 48 instrumentos disponíveis, 15 têm como objetivo avaliar a personalidade, cinco a inteligência, três a atenção concentrada e dois avaliam a memória de reconhecimento. Ainda neste sentido, dos 21 instrumentos que buscam avaliar crianças, adolescentes e adultos, três têm como objetivo realizar a avaliação da inteligência, dois avaliam a depressão, dois a personalidade e outros dois avaliam processos neuropsicológicos e processos perceptivos/cognitivos.

A fim de ilustrar estes achados, a tabela 1 apresenta o detalhamento dos instrumentos exclusivos para a infância, a tabela 2 informa sobre os instrumentos exclusivos para adolescentes, por sua vez a tabela 3 apresenta instrumentos voltados a crianças e adolescentes, a tabela 4 refere-se aos instrumentos voltados a adolescentes e adultos e, por fim, a tabela 5 apresenta os instrumentos que contemplam crianças, adolescentes e adultos. Importante destacar que as informações contidas nas tabelas foram extraídas do próprio site do Satepsi.

Tabela 1
Instrumentos listados como aprovados junto ao Satepsi exclusivos para uso na infância

Construto avaliado	Título do instrumento	Faixa etária
Habilidades/competências, inteligência, processos neuropsicológicos	Escala de Maturidade Mental Colúmbia Edição Brasileira Revisada (CMMS 3)	3 a 10 anos
Habilidades/competências	Teste de Habilidades e Conhecimento pré-alfabetização (THCP)	4 a 7 anos
Inteligência	Matrizes Progressivas Coloridas de Raven (CPM)	5 a 11 anos
Inteligência	Teste de inteligência não verbal (TONI-3)	6 a 10 anos
Inteligência	Teste não Verbal de Inteligência – SON-R 2½-7[a]	2 a 7 anos
Maturação perceptomotora	Teste Gestáltico Visomotor de Bender – Sistema de pontuação gradual (B-SPG)	6 a 10 anos
Personalidade	Escala de Traços de Personalidade para Crianças (ETPC)	5 a 10 anos
Personalidade	Teste de Apercepção Infantil – Figuras de Animais (CAT-A)	5 a 10 anos
Processos neuropsicológicos, processos perceptivos/cognitivos	Teste Infantil de Memória – Forma Reduzida (TIME-R)	Até 3 anos

Tabela 2
Instrumentos listados como aprovados junto ao Satepsi exclusivos para uso na adolescência

Construto avaliado	Título do instrumento	Faixa etária
Habilidades/competências	Inventário de Habilidades Sociais para Adolescentes (IHSA-Del-Prette)	12 a 17 anos
Percepção de suporte social	Escala de Percepção do Suporte Social – Versão Adolescente (Epsus-Adol)	12 a 17 anos

Tabela 3

Instrumentos listados como aprovados junto ao Satepsi para uso na infância e adolescência

Construto avaliado	Título do Instrumento	Faixa etária
Autoconceito	Escala feminina de autocontrole (Efac) e Escala masculina de autocontrole (Emac)	8 a 15 anos
Criatividade figural	Teste de Criatividade Figural Infantil	2º ao 9º ano do Ensino Fundamental
Desenvolvimento	Desenho da figura humana. Avaliação do desenvolvimento cognitivo infantil (DFH IV)	5 a 12 anos
Desenvolvimento da lateralidade	Bateria Piaget-Head de orientação direita-esquerda	6 a 13 anos
Habilidades/competências	Inventário de Habilidades Sociais, Problemas de Comportamento e Competência Acadêmica para Crianças (SSRS)	6 a 13 anos
Habilidades/competências	Teste de Habilidades Sociais para crianças em situação escolar (THAS-C)	7 a 15 anos
Inteligência	Desenho da Figura Humana – Escala Sisto (DFH-Escala Sisto)	5 a 12 anos
Inteligência	Escala de Inteligência Wechsler para Crianças – 4. ed. (Wisc-IV)	6 a 16 anos
Inteligência	R-2 Teste não verbal de inteligência para crianças	5 a 12 anos
Inteligência	Teste Não Verbal de Raciocínio para Crianças (TNVRI)	5 a 14 anos
Interesses/motivações/necessidades/expectativas	Escala de avaliação da motivação para aprender de alunos do Ensino Fundamental (EMA-EF)	7 a 16 anos
Motivação para aprendizagem	Escala de Motivação para a Aprendizagem (Emapre)	7 a 16 anos
Personalidade	Manual do Teste de Pfister em Crianças e Adolescentes	6 a 14 anos
Personalidade	Questionário de Personalidade para Crianças e Adolescentes (EPQ-J)	10 a 16 anos
Personalidade	Teste de Apercepção Infantil – Figuras Humanas (CAT-H)	7 a 12 anos
Processos neuropsicológicos	Instrumento de Avaliação Neuropsicológica Breve Infantil (Neupsilin-Inf)	6 a 12 anos

Tabela 4

Instrumentos listados como aprovados junto ao Satepsi para uso na adolescência e vida adulta

Construto avaliado	Título do instrumento	Faixa etária
Atenção concentrada	Bateria Geral de Funções Mentais – Testes de Atenção Concentrada (BGFM-2)	15 a 89 anos
Atenção concentrada	Teste AC	17 a 64 anos
Atenção concentrada	Teste de Atenção Concentrada AC15 (AC15)	16 a 60 anos
Atenção difusa	Bateria Geral de Funções Mentais – Testes de Atenção Difusa (BGFM-1)	15 a 89 anos
Atenção seletiva	Teste de Atenção Seletiva (TAS)	15 a 60 anos
Atenção seletiva e rapidez perceptual	Teste Medida da Prontidão Mental	16 a 50 anos
Autoeficácia	Escala de Autoeficácia para Escolha Profissional (EAE-EP)	14 a 21 anos
Capacidade motora-manual em destreza	Teste Destreza	16 a 50 anos
Depressão	Escala Baptista de Depressão – Versão Adulto (Ebadep-A)	17 a 81 anos
Estilo de pensar e produção criativa	Estilos de Pensar e Criar	17 a 72 anos
Estresse	Escala de Stress para Adolescentes (ESA)	14 a 18 anos
Habilidades/Competências	Questionário de Busca Autodirigida (SDS)	13 a 68 anos
Inclinações Profissionais	Teste de Fotos de Profissão (BBT-Br Feminino)	A partir dos 14 anos
Inteligência	Escala de Matrizes de Viena – 2 Versão Informatizada (WMT-2)	14 a 69 anos
Inteligência	Teste de Inteligência Verbal (TIV)	17 a 50 anos
Inteligência	Teste Matrizes de Viena – 2 (WMT-2)	14 a 69 anos
Inteligência	Teste Não Verbal de Inteligência Geral BETA-III (Subtestes Raciocínio Matricial e Códigos)	14 a 83 anos
Inteligência	Teste Verbal de inteligência (V-47)	16 a 39 anos
Inteligência não verbal	Teste D. 70 – Manual revisado e ampliado	Estudantes do 2º grau e adultos com nível de escolaridade de 2º ou 3º grau do Ensino Médio
Maturidade para escolha profissional	Escala de Maturidade para a Escolha Profissional 2ª edição (Emep)	13 a 19 anos
Memória	Teste Pictórico de Memória (Tepic-M)	17 a 97 anos
Memória de reconhecimento	Bateria Geral de Funções Mentais – Teste de Memória de Reconhecimento (BGFM – 4)	15 a 89 anos

Memória de reconhecimento	Teste de Memória de Reconhecimento (TEM-R)	17 a 53 anos
Memória visual	Teste de Memória Visual para o Trânsito (MVT)	16 a 67 anos
Memória, habilidade numérica e espacial, habilidade perceptual, raciocínio, fluência vocabular	Bateria TSP (Teste de Seleção Profissional)	16 a 50 anos
Orientação profissional	Teste de Fotos de Profissão (BBT)	A partir de 12 anos
Percepção do indivíduo sobre o suporte no seu local de trabalho	Escala de Suporte Laboral (ESUL)	17 a 71 anos
Personalidade	Escala de Avaliação Tipológica (EAT)	13 a 36 anos
Personalidade	Escala Fatorial de Extroversão (EFEx)	14 a 55 anos
Personalidade	Escala Fatorial de Socialização (EFS)	14 a 64 anos
Personalidade	Inventário de Avaliação Ocupacional (IAO)	17 a 63 anos
Personalidade	Inventário de Expressão de Raiva como Estado e Traço (Staxi-2)	17 a 67 anos
Personalidade	Inventário dos Seis Fatores de Personalidade (IFP-6)	16 a 93 anos
Personalidade	Inventário Fatorial de Personalidade (IFP-II)	14 a 86 anos
Personalidade	Inventário Fatorial de Personalidade Revisado – Versão Reduzida (IFP-R)	A partir de 16 anos
Personalidade	Inventário Hogan de Personalidade (HPI)	A partir dos 14 anos
Personalidade	O Teste Palográfico na Avaliação da Personalidade	16 a 60 anos
Personalidade	Orpheus – Inventário de Personalidade para o Trabalho	Pessoas com Ensino Médio completo
Personalidade	Rorschach – Sistema Compreensivo	A partir de 17 anos
Personalidade	Rorschach Clínico	16 a 60 anos
Personalidade	Teste de Apercepção Temática (TAT)	14 a 40 anos
Personalidade	Z-Teste Coletivo e Individual Técnica de Zulliger	A partir de 16 anos
Preferência para atividades profissionais	Escala de Aconselhamento Profissional (EAP)	17 a 63 anos
Processos neuropsicológicos, processos perceptivos/cognitivos	Teste de Memória de Reconhecimento Memore (Memore)	14 a 64 anos
Raciocínio e capacidade para resolução de problemas	Matrizes Progressivas Avançadas de Raven	17 a 52 anos
Raciocínio visuoespacial	Teste dos Cubos para avaliação do Raciocínio Visoespacial	16 a 66 anos
Saúde Mental e Psicopatologia	Escala Hare (PCL – R)	16 a 51 anos
Vulnerabilidade ao estresse	Escala de Vulnerabilidade ao Estresse no Trabalho (Event)	17 a 54 anos

Tabela 5

Instrumentos listados como aprovados junto ao Satepsi para uso na infância, adolescência e vida adulta

Construto avaliado	Título do Instrumento	Faixa etária
Atenção geral	Bateria Psicológica para Avaliação da Atenção (BPA)	6 a 82 anos
Depressão	Escala Baptista de Depressão – versão Infantojuvenil (Ebadep-IJ)	7 a 18 anos
Depressão	Inventário de Depressão de Beck (BDI-II)	A partir de 10 anos
Desenvolvimento, inteligência	Teste de Desenvolvimento do Raciocínio Indutivo (TDRI)	5 a 86 anos
Estilo parental	Inventário de Estilos Parentais (IEP)	9 a 19 anos
Inteligência	Escala de Inteligência Wechsler Abreviada (Wasi)	6 a 89 anos
Inteligência	Escala Geral (MPR)	10 a 69 anos
Inteligência	Teste de Inteligência Geral – Não Verbal (TIG-NV)	10 a 79 anos
Inteligência, raciocínio inferencial	Teste de Raciocínio Inferencial (Manual RIn)	10 a 70 anos
Memória visual, percepção visual e praxia visuoconstrutiva	Teste de Retenção Visual de Benton (BVRT)	7 a 75 anos
Percepção de suporte familiar em relação a afetividade, autonomia e adaptação em relações familiares	Inventário de Percepção de Suporte Familiar (IPSF)	11 a 60 anos
Percepção visual e memória	Figuras Complexas de Rey	A partir de 4 anos
Personalidade	Bateria Fatorial de Personalidade	10 a 75 anos
Personalidade	Casa – Árvore – Pessoa – Técnica Projetiva de Desenho (HTP)	A partir de 8 anos
Processos neuropsicológicos	Teste de Aprendizagem Auditivo-Verbal de Rey (RAVLT)	6 a 92 anos
Processos neuropsicológicos, processos perceptivos/cognitivos	Teste de Atenção Visual (TAVIS 4)	6 a 18 anos
Processos neuropsicológicos, processos perceptivos/cognitivos	Teste Wisconsin de Classificação de Cartas (WCST)	6 a 89 anos
Processos perceptivos/cognitivos	Teste d2 – Revisado (d2-R)	7 a 76 anos
Raciocínio abstrato e estratégias de solução de problemas	Teste Wisconsin de Classificação de Cartas	6 a 89 anos
Raciocínio Lógico Verbal, Numérico e Abstrato	Teste de Habilidade para o Trabalho Mental (HTM)	11 a 60 anos
Velocidade de processamento, atenção e funções executivas	Teste dos Cinco Dígitos (FDT)	6 a 92 anos

Dados muito semelhantes foram identificados por Reppold, Serafini, Ramires e Gurgel (2017). Os autores realizaram, em 2015, uma revisão sistemática dos instrumentos disponíveis no site do Satepsi e identificaram a presença de 158 instrumentos favoráveis, sendo 68 voltados a crianças e adolescentes. Destes, 18 (11,39%) direcionavam-se ao uso exclusivo em crianças, quatro (2,53%) eram de uso exclusivo para avaliação de adolescentes, oito (5,06%) voltavam-se para a testagem de crianças e adolescentes, 26 (16,45%) tinham como público-alvo adolescentes e adultos e 12 (7,59%) contemplavam crianças, adolescentes e adultos. Cabe também compartilhar que Schelini (2019), ao verificar os instrumentos voltados a crianças até 12 anos no país, identificou 42 instrumentos classificados como favoráveis na listagem do Satepsi. Importante informar que não foi alvo da investigação desta autora o detalhamento das medidas classificando-as somente entre crianças, crianças e adolescentes e crianças, adolescentes e adultos.

Diante destes achados, fica evidente o alerta realizado por Borges e Baptista (2018), Reppold e colaboradores (2017) e Schelini (2019) de que devem ser estimulados estudos que visem o desenvolvimento de instrumentos cujo público-alvo seja composto de crianças e/ou adolescentes. Outro aspecto que deve ser destacado refere-se à necessidade de acesso regular ao site do Satepsi para verificação da disponibilidade do instrumento junto ao CFP. Cabe retomar que o uso de instrumentos não favoráveis é considerado em decisões diagnósticas, por exemplo, falta ética, ficando o psicólogo sujeito a julgamento disciplinar. Para maior detalhamento das medidas disponíveis e favoráveis, consulte http://satepsi.cfp.org.br/. Nesse espaço, o Conselho Federal de Psicologia apresenta as seguintes informações so-

bre os materiais: título do instrumento, autores, editora, construto avaliado, público-alvo, idade da amostra de normatização, forma de aplicação, forma de correção, data da aprovação, prazos dos estudos de normatização e de validade.

Entrevistas

As entrevistas são reconhecidamente umas das estratégias mais utilizadas em processos de avaliação e intervenção psicológica, pois envolve a comunicação entre duas, ou mais pessoas, que favorece o compartilhamento de visões acerca de um tema (Almeida, 2004). Conforme apontado por Serafini (2016), as entrevistas são fonte importante de informação, colaborando para o conhecimento e aprofundamento da queixa, podendo ser realizada com diferentes participantes, sejam eles a família, a própria criança ou adolescente, profissionais da saúde e/ou educação e tantos outros.

Devido às amplas possibilidades de aplicação, as entrevistas podem ser classificadas em função dos objetivos associados ao emprego da técnica, sendo denominadas de entrevistas diagnóstica (para compreensão do quadro a ser avaliado), psicoterápica (referente ao processo interventivo), de encaminhamento (que visa coletar dados a fim de encaminhar ao profissional competente), de seleção e de desligamento, estas últimas, por estarem mais relacionadas ao contexto organizacional e do trabalho, não serão detalhadas (Scorsolini-Comin, 2016). Ainda no que diz respeito à classificação das entrevistas, Serafini (2016) destaca a nomenclatura recebida pelos tipos de entrevista em função da estrutura apresentada ao entrevistado. Tal classificação se dá em três tipos: (a) não estruturada, também chamada de aberta, de livre-estrutura ou não dirigida, favorecem a livre-expressão do entrevistado; (b) semiestruturada, este tipo de entrevista permite a investigação intencional de um tema específico, por meio do uso de roteiro com perguntas preestabelecidas; e (c) estruturada, também conhecida como dirigida, envolve a aplicação de questionários fechados com temáticas preestabelecidas.

Na literatura também há a indicação do uso de nomenclaturas, tais como entrevista inicial e devolutiva, que recebem essas classificações em função do momento em que são empregadas no processo avaliativo (Borges & Baptista, 2018). Em especial no atendimento do psicodiagnóstico infantil, há também a entrevista lúdica que se caracteriza por ser um procedimento técnico que visa a compreensão de processos do funcionamento psicológico infantil por meio de atividades lúdicas como brincadeiras, jogos, desenhos e outros recursos (Porto, Targino & Lima, 2018). Considerando as inúmeras possibilidades de entrevista, cabe ao profissional a seleção do tipo de entrevista adequado a cada momento do processo de avaliação, contemplando todas as etapas do psicodiagnóstico, assim como a idade e o momento desenvolvimental do avaliado.

Anamnese

Este é um tipo específico de entrevista que tem como objetivo coletar informações aprofundadas sobre o avaliando, de modo que tais informações possam colaborar para o processo de formulação de hipóteses diagnósticas, a seleção de instrumentos e técnicas necessários para o desenvolvimento do processo de avaliação psicológica (Silva & Bandeira, 2016). Conforme aponta Borges e Baptista (2018) a anamnese é classificada como uma entrevista semiestruturada, isto é,

cabe ao profissional realizar a seleção de questões, formular um roteiro, ou mesmo apoiar-se em roteiro já desenvolvido, para conduzir o processo de investigação sobre a história de vida do avaliado.

Embora seja fundamental que o psicólogo busque informações específicas sobre a demanda de avaliação, considerando o processo de avaliação na infância e adolescência, verificando indicadores esperados para o desenvolvimento físico, cognitivo e motor, também é relevante coletar dados relacionados a processos linguísticos, sociais, emocionais e adaptativos, como aspectos referentes ao processo de escolarização, desempenho e relação afetiva com a aprendizagem, conflitos entre pares ou familiares (Silva & Bandeira, 2016). As mesmas autoras ainda afirmam que a anamnese deve ser realizada com os pais e/ou responsáveis pela criança ou pelo adolescente.

Existem diferentes modelos e roteiros de entrevistas de anamnese. As especificidades se dão em função da demanda e da queixa apresentada como objeto de investigação. Assim, é importante que o psicólogo se apoie na literatura especializada para selecionar as questões e/ou roteiro para a realização deste tipo de entrevista. Por fim, vale destacar que esta técnica não é exclusiva do profissional da psicologia, sendo muito utilizada por profissionais da saúde.

Protocolos de registro de observação

A prática da observação é inerente ao processo de avaliação psicológica, isto porque é por meio da observação que são obtidos dados que aprofundam a compreensão a respeito do fenômeno investigado (Cano & Sampaio, 2007). Assim como as entrevistas, o processo de observação pode receber diferentes classificações; elas podem ocorrer "em campo" quando realizadas em contexto familiar à criança ou ao adolescente, como por exemplo o contexto escolar. As observações sistemáticas podem ser realizadas em ambiente controlado, como por exemplo o consultório do profissional. Também podem ser intencionais ou livres, a depender dos objetivos estabelecidos pelo psicólogo (Dessen & Murta, 1997).

Há também a possibilidade de automonitoramento, que consiste na observação e registro de um comportamento específico pelo próprio avaliado. Tal estratégia favorece o acesso a aspectos do funcionamento psicológico que somente o avaliado tem condições de compartilhar, como pensamentos e sentimentos (Souza & Aiello, 2018). No contexto clínico a observação comportamental pode ser considerada uma técnica importante para o processo de avaliação, pois favorece o monitoramento de comportamentos-alvo, realizando o registro quantitativo destas informações, ou mesmo descrevendo aspectos referentes à qualidade do comportamento observado (Porto et al., 2018). Cabe destacar que os aspectos quantitativos da observação podem estar relacionados, por exemplo, à frequência com que um comportamento ocorre. Por outro lado, o registro qualitativo pode refletir a presença ou ausência de elementos emocionais, expressos por comportamento não verbal (choro, risadas, tremores, ausência de contato visual) e entonação da voz.

Considerando as demandas dos processos avaliativos, é facilitador utilizar um protocolo de observação, cuja finalidade será orientar a atenção do psicólogo a comportamentos relacionados à presença ou ausência de determinado quadro. Conforme apontado por Souza e Aiello (2018), existem ao menos seis possibilidades de registros de observação: registro contínuo (nar-

ração descritiva, obedecendo à ordem dos fatos e eventos observados), registro de evento (contagem da frequência em que o comportamento-alvo foi observado), registro de intervalo (refere-se ao registro da frequência de um comportamento em um período, ou mais, de tempo previamente estabelecido), registro de amostra do tempo (semelhante ao registro de intervalo, entretanto não há a repetição da observação nos demais intervalos), registro de duração (há a delimitação do tempo em que o comportamento-alvo é manifestado, indicando o período em que tem início e fim), e o registro de latência (diz respeito ao tempo entre a apresentação de um estímulo e a manifestação do comportamento-alvo).

Fontes complementares

Testes não psicológicos

Assim como os testes psicológicos, são entendidos como estratégias padronizadas que promovem a compreensão de um fenômeno por meio de estratégias quantificáveis, que consequentemente favorecerão a comparação estatística junto a grupos normativos. Em consulta ao site do Satepsi em 16 de abril de 2020 foi possível verificar a presença de 17 instrumentos não privativos considerados favoráveis ao uso, também pelo psicólogo. Os construtos avaliados variam entre identificações de habilidades emocionais, desempenho escolar, clima de aprendizagem, qualidade de vida, recursos e potenciais cognitivos.

Há uma orientação, expressa tanto na Resolução CFP n. 9/2018 quanto no site do Satepsi, de que o uso desses materiais seja em caráter complementar ao processo de compreensão dos fenômenos investigados no processo de avaliação psicológica. Isto é, o profissional deve fundamentar a seleção destas técnicas em função da relevância científica do tema para o objeto de avaliação, apresentando os dados destas testagens como secundários aos dados obtidos por meio das técnicas fundamentais (descritas anteriormente). Em outras palavras, o processo de avaliação psicológica não deve fundamentar-se apenas em instrumentos não privativos.

Documentos técnicos

Assim como os instrumentos não privativos, os dados obtidos por meio de documentos técnicos, tais como relatórios multidisciplinares, prontuários acadêmicos, médicos e protocolos de atendimentos de outras especialidades, podem compor os materiais utilizados para a compreensão do fenômeno-alvo da avaliação. Por exemplo, em um caso de avaliação das características cognitivas de uma criança é útil consultar os relatórios escolares e protocolos acadêmicos de anos anteriores e do ano corrente em que a criança está matriculada. A integração destes dados junto àqueles obtidos por meio de outras técnicas fundamentais pode favorecer o diagnóstico e a apresentação de diagnósticos diferenciais. Cabe destacar, mais uma vez, que, segundo as orientações presentes na Resolução CFP n. 9/2018, o psicólogo não deve fundamentar o processo de avaliação somente neste tipo de fonte de informação.

Cabe destacar que a relevância de se utilizar multimétodos em um processo de avaliação psicológica infantil e do adolescente está na riqueza de possibilidades que o avaliado tem de expressar-se. Resende (2019) aponta que é por meio de distintas atividades de cunho verbal e não verbal, lúdico e livre que o avaliador poderá observar e coletar dados referentes às características psicológicas que favorecerão uma avaliação

mais consistente e global. No entanto, ainda se faz importante, como mencionado pela autora e também já detalhado neste capítulo, a observação dos comportamentos manifestos e das entrevistas com distintos informantes.

Avaliação psicológica dos distintos traços

Diante de todas essas considerações referentes à amplitude do processo de avaliação psicológica na infância e na adolescência e do uso de diferentes técnicas, cabe salientar que tal processo deve contemplar múltiplos construtos psicológicos. De acordo com Urbina (2007) uma das características que define a avaliação psicológica diz respeito à complexidade deste processo que envolve o acesso a fenômenos psicológicos distintos. Na prática profissional, o psicólogo normalmente recebe a demanda de avaliação de uma criança e/ou adolescente por intermédio dos pais/responsáveis ou por encaminhamentos advindos da escola ou de outro profissional de saúde. Essa demanda vem, muitas vezes, acompanhada de uma queixa ou apresentação das dificuldades enfrentadas pela criança nos contextos em que vive.

A partir do contato com os diferentes informantes e emprego das diferentes fontes de informação (fundamentais e complementares), o psicólogo entrará em contato com expressões comportamentais de construtos psicológicos de diferentes naturezas. Ao realizar uma entrevista com professor, por exemplo, tomará conhecimento de características importantes acerca do processo de aprendizagem do aluno, da qualidade das relações interpessoais estabelecidas por ele no ambiente escolar, da percepção de suporte familiar oferecido para a criança enfrentar os desafios escolares, da maneira como a criança se relaciona com figuras de autoridade, como professores, diretores, dentre outros. No tocante, a partir dessas informações, o profissional pode estabelecer hipóteses diagnósticas que serão confrontadas (confirmadas ou refutadas) com informações obtidas por meio de outras fontes, como a observação, em que, mais uma vez, entrará em contato com expressões de outros fenômenos psicológicos.

O que vale ser destacado neste aspecto é a riqueza de informação que pode ser obtida em cada uma dessas técnicas. Nessa direção, é de suma importância que o psicólogo conte com um bom planejamento do processo de avaliação psicológica, fundamentado em teorias psicológicas consistentes, pois ao contrário disso poderá encontrar dificuldades em captar informações relevantes ao processo avaliativo. De acordo com Krug, Trentini & Bandeira (2016) é necessário que o psicólogo apresente a competência de realizar sínteses compreensivas das informações obtidas por meio das diferentes técnicas. Para tanto, apontam a necessidade de fomento da formação teórica dos psicólogos que ao longo de suas práticas profissionais, ligadas à avaliação, enfrentarão o desafio de escolher, administrar, interpretar e integrar os resultados desses instrumentos e procedimentos. Dessa forma, não basta contar com instrumentos e procedimentos válidos e precisos, é necessário, também, contar com o que Bandeira (2015) chamou de "psicólogos válidos", capazes de fazer bom uso dos instrumentos e procedimentos disponíveis para a categoria profissional.

Os exemplos supracitados se tornam ainda mais complexos quando as informações obtidas por meio das diferentes fontes ou métodos são contrastantes. Shedler, Mayman e Manis (1993)

demonstraram as consequências deste fenômeno no julgamento clínico no artigo clássico denominado *The illusion of mental health* (A ilusão de saúde mental). Na ocasião, os autores observaram a associação entre indicadores objetivos (escalas), projetivos e julgamento clínico sobre a saúde mental dos participantes da pesquisa. Os casos em que havia contraste entre os resultados de instrumentos objetivos, em que os participantes autodeclaravam bons níveis de saúde mental e o julgamento clínico (entrevistas clínicas/instrumentos projetivos) foram denominados de "ilusão de saúde mental". Estes participantes também foram submetidos à avaliação de reações fisiológicas em situações de estresse, como batimento cardíaco e pressão arterial. Dentre os resultados desse complexo estudo, observou-se que, em resposta ao estresse psicológico, indivíduos classificados com saúde mental ilusória apresentaram níveis mais altos de reatividade coronariana do que aqueles que foram classificados, por ambas as técnicas de avaliação, como saudáveis ou angustiados.

Tais resultados corroboram a ideia de que pessoas que não têm consciência de suas dificuldades psicológicas, ou atuam de forma defensiva, ignorando essas dificuldades tendem a apresentar mais sintomas, inclusive fisiológicos (Shedler et al., 1993). Além disso, aponta para a importância do profissional na integração dos resultados dos diferentes métodos e avaliação de diferentes construtos para a compreensão global das reais necessidades de seus pacientes. Nessa direção, diferentes estudiosos da avaliação psicológica vêm denunciando a falta de investimento na formação do psicólogo para essa compressão global e integrativa do processo avaliativo.

"Observamos, na atualidade, uma supervalorização dos instrumentos psicométricos e projetivos em detrimento da escuta e da tarefa de síntese compreensiva que deve ser realizada pelo psicólogo a partir de todas as informações coletadas durante a avaliação" (Krug, Trentini & Bandeira, 2016, p. 18). Adicionalmente, Bornstein (2016) afirma que mesmo os documentos que estabelecem normas para construção, validação e interpretação dos instrumentos psicológicos como os *Standards for Educational and Psychological Testing e International Test Commission Guidelines* pouco dizem sobre procedimentos e estratégias para integração de dados de vários testes psicológicos e dados psicológicos com informações oriundas de outras fontes, que muitas vezes podem ser divergentes.

Para fazer frente a essa lacuna, Bornstein (2016) sugere a realização da avaliação psicológica baseada em evidência (Evidence-Based Psychological Assessment – EBPA), a qual se baseia em três pilares: pesquisa, expertise clínica e expertise nas características do paciente como cultura e preferência. Em relação às pesquisas, é importante que os psicólogos tenham à sua disposição instrumentos de diferentes tipos e estímulos com evidências de validade conhecidas (conforme anteriormente destacado), mas também contem com literatura de embasamento que os ajude a operacionalizar, efetivamente, o processo avaliativo e integrar os resultados oriundos de avaliação de diferentes traços, conferindo, assim, validade clínica para o processo.

A expertise clínica ajudará o profissional a compreender o que os resultados dessas técnicas e procedimentos significam para a vida do indivíduo submetido a avaliação. É também crucial para uma etapa anterior do processo de avaliação o planejamento e a escolha dos procedimentos adequados para cada etapa do processo. Notadamente, que o desenvolvimento dessas competências passa por um processo de educação formal, treinamento e acúmulo de experiência por parte desses profissionais. Por fim, ainda se faz relevante que este profissional seja capaz de comunicar os resultados encontrados de maneira assertiva, adaptando-se à linguagem do avaliado e de seus pares, ou das documentações decorrentes da avaliação psicológica, de maneira que possa entender o significado psicológico e as implicações desses fenômenos na sua vida cotidiana.

Os aspectos culturais do paciente correspondem a um amplo conjunto de características individuais relevantes para o processo de avaliação e podem incluir sexo, gênero, etnia, religiosidade, idade, dentre outros aspectos que podem influenciar a maneira como este avaliado se relaciona com o mundo e com as pessoas ao seu redor. Para Bornstein (2016) a apreciação completa da interação entre essas características individuais por este avaliado pode ser difícil, no entanto, faz-se necessário que o profissional se esforce para obter uma compreensão mais completa possível das maneiras pelas quais as características, a cultura e as preferências do paciente afetam o processo e o resultado da avaliação.

A partir do exposto, pode-se concluir que o processo de validação de um instrumento é, relativamente, objetivo e conta com inúmeros guias para sua realização. Em contraste, a validação de um processo de avaliação psicológica é uma tarefa mais complexa e que ainda carece de investimentos teóricos, pedagógicos e de investigação. Nesse sentido, é relevante esclarecer ainda a problemática da escassez de produções científicas no contexto brasileiro que busquem oferecer orientações para o profissional da psicologia, de forma significativa, sobre a integração dos resultados da avaliação multitraço e multimétodo.

Finalmente, os resultados da avaliação devem ser comunicados de maneira útil ao solicitante da avaliação por meio de devolutivas ou documentos decorrentes da avaliação psicológica, embora pesquisas atuais demonstrem a dificuldade dos profissionais em cumprir essa tarefa prática (Zaia, Oliveira & Nakano, 2018). Assim, infere-se que não basta contar com instrumentos que apresentem evidências de validade, ainda é preciso caminhar para a formação de "psicólogos válidos" que sejam capazes de produzir "processos de avaliação psicológica validados".

Considerações finais

O objetivo deste capítulo foi discorrer sobre a avaliação de multitraços e por multimétodos em crianças e adolescentes. Para isso, buscou-se, inicialmente, apresentar a avaliação psicológica como um processo sistemático de investigação de fenômenos psicológicos, distinguindo-a do processo de testagem psicológica. Posteriormente, discutiu-se sobre a relevância de se ter um processo de avaliação psicológica baseado em múltiplos informantes, que permite obter uma visão abrangente do avaliado, bem como compreender os recursos necessários e possíveis para se propor intervenções significativas. Na sequência, os autores buscaram trazer as atuais fontes de coleta de informação, aprofundando nos distintos instrumentos, métodos e técnicas que permeiam a Resolução CFP n. 9/2018. Finalizando este capítulo, buscou-se enfatizar, dentro do processo de avalia-

ção psicológica na infância e na adolescência, a importância de se contemplar múltiplos traços e construtos, em um mesmo processo de avaliação psicológica, visando a compreensão do avaliado, de modo holístico.

Em uma perspectiva profissional, tais aspectos são de extrema importância no que tange à necessidade de se considerar que a pessoa que está sendo avaliada vive em uma esfera biopsicossocial, possui história de vida, experiências únicas e heterogêneas, o que não permite generalizações. Sendo assim, embora os processos de avaliação psicológica permitam o uso de diferentes técnicas, instrumentos psicológicos e estratégias, cada avaliação é individual e permite a compreensão daquele avaliado, considerando seus aspectos sócio-históricos e individuais que são influenciados pelo contexto e etapa de desenvolvimento.

Destaca-se que este capítulo não teve como objetivo a discussão do conceito multitraço e multimétodos como estratégia de análise de dados para inferência de evidências de validade com base na relação com variáveis externas. O leitor interessado nesse tema pode acessar referências como Campbell e Fiske (1959) Eid et al. (2008) e Kyriazos (2018). Por fim, espera-se que este capítulo possa auxiliar na prática cotidiana dos profissionais da Psicologia, notadamente em relação a otimizar a qualidade dos processos de avaliação psicológica realizados na população infantojuvenil. Espera-se também que estudos futuros na perspectiva científica possam fortalecer a necessidade de se considerar tais etapas como imprescindíveis para a realização de avaliações psicológicas de qualidade e menos rotuladoras.

Referências

Achenbach, T. M., Ivanova, M. Y., Rescorla, L. A., Turner, L. V., & Althotf, R. R. (2016). Internalizing/externalizing problems: Review and recommendations for clinical and research applications. *Journal of the American academy of Child and Adolescent Psychiatry, 55*(8), 647-656. http://dx.doi.org/10.1016/j.jaac.20l6.05.0l2

Achenbach, T. M., McConaughy, S. H., & Howell, C. T. (1987). Child/adolescent behavioral and emotional problems: Implications of cross-informant correlations for situational specificity. *Psychological Bulletin, 101*(2), 213-232. https://doi.org/10.1037/0033-2909.101.2.213

Almeida, N. V. (2004). A entrevista psicológica como um processo dinâmico e criativo. *PSIC – Revista de Psicologia da Vetor Editora, 5*(1), 34-39. http://pepsic.bvsalud.org/pdf/psic/v5n1/v5n1a05.pdf

Ambiel, R. A. M., & Carvalho, L. F. (2017). Definições e papel das evidências de validade baseadas na estrutura interna em psicologia. In B. F. Damásio & J. C. Borsa (orgs.), *Manual de desenvolvimento de instrumentos psicológicos* (pp. 85-100). Vetor.

Andrade, J. M., & Valentini, F. (2018). Diretrizes para a construção de testes psicológicos: A Resolução CFP n. 9/2018 em destaque. *Psicologia: Ciência e Profissão, 38*(spe), 28-39. https://doi.org/10.1590/1982-3703000208890

Bandeira, D. R. (2015). Prefácio. In S. M. Barroso, F. Scorsolini-Comin & E. Nascimento (orgs.), *Avaliação psicológica: Da teoria às aplicações*. Vozes.

Borges, L., & Baptista, M. N. (2018). Avaliação psicológica e psicoterapia na infância. In M. R. C. Lins, M. Muniz & L. M. Cardoso (orgs.), *Avaliação psicológica infantil* (pp. 71-90). Hogrefe.

Bornstein, R. F. (2016). Evidence-based psychological assessment. *Journal of Personality Assessment, 99*(4), 435-445. http://dx.doi.org/10.1080/00223891.2016.1236343

Brasil. (1990). *Lei n. 8.069, de 13 de julho de 1990*. Dispõe sobre o Estatuto da Criança e do Adolescente e dá outras providências. http://www.planalto.gov.br/ccivil_03/leis/l8069.htm

Campbell, D. T., & Fiske, D. W. (1959). Convergent and discriminant validation by the multitrait-multimethod matrix. *Psychological Bulletin, 56*(2), 81-105. https://doi.org/10.1037/h0046016

Cano, D. S., & Sampaio, I. T. A. (2007). O método de observação na psicologia: Considerações sobre a produção científica. *Interação em Psicologia, 11*(2), 199-210. http://dx.doi.org/10.5380/psi.v11i2.6849

Conselho Federal de Psicologia. (2018). *Resolução CFP n. 9/2018*. Estabelece diretrizes para a realização de avaliação psicológica no exercício profissional da psicóloga e do psicólogo, regulamenta o Sistema de Avaliação de Testes Psicológicos – Satepsi e revoga as resoluções n. 2/2003, n. 6/2004 e n. 5/2012 e notas técnicas n. 1/2017 e 2/2017. https://site.cfp.org.br/wp-content/uploads/2018/04/Resolu%C3%A7%C3%A3o-CFP-n%C2%BA-09-2018-com-anexo.pdf

Cunha, C. M., de Almeida Neto, O. P., & Stackfleth, R. (2016). Principais métodos de avaliação psicométrica da validade de instrumentos de medida. *Revista de Atenção à Saúde, 14*(47), 75-83. https://doi.org/10.13037/ras.vol14n47.3391

De los Reyes, A., & Kazdin, A. E. (2005). Informant discrepancies in the assessment of childhood psychopathology: A critical review, theoretical framework, and recommendations for further study. *Psychological Bulletin, 131*(4), 483-509.

Dessen, M. A., & Murta, S. G. (1997). A metodologia observacional na pesquisa em psicologia. *Cadernos de Psicologia, 3*(1), 47-60. http://www.cadernosdepsicologia.org.br/index.php/cadernos/article/view/46

Eid, M., Nussbeck, F. W., Geiser, C., Cole, D. A., Gollwitzer, M., & Lischetzke, T. (2008). Structural Equation Modeling of Multitrait-Multimethod Data: Different Models for Different Types of Methods. Psychological Methods, 13, 230-253. https://doi.org/10.1037/a0013219

Foley, D. L., Rutter, M., Angold, A., Pickles, A., Maes, H. M. Silberg, J. L., & Eaves, L. J. (2005). Making sense of informant disagreement for overanxious disorder. *Journal of Anxiety Disorders*, 19, 193-210.

Gauy, F. V., & Guimarães, S. S. (2006). Triagem em saúde mental infantil. *Psicologia: Teoria e Pesquisa, 22*, 05-16.

Kerr, D. C. R., Lunkenheimer, E. S., & Oslon, S. L. (2007). Assessment of child problem behaviors by multiple informants: A longitudinal study from preschool to school entry. *The Journal of Child Psychology and Psychiatry, 48*(10), 967-975.

Krug, J. S., & Wagner, F. (2016). Cuidados no estabelecimento do diagnóstico psicológico na infância e adolescência. In C. S. Hutz, D. R. Bandeira, C. M. Trentini & J. S. Krug (orgs.), *Psicodiagnóstico* (pp. 230-237). Artmed.

Krug, J. S., Trentini, C. M., & Bandeira, D. R. (2016). Conceituação de psicodiagnóstico na atualidade. In C. S. Hutz, D. R. Bandeira, C. M. Trentini & J. S. Krug (orgs.), *Psicodiagnóstico* (pp. 16-20). Artmed.

Kyriazos, T. A. (2018). Applied Psychometrics: The Application of CFA to Multitrait-Multimethod Matrices (CFA-MTMM). *Psychology, 9*, 2.625-2.648. https://doi.org/10.4236%2Fpsych.2018.912150

McConaughy, S. H. (2013). *Clinical interviews for children and adolescent.* Guilford.

Pasquali, L. (2011). *Técnicas do exame psicológico – TEP: Manual.* Casa do Psicólogo; Conselho Federal de Psicologia.

Porto, R. M., Targino, R. M., & Lima, L. F. (2018). Princípios fundamentais da psicofarmacologia na avaliação psicológica. In M. R. C. Lins, M. Muniz & L. M. Cardoso (orgs.), *Avaliação psicológica infantil* (pp. 91-111). Hogrefe.

Primi, R. (2010). Avaliação psicológica no Brasil: Fundamentos, situação atual e direções para o futuro. *Psicologia: Teoria e Pesquisa, 26*(spe), 25-35. https://doi.org/10.1590/S0102-37722010000500003

Primi, R. (2018). Avaliação psicológica no século XXI: De Onde viemos e para onde vamos. *Psicologia: Ciência e Profissão, 38*(spe), 87-97. https://doi.org/10.1590/1982-3703000209814

Reppold, C. T., Serafini, A. J., Ramires, D. A., & Gurgel, L. G. (2017). Análise dos manuais psicológicos aprovados pelo Satepsi para avaliação de crianças e adolescentes no Brasil. *Avaliação Psicológica, 16*(1), 19-28. https://doi.org/10.15689/ap.2017.1601.03

Resende, A. C. (2019). Avaliação da personalidade em crianças. In M. N. Baptista, M. Muniz, C. T. Reppold, C. H. S. S. Nunes, L. F. Carvalho, R. Primi, A. P. P. Noronha, A. G. Seabra, S. M. Wechsler, C. S. Hutz & L. Pasquali (orgs.), *Compêndio de avaliação psicológica* (pp. 284-290). Vozes.

Rigoni M. S., & Sá, S. D. (2016). O processo psicodiagnóstico. In C. S. Hutz, D. R. Bandeira, C. M. Trentini & J. S. Krug (orgs.), *Psicodiagnóstico* (pp. 27-34). Artmed.

Rocha, M. M., & Emerich, D. R. (2018). A importância de múltiplos informantes na avaliação psicológica infantil. In M. R. C. Lins, M. Muniz & L. M. Cardoso (orgs.), *Avaliação psicológica infantil* (pp. 159-178). Hogrefe.

Rocha, M. M., Ferrari, R. A., & Silvares, E. F. M. (2011). Padrões de concordância entre múltiplos informantes na avaliação dos problemas comportamentais de adolescentes: Implicações clínicas. *Estudos e Pesquisas em Psicologia, 11*(3), 948-964.

Rueda, F. J. M., & Zanini, D. S. (2018). O que muda com a Resolução CFP n. 9/2018? *Psicologia: Ciência e Profissão, 38*(spe), 16-27. https://doi.org/10.1590/1982-3703000208893

Salbach-Andrae, H., Lenz, K., & Lehmkuhl, U. (2009). Patterns of agreement among parent, teacher, and youth ratings in referred sample. *European Psychiatry, 24*, 345-351.

Schelini, P. W. (2019). Avaliação psicológica infantil. In M. N. Baptista et al. (orgs.), *Compêndio de avaliação psicológica* (pp. 284-290). Vozes.

Scorsolini-Comin, F. (2016). *Técnicas de entrevista: Método, planejamento e aplicações.* Vetor.

Serafini, A. J. (2016). Entrevista psicológica no psicodiagnóstico. In C. S. Hutz, D. R. Bandeira, C. M. Trentini & J. S. Krug (orgs.), *Psicodiagnóstico* (pp. 45-51). Artmed.

Shedler, J., Mayman, M., & Manis, M. (1993). The illusion of mental health. *American Psychologist, 48*(11), 1.117-1.131. https://doi.org/10.1037/0003-066X.48.11.1117

Silva, M. A., & Bandeira, D. R. (2016). A entrevista de anamnese. In C. S. Hutz, D. R. Bandeira, C. M. Trentini & J. S. Krug (orgs.), *Psicodiagnóstico* (pp. 52-67). Artmed.

Souza, D. H., & Aiello, A. L. R. (2018). Técnicas de observação no contexto clínico infantil. In M. R. C. Lins, M. Muniz & L. M. Cardoso (orgs.), *Avaliação psicológica infantil* (pp. 129-142). Hogrefe.

Urbina, S. (2007). *Fundamentos da testagem psicológica*. Artmed.

Zaia, P., Oliveira, K. S., & Nakano, T. C. (2018). Análise dos processos éticos publicados no jornal do Conselho Federal de Psicologia. *Psicologia, Ciência e Profissão, 38*(1), 8-21. https://doi.org/10.1590/1982-3703003532016

9
Avaliação e construção de protocolos de intervenção cognitiva na infância

Emmy Uehara
Bruna Guimarães Marques
Maíra Biajoni Guimarães
Universidade Federal Rural do Rio de Janeiro

> *Highlights*
> - A reabilitação cognitiva visa a capacitação dos pacientes e seus familiares a conviver, reduzir ou superar os déficits cognitivos, melhorando assim as competências funcionais nas situações de vida cotidiana.
> - A avaliação de protocolos interventivos inclui a observação de diferentes parâmetros que permitem organizar a integração das informações desde o momento inicial da construção do protocolo até sua finalização.
> - Instrumentos formais e tarefas ecológicas podem contribuir para a criação de novos protocolos em contextos escolares e clínicos.

Introdução

A Neuropsicologia é uma ciência interdisciplinar oriunda de diversas disciplinas básicas e aplicadas. Define-se como o estudo das relações entre a cognição, o comportamento humano e a atividade do sistema nervoso. Há, então, uma preocupação com a expressão comportamental, emocional e social das disfunções cerebrais (Lezak, Howieson & Loring, 2004). De acordo com Haase et al. (2012), os campos de atuação estendem-se para os âmbitos de prevenção, pesquisa, ensino, avaliação e diagnóstico, além da reabilitação neuropsicológica tanto nos transtornos do neurodesenvolvimento como naqueles adquiridos ao longo da vida.

Na prática clínica, a avaliação neuropsicológica irá possibilitar a obtenção de informações gerais e específicas sobre os níveis de funcionamento do indivíduo. Dentre as funções que podem ser investigadas, temos a atenção, percepção, orientação autopsíquica, temporal e espacial; linguagem oral e escrita, aprendizagem e memória, funções motoras e práxicas, raciocínio, cálculos e funções executivas (Haase et al., 2012). Dessa forma, o processo de avaliação possui um papel primordial para a reabilitação/intervenção. É a partir dela que o profissional poderá conhecer as habilidades preservadas e a amplitude do déficit em determinado(s) processo(s) para planejar um protocolo interventivo individualizado (Tirapu-Ustárroz, 2011).

Neste sentido, a proposta deste capítulo é apresentar uma breve descrição sobre o que é a reabilitação cognitiva, sendo ressaltadas questões inerentes à neuroplasticidade, o papel da família, da escola e de outros profissionais neste processo. Além disso, serão apresentados os principais aspectos voltados para a avaliação e a construção de protocolos de intervenção cognitiva infantil.

Para tanto, foi elaborado um formulário com orientações das etapas fundamentais destes processos, fornecendo ao final, exemplos de programas nacionais.

Intervenção neuropsicológica e cognitiva na infância

A reabilitação neuropsicológica é um processo amplo e ativo de educação e capacitação. Caracteriza-se por um conjunto de intervenções que objetiva melhorar déficits cognitivos, emocionais e sociais decorrentes de uma lesão cerebral, possibilitando uma maior independência e qualidade de vida ao paciente (Wilson, 2003). De maneira complementar, Prigatano (1997) divide o processo interventivo neuropsicológico em psicoterapia, estabelecimento de um ambiente terapêutico, psicoeducação, trabalho com familiares-paciente e reabilitação cognitiva. Sobre esta última, Wilson (2003) ressalta que seu principal objetivo é a capacitação dos pacientes e seus familiares a conviver, reduzir ou superar os déficits cognitivos, melhorando assim as competências funcionais nas situações de vida cotidiana.

Entretanto, ao se tratar da população infantil, o termo "reabilitação" pode não se adequar a certas demandas, já que não visam o retorno para um nível do estado anterior. Por exemplo, déficits não decorrentes de uma lesão cerebral adquirida, mas sim um transtorno do neurodesenvolvimento (Cardoso & Fonseca, 2019). Dessa forma, Cardoso e Fonseca (2019) discorrem sobre a proposta que os profissionais têm feito sobre o uso de três nomenclaturas: (a) reabilitação, b) habilitação e c) estimulação precoce. Na primeira, o principal objetivo é reabilitar e remediar os processos cognitivos prejudicados por uma lesão cerebral. Já na segunda, há um auxílio na aquisição e no desenvolvimento de habilidades que não foram adquiridas ou que se encontram com desempenho abaixo. Isto é, esses déficits cognitivos não são decorrentes de um quadro neurológico, mas podem estar associados à menor oportunidade de estimulação natural ou alterações sofridas ao longo do desenvolvimento. Diferentes das duas primeiras que possuem um caráter remediativo, a estimulação é preventiva, pois não há prejuízos. Nela, o foco está em promover a estimulação cognitiva, seja em períodos pouco antes, ou quando se esperam as janelas ótimas de desenvolvimento (Cardoso & Fonseca, 2019; Gindri et al., 2012). Dessa forma, neste capítulo, a partir deste ponto, iremos utilizar o termo "intervenção" como padrão (exceto em referências de outros autores), pois engloba os três termos citados anteriormente.

Diferentemente da intervenção cognitiva realizada em adultos, a intervenção infantil não possui guias e orientações formais sobre o processo, tais como o International Cognitive Working Group (Incog) Guidelines (Bayley et al., 2014). Assim, a intervenção cognitiva em crianças faz uso de diversos métodos e técnicas, muitas vezes adaptadas do público adulto para o infantil. A escolha vai depender da faixa etária, domínio linguístico, nível de processamento cognitivo e alterações presentes, sendo, na maioria das vezes, constituídos pela prática estruturada e repetitiva de exercícios, voltados para o treino de uma ou várias habilidades cognitivas (Wilson, 2008). De maneira complementar, o uso de estratégias que englobam modificações ambientais envolvendo adequação de tarefas escolares e orientação familiar acabam sendo bastante utilizadas. Por exemplo, organização da casa, do quarto e do material escolar; construção de quadros de avisos/pendências/prioridades com pontuações; manejo do tempo por meio de aplicativos ou relógios e *timers* (Camm, Porter, Brooks, Boulton & Veloso, 2020; Sohlberg & Mateer, 2001).

Outro ponto a ser pensado é a modalidade do atendimento. O processo pode ser feito individualmente ou em grupo, dependendo da necessidade, da indicação e das características particulares de cada participante. Enquanto o atendimento individual pode permitir um olhar diferenciado, melhor adequação das atividades e treinos, o atendimento em grupo poderá estimular o convívio com a diversidade, aprimoramento da comunicação e dos relacionamentos interpessoais. Em processos grupais com crianças autistas, por exemplo, há também a possibilidade de realizar sessões de equoterapia em paralelo. Ward, Whalon, Rusnak, Wendell e Paschall (2013) observaram melhora na interação social, processamento sensorial, além da diminuição dos sintomas. Independente das técnicas ou da modalidade, é essencial que o profissional conjuntamente com o paciente e sua família formulem metas para realização de um plano de ação condizente com o panorama observado na avaliação neuropsicológica.

Dentre as principais demandas que requerem intervenção, temos as lesões cerebrais adquiridas. Elas podem estar relacionadas a uma variedade de etiologias, incluindo traumatismo cranioencefálico, acidente vascular cerebral, hipóxia, tumor, intervenção cirúrgica, radiação, entre outros (Camm et al., 2020). Segundo Slomine e Locascio (2009), os déficits cognitivos mais frequentes nestes casos dizem respeito a prejuízos na atenção, memória e funções executivas. Ainda, dependendo da gravidade e da localização da lesão, falhas linguísticas, dificuldades

na integração visual e motora, bem como outras deficiências específicas podem estar presentes (Butler, 2007). Alterações como estas possuem um grande impacto no funcionamento diário da criança em casa, na escola e na comunidade em que está inserida. As famílias também enfrentam muitos desafios, incluindo sobrecarga e sofrimento significativo, potencializando problemas de cunho de saúde mental nos irmãos e nos pais, bem como crises financeiras e matrimoniais (King, Nalder, Stacey & Hartman, 2020).

Além destas lesões adquiridas, temos os transtornos do neurodesenvolvimento – DSM-5 (APA, 2014), dentre eles, o Transtorno do Déficit de Atenção e Hiperatividade (TDAH), Transtorno do Espectro Autista (TEA) e Transtorno Específico da Aprendizagem. Nestes casos, há um atraso no desenvolvimento e prejuízos nas funções cognitiva, motora, comunicação verbal, habilidades sociais e comportamentos. Esses transtornos referem-se ao comprometimento do crescimento e do desenvolvimento do sistema nervoso central, possivelmente causado por fatores genéticos, metabólicos, tóxicos ou traumáticos (Stores, 2016). Assim, estas crianças possuem dificuldades cognitivas desde o estágio inicial do desenvolvimento, podendo não conseguir realizar as tarefas necessárias no estágio em que se encontram. Dessa forma, ao iniciar um tratamento no momento apropriado de maturação cerebral, estas crianças podem ter um melhor prognóstico em relação à capacidade de participar de brincadeiras, autocuidado e interações sociais (Ahn & Hwang, 2017).

Neuroplasticidade

A intervenção neuropsicológica torna-se possível devido à potencial modificabilidade e natureza plástica do cérebro. Ao nascer, o cérebro humano ainda está muito imaturo. Na verdade, não está totalmente maduro até, pelo menos, vinte anos depois do nascimento (Mundkur, 2005). Durante esse longo período de desenvolvimento, o cérebro é altamente dependente e é modificado e moldado, seja por fatores positivos como negativos. No processo de aprendizagem, esses múltiplos fatores modulam o organismo gerando uma constante flexibilidade e reorganização estrutural do cérebro infantil por meio da neuroplasticidade.

Haase e Lacerda (2004) definem a neuroplasticidade ou plasticidade neural como a capacidade de o sistema nervoso modificar sua estrutura e função em decorrência dos padrões de experiência ou ainda como resultante de traumatismos e lesões que afetam o ambiente neural. A dinâmica da interação organismo-ambiente vivenciada por um indivíduo acaba diferenciando e moldando circuitos e redes neurais (Kandel & Hawkins, 1992). Portanto, pensar no desenvolvimento cerebral significa considerar o grau de maturação atingido em cada faixa etária, assim como os fatores ambientais que podem influenciar cada habilidade e função cognitiva em determinado momento da vida (Pires, 2010).

Essa mesma natureza plástica que permite resultados negativos como os descritos na subseção anterior, também pode promover efeitos benéficos em ambientes familiares e escolares quando positivos e com estimulação. Beddington et al. (2008) discorrem que estilos de vida saudáveis (p. ex., realização de exercícios físicos, boas noites de sono, convívio com a natureza) e práticas educativas adequadas auxiliam no desenvolvimento e aprimoramento de processos cognitivos.

O papel da família, da escola e demais profissionais

Para que o processo de intervenção logre êxito, faz-se necessária a participação ativa dos pacientes na compreensão, consciência e discernimento sobre suas deficiências, bem como atenção aos procedimentos de intervenção e sua motivação para cumpri-los (Wilson, 2008). Em paralelo, Sohlberg e Mateer (2011) ressaltam a importância do envolvimento da família no processo interventivo, uma vez que podem formar uma aliança colaborativa, destacando, por exemplo, o fornecimento de informações pré-mórbidas, a definição de metas negociadas por todos, a psicoeducação, a orientação e o suporte emocional. Semrud-Clikeman (2010) ressalta que, dentre as medidas interventivas realizadas em crianças lesionadas, as informações sobre a saúde da criança, programas educacionais disponíveis e instituições locais para assistência são os informes que as famílias mais julgam úteis. Contudo, todos estes comunicados precisam ser repetidos frequentemente com detalhes adicionais e de maneira mais aprofundada conforme a criança se recupera. O fornecimento de uma grande quantidade de informações de uma só vez poderá confundir ao invés de prestar assistência aos pais (Lezak et al., 2004). Da mesma forma, é importante que o profissional esclareça que a recuperação não é um processo de tudo ou nada. Isto é, algumas habilidades recuperam-se mais rapidamente, enquanto outras podem exigir um período mais prolongado, de meses ou até anos. Ainda, as crianças podem resistir ou negar qualquer tipo de assistência prestada durante esse período, o que pode ser de difícil aceitação dos pais (Anderson, Morse, Catroppa, Haritou & Rosenfeld, 2004).

Outra temática que tem sido investigada é o cuidado para com os familiares destas crianças (Hickey, Anderson & Jordan, 2016; King et al.,

2020). Como dito anteriormente, uma lesão e/ou transtorno podem ocasionar mudanças na dinâmica interna e adoecimento de outros membros, podendo ser vivenciado como um trauma psicológico (Hickey et al., 2016). É preciso avaliar se os parentes precisam de descanso e de um momento para cuidarem de sua própria saúde. Uma avaliação regular das necessidades emocionais dos pais e dos irmãos poderia diminuir estes efeitos negativos. A participação em grupos de apoio também pode fornecer uma boa oportunidade de discutir sobre seus sentimentos e como a lesão/transtorno os afetou (Kirk, Fallon, Fraser, Robinson & Vassallo, 2015). Em pesquisa realizada por Kirk et al. (2015), investigou-se a experiência e as necessidades de suporte dos responsáveis após traumatismo cranioencefálico infantil (desde o acidente até a alta do filho em casa). Apesar de as 19 famílias sinalizarem a importância das estratégias de suporte emocional, aconselhamento ou apoio escolar, foram poucos os momentos que obtiveram estas estratégias no cotidiano. Ainda, os pais relataram que não se sentiram apoiados em lidar com as dificuldades comportamentais e psicológicas enfrentadas pelos filhos, o que demonstra a necessidade do trabalho de uma equipe com múltiplos profissionais.

De maneira complementar, o papel da escola é tão relevante quanto o da família para a formação e desenvolvimento humano. No ambiente escolar, além dos aprendizados referentes ao currículo, a criança poderá também desenvolver a autonomia, socialização, fortalecimento dos vínculos, entre outras competências. De acordo com McIntyre, Blacher e Baker (2006), uma boa adaptação escolar engloba inúmeros fatores, incluindo competências acadêmica, social, emocional, comportamental e cognitiva, bem como aspectos familiares como mecanismos de estresse e enfrentamento (*coping*). Desse modo, os professores, os colegas de classe e os demais funcionários podem auxiliar nessa transição, fornecendo suporte, acolhimento e engajamento. A inserção e a adaptação da criança que possui necessidades específicas têm sofrido mudanças ao longo dos anos graças às políticas públicas inclusivas (Azevedo & Sobral, 2016). Mudanças estas que vão desde alterações na infraestrutura até na formação dos educadores. Ao obtermos um profissional da educação mais bem preparado, há uma maior probabilidade de ele propiciar um aprendizado mais direcionado, oferecendo, por exemplo, estratégias interventivas focadas nas necessidades daquele indivíduo.

Ao mesmo tempo, a reintegração de crianças na escola, em especial as afastadas por acidentes, é um momento que requer muita atenção. Para que a reinserção seja bem-sucedida, um planejamento adequado da escola e uma comunicação efetiva entre professores-pais precisam existir. Cohen (1996) lista seis aspectos cognitivos e comportamentais que podem ser boas medidas de prognóstico da reintegração escolar: (1) capacidade de atender às instruções em sala de aula; (2) habilidade para entender e reter informações; (3) capacidade de raciocinar e expressar ideias; (4) capacidade de resolver problemas; (5) capacidade de planejar e monitorar o próprio desempenho; (6) autocontrole. Nesse sentido, o neuropsicólogo poderá fazer a ponte entre a família e a escola. Por meio da elaboração de um laudo neuropsicológico sobre o funcionamento da criança, e da sugestão de atividades/brincadeiras direcionadas para as potencialidades e as dificuldades, os professores poderão construir um plano individual educativo para este aluno. A família também poderá disponibilizar orientações médicas, cronograma com o horário de administração dos medicamentos informando seus efeitos colaterais, dias dos atendimentos em que possa haver ausências escolares, e adaptações sugeridas no ambiente escolar (Semrud-Clikeman, 2010).

Além do suporte familiar e escolar no processo interventivo, outros profissionais podem fazer parte deste acompanhamento, realizando uma colaboração interdisciplinar na construção e na atuação do plano de ação (Kubu, Ready, Festa, Roper & Pliskin, 2016). No que se refere ao trabalho com o público infantil, psicólogos clínicos, pediatras, neurologistas, psiquiatras infantis, fonoaudiólogos, psicopedagogos, terapeutas ocupacionais, psicomotricistas, entre outros, podem integrar esta equipe e contribuir para uma visão holista da intervenção. Isto é, o olhar de cada profissional especialista fornecerá um direcionamento voltado para as demandas particulares do sujeito, podendo, ao final do processo, ter um resultado mais amplo e generalizado para um maior número de competências requeridas no cotidiano. Por outro lado, faz-se necessário que esta equipe esteja alinhada e com uma boa comunicação. Todos devem construir (em conjunto, se possível) um planejamento unificado, apresentando cada uma das atividades de maneira bem clara e delineada para que nenhum profissional se sinta prejudicado ou tendo suas atividades negadas ou alteradas por outra pessoa sem o consentimento prévio mútuo. Dessa forma, o esforço de todos poderá possibilitar uma recuperação mais rápida e que contemple o maior número de aspectos cognitivos, socioemocionais, funcionais e comportamentais para o desenvolvimento adequado do sujeito.

Certamente, o processo interventivo com crianças exige muito cuidado e paciência. A seguir, serão descritas sugestões para obter um melhor aproveitamento na avaliação e constru-

ção de novos protocolos cognitivos. Entretanto, é importante lembrar que diferenças na idade e extensão da lesão, particularidades de cada transtorno, momento de intervenção e etiologia podem influenciar a eficácia das intervenções. Além disso, fatores psicossociais presentes antes da lesão, como nível socioeconômico e dinâmica familiar, podem ser preditores dos resultados a serem obtidos (Slomine & Locascio, 2009).

Avaliação e construção de protocolos

Os protocolos de intervenção em psicologia, individuais ou grupais, se destacam como um recurso extremamente útil para o plano terapêutico, pois possibilitam orientar as atividades posteriores à avaliação, permitindo o direcionamento de estratégias a serem trabalhadas (Capitão, Scortegagna & Baptista, 2005). Os protocolos para treinos cognitivos infantis de um único paciente devem ser desenvolvidos de maneira individualizada e adaptada às necessidades observadas, sendo possível maior flexibilidade na sua construção em relação às preferências da criança. Apesar disso, as estratégias empregadas devem ser desenvolvidas com aporte teórico científico e rigor metodológico (Gindri et al., 2012).

Já a elaboração de protocolos grupais e a avaliação da sua aplicabilidade em pesquisas científicas podem ser baseadas em alguns parâmetros que são observados no desenvolvimento de programas formais e com relativa concordância na literatura (Barbosa, 2011; Cardoso, 2017; Carvalho, 2017; Dias, 2013; Klingberg, Forssberg & Westerberg, 2002; Pureza & Fonseca, 2017). Em geral, trata-se de fases estruturais subdivididas por etapas que permitem organizar a integração das informações desde o momento inicial da construção do protocolo até sua finalização (tab. 1).

Tabela 1

Sugestão de checklist *das etapas e parâmetros a serem observados na construção de um protocolo interventivo*

	Etapas	Realizada	
		Sim	Não
1. Fase interna de organização do protocolo	1.1 Revisão teórica para aprofundamento da compreensão do(s) construto(s) trabalhado(s)		
	1.2 Análise de atividades, tarefas e protocolos já existentes usados em intervenção e direcionados a habilidades específicas		
	1.3 Realização de reuniões e diálogos com outros profissionais que já atuaram nesse contexto		
2. Construção do protocolo	2.1 Seleção de atividades baseada nas apresentadas por autores na literatura		
	2.2 Adaptação de atividades para a faixa etária e características da população-alvo		
	2.3 Criação de novas atividades respaldadas em apontamentos teóricos		
	2.4 Sistematização de atividades: descrição, instrução, materiais, observações, objetivo e alocação em módulos		
	2.5 Revisão e adequação da linguagem ao público específico		
	2.6 Envio para análise de juízes especialistas		
	2.7 Reajuste das atividades		
3. Parâmetros a serem considerados para implementação do protocolo	3.1 Realização de um estudo piloto		
	3.2 Tipo de amostra 3.2.1 Amostra significativa 3.2.2 Amostra randomizada 3.2.3 Amostra equiparada		
	3.5 Presença de grupo controle		
	3.6 Medidas pré e pós-treino		
	3.7 Avaliação de acompanhamento (*follow-up*)		
	3.8 Treino de reforço (*booster training*)		

Fonte: Elaboração própria.

A primeira fase propõe a organização dos dados internamente. Por meio de uma revisão teórica na bibliografia disponível, o pesquisador obtém compreensão e clareza a respeito dos processos envolvidos nos domínios trabalhados e pode estruturá-los a partir da visão de diferentes estudiosos. Esta fase está muito relacionada às evidências de validade de conteúdo (AERA, APA & NCME, 2014). Durante essa busca de dados, o pesquisador é capaz de analisar as atividades, tarefas e protocolos já existentes em intervenções consoantes com seu trabalho e que poderão ser utilizadas ou reformuladas posteriormente. Realizar reuniões e diálogos com outros profissionais que atuam ou já atuaram no mesmo contexto também relevam o papel do ambiente à proposta e oferecem a oportunidade para que o pesquisador possa refletir suas próximas ações e decisões. Assim, por exemplo, se a implementação do protocolo ocorrer em sala de aula é positivo que os professores e demais profissionais do corpo pedagógico sejam ouvidos (Meltzer, 2010). Trata-se, então, de uma fase que propicia a seleção de uma base de dados científica que será crucial para o planejamento dos passos e tarefas subsequentes.

Nessa segunda fase, a construção do novo protocolo é empreendida. As atividades criadas pelos autores, anteriormente analisadas, precisam ser selecionadas criteriosamente para fazerem parte do estudo, se relevantes. Outras podem ser adaptadas a partir das características da nova população, como faixa etária, domínio da linguagem, número de estímulos a ser apresentado etc. Há, ainda, as que são desenvolvidas com base na gama de apontamentos teórico-científicos que até aqui se estabeleceu. Essas, portanto, são construídas seguindo as peculiaridades e individualidades do público-alvo do estudo. Todas essas atividades precisam ser sistematizadas – com descrição, objetivo, instruções, materiais utilizados, módulos, e outros –, a fim de apresentá-las de modo mais específico e claro possível a quem se destina. Além disso, é importante que sejam revisadas e feitas adequações necessárias, como da linguagem ao público específico, antes de serem submetidas à próxima etapa.

Assim, após organizar e estruturar a proposta, os autores podem submetê-la à análise de juízes especialistas, prática usualmente reconhecida nas pesquisas de evidências de validade de conteúdo (Coluci, Alexandre & Milani, 2015). Trata-se de um procedimento que contribui para ratificar a eficácia do trabalho desenvolvido, apontando lacunas existentes, estratégias disfuncionais e/ou metodologias ineficientes às habilidades cognitivas consideradas. Posteriormente ao retorno dos dados e de possíveis reajustes, há a implementação do protocolo, aqui chamada de terceira fase.

Com base nesses apontamentos, serão definidos os parâmetros com caráter de infusão adotados pelos pesquisadores para a efetivação do protocolo. Alguns autores optam pelo chamado estudo piloto, uma testagem inicial em pequena escala que serve para refletir sobre a aplicabilidade prática de seus instrumentos (Mackey & Gass, 2005; Summers, 1993). Nessa etapa, é possível verificar se os procedimentos, métodos e materiais estão adequados ao público-alvo em um ambiente real de aplicação e, a partir disso, fazer as modificações necessárias objetivando a coleta de dados maior e definitiva.

Ao se pensar na amostra do estudo é preciso ter clareza sobre as características da população estudada para escolher o tipo de estratégia a ser adotada (Gindri et al., 2012). Em estudos exponenciais, as amostras significativas contribuem com as análises de estatística inferencial, levando a generalizações mais fidedignas aos dados obtidos para toda a população. Por vezes, a análise de uma população inteira é inviável ou impraticável. Nesse caso, por meio de amostras significativas, é possível inferir que os resultados encontrados nas análises se expandam para o todo e se configurem como uma medida confiável (Rodrigues, Lima & Barbosa, 2017).

Os sujeitos participantes podem ser escolhidos ao acaso, ou seja, a partir de uma amostra randomizada (Uehara & Woodruff, 2016). Essa metodologia tornou-se bastante reconhecida, pois aumenta a confiabilidade dos estudos e reduz a interferência de variáveis estranhas da relação causa-efeito (Cicerone et al., 2000). Por meio da alocação aleatória do indivíduo, amplia-se a probabilidade de o participante ter chances iguais de pertencer a qualquer grupo, seja no grupo-alvo da intervenção a ser estudado (grupo experimental), seja no grupo que não a receberá ou o que obterá um tipo diferente (grupo controle), permitindo uma seleção de grupos amostrais comparáveis. Por exemplo, sujeitos podem ser recrutados aleatoriamente entre pacientes que recebem tratamento para uma doença. Um grupo controle, aquele que estará em situações normais, isto é, sem a doença, mas similar em outras características, é também recrutado ao acaso. Ainda, o grupo controle também pode ser subdividido em ativo e passivo (Au et al., 2015). O grupo controle ativo constitui-se com participantes que realizam atividades, porém, diferentes da tarefa/atividade experimental planejada. Já o grupo controle passivo é aquele que não realiza qualquer tipo de tarefa/atividade experimental ou outro tipo de intervenção. As variáveis independentes que são homogêneas ao grupo, tais como sexo,

idade e nível de escolaridade, podem ser agrupadas, tornando possível observar quais podem estar influenciando e predizendo os desempenhos evidenciados (Gindri et al., 2012).

Nesse sentido, salienta-se a complexidade na identificação e formação de grupos homogêneos em estudos experimentais, visto que os indivíduos possuem diferenças quanto aos perfis cognitivos e aos substratos neurológicos/neuroanatômicos lesionados, incluindo síndromes raras. Em razão disso, torna-se um grande desafio ao reabilitador conseguir criar grupos uniformes passíveis de serem analisados (Mateer, 2009).

Os dois grandes grupos (controle e experimental) são equiparados quanto aos aspectos potenciais para averiguar o que os diferenciam. Quando os estudos não consideram esses parâmetros, precisam ser analisados com cautela, já que os grupos controle são críticos para eliminar conflitos experimentais como os efeitos de teste-reteste, onde exige-se que o fator a ser medido permaneça o mesmo ao ser avaliado em momentos distintos do teste (Souza, Alexandre & Guirardello, 2017).

Os protocolos interventivos podem utilizar medidas pré e pós-treino (Uehara & Woodruff, 2016), com instrumentos neuropsicológicos tradicionais e ecológicos (Strauss, Sherman & Spreen, 2006), como forma de investigar os resultados examinados na estimulação em habilidades específicas. Ainda, evidencia-se a boa empregabilidade de tarefas comportamentais respondidas por familiares, professores ou outras pessoas envolvidas no contexto da criança, com o objetivo de minimizar as interferências subjetivas ao próprio sujeito (Pontes & Hübner, 2008). Assim, a comparação entre as diferentes percepções de respostas pode ser eficaz nas análises inferenciais sobre o comportamento.

Os processos relativos a pré e pós-intervenção também tornam possível contrastar os efeitos positivos, negativos e neutros decorrentes do treino. Diante desse cenário, pode ser observada a melhora de um domínio ou habilidade mesmo quando não há um treinamento específico para eles. Esse fenômeno é chamado de efeito de transferência (Kleim & Jones, 2008). A estimulação de determinado substrato neural pode acarretar impactos positivos em outras áreas do córtex em virtude da plasticidade cerebral, como já discutido neste capítulo.

Outro fator a ser considerado no processo de intervenção é a avaliação de acompanhamento (*follow-up*). Caracteriza-se como uma importante ferramenta para verificar o estabelecimento e durabilidade dos benefícios implicados no protocolo após o período analisado e ao longo do tempo (Simon & de Oliveira, 2011). A frequência do acompanhamento pode variar de acordo com o desenho experimental. Alguns estudos realizam o acompanhamento semanalmente, outros em períodos mais espaçados, como a cada 6 meses (Haffey & Abrams, 1991; Simon & de Oliveira, 2011) e caso não sejam observado bons desempenhos, um novo treino de reforço (*booster training*) deverá ser implementado com a finalidade de estimular os ganhos proporcionados pelo protocolo interventivo (Wilson, 2009). Assim, o treinamento de uma dada função cerebral possivelmente será capaz de fortalecê-la (Kleim & Jones, 2008).

Nesse período também é importante avaliar se o que está sendo apreendido pode ser generalizado para outros contextos. Wilson e colaboradores (2003) e McGlynn (1990) apontam a necessidade de planejar esse processo desde o início da estimulação cognitiva e garantir que as competências adquiridas possam ser aplicadas na vida cotidiana.

A realização de treinos em casa, na escola ou em outros ambientes externos ao habitual de sessão com a criança, com instrução aos familiares e demais envolvidos sobre sua estimulação, pode ser um facilitador desse objetivo final.

Na tentativa de unificar os aspectos essenciais que compõem um bem-sucedido protocolo de intervenção neuropsicológica, foi elaborado um *checklist* como forma de facilitar a identificação dos parâmetros-chave explorados neste capítulo (tabela 1). As etapas basearam-se nos processos apresentados durante o desenvolvimento de programas interventivos com eficácia comprovada disponíveis na literatura brasileira, que são mencionados e referenciados na tabela 2.

Embora não exista um modelo fixo consensual dos protocolos interventivos, as tabelas a seguir apresentam alguns modelos formais de instrumentos (tab. 2) e sugestões de tarefas ecológicas (tab. 3) que podem contribuir para os contextos escolares e clínicos e na elaboração de novos protocolos. Vale ressaltar que o objetivo não foi o de esgotar as possibilidades quanto às medidas disponíveis, mas de nortear os profissionais da área a delinear ferramentas de trabalho.

Destaca-se também que a escolha das atividades ecológicas aplicadas ao modelo interventivo deve acontecer considerando o nível de exigência à qual se destina. Kleim e Jones (2008) ressaltam que a intensidade do treino, a repetição de tarefas e a durabilidade da aplicação devem ser consideradas para que os ganhos que se objetivam alcançar aconteçam. As tarefas podem ser apresentadas a partir do grau mais simples até que sua demanda mais complexa seja atingida. Pode-se pensar, por exemplo, sobre o aumento da quantidade de estímulos, diminuição do tempo de resposta ou abreviação das instruções.

Tabela 2

Exemplos de instrumentos nacionais de intervenção cognitiva infantojuvenil

Instrumento	Contexto de aplicação	Público infantojuvenil	Tarefas	Objetivo	Domínio	Estudos de referência*
COGMED – Treinamento da Memória Operacional, versão JM – Working Memory Training (CWMT--JM)	Plataforma informatizada intermediada por tutores profissionais habilitados.	Crianças pré-escolares entre 4 e 6 anos.	Conta com sete exercícios on-line focados somente em tarefas visuoespaciais, com duração de 25 minutos por sessão de treinamento. Exercícios: Montanha russa, Hotel, Animais, Twister, Piscina, Bate-bate e Roda gigante.	Contribuir para o aumento da atenção e do foco para realizar atividades e seguir instruções.	Memória Operacional	Klingberg, Forssberg e Westerberg (2002) Klingberg e colaboradores (2005) Plataforma COGMED Br (cogmed.com.br)
COGMED – Treinamento da Memória Operacional, versão RM – Working Memory Training (CWMT--RM)	Plataforma informatizada intermediada por tutores profissionais habilitados.	Crianças e adolescentes entre 7 e 18 anos.	Conta com 11 exercícios on-line combinando tarefas visuoespaciais e verbais, com duração entre 35 e 45 minutos por sessão de treinamento. Exercícios: Painel Luminoso, Decodificador, Cubo 3D, Asteroides, Batalha Espacial, Painel Luminoso Giratório, Janelas Numeradas, Pontos Giratórios, Teclado Numérico, Painel Luminoso 3D e Teclado Numérico Fechado.	Melhorar a capacidade de leitura, resolução de problemas de matemática e compreensão de diálogos.	Memória Operacional	Klingberg, Forssberg e Westerberg (2002) Klingberg e colaboradores (2005) Plataforma COGMED Br (cogmed.com.br)
Programa de Capacitação de Educadores sobre Neuropsicologia da Aprendizagem com ênfase em Funções Executivas e Atenção (Cena)	Educacional.	Crianças do 2º e 3º ano.	Sessões 1 e 2 – Introdução teórica aos professores sobre neuropsicologia e educação, bem como dos construtos cognitivos abordados no programa. Sessões 3 e 4 – Módulo Planejamento: oito atividades. Sessões 5 e 6 – Módulo Controle Inibitório: nove atividades. Sessões 7 e 8 – Módulo Memória de Trabalho: 10 atividades. Sessões 9 e 10 – Módulo Flexibilidade Cognitiva: 14 atividades.	Capacitar o professor de classe infantil na estimulação das Funções Executivas e de Atenção de crianças.	Funções Executivas e Atenção	Pureza e Fonseca (2017)

Instrumento	Contexto de aplicação	Público infantojuvenil	Tarefas	Objetivo	Domínio	Estudos de referência*
Programa de Estimulação das Funções Executivas Heróis da Mente (PHM)	Educacional. Clínico e familiar com adaptações.	7 a 12 anos.	Composto pelo módulo integrador e de quatro módulos para a estimulação das funções executivas: Módulo integrador – Heróis da Mente: 6 histórias em quadrinhos. Módulo 1 – Organização e planejamento: 12 atividades. Módulo 2 – Atenção, controle inibitório e flexibilidade Cognitiva: 17 atividades. Módulo 3 – Memória de trabalho e prospectiva: sete atividades. Módulo 4 – Emoções e autorregulação: seis atividades.	Intervir nas Funções Executivas, com foco na estimulação cognitiva e comportamental.	Funções Executivas	Carvalho (2017)
Programa de Estimulação Neuropsicológica da Cognição em Escolares: ênfase nas funções executivas (PENcE)	Educacional e Clínico.	Crianças do Fundamental I.	Módulo 1 – Organização e planejamento. Módulo 2 – Controle inibitório. Módulo 3 – Memória de trabalho. Módulo 4 – Flexibilidade cognitiva.	Estimular as Funções Executivas e processos cognitivos relacionados.	Funções Executivas	Cardoso (2017) Cardoso e Fonseca (2016)
Programa de Intervenção dos Processos Atencionais para Crianças (Pay Attention!)	Educacional e clínico.	Crianças entre 4 e 14 anos.	Atenção sustentada, atenção seletiva e atenção alternada: • Atividades com estímulos visuais: Arranjo de Cartões; Busca na Casa, Resposta Rápida. • Atividade de Atenção com estímulos auditivos. Atenção Dividida: • Atividade com estímulos visuais: Arranjo de Cartões. • Atividades com estímulos visuais e auditivos: Busca na Casa com CD, Tarefa de Aritmética com CD.	Intervir nas dificuldades de atenção sustentada, seletiva, alternada e dividida.	Atenção	Barbosa (2011) Barbosa, Miranda e Bueno (2014)

| Programa de Intervenção sobre a Autorregulação e Funções Executivas (PIAFEx) | Educacional e Clínico. | Crianças entre 5 e 6 anos. É possível adaptar as atividades e expandir a faixa etária. | Composto por 43 atividades divididas em 10 Módulos Básicos, além de uma sessão de aspectos essenciais e um módulo complementar:

Módulo 1 – Organização de materiais/rotina e manejo do tempo.

Módulo 2 – Organização de ideias, estabelecimento de objetivos e planos: estratégias para o dia a dia.

Módulo 3 – Organização de ideias, estabelecimento de objetivos e planos: atividades de estimulação.

Módulo 4 – Funções executivas nas atividades físicas/motoras.

Módulo 5 – Comunicação e Gestão de conflitos.

Módulo 6 – Regulando emoções.

Módulo 7 – Trabalhando com colegas – oportunidade de exercitar a hétero e autorregulação.

Módulo 8 – Jogando com os significados das palavras.

Módulo 9 – Conversando sobre as atividades.

Módulo 10 – A brincadeira planejada.

Módulo complementar – O Diário de Nina. | Estimular o desenvolvimento das Funções Executivas. | Funções Executivas | Dias (2013)

Dias e Seabra (2013) |

* Baseadas em dissertações, teses e artigos de validação dos referenciados programas. Atualizações em estudos posteriores aos mencionados não foram contempladas.

Fonte: Elaboração própria.

Tabela 3

Sugestões de atividades ecológicas

Atividade	Descrição	Material	Domínios trabalhados
"Cara a Cara" ou "Adivinha Quem?"	Adivinhar o personagem escolhido pelos adversários com base em pistas e perguntas sobre suas características.	Versão clássica: dois tabuleiros com 24 rostos cada um, tendo personagens iguais em cada lado identificados com nomes. Cartas com essas mesmas imagens.	Memória de trabalho, concentração, estratégia, raciocínio lógico e linguagem.
Caça-Palavras	Encontrar as palavras escondidas na horizontal, vertical e diagonal em um conjunto de letras distribuídas arbitrariamente.	Quadro com as palavras gradeadas.	Atenção, memória, percepção visual, concentração e linguagem.
Contar e recontar história	Uma história é lida para a criança e após o encerramento é solicitado que a criança a reconte utilizando os principais elementos.	História impressa.	Flexibilidade cognitiva, memória de trabalho e atenção.
Ditado com Palavras	É solicitado que a criança escreva palavras ditas pelo interlocutor.	Folha em branco e lápis.	Linguagem, memória de trabalho, memória de longo prazo e atenção.
Dominó	O objetivo do jogo é colocar todas as suas pedras na mesa, encaixando-as nas de mesmo número já postas, antes dos adversários.	Versão clássica: 28 pedras retangulares, divididas em dois espaços iguais nos quais aparecem um número de 0 até 6.	Planejamento, atenção, flexibilidade cognitiva e percepção de quantidade.
História em Quadrinhos	Utiliza-se a leitura e interpretação das histórias. Em versões alternativas é possível encontrar quadrinhos com os "balões" em branco para que a própria criança crie suas histórias.	História impressa nos quadrinhos.	Linguagem oral e escrita, atenção, memória, flexibilidade cognitiva, planejamento e organização.
Jogo da Memória	Com as cartas voltadas para baixo, cada jogador deve virar duas cartas buscando encontrar os pares de figuras até eliminar todas do jogo.	Pares de cartões com imagens.	Memória, atenção, flexibilidade cognitiva, planejamento e organização.
Jogo dos Sete Erros	Ao comparar duas imagens, o objetivo é encontrar os erros/diferenças entre elas.	Duas imagens semelhantes, com algumas diferenças entre elas.	Atenção seletiva, velocidade de processamento, memória de trabalho e planejamento.
Labirinto	O participante se vê em um labirinto e precisa encontrar o caminho para a saída ou prêmio. Em alguns modelos, exige-se que o participante não tire o lápis do papel após o início do jogo.	Folha ou outro material contendo o estímulo e lápis.	Atenção, memória, velocidade de processamento, planejamento, tomada de decisão, resolução de problema, flexibilidade cognitiva, controle inibitório e coordenação visomotora.

Ligar os Pontos	A partir de uma sequência lógica com letras e/ou números, deve-se ligar os pontos a fim de formar uma figura completa ao final.	Folha ou outro material onde a sequência de pontos será impressa para ser ligada e lápis.	Coordenação visomotora, memória de trabalho, atenção, concentração, raciocínio lógico, velocidade de processamento e controle inibitório.
"Onde está Wally?"	Encontrar o estímulo solicitado em meio a figuras distratoras.	Estímulo-alvo (Wally) escondido em ambientes com diversos outros estímulos.	Atenção visual, planejamento e memória de trabalho.
Pega Vareta	Obter mais pontos ao retirar a maior quantidade de varetas coloridas (com valores variados), sem permitir com que as demais se mexam na mesa.	31 varetas coloridas, sendo cinco verdes, cinco azuis, dez amarelas, dez vermelhas e uma preta.	Planejamento, concentração, coordenação motora e cálculo matemático.
Quebra-cabeça	Montar a figura original por meio do encaixe das partes, unindo uma peça a outra. O número de peças e o detalhamento da imagem definem a sua complexidade.	Figura recortada em diversos e diferentes formatos que devem ser ligados de modo a formar um todo perfeito. Pode ser fabricado em madeira ou papelão.	Atenção, memória de trabalho, raciocínio lógico, coordenação motora e percepção visoespacial.
Stop/ Adedanha/ Adedonha	É necessário que os participantes desenhem uma tabela em tópicos em uma folha em branco para cada jogador. Os temas das colunas são definidos pelos jogadores e podem incluir "nome, cor, fruta, animal, filme", entre outros. Em seguida, uma letra é sorteada e os participantes deverão preencher os dados da tabela de acordo com o solicitado.	Folha em branco e lápis.	Linguagem, flexibilidade cognitiva, memória de trabalho, memória de longo prazo e velocidade de processamento.
Sudoku com imagens	Completar todos os quadrados utilizando as figuras, desde que não se repitam nas linhas horizontais e verticais, ou seja, é permitido apenas uma mesma imagem em cada linha ou coluna.	Figuras em formato quadrangular feitas a partir de qualquer material.	Raciocínio lógico, concentração, atenção e memória de trabalho.
Tangram	O tangram é um quebra-cabeça plano de sete peças, sendo cinco triângulos, um quadrado e um paralelogramo. Seu objetivo é formar as figuras indicadas usando todas as sete peças sem sobreposição. As figuras podem ser pessoas, animais, objetos e outros símbolos.	Figuras geométricas (podem ser feitas de madeira, plásticos, EVA ou qualquer outro material) e modelos a serem replicados.	Atenção dividida, planejamento, coordenação visomotora e orientação espacial.
UNO	O objetivo do jogo é combinar as cartas segundo as regras de cores e números.	Baralho com 108 cartas.	Atenção, flexibilidade cognitiva, planejamento, percepção de formas, cores e números.

Nota: As atividades ecológicas descritas são possíveis de serem utilizadas em suas versões computadorizadas.

Fonte: Elaboração própria.

O emprego adequado dos métodos descritos introduz ao profissional requisitos que devem ser observados na estruturação de um plano formal interventivo voltado para crianças e adolescentes. Além disso, na prática clínica, independentemente de qual seja o tamanho da amostra, o profissional precisa estar atento a algumas questões que, se não forem consideradas, podem comprometer a sua atuação e inviabilizar a execução do protocolo. Assim, a tabela 4 tem por objetivo informar ao reabilitador alguns desses cuidados de acordo com as principais etapas do processo da intervenção.

Tabela 4
Cuidados na intervenção infantojuvenil

Avaliação
• Saiba identificar o problema. Existe comprometimento cognitivo? Qual a natureza e extensão dos déficits? Há fatores psicológicos ou funcionais envolvidos? Isso envolve uma avaliação dos padrões de desempenho típico e deficitário para melhor entendimento das queixas trazidas (Bennett, 2001; Robinson & Weekes, 2007).
• Colete informações de diversas fontes: paciente, família, professores, profissionais da saúde etc. (Wilson, 2002).
• Selecione diferentes métodos (entrevista, observação, uso de instrumentos padronizados, tarefas ecológicas) para avaliar uma gama de funções cognitivas (p. ex., intelectual, memória, linguagem, percepção, funções executivas) e de funcionalidade (Olson & Sands, 2015; Robinson & Weekes, 2007).
• Observe o funcionamento do paciente em diferentes ambientes para determinar uma linha de base mais adaptativa (Bennett, 2001).

Identificação dos objetivos
• Os objetivos da intervenção precisam ser discutidos antes de acontecerem e devem ser mutuamente acordados, definidos e funcionalmente relevantes (Mateer, 2005; Wilson, 2002).
• Estabeleça metas possíveis. Elas são realistas? Alguns pacientes e seus familiares podem propor metas inalcançáveis ou abrangentes, e então será preciso negociar, explicando com evidências e propondo alternativas mais aceitáveis a todos (Robinson & Weekes, 2007; Wilson, 2009).
• Situações intercorrentes durante o processo podem surgir induzindo modificações nos objetivos previamente definidos. Se necessário, reajustes podem ser feitos (Olson & Sands, 2015; Robinson & Weekes, 2007; Wilson, 2009).

Plano de ação
• Selecione com rigor e de forma individualizada as atividades e métodos a serem trabalhados. É importante certificar se o paciente adere às exigências e se possui familiaridade com os recursos escolhidos, como a utilização de treinos computadorizados (Mateer, 2005; Olson & Sands, 2015).
• Flexibilize as atividades de acordo com as preferências do paciente para que se tornem motivadoras e reforçadoras do tratamento (Wilson, 2009). Por exemplo, se o paciente possui predileção por heróis, as tarefas podem compreender essa temática.
• Crie um cronograma de atividades com frequência e duração de tratamento juntamente com os familiares e paciente para alcance das metas (Middleton & Schwartz, 2002).

- A utilização de múltiplas abordagens pode ser benéfica ao paciente e uma boa estratégia a ser considerada. O uso de um método isolado pode não contribuir para a melhora do funcionamento cognitivo de todas as crianças (Bennett, 2001; Mateer, 2005; Olson & Sands, 2015).

- Assim como os objetivos, os planos de ação podem ser alterados e refinados à medida que o tratamento avança (Robinson & Weekes, 2007).

Intervenção

- Atente-se à comunicação e apresente as instruções de maneira clara e objetiva. O reabilitador precisa ser um facilitador do processo (Hershenson, 1990, 1998).

- Assegure que o seu paciente tenha sucesso em cada nível antes de aumentar a complexidade da tarefa (Klingberg, Forssberg & Westerberg, 2002; Klingberg et al., 2005).

- Observe o humor, engajamento e a motivação do paciente. Uma criança interessada terá mais chances de se beneficiar com a reabilitação (Kleim & Jones, 2008; De Vreese et al., 2001).

- Respeite o tempo e o estilo da criança para lidar com as mudanças. Valorize os esforços e progressos alcançados (Pontes & Hübner, 2008).

- A plasticidade cerebral é um ponto-chave no processo interventivo na infância. A reabilitação é capaz de promover reconexões em circuitos neurais danificados (Robertson & Murre, 1999) e os circuitos já preservados também podem contribuir com a reorganização funcional (Kleim & Jones, 2008).

- Seja flexível e criativo para responder às demandas infantojuvenis (Corrêa, 2009).

Avaliação dos resultados

- Avalie os resultados a partir de uma linha qualitativa e quantitativa, que precisam ser complementares (Hannay & Lezak, 2004).

- Observe se os resultados da reabilitação estão sendo direcionados para a vida prática. É importante que os treinos cognitivos contemplem a generalização do que foi aprendido e trabalhado em ambiente terapêutico para o cotidiano. Esse processo pode não ocorrer de maneira espontânea e precisa ser planejado (McGlynn, 1990; Sohlberg & Mateer, 1989; Wilson, 2004).

- Atente-se à maneira como os pacientes atingiram os resultados dos testes e não só o resultado bruto ou escore. Se a criança obtém sucesso na resolução da atividade, mas utiliza uma estratégia que não permite a aplicação em sua vida diária, essa estratégia pode prejudicar a progressão do seu desenvolvimento (Bennett, 2001; Goldstein, 1942; Wilson, 2009).

- Avalie se os ganhos obtidos pela criança estão associados aos efeitos específicos do tratamento ou se estão relacionados a outros fatores como a recuperação espontânea (Robinson & Weekes, 2007).

- Avalie-se constantemente como profissional reabilitador e sobre a efetividade de seus métodos (Hershenson, 1990, 1998). Saiba reconhecer quando os resultados não estão sendo alcançados. Não há problema em recomeçar o processo ou encaminhar o paciente para outro tipo de assistência.

Considerações finais

Um dos maiores desafios observados ao analisar a proposta deste capítulo é a lacuna encontrada na literatura nacional acerca de protocolos de estimulação cognitiva embasados em evidências científicas. Os instrumentos de medida, até se tornarem formais e sensíveis para avaliar diferentes habilidades, necessitam ser submetidos a um processo criterioso de análise. Muitas vezes, esses procedimentos não são adotados ou apontados, havendo uma falta de detalhamento e precisão sobre os estudos.

Em relação aos parâmetros, é encontrada heterogeneidade nos protocolos. São vistas divergências sobre a dinâmica estrutural, metodológica, número de sessões, estratégias ensinadas, descrição das tarefas, entre outras. Toda essa variabilidade dificulta a condução de metanálises e interfere na reprodutibilidade da medida, impedindo que a área avance em direção a consolidação e desenvolvimento de novas pesquisas interventivas focadas na população infantil.

Referências

AERA, APA, & NCME. (2014). *Standards for educational and psychological testing*. American Educational Research Association.

Ahn, S., & Hwang, S. (2017). Cognitive rehabilitation with neurodevelopmental disorder: A systematic review. *Neuro Rehabilitation, 41*(4), 707-719. https://doi.org/10.3233/NRE-172146

American Psychiatric Association. (2014). *Manual diagnóstico e estatístico de transtornos mentais* (5. ed., rev.). Artmed.

Anderson, V. A., Morse, S. A., Catroppa, C., Haritou, F., & Rosenfeld, J. V. (2004). Thirty-month outcome from early childhood head injury: A prospective analysis of neurobehavioural recovery. *Brain, 127*(12), 2.608-2.620. https://doi.org/10.1093/brain/awh320

Au, J., Sheehan, E., Tsai, N., Duncan, G. J., Buschkuehl, M., & Jaeggi, S. M. (2015). Improving fluid intelligence with training on working memory: A meta-analysis. *Psychonomic bulletin & review, 22*(2), 366-377. https://doi.org/10.3758/s13423-014-0699-x

Azevedo, A. M. F., & Sobral, M. L. S. (2016). Políticas públicas inclusivas no Brasil e o contexto internacional: Diálogos sobre inclusão e deficiência. *Moara – Revista Eletrônica do Programa de Pós-Graduação em Letras, 1*(45), 32-45. https://periodicos.ufpa.br/index.php/moara/article/viewFile/3705/3749

Barbosa, D. L. F. (2011). *Reabilitação cognitiva da atenção: Tradução e adaptação do Pay Attention! A children's attention process training program* [Dissertação de mestrado, Universidade Federal de São Paulo]. http://repositorio.unifesp.br/handle/11600/21601

Barbosa, D. L. F., Miranda, M. C., & Bueno, O. F. A. (2014). Tradução e adaptação do Pay Attention: Um programa de treinamento dos processos da atenção para crianças. *Psicologia: Reflexão e Crítica, 27*(4), 775-783. https://doi.org/10.1590/1678-7153.201427418

Bayley, M. T., Tate, R., Douglas, J. M., Turkstra, L. S., Ponsford, J., Stergiou-Kita, M., ... & Bragge, P. (2014). Incog guidelines for cognitive rehabilitation following traumatic brain injury: Methods and overview. *The Journal of head trauma rehabilitation, 29*(4), 290-306. https://doi.org/10.1097/HTR.0000000000000070

Beddington, J., Cooper, C. L., Field, J., Goswami, U., Huppert, F. A., Jenkins, R., ... & Thomas, S. M. (2008). The mental wealth of nations. *Nature, 455*(7216), 1.057-1.060. https://doi.org/10.1038/4551057a

Bennett, T. L. (2001). Neuropsychological evaluation in rehabilitation planning and evaluation of functional skills. *Archives of Clinical Neuropsychology, 16*(3), 237-253. https://doi.org/10.1016/S0887-6177(00)00082-2

Butler, R. W. (2007). Cognitive rehabilitation. In S. J. Hunter & S. Donders (ed.), *Pediatric neuropsychological intervention: A critical review of science & practice* (pp. 444-464). Cambridge University Press.

Camm, S., Porter, M., Brooks, A., Boulton, K., & Veloso, G. C. (2020). Cognitive interventions for children with acquired brain injury: A systematic review. *Neuropsychological Rehabilitation*, 1-46. https://doi.org/10.1080/09602011.2020.1722714

Capitão, C. G., Scortegagna, S. A., & Baptista, M. N. (2005). A importância da avaliação psicológica na saúde. *Avaliação Psicológica: Interamerican Journal of Psychological Assessment, 4*(1), 75-82. http://pepsic.bvsalud.org/scielo.php?script=sci_arttext & pid=S1677-04712005000100009 & lng=pt & nrm=iso

Cardoso, C. O. (2017). *Programas de intervenção neuropsicológica precoce-preventiva: Estimulação das funções executivas em escolares* [Tese de doutorado, Pontifícia Universidade Católica do Rio grande do Sul]. http://tede2.pucrs.br/tede2/handle/tede/7287

Cardoso, C. O., & Fonseca, R. P. (2016). *Programa de Estimulação Neuropsicológica da Cognição em Escolares: ênfase nas Funções Executivas – PENcE.* BookToy.

Cardoso, C. O., & Fonseca, R. P. (2019). Intervenção neuropsicológica infantil. In C. O. Cardoso & N. M. Dias (2019), *Intervenção neuropsicológica infantil: Da estimulação precoce-preventiva à reabilitação* (pp. 69-95). Pearson Clinical Brasil.

Carvalho, C. F. (2017). *Programa de estimulação das funções executivas: Contribuições para o desenvolvimento cognitivo de crianças em situação de vulnerabilidade e expostas ao manganês* [Tese de doutorado, Universidade Federal da Bahia]. http://repositorio.ufba.br/ri/handle/ri/25658

Cicerone, K. D., Dahlberg, C., Kalmar, K., Langenbahn, D. M., Malec, J. F., Bergquist, T. F., et al. (2000). Evidencebased cognitive rehabilitation: Recommendations for clinical practice. *Archives of physical medicine and rehabilitation, 81*(12), 1.596-1.615. https://doi.org/10.1053/apmr.2000.19240

Cohen, S. B. (1996). Practical guidelines for teachers. In A. L. Goldberg (ed.), *Acquired brain injury in childhood and adolescence: A team and family guide to educational program development and implementation* (pp. 126-170). Charles C. Thomas.

Coluci, M. Z. O., Alexandre, N. M. C., & Milani, D. (2015). Construção de instrumentos de medida na área da saúde. *Ciência & Saúde Coletiva, 20*(3), 925-936. https://doi.org/10.1590/1413-81232015203.04332013

Corrêa, R. C. R. (2009). A proposal for neuropsychological rehabilitation through the program of instrumental enrichment (FIE). *Ciências & Cognição, 14*(2), 47-58. http://pepsic.bvsalud.org/pdf/cc/v14n2/v14n2a05.pdf

De Vreese, L. P., Neri, M., Fioravanti, M., Belloi, L., & Zanetti, O. (2001). Memory rehabilitation in Alzheimer's disease: A review of progress. *International Journal of Geriatric Psychiatry, 16*(8), 794-809. https://doi.org/10.1002/gps.428

Dias, N. M. (2013). *Desenvolvimento e avaliação de um programa interventivo para promoção de funções executivas em crianças* [Tese de doutorado, Universidade Presbiteriana Mackenzie]. http://neuropsiinfantil.wordpress.com/publicacoes/teses-e-dissertacoes

Dias, N. M., & Seabra, A. G. (2013). *Programa de intervenção sobre a autorregulação e funções executivas – PIAFEx.* Memnon.

Gindri, G., Frison, T. B., Oliveira, C. R., Zimmermann, N., Netto, T. M., Landeira-Fernandez, J., & Fonseca, R. P. (2012). Métodos em reabilitação neuropsicológica. In J. Landeira-Fernandez & S. Fukusima (org.), *Métodos em neurociência* (pp. 343-375). Manole. http://www.nnce.org/Arquivos/Artigos/2012/gindri_etal_2012.Pdf

Goldstein, K. (1942). After effects of brain injury in war: Their evaluation and treatment. *The application of psychologic methods in the clinic.* Grune and Stratton. https://doi.org/10.1037/13578-000

Haase, V. G., & Lacerda, S. S. (2004). Neuroplasticidade, variação interindividual e recuperação funcional em neuropsicologia. *Temas em Psicologia, 12*(1), 28-42. http://pepsic.bvsalud.org/pdf/tp/v12n1/v12n1a04.pdf

Haase, V. G., Salles, J. F., Miranda, M. C., Malloy-Diniz, L., Abreu, N., Argollo, N., Mansur, L. L., Parente, M. A. M. P., Fonseca, R. P., Mattos, P., Landeira-Fernandez, J., Caixeta, L. F., Nitrini, R., Caramelli, P., Teixeira Junior, A. L., Grassi-Oliveira, R., Christensen, C. H., Brandão, L., Silva Filho, H. C., Silva, A. G., & Bueno, O. F. A. (2012). Neuropsicologia como ciência interdisciplinar: Consenso da comunidade brasileira de pesquisadores/clínicos em Neuropsicologia. *Neuropsicologia Latinoamericana, 4*(4), 1-8. https://dx.doi.org/10.5579/rnl.2012.125

Haffey, W. J., & Abrams, D. L. (1991). Employment outcomes for participants in a brain injury work reentry program: Preliminary findings. *The Journal of Head Trauma Rehabilitation, 6*(3), 24-34. https://doi.org/10.1097/00001199-199109000-00006

Hannay, J. H., & Lezak, M. D. (2004). The neuropsychological examination: interpretation. In M. D. Lezak, D. B. Howieson & D. W. Loring (eds.), *Neuropsychological assessment* (pp. 133-156). Oxford University Press.

Hershenson, D. B. (1990). A theoretical model for rehabilitation counseling. *Rehabilitation Counseling Bulletin, 33*(4), 268-278. https://psycnet.apa.org/record/1990-31874-001

Hershenson, D. B. (1998). Sistemic, ecological model for rehabilitation counseling. *Rehabilitation Counseling Bulletin, 42*(1), 40-51. https://psycnet.apa.org/record/1999-00020-003

Hickey, L., Anderson, V., & Jordan, B. (2016). Family forward: Promoting family adaptation following pediatric acquired brain injury. *Journal of social work in disability & rehabilitation, 15*(3-4), 179-200. https://doi.org/10.1080/1536710X.2016.1220884

Kandel, E. R., & Hawkins, R. D. (1992). The biological basis of learning and individuality. *Scientific American, 267*(3), 78-87. http://faculty.bennington.edu/~sherman/neuro/kandel%20and%20hawkins%201992.pdf

King, G., Nalder, E., Stacey, L., & Hartman, L. R. (2020). Investigating the adaptation of caregivers of people with traumatic brain injury: A journey told in evolving research traditions. *Disability and rehabilitation*, 1-15. https://doi.org/10.1080/09638288.2020.1725158

Kirk, S., Fallon, D., Fraser, C., Robinson, G., & Vassallo, G. (2015). Supporting parents following childhood traumatic brain injury: A qualitative study to examine information and emotional support needs across key care transitions. *Child: Care, health and development, 41*(2), 303-313. https://doi.org/10.1111/cch.12173

Kleim, J. A., & Jones, T. A. (2008). Principles of experience-dependent neural plasticity: implications for rehabilitation after brain damage. *Journal of speech, language, and hearing research, 51*(1), S225-39. https://doi.org/10.1044/1092-4388(2008/018)

Klingberg, T., Fernell, E., Olesen, P. J., Johnson, M., Gustafsson, P., Dahlström, K., ... & Westerberg, H. (2005). Computerized training of working memory in children with ADHD-a randomized, controlled trial. *Journal of the American Academy of Child & Adolescent Psychiatry, 44*(2), 177-186. https://doi.org/10.1097/00004583-200502000-00010

Klingberg, T., Forssberg, H., & Westerberg, H. (2002). Training of working memory in children with ADHD. *Journal of Clinical and Experimental Neuropsychology, 24*(6), 781-791. https://doi.org/10.1076/jcen.24.6.781.8395

Kubu, C. S., Ready, R. E., Festa, J. R., Roper, B. L., & Pliskin, N. H. (2016). The times they are a changin': Neuropsychology and integrated care teams. *The Clinical Neuropsychologist, 30*(1), 51-65. https://doi.org/10.1080/13854046.2015.1134670

Lezak, M. D., Howieson, D. B., & Loring, D. W. (2004). *Neuropsychological Assessment* (4. ed.). Oxford University Press.

Mackey, A., & Gass, S. (2005). Common data collection measures. In A. Mackey & S. Gass. *Second language research: Methodology and design* (pp. 43-99). Lawrence Erlbaum.

Mateer, C. A. (2005). Fundamentals of cognitive rehabilitation. In P. W. Halligan & D. T. Wade (eds.), *Effectiveness of Rehabilitation for Cognitive Deficits* (pp. 21-30). Oxford University Press.

Mateer, C. A. (2009). Neuropsychological interventions for memory impairment and the role of singlecase design methodologies. *Journal of the International Neuropsychological Society, 15*(4), 623-628. https://doi.org/10.1017/S1355617709090924

McGlynn, S. M. (1990). Behavioral approaches to neuropsychological rehabilitation. *Psychological Bulletin, 108*(3), 420. https://doi.org/10.1037/0033-2909.108.3.420

McIntyre, L. L., Blacher, J., & Baker, B. L. (2006). The transition to school: Adaptation in young children with and without intellectual disability. *Journal of Intellectual Disability Research, 50*(5), 349-361. https://doi.org/10.1111/j.1365-2788.2006.00783.x

Meltzer, L. (2010). *Promoting executive functions in the classroom*. Guilford.

Middleton, E., & Schwartz, M. (2002). Errorless learning in cognitive rehabilitation: A critical review. *Neuropsychol Rehabil, 22*(2), 138-168. https://doi.org/10.1080/09602011.2011.639619

Mundkur, N. (2005). Neuroplasticity in children. *The Indian Journal of Pediatrics, 72*(10), 855-857. https://doi.org/10.1007/BF02731115

Olson, K., & Sands, S. A. (2015): Cognitive training programs for childhood cancer patients and survivors: A critical review and future directions. *Child Neuropsychology, 22*(5), 509-536. https://doi.org/10.1080/09297049.2015.1049941

Pires, E. U. (2010). *Ontogênese das funções cognitivas: Uma abordagem neuropsicológica* [Dissertação de mestrado, Pontifícia Universidade Católica do Rio de Janeiro]. https://doi.org/10.17771/PUCRio.acad.35595

Pontes, L. M. M., & Hübner, M. M. C. (2008). A reabilitação neuropsicológica sob a ótica da psicologia comportamental. *Archives of Clinical Psychiatry, 35*(1), 6-12. https://doi.org/10.1590/S0101-60832008000100002

Prigatano, G. P. (1997). Learning from our successes and failures: Reflections and comments on "Cognitive rehabilitation: How it is and how it might be". *Journal of the International Neuropsychological Society, 3*(5), 497-499. https://doi.org/10.1017/S1355617797004979

Pureza, Janice R., & Fonseca, Rochele P. (2017). Development and content validity of the CENA Program for Educational Training on the Neuropsychology of Learning, with an emphasis on executive functions and attention. *Dementia & Neuropsychologia, 11*(1), 79-87. https://doi.org/10.1590/1980-57642016dn11-010012

Robertson, I. H., & Murre, J. M. (1999). Rehabilitation of brain damage: Brain plasticity and principles of guided recovery. *Psychological Bulletin, 125*(5), 544-575. https://doi.org/10.1037/0033-2909.125.5.544

Robinson, G. A., & Weekes, B. S. (2007). Rehabilitation in clinical neuropsychology. In G. Davey (ed.), *Clinical Psychology: Topics in Applied Psychology* (pp. 207-228). Hodder Arnold.

Rodrigues, C. F. S., Lima, F. J. C., & Barbosa, F. T. (2017). Importance of using basic statistics adequately in clinical research. *Revista Brasileira de Anestesiologia, 67*(6), 619-625. https://doi.org/10.1016/j.bjane.2017.01.011

Semrud-Clikeman, M. (2010). Pediatric traumatic brain injury: Rehabilitation and transition to home and school. *Applied Neuropsychology, 17*(2), 116-122. https://doi.org/10.1080/09084281003708985

Simon, S. S., & de Oliveira Ribeiro, M. P. (2011). Comprometimento cognitivo leve e reabilitação neuropsicológica: Uma revisão bibliográfica. *Psicologia Revista, 20*(1), 93-122. https://revistas.pucsp.br/psicorevista/article/view/6795/4918

Slomine, B., & Locascio, G. (2009). Cognitive rehabilitation for children with acquired brain injury. *Developmental Disabilities Research Reviews, 15*(2), 133-143. https://doi.org/10.1002/ddrr.56

Sohlberg, M. M., & Mateer, C. A. (1989). *Introduction to cognitive rehabilitation: Theory and practice*. Guilford.

Sohlberg, M. M., & Mateer, C. A. (2001). *Cognitive rehabilitation: An integrative neuropsychological approach*. Guilford.

Souza, A. C., Alexandre, N. M. C., & Guirardello, E. B. (2017). Propriedades psicométricas na avaliação de instrumentos: Avaliação da confiabilidade e da validade. *Epidemiologia e Serviços de Saúde, 26*(3), 649-659. https://doi.org/10.5123/s1679-49742017000300022

Stores, G. (2016). Multifactorial influences, including comorbidities, contributing to sleep disturbance in children with a neurodevelopmental disorder.

CNS Neuroscience & Therapeutics, 22(11), 875-879. https://doi.org/10.1111/cns.12574

Strauss, E., Sherman, E. M. S., & Spreen, O. (2006). A Compendium of Neuropsychological Tests: Administration, Norms, and Commentary. Applied Neuropsychology, 14(1), 62-63. https://doi.org/10.1080/09084280701280502

Summers, S. (1993). Establishing the reliability and validity of a new instrument: Pilot testing. Journal of post Anesthesia Nursing, 8(2), 124-127. https://www.ncbi.nlm.nih.gov/pubmed/8501655

Tirapu-Ustárroz, J. (2011). Neuropsicología: Neurociência y las ciencias "psi". Cuadernos de Neuropsicología, 5(1), 11-24. http://www.cnps.cl/index.php/cnps/article/viewFile/113/100

Uehara, E., & Woodruff, E. (2016). Treino cognitivo informatizado. In L. F. Malloy-Diniz, P. Mattos, N. Abreu & D. Fuentes (orgs.), Neuropsicologia: Aplicações clínicas (pp. 380-391). Artmed.

Ward, S. C., Whalon, K., Rusnak, K., Wendell, K., & Paschall, N. (2013). The association between therapeutic horseback riding and the social communication and sensory reactions of children with autism. Journal of Autism and Developmental Disorders, 43, 2190-8. https://doi.org/10.1007/s10803-013-1773-3

Wilson, B. A. (2002). Towards a comprehensive model of cognitive rehabilitation. Neuropsychological Rehabilitation, 12(2), 97-110. https://doi.org/10.1080/09602010244000020

Wilson, B. A. (2003). Reabilitação das deficiências cognitivas. In R. Nitrini, P. Caramelli & L. L. Mansur (org.), Neuropsicologia: Das bases anatômicas à reabilitação (pp. 314-343). HCFMUSP.

Wilson, B. A. (2008). Neuropsychological rehabilitation. Annual Review of Clinical Psychology, 4, 141-162. https://doi.org/10.1146/annurev.clinpsy.4.022007.141212

Wilson, B. A. (2009). Evidence for the effectiveness of neuropsychological rehabilitation. In B. A. Wilson, F. Gracey, J. J. Evans & A. Bateman (eds.), Neuropsychological rehabilitation: Theories, models, therapy, and outcome (pp. 22-36). Cambridge University Presss.

Wilson, B. A., Herbert, C. M., & Shiel, A. (2004). Behavioural approaches in neuropsychological rehabilitation: Optimising rehabilitation procedures. Psychology Press.

10
Especificidades do laudo psicológico para crianças e adolescentes

Daniela Sacramento Zanini
Pontifícia Universidade Católica de Goiás

Ariane Cristina Ramello Carvalho
Alessandra Gotuzo Seabra
Universidade Presbiteriana Mackenzie

Highlights
- A produção de um laudo psicológico é uma das etapas do processo de avaliação psicológica.
- A Resolução CFP n. 6/2019 normatiza a estrutura do laudo psicológico.
- O laudo psicológico resultante do processo de avaliação psicológica de crianças e adolescentes apresenta algumas características específicas.

Introdução

A atividade de avaliação psicológica é uma prática profissional do psicólogo (Reppold, Zanini & Noronha, 2019) e recentemente foi reconhecida como uma especialidade da psicologia pela Resolução CFP n. 18/2019 (CFP, 2019). Como prática profissional ampara-se no conhecimento da Ciência Psicológica e é regulamentada pela lei que reconhece a profissão de psicólogo no Brasil (Brasil, 1962). Além disso, a atuação do psicólogo na área da avaliação psicológica deve estar alinhada com as orientações do Conselho Federal de Psicologia (CFP) e dos respectivos conselhos regionais (CRs) (Cardoso & Zanini, 2019).

Como especialidade de atuação profissional a avaliação psicológica requer que o psicólogo que venha a trabalhar neste campo apresente alguns conhecimentos e habilidades específicas. O documento que regula o reconhecimento do título de especialista em avaliação psicológica aponta um conjunto desses conhecimentos e habilidades também comentados na Resolução CFP n. 18/2019 (CFP, 2019). De forma específica, destaca-se que o psicólogo ao realizar avaliação psicológica: (a) avalia fenômenos psicológicos de ordem cognitiva, comportamental, social e afetiva em diferentes contextos; (b) compreende estudos aprofundados sobre fundamentos, métodos e técnicas de obtenção e análise integrativa de informações para avaliação de fenômenos, processos e construtos psicológicos, visando a orientar práticas profissionais nos principais campos de atuação da(o) psicóloga(o); (c) elabora documentos escritos decorrentes do processo de avaliação psicológica.

Entre os documentos decorrentes do processo de avaliação psicológica pode-se dizer que o laudo psicológico é o mais frequente. O presente capítulo tem por objetivo apresentar as características básicas e aspectos fundamentais a se considerar na elaboração de um laudo psicológico resultante do processo de avaliação de crianças e adolescentes. Além disso, se discutirão as características dos fenômenos psicológicos estudados nesta fase da vida (item a, acima), assim como as especificidades dos fundamentos, métodos e técnicas de obtenção e integração das informações na construção deste tipo de documento psicológico para este público específico (item b), articulando com os documentos que regulam a atividade profissional do psicólogo no Brasil.

Para isso, iniciamos com a definição de avaliação psicológica e laudo psicológico a partir da literatura científica e das resoluções do Conselho Federal de Psicologia (CFP). Em seguida, apresentamos um detalhamento sobre como deve ser feito um laudo psicológico. Ao final, abordamos os aspectos específicos quando se trata de laudos de crianças e adolescentes, tais como o encaminhamento realizado para outros profissionais; a necessidade de contato com a família e, usualmente, também com a escola para possibilitar a coleta das informações; a importância de conhecimento aprofundado sobre o desenvolvimento infantil; e as questões éticas específicas como sigilo *versus* compartilhamento de informações com a família e a escola em benefício da criança e/ou adolescente atendido.

O processo de avaliação psicológica

A avaliação psicológica consiste em "um processo estruturado de investigação de fenômenos psicológicos, composto de métodos, técnicas e instrumentos, com o objetivo de prover informações a tomada de decisão no âmbito individual, grupal ou institucional com base em demandas, condições e finalidades específicas", abordado na Resolução CFP n. 9/2018 (CFP, 2018). Em termos procedimentais toda avaliação psicológica inicia-se com o levantamento da demanda (ou pergunta desencadeadora do processo avaliativo). A partir desse levantamento da demanda o psicólogo, então, escolhe a melhor forma (métodos, técnicas ou instrumentos mais adequados para coletar as informações necessárias para responder a demanda), propõe um método de trabalho (definindo os procedimentos de coleta de informações, os informantes etc.), executa seu plano de trabalho, analisando os resultados, interpretando-os e triangulando-os com outras fontes de informações, elabora um documento psicológico resultante desse processo avaliativo e promove a devolução desse resultado (e documento) a quem de direito (Reppold, Zanini & Noronha, 2019; Resolução CFP n. 9/2018; Resolução CFP n. 6/2019). Dessa forma, pode-se dizer que todo processo de avaliação psicológica se inicia com o levantamento da demanda e finaliza-se com a elaboração de um documento psicológico e entrevista devolutiva.

Apresentar competência e habilidade para realizar cada uma das etapas do processo de avaliação psicológica é responsabilidade do profissional psicólogo. Prescindir desse compromisso, de conhecer e dominar cada uma dessas etapas, pode ser considerado uma falta ética, abordado pela Resolução CFP n. 10/2005 (CFP, 2005), prevista no *Código de Ética Profissional do Psicólogo* (para mais informações sobre questões éticas, cf. cap. 11 desta obra: "Aspectos éticos na avaliação psicológica de crianças e adolescentes").

No que tange ao objetivo deste capítulo, conhecer como se constrói um documento psicológico e mais especificamente um laudo psicológico é de suma importância tanto do ponto de vista da competência científica como das normativas da profissão. Para isso, destacamos alguns aspectos fundamentais que devem ser considerados em sua construção e suas especificidades em relação ao processo de avaliação de crianças e adolescentes.

Laudo psicológico: Definição e aspectos gerais

O laudo psicológico é um documento escrito pelo profissional psicólogo que tem como finalidade informar, de forma sistemática, os resultados e opinião técnica deste profissional acerca de um processo de avaliação psicológica (Cristo-Silva & Alchieri, 2011). Como consequência busca aumentar a compreensão de quem o solicitou para que tome decisões importantes em relação a condutas a serem adotadas, além de poder ser útil na comunicação com os profissionais de outras áreas para ajudar na tomada de decisão e/ou realização de encaminhamentos e planejamento de intervenções eficazes (Junqueira, Zanini & Ferreira, 2019).

A produção de um laudo psicológico pode ser considerada uma das etapas do processo de avaliação psicológica (Reppold, Zanini & Noronha, 2019) e corresponde a uma das expressões da competência do psicólogo (Cristo-Silva & Alchieri, 2011). Essa competência pode ser relativa ao conhecimento científico da psicologia como também relativa ao domínio da técnica da profissão expressa por meio dos documentos normatizadores da profissão no Brasil.

Em relação a esse último aspecto, atualmente a escrita de documentos psicológicos é regulada por meio da Resolução CFP n. 6/2019 (CFP, 2019) que institui regras para a elaboração de documentos escritos produzidos pela(o) psicólo-

ga(o) no exercício profissional e revoga a Resolução CFP n. 15/1996, a Resolução CFP n. 7/2003 e a Resolução CFP n. 4/2019. No capítulo II, que versa sobre as disposições especiais, seção I da presente resolução, apresentam-se os princípios fundamentais na elaboração de documentos psicológicos. E, embora a explicitação de alguns aspectos neste item possa parecer redundante, a análise dos processos éticos recebidos nos conselhos regionais revela um déficit na habilidade do psicólogo na construção e redação de seus documentos (Zaia, Oliveira & Nakano, 2018), o que corrobora a necessidade de melhor explicitação do que se espera em um documento psicológico.

De forma geral, a Seção I explicita que a escrita do profissional do psicólogo deve estar amparada em três aspectos:

Primeiro, trata-se de um documento e, neste sentido, deve apresentar as características formais de qualquer documento (p. ex., deve ter uma finalidade bem definida, rubrica em todas as páginas, numeração de páginas, assinatura e data ao final do documento etc.). Quanto a esse aspecto cabe destacar que o descuido em qualquer um destes pontos pode gerar problemas para o psicólogo, uma vez que possibilita o mau uso e/ou fraude do documento. Por exemplo, caso o psicólogo não explicite no item "Identificação" do laudo psicológico qual a sua finalidade, não há como garantir o uso que lhe será dado pelo paciente, familiar ou qualquer outra pessoa que venha a ter acesso ao documento psicológico resultante dessa avaliação.

Segundo, os documentos psicológicos devem ser elaborados conforme os princípios de qualidade técnica e científica, e devem conter dados fidedignos que validam a construção do pensamento psicológico e a finalidade a que se destina (cf. Resolução CFP n. 6/2019, art. 5).

Isso significa dizer que: (a) devem ser redigidos com linguagem técnica e não coloquial e de senso comum; (b) devem basear-se nas normativas técnicas da profissão de psicólogo assim como em métodos, técnicas e instrumentos psicológicos reconhecidos cientificamente para uso na prática profissional da(o) psicóloga(o) (fontes fundamentais de informação), podendo, a depender do contexto, recorrer a procedimentos e recursos auxiliares (fontes complementares de informação) (Resolução CFP n. 9/2018); (c) devem considerar a plasticidade e dinâmica dos fenômenos psicológicos e as condicionantes históricas e sociais que podem influenciá-los; e (d) devem apresentar o material teórico técnico utilizado para elaboração de seu documento em forma de referências colocadas em nota de rodapé (e não ao final do texto, pois não se trata de um trabalho acadêmico e sim de um documento e, portanto, como tal, deve ser encerrado com data e assinatura de quem o emite).

O terceiro aspecto que cabe ressaltar da escrita de um documento psicológico e, por conseguinte, de um laudo psicológico, é a atenção que deve ser dada aos princípios éticos. A esse aspecto cabe destacar que o documento psicológico não deve apresentar descrições literais dos atendimentos (salvo quando isso for estritamente necessário e se justificar tecnicamente), a fim de não se incorrer em quebra de sigilo profissional. Ademais, conforme especificado no artigo. 7º, deve-se atentar para as informações contidas no *Código de Ética Profissional do Psicólogo* e a observância do sigilo profissional em relação às equipes interdisciplinares, relações com a justiça e com as políticas públicas, e o alcance das informações na garantia dos direitos humanos, identificando riscos e compromissos do alcance social do documento elaborado. Esses aspectos

também serão explorados no capítulo 11, que versa sobre "Aspectos éticos na avaliação psicológica de crianças e adolescentes".

Laudo psicológico: aspectos formais e técnicos

Conforme explicitado anteriormente, a escrita de um documento psicológico é normatizada pelo CFP, sendo o documento que o regula atualmente a Resolução CFP n. 6/2019 (CFP, 2019). De acordo com essa norma, são documentos provenientes da avaliação psicológica o laudo psicológico e o atestado psicológico.

Em linhas gerais pode-se dizer que o atestado é um documento mais conciso, que busca apresentar apenas a descrição de se o avaliando está apto ou não para determinada atividade, por exemplo. Nesse sentido, ele é mais utilizado em avaliações psicológicas compulsórias e/ou quando quem o recebe é outra pessoa além do avaliando. Dessa forma, trata-se de um procedimento mais ético a produção de um documento conciso que ofereça a informação necessária sobre a demanda específica de avaliação psicológica (no caso o atestado) do que a realização de um documento mais completo e descritivo dos processos psicológicos (como realizado no laudo psicológico). Em todo caso, saber quando emitir cada um desses documentos, assim como atender a seus aspectos formais, é de responsabilidade do psicólogo e corresponde a uma competência necessária para realização desta atividade profissional. Por isso, a formação continuada e consulta periódica aos documentos da profissão são sempre necessários.

Em relação especificamente ao laudo psicológico, a Resolução CFP n. 6/2019 (CFP, 2019) explicita, em seu artigo 13, inciso I, que o laudo psicológico deve conter narrativa detalhada, didática, com precisão e harmonia de forma a tornar-se compreensível ao destinatário. Além disso, no inciso II, ainda se explicita que sua construção deve se dar com base no registro documental elaborado pelo psicólogo de acordo com a Resolução CFP n. 1/2009 (CFP, 2009) e os dados devem ser obtidos e interpretados por meio de métodos, técnicas e procedimentos reconhecidos cientificamente para uso na prática profissional do psicólogo, conforme Resolução CFP n. 9/2018 (CFP, 2018). Isso significa dizer que (1) a escrita de um laudo psicológico não se dá de maneira livre, mas deve estar amparada teórica e tecnicamente na Ciência Psicológica e em métodos, técnicas e procedimentos reconhecidos cientificamente para uso na prática profissional do psicólogo e, portanto, nas normativas do Conselho Federal de Psicologia e (2) os procedimentos e conclusões devem estar amparados pelos registros documentais dos atendimentos e sessões realizados, ou seja, não se pode apresentar, no laudo psicológico, informações sobre número de sessões, informantes e procedimentos realizados que não constem nos registros documentais do psicólogo (prontuário ou registro psicológico).

Ainda, na construção do laudo psicológico, o psicólogo deve considerar a natureza dinâmica dos fenômenos psicológicos (inciso III) e apontar os procedimentos utilizados e conclusões resultantes do processo de avaliação psicológica, porém limitando-se a fornecer as informações necessárias para responder à demanda inicial (inciso IV). Isso significa dizer que o laudo necessariamente deve apresentar uma conclusão que responda à demanda ou pergunta inicial que originou o processo avaliativo. Contudo, cabe ao psicólogo diferenciar a solicitação realizada (aquilo que é pedido para o psicólogo no ato da contratação da avaliação psicológica) da demanda psicológica que origina o processo avaliativo (para aprofundamento, cf. o cap. 11, "Aspectos éticos na avaliação psicológica de crianças e adolescentes").

Em termos da estrutura formal, a Resolução CFP n. 6/2019 (CFP, 2019) institui que o laudo psicológico deve, necessariamente, apresentar a estrutura e informações dos seguintes itens: identificação, descrição da demanda, procedimento, análise, conclusão e referências.

Na *identificação*, o psicólogo deve apresentar alguns aspectos fundamentais para identificação da pessoa avaliada, do avaliador e dos fins que podem ser dados a esse documento. De forma específica essa seção deve conter: o nome da pessoa que está sendo atendida, o nome de quem solicitou a avaliação psicológica, a finalidade do laudo (se será para avaliação de nível de escolarização, para auxiliar no esclarecimento de algum diagnóstico etc.) e nome completo e sem abreviações do psicólogo responsável pela condução do processo de avaliação psicológica e elaboração do documento.

Na *descrição da demanda*, o psicólogo deve descrever o que motivou a busca pelo processo de avaliação psicológica. Não se trata da solicitação recebida (p. ex., saber quem deve ficar com a guarda da criança) mas sim da demanda psicológica percebida a partir da solicitação recebida (p. ex., avaliar as condições psicossociais dos contextos parentais para o desenvolvimento saudável da criança). A descrição da demanda é indispensável, pois evita o uso desse documento em contextos ou situações para as quais ele não foi elaborado.

Nos *procedimentos* o psicólogo deve descrever os recursos, técnicas e instrumentos utilizados na avaliação psicológica a fim de obter informações necessárias. Também devem ser indicados a quantidade de sessões realizadas, o tempo de duração destas e do processo avaliativo e as pessoas que contribuíram como fontes de informação sobre o avaliando. Os procedimentos adotados devem ser pertinentes à complexidade do processo avaliativo realizado e necessariamente devem atender a Resolução CFP n. 9/2018 (CFP, 2018). Ressalta-se que, conforme apontado anteriormente, todos esses procedimentos devem, necessariamente, estar documentados no registro documental do psicólogo. A ausência deste registro pode indicar que a construção do laudo psicológico não foi amparada pelos atendimentos realizados.

A *análise* consiste na exposição descritiva e minuciosa por parte do profissional dos resultados encontrados na avaliação e sua associação entre queixa, demanda e dados obtidos. É nesta seção que o profissional precisará explicar seu raciocínio clínico-científico, apoiado nas fontes de informação fundamental e complementar de acordo com a Resolução CFP n. 9/2018, pelos dados quantitativos (p. ex., escores de testes) e qualitativos (p. ex., descrição de comportamento do avaliando durante a avaliação), bem como respaldado por uma teoria e técnica psicológicas. Ressalta-se a importância de interpretar os dados quantitativos derivados dos testes psicológicos e não apenas descrevê-los. Para tanto, é imprescindível o conhecimento aprofundado acerca do construto avaliado, instrumento utilizado, alcance e limites da avaliação por parte do profissional (Fonseca, Prando & Zimmermann, 2016). Nesse sentido, espera-se do profissional uma habilidade e competência maior do que a simples aplicação do teste psicológico e consulta à tabela normativa.

Por fim, na *conclusão*, o psicólogo deve apresentar as principais considerações da análise do caso sob a perspectiva da natureza dinâmica do desenvolvimento biopsicossocial e das condicionantes histórico-sociais que podem interferir no processo psicológico. Isso significa dizer que o psicólogo deve ser capaz de avaliar as condições e contextos que podem estar influenciando os processos psicológicos avaliados, assim como interpretar os resultados em termos da dinamicidade dos fenômenos psicológicos e não estabilidade temporal, isto é, os resultados da avaliação podem sofrer alterações ao longo do tempo, dependendo das intervenções adotadas. Além disso, o psicólogo deve fazer suas recomendações para nortear o avaliando e o solicitante após a avaliação, o que inclui encaminhamentos, intervenções, orientações mais pontuais, projeto terapêutico e hipóteses diagnósticas, contidos na Resolução CFP n. 6/2019 (CFP, 2019).

Por fim, em relação às *referências*, o psicólogo deve informar quais foram as fontes bibliográficas e científicas que foram utilizadas e que embasaram seu raciocínio clínico, como por exemplo os testes psicológicos, as técnicas de entrevistas e observação de comportamento etc. Contudo, destaca-se que, conforme orientado pela Resolução CFP n. 6/2019 (CFP, 2019), estas referências devem ser colocadas em nota de rodapé e não após a assinatura do profissional, pois conforme apontado anteriormente o laudo psicológico é um documento e como tal deve ser finalizado com data e assinatura de quem o emite.

Além de toda a estrutura formal é importante se atentar para a elaboração de um laudo de qualidade técnico-científica. Por exemplo, um laudo deve estabelecer uma relação explícita entre a demanda para avaliação psicológica e os resultados obtidos, de modo a respondê-los. Essa informação pode ser colocada na *conclusão*, por meio de uma escrita concisa e suficientemente explícita para que o leitor/receptor do laudo consiga entender sua exposição. A narrativa deve ser detalhada e didática, evitando jargões (como palavras específicas do campo psicológico) e fornecendo definições para os termos técnicos (Bagby & Solomon-Krakus, 2019). Assim, o laudo se torna acessível e compreensível ao leitor, de acordo com o preconizado pelo *Código de Ética Profissional do Psicólogo* (Cepp) e Resolução CFP n. 6/2019 (CFP, 2019).

O raciocínio clínico é complexo e muitos profissionais não conseguem transpor no laudo, com precisão, as suas hipóteses e interpretações sobre o caso avaliado (Ownby, 1997), sendo essa uma habilidade importante que o profissional precisa aprimorar constantemente. Com isso, é necessário que o profissional dedique um tempo considerável para a organização das informações e a escrita dos resultados. Para isso, uma recomendação é organizar as informações de acordo com a função cognitiva ou o aspecto avaliado, bem como integrar as interpretações com as diferentes fontes de informação utilizadas e relacioná-las ao mundo da pessoa avaliada (Groth-Marnat & Davis, 2014). Estes aspectos ajudam a responder perguntas, como por exemplo: de que forma os resultados encontrados explicam o comportamento impulsivo? Quais resultados explicam o comportamento antissocial?

Em relação à linguagem, é recomendado o uso de sentenças curtas, palavras menos difíceis, uso de subtítulos para separar os assuntos e parágrafos organizados de forma que as afirmações mais gerais venham em primeiro lugar e, na sequência, as informações mais específicas (Groth-Marnat & Davis, 2014). Além disso, o profissional precisa ter o cuidado de colocar apenas informações que são relacionadas à queixa e à demanda. Detalhes que não contribuem com o raciocínio do caso são desnecessários e tornam o laudo cansativo e confuso, além de poder expor a pessoa avaliada.

Acerca desses aspectos, sugere-se consultar a Resolução CFP n. 6/2019 – Comentada, que pode ser encontrada no site do Conselho Federal de Psicologia.

Especificidades do laudo psicológico em avaliações de crianças e adolescentes

Além dos aspectos gerais e formais da elaboração de laudo psicológico, a construção de um documento resultante do processo de avaliação psicológica de crianças e adolescentes também apresenta algumas características específicas. Entre elas, destaca-se em sua grande maioria os processos de avaliação psicológica: (1) vêm a partir de uma demanda externa e não da pessoa avaliada; (2) envolvem múltiplos informantes e, em certa medida, o trabalho interdisciplinar; envolvem, necessariamente, o conhecimento do desenvolvimento infantil e psicopatologia do desenvolvimento.

Avaliação psicológica como demanda externa (e não da pessoa avaliada)

Um aspecto importante na avaliação de crianças e adolescentes é que, na maioria das vezes, o encaminhamento vem da escola, pois, em geral, crianças e adolescentes que são encaminhados para a avaliação psicológica costumam apresentar dificuldades de aprendizagem ou problemas de comportamento, principalmente os comportamentos externalizantes (p. ex., agressividade física). Neste caso, a avaliação poderá contribuir para explicitar a queixa e orientar os encaminhamentos necessários (Dias & Seabra, 2019).

Outra fonte de encaminhamento frequente é a família. Neste contexto, a criança e o adolescente podem apresentar dificuldades e comportamentos não observados em outros ambientes. É importante o psicólogo observar quais são as diferenças de relato entre pais e professores, pois a literatura evidencia quão discrepantes podem ser os relatos dessas duas fontes de informação. Além disso, é importante considerar as diversas demandas cognitivas e socioemocionais destes indivíduos (Martoni, Trevisan, Dias & Seabra, 2016; Dias & Seabra, 2019).

Dessa forma, no caso do laudo psicológico de adolescentes e, especialmente, de crianças, a demanda é proveniente de outras pessoas que não o usuário do serviço, ao contrário do que ocorre no processo de avaliação de adultos. Portanto, o psicólogo tem questões específicas para lidar, tais como as questões éticas sobre o que será ou não exposto à família e à escola; o desenvolvimento da confiança, por parte do avaliando, sobre o sigilo profissional; e a necessidade de obtenção de informações relatadas por terceiros.

Os múltiplos informantes e equipe interdisciplinar

Outra especificidade do laudo psicológico de crianças e adolescentes é que, com frequência, o psicólogo precisará considerar os relatos ou avaliações de outros profissionais. Usualmente essa criança/adolescente já foi avaliada, por exemplo, por um médico ou outro profissional da saúde, que pode ter se manifestado acerca dos comportamentos ou queixas inicialmente levantados pela família ou pela escola. Logo, é importante considerar tais relatos e, muitas vezes, uma avaliação multidisciplinar pode ser necessária. Portanto, é possível que o documento final seja um relatório multiprofissional (CFP, 2019).

De fato, estudos brasileiros têm revelado que família, escola e outros profissionais, especialmente os médicos, são os principais responsáveis pelo encaminhamento de crianças e adolescentes a clínicas psicológicas. Por exemplo, Cunha e Benetti (2009), em um estudo analisando 899 pacientes de todas as faixas etárias, entre 1999 e 2006, identificaram que o público infantil correspondia a 51,8% da procura. O encaminhamento foi feito por escolas (63,5%), familiares (10,4%), serviços médicos comunitários (9,4%) e pediatras (9%). Foi interessante observar que, nas crianças pequenas, de 2 a 5 anos de idade, a maioria dos encaminhamentos foi feita por pediatras (26,7%) e familiares (25%), já entre crianças mais velhas, de 6 a 12 anos, a escola foi a principal fonte de encaminhamentos (90%). Compativelmente com tais resultados, observou-se que, nas crianças pequenas, as queixas mais frequentes eram relacionadas a sintomas emocionais e dificuldades interpessoais; já nas crianças mais velhas, a queixa principal referiu-se a dificuldades escolares.

Resultados semelhantes foram encontrados por Borsa et al. (2013). Entre crianças de 6 a 18 anos, atendidas entre 2009 e 2011, problemas de aprendizagem figuraram como a queixa mais frequente (45,8%). Os encaminhamentos foram feitos por: neurologistas (39%), psiquiatras (23,7%), neuropediatras (10,2%), psicólogos(as) (5,1%), escola (5,1%), profissionais da psicopedagogia (3,4%) e fonoaudiólogos (1,7%).

Necessidade de conhecimento sobre o desenvolvimento infantil e psicopatologia do desenvolvimento

Ressalta-se que, para que a avaliação psicológica infantil, e consequentemente o laudo psicológico sejam realizados de forma competente, é necessário um conhecimento aprofundado sobre o desenvolvimento infantil e a variabilidade esperada em cada área a ser avaliada (Dias & Seabra, 2019). Adicionalmente, é fundamental compreender que alguns quadros têm sintomas específicos no público infantil, diferentes dos que são usuais nos adultos. Por exemplo, em relação aos transtornos de humor, sintomas externalizantes podem ser mais frequentes nas crianças, enquanto sintomas internalizantes são mais usuais nos adultos (Reppold, Serafini, Ramires & Gurgel, 2017), o que reforça a necessidade de que o profissional que realiza a avaliação com crianças e adolescentes tenha conhecimentos específicos e aprofundados sobre essa faixa etária.

Considerações finais

A avaliação psicológica requer que o psicólogo que venha a trabalhar neste campo tenha alguns conhecimentos e habilidades específicas. Entre elas, a redação de documentos psicológicos é fundamental. Entre os documentos decorrentes do processo de avaliação psicológica pode-se dizer que o laudo psicológico é o mais frequente. Este capítulo teve por objetivo apresentar as características básicas e aspectos fundamentais a se considerar na elaboração de um laudo psicológico resultante do processo de avaliação de crianças e adolescentes.

Nesse sentido, foram apresentadas as características fundamentais que devem ser consideradas ao elaborar o laudo psicológico resultante do processo de avaliação psicológica de crianças e adolescentes. Entre elas destaca-se a estrutura formal e a qualidade técnico-científica da escrita, as normativas que regulamentam a emissão de documentos psicológicos no Brasil, assim como os fundamentos científicos nacionais e internacionais de sua escrita.

Adicionalmente, aspectos específicos da construção de um laudo psicológico resultante da avaliação psicológica de crianças e adolescentes foram contemplados. Dentre eles, destacam-se o fato de a procura pela avaliação usualmente ser feita por outra pessoa que não a avaliada; a necessidade de contato com a família, com a escola e, frequentemente, com outros profissionais que já tenham avaliado a criança ou que venham a avaliá-la; a importância de se conhecer em profundidade o desenvolvimento infantil e suas alterações; e o cuidado no compartilhamento das informações e no respeito ao sigilo profissional. Dessa maneira, observa-se que, além de todo o rigor exigido no processo de realização de um laudo psicológico, quando se trata de crianças e adolescentes há ainda outros aspectos a serem considerados, de forma que o objetivo da avaliação seja alcançado respeitando os direitos e buscando o benefício maior da criança ou adolescente.

Referências

Bagby, R. M., & Solomon-Krakus, S. (2019). Writing a psychological report using evidence-based psychological assessment methods. In M. Sellbom & J. Suhr (orgs.), *The Cambridge handbook of clinical assessment and diagnosis* (pp. 101-110). Cambridge University Press.

Borsa, J. C., Sebabinazi, J. D., Stenert, F., Yates, D., & Bandeira, D. R. (2013). Caracterização da clientela infantojuvenil de uma clínica-escola de avaliação psicológica de uma universidade brasileira. *Psico, 44*, 73-81.

Brasil. (1962). *Lei n. 4.119, de 27 de agosto de 1962*. Dispõe sobre os cursos de formação em psicologia e regulamenta a profissão de psicólogo. http://www.planalto.gov.br/ccivil_03/LEIS/1950-1969/L4119.htm

Cardoso, L. M., & Zanini, D. S. (2019). O papel dos conselhos: Orientações normativas, resoluções e o Satepsi. In M. N. Baptista et al. (orgs.), *Compêndio de avaliação psicológica*. Vozes.

Conselho Federal de Psicologia – CFP. (2005). *Resolução CFP n. 10/2005*. Aprova o Código de Ética Profissional do Psicólogo. http://site.cfp.org.br/wp-content/uploads/2012/07/codigo_etica.pdf

Conselho Federal de Psicologia. (2018). *Resolução CFP n. 9/2018*. Estabelece diretrizes para a realização de avaliação psicológica no exercício profissional da psicóloga e do psicólogo, regulamenta o Sistema de Avaliação de Testes Psicológicos – Satepsi e revoga as resoluções n. 2/2003, n. 6/2004 e n. 5/2012 e notas técnicas n. 1/2017 e 2/2017. https://site.cfp.org.br/wp-content/uploads/2018/04/Resolu%C3%A7%C3%A3o-CFP-n%C2%BA-09-2018-com-anexo.pdf

Conselho Federal de Psicologia. (2019). *Resolução CFP n. 18/2019*. Reconhece a avaliação psicológica como especialidade da Psicologia e altera a Resolução CFP n. 13, de 14 de setembro de 2007, que institui a Consolidação das Resoluções relativas ao Título Profissional de Especialista em Psicologia. https://atosoficiais.com.br/cfp/resolucao-do-exercicio-profissional-n-18-2019-reconhece-a-avaliacao-psicologica-como-especialidade-da-psicologia-e-altera-a-resolucao-cfp-no-13-de-14-de-setembro-de-2007-que-institui-a-consolidacao-das-resolucoes-relativas-ao-titulo-profissional-de-especialista-em-psicologia

Conselho Federal de Psicologia. (2019). *Resolução CFP n. 6/2019 – Comentada*. Orientações sobre elaboração de documentos escritos produzidos pela(o) psicóloga(o) no exercício profissional. https://site.cfp.org.br/wp-content/uploads/2019/09/Resolu%C3%A7%C3%A3o-CFP-n-06-2019-comentada.pdf

Cristo-Silva, F. H. V., & Alchieri, J. C. (2011). Laudo psicológico: Operacionalização e avaliação dos indicadores de qualidade. *Psicologia: Ciência e Profissão, 31*(3), 518-535.

Cunha, T. R. S., & Benetti, S. P. C. (2009). Caracterização da clientela infantil numa clínica-es-cola de psicologia. *Boletim de Psicologia, 59*(130), 117-127. http://pepsic.bvsalud.org/scielo.php?script=sci_arttext & pid=S0006-59432009000100010 & lng=pt & tlng=pt

Dias, N. M., & Seabra, A. G. (2019). Avaliação neuropsicológica e seu papel no direcionamento da intervenção. In C. O. Cardoso & N. M. Dias (orgs.), *Intervenção neuropsicológica infantil: Da estimulação precoce-preventiva à reabilitação* (pp. 29-70). Pearson.

Fonseca, R. P., Prando, M. L., & Zimmermann, N. (2016). *Tarefas para Avaliação Neuropsicológica: Avaliação de linguagem e funções executivas em crianças*. Memnon.

Groth-Marnat, G., & Davis, A. (2013). *Psychological report writing assistant*. Wiley.

Groth-Marnat, G., & Davis, A. (2014). *Psychological report writing assistant*. Wiley & Sons.

Harvey, V. S. (2005). Variables affecting the clarity of psychological reports. *Journal of Clinical Psychology, 62*(1), 5-18.

Junqueira, K. F., Zanini, D. S., & Ferreira, L. O. E. (2019). Avaliação psicológica em contexto de reabilitação física e cognitiva. In C. S. Hutz, D. R. Bandeira, C. M. Trentini & E. Remor (orgs.), *Avaliação psicológica nos contextos de saúde e hospitalar* (pp. 88-102). Artmed.

Martoni, A. T., Trevisan, B. T., Dias, N. M., & Seabra, A. G. (2016). Funções executivas: Relação entre relatos de pais, de professores e desempenho de crianças. *Temas em Psicologia, 24*(1), 173-188.

Ownby, R. L. (1997). *Psychological reports: A guide to report writing in professional psychology*. John Wiley & Sons.

Reppold, C. T., Jung, A., Angelini, D. R., & Gurgel, L. G. (2017). Análise dos manuais psicológicos aprovados pelo Satepsi para avaliação de crianças e adolescentes no Brasil. *Avaliação Psicológica, 16*(1), 19-28.

Reppold, C. T., Zanini, D. S., & Noronha, A. P. P. (2019). O que é avaliação psicológica. In M. N. Baptista et al. (orgs.), *Compêndio de avaliação psicológica*. Vozes.

Zaia, P., Oliveira, K. S., & Nakano, T. C. (2018). Análise dos processos éticos publicados no Jornal do Conselho Federal de Psicologia. *Psicologia: Ciência e Profissão, 38*(1), 8-21.

11
Aspectos éticos na avaliação psicológica de crianças e adolescentes

Daniela Sacramento Zanini
Pontifícia Universidade Católica de Goiás

Monalisa Muniz
Universidade Federal de São Carlos

Highlights
- O ECA é essencial para a prática da avaliação psicológica de crianças e adolescentes.
- Dilemas éticos na atuação do psicólogo devem ser embasados nas normativas do Conselho Federal de Psicologia.
- A ética precede qualquer atuação do profissional da Psicologia.

Introdução

A ética pode ser compreendida como a parte da filosofia que investiga as normas, valores e os princípios que orientam o comportamento humano. De acordo com Vásquez (1995), a ética investiga o modo pelo qual a responsabilidade moral se relaciona com a liberdade e com o determinismo ao qual os atos estão sujeitos. Dessa forma, não se trata da análise de uma situação concreta (e isolada) de um problema prático-moral, mas sim de seu estudo teórico e geral.

Refletir sobre o agir ético é papel fundamental de todas as pessoas em suas relações com os demais. De forma mais específica, as categorias profissionais também são chamadas a refletir sobre seu compromisso social e sua atuação ética. Para fazer isso a Psicologia brasileira, como categoria profissional, conta com o Sistema Conselho. Composto pelo Conselho Federal de Psicologia (CFP) e os respectivos conselhos regionais (CRs), além do Congresso Nacional de Psicologia (CNP) e Assembleia de Políticas, da Administração e das Finanças (Apaf), sendo o Sistema Conselho responsável pela manutenção e estruturação da profissão de psicólogo no Brasil (Brasil, 1977; Cardoso & Zanini, 2019).

Cumprindo sua função de regulamentar a profissão e normatizar a atuação do profissional psicólogo, o Conselho Federal de Psicologia publicou, em 2005, a Resolução CFP n. 10/2005 com o *Código de Ética Profissional do Psicólogo* (Cepp) em substituição ao anterior de 1987. Esse novo Código de Ética Profissional expõe um conjunto de normas, fruto de reflexões da categoria sobre o agir ético e comprometido com o outro. Assim, antes dos parágrafos regulamentadores, o Cepp expõe os sete princípios fundamentais da atuação profissional do psicólogo. Trata-se de princípios fundamentados na Declaração Universal dos Direitos Humanos e que ponderam, para além da ação concreta do profissional, as condicionantes histórico-culturais envolvidas, as consequências das ações, as motivações etc. expostas na Resolução CFP n. 10/2005 (CFP, 2005).

Em termos da área de avaliação psicológica, também se observa uma especial atenção à ética. Tanto que se trata de um tema amplamente discutido por diversos autores no Brasil em termos acadêmicos, mas também por meio de resoluções específicas da área, conforme a Resolução CFP n. 9/2018. Essa resolução pode trazer diversas possibilidades de discussões nas questões referentes aos seus pontos específicos (Amêndola, 2014; Anache & Reppold, 2010; Frizzo, 2004; Hutz, 2002, 2009, 2015; Jesus Junior et al., 2007; Pellini & Leme, 2011; Queiroz et al., 2016; Rodrigues, 2011; Wechsler, 2001; Zaia et al., 2018; Muniz, 2018; Wechsler, 2019).

Os debates realizados nos trabalhos científicos, bem como o conteúdo do Cepp e diversos outros documentos disponíveis como resoluções, cartilhas, vídeos e livros, trazem reflexões e condutas também aplicadas ao comportamento ético do profissional psicólogo quando realiza avaliação psicológica. Diante e com base nesse aparato consubstanciado de informações, principalmente nos documentos que regulamentam nossa profissão (Cepp) e área da avaliação psicológica (CFP, 2018), o objetivo deste capítulo é discutir situações e dilemas éticos com os quais o profissional psicólogo se depara em sua atuação com avaliação psicológica de crianças e adolescentes. No entanto, antes de iniciar as discussões práticas, será brevemente abordada a ética, sua relação com nossa profissão e com a área da avaliação psicológica, principalmente com a população de crianças e adolescentes. Posteriormente serão apresentadas algumas reflexões sobre situações hipotéticas e possíveis dilemas éticos vivenciados na prática profissional do psicólogo.

O que é ética? Aspectos filosóficos

Na perspectiva filosófica o termo "ética" designa a apreciação das condutas humanas divididas entre o bem e o mal, ou relativizadas a uma sociedade ou avaliadas de modo absoluto. Resumindo, pode ser considerada como o estudo sistemático, a partir de argumentações, referentes a como o ser humano deve agir considerando o que é bom para o indivíduo e a sociedade (Moore, 1975). Com isso, pode-se discutir a ética a partir de uma filosofia da moral, sobre valores e normas das condutas humanas, sendo que cada sociedade estabelece seus valores morais, define para todos os que fazem parte dessa sociedade o que é certo ou errado, permitido ou proibido, o que é o bem e o mal (Chauí, 1994).

A função social da moral é contribuir para que as sociedades garantam e direcionem as boas relações entre os indivíduos que nela convivem. Assim, todas as grandes questões que enfrentamos na sociedade, como o racismo e a violência, dependem da participação de todos, o que demanda a construção de princípios e valores aceitos e válidos no micro e macrocontexto da sociedade, considerando o caráter dinâmico da ética e da moral que respeita as mudanças da realidade (Singer, 1998).

Atuação ética do profissional psicólogo

Essa ética filosófica embasa a ética profissional, que também é uma apreciação, uma reflexão de condutas a serem praticadas no exercício da profissão e que resulta em um corpo normativo a regulamentar a profissão, como o Cepp

(CFP, 2005). No entanto, a ética profissional lida com questões além do campo profissional, como por exemplo algo que exige dos profissionais uma reflexão ética não somente pautada em sua profissão, mas em diversos outros conhecimentos que o ajudem a pensar, a refletir sobre estas questões e a implicação em sua profissão. Este é o caso, por exemplo, de muitas questões envolvendo o atendimento de crianças e adolescentes. Para além das normas da profissão, o psicólogo também deve considerar as normativas maiores como o Estatuto da Criança e do Adolescentes – ECA (Brasil, 1990) entre outros e outras reflexões morais e éticas, relativas às normas da sociedade em que vive.

Conforme dito anteriormente, o próprio Cepp, além das condutas normativas especificadas, apresenta sete princípios fundamentais, embasados nos direitos humanos universais, que são transversais a cada conduta contida no código. Esses princípios fundamentais também devem embasar qualquer atitude do psicólogo diante de situações que não estejam explicitadas no Cepp. A psicologia tem uma atuação muito ampla, em diversos contextos, com as mais variadas populações e dentro de uma sociedade dinâmica que nos faz repensar, de tempos em tempos, a ética nas relações sociais. O psicólogo pode vivenciar situações para as quais não há uma conduta tão bem especificada no Cepp, mas existem princípios fundamentais que devem nortear todo o comportamento profissional do psicólogo.

Ao todo o Cepp apresenta 72 tipificações de condutas que devem ser mais bem observadas desde a perspectiva de uma atuação profissional ética. Embora todas sejam dignas de notas, neste capítulo, em função de seu objetivo, gostaríamos de destacar 11 tipificações mais diretamente relacionadas à avaliação psicológica tanto nos deveres fundamentais do psicólogo (art. 1º) quanto ao que é vedado ao psicólogo (art. 2º). São elas:

> Artigo 1º – São deveres fundamentais dos psicólogos:

> c) Prestar serviços psicológicos de qualidade, em condições de trabalho dignas e apropriadas à natureza desses serviços, utilizando princípios, conhecimentos e técnicas reconhecidamente fundamentados na Ciência Psicológica, na ética e na legislação profissional.

> f) Fornecer, a quem de direito, na prestação de serviços psicológicos, informações concernentes ao trabalho a ser realizado e ao seu objetivo profissional.

> g) Informar, a quem de direito, os resultados decorrentes da prestação de serviços psicológicos, transmitindo somente o que for necessário para a tomada de decisões que afetem o usuário ou beneficiário.

> h) Orientar a quem de direito sobre os encaminhamentos apropriados, a partir da prestação de serviços psicológicos, e fornecer, sempre que solicitado, os documentos pertinentes ao bom termo do trabalho.

> i) Zelar para que a comercialização, aquisição, doação, empréstimo, guarda e forma de divulgação do material privativo do psicólogo sejam feitas conforme os princípios deste Código.

Ainda somado ao conteúdo desta alínea, tem-se no artigo 18: "O psicólogo não divulgará, ensinará, cederá, emprestará ou venderá a leigos instrumentos e técnicas psicológicas que permitam ou facilitem o exercício ilegal da profissão".

Em geral essas alíneas explicitam a importância de um serviço prestado com qualidade e pautado na Ciência Psicológica, e na relação terapêutica, já que o profissional psicólogo prestará informações acerca de seu trabalho, explicitando-o de forma compreensível para as pessoas envolvidas no processo. Nesse sentido, cabe destacar que ainda que o cliente seja uma criança, cabe ao profissional o desenvolvimento de uma comunicação sensível o suficiente para que possa compreender a dinâmica do que acontecerá e eventuais benefícios e desdobramentos que podem ocorrer a partir do processo de avaliação psicológica a que está sendo submetida. Essa orientação deve ser direcionada a crianças e adolescentes, mas também a seus responsáveis no que tange ao desenvolvimento de recursos suficientes para que estes possam, a partir da avaliação psicológica realizada, buscar o melhor acompanhamento, apoio ou assistência à criança. Toda essa informação deve estar constante também em um documento psicológico, resultante desse processo de avaliação. Nesse sentido, há também normas específicas que devem ser seguidas (cf. Resolução CFP n. 6/2019).

Além desses deveres fundamentais, destacam-se alguns aspectos que o psicólogo não pode executar, conforme explicitado no Cepp:

Artigo 2º – Ao psicólogo é vedado:

[...]

f) Prestar serviços ou vincular o título de psicólogo a serviços de atendimento psicológico cujos procedimentos, técnicas e meios não estejam regulamentados ou reconhecidos pela profissão.

g) Emitir documentos sem fundamentação e qualidade técnico-científica.

h) Interferir na validade e fidedignidade de instrumentos e técnicas psicológicas, adulterar seus resultados ou fazer declarações falsas.

k) Ser perito, avaliador ou parecerista em situações nas quais seus vínculos pessoais ou profissionais, atuais ou anteriores, possam afetar a qualidade do trabalho a ser realizado ou a fidelidade aos resultados da avaliação.

q) Realizar diagnósticos, divulgar procedimentos ou apresentar resultados de serviços psicológicos em meios de comunicação, de forma a expor pessoas, grupos ou organizações.

Em geral essas alíneas apontam para a importância de se ter competência para o que se propõe fazer como profissional de psicologia. Assim, ao assumir um processo de avaliação psicológica um psicólogo deve efetivamente ter habilidade, competência e conhecimento teórico-técnico suficiente para realizá-la. Isso implica não somente saber aplicar e corrigir os instrumentos psicológicos, mas sobretudo relaciona-se à capacidade de distinguir entre o que lhe é solicitado e a demanda psicológica efetivamente apresentada; selecionar os melhores recursos (método, técnica ou instrumentos) para coleta de dados relativos àquela demanda, utilização destes recursos (competência no uso dos métodos, técnicas ou instrumentos), escrita de documento psicológico resultante da avaliação e comunicação dos resultados com os envolvidos no processo, assim como encaminhamentos necessários.

Em certa medida, essas habilidades, competências e conhecimentos técnicos são trabalhados em todas as graduações de psicologia. Contudo, cabe ao profissional psicólogo a avaliação se o que lhe foi apresentado é suficiente para desenvolver eticamente sua função. Nesse sentido, a formação continuada é de suma importância tanto em nível de especialização em avaliação psicológica como em nível de mestrado e doutorado, além da necessidade de conhecimento contínuo sobre o código de ética com suas eventuais alterações.

Demais normativas da avaliação psicológica e a ética no exercício profissional do psicólogo

Como mencionado anteriormente, há outras resoluções do Conselho Federal de Psicologia as quais o psicólogo precisa conhecer e praticar dependendo do contexto em que atua. No entanto, independentemente da atuação com serviços de avaliação psicológica, todos devem seguir, além do Cepp, a Resolução CFP n. 9/2018 (CFP, 2018) que descreve as diretrizes básicas para a realização de uma avaliação psicológica, definida no primeiro artigo "como um processo estruturado de investigação de fenômenos psicológicos, composto de métodos, técnicas e instrumentos, com o objetivo de prover informações à tomada de decisão, no âmbito individual, grupal ou institucional, com base em demandas, condições e finalidades específicas".

Ainda, é importante ressaltar que essa resolução destaca que o psicólogo tem autonomia para realizar a avaliação psicológica com os métodos, técnicas e/ou instrumentos que julgar necessários, mas desde que estejam fundamentados na Ciência Psicológica e estejam de acordo com as normativas vigentes do Conselho Federal de Psicologia. O mesmo ocorre para as decisões advindas da avaliação psicológica (art. 2º), as quais devem estar baseadas em métodos, técnicas e/ou instrumentos cientificamente reconhecidos para uso da prática profissional do psicólogo. Durante ou ao final do processo o psicólogo poderá ser solicitado ou ser obrigado, dependendo do contexto de atuação, a emitir documentos advindos da avaliação psicológica, os quais também devem seguir normativas de escrita, atualmente abrangidas na Resolução n. 6/2019 (CFP, 2019) que institui regras para a elaboração de documentos escritos produzidos pela(o)

psicóloga(o) no exercício profissional (declaração, atestado psicológico, relatório psicológico, relatório multiprofissional, laudo psicológico e parecer psicológico).

Essas três resoluções do Conselho Federal de Psicologia mencionadas (n. 10/2005, n. 9/2018 e n. 6/2019) são as essenciais para que todo psicólogo deva ter ciência e compreensão para a atuação na prática profissional; a primeira é o código de ética que perpassa todas as demais resoluções; a segunda é específica da avaliação psicológica, mas que é inerente ao trabalho do psicólogo; e a terceira, como trata de documentos decorrentes da atuação do psicólogo, é quase inevitável a emissão de um ou vários desses documentos em algum momento da prática psicológica. No entanto, a depender do contexto de atuação, outras resoluções se tornam imprescindíveis, como por exemplo, ao pensar na população de crianças e adolescentes, a Resolução n. 8/2010 (sobre a atuação do psicólogo como perito e assistente técnico no Poder Judiciário) e a Resolução n. 17/2012 (sobre a atuação do psicólogo como perito nos diversos contextos) (CFP, 2010, 2012).

Essas resoluções não são específicas de um processo de avaliação psicológica com crianças e adolescentes, mas fruto de variadas demandas de psicólogos peritos e assistentes técnicos do Poder Judiciário. Os psicólogos poderão desenvolver um trabalho em que envolve, por exemplo, disputa entre os pais para ter a guarda dos filhos; orientação de medidas socioeducativas para crianças ou adolescentes que incidiram na prática de atos infracionais, além da elaboração de parecer sobre questões emocionais que possam ter sido geradas por algum contexto de negligência com criança ou adolescente. Além das especificidades dessas demandas envolvendo crianças e adolescentes nas quais se aplicam essas duas resoluções citadas, em cada uma delas há um parágrafo único destacando a necessidade de um consentimento formal por um dos responsáveis legais quando o atendido for criança, adolescente ou interdito. Tal menção nestas resoluções segue o que está descrito no Cepp (art. 8º, § 1-2):

> Para realizar atendimento não eventual de criança, adolescente ou interdito, o psicólogo deverá obter autorização de ao menos um de seus responsáveis, observadas as determinações da legislação vigente:
> No caso de não se apresentar um responsável legal, o atendimento deverá ser efetuado e comunicado às autoridades competentes;
> O psicólogo responsabilizar-se-á pelos encaminhamentos que se fizerem necessários para garantir a proteção integral do atendido.

No mais, como o psicólogo está inserido em diversos contextos lidando com questões que dizem respeito a outras áreas para além da psicologia, é importante que o profissional fique atento às demais normativas a serem cumpridas, mas que não firam as normativas do Conselho Federal de Psicologia. Sobre a atuação com crianças e adolescentes, é imperativo que o psicólogo tenha o conhecimento e faça seu trabalho em consonância com o que é preconizado no Estatuto da Criança e Adolescente, o ECA (Brasil, 1990). Para informações atualizadas sobre o estatuto, sugerimos a leitura do documento *Eca 2020 – Estatuto da Criança e do Adolescente – Versão atualizada* (Centro de Defesa da Criança e do Adolescente, 2020), no qual também são reportadas diversas outras normativas a serem consideradas nos trabalhos desenvolvidos e em qualquer relação que tenhamos com essa população, no sentido de proteção dos direitos das crianças e adolescentes.

Frente a todas essas informações a serem contempladas para uma atuação ética no tra-balho do psicólogo, em especial com crianças e adolescentes, torna-se muito mais evidente a complexidade dessa atuação. Para todos os contextos e tipos de população, é consenso o quanto a avaliação psicológica é desafiadora, pois avaliar não é simplesmente aplicar um, dois ou vários testes psicológicos e, a partir dos resultados, elaborar uma devolutiva. A avaliação psicológica demanda do psicólogo inúmeras competências (Nunes et al., 2012; Muniz, 2017; CFP, 2019) para realizar um processo pautado em técnicas, métodos e ou testes psicológicos, sempre considerando a idiossincrasia de cada avaliado, seu contexto sócio-histórico e a etapa do desenvolvimento vital. Somado a isso é preciso considerar a demanda, o objetivo, o contexto de realização do processo e os recursos disponíveis, mas sempre priorizando uma apreciação ética, técnica e científica para garantir uma avaliação de alta qualidade e benéfica aos envolvidos. Dessa forma, ao realizar uma avaliação em crianças e adolescentes, o profissional psicólogo precisará cuidar e ter conhecimento de todas as especificidades para essa população, como, por exemplo, obter informações de múltiplos informantes para compreender melhor o contexto da demanda, interpretar os resultados de instrumentos padronizados à luz da etapa de desenvolvimento e possíveis impactos disso no desenvolvimento da personalidade e processos cognitivos etc.

Aliado a essa complexidade da avaliação psicológica, existem situações e dilemas éticos que o psicólogo pode se deparar em sua prática profissional. Algumas dessas situações ou dilemas éticos não estão explicitamente descritos nas normativas da profissão, mas convidam o profissional a uma reflexão. No intuito de contribuir apresentamos a seguir algumas possíveis reflexões.

Reflexões para uma prática ética

Ao longo de sua prática profissional o psicólogo pode se ver frente a situações desafiadoras. Algumas relacionadas à prática do psicólogo em geral e outras relativas à prática da avaliação psicológica. Neste tópico pretende-se refletir sobre algumas questões que podem aparecer na vivência profissional do psicólogo. Como mencionado anteriormente, não se pretende apresentar soluções definitivas ou argumentos que esgotem a discussão. Também não serão apresentados exemplos ilustrativos de possíveis situações concretas, pois limitaria o debate a um cenário circunscrito que, a depender de outras variáveis (contexto, população, recursos sociais e econômicos, entre outros) poderia gerar outro tipo de análise. A finalidade é trabalhar elementos que contribuam para o debate do fazer ético na prática psicológica, respaldado principalmente nas normativas do Conselho Federal de Psicologia e considerando outros documentos que possam ser necessários para a reflexão. Para isso foram elencadas sete temáticas que julgamos ser mais recorrentes e intrinsecamente ligadas à avaliação psicológica. São elas: (1) não saber é antiético – para avaliar é preciso saber avaliar; (2) até que ponto a relação terapêutica justifica o silêncio (comunicação do resultado); (3) avaliar é se comprometer (o laudo tem que concluir acerca da demanda da avaliação); (4) a avaliação retrata um dado momento; (5) ética na interdisciplinaridade; e, (6) diferença entre solicitação e demanda (psicológica), a avaliação psicológica para ser justa e ética deve levar em conta o contexto e as condicionantes históricas. Cada uma será abordada separadamente.

1) Não saber é antiético – para avaliar é preciso saber avaliar.

A atuação profissional do psicólogo deve estar pautada na Ciência Psicológica. Quando um profissional de psicologia é procurado para um atendimento, seja no contexto que for, o que o possibilita e, ao mesmo tempo, o autoriza a realizar o atendimento é a comprovação de um título superior de Psicologia, além de sua inscrição no Conselho Regional de Psicologia – CRP (como categoria profissional). Assim, a busca pelo profissional é pelo seu conhecimento técnico-científico e não por posições ou crenças pessoais, "achismos" ou impressões.

Embora esse aspecto pareça bastante evidente, não é tão difícil encontrarmos situações nas quais: (1) o psicólogo prescinde do conhecimento teórico-técnico para emitir opinião pessoal; (2) o psicólogo assume compromissos profissionais para os quais não tem formação suficiente; (3) o psicólogo se isenta de aprofundar nos estudos, atualizar-se, ou selecionar fontes de informação científicas e confiáveis para realizar seus atendimentos. Em todos esses casos trata-se de uma atitude antiética, prevista no Código de Ética e, portanto, passível de representação ética no conselho profissional ao qual o psicólogo está inscrito. Diante disso, ressalta-se que caso o profissional seja denunciado no Conselho, o argumento de defesa "eu não sabia", não procederá a seu favor. Ao contrário, poderá ser mais um indício de comportamento não ético e que fere o princípio fundamental da Resolução CFP n. 10/2005 "O psicólogo atuará com responsabilidade, por meio do contínuo aprimoramento profissional, contribuindo para o desenvolvimento da Psicologia como campo científico de conhecimento e de prática" (CFP, 2005, iv).

Assim, ainda que em diferentes momentos o psicólogo possa se ver impelido a emitir opinião sobre um assunto que não domina, quer seja por demanda financeira, quer seja por sentir-se comprometido a assumir um caso específico ou qualquer outro motivo, é importante que esse profissional se faça, inicialmente, as seguintes perguntas: é com base na Ciência Psicológica que digo isso (qual fundamentação teórico-técnica estou utilizando)? Tenho suficiente conhecimento teórico e técnico dessa temática para promover a Psicologia? Caso a resposta a qualquer uma dessas questões seja negativa, não resta dúvida de que seria uma atitude antiética prosseguir no atendimento psicológico ou emitir alguma opinião acerca do caso.

Destaca-se ainda que mesmo com competência para avaliar determinado caso, o psicólogo precisa saber o motivo dessa avaliação, não pode avaliar sem uma finalidade. Por exemplo, se é contratado por uma instituição, o profissional precisa ter conhecimento do porquê realizar seu trabalho naquele ambiente. Então, o psicólogo deve sempre se atentar para o artigo 3º: "O psicólogo, para ingressar, associar-se ou permanecer em uma organização, considerará a missão, a filosofia, as políticas, as normas e as práticas nela vigentes e sua compatibilidade com os princípios e regras deste Código" e o parágrafo único: "Existindo incompatibilidade, cabe ao psicólogo recusar-se a prestar serviços e, se pertinente, apresentar denúncia ao órgão competente" (CFP, 2005). Resumindo, para avaliar é preciso saber avaliar e ter conhecimento do motivo dessa avaliação, pois somente com essas informações o psicólogo poderá decidir se assume a responsabilidade do trabalho.

2) Avaliar é se comprometer (o laudo tem que concluir acerca da demanda da avaliação)

Na mesma linha de discussão, ainda referente ao primeiro ponto, a busca por uma avaliação psicológica é sempre motivada por uma demanda. Trata-se de um indivíduo, grupo ou instituição que avaliou que um profissional psicólogo poderia ajudá-lo com seu conhecimento técnico-científico em alguma demanda específica. Nesse sentido, busca-se resposta a uma pergunta. Ao psicólogo cabe discutir a pergunta (solicitação *versus* demanda) que lhe foi feita. Contudo, não podemos prescindir de explicitar a pergunta psicológica levantada e os resultados da avaliação para essa pergunta. Esta explicitação da pergunta psicológica que motivou a avaliação, os procedimentos técnico-científicos escolhidos pelo psicólogo para investigar, assim como os resultados e conclusões a que chegou devem estar expressos no documento psicológico resultante da avaliação psicológica, conforme apontado pela literatura da área (e. g., Hutz et al., 2016; Lins et al., 2018) e normativas do Conselho Federal de Psicologia (Cepp e Resolução CFP n. 6/2019, p. ex.).

Prescindir de alguma dessas informações no processo avaliativo ou no documento resultante dele pode ser considerado uma falta ética. É direito do avaliado e de seus responsáveis legais obter as informações sobre o que será realizado, por que será realizado, como e que resultado se chegou a partir disso. Omitir essas informações é sonegar informação ao avaliando e/ou aos seus responsáveis sobre os fundamentos teórico-técnicos da Ciência Psicológica. O acesso à informação a quem de direito está garantido nas alíneas *f*, *g* e *h* do artigo 1º, sobre os deveres fundamentais do psicólogo. Por isso também a importância da guarda e cuidado com os documentos produzidos a partir da avaliação, pois mesmo após decorrido um tempo da realização da avaliação psicológica é possível solicitar ao psicólogo um documento com as informações da avaliação (para melhor conhecimento desse aspecto, cf. o cap. 10 deste livro, "Especificidades do laudo psicológico para crianças e adolescentes", e a Resolução CFP n. 6/2019, cuja seção IV aborda a guarda e condições de guarda dos documentos).

3) Até que ponto a relação terapêutica justifica o silêncio (comunicação do resultado)

O sigilo profissional é algo muito caro à profissão de psicólogo e configura a base da relação terapêutica (Cepp; Hutz et al., 2016). Contudo, ainda que à primeira vista a manutenção do sigilo possa parecer o caminho mais ético a ser seguido, devemos duvidar sempre que as respostas são axiomáticas.

Isto é, conforme explicitado anteriormente no tópico sobre ética filosófica, a base da ética é seu questionamento teórico de situações concretas, derivando daí sua ampliação e diferença do julgamento moral. Nesse sentido, não há um comportamento que seja ético independentemente do contexto, da forma, das pessoas envolvidas, dos antecedentes e das consequências desse comportamento. Todos esses aspectos devem ser avaliados para, posteriormente, definir se em um contexto específico manter o sigilo profissional é realmente o mais ético a ser feito.

Sempre que a quebra de sigilo profissional possa ser realizada em prol de um bem maior, inclusive com perspectiva de melhor tratamento, ou mesmo prevenção de riscos para o indivíduo ou outras pessoas envolvidas, não resta dúvida de que sua quebra (do sigilo) é o caminho mais ético a ser tomado neste momento e contexto. Vale ressaltar, novamente, que essa é uma questão situacional e, portanto, deve ser avaliada caso a caso, em um dado momento, e não cristalizada e generalizada para todos os contextos e casos semelhantes. Esse exercício de reflexão sobre a conduta ética deve ser diário na vida do psicólogo e deve estar amparado, para além das normativas da profissão, na ideia do bem comum, dos direitos humanos e dos princípios fundamentais da profissão de psicólogo.

No Cepp (CFP, 2005) estão descritas as seguintes condutas: "É dever do psicólogo respeitar o sigilo profissional a fim de proteger, por meio da confidencialidade, a intimidade das pessoas, grupos ou organizações a que tenha acesso no exercício profissional" (art. 9º). "Nas situações em que se configure conflito entre as exigências decorrentes do disposto no artigo 9º e as afirmações dos princípios fundamentais deste Código, excetuando-se os casos previstos em lei, o psicólogo poderá decidir pela quebra de sigilo, baseando sua decisão na busca do menor prejuízo; e parágrafo único – Em caso de quebra do sigilo previsto no *caput* deste artigo, o psicólogo deverá restringir-se a prestar as informações estritamente necessárias" (art. 10). Percebam que não há e nunca terá um tópico elencando quais situações nas quais o sigilo pode ser rompido, pois as situações possíveis são ilimitadas e muitas ainda desconhecidas, por isso é uma decisão que precisa ser tomada de maneira muito respaldada, como já citado, nos direitos humanos e princípios fundamentais do Cepp, sempre em benefício da vida, da dignidade e dos direitos humanos.

4) A avaliação retrata um dado momento

A Resolução CFP n. 6/2019 (CFP, 2019) institui regras para a elaboração de documentos escritos e produzidos pela(o) psicóloga(o) no exercício profissional. Além disso, em sua seção VI, artigo 17, dispõe sobre o prazo de validade do conteúdo dos documentos. Embora definir um prazo para a avaliação que realizou às vezes cause confusão e angústia para o psicólogo, esse é um aspecto essencial do ponto de vista ético. Na realidade, a pergunta que se deve fazer é a seguinte: o fenômeno psicológico que avalio se manterá indeterminadamente no tempo e independentemente das condições?

Essa pergunta se torna ainda mais atual e relevante se considerarmos os desafios vivenciados mundialmente no ano de 2020. Com a pandemia e as consequentes mudanças de estilo de vida e restrições sociais impostas para a proteção da saúde, desencadearam-se algumas manifestações psicológicas. Compreender a influência do momento atual sobre essas manifestações e analisá-las de forma crítica é fundamental para a realização de uma avaliação psicológica ética, justa e verdadeira.

Os fenômenos psicológicos são dinâmicos e sofrem influência de condicionantes sociais, históricas, da fase do desenvolvimento humano, da interação com outras pessoas, situações e fenômenos etc. Assim, cabe compreender que a avaliação psicológica que se faz refere-se a uma fotografia de um dado momento da vida de um indivíduo. Este aspecto deve estar explicitado no documento resultante da avaliação psicológica. Trata-se de um cuidado e compromisso ético do profissional psicólogo para com a pessoa/grupo ou instituição que atende a fim de não patologizar o indivíduo por meio da cristalização do fenômeno psicológico avaliado. Esse aspecto é relevante, sobretudo, nas avaliações com crianças e adolescentes. Nessas etapas da vida é comum a manifestação de alguns fenômenos psicológicos que posteriormente podem evoluir de maneira diferente. Nesse sentido, cabe ao profissional apontar e explicitar a natureza dinâmica do fenômeno psicológico avaliado (inclusive interpretando as influências e interações de diferentes fenômenos psicológicos) e não o cristalizar no tempo a fim de possibilitar que o indivíduo e a família busquem os recursos necessários para fazer frente à realidade.

Sobre esse aspecto da avaliação ser um retrato do momento, o psicólogo precisa cuidar para quando aceitar um trabalho, por exemplo, ser psicoterapeuta de uma pessoa, pois é de extrema importância que mesmo diante de um diagnóstico apresentado pelo cliente, é dever do psicólogo realizar a sua avaliação. Esse diagnóstico apresentado pode ser de outro profissional psicólogo ou de outro profissional, como, por exemplo, um neurologista, e ter sido feito há muito ou pouco tempo, mas é necessário que ao assumir a psicoterapia o psicólogo faça a sua avaliação, pois a intervenção a ser efetuada dependerá da compreensão que este tem sobre a demanda da pessoa. É importante o psicólogo sempre lembrar que a avaliação não é feita somente antes de uma intervenção, a avaliação também tem o objetivo de um monitoramento da evolução do caso.

5) Diferença entre solicitação e demanda (psicológica)

Conforme apontado anteriormente, toda avaliação psicológica surge de uma pergunta. Em muitos textos essa pergunta é denominada demanda. Contudo, a compreensão do que é uma demanda para avaliação psicológica, ou que tipo de demanda a avaliação psicológica pode responder é de responsabilidade do psicólogo e não de quem a solicita. Nesse sentido, podemos realizar a distinção entre a solicitação, como aquilo que é pedido para o psicólogo no ato da contratação da avaliação psicológica, e a demanda propriamente dita, que neste caso seria a demanda psicológica que originaria o trabalho do psicólogo. Assim, a solicitação para uma avaliação psicológica pode ser "avaliar quem deve ficar com a guarda da criança". Mas esta é uma pergunta que a avaliação psicológica não pode responder. Primeiro, porque não se refere a um fenômeno psicológico e segundo porque envolve aspectos jurídicos e de competência profissional que extrapolam a competência da profissão de psicólogo. Trata-se mais de uma competência profissional de juiz. Nesse caso, a demanda psicológica para avaliação pode ser traduzida para "existem condições psicológicas favoráveis ao desenvolvimento da criança nos diferentes contextos (casa do pai *versus* casa da mãe, p. ex.)?"

Não cabe ao psicólogo julgar o melhor lugar para a criança se desenvolver, mas sim identificar, descrever e apontar as condições para o cuidado e desenvolvimento saudável da criança e família que originou o processo de avaliação psicológica. Agir de forma ética na psicologia e atuar dentro dos limites do conhecimento é papel da ciência e da prática psicológica, então diante de qualquer solicitação cabe ao psicólogo avaliar se há uma demanda psicológica; caso não, também é papel do psicólogo explicar ao solicitante se e o que pode fazer diante da solicitação, e não simplesmente acatar um pedido sem essa criticidade. Algumas situações em que o psicólogo pode enfrentar envolvem hierarquia de poderes; diante disso, é necessário que o profissional se atente para o especificado no Princípio Fundamental "VII. O psicólogo considerará

as relações de poder nos contextos em que atua e os impactos dessas relações sobre as suas atividades profissionais, posicionando-se de forma crítica e em consonância com os demais princípios deste Código" (CFP, 2005).

6) *Ética na interdisciplinaridade*

Este tema tangencia a questão apontada anteriormente. A relação interdisciplinar requer compromissos e limites entre os profissionais. É importante que se resguarde a competência profissional de cada um ao mesmo tempo que se respeite a contribuição que cada campo científico pode trazer para o fenômeno estudado. Assim, dois aspectos são fundamentais: atentar-se para o que se pode dizer e fazer como profissional da psicologia e atentar-se para o que, desde a perspectiva da psicologia e respeitando as normativas profissionais, podemos contribuir com informações, recursos e instrumentalização do outro profissional em benefício da pessoa atendida. Contudo, deve-se ter o cuidado de que, na tentativa de não incorrer em um erro, caia-se no outro.

Em relação ao primeiro aspecto cabe destacar o que foi apontado no tópico anterior em relação à diferença entre solicitação e demanda, e em relação ao que a Ciência Psicológica nos permite dizer e fazer e o que é competência de outras ciências e áreas de atuação. Julgar um caso (definindo qual a melhor conduta a ser feita) e indicar a necessidade de medicação são exemplos de condutas profissionais que extrapolam a competência do psicólogo. No último caso, por exemplo, pode-se apontar a necessidade de uma avaliação médica para que este profissional avalie a necessidade ou não de prescrição medicamentosa. Em todo o caso, esta é uma competência de outra área da ciência que não a psicologia. O mesmo ocorre com as decisões judiciais. O psicólogo pode descrever o observado apontando suas conclusões acerca do impacto psicológico do que foi observado. Contudo, o julgamento e a decisão de como proceder nesses casos cabem ao juiz.

Em relação ao segundo aspecto, muitas vezes na tentativa de não extrapolar sua competência técnica ou mesmo salvaguardar o sigilo profissional, o psicólogo se isenta de participar de forma mais ativa das equipes interdisciplinares e contribuir com os demais profissionais, provendo-os do conhecimento psicológico em benefício da pessoa atendida. Este também é um aspecto que deve ser cuidado, pois a construção do conhecimento em benefício da pessoa atendida é um compromisso profissional do psicólogo e regulamentado no Código de Ética, como apontado no artigo 2º, alínea j: "Ter, para com o trabalho dos psicólogos e de outros profissionais, respeito, consideração e solidariedade, e, quando solicitado, colaborar com estes, salvo impedimento por motivo relevante" (CFP, 2005).

7) A avaliação psicológica para ser justa e ética deve levar em conta o contexto e as condicionantes históricas

A avaliação psicológica, como campo científico, tem como pedra angular a observação sistemática dos fenômenos psicológicos para sua identificação, mensuração e possível predição. Para isso, é condição fundamental a garantia de condições justas e igualitárias para todos os candidatos. Dessa forma, a observação das condicionantes sociais e contexto que podem influenciar na história, no momento ou progressivamente, no fenômeno psicológico observado é de suma importância e permite uma interpretação mais justa e verdadeira dos resultados. Nesse sentido, destaca-se que, ao avaliar o contexto brasileiro,

observa-se que as condicionantes sociais não são as mesmas para os diferentes grupos. De fato, existe uma desigualdade social expressa em diversas formas, tais como gênero, etnia, parentalidade, nível socioeconômico etc. Esse aspecto é consoante ao apontado no III princípio fundamental do Cepp, que diz que "o psicólogo atuará com responsabilidade social, analisando crítica e historicamente a realidade política, econômica, social e cultural" (CFP, 2005).

Assim, considerar as condicionantes sociais e o contexto que podem contribuir para a manifestação do fenômeno psicológico é de suma importância e constitui uma responsabilidade ética do psicólogo, pois estes podem interferir significativamente nos resultados da avaliação psicológica. Nesse sentido, por exemplo, ao avaliar o comportamento agressivo de uma criança é importante considerar o contexto em que ela se apresenta e levantar informações mais específicas em relação às suas condições sociais, possíveis problemas que enfrenta por questões de etnia, nível socioeconômico, organização familiar etc. Em tempos de pandemia, por exemplo, é importante avaliar o impacto diferencial do isolamento social em crianças com nível socioeconômico mais baixo em comparação com crianças com nível socioeconômico mais alto. Este aspecto tem impacto direto nas condições de moradia (tais como comodidades, disponibilidade de brinquedos, espaço, concentração de pessoas na casa etc.), estressores familiares (perda de emprego dos pais, dificuldades financeiras, inseguranças sociais etc.), entre outros aspectos. Cabe ao psicólogo levantar essas informações e articulá-las de forma coerente, ética, técnica e cientificamente a fim de produzir o resultado mais justo em sua avaliação psicológica.

Considerações finais

A avaliação psicológica é um processo complexo. Quando realizada em crianças e adolescentes há muitas especificidades a serem cuidadas, entre elas a probabilidade de diversos informantes e profissionais fazerem parte, o que resulta em uma complexidade ainda maior. No entanto, quando o psicólogo tem bem desenvolvida, pessoalmente, a ética em todas as áreas da sua vida, e, como profissional, tem conhecimento para atuar eticamente seguindo o Cepp (CFP, 2005) e demais documentos norteadores de uma prática ética, seja para a profissão do psicólogo ou demais normativas que estabelecem uma relação ética entre as pessoas de uma sociedade, ele desenvolverá uma avaliação psicológica com mais parcimônia e menor probabilidade de infringir a ética e causar problemas para si e para o outro.

Diante disso, este capítulo teve como objetivo discutir situações e dilemas éticos com os quais o profissional psicólogo se depara em sua atuação profissional com avaliação psicológica de crianças e adolescentes. Não se pretendeu abarcar todas as possíveis situações vivenciadas, mas trazer a discussão daquelas mais recorrentes e que por vezes estão associadas a representações éticas contra os psicólogos nos conselhos regionais. Destaca-se que toda a construção do capítulo foi pautada em normativas éticas da profissão do psicólogo e nos preceitos dos direitos humanos, que também estão contidos nas normativas da nossa profissão.

Ressalta-se que, além da análise da situação concreta vivenciada e descrição normativa da conduta profissional contida no *Código de Ética Profissional do Psicólogo*, o profissional psicólogo também deve atentar-se para as demais documentações legais de nosso país, bem como outros documentos relativos aos direitos humanos e direitos das crianças e adolescentes como o ECA. Assim, não se almejou neste capítulo realizar uma prescrição comportamental ou descrição dos comportamentos que podem ser realizados em contraponto dos que não podem ser realizados na prática profissional. Mas ao contrário, pretendeu-se instrumentalizar os psicólogos para realização de reflexões amparadas em dispositivos legais, mas sobretudo em reflexões ligadas aos direitos humanos e às filosóficas sobre o agir ético. Considerando a importância do estudo sistemático, recomenda-se a leitura de todos os capítulos deste livro para uma melhor compreensão das especificidades da avaliação psicológica de crianças e adolescentes (além disso, cf. Baptista et al., 2019; Yates et al., 2019; Lins et al., 2018; Hutz et al., 2016).

Referências

Amêndola, M. F. (2014). Formação em Psicologia, demandas sociais, contemporâneas e ética: Uma perspectiva. *Psicologia: Ciência e Profissão, 34*(4), 971-983.

Anache, A. A., & Reppold, C. T. (2010). Avaliação psicológica: Implicações éticas. In A. A. Santos, A. A. Anache, A. E. Villemor-Amaral, B. S. V. Welang, C. T. Reppold & C. H. S. Nunes et al. (orgs.), *Avaliação psicológica: Diretrizes para a regulamentação da profissão* (pp. 57-86). Conselho Federal de Psicologia.

Baptista, M. N., Muniz, M., Reppold, C. T., Nunes, C. H. S. S., Carvalho, L. F., Primi, R., Noronha, A. P. P., Seabra, A. G., Wechsler, S. M., & Hutz, C. S. (orgs.), *Compêndio de avaliação psicológica*. Vozes.

Brasil. (1977). Decreto n. 79.822, de 17 de junho de 1977. Regulamenta a Lei n. 5.766, de 20 de dezembro de 1971, que criou o Conselho Federal e os conselhos regionais de Psicologia e dá outras providências. http://www.planalto.gov.br/ccivil_03/decreto/1970-1979/D79822.htm

Brasil. (1990). *Lei n. 8.069, de 13 de julho de 1990*. Dispõe sobre o Estatuto da Criança e do Adolescente e dá outras providências. http://www.planalto.gov.br/ccivil_03/leis/l8069.htm

Cardoso, L. M., & Zanini, D. S. (2019). O papel dos conselhos: Orientações normativas, resoluções e o Satepsi. In M. N. Baptista, M. Muniz, C. T. Reppold, C. H. S. S. Nunes, L. F. Carvalho, R. Primi, A. P. P. Noronha, A. G. Seabra, S. M. Wechsler & C. S. Hutz (orgs.), *Compêndio de avaliação psicológica*. Vozes.

Centro de Defesa da Criança e do Adolescente. (2020). *Eca 2020 – Estatuto da Criança e do Adolescente*. Cedeca Dom Luciano Mendes de Almeida.

Chauí, M. (1994). *Convite à filosofia*. Ática.

Conselho Federal de Psicologia. (2005). *Resolução CFP n. 10/2005*. Aprova o Código de Ética Profissional do Psicólogo. http://site.cfp.org.br/wp-content/uploads/2012/07/codigo_etica.pdf

Conselho Federal de Psicologia. (2010). *Resolução CFP n. 8/2010*. Dispõe sobre a atuação do psicólogo como perito e assistente técnico no Poder Judiciário. http://site.cfp.org.br/wp-content/uploads/2010/07/resolucao2010_008.pdf

Conselho Federal de Psicologia. (2012). *Resolução CFP n. 17/2012*. Dispõe sobre a atuação do psicólogo como perito nos diversos contextos. https://site.cfp.org.br/wp-content/uploads/2013/01/Resolu%C3%A7%C3%A3o-CFP-n%C2%BA-017-122.pdf

Conselho Federal de Psicologia. (2018). *Resolução CFP n. 9/2018*. Estabelece diretrizes para a realização de avaliação psicológica no exercício profissional da psicóloga e do psicólogo, regulamenta o Sistema de Avaliação de Testes Psicológicos – Satepsi e revoga as resoluções n. 2/2003, n. 6/2004 e n. 5/2012 e notas técnicas n. 1/2017 e 2/2017. https://site.cfp.org.br/wp-content/uploads/2018/04/Resolu%C3%A7%C3%A3o-CFP-n%C2%BA-09-2018-com-anexo.pdf

Conselho Federal de Psicologia. (2019). *Resolução CFP n. 18/2019*. Reconhece a avaliação psicológica como especialidade da Psicologia e altera a Resolução CFP n. 13, de 14 de setembro de 2007, que institui a Consolidação das Resoluções relativas ao Título Profissional de Especialista em Psicologia. https://cutt.ly/FbXK4ue

Conselho Federal de Psicologia. (2019). *Resolução CFP n. 6/2019*. Institui regras para a elaboração de documentos escritos produzidos pela(o) psicóloga(o) no exercício profissional e revoga a Resolução CFP n. 15/1996, a Resolução CFP n. 7/2003 e a Resolução CFP n. 4/2019. https://cutt.ly/WbXK5xm

Frizzo, N. P. (2004). *Infrações éticas, formação e exercício profissional em Psicologia* [Dissertação de mestrado, Universidade Federal de Santa Catarina].

Garcia, Jr. A., Bighetti, C. A., Freitas, F. A., Oswaldo, Y. C., & Noronha, A. P. P. (2007). Avaliação psicológica e ética: Um estudo com universitários. *Univ. Ci. Saúde, Brasília, 5*(1/2), 61-74.

Hazboun, A. M., & Alchieri, J. C. (2014). Dificuldades em avaliação psicológica segundo psicólogos brasileiros. *Psico, 45*(1), 83-89.

Hutz, C. S. (2002). Responsabilidade ética, social e política da avaliação psicológica. *Avaliação Psicológica, 1*(2), vii-ix.

Hutz, C. S. (2009). Ética na avaliação psicológica. In C. S. Hutz (org.), *Avanços e polêmicas em avaliação psicológica* (pp. 297-310). Casa do Psicólogo.

Hutz, C. S. (2015). Questões éticas na avaliação psicológica. In C. S. Hutz, D. R. Bandeira & C. M. Trentini (orgs.), *Psicometria* (pp. 165-174). Artmed.

Hutz, C. S., Bandeira, D. R., Trentini, C. M., & Krug, J. S. (2016). *Psicodiagnóstico*. Artmed.

Lins, M., Muniz, M., & Cardoso, L. (2018). *Avaliação psicológica infantil*. Hogrefe.

Moore, G. (1975). *Princípios* éticos. Abril Cultural.

Muniz, M. (2017). Competências e cuidados para a administração da avaliação psicológica e dos testes psicológicos. In M. R. C. Lins & J. C. Borsa (orgs.), *Avaliação psicológica: Aspectos teóricos e práticos* (pp. 100-114). Vozes.

Muniz, M. (2018). Ética na avaliação psicológica: Velhas questões, novas reflexões. *Psicologia Ciência e Profissão, 38 (número especial)*. http://dx.doi.org/10.1590/1982-3703000209682

Nunes, M. F. O., Muniz, M., Reppold, C. T., Faiad, C., Bueno, J. M. H., & Noronha, A. P. P. (2012). Diretrizes para o ensino de avaliação psicológica. *Avaliação Psicológica, 11*(2), 309-316.

Pellini, M. C. B. M., & Leme, I. F. A. S. (2011). A ética no uso de testes no processo de avaliação psicológica. In R. A. M. Ambiel, I. S. Rabelo, S. V. Pacanaro, G. A. S. Alves, I. F. A. S. Leme (orgs.), *Avaliação psicológica: Guia de consulta para estudantes e profissionais de psicologia* (pp. 163-180). Casa do Psicólogo.

Queiroz, F., Segabinazi, J. D., & Borsa, J. C. (2016). Aspectos éticos na avaliação psicológica. In M. R. C. Lins & J. C. Borsa (orgs.), *Avaliação psicológica: Aspectos teóricos e práticos* (pp. 187-197). Vozes.

Rodrigues, J. (2011). Considerações éticas na testagem. *Revista de Psicologia, 2*(1) 117-125.

Singer, P. (1998). Ética prática (2. ed.). Martins Fontes.

Vazquez, A. S. (1995). *Ética* (J. Dell'Anna, trad.) (15. ed.). Civilização Brasileira.

Wechsler, S. M. (2019). Ética na avaliação psicológica: Uma perspectiva internacional. In M. N. Baptista, M. Muniz, C. T. Reppold, C. H. S. S. Nunes, L. F. Carvalho, R. Primi, A. P. P. Noronha, A. G. Seabra, S. M. Wechsler & C. S. Hutz (orgs.), *Compêndio de avaliação psicológica*. Vozes.

Weschler, S. M. (2001). Princípios éticos e deontológicos na avaliação psicológica. In L. Pasquali (org.), *Técnicas de Exame Psicológico – TEP: Manual* (pp. 171-193). Casa do Psicólogo.

Yates, D. B., Silva, M. A., & Bandeira, D. R. (orgs.). (2019). *Avaliação psicológica e desenvolvimento humano: Casos clínicos*. Hogrefe.

Zaia, P., Oliveira, K. S., & Nakano, T. C. (2018). Análise dos processos éticos publicados no Jornal do Federal. *Psicologia: Ciência e Profissão, 38*(1), 8-21.

Parte II
Demandas atuais em avaliação psicológica de crianças e adolescentes

12
Avaliação psicológica em psicoterapia infantil

Maycoln Leôni Martins Teodoro
Universidade Federal de Minas Gerais

Ana Cláudia Dutra Cipriano Lara
Pontifícia Universidade Católica de Minas Gerais

Juliana Nassau Fernandes
Centro Universitário Una

Highlights
- A avaliação psicológica beneficia o processo e os resultados da psicoterapia e vice-versa.
- O vínculo de confiança da psicoterapia se inicia na avaliação psicológica.
- A demanda relatada nem sempre equivale à demanda identificada pelo profissional.
- Acessar informantes e materiais distintos complementa a coleta de dados.
- Os resultados da avaliação psicológica devem ser expostos de forma clara, respondendo à questão inicial.

Introdução

O termo "psicoterapia" começou a ser utilizado no mundo ocidental por volta do final do século XIX, originando, a partir do século XX, uma diversidade de áreas, como a Gestalt-terapia, a Terapia Humanista e a Terapia Cognitivo-Comportamental, para citar algumas (Marks, 2017). Aqui entenderemos a psicoterapia como intervenções utilizadas: (1) para redução do sofrimento e do estresse, dos comportamentos desadaptativos e dos sintomas psicológicos que atrapalham o funcionamento de um indivíduo e/ou (2) para alcançar um funcionamento mais adaptativo e pró-social (Kazdin, 1990).

As psicoterapias infantojuvenis assemelham-se às de adultos quanto a essa definição. Porém, existem algumas divergências no trabalho com essa faixa etária. Em primeiro lugar, raramente é a própria criança ou adolescente quem pede para ir ao psicólogo (Kazdin, 1990), o que pode gerar uma ideia de punição (Pureza et al., 2014), fazendo com que não admita (ou nem perceba) ter os problemas que levaram à busca pelo profissional (Friedberg & McClure, 2015). Em segundo lugar, o psicoterapeuta costuma ter que coletar dados para avaliação e pedir colaboração nas intervenções para outros informantes, como pais, professores e profissionais de outras áreas que atendam o cliente (Kazdin, 1990).

Outra diferença é que psicoterapias para esse público têm sido utilizadas não somente como medida terapêutica, mas também com o objetivo de realizar diagnósticos precoces que permitem tratamentos mais eficazes e contribuem para a prevenção de transtornos (Puleo et al., 2011; Pureza et al., 2014). Uma das maneiras de se chegar a tais diagnósticos, que muitas vezes são feitos de maneira multiprofissional, é por meio de uma avaliação psicológica.

A avaliação psicológica pode ser definida como um processo realizado para coletar, estudar e interpretar dados sobre o funcionamento psicológico de um indivíduo ou grupo e requer metodologias específicas de acordo com cada área do conhecimento em que é aplicada. Seu objetivo é subsidiar o trabalho do psicólogo em seus diferentes campos de atuação, como em escolas, hospitais, empresas, tribunais, clínicas, consultórios (Conselho Federal de Psicologia [CFP], 2003, 2007, 2013).

As informações obtidas a partir da avaliação psicológica colaboram para que o profissional decida qual estratégia será mais adequada para o tratamento, compreenda o prognóstico e oriente a família quanto a isso. Esta avaliação pode ser vista como um processo que lança mão do uso de técnicas psicológicas para entender problemas à luz de conhecimentos teóricos (Gastaud et al., 2014). Isso fundamenta a avaliação psicológica segundo a finalidade para a qual é realizada, a partir de um planejamento prévio e cauteloso (CFP, 2007, 2013).

Em síntese, a avaliação psicológica é um processo realizado por psicólogos (os quais devem apresentar competências necessárias para tal atuação) e visa investigar sintomas e áreas da vida do cliente por meio de diversas fontes de informação e instrumentos. O objetivo é melhor compreendê-lo, ajudá-lo a buscar tratamento adequado e auxiliar no trabalho do psicólogo e/ou de outros profissionais. O comportamento humano é dinâmico e resulta de uma ampla rede de dimensões que se inter-relacionam, o que faz com que seja praticamente impossível entendê-lo e prevê-lo deterministicamente (CFP, 2007, 2013). Apesar disso, o processo de avaliação aju-

da o psicólogo a desenvolver hipóteses acerca do funcionamento do indivíduo, que o auxiliarão futuramente no processo de psicoterapia, caso este se faça necessário.

O objetivo deste capítulo é trazer pontos relevantes para a atuação profissional, a partir da prática clínica e da fundamentação atual, esclarecendo *por que*, *o que* e *como* avaliar crianças e adolescentes em psicoterapia.

Por que avaliar?

Seja para caracterização, diagnóstico, prognóstico ou direcionamento de intervenções, a psicopatologia infantojuvenil é o que geralmente leva as famílias a procurarem a avaliação psicológica. Dados coletados com crianças e adolescentes em 27 países de todas as regiões do mundo forneceram uma estimativa de que a prevalência de transtornos seria de 13,4% (Polanczyk et al., 2015). Esses transtornos trazem muito sofrimento tanto para o cliente quanto para sua família, além de prejuízos sociais, acadêmicos e emocionais (Franzin et al., 2017).

Até aqui, sabemos o que é uma avaliação psicológica, para que ela serve e que ela faz parte do trabalho do psicólogo. Mas por que devemos realizá-la em psicoterapia? Quais são as vantagens de sua realização? Listamos algumas a seguir.

a) A avaliação psicológica prévia auxilia o trabalho do psicólogo na psicoterapia

Os planos terapêuticos de diferentes abordagens são estabelecidos a partir de etapas iniciais de análise do caso, como a conceitualização de caso e a análise funcional, das quais a avaliação psicológica pode fazer parte. Assim, a avaliação direciona estratégias de intervenção, prediz obstáculos e oferece maneiras de administrar dificuldades no curso do tratamento (Beck, 2013).

A conceitualização de caso, por exemplo, refere-se a um processo contínuo em que o psicólogo busca compreender os problemas do cliente, embasando-se principalmente nas informações obtidas na avaliação psicológica. Esse processo permite que o profissional levante hipóteses que serão testadas e confirmadas ou refutadas ao longo do tratamento e monte um planejamento eficaz para cada cliente (John & Segal, 2015). Dessa forma, a partir da avaliação psicológica, o psicoterapeuta orienta-se para a escolha de técnicas específicas e personalizadas para aquele determinado cliente. Por exemplo, digamos que ao longo do processo de avaliação psicológica o psicólogo perceba que a criança ou adolescente compreende melhor de forma abstrata. Nas intervenções com esse cliente, o profissional poderia lançar mão de técnicas como metáforas, associações e/ou escalas quantitativas (como as do tipo *Likert*). Por outro lado, se o cliente tiver demonstrado uma forma de compreensão mais concreta, poder-se-ia optar pela escolha de apoios visuais, como um "termômetro das emoções", ou desenhos e vídeos. Em síntese, informações oriundas da avaliação psicológica conduzida na formulação do caso são fundamentais para a adequada condução da psicoterapia.

b) A avaliação psicológica na psicoterapia aumenta o engajamento dos pais

A partir da prática clínica da psicoterapia, quando os pais não demonstram motivação ou interesse no início do processo, é possível perceber que há uma tendência elevada de interrupção do tratamento. Compreender os resultados da avaliação psicológica, por meio dos quais pode-se visualizar, às vezes por gráficos e tabelas, os sintomas e/ou diagnósticos de seus filhos, faz com que os pais percebam o processo de psicoterapia de maneira mais concreta, profissional e fundamentada, tomem a decisão por si mesmos sobre o tratamento – ao invés de se sentirem convencidos a fazê-lo – e se engajem no processo de seus filhos. Por sua vez, esse engajamento, além de ajustar a expectativa dos pais, colabora para que estes não passem uma ideia coercitiva da psicoterapia para as crianças e adolescentes, o que aumenta sua adesão ao processo. Ou seja, quanto mais o terapeuta esclarece aos pais o caminho a ser tomado com seus filhos, maiores as chances de as crianças e adolescentes se manterem na psicoterapia, ao invés de saírem precocemente (Gastaud et al., 2014).

c) A avaliação psicológica na psicoterapia colabora para uma maior adesão ao tratamento

Um estudo mostrou que, comparadas a crianças que não haviam passado por avaliação psicológica antes de iniciar a psicoterapia, aquelas que passaram tinham 65% mais chances de aderir ao tratamento e 44% menos chance de abandoná-lo antes de seu término (Gastaud et al., 2014). Um dos motivos disso é que o processo de avaliação, combinado a um *feedback* personalizado, colaborativo e altamente envolvente sobre os testes, pode se assemelhar a aspectos da própria psicoterapia (Poston & Hanson, 2010).

Além disso, ao planejar um ambiente adequado, utilizar linguagem apropriada e realizar um bom *rapport* desde a avaliação, o psicólogo contribui para que a criança ou o adolescente se sinta seguro e confortável e já comece a estabelecer um vínculo. Assim, uma aliança que se iniciou na avaliação psicológica é levada para o tratamento (Hilsenroth et al., 2004), aumentando as chances de sucesso e de engajamento na psicoterapia.

d) A avaliação psicológica na psicoterapia contribui para a promoção de saúde e a prevenção de psicopatologias

Uma fala comum de pais ao levarem seus filhos para a psicoterapia é a de que "eu também era assim quando criança e melhorei", ou que "é apenas uma fase". Um contraponto a essas crenças é o fato de que, para todos nós, mudar nossas histórias e pontos de vista sobre nós mesmos e sobre o mundo é um processo árduo (Tharinger et al., 2008). Porém, é mais fácil gerar modificação em uma criança ou adolescente, cujas percepções de *Self* e de mundo ainda estão em formação, do que em um adulto. Nesse sentido, a avaliação pode ajudar na detecção precoce de um transtorno que está em fase inicial ou que ainda se manifesta apenas como sintomas esporádicos e, dessa forma, o cliente terá a chance de mudar o curso da sua história, ao invés de "esperar para ver se melhora sozinho" e correr o risco de desenvolver uma psicopatologia.

Além disso, uma série de estudos mostrou que, para crianças e adolescentes, fazer psicoterapia é mais eficaz do que as mudanças que ocorrem devido ao amadurecimento e a outras influências com o decorrer do tempo, e que há diversos tipos de intervenção que ajudam a aliviar o sofrimento não somente do cliente, mas também o da família (Kazdin, 1990). Por exemplo, Connolly et al. (2007) demonstraram que a identificação precoce da ansiedade associada a um tratamento efetivo ajuda a reduzir seu impacto no funcionamento social e acadêmico e a sua persistência em forma de transtorno na vida adulta.

Entretanto, para além das dificuldades, outro objetivo da avaliação psicológica é caracterizar as forças pessoais e fatores de proteção existentes na vida da criança ou do adolescente. Segundo Beck (2013), uma vantagem de se avaliar inicialmente os pontos fortes, valores, experiências positivas e estratégias de enfrentamento adaptativas é que esses dados podem ser evocados e utilizados posteriormente na psicoterapia como forma de auxiliar na melhora do cliente. Além disso, o funcionamento pró-social, que se refere à presença de comportamentos adaptativos e do engajamento em atividades, interações sociais e fazer amigos, por exemplo, se mostra importante na avaliação e na psicoterapia infantojuvenil. Afinal, a redução de sintomas disfuncionais não implica, necessariamente, o aumento da adaptação ao ambiente. Quando o psicólogo auxilia nessa adaptação, trabalhando o funcionamento pró-social, os resultados da psicoterapia podem ser mais duradouros (Kazdin, 1990).

e) A avaliação psicológica contribui para a definição de demanda para encaminhamentos

Percebe-se, na prática clínica, que uma grande quantidade de queixas iniciais se refere a fatores, como dificuldades na aprendizagem escolar, que podem exigir um trabalho multidisciplinar. Ou seja, nem sempre o atendimento psicoterapêutico será o mais recomendado. A própria resposta à psicoterapia é um indicador importante da necessidade de encaminhamento. Assim, a avaliação psicológica investiga se ainda há condicionantes psicológicos associados à queixa e sua gravidade. Em caso negativo, a investigação da demanda por parte de outros profissionais pode ser apropriada. Destaca-se a importância de que o profissional assuma uma visão integrativa do indivíduo, considerando que este não se resume à dimensão psicológica, e que uma avaliação multidisciplinar contribui para uma percepção mais ampla e global da criança ou adolescente.

O que avaliar

a) Demandas mais comuns

O início do processo de avaliação psicológica na psicoterapia acontece a partir do encaminhamento. Nem sempre, porém, a demanda chega ao psicólogo de maneira direcionada, cabendo a este avaliar o serviço que melhor atenda cada caso. Psicoterapia, orientação de pais, avaliação psicológica ou encaminhamento a outros profissionais são direcionamentos usualmente feitos pelo próprio psicólogo que recebe a demanda inicial.

Em muitas pesquisas realizadas em clínicas-escola, considerando a procura por serviços de psicologia em geral, os meninos tendem a ser encaminhados com mais frequência (Borsa et al., 2013), eventualmente representando o dobro do número de meninas (Vagostello et al., 2017). Problemas associados a atenção – interação social, ansiedade e depressão – parecem ser as demandas mais recorrentes (Borsa et al., 2013), além de problemas de aprendizagem, afetivos e externalizantes, como oposição e desafio, hiperatividade e agressividade (Cunha & Benetti, 2009). Por outro lado, comportamentos internalizantes (associados à depressão, ansiedade e somatização) se mostram mais comuns entre meninas, os externalizantes são mais comuns entre os meninos (Vagostello et al., 2017).

Frequentemente, o público das pesquisas aqui citadas não dispõe de recursos para arcar com assistência psicológica privada (Borsa et al.,

2013). Sendo assim, vale considerar que eventuais discrepâncias socioeconômicas e de vulnerabilidade social entre os públicos de outros contextos de atendimento podem refletir em diferentes demandas e recursos para enfrentamento. Assim, é fundamental que o profissional esteja atento a tais características para que seu trabalho, de fato, contribua para a saúde mental da criança ou do adolescente.

No cenário brasileiro, as instituições de ensino são importantes fontes de encaminhamento para atendimento psicológico (Cunha & Benetti, 2009; Rodrigues et al., 2012). É na escola que os pais ou professores observam as crianças comparativamente e percebem diferenças no desenvolvimento de forma mais acentuada. Não é à toa que queixas escolares sobre dificuldade de aprendizagem são recorrentes entre as demandas infantis e figuram entre um dos principais motivos de procura por atendimento psicológico (Borsa et al., 2013; Rodrigues et al., 2012). Ainda que o desempenho escolar seja resultado de diversas variáveis, é quando o rendimento cai que as preocupações familiares tendem a se tornar maiores, o que acaba resultando na busca por ajuda profissional.

Além das escolas e instituições de ensino, o encaminhamento da clientela infantil à psicologia também provém de outros profissionais da saúde (Borsa et al., 2013; Vagostello et al., 2017), como psiquiatras, neurologistas, pediatras e outros psicólogos (Autuori & Granato, 2017), ou ainda psicopedagogos, fonoaudiólogos, terapeutas ocupacionais. O aumento da popularização dos serviços psicológicos, cada vez menos compreendidos de forma estigmatizante, tem também ampliado a iniciativa das próprias famílias na busca por atendimento para seus filhos (Autuori & Granato, 2017).

b) Objetivos: Principal e secundários

Nas últimas décadas, a procura por avaliação psicológica individual esteve associada à definição de um diagnóstico. Atualmente, porém, tem sido mais comum a procura para criança ou adolescente que já possui diagnóstico médico ou de outro ramo da saúde (Wainstein & Bandeira, 2013). Sendo a identificação da demanda um item indispensável para a construção de todo o processo de avaliação psicológica que se seguirá, o profissional deve ter clareza a respeito da pergunta a ser respondida ao final. Contudo, tal pergunta dificilmente é apresentada de forma precisa pelos que procuram avaliação, muitas vezes por desconhecimento dos fatores envolvidos na queixa.

Um exemplo comum percebido na prática da psicoterapia é a queixa inicial de que o filho é "preguiçoso" e se concentra apenas naquilo que gosta, como jogos eletrônicos. Essa "preguiça", porém, pode revelar, na verdade, uma dificuldade relacionada a diversos fatores, como alteração no sono, problemas oftalmológicos, estresse emocional, déficit de atenção, ou fatores ambientais, como a presença de poucos atrativos associados ao estudo e ao seu formato, o que pode reforçar a ideia dos pais de que a criança é "preguiçosa".

Sendo assim, é fundamental que o psicólogo interprete a solicitação inicial, podendo caber, entre outros: (a) avaliação da pertinência do diagnóstico; (b) diagnóstico diferencial; (c) caracterização de fatores de risco e proteção individuais ou ambientais; e (d) direcionamento aos tipos de atendimento mais adequados (Bandeira et al., 2016).

Caso influências outras às psicológicas na queixa já tenham sido investigadas e a avaliação psicológica tenha se mostrado, de fato, o serviço mais apropriado, pode-se iniciar o planejamento do processo avaliativo. O grande diferencial da avaliação psicológica em relação a outras avaliações profissionais é a investigação de traços psicológicos ou construtos, que se referem a conceitos científicos construídos para descrever ou explicar o comportamento humano, como traços cognitivos ou emocionais, inferidos a partir do comportamento manifesto (Cohen et al., 2014). Alguns exemplos de traços psicológicos são a personalidade e a inteligência. A escolha de quais deles serão avaliados parte do entendimento sobre a relação entre a queixa e as variáveis psicológicas relevantes. Tal decisão depende de fundamentação sobre desenvolvimento humano e psicopatologia, para citar alguns dos conhecimentos essenciais à prática do psicólogo, além de sua orientação teórica.

A partir da demanda formal, é comum que o profissional localize outros objetivos tão ou mais importantes para a avaliação psicológica. A avaliação de aspectos que, frequentemente, não são prontamente mencionados pelos informantes é fundamental para uma compreensão biopsicossocial e integrada, não apenas da queixa, mas também da saúde mental e do desenvolvimento do indivíduo como um todo. Assim, é essencial investigar fatores ambientais e individuais relevantes e potencialmente associados à demanda inicial. Uma vez identificados, a avaliação de tais objetivos secundários beneficia: (a) a caracterização ou o diagnóstico do caso; (b) a identificação do prognóstico; (c) predições quanto à adesão e ao sucesso dos tratamentos recomendados. Por exemplo, ainda que a queixa sobre uma criança de 9 anos sejam as dificuldades escolares, se ela sofre violência doméstica ou os pais são usuários de drogas, é importante investigar como tais variáveis ambientais impactam sua saúde mental e seu desenvolvimento e, consequentemente, se corroboram, ou não, para o estabelecimento da queixa.

> **Dica 1**
>
> Um dos papéis do psicólogo, neste caso, é esclarecer junto aos pais como seus comportamentos e estilo de vida participam de uma dinâmica de interação recíproca com seus filhos.

Como avaliar

Diferentemente do que se pensa, avaliação psicológica não é sinônimo de testagem psicológica, pois esta se refere à utilização dos testes psicológicos, o que é apenas um dos passos que podem ser usados no processo. Além dele, a avaliação psicológica infantojuvenil também abrange entrevistas com diversas fontes de dados, observações da criança ou do adolescente em diferentes contextos, análise de documentos relevantes para o objetivo do terapeuta e a integração de todas as informações coletadas. Cada método apresenta vantagens e desvantagens, e a integração entre eles pode minimizar vieses e tornar a coleta de dados mais completa. Assim, uma avaliação requer planejamento cauteloso segundo a demanda e a finalidade para a qual está sendo realizada (CFP, 2007, 2013, 2018).

Alguns passos mínimos para se alcançar os resultados da avaliação psicológica foram estruturados pelo Conselho Federal de Psicologia (2007, 2013). São eles: levantar os objetivos da avaliação, levando em consideração as particularidades do indivíduo avaliado; coletar os dados por meio das diversas formas escolhidas; integrar as informações, levantar hipóteses iniciais e, se necessário, coletar mais dados; indicar respostas às questões iniciais. A seguir serão explicitados alguns pontos importantes a serem observados na forma de se avaliar crianças e adolescentes na psicoterapia.

a) Cuidadores

A família exerce uma influência duradoura, tanto genética quanto ambiental, nas crianças e adolescentes nela criados (Castellanos-Ryan et al., 2016; Kluck et al., 2017). Por meio da modelagem e da observação, os filhos aprendem habilidades sociais, cognitivas (Gambin et al., 2015), comportamentais e autorregulatórias (Scaramella & Leve, 2004), de forma adaptativa ou desadaptativa, e as utilizam em outros contextos, como na relação com os pares e professores. Além disso, a forma como se dão as relações familiares e os estilos parentais está associada ao surgimento e manutenção de cognições disfuncionais e de problemas emocionais e comportamentais dos filhos (Lara et al., 2021).

Além da grande influência que exercem, os cuidadores podem representar uma importante fonte de informações sobre a criança ou o adolescente a ser atendido. Essa faixa etária geralmente apresenta uma perspectiva limitada sobre seu próprio comportamento em virtude do processo de amadurecimento cerebral ainda inconcluso e dos poucos anos de repertório agregado (Papalia et al., 2013). Adicionalmente, clientes com transtornos cognitivos podem apresentar imprecisão em seus relatos, e tais problemas podem não os incomodar, mas a família e pessoas de convívio próximo oferecem outra perspectiva quanto ao impacto funcional ou social de tal quadro. Ademais, qualquer cliente que se sinta envergonhado por seus comportamentos passados pode ocultar informações que poderão ser obtidas com familiares (Morrison, 2010).

O psicólogo também precisará de informações sobre histórico de saúde e desenvolvimento do avaliando, que este pode não conhecer ou compreender bem, especialmente no que se refere aos primeiros anos de vida e período pré-natal. Na entrevista com o psicólogo, os cuidadores também podem expressar normas, valores e práticas culturais ou familiares presentes no ambiente da criança ou do adolescente sob avaliação. Por fim, diferentes membros da família podem ter entendimentos distintos sobre o que deve ou não ser informado ao profissional. Dessa maneira, contar com o relato de cuidadores implica ter uma nova oportunidade de coletar informações até então não relatadas (Morrison, 2010).

Diante disso, na avaliação psicológica infantojuvenil, torna-se essencial a coleta de informações com os principais cuidadores, a fim de se compreender fatores biopsicossociais que influenciam seu desenvolvimento. A partir da prática clínica, são sugeridos a seguir alguns aspectos que devem ser considerados na entrevista de avaliação com os cuidadores primários. Porém, destaca-se que modificações podem ser necessárias em casos particulares, como a avaliação de crianças ou adolescentes refugiados, adotados – em que não se saiba sobre o pré-natal ou primeira infância –, entre outros casos.

Em primeiro lugar, é importante compreender bem as *dificuldades atuais*, sua intensidade, frequência, duração e persistência, e o que já foi feito para resolvê-las; investigar a percepção dos pais sobre o filho e como eles pensam que este se enxerga; além de coletar pontos fortes e estratégias adaptativas da criança ou adolescente. Em relação aos *fatores relevantes da infância e da saúde*, indica-se a investigação de aspectos como a gestação (se planejada e desejada, presença de problemas de saúde física ou mental), o

desenvolvimento (principais marcos e se houve atrasos ou regressões), a qualidade de sono e da alimentação, se há prática de atividades físicas e se houve eventos traumáticos ou estressantes ao longo da vida do cliente.

Quanto à *dinâmica familiar*, é desejável que se compreenda como se dão as relações familiares (afetividade, conflitos, atividades e tempo juntos), a rotina, as práticas parentais mais comuns, o relacionamento conjugal, as crenças ou práticas religiosas que os pais passam para os filhos, o histórico de doenças mentais na família e a relação da criança ou adolescente e dos próprios pais com eletrônicos. Por fim, sugere-se investigar aspectos da área escolar, como a adaptação do cliente às escolas em que estudou, a socialização com adultos e crianças, o comportamento nesse ambiente, e o rendimento escolar (caso se aplique). É importante verificar se os pais têm conhecimento de fatores como as atividades que os filhos costumam fazer com amigos, os conteúdos que acessam na internet ou em jogos eletrônicos.

O profissional pode, ainda, orientar-se a partir de entrevistas diagnósticas estruturadas, como a Schedule for Affective Disorders and Schizophrenia for School-Aged Children (K-SADS; Graeff-Martins & Fleitlich-Bilyk, 2016), ou instrumentos de rastreio, como o Child Behavior Checklist (CBCL; Graeff-Martins & Fleitlich-Bilyk, 2016). Tendo em vista a coleta de dados junto aos cuidadores, algumas sugestões para a condução da entrevista estão estruturadas a seguir (para maior aprofundamento nesse assunto, sugere-se a consulta a Morrison, 2010).

1) O psicólogo deve ter atenção ao sigilo, ao vínculo de confiança e às expectativas com a entrevista, tanto do cliente quanto de seus cuidadores. Dificuldades com a confiden-

cialidade podem ser minimizadas com uma entrevista compartilhada, que permite que o cliente ouça diretamente o que é dito a seu respeito e perceba, ainda, o posicionamento do profissional. Observar a dinâmica da interação entre o cliente e seu(s) cuidador(es) é também informativo.

2) A entrevista sem a presença do cliente geralmente é desejável pela privacidade oferecida. A escolha do cuidador deve levar em conta que o melhor informante não necessariamente figura no papel de pai ou mãe, mas naquele(s) que mais acompanha(m) o dia a dia e os marcos de desenvolvimento da criança ou do adolescente. Nota-se que os pais que têm ou já tiveram uma condição de saúde mental semelhante à do cliente são mais capazes de reconhecer seus sintomas (Morrison, 2010).

3) Uma entrevista em grupo pode ser considerada quando há múltiplos informantes envolvidos na criação da criança ou do adolescente. É importante incentivar que todos tenham a oportunidade de se expressar. Se a entrevista for feita somente com um cuidador, o entrevistado deve buscar ser um porta-voz dos demais familiares que não puderam comparecer.

Dica 2

O primeiro contato com o psicólogo pode gerar ansiedade e expectativa por respostas precisas e resoluções para as demandas familiares. Ainda que os cuidadores entrevistados possam pressionar o profissional para isso, é importante não se posicionar em um dos lados, tampouco tomar decisões por eles. O profissional deve atentar-se aos objetivos da entrevista.

Conforme exposto, os dados oriundos dos cuidadores são usualmente coletados a partir de uma entrevista clínica. Tal estratégia, porém, conta com o heterorrelato, o qual pode ser impreciso, incorreto, enviesado ou intencionalmente distorcido. Vale lembrar que as informações passam por diversos filtros individuais do entrevistado – a sensopercepção, a atenção, a memória, o estado emocional e a capacidade de compreensão – desde o momento em que são solicitadas (Plante, 2005). Os mesmos processos interferem na maneira como as respostas são registradas pelo profissional, ainda que o nível de treinamento e experiência ajudem a reduzir os vieses.

Observação comportamental

A observação comportamental pode ser compreendida como uma tentativa de o psicólogo observar diretamente comportamentos de interesse se manifestar naturalmente, em um contexto real e concreto, com menos interferências da percepção do próprio indivíduo (Plante, 2005). Algumas informações úteis a partir disso podem ser percebidas na entrevista inicial com os cuidadores. Por exemplo, o psicólogo pode observar a forma como os pais interagem entre si, que muitas vezes é um reflexo da interação dentro de casa; ou pode perceber que os informantes se esquivam de algumas perguntas ou parecem incomodados com outras. Além disso, pode ocorrer de saberem vários pontos negativos em relação ao cliente, mas nenhum positivo. Outras observações a serem feitas durante a entrevista referem-se à postura, ao tom de voz e ao tom emocional com que falam do filho, ou se acabam falando mais de si mesmos ou dos outros filhos, do que do próprio cliente.

a) Crianças e adolescentes: Indivíduo avaliado

A coleta de dados com a criança ou o adolescente se refere ao momento em que, finalmente, o indivíduo protagonista do processo avaliativo contribuirá para a compreensão dos processos de interesse. Sendo assim, é fundamental que tais processos sejam observados e mensurados de forma elucidativa. O psicólogo pode valer-se de estratégias de interação não estruturadas, de medidas estruturadas e de observação comportamental.

Medidas e estratégias de interação não estruturadas

Os esforços do profissional para personalizar os recursos com a intenção de alcançar o indivíduo atendido são essenciais na psicoterapia, e isso não é diferente durante a avaliação psicológica. Fundamentando-se nos objetivos estabelecidos, o psicólogo pode desenvolver e adaptar métodos e técnicas para coletar dados da criança ou do adolescente que expressem os construtos de interesse.

Para tal, o profissional deve levar em conta aspectos do desenvolvimento humano que ofereçam uma estimativa de capacidades esperadas em cada fase e contexto, especialmente na avaliação de traços medidos a partir do desempenho. Ainda que o interesse seja em construtos que reflitam preferências, conhecer a fase do desenvolvimento em que o indivíduo se encontra permite o adequado ajuste do formato da técnica, especialmente no que se refere à capacidade atencional, de memória, de compreensão ou de linguagem (Papalia et al., 2013). A negligência de aspectos como estes pode acarretar estratégias que falham em aprender referências dos construtos almejados por dificuldades no processo de coleta de dados.

Outro aspecto orientador para o uso de medidas e estratégias de interação não estruturadas é o referencial teórico do profissional. Utilizando como exemplo a Terapia Cognitivo-Comportamental, o psicoterapeuta pode estabelecer como objetivo a investigação de pensamentos e crenças, estados emocionais e estratégias comportamentais que comprovem ou refutem as hipóteses levantadas inicialmente (a partir da coleta de dados com os cuidadores e outras fontes) sobre o funcionamento do cliente. Considerando o formato de trabalho da linha teórica, o profissional estabelece uma forma de abordagem colaborativa e que envolve ativamente a criança ou o adolescente utilizando uma comunicação assertiva, objetiva e empática (Beck, 2013). Diferentes orientações teóricas irão variar quanto à escolha do construto e ao método e à forma de apreendê-lo (Cordioli et al., 2019).

Por fim, este formato visa permitir que o indivíduo expresse, direta ou indiretamente, habilidades desenvolvidas, sua versão sobre acontecimentos e outros conteúdos importantes sobre si mesmo e sobre os diversos ambientes em que está inserido, como o familiar e o escolar. Na avaliação psicológica de uma criança em que se busca investigar a forma e a intensidade com que traços de personalidade se manifestam em situações de conflito, por exemplo, o profissional pode utilizar jogos, atividades ou situações-problema já existentes ou construídos para esta finalidade, que lhe permitam observar a expressão de tais características. A vantagem de medidas não estruturadas é sua maleabilidade, característica que pode ser aproveitada a partir dos objetivos da avaliação e das características da fase do desenvolvimento em que o sujeito se encontra.

Medidas estruturadas: inventários, testes e outros instrumentos padronizados

A avaliação a partir do uso de medidas estruturadas é um componente importante para algumas abordagens terapêuticas. Muitos profissionais se baseiam em dados obtidos em entrevistas e instrumentos padronizados de avaliação, como medidas de autorrelato. Tais instrumentos podem oferecer informações sobre a presença de sintomas, sua intensidade, frequência e duração. Os dados obtidos devem ser integrados com o relato verbal do cliente e com as impressões do psicólogo.

Um estudo com mais de 125 metanálises sugeriu que profissionais que confiam exclusivamente em entrevistas estão sujeitos a compreender os casos de forma incompleta (Meyer et al., 2001). Dessa forma, integrando dados quantitativos e qualitativos, as decisões acerca dos objetivos da intervenção e a identificação de estratégias futuras ocorrem de forma mais confiável (Friedberg & McClure, 2015). Ademais, o uso de métodos formais de avaliação se mostra relevante para acompanhar o progresso do cliente e ter atenção aos marcadores preditivos de piora durante a intervenção, oferecendo a ambos, terapeuta e cliente, informações que podem mitigar esse processo e ampliar a recuperação da saúde mental (Hawkins et al., 2004; Lambert et al., 2002).

Além disso, ainda que medidas qualitativas como a observação comportamental ou o relato livre sejam importantes, medidas quantitativas podem reduzir o efeito de vieses do profissional sobre o processo psicoterapêutico em si. Em um estudo publicado em 2012, psicólogos clínicos que se basearam exclusivamente em uma análise qualitativa tenderam a apresentar percepção enviesada quanto: (a) ao reconhecimento da probabilidade de melhora ou piora de seus clientes; (b) à comparação de suas habilidades com seus colegas, avaliando-se superiores a 80% de seus pares. Tais achados vão ao encontro de pesquisas anteriores que investigaram o tema (Rodrigues et al., 2012).

Sendo assim, diante da relevância do uso de medidas estruturadas na avaliação psicológica, uma importante referência é o Sistema de Avaliação de Testes Psicológicos (Satepsi). Este sistema foi criado no ano de 2003 pelo Conselho Federal de Psicologia e avalia a qualidade dos testes psicológicos utilizados no contexto brasileiro. O site (http://satepsi.cfp.org.br/) contém uma lista de ferramentas de avaliação com parecer favorável ou desfavorável para uso profissional (Borsa, 2016). É importante ressaltar que "só será permitida a utilização dos testes psicológicos que foram aprovados pelo Conselho Federal de Psicologia e será considerada falta ética a utilização de instrumento que não esteja em condição de uso" (CFP, 2013).

Antes de mais nada, é fundamental que o psicólogo esteja familiarizado e treinado com o instrumento que se propõe a usar (Anache & Reppold, 2010), podendo recorrer a estudos autônomos ou mesmo a treinamentos e cursos que ofereçam uma formação estruturada. Dentre os documentos norteadores disponíveis, a publicação do Conselho Federal de Psicologia *Avaliação psicológica: Diretrizes na regulamentação da profissão* (2010) orienta a respeito de cuidados éticos que o profissional deve observar na prática com o uso de testes e outras medidas estruturadas.

Observação comportamental

Alguns aspectos devem ser considerados quanto à observação comportamental nos contatos iniciais com o indivíduo. Deve-se levar em conta que ocasiões isoladas de observação, especialmente no primeiro contato com a criança ou o adolescente, estão sujeitas a diferentes tipos de viés. Pode ser que o indivíduo não se sinta à vontade com um desconhecido em um ambiente novo (Assis & Assis, 2016). Ou, ainda, que surjam expectativas ou ansiedade associadas à consulta, ou variações no estado de humor. Crianças que apresentam comportamento frequentemente disperso ou agressivo podem, por exemplo, parecer atentas e cordiais em uma entrevista de um para um com o psicólogo. Caberá ao profissional levar em consideração fatores que possam sugerir que aquela amostra do comportamento não representa o padrão usual do cliente. Isso pode ser esclarecido a partir da integração da observação com os demais dados coletados ao longo do processo.

Por outro lado, os primeiros contatos com o avaliando, em algum nível, podem representar uma expressão de como ele se comporta em outros ambientes, ou mesmo de seu estado emocional. Uma criança pode agarrar-se às pernas ou ao colo da mãe e recusar-se a ir até a sala com o psicólogo, independentemente das estratégias que este use, por exemplo. A expressão facial e o comportamento do adolescente podem demonstrar tédio ou impaciência; ou, por outro lado, sua solicitude excessiva pode revelar uma tentativa de manipulação ou, ainda, a maneira como age tentando agradar os outros acima de tudo. De toda forma, a amostra do comportamento observada serve como informação adicional que, junto a outras estratégias de coleta de dados, agrega na compreensão do caso clínico.

c) Escola

Os professores são aqueles que estão mais envolvidos no processo ensino-aprendizagem.

São eles que contribuem, além do conteúdo contemplado no currículo escolar, para a formação das crianças e adolescentes em termos de relações, valores, atitudes, sentimentos e interesses (Caminha et al., 2017). Considerando essa influência que exercem sobre os alunos, a quantidade de tempo que passam juntos diariamente e a capacidade de perceber o desenvolvimento dos estudantes comparativamente, compreende-se que os professores podem ser uma fonte de informações valiosa no trabalho de AP.

Por meio de uma entrevista presencial, preferencialmente, ou por contato telefônico, o psicólogo pode buscar, tanto com os professores quanto com o psicólogo escolar ou o orientador educacional, informações relativas às relações do cliente com os colegas e com as figuras de autoridade (professores, coordenadores, entre outras), à sua adaptação ao meio e ao seu desempenho escolar. Além disso, nesse ambiente podem ser coletados dados sobre as principais atitudes e emoções expressadas pela criança ou adolescente e sobre a visão da equipe escolar a respeito de características relevantes dos membros de sua família e da dinâmica familiar (Giacomoni & Bandeira, 2016). Alguns instrumentos regulamentados pelo Satepsi e atualmente autorizados para o uso profissional do psicólogo têm formulários específicos para preenchimento do professor, como o Inventário de Habilidades Sociais, Problemas do Comportamento e Competência Acadêmica para Crianças (SSRS; Gresham & Elliott, 2016).

Entretanto, é sugerido que o contato com a escola seja feito somente após a autorização dos pais e o estabelecimento de um vínculo de confiança. Diante da experiência clínica, há desde pais que são extremamente abertos a esse contato e, inclusive, comunicam à equipe escolar que levarão o filho ao psicólogo antes disso acontecer, até pais que desaprovam o contato. Seja qual for o motivo da recusa, é importante avaliar os sentimentos e as crenças dos pais em relação a esse assunto. Discutir abertamente sobre os objetivos e a relevância do contato com a escola pode evitar que as famílias se sintam ameaçadas pela possível exposição de queixas ou eventuais diagnósticos de seus membros (Giacomoni & Bandeira, 2016). Além disso, a discordância em relação ao contato, por si só, já pode se revelar como um dado importante sobre a família. Vale ressaltar que o psicólogo pode ser contatado diretamente pela escola, sem conhecimento dos pais, mas é importante que lhes seja posteriormente dada ciência da comunicação estabelecida por se tratar dos clientes aos quais o serviço é prestado.

Em alguns casos, os pais até autorizam que o psicólogo entre em contato com a equipe escolar, porém não concordam com a visão que esta tem sobre seus filhos. Isso aumenta a necessidade de o profissional ouvir o relato, uma vez que divergências devem ser investigadas. Nesses casos, a própria integração dos dados coletados ao longo da avaliação psicológica, tanto nas entrevistas quanto na testagem, pode contribuir para o esclarecimento da origem, natureza ou do motivo de tais discrepâncias (Giacomoni & Bandeira, 2016).

> **Dica 3**
>
> Após o contato inicial para coleta de dados, a própria escola pode demonstrar o desejo de manter o trabalho conjunto e ser orientada pelo psicólogo. Quando os resultados relevantes são transmitidos à equipe escolar, o psicólogo tem a possibilidade de esclarecer sobre o funcionamento daquela criança ou adolescente, bem como sobre os sintomas e comportamentos esperados para determinado diagnóstico, o prognóstico, e indicar o que a equipe pode fazer para ajudar aquele cliente. Além disso, o apoio da escola faz com que a psicoterapia seja ainda mais eficaz.

d) Outros profissionais

É cada vez mais comum que o psicólogo atenda demandas multidisciplinares em que o cliente seja acompanhado por diferentes profissionais, especialmente quando há diagnóstico de doenças crônicas, síndromes genéticas ou desenvolvimento atípico (Giacomoni & Bandeira, 2016). O próprio avanço científico e profissional das áreas da saúde vem fomentando o atendimento cada vez mais integrado e cooperativo entre diferentes especialidades no Brasil como psicólogos, fonoaudiólogos, terapeutas ocupacionais, fisioterapeutas, nutricionistas, entre outros.

O contato com a equipe de saúde que acompanha o caso é interessante tanto para a elucidação do(s) diagnóstico(s) quanto para o estabelecimento conjunto do plano de intervenção. No âmbito da investigação diagnóstica, profissionais que atendem a criança ou o adolescente e tenham experiência intensiva ou extensiva com o cliente, ainda que passada, podem oferecer informações importantes para a avaliação. Uma forma mais objetiva e formal de obter dados relevantes de saúde é a partir de documentos como relatórios, exames clínicos ou de imageamento cerebral (Cordioli et al., 2019).

No âmbito da intervenção, na medida em que os profissionais contribuem colaborativamente para o planejamento e a implementação das estratégias de atendimento, há uma convergência de esforços para a evolução do caso e uma rede de apoio à adesão do cliente e de sua família aos tratamentos recomendados (Giacomoni & Bandeira, 2016). Um terceiro contexto em que se faz fundamental o contato com os demais profissionais é a necessidade de avaliações de outras especialidades, como problemas de visão, de audição, neurológicos, alimentares.

Além dos profissionais da saúde, há uma gama de outros profissionais que podem estar envolvidos na rotina e no processo de desenvolvimento da criança ou do adolescente. Psicopedagogos, professores de música, artes, esportes, idioma estrangeiro ou de apoio extraclasse são exemplos de informantes que testemunham comportamentos associados à funcionalidade e, eventualmente, ao contato social do indivíduo. Sendo assim, a coleta de dados com esses profissionais permite o acesso a medidas naturalísticas e mais realistas de construtos como cognição social, memória e funções executivas, as quais podem ser contrastadas com os resultados de instrumentos padronizados usados na avaliação psicológica (Nery-Barbosa & Barbosa, 2016).

Assim como no contato com os profissionais escolares, aqui também é importante atentar-se ao vínculo e ao sigilo. Uma estratégia que pode ser utilizada para o cuidado com a confidencialidade é usar perguntas abertas como "isca" para investigar assuntos de interesse. Dessa forma, o profissional reduz o efeito de sugestão e parte do conhecimento do informante a respeito do caso. Dados que podem ser coletados, além daqueles citados anteriormente nesta seção, perpassam por questões que o cliente ou seus cuidadores não podem ou não conseguem responder, além de aspectos confusos ou inconsistentes em seus relatos (Giacomoni & Bandeira, 2016).

Independentemente do informante consultado, pode ser interessante discutir a sessão com a criança ou o adolescente. Descrever, de forma geral, o que foi abordado, assegura que o vínculo e o sigilo foram respeitados e reforça as reais intenções do psicólogo ao buscar essa fonte complementar de dados (Giacomoni & Bandeira, 2016).

> **Dica 4**
>
> Assim como acontece no caso da equipe escolar, dar *feedback* para os médicos, psicopedagogos, fonoaudiólogos, terapeutas ocupacionais, entre tantos outros profissionais que podem ter encaminhado ou que façam parte do tratamento do cliente, não só transmite confiança em nosso trabalho, como contribui para que uma relação colaborativa se mantenha ao longo de toda a psicoterapia daquela criança ou adolescente (e, muitas vezes, até por mais tempo!).

e) Fontes e formatos adicionais

A coleta de dados de diferentes informantes por meio da entrevista é um dos principais recursos da avaliação psicológica, mas essa ferramenta também apresenta limitações. Por exemplo, no caso dos cuidadores, o grau de sobrecarga, os padrões de dependência que o cliente estabelece, dentre outros aspectos subjetivos, podem influenciar o julgamento sobre o estado geral da criança ou do adolescente. Além disso, quando há discrepância entre os relatos de diferentes informantes ou dúvida sobre a legitimidade da informação, é recomendado o uso de outras estratégias de coleta de dados (Loewenstein & Acevedo, 2010).

Nesse sentido, pode ser útil a busca em fontes e formatos (Gastaud et al., 2014), que podem incluir desde a agenda e os cadernos escolares, até gravações de vídeos realizadas pelos pais, ou observação *in loco* de atividades de rotina, interação social ou lazer no ambiente domiciliar ou escolar. Este tipo de observação permite ao profissional: (a) investigar detalhadamente o modo de realização das atividades; (b) conhecer o ambiente, os recursos disponíveis, eventuais barreiras e necessidades de adaptação; (c) identificar os níveis de assistência necessários e oferecidos; (d) observar comportamentos e interações (Assis & Assis, 2016). O psicólogo pode, por exemplo, observar quais jogos eletrônicos a criança ou o adolescente utiliza, seu nível de complexidade e desafio, como reage aos *feedbacks* do jogo, quanto tempo passa em frente à tela, ou quais são as funções mentais especialmente recrutadas. Estas e outras informações sobre o ambiente e as interações domésticas dizem respeito à funcionalidade do indivíduo identificada no contexto real de desempenho e que pode ser útil aos objetivos da avaliação psicológica.

Processos finais

a) Integração dos resultados

De acordo com as recomendações do Conselho Federal de Psicologia (2007, 2013), a integração dos resultados é um processo que deve ocorrer desde antes da finalização da coleta de dados, permitindo que o psicólogo levante hipóteses e, se necessário, colete mais dados para verificá-las. Com as questões iniciais em mente, o profissional deve refletir sobre quais informações são relevantes e podem estar associadas a essas perguntas que se quer responder.

Uma série de questionamentos pode auxiliar o psicólogo a compreender, organizar e integrar os dados obtidos e alguns deles são encontrados a seguir. As informações coletadas em diferentes fontes de dados são convergentes ou divergentes? Elas apresentam coerência com a observação do comportamento? De que forma os dados contribuem para a elucidação das questões iniciais? Eles são suficientes para atender ao objetivo proposto? Há fontes ou materiais adicionais que devem ser acessados para a conclusão do processo avaliativo? As condições em que

a avaliação foi conduzida permitem resultados conclusivos? Como os resultados são relevantes, considerando a demanda? Como as forças, as estratégias adaptativas e outros fatores de proteção podem ajudar no enfrentamento das dificuldades encontradas? De que forma eles se traduzem em orientações práticas para os profissionais, os cuidadores e o próprio indivíduo?

b) Laudo

O laudo psicológico é um meio pelo qual se demonstra o processo e os resultados da avaliação psicológica e tem o objetivo de "subsidiar decisões relacionadas ao contexto em que surgiu a demanda" (CFP, 2019). Em outras palavras, deve dar um direcionamento a quem o solicitou sobre o próximo passo a ser tomado, como encaminhamentos ou intervenções que serão necessárias, incluindo a própria psicoterapia. O laudo deve, ainda, apresentar as informações técnicas e científicas que se fizerem pertinentes, levando em consideração o sigilo profissional (CFP, 2013).

Considerando a aplicação da avaliação psicológica na psicoterapia, adicionalmente às normas vigentes do Conselho Federal de Psicologia (2019), orienta-se tomar os seguintes cuidados na redação do laudo: (a) uso de linguagem acessível ao público-alvo; (b) apresentação da caracterização psicológica e dos resultados principais em formato que otimize a aplicação destas informações na psicoterapia e em outras intervenções; (c) menção objetiva de encaminhamentos sugeridos; e (d) registro de direcionamentos práticos para os cuidadores e os profissionais e que conduzirão o caso após a avaliação psicológica. É fundamental que o profissional esteja atento a eventuais atualizações realizadas pelo Conselho Federal de Psicologia acerca das diretrizes para elaboração do laudo psicológico.

c) Devolutiva

Em tempos passados, o *feedback* sobre a avaliação não costumava ser dado a adultos, muito menos a crianças e adolescentes. Felizmente, a partir da evolução dos códigos de ética e das regulamentações sobre a profissão do psicólogo e sua atuação (CFP, 2014, 2018, 2019), o direito do cliente de acesso aos resultados foi sendo cada vez mais reforçado. Porém, durante essa devolução, o profissional deve estar preparado para algumas dificuldades que podem surgir, como incompreensão sobre as informações fornecidas ou demonstração de culpa ou ansiedade (Tharinger et al., 2008).

Tharinger et al. (2008) sugerem alguns estágios para o *feedback,* que geralmente ocorre em mais de um dia, pois é preferencialmente passado – em sessões separadas – tanto para os cuidadores (ou solicitantes) quanto para a criança ou adolescente avaliado. De forma geral, o primeiro passo envolve a revisão dos propósitos iniciais da avaliação, a exposição das impressões gerais e a observação do psicólogo sobre os níveis de abertura e de compreensão em relação à devolução. É também indicado que o avaliando tenha a oportunidade de se expressar sobre a experiência da testagem psicológica. Se necessário, é possível que algum adulto com quem a criança tenha um relacionamento estável e positivo acompanhe na sessão de devolução, para que se sinta mais segura (Tharinger et al., 2008). Sugerimos que seja definido junto com o avaliando se ele gostaria da presença de um adulto em parte ou durante toda a sessão, e quem seria esse adulto (pai, mãe, avós, dentre outros).

No estágio intermediário, o profissional deve transmitir os resultados principais em linguagem clara e adequada aos interessados. Um cuidado a ser tomado é o de não omitir informações negativas na sessão com os cuidadores. Estas podem ser compartilhadas de forma mesclada a pontos fortes da criança ou do adolescente que também tenham sido percebidas. Por fim, o último estágio contempla uma síntese dos achados e a realização de recomendações para os cuidadores quanto ao caminho a ser tomado. Nesta parte, é importante que o profissional demonstre empatia conversando abertamente sobre as reações que foram percebidas ao longo da sessão e confira se os cuidadores compreenderam corretamente os dados revelados, esclarecendo dúvidas.

No caso das crianças ou adolescentes, alguns poderão ter uma compreensão mais imatura e concreta e podem se beneficiar de imagens explicativas, contos, vídeos, entre outros recursos lúdicos. Dificuldades como inquietação ou fuga podem ser comuns. Nesses casos, é papel do psicólogo lidar de forma acolhedora e construtiva, tanto com as dificuldades que aparecerem quanto com as reações dos avaliandos diante delas. É válido explicar de maneira diferente ou avaliar se é necessário mudar o assunto para a explicitação de um ponto forte ou para o próximo passo a ser tomado em direção à melhora dos sintomas (para uma visão mais completa sobre a sessão de *feedback*, cf. Tharinger et al., 2008).

Considerações finais

Conforme visto ao longo do capítulo, a avaliação psicológica infantojuvenil em psicoterapia apresenta alguns diferenciais. O primeiro deles é a possibilidade de retroalimentação dos processos avaliativo e interventivo. Se, por um lado, a avaliação pode beneficiar direta e detalhadamente a intervenção; por outro, os dados são continuamente coletados na psicoterapia, oferecendo maior riqueza de informações e permitindo reavaliações periódicas.

Outro diferencial é a desejabilidade social e o engajamento do indivíduo e de seus cuidadores, especialmente em comparação com contextos em que a avaliação psicológica não é voluntária, como o forense. O terceiro diferencial se refere ao ambiente e ao formato de trabalho. Escolas, hospitais e outras instituições usualmente utilizam métodos padronizados para a avaliação, enquanto psicólogos clínicos tendem a definir estratégias caso a caso.

Um último pormenor a ser destacado envolve o manejo do sigilo profissional frente à obrigatoriedade de se fornecer os resultados da avaliação aos principais interessados. Especialmente os clientes adolescentes podem se sentir incomodados com a revelação de informações a terceiros e, com isso, a aliança terapêutica pode ser prejudicada. O psicólogo deve estar atento, sendo que esta aliança é reconhecidamente um componente central para o processo psicoterapêutico em diferentes abordagens teóricas e contribui para a adesão ao tratamento (Gastaud et al., 2014).

O objetivo deste capítulo foi trazer pontos relevantes para a atuação profissional, de forma sucinta e aplicada, esclarecendo *por que*, *o que* e *como* avaliar crianças e adolescentes em psicoterapia. Acredita-se que esta leitura somada ao treinamento prático, ao aprofundamento em avaliação psicológica, desenvolvimento humano, psicopatologia, psicometria e abordagem teórica aplicável, juntamente ao alinhamento com as diretrizes técnicas e éticas do Conselho Federal de Psicologia, permitirá a realização de um trabalho com excelência.

Referências

Anache, A. A., & Reppold, C. T. (2010). Avaliação psicológica: Implicações éticas. In Conselho Federal de Psicologia (org.), *Avaliação psicológica: Diretrizes na regulamentação da profissão* (pp. 57-85). http://satepsi.cfp.org.br/docs/Diretrizes.pdf

Assis, L. O., & Assis, M. G. (2016). A avaliação da funcionalidade e suas contribuições para a neuropsicologia. In L. F. Malloy-Diniz, P. Mattos, N. Abreu & D. Fuentes (orgs.), *Neuropsicologia: Aplicações clínicas* (pp. 103-118). Artmed.

Autuori, M., & Granato, T. M. M. (2017). Encaminhamento de crianças para atendimento psicológico: Uma revisão integrativa de literatura. *Psicologiaclínica,29*(3),449-467.https://www.redalyc.org/pdf/2910/291054405006.pdf

Bandeira, D. R., Trentini, C. M., & Krug, J. S. (2016). Psicodiagnóstico: Formação, cuidados éticos, avaliação de demanda e estabelecimento de objetivos. In C. S. Hutz, D. R. Bandeira, C. M. Trentini & J. S. Krug (orgs.), *Psicodiagnóstico* (pp. 21-26). Artmed.

Beck,J.S.(2013).*TerapiaCognitivo-Comportamental: Teoria e Prática*. Artmed.

Borsa, J. C., Oliveira, S. E. S., Yates, D. B., & Bandeira, D. R. (2013). Centro de Avaliação Psicológica – CAP: Uma clínica-escola especializada em avaliação e diagnóstico psicológico. *Psicologia Clínica, 25*(1), 101-114. http://dx.doi.org/10.1590/S0103-56652013000100007

Caminha, M. G., Caminha, R. M., & Benedetti, T. B. (2017). Família, orientação de pais e professores. In C. B. Neufeld (org.), *Terapia cognitivo-comportamental para adolescentes: Uma perspectiva transdiagnóstica e desenvolvimental* (pp. 386-396). Artmed.

Castellanos-Ryan, N., Brière, F. N., O'Leary-Barrett, M., Banaschewski, T., Bokde, A., Bromberg, U., ... The IMAGEN Consortium. (2016). The structure of psychopathology in adolescence and its common personality and cognitive correlates. *Journal of Abnormal Psychology, 125*(8), 1.039-1.052. http://dx.doi.org/10.1037/abn0000193

Cohen, R. J., Swerdlik, M. E., & Sturman, E. D. (2014). *Testagem e avaliação psicológica: Introdução a testes e medidas* (8. ed.). AMGH.

Connolly, S. D., Bernstein, G. A., & Work Group on Quality Issues. (2007). Practice parameter for the assessment and treatment of children and adolescents with anxiety disorders. *Journal of the American Academy of Child & Adolescent Psychiatry, 46*(2), 267-283. https://doi.org/10.1097/01.chi.0000246070.23695.06

Conselho Federal de Psicologia. (2003). *Resolução CFP n. 7/2003.* Institui o Manual de elaboração de documentos escritos produzidos pelo psicólogo, decorrentes de avaliação psicológica e revoga a Resolução CFP n. 17/2002. http://site.cfp.org.br/wp-content/uploads/2003/06/resolucao2003_7.pdf

Conselho Federal de Psicologia. (2007). *Cartilha avaliação psicológica.* http://satepsi.cfp.org.br/docs/Cartilha-Avaliação-Psicológica.pdf

Conselho Federal de Psicologia. (2013). *Cartilha avaliação psicológica.* http://satepsi.cfp.org.br/docs/AvaliaçaopsicologicaCartilha1.pdf

Conselho Federal de Psicologia. (2014). *Código de Ética Profissional do Psicólogo.* https://site.cfp.org.br/wp-content/uploads/2012/07/Código-de-Ética.pdf

Conselho Federal de Psicologia. (2018). *Resolução CFP n. 9/2018.* Estabelece diretrizes para a realização de avaliação psicológica no exercício profissional da psicóloga e do psicólogo, regulamenta o Sistema de Avaliação de Testes Psicológicos – Satepsi e revoga as resoluções n. 2/2003, n. 6/2004 e n. 5/2012 e notas técnicas n. 1/2017 e 2/2017. https://site.cfp.org.br/wp-content/uploads/2018/04/Resolu%C3%A7%C3%A3o-CFP-n%C2%BA-09-2018-com-anexo.pdf

Conselho Federal de Psicologia. (2019). *Resolução CFP n. 6/2019.* Institui regras para a elaboração de documentos escritos produzidos pela(o) psicóloga(o) no exercício profissional e revoga a Resolução CFP n. 15/1996, a Resolução CFP n. 7/2003 e a Resolução

CFP n. 4/2019. http://www.in.gov.br/materia/-/asset_publisher/Kujrw0TZC2Mb/content/id/69440957/do1-2019-04-01-resolucao-n-6-de-29-de-marco-de-2019-69440920

Cunha, T. R. S., & Benetti, S. P. C. (2009). Caracterização da clientela infantil numa clínica-escola de psicologia. *Boletim de Psicologia, 59*(130), 117-127. http://pepsic.bvsalud.org/pdf/bolpsi/v59n130/v59n130a10.pdf

Franzin, R., Reis, A. H., & Neufeld, C. B. (2017). Emergência psiquiátrica em adolescentes: Uma abordagem integrada entre farmacologia e TCC. In C. B. Neufeld (org.), *Terapia cognitivo-comportamental para adolescentes: Uma perspectiva transdiagnóstica e desenvolvimental* (pp. 241-284). Artmed.

Friedberg, R. D., & McClure, J. M. (2015). *Clinical practice of cognitive therapy with children and adolescents: The nuts and bolts* (2. ed.). Guilford.

Gambin, M., Gambin, T., & Sharp, C. (2015). Social cognition, psychopathological symptoms, and family functioning in a sample of inpatient adolescents using variable-centered and person-centered approaches. *Journal of Adolescence, 45*, 31-43. http://dx.doi.org/10.1016/j.adolescence.2015.08.010

Gastaud, M. B., Feil, C. F., Merg, M. G., & Nunes, M. L. T. (2014). Avaliação psicológica como fator protetor à interrupção de tratamento na psicoterapia psicanalítica de crianças: Dados empíricos. *Psicologia: Reflexão e Crítica, 27*(3), 498-503. https://doi.org/10.1590/1678-7153.201427310

Giacomoni, C. H., & Bandeira, C. M. (2016). Entrevista com pais e demais fontes de informação. In C. S. Hutz, D. R. Bandeira, C. M. Trentini & J. S. Krug, (orgs.), *Psicodiagnóstico* (pp. 206-209). Artmed.

Graeff-Martins, A. S., & Fleitlich-Bilyk, B. (2016). Instrumentos de avaliação de uso na infância e adolescência. In C. Gorenstein, Y. Wang & I. Hungerbühler (orgs.), *Instrumentos de avaliação em saúde mental* (pp. 323-383). Artmed.

Gresham, F. M., & Elliott, S. N. (2016). *Inventário de Habilidades Sociais, Problemas de Comportamento e Competência Acadêmica para Crianças (SSRS): Manual técnico.* Pearson.

Hawkins, E. J., Lambert, M. J., Vermeesch, D. A., Slade, K., & Tuttle, K. (2004). The therapeutic effects of providing patient progress information to therapists and patients. *Psychotherapy Research, 14*, 308-327. https://www.tandfonline.com/doi/full/10.1093/ptr/kph027

Hilsenroth, M. J., Peters, E. J., & Ackerman, S. J. (2004). The development of therapeutic alliance during psychological assessment: Patient and therapist perspectives across treatment. *Journal of Personality Assessment, 83*(3), 332-344. https://doi.org/10.1207/s15327752jpa8303_14

John, S. E., & Segal, D. L. (2015). Case conceptualization. In R. L. Cautin & S. O. Lilienfeld (eds.), *The Encyclopedia of Clinical Psychology*. John Wiley. https://doi.org/10.1002/9781118625392.wbecp106

Kazdin, A. E. (1990). Psychotherapy for children and adolescents. *Annual Review of Psychology, 41*, 21-54. https://doi.org/10.1146/annurev.ps.41.020190.000321

Kluck, A. S., Dallesasse, S., & English, E. M. (2017). Family relations and psychopathology: Examining depressive and bulimic symptomatology. *Child Psychiatry & Human Development, 48*(5), 818-827.

Lambert, M. J., Whipple, J. L., Vermeersch, D. A., Smart, D. W., Hawkins, E. J., Nielsen, S. L., & Goates, M. (2002). Enhancing psychotherapy outcomes via providing feedback on client treatment response: A replication. *Clinical Psychology and Psychotherapy, 9*, 91-103. https://doi.org/10.1002/cpp.324

Lara, A. C. D. C., Carvalho, T. M., & Teodoro, M. L. M. (2021). Relações familiares e cognições disfuncionais de adolescentes: Uma revisão sistemática. *Revista Psicologia em Pesquisa, 15*(1), 1-19. https://doi.org/10.34019/1982-1247.2021.v15.29297

Loewenstein, D. A., & Acevedo, A. (2010). The relationship between instrumental activities of daily living and neuropsychological performance. In T. D. Marcotte & I. Grant (eds.), *Neuropsychology of everyday functioning* (pp. 93-112). Guilford.

Marks, S. (2017). Psychotherapy in historical perspective. *History of the Human Sciences, 30*(2), 3-16. https://doi.org/10.1177/0952695117703243

Meyer, G. J., Finn, S. E., Eyde, L. D., Kay, G. G., Moreland, K. L., Dies, R. R., Eisman, E. J., Kubiszyn, T. W., & Reed, G. M. (2001). Psychological testing and psychological assessment: A review of evidence and issues. *The American Psychologist, 56*(2), 128-165. https://doi.org/10.1037/0003-066X.56.2.128

Morrison, J. (2010). *Entrevista inicial em saúde mental* (3. ed.). Artmed.

Nery-Barbosa, M., & Barbosa, D. M. (2016). Reabilitação da memória. In L. F. Malloy--Diniz, P. Mattos, N. Abreu & D. Fuentes (orgs.), *Neuropsicologia: Aplicações clínicas* (pp. 323-341). Artmed.

Papalia, D. E., Feldman, R. D., & Martorell, G. (2013). *Desenvolvimento humano* (12. ed.). AMGH.

Plante, T. G. (2005). *Contemporary clinical psychology* (2. ed.). John Wiley & Sons.

Polanczyk, G. V., Salum, G. A., Sugaya, L. S., Caye, A., & Rohde, L. A. (2015, mar.). Annual research review: A meta-analysis of the worldwide prevalence of mental disorders in children and adolescents. *Journal of Child Psychology and Psychiatry, 56*(3), 345-365. https://doi.org/10.1111/jcpp.12381

Poston, J. M., & Hanson, W. E. (2010). Meta-analysis of psychological assessment as a therapeutic intervention. *Psychological Assessment, 22*(2), 203-212. https://doi.org/10.1037/a0018679

Puleo, C. M., Conner, B. T., Benjamin, C. L., & Kendall, P. C. (2011). CBT for childhood anxiety and substance use at 7.4-year follow-up: A reassessment controlling for known predictors. *Journal of Anxiety Disorders,25*(5), 690-696. https://doi.org/10.1016/j.janxdis.2011.03.005

Pureza, J. R., Ribeiro, A. O. & Lisboa, C. S. M. (2014). Fundamentos e aplicações da terapia cognitivo-comportamental com crianças e adolescentes. *Revista Brasileira de Psicoterapia, 16*(1), 85-103. http://repositorio.pucrs.br/dspace/bitstream/10923/9035/2/Fundamentos_E_Aplicacoes_Terapia_Cognitivo_Comportamental_Com_Criancas_E_Adolescentes.pdf

Rodrigues, M. C., Campos, A. P. S., & Fernandes, I. A. (2012, abr.-jun.). Caracterização da queixa escolar no

Centro de Psicologia Aplicada da Universidade Federal de Juiz de Fora. *Estudos de Psicologia, 29*(2), 241-252. https://doi.org/10.1590/S0103-166X2012000200010

Scaramella, L. V., & Leve, L. D. (2004). Clarifying parent-child reciprocities during early childhood: The early childhood coercion model. *Clinical Child and Family Psychology Review, 7*, 89-107. https://doi.org/10.1023/B:CCFP.0000030287.13160.a3

Tharinger, D. J., Hersh, B., Christopher, G. B., Finn, S. E., Wilkinson, A., & Tran, A. (2008). Assessment feedback with parents and preadolescent children: A collaborative approach. *Professional Psychology: Research and Practice, 39*(6), 600-609. https://doi.org/10.1037/0735-7028.39.6.600

Vagostello, L., Albuquerque, D. S. M., Queiroz, F. T., Lopes, G. P., & Silva, L. V. (2017). Caracterização das demandas de psicodiagnóstico infantil em uma clínica-escola de São Paulo. *Psicologia Revista São Paulo, 26*(1), 41-58. https://doi.org/10.23925/2594-3871.2017v26i1p.41-58

Wainstein, E. A. Z., & Bandeira, D. R. (2013). Psicodiagnóstico: A contribuição da avaliação psicológica no trabalho com crianças. In J. Outeiral & J. Treiguer (orgs.), *Psicanálise de crianças e adolescentes.* Maresfield Gardens.

13
Avaliação psicológica de crianças de até 6 anos

Mônia Aparecida da Silva
Universidade Federal de São João Del-Rei

Denise Balem Yates
Universidade Federal do Rio Grande do Sul

Sérgio Eduardo Silva de Oliveira
Universidade de Brasília

Highlights

- O desenvolvimento na primeira infância é preditor de diferentes desfechos na vida.
- A identificação de atrasos no desenvolvimento é uma prioridade na avaliação infantil.
- É fundamental o uso de entrevistas, observação e técnicas psicológicas.
- A escolha de fontes complementares deve seguir critérios de cientificidade.
- Existem psicopatologias comuns na primeira infância que demandam atenção.

A primeira infância é o período que vai até os 6 anos completos de idade, ou seja, os primeiros 72 meses de vida da criança (Lei n. 13.257/2016; Fundação Maria Cecilia Souto Vidigal [FMCSV], 2020). Nesse período, especialmente nos primeiros 1.000 dias da criança, a aprendizagem de habilidades ou o desenvolvimento de aptidões e competências ocorre de modo muito intenso e rápido, em parte devido ao grande potencial do cérebro em crescer e se remodelar (Dennis et al., 2014; FMCSV, 2020). Em virtude deste desenvolvimento diferenciado nos primeiros 36 meses de vida, considerado um período sensível do desenvolvimento, alguns autores consideram a primeira infância como o período do nascimento até 3 anos, segunda infância entre 3 e 6 anos e terceira infância de 6 aos 11 anos completos (Bee & Boyd, 2011; Papalia & Feldman, 2013).

Apesar das diferentes concepções sobre o período que constitui a primeira infância, há um consenso geral de que os primeiros anos de vida são uma fase única, em que as aquisições desenvolvimentais ocorrem num ritmo mais intenso do que em qualquer outra etapa da vida. Inclusive, para a Organização Mundial da Saúde (World Health Organization, 2020), a primeira infância abrange o desenvolvimento físico, socioemocional, cognitivo e motor até os 8 anos de idade, ampliando a faixa etária dos 6 anos. Tendo em vista o posicionamento das políticas públicas nacionais e entidades brasileiras que zelam pelo desenvolvimento infantil, adotaremos, neste capítulo, a concepção de primeira infância como o período que vai até os 72 meses ou 6 anos completos de vida.

As concepções mais atuais sobre o desenvolvimento nos primeiros anos o enfatizam como um resultado da interconexão do indivíduo e do contexto, em uma perspectiva dialética (Lerner, 2006; Sameroff, 2010). O desenvolvimento está sujeito a influências diversas, como genética, biologia, contexto e cultura, e não apenas ao efeito principal de um nível específico de variáveis (Lerner, 2006). As habilidades da criança surgem de forma gradual, dinâmica e complexa, envolvendo um progresso contínuo, com variação na sequência e no tempo de aquisição de marcos esperados (Thomas et al., 2012). Permitir que as crianças atinjam o seu potencial de desenvolvimento é um direito humano e um imperativo para o bem-estar individual e coletivo.

Diante do exposto, a avaliação psicológica na primeira infância tem um papel fundamental de identificar adversidades ao desenvolvimento, sejam eles fatores de risco, atrasos ou transtornos, e encaminhar a criança para a adequada intervenção. A avaliação psicológica se constitui como um procedimento científico de investigação que faz uso de técnicas variadas e testes, quando necessário, para avaliar uma ou mais características da pessoa visando a investigação da queixa. A compreensão das potencialidades e dificuldades do avaliando pode ampliar a demanda de avaliação, definindo as intervenções mais apropriadas ao caso (Krug et al., 2016). O objetivo geral deste capítulo é discutir a avaliação psicológica na primeira infância, apresentando procedimentos, técnicas e instrumentos comumente utilizados nessa prática. A primeira parte do capítulo incluirá uma discussão resumida sobre indicadores de desenvolvimento infantil esperados e definição de atrasos desenvolvimentais, seguida da apresentação de métodos e técnicas de avaliação e finalizando com uma descrição dos principais transtornos neurodesenvolvimentais. Por fim, uma breve conclusão retomará alguns pontos discutidos no capítulo, refletindo sobre direções futuras da avaliação psicológica infantil.

Indicadores de desenvolvimento na primeira infância

Na avaliação psicológica na primeira infância, a análise do desenvolvimento é fundamental. O desenvolvimento infantil é composto por múltiplos domínios, como cognitivo, comunicação e linguagem (receptiva e expressiva), motricidade (ampla e fina) e socioemocional. Os domínios são interdependentes e se afetam, de forma que o desenvolvimento satisfatório ou insatisfatório de habilidades de um domínio pode afetar todos os demais (Boyle et al., 1994; Thomas et al., 2012). Todos os domínios têm habilidades ou comportamentos esperados em certos intervalos de tempo que são denominados de marcos do desenvolvimento. A aquisição de pequenas habilidades antecede marcos mais complexos, como nesta sequência do desenvolvimento motor: estender os braços, sustentar a cabeça, sentar-se e andar.

Geralmente há um intervalo de tempo em que se espera que a criança atinja certos marcos desenvolvimentais, mas este intervalo pode variar de acordo com fatores como genética, biologia, contexto e cultura. A avaliação do desenvolvimento infantil é realizada considerando a comparação entre as habilidades apresentadas pela criança e o período em que elas surgem, circunscrita pelas variáveis que podem atuar como fatores de vulnerabilidade ou de proteção. Quando o surgimento da habilidade da criança é significativamente mais lento do que a média das crianças da mesma idade e contexto, é considerado que ela apresenta um atraso no desenvolvimento.

A avaliação dos marcos do desenvolvimento na avaliação psicológica pode ser feita na

Tabela 1

Principais marcadores do desenvolvimento da primeira infância

Intervalo etário aproximado	Cognitivo	Comunicação e linguagem receptiva	Comunicação e linguagem expressiva	Motricidade ampla	Motricidade fina	Socioemocional
0-2 meses	Encara rostos, objetos e partes do corpo	Demonstra interesse e curiosidade nos sons das pessoas; fixa o olhar momentaneamente	Arrulhos (sons e gritinhos da criança) e risos	Consegue virar levemente a cabeça para os lados	Segura o dedo colocado na palma da mão dele(a); mãos ficam mais fechadas	Receptividade ao contato social e ao toque; acalma-se ao ser pego(a) no colo
2-4 meses	Brincadeira exploratória (manipula coisas)	Demonstra atenção ou acalma-se com a voz das pessoas familiares	Arrulhos e início de balbucios (sons tentando imitar a fala)	Balança braços e pernas e se mexe muito; sustenta a cabeça; move-se para ficar de lado	Segura brevemente objetos leves	Vira o rosto em direção a vozes familiares
4-6 meses	Vira o rosto em direção a sons ou a brinquedos colocados na mão dele(a).	Procura ativamente com a cabeça por sons, barulho ou estímulos visuais	Balbucios voluntários (juntando sons)	Arrasta-se no chão	Agarra a própria roupa; mãos ficam mais abertas e exploram coisas	Sorriso social frequente; trocas recíprocas entre bebê e cuidador
6-10 meses	Procura ativamente objetos escondidos; brinca de relacionar coisas que normalmente vêm juntas (p. ex., aproximar cubos); diverte-se com ações repetidas de jogar objetos, fazer sons e tocar objetos	Demonstra reconhecer o próprio nome quando é chamado	Balbucios do tipo "mama", "dada", "papa". Pais reconhecem como as primeiras palavras	Senta-se com e depois sem apoio, engatinha*, fica de pé	Estende as mãos para pegar objetos	Tenta fazer os outros responderem a suas ações; pode ter medo de estranhos; exprime emoções mais variadas (alegria, medo, raiva e surpresa)
10-12 meses	Brinca de usar o objeto de acordo com sua função (p. ex., empurrar o carrinho)	Reconhece sons básicos da linguagem	Primeiras palavras; usa de gestos sociais para comunicar	Puxa-se para ficar de pé. Pode caminhar com apoio	Segura objetos e os transfere de uma mão a outra	Vínculo maior com cuidador principal; medo de estranhos é esperado

Intervalo etário aproximado	Cognitivo	Comunicação e linguagem receptiva	Comunicação e linguagem expressiva	Motricidade ampla	Motricidade fina	Socioemocional
12-15 meses	Início de ações de faz de conta imitativo (p. ex., finge beber da xícara após incentivo)	Olha para onde as pessoas apontam para chamar a atenção dele(a)	Aponta para indicar o que quer	Caminha sem apoio e com equilíbrio	Pega pedaços pequenos de comida ou objetos pequenos com as pontas dos dedos	Chama os pais ou familiares para olhar algo que ele(a) está fazendo ou está interessado
15-18 meses	Reconhece-se no espelho. Imita gestos dos adultos	Demonstra interesse em imagens de livro ou em um álbum apontando	Começa a usar "mim", "você" e "eu". Nomeia coisas	Caminha bem e rápido e raramente cai; pode correr	Ajuda a virar páginas de livro ou álbum com incentivo	Tem interesse em ajudar os outros (raízes do altruísmo)
18-24 meses	Capacidade de distinguir a realidade do faz de conta	Entende palavras que inibem ações como "para", "não"	Primeiras frases	Pode comer sozinho, fazendo bagunça	Liga e desliga botões e interruptores	Afeto aumenta: abre os braços para abraçar, dá beijos
24-30 meses	Sabe onde coisas estão guardadas na casa	Segue instruções envolvendo dois conceitos	Pede "mais" ou "outro"	Consegue esboçar desenhos; anda de triciclo	Coloca objetos um dentro de outro (p. ex., encaixa peças no brinquedo)	Reafirmação progressiva da independência e autossuficiência (uso crescente do "não")
30-36 meses	Maior desenvolvimento da memória autobiográfica; brincadeira de faz de conta se aprimora	Reconhece e utiliza diferentes tempos verbais e plurais; sabe quanto anos tem	Fala compreensível em grande parte por todas as pessoas	Controle diurno dos esfíncteres completo. Consegue se firmar em um pé	Risca papéis como se fosse nomes ou desenhos	Melhora da capacidade de autoacalmar-se (autorregulação emocional)
36-40 meses	Brincadeira mais social; prefere brincadeiras com crianças	Identifica objetos e partes do corpo simples quando questionado	Reconta partes de histórias que ouviu	Sobe escadas com facilidade – um pé atrás do outro	Consegue pegar uma linha e barbante fazendo pinça com os dedos	Afeto ganha importância, esforço por agradar

41-48 meses	Faz de conta sem o uso de objetos	Entende verbos e instruções envolvendo três ou mais conceitos	Diz "por favor" e "obrigado"	Veste e tira roupas simples	Consegue virar uma página do livro ou álbum por vez	Convida ativamente pessoas para brincadeiras
49-60 meses	Reconhece conceitos abstratos; entende o uso do dinheiro	Sabe o nome da cidade e do país em que vive	Formula frases corretas usando os tempos passado e futuro	Controle esfincteriano noturno completo; consegue dar saltos	Copia formas geométricas de forma reconhecível	Segue instruções e obedece em brincadeiras em grupo
60-72 meses	Consegue focar mais a atenção e controlar distratores; diferencia esquerda e direita, sabe os dias da semana; sabe comparar por cor, tamanho	Entende historinhas contadas para ele(a); sabe esperar o momento de falar	Pronúncia de palavras mais difíceis com "R" "L" e "S" se aprimora. Dificuldades ainda podem ser esperadas até os 8 anos	Conseguem pedalar bicicleta sem rodas laterais; maior equilíbrio, saltos e cambalhotas	Melhora da pinça para pegar lápis. Desenhos comuns melhoram a qualidade	Espera a vez em atividades de grupo. Demonstra preocupação por sentimentos e pensamentos dos outros

Fontes: Inventário Dimensional de Avaliação do Desenvolvimento Infantil (Idadi; Silva 2017); Bayley Scales of Infant and Toddler Development, Third Edition (Bayley, 2006); Oliveira, Machado e Bouzada (2018); Uehara (2018).

Nota: *Engatinhar tem sido um marco do desenvolvimento discutido na literatura em termos de obrigatoriedade. Mais crianças vêm "pulando" esta etapa (Asch-Goodkin, 2001, p. 14), possivelmente em função de mais bebês estarem dormindo na posição de costas, pela recomendação para evitar a síndrome da morte súbita do lactente (Kuo et al. 2008, pp. 367-376). Na caderneta de saúde da criança, do Ministério da Saúde, engatinhar não consta como um marco do desenvolvimento isolado no Instrumento de Vigilância do Desenvolvimento.

entrevista, especialmente de anamnese (tipo de entrevista direcionada a fatos importantes da vida da criança e de seu meio imediato), na observação, utilizando instrumentos de relato de pais e cuidadores, e de avaliação direta da criança, por meio de tarefas. Na entrevista e na observação, o profissional precisa entender as teorias do desenvolvimento e o que é esperado em cada etapa para fazer uma avaliação de qualidade. A tabela 1 resume alguns marcos desenvolvimentais de acordo com intervalos etários que geralmente ocorrem nas crianças no Brasil. Conforme dito acima, os intervalos referidos podem variar de acordo com estimulação, contexto e características individuais da criança e comparações devem ser feitas com cautela e considerando essas variáveis. Contudo, acredita-se que essa tabela possa ajudar a refletir sobre os dados da história de vida da criança investigados na entrevista de anamnese.

Métodos e técnicas de avaliação na primeira infância

O uso de métodos e técnicas de avaliação na primeira infância exige, como já mencionado anteriormente, amplo conhecimento sobre o desenvolvimento típico esperado nos primeiros anos de vida, aliado a habilidades clínicas de entrevista com diversos tipos de informantes, assim como bom manejo de crianças. A seguir serão expostos cuidados essenciais referentes às fontes fundamentais e complementares de informação, conforme preconizado pela Resolução CFP n. 9/2018 (2018). É importante ressaltar que na avaliação psicológica a(o) psicóloga(o) deve basear sua decisão, obrigatoriamente, em tarefas ecológicas, podendo, a depender do contexto, recorrer a fontes complementares.

Fontes fundamentais de informação

As fontes fundamentais de informação são métodos e/ou técnicas e/ou instrumentos psicológicos reconhecidos cientificamente para uso na prática profissional da(o) psicóloga(o) (testes aprovados pelo CFP para uso exclusivo profissional, entrevistas psicológicas e/ou protocolos ou registros de observação de comportamentos), conforme a Resolução CFP n. 9/2018 (2018). A seguir, apresentaremos as principais fontes fundamentais de informação utilizadas na avaliação psicológica de crianças de até 6 anos, sugerindo cuidados específicos a serem tomados na condução desse tipo de processo.

Entrevistas

A avaliação psicológica de crianças pequenas, se por um lado é menos fidedigna em termos de autorrelato, é usualmente complementada por múltiplas fontes de heterorrelato. Além da família, os profissionais que atendem a criança são comumente a origem do encaminhamento e recursos valiosos para a compreensão da demanda de avaliação (Borsa & Muniz, 2016).

O processo de avaliação psicológica de crianças pequenas habitualmente inicia-se pela entrevista com os responsáveis por ela, que podem ter os mais diversos tipos de configuração familiar (famílias biparentais ou monoparentais, pais biológicos ou adotivos, avós com guarda etc.) e/ou vínculo (como os casos de cuidadores em abrigo, tutores legais etc.). É importante que no agendamento da entrevista o avaliador se certifique do papel do responsável que comparecerá à consulta e confirme se, caso haja mais algum responsável, este esteja ciente e de acordo com a avaliação. É recomendado que todos os principais responsáveis pela criança tenham ao menos uma entrevista de anamnese (Lins et al., 2018), seja em conjunto ou separadamente (como no caso de pais divorciados que preferem não comparecer à mesma entrevista). Além dos responsáveis, entrevistas geralmente são realizadas com as crianças em um momento posterior, por meio da hora do jogo diagnóstica. Esta técnica engloba tanto entrevistas quanto observação, podendo envolver maior ou menor grau de estruturação (esta técnica é detalhada a seguir). Na primeira infância (até os 6 anos), habitualmente não são feitas entrevistas com as crianças fora do momento de hora do jogo diagnóstica.

No momento da(s) entrevista(s) com os responsáveis, além das questões habituais de anamnese, é importante verificar qual a proximidade do responsável com a criança e com qual frequência ele tem contato com ela. Nesse sentido, as mães ainda se destacam como as principais cuidadoras (responsáveis que passam mais tempo e proveem os principais cuidados) de crianças pequenas (Costa, 2017), logo costumam ser as principais informantes sobre o comportamento dos filhos. Embora pareça subentendido que os responsáveis tenham contato frequente com seus filhos, em nosso contexto social atual, pessoas das mais diversas classes passam muitas horas no trabalho, por vezes não participando diariamente de atividades de rotina das crianças, como os momentos de alimentação, higiene ou lazer. Quando isso se configura no caso avaliado, é importante investigar quem realiza essas atividades rotineiramente com a criança (que pode ser a professora da Educação Infantil, babá, avó ou outra) e se solicite aos responsáveis o consentimento para entrar em contato com essas pessoas, para averiguar informações que não possam ser disponibilizadas com precisão pelo cuidador principal. É recomendado também informar à

criança sobre esse contato, mesmo que de forma mais breve, caso ela já tenha condições de compreender.

Há também casos em que informações da história pregressa da criança não são passíveis de serem obtidas; por exemplo, quando ocorre a adoção ou guarda por algum familiar ou pessoa que não acompanhou o desenvolvimento inicial da criança. O mesmo ocorre com crianças abrigadas. Nesses casos, o trabalho de investigação do avaliador deve ser ainda mais detalhado. É indicado colher informações sobre o início do processo de adaptação da criança à situação atual: como eram os comportamentos dela – agressivos, introvertidos, opositores, evitativos (dentre outros)? Ela comentou sobre situações que viveu no período anterior? Teve reações inesperadas à aproximação dos novos cuidadores? Tais perguntas por vezes geram reações de desconforto e esquiva dos cuidadores recentes, que prefeririam "deixar para trás" as situações difíceis pelas quais a criança passou. Nesses casos, é importante esclarecer que tais informações sobre o passado permitirão criar hipóteses sobre a queixa que os trouxe à avaliação psicológica, e assim auxiliará na compreensão do problema e na subsequente indicação terapêutica, caso seja necessária.

Tais esclarecimentos trazem a atenção à importância de um bom vínculo do avaliador com os cuidadores, o que é essencial em todos os processos de avaliação psicológica com crianças. Se eles reconhecerem a(o) psicóloga(o) como alguém confiável, que detém um saber que poderá ajudá-los, será mais fácil colher informações essenciais ao processo psicodiagnóstico. O vínculo se estabelece por meio de uma atitude de interesse sincero e de uma postura de acolhimento e reasseguramento sobre suas queixas e dúvidas (Giacomoni & Bandeira, 2016). Nesse sentido, é muito importante que o avaliador se expresse de forma clara e simples e consiga abordar tanto as preocupações explícitas trazidas quanto as implícitas, geralmente demonstradas de forma não verbal (expressão corporal, suspiros, comentários que não se completam) ou em informações de último minuto, quando a sessão de anamnese está se encerrando (Cohen et al., 2014). Todas essas (e algumas outras) expressões escapam do controle do entrevistado e abrem brechas para que a(o) psicóloga(o) possa investigar tais manifestações. Nesses momentos é importante que o avaliador não hesite em perguntar, de forma delicada, se há algo que o preocupa além das questões que foram mencionadas, ou como ele se sente diante dessas dificuldades. Perguntas abertas como essas frequentemente trazem à tona sentimentos de receio do responsável, ou opiniões divergentes entre mais de um responsável, como nos casos em que um considera o problema apresentado pela criança relevante enquanto o outro acredita que seja apenas "uma fase". É relevante ressaltar que as entrevistas de anamnese podem ser realizadas em mais de um encontro. Assim, questões que não puderam ser investigadas em uma sessão podem ser retomadas no encontro seguinte ou em outro encontro subsequente.

Em relação às questões habituais da anamnese, um aspecto importante diz respeito à necessidade de traçar uma linha do tempo do desenvolvimento infantil. O avaliador precisa ter clareza, ao final da(s) entrevistas, como se sucederam ao longo do tempo os fatos coletados. Para isso, é importante auxiliar o responsável a responder questões sobre marcos do desenvolvimento ou outros eventos relevantes na vida da criança (Borges & Baptista, 2018; Silva & Bandeira, 2016). Caso o responsável não tenha segurança sobre o período em que algo ocorreu, pode-se

indagar: "no aniversário de um ano, ela já estava fazendo essa atividade ou ainda não? E no Natal daquele ano?" O responsável pode buscar essas informações posteriormente em fotos e vídeos, caso esse seja um recurso disponível. Outra fonte importante de informação para os marcos do desenvolvimento é a caderneta de saúde da criança, que deve ser preenchida pelos pediatras nas consultas periódicas. Nela são registradas, nas consultas pediátricas, os marcos que foram atingidos (ou não) pela criança nos períodos esperados.

Além das situações nas quais há impossibilidade de obter dados da criança por causa, por exemplo, dos responsáveis terem adotado e não saberem de informações iniciais, há casos nos quais as informações podem não ser fidedignas por motivos diversos, como pouca convivência em algum período da vida da criança, questões de saúde mental dos responsáveis etc. Nessas situações pode ser necessário acessar outros familiares, como avós, irmãos mais velhos ou tios que tenham proximidade com a criança – sempre com o consentimento do(s) responsável(is) e com o assentimento da criança, quando ela tiver idade para compreender. As entrevistas podem ser feitas presencialmente ou por telefone, dependendo do nível de complexidade da informação a ser coletada e da possibilidade de deslocamento do familiar entrevistado. É essencial assegurar a questão do sigilo no contato com múltiplos informantes: o papel do avaliador é reunir informações para construir um panorama das dificuldades da criança, não repassar informações dadas por um entrevistado para outro. É válido lembrar que no cruzamento de informações entre diferentes informantes é comum que a congruência entre as informações varie entre baixa a moderada (De Los Reyes & Kazdin, 2005; Lapalme et al., 2020), o que fala mais sobre as diferentes percepções dos informantes do que sobre a veracidade dos dados coletados. O avaliador precisa executar um delicado trabalho de não "pender" a favor da interpretação de um dos responsáveis antes de coletar mais dados diretamente com a criança e com outros informantes externos à família – caso contrário, corre-se o risco de negligenciar hipóteses importantes que surjam posteriormente.

Outras fontes de informação importantes na avaliação de crianças de até 6 anos são os professores da Educação Infantil. O contato pode ser feito por telefone ou presencialmente, com a concordância dos responsáveis e autorização do coordenador/supervisor de ensino da instituição que a criança frequenta (Giacomoni & Bandeira, 2016; Rocha & Emerich, 2018). Nesse contato é importante esclarecer o motivo do encaminhamento, caso a escola tenha sugerido a avaliação psicológica, e investigar como são os hábitos da criança na escola, como ela se relaciona com os pares. Algumas escolas veem com receio as questões colocadas pela(o) psicóloga(o) (especialmente quando não foram a fonte de encaminhamento), dando respostas defensivas ou negando-se a responder por suspeita de que as informações possam ser repassadas aos responsáveis com uma conotação negativa. Mais uma vez, é importante ressaltar o compromisso ético do avaliador em não repassar informações de um informante a outro, visando o bem-estar da criança avaliada. Uma forma de reduzir a desconfiança da escola caso esta se apresente é explicar que a intenção da avaliação é beneficiar a criança com indicações terapêuticas que possam atender suas necessidades. O avaliador pode perguntar se a escola tem alguma questão que desejaria que fosse respondida pela avaliação psicológica e explicar que isso tentará ser incluído no plano

de avaliação. Pode-se também perguntar qual a impressão da escola sobre os cuidados parentais, garantindo que a resposta não será repassada aos responsáveis (mas as indicações terapêuticas poderão incluir encaminhamentos nesse sentido, como por exemplo atendimento de orientação a práticas parentais, caso se conclua pela avaliação que um atendimento seja necessário).

A entrevista com profissionais de saúde é outro recurso extremamente importante (Giacomoni & Bandeira, 2016), mas que costuma ser colocado em segundo plano nas avaliações psicológicas de crianças pequenas. Recomenda-se que logo após a entrevista de anamnese com os responsáveis busque-se entrar em contato com os profissionais de saúde que solicitaram a avaliação ou com aqueles que acompanham o paciente, mesmo sem o terem encaminhado. A antecipação é recomendada pelas agendas habitualmente cheias desses profissionais, o que dificulta inclusive o contato por telefone. Apesar de usualmente ser de difícil agendamento, a troca com esses profissionais costuma explicar informações confusas trazidas pelos responsáveis, bem como detalhar os motivos de encaminhamento, sintomas observados e hipóteses diagnósticas. É importante que o avaliador estabeleça uma parceria com esses profissionais, questionando que funções desejariam que fossem investigadas na avaliação, assim como busquem esclarecer dúvidas sobre exames e avaliações realizadas pelo profissional de saúde em questão. Sugere-se também oferecer a possibilidade de novo contato após a devolução, caso o profissional o deseje e a família autorize.

Hora do jogo diagnóstica

A atividade lúdica faz parte da vida de todas as crianças e tem início muito precoce, com poucos meses de vida. Por outro lado, quanto mais novas as crianças, menos habilidades de comunicação oral elas apresentam. Além da dificuldade em se expressar, as crianças pequenas podem ter dificuldade de compreender a linguagem e a complexidade das perguntas e das intervenções de um adulto. Assim, as avaliações infantis devem acompanhar o ritmo, a linguagem e o nível de desenvolvimento do avaliando e procurar vias de acesso que não passem necessariamente pela linguagem. Neste ponto, a brincadeira emerge como uma fonte rica de informações.

Por meio da escolha das brincadeiras, as crianças transmitem várias informações sobre seu desenvolvimento em todos os domínios. Com base nesse conhecimento, psicólogas(os) com atuação na primeira infância utilizam as brincadeiras na sessão para observar crianças e entrevistá-las, podendo criar um importante acervo de informações para a avaliação. Assim, a hora do jogo diagnóstica, como é chamada, constitui um procedimento teórico e técnico utilizado a fim de compreender a criança em processo de avaliação. Sua origem é atribuída aos estudos de Freud, que relacionou o brincar infantil à linguagem, que simboliza o mundo interno da criança e que serve como uma forma de expressão de seus conflitos. Posteriormente, Melanie Klein e Anna Freud desenvolveram sistematizações da técnica visando a investigação clínica (Krug et al., 2016).

Apesar de ter sua origem na psicanálise, a análise do brincar infantil constitui fonte de informação aos processos de avaliação psicológica feitos por psicólogas(os) de todas as abordagens. O enfoque teórico, a forma de avaliar o comportamento infantil, bem como os aspectos priorizados variam conforme o interesse do profissional. O lúdico oferece a capacidade de abstrair, flexibilizar e criar, e quanto mais

saudável a criança, maior expressividade ganha o seu brincar. Há diferentes formas de avaliar a atividade lúdica. A(o) psicóloga(o) pode optar por deixar a criança livre e observá-la sem interferências, seguindo seu protagonismo, ou pode estruturar atividades de forma mais ou menos padronizada, de maneira a testar hipóteses específicas. O objetivo da avaliação e a fundamentação teórica geralmente norteiam a forma como o profissional avalia a brincadeira da criança. Por ter esse enfoque teórico preponderante, incluindo tanto entrevista como observação da criança, a hora do jogo diagnóstica é considerada uma fonte fundamental de informação na avaliação psicológica.

A brincadeira pode ajudar a compreender diferentes domínios do desenvolvimento. Em uma abordagem mais cognitiva, o profissional pode optar por avaliar os tipos de brincadeira da criança de acordo com sua faixa etária e nível de desenvolvimento (cf. tab. 1, coluna do desenvolvimento cognitivo). Por exemplo, uma criança que aos 36 meses não desenvolveu a brincadeira simbólica pode sugerir algumas preocupações em relação ao desenvolvimento cognitivo. O profissional pode também propor jogos para avaliar habilidades específicas, como, por exemplo, ver se a criança sabe montar um quebra-cabeças ou se entende as regras de um jogo típico para sua idade. Da mesma forma, pode-se investigar se a criança tem uma boa memória (lembra onde os objetos estão guardados ao longo da sessão ou de uma sessão para outra, p. ex.) ou se tem hiperfoco (lembra somente de objetos específicos de seu interesse), se consegue prestar atenção nas instruções ou em combinados e parar para ouvir a(o) psicóloga(o), dentre outras informações. A adequação dos interesses para a idade é igualmente uma fonte de informação a ser considerada. É importante lembrar da necessidade de que o profissional detenha conhecimentos sobre aspectos do desenvolvimento típico, para evitar patologizar comportamentos esperados. Por exemplo, quanto menor a criança, mais dificuldade ela tem de seguir regras e combinações e controlar o próprio comportamento. Então, um comportamento agitado de uma criança muito nova em um ambiente novo para ela, como a sala de atendimento, pode ser perfeitamente esperado.

A observação do comportamento na hora do jogo também pode ajudar a avaliar aspectos da motricidade da criança. Considerando os marcos desenvolvimentais esperados, pode-se chegar a conclusões sobre a aquisição e a qualidade dos movimentos, o balanço, a locomoção e a precisão. O mesmo ocorre para a linguagem. É importante enfatizar que as habilidades de comunicação da criança como um todo são amplamente influenciadas pela escolaridade de seus pais e pelo contexto de onde ela vem, bem como devido à amplitude das interações sociais e da frequência no ensino infantil. Portanto, a avaliação da criança na hora do jogo deve considerar esses aspectos percebidos nas entrevistas com os pais. Além disso, é importante considerar aspectos da comunicação receptiva da criança, que geralmente responde melhor à linguagem simples, com uma ideia por pergunta, sendo que se deve intercalar o falar com as brincadeiras, de forma que a etapa de falas tenha uma duração mais curta. Crianças de 4 anos ou menos se beneficiam de pistas e material mais concreto. Além disso, é importante ter cuidado com a forma de pedir informações, tendo em vista que as crianças podem ser suscetíveis à sugestão, confirmando informações falsas colocadas em formato de perguntas su-

gestivas. Por isso, a insistência na busca de uma informação repetidas vezes ou a realização de perguntas fechadas que visam a confirmação da informação devem ser evitadas.

Em relação ao desenvolvimento de aspectos afetivos e emocionais, as oportunidades de observação podem ocorrer tanto no comportamento da criança (como ela se apresenta, se está feliz, à vontade, reticente ou irritada, p. ex.) quanto na interação com a(o) psicóloga(o). Comportamentos como convidar ou aceitar o profissional na brincadeira, alternar turnos em um jogo, ou mesmo as interações que a criança tem com os pais ou responsáveis na sessão podem fornecer informações sobre o seu desenvolvimento socioemocional. Em algumas avaliações de crianças pequenas, pode ser necessário ou aconselhável ter um dos principais cuidadores na sala de atendimento. Além disso, há várias interpretações possíveis sobre a escolha das brincadeiras e objetos, a forma como a criança se comporta, sobre os enredos de brincadeiras simbólicas, quando presentes, e muitos outros elementos. Krug e Bandeira (2016) fornecem sugestões e um roteiro de aspectos a serem pensados após terminar a sessão de entrevista lúdica diagnóstica para auxiliar o clínico em uma compreensão mais abrangente da sessão.

Por fim, é importante considerar que algumas avaliações com crianças acontecem apenas com a hora do jogo. Isso ocorre quando não é possível usar outros instrumentos porque a criança é muito nova, por alguma dificuldade da criança que não adere a instrumentos padronizados de avaliação, ou mesmo por escolha do profissional que prefere não usar testes ou outras técnicas. Entretanto, há processos de psicodiagnóstico (avaliação psicológica em contexto clínico) em que a hora do jogo é apenas uma parte. Sendo assim, é importante esclarecer para a criança desde o início que nem todos os encontros serão de brincadeira. Há crianças que por se divertirem muito no momento das brincadeiras, geralmente realizadas no início dos atendimentos, podem se recusar posteriormente a outros procedimentos ou fazê-los de forma não comprometida para se livrarem logo. A(o) psicóloga(o) deve estar atenta(o) a esses acontecimentos sob o risco de conduzir um processo pouco representativo da criança.

Observação naturalística

Uma rica fonte de informação é aquela captada pelos órgãos dos sentidos. A observação é uma técnica psicológica que engloba não somente a análise dos dados coletados por meio da visão; mas, de forma dinâmica e complexa, inclui as informações processadas pelos diferentes órgãos do sentido, os quais são analisados e interpretados à luz de modelos teóricos. Essa técnica implica uma atenção aos diferentes elementos disponíveis no ambiente que, uma vez processados, são analisados e ganham sentido e significado com base em conhecimentos psicológicos cientificamente validados.

A avaliação de bebês e crianças em idade pré-escolar deve incluir dados coletados por meio da observação, complementando aqueles obtidos por meio de narrativas dos cuidadores ou da própria criança. A observação naturalística, definida como a observação direta do comportamento sem intervenções ou manipulações experimentais (Ferreira & Mousquer, 2004; Oliveira, 2019), possibilita a identificação de comportamentos característicos da criança em relação com o ambiente que a cerca. O contexto de aplicação dessa técnica de observação pode ser no próprio local onde ocorrem as sessões de avaliação (no consultório), no ambiente familiar, no ambiente escolar ou outro ambiente da criança (comunitário, de saúde etc.). A definição da necessidade desse tipo de informação varia de caso para caso, assim como o contexto de observação varia de acordo com a demanda. Em outras palavras, não existem diretrizes claras e fixas de quando e onde aplicar essa técnica. Contudo, é certo que ela deve ser aplicada durante todo o processo avaliativo, uma vez que a(o) psicóloga(o) e a criança estão em constante interação durante as sessões de avaliação. Nesse contexto, a(o) psicóloga(o) pode observar a forma como a criança brinca e utiliza os objetos lúdicos e avaliativos, assim como o modo que ela responde às intervenções verbais e comportamentais da(o) psicóloga(o). A forma como a criança interage com o avaliador, o modo como ela responde aos comandos para a execução de atividades avaliativas, o comportamento durante a execução de um teste ou tarefa são exemplos de dados que a técnica de observação permite coletar. Pode parecer, em um primeiro momento, que esse tipo de observação não seria naturalístico, uma vez que a criança está exposta a um ambiente diferente e está sendo requisitada a emitir diferentes comportamentos. Contudo, trata-se de observação naturalística, uma vez que o comportamento-alvo de observação não está sendo provocado ou manipulado. Nesse caso, apenas se observa, de forma ampla, os comportamentos da criança diante de um contexto pouco familiar para ela. Dessa forma, a generalização do comportamento emitido no contexto avaliativo só pode ser feita caso haja evidências de que o mesmo comportamento ocorra em outros contextos.

Algumas possibilidades mais comuns de aplicação da técnica de observação naturalística são aquelas feitas em contexto familiar e escolar. Visitas à casa da criança e a observação da interação dela com seu ambiente doméstico e com seus responsáveis e familiares podem ajudar a(o) psicóloga(o) a identificar comportamentos típicos e atípicos expressos nesse contexto. Quando se trata de queixas relacionadas ao ambiente escolar, visitas à escola com observação da criança na sala de aula e no intervalo, por exemplo, podem oferecer informações adicionais tanto contextuais quanto individuais. Naturalmente, ocasiões de observações como essa devem ser combinadas previamente com a criança e os responsáveis. Esses dados tendem a subsidiar e contextualizar as interpretações e compreensões resultantes da avaliação.

É certo que a presença da(o) psicóloga(o) nesses ambientes os modificam de alguma forma. Nenhuma técnica é livre de viés; todas têm suas vantagens e desvantagens. Desse modo, é importante que o profissional tenha conhecimento das limitações e vieses de cada técnica empregada, incluindo a da observação naturalística. Ainda, é fundamental que a(o) psicóloga(o) tenha claro entendimento dos aspectos individuais e pessoais que estão implicados no processo de observação. Quanto mais cientificamente embasados forem os parâmetros de observação, melhores serão as interpretações e conclusões alcançadas (Oliveira, 2019).

Testes psicológicos

A quantidade de instrumentos psicológicos padronizados, validados, normatizados e comercializados no Brasil para a avaliação de crianças de até 6 anos de idade é muito reduzida. O uso de testes psicológicos auxilia a(o) psicóloga(o) na estimação de competências, habilidades, dificuldades e níveis de sintomas de crianças com adequada precisão e validade. Isso porque esses instrumentos são expostos a rigorosos escrutínios científicos. Em uma busca realizada em 8 de abril de 2020 na página do Satepsi[5] encontramos 26 testes psicológicos que podem ser usados com crianças pequenas. Dos 26 testes, metade deles (13) têm idade de início aos 6 anos. Depois, oito testes têm idade de início aos 5 anos. Somente um teste tem idade de início aos 4 anos de idade e três têm idade de início aos 3 anos. Por fim, somente um teste tem idade de início aos 2 anos. A tabela 2 sumariza os testes disponíveis para uso, com a relação das idades, construtos e editoras. A maioria dos testes são para a avaliação de aspectos cognitivos e não existem testes validados e normatizados para o Brasil que avaliem as principais dimensões do desenvolvimento infantil (cognição, linguagem, motricidade e socioafetividade). Contudo, vale salientar que está em vias de publicação pela editora Vetor o Inventário Dimensional de Avaliação do Desenvolvimento Infantil (Idadi; Silva et al., 2019), um instrumento que visa a avaliação dos principais domínios do desenvolvimento infantil, a saber: cognição, comunicação e linguagem, motricidade, socioemocional e comportamento adaptativo. Esse é um instrumento brasileiro que foi construído com base na literatura especializada e em outros instrumentos existentes no contexto internacional (Silva et al., 2018).

---

5. http://satepsi.cfp.org.br/

Tabela 2

Relação de testes psicológicos aprovados pelo Satepsi

Nome do teste (ano de aprovação no Satepsi)	Faixa etária	Construto	Editora
Bateria Piaget-Head de orientação direita-esquerda (2006)	6 a 13	Desenvolvimento de lateralidade direita-esquerda	Vetor
Bateria Psicológica para Avaliação da Atenção – BPA (2013)	6 a 82	Atenção geral – atenção concentrada, atenção dividida e atenção alternada	Vetor
Desenho da Figura Humana – Escala Sisto – DFH--Escala Sisto (2005)	5 a 12	Inteligência	Vetor
Desenho da Figura Humana – Avaliação do Desenvolvimento Cognitivo Infantil – DFH-IV (2018)	5 a 12	Desenvolvimento cognitivo	LAMP/PUC--Campinas
Escala de Inteligência Wechsler para Crianças – 4ª edição – WISC-IV (2011)	6 a 16	Inteligência	Pearson
Escala de Inteligência Wechsler Abreviada – WASI (2011)	6 a 89	Inteligência	Pearson
Escala de Maturidade Mental Colúmbia – CMMS-3 (2018)	3 a 10	Inteligência	Pearson
Escala de Traços de Personalidade para Crianças – ETPC (2004; normas atualizadas em 2019)	5 a 10	Personalidade – Modelo de Eysenck	Vetor
Figuras Complexas de Rey (2010)	4 a 88	Percepção visual e memória	Pearson
Instrumento de Avaliação Neuropsicológica Breve Infantil – NEUPSILIN-Inf (2016)	6 a 12	Processos neuropsicológicos	Vetor
Inventário de Habilidades Sociais, Problemas de Comportamento e Competência Acadêmica para Crianças – SSRS (2014)	6 a 13	Habilidades e competências	Pearson
Teste Pirâmides Coloridas de Pfister para Crianças e Adolescentes – TPC (2013)	6 a 14	Personalidade e afetos	Pearson
Matrizes Progressivas Coloridas de Raven – CPM (2018)	5 a 11	Inteligência	Pearson
R-2 Teste Não Verbal de Inteligência para Crianças (2003; normas atualizadas em 2018)	5 a 12	Inteligência	Vetor

Teste	Idade	Construto	Editora
Teste de Apercepção Infantil – Figura de Animais – CAT-A (2013)	5 a 10	Personalidade	Vetor
Teste de Aprendizagem Auditivo-Verbal de Rey – RAVLT (2018)	6 a 92	Memória declarativa episódica, aprendizagem e memória de reconhecimento	Vetor
Teste de Atenção Visual – TAVIS-4 (2018)	6 a 17	Atenção seletiva, alternada e sustentada	Hogrefe
Teste de Desenvolvimento do Raciocínio Indutivo – TDRI (2018)	5 a 86	Capacidade de raciocínio indutivo	Hogrefe
Teste de Habilidades e Conhecimento Pré--Alfabetização – THCP (2013)	3 a 8	Nível de conhecimento pré-alfabetização	Vetor
Teste de Inteligência Não Verbal – TONI-3 (2007)	6 a 10	Inteligência	Vetor
Teste dos Cinco Dígitos – FDT (2015)	6 a 92	Velocidade de processamento, atenção e funções executivas	Hogrefe
Teste Gestáltico Visomotor de Bender – Sistema de Pontuação Gradual – B-SPG (2005)	6 a 10	Maturação perceptomotora	Vetor
Teste Infantil de Memória – Forma Reduzida – TIME-R (2018)	3 a 6	Memória de curto prazo	Hogrefe
Teste Não Verbal de Inteligência – SON-R $2_{1/2}$-7[a] (2012)	2 a 7	Inteligência	Hogrefe
Teste Não Verbal de Raciocínio para Crianças – TNVRI (2005)	5 a 14	Inteligência	Vetor
Teste Wisconsin de Classificação de Cartas – WCST (2018)	6 a 89	Raciocínio abstrato e estratégias de solução de problemas	Hogrefe

Fontes complementares de informação

As fontes complementares de informação são recursos auxiliares da avaliação psicológica, definidos como técnicas e instrumentos não psicológicos que têm respaldo da literatura científica da área e que respeitem o *Código de Ética Profissional do Psicólogo* e as garantias da legislação da profissão e/ou documentos técnicos, tais como protocolos ou relatórios de equipes multiprofissionais (Resolução CFP n. 9/2018). Tal orientação reflete o princípio de que a prática profissional da avaliação psicológica deve ser pautada em bases científicas. As teorias e modelos psicológicos, bem como os achados de pesquisas, devem ser usados para embasar as sessões de avaliação. O conhecimento científico está disponível para ser aplicado na vida real. Há uma queixa constante de distância entre a pesquisa e a prática, mas muito dessa queixa ocorre pela "falta de literacia científica" dos profissionais. É preciso estimular o uso do conhecimento científico para aprimorar os planejamentos de sessões e as interpretações de resultados em uma avaliação psicológica. A literatura disponibiliza tarefas experimentais e ecológicas, entrevistas semiestruturadas e diversos instrumentos que podem ajudar a compreender o funcionamento psicológico de crianças pequenas. O uso desses dispositivos pode ser feito com responsabilidade. É importante que o profissional seja capaz de avaliar o grau de validade científica que as técnicas oferecem, bem como seus alcances e limites. Por isso, o aprendizado sobre psicometria é fundamental para a(o) psicóloga(o) que trabalha com avaliação psicológica, tanto na escolha e interpretação dos testes psicológicos quanto no julgamento de parâmetros de qualidade científica dos procedimentos não exclusivos da psicologia. De qualquer forma, entende-se que o uso de fontes complementares de informação é praticamente uma regra, quando se trata de avaliação de bebês e crianças em idade pré-escolar.

Instrumentos para rastreio e avaliação de problemas do desenvolvimento

O rastreio ou triagem é um processo para identificar crianças com maior risco de problemas no desenvolvimento, usando técnicas baseadas em critérios reconhecidos, mais breves e simples (Bellman et al., 2013). Já a avaliação visa fornecer uma descrição detalhada dos pontos fortes e fracos do desenvolvimento da criança para o planejamento e monitoramento das intervenções (Sharma, 2011). No Brasil, os instrumentos disponíveis para rastreio e avaliação do desenvolvimento geralmente são multiprofissionais. Serão destacados, nesta sessão, o Achenbach System of Empirically Based Assessment (Aseba; Achenbach & Rescorla, 2001), a Schedule for Affective Disorders and Schizophrenia for School Aged Children Present and Lifetime Version (K-SADS-PL; Brasil, 2003), o Modified Checklist for Autism in Toddlers (M-Chat; Castro-Souza, 2011; Losapio & Pondé, 2008) e o Sistema Protea-R de Avaliação do Transtorno do Espectro Autista (Bosa & Salles, 2019).

O sistema Aseba é composto por questionários de levantamento de problemas de comportamento, da criança ou jovem, pelos pais ou cuidadores (Child Behavior Checklist Form, CBCL, uma versão de 1 ano e meio aos 5 anos e a outra dos 6 aos 18 anos), pelos professores (Teacher Report Form, TRF, duas versões para as mesmas idades do CBCL) e de autorrelato pelos próprios jovens (Youth Self-Report, YSR, 11-18 anos). Consistem em *checklists* (com 112 a 138 descrições de comportamentos-problema ou atitudes positivas) para o rastreio de problemas de comportamento divididos em dois grandes eixos: problemas internalizantes e externalizantes. Avalia também problemas de comportamento orientados por escalas da quarta edição do Manual Diagnóstico e Estatístico dos Transtornos Mentais – DSM-IV (problemas neurodesenvolvimentais, psicóticos, de humor, ansiosos, de conduta, controle de impulsos e disruptivos, de personalidade, somatoformes, de alimentação, de eliminação e de sono-vigília). Fornece, ainda, um resumo total de problemas, "competência total", uma escala de competência para atividades, uma para funcionamento social e outra para desempenho escolar. Em processos de avaliação psicológica na primeira infância, esses instrumentos são geralmente utilizados como rastreio inicial de problemas para direcionamento das hipóteses.

A K-SADS-PL (Brasil, 2003) é uma entrevista psiquiátrica semiestruturada para identificar transtornos mentais na faixa etária de 6 a 18 anos. Trata-se de um instrumento de avaliação utilizado quando já se tem suspeita de que o avaliando apresenta sintomas de um ou mais dos transtornos abrangidos pelo instrumento. O K-SADS-PL foi desenvolvido para obter pontuação de gravidade de psicopatologia e avaliar história no presente e ao longo da vida da pessoa para 20 transtornos psiquiátricos presentes no DSM (versões III e IV). O instrumento é preenchido pelo clínico utilizando informações da entrevista com os pais e com a própria criança/adolescente, além de levar em conta outras fontes disponíveis para pontuação conclusiva, como da escola, registros médicos e outros dados relevantes.

A versão brasileira do Modified Checklist for Autism in Toddlers (M-Chat) (Castro-Souza, 2011; Losapio & Pondé, 2008) consiste em um instrumento de rastreio específico para sinais de autismo, para crianças com idade entre 18 e 24 meses. É preenchido pelos pais ou principais cuidadores, de acordo com suas observações, considerando o momento atual, quando o filho se encaixa na idade do instrumento ou, também, retrospectivamente, se é mais velho. Consiste em 23 questões do tipo sim/não cujo conteúdo reflete dificuldades específicas das crianças com autismo, como déficits na atenção a demandas sociais, escassez de sorrisos e imitação, dentre outras.

Como instrumento de avaliação do autismo, foi criado no contexto brasileiro o Protea-R (Bosa & Salles, 2019). Trata-se de um protocolo indicado para ser realizado em três sessões de observação do comportamento infantil (com cerca de 45 minutos cada), que visa identificar e eliciar comportamentos sugestivos de autismo. É composto por um roteiro de observação da criança na faixa dos 24 aos 60 meses de idade e por uma entrevista de anamnese realizada com os pais ou cuidadores principais. Para a realização da observação, é indicado o uso de brinquedos e atividades específicas na presença do cuidador acompanhante. Os dados de observação são registrados em oito grandes domínios: "iniciativa de atenção compartilhada", "resposta de atenção compartilhada", "imitação", "engajamento social", "sorriso", "busca espontânea ao contato físico", "busca de assistência" e "protesto/retraimento". É necessário conhecimento e expertise por parte dos profissionais nas áreas de desenvolvimento infantil e sintomas de autismo para a aplicação adequada do instrumento. Recomenda-se fortemente a capacitação profissional para o uso de qualquer instrumento. Dos instrumentos descritos nesta seção, ele é o único comercializado.

Algumas ressalvas são importantes em relação ao uso dos instrumentos descritos neste capítulo. Em relação aos realizados na forma de relato (auto e heterorrelato), a memória e a percepção dos informantes por vezes podem fornecer um retrato não fidedigno das informações. A qualidade da informação pode sofrer influências da dificuldade de percepção, vieses de memória, ou mesmo de dificuldade de comunicação da pessoa que relata. O avaliador deve estar atento, também, a tentativas de distorção das informações pelo respondente, sejam elas deliberadas ou não. Por outro lado, os instrumentos de observação ou de coleta de dados pelo clínico na sessão podem sofrer influências por levar o avaliando para um contexto não natural a ele, o que pode modificar o seu comportamento. Sendo assim, nenhum instrumento isolado ou combinação de instrumentos é suficiente para uma avaliação, sendo a integração de métodos e o julgamento e expertise da(o) psicóloga(o) de valor superior. Defende-se que a(o) psicóloga(o) qualificada(o) é o padrão-ouro de qualquer processo de avaliação psicológica.

Tarefas ecológicas e experimentais

Considerando a escassez de instrumentos padronizados para a avaliação de diferentes construtos na faixa etária de até 6 anos de idade, a aplicação de tarefas ecológicas e experimentais tende a ser um rico recurso para a coleta de dados por meio da observação direta do comportamento. As tarefas ecológicas são aqui entendidas como uma ou mais atividades que fazem parte do cotidiano da criança e que permitem ao avaliador observar as competências, habilidades, facilidades e dificuldades da criança em relação a um ou mais construtos psicológicos. Por exemplo, o avaliador pode estar interessado em avaliar o desenvolvimento motor de uma criança de 5 anos de idade e para isso ele pode pedir para ela fazer desenhos geométri-

cos, colorir dentro de limites estabelecidos, traçar com uma canetinha um padrão pontilhado, entre outras atividades. Para avaliar o desenvolvimento motor amplo, o profissional pode pedir para a criança andar sobre uma fita colada no chão com diferentes formas, pular "amarelinha", chutar uma bola, arremessar uma bola e assim por diante. Todas essas atividades tendem a fazer parte do cotidiano da criança e podem fornecer dados sobre as competências motoras.

Outra possibilidade de coleta de dados por meio da observação direta do comportamento é a aplicação de tarefas experimentais. Entende-se tarefas experimentais como aquelas atividades validadas cientificamente que fornecem algum tipo específico de informação. Por exemplo, o uso de bonecos e histórias para a avaliação do estilo de apego (Green et al., 2000) e do nível de desenvolvimento da habilidade da teoria da mente (Oliveira et al., 2012). Outro exemplo bem conhecido na psicologia do desenvolvimento é o experimento da situação estranha para avaliação de apego em crianças a partir de 9 meses de idade. Nesse caso, a(o) psicóloga(o) deverá contar com o apoio de outras pessoas, como instruir um dos cuidadores da criança e um assistente (pessoa estranha) a como se comportar para a execução do experimento. Tryphonopoulos et al. (2014) revisaram métodos observacionais de avaliação de apego infantil e encontraram evidências de validade para esses procedimentos. Nas tarefas experimentais, a(o) psicóloga(o) se vale do conhecimento científico e dos achados empíricos publicados em periódicos qualificados para reproduzir o experimento com o paciente e avaliar os construtos de interesse. As tarefas experimentais consistem, de forma geral, na apresentação de estímulos e análise das respostas da criança.

Instrumentos comercializados no Brasil, mas sem normas brasileiras

Alguns instrumentos estrangeiros reconhecidos na área da avaliação do desenvolvimento cognitivo e neuropsicológico ou do funcionamento adaptativo infantil recentemente passaram a ser comercializados no Brasil como testes não exclusivos para psicólogas(os). Tal estratégia, de não submissão dos instrumentos para a avaliação pelo Sistema de Avaliação de Testes Psicológicos (Satepsi), possibilita que os mesmos não apresentem estudos de validade e fidedignidade na população brasileira nem normas para a população local. Alguns dos instrumentos que exemplificam essa tendência são o Teste de Triagem do Desenvolvimento Denver-II (Frankenburg et al., 2018), o instrumento NEPSY-II (Korkman et al., 2019), a Escala Wechsler de Avaliação de Inteligência Não Verbal (Wechsler & Naglieri, 2019), as Escalas de Desenvolvimento do Bebê e da Criança Pequena Bayley-III (Bayley, 2018) e as Escalas de Comportamento Adaptativo Vineland – Terceira Edição (Sparrow et al., 2019).

Vários estudos alertam para a importância da existência de normas locais não apenas nos testes exclusivamente psicológicos, mas também nos instrumentos neuropsicológicos. Fernández e Abe (2017) pontuam que embora processos cognitivos básicos sejam comuns a todos os humanos, eles se desenvolvem de formas distintas em diferentes culturas. Isso significa que pessoas com diferentes origens culturais podem ter desempenhos diferentes em testes cognitivos. Tal fato justificou o nascimento de uma disciplina de pesquisa denominada Neurociência Cultural, que investiga variações em processos psicológicos, neurais e genômicos (Chiao & Cheon, 2010; Ortega & Vidal, 2016).

O problema da falta de produção de normas locais em instrumentos neuropsicológicos ocorre principalmente em países menos desenvolvidos economicamente, como os da América Latina (Guàrdia-Olmo et al., 2015; Rivera & Arango-Lasprilla, 2017) e da África (Ferret et al., 2014; Hestad et al., 2016). É necessário reconhecer o custo econômico para a construção de normas representativas em países continentais como o Brasil. Entretanto, a importância de instrumentos com estímulos adequados para a população do país, assim como normas que efetivamente representem seu desempenho são inegáveis. Quando as normas não são representativas da população, elas podem vir a prejudicar os pacientes não contemplados nos grupos normativos com os quais tais instrumentos são utilizados. É essencial que as(os) psicólogas(os) brasileiras(os) tenham ciência de que os instrumentos citados nesta seção só podem ser usados como fontes complementares de informação, ou seja, como recursos auxiliares às técnicas fundamentais. Para isso, eles devem ter respaldo da literatura científica, respeitar o Código de Ética, bem como a legislação da profissão. Como fonte complementar, eles não devem ser utilizados como critérios diagnósticos ou como balizadores principais das decisões da avaliação psicológica.

Principais Psicopatologias da Primeira Infância

A ocorrência de um transtorno mental pode se dar em qualquer estágio da vida, incluindo bebês. O diagnóstico de crianças tão pequenas é um desafio para muitos profissionais da psicologia; isso, em parte, por causa da escassez de protocolos e de instrumentos padronizados. A dificuldade também se expressa na limitada capacidade das crianças em identificar e descrever seus sintomas, no caso daquelas que já têm desenvolvidas suas habilidades de fala e comunicação. Os desafios são ainda maiores quando se trata de crianças de até 3 anos de idade. As avaliações com essa população são geralmente feitas de forma qualitativa e com base nos conhecimentos de cada profissional acerca do que é considerado normal, esperado ou típico. Outro fator importante nesse processo diagnóstico de transtornos mentais em crianças pequenas é o aspecto desenvolvimental, o qual, como já mencionado, implica mudanças significativas na cognição, na linguagem, na motricidade e na socioafetividade. Com isso, as(os) psicólogas(os) tendem a flexibilizar os déficits e atrasos com base no argumento de potencial desenvolvimento. Enfim, são muitos os desafios; contudo, sabe-se que são inúmeros os benefícios de um diagnóstico precoce seguido de uma intervenção apropriada.

Alguns transtornos mentais são diagnosticados especificamente na fase de desenvolvimento inicial, e eles foram identificados na quinta edição do *Manual diagnóstico e estatístico de transtornos mentais* (DSM-5) (American Psychiatric Association [APA], 2014) na categoria de transtornos do neurodesenvolvimento. Esses transtornos caracterizam-se justamente por déficits no desenvolvimento que resultam em prejuízos em diversas áreas da vida da criança, sejam elas em nível pessoal, social, familiar, acadêmica etc. Um dos aspectos centrais desse grupo de transtornos mentais se refere a um distúrbio no desenvolvimento do sistema nervoso central. Esse distúrbio tende a acarretar uma disfunção cerebral que pode afetar uma ou mais habilidades cognitivas (Thapar et al., 2017), dentre as quais são incluídas a capacidade para aprendizagem, a função motora, a linguagem ou comunicação

não verbal, o autocontrole, as experiências e regulações emocionais, a memória, entre outros.

Os transtornos mentais listados na categoria de transtornos do neurodesenvolvimento são:

1) deficiência intelectual e atraso global do desenvolvimento;

2) transtornos da comunicação (linguagem, fala, gagueira, comunicação social);

3) transtorno do espectro autista;

4) transtorno de déficit de atenção/hiperatividade;

5) transtornos específicos de aprendizagem (dislexia e discalculia);

6) transtornos motores (coordenação, estereotipia, Tourette, tique motor ou vocal).

Esses transtornos resultam na falha do desenvolvimento do potencial neurocerebral que permite uma pessoa raciocinar de forma adequada (p. ex., deficiência intelectual) e/ou usar os códigos da linguagem para se comunicar de maneira apropriada (p. ex., transtornos da comunicação). Ainda, podem limitar a adaptação do comportamento e da interação humana (p. ex., transtorno do espectro autista) e/ou a capacidade de focar cognitiva e comportamentalmente em uma atividade (p. ex., transtorno de déficit de atenção/hiperatividade). Essa falha desenvolvimental pode ainda alterar o sistema de codificação e decodificação dos símbolos da linguagem e numéricos (p. ex., transtornos específicos da aprendizagem), assim como alterar o bom funcionamento motor (p. ex., transtornos motores).

Ainda, é comum serem observados alguns tipos de transtornos ansiosos, relacionados a trauma, alimentares, da eliminação, de sono-vigília e disruptivos nessa faixa etária. O transtorno de ansiedade de separação, por exemplo, tem os sintomas iniciais manifestados antes dos 6 anos de idade e se caracteriza por um acentuado medo decorrente da separação das figuras de apego (APA, 2014). O mutismo seletivo, por sua vez, tem suas manifestações iniciadas antes dos 5 anos de idade e compreende no "fracasso persistente para falar em situações sociais específicas nas quais existe a expectativa para tal (p. ex., na escola), apesar de falar em outras situações" (APA, 2014, p. 195). O transtorno de apego reativo, que consiste em um padrão de inibição e afastamento emocional de um cuidador adulto, aparece por volta dos 9 meses aos 5 anos de idade. O transtorno de interação social desinibida, por sua vez, se configura como uma ausência de reserva com adultos desconhecidos e geralmente se apresenta a partir dos 2 anos de idade. Os transtornos de estresse pós-traumático e de estresse agudo podem acontecer em qualquer fase da vida, tendo inclusive no DSM-5 um subtipo específico para crianças menores de 6 anos de idade (APA, 2014).

Alguns transtornos alimentares também têm início na infância, como o transtorno de pica, que consiste na ingestão de substâncias não nutrientes; o transtorno de ruminação, que envolve a regurgitação de alimentos; e o transtorno alimentar restritivo/evitativo, que compreende uma severa evitação de ingestão de alimentos. A enurese e a encoprese, caracterizadas por distúrbios na excreção da urina e das fezes respectivamente, são diagnosticadas após os 5 e 4 anos de idade, respectivamente. Dentre os transtornos do sono-vigília, a apneia e a hipopneia obstrutivas do sono têm seu início antes dos 6 anos de idade. Na classe das parassonias, o transtorno do pesadelo pode se manifestar em crianças com menos de 6 anos de idade, apesar da baixa frequência observada nessa faixa etária (varia entre 1,3 e 3,9%; APA, 2014).

É comum observar também a presença de problemas externalizantes nessa faixa etária. Os transtornos de oposição desafiante, explosivo intermitente e da conduta geralmente se manifestam na idade pré-escolar. Outras condições também podem impactar o funcionamento mental de bebês e crianças pequenas como alterações genéticas, a exemplo, as síndromes de Down e do X-frágil, e transtornos devido a neurotóxicos, como o transtorno do espectro alcoólico fetal e outras doenças causadas por outros metais pesados ou drogas ilícitas. Outra questão que também impacta o desenvolvimento saudável de uma criança é a então conhecida disforia de gênero, na sua forma de apresentação na infância. Vale salientar que ela foi removida do grupo de transtornos mentais pela Organização Mundial da Saúde (OMS). De fato, a OMS renomeou o quadro para "incongruência de gênero" e o incluiu na categoria de "condições relacionadas à saúde sexual" na 11ª edição da Classificação Internacional de Doenças – CID-11 (Drescher et al., 2016). De qualquer modo, essa condição pode impactar a qualidade de vida da criança na sua relação com o ambiente. Existem outros transtornos mentais que são diagnosticados na infância; contudo, após o recorte etário que é objeto deste capítulo, não foram abordados.

A(o) psicóloga(o) deve estar atenta(o) para manifestações de pensamentos, comportamentos, experiências emocionais, padrões de interação e formas de comunicação que se distanciam do que é esperado para a faixa etária que vai até os 6 anos de idade. Uma vez observada alguma alteração, por menor que ela seja, esta deve ser investigada a fundo, de modo a possibilitar identificar os possíveis fatores que podem estar subjacentes a essa manifestação. O uso dos recursos técnicos anteriormente descritos, como instrumentos padronizados, entrevistas com outros informantes e observação direta do comportamento, deve fornecer dados qualitativos e quantitativos que, uma vez integrados (cf. Oliveira & Silva, 2019), favoreçam o entendimento clínico do caso.

Considerações finais

O objetivo principal deste capítulo foi apresentar de forma sumarizada a avaliação psicológica na primeira infância, destacando procedimentos, técnicas e instrumentos comumente utilizados nessa prática. As informações apresentadas neste capítulo permitem perceber um avanço, nos últimos anos, na área de avaliação psicológica da primeira infância. Embora ainda restritos, o número de instrumentos exclusivos da psicologia para esta faixa etária aumentou, assim como as publicações sobre procedimentos e técnicas complementares de avaliação. Além disso, foi identificado um esforço dos pesquisadores na adaptação transcultural de instrumentos de avaliação de desenvolvimento infantil em seus diferentes domínios, notadamente nos últimos três anos, bem como a criação de instrumentos brasileiros. Esse avanço é especialmente notado se compararmos a produção sobre instrumentos e técnicas de avaliação de crianças relativamente à de adultos, especialmente nas décadas anteriores. A predominância do interesse em faixas etárias mais velhas era muito mais evidente há uma década.

Entretanto, destacam-se ainda desafios e perspectivas na avaliação psicológica na primei-

ra infância. A primeira delas é referente à qualificação profissional. A avaliação psicológica tornou-se uma especialidade no Brasil apenas no ano de 2019, mesmo já se advogando a necessidade de uma formação específica há anos pelos especialistas da área. Além disso, os cursos de graduação das universidades brasileiras geralmente têm poucas disciplinas sobre avaliação psicológica, e habitualmente não são específicas para a infância. Reforça-se, portanto, a necessidade de cursos de formação complementar (pós-graduação, aperfeiçoamento e extensão) tanto em relação ao processo de avaliação psicológica de crianças quanto em relação ao ensino de técnicas e instrumentos.

Em relação à qualidade dos instrumentos construídos ou adaptados para o Brasil, é imprescindível maior investimento em estudos científicos que verifiquem suas propriedades psicométricas. O uso de instrumentos sem normas específicas para a cultura brasileira, com qualidades psicométricas pouco satisfatórias, bem como falhas na qualidade técnico-científica dos estudos psicométricos pode comprometer de forma definitiva os processos de avaliação psicológica. Podem gerar consequências graves, como a falta de assistência ou a segregação por erros nos resultados. Reforça-se o compromisso ético com os princípios de equidade, justiça e beneficência preconizados para a avaliação psicológica por suas instituições reguladoras. Por fim, a qualificação dos profissionais para realizar avaliação psicológica em todas as idades e a melhora nos procedimentos são medidas fundamentais para beneficiar pessoas e combater a crítica histórica da estigmatização associada com a área de avaliação.

Referências

American Psychiatric Association. (2014). *Manual Diagnóstico e Estatístico dos Transtornos Mentais – DSM-5*. Artmed.

Asch-Goodkin, J. (2001). Baby not crawling? Not to worry! *Contemporary Pediatrics, 18*(7), 1-14.

Bayley, N. (2006). *Bayley Scales of Infant and Toddler Development (3rd ed)*. The Psychological Corporation.

Bayley, N. (2018). *Escalas de desenvolvimento do bebê e da criança pequena Bayley-III*. Pearson Clinical Brasil.

Bee, H., & Boyd, D. (2011). *A criança em desenvolvimento*. Artmed.

Bellman, M., Byrne, O., & Sege, R. (2013). Developmental assessment of children. *Bmj, 346:* e8687. https://doi.org/10.1136/bmj.e8687

Black, M. M., Walker, S. P., Fernald, L. C. H., Andersen, C. T., DiGirolamo, A. M., Lu, C., McCoy, D. C., Fink, G., Shawar, Y. R., Shiffman, J., Devercelli, A. E., Wodon, Q. T., Vargas-Barón, E., & Grantham-McGregor, S. G. (2017). Early childhood development coming of age: Science through the life course. *The Lancet, 389*(10064), 77-90. https://doi.org/10.1016/S0140-6736(16)31389-7

Borges, L., & Baptista, M. N, (2018). Avaliação psicológica e psicoterapia na infância. In M. Lins, M. Muniz & L. Cardoso, *Avaliação psicológica infantil* (pp. 71-90). Hogrefe.

Borsa, C. J., & Muniz, M. (2016). Testagem psicológica com crianças e adolescentes. In C. S. Hutz, D. S. Bandeira, C. M. Trentini & J. S. Krug (orgs.), *Psicodiagnóstico* (pp. 238-246). Artmed.

Bosa, C. A., & Salles, J. F. (2019). *Protea-R: Sistema de Avaliação do Transtorno do Espectro Autista*. Vetor.

Brasil, H. H. A. (2003). *Desenvolvimento da versão brasileira da K-SADS-PL (Schedule for Affective Disorders and Schizophrenia for School Aged Children Present and Lifetime Version) e estudo de suas propriedades psicométricas* [Tese de doutorado, Universidade Federal de São Paulo]. http://repositorio.unifesp.br/handle/11600/18619

Castro-Souza, R. M. (2011). *Adaptação brasileira do M-Chat* [Dissertação de mestrado, Universidade de Brasília]. https://repositorio.unb.br/handle/10482/10210

Chiao, J. Y., & Cheon, B. K. (2010). The weirdest brains in the world. *Behavioral and Brain Sciences, 33*, 61-135. https://doi.org/10.1017/S0140525X10000282

Cohen, R. J., Swerdlik, M. E., & Sturman, E. D. (2014). *Testagem e avaliação psicológica: Introdução a testes e medidas* (8. ed). AMGH.

Conselho Federal de Psicologia. (2018). *Resolução CFP n. 9/2018*. Estabelece diretrizes para a realização de avaliação psicológica no exercício profissional da psicóloga e do psicólogo, regulamenta o Sistema de Avaliação de Testes Psicológicos – Satepsi e revoga as resoluções n. 2/2003, n. 6/2004 e n. 5/2012 e notas técnicas n. 1/2017 e 2/2017. https://site.cfp.org.br/wp-content/uploads/2018/04/Resolu%C3%A7%C3%A3o-CFP-n%C2%BA-09-2018-com-anexo.pdf

Conselho Federal de Psicologia. (2018). *Resolução CFP n. 9/2018*. Estabelece diretrizes para a realização de avaliação psicológica no exercício profissional da psicóloga e do psicólogo, regulamenta o Sistema de Avaliação de Testes Psicológicos – Satepsi e revoga as resoluções n. 2/2003, n. 6/2004 e n. 5/2012 e notas técnicas n. 1/2017 e 2/2017. https://site.cfp.org.br/wp-content/uploads/2018/04/Resolu%C3%A7%C3%A3o-CFP-n%C2%BA-09-2018-com-anexo.pdf

Costa, S. M. (org.). (2017). *Primeiríssima infância – Creche: Necessidades e interesses de famílias e crianças*. Fundação Maria Cecilia Souto Vidigal.

De Los Reyes, A., & Kazdin, A. E. (2005). Informant Discrepancies in the Assessment of Childhood Psychopathology: A Critical Review, Theoretical Framework, and Recommendations for Further Study. *Psychological Bulletin, 131*(4), 483-509. https://doi.org/10.1037/0033-2909.131.4.483

Dennis, M., Spiegler, B. J., Simic, N., Sinopoli, K. J., Wilkinson, A., Yeates, H., Taylor, G., Bigler, E. D., & Fletcher, J. M. (2014). Functional plasticity in childhood brain disorders: When, what, how, and whom to assess. *Neuropsychology Review, 24*(4), 389-408. https://doi.org/10.1007/s11065-014-9261-x

Drescher, J., Cohen-Kettenis, P. T., & Reed, G. M. (2016). Gender incongruence of childhood in the ICD-11: Controversies, proposal, and rationale. *The Lancet Psychiatry, 3*(3), 297-304. https://doi.org/10.1016/S2215-0366(15)00586-6

Fernández, A. L., & Abe, J. (2017). Bias in cross-cultural neuropsychological testing: Problems and possible solutions. *Culture and Brain, 6*(1), 1-35. https://doi.org/10.1007/s40167-017-0050-2

Ferreira, V. R. T., & Mousquer, D. N. (2004). Observação em psicologia clínica. *Revista de Psicologia da UNC, 2*(1), 54-61. http://leticiawfrancomartins.pbworks.com/w/file/fetch/116596914/observao_em_psicologia_clnica_observation_in_clinical_psychology.pdf

Ferrett, H. L., Thomas, K. G. F., Tapert, S. F., Carey, P. D., Conradie, S., Cuzen, N. L., Stein, D. J., & Fein, G. (2014). The cross-cultural utility of foreign and locally derived normative data for three WHO-endorsed neuropsychological tests for South African adolescents. *Metabolic Brain Disease, 29*, 395-408. https://doi.org/10.1007/s11011-014-9495-6

Frankenburg, W. K., Dodds, J. B., Archer, P., Bresnick, B., Maschka, P., Edelman, N. & Shapiro, H. (2018). *Teste de Triagem do Desenvolvimento Denver – II.* Hogrefe.

Fundação Maria Cecilia Souto Vidigal [FMCSV]. (2020). *A primeira infância.* https://www.fmcsv.org.br/pt-BR/a-primeira-infancia/

Giacomoni, C. H., & Bandeira, C. M. (2016). Entrevista com pais e demais fontes de informação. In C. S. Hutz, D. R. Bandeira, C. Trentini & J. Krug (orgs.), *Psicodiagnóstico* (pp. 206-210). Artmed.

Green, J., Stanley, C., Smith, V., & Goldwyn, R. (2000). A new method of evaluating attachment representations in young school-age children: The Manchester Child Attachment Story Task. *Attachment & Human Development, 2*(1), 48-70. https://doi.org/10.1080/146167300361318

Guàrdia-Olmo, G., Pero-Cebollero, M., Rivera, D., & Arango-Lasprilla, J. C. (2015). Methodology for the development of normative data for ten Spanish-language neuropsychological tests in eleven Latin American countries. *NeuroRehabilitation, 37*(4), 493-499. https://doi.org/10.3233/NRE-151277

Hestad, K. A., Menon, J. A., Serpell, R., Kalungwana, L., Mwaba, S. O., Kabuba, N., & Heaton, R. K. (2016). Do neuropsychological test norms from African Americans in the United States generalize to a Zambian population? *Psychological Assessment, 28*(1), 18. https://doi.org/10.1037/pas0000147

Korkman, M., Kirk, U., & Kemp, S. (2019). *Nepsy-II.* Pearson Clinical Brasil.

Krug, J., & Bandeira, D. R. (2016). Critérios de análise do brincar infantil na entrevista lúdica diagnóstica. In C. S. Hutz, D. R. Bandeira, C. Trentini & J. S. Krug (orgs.), *Psicodiagnóstico* (pp. 211-229). Artmed.

Krug, J., Bandeira, D. R., Trentini, C. M. (2016). Entrevista lúdica diagnóstica. In C. S. Hutz, D. R. Bandeira, C. Trentini & J. S. Krug (orgs.), *Psicodiagnóstico* (pp. 73-98). Artmed.

Kuo, Y.-L., Liao, H.-F., Chen, P.-C., Hsieh, W.-S., & Hwang, A.-W. (2008). The influence of wakeful prone positioning on motor development during the early life. *Journal of Developmental & Behavioral Pediatrics, 29*(5), 367-376.

Lapalme, M., Bégin, V., Le Corff, Y., & Déry, M. (2020). Comparison of discriminant validity indices of parent, teacher, and multi-informant reports of behavioral problems in elementary schoolers. *Journal of Psychopathology and Behavioral Assessment, 42*(1), 58-68. https://doi.org/10.1007/s10862-019-09782-7

Lerner, R. M. (2006). Developmental science, developmental systems, and contemporary theories of human development. In R. M. Lerner (ed.), *Handbook of child psychology: Theoretical models of human development* (6. ed., vol. 1, pp. 1-18). John Wiley & Sons.

Lins, M. R. C., Muniz, M., & Uehara, E. (2018). A importância da entrevista inicial no processo avaliativo infantil. In M. Lins, M. Muniz & L. Cardoso, *Avaliação psicológica infantil* (pp. 143-158). Hogrefe.

Losapio, M. F., & Pondé, M. P. (2008). Tradução para o português da escala M-Chat para rastreamento precoce de autismo. *Revista de Psiquiatria do Rio Grande do Sul, 30*(3), 221-229. https://doi.org/10.1590/S0101-81082008000400011

Oliveira, S. E. S. (2019). Técnicas de observação em avaliação psicológica clínica. In S. M. Barroso, F. Scorsolini-Comin & E. Nascimento (orgs.), *Avaliação psicológica: Contextos de atuação, teoria e modos de fazer* (pp. 69-89). Sinopsys.

Oliveira, S. E. S., & Silva, M. A. (2019). Integração de resultados qualitativos e quantitativos. In M. N. Baptista et al. (orgs.), *Compêndio de avaliação psicológica* (pp. 98-108). Vozes.

Oliveira, S. E. S., Pereira, P. H. D. S., Oliveira, M. C. R. D., Teixeira, A. F., Natale, L. L., & Aquino, M. G. D. (2012). Desenvolvimento sociocognitivo da teoria da mente: Estudos interventivos com crianças de 3 e 4 anos. *Revista Brasileira de Terapias Cognitivas, 8*(1), 19-30. https://doi.org/10.5935/1808-5687.20120004

Oliveira, S. R., Machado, A. C. C., & Bouzada, M. C. F. (2018). O desenvolvimento da criança no primeiro ano de vida. In D. M. de Miranda & L. F. Malloy-Diniz (orgs.), *O pré-escolar* (pp. 53-81). Hogrefe.

Ortega, F., & Vidal, F. (2016). Culture: By the brain and in the brain? *História, Ciências, Saúde, 23*(4), 965-983. https://doi.org/10.1590/s0104-59702016000400002

Papalia, D. E., & Feldman, R. D. (2013). *Desenvolvimento Humano* (12. ed.). AMGH.

Rivera D., & Arango-Lasprilla J. C. (2017). Methodology for the development of normative data for Spanish Speaking pediatric population. *NeuroRehabilitation, 41(3),* 581-592. https://doi.org/10.3233/NRE-172275

Rocha, M. M., & Emerich, D. R. (2018). A importância de múltiplos informantes na avaliação psicológica infantil. In M. Lins, M. Muniz & L. Cardoso, *Avaliação psicológica infantil* (pp. 159-177). Hogrefe.

Sameroff, A. (2010). A unified theory of development: A dialectic integration of nature and nurture. *Child Development, 81*(1), 6-22. https://doi.org/10.1111/j.1467-8624.2009.01378.x

Sharma, A. (2011). Developmental examination: Birth to 5 years. *Archives of Disease in Childhood – Education and Practice, 96,* 162-175. https://doi.org/10.1136/adc.2009.175901

Silva, M. A. (2017). *Construção e estudo de evidências de validade e fidedignidade do Inventário Dimensional de Avaliação do Desenvolvimento Infantil* [Tese de doutorado não publicada]. Universidade Federal do Rio Grande do Sul.

Silva, M. A. D., Mendonça Filho, E. J., Mônego, B. G., & Bandeira, D. R. (2018). Instruments for multidimensional assessment of child development: A systematic review. *Early Child Development and Care, 190*(8), 1.257-1.271. https://doi.org/10.1080/03004430.2018.1528243

Silva, M. A., & Bandeira, D. R. (2016). A Entrevista de Anamnese. In C. S Hutz, D. R. Bandeira, C. M. Trentini & J. F. Krug (orgs.), *Psicodiagnóstico* (pp. 52-67). Artmed.

Silva, M. A., Mendonça Filho, E. J., & Bandeira, D. R. (2019). Development of the Dimensional Inventory of Child Development Assessment (Idadi). *Psico-USF, 24*(1), 11-26. https://doi.org/10.1590/1413-82712019240102

Sparrow, S. S., Cicchetti, D. V., & Saulnier, C. A. (2019). *Escalas de Comportamento Adaptativo Vineland – Terceira Edição.* Pearson Clinical Brasil.

Thapar, A., Cooper, M., & Rutter, M. (2017). Neurodevelopmental disorders. *The Lancet Psychiatry, 4*(4), 339-346. https://doi.org/10.1016/s2215-0366(16)30376-5

Thomas, S. A., Cotton, W., Pan, X., & Ratliff-Schaub, K. (2012). Comparison of systematic developmental surveillance with standardized developmental screening in primary care. *Clinical Pediatrics, 51*(2), 154-159. https://doi.org/10.1177/0009922811420711

Tryphonopoulos, P. D., Letourneau, N., & Ditommaso, E. (2014). Attachment and caregiver–infant interaction: A review of observational-assessment tools. *Infant Mental Health Journal, 35*(6), 642-656. https://doi.org/10.1002/imhj.21461

Uehara, E. (2018). Características cognitivas do desenvolvimento infantil. In M. R. C. Lins, M. Muniz & L. M. Cardoso (orgs.), *Avaliação psicológica infantil* (pp. 7-31). Hogrefe.

Wechsler, D., & Naglieri, J. A. (2019). *Escala Wechsler de Avaliação de Inteligência Não Verbal.* Pearson Clinical Brasil.

World Health Organization. (2020). *New 2016 estimates reveal that 250 million, or 43%, of children in low and middle-income countries are unable to realize their full development potential.* https://www.who.int/topics/early-child-development/en/

14
Avaliação cognitiva em crianças e adolescentes

Patrícia Waltz Schelini
Universidade Federal de São Carlos

Highlights
- O fator *g* de inteligência tende a não ser explicado no escopo da cognição.
- Um dos conceitos psicológicos que melhor prediz o comportamento é a inteligência/cognição.
- A avaliação cognitiva não se restringe à aplicação de um teste.
- A avaliação cognitiva assistida procura revelar um desempenho potencial.

Introdução

O presente capítulo inicialmente contribui para a compreensão do conceito de cognição e suas equivalências ao que se entende por inteligência. Após as descrições e diferenciações dos dois construtos são apresentadas razões para a avaliação cognitiva/intelectual na infância e adolescência, que incluem desde justificativas escolares até aquelas voltadas ao entendimento de transtornos de desenvolvimento e das altas habilidades.

Discutidos os motivos para se proceder a uma avaliação cognitiva de crianças e adolescentes, o leitor pode se beneficiar de sugestões de etapas para realizar esse processo e também das descrições gerais dos testes cognitivos/intelectuais que, no momento da escrita deste capítulo, obtiveram parecer favorável para uso pela comissão responsável pelo Sistema de Avaliação de Testes Psicológicos (Satepsi).

O capítulo é finalizado pela descrição da avaliação cognitiva assistida, definida como um conjunto de estratégias instrucionais que, utilizadas durante o processo avaliativo, revela o desempenho potencial da criança e adolescente.

Cognição e inteligência

A cognição tende a ser descrita por meio da habilidade para estar atento, perceber, memorizar, utilizar a linguagem, raciocinar, formar estruturas complexas de pensamento e produzir respostas às solicitações e aos estímulos externos (Sternberg, 2016). A Psicologia Cognitiva costuma usar a palavra "inteligência" para se referir à propriedade de todo o sistema cognitivo humano, de tal forma que cognição e inteligência seriam conceitos sinônimos (Anderson, 2005). O entendimento entre esses dois conceitos costuma diferir quando a inteligência é definida a partir do chamado fator geral ou fator *g*. Desse modo, quando a inteligência é concebida apenas por meio do fator geral, sua definição tende a se distanciar da chamada cognição que, nesse caso, adquiriria uma perspectiva mais multifacetada em comparação à inteligência.

O fator geral (*g*) foi concebido por Charles Spearman, em 1904, ao indicar que pessoas altamente desenvolvidas em uma capacidade intelectual tendiam a ser, em média, altamente desenvolvidas em outras habilidades intelectuais. As tarefas intelectuais estariam correlacionadas positivamente entre si e em diferentes extensões. Tal fenômeno indicaria a existência de um fator geral que, comum a todos os testes destinados à avaliação da capacidade intelectual, representaria uma espécie de energia, com base neurológica, capaz de ativar a capacidade de realização de trabalhos intelectuais (Garlic, 2002; Gardner, Kornhaber & Wake, 1998; Schelini, 2006).

A inteligência na perspectiva das diferenças individuais parece ser em boa parte marcada pelo estudo do fator *g*, fator estatisticamente demonstrado por meio de técnicas de correlação e análise fatorial de respostas a testes de avaliação intelectual, e fenômeno cuja causa é fundamentalmente inexplicável no escopo da cognição (Anderson, 2005). O fator geral foi um grande marco da corrente psicométrica ou fatorial que compreende a inteligência e as diferenças individuais por meio de fatores ou capacidades. Mas a própria corrente psicométrica não se restringe ao fator geral, um bom exemplo é o Modelo Cattell-Horn-Carroll, que sintetiza as concepções desses três autores, Raymond Cattell, John Horn e John Carroll, e estabelece que a inteligência é multidimensional, caracterizada pelo fator geral (g de Spearman), por 17 outros fatores ou capacidades gerais e por capacidades específicas todos dispostos em uma estrutura hierárquica (Schneider & McGrew, 2018). Os 17 fatores gerais são: inteligência fluida (*Gf*), velocidade de decisão (*Gt*), velocidade de processamento

(*Gs*), memória de curto prazo (*Gsm*), eficiência de aprendizagem (*Gl*), fluência de recuperação (*Gr*), inteligência cristalizada (*Gc*), conhecimento quantitativo (*Gq*), leitura e escrita (*Grw*), conhecimento de domínios específicos (*Gkn*), processamento visual (*Gv*), processamento auditivo (*Ga*), habilidade tátil (*Gh*), habilidade cinestésica (*Gk*), habilidade olfativa (*Go*), habilidade psicomotora (*Gp*) e inteligência emocional (*Ge*). Para a descrição desses 17 fatores recomenda-se a leitura de Campos et al. (2019).

O Modelo Cattell-Horn-Carroll (CHC) tornou-se uma importante referência para a compreensão da inteligência e elaboração de testes psicológicos, além de, ao indicar diversas outras capacidades gerais, originar certo otimismo em relação às possibilidades de intervenção. Isso porque a avaliação de várias capacidades permite que se compreenda o perfil intelectual do indivíduo em termos de suas facilidades e dificuldades, de forma a possibilitar a elaboração de um plano interventivo eficaz. Finalmente, a estrutura do Modelo CHC ao incluir, mas não se restringir ao fator geral (*g*), permite uma reaproximação entre os termos inteligência e cognição que, a partir de agora neste capítulo, serão tidos cautelosamente como sinônimos.

Motivos para avaliar a cognição/ inteligência

A inteligência/cognição tende a ser considerada o conceito psicológico que melhor prediz o comportamento humano (Lemos & Almeida, 2019). Em um trabalho de revisão que incluiu 100 anos de pesquisas sobre diferenças individuais publicadas no *Journal of Applied Psychology*, Sackett et al. (2017) se referem à inteligência como uma importante determinante no contexto educacional e para além dele. A ciência cognitiva é repleta de evidências sobre como a cognição interfere na aprendizagem (Decker, Hale & Flanagan, 2013), como exemplo é possível citar os estudos de Fiorello et al. (2012) e de McGrew e Wendling (2010), além da revisão de estudos brasileiros e internacionais realizada por Valentini et al. (2014).

O aprendizado acadêmico envolve uma variedade de processos cognitivos e experiências socioculturais. O uso de tarefas cognitivas padronizadas, como os testes, é indicado não simplesmente para a obtenção de um Quociente de Inteligência (QI), mas para auxiliar na compreensão do perfil cognitivo e de dificuldades que podem influenciar a aprendizagem, de forma a promover intervenções eficazes (Decker et al., 2013). Um exemplo de como a valorização da avaliação do chamado perfil cognitivo é importante foi dado por Decker et al. (2013), que solicitaram que se considerassem duas crianças, ambas com problemas na compreensão da leitura. O WISC-IV (Escala Wechsler de Inteligência para Crianças – Quarta Edição) foi aplicado. Tal teste fornece uma pontuação geral (QI total) e pontuações específicas de fatores que representam diferentes habilidades cognitivas (fatores de Compreensão Verbal, Organização Perceptual, Memória Operacional e Velocidade de Processamento). Os resultados da criança 1 evidenciaram dificuldades específicas de linguagem (ou seja, no índice de Compreensão Verbal) e a criança 2, apresentou dificuldades na memória de trabalho (ou seja, no índice de Memória Operacional), que também podem resultar em comprometimento da compreensão da leitura. Para a criança 1, a intervenção deve considerar a competência em linguagem e, para a criança 2, a intervenção deve se concentrar em aprimorar sua memória

de trabalho ou reduzir a carga de memória de trabalho durante as atividades de leitura.

Em relação ao Modelo Cattell-Horn-Carroll (CHC), as capacidades gerais de inteligência cristalizada, memória de curto prazo, processamento auditivo, eficiência de aprendizagem, fluência de recuperação e velocidade de processamento foram considerados como consistentemente relacionados ao desempenho da leitura (Flanagan et al., 2012). Verificou-se que as capacidades gerais de inteligência fluida, inteligência cristalizada, memória de curto prazo, processamento auditivo, eficiência de aprendizagem, fluência de recuperação e velocidade de processamento se relacionam significativamente com o desempenho em matemática.

A avaliação da cognição também se faz importante em pessoas que apresentam transtornos do desenvolvimento, como a deficiência intelectual, espectro autista (TEA), síndromes como a de Williams-Beuren (SWB) e o Transtorno do Déficit de Atenção e Hiperatividade (TDAH). A avaliação intelectual/cognitiva não é a única a fundamentar um diagnóstico dos transtornos mencionados. No caso da deficiência intelectual, por exemplo, também se deve considerar o funcionamento adaptativo, apesar de a inteligência ser vista como um primeiro critério a ser observado, de forma que o déficit se caracteriza por um Quociente Intelectual com dois desvios-padrão abaixo da média. Em relação ao TEA, constatam-se facilidades em tarefas padronizadas que envolvem a memória de curto prazo e o processamento visoespacial; as dificuldades são notadas em testes que requerem capacidades de compreensão de situações sociais, velocidade de processamento, além da flexibilidade cognitiva. Os indivíduos com Síndrome de Williams-Beuren tendem a apresentar uma deficiência intelectual moderada, expressa por um QI em torno de 55 pontos nas Escalas Wechsler de Inteligência (WISC e WAIS). O TDAH é tido como um transtorno do desenvolvimento caracterizado por prejuízos na atenção, organização e por sinais de hiperatividade e impulsividade. A compreensão do perfil cognitivo dá destaque à capacidade atencional, que tende a ser expressa comportamentalmente por meio de dificuldades no planejamento de tarefas, mudanças de atividades não finalizadas para outras, pouca atenção às instruções e conversas, e baixo envolvimento em atividades que exijam concentração (Carreiro, Reppold, Córdova, Vieira & Mello, 2014). Os resultados dos testes também são fundamentais à compreensão do perfil cognitivo, de modo a se verificar habilidades preservadas e propor intervenções apropriadas (Mecca et al.,2014).

Para o entendimento dos indivíduos altamente habilidosos a avaliação intelectual também contribui. Os modelos teóricos mais atuais referentes às altas habilidades não enfatizam apenas a inteligência na caracterização dessa população, mas também o envolvimento com a tarefa, a motivação, a criatividade, disposição para assumir riscos, preferência por estilo de aprendizagem independente; *coping* para estresse; e clima socioemocional na família e na escola (Sternberg & Kaufman, 2018).

Os estudos que buscam associações entre atividade neural e inteligência também justificam a avaliação intelectual. Uma das primeiras pesquisas de imagem para examinar a relação da atividade cerebral com a inteligência fluida indicou que indivíduos com melhor desempenho exibem menos, e não mais, atividade cerebral completa (medida usando a taxa metabólica da glicose) ao concluir itens das Matrizes Progressivas de Raven (Haier et al., 1988). Um achado importante

da pesquisa de imagens do cérebro na última década é que indivíduos com melhor desempenho intelectual também exibem maior eficiência no nível neural. Ou seja, indivíduos de alta capacidade resolvem problemas simples e moderadamente difíceis mais rapidamente e com menos atividade cortical do que indivíduos de menor capacidade (Neubauer & Fink, 2009; Nisbett et al., 2012).

A avaliação intelectual/cognitiva pode ter vários outros fins, como o de constatar ganhos em desempenhos nas medidas de inteligência ao longo do tempo ou das gerações (Efeito Flynn), analisar os efeitos colaterais (atencionais, mnemônicos, na velocidade de processamento) do uso de medicamentos, monitorar lesões ou doenças cerebrais por meio de melhora ou piora no desempenho de tarefas. Para que as metas de tal avaliação sejam atingidas é necessário considerar procedimentos e técnicas com evidências de validade e precisão para o nosso meio. A discussão desses aspectos é feita a seguir.

Avaliação cognitiva/intelectual de crianças e adolescentes: etapas e testes disponíveis

Em termos gerais, a avaliação psicológica é descrita pelo Conselho Federal de Psicologia na Resolução n. 9/2018 como um processo de investigação de fenômenos psicológicos que inclui métodos, técnicas e instrumentos, tendo como objetivo a tomada de decisões. A definição explicita que a avaliação deve incluir métodos, técnicas e instrumentos, não sendo, dessa forma, equivalente à testagem, apesar de poder incluir testes. Considera-se importante que a avaliação cognitiva também não se restrinja à aplicação de um teste.

Na avaliação psicológica cinco etapas costumam ser consideradas fundamentais: (1) definição dos objetivos e identificação de características do indivíduo a ser avaliado; (2) obtenção de informações pelas técnicas escolhidas (observações, entrevistas, testes); (3) integração das informações obtidas; (4) conclusões sobre a situação que motivou o processo de avaliação e (5) realização dos encaminhamentos necessários (CFP, 2007).

Para que as etapas da avaliação cognitiva de crianças e adolescentes sejam alcançadas, um primeiro encontro com os(a) responsáveis é importante para que eles possam explicitar os motivos ou a queixa e colaborar no estabelecimento dos objetivos da avaliação. As metas mais comuns da avaliação cognitiva são a identificação de potencialidades, dificuldades e a confirmação de hipóteses sugeridas pelos responsáveis e/ou profissionais como professores e médicos. Em mais uma ou duas sessões posteriores com os(as) responsáveis sugere-se a realização da anamnese, sendo relevante enfatizar questionamentos sobre a saúde, vida escolar, dificuldades e facilidades em atividades do dia a dia, incluindo a compreensão de situações/regras sociais, entendimento de instruções/solicitações, envolvimento e finalização de tarefas.

Vale destacar que os(as) responsáveis tendem a ser as principais fontes de informação sobre a criança e o adolescente, mas dados importantes também podem ser fornecidos por professores, coordenadores, médicos ou outros profissionais da saúde e da educação que tenham acompanhado ou estejam a par de situações e condições específicas. Recomenda-se que os(as) responsáveis estejam de acordo com o estabelecimento de contato com essas outras fontes de informação.

Em seguida é importante um contato com a criança ou adolescente, de forma que eles possam ser esclarecidos sobre os motivos relatados por seus(suas) responsáveis, isso porque pode ocorrer de não ter havido uma conversa anterior na família sobre a ida a um(a) psicólogo(a). Nesse primeiro encontro com a criança/adolescente também é importante que haja um momento para a exposição de dúvidas e para a explicação de todo o processo.

Os encontros com responsáveis e com a criança/adolescente auxiliarão na escolha das técnicas de avaliação cognitiva. Tais técnicas podem ser classificadas como fontes fundamentais e complementares de informação. Dentre as fundamentais estão a entrevista, observação e testes psicológicos. As complementares são caracterizadas por técnicas não psicológicas (Rueda & Zanini, 2018).

A coleta de informações por meio das técnicas de avaliação tende a ocorrer em três ou quatro sessões com a criança/adolescente, dependendo da quantidade de técnicas escolhidas e da disponibilidade dos participantes em fornecer as informações. Quanto aos pré-escolares, há poucos testes disponíveis, o que leva à necessidade do conhecimento do desenvolvimento cognitivo infantil para que sejam feitos questionamentos apropriados e relevantes aos responsáveis/profissionais e para que a observação seja dirigida a aspectos que favorecerão a compreensão (Schelini, 2019).

Após a obtenção de informações, o psicólogo(a) precisa relacioná-las, podendo, inclusive, constatar a necessidade de utilizar outras técnicas para complementar ou compreender algum dado. A seguir são elaboradas as conclusões, formulados encaminhamentos sobre a situação que motivou a avaliação cognitiva e redigido o relatório psicológico. As compreensões e encaminhamentos devem ser comunicados aos responsáveis e à criança/adolescente, considerando os aspectos éticos subjacentes, as evidências obtidas e as limitações da avaliação cognitiva realizada (CFP, 2007; Schelini, 2019).

Quadro 1

Testes cognitivos/intelectuais para avaliação de crianças e adolescentes com parecer favorável para uso profissional[6]

Teste	Faixa etária/escolaridade para a qual se destina	O que avalia de acordo com o descrito no Satepsi
Bateria de Provas de Raciocínios (BPR-5)	7º ao 9º ano do Ensino Fundamental; 1º ao 3ºano do Ensino Médio	Raciocínio
Bateria Geral de Funções Mentais – Teste de Memória de Reconhecimento (BGFM – 4)	15 a 89 anos	Memória de reconhecimento
Bateria Piaget-Head de Orientação Direita-Esquerda	6 a 13 anos	Desenvolvimento da lateralidade direita-esquerda
Bateria Psicológica para Avaliação da Atenção (BPA)	6 a 82 anos	Atenção concentrada, atenção dividida e atenção alternada
Desenho da Figura Humana IV (DFH-IV – Wechsler)	5 a 12 anos	Desenvolvimento cognitivo
Desenho da Figura Humana – Escala Sisto (DFH – Escala Sisto)	5 a 10 anos	Fator geral (g)
Escala de Inteligência Wechsler para Crianças – 4ª. Edição (WISC IV)	6 a 16 anos	Inteligência
Escala de Inteligência Wechsler Abreviada (WASI)	6 a 89 anos	Inteligência
Escala de Maturidade Mental Colúmbia Edição Brasileira Revisada (CMMS 3)	3 a 10 anos	Habilidades/competências, inteligência, processos neuropsicológicos
Escala Geral (MPR)	10 a 69 anos	Inteligência
Figuras Complexas de Rey	4 a 88 anos	Percepção e memória visual
Instrumento de Avaliação Neuropsicológica Breve Infantil (NEUPSILIN – Inf)	6 a 12 anos	Processos neuropsicológicos
Matrizes Progressivas Avançadas de Raven	17 a 52 anos	Raciocínio e capacidade de resolução de problemas
Matrizes Progressivas Coloridas de Raven (CPM)	5 a 11 anos	Inteligência
R2 Teste Não Verbal de Inteligência para Crianças	5 a 12 anos	Inteligência
Teste AC	17 a 64 anos	Atenção concentrada

6. Lista de testes favoráveis resgatada em 25 de maio de 2020 de http://satepsi.cfp.org.br/testesFavoraveis.cfm

Teste	Faixa etária/escolaridade para a qual se destina	O que avalia de acordo com o descrito no Satepsi
Teste D70	Adolescentes e adultos com Ensino Médio completo	Inteligência não verbal
Teste d2 Revisado (d2R)	7 a 76 anos	Processos perceptivos/cognitivos
Teste de Aprendizagem Auditivo-Verbal de Rey (RAVLT)	6 a 92 anos	Processos neuropsicológicos
Teste de Atenção Concentrada AC15 (AC15)	16 a 60 anos	Atenção concentrada
Teste de Atenção Seletiva (TAS)	15 a 60 anos	Atenção seletiva
Teste de Atenção Visual – TAVIS 4	6 a 17 anos	Processos perceptivos/cognitivos
Teste de Criatividade Figural Infantil	2º ao 9º ano do Ensino Fundamental	Criatividade figural
Teste de Desenvolvimento do Raciocínio Indutivo (TDRI)	5 a 86 anos	Desenvolvimento, inteligência
Teste de Habilidade para o Trabalho Mental (HTM)	11 a 60 anos	Raciocínio verbal, numérico e abstrato
Teste de Habilidades e Conhecimento Pré-Alfabetização (THCP)	4 a 7 anos	Habilidades/competências
Teste de Inteligência Geral – Não Verbal (TIG – NV)	10 a 79 anos	Inteligência
Teste de Inteligência Não Verbal (TONI-3)	6 a 10 anos	Inteligência
Teste de Inteligência Verbal (TIV)	17 a 50 anos	Inteligência
Teste de Memória de Reconhecimento (TEM-R)	17 a 53 anos	Memória de reconhecimento
Teste de Memória de Reconhecimento Memore (Memore)	14 a 64 anos	Processos perceptivos/cognitivos
Teste de Memória Visual para o Trânsito (MVT)	16 a 67 anos	Memória visual
Teste de Raciocínio Inferencial	10 a 70 anos	Raciocínio inferencial e inteligência
Teste de Retenção Visual de Benton (BVRT)	7 a 30 anos; 60 a 75 anos	Memória e percepção visual, praxia visuoconstrutiva
Teste dos Cinco Dígitos (FDT)	6 a 92 anos	Velocidade de processamento, atenção e funções executivas
Teste dos Cubos para Avaliação do Raciocínio Visoespacial	16 a 66 anos	Raciocínio visoespacial
Teste Gestáltico Viso-Motor de Bender – Sistema de Pontuação Gradual (B-SPG)	6 a 10 anos	Maturação perceptomotora

Teste Infantil de Memória – Forma Reduzida (TIME-R)	Pré-escolares	Memória
Teste Matrizes de Viena – 2 (WMT-2)	14 a 69 anos	Inteligência
Teste Medida da Prontidão Mental	16 a 50 anos	Atenção seletiva e rapidez perceptual
Teste Não Verbal de Inteligência Geral Beta-III (subtestes Raciocínio Matricial e Códigos)	14 a 83 anos	Inteligência
Teste Não Verbal de Inteligência – SON-R	2 anos e 6 meses a 7 anos e 11 meses	Inteligência
Teste Não Verbal de Raciocínio para Crianças (TNVRI)	5 anos e 9 meses a 13 anos e 3 meses	Inteligência
Teste Pictórico de Memória (Tepic – M)	17 anos a 97 anos	Memória
Teste Verbal de Inteligência (V-47)	16 a 39 anos	Inteligência
Teste Wisconsin de Classificação de Cartas	6 anos e meio a 17 anos	Raciocínio abstrato e estratégias de solução de problemas
Teste Wisconsin de Classificação de Cartas (WCST)	6 a 89 anos	Processos perceptivos/cognitivos, processos neuropsicológicos

Os testes destinados à avaliação cognitiva/intelectual de crianças e adolescentes

Como afirmado anteriormente, os testes psicológicos (incluindo materiais que utilizem os termos escalas, inventários e questionários) são comumente utilizados na avaliação cognitiva/intelectual. No site do Conselho Federal de Psicologia (especificamente na área destinada ao Sistema de Avaliação de Testes Psicológicos – Satepsi) há uma lista de instrumentos que podem ser utilizados pelos psicólogos por conterem em seus manuais estudos que evidenciam os parâmetros de validade e precisão, sendo tal lista atualizada com certa frequência. A seguir, no quadro 1, são apresentados os testes cognitivos/intelectuais que, no momento da escrita deste capítulo, obtiveram parecer favorável para uso.

Em relação aos testes destinados à avaliação intelectual, Suehiro et al. (2015) investigaram a produção científica relativa aos instrumentos destinados às crianças. As autoras analisaram 67 artigos de 25 revistas científicas entre 2002 e 2012 e constataram que as avaliações foram realizadas predominantemente no contexto escolar e que os testes mais utilizados foram o Desenho da Figura Humana (DFH), Matrizes Progressivas de Raven e WISC III. Em pesquisa de delineamento semelhante, Suehiro e Lima (2016) analisaram a produção relativa à avaliação cognitiva de crianças do Ensino Fundamental entre os anos de 2005 e 2014. Foram investigados 22 artigos de 16 periódicos científicos e, como resultado, foi observada a predominância do Desenho da Figura Humana (DFH III), do WISC III, das Matrizes Progressivas de Raven e do R-2. Mansur-Alves et al. (2016) compararam as publicações científicas da área no Brasil em dois períodos: de 1993 a 2002 e de 2003 a 2014. Os testes mais citados nos dois períodos e quando se consideram apenas os cognitivos, foram BPR-5 e Desenho da Figura Humana. A seguir será apresentada uma variação da avaliação cognitiva que pode fazer uso dos testes tradicionais mencionados até então neste capítulo, mas com uma série de particularidades a serem descritas.

Avaliação cognitiva assistida

A avaliação assistida ou dinâmica tem como base a teoria de Vygotsky e sua conceituação da Zona de Desenvolvimento Proximal (ZDP), referente a distância entre o nível de desenvolvimento real e o potencial do sujeito, esse último inferido por meio de orientações ou mediações de alguém mais capacitado que o mediado. Assim, o ensino na Zona de Desenvolvimento Proximal ajudaria a atingir o potencial de aprendizagem (Tiekstra et al., 2016). A ajuda, orientação e mediação caracterizam a avaliação cognitiva assistida, de forma que ela é entendida como um conjunto de estratégias instrucionais utilizadas durante o processo avaliativo, para que o sujeito possa revelar seu desempenho potencial e, posteriormente, em situações de resolução de problemas, consiga se apresentar de forma independente (Linhares, 1995). Durante a avaliação dinâmica, os examinadores devem otimizar o desempenho do examinado (Tiekstra et al., 2016).

A avaliação assistida é dinâmica, interativa e inclui três fases: a inicial, a de assistência e a de manutenção (Linhares, 1995). Na fase inicial não há ajuda, sendo apresentada uma situação de avaliação para que seja observado o que o participante sabe. Na fase de assistência há ajuda, mediação, em um processo semelhante ao do ensino, com um conjunto de pistas padronizadas até que o participante consiga resolver a tarefa.

Finalmente, na fase de manutenção o participante deve resolver o problema sozinho (Linhares, 1995; Lima et al., 2018).

Diferentemente da abordagem psicométrica tradicional, caracterizada pelos testes "estáticos" que quantificam habilidades já desenvolvidas, a avaliação cognitiva assistida gera medidas do potencial de aprendizagem e dados sobre estratégias que propiciam o desenvolvimento. O foco da avaliação dinâmica está principalmente na efetivação da intervenção (Elliott et al., 2018). Ressalta-se que os procedimentos com testes assistidos podem ser utilizados em testes estáticos, como as Matrizes Progressivas de Raven e as Escalas Wechsler. Para tanto, os testes tradicionais são aplicados da forma padronizada descrita em seus manuais e, em seguida, há a mediação que tende a focar nos itens respondidos incorretamente com a intenção de compreender a maneira como ele foi pensado pelo participante (Muniz et al., 2014). Tomando-se como exemplo o uso das Matrizes Progressivas de Raven, o profissional pode aplicá-las em uma primeira vez, fazendo uso das instruções padronizadas contidas no manual. Terminada essa aplicação, os itens respondidos incorretamente são reapresentados e o profissional realiza a mediação, questionando o participante sobre como ele pensou, auxiliando-o a identificar semelhanças entre os estímulos (tanto na sequência/linha horizontal quanto na vertical), de modo que seja possível compreender a regra subjacente à sequência (adição ou subtração de estímulos, adição de um estímulo e subtração de outro; direção do movimento, entre outras). Feito isso com todos os itens que o participante errou, ainda é possível voltar em cada um deles e permitir que o participante tente responder sozinho.

Há testes computadorizados brasileiros elaborados sob a forma assistida, entre eles: Avalia-ção Dinâmica do Raciocínio Indutivo da Inteligência Fluida (Primi, Sternberg & Grigorenko, 1997), Teste Dinâmico Informatizado de Raciocínio Indutivo para Crianças – TEDRI (Muniz, 2008), Teste Informatizado e Dinâmico de Escrita – TIDE (Agostinho, 2013; Joly & Schiavoni, 2013). Os três testes assistidos de autores brasileiros são padronizados e caracterizam a possibilidade de elaboração de tais instrumentos ao mesmo tempo em que a pouca quantidade deles indica toda uma gama de pesquisas que ainda precisam ser desenvolvidas.

Considerações finais

A avaliação cognitiva de crianças e adolescentes conta com uma série de desafios: compreensão do que é inteligência e cognição e da maneira como se associam ou distanciam, determinação da importância e justificativas para se iniciar um processo que é trabalhoso, estabelecer objetivos realizáveis, reconhecer que a relação de informações fornecidas por várias fontes tornam as conclusões bem fundamentadas e os encaminhamentos pertinentes.

Compreender crianças e adolescentes do ponto de vista cognitivo pode envolver uma grande necessidade de conhecer o desenvolvimento intelectual/cognitivo, principalmente quando o avaliado é um pré-escolar (dada à escassez de instrumentos) ou alguém que se recusa ou não consegue responder ao que lhe é apresentado. Em muitas situações torna-se necessário o entendimento dos transtornos de desenvolvimento, do que são as altas habilidades, das capacidades que mais se associam à aprendizagem. A habilidade de realizar uma adequada mediação, tão valorizada pela avaliação cognitiva assistida, auxilia na identificação de um potencial e posteriormente (ou conjuntamente, como propõe a avaliação assistida) na intervenção.

As pesquisas relacionadas à área contribuem não só à compreensão de toda a variedade de capacidades e processos cognitivos relativos às crianças e adolescentes, como também à evolução do conhecimento sobre a maneira como nos modificamos cognitivamente ao longo das gerações (Efeito Flynn); de como substâncias, medicamentos, drogas ilícitas, transtornos de humor, carência alimentar e cultural afetam o pensar e, consequentemente, o agir.

Referências

Agostinho, A. (2013). *Estudo exploratório do teste informatizado e dinâmico de escrita em alunos do Ensino Fundamental II* [Dissertação de mestrado, Universidade São Francisco].

Anderson, M. (2005). Marrying intelligence and cognition. In R. J. Sternberg & J. Pretz (eds.), *Cognition and intelligence: Identifying the mechanisms of the mind* (pp. 267-287). Cambridge University Press.

Campos, C. R., Zaia, P., & Primi, R. (2019). Avaliação psicológica da inteligência. In M. N. Baptista et al. (orgs.), *Compêndio de avaliação psicológica* (pp. 349-363). Vozes.

Carreiro, L. R. R, Reppold, C. T., Córdova, M. E., Vieira, N. S. A., & Mello, C. B. (2014). Funções executivas e transtornos do desenvolvimento. In A. G. Seabra, J. A. Laros, E. C. Macedo & N. Abreu (orgs.), *Inteligência e funções executivas: Avanços e desafios para a avaliação neuropsicológica* (pp. 113-140). Memnon.

Conselho Federal de Psicologia. (2007). *Cartilha avaliação psicológica*. http://satepsi.cfp.org.br/docs/Cartilha-Avalia%C3%A7%C3%A3o-Psicol%C3%B3gica.pdf

Decker, S. L., Hale, J. B & Flanagan, D. (2013). Professional practices issues in the assessment of cognitive functioning for educational applications. *Psychology in the Schools*, 50(3), 300-313. https://doi.org/10.1002/pits.21675

Elliott, J. G., Resing, W. C. M & Beckmann, J. F. (2018). Dynamic assessment: A case of unfulfilled potential? *Educational Review*, 70(1), 7-17. https://doi.org/10.1080/00131911.2018.1396806

Fiorello, C. A., Hale, J. B., & Wycoff, K. L. (2012). Cognitive hypothesis testing: Linking test results in the real world. In D. P. Flanagan & P. Harrison (eds.), *Contemporary intellectual assessment: Theories, tests, and issues* (pp. 484-496). Guilford.

Flanagan, D. P., Ortiz, S. O., & Alfonso, V. C. (2012). The Cross-Battery assessment approach: Past, present, and future. In D. P. Flanagan & P. L. Harrison (eds.), *Contemporary intellectual assessment: Theories, tests, and issues* (pp. 151-179). Guilford.

Gardner, H., Kornhaber, M. L., & Wake, W. K. (1998). *Inteligência: Múltiplas perspectivas*. Artes Médicas.

Garlic, D. (2002). Understanding the nature of the general factor of intelligence: The role of individual differences in neural plasticity as an explanatory mechanism. *Psychological Review*, 109(1), 116-136. https://doi.org/10.1037//0033-295X.109.1.116

Haier, R. J., Siegel, B. V., Nuechterlein, K. H., Hazlett, E., Wu, J. C., & Paek, J. (1988). Cortical glucose metabolic rate correlates of abstract reasoning and attention studied with positron emission tomography. *Intelligence, 12*, 199-217. https://doi.org/10.1016/0160-2896(88)90016-5

Joly, M. C. R. A., & Schiavoni, A. (2013). *Teste informatizado e dinâmico de escrita* [Projeto de pesquisa, Universidade de Brasília].

Lemos, G. C, & Almeida, L. S. (2019). Compreender, raciocinar e resolver problemas: Novo instrumento de avaliação cognitiva. *Análise Psicológica, 2*, 119-133. https://doi.org/10.14417/ap.1583

Lima, E. C., Oliva, A. D., Vito, R. V. P., Viana-Meireles, L. G., & Rocha, C. D. O. (2018). Avaliação cognitiva assistida para crianças com paralisia cerebral: O que informam as pesquisas? *Revista Eletrônica*

Científica da UERGS, 4(3), 380-396. https://doi.org/10.21674/2448-0479.43.380-396

Linhares, M. B. M. (1995). Avaliação assistida: Fundamentos, definição, características e implicações para a avaliação psicológica. *Psicologia: Teoria e Pesquisa, 11*, 23-31. http://pepsic.bvsalud.org/scielo.php?script=sci_arttext & pid=S1413-389X1996000100003

Mansur-Alves, M., Silva, R. S., & Fernandes, S. C. A. (2016). Impact of the Psychological Testing Assessment System (Satepsi) for scientific publications in psychological assessment. *Psico-USF, 21*(1), 179-188. https://doi.org/10.1590/1413-82712016210115

McGrew, K. S., & Wendling, B. J. (2010). Cattell-Horn-Carroll cognitive-achievement relations: What we have learned from the past 20 years of research? *Psychology in the Schools*, 47, 651-675. https://doi.org/10.1002/pits.20497

Mecca, T. P, Orsati, F. B., & Macedo, E. C. (2014). Inteligência e transtornos do desenvolvimento. In A. G. Seabra, J. A. Laros, E. C. de Macedo & N. Abreu (orgs.), *Inteligência e funções executivas: Avanços e desafios para a avaliação neuropsicológica* (pp. 95-112). Memnon.

Muniz, M. (2008). Construção de um teste dinâmico informatizado de raciocínio indutivo para crianças [Tese de doutorado, Universidade São Francisco].

Muniz, M., Gurgel, L. G, Teixeira, L. P., & Reppold, C. T. (2014). Avaliação assistida. In A. G. Seabra, J. A. Laros, E. C. de Macedo & N. Abreu (eds.), *Inteligência e funções executivas: Avanços e desafios para a avaliação neuropsicológica* (pp. 183-200). Memnon.

Neubauer, A., & Fink, A. (2009). Intelligence and neural efficiency: Measures of brain activity versus measures of functional connectivity in the brain. *Intelligence, 37*, 223-229. https://doi.org/10.1016/j.intell.2008.10.008

Nisbett, R. E., Aronson, J., Blair, C., Dickens, W., Flynn, J., Halpern, D. F., & Turkheimer, E. (2012). Intelligence: New Findings and Theoretical Developments. *American Psychologist. Advance.* https://doi.org/10.1037/a0026699

Primi, R., Sternberg, R. J., & Grigorenko, E. L. (1997). *Experimental software for dynamic assessment of fluid reasoning* (computer software). New Haven: Authors.

Rueda, F. J. M., & Zanini, D. S. (2018). O que muda com a Resolução CFP n. 9/2018? *Psicologia Ciência e Profissão, 38* (spe), 16-27. http://dx.doi.org/10.1590/1982-3703000208893

Sackett, P. R., Lievens, F., Van Iddekinge, C. H., & Kuncel, N. R. (2017). Individual differences and their measurement: A review of 100 years of research. *Journal of Applied Psychology, 102*, 254-273. https://doi.org/10.1037/apl0000151

Schelini, P. W. (2006). Teoria das inteligências fluida e cristalizada: Início e evolução. *Estudos de Psicologia, 11*(3), 323-332. http://dx.doi.org/10.1590/S1413-294X2006000300010

Schelini, P. W. (2019). Avaliação psicológica infantil. In M. N. Baptista et al. (orgs.), *Compêndio de avaliação psicológica* (pp. 284-290). Vozes.

Schneider, W. J., & McGrew, K. S. (2018). The Cattell-Horn-Carroll theory of cognitive abilities. In D. P. Flanagan & E. M. McDonough (eds.), *Contemporary intellectual assessment: Theories, tests, and issues* (pp. 73-163). Guilford.

Sternberg R. J., Kaufman S. B. (2018). Theories and conceptions of giftedness. In S. Pfeiffer (ed.), *Handbook of giftedness in children*. Springer.

Sternberg, R. J., & Sternberg, K. (2016). P*sicologia cognitiva*. Cengage Learning.

Suehiro, A. C. B., Benfica, T. S., & Cardim, N. A. (2015). Avaliação cognitiva infantil nos periódicos científicos brasileiros. *Psicologia: Teoria e Pesquisa, 31*(1), 25-32. http://dx.doi.org/10.1590/0102-37722015011755025032

Suehiro, A. C. B., & Lima, T. H. (2016). Instrumentos usados na avaliação cognitiva no Ensino Fundamental: Análise da produção científica. *Avaliação Psicológica, 15*(spe), 67-76. https://doi.org/10.15689/ap.2016.15ee.07

Tiekstra, M., Minnaert, A., & Hessels, M. G. P. (2016). A review scrutinising the consequential validity of dynamic assessment. *Educational Psychology,*

36(1), 112-137. https://doi.org/10.1080/01443410.2014.915930

Valentini, F., Muniz, M., & Barbosa, A. A. G. (2014). Inteligência e desempenho acadêmico: Um enfoque das pesquisas brasileiras. In A. G. Seabra, J. A. Laros, E.C de Macedo & N. Abreu (orgs.), *Inteligência e funções executivas: Avanços e desafios para a avaliação neuropsicológica* (pp. 157-170). Memnon.

15
Avaliação da personalidade na infância e adolescência

Marcela Mansur-Alves
Pedro Saulo Rocha Martins
Universidade Federal de Minas Gerais

Highlights
- A personalidade na infância e adolescência se associa a desfechos de vida.
- Modelos de desenvolvimento/estrutura da personalidade na infância estão em construção.
- A avaliação da personalidade na infância é um processo complexo e multi-informante.
- A avaliação na infância enfrenta desafios teórico-conceituais e metodológicos.
- Os métodos mais usados são autorrelatos, informantes e observação.

Introdução

Na Psicologia existem diferentes maneiras de se conceituar a personalidade. Por exemplo, todas as principais abordagens teóricas utilizadas na clínica psicológica têm uma definição de personalidade que, de uma maneira ou outra, tenta contemplar as diferenças individuais referentes aos padrões de pensamento, sentimento ou comportamento e a forma como esses padrões se organizam em um indivíduo em particular (Butcher, 2009). Isso tem como consequência diferentes formas de se entender como a personalidade se estrutura e se organiza e qual a melhor forma de acesso a ela. Por exemplo, abordagens psicodinâmicas deram origem a técnicas ou métodos projetivos para se acessar a personalidade (Wellasen & Trentini, 2018), ao passo que a Psicologia das Diferenças Individuais deu origem à criação de modelos de traços para se entender a estrutura da personalidade, em que instrumentos psicométricos são preferíveis para acesso à personalidade ou psicométricas (Nunes et al., 2018).

Neste capítulo, discorreremos sobre o processo de avaliação da personalidade na clínica psicológica, dando ênfase às diferenças entre as várias técnicas psicométricas de testagem da personalidade, ou seja, sobre as vantagens e desvantagens da escolha de um desses métodos de testagem em detrimento dos outros, pelo profissional psicólogo, e tentando contextualizar essa escolha no processo dinâmico de avaliar. Assim, nesse sentido, para iniciarmos nossa discussão, por personalidade entendemos o sistema, organizado em diferentes níveis de análise e a partir de diferentes componentes, alguns deles sendo biologicamente constituídos (aos quais chamamos de tendências básicas, traços temperamentais ou, simplesmente, traços) e outros decorrentes da interação do indivíduo com o seu meio ambiente (social, familiar e cultural) (McCrae & Sutin, 2018). Ou seja, abordaremos a personalidade a partir do paradigma psicométrico, em que os modelos de traço são predominantes quando se trata de descrever a estrutura da personalidade...

Os modelos de traço buscam identificar a quantidade necessária de dimensões para explicar o máximo de covariação relativamente estável dos comportamentos, pensamentos e sentimentos humanos. Dessa forma, diferentes proposições existem sobre a estrutura da personalidade, com os modelos mais predominantes variando suas proposições entre três (Eysenck & Eysenck, 1985; Eysenck, 1992), cinco (McCrae & Sutin, 2018) ou seis traços (Lee & Ashton, 2004 para adultos e Soto & John, 2014, para crianças). Dentre os paradigmas psicométricos, aquele que tem maior suporte empírico e mais comumente utilizado na literatura é o modelo dos Cinco Grandes Fatores (CGF – John et al., 2008). A nomenclatura atribuída para os traços é: neuroticismo, extroversão, abertura a experiências, amabilidade e conscienciosidade. A extroversão pode ser entendida como um sistema que promove a exploração e a abordagem ativa do ambiente, incluindo o social. O neuroticismo refere-se à reatividade emocional do indivíduo, às tendências para preocupação, à suscetibilidade ao humor negativo (tristeza, raiva, ansiedade, frustração, insegurança e medo) e à propensão à psicopatologia. A amabilidade diz respeito às tendências interpessoais, ou melhor, à qualidade da orientação interpessoal. A conscienciosidade se refere às variações observadas nas capacidades de controle emocional, comportamental e cognitivo. Por fim, a abertura a experiências descreve a profundidade, a complexidade e a qualidade da vida mental e experiencial do sujeito (McCrae & Sutin, 2018; Shiner, 2015; Caspi et al., 2005). Em adultos, esse modelo tem sido utilizado para predizer diversos desfechos de vida, como mortalidade, realização profissional e matrimonial (Ozer & Benet-Martínez, 2006). Apesar de os estudos com os CGF geralmente focarem a população adulta (John & Srivastava, 1999), sua transposição para o estudo na infância tem sido uma tendência nos últimos 20 anos.

Tendo deixado clara a base teórico-conceitual que será utilizada neste capítulo, falando especificamente sobre a avaliação da personalidade pode-se entendê-la como um processo dinâmico e compreensivo que engloba a investigação, sob demanda, do funcionamento dos seus diferentes componentes, partindo de variadas fontes de informação e apresentando como resultado um conjunto de respostas, indicativas ou conclusivas, e recomendações acerca do indivíduo (Mansur-Alves et al., 2018). Portanto, avaliar a personalidade é diferente de testar a personalidade, sendo que a testagem, em geral, faz parte do processo de avaliação. A testagem é um processo que implica a aplicação de testes psicológicos e cujo foco está no resultado obtido pelo indivíduo naquele instrumento ou em alguns poucos instrumentos, como é o caso das testagens psicotécnicas para exame pericial do trânsito. Avaliar é um processo mais dinâmico e integrativo, que pode certamente contar com a aplicação de testes psicológicos, mas não depende deles e, inclusive, suplanta o uso desses. A avaliação se assemelha a um processo de investigação científica, em que há uma pergunta posta, hipóteses elencadas, métodos para se verificar a falseabilidade dessas hipóteses e resultados que devem ser integrados, de forma coesa, teoricamente baseada, a fim de se indicar ou concluir algo acerca da pergunta inicialmente colocada. Para a avaliação da personalidade do raciocínio clínico é demasiadamente importante para tomada de decisões, assim como o é o raciocínio científico empregado pelo pesquisador.

Falando especificamente do Brasil, a avaliação da personalidade é majoritariamente feita por psicólogos, uma vez que, quase sempre, essa avaliação implica o uso de testes psicológicos para motivos de diagnóstico, orientação, seleção e aconselhamento, e esses têm seu uso restrito a profissionais psicólogos (Resolução CFP n. 9/2018). Em se tratando do foco do presente capítulo, que é a avaliação da personalidade na infância e adolescência, entende-se que ela teria múltiplas e importantes aplicações, embora também com extensos e variados desafios para pesquisadores e profissionais. Os desafios incluem questões de natureza teórico-conceitual, tais como a estruturação e desenvolvimento da personalidade na infância e adolescência e relativas à instrumentação, referentes às melhores estratégias para se analisar a personalidade na infância e a qualidade e disponibilidade dos instrumentos comumente utilizados. Para além desses pontos, quando pensamos em avaliação na infância e adolescência, o processo em si pode colocar para o profissional uma outra gama extensa de desafios. Por exemplo, a participação das figuras parentais e de professores é tida como essencial para compreensão não apenas da personalidade da criança, mas também para entender a relação desta individualidade com o ambiente em que a criança está inserida. Outro ponto a se destacar são os indicadores de psicopatologia já presentes na infância e adolescência e que, muitas vezes, estão associados ou têm em algumas características de personalidade uma fonte de vulnerabilidade. Diferenças individuais nos níveis de ansiedade, agressividade, impulsividade e timidez podem estar associadas a desfechos negativos, sendo, em alguns casos, preditores de transtornos do comportamento, transtornos de ansiedade ou do neurodesenvolvimento. Não obstante, o processo de avaliação tem o importante papel de levantar não apenas esses indicadores ou perfil de funcionamento da criança/adolescente para orientar profissionais nas suas decisões acerca dos melhores protocolos de intervenção ou encaminhamentos, mas também pode servir de guia para a elaboração de estratégias de prevenção.

Nesse sentido, o presente capítulo objetiva discorrer sobre o desenvolvimento da personalidade na infância e adolescência, fornecendo as bases necessárias para se pensar na condução de processos de avaliação psicológica nessa fase da vida. Além disso, objetiva-se apresentar o processo de avaliação da personalidade propriamente dito, destacando os métodos psicométricos e demais técnicas utilizadas e os desafios atuais do campo. Por fim, serão exploradas as implicações e condições para a realização de uma avaliação clínica adequada de personalidade e quais as possibilidades de se utilizar o conhecimento adquirido para auxiliar na predição de desfechos de vida, como desempenho escolar e saúde geral. Não obstante, destacamos que será utilizada a partir de agora neste capítulo a expressão avaliação da personalidade da criança para se referir à avaliação da personalidade aplicada à infância e adolescência e os termos figuras parentais, responsáveis ou pais serão utilizados como sinônimos para se referir aos adultos que são os responsáveis por cuidar da criança em questão.

Construção da teoria do desenvolvimento da personalidade a partir da perspectiva dos CGF

O leitor poderá perceber que as inferências e proposições relacionadas ao desenvolvimento da personalidade ainda estão em elaboração e consensos não foram estabelecidos. Entretanto, até este momento, existem certos pontos de concordância acerca do desenvolvimento dos traços e separação entre temperamento e personalidade. Parte crucial das inferências teórico-conceituais advém da avaliação psicológica infantil. Dessa forma, o campo tende a ser um reflexo do que se produz em termos de avaliação e testagem dos CGF em crianças. É necessário compreender em detalhes as técnicas que embasam as construções teóricas e que também podem ser utilizadas na clínica psicológica. As formas de avaliação serão exploradas no próximo tópico deste capítulo.

Apesar de tentativas bem-sucedidas de explorar a rede nomológica dos CGF na infância (cf. Barbaranelli et al., 2003), existem desafios metodológicos e conceituais relacionados à sua avaliação, especialmente restringindo-se à faixa etária compreendida pelas idades de 6 a 12 anos. Em primeiro lugar, estudos com crianças são, no geral, dominados pelo referencial teórico do temperamento (Brandes et al., 2020). Em algumas perspectivas mais antigas, o temperamento infantil é pensado como a base da personalidade adulta de uma pessoa (Shiner & Caspi, 2012). Nesse sentido, os traços temperamentais são conceitualizados como diferenças individuais no funcionamento biológico relacionado à reatividade emocional e inibição de comportamentos/sentimentos (Rothbart & Bates, 2006). No entanto, os modelos temperamentais têm foco mais restrito, representando uma menor amplitude de comportamentos e conceitos do que normalmente é encontrado em questionários de personalidade. Não obstante, as conceituações mais recentes da personalidade na infância têm tentado obter *insights* a partir das pesquisas de temperamento. Alguns autores argumentam que uma teoria mais abrangente do desenvolvimento da personalidade deve compreender os fatores geralmente atribuídos ao temperamento (p. ex., emoções negativas, emoções positivas e controle do esforço [*effortful control*] como essencialmente o mesmo que seus traços de personalida-

de correlatos (neuroticismo, extroversão e conscienciosidade; Shiner & DeYoung, 2013; Shiner, 2015). Os autores se baseiam especialmente na semelhança conceitual e de operacionalização dos questionários, bem como em alguns estudos empíricos que investigam as semelhanças entre as escalas de temperamento e de personalidade (De Pauw et al., 2009).

Em segundo lugar, além das dificuldades de se estabelecer um campo teórico e conceitual comum, a área é permeada por desafios metodológicos e psicométricos. Uma das principais dificuldades está relacionada à operacionalização dos instrumentos que, quando tentam fugir dos padrões tradicionais de testagem psicológica (como escalas majoritariamente verbais e longas), esbarram na dificuldade de se utilizar os chamados métodos especiais. Estes podem ser caracterizados pela tentativa de se incorporar os conhecimentos acerca do desenvolvimento infantil na metodologia de avaliação. Um exemplo clássico é o estudo de Measelle e colaboradores (2005) em que perguntas de um questionário foram adaptadas para uma entrevista com fantoches. Exemplos mais contemporâneos são caracterizados, comumente, por avaliações em que juízes julgam vídeos de comportamentos das crianças e inferem os traços a partir de escalas padronizadas (Tackett et al., 2016). Alternativas ainda são pensadas, como a conjugação da avaliação tradicional com o uso de imagens (Mackiewicz & Cieciuch, 2016) ou pequenas histórias (Abrahams et al., 2019) para auxiliar o entendimento dos itens. Entretanto, apesar de promissoras, tais formas de avaliação da personalidade na infância ainda têm certas vantagens e desvantagens que serão exploradas posteriormente neste capítulo.

Em relação aos CGF na infância, algumas pesquisas indicam que os traços podem ser encontrados em crianças com, no mínimo, 3 anos de idade (De Pauw et al., 2009, Tackett et al., 2012). Entretanto, deve-se ressaltar que a qualidade da medida aumenta e fica mais diferenciada quanto mais velha é a criança. Quanto mais velha uma criança, mais autonomia ela tem para se manifestar e interagir com o mundo externo. Dessa forma, uma maior variedade de comportamentos pode ser observada. As pesquisas acerca de diferenças individuais em traços na infância, como dito anteriormente, historicamente tiveram como foco os modelos de temperamento. As pesquisas recentes sugerem que o desenvolvimento dos CGF na infância tem trajetórias distintas entre si e não são apenas um mero reflexo da estrutura encontrada em adultos.

Em primeiro lugar, a *extroversão* na infância pode ser entendida como uma tendência geral a emoções positivas, alegria e entusiasmo. Em crianças, alta extroversão pode se manifestar como engajamento ativo com o mundo externo (Brandes, 2020; Shiner, 2015). Emoções positivas se manifestam muito cedo na vida de uma criança e podem ser percebidas por meio de crianças que sorriem mais, dão mais risadas e têm mais vontade de interagir com seus pares. Com o passar da vida, alguns domínios da extroversão se manifestam, como a assertividade e dominância, que não são tão claramente definidos em crianças pequenas (Tackett et al., 2012).

O *neuroticismo*, por outro lado, define a tendência geral de uma criança a sentir emoções negativas e angústias. Na infância, o alto neuroticismo pode ser inferido a partir da manifestação de medo, irritabilidade, frustração e instabilidade emocional (Brandes, 2020; Shiner, 2015). O aparecimento de todos os domínios do neuroticismo também depende da maturação cognitiva e social. Sentimentos como ansiedade e constrangimento,

por exemplo, estão ligados à noção de futuro e internalização das normas sociais. Tais aspectos, portanto, se desenvolvem mais tardiamente na infância (Shiner & DeYoung, 2013).

A *conscienciosidade* define a tendência de a criança apresentar autocontrole (conseguindo controlar impulsos inadequados e postergando o reforço, p. ex.), se planejar, se organizar e direcionar seus esforços para atingir uma meta (Shiner, 2015). O desenvolvimento e maturação da conscienciosidade pode acontecer mais tardiamente, uma vez que o traço está ligado a áreas cerebrais posteriores responsáveis pela inibição e planejamento (Shiner & DeYoung, 2013); o leitor pode consultar uma revisão e proposições de integração entre a neurociência e o desenvolvimento da personalidade em DeYoung e Allen (2019). As primeiras manifestações do traço podem ser observadas, por exemplo, na capacidade de manter a atenção que uma criança apresenta (Shiner, 2015). Posteriormente, essa habilidade pode ser transferida para alcançar metas (p. ex., se organizar para tirar uma nota boa).

A *amabilidade* é um traço de personalidade que descreve as tendências à cooperação, empatia e gentileza (Shiner, 2015). Normalmente, os questionários de personalidade na infância têm itens com foco no polo negativo deste traço (comportamentos antagonistas como egoísmo e agressividade – Tackett et al., 2012). Em pesquisas empíricas, alguns itens de amabilidade apresentam bastante similaridade com itens de neuroticismo, indicando certa sobreposição entre os traços que não é observada em adultos. Os comportamentos relacionados à manifestação da amabilidade vão se diferenciando com o passar da vida, tendo seu pico na adolescência (Brandes et al., 2020, DeYoung & Allen, 2019) e estão relacionados à capacidade de se colocar no lugar dos outros (empatia) e de internalização da norma social (comportamentos pró-sociais – Shiner, 2015).

O quinto e último traço, a *abertura a experiências*, é o mais controverso em relação à sua manifestação na infância. As pesquisas em relação à manifestação e desenvolvimento deste traço ainda são mais esparsas e menos consistentes em relação aos demais. No geral, entende-se que abertura a experiências descreve tendências a comportamentos imaginativos, curiosidade, interesses distintos, criatividade e vontade de aprender (Shiner, 2015). Crianças com alta abertura a experiências podem, por exemplo, se interessar mais por brincadeiras que envolvem muita imaginação e até mesmo atividades extracurriculares. Em crianças, os questionários de personalidade costumam focar seus itens de abertura a experiências a indicadores de intelecto (Brandes et al., 2020).

No que se refere à estabilidade e mudança da personalidade na infância, dois pontos principais devem ser ressaltados. Em primeiro lugar, existem evidências de que existe uma consistência pelo menos moderada dos traços ao longo do tempo (Roberts & DelVecchio, 2000). Essa consistência normalmente é investigada a partir de estudos longitudinais que possibilitam que o escore dos indivíduos seja correlacionado com ele mesmo em dois tempos distintos. A partir disso, busca-se identificar se a ordenação dos escores entre os indivíduos (do menor para o maior) se mantém a mesma (*rank-order stability*), ou seja, se as pessoas que obtêm os menores escores na primeira avaliação mantêm essa posição relativa na segunda avaliação (também recebendo escores menores quando comparado aos demais). Os resultados das pesquisas sugerem que para crianças (com idades entre aproximadamente 3 e 12

anos) esse tipo de estabilidade está entre 0,45 e 0,52. A estabilidade parece aumentar com a idade das pessoas, ou seja, a personalidade tende a ser cada vez mais consistente com o passar dos anos (Costa et al., 2019).

Em segundo lugar, o desenvolvimento da personalidade pode ser tratado no nível médio da expressão do traço entre pessoas de idades diferentes (*mean-level*). Neste caso, as pesquisas buscam avaliar um número elevado de pessoas, de modo a obter resultados representativos dos níveis dos traços. Em pesquisas com adultos, existe o chamado "princípio da maturidade" para as médias dos indivíduos nos CGF. É postulado que, com o passar do tempo, as pessoas se tornam cada vez mais amáveis, mais conscienciosas e menos neuróticas. Os resultados de pesquisas com crianças, entretanto, não corroboram esse achado. Ao contrário, algumas pesquisas sugerem que os níveis médios nos traços se apresentam em tendência curvilínea, em formato de U, especialmente para abertura a experiências e conscienciosidade. Nestes casos, há um padrão de decréscimo e subsequente aumento dos traços. Este fenômeno foi descrito como um desafio temporário ao princípio da maturidade dos traços, ou hipótese de ruptura, que propõe que a transição da infância para adolescência é acompanhada de declives no aspecto maturacional (para uma revisão, cf. Soto & Tackett, 2015).

O estudo da personalidade na infância pode ser considerado de extrema importância, uma vez que existe um conjunto de evidências apontando para uma associação entre os CGF e desfechos de vida. Conscienciosidade, por exemplo, está consistentemente relacionada a desempenho escolar (Poropat, 2009), sendo essa associação equivalente à correlação existente entre inteligência e *performance* na escola. Entende-se que crianças mais conscienciosas apresentam maior disciplina para estudar por longos períodos, possivelmente tendo impacto no desempenho em avaliações objetivas, como provas. Ademais, estudos longitudinais indicam que a conscienciosidade tem um efeito positivo na saúde física, em que crianças mais conscienciosas apresentam melhores indicadores de saúde posterior e, também, maior longevidade (Hampson, 2019). Uma possível explicação para esses achados é que pessoas com maiores escores em conscienciosidade na infância tendem, ao longo da vida, a fumar menos, se exercitar mais e a se exporem menos a riscos. Para além da conscienciosidade, outros traços estão relacionados positivamente com os desfechos. Por exemplo, crianças com altos níveis de extroversão e amabilidade parecem também ter melhores habilidades para relações interpessoais, além de receberem e perceberem mais suporte social (Caspi et al., 2005). No que se refere ainda ao fator extroversão, existem propostas que sugerem que maiores escores nessa dimensão estão relacionados, ao mesmo tempo, à presença de comportamentos externalizantes (como agitação e agressão) e à prevenção de problemas internalizantes (como ansiedade e depressão). Logo, algumas configurações de personalidade sugerem que determinadas crianças mereceriam maiores cuidados e atenção. Crianças com baixa extroversão, conscienciosidade e amabilidade podem apresentar maiores riscos para problemas nas relações sociais, menor engajamento em atividades que exigem esforço, mas que estão relacionadas a desfechos positivos (como estudar e se exercitar regularmente). Além disso, o neuroticismo parece estar relacionado à tristeza, ansiedade e menor satisfação com a vida (Caspi et al., 2005).

O processo de avaliação da personalidade na infância e na adolescência

O processo de avaliação da personalidade na infância e adolescência pode ter muitas finalidades. Certamente a mais comum delas é quando o funcionamento da criança parece estar causando prejuízos pessoais, relacionais ou em áreas importantes da vida, tais como dificuldades na escola. Alterações emocionais e/ou comportamentais, problemas de isolamento social, dificuldades escolares e ou de aprendizagem são demandas muito frequentes na clínica infantil (Rocha & Emerich, 2018). Essas alterações e prejuízos podem não qualificar um diagnóstico psicológico, mas podem trazer diversos impactos atuais e futuros para a criança e, portanto, merecem atenção. Ademais, muitas dessas alterações e dificuldades podem estar associadas aos traços de personalidade da criança, como dissemos na seção anterior. Embora os traços em si mesmos não levem necessariamente a desfechos negativos, uma combinação de vulnerabilidades individuais associada a estressores ou gatilhos ambientais pode ocasionar prejuízos funcionais e sociais (Saldanha-Silva et al., 2019). Com menor frequência, os pais podem solicitar uma avaliação da personalidade para compreender melhor o perfil de funcionamento psicológico da criança, para auxiliá-los no desenvolvimento de uma relação positiva com os filhos, na tomada de decisão quanto a escolas, *hobbies,* na preparação para mudanças de vida (por ex., chegada de um irmão, mudanças de escola, mudanças de cidade/país, divórcio, adoecimento de um membro da família, dentre outras). Em se tratando de adolescentes, a demanda também pode vir atrelada a uma necessidade de autoconhecimento e orientação profissional. Nesse sentido, a finalidade de uma avaliação da personalidade não tem sempre como motivo a busca por um diagnóstico, ainda que esse tipo de demanda seja, por vezes, a mais frequente delas.

Ademais, conforme apontamos na seção inicial deste capítulo, o processo de avaliação na infância tem algumas peculiaridades que o diferenciam do processo conduzido com adultos. Em primeiro lugar, quando se trata da clínica infantil (seja ela atrelada à avaliação ou à intervenção), a interação do profissional nunca se dá apenas com a criança/adolescente. Será sempre uma interação mediada pelas figuras parentais, desde o seu início. Na grande maioria das vezes, principalmente a criança, chega para um atendimento com uma demanda que foi identificada por um adulto (podem ser pais ou professores). Esses adultos identificaram no funcionamento da criança algo que merece a atenção de um profissional. Muitas vezes esse adulto não consegue entender exatamente o que é que está lhe causando incômodo, mas percebe que, provavelmente, se trata de alguma coisa para a qual o conhecimento que ele tem sobre a criança em questão é insuficiente para resolver. No caso de adolescentes, majoritariamente os mais velhos (14-18 anos), até podem identificar que algo não parece bem consigo mesmos ou, simplesmente, podem querer aumentar o autoconhecimento e, portanto, a ajuda de um psicólogo poderia ser bem-vinda. Contudo, ainda assim dependem dos pais para fornecer permissão para iniciar o processo (permissão para sair de casa naquele horário, assinatura do contrato de trabalho com o profissional e pagamentos de honorários). Assim, de uma forma ou de outra, as figuras parentais estarão sempre envolvidas nesse processo de avaliação, ocupando um lugar de informantes privilegiados. Da mesma forma que os pais fornecem informações relevantes e essenciais ao psicólogo sobre a criança/adolescente, o relato das figuras parentais pode ser enviesado por diferentes fatores (por ex., expectativas sociais, saúde mental, inexistência de parâmetros para avaliar o comportamento dos filhos e o que difere do esperado para a idade), que serão mais extensivamente abordados na sequência desta seção.

Tendo acolhido a demanda dos pais e compreendido melhor a perspectiva que trazem dos filhos, usando de anamneses e entrevistas com os próprios pais e com a criança/adolescente, o profissional formula uma hipótese de trabalho e elenca ações que deverão ser implementadas na tentativa de responder à questão que lhe foi colocada. Nessa fase do processo de avaliação, o profissional precisa lidar com a seleção dos melhores métodos/técnicas para entender o funcionamento da personalidade da criança a fim de formular um perfil geral de funcionamento, em que constem indicadores de prejuízos, fatores de vulnerabilidade e proteção individuais. Deter-nos-emos a seguir com a apresentação detalhada desses métodos e técnicas, haja vista a importância que assumem em um processo de avaliação da personalidade infantil e da relevância dessa discussão, acerca de vantagens e desvantagens de cada uma dessas técnicas, para o profissional.

A escolha da técnica ou método de avaliação de personalidade de crianças deve levar em conta aspectos específicos desse público-alvo (como falta de leitura fluente, baixa capacidade de responder a questionários longos, necessidade de conteúdos mais lúdicos, entre outros), considerando que as abordagens tradicionais (como instrumentos majoritariamente verbais, de aplicação em grupo ou com pouca supervisão no momento de testagem) podem não ser as melhores práticas. Por outro lado, é crucial considerar que não apenas as práticas do momento de testagem devem ser diferentes quando comparadas à avaliação de um público mais velho, mas também entender que o formato das medidas deve ser adaptado de acordo com as especificidades da faixa etária que se pretende avaliar (Saklofske et al., 2013). Ademais, não é possível assumir que o conteúdo dos itens de questionários de personalidade projetados para adultos seja adequado para detectar a variabilidade dos comportamentos, sentimentos e pensamentos na infância. Nesse sentido há uma necessidade de que a avaliação da personalidade infantil leve em conta essas condições (Saklofske et al., 2013). São vários os tipos de instrumentos ou técnicas que podem ser utilizados para acessar a personalidade da criança. Os métodos podem variar desde estratégias lúdicas até observação, sendo os mais comuns e amplamente usados os instrumentos de autorrelato e de relato por informantes (ou heterorrelato) (Shiner, 2015). A seguir, apresentaremos as vantagens e desvantagens dos autorrelatos, relato de informantes e observação.

Autorrelatos

Apesar de críticas antigas ao uso de questionários de autorrelato, acerca de sua validade e capacidade de referenciar as verdadeiras características de um indivíduo, essa ainda é umas das técnicas mais utilizadas (De Pauw, 2017). De modo geral, existe certa resistência ao uso de autorrelato com crianças por diversos motivos. Argumenta-se, por exemplo, que os questionários autorreferentes requerem que o respondente seja capaz de ter clareza suficiente sobre seu comportamento para conseguir compará-lo com o enunciado ao qual é exposto (De Pauw, 2017). Ademais, tradicionalmente, os questionários utilizados são majoritariamente verbais e

longos (com grande quantidade de itens). Não obstante, o uso desta técnica pode ser proveitoso na medida em que se é possível conhecer acerca do indivíduo a partir da perspectiva de comportamentos, sentimentos e emoções do próprio avaliado. Quem melhor para dizer de si mesmo do que a própria pessoa? O autorrelato permite que se tenha uma aproximação mais realista, especialmente, acerca dos sentimentos de uma pessoa, que nem sempre são expressos ao mundo externo. Quando uma criança é avaliada por meio de relato de outras pessoas, existe a possibilidade de as respostas dadas refletirem o funcionamento ou percepção dos cuidadores e não da criança em si (Mackiewicz & Cieciuch, 2016). As respostas das crianças podem refletir a percepção de comportamentos que nem sempre os adultos que as acompanham têm acesso, para além de seus sentimentos e emoções. Por exemplo, elas podem se basear em momentos de interação não supervisionados com outros pares, ou até mesmo seus interesses pessoais que podem não ter sido percebidos pelos cuidadores. Para que isto seja alcançado, contudo, deve-se levar em consideração os cuidados de ajustamento das medidas ao nível do desenvolvimento das crianças, já citados anteriormente.

O principal desafio relacionado aos enunciados verbais é a necessidade de que a criança seja capaz de ler e compreender o vocabulário utilizado. Dessa forma, as versões de autorrelato dos questionários de personalidade são mais comuns para crianças com mais de 10 anos. Em alguns casos, é necessário que se tenha em mente uma comparação do seu próprio comportamento com valores ou normas sociais. Por exemplo, responder a um item como "acredito que é importante receber uma educação cultural" (tradução livre de um enunciado do instrumento Overall Personality Assessment Scale, utilizado com crianças a partir de 11 anos; Vigil-Colet et al., 2013) exige não apenas que o respondente seja capaz de decodificar as palavras, mas entenda qual o significado e impacto de uma educação cultural (p. ex., matérias escolares relacionadas a história da arte ou apreciação musical). Nesse sentido, alguns instrumentos são específicos para a faixa etária e a escolaridade do público-alvo (Gomes, 2012), tentando garantir que os comandos sejam compreendidos de maneira satisfatória. Percebe-se, portanto, que o julgamento da capacidade de decodificação e compreensão leitora tende a limitar a avaliação de autorrelato a crianças mais velhas. A quantidade de itens utilizada segue a mesma tendência, uma vez que se recomenda avaliações breves para crianças mais novas (De Pauw, 2017).

Finalmente, como citado acima, existem, ainda, os chamados métodos especiais para avaliação dos CGF em crianças mais novas e com idade abaixo dos 10 anos. Um exemplo muito influente é o trabalho de Measelle e colaboradores (2005), no qual perguntas de um instrumento comumente utilizado com adultos foram adaptadas para uma entrevista de fantoches. Especificamente, os autores realizaram modificações nos itens de modo que o vocabulário fosse adequado para ser entendido por crianças. A avaliação foi estruturada a partir da conversa de dois fantoches, dizendo frases opostas entre si. Após isso, as crianças eram requisitadas a se comparar com as falas, indicando com qual fantoche o seu comportamento se parecia mais. Cada resposta é codificada por avaliadores, realizando uma inferência dos traços da criança a partir da concordância entre eles. Apesar de ser um método de avaliação relativamente adequado às especificidades desenvolvimentais da faixa etária para a qual foi planejado (5 a 7 anos) e o estudo apresentar resultados animadores, existem algumas desvantagens. A principal delas é a necessidade de mais de um avaliador, o que pode diminuir a viabilidade de sua aplicação em contextos meramente clínicos. Em segundo lugar, o tempo de aplicação de instrumentos com formato de entrevista pode dificultar sua aplicação em larga escala em contextos de pesquisa ou em que o clínico com pouco tempo disponível para avaliação da personalidade.

No cenário nacional é possível ainda elencar como exemplo de criação de entrevista com conteúdo lúdico o trabalho de Mansur-Alves e colaboradores (2010). Os autores realizaram a construção de um formato de entrevista semiestruturada com personagens de desenhos animados e personalidades que representassem o traço neuroticismo, foco do trabalho. De modo geral, os autores concluíram que o uso da técnica de entrevista parece promover uma possibilidade de se avaliar certos aspectos dos traços que não são captados pelas outras formas de avaliação utilizadas (instrumentos verbais de autorrelato, relato de informantes e observação comportamental). Entretanto, não há, ainda, nenhum instrumento que se valha dessa metodologia e seja aprovado para uso profissional pelo Conselho Federal de Psicologia (CFP) e esteja disponível para consulta no Sistema de Avaliação de Testes Psicológicos (Satepsi).

Para além dos formatos de entrevistas, existem outras tentativas recentes de se obter uma avaliação dos CGF com medidas que tenham elementos lúdicos. O *Pictorial Personality Traits Questionnaire for Children* (PPTQ-C – Questionário Pictórico do Traço de Personalidade para Crianças) é o produto de uma pesquisa polonesa de 2016 (Mackiewicz & Cieciuch, 2016) que mescla os aspectos verbais dos itens com imagens ilustrativas. A principal ideia defendida pelos autores é que o uso de uma avaliação pictórica auxilia o entendimento dos itens pelas crianças, especialmente por apresentá-las a um ponto de referência concreto com o qual elas podem se comparar. Para tanto, todos os itens têm duas imagens com conteúdo oposto entre si. Em cada uma delas há um personagem principal com o qual as crianças devem se comparar, dizendo em qual imagem o personagem está se comportando de maneira mais parecida com o seu funcionamento no dia a dia. Como forma de evitar possíveis vieses, o personagem foi desenhado de modo a tentar não representar gêneros. Este questionário está sendo adaptado para o Brasil pelo Laboratório de Avaliação e Intervenção na Saúde (Lavis) da Universidade Federal de Minas Gerais[7].

De maneira geral, é possível perceber que o uso de autorrelato para avaliação dos CGF na infância ainda carece de maior exploração científica e clínica. Entende-se que o uso de metodologias alternativas, como mesclar imagens com os enunciados verbais ou até mesmo o uso de vinhetas e pequenas histórias de contextualização (para uma proposição de avaliação de habilidades socioemocionais semelhantes ao modelo dos CGF em adolescentes, cf. Abrahams et al., 2019) podem ser uma forma promissora de avaliação psicológica. A adaptação do formato e atratividade da avaliação devem receber a devida atenção para avaliação da personalidade na infância, provavelmente aumentando a viabilidade do uso de autorrelato de crianças mais novas. Essa necessidade justifica-se, ainda, pelo fato de que os instrumentos disponíveis para avaliação de crianças aprovados pelo Satepsi são

escassos. Até a data de publicação deste capítulo, consta apenas um instrumento psicométrico de autorrelato para crianças com menos de 10 anos, sendo que sua operacionalização não foi feita com base nos CGF, a Escala de Traços de Personalidade para Crianças (ETPC – Sisto, 2004). Para crianças e adolescentes com mais de 10 e até aproximadamente 14 anos, são aprovados dois instrumentos, um baseado no modelo de personalidade de Eysenck, o Questionário de Personalidade para Crianças e Adolescentes (EPQ-J – Eysenck & Eysenck, 2013) e específico para a faixa etária infantil, enquanto o outro é baseado nos CGF, a Bateria Fatorial de Personalidade (BFP – Nunes et al., 2010) e pode ser utilizado com pessoas até 75 anos[8].

Relato de informantes

Tendo em vista algumas das críticas supracitadas e os obstáculos comumente encontrados para avaliação por meio de autorrelato, a solução encontrada por muitos autores é o uso de escalas de heterorrelato ou relato de informantes. Dessa forma, ao invés de se perguntar às crianças sobre seu funcionamento no dia a dia, pesquisadores e clínicos utilizam as respostas de pais/responsáveis ou professores em escalas de personalidade. O uso do relato de informantes possibilita, ainda, que os instrumentos tenham formatos clássicos de avaliação. Considera-se como ponto de partida que os respondentes não enfrentarão, como regra, as mesmas dificuldades de leitura, vocabulário e capacidade de assinalar vários itens. Assim, os instrumentos se assemelham às escalas *likert* tradicionais, com itens sobre como adjetivos ou sentenças são característi-

---

7. Para maiores informações, o leitor pode entrar em contato com os autores pelo e-mail: marmansura@gmail.com

8. A lista de testes aprovados pode ser consultada em http://satepsi.cfp.org.br/testesFavoraveis.cfm

cos ou não da criança. Além disso, em relação ao número de itens, é possível que os instrumentos tenham uma ampla cobertura de conteúdo, com muitos itens, versando sobre diferentes aspectos dos traços. Um dos questionários mais utilizados internacionalmente é o Hierarchical Personality Inventory for Children (HiPIC – Mervielde & De Fruyt, 1999), com 144 itens. Dessa forma, a avaliação por meio de instrumentos longos é capaz de compreender maior variabilidade dos comportamentos e suas descrições.

O vocabulário utilizado em alguns questionários pode ser modulado, ainda, a partir das descrições de pais acerca das crianças. Essa estratégia foi a metodologia adotada pelos autores do *Inventory of Child Individual Differences* (ICID – Halverson et al., 2003) que realizaram uma codificação do relato livre de pais de modo a obter itens que fossem compatíveis com os CGF e com o léxico verbal dos respondentes. O ICID é comumente utilizado para a avaliação de crianças com idade entre aproximadamente 3 e 13 anos. Todos os itens são precedidos por "minha/essa criança é..." e têm conteúdo como "é sensível ao sentimento dos outros" (para avaliação de amabilidade) e "é sociável" (para avaliação de extroversão), por exemplo, aos quais os pais devem responder em uma escala *likert* de 7 pontos (1 = muito menos ou nada parecido com que uma criança comum e 7 = muito mais do que uma criança comum – Halverson et al., 2003). O uso de relatos de informantes permite, ainda, que crianças muito novas sejam avaliadas. O instrumento M5-PS, por exemplo, foi projetado para crianças com idade mínima de apenas 1 ano de idade (Grist et al., 2012). Dessa forma, é possível que o estudo do desenvolvimento dos traços ocorra ainda mais cedo ao longo do decorrer da vida.

O heterorrelato, entretanto, tem algumas desvantagens claras. Uma das condições para que a avaliação aconteça de maneira confiável é que o informante tenha um bom conhecimento da criança e tenha acesso a grande parte da amplitude de seus comportamentos (Tackett, 2011). Alguns traços, porém, são conceitualizados como mais internalizantes e relacionados a experiências emocionais que nem sempre podem ser observadas, como é o caso de algumas facetas do neuroticismo. Em uma pesquisa com foco na mensuração do neuroticismo na infância, a concordância entre auto e heterorrelato (pais e professores), os índices de correlação foram apenas entre fracos e moderados (Mansur-Alves et al., 2010). Os autores, entretanto, não encontraram uma concordância significativa entre os relatos de pais e professores sobre a mesma criança (Mansur-Alves et al., 2010). A inconsistência para avaliação dos CGF, por outro lado, parece ser menor para traços com maior visibilidade, como é o caso de extroversão, em que a concordância tende a ser mais alta entre o auto e o heterorrelato (Perret et al., 2019). Cabe ainda ressaltar que na lista de testes aprovados pelo Satepsi não há testes de personalidade para crianças, no cenário nacional, que possam utilizar o relato de informantes.

Observação comportamental

Uma das alternativas à aplicação de questionários para avaliação da personalidade é o uso da observação sistemática do comportamento das crianças. Esse tipo de técnica comumente é realizado em interações feitas em laboratório e permite que os investigadores manipulem diversas situações que podem eliciar o aparecimento de comportamentos característicos dos traços

(Tackett et al., 2016). Esta prática permite que o pesquisador realize vários testes empíricos sobre o funcionamento da criança, de acordo com a necessidade de se responder perguntas mais ou menos específicas acerca da personalidade. Por exemplo, é possível testar quanto tempo crianças demoram para interagir com desconhecidos que entram de maneira repentina na sala de observação, atestando, possivelmente, seu nível de extroversão. Outra prática relativamente comum é pedir às crianças que contem histórias, com o intuito de observar processos imaginativos e de riqueza de detalhes, que provavelmente podem indicar o seu nível de abertura a experiências. Essas situações são filmadas e, posteriormente, analisadas por juízes, comumente alunos de graduação ou assistentes de pesquisa. Os avaliadores classificam os comportamentos das crianças como representativos ou não de determinado nível do traço. Alguns autores argumentam, ainda, que o uso de questionários respondidos pelos pais, para além das limitações supracitadas, pode ser influenciado por uma visão positiva do cuidador sobre a criança (Tackett et al., 2016) e, portanto, o uso de classificações comportamentais seria uma maneira de evitar esse viés.

Os paradigmas observacionais em seu formato clássico, dispondo de várias horas de vídeo e diversas situações de comportamentos da criança, entretanto, têm algumas desvantagens (Tackett et al., 2016). Em primeiro lugar, existem questionamentos acerca da generalização dos comportamentos apresentados pela criança em ambiente de testagem e como eles se reproduzem no seu dia a dia, não refletindo seu real padrão. Em segundo lugar, é possível entender que nem toda a amplitude dos traços é visível apenas a partir de uma observação externa, principalmente para traços mais internalizantes,

como neuroticismo, que muitas vezes é definido por emoções negativas ou instabilidade emocional. Ressalta-se, ainda, a necessidade de se ter mais de um avaliador, uma vez que classificações feitas por apenas uma pessoa podem apresentar maior viés do que um escore composto a partir da concordância entre avaliadores.

Tendo em vista as limitações e potencialidades associadas a cada metodologia de avaliação da personalidade, é importante que o profissional disponha, sempre que possível, de uma avaliação multimétodo. O uso de metodologias diversas permite que a criança seja observada por meio de diferentes "lentes". Dessa forma, pode-se ter em mãos as descrições da autopercepção subjetiva de funcionamento (por meio do autorrelato), a descrição da interação com o mundo externo (por meio do relato de informantes) e até mesmo a percepção do terapeuta acerca do jeito de ser da criança. Dessa forma, uma vez que o profissional leve em consideração as questões acima debatidas e avance na formulação do perfil de funcionamento da personalidade da criança/adolescente ele passará à etapa de integração dos dados provenientes de tudo aquilo que foi levantado nas etapas anteriores. Nesse momento, ele deverá utilizar do raciocínio clínico para buscar oferecer uma resposta (ainda que não seja conclusiva) às questões que foram trazidas pela família, pela criança ou pelo adolescente no início do processo. Importante destacar que, nesta etapa, podem ficar mais evidentes as inconsistências por vezes existentes entre as informações provenientes das diferentes estratégias de avaliação. Por exemplo, o relato da criança nos testes aponta para níveis muito elevados de ansiedade e tristeza (neuroticismo), ao passo que essa informação não aparece no relato dos pais (podem aparecer níveis mais baixos ou medianos do mesmo traço). O que esses dados poderiam indicar? Será que algum dos relatos poderia estar enviesado? Certamente que o profissional poderia suspeitar que os pais podem estar minimizando a presença desses sinais nos filhos ou que a criança poderia estar exagerando no seu relato. Mas outras hipóteses também poderiam ser utilizadas para tentar explicar essas diferenças, uma delas seria o efeito da visibilidade do traço, destacado anteriormente. Os aspectos característicos do neuroticismo dessa criança podem estar mais voltados para si (angústia, tristeza, constrangimento, vergonha e ansiedade), não sendo tão disponíveis ou facilmente acessados pelos outros. Assim, seria mais difícil do que figuras parentais, menos atentas, mais ocupadas, menos sensíveis às necessidades dos filhos, percebessem esses sinais nos filhos. Da mesma forma, a criança pode perceber nos pais uma disponibilidade afetiva para compartilhar sentimentos ou vivências negativas ou, ainda, terem mais dificuldade de se expressar (podem ser tímidas ou inibidas). Assim, caberia ao profissional tentar dar sentido a essas diferenças nos relatos, não apenas utilizando outras informações de que ele dispõe, mas também de conhecimentos produzidos sobre o assunto. Não obstante, é também nessa etapa que cabe o exercício de perceber que as próprias características da criança/adolescente interagem entre si e moderam a expressão uma das outras, formando um perfil de funcionamento extremamente particular. Vamos a dois exemplos. Uma adolescente com altos níveis de neuroticismo pode ter menos dificuldade de adaptação a mudanças de escola se tiver níveis mais altos de extroversão e melhores habilidades sociais. Isso porque teria mais facilidade, apesar da ansieda-

de, de buscar suporte social (com amigos, familiares e professores). Assim, a extroversão, nesse caso, funcionaria como um fator de proteção e poderia ser utilizada como apoio no trabalho do profissional. Uma criança com problemas de comportamento e agressiva (que poderiam ser, em parte, explicados pela baixa amabilidade) responderia mais facilmente às estratégias de intervenção para mudança de comportamento se tivesse, também, níveis medianos ou mais altos de conscienciosidade. Isso porque crianças com alta conscienciosidade conseguem seguir regras mais facilmente, são mais disciplinadas e empenhadas. Nesse sentido, considerar as características da criança como um todo e perceber fatores de risco e proteção é de fundamental importância para se fazer uma avaliação da personalidade mais completa, dinâmica e com maior acurácia.

Por fim, todo e qualquer processo de avaliação se encerra com uma devolutiva, seja ela apenas oral, no formato de entrevista, seja complementada com a produção de um laudo psicológico (Cardoso & Muniz, 2018). Segundo o *Código de Ética Profissional do Psicólogo*, todos os envolvidos em um processo de avaliação têm direito a receber algum tipo de retorno sobre o processo (CFP, 2005). A entrevista devolutiva tem o importante papel de informar aos envolvidos sobre o processo de avaliação (em suas etapas e resultados), esclarecer dúvidas e apontar direções ou encaminhamentos. É na entrevista devolutiva que anseios, fantasias e preocupações da família são, geralmente, dirimidos (Cardoso & Muniz, 2018). Ela deve ser elaborada levando em consideração a capacidade de compreensão dos envolvidos (adultos, crianças e adolescentes) sobre o que será abordado, mas também deve prezar por ser um momento de acolhimento e esclarecimento. Em se tratando da devolutiva por escrito, no caso de processos de avaliação, mais comumente o laudo psicológico, o Conselho Federal de Psicologia orienta os profissionais com subsídios éticos e técnicos necessários para a produção qualificada da comunicação escrita, por meio da Resolução n. 6/2019 (CFP, 2019). Alguns pontos importantes desta resolução são, a título de exemplificação, o apontamento de que os documentos produzidos pelo psicólogo devem ser entregues diretamente ao solicitante da prestação do serviço psicológico, ou responsável legal em uma entrevista devolutiva, obrigando o profissional a manter um protocolo de entrega. Ainda, o artigo 17 diz que "o prazo de validade do conteúdo dos documentos escritos, decorrentes da prestação de serviços psicológicos, deve ser parte integrante do documento" (CFP, 2019). Assim, enfatiza-se a natureza dinâmica do processo de avaliação e é condizente com estudos científicos na área de desenvolvimento da personalidade na infância e adolescência.

Considerações finais

Este capítulo pretendeu abordar o processo de avaliação da personalidade na infância/ adolescência, utilizando como referencial teórico e metodológico os modelos de traço e a abordagem psicométrica. A avaliação da personalidade na infância é extremamente importante, não apenas pelo papel da personalidade na predição de desfechos em várias esferas da vida, mas também pelos inúmeros potenciais de prevenção e intervenção precoce advindos dela. De modo geral, é possível perceber que a avaliação da personalidade na infância é um campo com possibilidades promissoras a serem

exploradas. Apesar de certa falta de consenso acerca do melhor formato de operacionalização de itens e sobre seus conteúdos, estratégias alternativas às medidas tradicionais e meramente verbais parecem ser mais adequadas quando analisamos uma perspectiva do desenvolvimento. Ademais, a falta de instrumentos específicos para crianças no cenário nacional que estejam aprovados pelo Satepsi do Conselho Federal de Psicologia (CFP) indicam que a área pode se beneficiar de novos estudos. Em especial, espera-se que as dificuldades listadas possam ser superadas por meio de instrumentos de medidas que não percam o rigor psicométrico, mas também não deixem de considerar questões específicas relacionadas à avaliação psicológica de crianças. Enfatizamos que não foi objetivo deste capítulo esgotar os conhecimentos acerca do processo de avaliação da personalidade na infância, nem tampouco oferecer um passo a passo como uma receita para realizá-lo. São inúmeras as possibilidades de se conduzir um processo de avaliação da personalidade na infância, assim como são variadas as estratégias que podem ser utilizadas nesse processo. Deixamos apenas como sugestão que os profissionais que se enveredam pelo campo estejam atentos à necessidade de atualização constante, tanto técnica quanto conceitual, considerando a velocidade da produção científica e técnica na área, especialmente nos últimos dez anos. Ademais, faz-se importante estar sempre atualizado quanto aos instrumentos disponíveis e aprovados para uso profissional no Brasil, o que pode ser feito pelo site do Satepsi, e quanto às resoluções, publicadas pelo CFP, que orientam e regulam a prática profissional do psicólogo na área de avaliação psicológica.

Referências

Abrahams, L., Pancorbo, G., Primi, R., Santos, D., Kyllonen, P., John, O. P., & De Fruyt, F. (2019). Social-Emotional Skill Assessment in Children and Adolescents: Advances and Challenges in Personality, Clinical, and Educational Contexts. *Psychological Assessment, 31*(4, SI), 460-473. https://doi.org/10.1037/pas0000591

Barbaranelli, C., Caprara, G. V., Rabasca, A., & Pastorelli, C. (2003). A questionnaire for measuring the Big Five in late childhood. *Personality and Individual Differences, 34*(4), 645-664. https://doi.org/10.1016/S0191-8869(02)00051-X

Brandes, C. M., Reardon, K. W., & Tackett, J. L. (2020). Personality theories. In *The encyclopedia of child and adolescent development* (pp. 1-12). Wiley. https://doi.org/10.1002/9781119171492.wecad478

Butcher, J. N. (2009). *Oxford handbook of personality assessment*. Oxford University Press. https://doi.org/10.1093/oxfordhb/9780195366877.001.0001

Cardoso, L. M., & Muniz, M. (2018). Encerramento do processo avaliativo infantil: A entrevista devolutiva. In M. Lins, M. Muniz & L. Cardoso (orgs.), *Avaliação psicológica infantil* (pp. 265-280). Hogrefe.

Caspi, A., Roberts, B. W., & Shiner, R. L. (2005). Personality Development: Stability and Change. *Annual Review of Psychology, 56*(1), 453-484. https://doi.org/10.1146/annurev.psych.55.090902.141913

Conselho Federal de Psicologia. (2005). *Código de Ética Profissional do Psicólogo*. https://site.cfp.org.br/wp-content/uploads/2012/07/codigo-de-etica-psicologia.pdf

Conselho Federal de Psicologia. (2018). *Resolução CFP n. 9/2018*. Estabelece diretrizes para a realização de avaliação psicológica no exercício profissional da psicóloga e do psicólogo, regulamenta o Sistema de Avaliação de Testes Psicológicos – Satepsi e revoga as resoluções n. 2/2003, n. 6/2004 e n. 5/2012 e notas técnicas n. 1/2017 e 2/2017. https://site.cfp.org.br/wp-content/uploads/2018/04/Resolu%C3%A7%C3%A3o-CFP-n%C2%BA-09-2018-com-anexo.pdf

Conselho Federal de Psicologia. (2019). *Resolução CFP n. 6/2019*. Institui regras para a elaboração de documentos escritos produzidos pela(o) psicóloga(o) no exercício profissional e revoga a Resolução CFP n. 15/1996, a Resolução CFP n. 7/2003 e a Resolução CFP n. 4/2019. https://cutt.ly/qb1BQqa

Costa, P. T., McCrae, R. R., & Löckenhoff, C. E. (2019). Personality across the life span. *Annual Review of Psychology, 70*(1), 423-448. https://doi.org/10.1146/annurev-psych-010418-103244

De Pauw, S. (2017). Childhood personality and temperament. In T. A. Widiger (ed.), *The oxford handbook of the five factor model* (vol. 1). Oxford University Press. https://doi.org/10.1093/oxfordhb/9780199352487.013.21

De Pauw, S. S. W., Mervielde, I., & Van Leeuwen, K. G. (2009). How are traits related to problem behavior in Preschoolers? Similarities and contrasts between temperament and personality. *Journal of Abnormal Child Psychology, 37*(3), 309-325. https://doi.org/10.1007/s10802-008-9290-0

DeYoung, C. G., & Allen, T. A. (2019). Personality Neuroscience: A Developmental Perspective. In D. P. McAdams, R. L. Shiner & J. L. Tackett (eds.), *Handbook of personality development* (pp. 79-105). Guilford.

Eysenck, H. J. (1992). Four ways five factors are not basic. *Personality and Individual Differences, 13*(6), 667-673. https://doi.org/10.1016/0191-8869(92)90237-J

Eysenck, H. J., & Eysenck, M. W. (1985). *Personality and individual differences*. Springer.

Eysenck, H. J., & Eysenck, S. B. G. (2013). *Questionário de Personalidade para Crianças e Adolescentes* (EPQ-J). Vetor.

Gomes, C. M. A. (2012). A estrutura fatorial do inventário de características da personalidade. *Estudos de Psicologia, 29*(2), 209-220. https://doi.org/10.1590/s0103-166x2012000200007

Grist, C. L., Socha, A., & McCord, D. M. (2012). The M5-PS-35: A five-factor personality questionnaire for preschool children. *Journal of Personality Assessment, 94*(3), 287-295. https://doi.org/10.1080/00223891.2011.653063

Halverson, C. F., Havill, V. L., Deal, J., Baker, S. R., Victor, J. B., Pavlopoulos, V., Besevegis, E., & Wen, L. (2003). Personality structure as derived from parental ratings of free descriptions of children: The inventory of child individual differences. *Journal of Personality, 71*(6), 995-1026. https://doi.org/10.1111/1467-6494.7106005

Hampson, S. E. (2019). Personality development and health. In *Handbook of personality development* (pp. 489-502). Guilford.

John, O. P., & Srivastava, S. (1999). The big five trait taxonomy: History, measurement, and theoretical perspectives. In *Handbook of personality: Theory and research* (2. ed., pp. 102-138). Guilford.

John, O. P., Naumann, L. P., & Soto, C. J. (2008). Paradigm shift to the integrative big five trait taxonomy. *Handbook of Personality: Theory and Research, 3*(2), 114-158.

Lee, K., & Ashton, M. C. (2004). Psychometric properties of the HEXACO personality inventory. *Multivariate Behavioral Research, 39*(2, spe), 329-358. https://doi.org/10.1207/s15327906mbr3902_8

Mackiewicz, M., & Cieciuch, J. (2016). Pictorial personality traits questionnaire for children (PPTQ-C): A new measure of children's personality traits. *Frontiers in Psychology, 7*, 1-11. https://doi.org/10.3389/fpsyg.2016.00498

Mansur-Alves, M., Soares, F. H. R., & Saldanha-Silva, R. (2018). Avaliação da personalidade e seus usos potenciais na clínica psicológica. In R. Gorayeb, M. C. Miyazaki & M. Teodoro (orgs.), *Propsico: Programa de Atualização em Psicologia Clínica e da Saúde: Ciclo 2* (1. ed., pp. 9-53). Artmed Panamericana.

Mansur-Alves, M., Flores-Mendoza, C., & Abad, F. J. (2010). Avaliação multi-informe do traço de neuroticismo em escolares. *Estudos de Psicologia, 27*(3), 315-327. https://doi.org/10.1590/S0103-166X2010000300004

McCrae, R. R., & Sutin, A. R. (2018). A Five-Factor Theory Perspective on Causal Analysis. *European Journal of Personality, 32*(3), 151-166. https://doi.org/10.1002/per.2134

Measelle, J. R., John, O. P., Ablow, J. C., Cowan, P. A., & Cowan, C. P. (2005). Can children provide co-herent, stable, and valid self-reports on the big five dimensions? A longitudinal study from ages 5 to 7. *Journal of Personality and Social Psychology, 89*(1), 90-106. https://doi.org/10.1037/0022-3514.89.1.90

Mervielde, I., & De Fruyt, F. (1999). Construction of the Hierarchical Personality Inventory for Children (HiPIC): Personality psychology in Europe. In I. Mervielde, I. Deary, F. De Fruyt & F. Ostendorf (eds.), *Proceedings of the Eight European Conference on Personality Psychology* (pp. 107-127). Tilburg University Press. http://hdl.handle.net/1854/LU-119616

Nunes, C. H. S. S., Hutz, C. S., & Nunes, M. F. O. (2010). *Bateria Fatorial de Personalidade (BFP)*. Casa do Psicólogo.

Nunes, C. H. S. S., Zanon, C., & Hutz, C. S. (2018). Avaliação da personalidade a partir de teorias fatoriais de personalidade. In C. S. Hutz, D. R. Bandeira & C. M. Trentini (orgs.), *Avaliação psicológica da inteligência e da personalidade* (pp. 300-324). Artmed.

Ozer, D. J., & Benet-Martínez, V. (2006). Personality and the prediction of consequential outcomes. *Annual Review of Psychology, 57*(1), 401-421. https://doi.org/10.1146/annurev.psych.57.102904.190127

Perret, P., Ayad, M., Dauvier, B., & Congard, A. (2019, fev.). Self and parent-rated measures of personality are related to different dimensions of school adjustment. *Learning and Individual Differences, 70*. https://doi.org/10.1016/j.lindif.2019.02.007

Poropat, A. E. (2009). A Meta-Analysis of the Five-Factor Model of Personality and Academic Performance. *Psychological Bulletin, 135*(2), 322-338. https://doi.org/10.1037/a0014996

Roberts, B. W., & DelVecchio, W. F. (2000). The rank-order consistency of personality traits from childhood to old age: A quantitative review of longitudinal studies. *Psychological Bulletin, 126*(1), 3-25. https://doi.org/10.1037/0033-2909.126.1.3

Rocha, M. M., & Emerich, D. R. (2018). A importância de múltiplos informantes na avaliação psicológica infantil. In M. Lins, M. Muniz & L. Cardoso (orgs.), *Avaliação psicológica infantil* (pp. 159-178). Hogrefe.

Rothbart, M. K., & Bates, J. E. (2006). Temperament. In N. Eisenberg, W. Damon & R. M. Lerner (eds.),

Handbook of child psychology: Social, emotional, and personality development (pp. 99-166). Wiley Online Library.

Saklofske, D. H., Joyce, D. K., Sulkowski, M. L., & Climie, E. A. (2013). Models for the personality assessment of children and adolescents. In *The Oxford handbook of child psychological assessment* (pp. 348-365). https://doi.org/10.1093/OXFORDHB/9780199796304.013.0015

Saldanha-Silva, R., Nunes, F. L., Rezende, H. A., & Mansur-Alves, M. (2019). Maladaptive beliefs as mediators of the relationship between personality traits and borderline personality disorder symptoms. *Estudos de Psicologia, 36.* https://doi.org/10.1590/1982-0275201936e180016

Shiner, R. L. (2015). The development of temperament and personality traits in childhood and adolescence. In American Psychological Association, *APA handbook of personality and social psychology: Vol. 4. Personality processes and individual differences* (pp. 85-105). American Psychological Association. https://doi.org/10.1037/14343-004

Shiner, R. L., & Caspi, A. (2012). Temperament and the development of personality traits, adaptations, and narratives. In M. Zentner & R. L. Shiner (eds.), *Handbook of temperament* (pp. 497-516). Guilford.

Shiner, R. L., & DeYoung, C. G. (2013). The structure of temperament and personality traits. In P. D. Zelazo (ed.), *The Oxford handbook of developmental psychology: Vol. 2. Self and other* (pp. 1-56). Oxford Handbooks Online. https://doi.org/10.1093/oxfordhb/9780199958474.013.0006

Sisto, F. F. (2004). *Escala de traços de personalidade para crianças.* Vetor.

Soto, C. J., & John, O. P. (2014). Traits in transition: The structure of parent-reported personality traits from early childhood to early adulthood. *Journal of Personality, 82*(3), 182-199. https://doi.org/10.1111/jopy.12044

Soto, C. J., & Tackett, J. L. (2015). Personality traits in childhood and adolescence. *Current Directions in Psychological Science, 24*(5), 358-362. https://doi.org/10.1177/0963721415589345

Tackett, J. L. (2011). Parent informants for child personality: Agreement, discrepancies, and clinical utility. *Journal of Personality Assessment, 93*(6), 539-544. https://doi.org/10.1080/00223891.2011.608763

Tackett, J. L., Herzhoff, K., Kushner, S. C., & Rule, N. (2016). Thin slices of child personality: Perceptual, situational, and behavioral contributions. *Journal of Personality and Social Psychology, 110*(1), 150-166. https://doi.org/10.1037/pspp0000044

Tackett, J. L., Slobodskaya, H. R., Mar, R. A., Deal, J., Halverson, C. F., Baker, S. R., Pavlopoulos, V., & Besevegis, E. (2012). The hierarchical structure of childhood personality in five countries: Continuity from early childhood to early adolescence. *Journal of Personality, 80*(4), 847-879. https://doi.org/10.1111/j.1467-6494.2011.00748.x

Vigil-Colet, A., Morales-Vives, F., Camps, E., Tous, J., & Lorenzo-Seva, U. (2013). Desarrollo y validación de las escalas de evaluación global de la personalidad (Operas). *Psicothema, 25*(1), 100-106. https://doi.org/10.7334/psicothema2011.411

Wellasen, R. S., & Trentini, C. M. (2018). Modelos teórico-clínicos psicodinâmicos e o método Shedler-Westen Assessment Procedure (SWAP-200) de avaliação da personalidade. In C. S. Hutz, D. R. Bandeira & C. M. Trentini (orgs.), *Avaliação psicológica da inteligência e da personalidade* (pp. 324-364). Artmed.

16
Avaliação de habilidades para a vida e sua importância na prevenção em saúde e promoção de bem-estar

Carmem Beatriz Neufeld
Isabela Maria Freitas Ferreira
Juliana Maltoni
Universidade de São Paulo

Highlights

- Importância das Habilidades para a Vida (HV) na promoção de saúde e bem-estar infantojuvenil.
- Instrumentos psicométricos para avaliação de HV em crianças e adolescentes com validação brasileira.
- Importância da avaliação multimodal com diferentes ferramentas para complementar o processo avaliativo.

Introdução

São altas as porcentagens de psicopatologias na infância e adolescência em todo o mundo, com uma prevalência em até 20%. Além disso, 50% dos transtornos que ocorrem na vida adulta se iniciaram durante a infância (Klasen & Crombag, 2013). Uma revisão sistemática sobre a prevalência de transtornos mentais entre crianças e adolescentes, entre os anos de 2000 e 2013, encontrou que a depressão, transtornos ansiosos, transtorno por uso de substância, transtorno de conduta e transtorno de déficit de atenção e hiperatividade são as psicopatologias de maior prevalência mundial (Thiengo, Cavalcante & Lovisi, 2014). Os índices ainda continuam altos ao longo do tempo. No estudo realizado por Ghaudour et al. (2019), identificou-se que no ano de 2016, em uma amostra de crianças e adolescentes entre 3 e 17 anos nos Estados Unidos, 7,4% (aproximadamente 4,5 milhões) tinham problemas relacionados à conduta, 7,1% (aproximadamente 4,4 milhões) tinham problemas relacionados com ansiedade, e 3,2% (aproximadamente 1,9 milhões) depressão; além disso, também foi constatado que a prevalência aumenta com a idade.

As consequências dos transtornos mentais podem impactar diferentes âmbitos, como o emocional, social e econômico (Abreu, Barletta & Murta, 2015). Devido a esse cenário, estratégias de prevenção primária em saúde mental têm se tornado cada vez mais uma alternativa relevante em saúde pública. As intervenções preventivas têm o intuito de reduzir a ocorrência e consequentemente a prevalência dos transtornos mentais, evitando tanto o aparecimento do transtorno como também o seu agravamento (Murta & Barletta, 2015). Além das preventivas, há as intervenções de promoção de saúde que envolvem desenvolver estratégias e habilidades com o intuito de oferecer ou aumentar recursos para o indivíduo enfrentar adversidades pessoais e do ambiente (Abreu et al., 2015; Weisz et al., 2005), favorecendo o bem-estar e saúde psicológica (Oliveira, 2012).

É neste contexto de promoção de saúde que o campo das Habilidades para a Vida (HV) se insere: são recursos que o indivíduo possui que o auxiliam na manifestação e expressão de comportamentos adaptativos e positivos, permitindo que ele maneje de forma eficaz as demandas e desafios da vida cotidiana (World Health Organization [WHO]/Organização Mundial da Saúde [OMS], 1997). A OMS propôs 10 HV que são consideradas a base para a promoção de saúde mental e bem-estar. São elas: autoconhecimento, comunicação eficaz, manejo de emoções, manejo de estresse, empatia, pensamento criativo, pensamento crítico, relacionamento interpessoal, resolução de problemas e tomada de decisão (WHO, 1997). A seguir serão detalhadas essas habilidades.

As 10 habilidades para a vida

Autoconhecimento

O autoconhecimento é a percepção que o indivíduo tem sobre si, incluindo suas características físicas, emocionais, comportamentais, facilidades, limitações e desejos (WHO, 1997), além de envolver as experiências vivenciadas no passado e expectativas para o futuro (Markus, 1983). O autoconhecimento é considerado tanto uma HV como também é incluído nas habilidades sociemocionais conforme descritas pelo Casel (Collaborative for Academic, Social, and Emotional Learning, 2015). Além disso, ele é pré-requisito para o desenvolvimento de outras habilidades, como, por exemplo, empatia, manejo de emoções e estresse, comunicação eficaz

e relacionamento interpessoal (Aránega, 2019; Del Prette & Del Prette, 2017).

Sendo assim, o autoconhecimento se diferencia de outros tipos de conhecimento, pois envolve tanto uma informação objetiva quanto subjetiva. As informações subjetivas são os pensamentos e sentimentos que o indivíduo tem sobre si e suas motivações. Já as informações objetivas correspondem àquelas informações que vêm do mundo externo, sob a ótica de outras pessoas, isto é, são as considerações que os outros têm sobre o indivíduo, e este por sua vez leva esses julgamentos adiante (Montgomery, 1997). Dessa forma, a interação do indivíduo com seu meio faz parte do desenvolvimento do seu autoconhecimento (Gur, 2015).

É um consenso na literatura que o processo de construção do autoconhecimento inicia-se na infância, porém o conhecimento a respeito de como ele é construído sofreu alterações ao longo do tempo (Davis, Meins & Fernyhough, 2011). Na década de 1970 acreditou-se que até os 10 anos o autoconhecimento era construído apenas pelo relato que as pessoas faziam sobre as crianças, isto é, estas tendiam a se definir com as características que os pais e outros adultos relataram sobre elas (Rosenberg, 1979). Porém, atualmente entende-se que esta construção não envolve apenas os relatos de terceiros, mas também a compreensão dos estados internos da criança (Davis et al., 2011). Isso, por sua vez, envolve várias etapas que compõem representar e comparar esses estados internos, mas que poderão envolver processos cognitivos, como o pensamento abstrato, que ainda possam estar subdesenvolvidas ou ausentes em crianças menores (Davis et al., 2011; Shirk, 2001).

Manejo de emoções e de estresse

As emoções são manifestações expressivas de curta duração que envolvem estados de sentimentos e tem um propósito de auxiliar na adaptação e enfrentamento das oportunidades e dos desafios da vida cotidiana (Reeve, 2006). Elas envolvem respostas experienciais e fisiológicas aos estímulos ambientais (McLaughlin, Garrad & Somerville, 2015). Também se considera que as emoções auxiliam na socialização, pois irão influenciar a forma que o indivíduo reage e se expressa em seu ambiente (Caminha & Caminha, 2011).

O manejo de emoções é outra HV e envolve: o reconhecimento das emoções agradáveis e desagradáveis em si e nos outros, a compreensão de como elas influenciam os comportamentos e a capacidade de responder emocionalmente às situações de maneira adequada (WHO, 1997). A regulação das emoções é desenvolvida de forma gradual na infância e adolescência (Batista & Noronha, 2018) e pode ser vista como uma importante habilidade no desenvolvimento, uma vez que os déficits nessa capacidade podem estar associados a efeitos duradouros na adaptação da criança e do adolescente ao seu contexto (Cox, Mills-Koonce, Propper & Gariépy, 2010).

O estresse é visto como uma resposta fisiológica, comportamental e cognitiva diante de eventos considerados aversivos para o indivíduo. Qualquer situação que demanda adaptação e reequilíbrio pode gerar estresse. Assim, este pode se manifestar em qualquer etapa da vida, incluindo a infância e adolescência. É natural que essa faixa etária passe por situações de estresse, até mesmo nos primeiros anos de vida, porém quando as tensões se tornam intensas e excessivas podem exceder a habilidade individual de enfrentamento e resolução de problemas, tornando-se prejudicial para a criança e o adolescente (Lipp, 2014; Peruzzo et al., 2008).

O manejo de estresse é a habilidade que está relacionada com a capacidade do indivíduo em compreender e distinguir suas fontes de estresse, como ele é sensibilizado pelas mesmas, e encontrar estratégias de como enfrentá-las (WHO, 1997). Dessa forma essa habilidade prepara a criança/o adolescente para enfrentar situações estressantes agradáveis ou desagradáveis (Subasree & Nair, 2014).

Empatia

É comum ouvir a definição de empatia como a capacidade de se colocar no lugar do outro, mas a empatia não se resume apenas a este comportamento. O ato de se colocar no lugar de outra pessoa envolve a habilidade de compreender os estados afetivos do outro e responder a isso de maneira adequada e congruente a situação, considerando a interpretação e perspectiva da outra pessoa (Hoffman, 2008; López-Pérez, Ambrona & Márquez-González, 2014). Dessa forma, a empatia é vista como um construto multidimensional, que abarca estados afetivos e cognitivos, podendo se desenvolver e aprimorar ao longo do tempo (Sampaio, Guimarães, Camino, Formiga & Menezes, 2011).

Segundo Hoffman (2008), a empatia é desenvolvida no primeiro ano de vida. Ela é de extrema importância para a infância e adolescência, pois está associada a condutas pró-sociais (Escrivá, Garcia & Navarro, 2004), uma vez que permite que a criança, ou o adolescente, perceba e aceite que as outras pessoas podem ter visões diferentes da dela, bem como compartilhar sentimentos agradáveis e desagradáveis (WHO, 1997; Singer &

Klimeck, 2014). Há estudos que indicam que a empatia se associa negativamente com a agressividade, pois quando a criança e o adolescente compreendem as emoções desagradáveis do outro, bem como os comportamentos associados a essas emoções, conseguem ter maior consideração, como também autocontrole e estratégias alternativas para lidar com esses comportamentos (Bryant, 1982; Fernández-Pinto et al., 2008). Consequentemente, esse manejo de emoções e comportamentos está associado a um repertório maior de assertividade (Garaigordobil & García de Galdeano, 2006). Dessa forma, entende-se, portanto, que a empatia é uma habilidade precursora para o desenvolvimento ou aprimoramento de outras habilidades e uma ferramenta fundamental para a infância e adolescência.

Relacionamento interpessoal

O relacionamento interpessoal se refere ao modo com que o indivíduo estabelece seus vínculos sociais. Ela se inicia nos primeiros anos de vida e vão sendo aperfeiçoadas ao longo do tempo com as experiências que o indivíduo vivencia (Weiner, 2000). Sendo assim, é uma habilidade que engloba a capacidade de interagir com o outro de forma positiva em busca do bem-estar mental e social, e assim envolve: respeitar às diferenças; iniciar e manter boas relações tanto com familiares como com pares; manter um nível de interesse e envolvimento com as pessoas; aprofundar relações quando é desejável; e saber finalizar relacionamentos de forma construtiva quando necessário (Weiner, 2000; WHO, 1997). O relacionamento interpessoal na infância e adolescência é essencial para o seu desenvolvimento saudável e na construção da competência social (Biasi & Villemor-Amaral, 2016; Del Prette & Del Prette, 2017). De acordo com Subasree

e Nair (2014) relacionar-se com os outros faz parte da inteligência humana à medida que as pessoas fornecem e recebem carinho, apoio, empatia, colaboração, e isso auxilia no sentimento de realização pessoal.

Comunicação eficaz

Para o desenvolvimento de relacionamentos interpessoais saudáveis é necessário que desenvolvamos nossa capacidade de comunicação desde a infância – iniciar e manter uma conversa, fazer e responder perguntas, elogiar e agradecer a elogios, expressar desagrado, oferecer *feedback*, entre outros elementos que podem ser verbais e não verbais e ocorrer face a face ou por meios indiretos (Minto et al., 2006; Del Prette & Del Prette, 2017; WHO, 1997). A habilidade de civilidade – formas de polidez normativas de uma cultura, como cumprimentos, agradecimentos e desculpas – e principalmente a assertividade – expressar sentimentos e pensamentos de maneira apropriada e honesta respeitando nosso direito e de outras pessoas – são também amplamente requeridas em uma comunicação eficaz. Os estudos sobre a avaliação de habilidades sociais e comunicação recaem principalmente sobre a avaliação das habilidades assertivas. Algumas das subclasses desta ampla classe de habilidade social são: capacidade de questionar, manifestar opinião, defender direitos próprios e de terceiros, fazer e recusar pedidos, expressar desagrado, manejar críticas, desculpar-se e admitir falhas (Del Prette & Del Prette, 2017).

Pensamento criativo e pensamento crítico

Torrance, um grande estudioso da área da criatividade, propôs a seguinte definição para o fenômeno (1966, p. 6 [tradução livre]):

O processo de tornar-se sensível a problemas, deficiências, lacunas no conhecimento, elementos faltantes, desarmonias etc.; identificar a dificuldade; procurando por soluções, fazendo suposições, ou formulando hipóteses sobre as deficiências, testando e retestando estas hipóteses e possivelmente modificando-as e retestando-as; e, finalmente, comunicando os resultados.

Pode-se dizer que o pensamento criativo auxilia o olhar além da nossa experiência imediata ao explorar alternativas e consequências para ações/não ações, facilitando a flexibilidade cognitiva e em respostas mais adaptativas para demandas cotidianas (Minto et al., 2006; Ritter & Mostert, 2017; WHO, 1997). Esta habilidade alicerça as habilidades de resolução de problemas e tomada de decisão e está ligada também ao pensamento crítico (WHO, 1997). A avaliação da criatividade infantojuvenil pauta-se nos fatores cognitivos, emocionais e na maneira da utilização de ideias (Nakano & Primi, 2012), demonstrando que tal habilidade pode ser pensada em termos de seu uso individual ou social.

A criatividade e o pensamento crítico são considerados habilidades que deveriam ser aprendidas no século XXI por estudantes (Unesco – International Bureau of Education, 2014) e são consideradas essenciais para o bem-estar psicológico e *locus* de controle infantojuvenil (Kargar et al., 2013). O pensamento crítico pode ser definido como a habilidade de definir problemas, analisar conscientemente informações a partir da lógica e racionalidade, evitando-se o julgamento emocional para a obtenção de uma resposta para determinada demanda do ambiente (Grant, 1988; Minto et al., 2006; WHO, 1997). É, portanto, um processo ativo, natural e complexo, que utiliza de nossos conhecimentos prévios para interagir com ideias e informações, avaliadas em termos de prós e contras

na tentativa de se aproximar da verdade (Florea & Hurjui, 2015). Considerando as influências externas sobre comportamentos e pensamentos (WHO, 1997), o desenvolvimento do pensamento crítico possui grande importância durante a infância e a adolescência, especialmente se pensarmos sobre habilidades acadêmicas e comportamentos de risco, além do desenvolvimento moral e do protagonismo social frente aos processos de dominação e de cerceamento do desenvolvimento da autonomia (Macedo, Petersen & Koller, 2017).

Resolução de problemas e tomada de decisão

A resolução de problemas refere-se à capacidade de enfrentar construtivamente situações adversas do cotidiano a partir da geração de soluções e resolução de conflitos e a tomada de decisão auxilia em decisões importantes a partir de passos e planejamento durante o processo (WHO, 1997). A resolução de problemas enquanto técnica implica a definição do problema, levantamento, avaliação e escolha de alternativas, implementação da escolha e avaliação dos resultados (Del Prette & Del Prette, 2017).

A resolução de problemas possui um enfoque teórico amplo. É considerada uma função executiva (Diamond, 2012, 2013) e costuma também ser descrita como habilidades de resolução de problemas interpessoais (HRPI). É considerada um fator de proteção para o desenvolvimento saudável na infância e contribui para o desenvolvimento de outras habilidades, como assertividade, civilidade, responsabilidade e expressão de emoções agradáveis de sentir, menor impulsividade (Rodrigues, Dias & Freitas, 2010; Shure & Spivack, 1982) e para a diminuição de sintomas depressivos na adolescência (Spence, Sheffield & Donovan, 2003).

A tomada de decisão, também descrita como uma função executiva envolvida no processo de escolha a partir da análise do custo-benefício e do risco das alternativas disponíveis, possui papel indispensável para a adaptação social e para o manejo do cotidiano (Mata et al., 2011). Podemos dizer que ambas as habilidades são observadas e desenvolvidas desde a primeira infância do desenvolvimento.

De acordo com a teoria do conflito proposta por Janis e Mann (1977), qualquer situação que envolva a necessidade de uma decisão é fonte de estresse interpessoal dado o potencial de perda material, financeira ou pessoal. Lidar com esse estresse envolve fatores como conhecimento dos riscos envolvidos, expectativa de encontrar alternativas superiores e crença de que haverá tempo suficiente para selecionar e ponderar sobre as alternativas (Branco, Cotrena, Cardoso & Fonseca, 2014).

O campo das HV e suas relações

Nota-se que as 10 HV contemplam dentre elas também habilidades chamadas de sociais, como comunicação eficaz, relacionamento interpessoal, empatia e resolução de problemas. A. Del Prette e Z. A. P. Del Prette (2017) definem essas habilidades como sociais, pois são recursos que estão relacionados com o contexto social e interpessoal e auxiliam no desenvolvimento de relacionamentos saudáveis. Estes, por sua vez, contribuem para enfrentar as demandas cotidianas de maneira mais positiva (Ferreira & Neufeld, 2020). Sendo assim, pode-se dizer que as HV representam tanto habilidades interpessoais (empatia, comunicação eficaz, relacionamento interpessoal) como intrapessoais (autoconhecimento, pensamento crítico e criativo).

As HV apresentam vários pontos de intersecção com o que tem sido chamado pela literatura de aprendizagem sociemocional, enfocando na educação para o caráter, para o desenvolvimento das chamadas "soft skills", habilidades não cognitivas ou educação socioemocional (Collaborative for Academic, Social, and Emotional Learning – Casel, 2015). A aprendizagem socioemocional faz parte da competência socioemocional, que é resultado da junção entre desempenho socioemocional e habilidades intrínsecas do indivíduo, desempenhando um papel funcional e adaptado ao ambiente e cultura. Assim, a competência socioemocional é composta por autoconsciência (identificação de emoções e pensamento, e reconhecer limitações e valores), autogerenciamento (disciplina, motivação, regulação de emoções pensamentos e comportamentos), relacionamento interpessoal (HS diversas e trabalho em equipe), tomada de decisão (identificar problemas e soluções) e consciência social (tomada de perspectiva do outro e respeito às diferenças) (Marin, Silva, Andrade, Bernardes & Fava, 2017). Nesse sentido, percebe-se que as HV se aproximam e se assemelham das habilidades da competência socioemocional, por isso trabalhar este conceito de HV e identificar formas adequadas de avaliar tais habilidades torna-se premente.

O desenvolvimento de avaliações e intervenções das HV enfrentam desafios semelhantes, uma vez que, além de estarmos falando de 10 habilidades distintas, cada uma delas apresenta componentes cognitivos, emocionais e comportamentais. Neste mesmo sentido McCoy (2016) ressalta que tais características tornam sua avaliação e compreensão ainda mais complexa.

O déficit nas HV ou seu repertório empobrecido podem dificultar o indivíduo a enfrentar as adversidades diárias, acarretando efeitos em longo prazo, tornando-o pouco competente e altamente vulnerável a fatores de riscos (Kummabutr, 2012), podendo favorecer problemas de comportamento (Ferreira & Neufeld, 2020; Iida & Ishikuma, 2003) e sintomas psicológicos (Costa & Pereira, 2007; Ferreira & Neufeld, 2020; Kadish, Glaser, Cathoun & Ginter, 2001). As HV podem ser aprendidas e aprimoradas em qualquer etapa da vida, permitindo ao indivíduo sempre aperfeiçoar o conhecimento sobre si e seus relacionamentos interpessoais, apesar disso é recomendado que elas sejam aprendidas desde a infância e adolescência, prevenindo consequências negativas ao longo da vida e possibilitando um enfrentamento diário saudável (WHO, 1997).

Pesquisas sobre HV para o público infanto-juvenil vêm mostrando que o desenvolvimento de HV auxiliam no aumento da competência social e na diminuição de psicopatologias (Elias, Bruene-Butler, Blum & Shuyler, 2000; Franco & Rodrigues, 2015), na promoção de regularidade escolar e no engajamento a novos desafios (Botvin & Griffin, 2015), retardar ou até mesmo inibir o uso de drogas (Bravo, 2010), prevenir condutas de alto risco em adolescentes, auxiliar no manejo de controle de raiva, melhorar o desempenho acadêmico e promover uma adaptação social positiva (Botvin & Griffin, 2015; Franco & Rodrigues, 2015).

Considerando a importante relação entre HV, promoção de saúde mental e bem-estar psicológico na infância e adolescência (WHO, 1997), faz-se necessário identificar quais são as habilidades deficitárias na população infanto-juvenil para posteriormente focar em intervenções para promover e ampliar essas habilidades de forma mais diretiva e eficaz com o intuito de tornar o desenvolvimento dessa população

mais saudável, tornando-a com mais recursos de enfrentamento para os desafios da vida adulta (Subasree & Nair, 2014). Uma das alternativas para auxiliar na identificação das habilidades é por meio do aprofundamento nos estudos e na utilização de recursos de avaliação por meio de instrumentos psicométricos (Hutz, Bandeira & Trentini, 2015). A escala Life Skills Assessment Scale (Kennedy, Pearson, Brett-Taylor e Talreja, 2014) avalia as 10 HV propostas pela OMS; ela é composta por 100 itens e destinada a adolescentes de 12 a 19 anos. No entanto, essa escala não tem validação para a população brasileira. Além dela, não há até o momento outro instrumento que englobe essas 10 HV para público de crianças e adolescentes brasileiros (Ferreira, 2017). Sendo assim, uma alternativa para isso é a avaliação dessas habilidades de forma separada por diferentes instrumentos.

Instrumentos psicométricos para avaliar as HV adaptados e/ou validados para a população brasileira de crianças e adolescentes

De acordo com a Organização Mundial da Saúde, detectar e tratar transtornos mentais em crianças e adolescentes diminui a probabilidade da doença em longo prazo e reduz o estresse no sistema como um todo: indivíduos, famílias e comunidades (WHO, 2005). Assim, intervenções psicológicas destinadas às crianças e adolescentes têm sido apontadas tanto como uma medida terapêutica, como principalmente uma forma de prevenção de doenças e promoção de saúde para o futuro (Petersen & Wainer, 2011). Para estruturar intervenções com a finalidade de promover habilidades é necessário definir um foco, a estrutura e a população-alvo (Nardi, Ferreira &

Neufeld, 2015). Para conhecer essa população é necessário investigar suas características, dificuldades e facilidades. Como alternativa para tal finalidade, a utilização de instrumentos psicométricos pode ser uma ferramenta para auxiliar nesse processo (Hutz, Bandeira & Trentini, 2015). Entende-se, portanto, que avaliar o repertório de habilidades pode ser uma alternativa para minimizar problemas futuros e proporcionar bem-estar e prevenção em saúde.

Nesta direção o presente capítulo buscou identificar, por meio de um levantamento na literatura, instrumentos que apresentassem tradução, adaptação e/ou validação para a população infantojuvenil brasileira, com o intuito de avaliar as 10 HV propostas pela OMS de maneira separada, isto é, escalas que avaliam cada uma dessas habilidades para uso de pesquisa ou clínico. Além disso, também pretendeu-se mostrar alternativas de avaliar tais habilidades quando não é possível o uso de escalas psicométricas ou quando se pretende avaliar com diferentes métodos. Essa busca foi realizada em bases de dados, livros e o acesso ao Satepsi, incluindo desde instrumentos em fase de pesquisa até validados. Não foi estabelecido um período para o início da busca em tais fontes, porém finalizou-se em junho de 2020. A seguir serão apresentados os instrumentos psicométricos destinados a avaliar as habilidades para a vida em crianças e adolescentes encontrados (tabela 1).

A partir do levantamento na literatura, observa-se a existência de uma gama de instrumentos que avaliam HV voltados para a população adulta. É possível concluir que os instrumentos para a população infantojuvenil brasileira são escassos e apresentados majoritariamente para utilização em pesquisa. Na lista do Satepsi encontram-se os testes: Teste de Criatividade Figural Infantil, Teste de Habilidades Sociais em Crianças e Adolescentes em Situação Escolar (THAS-C), Inventário de Habilidades Sociais Para Adolescentes (IHSA) – com pareceres favoráveis – e a Escala de Rathus de Assertividade, Sistema Multimídia de Habilidades Sociais de Crianças (SMHSC) – como desfavoráveis devido a estudos de normalização vencidos. Cabe ressaltar ainda que alguns instrumentos avaliam mais de um construto, como são os casos dos instrumentos descritos na linha de avaliação de empatia, relacionamento interpessoal e comunicação eficaz.

Avaliações multimodais

O campo das HV desfruta de inúmeras definições, teorias e procedimentos de avaliação, não existindo uma definição única sobre o comportamento socialmente hábil ou sobre os procedimentos de avaliação. Avaliações multimodais são sempre recomendadas na literatura, e são realizadas a partir da análise com diferentes procedimentos – entrevistas com o indivíduo avaliado ou diferentes informantes, instrumentos validados de avaliação, *role-playing* em sessões, observação direta, entre outros. É importante também realizar a avaliação em diferentes etapas – antes, durante e após a intervenção, seja ela individual ou em grupo. O *follow-up* – a avaliação feita após um tempo depois da intervenção (diferente da avaliação logo após a intervenção) – é o tipo de avaliação mais rara em nosso país, mas que poderia trazer grandes benefícios para a pesquisa da área (Caballo, 2003). Considerando a importância de outras possibilidades de avaliação das HV, destacamos aqui alguns recursos adicionais de avaliação que podem compor avaliações multimodais.

Tabela 1

Instrumentos traduzidos, adaptados e/ou validados para população brasileira que avaliam as HV em crianças e adolescentes

Habilidade para a vida avaliada	Instrumento	Versão brasileira	Objetivo de avaliação	Idade recomendada	Características principais
Manejo de emoções	Escala de Afeto Positivo e Negativo para Crianças (EAPN-C)	Giacomoni e Hutz (2006)	Afeto positivo e negativo	Crianças de 7 a 12 anos.	Autorrelato. 34 itens.
	Escala de Afetos Positivos e Negativos para Adolescentes (EAPN-A)	Segabinazi et al. (2012)	Afeto positivo e negativo	Adolescentes de 14 a 19 anos.	Autorrelato. 28 itens.
	Eight-Item Brazilian Positive and Negative Affective Schedule for Children (PANAS-C8)	Damásio, Pacico, Polleto e Koller (2012)	Afeto positivo e negativo	Crianças e adolescentes de 7 a 16 anos.	Autorrelato. 8 itens.
	Escala de Avaliação da Regulação Emocional para Estudantes do Ensino Fundamental (ERE-EF)	Cruvinel e Boruchovitch (2010)	Quatro aspectos da regulação emocional: percepção de emoções, motivo que as geram, estratégias de como lidar com as emoções, caráter prejudicial para as emoções.	Crianças do Ensino Fundamental.	Autorrelato. 24 itens + oito pranchas com imagens de crianças expressando emoções.
	Inventário de Regulação de Emoções para Situações de Aprendizagem (IREmos Aprender)	Ricarte (2016)	Estratégias de regulação emocional para aprendizagem	Crianças do Ensino Fundamental.	Autorrelato. 30 itens.
Empatia	Escala de Empatia para Crianças e Adolescentes (EECA)	Koller, Camino e Ribeiro (2001).	Empatia	Estudantes do 2º ao 8º ano do Ensino Fundamental.	Autorrelato. 22 itens.
	Escala Multidimensional de Reatividade Interpessoal (EMRI)	Koller, Camino e Ribeiro (2001).	Empatia. Subescalas: consideração empática, Tomada de Perspectiva do Outro, Fantasia e Angústia pessoal.	A partir de 14 anos.	Autorrelato. 26 itens. Versão reduzida: 17 itens (Ribeiro et al., 2002)
	Escala de Empatia Infantojuvenil (EEmpa-IJ)	Kirst, Conceição e Martinelli (2014)	Empatia. Fatores: preocupação com outro, envolvimento emocional, flexibilidade interpessoal.	Crianças e adolescentes de 9 a 16 anos.	Autorrelato. 17 itens.

Habilidade para a vida avaliada	Instrumento	Versão brasileira	Objetivo de avaliação	Idade recomendada	Características principais
Empatia **Comunicação eficaz**	Inventário de Habilidades Sociais para Adolescentes (IHSA-Del-Prette)	Del Prette e Del Prette (2009).	Empatia, autocontrole, civilidade, assertividade, abordagem afetiva e desenvoltura social.	Adolescentes de 12 a 17 anos.	Autorrelato. 38 itens. Aprovado pelo CFP.
Relacionamento interpessoal	Inventário Multimídia de Habilidades Sociais para Crianças (IMHSC-Del Prette)	Del Prette e Del Prette (2005).	Empatia, autocontrole, civilidade, assertividade, abordagem afetiva e desenvoltura social. Avalia adequação e frequência das reações assertivas, passivas e agressivas e a dificuldade na assertividade.	Crianças de 7 a 12 anos.	Autorrelato 21 item. Aprovado pelo CFP.
	Sistema de Avaliação de Habilidades Sociais (SSRS-BR)	Del Prette, Freitas, Bandeira e Del Prette (2016)	Repertório de HS (empatia, afetividade, autocontrole, civilidade e assertividade), indicadores de problemas de comportamento e de competência acadêmica de crianças.	Crianças de 6 a 13 anos.	Versões: autorrelato, pais e professores 20 itens. Aprovado pelo CFP.
	Teste de Habilidades Sociais em Crianças e Adolescentes em situação escolar (THAS-C)	Bartholomeu, Silva e Montiel (2014)	Habilidades sociais no contexto escolar (civilidade, altruísmo, desenvoltura, autocontrole e assertividade).	Crianças e adolescentes de 7 a 15 anos.	Autorrelato. 23 itens.
	Escala de Comportamentos Sociais de Pré-escolares (PKBS-BR) Original: Preschool Kindergarten Behavior Scales – 2 (Merrell., 2002)	Dias, Freitas, Del Prette e Del Prette (2011)	Escala de habilidades sociais: cooperação social, interação e independência. Escala de comportamentos problemáticos: externalizantes e internalizantes.	Crianças pré--escolares.	Heterorrelato (Respondida por pais e professores). 74 itens.
	Escala Matson de Habilidades Sociais para Adolescentes (MESSY) Original: Matson Evaluation of Social Skills with Youngsters (MESSY) (Matson, Rotatori & Helsel, 1983)	Teodoro, Käpler, Rodrigues, Freitas e Haase (2005)	Agressividade/ comportamento antissocial, habilidades sociais/ assertividade, arrogância; solidão/ansiedade social.	Crianças e adolescentes.	Autorrelato. 62 itens.
	Escala de Rathus de Assertividade – Versão reduzida (RAS-r) Original: Rathus Assertiveness Scale – RAS (Rathus, 1973)	Pasquali e Gouveia (1990)	Inibição e desinibição ao enfrentar situações sociais, autodefesa e preocupação em evitar brigas.	Crianças, adolescentes e adultos.	Autorrelato, 20 itens.

16 Avaliação de habilidades para a vida e sua importância na prevenção em saúde e promoção de bem-estar

Pensamento criativo	Teste de Criatividade Figural Infantil Original: Torrance Tests of Creative Thinking: Verbal e Figural (Torrance, 1966)	Nakano, Wechsler e Primi (2011)	Criatividade a partir de quatro fatores: enriquecimento de ideias, emotividade, aspectos cognitivos e preparação criativa.	Crianças e adolescentes.	Aprovado pelo CFP.
Resolução de problemas **Tomada de decisão**	Children´s Gambling Task-Br (CGT-Br) Original: Children's Gambling Task (CGT) (Kerr & Zelazo, 2004)	Mata, Sallum, Moraes, Miranda e Malloy-Diniz (2013)	Tarefa para avaliar a tomada de decisão afetiva a partir de um "jogo" de cartas onde pode-se ganhar ou perder uma recompensa.	Crianças pré-escolares.	Tarefa computadorizada. 2 decks com 53 cartas cada. Utilização de recompensas concretas (chocolate) para avaliação.
	Inventário de Resolução de Problemas Sociais – Revisado: Forma Abreviada Original: The Social Problem-Solving Inventory – Revised (SPSI-R:S) (D'Zurilla, Nezu & Mayde-Olivares, 2002).	Padovani, Schelini e Williams (2009)	Resolução de problemas a partir de cinco dimensões: orientação positiva, negativa, solução racional, impulsividade e esquiva.	Adolescentes.	População de adolescentes somente do sexo masculino*. Autorrelato. 25 itens.

Autoconhecimento

Manejo de estresse Não foram encontrados instrumentos adaptados e/ou validados para a população infantojuvenil brasileira.

Pensamento crítico

* Comparação entre infratores e não infratores.

Para avaliar ou discutir acerca das HV com crianças e adolescentes da fase inicial, sugerimos, além das técnicas que serão destacadas a seguir, a Coleção Habilidades para a Vida (Neufeld, Ferreira & Maltoni, 2016), que conta com seis livros ilustrados com atividades que podem ser usados em sessão, individualmente ou em grupo e mesmo como sugestão de leitura conjunta com cuidadores e/ou educadores. Cabe ressaltar que a coleção trabalha de diferentes formas as 10 HV. Além dessa coleção, também se recomenda o *Almanaque para a vida: Desenvolvendo habilidades* (Maltoni, Ferreira & Neufeld, 2020) que consiste em um livro exclusivo de atividades para avaliar e desenvolver HV.

Autoconhecimento

Por ser um construto amplo e multidimensional ele se sobrepõe com outros conceitos na literatura, como, por exemplo, autoconceito, automonitoria e autopercepção. Além disso, é de difícil construção e compreensão para as crianças. Até o presente momento não foi encontrado na literatura nenhum instrumento psicométrico que avalia exclusivamente o autoconhecimento (Ferreira, Barletta, Mansur-Alves & Neufeld, no prelo). Esta escassez motivou que o estudo do doutorado de uma das autoras se debruçasse na direção de um instrumento pictórico de autoconhecimento para crianças. O instrumento encontra-se em fase de desenvolvimento e validação (Ferreira, 2019).

As pesquisas que investigam o autoconhecimento na infância e adolescência utilizam diversas outras técnicas para avaliar o autoconhecimento, como, por exemplo, no estudo de Davis et al. (2011) – derivado de Mitchell et al. (2009) – foi investigado o autoconhecimento em crianças de 4 a 7 anos por meio de uma atividade lúdica, na qual as crianças recebiam três caixas com tamanhos diferentes: pequena, média e grande, sendo que cada uma representava a intensidade do conhecimento, e também recebiam três cartões que representavam elas mesmas, os pais e o professor. Então o aplicador perguntava sobre algum conhecimento a respeito da criança, por exemplo, "quando você [está doente], quanto [sua mãe/pai] sabe sobre você [estar doente]?", e a criança direcionava os cartões para as caixas correspondentes de acordo com o que ela pensava sobre a intensidade do conhecimento do outro a respeito dela. Após essa pergunta o aplicador questionava a criança "E você? Quanto você sabe sobre o seu [estar doente]?", e novamente a criança colocava o cartão na caixa correspondente. Os itens envolviam questões observáveis e não observáveis; sendo assim, as perguntas para os pais eram sobre estar doente, sonhar e sentir fome e para a professora sobre pensar, se divertir e sentir raiva. Dessa forma, a ideia do instrumento é, primeiro, realizar uma pergunta direcionada para o outro para, posteriormente, estender para a criança. É neste segundo momento que está sendo avaliado o autoconhecimento. As pontuações eram organizadas da seguinte forma: 1 ponto para a caixa menor, 2 pontos para a caixa média e 3 pontos para a caixa grande. As pontuações mais altas indicavam maior autoconhecimento (Davis et al., 2011).

Outra ferramenta que pode ser utilizada para avaliar o autoconhecimento infantil é o jogo "*Stop* do Conhecimento" (Techio, 2018). Este jogo é destinado a crianças e adolescentes e foi desenvolvido para ser jogado no *setting* terapêutico, tanto para o psicólogo conhecer melhor o paciente quanto para este desenvolver o autoconhecimento de forma lúdica. Ele consiste em dois quadros que contêm espaços em branco para anotar sobre qualidades, defeitos, desejos, aspectos físicos e aprendizagens. Para jogá-lo é necessário sortear uma letra e a partir dela preencher o quadro o mais rápido possível com respostas sobre si que iniciam com a letra sorteada.

Ferreira e Neufeld (no prelo) apresentam possibilidades de técnicas para avaliar e trabalhar o autoconhecimento em crianças e adolescentes tanto para terapia individual como em grupo. De forma geral, todas as técnicas envolvem o auxílio de objetos concretos e/ou utilizam a visão de uma terceira pessoa (geralmente os pais) para a criança se conhecer, como por exemplo, incentivar uma brincadeira de entrevistar alguém (pais, professores, colegas) e realizar perguntas sobre o que o entrevistado conhece sobre o entrevistador, no caso a criança e o adolescente. Outra opção pode ser confeccionar um livro sobre a história de vida da criança ou do adolescente. Essas atividades proporcionam que o paciente reflita sobre si e suas características. Dessa maneira, entende-se que crianças, principalmente as mais novas, conseguem mensurar o autoconhecimento a partir da comparação com o outro, utilizando materiais concretos para isso. Esses achados corroboram com a literatura que enfatiza a necessidade de fazer adaptações e incluir objetos concretos para tratar de assuntos abstratos, como, por exemplo, refletir sobre pensamentos e monitorar estados emocionais (Stallard, 2007).

Empatia

A literatura tem indicado que é possível desencadear ou estimular a empatia por meio de histórias e ou vídeos de situações que desencadeiam emoções (McLaren, Vanwoerden & Sharp, 2019). Por exemplo, no Programa PRHA-VIDA, cujo objetivo é promover HV em grupo em crianças e adolescentes, tem uma sessão que é exclusiva sobre empatia. Nesta é contada uma história que pode desencadear uma emoção desagradável de sentir na criança (geralmente é tristeza), a partir disso é mostrado para a criança que acompanhando a história ela ficou triste juntamente com o personagem, e assim foi empática com ela; em vista disso inicia-se a psicoeducação sobre empatia. Diante desse momento é possível avaliar de forma qualitativa se a criança já conhecia a empatia, compreendeu o que era, identificou a intensidade e frequência com que exerce essa habilidade (Neufeld et al., 2014).

Atualmente há alguns livros infantis que tratam sobre empatia, como por exemplo, *Por que é importante entender a empatia?* (Tisser & Caminha, 2019), *Entrando em Sintonia com Fabi, a sagui*, que envolve desde psicoeducação como o treino dessa habilidade (Neufeld, Ferreira e Maltoni, 2016); *Bom dia, flor do dia! Entendendo o sentido da empatia* (Cartaxo, 2020) que, além da psicoeducação sobre empatia, trata sobre a comunicação empática. Há também jogos de perguntas e respostas que servem para iniciar o assunto da empatia e avaliá-la, como exemplo, o jogo *Empatia para crianças e adolescentes: 50 questões para aprimorar a compreensão do outro* (Sampaio, 2019). Todas essas atividades são destinadas a crianças, mas também podem ser adaptadas para os adolescentes. Apesar de serem materiais interventivos, podem ser utilizados para o processo de avaliação para poder conhecer de forma qualitativa o que a criança e o adolescente conhecem sobre a empatia, se utiliza em seu cotidiano e como a executam, avaliando intensidade e frequência, isto é, a avaliação consiste em identificar se a criança consegue emitir comportamentos empáticos, quais são eles, em que contexto ela consegue fazer isso, se tem uma regularidade ou é só em alguns momentos, entre outros aspectos que o avaliador julgar pertinente. Tudo isso pode ser feito durante a leitura das histórias e/ou nas brincadeiras com os jogos.

Manejo de emoções e estresse

Partindo da ideia que o manejo de emoções envolve um conjunto de fatores (reconhecimento, compreensão e resposta adequada), o processo de avaliar esse manejo envolve todas essas etapas. No entanto, a literatura mostra que nem sempre há uma única ferramenta ou instrumento que abarca todos esses fatores, por isso será mostrado a seguir algumas das ferramentas disponíveis para avaliar as emoções, podendo englobar ou não esse conjunto de fatores do manejo de emoções definido pela OMS.

O Baralho das Emoções é uma ferramenta desenvolvida por Caminha & Caminha (2011) que objetiva facilitar o acesso às emoções infantis na clínica cognitiva; ele é destinado às crianças de 7 a 12 anos, porém pode ser adaptado para adolescentes e adultos. Apesar de o seu objetivo principal ser um auxílio no processo psicoeducativo de aceitação e validação das emoções infantis, antes desse processo os autores recomendam avaliar quais emoções as crianças conhecem e solicitar que elas narrem um exemplo de situação vivenciada por elas que se associa a determinada emoção, e isso também pode se estender para emoções em outras pessoas. Dessa forma, percebe-se que esse baralho permite dar o passo inicial sobre o reconhecimento das emoções em si e nos outros.

O jogo Universo das Emoções (Negrão, 2020) tem o objetivo de desenvolver na criança a capacidade de identificar, reconhecer e nomear as emoções felicidade, tristeza, raiva, medo, nojo, surpresa, desprezo e neutralidade. Ele é indicado para crianças acima de 6 anos sem idade-limite de uso. Assim como no baralho descrito acima, antes do processo de desenvolver essas capacidades na criança é preciso reconhecer o que elas já sabem sobre as emoções em si e nos outros, que consiste no processo de uma avaliação qualitativa, por isso esse jogo pode ser um recurso para tal finalidade.

Acredita-se que as atividades de manejo de estresse estão implícitas nas ferramentas de manejo de emoções, pois envolve reconhecer estados emocionais que fazem parte do estresse como, por exemplo, se sentir "irritado", "amedrontado" e "incomodado"; e também nas atividades do autoconhecimento, que por sua vez abarcam reconhecer fontes de estresse e como o indivíduo é afetado por elas.

Relacionamento interpessoal e comunicação eficaz

Como já citado nos instrumentos psicométricos, relacionamento interpessoal e comunicação eficaz são habilidades que fazem parte das HS, por isso para avaliá-las clinicamente também é necessário avaliar as HS de forma geral, impossibilitando sua desvinculação. Um exemplo disso é o *Baralho das Habilidades Sociais: Desenvolvendo as Relações* (Rodrigues & Folquitto, 2015) que tem o objetivo de auxiliar na observação, treinamento e desenvolvimento de HS. Na parte da observação engloba observar os comportamentos individuais de cada jogador, verificar a interação entre os jogadores, comparar o desempenho da criança em diferentes momentos durante o processo de intervenção, incluindo observar as mudanças comportamentais. Sendo assim, todas essas observações fazem parte do processo de avaliação qualitativa do relacionamento interpessoal.

Pensamento crítico e criativo

Para a avaliação clínica do pensamento crítico e criativo, uma tarefa simples pode ser adaptada. A Tempestade de Ideias ou *Brainstorm* é uma técnica amplamente utilizada para desenvolvimento do pensamento criativo, e pode ser utilizada de uma maneira atrativa com crianças e adolescentes com materiais simples (cf. WHO, 1997; Minto et al., 2006) – caneta, pedaços de papel e uma cesta ou caixa. Antes do início, se decide um problema ou dilema a ser analisado – uma situação pessoal, ou de um filme ou mesmo de alguém conhecido pela criança ou adolescente. Após a definição do problema se inicia a "tempestade" de ideias e soluções. Anotam-se todas que vierem à mente em pedaços diferentes de papel e coloque-os dentro do recipiente escolhido. Antes de iniciar, oriente sobre a necessidade de deixar de lado o julgamento sobre as ideias anotadas.

A parte mais recreativa ocorre no momento da "chuva de ideias" – no qual se despeja ou escolhe aleatoriamente os pedaços de papel e algumas serão lidas em voz alta. Neste momento, as soluções cogitadas são, então, analisadas em termos de suas consequências. Uma terceira etapa pode ser o planejamento da ação escolhida. Como apontado anteriormente, existe uma conexão entre pensamento criativo, crítico, tomada de decisão e resolução de problemas. É possível observar que, no momento da análise das ideias sugeridas, entram em ação essas outras habilidades – com isso, pode-se avaliar como as escolhas são embasadas, como se dá o processo de ponderação de consequências e como é realizado o planejamento para colocar em prática alguma das soluções.

Resolução de problemas e tomada de decisão

Jogos também são recursos que podem ser utilizados para avaliar a tomada de decisão e resolução de problemas. O "Jogo da Mesada" (Estrela) segue o estilo de avaliação da tomada de decisão baseada na recompensa (fictícia) das escolhas. O jogo consiste na administração do dinheiro, levando em conta consequências em curto e longo prazos e situações adversas, sendo o ganhador aquele que consegue ter mais dinheiro sobrando ao final do mês. Dessa maneira é possível avaliar como é o processamento dos riscos envolvidos na decisão e no planejamento do indivíduo, perguntando quais as possíveis consequências de cada decisão. A avaliação pode ser extrapolada para outros contextos, como decisões da rotina de estudos ou de relacionamentos interpessoais. No sentido da avaliação das habilidades de resolução de problemas, o jogo "70 de novo: jogo terapêutico para treino de resolução de problemas" (Terapia Criativa) pode ser usado com crianças e adolescentes de 6 a 12 anos. O treino é feito por meio de uma brincadeira de "sobe e desce" para situações-problema a serem analisadas em cartas. A depender da resposta, o jogador pode avançar ou não no jogo, aprendendo ao final sobre alternativas mais adaptativas de resoluções de problemas. Comportamentos socialmente adequados e autocontrole também podem ser desenvolvidos.

Considerações finais

Este capítulo teve o objetivo de mostrar possibilidades de avaliação das HV em crianças e adolescentes, tanto por meio de instrumentos psicométricos como por meio de outras ferramentas que permitem a observação e avaliação qualitativa das HV. Ressalta-se a importância de avaliar o repertório dessas habilidades, pois elas são recursos que estão associados a bem-estar e qualidade de vida e, por isso, altamente associadas a prevenção de doenças e promoção de saúde.

Apesar de vasto e de extrema importância, o campo das HV apresenta insuficiência de instrumentos para avaliação psicológica para a população infantil e adolescente. Sabe-se que o desenvolvimento infantil é um processo dinâmico e muito diversificado, o que torna o processo avaliativo muito mais complexo, necessitando ser mais cauteloso e com especificidades. Dessa forma, julga-se necessário o desenvolvimento de mais estudos sobre instrumentação psicológica para crianças e adolescentes brasileiros.

Adicionalmente, outra dificuldade foi encontrar os instrumentos que avaliam as 10 HV. Como citado anteriormente, não foi encontrado na literatura nacional um instrumento traduzido, adaptado e/ou validado para o Brasil que mensura essas habilidades segundo a definição da OMS, por isso o capítulo trouxe instrumentos que avaliam as HV em separado. No entanto, essas habilidades são amplas e envolvem mais de um comportamento ou até mesmo mais de um construto, o que dificulta o desenvolvimento de um único instrumento para avaliar tais habilidades, pois sabe-se que o processo de criação de um instrumento psicométrico é longo, meticuloso e exige um amplo estudo do construto que o mesmo pretende avaliar. Cabe salientar que não foram encontrados instrumentos que avaliam apenas autoconhecimento, manejo de estresse e pensamento crítico.

Para suprir a ausência de testes psicológicos e enfatizar a importância de uma avaliação multimodal, o capítulo trouxe alternativas para uma avaliação qualitativa, indicando possibilidades de instrumentos e ferramentas de avaliação de HV. Os recursos de avaliação qualitativa são exemplos de materiais que mesmo tendo objetivos interventivos podem fornecer importantes informações para avaliar o conjunto de fatores que envolvem as HV. Essas possibilidades não se esgotam aqui, cabe ao leitor verificar quais instrumentos e ferramentas são mais úteis para o seu trabalho, e o tempo todo se atentar e desenvolver uma reflexão criativa em busca de alternativas para observar tais habilidades, pois, além das escalas, elas também podem ser avaliadas por meio de mínimas observações de atitudes e comportamentos, bem como em diálogos e falas explícitas.

Referências

Abreu, S., Barletta, J. B., & Murta, S. G. (2015). Prevenção e promoção em saúde mental: Pressupostos teóricos e marcos conceituais. In S. G. Murta, C. Leandro-França, K. B. Santos & L. Polejack (orgs.), *Prevenção e promoção em saúde mental: Fundamentos, planejamento e estratégias de intervenção* (pp. 54-74). Sinopsys.

Aránega, A. Y., Sánchez, R. C., & Pérez, C. G. (2019). Mindfulness' effects on undergraduate's perception of self-knowledge and stress levels. *Journal of Business Research, 101*, 441-446. https://doi.org/10.1016/j.jbusres.2019.01.026

Bartholomeu, D., Silva, M. C. R., & Montiel, J. M. (2011). Teste de habilidades sociais para crianças: Evidências psicométricas de uma versão inicial. *Psico-USF, 16*(1), 33-43. https://doi.org/10.1590/S1413-82712011000100005

Batista, H. H. V., & Noronha, A. P. P. (2018). Instrumentos de autorregulação emocional: Uma revisão da literatura. *Avaliação Psicológica, 17*(3), 389-398. https://doi.org/10.15689/ap.2018.1703.15643.12

Biasi, F. C., & Villemor-Amaral, A. E. (2016). Evidências de validade do Zulliger-SC para avaliação do relacionamento interpessoal de crianças. *Psico, 47*(1), 13-23. http://dx.doi.org/10.15448/1980-8623.2016.1.19990

Botvin, G. J., & Griffin, K. W. (2015). Treinamento de habilidades para a vida. In S. G. Murta, C. Leandro-França, K. B. Santos & L. Polejack. *Prevenção e promoção em saúde mental: Fundamentos, planejamento e estratégias de intervenção* (pp. 405-418). Artmed.

Branco, L. D., Cotrena, C., Cardoso, C. O., & Fonseca, R. P. (2014). Avaliação da tomada de decisão utilizando questionários: Revisão sistemática da literatura. *Avaliação Psicológica, 13*(1), 67-76. http://hdl.handle.net/10923/9317

Bravo, A. J. (2010). *Habilidades para la vida, una estrategia útil para la promoción de la salud y la prevención del consumo de sustâncias psicoactivas en los colegios de FYA Colombia*. Bogotá: Congresso Internacional "Como prevenir el consumo de alcohol y otras drogas en la escuela y la familia".

Bryant, B. K. (1982). An index of empathy for children and adolescents. *Child Development, 53*, 413-425. https://doi.org/10.2307/1128984

Caballo, V. E. (2003). *Manual de avaliação e treinamento das habilidades sociais*. Santos.

Caminha, R. M., & Caminha, M. G. (2011). *Baralho das emoções: Acessando a criança no trabalho clínico*. Sinopsys.

Cartaxo, V. (2020). *Bom dia, flor do dia! Entendendo o sentido da empatia*. Sinopsys.

Collaborative for Academic, Social, and Emotional Learning. (2015). Effective Social and Emotional Learning Programs. *Preschool and Elementary School Edition*. Casel Guide; American Psychological Association.

Costa, L. S. M., & Pereira, C. A. A. (2007). Bem-estar subjetivo: Aspectos conceituais. *Arquivos Brasileiros de Psicologia, 59*(1), 72-80.

Cox, M. J., Mills-Koonce, R., Propper, C., & Gariépy, J. L. (2010). Systems theory and cascades in developmental psychopathology. *Development and Psychopathology, 22*(3), 497-506. https://doi.org/10.1017/S0954579410000234

Cruvinel, M., & Boruchovitch, E. (2010). Regulação emocional: A construção de um instrumento e resultados iniciais. *Psicologia em Estudo, 15*(3), 537-545. https://doi.org/10.1590/S1413-73722010000300011

D'Zurilla, T. J., Nezu, A. M., & Maydeu-Olivares, A. (2002). *Social Problem-Solving Inventory – Revised: Technical Manual*. Multi-Health Systems.

Damásio, B. F., Pacico, J. C., Poletto, M., & Koller, S. H. (2012). Refinement and psychometric properties of the eight-item Brazilian positive and negative affective schedule for children (PANAS-C8). *Journal of Happiness Studies, 14*(4), 1.363-1.378. http://10.1007/s10902-012-9383-x

Davis, P. E., Meins, E., & Fernyhough, C. (2011). Self-knowledge in childhood: Relations with children's imaginary companions and understanding of mind. *British Journal of Developmental Psychology, 29*, 680-686. http://10.1111/j.2044-835X.2011.02038.x.

Del Prette, A., & Del Prette, Z. A. P. (2009). *Inventário de habilidades sociais para adolescentes (IHSA-Del-Prette): Manual de aplicação, apuração e interpretação*. Casa do Psicólogo.

Del Prette, A., & Del Prette, Z. A. P. (2017). *Competência social e habilidades sociais: Manual teórico-prático*. Vozes.

Del Prette, Z. A. P., & Del Prette, A. (2005). *Sistema Multimídia de Habilidades Sociais de Crianças: (SMHSC-Del-Prette)*. Casa do Psicólogo.

Del Prette, Z. A. P., Freitas, L. C., Bandeira, M., & Del Prette, A. (2016). *Inventário de habilidades sociais, problemas de comportamento e competência acadêmica para crianças: Manual técnico*. Pearson.

Diamond, A. (2012). Activities and programs that improve children's executive functions. *Current Directions in Psychological Science, 21*(5), 335-341. https://doi.org/10.1177/0963721412453722

Diamond, A. (2013). Executive functions. *Annual Review of Psychology, 64*(1), 135-168. https://doi.org/10.1146/annurev-psych-113011-143750

Dias, T. P., Freitas, L. C., Del Prette, Z. A. P., & Del Prette, A. (2011). Validação da escala de comportamentos sociais de pré-escolares para o Brasil. *Psicologia em estudo, 16*(3), 447-457. https://doi.org/10.1590/S1413-73722011000300012

Elias, M. J., Bruene-Butler, L., Blum, L., & Schuyler, T. (2000). Voices from the field: Identifying and overcoming roadblocks to carrying out programs in social and emotional learning/emotional intelligence. *Journal of Educational and Psychological Consultation, 11*, 253-272. https://doi.org/10.1207/S1532768XJEPC1102_06

Escrivá, V. M., Garcia, S. P., & Navarro, F. D. (2004). Personalidad y contexto familiar como factores predictores de la disposición prosocial y antisocial de los adolescentes. *Revista Latinoamericana de Psicología, 36*(3), 445-457.

Estrela. *Jogo da Mesada.*

Fernández-Pinto, I., López-Pérez, B., & Márquez M. (2008). Empatía: Medidas, teorías y aplicaciones em revisión. *Anales de Psicología, 24*, 284-298.

Ferreira, I. M. F. (2017). *Adaptação de validação de dois instrumentos para avaliar habilidades para vida em crianças e adolescentes* [Manuscrito não publicado]. Universidade de São Paulo.

Ferreira, I. M. F. (2019). *Elaboração e validação de um instrumento pictórico de avaliação de autoconhecimento em crianças e adolescentes de 8 a 14 anos* [Exame de qualificação de doutorado, Universidade de São Paulo].

Ferreira, I. M. F., & Neufeld, C. B. (2020). Habilidades para vida. In Federação Brasileira de Terapias Cognitivas, C. B. Neufeld, E. M. O. Falcone & B. P. Rangé (orgs.), *Procognitiva: Programa de Atualização em Terapia Cognitivo-Comportamental: Ciclo 7* (pp. 133-167). Artmed Panamericana.

Ferreira, I. M. F., & Neufeld, C. B. (no prelo). Técnicas para o autoconhecimento. In M. R. C. Lins & C. B. Neufeld. Técnicas de terapia cognitivo-comportamental para crianças e adolescentes. Sinopsys

Ferreira, I. M. F., Barletta, J. B., Mansur-Alves, M., & Neufeld, C. B. (no prelo). *Do autoconhecimento ao autoconceito: Uma revisão sobre construtos e instrumentos para crianças e adolescentes* [Manuscrito submetido].

Florea, N. M., & Hurjui, E. (2015). Critical thinking in elementary school children. *Procedia – Social and Behavioral Sciences. 180,* 565-572. https://doi.org/10.1016/j.sbspro.2015.02.161

Franco, G. R., & Rodrigues, M. C. (2015). Programa de habilidade de vida para adolescentes em situação de vulnerabilidade social: Relato de uma pesquisa-intervenção. In S. G. Murta, C. Leandro-França, K. B. dos Santos & L. Polejack (orgs.), *Prevenção e promoção em saúde mental: Fundamentos, planejamento e estratégias de intervenção* (pp. 677-694). Sinopsys.

Garaigordobil, M., & García de Galdeano, P. (2006). Empatía en niños de 10 a 12 años. *Psicothema, 18,* 180-186.

Ghandour, R. M., Sherman, L. J., Vladutiu, C. J., Ali, M. M., Lynch, S. E., Bitsko, R. H., & Blumberg, S. J. (2019). Prevalence and treatment of depression, anxiety, and conduct problems in US children. *J Pediatr, 206,* 256-267.

Giacomoni, C. H., & Hutz, C. S. (2006). Escala de afeto positivo e negativo para crianças: Estudos de construção e validação, *10*(2), 235-245. http://dx.doi.org/10.1590/S1413-85572006000200007

Grant, G. E. (1988). *Teaching Critical Thinking.* Praeger.

Gur, C. (2015). Self-knowledge and adolescence. *Procedia – Social and Behavioral Sciences, 197,* 1.716-1.720. http://10.1016/j.sbspro.2015.07.225

Hoffman, M. L. (2008). Empathy and prosocial behaviour. In M. Lewis, J. Haviland-Jones & L. Feldman Barrett, *Handbook of emotions* (3. ed., pp. 440-455). Guilford.

Hutz, C. S., Bandeira, D. R., & Trentini, C. M. (orgs.) (2015). *Psicometria.* Artmed.

Iida, J., & Ishikuma, T. (2003). Development of scales measuring skills in junior high school students: An overview of studies. *Tsukuba Psychological Research, 26,* 213-228.

Janis, I. L., & Mann, L. (1977). *Decision making: A psychological analysis of conflict, choice, and commitment.* Free Press.

Kadish, T. E., Glaser, B. A., Calhoun, G. B., & Ginter, E. J. (2001). Identifying the developmental strengths of juvenile offenders: Assessing four life-skills dimensions. *Journal of Addictions & Offender Counseling, 21*, 85-95. https://doi.org/10.1002/j.2161-1874.2001.tb00154.x

Kargar, F. R., Ajilchi, B., Kalantar, M. C., & Zohoori, Z. Z. (2013). The effect of teaching critical and creative thinking skills on the locus of control and psychological well-being in adolescents. *Procedia – Social and Behavioral Sciences, 82*, 51-56. https://doi.org/10.1016/j.sbspro.2013.06.22.3

Kennedy, F., Pearson, D., Brett-Taylor, L., & Talreja, V. (2014). The Life Skills Assessment Scale: Measuring life skills of disadvantaged children in the developing world. *Social Behavior and Personality, 42*(2), 197-210.

Kerr, A., & Zelazo, P. D. (2004). Development of "hot" executive function: The Children's Gambling Task. *Brain Cognition, 55*(1), 148-157. https://doi.org/10.1016/S0278-2626(03)00275-6

Kirst-Conceição, A. C., & Martinelli, S. C. (2014). Análises psicométricas iniciais de uma escala de empatia infantojuvenil (EEmpa-IJ). *Avaliação Psicológica, 13*(3), 351-358.

Klasen H., & Crombag, A. C. (2013). What works where? A systematic review of child and adolescent mental health interventions for low- and middle-income countries. *Social Psychiatry and Psychiatric Epidemiology, 48*, 595-611. https://doi.org/10.1007/s00127-012-0566-x

Koller, S. H., Camino, C., & Ribeiro, J. (2001). Adaptação e validação interna de duas escalas de empatia para uso no Brasil. *Estudos de Psicologia, 18*(3), 43-53. http://dx.doi.org/10.1590/S0103-166X2001000300004

Kummabutr, J. (2012). *The effect of the parent training program along with the life skills training program on the life skills of the fifth graders* [Tese de doutorado, Mahidol University].

Lipp, M. E. N. et al. (orgs.). (2014). *Stress em crianças e adolescentes* (1. ed.). Papirus.

López-Pérez, B., Ambrona, T., & Márquez-González, M. (2014). Adaptación y validación de un instrumento para la evaluación de la empatía en niños y adolescentes: Teca-NA. *Behavioral Psychology/Psicología Conductual, 22*(1), 5-18.

Macedo, D. M., Petersen, C. S., & Koller, S. H. (2017). Desenvolvimento cognitivo, socioemocional e físico na adolescência e as terapias cognitivas contemporâneas. In C. B. Neufeld (org.), *Terapia cognitivo-comportamental para adolescentes uma perspectiva transdiagnóstica e desenvolvimental* (pp. 16-28). Artmed.

Marin, A. H., Silva, C. T., Andrade, E. I. D., Bernardes, J., & Fava, D. C. (2017). Competência socioemocional: Conceitos e instrumentos associados. *Revista Brasileira de Terapias Cognitivas, 13*(2), 92-103.

Markus, H. (1983). Self-knowledge: An expanded view. *Journal of Personality, 51*, 543-565. https://doi.org/10.1111/j.1467-6494.1983.tb00344.x

Mata, F. G, Neves, F. S., Lage, G. M., Moraes, P. H. P., Mattos, P., Fuentes, D., Corrêa, H., & Malloy-Diniz, L. (2011). Avaliação neuropsicológica do processo de tomada de decisões em crianças e adolescentes: Uma revisão integrativa da literatura. *Archives of Clinical Psychiatry, 38*(3), 106-115. https://doi.org/10.1590/S0101-60832011000300005

Mata, F., Sallum, I., Moraes, P. H. P. Miranda, D. M., & Malloy-Diniz, L. F. (2013). Development of a computerised version of the Children's Gambling Task for the evaluation of affective decision-making in Brazilian preschool children. *Estudos de Psicologia (Natal), 18*(1), 151-157. https://doi.org/10.1590/S1413-294X2013000100024

Matson, J. L., Rotatori, A. F., & Helsel, W. J. (1983). Development of a rating scale to measure social skills in children: The Matson Evaluation of Social Skills with Youngsters (Messy). *Behavior Research and Therapy, 21*(4), 335-340. https://doi.org/10.1016/0005-7967(83)90001-3

McCoy, D. C. (2016). The impact of poverty and violence on Children's social-emotional development. https://www.apa.org/act/resources/webinars/poverty-violence-mccoy.pdf

McLaren, V., Vanwoerden, S., & Sharp, C. (2019). The basic empathy scale: Factor structure and validity in inpatient adolescents. *Psychological*

Assessment, 31(10), 1.208-1.219. https://doi.org/10.1037/pas0000741

McLaughlin, K. A., Garrad, M. C., & Somerville, L. H. (2015). What Develops During Emotional Development? A Component Process Approach to Identifying Sources of Psychopathology Risk in Adolescence. *Dialogues in Clinical Neuroscience, 17*(4), 403-410.

Merrell, K. W. (2002). *Preschool and Kindergarten Behavior Scales* (2. ed.). PRO-ED.

Minto, E. C., Pedro, C. P., Netto, J. R. C., Bugliani, M. A. P., & Gorayeb, R. (2006). Ensino de habilidades de vida na escola: Uma experiência com adolescentes. *Psicologia em Estudo, 11*(3), 561-568. https://doi.org/10.1590/S1413-73722006000300012

Mitchell, P., Teucher, U., Bennett, M., Zeigler, F., & Wyton, R. (2009). Do children start out thinking they don't know their own minds? *Mind and Language, 24*, 328-346. https://doi.org/10.1111/j.1468-0017.2009.01365.x

Montgomery, D. E. (1997). Wittgenstein's private language argument and children's understanding of the mind. *Developmental Review, 17*, 291-320. https://doi.org/10.1006/drev.1997.0436

Murta, S. G., & Barletta, J. B. (2015). Promoção de saúde mental e prevenção aos transtornos mentais em terapia cognitivo-comportamental. In C. B. Neulfeud, E. Falcone & B. Rangé (orgs.), *Procognitiva: Programa de Atualização em Terapia Cognitivo-Comportamental: Ciclo 1* (vol. 4, pp. 9-62). Artmed Panamericana.

Nakano, T. C., & Primi, R. (2012). A estrutura fatorial do Teste de Criatividade Figural Infantil. *Psicologia: Teoria e Pesquisa, 28*(3), 275-283. https://doi.org/10.1590/S0102-37722012000300003

Nakano, T. C., Wechsler, S. M., & Primi, R. (2011). *Teste de criatividade figural infantil: Manual técnico.* Vetor.

Nardi, P. C., Ferreira, I. M. F., & Neufeld, C. B. (2015). Programas de promoção de saúde mental em grupo para crianças. In C. B. Neufeld, *Terapia cognitivo-comportamental em grupo para crianças e adolescentes* (pp. 35-51). Artmed.

Negrão, J. (2020). *Universo das emoções.* Idea Jogos.

Neufeld, C. B., Daolio, C. C., Cassiano, M., Rossetto, C. P. F., & Cavenage, C. C. (2014). Prhavida – Programa cognitivo-comportamental de habilidades de vida para crianças e adolescentes. In C. B. Neufeld (org.), *Intervenções e pesquisas em terapia cognitivo-comportamental com indivíduos e grupos.* Sinopsys.

Neufeld, C. B., Ferreira, I. M. F., & Maltoni, J. (2016). *Coleção habilidades para a vida.* Sinopsys.

Neufeld, C. B., Ferreira, I. M. F., & Maltoni, J. (2016). *Entrando em sintonia com Fabi, a sagui.* Sinopsys.

Neufeld, C. B., Maltoni, J., & Ferreira, I. M. F. (2020). *Almanaque para a vida: Desenvolvendo habilidades.* Sinopsys.

Oliveira, S. A. (2012). *Prevenção em saúde mental no Brasil na perspectiva da literatura e de especialistas da área* [Dissertação de mestrado, Universidade de Brasília]. http://repositorio.unb.br/handle/10482/11952

Padovani, R. C., Schelini, P. W., & Williams, L. C. A. (2009). Inventário de resolução de problemas sociais – Revisado: Evidências de validade e precisão. *Avaliação Psicológica, 8*(2), 267-276.

Pasquali, L., & Gouveia, V. V. (2012). Escala de assertividade Rathus – Ras: Adaptação brasileira. *Psicologia: Teoria e Pesquisa, 6*(3), 233-249.

Peruzzo, A. S., Cattani, B. C., Guimarães, E. R., Boechat, L. d. C., Argimon, I. I. d. L., & Scarparo, H. B. K. (2008). Stress e vestibular como desencadeadores de somatizações em adolescentes e adultos jovens. *Psicologia Argumento, 26*(55), 319-327

Petersen, C. S., & Wainer, R. (2011). Princípios básicos da terapia cognitivo-comportamental de crianças e adolescentes. In C. S. Petersen & R. Wainer (orgs.), *Terapias cognitivo-comportamentais para crianças e adolescentes* (pp. 16-31). Artmed.

Rathus, S. A. (1973). A 30-item schedule for assessing assertive behavior. *Behavior Therapy, 4*(1), 398-406. https://doi.org/10.1016/S0005-7894(73)80120-0

Reeve, J. (2006). *Motivação e emoção.* LTC.

Ricarte, M. D. (2016). Construção de um instrumento para avaliação da regulação emocional em crianças e adolescentes [Dissertação de mestrado, Universidade Federal de Pernambuco]. https://repositorio.ufpe.br/bitstream/123456789/24560/1/DISSERTA%c3%87%c3%83O%20Mirela%20Dantas%20Ricarte.pdf

Ritter, S. M., & Mostert, N. (2017). Enhancement of creative thinking skills using a cognitive-based creativity training. *Journal of Cognitive Enhancement, 1*(3), 243-253. https://doi.org/10.1007/s41465-016-0002-3

Rodrigues, C. L., & Folquitto, C. T. (2015). *Baralho das habilidades sociais: Desenvolvendo as relações.* Sinopsys

Rodrigues, M. C., Dias, J. P., & Freitas, M. F. R. L. (2010). Resolução de problemas interpessoais: Promovendo o desenvolvimento sociocognitivo na escola. *Psicologia em Estudo, 15*(4), 831-839. http://dx.doi.org/10.1590/S1413-73722010000400019

Rosenberg, M. (1979). *Conceiving the self.* Basic Books.

Sampaio, L. R., Guimarães, P. R. B., Camino, C. P. dos S., Formiga, N. S., & Menezes, I. G. (2011). Estudos sobre a dimensionalidade da empatia: Tradução e adaptação do Interpersonal reactivity index (IRI). *Psico, 42*(1), 67-76.

Sampaio, S. (2019). *Empatia para crianças e adolescentes: 50 questões para aprimorar a compreensão do outro.* Matrix.

Segabinazi, J. D., Zortea, M., Zanon, C., Bandeira, D. R., Giacomoni, C. H., & Hutz, C. S. (2012). Escala de afetos positivos e negativos para adolescentes: Adaptação, normatização e evidências de validade. *Avaliação Psicológica, 11*(1), 1-12.

Shirk, S. R. (2001). Development and cognitive therapy. *Journal of Cognitive Psychotherapy, 15*(3), 155-163.

Shure, M. B., & Spivack, G. (1982). Interpersonal problem-solving in young children: A cognitive approach to prevention. *American Journal of Community Psychology, 10*(3), 341-356. https://doi.org/10.1007/BF00896500

Singer, T., & Klimecki, O. M. (2014). Empathy and compassion. *Current Biology, 24*(18), 875-878. https://doi.org/10.1016/j.cub.2014.06.054

Spence, S. H., Sheffield, J. K., & Donovan, C. L. (2003). Preventing adolescent depression: An evaluation of the Problem Solving For Life program. *Journal of Consulting and Clinical Psychology, 71*(1), 3-13. https://doi.org/10.1037/0022-006X.71.1.3

Stallard, P. (2007). *Guia do terapeuta para os bons pensamentos e bons sentimentos: Utilizando a terapia cognitivo-comportamental com crianças e adolescentes.* Artmed.

Subasree, R., & Nair, A. R. (2014). The Life Skills Assessment Scale: The construction and validation of a new comprehensive scale for measuring life skills. *Journal of Humanities and Social Science, 19*(1), 50-58. https://doi.org/10.9790/0837-19195058

Techio, M. (2018). *Stop do conhecimento.* Ric Jogos.

Teodoro, M. L. M., Käppler, K. C., Rodrigues, J. L., Freitas, P. M., & Haase, V. G. (2005). The Matson Evaluation of Social Skills with Youngsters (Messy) and its adaptation for Brazilian children and adolescents. *Revista Interamericana de Psicologia, 39*(2), 239-246.

Terapia Criativa. *70 de novo: Jogo terapêutico para treino de resolução de problemas.*

Thiengo, D. L., Cavalcante, M. T., & Lovisi, C. M. (2014). Prevalência de transtornos mentais entre crianças e adolescentes e fatores associados: Uma revisão sistemática. *Jornal Brasileiro de Psiquiatria, 63*(4), 360-372. https://doi.org/10.1590/0047-2085000000046

Tisser, L., & Caminha, M. G. (2019). *Por que é importante entender a empatia?* Sinopsys.

Torrance, E. P. (1966). *The Torrance tests of creative thinking: Norms-technical manual research edition. Verbal tests, forms A and B. Figural tests, forms A and B.* Personnel.

Unesco – International Bureau of Education. (2014). *Guiding principles for learning in the twenty first century.* www.ecolint.ch/file/621/download?token=zhQHu7qg.

Weiner, I. B. (2000). *Princípios da interpretação do Rorschach.* Casa do Psicólogo.

Weisz, J. R., Sandler, I. N., Durlak, J. A., & Anton, B. S. (2005). Promoting and protecting youth mental health through evidence-based prevention and treatment. *American Psychologist, 60*(6), 628-648.

World Health Organization [WHO] (1997). *Life skills education for children and adolescents in schools.* https://apps.who.int/iris/bitstream/handle/10665/63552/WHO_MNH_PSF_93.7A_Rev.2.pdf?sequence=1 & isAllowed=y.

World Health Organization [WHO]. (2005). *Mental health policy and service guidance package: Child and adolescent mental health policies and plans.* WHO.

17
Depressão e suicídio na infância e adolescência

Makilim Nunes Baptista
Ana Celi Pallini
Ricardo Franco de Lima
Universidade São Francisco

Highlights
- A contradição entre a infância feliz e a realidade de muitas crianças.
- A depressão é o segundo transtorno mais prevalente na infância e adolescência.
- Quadros depressivos e o suicídio podem ser compreendidos como fenômenos complexos e multifatoriais.
- Aspectos neurobiológicos estão relacionados a depressão e suicídio.

Introdução

Por muito tempo se acreditou que a depressão e o suicídio fossem fenômenos restritos ao público adulto e, em menor grau, a idosos. A infância e adolescência foram fases do desenvolvimento consideradas como fora de risco por muitos profissionais da saúde, concepção essa que perdurou por séculos e teve sua veracidade questionada somente nas últimas décadas (Bahls, 2002; Toolan, 1981). Falar de depressão e suicídio nessa faixa etária é um grande desafio, pois se trata de uma temática complexa e um público estudado com menor frequência, sob o qual estão envolvidas diversas variáveis decorrentes do próprio desenvolvimento maturacional (Resende & Teodoro, 2018).

Culturalmente a infância é retratada como uma fase envolta de alegrias e desfrute de bons momentos. O brincar, o sorrir, o colorido, a fantasia e a inocência são alguns dos aspectos frequentemente atrelados a ela, sendo, por vezes, considerada ou pelo menos referida como a melhor fase da vida, por ser "isenta" de preocupações e responsabilidades. Mas será que a infância tão idealizada e feliz é uma realidade para a maior parte das crianças?

Na década de 1980, a pedagoga, arte-educadora e escritora infantojuvenil brasileira, Fanny Abramovich, desenvolveu trabalhos com o intuito de desconstruir a ideia de "infância e criança perfeita". Um dos seus trabalhos teóricos mais conhecidos é denominado justamente como "O mito da infância feliz" (Abramovich, 1983). Frota (2007) enfatizou que esse "paraíso infantil" é bastante restrito, visto que as crianças que vivem em condições de miséria, negligência, violência, com ausência de suporte e condições básicas de vida, descobrem desde cedo que não podem desfrutar desse "lugar" de alegria. Nesse mesmo sentido, Elisabeth Wesseling (2017) em seu livro *Reinventing Childhood Nostalgia: Books, Toys, and Contemporary Media Culture* relatou que o ideal romântico da infância não era assim tão real quando aplicado a crianças reais, em seus contextos amplos e pouco generalizáveis.

Em relação à adolescência, o cenário é um pouco diferente, apesar de haver mitos e concepções sociais atreladas a sua compreensão. Geralmente a ideia de pureza e inocência vai dando lugar à rebeldia (Frota, 2008). Trata-se de um período em que ocorre certa naturalização da reclusão e mudanças sociais, sendo uma fase frequentemente referida como "aborrecência", em função das constantes oscilações de humor (Anjos & Duarte, 2017). Quiroga e Vitalle (2013) ressaltaram que a passagem da infância para adolescência vai além de simples mudanças hormonais e físicas causadas pela puberdade, ela se caracteriza também pela construção de uma identidade. Durante essa fase podem ocorrer diversos conflitos de papéis, pois o adolescente não é mais considerado uma criança isenta de responsabilidades, tampouco um adulto que pode tomar decisões por si só. Considerando toda a "turbulência" dessa fase, é preciso se perguntar em que momento as mudanças comportamentais podem ser um alerta de que algo não vai bem ou não corresponde às mudanças características do próprio desenvolvimento.

Essa imagem idealizada da infância e naturalização das mudanças da adolescência dificultam a identificação precoce de diversos transtornos mentais que podem afetar significativamente o desenvolvimento saudável e trazer prejuízos severos, e até irreversíveis, como é o caso do suicídio. Esse é um aspecto preocupante, tendo em vista que o número de crianças e adolescentes com transtornos mentais, como a depressão, e que tentam suicídio tem aumentado significativamente e as ocorrências têm sido cada vez mais precoces (Sousa et al., 2017).

Epidemiologia e prevalência

Os dados epidemiológicos e de prevalência fornecidos pelo *National Center for Health Statistics* (2013) apontaram que a depressão é o segundo transtorno mais prevalente na infância e adolescência. As taxas variam de 1 a 2% para crianças e de 7 a 8% para adolescentes. Os relatos de Platt et al. (2017) vão ao encontro das afirmações anteriores ao informar que a depressão atualmente é um dos principais problemas de saúde mental nessas faixas etárias.

Os episódios depressivos infantojuvenis costumam ter duração mais curta. Estima-se que um terço das crianças e adolescentes com depressão tenha remissão no período de 3 meses e 80% estejam sujeitos a recorrência, com taxas de 25% após 1 ano do primeiro episódio, 40% após 2 anos e 72% após 5 anos (Mehler-Wex & Kölch, 2008).

Um relatório de estimativas globais da Organização Mundial da Saúde (*World Health Organization* [WHO], 2017) previu a ocorrência da depressão e suicídio (em níveis menores), em indivíduos abaixo dos 15 anos, sendo que o número de casos tem aumentado consideravelmente de acordo com Silva (2019). Os dados demonstram que os transtornos mentais estão entre as principais causas de incapacidade e morte também nessa faixa etária, o que torna o assunto ainda mais preocupante, pois cerca de 90% dos países não possuem políticas de saúde mental que contemplem crianças e adolescentes (WHO, 2002).

Bahls e Bahls (2002) citaram que ambos os fenômenos ocorrem em menor frequência e possuem a mesma probabilidade de ocorrência para meninos e meninas até os 9 anos, talvez com taxas um pouco mais elevadas em meninos. A partir dos 10 anos as taxas aumentam gradativamente, passando a ser maiores em meninas, com a proporção de 2:1, aspecto que se mantém até a velhice, embora sem consenso para idosos. O estudo realizado por Kuehner (2016) indicou vários possíveis motivos para essas diferenças, alguns deles se devem ao fato de que as mulheres estão mais suscetíveis a flutuações hormonais, principalmente com a chegada da puberdade e períodos menstruais. Além disso, elas também passam por mais situações de abuso e violência quando comparadas a meninos, precisam lidar com questões de desigualdade de gênero e desempenho de inúmeros "papéis" concomitantemente, acabando por sofrer maiores pressões sociais. Existem ainda outros motivos sendo investigados para justificar tais diferenças (funções psicológicas centrais e neurais, contemporaneidade e questões sociais, fatores ambientais e socioeconômicos, entre outros), porém, tais investigações permanecem inconclusas.

É importante ressaltar que, apesar dessa proporção passar a ser maior em meninas/mulheres tanto para depressão quanto para tentativas de suicídio, os meninos/homens morrem mais por suicídio, geralmente por utilizarem métodos mais letais e que resultam em um desfecho fatal. Além disso, um outro ponto importante é que, quanto mais cedo a depressão se inicia, maior é a probabilidade de ela se manter e agravar durante a vida adulta (Resende & Teodoro, 2018).

No Brasil, no período de 2000 a 2008, 43 casos de suicídio foram notificados em crianças com menos de 10 anos e 6.574 em adolescentes com idades entre 10 e 19 anos, compondo cerca de 730 mortes por ano. Das crianças, 80%

dos meninos utilizaram como método o enforcamento, enquanto as meninas optaram mais por medicamentos, afogamento e objetos cortantes (Kuczynski, 2014). As notificações apresentadas por Lanzillo et al. (2018) mostram que as taxas de mortalidade por doenças médicas/pediátricas diminuíram em jovens de 10 a 24 anos, mas as de suicídio continuam a aumentar. Esse dado endossa a importância da realização de estudos que busquem compreender como e por que esses fenômenos têm evoluído e atingido crianças cada vez mais novas.

A revisão sistemática realizada por Piccin et al. (2020) evidenciou que há poucos estudos sobre a temática direcionado a crianças e adolescentes, sendo que as regiões Sudeste e Sul concentram a maior parte dessa produção científica no Brasil. Porém, mesmo considerando essas limitações, os resultados permitem perceber que o Sudeste apresenta a menor taxa de suicídio para essas faixas etárias, com valor de 0,8 a cada 100.000 crianças e adolescentes, enquanto a Região Norte possuí as mais altas, com número de 1,7 casos para 100.000.

É preciso considerar que esses dados podem ser ainda maiores tendo em vista que nessa faixa etária é muito comum casos de subnotificações, alteração da causa de óbito a pedido das famílias, relatórios incompletos, ocultos ou mascarados, erros de classificação, medo do estigma social e julgamento, tentativa de amenização do sofrimento da família, negação por aspectos religiosos, investigações, manipulação dos dados para seguros e processos judiciais, entre outros (Ribeiro & Moreira, 2018; Sousa et al., 2017). Além disso, esses dados na maioria das vezes são acessados por meio de fontes secundárias, como registros médicos e bancos de dados oficiais, centros de controle de intoxicações, DATASUS, entre outros, e poucos são resultados de informações primárias que consideram amostras clínicas e ambulatoriais, por exemplo (Piccin et al., 2020). Sendo assim, a obtenção de estatísticas oficiais também se apresenta como um empasse quando se fala de depressão e suicídio em crianças e adolescentes.

Abela e Hankin (2008) também fizeram uma observação importante ao destacar que os diferentes delineamentos, características das amostras, instrumentos e análises de dados utilizados para estudos com essa população são importantes dificultadores de comparações e da compreensão da amplitude e gravidade desses fenômenos. Além disso, uma outra problemática envolve a fonte desses dados, pois a maioria deles vem de terceiros (pais, professores, parentes), o que nem sempre pode corresponder a realidade, e aqueles advindos das próprias crianças e adolescentes sofrem inúmeras críticas e questionamentos a respeito do real entendimento que elas possuem e veracidade dos dados.

Contudo, apesar das controvérsias e dificuldades, é inegável a necessidade de maior atenção a essa demanda. As crianças e adolescentes, assim como os adultos, emitem sinais que muitas vezes passam despercebidos e acabam por ser negligenciados.

Histórico e especificidades

Sabe-se que estudos com crianças e adolescentes requerem métodos acessíveis e adaptações tanto para os meios de coleta quanto da postura do pesquisador, bem como envolvem diversos aspectos burocráticos, o que pode reduzir o interesse de muitos pesquisadores. Um panorama geral dos fenômenos abordados aqui permite

perceber que essa é uma temática relativamente nova em relação às outras faixas etárias e carece, portanto, de mais estudos. Além disso, a revisão realizada por Palacios-Espinosa et al. (2007) sobre o suicídio infantil evidenciou que, dentre os autores que abordaram a temática durante os anos de 1985 a 2005, a maioria não se dedicou a essa área de estudo.

A depressão em crianças foi reconhecida oficialmente apenas em 1975 pelo National Institute of Mental Health (NIMH) e foi incluída entre os transtornos de humor no terceiro *Manual diagnóstico e estatístico de transtornos mentais* (DSM-III), sendo que o primeiro manual, publicado em 1952 e o segundo, de 1968, sequer consideravam essa possibilidade. Apesar desses avanços, os critérios diagnósticos ainda são os mesmos para todas as idades, o que pode ser um equívoco, visto que pesquisas têm demonstrado a existência de especificidades e variações importantes quanto a manifestação do transtorno e sintomatologia nesses grupos (Bahls, 2002; Colavite et al., 2013; Rice et al., 2018).

Em crianças pré-escolares e escolares, por exemplo, a depressão pode se manifestar de forma marcante por meio de ansiedade, fobias, hipercinesia, irritabilidade, alterações no sono e no apetite, dores somáticas e prazer diminuído nas atividades que antes gostava (American Psychiatric Association [APA], 2013). Além disso, a depressão na infância vem frequentemente acompanhada de problemas escolares, como dificuldades de aprendizagem, dificuldades de concentração e problemas de comportamento, como o isolamento ou agitação, que podem ser riscos para ideias de morte. Nos adolescentes é comum que haja problemas de desempenho, perda de motivação e interesses, medo do futuro, baixa autoestima, irritabilidade, intolerância à frustração, agressividade e, por vezes, pensamentos suicidas (Mehler-Wex & Kölch, 2008). Considerando as diversas variáveis citadas e as características do desenvolvimento, é necessário ressaltar a importância da realização do diagnóstico diferencial, uma vez que ele auxiliará tanto na identificação de um possível transtorno depressivo e risco de suicídio quanto na evitação de diagnósticos equivocados.

Em relação ao suicídio, as pesquisas permanecem divergentes, principalmente em relação às crianças menores. Mishara (1999) relatou que muitos médicos legistas e examinadores tinham resistência e receios em classificar mortes autoinfligidas em crianças, por presumir que elas seriam incapazes de morrer por suicídio, visto que não teriam maturidade emocional e compreensão total das consequências fatais decorrentes de tentar se machucar; sendo assim, incapazes de pensar em morte. Stillion e McDowell (2015) e Cassorla (2017) fizeram a analogia de que as crianças que tentam suicídio não têm desejo de morte em si, mas acreditam na reversibilidade, ou seja, que voltarão à vida e ficará tudo bem, como é muito comum em desenhos, por exemplo. De acordo com Sousa et al. (2019), esses aspectos certamente são importantes de serem levados em consideração, pois a fantasia, a mágica e o pensamento ilógico são realmente muito presentes na infância, tornando difícil saber até que ponto a criança tem compreensão suficiente da fatalidade ou mesmo vontade de tirar a vida, já que dependerá não só de sua idade, mas também de sua maturidade e das informações que lhe disponibilizam.

Porém, diversos estudos como os de Bridge et al. (2015) e Miller (2018) contrariam as ideias anteriores. Eles afirmam que, apesar da resistência de muitos profissionais, as crianças pequenas podem e se envolvem em múltiplos comportamentos suicidas, podendo até chegar ao ato concreto. O estudo de Whalen et al. (2015) também trouxe evidências empíricas de que as crianças têm uma compreensão maior do que a esperada sobre a morte e o ato suicida. No geral, as pessoas deduzem a incapacidade compreensiva delas com base nos próprios receios e descrença sobre a possibilidade de elas quererem ou optarem conscientemente por colocar fim à própria vida. Os autores ainda citam que o que muda com a idade não é o entendimento do que é a morte (porque elas conseguem dizer o que é de acordo com seu repertório), mas sim a complexidade dessas compreensões.

As afirmações de Sousa et al. (2017) endossam as compreensões de Bridge et al. (2015), Miller (2018) e Whalen et al. (2015), ao expor que o suicídio é um fenômeno democrático, ou seja, ninguém, em nenhuma faixa etária ou condição social, está isento, e que, apesar de em menor frequência, crianças também possuem capacidade e compreensão para atentar contra a própria vida. Adolescentes e crianças que vivenciam situações de violência, negligências, conflitos familiares, estão mais propensas ao suicídio (Baptista & Cremasco, 2018). Esses fatores são comuns em grande parte da realidade brasileira e questionam a ideia de infância feliz, tão compartilhada e idealizada. A negligência em relação aos adolescentes também não é novidade, sendo que muitos experienciam sentimentos de abandono, baixa autoestima, percepção de falta de suporte familiar e social, aspectos que podem funcionar como gatilhos tanto para a depressão quanto para a ideação e o suicídio.

Hawton et al. (2020) referem que o fenômeno do suicídio na infância e adolescência (<25 anos) pode ocorrer em alguns contextos em detrimento de diferentes aspectos e especificidades. As principais características apresentadas no estudo de revisão são: pode ocorrer um número maior que o esperado em um local específico (p. ex., escolas e universidades); podem envolver episódios relacionados, mas geograficamente espalhados e que ocorrem em um relativo espaço de tempo; locais expostos a tais características possuem riscos maiores de novas ocorrências; os mecanismos envolvidos incluem transmissão social (pessoa a pessoa e mídia), percepção de que o comportamento suicida é generalizado, maior probabilidade de jovens suscetíveis se socializarem com outros indivíduos de risco, e coesão social que contribui para a disseminação de ideias e atitudes. O artigo ainda refere que esta pode ser uma abordagem eficaz para identificação, monitoramento e implantação de estratégias preventivas. Apesar do caráter exploratório, no Brasil, o estudo de Silva et al. (2018) também investigou o efeito dos elementos de integração social sobre as taxas de suicídio nas diferentes regiões do país.

Mitos, tabus, fatores de risco e proteção

Compreendendo que a infância e adolescência não estão isentas da depressão e do suicídio, é necessário desconstruir alguns mitos que ainda permanecem bastante incutidos culturalmente. Sousa et al. (2017) relataram que um dos motivos pelos quais esses fenômenos permaneceram negligenciados por tanto tempo se deve ao fato de que, em muitos lugares, ainda são tratados como tabus e/ou são escondidos e subnotificados. Aspecto contribuinte para que, frequentemente, seja visto como menos urgentes e importantes e/ou casos isolados e raros.

Greene (1994) relatou cinco mitos que parecem muito atuais quando se trata desses fenômenos na infância e adolescência. Dentre eles, estão: (1) Crianças menores de 6 anos são incapazes de cometer suicídio; (2) Suicídio nos anos de latência (estágio do desenvolvimento psicossexual da criança) são raros; (3) O transtorno depressivo não acomete crianças, dado que o superego não consegue dirigir agressão contra si próprio; (4) Crianças não entendem a morte; (5) Crianças são incapazes de implementar um plano bem-sucedido de suicídio.

O autor argumenta que esses mitos foram quebrados principalmente em virtude dos dados de prevalência e aumento das taxas com o decorrer da idade. Ele também cita que as críticas e hostilidade dos pais e demais pessoas próximas podem ser um fator de risco substancial em crianças que, apesar de possuírem compreensões diferentes sobre a morte em cada etapa de maturação, são plenamente capazes de executar um plano de suicídio.

Além da hostilidade e criticismo dos pais, Resende e Teodoro (2018) citaram outros fatores de risco para a depressão na infância e adolescência. Os principais deles são: genética, traços de personalidade, temperamento, ausência de estratégias de regulação emocional, separação dos pais, exigências extremas e baixo reconhecimento de seus próprios esforços, vulnerabilidade social e déficits na provisão das necessidades básicas, ausência de suporte familiar e social, dificuldades de socialização, principalmente no ambiente escolar, entre outros.

Para o suicídio, os fatores de risco são bastante semelhantes, o que é coerente, visto que apesar de não ser uma regra, é comum que esses fenômenos tenham uma ligação ou ocorram concomitantemente, sendo que a depressão pode ser um risco para o suicídio e a ideação suicida ser um dos sintomas secundários da depressão. Hawton et al. (2012) afirmaram que os fatores de risco para suicídio em crianças e adolescentes podem incluir: aspectos sociodemográficos; aspectos educacionais; aspectos econômicos; eventos negativos da vida; condições ambientais; relações familiares adversas, como vivenciar divórcio ou morte dos pais; histórico familiar de transtornos mentais ou comportamento suicida, entre outros. Bilsen (2018) complementa que os riscos para suicídio também podem aumentar em decorrência de transtornos mentais, tentativa prévia, características da personalidade, vulnerabilidade genética e estressores psicossociais.

Shain (2016) também abordou uma série de fatores de risco que se somam aos anteriormente citados, dentre os quais estão: isolamento, orientação sexual LGBTQI+, histórico de violência, abuso físico ou sexual, uso de substâncias, como álcool e drogas, assédio, *bullying* e *cyberbullying*. Um estudo de revisão realizado por Kim e Leventhal (2008) evidenciou que o *bullying* é uma das principais causas do suicídio de crianças e adolescentes, sendo responsável pela maior parte das tentativas, uma vez que pode causar impactos emocionais expressivos. No entanto, responsabilizar apenas um fator de risco não parece ser adequado, já que os fenômenos depressão e suicídio são multifatoriais e devem ser levadas em consideração diversas características biológicas, sociais, psicológicas, bem como fatores de risco e proteção.

Embora estudado com menos frequência, os fatores protetivos também são essenciais.

A Cartilha "Suicídio: informando para prevenir" elaborada pela Sociedade Brasileira de Psiquiatria (2014) identificou como proteção ao suicídio aspectos como: motivos para viver, autoestima elevada, suporte familiar e social, ausência de doença mental, entre outros. Resende e Teodoro (2018) também citaram como aspectos protetivos: autonomia, orientação social positiva, afetividade e provisão dos cuidados e necessidades básicas, bom relacionamento com colegas e professores, entre outros. Miller (2018) ressalta também que a presença de habilidades sociais e conexão com a escola são importantes nessa fase da vida e contribui para menor propensão ao desenvolvimento de depressão e risco de suicídio. Muitas vezes a própria escola desempenha um papel essencial na identificação e comunicação das mudanças comportamentais repentinas dos alunos, podendo ser um canal para aplicação de programas preventivos e interventivos de promoção de saúde e potencialização dos aspectos saudáveis.

Aspectos neurobiológicos da depressão e suicídio

Do ponto de vista etiológico, tanto os quadros depressivos como o comportamento suicida podem ser compreendidos como fenômenos complexos e multifatoriais, envolvendo associação entre fatores genéticos e ambientais (Guimarães et al., 2014). O uso de métodos modernos da genética molecular, exames para investigar a estrutura e o funcionamento do sistema nervoso central (SNC), estudos *post mortem*, evidências advindas de modelos animais, bem como a validação de instrumentos psicológicos e neuropsicológicos têm auxiliado na compreensão mais aprofundada da neurobiologia desses fenômenos em diferentes faixas etárias (Guimarães et al., 2014).

A investigação de endofenótipos nos transtornos psiquiátricos tem sido uma abordagem válida para estabelecer as relações entre os genes e as manifestações comportamentais (Courtet et al., 2011). Esse conceito descreve uma ou mais características que representam "pistas" para as bases genéticas de determinada doença ou transtorno. Alguns conceitos similares são encontrados na literatura, como "marcadores biológicos", "traços subclínicos" ou "marcadores de vulnerabilidade". Contudo, tais conceitos não refletem necessariamente um fundamento genético (Courtet et al., 2011; Gottesman & Gould, 2003). Os endofenótipos podem ter natureza bioquímica, endocrinológica, neuroanatômica, cognitiva ou neuropsicológica. No geral, para os transtornos psiquiátricos, os endofenótipos precisam atender a alguns critérios, como: associação com genes candidatos ou região gênica, herdabilidade inferida pelo risco em parentes, além de parâmetros de associação com outros transtornos (Gottesman & Gould, 2003).

Com relação à depressão, as alterações genéticas, que afetam diretamente o sistema de neurotransmissão no SNC, podem predispor indivíduos à manifestação do transtorno. Estudos têm identificado polimorfismos em genes que codificam proteínas relacionadas com os processos de síntese, metabolização e ação da serotonina (5-HT) (Guimarães et al., 2014). Um deles é o polimorfismo na região promotora do gene que codifica o transportador de serotonina (5-HTTLPR, *serotonin transporter gene-linked polymorphic region*), por sua relação com a vulnerabilidade dos indivíduos manifestarem os sintomas em resposta a estímulos estressores. Outro exemplo é o polimorfismo nos genes que codificam: receptores para a serotonina do subtipo 1A (5-HT1A), as enzimas triptofano hidroxilase (TPH) (controle da taxa de síntese da serotonina) e monoamino oxidase, tipo A (MAOA) (degradação da serotonina); e o fator neurotrófico derivado do cérebro (BDNF, *brain-derived neurotrofic factor*) (manutenção dos neurônios e diferenciação de sinapses) (Guimarães et al., 2014).

Do ponto de vista neuroanatomofuncional, a depressão envolve prejuízos nos circuitos neurais das regiões frontais e límbicas. Alterações frontoestriatais em indivíduos depressivos têm sido descritas como parte da fisiopatologia do transtorno, sobretudo na modulação do comportamento emocional e das funções executivas (Rozenthal et al., 2004). A disfunção do córtex pré-frontal (CPF) e a diminuição de sua atividade modulatória, por meio de conexões frontolímbicas-paralímbicas e com regiões límbicas subcorticais, seria uma das explicações funcionais para os distúrbios cognitivos, endócrinos e do humor na depressão. Estudos anatômicos e com neuroimagem funcional evidenciam redução de tamanho e do metabolismo em áreas pré-frontais. As alterações anatômicas parecem ter caráter persistente, mas as metabólicas podem variar, conforme os sintomas clínicos e as respostas ao tratamento farmacológico (Liotti & Mayberg, 2001; Rozenthal et al., 2004).

O CPF está diretamente relacionado com a modulação de funções cognitivas e metacognitivas que auxiliam o indivíduo em atividades dirigidas a metas, o que é conhecido como funções executivas. De maneira mais específica, a porção dorsolateral (CPFdl) conecta-se com áreas motoras, sensoriais e límbicas, sendo responsável pela modulação de respostas cognitivas e emocionais (Guimarães et al., 2014; Jódar-Vicente, 2004). Na depressão, as alterações no CPFdl estão associadas à disfunção executiva, bem como dificuldades na regulação das emoções negativas, caracterizadas por uma reverberação dessas emoções (Guimarães et al., 2014).

A porção ventromedial (CPFvm) e o córtex cingulado anterior (ACC) conectam-se com estruturas envolvidas no controle autonômico do comportamento emocional (hipotálamo e matéria cinzenta periaquedutal) e estruturas do sistema límbico. Essas áreas são responsáveis pela modulação das respostas autonômicas e emocionais ao estresse, pela atribuição de valor à recompensa e pelos processos motivacionais. Nos transtornos depressivos, o aumento da atividade do CPFvm está relacionado ao sintoma de autoavaliação negativa. Por sua vez, a hipoatividade do ACC associa-se com prejuízos na modulação atencional, resolução de conflitos cognitivos, anedonia e dificuldades para enfrentamento das frustrações (Guimarães et al., 2014).

Outra evidência de alteração na depressão é a desregulação do eixo hipotálamo-hipófise-adrenal (HPA), responsável por explicar a maior parte das ações hormonais sobre os comportamentos. As ações desse eixo são bem conhecidas por serem desencadeadas por estímulos aversivos internos e externos, incluindo os estressores psicológicos. Dessa forma, a percepção do estresse desencadeia a ativação do eixo HPA (Guimarães et al., 2014; Juruena et al., 2004). No geral, a exposição crônica às situações de estresse incontrolável, e nas quais o indivíduo não possui estratégias de enfrentamento suficientes, ocasiona a ativação aumentada e prolongada do eixo HPA, com liberação excessiva de glicocorticoides, como é o caso do cortisol. Isso pode ser explicado por problemas na capacidade do cortisol, circulante na corrente sanguínea, exercer *feedback* negativo sobre a secreção hormonal do eixo HPA, causando hipercortisolemia (Juruena et al., 2004).

O aumento do cortisol, provocado por essa ativação prolongada, pode apresentar efeitos neurotóxicos em estruturas cerebrais, como o hipocampo (estrutura que participa dos diferentes processos da memória e aprendizagem). As alterações hipocampais incluem o aumento da morte neuronal, redução da neurogênese e da arborização dendrítica, ocasionando déficits na memória de curto prazo e distorções na avaliação dos riscos dos estímulos aversivos. O tratamento medicamentoso pode exercer efeito neuroprotetor, atenuando o desenvolvimento de possível atrofia (Guimarães et al., 2014; Rozenthal et al., 2004). Acredita-se que a hipercortisolemia pode ser um dos endofenótipos para os transtornos depressivos, mas seu aparecimento dependeria do tipo de depressão, da severidade dos sintomas, do genótipo, do histórico de desenvolvimento do indivíduo, e do repertório de estratégias de enfrentamento (Guimarães et al., 2014; Juruena et al., 2004; Mello et al., 2007).

Em pacientes com depressões graves também foi demonstrado o aumento do metabolismo de glicose no núcleo central da amígdala, conforme o nível dos sintomas. Esse achado pode ter relação com um sintoma característico da depressão que é a ruminação intrusiva, ou seja, a intromissão de pensamentos e sentimentos desagradáveis, geralmente associados a memórias ou interpretações negativas de eventos atuais (Guimarães et al., 2014).

Por fim, também foram demonstradas alterações no volume e na atividade do núcleo accumbens (NAc, estriado ventral), estrutura que faz parte do sistema de recompensa cerebral. Tais alterações estão associadas com a anedonia, a falta de motivação e com os sintomas somáticos da depressão (no apetite e sono, p. ex.) (Guimarães et al., 2014).

No que tange ao fenótipo cognitivo-comportamental da depressão infantojuvenil, os dados da literatura são contraditórios devido às dificuldades metodológicas, sobretudo a diversidade de instrumentos e suas versões para se avaliar, tanto os sintomas depressivos quanto os domínios cognitivos. Contudo, há relações entre a neurobiologia do transtorno e o perfil neuropsicológico. Por exemplo, o funcionamento dos lobos frontais, e suas respectivas conexões, está amplamente relacionado aos prejuízos cognitivos que fazem parte dos critérios diagnósticos do episódio depressivo, como as dificuldades no controle atencional e a disfunção executiva (Liotti & Mayberg, 2001; Rozenthal et al., 2004). Indivíduos depressivos podem ter reduzida sua capacidade atencional, expressa pela hipotenacidade, dificuldades para identificação de mudanças ocorridas no ambiente, aumento do tempo de reação aos estímulos, e processamento da informação voltado para preocupações com o *Self* (Eysenck & Keane, 2017). Por exemplo, em um estudo com 33 crianças (idade média de 10,7 anos) que apresentavam dificuldades de aprendizagem, Lima e Ciasca (2010) encontraram correlações negativas entre os sintomas depressivos e o desempenho neuropsicológico, principalmente nas funções verbais, atenção visual, velocidade de processamento e nível de inteligência. No estudo conduzido por Baptista et al. (2006) foram investigadas relações entre os sintomas depressivos, a atenção sustentada visual e o desempenho escolar em uma amostra de 62 estudantes do Ensino Médio (Idade média de 17,1 anos). Os resultados revelaram que 34% da amostra apresentava sintomas depressivos distribuídos entre os níveis leve e grave. Foi observada correlação negativa entre os sintomas depressivos, a qualidade atencional e o desempe-

nho escolar, isto é, quanto mais sintomas relatados, pior o desempenho na atenção e escolar. O mesmo resultado foi obtido ao comparar grupos com ou sem sintomas depressivos, sendo que o primeiro exibiu escores mais rebaixados no teste de atenção e notas mais baixas na escola.

Por outro lado, Günther et al. (2004) realizaram um estudo comparando sujeitos com transtorno de ansiedade e depressão com idades entre 6-17 anos, utilizando uma bateria de instrumentos neuropsicológicos computadorizados que avaliam o alerta, atenção dividida, atenção sustentada e memória verbal. Os depressivos demonstraram um déficit de memória, porém não foram observados efeitos significativos dos diagnósticos nas tarefas de atenção.

Por sua vez, a disfunção executiva, identificada em crianças e adolescentes com depressão (Rock et al., 2014; Wagner et al., 2015), possui efeitos diretos em atividades nas quais os indivíduos precisam agir de maneira autônoma e autorregulada. Dessa forma, esses indivíduos podem apresentar prejuízos em seu desempenho acadêmico, no relacionamento interpessoal e na tomada de decisão, por exemplo, mediados pelas alterações do funcionamento executivo. Assim, déficits na atenção, memória e funções executivas podem ser importantes endofenótipos cognitivos para os diferentes quadros depressivos na infância e adolescência e precisam ser mais bem investigados.

A vulnerabilidade para o comportamento suicida também tem sido discutida em termos da interação complexa entre fatores genéticos e ambientais (Courtet et al., 2011; Zalsman, 2012). Por um lado, é possível identificar fatores genéticos (aditivos e não aditivos) que aumentam a predisposição. Por outro lado, há fatores ambientais, relacionados ao histórico de desenvolvimento do indivíduo. Também é possível somar os fatores epigenéticos. A combinação entre esses fatores pode ser expressa por meio de endofenótipos que, em geral, são marcadores cognitivo-comportamentais e emocionais, que podem resultar em um espectro de comportamentos associados ao suicídio (ideação, tentativa e o suicídio propriamente dito). Os endofenótipos associados à vulnerabilidade para o comportamento suicida incluem, por exemplo, alterações no sistema serotoninérgico, traços de personalidade impulsivo-agressivos e déficits na tomada de decisão (Courtet et al., 2011).

Em uma perspectiva da genética molecular, a maior parte dos estudos enfatiza o sistema de neurotransmissão serotoninérgica, investigando genes envolvidos no: (a) Transporte – com destaque para o SLC6A4, regula a duração do sinal serotoninérgico, por meio do transporte de serotonina da fenda para o terminal pré-sináptico; (b) Transmissão – genes envolvidos com a modulação do número de receptores, sobretudo de serotonina 2A, 5-HT2A; (c) Catabolismo – polimorfismo do gene responsável pela codificação da enzima triptonafo hidroxilase 1, TPH1, que controla a síntese de serotonina; e (d) Anabolismo – polimorfismo VNTR (número variável de repetições em série) localizado na região promotora do gene da enzima monoamino oxidase A, MAOA (Brezo, Klempan & Turecki, 2008; Nishioka et al., 2011).

Além dos genes supracitados (TPH1, TPH2, 5-HT2A), também são evidenciadas relações entre polimorfismos do CRHR1 e ACP1 e o comportamento suicida. O CRHR1 é o fator liberador de corticotrofina, responsável pela síntese e liberação do hormônio adrenocorticotrófico (ACTH) e participa das respostas do eixo HPA às situações de estresse. Tem sido observada relação entre baixo nível de cortisol plasmático e história familiar e pessoal de comportamento suicida, levantando a hipótese de hipoatividade do eixo HPA e suicídio (Pawlak et al., 2016). O ACP1 é um gene expresso no cérebro fetal e no de adultos e pertence à família de proteínas tirosina fosfatase. Além do suicídio, o ACP1 tem sido associado ao transtorno afetivo bipolar (Campos et al., 2017; Pawlak et al., 2016; Willour et al., 2012).

Em suma, há uma lista extensa de polimorfismos relacionados à patogênese do comportamento suicida, de modo que foram citados alguns. O impacto de um único polimorfismo, como risco para o suicídio, provavelmente é pequeno. É importante considerar que se trata de um fenômeno complexo, poligênico e que também depende de fatores ambientais e protetivos que podem influenciar a expressão gênica (Pawlak et al., 2016).

Quanto à herdabilidade, estudos com gêmeos e da epidemiologia genética têm indicado que os fatores genéticos podem aumentar a predisposição ao comportamento suicida (Voracek & Loibl, 2007; Turecki, 1999). A taxa de concordância para o suicídio em gêmeos monozigóticos é maior do que a taxa para gêmeos dizigóticos (24,1% vs. 2,8%), além de existir a taxa entre 2,0 e 4,8 de prevalência de suicídio em parentes de indivíduos que morreram por suicídio, mesmo após o controle dos efeitos de transtornos psiquiátricos (Voracek & Loibl, 2007). No geral, a transmissão do comportamento suicida mostra-se independente da segregação familiar de comorbidades psiquiátricas. Isso quer dizer que a presença de um transtorno psiquiátrico prévio pode explicar, mas não é condição necessária para a ocorrência do suicídio. Além disso, os fatores que predispõem ao suicídio tendem a agregar famílias (Turecki, 1999).

No estudo de Brent et al. (1996) foram avaliadas famílias (parentes de primeiro e segundo graus) de adolescentes que se suicidaram (n = 58) e controles normais (n = 55). Para isso foram utilizadas entrevistas, levantamento de história de tentativas ou suicídio completo, ideação suicida, presença de diagnósticos psiquiátricos dos Eixos I e II, e traços de impulsividade e agressividade. Os resultados sugeriram que o comportamento suicida (tentativas e conclusões, mas não ideação) agrega em famílias, sendo transmitido como característica independente da psicopatologia presente nos familiares. Além dos comportamentos suicidas, parece haver também uma cotransmissão dos comportamentos agressivos.

Estudos utilizando neuroimagem funcional com adolescentes que apresentam histórico de tentativas de suicídio mostram diferenças nas redes de processamento atencional e de relevância (*salience network*). Esta última possui conectividade extensa com áreas motoras e sensoriais, sendo ativada quando o indivíduo está diante de estímulos subjetivos relevantes, como ocorre no estresse agudo. Também é implicada na modulação atencional para a emoção e para o raciocínio fluido. Utilizando neuroimagem funcional, os autores demonstraram aumento na atividade da rede de controle atencional e diminuição da conectividade entre o giro cingulado dorsal anterior (implicado no controle emocional da emoção) e ínsula (região associada ao processamento interoceptivo das emoções) durante tarefa de percepção de faces com expressão de raiva utilizada com adolescentes com histórico de depressão e tentativa de suicídio (Martin et al., 2015; Pan et al., 2013).

Em contrapartida, nenhuma alteração foi observada em adolescentes com histórico de tentativas de suicídio na acurácia de desempenho e na atividade neural do giro cingulado anterior e dos circuitos de controle atencional durante a execução de tarefas de controle cognitivo e aprendizagem em contextos de risco (Pan et al., 2011; Pan et al., 2013). De acordo com os autores, tais redes podem ser marcadores de risco importantes na Ressonância Magnética para investigação dos substratos neurais do comportamento suicida (Martin et al., 2015; Pan et al., 2011; Pan et al., 2013).

Bani-Fatemi et al. (2018) revisaram estudos que utilizaram neuroimagem estrutural ou funcional com indivíduos que apresentavam ideação ou histórico de tentativas de suicídio e algum diagnóstico de transtorno psiquiátrico (Transtorno Depressivo Maior, Transtorno Bipolar, Psicose e Transtorno de Personalidade Borderline). Apesar das dificuldades em associar as evidências da neuroimagem com as diferentes definições de suicidalidade, os autores encontraram disfunção no circuito frontotemporal, com redução no volume de substância branca e cinzenta no CFP, no giro cingulado anterior e no giro temporal superior.

Lippard et al. (2019) realizaram estudo longitudinal com 46 adolescentes (idade média na linha de base = 18,2 anos), sendo 34 com transtorno afetivo bipolar e 12 com transtorno depressivo maior. Eles foram avaliados por meio de instrumentos psicométricos para levantamento das características clínicas. Durante a linha de base, 11 participantes (24%) tinham, ao menos, uma tentativa de suicídio no passado. Para a neuroimagem foram utilizadas a Ressonância Magnética Estrutural de alta resolução (sMRI) e a Imagem por Tensor de Difusão (DTI). Passados três anos, os participantes foram avaliados novamente. Dezessete participantes (37%) tentaram suicídio nesse período de *follow-up*, sendo 14 com transtorno afetivo bipolar e três com transtorno depressivo maior. O desempenho entre esses indivíduos e aqueles que não tiveram tentativas foi comparado. No primeiro grupo, durante a linha de base, foi encontrado menor volume de substância cinzenta no córtex pré-frontal dorso-medial, no segmento anterior da cápsula interna e no córtex cingulado dorsal. Adicionalmente, ao longo do tempo houve grande decréscimo de substância branca no córtex pré-frontal ventral e dorsal. Apesar da amostra modesta, o estudo apresentou evidências importantes acerca do envolvimento das estruturas frontais com o risco para o suicídio e com o desenvolvimento de um futuro suicídio.

Johnston et al. (2017) também mostraram alterações estruturais e na conectividade funcional frontolímbicas associadas a tentativa de suicídio em adolescentes e jovens adultos (n = 68; faixa etária entre 14-25 anos) com transtorno afetivo bipolar. Foram comparados 26 indivíduos que apresentaram > 1 tentativa de suicídio e 42 que não tinham esse histórico. Um grupo-controle de 45 participantes também foi incluído. Diferentes instrumentos psicométricos foram usados, além de técnicas de neuroimagem (Ressonância Magnética Estrutural [sMRI], Tensor por Imagem de Difusão [DTI] e Ressonância Magnética Funcional [fMRI]). Os dois grupos clínicos diferiram significativamente na severidade da ideação suicida, mas não na impulsividade, desesperança, *status* medicamentoso, abuso/dependência de substâncias ao longo da vida, estado de humor, psicose e ciclagem dos sintomas. Os resultados da neuroimagem indicaram que o grupo com tentativas de suicídio apresentavam: volumes

mais baixos de substância cinzenta no córtex orbitofrontal, hipocampo e cerebelo (sMRI); anisotropias fracionadas mais baixas na substância branca do fascículo uncinato esquerdo estendendo para áreas do córtex frontal ventral esquerdo, região do fascículo uncinato direito e cerebelo direito (DTI); e baixas conectividades funcionais da amígdala ao córtex pré-frontal ventral esquerdo, incluindo orbitofrontal, pré-frontal rostral direito e regiões do cingulado anterior (fMRI). Adicionalmente, as alterações frontais foram negativamente correlacionadas com a ideação suicida e a letalidade das tentativas. Os circuitos alterados desempenham papel importante na regulação e no controle emocionais, de modo que podem representar exemplos das bases neurobiológicas do suicídio em jovens.

Em um interessante estudo recente, Harms et al. (2019) investigaram mudanças no padrão de atividade cerebral de adolescentes durante uma situação virtual de interação social. Para isso, compararam o desempenho entre adolescentes deprimidos com ideação suicida alta (n = 45), incluindo aqueles que já haviam tentado suicídio, ideação baixa (n = 42) e controles (n = 39) em um jogo virtual (*Cyberball*), enquanto passavam por fMRI. O paradigma experimental *Cyberball* consiste em uma tarefa de arremesso de bola, composta por situação neutra de prática não social (linha de base), seguida por três blocos com situação de inclusão (recebem a bola em 50% do tempo), exclusão (nunca recebem a bola) e, novamente, inclusão. Para ampliar a validade ecológica da tarefa (formas de reação diante de situação de exclusão social), foi mencionado aos participantes que eles poderiam solicitar a bola a qualquer momento, pressionando um botão. Durante a situação de exclusão, os indivíduos com ideação suicida alta exibiram menor ativação nos giros pré e pós-central, giro temporal superior, giro frontal médio, ínsula e putâmen (vs. ideação baixa) e redução da atividade do núcleo caudado e córtex cingulado anterior (vs. grupo-controle). Em uma segunda análise, os indivíduos com histórico de tentativa de suicídio mostraram maior atividade no córtex cingulado anterior e nos giros frontais superior e médio. Esse resultado foi relacionado à emocionalidade negativa, funcionamento social e controle cognitivo.

Com base nos achados, os autores discutem a hipótese de que há um padrão distinto de desenvolvimento neural em adolescentes deprimidos que pensam sobre o suicídio (ideação) e aqueles que agem com base em tais pensamentos (tentativa). Dessa forma, trata-se de condições psicológicas e neurobiológicas com riscos distintos. No estudo, as regiões mais ativadas (hiper-responsividade) nos indivíduos com histórico de tentativa de suicídio fazem parte das redes neurais do cérebro social (*social brain networks*). Enquanto a ideação suicida alta associa-se a atividade neural "embotada" durante as interações sociais, indivíduos com histórico de tentativa podem exibir distresse e/ou maior necessidade de regulação emocional diante das mesmas situações (Harms et al., 2019).

Coerente com as alterações nos circuitos frontais, estudos que investigam o perfil neuropsicológico de indivíduos com ideação ou histórico de tentativas de suicídio têm observado que os principais déficits são encontrados nas funções executivas (Ramos, 2013; Stewart et al., 2017). De maneira geral, disfunções executivas possuem impacto significativo na vida diária, podendo ser caracterizadas por uma diversidade de sintomas clínicos, como: dificuldades no controle inibitório (controle de comportamento prepotente, impulsividade, controle atencional,

regulação emocional); dificuldade na tomada de decisão; dificuldades na flexibilização cognitiva (dos pensamentos e comportamentos, p. ex.); dificuldades na capacidade de planejamento.

Ramos (2013) avaliou 70 adolescentes, de ambos os sexos, faixa etária entre 12 e 18 anos, utilizando um instrumento de funções executivas (Planejamento) e um questionário de ideação suicida. Foi encontrada correlação negativa, moderada e significativa entre a ideação suicida e a capacidade de planejamento (r=-0,559). Além disso, os participantes que exibiram piores desempenhos no planejamento também apresentaram níveis mais elevados de ideação suicida.

Em outro estudo, Stewart et al. (2017) investigaram possíveis déficits no controle inibitório, utilizando uma adaptação do paradigma neuropsicológico clássico de *Stroop*. Participaram 99 adolescentes, com idades entre 13 e 18 anos com recente ideação suicida (n = 60) ou tentativa recente de suicídio (n = 39). Basicamente, os autores compararam o desempenho dos grupos utilizando o *Suicide Stroop Task* (SST) que avalia o efeito de interferência por meio de palavras neutras, positivas ou negativas. Os resultados foram compatíveis com a hipótese inicial e indicaram que o segundo grupo apresentou déficits gerais no controle cognitivo para estímulos com emocionais, sugerindo que este componente das funções executivas também pode ser um importante marcador para o risco de suicídio na adolescência.

Contrariamente, Ai et al. (2018) observaram que o risco para o comportamento suicida em indivíduos com transtorno depressivo esteve associado a anormalidades no processamento das emoções, mas não nas funções executivas. Os autores do estudo investigaram o padrão de ativação cerebral, usando fMRI, durante a execução de tarefas de discriminação de faces emocionais e a Torre de Londres (ToL), instrumento conhecido por avaliar o planejamento mental, um dos componentes das funções executivas. Os resultados foram comparados entre grupos com ideação suicida (n = 31), tentativa de suicídio (n = 18) e controles (n = 73). Os grupos não diferiram quanto ao desempenho na ToL. Entretanto, indivíduos que tinham histórico de tentativa de suicídio exibiram menor ativação do giro fusiforme bilateralmente durante o processamento das faces.

Os traços impulsivo-agressivos também têm sido considerados importantes endofenótipos para o comportamento suicida (Courtet et al., 2011; Turecki, 1999), sobretudo em indivíduos jovens (Hartley et al., 2018; McGirr et al., 2008). Um estudo longitudinal com gêmeos investigou a associação entre comportamentos impulsivo-agressivos e a suicidalidade, um conceito utilizado para descrever o *continuum* associado à ideação, tentativas e o suicídio efetivo. Participaram do estudo um total de 862 gêmeos, sendo 318 monozigóticos (435 famílias) do Quebec Newborn Twin Study, acompanhados do nascimento aos 20 anos de idade. A avaliação da impulsividade e agressividade foi conduzida aos 6, 7, 9, 10 e 12 anos por meio de questionário aos professores. Por sua vez, a suicidalidade foi avaliada por meio de autorrelato aos 20 anos com questões sobre pensamentos acerca do suicídio, ideação suicida e tentativas de suicídio. Os achados sugerem que: o comportamento impulsivo-agressivo constitui um fator de risco para o suicídio; do ponto de vista fenotípico, a associação entre esses comportamentos e a suicidalidade aumenta aos 12 anos; fatores genéticos e ambientais contribuíram tanto para a ocorrência de comportamentos impulsivo-agressivos na infân-

cia quanto para a suicidalidade na adolescência. Os autores ressaltam a importância do estudo do fenômeno em uma perspectiva desenvolvimental, não só para esclarecer a etiologia do suicídio em função das especificidades de cada faixa etária, mas também para a elaboração de estratégias preventivas (Orri et al., 2020).

Apesar da variabilidade dos desenhos metodológicos e as limitações ressaltadas pela maior parte dos estudos, fica evidente que a estratégia dos endofenótipos pode auxiliar na compreensão da etiologia e manifestação dos transtornos depressivos e do comportamento suicida na infância e adolescência.

Avaliação psicológica, especificidades e diagnóstico diferencial

Um dos grandes dilemas de diversos profissionais é justamente saber como identificar, avaliar, prevenir e intervir diante de uma demanda de depressão e risco de suicídio nessa faixa etária (Shapero & Mazzone, 2018). Por isso, as mudanças comportamentais, como o retraimento e agressividade repentina, não podem passar despercebidos e serem confundidos com um processo natural da fase. As observações devem ser constantes, pois um diagnóstico ou identificação precoces dos riscos é fundamental para evitar maiores danos no decorrer do desenvolvimento (Moraes, 2018). O processo de avaliação psicológica é extremamente necessário, porém tem sido muito confundido com testagem psicológica, motivo pelo qual faremos a diferenciação dos termos para então expor como esse processo pode ser feito em casos infantojuvenis.

A avaliação psicológica é um processo mais amplo que envolve o uso de diferentes métodos e técnicas para investigar determinado fenômeno ou demanda (Lins & Borsa, 2017). Nesse processo, de acordo com a Resolução CFP n. 9/2018, os psicólogos podem fazer uso de fontes fundamentais e fontes complementares de informação. Para a avaliação psicológica de crianças e adolescentes se destacam o uso de entrevistas (estruturadas, semiestruturadas e não estruturadas); a aplicação de escalas, testes e questionários; relatórios multiprofissionais, protocolos ou registros de observação de comportamentos individual ou grupal na escola e outras instituições, dependendo da necessidade (Rueda & Zanini, 2018). Por sua vez, a testagem psicológica (que pode ser um dos métodos usados na avaliação psicológica), envolve a aplicação de instrumentos para mensurar uma variável ou construto específico e pode ser usada como complemento para um diagnóstico, entendimento de um fenômeno, pesquisas e outras finalidades (Borsa, 2016).

O *Handbook of depression in children and adolescents* descreve que, num processo de avaliação psicológica, as entrevistas diagnósticas, que têm sido desenvolvidas e aprimoradas, são muito úteis. Elas permitem investigar aspectos, tais como intensidade, frequência, duração, possíveis comorbidades, histórico, entre outros dados importantes. No caso desse público (crianças e adolescentes), existem algumas entrevistas que são possíveis de serem respondidas pelas próprias crianças e adolescentes e/ou informantes (pais, professores, médicos, pessoas próximas). O problema das diferentes fontes de informações ocorre quando há divergência nos dados obtidos (Abela & Hankin, 2008).

Em relação aos instrumentos que podem ser usados como parte de um processo de avaliação psicológica de sintomas depressivos, Baptista e Borges (2016) identificaram alguns disponíveis para a população brasileira. Dentre os encontrados, cinco eram adequados para uso em crianças e adolescentes, sendo eles:

1) Inventário Beck de Depressão II (BDI-II) – Desenvolvido por Beck e colaboradores (Beck et al., 1996) e adaptado por Gorenstein et al. (2011), possui 21 itens que visam avaliar gravidade e intensidade dos sintomas depressivos com base nos critérios diagnósticos do DSM-IV. Ele pode ser aplicado em crianças a partir dos 10 anos e mensura aspectos cognitivos, afetivos e somáticos.

2) Children Depression Inventory (CDI) – Desenvolvida por Kovacs, trata-se de uma adaptação do Inventário Beck de Depressão (BDI), cujo objetivo é mensurar os sintomas depressivos em crianças de 7 a 17 anos. É um inventário de autorrelato que contém 27 itens para mensurar sintomas afetivos, cognitivos, somáticos e de conduta (Kovacs, 1992).

3) Escala Baptista de Depressão Infantojuvenil (Ebadep-IJ) – De Baptista (2018), se trata de uma escala de autorrelato, com 27 itens que avaliam sintomatologia depressiva em crianças e adolescentes de 8 a 18 anos. Ela tem itens positivos e negativos, o que significa que, além de mensurar sintomas, ela também possibilita mensurar aspectos saudáveis.

4) Kutcher Adolescent Depression Scale (Kads-6) – Foi desenvolvida como uma medida breve de depressão, contendo apenas seis itens. Ela pode ser usada em pessoas de 12 a 22 anos e a pontuação dos seis ou mais de um item é consistente com o Diagnóstico de Transtorno Depressivo Maior (TDM). Caso isso ocorra, deve-se encaminhar o adolescente para a uma avaliação psicológica ampla para investigar depressão e o risco de suicídio (LeBlanc et al., 2002).

5) Escala de Avaliação de Depressão para Crianças (EADC) – Possui 24 itens para avaliação da depressão em crianças. Ela possui quatro fatores denominados como: humor deprimido, relacionamento social, autoestima e respostas fisiológico-autonômicas (Pereira & Amaral, 2004).

Apenas duas dessas escalas foram construídas no Brasil (Ebadep-IJ e EADC) e apenas a Ebadep-IJ teve outros estudos realizados na sequência e continua sendo estudada atualmente. Baptista e Cremasco (2019) citaram um instrumento que pode ser acrescentado a essa lista, a Bateria de Depressão Infantojuvenil (Baid-IJ) que está sendo desenvolvida no Laboratório de Avaliação Psicológica em Saúde Mental (LAPSaM III) da Universidade São Francisco (USF). Ela possui 113 itens que se agrupam em sete subescalas denominadas: depressão, desamparo, solidão, desesperança, autoconceito, autoestima e autoeficácia. Tem por objetivo avaliar indicadores protetivos e de risco em crianças e adolescentes com idades de 8 a 18 anos. De todos esses instrumentos, apenas a Ebadep-IJ e o BDI-II estão favoráveis pelo Sistema de Avaliação dos Testes Psicológicos (Satepsi), ambos de uso exclusivo dos psicólogos, podendo ser usados em laudos como fontes fundamentais de informação.

Em relação ao comportamento suicida, ainda não se tem escalas destinadas especificamente ao público infantil e aos adolescentes, porém algumas das escalas de depressão possuem itens que, ao menos, sinalizam esse aspecto, já que a ideação suicida aparece como um dos possíveis sintomas secundários. Adicionalmente, instrumentos que permitem caracterizar traços de personalidade, estilos parentais e condições de suporte também podem ser úteis para o levantamento de possíveis fatores de risco e vulnerabilidade.

O prejuízo neurocognitivo, sobretudo nas funções executivas (mesmo em estágios precoces), também pode ser um importante e identificável endofenótipo na depressão (Roca et al., 2019), de tal modo que instrumentos neuropsicológicos podem ser incluídos no processo de avaliação diagnóstica. Além disso, alterações domínio-específicas parecem não remitir com os sintomas, sinalizando que tais instrumentos também podem auxiliar no monitoramento da eficácia das intervenções realizadas.

Particularmente, a caracterização das funções executivas em amostras clínicas possui uma série de especificidades, pois: (a) Este é um construto multifatorial, sendo que modelos teóricos explicativos apontam, pelo menos, três componentes principais: memória operacional, controle inibitório e flexibilidade mental; (b) Possui como substrato neural diferentes áreas frontais com suas respectivas projeções; (c) A maturação dos lobos frontais acompanham as diferentes etapas do desenvolvimento humano; (d) Alterações no funcionamento executivo são encontradas em uma multiplicidade de transtornos, incluindo os psiquiátricos; (e) A avaliação das funções executivas pode exigir a conjunção de instrumentos psicométricos, tarefas ecológicas e dados qualitativos.

A avaliação psicológica em crianças e adolescentes deve ter, sobretudo, um caráter preventivo, identificando precocemente os aspectos que podem acarretar prejuízos ao desenvolvimento no longo prazo (Borges & Baptista, 2018). Para isso, identificar os fatores de risco e proteção para além dos sintomas é parte crucial do processo e requer atenção total dos profissionais para que possam garantir a segurança e melhora das crianças e adolescentes (Resende & Teodoro, 2018).

Considerações finais

Tanto a depressão quanto o comportamento suicida (ideação, tentativa e o ato) são fenômenos complexos, multifatoriais e multideterminados, já que diversos fatores ambientais e neurobiológicos/genéticos podem estar envolvidos em suas gêneses. Esses dois fenômenos também são difíceis de avaliar e diagnosticar, pois também dependem de uma análise contextual, um diagnóstico diferencial e ferramentas adequadas, em termos de métodos diversos da avaliação psicológica.

As fases da infância e adolescência possuem especificidades e devem ser levadas em consideração quando há percepção de mudanças, mesmo que pequenas, no comportamento de crianças e adolescentes. Os mitos da infância feliz foram desmistificados há mais de 40 anos e, atualmente, a maioria dos profissionais de saúde, especializados em saúde humana, já estão cientes da depressão e comportamento suicida que ocorrerem já na primeira década de vida. Mesmo parecendo ser baixa a prevalência da depressão e suicídio em crianças e adolescentes, as estatísticas vêm mostrando aumentos expressivos e preocupantes. Isso se deve, provavelmente, ao maior conhecimento dos profissionais de saúde e à divulgação de informações em vários tipos de mídia. Nesse sentido, quanto mais rápido são percebidas as mudanças no comportamento e realizado um diagnóstico, maiores as chances de uma intervenção eficaz e diminuição do sofrimento de nossas crianças e adolescentes.

Referências

Abela, J. R., & Hankin, B. L. (eds.). (2008). *Handbook of depression in children and adolescents.* Guilford.

Abramovich, F. (1983). *O mito da infância feliz.* Summus.

Ai, H., van Tol, M. J., Marsman, J. C., Veltman, D. J., Ruhé, H. G., van der Wee, N., Opmeer, E. M., & Aleman, A. (2018). Differential relations of suicidality in depression to brain activation during emotional and executive processing. *Journal of Psychiatric Research, 105,* 78-85. https://doi.org/10.1016/j.jpsychires.2018.08.018

American Psychiatric Association. (2013). *Diagnostic and statistical manual of mental disorders* (5. ed.). https://doi.org/10.1176/appi.books.9780890425596

Anjos, R. E., & Duarte, N. (2017). A teoria da individualidade para si como referência à análise da educação escolar de adolescentes. *Nuances: Estudos sobre educação, 28*(3), 115-132. https://doi.org/10.14572/nuances.v28i3.4183

Associação Brasileira de Psiquiatria. (2014). *Suicídio: Informando para prevenir.* Associação Brasileira de Psiquiatria, Comissão de Estudos e Prevenção de Suicídio CFM/ABP.

Bahls, S. C. (2002). Aspectos clínicos da depressão em crianças e adolescentes: Recursos clínicos. *Jornal de pediatria, 78*(5), 359-366. https://doi.org/10.1590/S0021-75572002000500004

Bahls, S. C., & Bahls, F. R. C. (2002). Depressão na adolescência: Características clínicas. *Interação em Psicologia, 6*(1), 49-57. http://dx.doi.org/10.5380/psi.v6i1.3193

Bani-Fatemi, A., Tasmim, S., Graff-Guerrero, A., Gerretsen, P., Strauss, J., Kolla, N., Spalletta, G., & De Luca, V. (2018). Structural and functional alterations of the suicidal brain: An updated review of neuroimaging studies. *Psychiatry Research. Neuroimaging, 278,* 77-91. https://doi.org/10.1016/j.pscychresns.2018.05.008

Baptista, M. N. (2018). *Manual Ebadep-IJ: Escala Baptista de Depressão Infantojuvenil.* Hogrefe.

Baptista, M. N., & Borges, L. (2016). Revisão integrativa de instrumentos de depressão em crianças/adolescentes e adultos na população brasileira. *Avaliação psicológica, 15,* 19-32. http://dx.doi.org/10.15689/ap.2016.15ee.03

Baptista, M. N., & Cremasco, G. S. (2019). Avaliação de sintomatologia depressiva na infância. In I. I. L. Argimon, A. A. Moraes, C. V. Quiroga, G. A. V. Rodrigues (orgs.), *Avaliação e intervenção no ciclo vital* (pp. 217-228). Hogrefe.

Baptista, M. N., Lima, R. F., Capovilla, A. G. S., & Melo, L. L. (2006). Sintomatologia depressiva, atenção sustentada e desempenho escolar em estudantes do Ensino Médio. *Psicologia Escolar e Educacional, 10*(1), 99-108. https://doi.org/10.1590/S1413-85572006000100009

Beck, A. T., Steer, R. A., & Brown, G. K. (1996). *Manual for the Beck Depression Inventory-II.* Psychological Corporation.

Bilsen, J. (2018). Suicide and Youth: Risk Factors. *Frontiers in Psychiatry, 9,* 1-5. http://dx.doi.org/10.3389/fpsyt.2018.00540

Borges, L., & Baptista, M. N. (2018). Avaliação psicológica e psicoterapia na infância. In M. Lins, M. Muniz, L. Cardoso (orgs.), Avaliação psicológica infantil (pp. 71-90). Hogrefe.

Borsa, J. C. (2016). Considerações sobre a formação e a prática em avaliação psicológica no Brasil. *Temas em Psicologia, 24*(1), 131-143. http://dx.doi.org/10.9788/TP2016.1-09

Brent D. A., Bridge, J., Johnson, B. A., Connolly, J. (1996). Suicidal behavior runs in families. A controlled family study of adolescent suicide victims. *Archives of General Psychiatry, 53,* 1.145-1.152. http://dx.doi.org/10.1001/archpsyc.1996.01830120085015

Brezo, J., Klempan, T., & Turecki, G. (2008). The genetics of suicide: A critical review of molecular studies. *Psychiatric Clinics of North America, 31,* 179-203. https://doi.org/10.1016/j.psc.2008.01.008

Bridge, J. A., Asti, L., Horowitz, L. M., Greenhouse, J. B., Fontanella, C. A., Sheftall, A. H., Kelleher, K. J.,

& Campo, J. V. (2015). Suicide trends among elementary school-aged children in the United States from 1993 to 2012. *JAMA pediatrics, 169*(7), 673-677. http://dx.doi.org/10.1001/jamapediatrics.2015.0465

Campos, S. B., Brasil Rocha, P. M., Neves, F. S., Miranda, D. M., & Correa, H. (2017). ACP1 gene polymorphism associated with suicide attempt type in bipolar disorder patients. *Psychiatry Investigation, 14*(6), 909-910. https://doi.org/10.4306/pi.2017.14.6.909

Cassorla, R. M. S. (2017). *Suicídio: Fatores inconscientes e aspectos socioculturais: Uma introdução.* Blucher.

Colavite, J., Silva, F. F., Garbi, J. P., Silva, M. O., Ribeiro, R. A., & Cardoso, H. F. (2013). Depressão: Crianças também sofrem com essa doença. *Psicólogo Informação, 17*(17), 123-131. http://dx.doi.org/10.15603/2176-0969/pi.v17n17p123-131

Courtet, P., Gottesman, I. I., Jollant, F., & Gould, T. D. (2011). The neuroscience of suicidal behaviors: What can we expect from endophenotype strategies? *Translational psychiatry, 1*(5), e7-. https://doi.org/10.1038/tp.2011.6

Eysenck, M. W., & Keane, M. T. (2017). Cognição e emoção. In M. W. Eysenck & M. T. Keane, *Manual de psicologia cognitiva* (pp. 635-682). Artmed.

Frota, A. M. M. C. (2007). Diferentes concepções da infância e adolescência: A importância da historicidade para sua construção. *Estudos e pesquisas em psicologia, 7*(1), 147-160. redalyc.org/pdf/4518/451844613015.pdf

Gorenstein, C., Pang, W. Y., Argimon, I. L., & Werlang, B. S. G. (2011). *Manual do Inventário de depressão de Beck-BDI-II.* Casa do Psicólogo.

Gottesman, I. I., & Gould, T. D. (2003). The endophenotype concept in psychiatry: Etymology and strategic intentions. *American Journal of Psychiatry, 160*(4), 636-645.

Greene, D. B. (1994). Childhood suicide and myths surrounding it. *Social Work, 39*(2), 230-232. https://www.jstor.org/stable/23717213

Guimarães, F. S., Joca, S. R., & Juruena, M. F. P. (2014). Transtornos do humor. In M. L. Brandão &

F. G. Graeff, *Neurobiologia dos transtornos mentais* (pp. 97-129). Atheneu.

Günther, T., Holtkamp, K., Jolles, J., Herpertz-Dahlmann, B., & Konrad, K. (2004). Verbal memory and aspects of attentional control in children and adolescents with anxiety disorders or depressive disorders. *Journal of Affective Disorders, 82*(2), 265-269. https://doi.org/10.1016/j.jad.2003.11.004

Harms, M. B., Casement, M. D., Teoh, J. Y., Ruiz, S., Scott, H., Wedan, R., & Quevedo, K. (2019). Adolescent suicide attempts and ideation are linked to brain function during peer interactions. *Psychiatry research. Neuroimaging, 289*, 1-9. https://doi.org/10.1016/j.pscychresns.2019.05.001

Hartley, C. M., Pettit, J. W., & Castellanos, D. (2018). Reactive aggression and suicide-related behaviors in children and adolescents: A review and preliminary meta-analysis. *Suicide & life-threatening behavior, 48*(1), 38-51. https://doi.org/10.1111/sltb.12325

Hawton, K., Hill, N., Gould, M., John, A., Lascelles, K., & Robinson, J. (2020). Clustering of suicides in children and adolescents. *The Lancet. Child & Adolescent Health, 4*(1), 58-67. https://doi.org/10.1016/S2352-4642(19)30335-9

Hawton, K., Saunders, K. E., & O'Connor, R. C. (2012). Self-harm and suicide in adolescents. *The Lancet, 379*(9834), 2.373-2.382. https://doi.org/10.1016/S0140-6736(12)60322-5

Jódar-Vicente, M. (2004). Funciones cognitivas del lóbulo frontal. *Revista de Neurología, 39*, 178-182. https://05c4d1b0-a-62cb3a1a-s-sites.googlegroups.com/site/imgrep/Home/cognitivas_lobulo_frontal.pdf

Johnston, J., Wang, F., Liu, J., Blond, B. N., Wallace, A., Liu, J., Spencer, L., Cox Lippard, E. T., Purves, K. L., Landeros-Weisenberger, A., Hermes, E., Pittman, B., Zhang, S., King, R., Martin, A., Oquendo, M. A., & Blumberg, H. P. (2017). Multimodal neuroimaging of frontolimbic structure and function associated with suicide attempts in adolescents and young adults with bipolar disorder. *The American Journal of Psychiatry, 174*(7), 667-675. https://doi.org/10.1176/appi.ajp.2016.15050652

Juruena, M. F., Cleare, A. J., & Pariante, C. M. (2004). O eixo hipotálamo-pituitária-adrenal, a função dos receptores de glicocorticoides e sua importância na depressão. *Brazilian Journal of Psychiatry, 26*(3), 189-201. https://doi.org/10.1590/S1516-44462004000300009

Kim, Y. S., & Leventhal, B. (2008). Bullying and suicide. A review. *International Journal of Adolescent Medicine and Health, 20*(2), 133-154. https://doi.org/10.1515/IJAMH.2008.20.2.133

Kovacs, M. (1992). *Children Depression Inventory CDI: Manual*. Multi-Health Systems.

Kuczynski, E. (2014). Suicídio na infância e adolescência. *Psicologia USP, 25*(3), 246-252. https://doi.org/10.1590/0103-6564D20140005

Kuehner, C. (2017). Why is depression more common among women than among men? *The Lancet Psychiatry, 4*(2), 146-158. https://doi.org/10.1016/S2215-0366(16)30263-2

Lanzillo, E. C., Horowitz, L. M., & Pao, M. (2018). Suicide in Children. In T. Falcone, J. Timmons-Mitchell (eds.), *Suicide Prevention* (pp. 73-107). Springer, Cham.

LeBlanc, J. C., Almudevar, A., Brooks, S. J., & Kutcher, S. (2002). Screening for adolescent depression: Comparison of the Kutcher Adolescent Depression Scale with the Beck Depression Inventory. *Journal of Child and Adolescent Psychopharmacology, 12*(2), 113-126. https://doi.org/10.1089/104454602760219153

Lima, R. F., & Ciasca, S. M. (2010). Depression symptoms and neuropsychological function in children with learning difficulties. *Revista Neurociências, 18*(3), 314-319. https://doi.org/10.34024/rnc.2010.v18.8455

Lins, M. R. C., & Borsa, J. C. (2017). *Avaliação psicológica: Aspectos teóricos e práticos*. Vozes.

Liotti, M., & Mayberg, H. S. (2001). The role of functional neuroimaging in the neuropsychology of depression. *Journal of Clinical and Experimental Neuropsychology, 23*(1), 121-136. https://doi.org/10.1076/jcen.23.1.121.1223

Lippard, E., Johnston, J., Spencer, L., Quatrano, S., Fan, S., Sankar, A., Weathers, J., Pittman, B., Oquendo, M. A., & Blumberg, H. P. (2019). Preliminary examination of gray and white matter structure and longitudinal structural changes in frontal systems associated with future suicide attempts in adolescents and young adults with mood disorders. *Journal of Affective Disorders, 245,* 1.139-1.148. https://doi.org/10.1016/j.jad.2018.11.097

Martin, P. C., Zimmer, T. J., & Pan, L. A. (2015). Magnetic resonance imaging markers of suicide attempt and suicide risk in adolescents. *CNS Spectrums, 20*(4), 355-358. https://doi.org/10.1017/S1092852915000048

McGirr, A., Renaud, J., Bureau, A., Seguin, M., Lesage, A., & Turecki, G. (2008). Impulsive--aggressive behaviours and completed suicide across the life cycle: A predisposition for younger age of suicide. *Psychological Medicine, 38,* 407-417. https://doi.org/10.1017/S0033291707001419

Mehler-Wex, C., & Kölch, M. (2008). Depression in children and adolescents. *Deutsches Ärzteblatt International, 105*(9), 149-155. http://dx.doi.org/10.3238/arztebl.2008.0149

Mello, A. F., Juruena, M. F., Pariante, C. M., Tyrka, A. R., Price, L. H, Carpenter, L. L., & Del Porto, J. A. (2007). Depressão e estresse: Existe um endofenótipo? *Brazilian Journal of Psychiatry, 29*(Suppl. 1), s13-s18. https://doi.org/10.1590/S1516-44462007000500004

Miller, D. N. (2018). Suicidal Behavior in Children: Issues and Implications for Elementary Schools. *Contemporary School Psychology,* 1-10. http://dx.doi.org/10.1007/s40688-018-0203-0

Mishara, B. L. (1999). Conceptions of death and suicide in children ages 6-12 and their implications for suicide prevention. *Suicide and Life-Threatening Behavior, 29*(2), 105-118. https://doi.org/10.1111/j.1943-278X.1999.tb01049.x

Nishioka, S. A., Perin, E. A., Sampaio, A. S., Cordeiro, Q., Cappi, C., Mastrorosa, R. S., Morais, I. A., Reis, V. N. S., Rosário, M. C., & Hounie, A. G. (2011). O papel do polimorfismo funcional VNTR da região promotora do gene MAOA nos transtornos psiquiátricos. *Archives of Clinical Psychiatry, 38*(1), 34-42. https://doi.org/10.1590/S0101-60832011000100008

Orri, M., Geoffroy, M. C., Turecki, G., Feng, B., Brendgen, M., Vitaro, F., Dionne, G., Paquin, S., Galera, C., Renaud, J., Tremblay, R. E., Côté, S. M., &

Boivin, M. (2020). Contribution of genes and environment to the longitudinal association between childhood impulsive-aggression and suicidality in adolescence. *Journal of Child Psychology and Psychiatry, and Allied Disciplines, 61*(6), 711-720. https://doi.org/10.1111/jcpp.13163

Palacios-Espinosa, X., Lora, A. M. B., Rodriguez, M. O., & Ayala, M. E. P. (2007). Análisis bibliométrico de la producción científica sobre suicidio entre niños en el período de 1985-2005. *Avances en Psicología Latinoamericana, 25*(2), 40-62. https://revistas.urosario.edu.co/index.php/apl/article/view/1206

Pan, L. A., Batezati-Alves, S. C., Almeida, J. R., Segreti, A., Akkal, D., Hassel, S., Lakdawala, S., Brent, D. A., & Phillips, M. L. (2011). Dissociable patterns of neural activity during response inhibition in depressed adolescents with and without suicidal behavior. *Journal of the American Academy of Child and Adolescent Psychiatry, 50*(6), 602-611.e3. https://doi.org/10.1016/j.jaac.2011.03.018

Pan, L. A., Hassel, S., Segreti, A. M., Nau, S. A., Brent, D. A., & Phillips, M. L. (2013). Differential patterns of activity and functional connectivity in emotion processing neural circuitry to angry and happy faces in adolescents with and without suicide attempt. *Psychological Medicine, 43*(10), 2.129-2.142. https://doi.org/10.1017/S0033291712002966

Pan, L., Segreti, A., Almeida, J., Jollant, F., Lawrence, N., Brent, D., & Phillips, M. (2013). Preserved hippocampal function during learning in the context of risk in adolescent suicide attempt. *Psychiatry Research, 211*(2), 112-118. https://doi.org/10.1016/j.pscychresns.2012.07.008

Pawlak, J., Dmitrzak-Weglarz, M., Wilkosc, M., Szczepankiewicz, A., Leszczynska-Rodziewicz, A., Zaremba, D., Kapelski, P., Rajewska-Rager, A., & Hauser, J. (2016). Suicide behavior as a quantitative trait and its genetic background. *Journal of Affective Disorders, 206,* 241-250. https://doi.org/10.1016/j.jad.2016.07.029

Pereira, D. A. P., & Amaral, V. L. A. R. D. (2004). Escala de avaliação de depressão para crianças: Um estudo de validação. *Estudos de Psicologia, 21*(1), 5-23. https://doi.org/10.1590/S0103-166X2004000100001

Piccin, J., Manfro, P. H., Caldieraro, M. A., & Kieling, C. (2020). The research output on child and adolescent suicide in Brazil: A systematic review of the literature. *Brazilian Journal of Psychiatry, 42*(2), 209-213. https://doi.org/10.1590/1516-4446-2019-0497

Platt, B., Waters, A. M., Schulte-Koerne, G., Engelmann, L., & Salemink, E. (2017). Uma revisão dos vieses cognitivos na depressão juvenil: Atenção, interpretação e memória. *Cognição e Emoção, 31*(3), 462-483. https://doi.org/10.1080/02699931.2015.1127215

Quiroga, F. L., & Vitalle, M. S. D. S. (2013). O adolescente e suas representações sociais: Apontamentos sobre a importância do contexto histórico. *Physis: Revista de Saúde Coletiva, 23*(3), 863-878. https://doi.org/10.1590/S0103-73312013000300011

Ramos, A. M. L. J. (2013). *Funções executivas e ideação suicida em adolescentes* [Dissertação de mestrado, Instituto Universitário Ispa].

Resende, K. I. D. S., & Teodoro, M. (2018). Avaliação da depressão infantil. In M. Lins, M. Muniz & L. Cardoso (orgs.), *Avaliação psicológica infantil* (pp. 353-376). Hogrefe.

Ribeiro, J. M., & Moreira, M. R. (2018). Uma abordagem sobre o suicídio de adolescentes e jovens no Brasil. *Ciência & Saúde Coletiva, 23*, 2.821-2.834. https://doi.org/10.1590/1413-81232018239.17192018

Rice, F., Riglin, L., Lomax, T., Souter, E., Potter, R., Smith, D. J., Thapar, A. K., & Thapar, A. (2018). Diferenças entre adolescentes e adultos nos principais perfis de sintomas de depressão. *Journal of Affective Disorders*, 1-27. https://doi.org/10.1016/j.jad.2018.09.015

Roca, M., Del Amo, A. R., Riera-Serra, P., Pérez-Ara, M. A., Castro, A., Roman Juan, J., García-Toro, M., García-Pazo, P., & Gili, M. (2019). Suicidal risk and executive functions in major depressive disorder: A study protocol. *BMC psychiatry, 19*(1), 253. https://doi.org/10.1186/s12888-019-2233-1

Rock, P. L., Roiser, J. P., Riedel, W. J., & Blackwell, A. D. (2014). Cognitive impairment in depression: A systematic review and meta-analysis. *Psychological Medicine, 44*(10), 2.029-2.040. https://doi.org/10.1017/S0033291713002535

Rozenthal, M., Laks, J., & Engelhardt, E. (2004). Aspectos neuropsicológicos da depressão. *Revista de Psiquiatria do Rio Grande do Sul, 26*(2), 204-212. https://doi.org/10.1590/S0101-81082004000200010

Rueda, F. J. M., & Zanini, D. S. (2018). O que muda com a Resolução CFP n. 9/2018? *Psicologia: Ciência e Profissão, 38*(SPE), 16-27. https://doi.org/10.1590/1982-3703000208893

Shain, B. (2016). Suicide and Suicide Attempts in Adolescents. *Pediatrics, 138*(1), 1-11. https://doi.org/10.1542/peds.2016-1420

Shapero B. G., & Mazzone E. (2019). Early onset of depression during childhood and adolescence. In B. Shapero, D. Mischoulon & C. Cusin (eds.), *The Massachusetts General Hospital Guide to Depression* (pp. 59-70). Humana.

Silva, B. F. A., Prates, A. A. P., Cardoso, A. A., & Rosas, N. (2018). O suicídio no Brasil contemporâneo. *Sociedade e Estado, 33*(2), 565-579. https://doi.org/10.1590/s0102-699220183302014

Silva, L. (2019). Suicide among children and adolescents: A warning to accomplish a global imperative. *Acta Paulista de Enfermagem, 32*(3), III-VI. https://doi.org/10.1590/1982-0194201900033

Sousa, B., Fonseca, M., Loureiro, S., Cordeiro, L., & Ribeiro, E. (2019). Suicídio na infância e adolescência: Fatores de risco e prevenção. *Revista de Psicologia da Criança e do Adolescente, 9*(2), 103-112. http://revistas.lis.ulusiada.pt/index.php/rpca/article/view/2714

Sousa, G. S. D., Santos, M. S. P. D., Silva, A. T. P. D., Perrelli, J. G. A., & Sougey, E. B. (2017). Revisão de literatura sobre suicídio na infância. *Ciência & Saúde Coletiva, 22*, 3.099-3.110. https://doi.org/10.1590/1413-81232017229.14582017

Stewart, J. G., Glenn, C. R., Esposito, E. C., Cha, C. B., Nock, M. K., & Auerbach, R. P. (2017). Cognitive control deficits differentiate adolescent suicide ideators from attempters. *The Journal of Clinical Psychiatry, 78*(6), e614-e621. https://doi.org/10.4088/jcp.16m10647

Stillion, J. M., & McDowell, E. E. (2015). *Suicide across the life span: Premature exits*. Taylor e Francis.

Toolan, J. M. (1981). Depression and suicide in children: An overview. *American Journal of Psychotherapy, 35*(3), 311-322. https://doi.org/10.1176/appi.psychotherapy.1981.35.3.311

Turecki, G. (1999). O suicídio e sua relação com o comportamento impulsivo-agressivo. *Brazilian Journal of Psychiatry, 21*(Suppl. 2), 18-22. https://doi.org/10.1590/S1516-44461999000600006

Voracek, M., & Loibl, L. M. (2007). Genetics of suicide: A systematic review of twin studies. *Wien Klin Wochenschr, 119*, 463-475. https://doi.org/10.1007/s00508-007-0823-2

Wagner, S., Müller, C., Helmreich, I., Huss, M., & Tadić, A. (2015). A meta-analysis of cognitive functions in children and adolescents with major depressive disorder. *European child & adolescent psychiatry, 24*(1), 5-19. https://doi.org/10.1007/s00787-014-0559-2

Wesseling, E. (ed.). (2017). *Reinventing childhood nostalgia: Books, toys, and contemporary media culture*. Routledge.

Whalen, D. J., Dixon-Gordon, K., Belden, A. C., Barch, D., & Luby, J. L. (2015). Correlates and consequences of suicidal cognitions and behaviors in children ages 3 to 7 years. *Journal of the American Academy of Child & Adolescent Psychiatry, 54*(11), 926-937. http://dx.doi.org/10.1016/j.jaac.2015.08.009

Willour, V. L., Seifuddin, F., Mahon, P. B., Jancic, D., Pirooznia, M., Steele, J., et al. (2012). A genome-wide association study of attempted suicide. *Molecular Psychiatry, 17*(4), 433-444. https://doi.org/10.1038/mp.2011.4

World Health Organization. (2002). *Relatório mundial da saúde mental: Nova concepção, nova esperança*. Direção-Geral da Saúde.

World Health Organization. (2017). *Depression and other common mental disorders: Global health estimates*. World Health Organization.

Zalsmann, G. (2012). Genetics of Suicidal Behavior in Children and Adolescents. In Y. Dwivedi (ed.), *The Neurobiological Basis of Suicide*. CRC; Taylor & Francis.

18
Evaluación de los trastornos del comportamiento

Maria Forns i Santacana
Ernesto Magallón-Neri
Universidad de Barcelona

Highlights

- Las conductas disruptivas generan preocupación y malestar en los entornos en que se producen.
- Requieren especial atención clínica en función del grado de persistencia, frecuencia y desajuste, y según edad, género, desarrollo y cultura.
- La trayectoria evolutiva de los trastornos del comportamiento comienza con un inicio precoz de conductas negativistas, para derivar más tarde en conductas disociales.
- La prevalencia de los trastornos del comportamiento ronda el 3%, más acentuada en el género masculino que el femenino.
- La expresión de las conductas disociales puede ser abierta, encubierta o mixta.
- El rasgo de dureza emocional predice el desarrollo del trastorno de conducta disocial, en sus expresiones más severas.
- Las taxonomías diagnósticas DSM-5 (propuesta por la APA) y CIE-11 (propuesta por la OMS) clasifican los trastornos perturbadores del control de los impulsos y de la conducta y las conductas disruptivas disociales, respectivamente.
- En la evaluación de los problemas de conductas hay que considerar una estrategia multi-método-informante.
- En la evaluación de los trastornos del comportamiento hay que considerar: conflictos con la autoridad, impulsividad, patrones de crianza, habilidades sociales, agresividad, dureza emocional y limitación de emociones prosociales.

A – Las conductas disruptivas y disociales

1 Los problemas de comportamiento

A lo largo del desarrollo infantil se pueden identificar una gran variedad de conductas disruptivas (escaso autocontrol, berrinches, mentiras, desobediencia, robos, agresividad, peleas, provocaciones etc.), que pueden darse de forma aislada, aunque suelen generar preocupación y malestar en los entornos en los que se desarrollan. Estas conductas deben y pueden ser abordadas bajo una perspectiva educativa, en el seno de la familia o de la escuela, pero requerirán especial atención y tratamiento clínico si su persistencia, frecuencia y grado de desajuste se ubican fuera de los límites esperables, normotípicos, según edad, género, desarrollo y cultura. Si estas conductas perturbadoras no son tratadas adecuadamente en la infancia se asocian, en la adolescencia, a comportamientos graves y desadaptativos como abandono de la vida académica, abuso de sustancias, engaño, delincuencia, comportamiento sexual de riesgo, embarazo adolescente, violencia en el noviazgo, bajo ajuste psicosocial en la vida adulta y en caso extremo al suicidio (Loeber et al., 2009). Por tanto, deben ser identificadas y tratadas bajo una perspectiva psicológica, clínica, psicopatológica y social.

2 Clasificación DSM y CIE para los problemas conductuales

Los sistemas clasificatorios de los problemas de conducta son básicamente dos: el sistema DSM-5 (*Diagnostic and Statistical Manual of Mental Disorders*) de la Asociación Americana de Psiquiatría (APA, 2014) y el sistema CIE-11 (Clasificación internacional de Enfermedades – conocido por "Classificação Internacional de Doenças" – CID, en Brasil), en fase de finalización, de la Organización Mundial de la Salud (OMS, 2019). El Manual Diagnóstico y estadístico de los trastornos mentales, DSM-5, agrupa los problemas de comportamiento bajo el epígrafe de trastornos perturbadores, del control de los impulsos y de la conducta. En la propuesta aún en construcción de la CIE-11 (OMS, 2019) se agrupan bajo el epígrafe de trastornos de la conducta disruptiva y disocial. Esta nueva terminología refleja un amplio rango de severidad y fenomenología observada tanto en el trastorno negativista desafiante (TND) como en el trastorno de la conducta disocial (TCD), ahora con la posibilidad de ser diagnosticados a lo largo de la vida. Además, se introduce una serie de especificaciones en los subtipos de ambos trastornos que intentan mejorar la utilidad clínica; entre estas la existencia de emociones prosociales limitadas. Así también,

el TND puede estar asociado a un patrón más estable y extremo de conductas oposicionistas con "irritabilidad e ira crónica" asignado a aquellos casos en los que el trastorno presenta ira o humor irritable, de forma persistente. Esta forma de presentación del TND difiere de la propuesta del DSM-5 sobre introducir un nuevo trastorno como el de desregulación disruptiva del estado de ánimo (Evans et al., 2017). En cambio, el TCD estaría asociado a un patrón más severo y estable de agresividad en la conducta antisocial (Reed et al., 2019). En la CIE-11 se reconoce que estas conductas son frecuentemente asociadas a entornos problemáticos y factores de riesgo psicosocial (como rechazo por pares, influencia de grupos desviados y trastornos mentales en los padres). La distinción clínica entre el inicio del trastorno en la infancia o en la adolescencia se especifica, el inicio más precoz se encuentra asociado a patología más severa y con peor pronóstico del trastorno (Reed et al., 2019).

La tabla 1 muestra de forma comparativa los trastornos de conducta aceptados en la DSM-5 y la propuesta de la CIE-11. En el caso del DSM-5 hemos omitido los trastornos referidos a Piromanía y a Cleptomanía que en la CIE-11 son categorizados entre los trastornos del control de los impulsos. Los trastornos de atención e hiperactividad (TDAH) se consideran en ambos sistemas como un trastorno del neurodesarrollo, aunque tradicionalmente fueron considerados como un comportamiento perturbador.

Tabla 1

Trastornos de conducta según las clasificaciones DSM-5 y la propuesta de la CIE-11

Trastornos perturbadores, del control de los impulsos y de la conducta DSM-5		Trastornos de comportamiento disruptivo y disocial CIE-11	
TND Trastorno negativista-desafiante	**313.81**	**TND Trastorno desafiante y oposicionista (TOD)**	**6C90**
Patrón de estado de ánimo enfadado/irritable, con comportamiento discutidor, desafiante o de resentimiento.		Patrón de comportamiento inconforme, desafiante y desobediente, atípico para personas de edad y nivel de desarrollo comparables.	
		con irritabilidad o enojo crónico	6C90.0
		con emociones prosociales limitadas	6C90.00
		con emociones prosociales normales	6C90.01
		sin especificar	6C90.0Z
		sin irritabilidad o enojo crónicos	6C90.1 6C90.106C90.11
		con emociones prosociales limitadas	
		con emociones prosociales normales	
		TND sin irritabilidad o enojo crónicos, sin especificación	6C90.1Z
		TND sin especificación	6C90.Z
TC Trastorno de conducta:	**312.80**	**TCD Trastorno de comportamiento disocial**	**6C91**
Patrón repetitivo y persistente de comportamiento en el que no se respetan los derechos básicos de otros, ni las normas o reglas sociales propias de la edad		Patrón de comportamiento repetitivo y persistente en el que se violan los derechos básicos de los demás o las principales normas, reglas y leyes sociales o culturales apropiadas para la edad.	
Inicio infantil	312.81	**Inicio en la infancia**	6C91.0
		con emociones prosociales limitadas	6C91.006C91.016C91.0Z
		con emociones prosociales normales	
		sin especificar	

Inicio adolescente	312.82	**Inicio en la adolescencia**	6C91.1
		con emociones prosociales limitadas	6C91.106C91.11
		con emociones prosociales normales	
		Otros trastornos especificados de TCD, inicio en la adolescencia	6C91.Y
Inicio no especificado	312.89	**Trastorno de TCD, sin especificación**	6C91.Z
TEI Trastorno explosivo intermitente	312.34		6C73
Arrebatos de comportamiento, recurrentes, que expresan falta de control de los impulsos agresivos.		(Clasificado en Trastornos del control de los impulsos)	
TAP Trastorno antisocial de la personalidad	301.7		6D11.2
Patrón dominante de inatención y vulneración de los derechos de los demás.		(Clasificado en Rasgos o patrones de personalidad prominentes de Trastornos de la personalidad y rasgos relacionados, como comportamiento disocial en los trastornos o dificultades de personalidad)	
Otro trastorno perturbador, del control de los impulsos y de la conducta, especificado	312.89	**Otras conductas disruptivas o trastornos disociales**	6C9Y
Trastorno perturbador, del control de los impulsos y de la conducta, no especificado	312.9	**No especificado**	6C9Z

3 Prevalencia

Los porcentajes de prevalencia de estos trastornos presentan algunas diferencias según el sistema de clasificación diagnóstica empleado, los países, el tipo de estudios, el rigor del muestreo, el contexto de extracción (clínico y/o comunitario), el hábitat (rural vs urbano), los informantes y los instrumentos empleados para analizarlo. Según la OMS y según el sistema clasificatorio de la CIE-10, entre el 10% y el 20% de todos los niños presentan uno o más problemas mentales o del comportamiento (OMS, 2001). En general, las prevalencias de los trastornos del comportamiento son las siguientes: (a) en el caso del TND se han encontrado prevalencias alrededor del mundo entre 0,6% y 11%, con una prevalencia promedio del 3,3%.

En estudios de metaanálisis se ha estimado que la prevalencia promedio de TND no varía entre culturas, con una proporción más elevada de varones que mujeres (Canino et al., 2010).

Con relación a la prevalencia a lo largo de la vida el TND es estimada en 10,2%; 11,2% para hombres y 9,2% para mujeres (Nock et al., 2007); (b) la prevalencia mundial de TC está estimada entre 2-3%, con un 3-4% en chicos y entre 1-2% en mujeres consistente a través de las culturas (Fairchild et al., 2019; Canino et al., 2010). La prevalencia de TC a lo largo de la vida es alrededor del 9,5% (12% para hombres y 7,1% para mujeres; Nock et al., 2006). Se ha especulado acerca de un incremento en la prevalencia de TC en décadas recientes (NICE, 2013), mientras que otros sugieren cambios mínimos (Collishaw et al., 2004). Son escasos los estudios que han estimado los rasgos de dureza e insensibilidad afectiva (DIA) en el TC, alrededor del 30-40% de las personas con TC presentarían es-

tos rasgos (Fairchild et al., 2019). Alrededor de un 50% de los niños y jóvenes que presentan un TC pueden llegar a desarrollar un trastorno de personalidad antisocial en la vida adulta (NICE, 2013); (c) el TAP a lo largo de la vida presenta una prevalencia de 3,6% con una ratio de 3:1 a favor de los hombres, en cambio las conductas antisociales en la vida adulta son más amplias y llegan a tener una prevalencia de un 12,3%, con una ratio de 2,1 menor en las mujeres (Compton et al., 2005); (d) para el TEI se han identificado prevalencias del 4.5% en la adolescencia (McLaughlin et al., 2012), y del 4% en población comunitaria adulta a lo largo de la vida.

4 Comorbilidad

La comorbilidad en los trastornos del comportamiento disruptivo es un área de gran importancia, ya que una gran proporción de casos presentan trastornos concurrentes (40-70%), que dificulta el reconocimiento de las fronteras entre la sintomatología percibida. A grandes rasgos, el TND se caracteriza por conflictos interpersonales con las figuras de autoridad y dificultades en las relaciones con otras personas. Estos síntomas se pueden presentar en muchos trastornos clínicos, por lo que la configuración de la comorbilidad con el TND suele ser compleja y muy diversa. Síntomas de TDAH pueden preceder a los del TND, sobre todo la desinhibición conductual, hiperactividad e impulsividad (Nock et al., 2007). A medida que avanza la edad, si la actitud desafiante se convierte en violación de normas y de derechos de los demás, se pueden llegar a presentar otras comorbilidades sucesivas como el TC. En población general una tercera parte de los niños con TND pueden desarrollar un TC y, en ámbitos clínicos esta comorbilidad suele rondar entre el 80-96% de los casos

(Maughan et al., 2004). La ansiedad (7-14%) y depresión (15-46%) son comunes en los casos de TND y es un buen predictor de estas alteraciones en la vida adulta (Copeland et al., 2009). La comorbilidad del TND con ansiedad y depresión es más común en chicas que en chicos, representada principalmente por irritabilidad y afecto negativo; así también el TND, es mediado por el TC en el desarrollo de sentimientos depresivos derivados de acontecimiento adversos (Ezpeleta, 2014). Otro trastorno a tener en cuenta en la comorbilidad con el TND, es el trastorno de conducta perturbadora con desregulación del estado de ánimo (TCPDEA), que se presentan entre un 25-60% de los casos. Sin embargo, su relación no es bidireccional ya que el 25% de los TND presentan criterios para TCPDEA, pero entre el 60-70% de los que tienen TCPDEA presentan criterios para TND, especialmente aquellos con la especificación de elevada irritabilidad crónica (Copeland et al., 2013).

En relación con el TC cabe mencionar que tienen 15 veces más riesgo de cumplir criterios de TND, caracterizado por temperamento difícil, conducta desafiante e irritabilidad; estudios recientes sugieren que la transición de TND a TC es menor de lo que se creía (<50%), siendo dos trastornos diferentes (Copeland et al., 2013). Sin embargo, aproximadamente entre 60-90% de los pacientes con TC cumplen concurrentemente criterios para TND (Essau, 2003). Por otro lado, entre el 16% y el 20% de los jóvenes con TC tienen comorbilidad con el TDAH, y su edad de inicio suele ser más temprana, con síntomas más severos y persistentes que en los niños con TC sin TDAH, así también, presentan una tasa más alta de problemas de lectura y discapacidad intelectual (Thapar et al., 2001). El TC coocurre con otros trastornos como el trastorno depresivo mayor (TDM) y con otros trastornos de ansiedad (Nock et al., 2006). En la adolescencia el TC se asocia frecuentemente con el abuso de sustancias de inicio precoz, y a su vez, con un alto riesgo de alteraciones de la personalidad, particularmente *borderline* y antisocial, este último se desarrolla entre 45% al 70% de los adolescentes con TC (Morcillo et al., 2012). Así, el TC se asocia también a fracaso escolar, violencia y conducta criminal (Fairchild et al., 2019).

5 Trayectoria evolutiva, organización piramidal y multidimensionalidad de la conducta perturbadora

Diversos estudios longitudinales indican la existencia de dos trayectorias evolutivas disociales diferenciadas: de inicio precoz y de inicio en la adolescencia (Moffitt, 2006). La trayectoria con un inicio disocial precoz, con síntomas que pueden aparecer en los primeros años de escolaridad, antes de los 10 años, se manifiesta persistente a lo largo de la vida y se asocia a severa adversidad familiar, conducta antisocial en los padres, labilidad genética, complicaciones perinatales, y déficits neurocognitivos, entre otros. La evolución del trastorno se asocia a otros problemas del desarrollo como fracaso escolar, embarazo precoz, abuso de sustancias etc. (Patterson et al., 1989). El pronóstico es poco favorable ya que un 44% de niños con inicio disocial precoz desarrollaran un trastorno de personalidad disocial en la edad adulta (Burke et al., 2010). También se ha identificado un grupo de niños con inicio precoz disocial-limitado a la infancia que en la adultez desarrollan un curso caracterizado por alteraciones depresivas, aislamiento, ansiedad, y dependencia financiera de otros (Wiesner et al., 2003). La trayectoria de inicio en la adolescencia, entre los 11 y los 15 años, presenta escasa continuidad a lo largo de la vida. Este grupo no manifiesta en la infancia TDAH o TND, y no muestra alteraciones neurológicas o disfunciones familiares severas, en cambio expresa altos niveles de rebeldía y de rechazo de las normas convencionales, que se relacionan con un torpe manejo de la conducta por parte de los familiares o por la presencia de amigos disociales. Habitualmente los adolescentes de este grupo abandonan los problemas disociales cuando adoptan roles y responsabilidades sociales en la edad adulta (Pardini y Frick, 2013), aunque pueden perdurar algunas conductas conflictivas (abuso sustancias, estilo violento, antecedentes penales) relacionadas con su conducta antisocial previa.

Monahan et al. (2009) han identificado cinco trayectorias de la conducta disocial entre adolescentes delincuentes desde los 14 a los 22 años: trayectoria disocial (a) curso de bajo nivel (37,3%); (b) curso de nivel moderado (18,7%); (c) cuso descendente desde un alto nivel de conducta disocial en la adolescencia (23,7%); (d) curso en U invertida, con un pico de conducta disocial elevada a mitad de la adolescencia (14,6%); y e) curso persistente desde la adolescencia hasta la madurez-emergente (5,7%). Los jóvenes que persisten en la conducta disocial muestran déficits en la madurez psicosocial, en el control del impulso, la supresión de la agresión y la orientación de su futuro. Los otros grupos muestran un desarrollo continuado de su madurez social expresada en la consideración de los demás, la toma de responsabilidad personal, y la resistencia a la influencia de los otros o actuación autónoma en las interacciones con el grupo.

La evolución de las conductas perturbadoras no es aleatoria. Lahey y Loeber (1994), Loeber y Hay (1997), y Loeber y Stouthamer-Loeber (1998) han mostrado una secuencia evolutiva.

Desde problemas de conducta aparentemente leves (oposicionistas), que se inician hacia los 7 años, se pasa a conductas problemáticas moderadas en torno a los 9 años, para derivar en conductas graves, o trastorno disocial, a los 12 años y siguientes. Así, las distintas manifestaciones del comportamiento perturbador serian modalidades de una misma alteración subyacente que se encontraría en distinta fase evolutiva. Esta **organización piramidal** de las conductas perturbadoras se produce por dos vías, que confluyen en el vértice de una pirámide (ver gráfica 1). La vía manifiesta, abierta, con conductas perturbadoras que se identifican fácilmente, se inicia con agresiones menores, seguidas de peleas físicas, y finalmente conducta violenta (violación, asesinato). La vía encubierta, trascurre por conductas aparentemente no agresivas, como mentiras, pequeños robos, hasta conductas delictivas graves (fraudes y robos, hasta destrucción de la propiedad ajena). Una tercera vía, de conflicto con la autoridad, se inicia con rabietas infantiles, negativismo y desobediencia, y puede pasar más tarde a graves infracciones a la autoridad. En esta evolución del trastorno disocial cabe destacar: (a) las conductas disruptivas se expanden en la infancia, desde el contexto familiar, a los contextos escolares, y comunitarios; (b) las agresiones se inician contra personas familiares, del contexto, para expandirse después a terceros, c) el porcentaje de sujetos afectados de trastorno disocial disminuye progresivamente con la edad, d) el paso de las conductas que caracterizan un escalón de la pirámide a las del escalón superior implica un agravamiento y recrudecimiento de la afectación y, e) el inicio temprano de la afectación implica un pronóstico más desfavorable que el inicio en la adolescencia. Por todo ello, atender a los problemas de conducta en la infancia y diferenciar entre conductas disruptivas transitorias y estables temporalmente es de suma importancia.

La investigación actual sugiere que en la cúspide de esta pirámide se sitúan aquellos adolescentes infractores con mayor gravedad en el TCD, con manifestaciones severas de agresividad, de tipo más instrumental y premeditada y, en definitiva, con un elevado nivel del rasgo de dureza emocional (falta de culpa y de empatía, despreocupación por sus actos, timidez y falta de afecto) y por limitadas emociones prosociales. Este sería un grupo crítico desde una perspectiva clínica y etiológica (Frick, 2016), por las dificultades de éxito de las intervenciones terapéuticas personales y familiares, y por un pronóstico clínico poco favorable.

Gráfico 1

Organización piramidal de la conducta disruptiva – Gravedad creciente del trastorno disocial

Nota: Adaptación del modelo piramidal de Loeber et al. (1993).

Finalmente hay que destacar que las conductas perturbadoras pueden organizarse en torno a dos ejes bipolares ortogonales, en función de la capacidad destructiva del acto perturbador y según la transparencia o visibilidad de la conducta, lo cual destaca **la multidimensionalidad de las conductas perturbadoras** (Frick et al., 1993). Del cruce del eje de conducta destructiva vs no destructiva (en ordenadas) con el de conductas abiertas vs encubiertas (en abscisas) surgen cuatro cuadrantes en los que se pueden situar la mayoría de las conductas disruptivas. El cuadrante de conductas destructivas y encubiertas incluye conductas de violación de la propiedad tales como destrucción de útiles, aparejos, robos o vandalismo. El cuadrante de conductas destructivas y abiertas incluye conductas de agresión como dar la culpa a otros, intimidar, amenazar y asaltar. El cuadrante de conductas no-destructivas y encubiertas abarca conductas de violación de normas o del estatus como incumplimiento de tareas, uso de sustancias o, haraganear, entre otras, y el cuadrante de conductas no-destructivas y abiertas abarca conductas de oposición como terquedad, desafío, bromas pesadas, discusiones, o susceptibilidad, entre otras.

B Proceso e instrumentos de evaluación de los problemas de conducta.

6 Perspectiva metodológica.

La evaluación de la conducta ha adoptado en la actualidad un modelo de exploración, que en línea con la defensa de la multicausalidad, adopta distintas perspectivas, entre ellas: (a) evaluación multiinformante (recabar e integrar información procedente del propio individuo, sus familiares y otras personas significativas); (b) evaluación de plurivariables (contemplar las distintas facetas que conforman el actuar de un sujeto: cognición, emoción, interrelaciones etc.); (c) evaluación con multiinstrumentos y plurimétodos (uso de diversos instrumentos con métodos de exploración diferenciados: informes, registros de conducta, observación, pruebas objetivas y/o subjetivas, datos psicofisiológicos etc. que permitan analizar tanto conductas observables como encubiertas), d) datos referidos a multicontextos de vida del sujeto (escuela, familia, ámbito laboral, ocio, hobbies, compañeros etc.), e) con empleo de un enfoque ecológico, que implica recoger los datos en los contextos en los que se produce la conducta analizada y de forma lo más inmediata posible, en línea con la *ecological momentary assessment* (EMA) y, finalmente, f) con el recurso a distintos lenguajes o modos de respuesta (ver-

bal, gestual, dibujos, producciones o portafolios etc.). Este enfoque de la evaluación es de uso necesario cuando la evaluación pretenda establecer una formulación diagnóstica de tipo funcional y sentar las bases para un tratamiento psicológico individual (Haynes et al., 2011).

7 Proceso de evaluación de los problemas de conductas en niños y adolescentes.

El proceso de evaluación se inicia con la recepción de la consulta, centrada en el marco de las conductas propias de la fase de desarrollo del sujeto, identificando signos precoces de alerta (temperamento difícil, impulsividad, inmadurez emocional), y factores de riesgo (individuales, parentales, contextuales, escolares) asociados al desarrollo de conductas disruptivas. En la fase inicial se emplean habitualmente entrevistas que introducen y permiten recibir información de diferentes fuentes (padres, profesores, cuidadores, hermanos, compañeros etc.) para obtener una visión más precisa y completa de la afectación generada. La posibilidad de obtener datos diferentes o incluso discrepantes (aplicando diferentes metodologías o fuentes de información), puede deberse a la manifestación conductual particular de cada contexto, o porque los observadores valoran dichos comportamientos desde diferentes perspectivas o conocimiento de base (Jensen et al., 1995).

Cuando se identifica la existencia de posibles problemas de comportamiento, la evaluación basada en un cribado específico (*screening*), permitirá valorar de forma rápida si estos comportamientos son lo suficientemente graves para considerar una evaluación psicológica o psiquiátrica a profundidad. Si el resultado del cribado es negativo, es necesario valorar las exigencias del ambiente y la fiabilidad de los informantes; si es positivo, es necesario descartar problemáticas de origen exclusivo debidas a patologías médico-orgánicas o a consumo de tóxicos. Posteriormente, se procedería a una exploración clínica diagnóstica, y a la cumplimentación de diferentes auto y hetero registros de las conductas problema, a ser posible, por agentes evaluadores de los distintos contextos que hayan sido afectados (fig. 1).

Figura 1
Algoritmo para la identificación de los trastornos del comportamiento

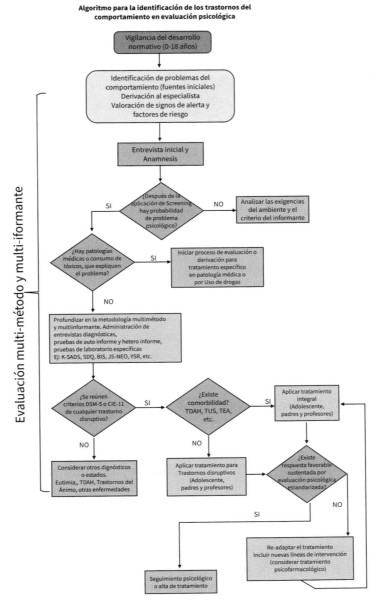

Tomando como referencia los criterios del DSM-5 (APA, 2014) o CIE-11 (OMS, 2019), se valorará si la sintomatología presentada, cumple criterios para algún trastorno específico del apartado de trastornos de la conducta. En caso de que el resultado sea negativo se tendría que explorar si la afectación es debida a otros posibles trastornos (estado de ánimo, ansiedad, retraso del desarrollo u otras enfermedades mentales) u otros estados incluso la eutimia. En caso de ser positivo, se valorará la existencia de comorbilidad, sintomatología clínica, o problemas socio-personales asociados (uso de drogas, retraso escolar, relaciones interpersonales y estructura familiar), que ayudarán posteriormente en la elección de tratamientos integrales, que incluyan medidas y formación específica (para el paciente, familiares y personas relacionadas con el caso) en la planeación y desarrollo de estrategias afrontamiento más eficaces. Además, es altamente recomendable realizar un análisis de la funcionalidad, que permita comprender el impacto en la interacción de los diferentes factores de riesgo, mantenedores y de protección.

En caso de respuesta escasamente satisfactoria con la aplicación del tratamiento específico, y contrastada por la evaluación psicológica durante el seguimiento, sería necesario considerar la incorporación de nuevas líneas de intervención (ej.: psicofarmacología) y un análisis más extensivo en la evaluación de las variables psicológicas, para calibrar las posteriores fases del tratamiento en la búsqueda de una mejor calidad de la asistencia sanitaria.

8 Instrumentos de evaluación

Los instrumentos disponibles para evaluar los trastornos perturbadores, del control de los impulsos, conducta disruptiva y disocial son de muy diverso tipo. Presentamos algunos de los más prototípicos organizados en función de las técnicas de medida empleadas. El punto 8.a. recoge algunas de las entrevistas diagnósticas de mayor calidad, como instrumentos básicos para la exploración de los síntomas psicopatológicos. El punto 8.b. se refiere a la observación estandarizada de la conducta; técnica poco empleada en la exploración psicológica, por las dificultades que entraña y por el tiempo que ocupa, pero su uso permite identificar conductas a explorar en el futuro y aporta conocimientos que complementan y enriquecen el diagnóstico. El punto 8.c. incluye auto y hetero informes, organizados en inventarios de cribado simultáneo o visión global que miden un amplio espectro de conductas; permiten identificar aquellos síndromes que se alejan de los estándares normativos y determinar su grado de ajuste/desajuste (8.c.1), e inventarios de cribado específico sobre conductas o emociones asociadas a un síndrome o cuadro psicopatológico concreto, e identificar su grado de alteración y gravedad (8.c.2). En el punto 8.d. se exponen algunas de las pruebas más clásicas y bien fundamentadas teóricamente de evaluación de la personalidad. El punto 8.e. trata de algunas tareas de ejecución y laboratorio, como tareas y situaciones que desencadenan las conductas diana a analizar y que aportan datos objetivos de las mismas. Finalmente, en el 8.f. se introducen algunas medidas relacionadas con los recursos personales, cualidades sociales y parentales, así como conductas adaptativas. El criterio de selección de los instrumentos ha sido que su objetivo de medida se centrara en las conductas objeto de este capítulo, a saber, conductas disruptivas, de agresividad, ira, dureza e insensibilidad afectiva, entre otras. Es obvio que debido a la gran variedad de instrumentos de medida existentes sólo se presenten los más prototípicos.

8.a Entrevistas diagnósticas

La entrevista diagnóstica tiene como objetivo el cribado de las alteraciones psicopatológicas y la determinación de los niveles de severidad y duración de estas. Se reconoce la existencia de tres tipos de entrevista: biográfica, semiestructurada y estructurada. Desde una perspectiva clínica diagnóstica se ha potenciado los dos últimos tipos de entrevistas. Desde una perspectiva de asesoramiento o de terapia, prima la entrevista biográfica. Para Leffler et al. (2014) las entrevistas DISC-IV (*Diagnostic Interview Schedule for Children*), ChIPS (*Children's Interview for Psychiatric Syndromes*), Kiddie-SADS-PL (*Schedule for Affective Disorders and Schizophrenia for Children, Present and Lifetime version*), y MINI-KID (M*ini-International Neuropsychiatric Interview for Children and Adolescents),* entre otras, están entre las más empleadas. Todas ellas son compatibles con los sistemas diagnósticos DSM y CIE, ofrecen un diagnóstico categorial, exploran un elevado número de alteraciones, muestran buena calidad psicométrica y han sido revisadas con criterio de expertos.

La **DISC-IV** revisada por Shaffer et al. (2000) es una entrevista estructurada, basada en los criterios del DSM-IV y la CIE-10. Facilita el diagnóstico de 30 trastornos psiquiátricos de sujetos de entre 6-17 años. Las cuestiones adoptan un formato cerrado; la exploración de los síntomas se centra en las cuatro últimas semanas, y a lo largo de la vida; se revisan sucesivamente todos los módulos diagnósticos. El tiempo de aplicación varía 60 y 100 minutos. Puede ser administrada por personal sanitario, con el debido entrenamiento. Dispone de versiones para niños y adolescentes (DISC-C), profesores (DISC-T), jóvenes adultos (YA-DISC), versiones cortas (DISC-Q), y computarizadas. Profundiza sobre el nivel de alteración y severidad asociado a cada diagnóstico, y determina el grado en que los síntomas han causado estrés al niño, han dañado sus relaciones con cuidadores, familia, amigos o profesores y/o han afectado su rendimiento escolar. El diagnóstico se genera mediante algoritmos, con la información dada por los padres o por el joven, o por ambos. La fiabilidad alfa de Cronbach oscila entre .43 y .96 y el tests-retest entre .24 y .92 según trastornos.

La **ChIPS** (Weller et al., 2000) es una entrevista estructurada para sujetos de entre 6 y 18 años. Analiza 20 alteraciones del eje I, de acuerdo con el DSM-IV, y los estresores psicosociales que pueden haber sucedido recientemente, su persistencia y el desajuste creado. La administración es en formato de respuesta cerrado (si/no) y la duración es de 20-30 minutos, según entrevistado. Las preguntas relativas a trastornos se formulan según un árbol de decisión, las relativas a estresores se aplican íntegramente. Dispone de dos versiones, ChIPS, para niños y P-ChIPS padres. Esta entrevista mantiene un moderado-alto acuerdo con la K-SADS en la asignación psiquiátrica y puede ser empleada para *screening* clínico, diagnóstico, e investigación epidemiológica. Según Weller et al. (2000) ambas versiones muestran un alto valor predictivo negativo (VPN = .96), lo que refuerza su valor como medida de *screening*; además muestran buena sensibilidad, y buena concordancia niño-clínico y padres-clínico, en contraste con otros instrumentos equivalentes.

MINI-KID (Sheehan et al., 2010) es una entrevista diagnóstica estructurada corta para niños y adolescentes de 6 a 18 años. Analiza 26 de los trastornos más comunes en salud mental pediátrica, en consonancia con el DSM-IV y CIE-10. Evalúa los síntomas presentes y profundiza en los de larga duración, en depresión mayor, suicidio y alteraciones psicóticas. El tiempo de aplicación oscila entre 15 y 30 minutos según informante. Aunque más corta que la K-SADS, la MINI-KID genera un diagnóstico psiquiátrico fiable y válido, para niños y adolescentes. Posee una buena sensibilidad (entre .61 y 1.00) para 20 de los trastornos que se analizan, y excelente especificidad (entre .81 a 1.00). Además, en contraste con otros instrumentos ahorra dos terceras partes de tiempo. Es especialmente útil en el *screening* psicopatológico en atención primaria, y en estudios epidemiológicos.

La **K-SADS-PL** (Kaufman et al., 1997) es una entrevista semiestructurada, para el diagnóstico actual, o a lo largo de la vida, de 33 trastornos acordes con la taxonomía DSM-IV. Se presenta en un formato guía con preguntas de sondeo sobre síntomas específicos. Las cuestiones se adaptan al lenguaje de los padres y al nivel de desarrollo del niño. Dispone de diversas versiones: K-SADS-PE para evaluar los episodios actuales, K-SADS-E para estudios epidemiológicos y K-SADS-PL para análisis de episodios actuales y pasados. La administración del K-SADS-PL de entre 90 e 180 minutos. La aplicación de la entrevista exige un entrenamiento formal y del juicio clínico, sin el cual, la toma de decisiones del entrevistador sobre las cuestiones a formular puede influir en el resultado diagnóstico. Por su coste temporal no es adecuada para entornos clínicos. La versión Brazilian Portuguese de la K-SADS-E ha sido validada para uso en Brasil (Mercadante et al., 1995), aporta un buen acuerdo entre codificadores con coeficientes Kappa entre .90 y .94 para los trastornos afectivos, de ansiedad, el TDAH y los trastornos disruptivos (Polanczyk et al., 2003).

8.b. Observación de la conducta

Gran parte de los problemas del comportamiento en niños y adolescentes ocurren habitualmente en contextos como en casa o en la escuela. La observación conductual en estos entornos es una de las herramientas más adecuada para obtener información sobre los comportamientos problemáticos y las variables contextuales que influyen en su desarrollo o mantenimiento. Esta aproximación permite el contraste de información de diferentes informadores, y la valoración de variables psicológicas en tiempo real. Ejemplo de ello son los formatos de observación DOF y TOF, ambos del sistema ASEBA (Achenbach y Rescorla, 2001), y el SOS en la batería BASC-3 (Reynolds y Kamphaus, 2015). El TOF permite observar y codificar, en situación de terapia, conductas de evitación/depresión, ansiedad, oposicionismo, problemas del lenguaje-pensamiento, y problemas de atención, organizados en síndromes sintomatológicos, y déficit de atención con hiperactividad según una escala orientada a estos problemas de acuerdo al DSM. El DOF permite analizar conductas de tempo cognitivo lento, intrusividad, inmadurez/aislamiento, oposicionismo y problemas de atención, hiperactividad, impulsividad en situaciones de aula y/o realización de tareas, y de conducta agresiva y problemas generales, durante el entorno de ocio. El SOS permite cuantificar la frecuencia, duración, latencia e intensidad de diversas conductas emocionales, así como de problemas de conducta.

8.c Auto-hetero informes sobre sintomatología psicopatológica y disposiciones de personalidad

El empleo de auto y hetero informes es habitual en evaluación psicológica. La calidad de los autoinformes ha sido un tema de debate psicológico. Se considera que pueden estar afectos de distintas fuentes de error: la simulación, la deseabilidad social y las tendencias de respuestas, entre otras (Fernández-Ballesteros, 2011). En caso de evaluación de niños y adolescentes afectos de problemas de conducta, pueden además aparecer dificultades en informar de forma adecuada por sesgos en el procesamiento de la información. Entre estos sesgos cabe citar: (a) la infravaloración o aminoración de la presencia y gravedad de sus síntomas debido a errores en la identificación de claves sociales y de *rol taking*, (b) la sobreestimación de algunos síntomas para potenciar la aceptación social entre sus amigos, (c) la expresión de un repertorio de conductas específico, con abundancia de conductas agresivas frente a problemas interpersonales, y (d) la abundancia de respuestas de tipo defensivo. En estos casos la información proporcionada en los autoinformes podrá diferir de la contenida en los heteroinformes. De ahí la importancia de usarlos conjuntamente contrastando la información aportada.

8.c.1 Inventarios de cribado simultáneo de conductas, emociones y síntomas psicopatológicos

Estos instrumentos ofrecen una visión comparativa de distintos síndromes o cuadros psicopatológicos. Suelen además ser instrumentos multi-informantes, con versiones distintas según edad e informante, que se acomodan a las clasificaciones psicopatológicas al uso, especialmente al DSM. El sistema ASEBA y el BASC-3 emplean la medida T ($M = 50$ y $DT = 10$) para reportar los resultados, expresando así la dimensionalidad del fenómeno analizado (acumulación de puntos) y, a la vez, la gravedad de la conducta, estableciendo puntos de corte clínicos (rangos de normalidad/riesgo/clínico).

Sistema ASEBA. El *Achenbach System Empirically Based Assessment* (Achenbach y Rescorla, 2001; Achenbach, 2015) es un sistema de evaluación multimétodo, multinformante y multicultural, ampliamente usado en una gran diversidad de países, sociedades y grupos culturales. Las escalas del ASEBA han sido derivadas empíricamente; los protocolos de aplicación han sido traducidos a más de 100 idiomas, el sistema goza de una reconocida calidad psicométrica, y se han elaborado normas que atienden las diferencias multiculturales. Evalúa conductas, emociones, problemas sociales y de comportamiento y, también, fortalezas individuales. Clasifica las conductas problemas en macro categorías denominadas de banda ancha (Internalizadas, Externalizadas y Mixtas), cada una de las cuales contiene diversas escalas sindrómicas, denominadas de banda estrecha. Aporta además una escala de competencias sociales (Actividades, Participación social y Éxito escolar). Las escalas sindrómicas internalizadas miden Ansiedad/depresión, Aislamiento/depresión, y Quejas somáticas. Las de tipo externalizado miden Incumplimiento de normas, y Agresividad. Las de tipo Mixto miden Problemas sociales, de Lenguaje-pensamiento y de Atención. El sistema ASEBA permite además reorganizar las conductas según categorías DSM en Problemas afectivos, Ansiedad, Somáticos, TDAH, Oposicionista-desafiante y CP. Esta estructura se reproduce en distintos formatos según rangos de edad (entre 1 ½ y 90+) e informantes (padres, cuidadores, profesores, adolescentes, adultos, adultos colaterales, tercera edad, y tercera edad colaterales). La comparación multi-informante se expresa en diagramas de barras para todos los síndromes explorados (Achenbach, 2019). Las escalas relacionadas con los problemas de conducta son las del espectro externalizado (Agresividad y Quebrantamiento de normas), y las escalas Oposicionista-desafiante y Problemas de conducta, orientadas según el DSM. Las versiones para niños y adolescentes, informadas por los padres (CBCL, *Child Behavior Checklist*), el autoinforme para adolescentes (YRF, *Youth Self Report*) y el hetero informe para el profesor (*TRF, Teacher Report Form*), de aproximadamente 112 ítems cada versión, muestran una buena validez y fiabilidad (de la Osa, 2011). En Brasil se usan las tres versiones antes citadas en investigación, formación de psicólogos y la práctica clínica. Se ha reportado una elevada sensibilidad en relación al diagnóstico psiquiátrico de la ICD-10, aunque se reconoce que faltan estudios de validación del sistema global (Bordin et al., 2013).

BASC-3, *Behavior Assessment System for Children, Third Edition* (Reynolds y Kamphaus, 2015). Es un sistema de evaluación multimétodo y multidimensional para analizar los problemas emocionales, las alteraciones de conducta, y la autopercepción de niños, adolescentes y jóvenes-adultos, desde 2 hasta 25 años. Se compone de cinco instrumentos, que presentan formatos diferenciales según informantes y edad del sujeto diana de evaluación. La TRS (*Teacher Rating Scales*) y la PRS (*Parent Rating Scales*) para informantes profesores y padres respectivamente, valoran conductas Externalizadas, Internalizadas, Problemas escolares, Atipicidades, Aislamiento y Habilidades adaptativas. La BESS (*Behavioral and Emotional Screening System*) identifica sujetos en riesgo de problemas emocionales y de conducta. Dispone además de un autoinforme, SDH (*Stuctured developmental History*), que

analiza el ajuste personal, problemas escolares y síntomas internalizados, externalizados y de inatención/hiperactividad. Las escalas indicadoras de problemas de conducta y disociales son las de Agresión, Relaciones interpersonales y Habilidades sociales. El uso de la BASC-3 se extiende al ámbito clínico, educativo y terapéutico. No está validada actualmente para su uso en Brasil (Benson et al., 2019). Una batería análoga a la BASC es la **SENA** (*Sistema de Evaluación de Niños y Adolescentes*) de Fernández-Pinto et al. (2015) de creciente uso en España en contextos clínicos y educativos, y con adecuadas características psicométricas.

SDQ, *Strength & Difficulties Questionnaire* (Goodman, 2001). Es un cuestionario multi-informante diseñado para evaluar las dificultades (síntomas emocionales, problemas de conducta, con los compañeros e hiperactividad/inatención), así como las fortalezas (conducta prosocial) de niños y adolescentes. Consta de 25 ítems clínicos, y 13 complementarios, que pueden ser contestados en 10 minutos. Existen diversas versiones de uso para investigadores, clínicos, padres (de niños y de adolescentes) o educadores (de niños y de adolescentes), además de una versión autoinformada para adolescentes. El cuestionario es ampliamente usado en el ámbito clínico y de investigación, y se ha mostrado útil en estudios cross-culturales. Posee una sensibilidad del 80% y una especificidad del 80% (Goodman et al., 2004). Según Ramos-Cury y Hércules-Golfeto (2003) el SDQ, adaptado en Brasil por Fleitlich et al., (2000) puede ser útil para una evaluación inicial en el cribado de posibles trastornos psiquiátricos en la infancia.

DI y DI-A-R, *Dominic Interactive y Dominic Interactive for adolescents* (Valla et al., 2000). Son medidas de autoinforme para niños y adolescentes, que se presentan en un formato pictórico multimedia autoadministrado. Explora los problemas más comunes en la infancia y adolescencia (fobias, ansiedad separación, ansiedad generalizada, depresión/distimia, oposicionismo, problemas de conducta y TDAH), además de la personalidad *borderline*, y el riesgo suicida, en adolescentes, según criterios DSM-5. El programa de aplicación presenta cada síntoma en un formato de viñeta o fotografía (en la pantalla del ordenador), acompañado musicalmente y con una voz que lee la pregunta escrita en pantalla. En los niños se evitan las cuestiones acerca la frecuencia, duración y edad de aparición, por razones de comprensión verbal. Se genera un puntaje acumulado calculando un índice para trastornos internalizados (fobias, TAS, TAG, TDM) y trastornos externalizados (TND, TC y TDAH) y un puntaje total combinando todos los síntomas citados. Según Bergeron et al. (2017) el DI-A-R ha mostrado de excelentes a moderados coeficientes de fiabilidad.

8.c.2 Instrumentos de cribado específico de conductas disruptivas o emociones

Estos instrumentos se focalizan en conductas o emociones específicas consideradas claves o intervinientes en el desenlace de las conductas disruptivas. En la selección incluimos escalas de conducta disruptiva en general, escalas que miden la agresividad y sus subtipos, la ira y la impulsividad, y escalas de temperamento, especialmente sobre el rasgo de dureza. Obviamos la referencia a autoinformes de uso preferente en contextos judiciales, criminológicos y correccionales, especialmente dirigidos al análisis de la conducta antisocial o psicopática.

ECBI y **SESBI-R**, *Eyberg Child Behavior Inventory y Sutter-Eyberg Student Behavior Inven-*

tory-Revised (Eyberg y Pincus, 1999). Son escalas de cribado para identificar la conducta disruptiva (oposicionismo, inatención/hiperactividad y trastornos de conducta) en niños y adolescentes, de 2 a 16 años. Existen diversas versiones para padres y profesores, con variante número de ítems en la escala. Las respuestas a los ítems se organizan en dos escalas, una de frecuencia de aparición de los problemas, y otra de severidad que analiza en qué medida los problemas son vividos con sobrecarga por los informantes. La fiabilidad, estabilidad y la validez discriminante y convergente, así como la sensibilidad a los cambios en el comportamiento después del tratamiento, se han establecido como adecuados. Ambas escalas se han mostrado válidas y útiles en estudios cros-culturales.

CAS, *Children's aggression scale* (Halperin et al., 2002). Evalúa la conducta agresiva en niños y adolescentes, con versiones para padres y profesores. Analiza la severidad, frecuencia, extensión y diversidad de los comportamientos agresivos (agresión verbal, contra objetos y animales, agresión física y uso de armas), y diferencia entre comportamientos agresivos y disruptivos. La escala analiza además si se inicia o provoca la agresión física, a quien se dirige (compañeros o adultos) y proporciona un total de agresión. Los niños con TCD obtienen puntuaciones significativamente superiores a los que presentan TND, TDAH y trastornos de conducta no disruptiva. Puede ser empleada en contextos educativos, clínico, forense, y como *screening* y control de tratamiento. En la versión original presenta buena fiabilidad y validez.

RPQ, *Reactive Proactive-Aggression Questionnaire* (Raine et al., 2006). Es un autoinforme de 23 ítems para adolescentes y jóvenes adultos. Analiza la agresión proactiva, que se activa con un propósito específico más allá de dañar a la víctima, y la agresión reactiva, de tipo impulsivo, que se vincula al miedo y a la ira, como respuesta a una provocación, y que está destinada a causar un daño. Los análisis CFA han demostrado un mejor ajuste del modelo bifactorial (agresión proactiva y reactiva) que del modelo de un único factor. Una versión portuguesa empleada en jóvenes infractores demuestra adecuadas propiedades psicométricas en cuanto a estructura factorial, consistencia interna, y validez convergente, discriminante y concurrente (Pechorro et al., 2017).

STAXI-NA, *Inventario de expresión de IRA estado-rasgo para niños y adolescentes* (Spielberger et al., 1994). Mide cuatro factores de la ira: (a) ira-estado (sentimiento de ira y expresión física y verbal de la ira); (b) ira-rasgo (rasgo temperamental de la ira y reacciones de furia); (c) expresión de la ira (interna y externa) y (d) control de la ira (interno y externo).

BIS, *Barratt Impulsiveness Scale* (Barratt, 2000). Mide tres aspectos de la impulsividad (impulsividad motora, falta de planificación y la impulsividad cognitiva) como variable relacionada con diversos trastornos psiquiátricos (problemas de conducta, TDAH, SUS, Trastorno bipolar etc.). Von Diemen et al. (2007) han analizado la fiabilidad y validez del instrumento en adolescentes brasileños.

EATQ-R, *Early Adolescent Temperament Questionnaire-Revised* (Capaldi & Rothbart, 1992), basada en el modelo teórico del temperamento de Rothbart dispone de dos versiones, de extensión completa (86 ítems) y corta (53 ítems). Evalúa cuatro factores de temperamento, organizados en once dimensiones y dos escalas complementarias de síntomas agresivos y depresivos. Los factores de temperamento son

los siguientes. Afiliación, que se expresa en el deseo de calidez, la sensibilidad al placer y la sensibilidad perceptiva; Control voluntario, que se refiere a un proceso de autoregulación que se refleja en la atención, el control de activación y el control inhibitorio; Afecto negativo o emocionalidad, expresado en la frustración, la agresión física y verbal y el humor depresivo; y Surgencia o extraversión, que se expresa en el placer de alta intensidad, la actividad, y el escaso miedo y timidez. El número de factores, dimensiones e ítems varía según versiones y adaptaciones. Una alta negatividad emocional y un bajo control voluntario se asocian a un incremento de síntomas psicopatológicos, y a pobre funcionalidad académica e interpersonal.

ICU, *Inventory callous unemotional* (Frick et al., 2004). Es uno de los instrumentos más conocidos para el análisis del rasgo de dureza emocional o conducta psicopática. La experiencia clínica y la investigación sobre los problemas disruptivos de conducta han revelado que la presencia de este rasgo de "callo emocional" incrementa la gravedad de los trastornos de conducta de los sujetos y limita su tratamiento. Los niños y adolescentes con TC no forman un grupo homogéneo, y el papel del rasgo de dureza emocional es esencial para determinar su diagnóstico, tratamiento y evolución. Los factores de la dureza emocional son tres. Insensibilidad, que se refiere a la falta de empatía e insensibilidad a las necesidades y sufrimiento de los demás, con conductas de falta de culpa y de remordimiento cuando se daña a otros. Despreocupación que se refiere a indiferencia en los comportamientos sociales, a falta de responsabilidad, de esfuerzo, e incumplimiento de obligaciones. Inexpresividad o emociones limitadas, que implica un escaso repertorio emocional. Existe una versión del ICU en portugués brasileño con equivalencia semántica, operacional y conceptual con el original (Rigatti et al., 2018). Un inventario semejante al ICU es el *INCA o Inventario del rasgo de "callo emocional" y de la conducta antisocial* (Morales-Vives et al., 2019) en lengua castellana que incorpora además una escala de conductas antisociales y que presenta elevadas cualidades psicométricas.

Entre los instrumentos de evaluación de conductas disruptivas específicas validadas para uso profesional, en Brasil, por el Sistema de Avaliação dos Testes Psicológicos (Satepsi), vinculado al CFP, Conselho Federal de Psicología (Tozzi-Reppold et al., 2018), para adolescentes y adultos, están los siguientes: **EATA,** *Escala para Avaliação da Tendência à Agressividade* (Sisto, 2012) que mide la tendencia a la agresividad, según los síntomas de definidos en el CIE-10 y DSM-IV. Consta de tres escalas que pueden ser empleadas independientemente y que agrupan las conductas agresivas según sean comunes a ambos géneros, o diferenciales según género; **EdAAI,** *Escala de Autenticidade Agressividade e inhibição* (Pasquali et al., 2003) de uso exclusivo en el laboratorio de Pesquisa en Avaliaçao e Medida (Universidade de Brasilia); **EsAvI,** *Escala de Evaluación de la Impulsividad* (Rueda y Ávila-Batista, 2012), que evalúa cuatro dimensiones de la impulsividad: control cognitivo, concentración/persistencia, proyección/planificación, y audacia/temeridad; **STAXI,** *Inventario de Expressão de Raiva como Estado e Traço* (Spielberger y Biaggio, 1994), aplicable desde los 13 años, con ocho escalas que miden sentimientos, actitudes y comportamientos de Rabia.

8.d. Autoinformes de personalidad

Este tipo de autoinformes están entre los más clásicos y empleados en evaluación psicoló-gica. Su extensión los va relegando del contexto clínico, en el que se aboga por el uso de instrumentos más breves, a menos que se modifiquen hacia formas cortas.

MMPI-A, *Minnesota Multiphasic Personality Inventory-Adolescent* (Butcher, 2006). Es un autoinforme que evalúa características de personalidad y síntomas psicopatológicos en adolescentes (14 a 18 años). Mide hasta 70 variables, mediante diferentes tipos de escalas (básicas o clínicas, de contenido, suplementarias, sub-escalas y medidas de validez). Consiste en 478 ítems de respuesta dicotómica, que se aplica en 60-90 minutos. Puede ser administrado por computadora o en lápiz y papel, con una importante reducción del tiempo de aplicación y mayor posibilidad de aceptación por parte del informador. Es especialmente empleado en el contexto judicial (Archer, 2016). Las escalas vinculadas a la evaluación de problemas de comportamiento son la escala clínica de desviación psicopática y las escalas de contenido referidas a ira, cinismo, problemas de conducta, baja autoestima, bajas aspiraciones, falta de confort social, problemas familiares, escolares e indicadores negativos del tratamiento. Los adolescentes con elevaciones el código 4-9/9-4 (Desviación psicopática-Manía) son considerados impacientes, impulsivos, poco controlados, y suelen reciben diagnósticos de TC (Baum et al., 2009). Además, en el modelo dimensional del PSY-5, construido a partir del MMPI-A (Harkness et al., 1995), las altas puntuaciones en los rasgos de agresividad, desinhibición y neuroticismo se relacionan con problemas de comportamiento. Recientemente se ha desarrollado una nueva versión, mejorada el MMPI-A-RF (Archer, 2016).

NEO-PI, *Neuroticism-Extraversion-Openness-Personality Inventory* (Costa y McCrae,

1992). Es un autoinforme de personalidad que expresa el modelo teórico de los "cinco grandes factores": Neuroticismo (N), Extraversión (E), Apertura a la Experiencia (O), Amabilidad/cordialidad (A) y Responsabilidad/conciencia (C). En la versión original del NEO-PI cada factor se compone de seis escalas o facetas, medidas por ocho ítems cada una, lo cual permite evaluar 30 facetas distintas de la personalidad. Los participantes deben expresar su acuerdo o desacuerdo a unas frases según sus propias percepciones. Entre las versiones para adolescentes citar el **BFQ-2**, *Big five questionnaire-2* (Caprara et al., 2007), el **BFI** *Big Five Inventory* (John et al., 1991), el **JS NEO** (Ortet et al., 2007); y para niños y adolescentes el **BFQ-NA** (del Barrio et al., 2006). Los protocolos para niños y adolescentes pueden ser cumplimentados por ellos mismos o por sus padres, tutores o profesores, ya que los ítems pueden ser formulados en tercera persona refiriéndose al niño o adolescente. Los perfiles de baja Afabilidad (-) y Responsabilidad (-) y alta Extraversión (+) son las más relacionadas con los problemas de conducta.

MACI, *Millon Adolescent Clinical Inventory* (Millon, 1993). Es un autoinforme multidimensional para adolescentes, que refleja los postulados básicos de la teoría biopsicosocial y evolucionista de la personalidad (Millon y Grossman, 2005). Evalúa el funcionamiento psicológico de los adolescentes en tres grandes dominios: desarrollo y retos de la adolescencia, reacción frente a situaciones conflictivas y posible presencia de cuadros psicopatológicos de alta prevalencia en la adolescencia. Consta de 160 ítems que se organizan en doce escalas de Patrones de personalidad, ocho escalas que miden Preocupaciones Expresadas y siete escalas de Síndromes Clínicos. Presenta además tres escalas de control

y una escala de Fiabilidad. Los puntos de corte se han establecido en términos de Tasa base. Entre las escalas capaces de valorar los trastornos del comportamiento disruptivo se encuentran: la de estilo oposicionista, desvalorización, insensibilidad social, discordia familiar, predisposición a la delincuencia, y tendencia a la impulsividad. El test ha sido empleado en población chilena para identificar patrones de adolescentes infractores (Alarcón et al., 2005; Vinet et al., 2011) en cuyo caso las escalas de personalidad de estilo Transgresor, Egoísta y Poderoso-Rudo juegan un papel relevante.

Los inventarios de personalidad para adolescentes validados en Brasil, para uso profesional por el Sistema de Avaliação dos Testes Psicológicos (Satepsi), vinculado al Conselho Federal de Psicologia (CFP) son diversos (Tozzi-Reppold et al., 2017). En este capítulo destacamos los que se refieren a técnicas de construcción empírica. Para niños de 5 a 10 años destaca la *Escala de traços de personalidade para crianças* (**ETPC**), que añade un factor de sociabilidad (veracidad y de conductas sociales) a los tres factores de Eysenck (Sisto, 2004). Para niños y adolescentes de 8 a 16 años destacar el *Questionário de personalidade para crianças e adolescentes* (**EPQ-J**) en versión brasileña de Flores-Mendoza (2013), y para adolescentes y adultos destacar el **NEO-PI-R**, en las versiones revisada y corta, con adaptaciones de Costa et al. (2008) y la **BFP**, *Bateria Fatorial de Personalidade*, basado en la teoría de los cinco factores (Nunes et al., 2010). Asimismo, el equipo de Hutz y Nunes ha elaborado escalas para factores específicos de personalidad, en base al modelo de los cinco factores. Entre ellas destacamos: la **EFFx**, *Escala Fatorial de Extroversão*, que analiza las facetas de Nível de Comunicación, Altivez, Asertividad e Interacciones

Sociales; la **EFN**, *Escala Fatorial de Ajustamento Emocional-Neuroticismo,* que analiza las facetas de vulnerabilidad, desajuste psicosocial, ansiedad y depresión, y la *Escala Fatorial de Socialização,* **EFS**. El Satepsi también ha validado la escala **IFP-II y IFP-R**, *Inventário fatorial de personalidade,* basados en la teoría de necesidades de Murray, y la **CPS**, *Escalas de Personalidade de Comrey* de construcción empírica.

8.e. Tareas o test de ejecución y de laboratorio

Los test de ejecución ponen al sujeto en situación de realizar una tarea concreta que permite la manifestación de la conducta objeto de estudio, bajo el control, sistematización, registro y observación de la misma por parte del experto que aplica el test. La conducta resultante puede ser analizada, no sólo en cuanto al éxito/fracaso logrado y a la calidad de la conducta, sino en cuanto al método de trabajo empleado (al azar vs. planificado; o con exploración parcial, superficial o sistemática), a las formas de autocontrol empleadas (número y eficacia de las autocorrecciones) o tipos de control adoptado (motor o cognitivo), a los estilos de respuesta (velocidad, precisión, regularidad/irregularidad etc.), a la vía cognitiva empleada para su resolución (verbal, motora etc.), y a la manifestación de expresiones emocionales y/o de personalidad que acompañan la solución de la tarea (persistencia, suspiros, abandonos, enfados, precipitación, fatigabilidad etc.). Muchos de los test cognitivos de ejecución (Wechsler, por ejemplo), o los test de cancelación (como los test de Caras, el Toulouse-Pieron, o el de Doble tachado etc.), o los test de exploración, identificación y apareamiento (como tareas de Búsqueda de símbolos, MFFT etc.) permiten

esta observación de la conducta. Las medidas de laboratorio más conocidas son las referidas a la evaluación de la atención: Atención sostenida/impulsividad (Test de CPT), Atención selectiva (*Stroop colour Word test*) o perseveración (*Wisconsin, card Sorting test*). Todas ellas son usadas preferentemente en contextos neuropsicológicos. Pueden proporcionar evidencias de la consistencia/inconsistencia de la conducta, del control/impulsividad y de la inhibición/falta de control inhibitorio que acompañan a las conductas disociales.

8.f Inventarios de recursos personales, socio-parentales y conductas adaptativas

Para establecer un buen diagnóstico funcional, o una formulación diagnóstica, es de suma importancia que a la par que se analizan las conductas perturbadoras, se evalúen los recursos de los que dispone el niño y el adolescente para hacer frente a sus conflictos. Esta información es crucial, especialmente, para el diseño de tratamientos. Algunos de los instrumentos antes comentados ya disponen de escalas que permite analizar aspectos positivos y recursos intrapersonales (por ejemplo: escalas de adaptabilidad y liderazgo del BASC-3, aceptación del rol sexual MACI, apertura a la experiencia y responsabilidad en el NEO-PI).

Las habilidades sociales (HHSS) deben ser entendidas como recursos de adaptación personal y social. Un inventario ampliamente divulgado para el análisis de las HHSS es el **SSIS-RS** (*Social Skills Improvement System Rating Scales*) que analiza las habilidades de Cooperación, Asertividad, Responsabilidad, Empatía, Autocontrol, Comunicación, y Compromiso. Se ha demostrado un nexo moderado negativo entre las HHSS y los problemas de conducta (Gresham et al., 2010), y se considera que la terapia centrada en la adquisición y adecuado uso de las HHSS disminuye los problemas de conducta.

También el uso de estrategias de afrontamiento adecuadas a los problemas vividos es fuente de adaptación y bienestar, y el tipo de estrategias empleado debe ser tomado en cuenta en el diagnóstico de problemas de conducta y en la planificación de tratamiento. El afrontamiento es una respuesta dada frente a una situación/conflicto valorada por el sujeto como amenazante o capaz de alterar el bienestar personal y la salud, y cuyas exigencias o demandas sobrecargan y exceden los recursos personales. El acto de "afrontar" un problema supone realizar esfuerzos cognoscitivos y conductuales para manejar (reducir, minimizar, dominar o tolerar) las demandas internas y/o externas habidas en la transacción entre persona y conflicto. El trabajo de Lazarus y Folkman (1984) fue seminal en relación al concepto de afrontamiento. Aunque no hay consenso sobre el número de estrategias, la mayoría de los autores e instrumentos reconocen al menos dos grandes tipos: estrategias que afrontan directamente el problema y estrategias que afrontan la emoción que genera el problema. A partir de ello se han realizado múltiples clasificaciones, y formas de medida. Entre los instrumentos más empleados para niños y adolescentes cabe destacar el **Kidcope** (Spirito et al., 1988), el **COPE-A** (*Coping Orientations to the Problems Experienced, adolescents*; Patterson y McCubbin, 1987), el **CRI-Y** (*Coping Responses Inventory – Youth*; Moos, 1993), y el **ACS** (*Adolescent Coping Scale*; Frydenberg y Lewis, 1997). Los jóvenes-adultos encarcelados emplean preferentemente estrategias cognitivas para lidiar con sus problemas, y el afrontamiento depende tanto de la valoración del problema como del tiempo en prisión y número de encarcelamientos previos (Mohino et al., 1993). El entrenamiento en estrategias puede ser una intervención efectiva en caso de conducta delincuente.

Finalmente, destacar que las prácticas de crianza constituyen una relevante fuente para entender las causas de las conductas disruptivas y disociales y para generar, a partir de ellas, tratamientos educativos y terapéuticos. El **APQ** (*Alabama Parenting Questionnaire*) evalúa cinco tipos de prácticas de crianza: Compromiso parental, Crianza positiva, Pobre supervisión, Disciplina inconsistente, y Castigo corporal, que se pueden organizar en tres factores referidos a Prácticas parentales positivas, Disciplina inconsistente y negativa y Pobre supervisión/Control (Molinuevo et al., 2011). Se ha demostrado que altos niveles en las escalas de Prácticas parentales positivas predicen bajos niveles en el rasgo de dureza, lo cual sustenta que los tratamientos de sujetos con trastorno de conducta deben incluir esta dimensión como objetivo terapéutico (Muratoni et al., 2016).

9 Evaluación ecológica momentánea con nuevas tecnologías

La evaluación ecológica momentánea (**EMA**), es una metodología que permite registrar de forma repetida, dinámicas sobre el impacto de los problemas cotidianos con sus respectivas fluctuaciones a lo largo del tiempo, en varios contextos situacionales, en el ambiente donde ocurren (Shiffman et al., 2008). Se pueden utilizar diferentes formatos para su medición, entre ellos, dispositivos tecnológicos como los *smartphones* aportando mediciones precisas, ecológicas y en tiempo real. Su aplicación ha sido demostrada en diferentes muestras, en adolescentes con problemas de salud mental (Magallón-Neri et al., 2016), impulsividad (Griffin et al., 2020), problemas externalizados (Leaberry et al., 2017), consumo de tóxicos (Benarous et al., 2016), así como, medición de habilidades parentales (Lindhiem et al., 2020) discriminando a niños y adolescentes con problemas externalizados. En un estudio utilizando EMA se encontró que conductas oposicionista desafiantes y disociales, medidas por autoinforme eran corroboradas por patrones conductuales cotidianos de síndrome externalizado, demostrando que esta metodología basada en tecnología móvil ofrecía una alta viabilidad para medir estados de salud mental en adolescentes (Magallón-Neri et al., 2016). Otro equipo de investigación ha desarrollado una serie de estudios más específicos sobre problemas de conducta antisocial en un colectivo juvenil encarcelado. Encontraron que los adolescentes con altos rasgos de Dureza Emocional reconocían tanto la ira y angustia de sus cuidadores, pero inferían más enfado y sobreestimaban la intensidad de estas emociones en los demás, cuando estaban involucrados en situaciones disruptivas (Ridder et al., 2016). En un estudio posterior, se encontró que el EMA tenía una buena fiabilidad, tasa de participación y cumplimiento. Demostrando que esta metodología era confiable para medir conductas antisociales, afecto negativo, impulsividad y miedo al castigo en adolescentes encarcelados (Pihet et al., 2017). También, se encontró que el EMA permitía el acceso a la medición de procesos automáticos involucrados a las conductas antisociales, vinculando el auto concepto a la transgresión; identificado como un buen predictor de conductas antisociales en adolescentes. Por tanto, el trabajo del autoconcepto hacia la transgresión, sería un objetivo prometedor en la prevención y manejo de conductas

disruptivas en adolescentes institucionalizados (Suter et al., 2017).

10 Consideraciones finales

En este capítulo se ha expuesto las conductas que los sistemas taxonómicos al uso identifican como configurativas de los trastornos del comportamiento. Si bien, una parte considerable de estos trastornos (esencialmente el TND y TC) son encontrados en clasificaciones equivalentes en ambas taxonomías, otros trastornos del DSM-5 (TEI, TAP) son encontrados en diferentes apartados clasificatorios en la futura propuesta de la CIE-11. La prevalencia para estos trastornos ronda el 3%, más acentuada en el género masculino que el femenino, con un inicio más precoz en las conductas negativistas y más tardío en las disociales. Así también, estos trastornos, presentan una alta comorbilidad con cualquier tipo de trastorno clínico especialmente del espectro externalizado, y considerados como un buen predictor para el futuro desarrollo de alteraciones mentales. En su trayectoria evolutiva la manifestación de los trastornos del comportamiento puede ser abierta, encubierta o mixta, y se distinguen dos etapas bastante relevantes, la de inicio infantil y la adolescente, la primera está asociada a un inicio precoz que puede ser persistente y de pronóstico más complicado que la segunda. Al desarrollar un plan de evaluación para estos trastornos, hay que considerar una estrategia multi-método-informante, que incluya una exploración exhaustiva pero dosificada, de la valoración sintomatológica, orientación clínica, funcionalidad y conductas adaptativas, para la elección de un posterior tratamiento específico e integral que revierta en una intervención eficaz. Así también, las habilidades sociales, las prácticas parentales y las estrategias de afrontamiento forman parte, habitualmente de la evaluación de los trastornos de comportamiento dado que aportan aspectos que pueden ser relevantes para la planificación del tratamiento. Por último, es importante considerar el potencial de las nuevas tecnologías en el campo de la evaluación psico-lógica de las conductas disruptivas en tiempo real de forma ecológica, para la comprensión, seguimiento y tratamiento de estos trastornos, adaptando nuestro conocimiento científico a las demandas sociales de nuestra época.

Referências

Achenbach, T. M. (2015). Multicultural evidence-based assessment using the Achenbach System of Empirically Based Assessment (Aseba) for ages ½-90+.*Psychologia: Avances de la Disciplina, 9*(2), 13-23.

Achenbach, T. M. (2019). International findings with the Achenbach System of Empirically Based Assessment (Aseba): Applications to clinical services, research and training. *Child Adolescent Psychiatry Mental Health*, 13, 30. https://doi.org/10.1186/s13034-019-0291-2

Achenbach, T. M., & Rescorla, L. A. (2001). *Manual for Aseba school-age forms & profiles.* University of Vermont, Research Center for Children, Youth, & Families.

Alarcón, P., Vinet, E., & Salvo, S. (2005). Estilos de personalidad y desadaptación social durante la adolescencia. *Psykhe, 14(1),* 3-16. http://dx.doi.org/10.4067/S0718-22282005000100001

American Psychiatric Association. (2014). *DSM-5: Manual diagnóstico y estadístico de los trastornos mentales.* Médica Panamericana.

Archer, R. P. (2016). *Assessing Adolescent Psychopathology: MMPI-A/MMPI-A-RF* (4. ed.). Routledge; Taylor and Francis Group.

Barratt, E. S. (2000). Impulsiveness Scale, Version 11 (BIS 11). In *Handbook of psychiatric measures* (pp. 691-693). American Psychiatric Association.

Baum, L. J., Archer, R. P., Forbey, J. D., & Handel, R. W. (2009). A Review of the Minnesota Multiphasic Personality Inventory-Adolescent (MMPI-A) and the Millon Adolescent Clinical Inventory (MACI) with an Emphasis on Juvenile Justice Samples. *Assessment, 16(4),* 384-400. https://doi.org/10.1177/1073191109338264

Benarous, X., Edel, Y., Consoli, A., Brunelle, J., Etter, J-F., Cohen, D., & Khazaal, Y. (2016). Ecological momentary assessment and Smartphone application intervention in adolescents with substance use and comorbid severe psychiatric disorders. *Frontiers in Psychiatry.* https://doi.org/10.3389/fpsyt.2016.00157

Benson, N. F., Wechsler, S. M., & Parker, B. S. (2019). Challenges for behavioral assessment in Brazilian schools. *Estudos de Psicologia, 36,* e190010. https://dx.doi.org/10.1590/1982-0275201936e190010

Bergeron, L., Smolla, N., Berthiaume, C., Renaud, J., Breton, J. J., St-Georges, M., Morin, P., Zavaglia, E., & Labelle, R. (2017). Reliability, validity, and clinical utility of the dominic interactive for adolescents-revised. *Canadian Journal of Psychiatry, 62*(3), 211-222. https://doi.org/10.1177/0706743716670129

Bordin, I. A., Rocha, M. M., Paula, C. S., Teixeira, M. C. T. V., Achenbach, T. M., Rescorla, L. A., & Silvares, E. (2013). Child Behavior Checklist (CBCL), Youth Self-Report (YSR) and Teacher's Report Form (TRF): An overview of the development of the original and Brazilian versions. *Cadernos de Saúde Pública, 29*(1), 13-28. https://doi.org/10.1590/S0102-311X2013000100004

Burke, J. D., Waldman, I., & Lahey, B. B. (2010). Predictive validity of childhood oppositional defiant disorder and conduct disorder: Implications for the DSM-V. *Journal of Abnormal Psychology, 119*(4), 739-751. https://doi.org/10.1037/a0019708

Butcher, J. N. (ed.). (2006). *MMPI-2: A practitioner's guide.* American Psychological Association.

Canino, G., Polancyzk, G., Bauermeister, J. J., Rohde, L. A., & Frick, P. J. (2010). Does the prevalence of CD and ODD very across cultures? *Social Psychiatry and Psychiatric Epidemiology, 45(7)*, 695-704. https://doi.org/10.1007/s00127-010-0242-y

Capaldi, D. M., & Rothbart, M. K. (1992). "Development and validation of an early adolescent temperament measure". *The Journal of Early Adolescence, 12(2)*, 153-173.

Caprara, G. V., Barbaranelli, C., Borgogni, L., & Vecchione, M. (2007). *Big Five Questionnaire – 2 (BFQ-2)*. Giunti Organizzazioni Speciali.

Collishaw, S., Maughan, B., Goodman, R., & Pickles, A. (2004). Time trends in adolescent mental health. *Journal of Child Psychology and Psychiatry, 45(8)*, 1.350-1.362. https://doi.org/10.1111/j.1469-7610.2004.00842.x

Compton, W. M., Conway, K. P., Stinson, F. S., Colliver, J. D., & Grant, B. F. (2005). Prevalence, correlates, and comorbidity of DSM-IV antisocial personality syndromes and alcohol and specific drug use disorders in the United States: Results from the national epidemiologic survey on alcohol and related conditions. *Journal of Clinical Psychiatry, 66(6)*, 677-685. https://doi.org/10.4088/jcp.v66n0602

Copeland, W. E., Angold, A., Costello, E. J., & Egger, H. (2013). Prevalence, clinical correlates of DSM-5 proposed disruptive mood dysregulation disorder. *American Journal of Psychiatry, 170(2)*, 173-179. https://doi.org/10.1176/appi.ajp.2012.12010132

Copeland, W. E., Shanahan, L., Costello, E. J., & Angold, A. (2009). Childhood and adolescent psychiatric disorders as predictors of young adult disorders. *Archives of General Psychiatry, 66*, 764-772. https://doi.org/10.1001/archgenpsychiatry.2009.85

Costa, P. T., & McCrae, R. R. (1992). *Revised NEO Personality Inventory (NEO-PI-R) and NEO Five-Factor Inventory (NEO-FFI) professional manual*. Psychological Assessment Resources.

Costa, P. T., McCrae, R. R., Flores-Mendoza, C. E., Primi, R., Nascimento, E., & Nunes, C. H. S. S. (2008). *Inventário de Personalidade NEO Revisado – Manual profissional para uso no Brasil*. Vetor.

De la Osa, N. (2011). Inventario del comportamiento de niños(as) de 6-18 años para padres (CBCL/6-18), inventario del comportamiento de niños(as) de 6-18 años para profesores (TRF/6-18), autoinforme del comportamiento de jóvenes de 11-18 años (YSR/11-18), en R. Fernández-Ballesteros (2011) *Evaluación Psicológica*. (Diskette, 2, Sección 2.2.) Pirámide.

Del Barrio, V., Carrasco, M. A., & Holgado, F. P. (2006). *BFQ-NA cuestionario de los Cinco Grandes para niños y adolescentes (adaptación española)*. TEA.

Essau, C. A. (2003). Epidemiology and comorbidity. In C. A. Essau (ed.), *Conduct and oppositional defiant disorders: Epidemiology risk factors and treatment* (pp. 33-59). Lawrence Erlbaum.

Evans, S. C., Burke, J. D., Roberts, M. C., Fite, P. J., Lochman, J. E., Peña, F. R., & Reed, G. M. (2017). Irritability in child and adolescent psychopathology: An integrative review for ICD-11. *Clinical Psychology Review, 53*, 29-45. https://doi.org/10.1016/j.cpr.2017.01.004

Eyberg, S. M., & Pincus, D. B. (1999). *Eyberg child behavior inventory and Sutter-Eyberg behavior inventory-revised: Professional manual*. Psychological Assessment Resources.

Ezpeleta, L. (2014). Trastorno negativista desafiante. En L. Ezpeleta, y J. Toro (eds.), *Psicopatología del desarrollo*. Pirámide.

Fairchild, G., Hawes, D. J., Frick, P. J., Copeland, W. E., Odgers, M. C. L., Franke, B., Freitag, C. M., & De Brito, S. A. (2019). Conduct Disorder. *Nature Review Disease Primers, 5*(1):43. https://doi.org/10.1038/s41572-019-0095-y

Fernández Ballesteros, R. (2011). *Evaluación Psicológica. Conceptos, métodos y estudio de casos* (2. ed.). Pirámide.

Fernández-Pinto, I., Santamaría, P., Sánchez-Sánchez, F., del Barrio, M. V., & Ortíz, M. A. (2015). *Sistema de Evaluación de niños y adolescentes (SENA)*. Tea.

Fleitlich, B., Cortázar, P. G., & Goodman, R. (2000). Questionário de capacidades e dificuldades (SDQ). *Revista de Neuropsiquiatria da Infancia e Adolescencia, 8*, 44-50.

Flores-Mendoza, C. (2013). Estudo brasileiro do EPQ-J (Adaptação e Validação). In H. J. Eysenck & S. B. G. Eysenck (orgs.), *Questionário de Personalidade para Crianças e Adolescentes (EPQ-J)*. Vetor.

Frick, P. J. (2004). *The inventory of callous-unemotional traits*. University of New Orleans.

Frick, P. J. (2016). Current research on conduct disorder in children and adolescents. *South African Journal of Psychology*, 46, 2, 160-174. https://doi.org/10.1177/0081246316628455

Frick, P. J., Lahey, B. B., Loeber, R., Tannenbaum, L., Van Horn, Y., Christ, M. A. G., Hart, E. A., & Hanson, K. (1993). Oppositional defiant disorder and conduct disorder: A meta-analytic review of factor analyses and cross-validation in a clinic simple. *Clinical Psychology Review, 13*(4), 319-340.

Frydenberg, E., & Lewis, R. (1993). *Manual: The Adolescent Coping Scale*. Australian Council for Adult Educational Research.

Goodman, R. (2001). Psychometric properties of the Strengths and Difficulties Questionnaire. *Journal of the American Academy of Child and Adolescent Psychiatry*, 40, 1.337-1.345. https://doi.org/10.1097/00004583-200111000-00015

Goodman, R., Ford, T., Corbin, T., & Meltzer, H. (2004). Using the Strengths and Difficulties Questionnaire (SDQ) multi-informant algorithm to screen looked-after children for psychiatric disorders. *European Child & Adolescent Psychiatry, 13*, 25-31. https://doi.org/10.1007/s00787-004-2005-3

Gresham, F. M., Elliott, S. N., & Kettler, R. J. (2010). Base rates of social skills acquisition/performance deficits, strengths, and problem behaviors: An analysis of the social skills improvement system: Rating scales. *Psychological Assessment, 22*(4), 809-815. https://doi.org/10.1037/a0020255

Griffin, S. A., Freeman, L. K., & Trull, T. J. (2020). *Measuring impulsivity in daily life: A systematic review and recommendation for future research*. https://doi.org/10.31234/osf.io/mfdp6

Halperin, J. M., McKay, K. E., & Newcorn, J. H. (2002). Development, reliability, and validity of the Children's Aggression Scale-Parent Version. *Journal of the American Academy of Child & Adolescent Psychiatry, 41(3)*, 245-252. https://doi.org/10.1097/00004583-200203000-00003

Harkness, A. R., McNulty, J. L., & Ben-Porath, Y. S. (1995). The Personality Psychopathology Five (PSY-5): Constructs and MMPI-2 scales. *Psychological Assessment, 7*(1), 104-114. https://doi.org/10.1037/1040-3590.7.1.104

Haynes, S. N., Godoy, A., & Gavino, A. (2011). *Cómo elegir el mejor tratamiento psicológico. Formulación de casos clínicos en terapia del comportamiento*. Pirámide.

Jensen, P., Roper, M., Fisher, P., Piacentini, J., Canino, G., Richters, J., Rubio-Stipec, M., Dulcan, M., Goodman, S., Davies, M., Rae, D., Shaffer, D., Bird, H., Lahey, B., & Schwab-Stone, M. (1995). Test-retest reliability of the diagnostic interview schedule for children (Disc-2.1), parent, child, and combined algorithms. *Archive of General Psychiatry, 52(1)*, 61-71.

John, O. P., Donahue, E. M., & Kentle, R. L. (1991). *The Big Five Inventory-Versions 4a and 54*. University of California, Institute of Personality and Social Research.

Kaufman, J., Birmaher, B., Brent, D., Rao, U., Flynn, C., Moreci P., Williamson, D., & Ryan N. (1997). Schedule for affective disorders and schizophrenia for school-age children–present and lifetime version (K-SADS-PL): Initial reliability and validity data. *Journal of the American Academy of Child & Adolescent Psychiatry, 36*, 980-988. https://doi.org/10.1097/00004583-199707000-00021

Lahey, B., & Loeber, R. (1994). Framework for a developmental model of oppositional defiant disorder and conduct disorder. In D. K. Routh (ed.), *Disruptive behavior disorders in childhood*. Plenum.

Lazarus, R. S., & Folkman, S. (1984). *Stress, appraisal and coping*. Springer.

Leaberry, K. D., Rosen, P. J., Fogleman, N. D., Walerius, D. M., & Slaughter, K. E. (2017). Comorbid Internalizing and Externalizing disorders predict lability of Negative Emotions among children with ADHD. *Journal of Affective Disorders*, 1-13. https://doi.org/10.1177/1087054717734647

Leffler, J. M., Riebel, J., & Hughes, H. M. (2014). A review of child and adolescent diagnostic interviews for clinical practitioners. *Assessment, 22*(6), 690-703. https://doi.org/10.1177/1073191114561253

Lindhiem, O., Vaugh-Coaxum, R. A., Higa, J., Harris, J. L., Kolko, D. J., & Pilkonis, P. A. (2020). Development and validation of the parenting skill use diary (PSUD) in a nationally representative sample. *Journal of Clinical Child & Adolescent Psychology.* https://doi.org/10.1080/15374416.2020.1716366

Loeber, R., & Hay, D. (1997). Key issues in the development of aggression from childhood to early adulthood. *Annual Review of Psychology, 48,* 371-410. https://doi.org/10.1146/annurev.psych.48.1.371

Loeber, R., & Stouthamer-Loeber, M. (1998). Development of juvenile aggression and violence: Some common misconceptions and controversies. *American Psychologist, 53*(2), 242- https://doi.org/10.1037/0003-066X.53.2.242

Loeber, R., Burke, J. D., & Pardini, D. A. (2009). Perspectives on oppositional defiant disorder, conduct disorder, and psychopathic features. *Journal of Child Psychology & Psychiatry, 50*(1-2), 133-142. https://doi.org/10.1111/j.1469-7610.2008.02011.x

Loeber, R., Wung, P., Keenan, K., Giroux, B., Stouthamer-Loeber, M., Van Kammen, W. B., & Maugham, B. (1993). Developmental pathways in disruptive child behavior. *Development and Psychopathology, 5*(1-2), 103-113. https://doi.org/10.1017/S0954579400004296

Magallón-Neri, E., Kirchner-Nebot, T., Forns--Santacana, M., Calderón, C., & Planellas, I. (2016). Ecological momentary assessment with Smartphone for measuring mental health problems in adolescents. *World Journal of Psychiatry, 6*(3), 303-310. https://doi.org/10.5498/wjp.v6.i3.303

Maughan, B., Rowe, R., Messer, J., Goodman, R., & Meltzer, H. (2004). Conduct disorder and oppositional defiant disorder in a national sample: Developmental epidemiology. *Journal of Child Psychology and Psychiatry, 45*(3), 609-621. https://doi.org/10.1111/j.1469-7610.2004.00250.x

McLaughlin, K. A., Green, J. G., Hwang, I., Sampson, N. A., Zaslavsky, A. M., & Kessler, R.

C. (2012). Intermittent explosive disorder in the National Comorbidity Survey Replication Adolescent Supplement. *Archives of General of Psychiatry, 69*(11), 1.131-1.139. https://doi.org/10.1001/archgenpsychiatry.2012.592

Mercadante, M. T., Asbarh, F., Rosário, M. C., Ayres, A. M., Ferrari, M. C., Assumpção, F. B., & Miguel, E. C. (1995). *K-SADS, entrevista semiestruturada para diagnóstico em psiquiatria da infância, versão epidemiológica.* Protoc; Hospital das Clínicas da FMUSP.

Millon, T. (1993). *Manual of Millon adolescent clinical inventory.* NCS.

Millon, T., & Grossman, S. D. (2005). Personology: A theory based on evolutionary concepts. In M. F. Lenzenweger & J. F. Clarkin (eds.), *Major theories of personality disorder* (pp. 332-390). Guilford.

Moffitt, T. E. (2006). Life-course persistent versus adolescence-limited antisocial behavior. In D. Cicchetti & D. J. Cohen (eds.), *Developmental psychopathology: Vol. 3. Risk, disorder, and adaptation* (2. ed., pp. 570-598). Wiley.

Mohino, S., Kirchner, T., & Forns, M. (2004). Coping strategies in young prisoners. *Journal of Youth and Adolescence, 33*(1), 41-49. https://doi.org/10.1023/A:1027382229951

Molinuevo, B., Pardo, Y., & Torrubia, R. (2011). Psychometric Analysis of the Catalan Version of the Alabama Parenting Questionnaire (APQ) in a Community Sample. *The Spanish Journal of Psychology, 14*(2), 944-955. https://doi.org/10.5209/rev_SJOP.2011.v14.n2.40

Monahan, K. C., Steinberg, L., Cauffman, E., & Mulvey, E. P. (2009). Trajectories of Antisocial Behavior and Psychosocial Maturity from Adolescence to Young Adulthood. *Developmental Psychology, 45*(6), 1.654-1.668. https://doi.org/10.1037/a0015862

Morales-Vives, F., Cosi, S., Lorenzo-Seva, U., & Vigil-Colet, A. (2019). The Inventory of Callous--Unemotional Traits and Antisocial Behavior (INCA) for young people: Development and validation in a community sample. *Frontiers in Psychology.* https://doi.org/10.3389/fpsyg.2019.00713

Morcillo, C., Duarte, C. S., Sala, R., Wuang, S., Lejuez, C. W., Kerridge, B. T., & Blanco, C. (2012).

Conduct disorder and adult psychiatric diagnoses: Associations and gender differences in the U. S. population. *Journal of Psychiatric Research, 46*(3), 323-330. https://doi.org/10.1016/j.jpsychires.2011.10.012

Muratori, P., Lochman, J. E., Lai, E., Milone, A., Nocenti, A., Pisano, X. S., Righini, E., & Masi, G. (2016). Which dimension of parenting predicts the change of callous unemotional traits in children with disruptive behavior disorder? *Comprehensive Psychiatry, 69*, 202-210. https://doi.org/10.1016/j.comppsych.2016.06.002

National Institute for Health and Care Excellence. (2013). *Antisocial behavior and conduct disorders in children and young people: Recognition and management*. National Institute for Health and Care Excellence. https://www.nice.org.uk/guidance/cg158

Nock, M. K., Kazdin, A. E., Hiripi, E., & Kessler, R. C. (2006). Prevalence, subtypes, and correlates of DSM – IV conduct disorder in the National Comorbidity Survey Replication. *Psychological Medicine, 36*, 699-710. https://doi.org/10.1017/S0033291706007082

Nock, M., Kazdin, A. E., Hiripi, E., & Kessler, R. C. (2007). Lifetime prevalence correlates and persistence of oppositional defiant disorder: Results from the National Comorbidity Survey Replication. *Journal of Child Psychology & Psychiatry, 48*(7), 703-713. https://doi.org/10.1111/j.1469-7610.2007.01733.x

Nunes, C. H. S. S., Hutz, C. S., & Nunes, M. F. O. (2010). *Bateria Fatorial de Personalidade (BFP): Manual técnico*. Casa do Psicólogo.

OMS. (2001). *Informe sobre la salud mental en el mundo – Salud mental: Nuevos conocimientos, nuevas esperanzas*. OMS.

OMS. (2019). *CIE-11 para estadísticas de mortalidad y morbilidad*. https://icd.who.int/browse11/l-m/es

Ortet, G., Ibáñez, M. I., Ruipérez, M. A., Villa, H., Moya, J., & Escrivá, P. (2007). Adaptación para adolescentes de la versión española del NEO PI-R (JS NEO). *Psicothema, 1*(2), 263-268.

Pardini, D. A., & Frick, P. J. (2013). Multiple developmental pathways to conduct disorder: Current conceptualizations and clinical implications. *Journal of the Canadian Academy of Child and Adolescent Psychiatry, 22*(1), 20-25.

Pasquali, L., Moura, C. F., & Freitas, L. C. O. (2003). *Escala de Autenticidade, Agressividade e Inibição – Edaai*. Universidade de Brasília.

Patterson, G. R., Debaryshe, B., & Ramsey, E. (1989). A Developmental Perspective on Antisocial Behavior. *American Psychologist, 44*(2), 329-335. https://doi.org/10.1037/0003-066X.44.2.329

Patterson, J. M., & McCubbin, H. I. (1987). Adolescent coping style and behaviors: Conceptualization and measurement. *Journal of Adolescence, 10*, 163-186.

Pechorro, P., Ray, J. V., Raine, A., Maroco, J., & Gonçalves, R. A. (2017). The Reactive-Proactive Aggression Questionnaire: Validation among a Portuguese sample of incarcerated juvenile delinquents. *Journal of Interpersonal violence, 32*(13), 1.995-2.017. https://doi.org/10.1177/0886260515590784

Pihet, S., De Ridder, J., & Suter, M. (2017). Ecological Momentary Assessment (EMA) goes to jail: Capturing daily antisocial behavior in its context, a feasibility and reliability study in incarcerated juvenile offenders. *European Journal of Psychological Assessment, 33*(2), 87-96. https://doi.org/10.1027/1015-5759/a000275

Polanczyk, G. V., Eizirik, M., Aranovich, V., Denardin, D., da Silva, T.-L., da Conceição, T. V., Pianca, T. G., & Rohde, L. A. (2003). Interrater agreement for the schedule for affective disorders and schizophrenia epidemiological version for school-age children (K-SADS-E). *Brazilian Journal of Psychiatry, 25*, 2, 87-90. https://www.ncbi.nlm.nih.gov/pubmed/12975704

Raine, A., Dodge, K., Loeber, R., Gatzke-Kopp, L., Lynam, D., Reynolds, C., ... Liu, J. (2006). The reactive-proactive aggression questionnaire: Differential correlates of reactive and proactive aggression in adolescents boys. *Aggressive Behavior, 32*(2), 159-171. https://pubmed.ncbi.nlm.nih.gov/20798781

Ramos Cury, C., & Hércules Golfeto, J. (2003). Questionário de capacidades e dificuldades (SDQ): Um estudo em escolares de Ribeirão Preto. *Revista Brasileña de Psiquiatria, 25*(3), pp.139-145. https://doi.org/10.1590/S1516-44462003000300005.

Reed, G. M, First, M. B., Kogan, C. S., Hyman, S. E., Gureje, O., Gaebel, W., ... Saxena, S. (2019).

Innovations and changes in the ICD-11 classification of mental, behavioural and neurodevelopmental disorders. *World Psychiatry, 18*(1), 3-19. https://dx.doi.org: 10.1002/wps.20611

Reynolds, C. R., & Kamphaus, R. W. (2015). *Behavioral assessment system for children* (3. ed.). Pearson.

Ridder, J., Pihet, S., Suter, M., & Caldara, R. (2016). Empathy in institutionalized adolescents with callous-unemotional traits: An ecological momentary assessment study of emotion recognition. *Criminal Justice and Behavior,* https://doi.org/10.1177/0093854815618431

Rigatti, R., DeSouza, D. A., Salum, G., Alves, P. F. O., Bottan, G., & Heldt, E. (2018). Adaptação transcultural do Inventory of Callous-Unemotional Traits para avaliação de traços de insensibilidade e afetividade restrita de adolescentes no Brasil. *Revista Gaúcha de Enfermagem, 38*(3), 1-7. https://doi.org/10.1590/1983-1447.2017.03.64754

Shaffer, D., Fisher, P., Lucas, C., Dulcan, M., & SchwabStone, M. (2000). NIMH Diagnostic Interview Schedule for Children Version IV (NIMH DISC-IV): Description, differences from previous versions and reliability of some common diagnoses. *Journal of American Academy of Child & Adolescent Psychiatry, 39*, 28-38. https://doi.org/10.1097/00004583-200001000-00014

Sheehan, D. V., Sheehan, K. H., Shytle, R. D., Janavs, J., Bannon, Y., Rogers, J. E., Milo, K. M., Stock, S. L., & Wilkinson, B. (2010). Reliability and validity of the Mini International Neuropsychiatric Interview for Children and Adolescents (MINI-KID). *Journal of Clinical Psychiatry, 71*(3), 313-326. https://doi.org/10.4088/JCP.09m05305whi

Shiffman, A., Stone, A. A., & Hufford, M. R. (2008). Ecological momentary assessment. *Annual Review Clinical Psychology, 4*, 1-32. https://doi.org/10.1146/annurev.clinpsy.3.022806.091415

Sisto, F. F. (2004). *ETPC – Escala de Traços de Personalidade para Crianças*. Vetor.

Sisto, F. F. (2012*). Manual da escala para avaliação de tendência à agressividade*. Casa do Psicólogo.

Spielberger, C. D., & Biaggio, M. B. (1994). Manual do STAXI. Vetor, 1994.

Spielberger, C. D., Del Barrio, V., & Aluja, A. (2009). *STAXI-NA, Inventario de expresión de IRA estado-rasgo para niños y adolescentes*. TEA.

Spirito, A., Stark, L. J., & Williams, C. (1988). Development of a brief coping checklist for use with pediatric populations. *Journal of Pediatric Psychology, 13*, 555-574.

Suter, M., Pihet, S., Zimmermann, G., Ridder, J., Urben, S., & Stephan, P. (2017). Prediction daily-life antisocial behaviour in institutionalized adolescents with transgression-related implicit association tests. *The Journal of Forensic Psychiatry & Psychology, 28*(6), 881-900. https://doi.org/10.1080/14789949.2017.1332772

Thapar, A., Harrington, R., & McGuffin, P. (2001). Examining the comorbidity of ADHD – related behaviours and conduct problems using a twin study design. *British Journal of Psychiatry, 179*, 224-229. https://doi.org/10.1192/bjp.179.3.224

Tozzi Reppold, C., Jung Serafini, A., Angelini Ramires, D., & Gonçalves Gurgel, L. (2017). Análise dos manuais psicológicos aprovados pelo Satepsi para avaliação de crianças e adolescentes no Brasil. *Avaliação Psicológica, 16*(1), 19-28. http://dx.doi.org/10.15689/ap.2017.1601.03

Tozzi Reppold, C., Jung Serafini, A., Gonçalves Gurgel, L., dos Santos Magnan, E., Damion, M., Kaiser, V., & Silva Almeida, L. (2018). Análise de manuais de testes psicológicos aprovados pelo Satepsi para avaliação de adultos. *Revista Psicologia: Teoria e Práctica, 20*(3), 100-120. http://dx.doi.org/10.5935/1980-6906/psicologia.v20n3p100-120

Valla, J. P., Bergeron, L., & Smolla, N. (2000). The Dominic-R: A pictorial interview for 6- to 11-year-old children. *Journal of the American Academy of Child and Adolescent Psychiatry, 39*(1), 85-93. https://doi.org/10.1097/00004583-200001000-00020

Vinet, E. V., Alarcón, B. P., & Pérez-Luco A. R. (2011). Detección y descripción de rasgos psicopáticos en adolescentes utilizando el MACI. *Universitas Psychologica, 10*(3), 705-719.

von Diemen, L., Szobot, C., Kessler, F., & Pechansky, F. (2007). Adaptation and construct validation of the Barratt Impulsiveness Scale (BIS 11) to Brazilian

Portuguese for use in adolescents. *Revista Brasileira de Psiquiatria, 29(2)*, 153-156. https://doi.org/10.1590/S1516-44462006005000020

Weller, E. B., Weller, R. A., Fristad, M. A., Rooney, M. T., & Schecter, J. (2000), Children's Interview for Psychiatric Syndromes (ChIPS). *Journal of the American Academy of Child & Adolescent Psychiatry, 39(1)*, 76-84. https://doi.org/10.1097/00004583-200001000-00019

Wiesner, M., Kim, H. K., & Capaldi, D. (2003). Developmental trajectories of offending: Validation and prediction to Young adult alcohol use, drug use, and depressive symptoms. *Development and Psychopathology, 17*, 251-270. https://doi.org/10.1017/S0954579405050133

19
Avaliação de crianças e adolescentes em situação de vulnerabilidade social

Luísa Fernanda Habigzang
Laura Nichele Foschiera
Priscila Lawrenz
Pontifícia Universidade Católica do Rio Grande do Sul

Highlights

- Vulnerabilidade social e o impacto para o desenvolvimento psicossocial de crianças e adolescentes.
- Análise de fatores de risco e de proteção a partir da Abordagem Bioecológica do Desenvolvimento Humano (ABDH) na avaliação psicossocial.
- O que e como avaliar as experiências de violência doméstica e familiar, situação de rua e institucionalização na infância e adolescência.

Este capítulo tem o objetivo de apresentar e discutir aspectos da avaliação psicossocial de crianças e adolescentes em situação de vulnerabilidade social a partir da Abordagem Bioecológica do Desenvolvimento Humano (ABDH; Bronfenbrenner, 1996). Crianças e adolescentes requerem cuidados e proteção integral. No Brasil, o Estatuto da Criança e do Adolescente (ECA) prevê que é dever da família, da comunidade, da sociedade e do poder público assegurar a efetivação dos direitos fundamentais das crianças e dos adolescentes (Lei Federal n. 8.069, 1990). Contudo, trata-se de um grupo ainda muito exposto a situações de vulnerabilidade social e de violência (United Nations Children's Fund [Unicef], 2017).

O termo "vulnerabilidade" assume diferentes conotações de acordo com a área de estudo (Scott et al., 2018). Pode ser compreendido como um conjunto de aspectos individuais, coletivos e contextuais que levam à suscetibilidade a doenças ou agravos (Ayres et al., 2009). Diz respeito, também, à precariedade no acesso à renda e às fragilidades de vínculos afetivos e relacionais (Carmo & Guizardi, 2018). O termo "vulnerabilidade" é utilizado para designar grupos ou indivíduos fragilizados, jurídica ou politicamente, que necessitam de auxílio e proteção para a garantia de seus direitos como cidadãos (Scott et al., 2018). O conceito de vulnerabilidade social pode ser aplicado a indivíduos que vivenciam situações adversas cotidianamente (Morais et al., 2012; Scott et al., 2018). De forma geral, compreende-se que o processo de vulnerabilização social pode se manifestar a partir do acesso restrito a bens materiais, simbólicos e culturais. Indivíduos nascidos em grupos socialmente marginalizados possuem, historicamente, opções limitadas que marcam o seu processo de vida e desenvolvimento (Souza et al., 2019).

A vulnerabilidade social está atrelada a fatores de risco, os quais são definidos como condições ou variáveis que aumentam a probabilidade de resultados negativos ou indesejáveis (Cowan et al., 1996; Morais et al., 2012). Quando se trata de crianças e adolescentes, fatores como pobreza, baixa escolaridade, ocupação de baixo *status* dos pais e/ou cuidadores e ausência de rede de apoio são apontados como aspectos negativos para o desenvolvimento, embora não sejam determinantes *a priori* (Poletto et al., 2009). No Brasil, 61% das crianças e adolescentes vivem na pobreza, ou seja, são monetariamente pobres e/ou privados de um ou mais direitos. Educação, informação, proteção contra trabalho infantil, moradia, água e saneamento foram as dimensões consideradas na análise. A ausência desses direitos coloca meninas e meninos em situação de "privação múltipla". Além disso, quase 27 milhões de crianças e adolescentes (49,7% do total) têm um ou mais direitos negados. Os mais afetados são meninas e meninos negros, cujas famílias são pobres monetariamente, moradores da zona rural das regiões Norte e Nordeste do país (Unicef, 2018).

Os fatores de risco podem ser moderados, "amortecidos" (*buffer*), mediados ou isolados quando há a presença de fatores de proteção (Jessor et al., 1995; Morais et al., 2012). Os fatores de proteção explicariam como indivíduos submetidos às mesmas condições adversas alcançariam resultados diferentes em termos de desenvolvimento (Morais et al., 2012). Diante de situações de vulnerabilidade, algumas crianças e adolescentes conseguem alcançar bom desenvolvimento nos domínios psicológicos e sociais (p. ex., competência social, interações interpessoais positivas, habilidades para lidar com adversidades e envolvimento em atividades sociais) e não apresentam psicopatologias que impeçam ou prejudiquem a vida diária (Hutz & Silva, 2002; Kazdin, 1993). Os atributos disposicionais indi-

viduais (p. ex., autoestima e autoeficácia) e os laços afetivos no sistema familiar ou em outros contextos (p. ex., escola, comunidade, centro religioso e serviço de saúde) podem ser considerados fatores protetivos (Morais et al., 2012).

Crianças e adolescentes em situação de vulnerabilidade social estão expostos a diferentes eventos estressores (Poletto et al., 2009). Eventos estressores são definidos como acontecimentos que alteram o ambiente e provocam uma tensão que interfere nas respostas emitidas pelos indivíduos (Masten & Garmezy, 1985). Exemplos de eventos estressores na vida de crianças e adolescentes incluem mudanças na composição familiar e exposição à violência (Poletto et al., 2009). O impacto dos eventos estressores é determinado pela intensidade, frequência, duração e severidade, ou seja, pela forma como ocorrem e como são percebidos pelos indivíduos envolvidos (Koller & De Antoni, 2004). Idade, gênero, fase do desenvolvimento, habilidades cognitivas e emocionais podem interferir nas respostas de crianças e adolescentes aos eventos estressores. Um evento negativo de vida poderá ser considerado um fator de risco para o desenvolvimento quando a sua presença aumentar a probabilidade de ocorrência de problemas físicos, emocionais e sociais (Poletto et al., 2009).

Em um estudo realizado com 297 crianças e adolescentes em situação de vulnerabilidade social da cidade de Porto Alegre foi identificada uma série de eventos estressores na história dos participantes. De um total de 60 eventos estressores, cada participante informou ter vivenciado, em média, um terço do total. Dentre os itens incluídos estavam presentes "a família ter problemas com a polícia", "um dos pais casar-se novamente", "tirar notas baixas na escola", "ser xingado(a)", "ter dificuldades para fazer amizades" e "sofrer humilhações". Os eventos citados como mais estressantes envolveram situações de violência física, sexual e psicológica, bem como a morte dos pais e amigos. De acordo com as autoras do estudo, a forma como o evento estressor é percebido deve ser considerada, pois essa percepção pode atuar como moderadora do processo de enfrentamento da situação. Além disso, devem ser analisados outros fatores mediadores na vida das crianças e adolescentes, tais como as características individuais e o suporte afetivo e social percebido nos contextos de desenvolvimento (Poletto et al., 2009).

Dentre os principais grupos expostos à vulnerabilidade estão as crianças e adolescentes vítimas de violência, em situação de rua e em acolhimento institucional. Situações de vulnerabilidade social estão atreladas à violação de direitos e à necessidade de intervenções da rede de proteção e atendimento. A Psicologia pode contribuir por meio da avaliação em diferentes contextos, tais como: avaliação forense, avaliação neuropsicológica, avaliação clínica e avaliação psicossocial. A avaliação psicológica nestes diferentes contextos tem objetivos específicos, mas todas devem buscar subsidiar planos de intervenção que promovam direitos, saúde e qualidade de vida das crianças e adolescentes. Neste capítulo serão abordadas estratégias para avaliação psicossocial devido à importância da atuação da Psicologia em serviços que compõem o Sistema Único de Assistência Social (Suas) e atendem crianças e adolescentes em situação de vulnerabilidade social.

Avaliação psicossocial de crianças e adolescentes

A avaliação de crianças e adolescentes é um dos grandes desafios do trabalho dos(as) psicó-

logos(as). Isso porque demanda conhecimento, treinamento e disponibilidade para avaliar familiares, professores e outras pessoas que fazem parte do convívio da criança ou do adolescente. Normalmente, a avaliação psicossocial de crianças e adolescentes em situação de vulnerabilidade social acontece em serviços da rede de proteção que integram o Suas. O Suas organiza as suas ações em duas formas de proteção integral. A primeira é a proteção social básica, destinada à prevenção de riscos pessoais e sociais por meio da oferta de programas, projetos, serviços e benefícios para indivíduos e famílias em situação de vulnerabilidade social. A segunda é a proteção social especial, destinada a indivíduos e famílias que estão em situação de risco e que tiveram direitos violados (p. ex., abandono e violência) (Lei n. 12.435/2011).

Dentre os locais que oferecem os serviços de assistência social, destaca-se o Centro de Referência de Assistência Social (Cras), o Centro de Referência Especializado de Assistência Social (Creas) e as instituições de acolhimento. O Cras é a porta de entrada da assistência social. Trata-se de uma unidade pública municipal, localizada em áreas com maiores índices de vulnerabilidade e risco social, destinada à prestação de serviços socioassistenciais de proteção social básica às famílias e indivíduos. O Creas é uma unidade pública de gestão municipal, estadual ou regional, responsável pela oferta de atenção especializada, orientação e acompanhamento de indivíduos e famílias com um ou mais membros em situação de ameaça ou violação de direitos (Lei n. 12.435/2011). As instituições de acolhimento integram a proteção social especial e são destinadas às crianças e adolescentes expostos a graves situações de negligência, maus-tratos ou abandono. Psicólogos(as) integram as equipes do

Cras, do Creas e das instituições de acolhimento, sendo que uma das suas funções é a avaliação psicossocial de crianças e adolescentes em situação de vulnerabilidade social (Conselho Federal de Psicologia [CFP], 2011).

A avaliação psicossocial de crianças e adolescentes tem como objetivo compreender as condições e circunstâncias que envolvem o seu desenvolvimento. Além do conhecimento aprofundado e atualizado em psicologia do desenvolvimento, teorias da personalidade, psicopatologia e o uso de testes, os(as) psicólogos(as) que realizam esse tipo de avaliação devem dar atenção especial aos fatores de risco e proteção (Hutz & Silva, 2002). Além de realizar entrevistas com as crianças e os adolescentes, os(as) psicólogos(as) devem entrevistar os pais, responsáveis, professores e demais envolvidos no cuidado. A avaliação deve ser um meio para desenvolver um plano de intervenção com ações coordenadas entre os membros da rede de proteção e saúde (CFP, 2011). De acordo com Silva et al. (2019), eventos potencialmente adversos, originados da precariedade social e econômica em que muitas famílias vivem, têm impacto em diferentes domínios – físico, cognitivo, emocional e ocupacional. Se tais iniquidades não forem enfrentadas, seus efeitos se reproduzirão nas futuras gerações.

O(A) psicólogo(a) tem a obrigação ética de assegurar que a avaliação seja realizada de forma adequada. Nesse sentido, os testes utilizados devem ser confiáveis, fidedignos, válidos e adequados para a faixa etária (Hutz & Silva, 2002; Reppold et al., 2017). Os testes psicológicos são procedimentos sistematizados para a obtenção de amostras de comportamentos e dados relevantes para o contexto de avaliação (Conselho Federal de Psicologia [CFP], 2004). Além dos testes, as entrevistas são formas importantes de obter informações. Na avaliação de crianças e adolescentes em situação de risco, deve-se optar por instrumentos e entrevistas que permitam avaliar uma quantidade razoável de variáveis, tais como rede de apoio social, estilos atribucionais, autoestima, estratégias para lidar com problemas (*coping*), nível de exposição a fatores de risco e de proteção, ajustamento emocional, desempenho acadêmico, bem-estar subjetivo, qualidade de vida, entre outros (Hutz & Silva, 2002).

O estabelecimento de um bom vínculo com a criança ou o adolescente também é parte fundamental da avaliação. O sigilo profissional e a conduta ética do(a) psicólogo(a) são imperativos para que a avaliação se torne viável e não prejudique a criança ou o adolescente. Para isso, o(a) psicólogo(a) deve adotar uma postura de autoavaliação constante para não impor valores e julgar atitudes e comportamentos. É necessário, também, estar preparado para lidar com os resultados obtidos (Hutz & Silva, 2002). Além da análise dos dados e da elaboração de documentos, o(a) psicólogo(a) que trabalha com crianças e adolescentes em situação de vulnerabilidade social precisa realizar notificações e encaminhamentos (Conselho Regional de Psicologia [CRP], 2018). O órgão de referência para receber essa notificação é o Conselho Tutelar. Os conselhos tutelares têm a função de zelar pelo cumprimento dos direitos das crianças e adolescentes. Apesar de o Conselho Tutelar ser o órgão de referência, as situações de violação de direitos podem ser comunicadas diretamente em delegacias ou instituições do Sistema Judiciário, como o Juizado da Infância e da Juventude e o Ministério Público (Lei Federal n. 8.069, 1990).

Como descrito anteriormente, a avaliação psicossocial deve considerar aspectos individuais e contextuais, bem como mapear fatores de risco e de proteção para subsidiar planos de intervenção que tenham como objetivo a garantia de direitos, a promoção da saúde e da qualidade de vida de crianças e adolescentes. Nesse sentido, a Abordagem Bioecológica do Desenvolvimento Humano (ABDH) pode ser um aporte teórico consistente para a análise e integração das informações obtidas por meio da avaliação psicossocial.

Abordagem Bioecológica do Desenvolvimento Humano (ABDH)

A vulnerabilidade social apresenta um caráter multifacetado e complexo que requer uma compreensão dinâmica. A ABDH, proposta por Urie Bronfenbrenner (1996), tem sido amplamente utilizada por tratar-se de uma perspectiva sistêmica e processual da compreensão do desenvolvimento humano. Esta abordagem propõe que o desenvolvimento humano é marcado por inúmeras e contínuas mudanças em diferentes contextos, os quais podem ser divididos em quatro núcleos principais: o **Processo**, a **Pessoa**, o **Contexto** e o **Tempo** (Modelo PPCT). Tais núcleos estão inter-relacionados e afetam a forma como diferentes situações são percebidas e interpretadas pelo indivíduo, podendo alterar aspectos individuais e/ou sociais e promover mudanças no desenvolvimento (Bronfenbrenner, 2004).

O núcleo **Processo** é o mecanismo responsável pelo desenvolvimento. Ocorre por meio de interações recíprocas e progressivamente mais complexas de um ser humano ativo, biopsicologicamente em evolução, com as pessoas, objetos e símbolos presentes em seu ambiente imediato. Estas formas de interação no ambiente imediato são denominadas **processos proximais** (Bronfenbrenner & Morris, 1998). Cinco aspectos simultâneos são importantes para a definição dos processos proximais: (1) Para que o desenvolvimento ocorra é necessário que a pessoa esteja engajada em uma atividade; (2) Para ser efetiva, a interação deve acontecer regularmente, por períodos estendidos de tempo, não sendo possível ocorrer durante atividades meramente ocasionais; (3) As atividades devem ser progressivamente mais complexas, por isso a necessidade de um período estável de tempo; (4) Para que os processos proximais sejam efetivos deve haver reciprocidade nas relações interpessoais; (5) Para que a interação recíproca ocorra, os objetos e símbolos presentes no ambiente imediato devem estimular a atenção, exploração, manipulação e imaginação da pessoa em desenvolvimento (Bronfenbrenner, 1999; Cecconello & Koller, 2003).

O núcleo **Pessoa** pode ser compreendido como um indivíduo ou um grupo familiar. Na ABDH, as características da pessoa são consideradas tanto produtoras como produtos do desenvolvimento, pois constituem um dos elementos que influenciam os processos proximais. O núcleo **Pessoa** é avaliado por meio de características determinadas biopsicologicamente e construídas na interação com o ambiente. Três grupos de características pessoais atuam no desenvolvimento: as **demandas**, as **disposições** e os **recursos**. **Demandas** são características inatas, como etnia, sexo e temperamento. As **disposições** são as forças geradoras ou disruptivas que influenciam o desenvolvimento futuro, promovendo-o ou retardando-o. Curiosidade, autoeficácia e responsividade são exemplos de disposições geradoras. Impulsividade e distração são exemplos de disposições disruptivas. Os **recursos**, por sua vez, são características adquiridas ou internalizadas a partir de experiências prévias, envolvem experiências e habilidades

(Bronfenbrenner & Morris, 1998; Morais & Koller, 2004).

O núcleo **Contexto** é o ambiente no qual a pessoa se desenvolve, podendo ser analisado por meio da interação entre quatro níveis: **microssistema, mesossistema, exossistema** e **macrossistema**. O **microssistema** está relacionado aos papéis e interações experienciadas pela pessoa ou grupo familiar. O termo "experienciadas" é enfatizado para indicar a maneira como a pessoa percebe e confere significado à influência do ambiente, que vai além de suas características objetivas. É no contexto dos microssistemas que operam os processos proximais, produzindo e sustentando o desenvolvimento, mas a sua eficácia em implementar o desenvolvimento depende da estrutura e do conteúdo deles. O **mesossistema** envolve o conjunto de microssistemas que uma pessoa frequenta e as inter-relações estabelecidas nesses ambientes. O mesossistema é ampliado sempre que uma pessoa passa a frequentar um novo ambiente. Os processos que operam nos diferentes ambientes são interdependentes, influenciando-se mutuamente. Por exemplo, a interação de uma criança no ambiente escolar influencia e sofre a influência de outro ambiente, como a família. O **exossistema** compreende os ambientes que a criança não frequenta como um participante ativo, mas que desempenham influência indireta sobre o desenvolvimento. O trabalho dos pais é um importante exemplo de ambiente que a criança não frequenta, mas que influencia seu desenvolvimento. Por fim, o **macrossistema** é composto pelo padrão de ideologias, crenças, valores, religiões, formas de governo, culturas e subculturas presentes no cotidiano das pessoas e que influenciam o desenvolvimento (Bronfenbrenner & Morris, 1998; Cecconello & Koller, 2003).

O núcleo **Tempo** influencia todos os outros núcleos e está associado às heranças existentes nas famílias que revelam aspectos históricos e culturais. O tempo é analisado em três níveis: **microtempo, mesotempo** e **macrotempo**. O **microtempo** diz respeito às continuidades e descontinuidades observadas nos episódios de processo proximal. A ABDH condiciona a efetividade dos processos proximais à ocorrência de uma interação recíproca, progressivamente mais complexa, em uma base de tempo relativamente regular. O **mesotempo** refere-se à periodicidade dos episódios de processo proximal por meio de intervalos de tempo maiores, como dias e semanas. Os efeitos cumulativos desses processos produzem resultados significativos no desenvolvimento. O **macrotempo** envolve as expectativas e eventos que ocorrem na sociedade ampliada e a maneira como afetam e são afetados pelos processos e resultados do desenvolvimento humano no ciclo de vida (Bronfenbrenner & Morris, 1998; Cecconello & Koller, 2003).

Em todos os núcleos propostos pela ABDH podem ser identificados fatores de risco e de proteção que influenciam o desenvolvimento do indivíduo (De Antoni & Koller, 2010). A avaliação psicossocial de crianças e adolescentes em situação de vulnerabilidade social deve incluir o levantamento desses fatores. É fundamental identificar as principais características dos contextos em que as crianças e adolescentes se inserem direta ou indiretamente, quais relações estabelecem nesses ambientes, bem como suas características individuais e desenvolvimentais (Poletto & Koller, 2008). A seguir, serão apresentadas propostas de avaliação psicossocial em diferentes contextos de vulnerabilidade social, tendo como referência a ABDH.

Violência doméstica e familiar contra crianças e adolescentes

A violência é um dos principais estressores aos quais crianças e adolescentes em situação de vulnerabilidade social podem estar expostos. Trata-se de uma violação dos direitos humanos e um problema de saúde pública (World Health Organization [WHO], 2016). Envolve qualquer ação ou omissão que provoque danos à sobrevivência, à saúde, à dignidade e ao desenvolvimento das crianças e dos adolescentes. As principais formas de violência são:

- *Negligência*: envolve qualquer tipo de omissão em termos de cuidados básicos. Privar a criança ou o adolescente de afeto, educação, alimentação, higiene e medicação são exemplos de comportamentos negligentes.

- *Abuso físico*: definido como o uso intencional da força física que resulta, ou tenha possibilidades de resultar, em ameaça para a saúde, a sobrevivência e o desenvolvimento. Pode incluir as ações de bater, espancar, chutar, chacoalhar, morder, estrangular, queimar e sufocar.

- *Abuso psicológico ou emocional*: envolve agressão verbal, não reconhecimento do valor e das necessidades da criança ou do adolescente. Abrange situações de rejeição, desprezo, depreciação, discriminação e o estabelecimento de cobranças exageradas.

- *Abuso sexual*: definido como o envolvimento da criança ou do adolescente em uma atividade sexual que ele não é capaz de compreender completamente, para a qual não está preparado em termos desenvolvimentais e é incapaz de dar consentimento. Pode envolver toques, carícias ou relações com penetração (p. ex., digital, genital, anal ou oral).

Além disso, inclui casos de assédio, exploração sexual e exposição a material pornográfico (Ministério da Saúde, 2002; WHO & International Society for Prevention of Child Abuse and Neglect [ISPCAN], 2006).

Apesar de ser socialmente concebido como um contexto seguro e de proteção, a família é um dos principais sistemas de ocorrência de violência contra crianças e adolescentes (Belsky, 1980; Butchart et al., 2010). Fatores como falta de comunicação entre os membros da família, monoparentalidade, filhos não desejados, gravidez na adolescência, não reconhecimento da paternidade, problemas de comportamento das crianças e violência entre o casal podem contribuir para que essa situação aconteça (Belsky, 1980; De Antoni et al., 2007). Dados da Organização Mundial da Saúde indicam que, a cada ano, cerca de 200 mil crianças e adolescentes morrem em decorrência da violência em todo o mundo (WHO, 2019). No Brasil, entre 2010 e 2017, foram notificados 591,731 casos de violência contra crianças e adolescentes por meio do Sistema de Informação de Agravos de Notificação (Sinan) (Ministério da Saúde, 2018). De acordo com o Disque Direitos Humanos (Disque 100), foram registradas 76.216 notificações de violações contra crianças e adolescentes em 2018. A negligência foi a forma de violência mais reportada (72,66%), seguida da violência psicológica (48,76%), física (40,62%) e sexual (22,40%) (Ministério da Mulher, da Família e dos Direitos Humanos, 2019).

A exposição à violência na infância e na adolescência tem sido associada a consequências negativas para o desenvolvimento físico, cognitivo, comportamental e emocional (Pinheiro, 2006; Van der Put et al., 2015). A curto prazo, crianças vítimas de violência podem apresentar problemas de desempenho na escola, *déficit* de atenção, agressividade, poucas habilidades sociais, baixa autoestima, falta de senso de controle e dificuldades no estabelecimento de relações de confiança (Gershoff & Grogan-Kaylor, 2016; Maia & Williams, 2005). Em relação aos adolescentes, a exposição à violência está associada ao abandono da escola, baixo rendimento escolar, ideação suicida e comportamentos agressivos (Assis et al., 2009). Adultos com histórico de violência podem apresentar problemas de saúde mental que incluem depressão, ansiedade, abuso de substâncias, transtorno de estresse pós-traumático (TEPT), transtornos de personalidade, ideação e tentativa de suicídio (Afifi et al., 2017). Além disso, estudos têm demonstrado que ser vítima de violência na infância ou na adolescência é um fator associado ao estabelecimento de relações íntimas violentas na idade adulta (Kennedy et al., 2017; Till-Tentschert, 2017). Adultos que sofreram violência apresentam maior risco de conviver com parceiro violento, perpetrar violência contra esse parceiro, praticar maus-tratos contra os filhos ou deixar de protegê-los nessas situações (WHO, 2007).

Avaliação psicossocial de crianças e adolescentes em situação de violência

A avaliação psicossocial de crianças e adolescentes em situação de violência deve incluir aspectos individuais e relacionados ao contexto de desenvolvimento. Preconiza-se que a avaliação aconteça em um local que ofereça sigilo e segurança. Para isso, o(a) psicólogo(a) deve preocupar-se em organizar horário e espaço adequados para a realização do trabalho. Em algumas situações, a avaliação psicossocial pode demandar mais de um encontro com a criança ou o adolescente. Além disso, o(a) profissional precisa estar ciente sobre os motivos para a realização da avaliação e quais questões devem ser abordadas. Todos esses cuidados contribuem para que seja realizado um bom *rapport*, o que facilita a construção de uma relação de confiança com a criança ou com o adolescente.

Em relação à avaliação dos aspectos individuais, o(a) psicólogo(a) pode realizar um levantamento das características de temperamento e de personalidade, bem como avaliar alterações comportamentais, cognitivas e emocionais. Como foi descrito anteriormente, a exposição à violência pode desencadear uma série de sintomas internalizantes e externalizantes, como tristeza e comportamentos agressivos. Além disso, as crianças e adolescentes podem apresentar dificuldades de aprendizagem e nas relações com os pares. Os dados obtidos por meio do relato e da observação das crianças e adolescentes podem ser integrados aos resultados de testes psicológicos. O(A) psicólogo(a) tem acesso a diferentes testes por meio do Sistema de Avaliação de Testes Psicológicos (Satepsi), o qual avalia a qualidade técnico-científica dos instrumentos. Recomenda-se, por exemplo, a utilização da Escala de Traços de Personalidade para Crianças (ETPC; Sisto, 2004), da Bateria Fatorial de Personalidade (BFP; Nunes et al., 2013), da Escala Baptista de Depressão Infantojuvenil (Ebadep-IJ; Baptista, 2018) e do Inventário de Habilidades Sociais, Problemas de Comportamento e Competência Acadêmica para Crianças (SSRS; Del Prette et al., 2016).

É importante ressaltar que o impacto de eventos estressores também é determinado pela forma como são percebidos. O indivíduo pode desenvolver fatores protetivos para tentar modificar sua resposta diante do risco (Rutter,

1985). Um fator protetivo fundamental são as estratégias de enfrentamento (*coping*). Estas estratégias são comportamentos que a criança ou o adolescente pode desenvolver para enfrentar a situação de uma maneira mais adaptativa. Os comportamentos podem incluir a busca de auxílio em outras instituições (p. ex., escola, serviço de saúde e instituição religiosa) ou pessoas (p. ex., familiares, amigos, professores e vizinhos) que possam oferecer suporte. Além disso, características individuais, como percepção de autoeficácia, autoestima, bem-estar subjetivo e manejo das emoções, estão positivamente relacionadas à maior capacidade de adaptação a situações difíceis (Cecconello, 2003; Poletto & Koller, 2008).

Além dos aspectos individuais, a avaliação psicossocial de crianças e adolescentes em situação de violência requer a análise de fatores relacionados ao microssistema familiar. Esta parte da avaliação pode incluir tanto entrevistas quanto visitas domiciliares, as quais contribuem para que o(a) psicólogo(a) compreenda em que condições a criança ou o adolescente está se desenvolvendo e a qualidade das relações estabelecidas. Devem ser chamados para a entrevista os pais, responsáveis e/ou outros adultos com quem têm vínculos de confiança. As questões incluídas na entrevista também devem ser orientadas pelos objetivos da avaliação. De modo geral, o(a) psicólogo(a) deve estar atento aos fatores de risco e de proteção. Os riscos podem incluir conflitos familiares, problemas de saúde mental, abuso de álcool e outras drogas. Além disso, as famílias podem estar enfrentando dificuldades econômicas, como desemprego, falta de moradia e de alimentação, o que contribui para aumentar níveis de estresse e a ocorrência de situações de violência. A avaliação do histórico de maus-tratos na infância e na adolescência dos pais e cuidadores também pode ser incluída (Bérgamo & Bazon, 2011; Labella & Masten, 2017). Pode ser importante incluir questões como: (1) De que forma você resolve situações nas quais avalia que seu(sua) filho(a) se comporta mal? (2) Você considera que a palmada ou castigo físico é uma forma válida para controlar o comportamento do seu(sua) filho(a)? Essas perguntas auxiliam na avaliação do quanto os pais possuem crenças legitimadoras de violência, já que o uso de castigos físicos é culturalmente aceito e validado, apesar das leis vigentes.

Os fatores protetivos devem ser avaliados com atenção pelos(as) psicólogos(as). A família é, em muitos contextos, a principal fonte de afeto, incentivo, segurança e proteção, características que favorecem o desenvolvimento e a socialização de crianças e adolescentes. Diante de situações estressoras, como a violência, o apoio familiar é essencial (Poletto & Koller, 2008). Nesse sentido, cabe ao profissional avaliar quem são as figuras de cuidado da criança e do adolescente. Os fatores protetivos devem ser identificados e fortalecidos pelo processo de avaliação psicossocial. Além dos pais e cuidadores, os irmãos podem ser fontes importantes de proteção e socialização (Bolsoni, 2000; Poletto et al., 2004). O relacionamento próximo faz com que irmãos compartilhem experiências, sejam elas boas ou ruins, o que pode auxiliar no enfrentamento de situações adversas (Koller & Lisboa, 2007). A identificação da rede de apoio social e afetiva percebida pelas crianças e adolescentes é um dos aspectos que deve ser incluído na avaliação psicossocial (Hohendorff & Habigzang, 2014).

Outro importante contexto de desenvolvimento de crianças e adolescentes é a escola. É nesse espaço que são vivenciadas as relações entre pares, amizades, processos de aprendizagem e descobertas (Lisboa, 2005). Na avaliação psicossocial, o(a) psicólogo(a) pode incluir visitas à escola e entrevistas com professores e/ou outros funcionários a fim de identificar o papel que a instituição desempenha na vida da criança e do adolescente, quais os riscos e potencialidades. Além disso, fatores de risco sociais, ou seja, presentes no exossistema, também afetam o desenvolvimento e podem ser avaliados por meio das entrevistas com as crianças, adolescentes, pais e outros responsáveis. A exposição à violência na comunidade, por exemplo, é um elemento que influencia o funcionamento familiar. Muitas comunidades brasileiras estão expostas à violência e ao tráfico de drogas (Valentino et al., 2012). A articulação do trabalho do(a) psicólogo(a) com os demais serviços da rede de saúde e proteção é fundamental para que intervenções efetivas sejam realizadas (Bochi et al., 2016).

Crianças e adolescentes em situação de rua

A exposição à violência em casa é um dos fatores que contribuem para que crianças e adolescentes passem a viver em situação de rua. Além da violência, trabalho infantil, mendicância, consumo de álcool e outras drogas, ameaça de morte, sofrimento ou transtorno mental, LGBT-fobia, racismo, sexismo, misoginia, cumprimento de medidas socioeducativas e encarceramento dos pais, também são aspectos que aumentam o risco de meninos e meninas viverem nessas condições (Brasil, 2017). Trata-se de uma população que circula pelas cidades e que alterna, com grande frequência, os contextos de vida, como residências de familiares, amigos e instituições de atendimento (Santana et al., 2018). A rua, considerada um espaço onde tudo é permitido,

também é um local de privação de direitos. As crianças e adolescentes normalmente não têm acesso à educação, saúde, lazer, convivência familiar e comunitária. A existência de crianças e adolescentes vivendo nessas condições evidencia falhas do Estado, da sociedade e da família em prover proteção integral (Brasil, 2017).

Por conta da dificuldade de contabilizar e definir a população de crianças e adolescentes em situação de rua, não há números precisos sobre o problema (Embleton et al., 2016). No Brasil, o Conselho Nacional dos Direitos da Criança e do Adolescente (Conanda, 2011) realizou uma pesquisa em 75 cidades brasileiras abrangendo capitais e municípios com mais de 300 mil habitantes. Identificou-se que 23.973 crianças e adolescentes estavam em situação de rua. Dessas, 59,1% dormiam na casa da família ou de conhecidos (p. ex., pais, parentes ou amigos) e trabalhavam na rua; 23,2% dormiam em locais de rua (p. ex., calçadas, viadutos, praças e rodoviárias); 2,9% dormiam temporariamente em instituições de acolhimento; 14,8% circulavam entre esses espaços. A maior parte era do sexo masculino (71,8%), tinha entre 12 e 15 anos (45,13%), era de cor parda ou negra (72,8%). Dentre os principais motivos declarados pelas crianças e adolescentes que dormiam na rua para explicar a saída de casa, destacou-se a violência no ambiente doméstico caracterizada por brigas verbais com pais e irmãos (32,2%), abusos físicos (30,6%) e sexuais (8,8%).

Crianças e adolescentes em situação de rua estão expostos a uma série de fatores de risco para a saúde e desenvolvimento, especialmente o uso de álcool e outras drogas, exposição à violência, perda de apoio social, falta de alimentação e higiene. Tais fatores os tornam vulneráveis para uma série de consequências negativas, como a dependência química, infecções sexualmente transmissíveis, *déficits* de crescimento, lesões, gravidez indesejada, morte prematura por suicídio ou homicídio (Morais et al., 2010). Por outro lado, o enfrentamento das adversidades e a utilização de estratégias adequadas para lidar com essas situações podem promover processos de resiliência em crianças e adolescentes em situação de rua (Paludo & Koller, 2005). O significado emocional das experiências que têm nas ruas dependerá da maneira como percebem e interpretam o mundo, bem como os modelos de interação formados na família, na escola, na rua e em outros espaços (Bronfenbrenner, 1996).

Avaliação psicossocial de crianças e adolescentes em situação de rua

A avaliação psicossocial de crianças e adolescentes em situação de rua é extremamente desafiadora. Como descrito anteriormente, trata-se de um grupo que circula por diferentes espaços das cidades, o que dificulta a identificação e o contato. O uso de testes psicológicos torna-se complexo, pois a maioria dos itens refere-se a contextos "padrão", o que não condiz com a realidade de quem vive na rua (Paludo & Koller, 2004). A avaliação psicológica deve ser adequada às experiências que fazem parte do cotidiano (Petersen & Koller, 2006). O uso de entrevistas e observações costuma ser mais eficaz, pois possibilita a avaliação de diferentes fatores de risco e de proteção (Paludo & Koller, 2004).

É importante que o(a) psicólogo(a) estabeleça os objetivos da avaliação e busque construir uma relação de confiança com as crianças e adolescentes. As informações acessadas por meio da avaliação devem contribuir para que uma intervenção seja proposta. Nesse sentido, torna-se relevante entender os motivos que levaram a criança ou o adolescente a viver em situação de rua, há quanto tempo vive nesse contexto, as suas fontes de renda, as relações estabelecidas com outras pessoas que vivem em situação de rua, em que condições vive a família e o tipo de relação estabelecida com os familiares. Além disso, deve-se avaliar se as crianças e os adolescentes estão expostos a situações de violência ou se apresentam comportamentos de risco, como o abuso de álcool e outras drogas, relações sexuais sem proteção, envolvimento com tráfico ou comportamentos violentos. Cabe ao psicólogo(a) compreender os impactos dessas experiências para o indivíduo, bem como identificar fragilidades e potencialidades (Alves et al., 2002).

No caso de crianças e adolescentes em situação de rua, as expectativas positivas em relação ao futuro estão relacionadas, principalmente, ao retorno para a escola, o que demonstra a importância da instituição como promotora de enfrentamento às situações de risco. Novas perspectivas e o processo de reinserção social são possíveis quando reforçados por práticas pedagógicas e pelo fortalecimento da relação entre educadores e alunos (Rizzini & Couto, 2019). A avaliação psicológica realizada conjuntamente com a instituição escolar, especialmente baseada em entrevistas com professores, é fundamental. Tais entrevistas podem ter foco na identificação de habilidades e capacidades do indivíduo, a fim de modificar estruturas e organizações escolares e adequá-las aos alunos que vivem em situação de rua (Rizzini & Couto, 2019). Estas reorganizações podem reforçar a permanência na escola e permite que esta seja um espaço de reconhecimento e emancipação, incluindo as crianças e os adolescentes em ações preventivas, que forneçam proteção e minimizem possíveis efeitos negativos das situações vividas (Godinho, 2015; Petersen & Koller, 2006).

Aspectos protetivos também podem ser observados quando o afastamento de casa se torna uma estratégia para lidar com as adversidades. Ao realizar esse movimento, as crianças e adolescentes são capazes de visualizar perspectivas futuras e desenvolver novas formas de se relacionar, que não sejam, necessariamente, permeadas pela violência (Estivalet, 2010). A recorrência às instituições de acolhimento, por exemplo, torna-se protetiva, pois possibilita o fornecimento de condições básicas de sobrevivência (Rizzini & Couto, 2019). Nesse sentido, a avaliação psicossocial pode focar em aspectos sadios, como resiliência, bem-estar e ajustamento emocional, os quais possibilitam o enfrentamento das vulnerabilidades e favorecem o desenvolvimento saudável em diferentes contextos (Petersen & Koller, 2006). A construção de estratégias para avaliação e articulação em rede são fundamentais para garantir o acesso à educação, aos serviços de saúde e de proteção. O desenvolvimento de avaliações com essa população fornece subsídios importantes para orientar políticas públicas, bem como programas e projetos preventivos (Petersen & Koller, 2006; Rizzini & Couto, 2019).

Crianças e adolescentes em acolhimento institucional

Crianças e adolescentes expostos a violações de direitos podem ser afastados do convívio familiar e viver em instituições de acolhimento. Dentre os motivos mais frequentes que levam à institucionalização infantojuvenil estão a carência de recursos materiais da família, o abandono, a violência doméstica, a dependên-

cia química, a vivência de rua e a orfandade (Silva & Aquino, 2005). O acolhimento institucional é uma medida protetiva prevista pelo ECA e os princípios que norteiam os serviços são os seguintes: preservação dos vínculos familiares e promoção da reintegração familiar; integração em família substituta quando esgotados os recursos de manutenção na família natural ou extensa; atendimentos personalizados e em pequenos grupos; desenvolvimento de atividades em regime de coeducação; não desmembramento de grupos de irmãos; evitar, sempre que possível, a transferência de crianças e adolescentes para outras entidades; participação na vida da comunidade local; preparação gradativa para o desligamento; participação da comunidade no processo educativo (Lei Federal n. 8.069, 1990).

No Brasil, de acordo com dados do Sistema Nacional de Adoção e Acolhimento (SNA, 2020), 34.121 crianças e adolescentes estavam em instituições de acolhimento em maio de 2020. Os serviços de acolhimento institucional podem ser oferecidos em diferentes modalidades, que são: abrigos institucionais, casas-lares, famílias acolhedoras e repúblicas. No caso dos abrigos institucionais, as equipes são formadas, normalmente, por um coordenador, um assistente social, um psicólogo e dois cuidadores/educadores por turno. São atendidas até 20 crianças e adolescentes de zero a 18 anos, sem distinção de faixa etária e sexo (Lei Federal n. 8.069, 1990). O acolhimento institucional não é, por si só, bom ou ruim. A sua aplicação, quando necessária, deve ser uma medida de proteção provisória. O contexto de acolhimento institucional deve favorecer o desenvolvimento saudável de crianças e adolescentes, o que implica pensar em cuidado e proteção (Machado, 2011).

De acordo com a Lei da Adoção (Lei n. 12.010, 2009), a permanência da criança ou do adolescente no programa de acolhimento institucional não deve ultrapassar dois anos. Apesar do que está proposto em lei, muitas crianças e adolescentes passam anos institucionalizadas. Embora seja uma medida de proteção, essa experiência pode representar um fator de risco para o desenvolvimento (Dell'Aglio & Siqueira, 2010). Crescer em uma instituição e permanecer longe da família pode ser mais uma situação de violência para crianças e adolescentes que já tiveram direitos violados (Abaid & Dell'Aglio, 2014). Aspectos como alta rotatividade de funcionários e falta de apoio afetivo podem ter impactos negativos (Azor & Vectore, 2008), já que um importante aspecto do desenvolvimento emocional é o estabelecimento de relações com pessoas próximas e que se importam genuinamente com as crianças e os adolescentes (Bronfenbrenner, 2011).

Avaliação psicossocial de crianças e adolescentes em acolhimento institucional

A avaliação psicossocial de crianças e adolescentes em acolhimento institucional é, também, uma tarefa que demanda cuidado. Isso porque se trata de um grupo que é afetado tanto pela exposição a diferentes formas de violência quanto pelo processo de institucionalização. O(A) psicólogo(a) deve orientar o seu trabalho a partir dos objetivos da avaliação. Como no caso da avaliação de crianças e adolescentes em situação de violência, pode-se utilizar entrevistas e testes psicológicos para analisar aspectos individuais, como características de personalidade, autoestima, autoeficácia, habilidades sociais, problemas de comportamento, desempenho escolar, sintomas internalizantes e externalizantes.

O(A) psicólogo(a) também pode abordar as percepções da criança ou do adolescente sobre a experiência no contexto de acolhimento e avaliar como são constituídas as relações no local. Embora a institucionalização não seja a medida mais desejável, pode atuar como um fator protetivo. Na medida em que direitos e necessidades das crianças e adolescentes passam a ser atendidos, eles podem se sentir mais seguros e desenvolver relações de qualidade. As relações estabelecidas no ambiente institucional constituem-se como uma importante rede de apoio seguro, pois podem favorecer processos de resiliência, bem como dar sentido às experiências vivenciadas pelo indivíduo (Poletto & Koller, 2008).

O microssistema escolar também é um ambiente que pode favorecer aspectos protetivos. O relacionamento com colegas e professores pode assumir uma função significativa e de referência para o indivíduo. As crianças e adolescentes podem desenvolver maior percepção de autoeficácia quando experienciam situações positivas na escola (Rutter, 1993). Portanto, entrevistas com professores por meio de questionários ou de protocolos observacionais possibilitam que recomendações em relação à escola sejam realizadas, especialmente para incluir as crianças e adolescentes em intervenções preventivas e fortalecer aspectos de proteção (Poletto & Koller, 2006).

A avaliação psicológica também deve contemplar os diferentes fatores sociais que influenciam a história de vida das crianças e adolescentes, como dinâmica familiar, fatores econômicos, culturais e sociais. Em situações de acolhimento institucional, o psicólogo pode utilizar recursos como visitas domiciliares para entrevistar os cuidadores e avaliar a possibilidade de reinserção da criança ou adolescente neste ambiente. A leitura de prontuários de saúde e sociais, os laudos médicos, as perícias, bem como reuniões sistemáticas com a rede de atendimento (p. ex., saúde, educação, instituição e assistência) são dispositivos que podem estar incluídos no processo de avaliação. A multiplicidade de fatores que devem ser avaliados propicia uma avaliação psicológica efetiva e facilitam a compreensão de dificuldades e necessidades das crianças e adolescentes em situação de acolhimento. A partir disso, encaminhamentos em saúde, em relação à rotina na instituição, aos cuidadores primários e quanto à possibilidade de adoção, podem promover o bem-estar e a qualidade de vida do indivíduo (Albornoz, 2019).

Considerações finais

O objetivo deste capítulo foi apresentar e discutir processos da avaliação psicossocial de crianças e adolescentes em situação de vulnerabilidade social. Para isso, a Abordagem Bioecológica do Desenvolvimento Humano (ABDH) foi utilizada como referência, a fim de abordar os principais fatores de risco e de proteção que influenciam o desenvolvimento do indivíduo nessas situações.

Foram apresentadas propostas de avaliação psicossocial em três contextos: crianças e adolescentes em situação de violência, situação de rua e situação de acolhimento institucional. Para esses casos é fundamental que a avaliação psicológica seja planejada de maneira cuidadosa e que o profissional tenha conhecimentos teóricos e técnicos para realizar uma avaliação adequada. Além disso, destaca-se que, a partir da abordagem bioecológica, a avaliação de fatores de risco e de proteção deve ser realizada de forma simultânea. A avaliação conjunta desses aspectos propicia uma compreensão integral e interacional dos contextos de desenvolvimento do indivíduo.

Os diferentes contextos de desenvolvimento, como família e escola, podem ser permeados por fatores de risco e de proteção. No entanto, ao longo do capítulo, verifica-se que aspectos positivos e protetivos acionam processos importantes de resiliência que podem favorecer a adaptação saudável do indivíduo diante de situações de vulnerabilidade. O trabalho do(a) psicólogo(a) consiste em, principalmente, evidenciar esses fatores durante a avaliação para fortalecer a rede de apoio segura da criança e do adolescente.

A realização da avaliação psicológica de crianças e adolescentes em situação de vulnerabilidade social é fundamental para o cumprimento e manutenção dos direitos previstos no ECA. Além disso, a avaliação poderá contribuir para decisões importantes que irão nortear a reinserção e/ou a integração do indivíduo em diferentes contextos de desenvolvimento. Compreende-se que é uma ferramenta diagnóstica que precisa ser integrada à avaliação interdisciplinar para maior efetividade. O principal cuidado e desafio é não estigmatizar ou fragilizar ainda mais a criança ou adolescente em situação de vulnerabilidade social, mas promover uma intervenção que articule setores como Justiça, Assistência Social, Educação e Saúde, necessários para a garantia de direitos e a saúde dessa população.

Referências

Abaid, J. L., & Dell'Aglio, D. D. (2014). Exposição a fatores de risco de adolescentes em acolhimento institucional no Sul do Brasil. *Interação em Psicologia, 18*(1), 47-57. https://dx.doi.org/10.5380/psi.v18il.29331

Afifi, T. O., Mota, N. P., Dasiewicz, P., MacMillan, H. L., & Sareen, J. (2012). Physical punishment and mental disorders: Results from a nationally representative US Sample. *Pediatrics, 130*(2), 1-9. https://doi.org/10.1542/peds.2011-2947

Albornoz, A. C. G. (2019). Contextualizando a avaliação psicológica de crianças e adolescentes em situação de acolhimento institucional. In J. C. Borsa (org.), *Avaliação psicológica aplicada a contextos de vulnerabilidade psicossocial* (pp. 49-86). Vetor.

Alves, P. B., Koller, S. H., Silva, A. S., Santos, C., Silva, M., Reppold, C., & Padre, L. T. (2002). Atividades cotidianas de crianças em situação de rua. *Psicologia: Teoria e Pesquisa, 18*(3), 305-313. https://doi.org/10.1590/S0102-37722002000300010

Assis, S. G., Avanci, J. Q., Pesce, R. P., & Ximenes, L. F. (2009). Situação de crianças e adolescentes brasileiros em relação à saúde mental e à violência. *Ciência & Saúde Coletiva, 14*(2), 349-361. https://doi.org/10.1590/S1413-81232009000200002

Ayres, J. R., França Júnior, I., Calazans, G. J., & Saletti Filho, H. C. (2009). O conceito de vulnerabilidade e as práticas de saúde: Novas perspectivas e desafios. In D. Czeresnia (org.), *Promoção da saúde: Conceitos, reflexões, tendências* (2. ed.). Fiocruz.

Azor, A. M. G., & Vectore, C. (2008). Abrigar/desabrigar: Conhecendo o papel das famílias nesse processo. *Estudos de Psicologia, 25*(1), 77-89. https://doi.org/10.1590/S0103-166X2008000100008

Baptista, M. N. (2018). *Ebadep-IJ: Escala Baptista de Depressão Infantojuvenil*. Hogrefe; Cetepp.

Belsky, J. (1980). Child maltreatment: An ecological integration. *American Psychologist, 35*(4), 320-335. https://doi.org/10.1037/0003-066X.35.4.320

Bérgamo, L. P. D., & Bazon, M. R. (2011). Experiências infantis e risco de abuso físico: Mecanismos envolvidos na repetição da violência. *Psicologia: Reflexão e Crítica, 24*(4), 710-719. https://doi.org/10.1590/S0102-79722011000400011

Bochi, A., Friedrich, D., & Pacheco, J. T. B. (2016). Revisão sistemática de estudos sobre programas de treinamento parental. *Temas em Psicologia, 24*(2), 549-563. https://doi.org/10.9788/TP2016.2-09

Bolsoni, J. (2000). *Interação entre irmãos: Empatia e fatores de risco e proteção* [Dissertação de mestrado não publicada]. Universidade Federal do Rio Grande do Sul.

Brasil. (1990). *Lei n. 8.069, de 13 de julho de 1990*. Dispõe sobre o Estatuto da Criança e do Adolescente e dá outras providências. http://www.planalto.gov.br/ccivil_03/leis/l8069.htm

Brasil. (2009). *Lei n. 12.010, de 3 de agosto de 2009*. Dispõe sobre adoção; altera as leis n. 8.069, de 13 de julho de 1990 – Estatuto da Criança e do Adolescente, 8.560, de 29 de dezembro de 1992; revoga dispositivos da Lei n. 10.406, de 10 de janeiro de 2002 – Código Civil, e da Consolidação das Leis do Trabalho – CLT, aprovada pelo Decreto-Lei n. 5.452, de 1º de maio de 1943; e dá outras providências. http://www.planalto.gov.br/ccivil_03/_Ato2007-2010/2009/Lei/L12010.htm

Brasil. (2011). *Lei n. 12.435, de 6 de julho de 2011*. Altera a Lei n. 8.742, de 7 de dezembro de 1993 que dispõe sobre a organização da Assistência Social. http://www.planalto.gov.br/ccivil_03/_Ato2011-2014/2011/Lei/L12435.htm

Brasil. Ministério dos Direitos Humanos. (2017). *Diretrizes nacionais para o atendimento a crianças e adolescentes em situação de rua*. http://primeirainfancia.org.br/wp-content/uploads/2017/08/0344c7_4fe-2ba1cd6854b649d45d71a6517f80d.pdf

Bronfenbrenner, U. (1996). *A ecologia do desenvolvimento humano: Experimentos naturais e planejados*. Artes Médicas.

Bronfenbrenner, U. (1999). Environments in developmental perspective: Theoretical and operational models. In B. L. Friedmann & T. D. Wachs (eds.), *Conceptualization and assessment of environment across the life span* (pp. 3-30). American Psychological Association.

Bronfenbrenner, U. (2004). *Making human beings human: Bioecological perspectives on human development*. Sage.

Bronfenbrenner, U. (2011). *Bioecologia do desenvolvimento humano: Tornando os seres humanos mais humanos*. Artmed.

Bronfenbrenner, U., & Morris, P. (1998). The ecology of developmental processes. In W. Damon (ed.), *Handbook of child psychology* (vol. 1, pp. 993-1.027). John Wiley & Sons.

Butchart, A., Harvey, A. P., Mian, M., & Furniss, T. (2006). *Preventing child maltreatment:* A guide to taking action and generating evidence. World Health Organization; International Society for Prevention of Child Abuse and Neglect. http://whqlibdoc.who.ipt/publications/2006/9241594365_eng.pdf

Carmo, M. E., & Guizardi, F. L. (2018). O conceito de vulnerabilidade e seus sentidos para as políticas públicas de saúde e assistência social. *Cadernos de Saúde Pública, 34*(3), 1-11. https://doi.org/10.1590/0102-311x00101417

Cecconello, A. M. (2003). *Resiliência e vulnerabilidade em famílias em situação de risco* [Tese de doutorado não publicada]. Universidade Federal do Rio Grande do Sul.

Cecconello, A. M., & Koller, S. H. (2003). Inserção ecológica na comunidade: Uma proposta metodológica para o estudo de famílias em situação de risco. *Psicologia: Reflexão e Crítica, 16*(3), 515-524. https://doi.org/10.1590/S0102-79722003000300010

Conselho Federal de Psicologia. (2004). *Avaliação dos testes psicológicos: Relatório.* http://satepsi.cfp.org.br/docs/Avaliac%CC%A7aopsicologicaCartilha1.pdf

Conselho Federal de Psicologia. (2011). *Como os psicólogos e as psicólogas podem contribuir para avançar o Sistema Único de Assistência Social (Suas): Informações para gestoras e gestores.* http://crepop.pol.org.br/wp-content/uploads/2011/12/GestoresSuasfinanl-corrigido.pdf

Conselho Nacional dos Direitos da Criança e do Adolescente [Conanda]. (2011). *Pesquisa do Conanda aborda crianças em situação de rua.* https://www.direitosdacrianca.gov.br/migrados/pesquisa-do-conanda-revela-as-condicoes-de-vida-de-criancas-e-adolescentes-em-situacao-de-rua

Conselho Regional de Psicologia. (2018). *Nota de orientação – Atuação dos psicólogos em casos de violência contra crianças e adolescentes.* https://transparencia.cfp.org.br/crp07/legislacao/notas-tecnicas/

Cowan, P. A., Cowan, C. P., & Schulz, M. S. (1996). Thinking about risk and resilience in families. In E. M. Hetherington & E. A. Blechman (eds.), *Stress, coping and resiliency in children and families* (pp. 1-38). Erlbaum.

De Antoni, C., & Koller, S. H. (2010). Uma família fisicamente violenta: Uma visão pela teoria bioecológica do desenvolvimento humano. *Temas em Psicologia, 18*(1), 17-30. http://pepsic.bvsalud.org/scielo.php?script=sci_arttext & pid=S1413-389X2010000100003

De Antoni, C., Barone, L. R., & Koller, S. H. (2007). Indicadores de risco e proteção em famílias fisicamente abusivas. *Psicologia: Teoria e Pesquisa, 23*(2), 125-132. https://doi.org/10.1590/S0102377222007000200002

Dell Prette, Z. A. P., Freitas, L. C., Bandeira, M., & Dell Prette, A. (2016). *SSRS – Inventário de habilidades sociais, problemas de comportamento e competência acadêmica para crianças.* Casa do Psicólogo.

Dell'Aglio, D. D., & Siqueira, A. C. (2010). Preditores de satisfação de vida de jovens em situação de vulnerabilidade no sul do Brasil. *Revista Psicodebate: Psicología, Cultura y Sociedad, 10,* 213-130. https://docplayer.com.br/3560622-Preditores-de-satisfacao-de-vida-de-jovens-em-situacao-de-vulnerabilidade-no-sul-do-brasil.html

Embleton, L., Lee, H., Gunn, J., Ayuku, D., & Braitstein, P. (2016). Causes of child and youth homelessness in developed and developing countries: A Systematic Review and Meta-analysis. *JAMA Pediatric, 170*(5), 435-444. https://doi.org/10.1001/jamapediatrics.2016.0156

Estivalet, A. (2010). *Os sem-lugar: Uma análise de trajetórias de jovens que vivem nas ruas de Porto Alegre.* Revista EGP.

Gershoff, E. T., & Grogan-Kaylor, A. (2016). Spanking and child outcomes: Old controversies and new meta-analyses. *Journal of Family Psychology, 30*, 454-469. https://doi.org/10.1037/fa m0000191

Godinho, J. (2015). *A escola de quem não tem escola: Os desafios da escolarização para jovens em situação de rua* [Dissertação de mestrado não publicada]. Pontifícia Universidade Católica do Rio Grande do Sul.

Hohendorff, J. V., & Habigzang, L. F. (2014). Atuação do profissional da psicologia na avaliação e intervenção em situações de violência sexual contra crianças e adolescentes. In S. H. Koller, E. Diniz & L. F. Habigzang (orgs.), *Trabalhando com adolescentes: Teoria e intervenção psicológica* (pp. 293-308). Artmed.

Hutz, C. S., & Silva, D. F. M. (2002). Avaliação psicológica de crianças e adolescentes em situação de risco. *Avaliação Psicológica, 1*, 73-79. http://pepsic.bvsalud.org/ scielo.php?script=sci_arttext & pid=S1677-04712002000100008

Jessor, R., Van Den Bos, J., Vanderryn, J., Costa, F. M., & Turbin, M. S. (1995). Protective factors in adolescent problem behavior: Moderator effects and developmental change. *Developmental Psychology, 31*, 923-933. https://doi.org/10.1037/0012-1649.31.6.923

Kazdin, A. E. (1993). Adolescent mental health: Prevention and treatment programs. *American Psychologist, 48*, 127-141. https://doi.org/10.1037//0003-066x.48.2.127

Kennedy, A. C., Bybee, D., Palma-Ramirez, E., & Jacobs, D. (2017). Cumulative victimization as a predictor of intimate partner violence among young mothers. *Psychology of Violence, 7*(4), 533-542. https://doi.org/10.1037/vio000001

Koller, S. H., & De Antoni, C. (2004). Violência intrafamiliar: Uma visão ecológica. In S. H. Koller (org.), *Ecologia do desenvolvimento humano: Pesquisa e intervenção no Brasil* (pp. 293-310). Casa do Psicólogo.

Koller, S. H., & Lisboa, C. (2007). Brazilian approaches to understanding and building resilience in at-risk populations. *Child and Adolescent Psychiatric Clinics of North America, 16*(2), 341-356. https://doi.org/10.1016/j.chc.2006.12.002

Labella, M. H., & Masten, A. S. (2017). Family influences on the development of aggression and violence. *Current Opinion in Psychology, 19*, 11-16. https://doi.org/10.1016/j.copsyc.2017.03.028

Lisboa, C. (2005). *Comportamento agressivo, vitimização e relações de amizade de crianças em idade escolar: Fatores de risco e proteção* [Tese de doutorado não publicada]. Universidade Federal do Rio Grande do Sul.

Machado, V. R. (2011). A atual política de acolhimento institucional à luz do Estatuto da Criança e do Adolescente. *Serviço Social em Revista, 13*(2), 143-169. http://www.uel.br/revistas/uel/index.php/ssrevista/article/view/10431

Maia, J. M. D., & Williams, L. C. A. (2005). Fatores de risco e fatores de proteção ao desenvolvimento infantil: Uma revisão da área. *Temas em Psicologia, 13*(2), 91-103. https://cutt.ly/Ab0N48V

Masten, A. S., & Garmezy, N. (1985). Risk, vulnerability and protective factors in developmental psychopathology. In B. B. Lahey & A. E. Kazdin (eds.), *Advances in clinical child psychology* (pp. 1-52). Plenum.

Ministério da Mulher, da Família e dos Direitos Humanos. (2019). *Crianças e adolescentes: Balanço do Disque 100 aponta mais de 76 mil vítimas.* https://cutt.ly/9b0M5w1

Ministério da Saúde. (2002). *Notificação de maus-tratos contra crianças e adolescentes pelos profissionais de saúde: Um passo a mais na cidadania em saúde.* https://cutt.ly/nb01tpX

Ministério da Saúde. (2018). *Boletim epidemiológico: Análise epidemiológica da violência sexual contra crianças e adolescentes no Brasil*, 2011 a 2017. https://cutt.ly/wb01iMs

Morais, N. A., & Koller, S. H. (2004). Abordagem ecológica do desenvolvimento humano, psicologia positiva e resiliência: ênfase na saúde. In S. H. Koller (org.), *Ecologia do desenvolvimento humano: Pesquisa e intervenção no Brasil* (pp. 91-108). Casa do Psicólogo.

Morais, N. A., Koller, S. H., & Raffaelli, M. (2012). Rede de apoio, eventos estressores e mau ajustamento na vida de crianças e adolescentes em situação de vulnerabilidade social. *Universitas Psychologica, 11*(3), 779-791. https://cutt.ly/qb01dmI

Nunes, C. H. S. S., Hutz, C. S., & Nunes, M. F. O. (2013). *Bateria fatorial de personalidade.* Casa do Psicólogo.

Paludo, S. S., & Koller, S. H. (2005). Resiliência na rua: Um estudo de caso. *Psicologia: Teoria e Pesquisa, 21*(2), 187-195. http://dx.doi.org/10.1590/S0102-37722005000200009

Paludo, S., & Koller, S. H. (2004). Inserção ecológica no espaço da rua. In S. H. Koller (org.), *Ecologia do desenvolvimento humano: Pesquisa e intervenção no Brasil* (pp. 219-244). Casa do Psicólogo.

Petersen, C. S., & Koller, S. H. (2006). Avaliação psicológica em crianças e adolescentes em situação de risco. *Avaliação Psicológica, 5*(1), 55-66. https://cutt.ly/Kb01kSx

Pinheiro, P. S. (2006). *World report on violence against children.* https://www.unicef.org/violencestudy/reports.html

Poletto, M., & Koller, S. H. (2008). Contextos ecológicos: Promotores de resiliência, fatores de risco e proteção. *Estudos de Psicologia, 25*(3), 405-416. https://cutt.ly/Cb01c4c

Poletto, M., Koller, S., & Dell'Aglio, D. D. (2009). Eventos estressores em crianças e adolescentes em situação de vulnerabilidade social de Porto Alegre. *Ciência & Saúde Coletiva, 14*(2), 455-466. https://doi.org/10.1590/S1413-81232009000200014

Poletto, M., Wagner, T. M. C., & Koller, S. H. (2004). Resiliência e desenvolvimento infantil de crianças que cuidam de crianças: Uma visão em perspectiva. *Psicologia: Teoria e Pesquisa, 20*(3), 241-250. https://doi.org/10.1590/S0102-37722004000300005

Reppold, C. T., Serafini, A. J., Ramires, D. A., & Gurgel, L. G. (2017). Análise dos manuais psicológicos aprovados pelo Satepsi para avaliação de crianças e adolescentes no Brasil. *Avaliação Psicológica, 16*(1), 19-28. https://doi.org/10.15681/ap.2017.1601.03

Rizzini, I., & Couto, R. M. B. (2019). População infantil e adolescente nas ruas: Principais temas de pesquisa no Brasil. *Civitas – Revista de Ciências Sociais, 19*(1), 105-122. https://doi.org/10.15448/1984-7289.2019.1.30867

Rutter, M. (1985). Resilience in the face of adversity: Protective factors and resistance to psychiatric disorder. *British Journal of Psychiatric, 147*(6), 598-611. https://doi.org/10.1192/bjp.147.6.598

Rutter, M. (1993). Resilience: Some conceptual considerations. *Journal of Adolescent Health, 14*(8), 626-631. https://doi.org/10.1016/1054-139X(93)90196-V

Santana, J. P., Raffaelli, M., Koller, S. H., & Morais, N. A. (2018). "Vocês me encontram em qualquer lugar": Realizando pesquisa longitudinal com adolescentes em situação de rua. *Psico, 49*(1), 31-42. https://doi.org/10.15448/1980-8623.2018.1.25802

Scott, J. B., Prola, C. A., Siqueira, A. C., & Pereira, C. R. R. (2018). O conceito de vulnerabilidade social no âmbito da psicologia no Brasil: Uma revisão sistemática da literatura. *Psicologia em Revista, 24*(2), 600-615. https://doi.org/10.5752/P.1678-9563.2018v24n2p600-615

Silva, E. R. A., & Aquino, L. M. C. (2005). *Os abrigos para crianças e adolescentes e o direito à convivência familiar e comunitária.* http://www.ipea.gov.br/portal/index.php?option=com_content&id=5481

Sistema Nacional de Adoção e Acolhimento [SNA]. (2020). *Crianças acolhidas.* https://www.cnj.jus.br/estatisticas-da-adocao-e-do-acolhimento-no-brasil-sna/

Sisto, F. F. (2004). *Escala de Traços de Personalidade para Crianças.* Vetor.

Souza, L. B., Panúncio-Pinto, M. P., & Fiorati, R. C. (2019). Crianças e adolescentes em vulnerabilidade social: Bem-estar, saúde mental e participação em educação. *Cadernos Brasileiros de Terapia Ocupacional, 27*(2), 251-269. https://doi.org/10.4322/2526-8910.ctoAO1812

Till-Tentschert, U. (2017). The relation between violence experienced in childhood and women's exposure to violence in later life: Evidence from Europe. *Journal of Interpersonal Violence, 32*(12), 1.874-1.894. https://doi.org/10.1177/0886260517698952

United Nations Children's Fund [Unicef]. (2017). *Global report: Ending violence in childhood.* https://cutt.ly/dncucPp

United Nations Children's Fund [Unicef]. (2018). *Pobreza na infância e adolescência.* https://www.unicef.org/brazil/relatorios/pobreza-na-infancia-e-na-adolescencia

Valentino, K., Nuttal, A. K., Comas, M., Borkowski, J. G., & Akai, C. E. (2012). Intergenerational continuity of child abuse among adolescente mothers: Authoritarian parenting, community violence, and race. *Child Maltreatment, 17*(2), 172-181. https://doi.org/10.1177/1077559511434945

Van der Put, C. E., Lanctôt, N., de Ruiter, C., & van Vugt, E. (2015). Child maltreatment among boy and girl probationers: Does type of maltreatment make a difference in offending behavior and psychosocial problems? *Child Abuse and Neglect, 46*, 142-151. https://doi.org/10.1016/j.chiabu.2015.05.012

World Health Organization [WHO], & International Society for Prevention of Child Abuse and Neglect [ISPCAN]. (2006). *Preventing child maltreatment: A guide to taking action and generating evidence.* http://www.who.int/violence_injury_prevention/publications/violence/child_maltreatment/en

World Health Organization [WHO]. (2007). *The cycles of violence* – The relationship between childhood maltreatment and the risk of later becoming a victim or perpetrator of violence: Key facts. http://apps.who.int/iris/handle/10665/107841

World Health Organization [WHO]. (2016). *Inspire: Seven strategies for ending violence against children.* http://www.who.int/violence_injury_prevention/violence/inspire/en/

World Health Organization [WHO]. (2019). *Violence prevention.* http://www.who.int/violence_injury_prevention/violence/en/

20
Avaliação de risco de violência em adolescentes

Aspectos teóricos e práticos

André Vilela Komatsu
Marina Rezende Bazon
Universidade de São Paulo

Highlights
- A tomada de decisão judicial deve ser subsidiada pela avaliação psicossocial.
- Uma avaliação estruturada torna o processo mais transparente e legítimo.
- A avaliação de risco reduz vieses produzidos pelo senso comum e preconceitos.
- O objetivo prioritário da avaliação de risco é o planejamento racional de ações preventivas.
- O risco é dinâmico e contextual, por isso pode ser administrado e reduzido.

A cada ano, no Brasil, milhares de adolescentes ingressam no Sistema de Justiça – ou mais especificamente no Sistema Socioeducativo – devido à prática de ato infracional. Consta no Cadastro Nacional de Adolescentes em Conflito com a Lei do Conselho Nacional de Justiça (CNJ) que mais de 120 mil adolescentes possuíam guias ativas neste Sistema em janeiro de 2019. A despeito dos notáveis mecanismos de seleção operados pelas agências formais de controle (polícias e Sistema de Justiça) que concorrem para que o número de jovens de determinados perfis sociais e raciais se mostre super-representado no Sistema de Justiça Juvenil, boa parte dos adolescentes que adentram esse Sistema apresentam, efetivamente, dificuldades psicossociais em algum nível, em função de uma trajetória marcada pela exposição a uma ampla gama de fatores de risco ao desenvolvimento pleno. Em geral, as circunstâncias de vida desses jovens caracte-rizam-se por problemas nas relações familiares (Dib et al., 2020), atraso e/ou evasão escolar (Silva & Bazon, 2018; Visioli et al., 2018), abuso de substâncias e outras problemáticas de saúde mental (Komatsu et al., no prelo). Assim, esses adolescentes necessitam ser avaliados para que as tomadas de decisão judicial e as intervenções sejam as mais acertadas e promovam uma efetiva socioeducação.

Em países com tradição em avaliação de jovens no contexto forense, como Canadá, Estados Unidos, Holanda e Inglaterra, o foco de atenção recai, frequentemente, sobre dois aspectos relevantes: a saúde mental e o risco de reincidência. Em relação à saúde mental, a avaliação deve aferir a condição mental do adolescente para os cuidados e os tratamentos necessários (Vincent, 2012). No que se refere à avaliação de risco de reincidência, as práticas se dividem em duas modalidades. A primeira remete à avaliação do risco de reincidência em geral, tarefa que consiste em estimar o risco de o adolescente cometer um novo ato infracional ou, mais propriamente, o risco de desenvolverem um padrão de conduta delituosa persistente. Essa avaliação visa, prioritariamente, identificar a medida judicial mais condizente com as necessidades de acompanhamento de cada jovem, de modo a prevenir uma possível escalada em termos de frequência e de gravidade dos atos infracionais. A segunda modalidade é, em alguma medida, um refinamento da primeira. Trata-se da avaliação de risco de violência, em vista a uma preocupação com esse tipo específico de manifestação e a necessidade ou não de empreender medida de maior contenção.

A avaliação do risco de violência tem sido o foco de interesse de pesquisadores e de especialistas da área forense, nos anos mais recentes, em diferentes países, pois se dirige às modalidades de crimes que trazem os maiores danos às vítimas, aos seus familiares e à comunidade. Ademais, há evidências sobre o impacto negativo, muitas vezes irreversível, da violência sobre o próprio autor (Lindberg et al., 2017; Mead et al., 2010). Nesse sentido, evitar que os jovens pratiquem atos violentos consiste em uma proteção para o próprio sujeito em desenvolvimento. Devido à atualidade e à importância deste tipo específico de avaliação, ainda pouco difundida e compreendida no Brasil, o presente capítulo se centrará neste tópico, de forma a descrever a história recente da avaliação de risco de violência, a evolução do conceito de risco e o desenvolvimento dos instrumentos e protocolos para avaliá-lo, bem como sua aplicação no contexto forense.

Avaliação de risco de violência

A expressão "avaliação de risco de violência" se refere a um procedimento para produzir uma estimativa – atuarial (probabilística) ou descritiva/categórica (indicativa de um nível como, por exemplo, baixo, moderado ou alto) – de um indivíduo envolver-se em uma situação violenta, agir de modo violento, em um futuro próximo. Em um sentido mais amplo, pode referir-se a todo o processo que envolve uma avaliação de risco em contexto forense: (1) aferir o nível de risco para um indivíduo; (2) identificar os principais fatores que contribuem para o risco; (3) identificar estratégias para diminuir o risco; (4) comunicar as informações anteriores aos tomadores de decisão (Mills et al., 2011). A expressão é também, por vezes, aplicada para referir-se à estimativa de risco, não de pessoas, mas de contextos que suscitam comportamentos violentos, levando-se em conta fatores estudados no campo da Criminologia Ambiental (Cullen & Kulig, 2018).

Estimar as chances (ou risco) de determinados eventos acontecerem é uma atividade rotineira em muitas áreas do conhecimento científico. Parte da prática científica consiste em identificar, descrever, explicar e prever/antecipar acontecimentos, fenômenos, para se preparar para eles ou controlá-los. Com a violência não é diferente. Idealmente, a avaliação de risco de violência possui duas principais funções: proteger a sociedade e proteger o indivíduo (Hart & Logan, 2011). A primeira consiste em evitar que a violência cause danos humanos e materiais, identificando situações de alto risco e promovendo ações que possam reduzir ou anular esse risco. Nesse caso, a avaliação de risco é realizada em termos contextuais, considerando aspectos urbanos e ambientais (como o fato de um bairro ter pouca iluminação), situacionais (como um dia de jogo de futebol entre equipes rivais) ou relacionais (como um casal com histórico de relacionamento conflituoso). Em dias de festividade religiosa, por exemplo, as autoridades de vários países se colocam em alerta para ataques terroristas por ser um período de risco para determinadas modalidades de violência.

A segunda função da avaliação de risco, realizada em contexto judiciário/forense, tem em vista as tomadas de decisão quanto à medida judicial a qual o indivíduo deve ser submetido ou, no caso de infratores em regime de privação de liberdade, decisões relativas à liberação. Nesses casos, indivíduos avaliados como apresentando risco elevado para cometer atos violentos em algum contexto específico ou contra alguma vítima em potencial, dentro de um período relativamente curto, devem participar de intervenções que diminuam este risco, de modo a promover sua reintegração social, protegendo assim a sociedade. Essa avaliação em nível individual visa também evitar que o próprio indivíduo, considerado em risco elevado, padeça com as consequências legais, sociais e desenvolvimentais associadas à violência que porventura venha praticar.

A prevenção da violência, neste nível, visa evitar que o infrator venha a sofrer sanções meramente punitivas, embasadas unicamente na apreciação da gravidade do ato, desconsiderando suas características e necessidades individuais, pois a punição isoladamente (geralmente exercida via restrição da liberdade) pode produzir efeitos adversos no desenvolvimento psicossocial, para além dos conhecidos efeitos da rotulação que, *per si*, concorrem também para aumentar a probabilidade de infracionar, sobretudo em jovens (Farrington & Murray, 2014; Komatsu & Bazon, 2016).

Em termos sociais, a prevenção da violência visa evitar a fragilização ou mesmo rompimento dos vínculos sociais, das relações do infrator com figuras pró-sociais, em vista à reação que um ato violento pode suscitar na família e na comunidade (Acero, 2016). No plano do desenvolvimento psicológico, a prevenção da violência é motivada pela necessidade de evitar que a conduta seja incorporada ao repertório do indivíduo e que sua manifestação seja facilitada. Sabe-se que a implicação em violência de forma reiterada pode produzir alterações neuroquímicas e até mesmo neuroestruturais no agressor, que podem contribuir para uma dessensibilização aos efeitos aversivos (p. ex., o sentimento de culpa) e sensibilização às consequências reforçadoras que o ato violento possa trazer, aumentando a probabilidade de novas ações violentas (Thijssen et al., 2015). Ademais, indivíduos que se implicam atos violentos acabam se expondo mais a outros riscos, como sugerem alguns estudos. Paul e Piquero (2008), por exemplo, verificaram que infratores crônicos morrem mais frequentemente por causas não naturais, como acidentes de trânsito, homicídios e suicídios, do que infratores esporádicos, em contexto estadunidense. Lindberg e colegas (2017) observaram que a incidência de morte prematura é duas vezes maior em infratores violentos, se comparados a infratores não violentos, em contexto finlandês. Dessa forma, a avaliação de risco apresenta-se como um procedimento capaz de identificar potenciais problemas que podem ser evitados, salvaguardando indivíduos e sociedade.

A avaliação de risco de violência deve ser baseada em instrumentos estruturados e amparada por amplo e consistente conhecimento preexistente sobre os principais fatores de risco e de proteção associados. Seu emprego no âmbito profissional não está, contudo, consolidado. Embora muitos profissionais procedam a avaliações em função das quais aferem o risco de reincidência e/ou de violência, de forma explícita ou não, alguns não se valem das diretrizes que foram se construindo para a área e, tampouco fazem uso de algum dos instrumentos disponibilizados para tal. A título de exemplo, destacam-se resultados do trabalho de Tolman e Mullendore (2003), no Estado de Michigan, nos Estados Unidos, no qual se procedeu a um levantamento junto a psicólogos clínicos, visando conhecer suas atividades práticas, tendo encontrado que apenas 9% deles se consideravam psicólogos forenses, embora 53% já tivessem conduzido uma avaliação de risco para procedimentos legais; 45% dos profissionais já havia feito uma avaliação com o propósito de subsidiar decisões em processos criminais; mas, em sua maioria, não haviam empregado qualquer instrumento específico. Lally (2003), por seu turno, fornece evidências de que a preferência por instrumentos não específicos ocorre mesmo entre profissionais com especialização na área forense. Desse modo, não obstante os grandes avanços teóricos e metodológicos no contexto da avaliação de risco, muitos profissionais seguem atuando de forma "assistemática", mesmo diante de uma demanda expressa de avaliação de risco.

No Brasil, há significativa resistência, por parte dos profissionais da psicologia, em realizar esse tipo de avaliação. É possível que parte dessa oposição tenha origem na associação, equivocada, de que a avaliação de risco consiste em uma "avaliação de periculosidade". Este tipo de avaliação era/é praticado por profissionais da psiquiatria com o objetivo de predição de conduta futura; mas, efetivamente, seu embasamento científico é quase nenhum, pois o próprio conceito "periculosidade" é de difícil definição. Nesse sentido, o Conselho Federal de Psicologia (CFP), acertadamente, se posicionou em relação às práticas de "avaliação de periculosidade". Salienta, ainda, que a Ciência Psicológica não é capaz de fornecer prognóstico de reincidência criminal tão conclusivo, na linha do que em geral é exigido pelo Poder Judiciário (BRASIL, 2007). A Resolução CFP n. 12/2011 veda ao psicólogo "*a elaboração de prognóstico criminológico de reincidência, a aferição de periculosidade e o estabelecimento de nexo causal a partir do binômio delito-delinquente*" (CFP, 2011). Nesse ponto, é importante mencionar que nem os objetivos e nem os procedimentos da avaliação de risco têm a ver com "o conceito de periculosidade", conforme se explanará ao longo do capítulo. Ademais, é fundamental que fique completamente claro que o principal beneficiário da avaliação de risco deve ser a pessoa avaliada, pois seu propósito é subsidiar decisões que lhe interessam, no âmbito judiciário, de forma transparente, portanto, passíveis de serem questionadas, reduzindo, assim, substancialmente, os vieses decorrentes do senso comum e/ou de preconceitos que cercam a esfera criminal. O objetivo da avaliação de risco é trazer à luz importantes aspectos da vida do avaliado que podem ser melhorados, considerando alterações de trajetórias desenvolvimentais.

É fato que a avaliação de risco tem sido pauta de constantes debates e controvérsias, mesmo nos países em que essa prática já está bem estabelecida. Embora os estudos mostrem que as ferramentas estruturadas de avaliação de risco possuem melhor acurácia do que a avaliação clínica de especialistas (Borum, 2000), há críticas em relação ao efeito estigmatizador que esse tipo de avaliação pode produzir, sobretudo quando aplicada em nível individual, e também dúvidas quanto à capacidade das ferramentas disponibilizadas de considerar a plasticidade do desenvolvimento humano, principalmente quando se trata de jovens, e a dinamicidade dos contexto, para além de dúvidas sobre a sua acurácia (Monahan & Skeem, 2016). Essas críticas são legítimas e relevantes, mas a resposta a elas é bastante simples: sem o uso de procedimentos estruturados e sistemáticos para a avaliação de risco, esses pontos críticos continuam existindo e, talvez, de forma ainda mais aguda. Avaliações assistemáticas ou meramente intuitivas, que vislumbram "risco de reincidência", são realizadas todos os dias, afetando diretamente a vida de indivíduos e da sociedade.

No contexto norte americano, o estudo de Hilton e Simmons (2001) mostrou que, em contexto forense, a opinião clínica do profissional responsável pelos casos era o que mais influenciava a decisão dos tribunais em deter prisioneiros em segurança máxima ou transferi-los. Um aspecto curioso, demonstrado pelo estudo, foi que a opinião clínica dos profissionais responsáveis não se correlacionava com os escores do Violence Risk Appraisal Guide (Vrag) – instrumento de avaliação de risco, baseado em estudos empíricos, que estava disponível a esses profissionais. No entanto, a opinião dos profissionais se mostrou correlacionada a outras variáveis aparentemente irrelevantes para a questão, como o uso de medicamento psicotrópico e a atratividade física do indivíduo avaliado. Assim, parece claro que não usar procedimentos estruturados para a avaliação de risco não suplanta as limitações a eles atribuídas, e em função das quais são criticados. Como observado por Large e Nielssen (2017), as formas de avaliação não estruturadas carecem de transparência, são muito vulneráveis a vieses cognitivos e depositam toda

sua credibilidade na experiência e na expertise do clínico (ou, como em muitos casos, a decisão fica a cargo da intuição do juiz).

Assim, conforme exposto, toda autoridade judicial ou técnico forense realiza, em alguma medida, uma "avaliação de risco" para tomar suas decisões. Com efeito, a diferença entre as avaliações consiste no procedimento e nos materiais empregados pelos profissionais, podendo variar da mera intuição, passando pelo uso de técnicas e instrumentos genéricos, pouco robustos em relação ao que se quer aferir, até o uso das ferramentas e de protocolos mais atualizados, confluentes com as evidências empíricas de estudos científicos da área. A despeito dos limites, o uso da avaliação estruturada de risco de violência, com base em instrumentos, favorece a pessoa avaliada, pois torna o processo de avaliação mais transparente, de modo que as decisões em âmbito institucional passam a ter maior legitimidade na medida em que suas justificativas são mais claras e racionais. Ademais, a avaliação estruturada pode ajudar a pessoa avaliada a identificar aspectos deficitários que, se desenvolvidos, podem promover mudanças positivas, significativas em sua vida. Nesse sentido, a avaliação de risco de violência deve ser entendida como uma estratégia para melhorar as condições das pessoas, seja buscando um maior ajustamento entre a medida judicial e a necessidade/problemática apresentada pelo indivíduo, seja promovendo uma melhor compreensão por parte da pessoa avaliada dos aspectos que contaram para a tomada de decisão judicial sobre si. Em sentido oposto, a avaliação de risco nunca deve ser usada como fim em si mesma, visando tão somente uma classificação, de modo a que se evite a rotulação dos indivíduos (enfatizando aspectos/características estáticos/imutáveis), ou como estratégia para defender maior severidade na aplicação da pena/medida, além do já previsto em lei.

A evolução dos procedimentos de avaliação de risco de violência

A ideia de identificar "o risco que certos indivíduos representam à sociedade ou a si próprios" não é nova. Essas ideias remontam a tempos tão antigos que não é nosso objetivo traçar suas origens. Esta seção se centra na história mais recente da avaliação de risco em contexto forense, a partir da segunda metade do século XX. Embora a finalidade deste tipo de avaliação em contexto forense tenha sido estabelecida há décadas, o conceito de "risco de violência" foi sofrendo alterações substanciais. Inicialmente, as bases conceituais nesse campo assumiam uma visão dicotômica, pela qual os indivíduos avaliados podiam ou não apresentar "risco de violência" (Borum, 2000). A rigor, nessa ocasião, o conceito-chave era o de "periculosidade", que implicava determinar se a pessoa possuía potencial violento ou não. Tratava-se, portanto, de uma concepção estática e que admitia pouca margem para mudanças. Mas, conforme apontado por Andrés-Pueyo e Redondo-Illescas (2007), a capacidade preditiva da "periculosidade" era diminuta.

Hoje, as teorias assumem o "risco de violência" como um construto contextual (dependente das situações e das circunstâncias), dinâmico (sujeito a mudanças) e variando em um contínuo de probabilidade. O desenvolvimento deste campo forense nas últimas décadas ocorreu por três motivos principais: (1) melhor conhecimento da natureza e dos processos que produzem a violência; (2) mudança do paradigma "avaliação da periculosidade" para o da "avaliação de risco",

com foco na prevenção da violência; (3) desenvolvimento de protocolos e instrumentos estruturados para avaliar o risco. De forma sucinta, a evolução dos procedimentos e instrumentos de avaliação de risco de violência passou por, ao menos, cinco fases de grandes transformações.

A primeira geração (aproximadamente até os anos de 1970) consistiu na Avaliação Profissional Não Estruturada. A tarefa do especialista era emitir um parecer sobre a periculosidade do indivíduo, e fazia-se isso com base, principalmente, na experiência e expertise próprias. Esse procedimento passou a ser alvo de muitas críticas por sua falta de transparência e de confiabilidade, consistindo em uma prática que não promovia nenhum benefício ao avaliado nem aos serviços e produzia diversos efeitos colaterais como a rotulação e a consolidação de uma relação de dominação entre classes sociais. O inusitado título do trabalho de Ennis e Litwack (1973) resume essa fase da avaliação de risco: "Psychiatry and the presumption of expertise: Flipping coins in the courtroom". Na obra, os autores detalham como esse tipo de avaliação era tão acurada quanto a sorte/acaso.

Com o acúmulo de conhecimento específico produzido pelo número cada vez maior de estudos longitudinais, alguns com amostras populacionais, a segunda geração de procedimentos atinentes à avaliação de risco (anos de 1980) incorporou as evidências empíricas e técnicas atuariais em um procedimento mais transparente, objetivo e acurado que a Avaliação Profissional Não Estruturada (Pfohl & Monahan, 1983). No entanto, os fatores incorporados pelos instrumentos atuariais eram basicamente todos estáticos, não suscetíveis a ações de intervenção e sem expectativa de mudanças ao longo do tempo. Dessa forma, esse tipo de avaliação pouco ajudava na proposição de programas preventivos, além de não serem capazes de explicar satisfatoriamente a escalada ou a desistência de trajetórias violentas, por vezes verificada empiricamente.

O avanço e a popularização dos computadores permitiram analisar a grande quantidade de informações provenientes dos diversos estudos longitudinais que estavam em curso e a empregar cada vez mais técnicas atuariais para estimar o risco de violência com base em algoritmos que combinavam o efeito das diferentes variáveis (terceira geração, anos de 1990). Alguns dos instrumentos atuariais mais famosos surgiram nessa época: Psychopathy Checklist-Revised (PCL-R; Hare, 1991), Violence Risk Appraisal Guide (Vrag; Harris et al., 1993), Sex Offender Risk Appraisal Guide (Sorag; Quinsey et al., 1998) e Static-99 (Hanson & Thornton, 1999).

Embora as técnicas atuariais fossem o grande destaque da década, um vigoroso investimento nas ferramentas de Avaliação Profissional Estruturada também tem início. Nessa esfera, destacam-se os instrumentos: Historical Clinical Risk Management-20 (HCR-20; Webster et al., 1995), Spousal Assault Risk Assessment (Sara; Kropp et al., 1995) e Sexual Violence Risk (SVR-20; Boer et al., 1997). Focalizando o segmento adolescente, destaca-se a publicação da, talvez, primeira ferramenta específica para o sexo masculino: o Early Assessment Risk List for Boys (EARL-20; Augimeri et al., 1998). Um aspecto importante da terceira geração foi que os procedimentos e instrumentos passaram a considerar os fatores de risco dinâmicos e as necessidades criminogênicas – características e condições do indivíduo que estão diretamente relacionadas com a maior probabilidade de ele reincidir (Bonta et al., 1998). Isso representou um grande avanço, embora uma das deficiências dessa geração tenha

sido a falta de contingenciamento à formulação de planos de intervenção integrados, que acompanhassem a avaliação.

A quarta geração (anos de 2000) caracterizou-se por ir além da aferição do risco e focar no gerenciamento e na prevenção da violência, no escopo do processo de avaliação (Andrés-Pueyo et al., 2018; Seifert, 2012). Nesse sentido, o maior avanço foi indicar, no procedimento, a formulação do risco e, de forma atrelada, os programas para reabilitação/tratamento e as melhores medidas para gerenciar e diminuir o risco atribuído. Especificamente para a população juvenil, três ferramentas importantes surgiram nessa fase. O EARL-20 ganhou uma versão para o sexo feminino (EARL-20G; Levene et al., 2001) e dois dos instrumentos mais famosos atualmente foram publicados: o Youth Level of Service/Case Management Inventory (YLS/CMI; Hoge et al., 2002), centrado no risco de reincidência geral, e o Structured Assessment of Violence Risk in Youth (Savry; Borum et al., 2006), centrado no risco de reincidência violenta.

O final dessa década foi marcado pela importância, cada vez maior, atribuída aos fatores de proteção, devido ao impacto destes na promoção da resiliência, que explicaria o fato empírico de muitos adolescentes estarem sob elevado risco, mas não manifestarem comportamentos desviantes graves. Como resultado dessa nova perspectiva, tem-se o desenvolvimento da Structured Assessment of Protective Factors (Saprof; Vogel et al., 2011), um instrumento totalmente voltado aos fatores de proteção. Em 2015, a Saprof ganhou uma versão para jovens (Saprof: YV; de Vries Robbé et al., 2015). Outro aspecto que começou a ganhar mais notoriedade nessa fase foi o desenvolvimento de instrumentos cada vez mais específicos, com objetivos mais refinados, em termos da natureza da violência, como o assédio (SAM; Kropp et al., 2008), a violência extremista (VERA; Pressman, 2009) e a violência no contexto do trabalho (WAVR-21; White & Meloy, 2010). Assim, firma-se a concepção de que uma pessoa pode ser avaliada como apresentando alto risco para cometer violência autodirigida, mas baixo risco para violência interpessoal, por exemplo. Em virtude desses avanços, muitos dos protocolos mais famosos se atualizaram, como o HCR-20[V3] e o Sara[v3]. Atualmente, é possível que se esteja caminhando na direção de uma nova geração de ferramentas, em virtude da incorporação cada vez mais crescente do uso de *big data* e de ferramentas de *machine learning*.

Em síntese, antes os clínicos tinham a tarefa de determinar se um indivíduo era perigoso ou não. Atualmente vivemos outro paradigma, cujo desafio consiste em determinar a natureza do risco, o grau de exposição aos riscos, o contexto em que a conduta violenta pode emergir e balancear com os efeitos neutralizadores dos fatores protetivos, de forma a visualizar os caminhos que permitem gerenciar o risco (Borum, 2000; Andrés-Pueyo & Redondo, 2007).

Instrumentos de avaliação de risco de violência

Os protocolos estruturados de avaliação de risco de violência podem ser classificados em duas categorias em relação à abordagem de avaliação adotada: Avaliação Atuarial e Avaliação Profissional Estruturada. A abordagem atuarial consiste em um procedimento mecânico em que os fatores de risco, em geral históricos, são computados e cruzados com uma tabela de referência que estima o risco apresentado por um indivíduo de voltar a agir violentamente, dentro

de determinado período (Desmarais & Singh, 2013). Dessa forma, se o instrumento estima que o indivíduo tem 60% de chance de se comportar da forma avaliada, significa que, na amostra do estudo normativo, 60% dos indivíduos que obtiveram pontuação igual ou superior no instrumento se comportaram da forma avaliada. Esse método tem a vantagem de ser objetivo (não envolve julgamento humano), acurado (mais do que a avaliação clínica não estruturada), transparente (os itens utilizados para informar o risco estão explícitos no instrumento) e rápido (em geral as informações estão disponíveis em registros oficiais como, por exemplo, prontuários e processos) (Desmarais & Singh, 2013).

Em contraste à abordagem atuarial, a Avaliação Profissional Estruturada consiste em uma avaliação humana, porém estruturada, acerca dos fatores que se sabe, teórica e empiricamente, estarem associados à conduta delituosa e/ou violenta. Na Avaliação Profissional Estruturada, cada fator estabelecido pelo protocolo deve ser pensado em termos da importância que ele tem para cada indivíduo em específico. Por isso tem a vantagem de prover informações úteis para o manejo do risco e também para a intervenção. A Avaliação Profissional Estruturada difere dos métodos atuariais na medida em que o próprio avaliador/profissional, e não um algoritmo, é quem decide se o fator de risco ou de proteção consiste em uma influência relevante na vida do avaliado. E difere da Avaliação Profissional Não Estruturada na medida em que há um protocolo com as variáveis bem definidas, com indicadores apropriadamente operacionalizados, tendo por base investigações científicas. Como será salientado adiante, esta modalidade traz inúmeras vantagens em relação aos algoritmos atuariais por permitir a consideração da complexa inter-relação dos fatores de risco e de proteção aplicados à história de vida e às circunstâncias concretas de cada indivíduo.

Atualmente, há centenas de instrumentos de avaliação de risco disponíveis e selecionar o mais apropriado não é uma tarefa trivial. A tabela 1 apresenta uma descrição sucinta dos instrumentos mais utilizados no mundo, segundo a revisão de Singh e colegas (2011). A lista contém instrumentos para adultos e para adolescentes, pois o raciocínio sobre a validade e a escolha do instrumento são equivalentes, independentemente do segmento para o qual se destina. Os cinco primeiros (LSI-R, PCL-R, Sorag, Static-99 e Vrag) pertencem à categoria de instrumentos atuariais, enquanto os seis seguintes (HCR-20, SVR-20, Sara, Savry, Saprof e RisCanvi) se enquadram na categoria de Avaliação Profissional Estruturada. Esses dois últimos instrumentos não apareceram na revisão original, mas foram adicionados à tabela por possuírem relevância teórica e por representarem a tendência mais atual dos instrumentos de avaliação de risco.

Vale ressaltar que a Saprof (de Vries Robbé et al., 2007) é o único instrumento de avaliação que foca exclusivamente os fatores de proteção. A Saprof foi construída para balancear os fatores de risco que os demais instrumentos avaliam, em virtude do fato de a maioria dessas ferramentas não considerar os fatores protetores, ou considerarem um número diminuto deles. O RisCanvi, por seu turno, é de uso exclusivo do governo da Catalunha, embora haja um conjunto de publicações a respeito que mostram inovações importantes em relação a outros protocolos (Andrés-Pueyo et al., 2018). A ferramenta possui a versão de rastreamento (RisCanvi-S) com 10 itens, que é aplicada a todos os prisioneiros da Catalunha, e a versão completa (RisCanvi-C), com 43 itens, aplicada nos casos em que o RisCanvi-S sinaliza risco alto, ou em situações especiais como nos casos de prisioneiros detidos por atos violentos.

A versão de rastreamento do RisCanvi torna o funcionamento das instituições prisionais mais dinâmico, dispensando da avaliação completa aqueles que não aparentam necessitá-la (com base em evidências do processo de rastreamento). O protocolo também é reaplicado a cada 6 meses, monitorando as mudanças ao longo do tempo e acumulando dados que retroalimentam o protocolo para seu próprio aperfeiçoamento. Um recurso importante do RisCanvi refere-se ao algoritmo que combina os itens para diferenciar a natureza de risco mais significativo para determinado indivíduo (Arbach-Lucioni & Andrés-Pueyo, 2016), podendo ser de quatro tipos: risco de violência no contexto institucional/prisional, contra a equipe técnica ou contra outros presos; risco de violência contra si próprio (suicídio); risco de reincidência (quando ganham a liberdade); risco de quebra de medida (quando recebem benefícios). Cada uma dessas categorias teria etiologia distinta (associada a conjuntos diferenciados de fatores), o que justifica que os itens tenham pesos diferentes para a aferição de cada uma delas. Apesar do algoritmo por trás do protocolo, o avaliador profissional tem autonomia para validar ou não o resultado, podendo discordar do resultado, do nível de risco estimado (baixo, moderado ou alto), desde que justifique o porquê, o que faz com que possa ser caracterizado como um instrumento de avaliação profissional estruturado. O RisCanvi também prevê um conjunto de programas de intervenção e de gerenciamento de risco específicos para cada categoria de risco.

Tabela 1

Síntese dos principais instrumentos de avaliação de risco

Instrumento (Autores)	Descrição/objetivo	Pontuação	Domínios considerados
Level of Service Inventory – Revised (**LSI-R**; Andrews & Bonta, 1995)	Predizer risco de reincidência geral em adultos e auxiliar profissionais a tomarem decisões em relação a tratamento e monitoramento.	54 itens; 0 = item ausente 1 = item presente	1) Histórico criminal 2) Lazer/ócio 3) Educação/emprego 4) Pares 5) Finanças 6) Problema com álcool/drogas 7) Família 8) Emocional/pessoal 9) Acomodação 10) Atitudes
Psychopathy Checklist-Revised (**PCL-R**; Hare, 1991, 2003)	Diagnosticar psicopatia conforme definido por Cleckley (1941)	20 itens; 0 = item não se aplica 1 = item se aplica em alguma medida 2 = item se aplica	1) Egoísmo, falta de empatia e uso dos outros sem remorso 2) Estilo de vida antissocial e instável crônico
Sex Offender Risk Appraisal Guide (**SORAG**; Quinsey et al., 1998, 2006)	Avaliar o risco de reincidência violenta (incluindo a sexual) especialmente em infratores sexuais	14 itens; Pontuação varia entre os itens	n/a
Static-99 (Hanson & Thornton, 1999; Harris et al., 2003)	Predizer o risco de reincidência em delitos sexuais, em adultos infratores sexuais	10 itens; Pontuação varia entre os itens	n/a
Violence Risk Appraisal Guide (**VRAG**; Quinsey et al., 1998, 2006)	Predizer o risco de reincidência de delitos violentos em população psiquiátrica	12 itens; Pontuação varia entre os itens	n/a
Historical Clinical Risk Management-20 (**HCR-20**; Webster et al., 1995; Webster et al., 1997)	Avaliar o risco de violência em âmbito forense	20 itens; 0 = item ausente 1 = item possivelmente presente 2 = item definitivamente presente	1) Fatores de risco históricos 2) Fatores de risco clínicos 3) Fatores de gerenciamento do risco

Instrumento (Autores)	Descrição/objetivo	Pontuação	Domínios considerados
Sexual Violence Risk-20 (**SVR-20**; Boer et al., 1997)	Avaliar o risco de reincidência violenta (incluindo a sexual) especialmente em infratores sexuais	20 itens; 0 = item ausente 1 = item possivelmente presente 2 = item definitivamente presente	1) Fatores de risco históricos 2) Fatores de risco sociais/contextuais 3) Fatores de risco individuais/clínicos 4) Fatores protetores
Spousal Assault Risk Assessment (**SARA**; Kropp & Hart, 1994, 1995, 1999)	Predizer o risco de violência em homens detidos por violência conjugal	20 itens; 0 = item ausente 1 = item possivelmente presente 2 = item definitivamente presente	1) Violência geral 2) Violência conjugal
Structured Assessment of Violence Risk in Youth (**SAVRY**; Borum, Bartel & Forth, 2002, 2003, 2006)	Avaliar o risco de violência em adolescentes	24 itens; 0 = item representa um baixo risco de reincidência 1 = item represente um risco moderado de reincidência 2 = item representa um risco alto de reincidência	1) Fatores de risco históricos 2) Fatores de risco sociais/contextuais 3) Fatores de risco individuais/clínicos 4) Fatores protetores
Structured Assessment of Protective Factors for Violence Risk (**SAPROF**; de Vries Robbé et al., 2007)	Balancear os fatores de risco (avaliados por outras ferramentas) com os fatores de proteção	17 itens; 0 = item não se aplica 1 = item provavelmente se aplica ou se aplica parcialmente 2 = item definitivamente se aplica	1) Fatores internos 2) Fatores motivacionais 3) Fatores externos
Riscanvi (Departamento de Justicia de la Generalitat de Cataluña, 2009)	Avaliar o risco de condutas violentas e quebras de medidas em contexto penitenciário, reincidência violenta e violência autoinfligida	43 itens; 0 = item ausente 1 = item presente ? = informação não disponível	1) Fatores criminais/penitenciários 2) Fatores pessoais/sociofamiliares 3) Fatores clínicos/personalidade

Fonte: Adaptado de Singh, Grann & Fazel (2011), com a inclusão de informações sobre o Saprof e o RisCanvi pelos autores.

Tabela 2

Validade preditiva dos principais instrumentos de avaliação de risco

Risco alto vs. Risco baixo/moderado					Risco alto/moderado vs. Risco baixo				
Instrumento	n	k	OR	I.C. 95%	Instrumento	n	k	OR	I.C. 95%
SAVRY	1026	9	6,9	[4,93-9,73]	SARA	465	3	7,9	[3,12-19,8]
VRAG	2703	12	3,8	[2,85-5,16]	SAVRY	1026	9	6,4	[4,4-9,32]
HCR-20	1374	9	3,5	[2,62-4,62]	SORAG	1599	6	5,5	[4,09-7,5]
SARA	2305	4	3,4	[2,72-4,29]	VRAG	2602	11	5,2	[3,61-7,53]
Static-99	8555	14	3,1	[1,94-5,02]	HCR-20	1320	8	4,9	[3,65-6,56]
SORAG	1637	7	2,5	[2,15-2,96]	Static-99	8097	10	3,0	[2,38-3,66]
PCL-R	3854	20	2,1	[1,14-3,81]	PCL-R	3854	20	2,1	[1,14-3,81]
LSI-R	4005	8	1,8	[0,96-3,22]	LSI-R	4005	8	1,3	[0,77-2,06]
SVR-20	521	5	1,6	[0,36-6,84]	SVR-20	268	3	1,2	[0,18-8,32]

Nota: n = tamanho da amostra; k = número de amostras (estudos); OR = razão de chances (*Odds Ratio*); I. C. = limites inferiores e superiores do intervalo de confiança de 95% para o OR (Fonte: Singh, Grann & Fazel, 2011).

Singh e colegas (2011) também realizaram uma metanálise de 68 estudos que verificavam a validade preditiva de cada instrumento em relação a condutas violentas. A tabela 2 mostra o poder de predição de cada um, em duas condições ligeiramente diferentes. Os dados à esquerda comparam indivíduos avaliados como "risco alto", com indivíduos avaliados como "risco baixo" ou "risco moderado". Os dados à direita são referentes à comparação entre indivíduos avaliados como "risco alto" ou "risco moderado" com indivíduos avaliados como "risco baixo". Os resultados mostram que os instrumentos possuem *performance* bastante discrepante. Como esperado, instrumentos específicos para avaliar o risco de violência, como o Savry, o Vrag e o Sara, tiveram melhor desempenho que o LSI-R, desenvolvido para avaliar o risco de reincidência em delitos de forma geral,

e que o PCL-R[9]. Em relação ao aspecto atuarial ou de Avaliação Profissional Estruturada, os dados não permitiram tirar conclusões sobre melhor *performance* de um sobre o outro.

Mediante a possibilidade de usar algum dos instrumentos mencionados, o principal critério de escolha são os objetivos da avaliação. Fazel e Wolf (2018) recomendam ainda considerar as respostas que se dá a dez questões, cinco referentes à validade externa e cinco à validade interna:

1) *A ferramenta foi validada externamente?* Ou seja, outros pesquisadores validaram o instrumento em outros contextos? Instru-

---

9. Vale sublinhar que instrumentos não específicos como o PCL-R e o MMPI são os mais utilizados por psicólogos em contexto forense para a avaliação de risco (Nicholson & Norwood, 2000; Tolman & Mullendore, 2003).

mentos costumam ter melhor desempenho na amostra junto à qual foram criados.

2) *A validação foi realizada na população de interesse?* Um avaliador interessado em avaliar mulheres não deve selecionar um instrumento que foi validado em amostra masculina somente.

3) *O método da validação é sólido?* O protocolo de validação deve seguir o mesmo protocolo do estudo original, sendo que o número de participantes deve ser suficientemente grande e não deve possuir vieses de amostragem.

4) *A validação reporta as informações essenciais?* Deve-se dispor de informações sobre a capacidade discriminante e precisão do instrumento.

5) *O instrumento é útil, viável e aceitável?* A ferramenta deve prover informações úteis, definir claramente as variáveis e os indicadores, ser objetiva e relativamente simples de completar.

6) *O instrumento segue um protocolo?* Sem os procedimentos de aplicação, correção e interpretação claramente descritos, a ferramenta pode ter ótimos índices de validade e precisão, mas não funcionar na prática.

7) *Como os indicadores foram selecionados para compor o instrumento?* Quanto mais variáveis inicialmente utilizadas para chegar no instrumento final, maior a chance de ter alguma variável que foi selecionada por acaso estatístico.

8) *Como as variáveis são ponderadas no modelo?* A maioria dos modelos atribi o mesmo peso a todas as variáveis, assumindo que elas possuem o mesmo grau de associação com a violência. Isso requer que as variáveis sejam independentes umas das outras. Por exemplo, se o modelo inclui as variáveis "maus-tratos infantis" e "prática parental inadequada", parte do peso dessas duas variáveis está sendo contabilizada mais de uma vez, pois elas não são independentes.

9) *Como os parâmetros foram selecionados?* Por exemplo, como foi escolhido o tempo estimado para predizer o risco? Arbitrariamente? A cada 3 meses porque o tempo de 3 meses se saiu melhor que o tempo de 6 meses? Esse modo configura um viés de múltipla testagem, de forma que na prática o instrumento terá desempenho muito pior.

10) *Foi realizada uma validação interna?* Métodos de *bootstrapping* (procedimento em que muitas amostras aleatórias são geradas a partir da amostra original com o objetivo de obter uma estimativa da acurácia do desempenho do instrumento) ou de dividir a amostra aleatoriamente em duas partes para obter o modelo são formas de validação interna.

Aspectos práticos da avaliação de risco

A avaliação de risco de violência consiste em um processo dinâmico, multiprofissional, recursivo, iterativo e sistemático de obter informações e confrontá-las com outras fontes, conectar teoria e evidências empíricas ao caso real/concreto, e propor meios de gerir o risco. Ainda que possa haver alguma variação entre os procedimentos indicados por cada protocolo, em geral há sete etapas (fig. 1) a serem seguidas que visam aumentar a transparência do procedimento e a confiança de uma boa avaliação (Douglas et al., 2014).

Figura 1

Sete passos da avaliação de risco descritos por Douglas e colegas (2014)

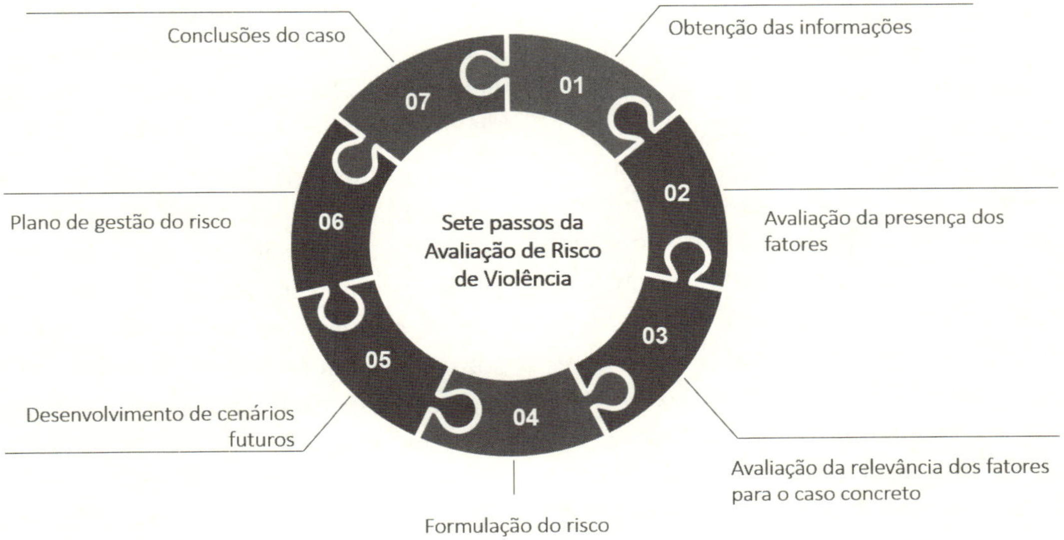

O primeiro passo consiste em recolher e compilar as informações sobre o caso de forma a possibilitar o adequado preenchimento do protocolo. A quantidade de informação e o objeto das informações vai depender de cada protocolo ou instrumento que o avaliador estiver utilizando. Aqui destacamos alguns dos principais métodos e fontes para obter dados relevantes sobre o caso. Entrevistas devem incluir informantes diversificados, além da própria pessoa avaliada. No caso de adolescentes, deve-se buscar informações junto a familiares, professores e/ou outros adultos relevantes, assim como outros profissionais que já o atenderam em diferentes contextos, e mesmo a vítima, caso faça sentido. A consulta em registros de prontuários e/ou de protocolos e de avaliações anteriores também é de grande valia, que podem conter, por exemplo, resultados de testes psicométricos, diagnósticos clínicos, relatórios psicossociais, processos, sentenças e histórico institucional prévios.

É importante mencionar que, mesmo que o protocolo não exija, é uma boa prática a indicação das fontes e das datas de cada informação colhida. Esse procedimento é recomendado por três principais motivos: para justificar as opiniões e decisões do avaliador em cada ponto do protocolo; para ser transparente quanto às limitações da avaliação; para que outros profissionais que venham a trabalhar com o adolescente futuramente possam entender melhor o trabalho que já foi feito (Loinaz, 2017). Outra prática recomendada, que resulta útil tanto para os avaliadores que manejam o caso quanto outros profissionais que venham a manejar, é a elaboração de um resumo do caso, o ato violento, as informações de maior destaque, contexto desencadeante etc. A grande vantagem dessa síntese consiste no fato de que, com poucos minutos de leitura, qualquer profissional pode ter uma ideia geral do caso, inclusive o próprio avaliador, uma vez que o ajuda a se lembrar de cada caso.

O segundo passo consiste em organizar as informações obtidas no primeiro passo e verificar se cada fator de risco ou de proteção está presente ou ausente. Em geral, os protocolos possuem as seguintes opções de preenchimento: *NÃO* (o fator está claramente ausente), *SIM* (o fator está claramente presente), +/- (o fator está parcialmente presente) e *S/I* (quando não há informação suficiente sobre o item). O protocolo é um guia que ajuda a otimizar o trabalho do avaliador focando em fatores relevantes, atinentes ao contexto de elaboração do protocolo. Isso não exclui a possibilidade de se tomar nota de outros fatores que se considerem relevantes, que estejam presentes para o indivíduo analisado, que o protocolo não abarca. Esses fatores devem ser considerados na formulação do risco, um passo que será descrito mais adiante. Os protocolos mais atuais também incluem uma seção ou categoria de itens considerados clínicos, de natureza mais dinâmica. É importante que esses fatores sejam reavaliados com periodicidade não superior a 6 meses, dado que as pessoas, especialmente os jovens, estão sujeitos a mudanças, muitas vezes aceleradas (Douglas et al., 2014).

O terceiro passo consiste em avaliar a relevância dos fatores de risco e de proteção para o caso concreto. Alguns protocolos contemplam somente fatores de risco. Nesse caso, sugere-se utilizar outros instrumentos que abarquem fatores de proteção. O procedimento de avaliação desses fatores é mais amplo e crítico do que a mera contabilização da presença ou da ausência de cada fator. Na verdade, exige muito conhecimento teórico e prático. É de grande importância saber quais fatores estão presentes ou ausentes e, mais ainda, os efeitos cumulativos e das diferentes possíveis combinações entre os fatores. No entanto, o grande desafio é determinar a relevância desses fatores para o caso concreto. Por exemplo, dois indivíduos podem estar expostos aos mesmos fatores de risco e contarem com os mesmos fatores de proteção abarcados pelo protocolo e, ainda assim, possuírem riscos de violência bastante distintos.

Essa diferença pode derivar de várias razões: (1) nenhum protocolo abarca todas as variáveis relevantes, de modo que algum fator importante para um ou outro caso não esteja contemplado; (2) a intensidade com que cada fator incide sobre cada indivíduo pode diferir substancialmente; (3) os indivíduos possuem características pessoais/personalidades únicas, o que pode produzir significativas diferenças no modo de responder aos fatores (p. ex., indivíduos resilientes respondem positivamente mesmo sob situações de grande adversidade); (4) os indivíduos podem viver em contextos diferentes, nos quais um pode estar muito mais suscetível às condições desencadeadoras da conduta violenta. Por isso é crucial avaliar a relevância dos fatores para o caso concreto. Desse modo, um quesito básico para uma avaliação adequada é o conhecimento do adolescente e de seu entorno.

O quarto passo refere-se à formulação do risco. Hart e colegas (2011) definem a formulação de risco como o processo de obter e integrar diversas informações clínicas relevantes e desenvolver uma narrativa concisa da natureza e da etiologia dos problemas que estão a afetar o desenvolvimento psicossocial da pessoa, com o objetivo de construir um tratamento ideográfico e guiar outras tomadas de decisão. Loinaz (2017) a compara com uma análise funcional no contexto clínico, no qual o profissional ou a equipe de profissionais buscam uma explicação para a conduta violenta do adolescente e propõem a melhor intervenção de acordo com essa explicação. Diferente da opinião final sobre o nível de risco (baixo, moderado ou alto), a formulação do risco possui um enfoque explicativo centrado na compreensão do risco, de suas causas e das circunstâncias que possuem maiores chances da conduta se manifestar (Loinaz, 2017). Assim, o processo de formulação deve ser realizado tendo em conta que se trata de uma explicação para a provável conduta de uma pessoa, ressaltando os aspectos que podem reduzir o risco de a conduta violenta voltar a acontecer.

Hart e colegas (2011) salientam que, embora a formulação seja um aspecto crítico da avaliação de risco, não há consenso em como desenvolvê-la, o que reflete a diversidade da formação e da orientação dos profissionais da área. Nesse sentido, os autores descrevem e discutem oito aspectos que devem ser comuns a toda formulação do risco aferido. Ela deve ser:

1. Inferencial: a formulação vai além da descrição do caso, da compilação de fatos e da classificação do risco. Ela busca explicar e justificar como possíveis cenários futuros podem se desenrolar. Trata-se de uma inferência abdutiva, respaldada em observações, pela qual se desenvolve possíveis explicações e, então, vislumbram-se cenários futuros prováveis. A explicação consiste em uma das várias possíveis explicações atinentes ao caso, dado o conjunto de observações e evidências. A melhor explicação deve ser superior às outras explicações, ainda que não necessariamente esteja completamente ou fundamentalmente correta.

2. Orientada à ação: o propósito da formulação consiste em auxiliar os profissionais a identificar e colocar em prática as melhores estratégias de prevenção primária, secundária ou terciária. Especificamente, a formulação deve ajudar a entender os problemas gerais da pessoa e seu funcionamento, identificar as questões prioritárias, elaborar um plano de intervenção geral, selecionar intervenções específicas, antecipar as respostas do adolescente e avaliar o progresso do tratamento (Tarrier, 2006).

3. Orientada por uma teoria: a formulação necessariamente deve ser amparada por uma teoria que explique a manifestação da violência e/ou forneça uma solução. Selecionar quais fatores são mais relevantes e quais explicações são mais válidas ou legítimas requer uma orientação *a priori*. A abordagem da Criminologia Desenvolvimental tem sido a mais profícua em fornecer evidências e gerar teorias que explicam a conduta violenta, especialmente na fase da adolescência. O modelo Risco-Necessidade-Responsividade (RNR; Andrews, Bonta & Hoge, 1990) tem sido o mais útil para guiar as práticas junto a adolescentes em conflito com a lei.

4. Individualizada: embora amparada por uma teoria (que é geral), a formulação é desenvolvida com base nas informações e na história de cada indivíduo em específico. Nesse sentido, a grande questão dos profissionais não é *"o que geralmente funciona para pessoas com esse tipo de problemas/história"* e sim *"o que vai funcionar para essa pessoa em particular, com problemas específicos, à luz de sua história de vida única, e considerando seu contexto de vida e situação atual"* (Hart et al., 2011, p. 120).

5. Narrativa: a formulação não se baseia unicamente nas fórmulas específicas de cada protocolo ou no cálculo quantitativo do risco, decorrente da presença e da combinação dos fatores de risco e de proteção. A formulação requer uma *cognição narrativa*, tal qual descrita por Polkinghorne (1995, pp. 5-7, apud Hart et al., 2011), como uma abordagem inerentemente qualitativa de entender o mundo, especialmente adequada para analisar o comportamento humano. A cognição narrativa consiste em uma forma linguística que busca preservar a complexidade da ação humana e a interconectividade entre a sequência temporal dos eventos, as emoções e motivações humanas, a casualidade e aleatoriedade de alguns fatos, considerando os contextos interpessoais e ambientais que se transformam.

6. Diacrônica: as pessoas crescem, amadurecem, se desenvolvem e se transformam com o tempo. Os ambientes e contextos em que as pessoas estão inseridas também se modificam, fazendo com que explicações que seriam verdadeiras no passado, não sejam mais no presente ou no futuro. As limitações inerentes a esses aspectos não podem ser eliminadas, de modo que a interpretação de qualquer formulação de risco, assim como o processo de avaliação como um todo, deve ser feita à luz dessa condição. Não obstante, esforços devem ser feitos no sentido de manter as informações do caso atualizadas o máximo possível.

7. Testável: por se tratar de uma teoria específica a respeito do comportamento de um indivíduo específico, e considerando seu aspecto de orientação à ação, a formulação deve ser desenvolvida para ser testada. Portanto, deve ser verificada em termos de validade. Nesse sentido, assim como em uma boa formulação de teoria científica, a formulação do risco, realizada por um bom clínico, deve ser capaz de fazer predições precisas e acuradas.

8. Ampliativa: a formulação transcende a mera repetição ou síntese das informações do caso. Ela deve gerar novas informações e produzir conhecimento sobre o caso. Paradoxalmente, a nova informação e conhecimento produzido deve ser mais confiável do que a informação original sobre a qual a formulação se sustenta (Hart et al., 2011).

O quinto passo consiste no desenvolvimento de cenários futuros, que compreende pensar, descrever e analisar possíveis desdobramentos e vias de desenvolvimento dos fatos. O objetivo desse procedimento não é predizer, mas visualizar e antecipar desdobramentos do caso, e preparar distintas estratégias necessárias para cada situação (Loinaz, 2017). Envolve, primeiramente, descrever a probabilidade de determinado cenário ocorrer, considerando a natureza da violência, o contexto precipitador e a possível vítima. Devido à infinitude de cenários possíveis, recomenda-se que sejam elaborados apenas os mais plausíveis. Indica-se também considerar os piores e os melhores cenários (Douglas et al., 2014). Por último, é preciso monitorar a evolução do caso, com base em indicadores previamente estabelecidos que vão orientar a necessidade de novas estratégias preventivas ou de reavaliação.

O sexto passo remete à gestão do risco, que é o objetivo prioritário da avaliação. Gerir o risco consiste em fornecer os procedimentos que permitam reduzir o risco de um ato violento ou minimizar os danos caso este venha a ocorrer (Hart, 2008). As táticas e estratégias necessárias para gerir decorrem diretamente da formulação do risco e do desenvolvimento de cenários futuros. Porém, a tarefa é mais desafiadora e complexa do que pode, inicialmente, parecer. Há diversas formas de gerir o risco e, muitas vezes, a tendência é propor práticas idealizadas, pouco factíveis. A literatura aponta alguns equívocos comuns à elaboração de um plano de gestão do risco: (1) propor atividades sem o devido embasamento científico quanto à sua efetividade no tocante ao pretendido – reduzir as necessidades criminogênicas específicas do caso (a gestão deve incluir práticas que estejam diretamente relacionadas com a problemática em foco); (2) propor programas-padrão para serem aplicados em grupos heterogêneos, sem considerar as variações interindividuais e as necessidades e circunstâncias de cada adolescente individualmente (a gestão deve incluir intervenções relevantes para cada caso concreto); (3) propor estratégias que focam um único fator ou em um conjunto limitado de fatores ou dimensões do indivíduo (a gestão deve incluir abordagens multidimensionais, e requer cooperação interdisciplinar); (4) propor atividades que necessitam mais recursos humanos e materiais que o disponível, ou que exijam uma equipe de experts (o plano de gestão deve considerar as limitações de recursos, de cada contexto e situação) (Borum, 2003; Conroy & Murrie, 2007; Hare, 2003). Nesse sentido, o melhor plano consiste no conjunto de ações que são exequíveis e que tenham relevância para o caso concreto.

O sétimo passo consiste em obter uma conclusão geral do processo de avaliação e a priorização das ações a serem implementadas. Resume-se em compilar o trabalho realizado, apreciar o valor das informações que foram levantadas, entender o resultado numérico ou categórico a que se chega com a aplicação do protocolo, e a natureza da violência. Ademais, deve explanar sobre a confiança que se pode ter no processo de avaliação como um todo e suas limitações. Com base nessa avaliação geral, recomenda-se priorizar algumas ações. O HCR-20, por exemplo, descreve os seguintes níveis de prioridade e intensidade das ações: (1) risco baixo significa que a pessoa não necessita de nenhuma estratégia de supervisão ou intervenção específicas, nem ser monitorada de perto em relação a mudanças no nível do risco; (2) risco moderado significa que a pessoa requer algumas estratégias de gerenciamento especiais, incluindo desde logo um

aumento na intensidade de monitoramento e acompanhamento próximo; (3) risco alto indica que medidas urgentes devem ser implementadas para gerenciar o risco, implicando que a equipe e pessoas interessadas devem ser alertadas do risco, que a intensidade de supervisão deve aumentar, que a pessoa deve ter prioridade para receber o tratamento disponível, e que reavaliações devem ser realizadas regularmente. Os autores apontam que alguns casos de alto risco podem demandar respostas emergenciais como hospitalização ou restrição temporária da liberdade. No informe da avaliação devem ser incluídas indicações de possíveis danos físicos graves ou iminentes, inclusive os autodirigidos, se pertinentes. Por fim, o avaliador responsável deve indicar e justificar uma data para que o caso seja revisto.

Adicionalmente aos passos da avaliação de risco em si, há considerações importantes a respeito dos aspectos éticos e da comunicação da avaliação. No que se refere aos aspectos éticos e de transparência, cabe dizer que o indivíduo avaliado deve ser informado, em linguagem que consiga entender, os motivos da avaliação, quem a solicitou, o que será feito durante o processo de avaliação e como as informações poderão ser utilizadas pelo solicitante (Mills et al., 2011). Todo o processo deve ser bem documentado, explicitando os instrumentos utilizados, as informações centrais e o raciocínio utilizado para chegar à conclusão, de modo que qualquer leitor possa entender ou que o próprio avaliador possa se recordar e obter as mesmas conclusões, mesmo transcorrido um período longo.

E em relação à comunicação das conclusões, é importante observar as orientações para a elaboração de documentos escritos do Conselho Federal de Psicologia (2019). Para além dos princípios indicados pela resolução do Conselho Federal de Psicologia, é preciso estar atento a algumas particularidades da área. O relatório deve ser apresentado de forma lógica, concisa e em uma linguagem que os aplicadores da lei possam facilmente entender o que está sendo reportado (Webster, Hucker & Bloom, 2002). Deve-se indicar com clareza também os limites em termos de tempo a que se referem as conclusões, e as condições que aumentam ou diminuem/eliminam o nível de risco a que se chegou, assim como as vítimas potenciais, quando são específicas, como no caso de avaliação de violência de gênero, por exemplo (Webster et al., 2002). Mills e colegas (2011) sugerem que as seguintes questões devem ser contempladas no relatório: *Por que o avaliado está aqui?* (contexto da avaliação); *Quem é o avaliado e de onde ele vem?* (*background* psicossocial); *O que o avaliado fez?* (histórico de comportamentos); e *O que pode ser feito em relação a isso?* (avaliação e gerenciamento do risco).

Considerações finais

Os procedimentos envolvidos na avaliação de risco de violência se assemelham àqueles que se adota em um processo de investigação científica, pelo qual se busca obter informações confiáveis para desenvolver uma teoria robusta. No caso da avaliação de risco, trata-se de uma teoria sobre uma pessoa em específico, que busca explicar sua conduta passada e fazer projeções de situações futuras. A validade das informações e a teoria devem ser discutidas com outros profissionais expertos na área, em uma espécie de avaliação por pares. Por fim, a teoria será posta à prova e mostrará seu valor na medida em que as estratégias para gerir o risco começarem a ser empregadas e mostrarem bons

resultados, assim como pelas condutas que se observarem no decorrer do tempo. Ela poderá, portanto, ser revista e reformulada mediante novas informações e desdobramentos que, na formulação inicial, eram improváveis ou não estavam previstos.

Considerados os aspectos teóricos e práticos da avaliação de risco de violência, cabe voltar a ressaltar que no Brasil esse conhecimento teórico/prático está pouco difundido, que poucos esforços têm sido envidados na construção e/ou adaptação de protocolos estruturados para aplicação em nosso contexto. Até onde se sabe, nenhum protocolo foi sistematicamente implementado pelo Sistema de Justiça, seja o criminal adulto, seja o juvenil. Para a população adulta, há evidências de precisão e de validade preditiva do HCR-20 em contexto psiquiátrico forense, obtidas por Telles e colegas (2009) e Telles e colegas (2012) em Porto Alegre, Rio Grande do Sul. Para a população juvenil, não há conhecimento sobre instrumentos de avaliação de risco de violência adaptados e validados em contexto brasileiro. Em Ribeirão Preto, Estado de São Paulo, o estudo de Komatsu (2019) apresentou uma aproximação, em termos teóricos e práticos, de um modelo que pode ser utilizado em contexto judiciário/forense brasileiro, junto ao segmento juvenil. No entanto, ainda há um longo caminho a ser percorrido até a implementação de um protocolo válido e confiável na Justiça Juvenil brasileira.

Referências

Acero, J. L. S. (2016). *Violencia filioparental: Características psicosociales de adolescentes y progenitores en conflicto familiar severo* [Tese de doutorado, Universidade Complutense de Madrid]. E-Prints Complutense. https://eprints.ucm.es/38882/

Andrés-Pueyo, A., & Redondo-Illescas, S. (2007). Predicción de la violencia: Entre la peligrosidad y la valoración del riesgo de violencia. *Papeles del Psicólogo, 28*(3), 157-173.

Andrés-Pueyo, A., Arbach-Lucioni, K. and Redondo, S. (2018). The RisCanvi: A New Tool for Assessing Risk for Violence in Prison and Recidivism. In J. P. Singh, D. G. Kroner, J. S. Wormith, S. L. Desmarais & Z. Hamilton (eds.), *Handbook of Recidivism Risk/Needs Assessment Tools*. John Wiley & Sons. https://doi.org/10.1002/9781119184256.ch13

Andrews, D. A., Bonta, J., & Hoge, R. D. (1990). Classification for effective rehabilitation: Rediscovering psychology. *Criminal Justice and Behavior, 17*(1), 19-52.

Arbach-Lucioni, K., & Andrés-Pueyo, A. (2016). Violence risk assessment practices in Spain. In J. Signh & S. Fazel (eds.), *International Perspectives on Violence Risk Assessment* (pp. 280-294). Oxford University Press.

Augimeri, L. K., Koegl, C., Webster, C., & Levene, K. (1998). Early assessment risk list for boys, EARL-20B (Version 1). Earlscourt Child and Family Centre.

Boer, D. P., Hart, S. D., Kropp, P. R., & Webster, C. D. (1997). *Manual for the Sexual Violence Risk-20: Professional guidelines for assessing risk of sexual violence*. Mental Health, Law, and Policy Institute.

Bonta, J., Law, M., & Hanson, K. (1998). The prediction of criminal and violent recidivism among mentally disordered offenders: A meta-analysis. *Psychological Bulletin, 123*(2), 123-142. https://doi.org/10.1037/0033-2909.123.2.123

Borum, R. (2000). Assessing Violence Risk among Youth. *Journal of Clinical Psychology, 56*, 1.263-1.288.

Borum, R. (2003). Managing at-risk juvenile offenders in the community: Putting evidence-based principles into practice. *J Contemporary Criminal Justice, 19*, 114-137.

Borum, R., Bartel, P., & Forth, A. (2006). *Manual for the Structured Assessment for Violence Risk in Youth (Savry)*. Psychological Assessment Resources.

Conroy, M. A., & Murrie, D. C. (2007). *Forensic assessment of violence risk: A guide for risk assessment and risk management*. Wiley.

Conselho Federal de Psicologia. (2011). *Resolução CFP n. 12/2011*. Regulamenta a atuação da(o) psicóloga(o) no âmbito do sistema prisional. https://site.cfp.org.br/wp-content/uploads/2011/06/resolucao_012-11.pdf

Conselho Federal de Psicologia. (2019). *Resolução CFP n. 6/2019*. Institui regras para a elaboração de documentos escritos produzidos pela(o) psicóloga(o) no exercício profissional e revoga a Resolução CFP n. 15/1996, a Resolução CFP n. 7/2003 e a Resolução CFP n. 4/2019. https://cutt.ly/Cb2tOrX

Cullen, F. T., & Kulig, T. C. (2018). *Evaluating Theories of Environmental Criminology*. Oxford Handbooks Online. https://cutt.ly/dncoByM

de Vogel, V., de Ruiter, C., Bouman, Y., & de Vries Robbé, M. (2007). *Saprof Manual: Structured Assessment of Protective Factors for Violence Risk*. Forum Educatief.

de Vries Robbé, M., Geers, M. C. K., Stapel, M., Hilterman, E. L. B., & de Vogel, V. (2015). *Saprof – Youth Version English. Guidelines for the assessment of protective factors for violence risk in juveniles*. English version. De Forensische Zorgspecialisten.

Desmarais, S. L., & Singh, J. P. (2013). *Risk Assessment Instruments Validated and Implemented in Correctional Settings in the United States*. CSG Justice Center.

Dib, M. A., Komatsu, A. V., & Bazon, M. R. (2020). Regulação do comportamento delituoso na e pela família: Um estudo comparativo. *Gerais: Rev Interinst de Psicologia*.

Douglas, K. S., Hart, S. D., Webster, C. D., Belfrage, H., Guy, L. S., & Wilson, C. M. (2014). Historical-Clinical-Risk Management-20, Version 3 (HCR-

20V3): Development and Overview. *International Journal of Forensic Mental Health, 13*(2), 93-108.

Ennis, B. J., & Litwack, T. R. (1974). Psychiatry and the Presumption of Expertise: Flipping Coins in the Courtroom. California Law Review, 62(3), 693. https://doi.org/10.2307/3479746

Farrington, D. P., & Murray, J. (eds.). (2014). *Labeling theory: Empirical tests*. Transaction Publishers.

Fazel, S., & Wolf, A. (2018). Selecting a risk assessment tool to use in practice: A 10-point guide. *Evidence-Based Mental Health, 21*, 41-43. https://doi.org/10.1136/eb-2017-102861

Hanson, R. K., & Thornton, D. (1999). *Static-99: Improving Actuarial Risk Assessments for Sex Offenders*. User Report. Department of the Solicitor General of Canada.

Hare, R. D. (1991). *Manual for the revised psychopathy-checklist*. Multi-Health Systems.

Hare, R. D. (2003). *Hare Psychopathy Checklist-Revised (PCL-R): Technical manual* (2. ed.). Multi-Health Systems.

Harris, G. T., Rice, M. E., & Quinsey, V. L. (1993). Violent recidivism of mentally disordered offenders: The development of a statistical prediction instrument. *Criminal Justice and Behavior, 20*(4), 315-335. https://doi.org/10.1177/0093854893020004001

Hart, S. D. (2008). *Preventing violence: The role of risk assessment and management*. In A. C. Baldry e F. W. Winkel (eds.), Intimate partner violence prevention and intervention: The risk assessment and management approach. Nova Science.

Hart, S. D., & Logan, C. (2011). Formulation of violence risk using evidence-based assessments: The structured professional judgment approach. In P. Sturmey e M. McMurran (eds.), *Forensic case formulation*. Wiley Blackwell.

Hart, S. D., Sturmey, P., Logan, C., & McMurran, M. (2011). Forensic Case Formulation. *International Journal of Forensic Mental Health, 10*(2), 118-126. https://doi.org/10.1080/14999013.2011.577137

Hilton, N. Z., & Simmons, J. L. (2001). The influence of actuarial risk assessment in clinical judgments and tribunal decision about mentally disordered offenders in maximum security. *Law and Human Behavior, 25*, 393-408. https://doi.org/10.1023/A:1010607719239

Hoge, R. D., Andrews, D. A., & Leschied, A. (2002). *Youth level of service/case management inventory: YLS/CMI manual*. Multi-Health Systems.

Komatsu, A. V., & Bazon, M. R. (2016). Adolescentes em conflito com a lei: Justiça juvenil pela perspectiva da criminologia desenvolvimental. In S. Nojiri (org.), *Direito, Psicologia e Neurociência* (1. ed., pp. 1-13). IELD.

Komatsu, A. V., Bono, E. L., & Bazon, M. R. (no prelo). Padrões de uso de drogas e problemas associados em adolescentes em conflito com a lei. *Psico-USF*.

Kropp, P. R., Hart, S. D., & Lyon, D. R. (2008). *Guidelines for Stalking Assessment and Management (SAM): User manual*. ProActive ReSolutions.

Kropp, P. R., Hart, S. D., Webster, C. D., & Eaves, D. (1995). *Manual for the spousal assault risk assessment guide*. British Columbia Institute on Family Violence.

Lally, S. J. (2003). What tests are acceptable for use in forensic evaluations? A survey of experts. *Professional Psychology: Research and Practice, 34*, 491-498.

Large, M., & Nielssen, O. (2017). The limitations and future of violence risk assessment. *World psychiatry: Official journal of the World Psychiatric Association, 16*(1), 25-26. https://doi.org/10.1002/wps.20394

Levene, K. S., Augimeri, L . K., Pepler, D. J., Walsh, M. M., Webster, C. D., & Koegl, C. J. (2001). *Early assessment risk list for girls, EARL-21G (Version 1)*. Earlscourt Child and Family Centre.

Lindberg, N., Miettunen, J., Heiskala, A., & Kaltiala-Heino, R. (2017). Mortality of young offenders: A national register-based follow-up study of 15- to 19-year-old Finnish delinquents referred for forensic psychiatric examination between 1980 and 2010. *Child and Adolescent Psychiatry and Mental Health, 11*(1). https://doi.org/10.1186/s13034-017-0174-3

Loinaz, I. (2017). *Manual de evaluación del riesgo de violencia. Metodología y ámbitos de aplicación*. Ed Pirámide.

Mead, H. K., Beauchaine, T. P., & Shannon, K. E. (2010). Neurobiological adaptations to violence across development. *Development and psychopathology*, 22(1), 1-22.

Mills, J. F., Kroner, D. G., & Morgan, R. D. (2011). *Clinician's guide to violence risk assessment*. Guilford.

Ministério da Justiça, Departamento Penitenciário Nacional & Conselho Federal de Psicologia. (2007). *Diretrizes para atuação e formação dos psicólogos do sistema prisional brasileiro*. https://site.cfp.org.br/wp-content/uploads/2007/10/depen_cartilha.pdf

Monahan, J., & Skeem, J. L. (2016). Risk Assessment in Criminal Sentencing. *Annu. Rev. Clin. Psychol*, 12, 489-513. https://doi.org/10.1146/annurev-clinpsy-021815-092945

Nicholson, R. A., & Norwood, S. (2000). The quality of forensic psychological assessments, reports, and testimony: Acknowledging the gap between promise and practice. *Law and Human Behavior*, 24, 9-44. https://doi.org/10.1023/A:1005422702678

Paul, N., & Piquero, A. R. (2008). Mortality Rates and Causes of Death of Convicted Dutch Criminals 25 Years Later. *Journal of Research in Crime and Delinquency*, 45(3), 256. https://doi.org/10.1177/0022427808317573

Pfohl, S., & Monahan, J. (1983). Predicting Violent Behavior: An Assessment of Clinical Techniques. *Contemporary Sociology*, 12(2), 174. https://doi.org/10.2307/2066734

Pressman, D. E. (2009). *Risk assessment decisions for violent political extremism*. User Report. Public Safety Canada.

Quinsey, V. L., Harris, G. T., Rice, M. E., & Cormier, C. A. (1998). *Violent offenders: Appraising and managing risk*. American Psychological Association.

Seifert, K. (2012). *Youth violence: Theory, prevention and intervention*. Springer Publishing Company.

Silva, J. L., & Bazon, M. R. (2018). School experience during adolescence: A comparative study between adolescent offenders and non-offenders. *Psico-USF*, 23, 437-449.

Singh, J. P., Grann, M., & Fazel, S. (2011). A comparative study of risk assessment tools: A systematic review and metaregression analysis of 68 studies involving 25,980 participants. *Clinical Psychology Review*, 31(3), 499-513. https://doi.org/10.1016/j.cpr.2010.11.00

Tarrier, N. (ed.). (2006). *Case formulation in cognitive behaviour therapy: The treatment of challenging and complex clinical cases*. Brunner Routledge.

Thijssen, S., Ringoot, A. P., Wildeboer, A., Bakermans-Kranenburg, M. J., El Marroun, Hofman, A., Jaddoe, V., Verhulst, F., Tiemeier, H., van IJzendoorn, M., & White, T. (2015). Brain morphology of childhood aggressive behavior: A multi-informant study in school-age children. *Cognitive, affective & behavioral neuroscience*, 15(3), 564-577. https://doi.org/10.3758/s13415-015-0344-9

Tolman, A. O., & Mullendore, K. B. (2003). Risk evaluations for the courts: Is service quality a function of specialization? *Prof Psych: Research and Practice*, 34(3), 225-232.

Vincent, G. M. (2011). *Screening and Assessment in Juvenile Justice Systems: Identifying Mental Health Needs and Risk of Reoffending*. Technical Assistance Partnership for Child and Family Mental Health.

Visioli, M. M. M. R., Campos, J. R., Komatsu, A. V., & Bazon, M. R. (2018). Repertório de habilidades sociais e atraso escolar em adolescentes em conflito com a lei. *Estudos Interdisciplinares em Psicologia*, 9, 118-140.

Vogel, V. D., de Vries Robbé, M. D., Ruiter, C. D., & Bouman, Y. H. (2011). Assessing Protective Factors in Forensic Psychiatric Practice: Introducing the Saprof. *International Journal of Forensic Mental Health*, 10(3), 171-177. https://doi.org/10.1080/14999013.2011.600230

Webster, C. D., Eaves, D., Douglas, K. S., & Wintrup, A. (1995). *The HCR-20 scheme: The assessment of dangerousness and risk*. Simon Fraser University and British Columbia Forensic Psychiatric Services Commission.

Webster, C. D., Hucker, S. J., & Bloom, H. (2002). Transcending the actuarial versus clinical polemic in assessing risk for violence. *Criminal Justice and Behavior*, 29(5), 659-665.

White, S. G., & Meloy, J. R. (2010). *WAVR-21: A structured professional guide for the workplace assessment of violence risk* (2. ed.). Specialized Training Services.

21
Avaliação de crianças e adolescentes vítimas de violência sexual

Sabrina Mazo D'Affonseca
Rachel de Faria Brino
Universidade Federal de São Carlos

Marina Souto Lopes Bezerra de Castro
Núcleo de Atendimento e Formação em Psicologia

Highlights
- Existe um número considerável de crianças vítimas de violência no seu lar.
- Após notificação de abuso segue avaliação psicológica para fins terapêuticos/judiciais.
- Foco em compreender a história e dinâmica da violência e identificar os sintomas.
- Responder demandas jurídicas, identificar ocorrência e propor medidas de proteção.
- Protocolo NICHD reconhecido como mais adequado para entrevistar crianças vítimas.

A violência contra crianças e adolescentes é um problema de saúde pública que atinge um número considerável de crianças ao redor do mundo, não respeitando fronteiras de gênero, idade, *status* socioeconômico e religião (OMS, 2016; Unicef, 2018). Segundo estimativas da Unicef (2018), se as tendências atuais permanecerem, cerca de dois milhões de crianças e adolescentes serão mortos por um ato de violência até 2030, o que sinaliza a necessidade de ações preventivas eficazes para alterar esse cenário. Tais ações envolvem a conscientização da população sobre a ocorrência e consequências desses atos no desenvolvimento físico, psicológico e social dos envolvidos (Fortson et al., 2016); a notificação dos casos ocorridos (Fortson et al., 2016); o atendimento adequado das vítimas (Fortson et al., 2016); o fortalecimento de vínculos entre a criança, a família e a comunidade (Fortson et al., 2016); o desenvolvimento de comportamentos parentais adequados (Prinz, 2016; Fortson et al., 2016); a formação dos profissionais que atuam com crianças e adolescentes para identificar sinais e sintomas e atuar adequadamente com as vítimas (Fortson et al., 2016); e o desenvolvimento de habilidades protetivas em crianças e adolescentes (Allen, Livingston & Nickerson, 2019). Ou seja, para que a prevenção ocorra de fato é necessário a implementação de estratégias de prevenção com a comunidade, com aqueles em situação de risco de serem vítimas e/ou autores de violência e com os que já foram vítimas e/ou autores de violência (Higgins, Lonne, Herrenkohl & Scott, 2019).

Tendo em vista a importância dos profissionais identificarem adequadamente os casos de violência contra crianças e adolescentes, no presente capítulo as autoras se propõem a apresentar o Protocolo NICHD (*National Institute of Child Health and Human Development*), reconhecido pela literatura internacional especializada como um dos instrumentos mais adequados para a entrevista estruturada com crianças vítimas de violência (Williams et al., 2014), buscando contribuir para a formação dos profissionais que atuam, ou que porventura venham a atuar, com essa população.

Violência contra crianças e adolescentes

De acordo com a Convenção sobre os direitos da criança e do adolescente (CDC) aprovada na Resolução n. 44/25 da Assembleia Geral das Nações Unidas, de 20 de novembro de 1989, a violência contra crianças e adolescentes consiste em:

> [...] todas as formas de violência física ou mental, ofensas ou abusos, negligência ou tratamento displicente, maus-tratos ou exploração, inclusive abuso sexual, enquanto a criança e o adolescente estiverem sob a custódia da mãe, do pai, do tutor legal ou de qualquer outra pessoa responsável por ela (Decreto n. 99.710, de 21 de novembro de 1990).

A violência contra crianças e adolescentes pode ser dividida em quatro tipos: física, psicológica, sexual e negligência (Moreschi, 2018; Unicef, 2018; Foston et al., 2016; OMS, 2016), as quais serão descritas em maior detalhe a seguir.

A violência física pode ser definida como qualquer ação infligida à criança ou ao adolescente que ofenda sua integridade ou saúde corporal ou que lhe cause sofrimento físico (Unicef, 2018). Tal violência ocorre quando uma pessoa causa, ou tenta causar dano não acidental, por meio do uso da força física ou de algum tipo de arma, e que pode provocar lesões (externas, internas ou ambas). Comumente é praticada por responsáveis pelos cuidados da criança/adolescente com o objetivo de "educar" ou "corrigir" (Moreschi, 2018).

Já a violência psicológica, de acordo com o sistema de garantia de direitos da criança e do adolescente vítima ou testemunha de violência (Lei 13.431/2017), consiste em qualquer conduta de discriminação, depreciação ou desrespeito em relação à criança ou ao adolescente mediante ameaça, constrangimento, humilhação, manipulação, isolamento, agressão verbal e xingamento, ridicularização, indiferença, exploração ou intimidação sistemática (*bullying*) que possa comprometer seu desenvolvimento psíquico ou emocional.

Além disso, considera-se também o ato de alienação parental como um tipo de violência psicológica. A alienação parental pode ser entendida como a interferência na formação psicológica da criança ou do adolescente, promovida ou induzida por um dos genitores, pelos avós ou por quem os tenha sob sua autoridade, guarda ou vigilância, que leve ao repúdio de genitor ou que cause prejuízo ao estabelecimento ou à manutenção de vínculo com este. Também é considerada qualquer conduta que exponha a criança ou o adolescente, direta ou indiretamente, a crime violento contra membro de sua família ou de sua rede de apoio, independentemente do ambiente em que o tenha cometido, particularmente quando isso a torna testemunha.

A negligência ou abandono é outro tipo de violência. Compreende a ação e omissão de responsáveis quanto aos cuidados básicos na atenção, como a falta de alimentação, escola, cuidados médicos, roupas, recursos materiais e/ou estímulos emocionais, necessários à integridade física e psicossocial da criança e do adolescente, ocasionando prejuízos ao desenvolvimento. Isso caracteriza o abandono, que pode ser parcial ou total. No parcial, coloca a criança e adolescente em situação de risco; no total elas ficam desamparadas e ocorre o afastamento integral da família (Moreschi, 2018). Cumpre destacar que a negligência é a forma de violência mais difícil de definir, pois nela estão presentes aspectos culturais, sociais e econômicos (Zambon et al., 2012). Ou seja, pelo fato de sua definição estar atrelada às práticas de cuidados, e essas práticas estarem atreladas a valores hegemônicos instituídos socialmente os quais determinam como uma criança deve ser educada e protegida, pode-se observar uma desqualificação de organizações familiares as quais não seguem esse modelo (Livramento et al., 2012), ou mesmo uma desconsideração dos limites impostos à família que dificultam um cuidado integral "ideal" (Mata et al., 2017).

A violência sexual, segundo a Lei 13.431/ 2017, envolve qualquer conduta que constranja a criança ou o adolescente a praticar ou presenciar conjunção carnal ou qualquer outro ato libidinoso, inclusive exposição do corpo em foto ou vídeo por meio eletrônico ou não, que compreenda: (a) abuso sexual, entendido como toda ação que se utiliza da criança ou do adolescente para fins sexuais, seja conjunção carnal ou outro ato libidinoso, realizado de modo presencial ou por meio eletrônico, para estimulação sexual do agente ou de terceiro; (b) exploração sexual comercial, entendida como o uso da criança ou do adolescente em atividade sexual em troca de remuneração ou qualquer outra forma de compensação, de forma independente ou sob patrocínio, apoio ou incentivo de terceiro, seja de modo presencial ou por meio eletrônico; e (c) tráfico

de pessoas, entendido como o recrutamento, o transporte, a transferência, o alojamento ou o acolhimento da criança ou do adolescente, dentro do território nacional ou para o estrangeiro, com o fim de exploração sexual, mediante ameaça, uso de força ou outra forma de coação, rapto, fraude, engano, abuso de autoridade, aproveitamento de situação de vulnerabilidade ou entrega ou aceitação de pagamento, entre os casos previstos na legislação (Lei 13.431/2017).

Embora todas as manifestações de violência sexual citadas anteriormente sejam danosas ao desenvolvimento de crianças e adolescentes, neste capítulo nosso foco será no abuso sexual, o qual, de acordo com a OMS (Krug, Dahlberg, Mercy, Zwi & Lazano, 2002), consiste no envolvimento da criança em atividade sexual da qual ela/ele é incapaz de dar consentimento informado, ou para qual a criança não tem preparo, em termos de desenvolvimento, para dar consentimento, ou que viola as leis ou tabus sociais de uma sociedade. O abuso sexual pode ser intrafamiliar ou incestuoso, ou seja, aquele que ocorre no contexto familiar e é perpetrado por pessoas afetivamente próximas da criança ou do adolescente, com ou sem laços de consanguinidade, que desempenham um papel de cuidador ou responsável destes (Cohen & Mannarino, 2000; Habigzang & Caminha, 2004; Habigzang et al., 2008). Por outro lado, o abuso sexual que ocorre fora do ambiente familiar envolve situações nas quais o agressor é um estranho, bem como os casos de pornografia e de exploração sexual (Habigzang et al., 2008). O abuso sexual de uma criança é evidenciado por uma atividade entre criança e adulto, ou entre criança e adolescente que, devido a idade ou fase do desenvolvimento, está em uma relação de responsabilidade, confiança ou poder, isto é, na maioria das vezes a criança está sob a responsabilidade do próprio adulto agressor. Esse fato, muitas vezes, se torna um facilitador para acobertar a violência.

Segundo Pfeiffer e Salvagni (2005), os casos de abuso sexual na infância e adolescência são praticados, em sua maioria, por pessoas ligadas diretamente às vitimas e sobre as quais exercem alguma forma de poder ou de dependência, tornando-se assim de difícil suspeita e confirmação. A maioria dos estudos baseia-se apenas nos casos denunciados aos órgãos de proteção, revelando parcialmente a dimensão do fenômeno, uma vez que muitos casos de abuso não são denunciados (Habigzang, 2006). A maioria dos casos nunca é revelada devido a sentimentos de culpa, vergonha, ignorância e tolerância da vítima (Padilha & Gomide, 2004). Adicionalmente, outros fatores contribuem para esta condição, tais como: a relutância de profissionais de saúde e educação em reconhecer e relatar a violência, a insistência de tribunais por regras estritas de evidência e o medo da dissolução da família com a revelação (Brino & Williams, 2008).

Prevalência da violência contra crianças e adolescentes

No Brasil, apesar dos avanços legais das últimas décadas em relação à garantia de direitos das crianças e adolescentes (Constituição de 1988; ECA, 1990), estatísticas a respeito da condição da criança no país indicam a vulnerabilidade dessa população à situação de violência. Por exemplo, dados obtidos a partir do Disque 100[10] (cf. fig. 1),

indicam que, de 2011 a 2018, houve uma média de 93.115 denúncias por ano (DP = 21.696,7). Dentre os tipos de violência, houve uma maior prevalência de denúncias relacionadas à negligência (abandono; alimentação; amparo e responsabilização; limpeza e higiene; medicamentos e assistência médica; outros) seguida por violência psicológica (ameaça; injúria/difamação; chantagem; hostilização; humilhação; infantilização; perseguição; outros), violência física (autoagressão; cárcere privado; homicídio/tentativa de homicídio; lesão corporal; maus-tratos; outros) e violência sexual (estupro; exploração sexual; pornografia; *sexting*[11]; *grooming*[12]; outros). Em relação ao sexo da vítima, quase metade das denúncias (48%) refere-se a meninas, 39% a meninos e em 13% das denúncias não houve identificação do sexo. Dentre os diferentes locais em que a violência ocorreu (abrigos, igrejas/templos, residência da vítima, instituições de ensino, transporte público, serviços etc.), cerca de 45% das denúncias ocorreram na casa da própria vítima, e o suspeito em 35,5% era a mãe e 18,6% o pai.

---

10. Lançado em 2003, o Disque Direitos Humanos – Disque 100, é um serviço de utilidade pública do Ministério dos Direitos Humanos (MDH), vinculado à Ouvidoria Nacional de Direitos Humanos, destinado a receber demandas relativas a violações de direitos humanos, em especial as que atingem populações com vulnerabilidade acrescida, como: crianças e adolescentes, pessoas idosas, pessoas com deficiência, LGBT, pessoas em situação de rua e outros (quilombolas, ciganos, índios e pessoas em privação de liberdade) (http://www.mdh.gov.br/mdh/informacao-ao-cidadao/disque-100).

11. *Sexting* é a expressão originada da união de duas palavras em inglês *sex* (sexo) e *texting* (envio de mensagens). O ato consiste em enviar conteúdos provocatórios de caráter sexual, nudismo ou seminudismo, por meio de textos, fotos, vídeos, via celular ou computador (Wanzinack & Scremin, 2014).

12. *Grooming* refere-se ao aliciamento de crianças e jovens pela internet, essencialmente pelo recurso a redes sociais ou *chats* (Branca, Grangeia & Cruz, 2016).

Figura 1
Número de denúncias de violência contra crianças e adolescentes realizadas pelo Disque 100 entre 2011 e 2018

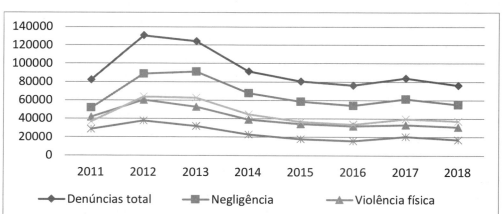

Os dados apresentados anteriormente estão consoantes aos dados da literatura nacional e internacional, os quais indicam que as crianças estão mais vulneráveis a sofrer violência dentro de suas próprias casas (Souto et al., 2018; OMS, 2016; Taveira et al., 2009; Loinaz, Bigas & Sousa, 2019), com o par parental ou pessoas próximas sendo os maiores perpetradores de violência contra as crianças (Nunes & Sales, 2016; OMS, 2016; Quadara, Nagy, Higgins & Siegel, 2015; Radford et al., 2011; Berelowitz et al., 2013; Habigzang et al., 2005). O cenário apresentado anteriormente demonstra a peculiaridade dos casos de violência contra crianças e adolescentes, visto que aqueles que deveriam cuidar e zelar pelo bem-estar, segurança e proteção das crianças, são os mesmos que as colocam em situação de privação e/ou violência.

Em relação à violência sexual, estudos apontam que essa modalidade de violência é a menos denunciada em nossa sociedade (Williams, 2002; Willians, 2003), seja porque o tema relativo à sexualidade ainda é considerado um tabu e, assim sendo, a vítima é, por vezes, estigmatizada, seja porque esta frequentemente teme represálias do agressor, ou ainda, nos casos incestuosos, porque a denúncia geralmente acarreta sérias modificações emocionais e financeiras no sistema familiar (Willians, 2003). Assim, trabalha-se com um fenômeno que é um segredo, "um muro de silêncio", no qual fazem parte os familiares, vizinhos e, algumas vezes, os próprios profissionais que atendem as crianças vítimas de violência (Braun, 2002). A criança sente-se vulnerável, acredita nas ameaças e desenvolve crenças de que é culpada pelo abuso, sentindo vergonha e medo de revelá-lo à família e ser punida. Dessa forma, adapta-se à situação abusiva, acreditando manter a estabilidade nas relações familiares (Cohen & Mannarino, 2000). Destarte, a violência gera um ambiente no qual predominam os sentimentos de medo e de desamparo para a criança, os quais contribuem para que o abuso seja mantido em segredo pela própria vítima e por outros membros da família que em alguns casos conhecem a situação, mas não a denunciam (De Antoni & Koller, 2000; Habigzang & Koller, 2006).

Assim, a proximidade afetiva entre a vítima e o perpetrador, a vergonha, o sentimento de culpa e responsabilização pela violência, a sensação de desproteção e falta de controle em interromper a violência, somados ao fato de a mesma coisa ocorrer em um ambiente protegido, dentro dos muros da casa da vítima/perpetrador, torna-se difícil a identificação da ocorrência da violência por parte de terceiros (Taveira et al., 2009; Habigzang et al., 2005; Habigzang, Da Silva & Koller, 2011; Loinaz, Bigas & Sousa, 2019) e a notificação do fato (Rezende, 2013; Habigzang et al., 2005; Habigzang, Da Silva & Koller, 2011), perpetuando a ocorrência da mesma. Desse modo, é importante considerar que há uma subnotificação dos casos e tentativa de encobrimento, a qual pode ocorrer por omissão da família (Zambom et al., 2012) por receio da criança em relatar o ocorrido temendo punições (Zambom et al., 2012; Taveira et al., 2009; Habigzang, Da Silva & Koller, 2011), por dificuldades de diagnóstico, notificação e condução dos casos por parte dos profissionais da rede de proteção (Zambom et al., 2012; Habigzang et al., 2005; Habigzang, da Silva & Koller, 2011). Muitas crianças não revelam a violência (Habigzang et al., 2005; Habigzang, Da Silva & Koller, 2011), conseguindo romper essa barreira somente na vida adulta (Gonçalves & Lopes, 2019).

Consequências da violência contra crianças e adolescentes

A experiência de violência ocorrida durante a infância tem sido associada a problemas de saúde física e emocional ao longo da vida do indivíduo (Jeremiah et al., 2017; Merrick et al., 2017; Campbell et al., 2016; Steele et al., 2016; Thompson et al., 2017), podendo afetar crianças e adolescentes em diferentes formas e intensidade. Especificamente em relação ao abuso sexual, Silva et al. (2013) destacam o fato de haver diferentes consequências do abuso para suas vítimas, não sendo possível estabelecer um quadro sintomatológico específico, sendo mais comum verificar diversos sintomas e alterações cognitivas, emocionais e comportamentais, em graus de intensidade também diferentes, ou seja, algumas vítimas podem apresentar efeitos mínimos, outras não ter nenhum efeito aparente e outras desenvolverem severos problemas (Habigzang, 2010), não sendo possível considerar apenas sintomas isolados (Sanderson, 2005).

O que irá determinar o impacto da violência, de acordo com Habigzang e Koller (2006), está relacionado a: (1) fatores intrínsecos à criança – vulnerabilidade e resiliência pessoal; (2) fatores extrínsecos – rede de apoio social e afetiva da vítima; e (3) características da violência sofrida – duração, grau de parentesco/confiança entre a vítima e o perpetrador, reação dos cuidadores não abusivos ao ser revelada a violência e a presença de outras formas de violência. Desse modo, a interação dos fatores de risco e proteção individuais e sociais poderão intensificar ou amenizar o impacto das consequências da violência sofrida (Silva et al., 2013). Por exemplo, acreditar no relato da vítima e ter medidas relacionadas à proteção da mesma pelo familiar não abusivo ou por outros cuidadores, favorece tanto a revelação quanto a promoção de um ambiente positivo para que a criança possa lidar positivamente com a elaboração do abuso sofrido. Como destaca Habigzang et al. (2008), o ato de relatar a situação abusiva é importante para a vítima ativar e reorganizar a memória traumática, perceber que outras pessoas acreditam no seu relato e, desse modo, que elas podem confiar em um adulto não abusivo, favorece a reestruturação de crenças distorcidas sobre culpa pela situação vivenciada e de ser diferente dos seus pares, e, mais importante, proteção nos casos em que a violência continua ocorrendo. Assim, os profissionais têm um papel importante, uma vez que ao fornecer um cuidado adequado e compreensível pode minimizar as consequências em curto, médio e longo prazos (López & Lefèvre, 2019).

Em relação aos fatores relacionados à violência sofrida, pesquisas têm indicado que, quanto maior a proximidade afetiva entre a criança e o perpetrador, maiores são os impactos na saúde emocional, cognitiva e comportamental (López & Lefèvre, 2019). Somados a esse fato, Zambom et al. (2012) verificaram que aproximadamente metade dos casos de abuso sexual quando notificados já eram crônicos e que nesses casos a probabilidade era 3,78 vezes maior do perpetrador ser alguém da família.

Marra e Fortunato Costa (2018) identificaram que, em média, o abuso ocorreu 13 meses antes da revelação, sendo que o intervalo de tempo entre a revelação e a denúncia era de aproximadamente 7 meses. Esse tempo entre o abuso e a revelação tem como consequência direta a ausência de marcas físicas na maioria das vítimas, o que acaba por dificultar a identificação do abuso (Zambom et al., 2012), levando a desconfianças quanto ao relato da vítima especialmente em um contexto no qual a justiça possui regras estritas de comprovação do abuso (Habigzang et al., 2008).

Avaliação psicológica de crianças e adolescentes vítimas de abuso sexual

Quando há revelação e/ou suspeita de que uma criança ou adolescente sofreu/esteja sofren-

do violência[13] inicia-se uma sucessão de ações para proteção da criança, as quais incluem a notificação legal do abuso (Habigzang, Ramos & Koller, 2011; Hohendorff, Habigzang & Koller, 2015; Santos & Dell'Aglio, 2010) e uma avaliação da capacidade da família proteger a criança, podendo ocorrer o afastamento do autor da violência ou o afastamento da vítima (Habigzang, Ramos & Koller, 2011). Desse modo, após a notificação do abuso observa-se, comumente, uma avaliação dos relacionamentos familiares, assim como a situação psicológica e social de cada membro da família pela rede de proteção (Miranda & Yunes, 2007), o que pode culminar, portanto, em uma avaliação psicológica da criança e do adolescente para fins de tratamento e/ou para fins de processo judicial.

A avaliação psicológica, segundo a Resolução CFP n. 9/2018, é definida como: "um processo estruturado de investigação de fenômenos psicológicos, composto de métodos, técnicas e instrumentos, com o objetivo de prover informações à tomada de decisão, no âmbito individual, grupal ou institucional, com base em demandas, condições e finalidades específicas" (Resolução CFP n. 9/2018, artigo 1º). Portanto, ela se caracteriza como uma ação sistemática, a qual tem uma delimitação temporal, tendo a finalidade de diagnóstico ou não, utilizando-se de fontes de informações fundamentais e complementares com o propósito de uma investigação realizada a partir de uma coleta de dados, estudo e interpretação de fenômenos e processos psicológicos (Resolução CFP n. 6/2019).

---

13. Segundo o artigo 245 do Estatuto da Criança e do Adolescente – Lei 8.069/1990, qualquer profissional tem a obrigação de comunicar à autoridade competente os casos de que tenha conhecimento, envolvendo suspeita ou confirmação de maus-tratos contra criança ou adolescente.

A avaliação psicológica para fins de tratamento tem como objetivo compreender a história e a dinâmica do abuso sexual; a identificação de sintomas psicopatológicos, bem como alterações cognitivas, emocionais e comportamentais decorrentes do abuso sofrido ou em curso; culminando no planejamento do tratamento, com função de amenizar as sequelas e prevenir outras que porventura possam vir a surgir no curso do desenvolvimento saudável do indivíduo (Habigzang et al., 2008). Assim, ao final do processo, a depender da sintomatologia apresentada, pode-se ter a indicação de atendimento psicossocial buscando fortalecer o papel protetivo da família, estabelecer relações familiares mais harmônicas, reduzir o sentimento de estigmatização e culpa das vítimas e promover a reinserção social das crianças e adolescentes; ou a indicação de tratamento psicoterapêutico que busque a reestruturação da memória traumática, redução de sintomas psicopatológicos, resolução de problemas decorrentes do abuso, melhora da autoestima e aprendizagem de comportamentos protetivos (Hohendorff, Habigzang & Koller, 2015).

Para a entrevista clínica inicial, que busca a compreensão da história e dinâmica do abuso sexual, um protocolo recomendado consiste no "*Child sexual abuse protocol*", desenvolvido na década de 1990 pelo "*The Metropolitan Toronto Special Committee on Child Abuse*" (1995). Esse protocolo apresenta um *rapport* inicial, comentando sobre fatos cotidianos e áreas de interesse da criança, seguindo para a explicitação do trabalho do psicólogo como avaliador e entrevistador, com uma pergunta transitória para o principal assunto em avaliação (*Você sabe por que estamos tendo esta conversa?*) e culminando em questões a respeito da situação abusiva. Este protocolo foi traduzido e adaptado para o português do Brasil por Kristensen (1996).

Complementar à entrevista inicial, que pode ser conduzida em uma ou mais de uma sessão, há os instrumentos que identificam e classificam a sintomatologia e as alterações cognitivas e comportamentais, tais como depressão (e. g., Inventário de Depressão Infantil (CDI) elaborado por Kovacs em 1992, adaptado do *Beck Depression Inventory* para adultos, versão brasileira de Cruvinel et al., 2008), ansiedade, estresse (e. g., Escala de Estresse Infantil (ESI) de Lipp e Lucarelli (1998)), Transtorno do Estresse Pós-Traumático (TEPT), problemas acadêmicos, Escala de Percepção de Crenças, dentre outros. O uso destes instrumentos é importante como parte da avaliação, podendo proporcionar evidências adicionais e indicar áreas e processos psicológicos que foram afetados pela experiência abusiva, sem haver direcionamento para se houve abuso ou não (Babiker & Herbert, 1996). Nesta situação, não é objetivo principal da condução da entrevista e da aplicação dos instrumentos obter a revelação se ocorreu ou não o abuso para utilização como prova judicial, o que ocorre na perícia psicológica, como será discutido a seguir. Contudo, essa revelação pode acontecer e tem valor para a avaliação e condução do caso, mas não é objetivo principal.

No que tange à avaliação psicológica no contexto forense, esse processo tem como meta responder a demandas jurídicas específicas, relacionadas às múltiplas ações judiciais (Lago & Puthin, 2020). Em um caso de possível violência sexual, por exemplo, esta tem como função a identificação ou não da ocorrência da violência sexual, os fatores de risco e de proteção presentes, bem como a determinação de medidas de proteção à criança, mantendo-a em ambiente seguro a outras situações potencialmente abusivas. De acordo com Pelisoli e Rovinski (2020), a entrevista com a criança é o principal instrumento de avaliação, uma vez que o foco da investigação se refere à vivência de uma situação traumática. Portanto, a perícia tem a função de produção de prova para processo judicial, bem como auxiliar na revelação ou reportagem do abuso sofrido. A revelação, nesse caso, é primordial para a produção de prova judicial que auxilie na culpabilização e responsabilização criminal do agressor. Cabe ressaltar que esta responsabilização do agressor é apontada como crucial para a compreensão do abuso e enfrentamento saudável da criança ou adolescente (Brino et al., 2011).

Em nosso país, a Lei 13.431/2017, que alterou a Lei 8.069/1990, inclui em seu capítulo II as medidas específicas de proteção, apresentando exigências como as do inciso XII que discorre sobre a oitiva[14] obrigatória e participação da criança no processo judicial. Tal inciso afirma que:

> A criança e o adolescente, em separado ou na companhia dos pais, de responsável ou de pessoa por si indicada, bem como os seus pais ou responsável, têm direito a ser ouvidos e a participar nos atos e na definição da medida de promoção dos direitos e de proteção, sendo sua opinião devidamente considerada pela autoridade judiciária competente, observado o disposto nos §§ 1º e 2º do artigo 28 desta lei (Lei 8.069/1990).

Essa lei apresenta, ainda, alguns desafios, como a falta de capacitação dos profissionais para a realização da oitiva das vítimas, bem como a utilização de instrumentos validados cientificamente para esta escuta, prevendo, no § 1º do artigo 4, que "a criança e o adolescente serão ouvidos sobre a situação de violência por meio de escuta especializada e depoimento especial",

salientando em seu artigo 11 que "o depoimento especial reger-se-á por protocolos e, sempre que possível, será realizado uma única vez, em sede de produção antecipada de prova judicial, garantida a ampla defesa do investigado" (p. 28).

É possível verificar, portanto, avanços no processo de oitiva da criança no contexto forense brasileiro, sendo a Lei 13.431/2017) uma tentativa de sanar as dificuldades atuais que se caracterizam pelo fato de a criança ser ouvida por diversos profissionais, que realizam entrevistas investigativas sem capacitação, via de regra sugestionando o relato da criança e gerando traumas. Tais avanços no processo de oitiva evitarão as consequências negativas para a vida dos envolvidos em casos de suspeita de abuso sexual infantil ocasionadas por falhas profissionais em identificar sua ocorrência e contribuirão para o tratamento necessário à criança ou a assistência à família. Também previnem algo ainda mais preocupante: o fato de o abuso poder continuar ocorrendo (Cross & Whitcomb, 2017; Faust, Bridges & Ahern, 2009), o que pode acontecer em caso de oitiva realizada de forma inadequada. Além disso, de acordo com Wood e Garven (2000), entrevistas inadequadas podem criar oportunidades para que os advogados de defesa do suposto agressor acusem o profissional de ter realizado uma entrevista sugestionável e enganosa, caracterizando-a como uma entrevista sem validade jurídica e que pode induzir a vítima a falsas memórias.

Com o intuito de evitar a revitimização e sugestionabilidade nas entrevistas forenses, foram desenvolvidas entrevistas investigativas, como a Entrevista Cognitiva (EC), criada por Fisher e Geiselman, em 1992, elaborada inicialmente para entrevistar adultos. Este instrumento foi fundamentado em estudos da Psicologia Social e

---

14. Oitiva em Direito Processual refere-se ao ato de ouvir testemunhas ou as partes de um processo judicial.

Psicologia Cognitiva, tendo como objetivo obter relatos com maior número de detalhes e precisão por meio de cinco etapas preestabelecidas: *Rapport*, Recriação do Contexto Original, Narrativa Livre, Questionamento e Fechamento (Feix & Pergher, 2010). Conforme Memon, Meissner e Fraser (2010) a EC pode ser um instrumento adequado para o contexto forense, contudo, Cronch, Viljoen e Hansen (2006) afirmam que o mesmo pode ocasionar inexatidão nos relatos de crianças pequenas devido ao uso de questões sugestivas e fechadas na fase de Recriação do Contexto Original e Questionamento, comprometendo os resultados das entrevistas.

Com a finalidade de seguir as recomendações de boas práticas indicadas nas entrevistas forenses infantis, o Protocolo NICHD, que apresenta as iniciais do local em que instrumento foi desenvolvido (*National Institute of Child Health and Human Development*), nos Estados Unidos, foi elaborado por (Lamb et al., 2008), a partir dos pressupostos da EC e vem sendo amplamente utilizado em diversos países, como Suécia, Finlândia, Noruega, Canadá, Reino Unido e Israel (Williams et al., 2014). Versões traduzidas do instrumento estão disponíveis em http://nich dprotocol.com.

De acordo com Williams et al. (2014), o protocolo é reconhecido pela literatura internacional como um dos instrumentos mais adequados para entrevista estruturada com vítimas de violência sexual, destacando-se em relação a outros instrumentos com a mesma finalidade pelo maior número de estudos empíricos realizados, como, por exemplo: Ahern e Lamb (2016); Hackbarth, Williams e Lopes (2015); Hackbarth, Williams e Lopes (2018); Hershkowitz, Horowitz, Lamb, Orbach e Sternberg (2004); Hershkowitz, Horowitz e Lamb (2005); Hershkowitz, Orbach,

Lamb, Sternberg e Horowitz (2006); Hershkowitz, Fisher, Lamb e Horowitz (2007); Hershkowitz, Lanes e Lamb (2007); Lamb, Orbach, Hershkowitz, Esplin e Horowitz (2007); Lamb, Hershkowitz, Orbach e Esplin (2008); Williams, Hackbarth, Blefari, Padilha e Peixoto (2014).

O protocolo NICHD contém questões padronizadas a serem seguidas pelo entrevistador que as selecionam, no decorrer da sessão, de acordo com a necessidade e com os relatos da vítima. Dessa forma, o número de questões sugestivas, fechadas e de múltipla escolha é reduzido, havendo um aumento no uso das questões abertas, o que aumenta a efetividade da entrevista (Lamb et al., 2008).

O instrumento é composto por duas partes distintas: a fase preparatória (parte pré-substantiva) e a parte substantiva. Assim, no início da entrevista, a fase pré-substantiva tem o objetivo de fortalecer o vínculo entre a criança e o entrevistador por meio do estabelecimento do *rapport*, ensinando à mesma a diferenciação entre dizer a verdade e mentira, além de treiná-la na prática narrativa, de modo que a linguagem utilizada pelo entrevistador seja compreensível para o nível de desenvolvimento da criança, capacitando-a para evocar informações referentes à memória episódica por meio do relato livre na fase substantiva do protocolo (Lamb et al., 2008; Lamb, Brown, Hershkowitz, Orbach & Esplin, 2018).

A fase substantiva é constituída em sua maioria por perguntas abertas, tendo como pergunta principal *"Me conta tudo sobre isso"*, utilizada especialmente para os relatos da criança sobre o abuso sexual ou abuso físico. A fim de esclarecer alguns pontos relatados pela criança na entrevista, o protocolo apresenta perguntas diretas (*"E depois, o que aconteceu?"*, p. ex.) e de múltipla escolha (*"Ele colocou a mão por dentro ou por fora da sua roupa?"*, p. ex.), a serem utilizadas somente se estritamente necessário e após a utilização das perguntas abertas de forma extensiva. O uso de perguntas sugestivas, utilizadas quando o entrevistador questiona a criança sobre algo não mencionado anteriormente (*"Ele ameaçou fazer algo ruim com a sua família se você me contar tudo?"*, p. ex.), é evitado no intuito de diminuir a possibilidade de contaminação dos relatos e a entrevista é finalizada com um tópico neutro (*"O que você vai fazer depois que sair daqui?"*, p. ex.).

O Protocolo NICHD atende as recomendações da Lei 13.431 de 2017 em seu artigo 12, que determina a criação de um ambiente de entrevista acolhedor na oitiva (estabelecimento de *rapport* concernente à fase pré-substantiva); adaptando a entrevista ao nível de desenvolvimento da criança (minimizando a complexidade linguística e evitando interrupções); preparando a criança para a tarefa de fornecer informações a ser realizada (esclarecendo regras de comunicação, treinando-a a relatar eventos específicos que envolvam a memória episódica), e maximizando perguntas do entrevistador que evoquem o relato livre. Dessa forma, os entrevistadores são rotineiramente aconselhados a seguir as recomendações do protocolo NICHD, motivando a cooperação das crianças com o estabelecimento do *rapport* antes de se concentrarem no evento de interesse (Lamb et al., 2018).

De acordo com Roberts et al. (2004), Sternberg et al. (1997), Wood, McClure e Birch (1996) e Wood e Garven (2000), a fase para construção do *rapport* pode beneficiar crianças ao comunicarem o objetivo e regras da entrevista, dando às mesmas o controle sobre o processo, ou seja, sinalizando para as crianças que elas, ao invés dos entrevistadores, são os especialistas, e ensinando-as que tipo de informação detalhada era espera-

da delas. Além disso, ao treinar a narrativa com perguntas abertas no estabelecimento do *rapport*, os autores afirmam que as crianças deram continuidade a tal padrão quando o entrevistador deu início à fase substantiva da entrevista, reduzindo o risco de sugestionabilidade. Assim, enfatiza-se a necessidade de os entrevistadores usarem a fase pré-substantiva para educar e capacitar as crianças a prestarem informações detalhadas antes de dar início à fase substantiva da entrevista (Roberts et al., 2004; Teoh & Lamb, 2010).

Importante salientar que o treino de entrevistadores para seguirem as recomendações de boas práticas em entrevistas investigativas apresenta desafios (Cederborg, Orbach, Sternberg & Lamb, 2000; Craig, Scheibe, Kircher, Raskin & Dodd, 1999; Johnson, Magnussen, Thoresen, Lonnum, Burrell & Melinder, 2015; Korkman, Santtila, Westeraker & Sandnabba, 2008; Lamb & Brown, 2006; Lamb et al., 2018; Luther, Snook, Barron & Lamb, 2015; Powell & Hughes-Scholes, 2009; Yi et al., 2015), indicando a necessidade urgente de capacitação profissional com vistas à realização de entrevistas investigativas. A resistência apresentada por algumas crianças revela ainda mais a importância do treino para que os entrevistadores ofereçam mais suporte a essas crianças, conforme sugere literatura recente (Ahern, Hershkowitz, Lamb, Blasbalg & Karni-Visel, 2018) sobre os efeitos positivos dessa prática constante para monitorar a motivação e assegurar a responsividade de crianças relutantes durante a entrevista. Tais autores afirmam que ainda há muito a aprender sobre como construir o vínculo por meio do estabelecimento de regras e prática narrativa com crianças considerando suas características pessoais e investigando qual a melhor maneira para restabelecê-lo quando há dificuldades na interação entre o entrevistador e a criança.

Características relacionadas à resistência da criança podem ser identificadas logo ao iniciar a entrevista, quando se mostram menos cooperativas e informativas na fase pré-substantiva. Diversos pesquisadores (Hershkowitz, Orbach, Lamb, Pipe, Sternberg & Horowitz, 2006; Katz, Hershkowitz, Malloy, Lamb, Atabaki & Spindler, 2012; Orbach & Lamb, 2007) afirmam que, no caso de crianças resistentes ou menos cooperativas, os entrevistadores devem oferecer mais suporte para que a dinâmica entre o entrevistador e a criança não seja negativa.

Importante esclarecer sobre a possibilidade de a criança mentir sobre a ocorrência do abuso, pois esta é a apreensão de muitos profissionais, considerando que crianças têm imaginação fértil e são criativas. Estudos sobre a mentira em âmbito forense evidenciam que as crianças detêm habilidades para diferenciar a verdade da mentira e fazer relatos confiáveis a respeito de suas experiências, resistindo a perguntas sugestivas do entrevistador. Pesquisas apontam ainda para a tendência dos adultos em julgar as crianças com base em crenças conservadoras, classificando-as como inclinadas a mentir sobre suas experiências devido à fase de desenvolvimento em que se encontram (DePaulo, Charlton, Cooper, Lindsay & Muhlenbruck, 1997; Vrij & Baxter, 1999; Westcott, Davies, Graham & Clifford, 1991). De fato, pesquisas sobre a mentira sugerem que a capacidade de enganar o outro se desenvolve com a idade (DePaulo, Stone & Lassiter, 1985; Talwar & Lee, 2002), contrariando a hipótese de que as crianças estariam mais predispostas a mentir que os adultos, o que contribui ainda para o fácil reconhecimento das revelações falsas da criança (Edelstein, Luten, Ekman & Goodman, 2006; Frank & Ekman, 2004).

Dessa forma, apesar das controvérsias sobre a credibilidade do testemunho da criança, tema em discussão desde o século XIX (Vandervort, 2006), a literatura aponta que as crianças são capazes de reconhecer o significado de falar a verdade, senão em casos nos quais se realizam questionamentos altamente sugestivos, salientando que a melhor maneira de melhorar o desempenho das crianças é melhorar as perguntas realizadas (Mulder & Vrij, 1996; Russel, 2006; Saywitz, Lyon & Goodman, 2010). O estudo de Brown et al. (2013) indicou significância para o treino de regras pertinente à fase pré-substantiva do protocolo NICHD, que prepara as crianças por meio da prática para diferenciar verdade e mentira, para dizer que não sabem quando de fato não sabem ou não se lembram ou para corrigir o entrevistador quando ele falar algo errado, como, por exemplo, dizer que o sapato da criança é vermelho, quando na verdade é azul.

Considerações finais

Um número considerável de crianças e adolescentes está vulnerável a sofrer violência dentro de suas próprias casas, com o par parental ou pessoas próximas a elas sendo os maiores perpetradores. A proximidade afetiva da criança com o autor da violência, os sentimentos de vergonha, culpa e responsabilização da criança pela violência, somados à sensação de desproteção e falta de controle em interromper a violência estão associados aos sintomas apresentados pelas vítimas e à subnotificação do fato, o que dificulta sua prevenção.

A identificação ou suspeita da ocorrência de algum tipo de violência contra uma criança e adolescente deve levar a uma avaliação dos relacionamentos familiares, assim como da situação psicológica e social de cada membro da família pela rede de proteção para tomada de decisões quanto aos encaminhamentos necessários. Nesse processo, a avaliação psicológica de crianças e adolescentes pode ser realizada e ancorada em diferentes abordagens teórico-metodológicas, seja para produzir prova para processo judicial e/ou identificação de processos psicológicos envolvidos na dinâmica do abuso e tratamento psicológico adequado. Como apontado por Williams, Hackbart, Saldanha, Peixoto (2014), a entrevista forense difere da entrevista clínica sob diversos aspectos, mas em situações de violência sexual contra crianças e adolescentes há apontamentos convergentes relativos aos cuidados necessários para garantir a não revitimização da criança ou adolescente. Dentre as recomendações necessárias destaca-se o formato da entrevista, o qual se sugere que seja aberto e não diretivo e que o profissional busque realizar comentários e perguntas abertas e não indutivas. Além disso, é recomendado garantir que ocorra o menor número de entrevistas com as mesmas e que o ambiente para condução da mesma seja adequado e sem interrupções.

Considerando as peculiaridades desse fenômeno, o qual muitas vezes não tem testemunha do fato, e das vítimas, que a depender da idade e estágio de desenvolvimento pode ter dificuldades em relatar o fato ocorrido, recomenda-se a utilização de múltiplos informantes e a não presença de outras pessoas da família durante a entrevista. Cabe salientar que, diferente de outras entrevistas clínicas envolvidas em avaliações psicológicas, o uso de múltiplos informantes da família em casos de abuso sexual deve ser cuidadoso, na medida em que se sabe, como já mencionado, que o agressor é geralmente alguém da família, ou próximo a esta, em 70 a 90% dos casos.

Seja na entrevista clínica ou forense, o ambiente ou, mais especificamente, o *setting* terapêutico, precisa ser preservado de interrupções, barulhos, e outras condições que possam constranger ou fazer com que a criança ou adolescente sinta-se desconfortável. Imprescindível também é a formação de vínculo, estabelecimento de empatia com a criança e ou adolescente, podendo ocorrer por meio de conversas iniciais acerca de interesses do paciente, temas relacionados ao seu cotidiano, atividades lúdicas, artísticas e que promovam maior conforto e maior confiabilidade para com o psicólogo.

O ato de entrevistar uma criança ou adolescente visando o relato e diagnóstico acurado sobre a experiência sexualmente abusiva é bastante complexo, requer muitos cuidados. Assim, urge a capacitação especializada dos profissionais, exigindo-se treino, conhecimento do fenômeno e preparo emocional para conduzir o processo (Habigzang et al., 2008). Logo, o profissional que pretende realizar esta empreitada deve ter conhecimentos científicos sobre a dinâmica do abuso sexual; sobre os padrões de comportamento que crianças vítimas, perpetradores de violência e demais familiares apresentam no decorrer do processo; sobre possíveis consequências do abuso sexual para o desenvolvimento dos processos psicológicos; sobre a legislação a respeito da proteção a crianças e adolescentes vulneráveis a violência; bem como sobre a postura ética diante de tais situações e sobre instrumentos testados, estudados e validados com a função de avaliar abuso sexual infantil e juvenil, para pontuar minimamente.

A condução propriamente da conversa avaliativa requer a explicitação de questões legais à criança, como a impossibilidade de manter o sigilo caso haja revelação de que a criança está sofrendo violência, recomendação obrigatória da legislação de proteção à criança (ECA, 1990); o uso de linguagem adequada à fase de desenvolvimento em que se encontra a criança; o cuidado com as demonstrações emocionais por parte do profissional, tais como demonstrar espanto ou julgamento; e a neutralização possível diante de crenças que possam interferir nas decisões acerca da condução profissional.

Como questão enfática e aceita nas mais diversas abordagens e nos protocolos atuais, a realização de uma escuta livre de sugestões, sem indução, utilizando o mínimo possível de questões fechadas, optando-se sempre por questões abertas e não diretivas. Há ainda a importante e necessária articulação com outros profissionais que compõem a rede de proteção a crianças e adolescentes, como médicos, enfermeiros, assistentes sociais, conselheiros tutelares, entre outros, que estejam em contato com a criança e seus familiares. A escuta destes profissionais e a leitura de relatórios e documentos produzidos por estes podem ser relevantes na composição da avaliação, cabendo a ressalva do cuidado com crenças e percepções disfuncionais dos próprios profissionais a respeito de famílias em que ocorre situações de violência sexual.

Por fim, nesse contexto, salienta-se ainda o valor de uma conduta ética, que considere o objetivo da atuação profissional e procedimentos avaliativos utilizados, sendo premente recorrer ao repertório teórico e prático adequado com cautela a fim de evitar qualquer prejuízo à suposta vítima de violência (Williams & Castro, 2016).

Referências

Ahern, E. C., & Lamb, M. E. (2017). Children's Reports of Disclosure Recipient Reactions in Forensic Interviews: Comparing the NICHD and MoGP Protocols. *Journal of Police and Criminal Psychology*, *32*(2), 85-93. https://doi.org/10.1007/s11896-016-9205-x

Ahern, E. C., Hershkowitz, I., Lamb, M. E., Blasbalg, U., & Karni-Visel, Y. (2019). Examining reluctance and emotional support in forensic interviews with child victims of substantiated physical abuse. *Applied Developmental Science*, *23*(3), 227-238. https://doi.org/10.1080/10888691.2017.1387057

Allen, K. P., Livingston, J. A., & Nickerson, A. B. (2019). Child Sexual Abuse Prevention Education: A Qualitative Study of Teachers' Experiences Implementing the Second Stepchild Protection Unit. *American Journal of Sexuality Education*, *15*(2), 218-245. https://doi.org/10.1080/15546128.2019.1687382

Berelowitz, S. et al. (2013). *"If only someone had listened" The Office of the Children's Commissioner's Inquiry into Child Sexual Exploitation in Gangs and Groups Final Report*. Office of the Children's Commissioner.

Blasbalg, U., Hershkowitz, I., & Karni-Visel, Y. (2018). Support, reluctance, and production in child abuse investigative interviews. *Psychology, Public Policy, and Law*, *24*(4), 518-527. https://doi.org/10.1037/law0000183

Branca, C. M. C., Grangeia, H., & Cruz, O. (2016). Grooming online em Portugal: Um estudo exploratório. *Análise Psicológica*, *34*(3), 249-263. https://doi.org/10.14417/ap.978

Brasil. (1988). *Constituição da República Federativa do Brasil*. http://www.planalto.gov.br/ccivil_03/constituicao/constituicao.htm

Brasil. (1990). *Lei n. 8.069, de 13 de julho de 1990*. Dispõe sobre o Estatuto da Criança e do Adolescente e dá outras providências. http://www.planalto.gov.br/ccivil_03/leis/l8069.htm

Brasil. (1990). *Decreto n. 99.710, de 21 de novembro de 1990*. Promulga a Convenção sobre os Direitos da

Criança. http://www.planalto.gov.br/ccivil_03/decreto/1990-1994/D99710.htm

Brasil. (2017). *Lei n. 13.431, de 4 de abril de 2017.* Estabelece o sistema de garantia de direitos da criança e do adolescente vítima ou testemunha de violência e altera a Lei n. 8.069, de 13 de julho de 1990 (Estatuto da Criança e do Adolescente). http://www.planalto.gov.br/ccivil_03/_ato2015-2018/2017/Lei/L13431.htm

Brino, R. F. et al. (2011). *Combatendo e prevenindo os abusos e/ou maus-tratos contra crianças e adolescentes: O papel da escola* (1. ed.). Pedro & João Editores.

Brino, R. F., & Williams, L. C. A. (2008). Professores como Agentes de Prevenção do Abuso Sexual Infantil. *Educação & Realidade, 33*(2), 209-229.

Brown, D. A. et al. (2013). The NICHD investigative interview protocol: An analogue study. *Journal of Experimental Psychology Applied, 19*(4), 367-382. https://doi.org/10.1037/a0035143

Campbell, J. A., Walker, R. J., & Egede, L. E. (2016). Associations Between Adverse Childhood Experiences, High-Risk Behaviors, and Morbidity in Adulthood. *American Journal of Preventive Medicine, 50*(3), 344-352. https://doi.org/10.1016/j.amepre.2015.07.022

Cederborg, A.-C., Orbach, Y., Sternberg, K. J., & Lamb, M. E. (2000). Investigative interviews of child witnesses in Sweden. *Child Abuse & Neglect, 24*(10), 1.355-1.361. https://doi.org/10.1016/S0145-2134(00)00183-6

Cohen, J. A., & Mannarino, A. P. (2000). Incest. In R. T. Ammerman & M. Hersen (orgs.), *Case studies in family violence* (pp. 209-229). Klewer Academic; Lenum.

Conselho Federal de Psicologia. (2018). *Resolução CFP n. 9/2018.* Estabelece diretrizes para a realização de Avaliação Psicológica no exercício profissional da psicóloga e do psicólogo, regulamenta o Sistema de Avaliação de Testes Psicológicos – Satepsi e revoga as resoluções n. 2/2003, n. 6/2004 e n. 5/2012 e notas técnicas n. 1/2017 e 2/2017. https://site.cfp.org.br/wp-content/uploads/2018/04/Resolu%C3%A7%C3%A3o-CFP-n%C2%BA-09-2018-com-anexo.pdf

Conselho Federal de Psicologia. (2019). Resolução n. 6, de 29 de março de 2019. CFP.

Craig, R. A., Scheibe, R., Raskin, D. C., Kircher, J. C., & Dodd, D. H. (1999). Interviewer questions and content analysis of children's statements of sexual abuse. *Applied Developmental Science, 3*(2), 77-85. https://doi.org/10.1207/s1532480xads0302_2

Cronch, L. E., Viljoen, J. L., & Hansen, D. J. (2006). Forensic interviewing in child sexual abuse cases: Current techniques and future directions. *Aggression and Violent Behavior, 11*(3), 195-207. https://doi.org/10.1016/j.avb.2005.07.009

Cross, T. P., & Whitcomb, D. (2017). The practice of prosecuting child maltreatment: Results of an online survey of prosecutors. *Child Abuse & Neglect, 69*, 20-28. https://doi.org/10.1016/j.chiabu.2017.04.007

Cruvinel, M., Boruchovitch, E., & Santos, A. A. A. dos. (2008). Inventário de Depressão Infantil (CDI): Análise dos parâmetros psicométricos. *Fractal: Revista de Psicologia, 20*(2), 473-489. https://doi.org/10.1590/S1984-02922008000200013

DePaulo, B. M., Charlton, K., Cooper, H., Lindsay, J. J., & Muhlenbruck, L. (2016). The Accuracy-Confidence Correlation in the Detection of Deception: *Personality and Social Psychology Review.* https://doi.org/10.1207/s15327957pspr0104_5

DePaulo, B. M., Stone, J. L., & Lassiter, G. D. (1985). *The self and social life* (pp. 323-370). McGraw Hill.

Dubowitz, H. (2017). Child sexual abuse and exploitation: A global glimpse. *Child Abuse & Neglect, 66*, 2-8. https://doi.org/10.1016/j.chiabu.2017.02.011

Edelstein, R. S., Luten, T. L., Ekman, P., & Goodman, G. S. (2006). Detecting Lies in Children and Adults. *Law and Human Behavior, 30*(1), 1-10. https://doi.org/10.1007/s10979-006-9031-2

Faust, D., Bridges, A. J., & Ahern, D. C. (2009). *The evaluation of child sexual abuse allegations – A comprehensive guide to assessment and testimony* (pp. 3-19). Wiley.

Feix, L. F., & Pergher, G. K. (2010). *Falsas memórias: Fundamentos científicos e suas aplicações jurídicas* (pp. 209-227). Artmed.

Fisher, R. P., & Geiselman, R. E. (1992). *Memory enhancing techniques for investigating interviewing: The cognitive interview.* Charles C. Thomas.

Fortson, B. L., Klevens, J., Merrick, M. T., Gilbert, L. K., & Alexander, S. P. (2016). *Preventing child abuse and neglect: A technical package for policy, norm, and programmatic activities.* National Center for Injury Prevention and Control, Centers for Disease Control and Prevention.

Fundo das Nações Unidas para a Infância (Unicef). (2018). *A educação que protege contra a violência.* https://www.unicef.org/brazil/media/4091/file/Educacao_que_protege_contra_a_violencia.pdf

Gonçalves, M. J. R., & Santos, A. F. L. dos. (2019). Consequências psicológicas em crianças e adolescentes que sofreram abuso sexual: A assistência de enfermage. *Revista JRG de Estudos Acadêmicos, 2*(5), 295-308.

Habigzang, L. F., & Caminha, R. M. (2004). *Abuso sexual contra crianças e adolescentes*: Conceituação e intervenção clínica. Casa do Psicólogo.

Habigzang, L. F., Corte, F. D., Hatzenberger, R., Stroeher, F., & Koller, S. H. (2008). Avaliação psicológica em casos de abuso sexual na infância e adolescência. *Psicologia: Reflexão e Crítica, 21*(2), 338-344. https://doi.org/10.1590/S0102-79722008000200021

Habigzang, L. F., Koller, S. H., Azevedo, G. A., & Machado, P. X. (2005). Abuso sexual infantil e dinâmica familiar: Aspectos observados em processos jurídicos. *Psicologia: Teoria e Pesquisa, 21*(3), 341-348. https://doi.org/10.1590/S0102-37722005000300011

Habigzang, L. F., Ramos, M. da S., & Koller, S. H. (2011). A revelação de abuso sexual: As medidas adotadas pela rede de apoio. *Psicologia: Teoria e Pesquisa, 27*(4), 467-473. https://doi.org/10.1590/S0102-37722011000400010

Hackbarth, C., Williams, L. C. A., & Lopes, N. R. L. (2015). Avaliação de capacitação para utilização do protocolo NICHD em duas cidades brasileiras. *Revista de Psicología (Universidad del Chile), 24*(1), 1-18.

Hackbarth, C., Williams, L. C. A., & Lopes, N. R. L. (2018). Estudo piloto a profissionais sobre o uso do Protocolo NICHD para investigar abuso sexual infantil. In L. Habigzang, P. I. Cunha & G. M. Rocha (orgs.), *Intervenção e pesquisa com vítimas de violência.* Juruá.

Hershkowitz, I., Fisher, S., Lamb, M. E., & Horowitz, D. (2007). Improving credibility assessment in child sexual abuse allegations: The role of the NICHD investigative interview protocol. *Child Abuse & Neglect, 31*(2), 99-110. https://doi.org/10.1016/j.chiabu.2006.09.005

Hershkowitz, I., Horowitz, D., & Lamb, M. E. (2005). Trends in children's disclosure of abuse in Israel: A national study. *Child Abuse & Neglect, 29*(11), 1.203-1.214. https://doi.org/10.1016/j.chiabu.2005.04.008

Hershkowitz, I., Horowitz, D., Lamb, M. E., Orbach, Y., & Sternberg, K. J. (2004). Interviewing youthful suspects in alleged sex crimes: A descriptive analysis. *Child Abuse & Neglect, 28*(4), 423-438. https://doi.org/10.1016/j.chiabu.2003.09.021

Hershkowitz, I., Lanes, O., & Lamb, M. E. (2007). Exploring the disclosure of child sexual abuse with alleged victims and their parents. *Child Abuse & Neglect, 31*(2), 111-123. https://doi.org/10.1016/j.chiabu.2006.09.004

Hershkowitz, I., Orbach, Y., Lamb, M. E., Sternberg, K. J., & Horowitz, D. (2006). Dynamics of forensic interviews with suspected abuse victims who do not disclose abuse. *Child Abuse & Neglect, 30*(7), 753-769. https://doi.org/10.1016/j.chiabu.2005.10.016

Higgins, D., Lonne, B., Herrenkohl, T. I., & Scott, D. (2019). The Successes and Limitations of Contemporary Approaches to Child Protection. In B. Lonne, D. Scott, D. Higgins & T. I. Herrenkohl (orgs.), *Re-visioning public health approaches for protecting children* (pp. 3-17). Springer International Publishing. https://doi.org/10.1007/978-3-030-05858-6_1

Hohendorff, J. V., Habigzang, L. F., & Koller, S. H. (2015). Psicoterapia para crianças e adolescentes vítimas de violência sexual no sistema público: Panorama e alternativas de atendimento. *Psicologia: Ciência e Profissão, 35*(1), 182-198. https://doi.org/10.1590/1982-3703000202014

Jeremiah, R. D., Quinn, C. R., & Alexis, J. M. (2017). Exposing the culture of silence: Inhibiting factors in the prevention, treatment, and mitigation of sexual abuse in the Eastern Caribbean. *Child Abuse*

& *Neglect, 66*, 53-63. https://doi.org/10.1016/j.chiabu.2017.01.029

Johnson, M., Magnussen, S., Thoresen, C., Lønnum, K., Burrell, L. V., & Melinder, A. (2015). Best Practice Recommendations Still Fail to Result in Action: A National 10-Year Follow-up Study of Investigative Interviews in CSA Cases. *Applied Cognitive Psychology, 29*(5), 661-668. https://doi.org/10.1002/acp.3147

Katz, C., Hershkowitz, I., Malloy, L. C., Lamb, M. E., Atabaki, A., & Spindler, S. (2012). Non-verbal behavior of children who disclose or do not disclose child abuse in investigative interviews. *Child Abuse & Neglect, 36*(1), 12-20. https://doi.org/10.1016/j.chiabu.2011.08.006

Klemfuss, J. Z., & Ceci, S. (2009). The evaluation of child sexual abuse allegations: A comprehensive guide to assessment and testimony (pp. 153-173). Wiley.

Korkman, J., Santtila, P., Westeråker, M., & Sandnabba, N. K. (2008). Interviewing techniques and follow-up questions in child sexual abuse interviews. *European Journal of Developmental Psychology, 5*(1), 108-128. https://doi.org/10.1080/17405620701210460

Kovacs, M. (1982). *The Interview Schedule for Children (ISC)*. Unpublished interview schedule. Department of Psychiatry, University of Pittsburgh.

Kristensen, C. H. (1996). *Abuso sexual em meninos* [Dissertação de mestrado, Universidade Federal do Rio Grande do Sul].

Krug, E. G., Dahlberg, L. L., Mercy, J. A., Zwi, A. B., & Lozano, R. (2002). *Relatório mundial sobre violência e saúde*. World Health Organization.

Lago, V. M., & Puthin, S. R. (2020). *Avaliação psicológica no contexto forense* (pp. 30-40). Artmed.

Lamb, M. E., & Brown, D. A. (2006). Conversational apprentices: Helping children become competent informants about their own experiences. *British Journal of Developmental Psychology, 24*(1), 215-234. https://doi.org/10.1348/026151005X57657

Lamb, M. E., Hershkowitz, I. Y., Orbach., & Esplin, P. W. (2008). *Tell me what happened: Structured investigative interviews of child victims and witnesses*. Wiley Blackwell.

Lamb, M. E., Orbach, Y., Hershkowitz, I., Esplin, P. W., & Horowitz, D. (2007). A structured forensic interview protocol improves the quality and informativeness of investigative interviews with children: A review of research using the NICHD Investigative Interview Protocol. *Child Abuse & Neglect, 31*(11), 1.201-1.231. https://doi.org/10.1016/j.chiabu.2007.03.021

Lipp, M. E. N., & Lucarelli, M. D. M. (1998). *Escala de Stress Infantil – ESI (manual)*. Casa do Psicólogo.

Livramento, A. M. do, Brasil, J. A., Charpinel, C. P., & Rosa, E. M. (2012). A produção de famílias negligentes: Analisando processos de destituição do poder familiar. *Argumentum, 4*(1), 173-186. https://doi.org/10.18315/argumentum.v4i1.2938

Loinaz, I., Bigas, N., & de Sousa, A. M. (2019). Comparing intra and extra-familial child sexual abuse in a forensic context. *Psicothema, 31*(3), 271-276. https://doi.org/10.7334/psicothema2018.351

López, C. G., & Lefèvre, F. (2019). Descubrimiento del abuso sexual del niño: Revelación o silencio. *Revista Cubana de Salud Pública, 45*(1), Article 1. http://www.revsaludpublica.sld.cu/index.php/spu/article/view/1320

Luther, K., Snook, B., Barron, T., & Lamb, M. E. (2015). Child interviewing practices in Canada: A box score from field observations. *Journal of Police and Criminal Psychology, 30*(3), 204-212. https://doi.org/10.1007/s11896-014-9149-y

Marra, M. M., & Costa, L. F. (2018). Entre la revelación y la atención: Familia y abuso sexual. *Avances en Psicología Latinoamericana, 36*(3), 459-475. https://doi.org/10.12804/revistas.urosario.edu.co/apl/a.3564

Mata, N. T., Silveira, L. M. B., Deslandes, S. F., Mata, N. T., Silveira, L. M. B., & Deslandes, S. F. (2017). Família e negligência: Uma análise do conceito de negligência na infância. *Ciência & amp; Saúde Coletiva, 22*(9), 2.881-2.888. https://doi.org/10.1590/1413-81232017229.13032017

Mathews, B., Pacella, R., Dunne, M. P., Simunovic, M., & Marston, C. (2020). Improving measurement of child abuse and neglect: A systematic review and analysis of national prevalence studies. *Plos One,*

15(1): E0227884. https://doi.org/10.1371/journal.pone.0227884

Memon, A., Meissner, C. A., & Fraser, J. (2010). The Cognitive interview: A meta-analytic review and study space analysis of the past 25 years. *Psychology, Public Policy, and Law, 16*(4), 340-372. https://doi.org/10.1037/a0020518

Merrick, M. T., Ports, K. A., Ford, D. C., Afifi, T. O., Gershoff, E. T., & Grogan-Kaylor, A. (2017). Unpacking the impact of adverse childhood experiences on adult mental health. *Child Abuse & Neglect, 69*, 10-19. https://doi.org/10.1016/j.chiabu.2017.03.016

Minayo, M. C. S. (2006). *Violência e saúde* (pp. 83-107). Fiocruz.

Moreschi, M. T. (2018). *Violência contra crianças e adolescentes: Análise de cenários e propostas de políticas públicas*. Ministério dos Direitos Humanos.

Mulder, M. R., & Vrij, A. (1996). Explaining conversation rules to children: An intervention study to facilitate children's accurate responses. *Child Abuse & Neglect, 20*(7), 623-631. https://doi.org/10.1016/0145-2134(96)00050-6

Nunes, A. J., & Sales, M. C. V. (2016). Violência contra crianças no cenário brasileiro. *Ciência & Saúde Coletiva, 21*(3), 871-880. https://doi.org/10.1590/1413-81232015213.08182014

Orbach, Y., & Lamb, M. E. (2007). Young children's references to temporal attributes of allegedly experienced events in the course of forensic interviews. *Child Development, 78*(4), 1.100-1.120. https://doi.org/10.1111/j.1467-8624.2007.01055.x

Organização Mundial da Saúde. (2016). *Global plan of action: Health systems address violence against women and girls. World Health Organization*. https://apps.who.int/iris/handle/10665/251664

Padilha, M. G. S., & Williams, L. C. A. (2004). *Sobre comportamento e cognição: Estendendo a psicologia comportamental e cognitiva aos contextos da saúde, das organizações, das relações pais e filhos e das escolas* (pp. 286-291). Esetec.

Peliosi, C. L., & Rovinski, S. L. R. (2020). *Avaliação psicológica no contexto forense* (pp. 181-192). Artmed.

Pfeiffer, L., & Salvagni, E. P. (2005). Visão atual do abuso sexual na infância e adolescência. *Jornal de Pediatria, 81*(5), 197-204.

Powell, M. B., & Thomson, D. M. (1997). Contrasting memory for temporal-source and memory for content in children's discrimination of repeated events. *Applied Cognitive Psychology, 11*(4), 339-360. https://doi.org/10.1002/(SICI)1099-0720(199708)11:4<339::AID-ACP460>3.0.CO;2-O

Powell, P. M. B., & Hughes-Scholes, C. H. (2009). Evaluation of the questions used to elicit evidence about abuse from child witnesses: Australian study. *Psychiatry, Psychology and Law, 16*(3), 369-378. https://doi.org/10.1080/13218710902930325

Prinz R. J. (2016). Parenting and family support within a broad child abuse prevention strategy: Child maltreatment prevention can benefit from public health strategies. *Child Abuse & Neglect, 51*, 400-406. https://doi.org/10.1016/j.chiabu.2015.10.015

Quadara, A., Nagy, V., Higgins, D., & Siegel, N. (2015). *Conceptualising the prevention of child sexual abuse: Final report (Research Report n. 33)*. Australian Institute of Family Studies.

Roberts, K., Lamb, M., & Sternberg, K. (2004). *The effects of rapport-building style on children's reports of a staged event. Psychology faculty publications*. https://scholars.wlu.ca/psyc_faculty/72

Robles, A., Gjelsvik, A., Hirway, P., Vivier, P. M., & High, P. (2019). Adverse childhood experiences and protective factors with school engagement. *Pediatrics, 144*(2). https://doi.org/10.1542/peds.2018-2945

Sanderson, C. (2005). *Abuso sexual em crianças fortalecendo pais e professores para proteger crianças de abusos sexuais*. M. Books do Brasil.

Santos, S. S. & Dell'Aglio, D. D. (2010). Quando o silêncio é rompido: O processo de revelação e notificação de abuso sexual infantil. *Psicologia & Sociedade, 22*(2), 328-335.

Saywitz, K. J., Lyon, T. D., & Goodman, G. S. (2010). *The APSAC handbook on child maltreatment* (pp. 337-360). Sage.

Silva, D. G. da, Gava, L. L., & Dell'Aglio, D. D. (2013). Sintomas e quadros psicopatológicos em supostas vítimas de abuso sexual: Uma visão a partir da psicologia positiva. *Aletheia*, *40*, 58-73.

Souto, D. F., Zanin, L., Ambrosano, G. M. B., & Flório, F. M. (2018). Violence against children and adolescents: Profile and tendencies resulting from Law 13.010. *Revista Brasileira de Enfermagem*, *71*, 1.237-1.246. https://doi.org/10.1590/0034-7167-2017-0048

Steele, H., Bate, J., Steele, M., Dube, S. R., Danskin, K., Knafo, H., Nikitiades, A., Bonuck, K., Meissner, P., & Murphy, A. (2016). Adverse childhood experiences, poverty, and parenting stress. *Canadian Journal of Behavioural Science/Revue Canadienne des Sciences du Comportement*, *48*(1), 32-38. https://doi.org/10.1037/cbs0000034

Talwar, V., & Lee, K. (2002). Development of lying to conceal a transgression: Children's control of expressive behaviour during verbal deception. *International Journal of Behavioral Development*, *26*(5), 436-444. https://doi.org/10.1080/01650250143000373

Taveira, F., Frazão, S., Dias, R., Matos, E., & Magalhães, T. (2009). O abuso sexual intra e extrafamiliar. *Acta Médica Portuguesa*, *22*(6), 759-766.

Teoh, Y.-S., & Lamb, M. E. (2010). Preparing children for investigative interviews: Rapport-building, instruction, and evaluation. *Applied Developmental Science*, *14*(3), 154-163. https://doi.org/10.1080/108 88691.2010.494463

Thompson, R. et al. (2016). Child maltreatment and risky sexual behavior: Indirect effects through trauma symptoms and substance use. *Child Maltreatment*. https://doi.org/10.1177/1077559516674595

Thompson, R., Flaherty, E. G., English, D. J., Litrownik, A. J., Dubowitz, H., Kotch, J. B., & Runyan, D. K. (2015). Trajectories of adverse childhood experiences and self-reported health at age 18. *Academic Pediatrics*, *15*(5), 503-509. https://doi.org/10.1016/j.acap.2014.09.010

Vandervort, F. E. (2006). Videotaping investigative interviews of children in cases of child sexual abuse: One community's approach. *Journal of Criminal Law and Criminology*, *96*(4), 1.353-1.417.

Vrij, A., & Baxter, M. (1999). Accuracy and confidence in detecting truths and lies in elaborations and denials: Truth bias, lie bias and individual differences. *Expert Evidence*, *7*(1), 25-36. https://doi.org/10.1023/A:1008932402565

Wanzinack, C., & Scremin, S. F. (2014). Sexting: Comportamento e imagem do corpo. *Divers@!*, *7*(2), 22-29. https://doi.org/10.5380/diver.v7i2.40715

Westcott, H. L., Davies, G. M., & Clifford, B. R. (1991). Adults' perceptions of children's videotaped truthful and deceptive statements. *Children & Society*, *5*(2), 123-135. https://doi.org/10.1111/j.1099-0860.1991.tb00378.x

Williams, L. C. A., & Castro, M. S. L. B. (2016). *Introdução à Psicologia Forense*. Juruá.

Williams, L. C. A., Hackbarth, C., Blefari, C. A., Padilha, M. G. S., & Peixoto, C. E. (2014). Investigação de suspeita de abuso sexual infantojuvenil: O Protocolo NICHD. *Temas em Psicologia*, *22*(2), 415-432. https://doi.org/10.9788/TP2014.2-12

Wood, J. M., & Garven, S. (2000). How sexual abuse interviews go astray: Implications for prosecutors, police, and child protection services: *Child Maltreatment*, *5*(2), 109-118. https://doi.org/10.1177/1077559500005002003

Yi, M., Jo, E., & Lamb, M. E. (2016). Effects of the NICHD protocol training on child investigative interview quality in Korean police officers. *Journal of Police and Criminal Psychology*, *31*(2), 155-163. https://doi.org/10.1007/s11896-015-9170-9

Zambon, M. P., Ávila Jacintho, A. C., Medeiros, M. M., Guglielminetti, R., & Marmo, D. B. (2012). Violência doméstica contra crianças e adolescentes: Um desafio. *Revista da Associação Médica Brasileira*, *58*(4), 465-471. https://doi.org/10.1590/S0104-42302012000400018

22
Avaliação psicológica de crianças e adolescentes em situações de disputas de guarda

Katya Luciane de Oliveira
Universidade Estadual de Londrina

Izabel Hazin
Universidade Federal do Rio Grande do Norte

Marina de Pol Poniwas
Psicóloga do Poder Judiciário em Curitiba

> **Highlights**
> • Disputa de guarda: definição e manejos da avaliação.
> • Alienação Parental, vieses de um conceito em cheque.
> • Avaliação psicológica em situações de disputa de guarda.
> • Avaliação psicológica e as dissonâncias da produção da prova pericial.

O foco deste capítulo é apresentar e discutir a Avaliação Psicológica no contexto de disputas de guarda, em especial quando envolve a queixa de suposta alienação parental por uma das partes. O presente está organizado em partes, tendo a primeira o objetivo de desenvolver o conceito de avaliação psicológica vinculada aos processos específicos que compõem as práticas da(o) psicóloga(o) no sistema judiciário, notadamente a perícia e o laudo psicológico; a segunda versará sobre os conceitos de família, parentalidade e as problematizações em torno do construto de alienação, frequentemente perpetrado nesse cenário de disputas no qual se insere a avaliação psicológica; por fim será apresentado um estudo de caso no qual consta os manejos adotados nesse tipo de demanda avaliativa, para então apresentarmos as implicações da avaliação psicológica no processo psicossocial de ressignificação da criança/família com as considerações finais acerca da especificidade desse delicado manejo em avaliação psicológica.

Ao partir do ponto de vista da regulação da prática profissional psicológica ressalta-se aqui o artigo 1º da Resolução CFP n. 9/2018, na qual consta a seguinte definição de avaliação psicológica:

> Avaliação psicológica é definida como um processo estruturado de investigação de fenômenos psicológicos, composto de métodos, técnicas e instrumentos, com o objetivo de prover informações à tomada de decisão, no âmbito individual, grupal ou institucional, com base em demandas, condições e finalidades específicas (CFP, 2018, s./p.).

Ainda tendo como olhar as publicações do Conselho Federal de Psicologia, na *Cartilha de avaliação psicológica* encontra-se uma definição mais completa da avaliação psicológica e, novamente, fica explícita a concepção de avaliação psicológica como um processo.

> A avaliação psicológica é um processo técnico e científico realizado com pessoas ou grupos de pessoas que, de acordo com cada área de conhecimento, requer metodologias específicas. Ela é dinâmica e constitui-se em fonte de informações de caráter explicativo sobre os fenômenos psicológicos, com a finalidade de subsidiar os trabalhos nos diferentes campos de atuação do psicólogo, dentre eles a saúde, educação, trabalho e outros setores que ela se fizer necessária. Trata-se de um estudo que requer um planejamento prévio e cuidadoso, de acordo com a demanda e fins para os quais a avaliação se destina (CFP, 2013, p. 13).

Na perspectiva apresentada por Primi (2010), a avaliação psicológica por vezes é definida de forma simplista, apresentada como uma área aplicada, técnica, de produção de instrumentos psicológicos. Porém, para o autor, o principal aporte da avaliação psicológica é a operacionalização das teorias psicológicas em eventos observáveis, possibilitando desta maneira a integração teoria e prática.

O verbete *psychological assessment,* que integra o Dicionário de Psicologia da Associação Americana de Psicologia (APA), define como coleta e integração de dados para avaliar o comportamento, habilidades e outras características de uma pessoa, particularmente para fins de diagnóstico ou recomendação de tratamento. Os psicólogos avaliam diversos problemas psiquiátricos (p. ex., ansiedade, abuso de substâncias) e preocupações não psiquiátricas (p. ex., inteligência, interesses de carreira) em uma variedade de ambientes clínicos, educacionais, organizacionais, forenses e outros. Os dados da avaliação podem ser coletados por meio de entrevistas, observação, testes padronizados, medidas de autorrelato, dispositivos de medição fisiológica ou psicofisiológica ou outros procedimentos especializados.

A partir do exposto, verifica-se que em âmbito mundial e também no Brasil a avaliação psicológica é um campo de formação e prática reconhecidamente consolidado. Trata-se de um campo epistemológico fundado em um arcabouço teórico consistente, o que confere à prática profissional solidez e confiabilidade (Andrade & Sales, 2017; Cohen, Swerdlik & Sturman, 2014; Faiad, Pasquali & Oliveira, 2019).

Como dito anteriormente, as avaliações psicológicas têm o mesmo propósito. As(Os) psicólogas(os) usam testes e outras ferramentas de avaliação nos seus processos de trabalho. Porém, é preciso destacar que testes e avaliações são dois componentes separados, mas relacionados, de uma avaliação psicológica (APA, 2020). A atividade é restrita e circunscrita à aplicação de um ou mais testes psicológicos, visando o levantamento de uma informação específica acerca de um dado domínio psicológico (Hutz, 2015; Reppold, Zanini & Noronha, 2019; Urbina, 2014). Por sua vez, os processos avaliativos envolvem uma demanda inicial, o planejamento e a análise de conjunto de informações de diferentes fontes. Um processo de avaliação psicológica deve apresentar o emprego de variados métodos, técnicas, dinâmicas e recursos avaliativos, de modo a promover uma tomada de decisão que contemple a complexidade do fenômeno humano.

Não se pode restringir, portanto, toda a riqueza de um processo de avaliação psicológica limitando esse processo à testagem psicológica. Muito embora de acordo com os *Standards for Educational and Psychological Testing* (AERA, APA & NCME, 2014), o uso de testes psicológicos em um processo de avaliação psicológica pode auxiliar na fundamentação das decisões.

Dentre os diferentes contextos de realização da avaliação psicológica, há uma forma específica de realizá-la tendo por objetivo averiguar certas hipóteses e demandas advindas do contexto judiciário. Essa forma é comumente conhecida como perícia psicológica. A perícia não se enquadra nem como procedimento de testagem psicológica, tampouco como um processo típico de avaliação psicológica. Rovinski (2013) caracteriza a perícia psicológica como um modelo específico de avaliação que tem por objetivo analisar e elucidar questões psicológicas da área jurídica; com isso é possível embasar certas decisões do Estado, o que pode envolver o estabelecimento de intervenções e manejos na vida e proteção da criança e do jovem nesse contexto. Na perícia as avaliações realizadas não possuem um cunho com finalidade terapêutica, como acontece na avaliação psicológica ocorrida no contexto clínico, e por essa razão a metodologia de uma perícia psicológica deve se voltar para a validade dos conteúdos oriundos no processo de avaliação psicológica nesse contexto (Rovinski, 2019).

No âmbito da perícia psicológica, a demanda desencadeante geralmente advém de casos que tramitam no contexto da justiça, e o resultado desse processo avaliativo é o laudo psicológico. O laudo é o documento que apresenta os resultados oriundos desse processo avaliativo (CFP, 2019). Conforme consta na Resolução CFP n. 6/2019, há parâmetros nos quais o documento produzido deve ser fundado.

Família, parentalidade e alienação parental

O contexto de família, conforme apontam Padilha e Williams (2004), abarca a ideia de que se constitui no primeiro grupo social no qual a criança inicia sua interação com o mundo. Nos primeiros anos de vida a família, enquanto lugar de existência e desenvolvimento psíquico, é o principal contexto no qual a criança irá ter como parâmetro para construir e mediar suas relações para outros contextos sociais à medida que vai crescendo (Christovam & Cia, 2013).

Em condições típicas de um funcionamento familiar é esperado que esse espaço de convivência proporcione à criança apoio e proteção, de modo a garantir a integridade física e psíquica da criança. A família deveria fornecer elementos necessários para construção de comportamentos básicos pró-sociais que permitirão a inserção e a convivência em outros círculos de convivência. Dentre os comportamentos pode-se citar: aprendizagem de valores, linguagem, controle inibitório, exemplos de conduta, dentre outros (D'Affonseca, Cavalcanti & Albuquerque, 2013).

Souza e Baptista (2008) e Oliveira, Sei e Oliveira (2019) consideram que as relações familiares deveriam oferecer um espaço de autonomia e diálogo, oferecendo suporte familiar adequado ao enfrentamento das adversidades e pressões advindas de outros contextos. Mas para esse ambiente familiar ser profícuo de relações positivas e construtivas há que se discutir o conceito de parentalidade, pois nem toda família é necessariamente marcada pela parentalidade.

Para Zornig (2010), o termo "parentalidade" tange uma dimensão da relação pai/mãe e filho(a); refere-se à construção do exercício de serem pais; perpassa um processo de construção psíquica e afetiva que promove mudanças subjetivas na identidade daquele que exerce o papel de pai ou de mãe em uma relação e que subjaz muitas vezes a própria concepção de uma criança.

Silva e Carneiro (2014) definem que a parentalidade é algo desenvolvido e não adquirido. Trata-se de um processo no qual envolve a maturação e a reestruturação psíquica de dois adultos que decidiram se tornar pais. É um acontecimento no qual leva um tempo para se desenvolver; não se trata de responder adequadamente às necessidades físicas e financeiras da criação de uma criança, mas também afetivas e psíquicas. Os autores ainda ponderam que a parentalidade também tem um componente cultural, pois também reflete um modelo familiar social vigente, no qual se desenvolve em razão de demandas sociais, econômicas, políticas e religiosas.

Mas quando a família e a relação de parentalidade estabelecida já não oferece um espaço no qual irá promover aprendizagem significativas, tornando-se um ambiente hostil com relações conflituosas e disputas, esse mesmo espaço pode gerar o desenvolvimento de dificuldades socioemocionais (conforme apontam Petrucci, Borsa & Koller, 2016), especialmente na criança que está em desenvolvimento. Nessa perspectiva, Gorin, Mello, Machado e Féres-Carneiro (2015) observam que há um crescente aumento do número de separações e que muitas vezes esses rompimentos das relações têm causas relacionadas, por exemplo, à finitude da relação amorosa, interesse sexual pelo parceiro(a), desentendimentos financeiros, contextos de violência, dentre outros fatores. Sob esse aspecto é possível fomentar que, quando o término de um relacionamento envolve algum conflito no qual as partes não podem lidar de forma amistosa para chegarem a um acordo pacífico, especialmente quanto tem filhos(as) envolvidos, incluindo-se disputas de guarda, muitas vezes essas questões são encaminhadas para a justiça para que se tenha um acompanhamento e uma decisão judicial sobre esse processo.

Nesse cenário conflituoso as interações agressivas se atenuam quando há alguma queixa de violência física, psíquica ou sexual praticada por uma das partes. Dentre as queixas presentes nos autos, uma muito recorrente é a suposta "Síndrome de Alienação Parental (SAP)". A definição de SAP proposta na Lei 12.318/2010 em seu artigo 2º é a que segue:

> Considera-se ato de alienação parental a interferência na formação psicológica da criança ou do adolescente promovida ou induzida por um dos genitores, pelos avós ou pelos que tenham a criança ou adolescente sob a sua autoridade, guarda ou vigilância para que repudie genitor ou que cause prejuízo ao estabelecimento ou à manutenção de vínculos com este.

SAP é um termo criado por um psiquiatra norte-americano, Richard Gardner, que tinha atuação em casos nos quais envolvia disputas de guarda no contexto judiciário americano. Com base nessas atuações ocorridas entre as décadas de 1980 e 1990, Gardner (2002) propôs uma definição para a SAP. Para o autor as crianças que supostamente apresentam essa síndrome podem exibir um comportamento no qual rompe laços com um dos genitores, passando a enxergá-lo(a) como uma ameaça, e por isso é comum que a criança apresente um discurso difamatório sobre esse(a) genitor(a). Há uma suposição de que o(a) outro(a) genitor(a) seria o(a) responsável pela doutrinação da criança no ataque ao ex-companheiro(a).

Há que se mencionar a falta de pesquisas científicas que sustentem o construto SAP. Nessa direção, Gomide, Camargo e Fernandes (2016) argumentam que:

> Alguns concordam que a alienação dos pais ocorre em situação de custódia, mas não concordam que deva ser considerada uma doença mental. Basicamente, argumentam que dados insuficientes sustentam a pro-

posta, os estudos foram realizados com número reduzido de participantes; muitos dos artigos de Gardner foram publicados em periódicos sem revisão por pares e o conceito não esclarece a diferença entre vítimas que sofrem maus-tratos reais e vítimas de alienação parental (p. 293).

Em âmbito internacional, Walker, Brantley e Rigsbee (2004, p. 47) publicaram um estudo de revisão indicando que profissionais como juízes, advogados e profissionais da saúde mental, aceitaram rapidamente a SAP como elemento em disputas de guarda. Os autores argumentam que não há evidências empíricas ou clínicas consistentes e que sejam de fato discriminantes de que a SAP existe e que *o comportamento do alienador é a causa real do comportamento da criança alienada em relação ao genitor-alvo*.

Cabe elucidar que, apesar dos esforços de Gardner, a expressão alienação parental não consta do Diagnostic and Statistical Manual of Mental Disorders – DSM-5, tampouco integra a Classificação Estatística Internacional de Doenças e Problemas Relacionados à Saúde (CID-10). No entanto, na DSM-5 é possível observar o conceito "criança afetada pela relação parental conflituosa" e "abuso psicológico da criança", conforme indicam Refosco e Fernandes (2018, p. 83) assinalam que "esta opção da DSM-5 abre espaço para identificar os conflitos familiares e suas dinâmicas, inclusive a alienação parental, mas prudentemente evita a estigmatização ínsita ao conceito de alienação parental". Os autores ao citarem a pesquisa desenvolvida por Groeninga (2008) arrematam que é inadequado caracterizar alienação parental como uma síndrome, pois agrega confusão metodológica, podendo gerar juízos de valor que ofuscam uma análise científica.

Avaliação psicológica e direitos humanos: Produção de diagnósticos de alienação parental no contexto jurídico

Com o advento da Lei da Alienação Parental é comum encontrar determinações judiciais que interrogam a equipe técnica do judiciário sobre a ocorrência de alienação parental, com solicitações de laudos conclusivos e objetivos a respeito. Solicita-se ainda que a equipe técnica se posicione sobre a aptidão dos genitores para o exercício da guarda de seus filhos.

Como apontado anteriormente, para responder à demanda judicial a equipe de psicólogas então produz um processo de avaliação psicológica conhecido como perícia psicológica, com a realização de procedimentos técnicos e posterior elaboração de documento psicológico. O laudo pericial, para Brandão (2016), é uma importante ferramenta que forma a convicção dos operadores do Direito para poder construir uma verdade a respeito das pessoas envolvidas na lide e condená-las moral e juridicamente, o que favorece a manutenção da força simbólica do juiz.

A realização dessa avaliação psicológica, no contexto jurídico, compreende um amplo processo de investigação que deve estar amparado na dimensão ética da profissão, pelos princípios dispostos no *Código de Ética Profissional do Psicólogo* (Resolução CFP n. 10/2005). Destaca-se:

> II – O psicólogo trabalhará visando promover a saúde e a qualidade de vida das pessoas e das coletividades e contribuirá para a eliminação de quaisquer formas de negligência, discriminação, exploração, violência, crueldade e opressão.

> III – O psicólogo atuará com responsabilidade social, analisando crítica e historicamente a realidade política, econô-

mica, social e cultural (Resolução CFP n. 10/2005, p. 7).

Dessa forma, o processo de avaliação psicológica deve ser realizado com compromisso social e com os direitos humanos. O exercício da realização de uma avaliação psicológica deve, segundo Bicalho e Vieira (2018), reconhecer o caráter complexo dos sujeitos, coletividades e sociedade colocando em análise as práticas e saberes, ou seja, entendendo a avaliação psicológica como um processo ético-político, que compreende a indissociabilidade entre a avaliação psicológica e os direitos humanos, na prática profissional.

Entretanto, no cotidiano do exercício profissional, e no lugar de fala trazido neste texto é da experiência pessoal de uma das autoras acerca das atividades nos tribunais de justiça, é comum encontrar documentos psicológicos que respondem de forma pragmática sobre o fenômeno da alienação parental, sem colocá-lo em análise, enquadrando, individualizando e patologizando os fenômenos, que são multifatoriais e podem ser transitórios operando uma verdadeira gestão das irregularidades (Brandão, 2016). Com a Lei, foi então institucionalizada a prática do diagnóstico de alienação parental como algo da Psicologia, e passou a ser entendida pelos profissionais como natural.

Passados dez anos da implementação da Lei 12. 318 de 26 de agosto de 2010, as(os) psicólogas(os) dos tribunais de justiça tardiamente avançam na perspectiva de olhá-la e revisitá-la, de forma a produzir reflexões críticas a respeito do processo de construção desta Lei. Isso se deu pelo fato de sua promulgação não ter contado com um amplo debate na sociedade, que deveria envolver vários agentes, dentre eles os conselhos de classe profissionais e os conselhos de direito. A rápida tramitação do projeto de lei foi impulsionada por as-

sociações de pais separados que argumentavam o seu direito de participar ativamente no desenvolvimento de suas filhas e filhos.

Com relação ao seu conteúdo, a Lei vigente no Brasil conceitua alienação parental como *"a interferência na formação psicológica da criança ou do adolescente promovida ou induzida por um dos genitores, pelos avós ou pelos que tenham a criança ou adolescente sob a sua autoridade, guarda ou vigilância para que repudie genitor ou que cause prejuízo ao estabelecimento ou à manutenção de vínculos com este"* (s./p.). Está embasada na concepção de Richard Gardner, como descrito anteriormente. A Lei ainda aponta que:

> [...] o laudo pericial terá base em ampla avaliação psicológica ou biopsicossocial, conforme o caso, compreendendo, inclusive, entrevista pessoal com as partes, exame de documentos dos autos, histórico do relacionamento do casal e da separação, cronologia de incidentes, avaliação da personalidade dos envolvidos e exame da forma como a criança ou adolescente se manifesta acerca de eventual acusação contra genitor (s./p.).

Indica-se, com isso, os procedimentos que devem ser adotados pela equipe técnica, para que o magistrado possa aplicar as medidas previstas. Assim, considerando que a Psicologia tem muito a contribuir com a questão, mesmo após a promulgação da lei, que caracteriza o ato de alienar como uma violência psicológica. É fundamental a promoção de espaços de debates que oportunizem uma análise crítica dos fundamentos, compromissos e objetivos do exercício profissional no campo da psicologia jurídica, contrapondo-o com o que está posto no texto da Lei, como atribuição da Psicologia.

Ainda, há profissionais da psicologia que se recusam a olhar criticamente para a questão da alienação parental, e isso faz com que se instale um verdadeiro campo de disputas no interior da profissão para aqueles que atuam nesse contexto. Observa-se também uma crescente produção teórica e de instrumentos psicológicos, que se alinham ao direito e servem à lógica adversarial, orientando uma prática profissional que reconhece o papel da Psicologia como diagnosticadora de alienação parental. Essa polarização, discursiva e prática, também é vista quando se tem um movimento de profissionais que defendem a revogação da Lei de alienação parental e outros que a defendem. Para construir uma análise crítica a respeito da relação entre os fundamentos e compromissos do exercício profissional no campo da psicologia jurídica e a produção de diagnósticos de alienação parental é fundamental recuperarmos o percurso histórico da nossa profissão, no Brasil.

No tempo da ditadura militar não havia uma possibilidade de posições críticas acerca da construção social. Naquele contexto, parte da psicologia buscou adaptar os indivíduos para atenderem adequadamente a forma impositiva em que a sociedade se apresentava em sua estruturação. Esse movimento legitimou a exclusão social ao transformar desigualdades sociais em problemas individuais e familiares (cf. Furlan, 2017). Dessa forma, realizavam-se diagnósticos para identificar os problemas individuais que deveriam ser ajustados ao contexto. Segundo Furlan (2017, p. 93), "a psicologia, portanto, era utilizada como um instrumento de dominação social para docilizar e domesticar os sujeitos humanos". Esse período foi sustentado por uma perspectiva positivista que orientou o exercício profissional, a exemplo da prática da psicologia do testemunho, no campo jurídico. Tinha-se nesse período, segundo a mesma autora (p. 93), "uma compreensão naturalizante e biologizante do homem, de uma ciência humana pautada na neutralidade e objetividade, num tecnicismo científico controlador e no reducionismo psicológico".

Depois de 58 anos de regulamentação da profissão, a história ressoa atualmente, na medida em que ainda visualizamos processos de exclusão e estigmatização na prática profissional. Haja vista o debate da alienação parental, que diante da pluralidade da profissão, em decorrência da heterogeneidade de vertentes teóricas e epistemológicas, vem ganhando contornos conflituosos de saberes e fazeres.

A narrativa da cientificidade, da neutralidade e da imparcialidade, do período da ditadura militar, hoje ainda pode ser sentida na justificação de quem compreende que o diagnóstico da alienação parental é papel da Psicologia. Que deve traçar o perfil do alienador, aquele que não corresponde a um ideal estipulado socialmente, pelas classes dominantes. Souza (2020) reafirma apontando que há uma tentativa de "resolver" a questão de forma "ágil, objetiva e neutra", a partir de uma explicação com base na lógica binária e reducionista, sem compreender a complexidade das dinâmicas familiares. Em uma sociedade patriarcal, verifica-se então uma produção de laudos que dão suporte à patologização, sobretudo das mulheres, considerando a naturalização do exercício da guarda por elas, após o divórcio. Ao adotar esta perspectiva as(os) psicólogas(os) do judiciário, em grande parte, também adotam uma perspectiva política da profissão apesar de negá-la, cobertos pelo manto da neutralidade e imparcialidade.

Assim, ao deixar de considerar esse contexto histórico, político e social no exercício da profissão, vemos a psicologia novamente servir, no campo do judiciário, a uma perspectiva normalizante, patologizante e estigmatizadora. Nos debates entre as(os) trabalhadoras(es) do judiciário acompanhamos uma cisão na Psicologia Jurídica, o que Brandão (2016) denominou como uma crise na psicologia jurídica atual, ao apontar o viés positivista ainda muito presente nas demandas destinadas ao fazer psi.

Ainda, sob o argumento de proteção e defesa do direto de crianças e adolescentes, especificamente a respeito do direito à convivência familiar, os diagnósticos de alienação parental produzem, com a anuência do Estado, por meio das sentenças judiciais de cunho punitivista, violações de direitos humanos. Pois, como destaca Souza (2020), há muitas vezes uma contradição na Lei, quando apresenta como alternativa de sanção a reversão da guarda e o afastamento da criança do genitor que está praticando a alienação. Então, "para garantir a convivência familiar com um dos genitores, aponta como solução interromper a convivência com o outro" (Souza, 2020, p. 15). Vemos com isso crianças e adolescentes sendo tratados como objetos do discurso do direito à convivência familiar e comunitária e não como sujeitos de direitos, como prevê o paradigma da proteção integral de crianças e adolescentes.

No que se refere a atuação dos profissionais técnicos que irão acompanhar o caso, para então efetivar um suposto diagnóstico de SAP, encontra-se o(a) psicólogo(a) que é aquele que apresenta aptidão profissional para efetivar essa tarefa. Esse fato consta devidamente explicitado na Lei 12.318/2010:

> Artigo 5º – Havendo indício da prática de ato de alienação parental, em ação autônoma ou incidental, o juiz, se necessário, determinará perícia psicológica ou biopsicossocial.
>
> § 1º O laudo pericial terá base em ampla avaliação psicológica ou biopsicossocial, confor-

me o caso, compreendendo, inclusive, entrevista pessoal com as partes, exame de documentos dos autos, histórico do relacionamento do casal e da separação, cronologia de incidentes, avaliação da personalidade dos envolvidos e exame da forma como a criança ou adolescente se manifesta acerca de eventual acusação contra o genitor.

> § 2º A perícia será realizada por profissional ou equipe multidisciplinar habilitados, exigindo, em qualquer caso, aptidão comprovada por histórico profissional ou acadêmico para diagnosticar atos de alienação parental (s./p.).

A esse respeito Souza e Brito (2010) discutem que muitas vezes os psicólogos(as) não conseguem distinguir entre conflitos e comportamentos associados à dinâmica familiar e que são relacionais à situação conflituosa, daqueles nos quais estão descritos como SAP. Nessa mesma direção, Schaefer, Lobo, Brunnet e Kristensen (2016) e Schaefer, Donat e Kristensen (2018) argumentam que há que se diferenciar em uma avaliação os sintomas clínicos envolvidos em cada parte do caso, em especial na criança vítima de violência, pois esses sintomas não se constituem como elemento suficiente para sustentar uma peça causal (prova pericial) da ocorrência dessa violência. As autoras destacam ainda que a violência envolvida nesses casos é prejudicial e avassaladora para o desenvolvimento psíquico da criança.

Dessa forma, considera-se que o papel do(a) psicólogo(a) nesses casos não é o de "investigador(a)" ou "apurador(a) da verdade". Seu papel não é responder se um crime foi cometido ou não. Souza e Brito (2010) apontam que o § 1º do artigo 5º ainda é mais contundente e ao mesmo tempo contraditório, pois ao mencionar que cabe ao profissional de psicologia realizar um papel de investigador inclusive dos documentos contidos nos autos, ele passa a desempenhar um papel de investigador criminal, perdendo o mote técnico-profissional que norteia seu fazer psicológico. Por fim, assinalam que o processo avaliativo nesse cenário deve primar para a promoção do desenvolvimento saudável da criança e de sua proteção, contudo sem promover ações e diagnósticos patologizantes, descolados das condicionantes históricas, sociais e psíquicas das partes envolvidas.

Face ao exposto, não se pretende indicar a retirada desse campo de trabalho pericial do psicólogo(a); o que está em pauta é a adequação desse manejo, inclusive diante de um processo avaliativo no qual a discussão do próprio conceito de SAP requer o desenvolvimento de base teórica, epistêmica e metodológica no Brasil e fora dele. Assim, na sequência será apresentado um caso no qual se pretende discutir o manejo da avaliação e como esse fazer pode ser conduzido.

Caso prático

Na sequência serão apresentados alguns trechos de um caso que teve alterado os nomes, sexos e idades dos envolvidos, de modo a preservar a dignidade e a individualidade das partes. Esse caso relatado foi selecionado dentro dos atendimentos ocorridos durante os anos de 2013 a 2017 e por meio deles poderemos ilustrar alguns manejos práticos de uma avaliação psicológica nesse contexto, bem como discutir a condução do processo e a conclusão do laudo.

Caso 1

G., menina de 9 anos que mora com a mãe, os avós e um tio materno. G. é uma menina graciosa e um pouco tímida. Na escola apresenta um de-

sempenho escolar típico para a idade. Trata-se de uma família bastante simples e que tem seus princípios voltados para uma educação religiosa. Os avós não trabalham e cuidam de G. durante o dia, ocasião que sua mãe trabalha de atendente de auxiliar de escritório. Nesse caso específico, G. não tinha memória episódica da ocorrência do fato, que teria acontecido quando ela tinha 4 anos.

A mãe (31 anos) e o pai de G. foram casados por cerca de 4 anos. A mãe relata que o pai sempre teve comportamentos não condizentes com sua função, dizendo que era muito extrovertido, falava alto e gostava de brincar com a criança de coisas que ela não aprovava (tais como lutinha, pega-pega, coisas que envolviam correria e distrações, segundo a mãe, para uma criança tão pequena; na época G. tinha uns 3 anos). Apesar disso, era um pai presente, mas ela nunca deixou que o mesmo desse banhos ou outros cuidados pessoais com a filha, porque sempre desconfiou de algo nesse comportamento que não lhe agradava, mas que embora tivesse suspeitado de um episódio de abuso quando a menina tinha apenas 4 anos, não procurou a justiça na época por medo de sofrer algum tipo de violência por parte do pai. Mas que, quando se separou, sentiu que estava protegida para fazer a denúncia.

O pai de G. (35 anos) constituiu família após a separação, salienta que quem pediu o divórcio foi ele. Nessa nova família cria as duas filhas de sua atual companheira. O pai trabalha na função de ajudante geral em uma fábrica, relata que o final do casamento não foi fácil e que a mãe tinha ressalvas, pela questão religiosa, por se separarem. Contudo, relata que já não gostava mais da ex-esposa e que seguiu com o divórcio. Relata que certa vez, ao buscar a filha, foi impedido de vê-la (pela família) e que a questão da guarda iniciou quando ele percebeu que teria que "lutar", segundo ele, pela guarda da filha.

Nos autos é possível perceber que ao longo de quatro anos pai e mãe tiveram episódios de conflitos e discussões e acusações verbais, também houve uma campanha difamatória de ambas as partes, de modo a atingir a integridade moral de ambos. Por um lado, uma mãe que acusa o pai de suposto abuso sexual, por outro um pai que acusa a ex-esposa de alienação parental.

Manejos da avaliação: um olhar não patologizante

Ao se observar a especificidade desse contexto de disputas e manipulações verbais, tem a criança que pode ter sofrido um suposto abuso sexual e por outro pode ter feito um suposto falso testemunho. Cabe elucidar que no caso escolhido para o relato, ainda que a criança não tenha memória episódica do fato, não significa que não tenha ocorrido. Dessa forma, serão tecidas algumas considerações sobre como transcorreu essa avaliação psicológica.

Da entrevista psicológica aos recursos empregados no processo e o laudo

A entrevista foi empregada com mãe, pai, criança e também com a professora da criança (para averiguar desenvolvimento típico e outras intercorrências comportamentais na escola e assegurando o sigilo e a confidencialidade do caso) e com a psicóloga clínica que atendia a criança na época. Trata-se de um recurso semiestruturado com questões relativas à história de vida pregressa ao (ex)casamento, compreensão da constituição familiar, convivências, impressões de funcionamento psíquico, rotina, dentre outros. Todas as partes foram chamadas e foram entrevistadas, em dias e horários separados no caso de pai e mãe para que não houvesse possibilidade de encontros.

A criança passou por uma avaliação psicológica na qual buscou a compreensão dos elementos estruturais de seu funcionamento psíquico e cognitivo. Buscou responder se a criança tinha uma interpretação adequada da realidade e dos fatos que constam nos autos. Para tanto, foram empregados recursos e técnicas psicológicas, quais sejam, testes psicológicos, técnicas gráficas, produções escritas, e em todo final de sessão também se empregava algum recurso lúdico para que as sessões finalizassem de forma acolhedora. No total, com a criança foram realizadas quatro sessões de 60 minutos cada.

Os pais também foram avaliados, buscando a compreensão dos elementos estruturais do funcionamento de cada um. Os mesmos recursos avaliativos empregados com a mãe foram empregados com o pai; dentre os quais, pode-se citar medidas para averiguar os aspectos cognitivos, controle inibitório, quadros psicopatológicos, de modo a ter elementos para ver se ambas as partes estavam respondendo adequadamente à realidade. No total foram realizadas duas sessões de 60 minutos com cada genitor.

O laudo psicológico foi efetivado, seguindo todos os elementos orientativos da Resolução CFP n. 6/2019. Esse é o documento máximo do processo de avaliação psicológica. Embora seja tão importante, merece destaque que sempre devemos nos atentar para os termos da elaboração deste documento. Ferman et al. (2017), em um estudo realizado com psicólogos brasileiros e os laudos oriundos dos trabalhos desses profissionais, dos quais analisaram o processo de avaliação psicológica em casos judiciais, constataram que em nenhum dos documentos analisados a estrutura do laudo apresentou as recomendações ora indicadas pelo CFP. Dentre os aspectos averiguados também houve erros gramaticais no texto, emprego de termos representativos de jargões técnicos, bem como havia pouca elucidação dos procedimentos adotados durante o manejo de avaliação psicológica.

A compreensão desses elementos de todas as partes é crucial para traçar um raciocínio no qual conduz a avaliação para uma linha na qual compreende os elementos estruturais e psicossociais nos quais a queixa aparece e se torna um sintoma que contamina a chegada a uma melhor decisão para o bem-estar psíquico da criança. Não cabe ao psicólogo acusar pai ou mãe nesse processo, tampouco tomar partidos. Mas é preciso ter uma postura firme no caso, pois de fato podemos estar lidando com um abusador que usa do subterfúgio de desqualificar o discurso da mãe, acusando-a de "louca" e "manipuladora", considerando que a maior parte das queixas de alienação parental é feita pelo pai em relação ao comportamento da mãe.

Considerações finais

É preciso ter um olhar que considere os conflitos clínicos apresentados por pai e mãe não como suficientes para constituir como provas materializadas nos autos por meio do laudo psicológico. O reforço das condições que levem em consideração a família e os laços parentais desse contexto pode ser um norteador, atentando para o fato de que de fato pode haver uma figura de abusador envolvido na questão.

Há que se problematizar que o fazer da avaliação psicológica nesse contexto não é a extensão do mesmo fazer de um policial, pois não é objetivo gerar provas, mas sim demonstrar alguns elementos do funcionamento humano que poderiam se relacionar à situação, depondo de forma positiva ou negativa (a depender de cada caso) na decisão judicial final.

As reflexões aqui expostas apontam para a importância do reconhecimento e da problematização de práticas profissionais que produzem violações de direitos humanos, opressões e exclusão, na atualidade. A partir de uma orientação crítica e com compromisso ético-político, as avaliações psicológicas, no contexto do judiciário, devem romper com concepções meramente causais e simplistas, que divergem da compreensão dos indivíduos e das dinâmicas familiares, como históricas, sociais, econômicas e políticas. A complexidade dos fenômenos relacionais, deve ser abordada em seus diversos atravessamentos, para não perpetuar ideias moralistas de família e das relações afetivas que pretendem normatizar os modos de se relacionar entre os sujeitos, produzindo ainda mais sofrimento psicológico.

Referências

American Educational Research Association, American Psychological Association & National Council on Measurement in Education. (2014). *Standards for educational and psychological testing*. American Psychological Association.

American Psychiatric Association. (2013). *Diagnostic and statistical manual of mental disorders* (5. ed.). https://doi.org/10.1176/appi.books.9780890425596

Andrade, J. M., & Sales, H. F. S. (2017). A diferenciação entre avaliação psicológica e testagem psicológica: Questões emergentes. In M. R. C. Lins & J. C. Borsa (orgs.), *Avaliação psicológica: Aspectos teóricos e práticos* (pp. 9-22). Vozes.

Bicalho, P. P. G., & Vieira, E. S. (2018). Direitos humanos e avaliação psicológica: Indissociabilidade do compromisso ético-político profissional. *Psicologia:*

Ciência e Profissão, 38(spe), 147-158. https://doi.org/10.1590/1982-3703000211836

Brandão, E. P. (2016). *Atualidades em psicologia jurídica*. NAU.

Brasil. (2010). Lei n. 12.318, de 23 de agosto de 2010. Dispõe sobre a alienação parental e altera o artigo 236 da Lei n. 8.069, de 13 de julho de 1990. http://www.planalto.gov.br/ccivil_03/_ato2007-2010/2010/lei/l12318.htm

Câmara Legislativa Federal. (2019). *Especialistas defendem revogação da Lei da Alienação Parental.* https://www.camara.leg.br/noticias/555220-especialistas-defendem-revogacao-da-lei-da-alienacao-parental/

Christovam, A. C. C., & Cia, F. (2013). O envolvimento parental na visão de pais e professores de alunos com necessidades educacionais especiais. *Revista Brasileira de Educação Especial, 19*(4), 563-581. http://www.scielo.br/scielo.php?script=sci_arttext & pid=S1413-65382013000400007 & lng=pt & tlng=pt

Classificação estatística internacional de doenças e problemas relacionados à saúde: CID-10 (1996) (3. ed., vol. 2). Edusp.

Cohen, R. J., Swerdlik, M. E., & Sturman, E. D. (2014). *Testagem e avaliação psicológica: Introdução a testes e medidas*. AMGH.

Conselho Federal de Psicologia. (2013). *Cartilha de avaliação psicológica*. Conselho Federal de Psicologia. https://cutt.ly/kb2Uu96

Conselho Federal de Psicologia. (2018). *Resolução n. 9, de 25 de abril de 2018*. CFP. http://satepsi.cfp.org.br/docs/Resolução-CFP-no-09-2018-com-anexo.pdf

Conselho Federal de Psicologia. (2019). *Resolução CFP n. 6/2019*. Institui regras para a elaboração de documentos escritos produzidos pela(o) psicóloga(o) no exercício profissional e revoga a Resolução CFP n. 15/1996, a Resolução CFP n. 7/2003 e a Resolução CFP n. 4/2019. https://cutt.ly/Ib2Y25k

D'Affonseca, S. M., & Williams, L. C. A. (2013). Metaparentagem: Uma nova possibilidade de avaliar a parentagem. *Psicologia em Estudo, 18*(1), 83-92. https://doi.org/10.1590/S1413-737220130001 00009

Faiad, C., Pasquali, L., & Oliveira, K. L. (2019). Histórico da avaliação psicológica no mundo. In M. N. Baptista et al. (orgs.), *Compêndio de avaliação psicológica* (pp. 111-121). Vozes.

Fermann, I. L., Chambart, D. I., Foschiera, L. N., Bordini, T. C. P. N., & Habigzang, L. F. (2017). Perícias Psicológicas em Processos Judiciais Envolvendo Suspeita de Alienação Parental. *Psicologia: Ciência e Profissão, 37*(1), 35-47. https://dx.doi.org/10.1590/1982-3703001202016

Furlan, V. (2017). Psicologia e política de direitos: Percursos de uma relação. *Psicologia: Ciência e Profissão, 37*(spe), 91-102. https://doi.org/10.1590/1982-3703070002017

Gardner, R. A. (2002). Parental alienation syndrome vs. parental alienation: Wich diagnosis should evaluators use in child-custody disputes? *The American Journal of Family Therapy, 30*(2), 93-115. https://doi.org/10.1080/019261802753573821

Gorin, M. C., Mello, R., Machado, R. N., & Féres-Carneiro, T. (2015). O estatuto contemporâneo da parentalidade. *Revista Spagesp, 16*(2), 3-15. http://pepsic.bvsalud.org/scielo.php?script=sci_arttext& pid=S1677-29702015000200002 & lng=pt

Groeninga, G. C. (2008). *Direito a convivência entre pais e filhos: Análise interdisciplinar com vistas a eficácia e sensibilização de suas relações no Poder Judiciário* [Tese de doutorado, Universidade de São Paulo].

Hutz, C. S. (2015). Questões éticas na avaliação psicológica. In C. S. Hutz, D. R. Bandeira & C. M. Trentini (orgs.), *Psicometria* (pp. 165-174). Artmed.

Padilha, M. G. S., & Williams, L. C. A. (2004). Considerações sobre estilos parentais de pais que cometem abuso físico, psicológico ou sexual contra seus filhos. In M. Z. S. Brandão, F. C. S. Conte, F. S. Brandão, Y. K. Ingberman, V. L. M. Silva & S. M. Oliani. *Sobre comportamento e cognição: Estendendo a psicologia comportamental e cognitiva aos contextos da saúde, das organizações, das relações pais e filhos e das escolas,* (vol. 14, pp. 286-291). Esetec.

Petrucci, G. W., Borsa, C. J., & Koller, S. H. (2016). A família e a escola no desenvolvimento socioemocional na infância. *Trends in Psychology/*

Temas em Psicologia, 24(2), 391-402. http://dx.doi.org/10.9788/TP2016.2-01Pt

Refosco, H. C., & Fernandes, M. M. G. (2018). Entre o afeto e a sanção: Uma crítica à abordagem punitiva da alienação parental. *Revista Direito GV, 14*(1), 79-98. https://doi.org/10.1590/2317-6172201804

Reppold, C. T., Zanini, D. S., & Noronha, A. P. P. (2019). O que é avaliação psicológica? In Baptista, M. N. et al. (orgs.), *Compêndio de avaliação psicológica* (pp. 15-28). Vozes.

Rovinski, S. L. R. (2013). *Fundamentos da perícia psicológica forense* (3. ed.). Vetor.

Rovinski, S. L. R. (2019). Avaliação psicológica no contexto forense. In M. N. Baptista et al. (orgs.), *Compêndio de avaliação psicológica* (pp. 311-332). Vozes.

Schaefer, L. S., Donat, J. C., & Kristensen, C. H. (2018). Avaliação de crianças com suspeita de abuso sexual. In M. Lins, M. Muniz & L. M. Cardoso (orgs.), *Avaliação psicológica infantil* (pp. 429-448). Hogrefe.

Schaefer, L. S., Lobo, B. O. M., Brunnet, A. E., & Kristensen, C. H. (2016). Reações pós-traumáticas em crianças: Como, por que e quais aspectos avaliar? *Interação em Psicologia, 20*(1), 112-123. https://doi.org/10.5380/psi.v20i1.30294

Silva C. S., & Carneiro, M. (2014). Adaptação à parentalidade: O nascimento do primeiro filho. *Rev. Enf. Ref., IV*(3), 17-26. http://dx.doi.org/10.12707/RIII13143

Sousa, A. M. (2019). A (re)produção do dispositivo [síndrome da] alienação parental no Brasil. In Conselho Federal de Psicologia, *Debatendo sobre alienação parental: Diferentes perspectivas* (pp. 8-96). https://site.cfp.org.br/wp-content/uploads/2019/11/Livro-Debatendo-sobre-Alienacao-Parental-Diferentes-Perspectivas.pdf

Souza, A. P. H. (2020). Judicialização da vida, Psicologia e "alienação parental": Reflexões e apontamentos. In Conselho Regional de Psicologia de São Paulo, *Cristalização, patologização e criminalização da vida no sistema de justiça: "Alienação Parental" e a atuação da/o psicóloga/o.* https://www.crpsp.org/uploads/impresso/15040/nr0O5BRz7xEKp2xqmbEfJv0ipSaBQUrU.pdf

Urbina, S. (2014). *Essentials of psychological testing* (2. ed.). Hoboken: Wiley.

Walker, L. E. A., Brantley, K. L., & Rigsbee, J. A. (2004). A Critical Analysis of Parental Alienation Syndrome and Its Admissibility in the Family Court. *Journal of Child Custody: Research, Issues, and Practices, 1*(2), 47-74.

Zornig, S. M. A. (2010). Tornar-se pai, tornar-se mãe: O processo de construção da parentalidade. *Tempo Psicanalítico, 42*(2), 453-470. http://pepsic.bvsalud.org/scielo.php?script=sci_arttext&pid=S0101-48382010000200010 & lng=pt

23
Avaliação psicológica de crianças e adolescentes em um serviço-escola público

Katya Luciane de Oliveira
Universidade Estadual de Londrina

Amanda Lays Monteiro Inácio
Universidade São Francisco

Patricia Emi de Souza
Universidade Estadual de Londrina

Highlights

- O serviço-escola como um espaço privilegiado e valoroso para a construção do conhecimento científico.
- Possibilidades de interlocução da teoria com a prática profissional.
- Cuidados relacionados à avaliação psicológica de crianças e adolescentes.

A avaliação psicológica é entendida como um processo técnico e científico de investigação bastante complexo, no qual o psicólogo apreende o "avaliado e sua demanda, com o intuito de programar a tomada de decisão mais apropriada" (CFP, 2013, s./p.). Baseada em métodos, técnicas e instrumentos, tem o objetivo de prover o profissional com informações para a tomada de decisões em diferentes contextos quanto a indivíduos ou grupos (CFP, 2019). Os documentos escritos oriundos da avaliação psicológica, por sua vez, devem respeitar as orientações vigentes, permitindo que alcancem de fato, o propósito de informar, esclarecer e orientar a tomada de decisão (Reppold, Zanini & Noronha, 2019).

O interesse e necessidade em conhecer as habilidades e características das pessoas por meio de instrumentos ou provas aparecem em registros da China antiga, no Império Romano e Idade Média (Faiad, Pasquali & Oliveira, 2019),

indicando serem práticas bastante remotas. No Brasil, a avaliação psicológica ocorreu concomitante ao próprio reconhecimento da Psicologia como profissão (Nakano & Roama-Alves, 2019). De acordo com as autoras, esta prática se desenvolveu junto à criação dos cursos de graduação, pós-graduação e instauração de laboratórios de pesquisa. A partir da década de 1990, depois de um período de crise nesta área de conhecimento da psicologia, ocorreu um movimento dirigido pelo Conselho Federal de Psicologia – CFP, "com o objetivo de promover uma reflexão sobre as práticas inadequadas na área, as quais deram início um processo de retomada de credibilidade da avaliação psicológica brasileira" (Nakano & Roama-Alves, 2019).

Entre as ações oriundas do processo supracitado, destaca-se o surgimento do Sistema de Avaliação dos Testes Psicológicos – Satepsi, reconhecido internacionalmente por seu trabalho na certificação dos instrumentos psicológicos, e que alavancou a produção de instrumentos no Brasil, considerando critérios de produtividade e qualidade. Além disso, foram realizadas outras ações por meio de campanhas, ano temático da avaliação psicológica, palestras e atualização de legislação da área, sendo que todo esse movimento da avaliação psicológica no Brasil refletiu em seu crescimento e desenvolvimento ao longo dos anos, com a efetivação da maturidade e qualidade científica exigida para uma área tão significativa da Psicologia (Wechsler, Hutz & Primi, 2019).

Diante do exposto, ainda são muitos os desafios dessa área, sobretudo no que tange aos cursos de graduação, que enfrentam problemáticas como carga horária insuficiente para as disciplinas, competências insatisfatórias na perspectiva dos estudantes, entre outros. Tem-se ainda os índices preocupantes quanto às infrações éticas de profissionais psicólogos na realização de avaliações psicológicas (Ambiel, Zuanazzi, Sette, Costa & Cunha, 2019; Borsa, 2016; Muniz, 2018; Nakano & Roama-Alves, 2019; Paula, Pereira & Nascimento, 2007; Zaia, Oliveira & Nakano, 2018).

Desse modo, a excelência dos serviços que envolvem a avaliação psicológica exige uma formação realizada com qualidade, bem como a contextualização das demandas e o compromisso com as orientações e encaminhamentos que os resultados permitem. De acordo com Avoglia (2012, p. 184), "um dos aspectos que merecem atenção diz respeito à necessidade de maior articulação do contexto social com a compreensão diagnóstica", cuidando para que a responsabilidade do sofrimento que origina o processo não recaia unicamente sobre o indivíduo submetido a ele. Dessa forma, subentende-se que a avaliação psicológica deve extrapolar o contexto clínico, a

exemplo de outros serviços psicológicos que ampliaram seus espaços e atualmente ocupam contextos sociais mais amplos, como os Centros de Referência da Assistência Social (Cras) na rede de saúde pública, os atendimentos *in loco* em situações de emergência e desastres naturais, entre outros.

Com base no exposto e considerando a multiplicidade de campos de atuação e interface entre áreas do conhecimento da Psicologia, bem como a relevância de uma formação de excelência que prime pelos direitos humanos e pela ética em seu trabalho, o presente capítulo objetivou (a) Contextualizar o serviço-escola público no que tange ao seu histórico, relevância social e científica; (b) Apresentar o funcionamento de um serviço público de avaliação psicológica vinculado a um serviço-escola de uma universidade do Estado do Paraná; (c) Delinear algumas das especificidades na avaliação psicológica de crianças e adolescentes com base nos preceitos éticos e de desenvolvimento humano. Espera-se que o conteúdo apresentado possibilite um panorama do trabalho realizado no serviço público de avaliação psicológica, incorporando reflexões acerca de sua primorosa contribuição para o público-alvo de crianças e adolescentes, que, como sabemos, possuem especificidades importantes a serem consideradas em um processo de avaliação.

O serviço-escola público

Um serviço-escola de psicologia assume parte significativa da formação de um psicólogo, considera-se que as Instituições de Ensino Superior – IES brasileiras cada vez mais têm fortalecido esses espaços de práticas e aprendizagens tuteladas do futuro psicólogo (Fam & Ferreira Neto, 2019). Ao se remeterem à origem desse órgão, Amaral et al. (2012) consideram que os serviços de clínicas-escola, em âmbito nacional, têm seu início juntamente com a constituição dos cursos de psicologia no Brasil, bem como com a regulamentação da profissão de psicólogo em 1962. Fam e Ferreira Neto (2019) complementam que a publicação da Lei 4.119/1992 que regulamenta a profissão de psicólogo no país, em seu artigo 16 já indica a prerrogativa do estágio à medida que estabelece que cabe às IES organizar serviços clínicos voltados para a educação e o trabalho.

Amaral et al. (2012) lembram que a expressão "clínica-escola" sofreu uma reformulação que tem por base as discussões do 12º Encontro de Clínicas-Escola do Estado de São Paulo, no ano de 2004, sendo substituído por um termo mais abrangente e representativo de suas especificidades, qual seja, "serviço-escola". Oliveira et al. (2014) consideram que o serviço-escola de psicologia, se por um lado tem um papel essencial na formação do saber teórico e prático, por outro e de modo complementar também fomenta a formação técnica especializada assegurando os princípios éticos da profissão de psicólogo. Por isso a orientação de estágios nesse campo aplicado é algo basal do ensino da prática profissional de qualquer psicólogo. De acordo com o Conselho Federal de Psicologia (2013), essa prática advém de situações nas quais os discentes, regularmente matriculados em um curso de graduação em psicologia, experienciam ações das práticas profissionais da psicologia em situações reais da vida de uma pessoa ou grupo.

Em 2019, houve a reformulação das Diretrizes Curriculares Nacionais (DCNs) dos Cursos de Graduação em Psicologia, proposta pelo Conselho Nacional de Educação (CNE) e Câmara de Educação Superior (CES), conforme indicado no Parecer n. 1071/2019 de 14 de dezembro de 2019 (o qual aguarda homologação). Contudo, tal reformulação não contou com alterações concernentes à presença e obrigatoriedade do estágio de graduação. No documento fica especificado que os estágios obrigatórios mantêm a função precípua de assegurar ao discente do Ensino Superior o acesso à experiência do campo de atuação prático.

Conforme preconiza a Lei de Estágios n. 11.788/2008, que é aquela que dispõe e regulamenta o estágio em âmbito nacional, estabelecendo-o como um "ato educativo escolar supervisionado" (s./p.), há uma diferenciação na designação da tutela. Dessa forma, convenciona chamar orientador o professor vinculado à Instituição de Ensino Superior a qual o estudante está matriculado e supervisor para a pessoa responsável por acompanhar o estágio no campo em que ele ocorre, ou seja, no território da instituição concedente, considerando estágios que são realizados em outros ambientes que não aquele delimitado pelo espaço físico do serviço-escola.

Autores como Barbosa, Laurenti e Silva (2013), Colombo e Ballão (2014) e Oliveira, Inácio e Lúcio (2017) argumentam que o estágio é um processo que permite ao estagiário vivenciar um papel dual tanto no lugar de discente na qualidade de aprendiz e supervisionando, bem como no papel de um profissional que está sujeito a rica experiência do contato com a demanda da queixa e atendimento do indivíduo ou grupo. No âmbito da profissionalização o estágio possibilita, por meio de práticas epistêmicas da psicologia na concepção do sujeito, que o discente empregue a metodologia apropriada no manejo do atendimento. A atividade de estágio no curso de psicologia permite ao discente compreender de forma responsiva o seu papel salutar na promoção da formação humana.

Aliada à possibilidade da prática do exercício profissional pelo estudante, o serviço-escola cumpre ainda um valioso papel social em razão da especificidade da clientela atendida, que é constituída por uma grande parcela da sociedade que não possui renda compatível com os valores cobrados em serviços particulares de Psicologia, sendo este realizado em um formato de baixo custo ou de gratuidade. Assim, a população geral e comunidade interna da universidade chegam até o serviço por meio de demandas espontâneas ou, ainda, por encaminhamentos da rede de saúde mental, assistência social, ou redes territoriais e afetivas de cuidado aos cidadãos (Sei, Skitnevsky, Trevisan & Tsujiguchi, 2019).

Em consonância, tem-se que a função do serviço-escola de Psicologia cumpre-se, também, na produção de conhecimento e desenvolvimento de novas práticas profissionais. Possibilita que sejam empregadas e testadas empiricamente diferentes modalidades de intervenções, a fim de que sejam então implementadas, ensinadas e difundidas, considerando sempre a especificidade do local e da população. Assim, o serviço-escola de Psicologia propicia o circuito de permuta do conhecimento (Marturano, Silvares & Oliveira, 2014).

Gomes e Dimenstein (2016) descrevem que o serviço-escola ainda ocupa um lugar muito pautado em práticas tradicionais de atendimento clínico psicológico, com poucas práticas interdisciplinares. Ressaltam que há uma demanda crescente na qual estão delineando outras formas de atuação prática nesse contexto. Embora os autores critiquem que em muitos destes serviços a questão da aplicação de testes e a realização de psicodiagnósticos são elementos meramente cartoriais do processo clínico, há que se observar que, entre a "aplicação de teste" e a complexidade do funcionamento de um serviço de avaliação psicológica público em sua perspectiva ética e sustentável dentro de um serviço-escola, problematizações merecem ser realizadas.

Isso porque defende-se a avaliação psicológica como uma prática profissional que apresenta campo próprio de oferta de estágio. Como campo de conhecimento específico da formação do psicólogo, essa área preza por um processo de avaliação psicológica como procedimento amplo e composto por diversas etapas que demandam do discente as competências e habilidades acadêmicas específicas e necessárias para sua formação. Por essa razão, Reppold et al. (2019, p. 26) arrematam que 'é cada vez mais retrógrada e equívoca a ideia de que a avaliação psicológica seria uma prática mecânica ou alheia à transformação social'.

O serviço público de avaliação psicológica vinculado a um serviço-escola

Cumprindo com o segundo objetivo do presente capítulo, será apresentada na sequência a descrição de funcionamento de um serviço público de avaliação psicológica que atua desde o ano de 2009. Como fora dito, este serviço se vincula ao funcionamento de um serviço-escola de psicologia em uma instituição de Ensino Superior público do Estado do Paraná. Em uma breve retrospectiva histórica, o curso de psicologia ao qual o serviço-escola se destina iniciou suas atividades no ano de 1972, tendo sua sede construída no Centro de Ciências Biológicas da Universidade (Ortolan, Sei & Victrio, 2018). O serviço-escola atende um curso integral de psicologia no qual há uma demanda de entrada de 80 alunos por ano. O curso de psicologia se organiza em duas ênfases de estágios, a saber, Processos Clínicos e de Saúde e Processos Sociais e Institucionais. No curso, que tem duração de 5 anos, os alunos iniciam suas atividades de estágio ao longo do terceiro ano, o que permite que o discente adquira um bom arcabouço de experiências práticas que o auxiliarão na posterior atuação profissional. Dentre as possibilidades de estágio na ênfase de Processos Clínicos e de Saúde, é ofertada a modalidade prática do estágio em avaliação psicológica, por meio do qual os estudantes podem realizar sua prática clínica direcionada a este campo de atuação.

Outra via de entrada que contempla a experiência prática com a avaliação psicológica é por meio de um projeto de extensão da universidade que recruta discentes interessados em atingir suas horas complementares extensionistas realizando as práticas inerentes ao processo de avaliação psicológica. Dessa forma, tanto do ponto de vista do estágio obrigatório formal quanto do que é realizado por meio das horas inerentes às atividades complementares, os discentes podem ter acesso a esse conhecimento de modo prático, cabendo destaque que a formação teórica já é ofertada nas disciplinas teóricas do curso, sendo elas: Processos Psicológicos Básicos, Avaliação Psicológica I e Avaliação Psicológica II.

O acesso ao serviço ocorre por meio de fluxo contínuo, ou seja, a demanda deriva das triagens que são realizadas no referido serviço-escola (Ortolan & Sei, 2016; Sei, Zuanazzi, Oliveira, Lúcio & Cordeiro, 2019). Também há a recepção de encaminhamentos feitos por escolas públicas municipais e estaduais, Centro de Atenção Psicossocial Infantojuvenil – Capsi, Hospital Universitário – HU, Hospital de Clínicas – HC –

setor de psiquiatria, Unidades Básicas de Saúde – UBS da cidade onde o serviço está sediado, bem como de outras cidades da região metropolitana que agrega mais de 20 municípios do entorno. O atendimento é destinado a pessoas que apresentam perfil social de baixa renda no qual se caracteriza por meio dos encaminhamentos públicos.

No que concerne à avaliação psicológica de crianças e adolescentes, esta ocorre especificamente para aqueles que estão matriculados nas redes públicas de ensino, bem como aqueles que são atendidos no serviço público de saúde. Assim, o atendimento é direcionado à população que não tem condições de arcar com os custos de uma avaliação psicológica ofertada no serviço particular. Tal quadro encontra-se em consonância aos objetivos de atendimento do serviço-escola, conforme descrito anteriormente (Sei, Skitnevsky, Trevisan & Tsujiguchi, 2019).

O processo de avaliação psicológica de crianças e adolescentes, foco deste capítulo, ocorre entre oito e dez sessões, nas salas de atendimento do serviço-escola da universidade. A depender da característica da queixa, esta pode ocorrer *in loco*, isto é, nas dependências da escola da qual se originou o encaminhamento. Os passos seguidos para a realização da avaliação são descritos a seguir: (1) Recepção do encaminhamento (por meio do qual é feita uma análise sobre as possibilidades de atendimento da demanda); (2) Agendamento com a família (responsáveis), entrevista lúdica ou entrevista com criança/adolescente; demais entrevistas necessárias (com professores e demais profissionais pertinentes) e aplicação de instrumentos psicológicos com o avaliando. (3) Sessão de *feedback* (oral) com a criança e em separado com seus responsáveis (com a entrega do laudo psicológico). Caso os responsáveis autorizem de forma expressa, é feito o *feedback* oral e entrega de cópia do laudo psicológico para o profissional ou instituição da qual se originou o encaminhamento.

Cabe destacar que os estudantes de Psicologia são supervisionados e orientados ao longo dos atendimentos, de modo a lidarem com a queixa tentando compreender suas especificidades e possíveis transtornos envolvidos. Buscam abranger as características do indivíduo de forma global, ou seja, analisando todos os aspectos possíveis que podem estar envolvidos na queixa apresentada, bem como as implicações psicoeducacionais para a vida escolar do avaliando. Algumas sessões podem ser supervisionadas em salas de espelho, que possibilitam ao docente acompanhar todos os procedimentos adotados pelo estagiário. De modo semelhante, a observação pela sala de espelhos também pode ser feita a fim de que o estagiário analise a conduta empregada pelo docente ao longo de um processo de avaliação psicológica.

Em supervisão, os estudantes discutem os casos, manuseiam e estudam os testes psicológicos, a fim de que sejam instrumentalizados para a tomada de decisão pertinente ao emprego desse tipo de recurso, sempre tendo como foco a integração de todos os dados coletados, sendo das entrevistas, testes, observações etc. Também são treinadas técnicas de entrevistas e dinâmicas de interação das quais permitem que várias informações sejam coletadas de forma a elucidar a queixa. Todos esses procedimentos visam assegurar a qualidade da formação do psicólogo e permitir o desenvolvimento de competências para uma atuação autônoma e qualificada, conforme preconizado por Borsa (2016).

Ao se debruçar sobre as queixas escolares recepcionadas no Serviço de Avaliação Psicológica, sediado no serviço-escola público ao qual a realidade de atendimento do presente capítulo se insere, tem-se que, anualmente, estas chegam a representar 62,91% ($n = 134$) num total de 213 atendimentos realizados nos últimos 5 anos (2014 a 2019). As queixas invariavelmente demandam a avaliação psicológica, de modo a identificar dificuldade ou algum transtorno de aprendizagem apresentado pelo aluno, bem como há solicitações de avaliação de comportamentos relacionados à conduta desafiante, opositora e antissocial. Também ocorrem encaminhamentos para investigação de sintomas de ansiedade e depressão em crianças e adolescentes.

As demandas relativas às queixas e aos encaminhamentos acerca da avaliação das dificuldades de aprendizado escolar ocorrem de acordo com os relatos dos professores e gestores das escolas. Dessa forma, a solicitação fica a cargo da direção ou pedagogo institucional, no intuito de esclarecimentos das dificuldades apresentadas pelos alunos, a fim de realizar encaminhamentos pedagógicos individuais e clínicos. Quando os encaminhamentos advêm de um serviço público de saúde, como as Unidades Básicas de Saúde, CAPsi, Hospital Universitário de Clínicas (Setor Psiquiatria), trazem uma sugestão diagnóstica realizada pelo profissional de saúde, geralmente médico psiquiatra ou neurologista, que solicita a avaliação psicológica como um exame complementar, a fim de auxiliá-los na investigação.

Assim, a população atendida pelo Serviço de Avaliação Psicológica do serviço-escola é formada, predominantemente, por crianças oriundas do Ensino Fundamental e Ensino Médio, com idades variando de 7 a 16 anos, aproximadamente. Em consonância, a pesquisa de Sei, Skitnevsky, Trevisan e Tsujiguchi (2019) objetivou levantar as características do público infantojuvenil que buscou atendimento neste mesmo serviço-escola entre os anos de 2015 a 2017. Os resultados evidenciaram uma predominância de crianças do sexo masculino, maior prevalência de queixas relacionadas às dificuldades escolares e comportamentos externalizantes, bem como um alto índice de medicalização para tratamento de Transtorno do Déficit de Atenção com Hiperatividade – TDAH. Vale destacar que os comportamentos externalizantes se referem a padrões comportamentais manifestos e desajustados que atuam no ambiente, tais como ansiedade, agressividade e agitação psicomotora, entre outros (Achenbach & Rescorla, 2001; Achenbach, 2015).

Na mesma linha, Borsa, Segabinazi, Stenert, Yates e Bandeira (2013) realizaram uma pesquisa que buscou caracterizar a clientela infantojuvenil de um serviço de avaliação psicológica em um serviço-escola entre os anos de 2009 e 2011. Os resultados encontrados foram semelhantes aos apresentados no presente capítulo, no que tange a especificidade da demanda, com elevado índice de queixas sobre dificuldades ou transtornos de aprendizagem acadêmica e atenção em crianças e adolescentes.

Por sua vez, o estudo realizado por Rodrigues, Campos e Fernandes (2012) acerca da demanda de atendimento de um serviço-escola na cidade de Juiz de Fora identificou que a maior parte das famílias de crianças e adolescentes buscava auxílio para as dificuldades de aprendizagem apresentadas por seus filhos. Os autores ressaltaram que esse fenômeno, de muita importância na atualidade, não é novo, sendo tema de vários pesquisadores da psicologia há alguns anos. Ressalta-se que neste estudo a área da avaliação psicológica não era a única contemplada.

Já Wielewicki (2011) objetivou em seu estudo caracterizar a população infantil atendida em serviço-escola no Brasil no que se refere ao sexo, idade e principais queixas, a partir de um levantamento da literatura. Os resultados evidenciaram uma predominância relativa ao público do sexo masculino, com idade entre 6 e 9 anos. Ademais, em consonância com os demais estudos citados, os principais motivos para encaminhamento referiam-se a comportamento agressivo e problemas de aprendizagem. As queixas também versavam sobre ansiedade, agitação e irritação, problemas sociais como dificuldade de relacionamento intrafamiliar, baixa tolerância à frustração, medo, depressão e problemas de pensamento, além de dificuldades na fala.

Nesse sentido, é muito relevante ter um conhecimento mais amplo das engrenagens que sustentam uma avaliação psicológica com uma população de atendidos que apresenta sérias situações de vulnerabilidade social, de modo a avaliar cada aspecto que empreende uma avaliação nesse contexto. Dessa forma, as questões socioeconômicas dos avaliandos assumem importância, pois essas influenciam sobremaneira suas experiências de vida, sua relação com a escola e o acesso a ela, bem como seu desenvolvimento psicossocial (Ribeiro & Vóvio, 2017; Schweitzer & Souza, 2018).

Especificidades na avaliação de crianças e adolescentes

Conforme apresentado anteriormente neste capítulo, a avaliação psicológica realizada em serviços-escola tem como público-alvo a clientela infantojuvenil. A prática profissional da avaliação psicológica com crianças e adolescentes também é bastante requisitada no âmbito clínico e psicoeducacional, sendo importante a articulação com outras áreas do conhecimento da psicologia a fim de compreender os fenômenos em uma perspectiva integrada, com vias de tratamento que promovam efetivamente um suporte ao avaliando e a seus familiares (Pires, 2017).

Diante dessa demanda e da necessidade de articulação com outras áreas, torna-se indispensável compreender as especificidades inerentes à avaliação psicológica com esse público, bem como as questões desenvolvimentais a serem consideradas. Isso porque o desenvolvimento humano é um processo multidimensional que se entende continuamente ao longo da vida, abarcando variáveis cognitivas, afetivas, biológicas e sociais, internas e externas que, somadas, constituem o indivíduo. Além disso, a contribuição da psicologia do desenvolvimento ao estudar a infância e adolescência se dá, ainda, na definição de práticas educativas em vias de deliberar ações em prol da emancipação do sujeito, considerando sempre seu contexto de vida (Piletti, Rossato & Rossato, 2017). Tal fato corrobora com a visão ética e comprometida com seu papel social, desempenhado pela avaliação psicológica, que impele um olhar unificado e contextualizado ao longo de seu processo de investigação (CFP, 2010).

À medida que a criança se desenvolve, conquista novas e distintas aquisições motoras, cognitivas, emocionais, sociais e adaptativas que vão amadurecendo e se fortalecendo com o passar dos anos. As experiências vivenciadas aprimoram suas habilidades, formando um sistema integrado e ativo para a aquisição de novas competências, em um ciclo recorrente. O papel da cultura também se constitui como um fator agregador nessa faixa de desenvolvimento, haja vista que o lugar da infância e da família foi construído ao longo de diferentes momentos da história (Ariès, 1981).

Assim como a história da infância, a adolescência também é permeada por mitos e construções sociais que impelem a características bastante específicas. Muitas vezes essa faixa de desenvolvimento é conotada como negativa pela presença de desequilíbrio emocional, comportamentos de risco, emergência da sexualidade, entre outras crises e conflitos próprios da idade. Por outro lado, também pode ser vista como uma fase enérgica, abastada de disposição à mudança, atitude e desejo pelo conhecimento. Podem ser mencionados ainda aspectos como a necessidade de pertencimento a grupos, modificação do papel social e o desejo por mais autonomia. Nessa etapa de vida ocorre também o amadurecimento sexual (capacidade de reprodução), produtivo (capacidade de desenvolver um ofício), cognitivo (desenvolvimento do pensamento abstrato) e moral (capacidade de tomada de decisão por conta própria), sendo que, ao final do processo de *adolescer*, o indivíduo torna-se capaz de se reconhecer como adulto, ou seja, um ser social autônomo frente à sociedade em que vive (Piletti et al., 2017).

A avaliação psicológica por si só se evidencia como uma prática bastante complexa, que lança mão de diferentes métodos, instrumentos e técnicas a fim de uma melhor compreensão dos aspectos que envolvem a demanda do sujeito. Na avaliação psicológica realizada com crianças e adolescentes o conhecimento acerca dos aspectos relacionados ao desenvolvimento humano possibilita que o profissional atente-se também aos marcos maturacionais e os períodos críticos do desenvolvimento, ao que é considerado típico ou atípico, bem como os principais transtornos que podem ocorrer ao longo dos diferentes momentos da vida. Assim, o avaliador pode atuar diante de comprometimentos advindos de lesões, antever aspectos de desenvolvimento atípicos ou até auxiliar na mudança de prognóstico (Pires, 2017).

Com base no exposto, na sequência serão apresentadas brevemente as etapas seguidas em uma avaliação com crianças e adolescentes, com exemplos práticos que podem auxiliar tanto o profissional quanto o estudante de Psicologia a atuar de forma mais contextualizada com a realidade desse público. Tais informações são baseadas nos estudos de Giacomoni e Bandeira (2016), Pires (2017) e, principalmente, nas experiências obtidas por meio dos atendimentos no serviço público de avaliação psicológica supracitado. Cabe destacar que cada indivíduo deve ser visto como único, de modo que as etapas aqui descritas servem como um guia e podem ser modificadas mediante a necessidade do avaliando e/ou do contexto ao qual a avaliação ocorrerá.

1) Cuidados preliminares

Um dos principais cuidados a ser tomado anteriormente ao processo de avaliação se refere ao agendamento. É necessário que o psicólogo explique aos responsáveis a necessidade de que a criança esteja descansada para as sessões e, portanto, o horário estipulado não deve ser concomitante ao período escolar e nem a períodos que sucedem atividades muito cansativas. Se a criança estiver com sono, fome, sede ou muito cansada, os resultados da avaliação podem não corresponder totalmente à realidade apresentada pelo indivíduo. Ademais, é preciso explicar ao avaliando o motivo pelo qual ele irá ao psicólogo, pois compreender a relevância do processo auxiliará em seu engajamento e empenho nas atividades propostas.

Outra questão refere-se a linguagem empregada, que deve estar de acordo com a faixa etária do avaliando, a fim de que haja o estabelecimento de uma relação de confiança ao longo das sessões, e, principalmente, para que este compreenda as instruções fornecidas. O *setting* da avaliação também merece destaque dentre os cuidados iniciais, sendo necessário que o psicólogo forneça um local agradável e acolhedor, mas que apresente todos os elementos essenciais para que a avaliação ocorra de forma satisfatória, como iluminação, ventilação, materiais, móveis e brinquedos adequados.

2) Entrevistas iniciais

As entrevistas iniciais aqui serão tratadas no plural, considerando o entendimento de que todos os encontros necessários e com a maior quantidade de fontes de informação devem ser realizados, de modo a contribuir com um melhor entendimento acerca da demanda do avaliando e das características do seu contexto. Além disso, é recomendado o emprego da anamnese, uma entrevista semiestruturada de caráter investigativo que possibilita a averiguação de aspectos essenciais relativos ao desenvolvimento.

As entrevistas com os responsáveis pela criança ou adolescente fornecem informações imprescindíveis acerca do motivo do encaminhamento, o perfil de comportamentos adaptativos, aspectos desenvolvimentais (como características da gestação, acompanhamento pré-natal, motricidade, hábitos e uso de substâncias), histórico de saúde do avaliando (acompanhamento médico, cirurgias, internações hospitalares, uso de medicações já realizadas ou atuais, e tratamentos com outros profissionais) e histórico familiar (número de filhos, escolaridade dos responsáveis, ocupação, renda familiar, entre outros). Torna-se relevante também proporcionar informações quanto a características marcantes da personalidade, relacionamento interpessoal e hábitos de vida, aspectos do cotidiano escolar (alfabetização, desempenho escolar, interação com os pares, adaptação acadêmica e queixas escolares) e, ainda, levantar informações sobre sintomas cognitivos, emocionais e comportamentais. Deve-se investigar também as expectativas dos responsáveis com relação à avaliação.

Conforme fora explicitado, as fontes de encaminhamento para avaliação psicológica de crianças e adolescentes são diversas, abarcando profissionais da instituição escolar, médicos de diferentes especialidades, fonoaudiólogos, nutricionistas, psicopedagogos, entre outros. Em todos os casos, o ideal é que o psicólogo entre em contato com o profissional que solicitou a avaliação, com a finalidade de esclarecer dúvidas e certificar-se do que exatamente pretende-se que seja investigado. Muitas vezes o encaminhamento é abrangente e solicita "avaliação psicológica para fins de esclarecimento sobre dificuldades de aprendizagem", e em entrevista com o professor ou pedagogo da escola descobre-se que as dificuldades são, na verdade, decorrentes de um aspecto específico da aprendizagem, ou em relação ao perfil atencional, por exemplo, o que culminará em um direcionamento mais específico do processo. As entrevistas com as fontes de informação definem as hipóteses iniciais; no entanto, ressalta-se que o contato com qualquer profissional envolvido deverá ser realizado mediante a anuência e autorização expressa dos responsáveis pelo avaliando.

Além do contato para esclarecimento quanto à demanda, entrevistas com professores possibilitam uma rica contribuição, haja vista que muitas vezes os pais não possuem todas as informações pertinentes ao contexto de aprendizagem. Essa fonte de informação pode auxiliar também a um melhor entendimento sobre a relação familiar e o envolvimento dos pares com a criança ou adolescente, sob uma perspectiva diferente da obtida inicialmente por meio da entrevista com os próprios familiares. Ademais, em razão de situações clínicas com especificidades orgânicas, bem como mediante o uso de medicamentos contínuos, o contato com profissionais da área médica se faz pertinente, contribuindo para o estabelecimento dos procedimentos de avaliação e, consequentemente, com a evolução do caso. De modo geral, os atendimentos multidisciplinares vêm sendo frequentemente empregados na área da saúde e perfazem um caminho valoroso no que se refere à troca de informações e alinhamento de condutas, devendo sempre preconizar pela ética e pelo compromisso com o bem-estar daquele que é avaliado.

No que tange ao primeiro contato com o avaliando, este é frequentemente permeado por inseguranças, sobretudo em situações nas quais este não recebe todas as informações sobre o motivo da ida ao psicólogo. Por conta disso, é importante que o profissional realize inicialmente uma sessão mais livre, acolhendo as dúvidas que possam surgir e evidenciando os passos do trabalho a ser realizado. Ressalta-se que o vocabulário empregado deve estar de acordo com a faixa etária, de modo que a interação e as instruções sejam compreendidas. Dentre as estratégias e materiais frequentemente utilizados neste momento estão o desenho livre, brinquedos, fantoches, massinha (estes, principalmente no caso de crianças), que poderão contribuir no estabelecimento do vínculo e na observação dos comportamentos. Com adolescentes, estratégias como jogo com cartas, montagem de quebra-cabeça e colagens podem ser empregadas, sempre considerando a idade e os aspectos desenvolvimentais.

3) Seleção e administração de técnicas e instrumentos psicológicos

Primeiramente, cabe destacar que todos os instrumentos psicológicos empregados ao longo de um processo de avaliação psicológica devem preconizar os critérios relativos à idade do avaliando e a demanda apresentada. Essas informações devem ser observadas junto aos manuais de cada instrumento, sendo que os cuidados se referem tanto aos procedimentos a serem adotados na aplicação quanto às regras de normatização e validação. A qualidade da avaliação dependerá da escolha dessas técnicas e instrumentos, que deve ser feita de modo a potencializar o processo de avaliação psicológica.

Sugere-se que o início da avaliação ocorra por meio de atividades menos complexas, de forma que a criança ou adolescente possa se adaptar ao contexto avaliativo. No período entre as atividades, o psicólogo pode perguntar como o avaliando se sentiu e o que achou das tarefas realizadas até então, sendo que ao final de cada sessão é recomendada a realização de atividades mais simplificadas nas quais o indivíduo possa sentir que obteve êxito. *Feedbacks* sobre o esforço e dedicação também podem influenciar na motivação, haja vista que este processo pode exigir a realização de várias sessões e procedimentos desafiadores.

4) Análise e integração das informações

Integrar os resultados advindos de múltiplas fontes de informação é uma habilidade a ser desenvolvida pelo psicólogo desde sua graduação e aprimorada com a prática. O foco principal não deve ser apenas a sistematização das limitações encontradas, mas um panorama das potencialidades e fragilidades do indivíduo, associando-as

sempre com a demanda apresentada. Ademais, pode ser necessário explicar discrepâncias entre as fontes de informação, ou ainda entre um resultado e uma informação obtida. Essas discrepâncias devem ser analisadas com cautela e apresentadas no laudo psicológico, reconhecendo as contribuições de todas as fontes para o entendimento do caso (para mais informações consultar o cap. 10, "Especificidades do laudo psicológico para crianças e adolescentes"). A análise deve ser contextualizada e englobar os resultados dos instrumentos psicológicos, os dados das fontes de informação, a dinâmica familiar, os aspectos socioeconômicos, e, ainda, a análise própria do psicólogo sobre essa diversidade de informações.

Essa etapa é frequentemente considerada como a mais desafiadora do processo de avaliação psicológica, pois requer um olhar cuidadoso e sistemático do profissional para todos os fenômenos, compilando-os e integrando-os de modo que façam sentido e traduzam um encaminhamento eficaz a quem se destina. Ademais, a escrita do laudo psicológico requer o emprego da norma culta da linguagem, uma escrita concisa e com termos apropriados da área, além de seguir todos os pressupostos inerentes à Resolução n. 6/2019 (publicada pelo Conselho Federal de Psicologia).

5) Entrevista devolutiva

Por fim, e não menos relevante, encontra-se a entrevista devolutiva. É nesta etapa que o laudo psicológico é entregue e discutido com os responsáveis, buscando explicar os resultados encontrados e elucidar possíveis dúvidas. É recomendado que as funções preservadas e potencialidades do avaliando sejam apresentadas primeiramente, seguido pelas fragilidades atestadas ao longo da avaliação. Os resultados devem ser seguidos de exemplos concretos de situações do cotidiano, a fim de possibilitar um melhor entendimento. A entrevista devolutiva também deve ser realizada com a criança ou adolescente, destacando por meio de uma linguagem simples e direta suas potencialidades e a importância de seu empenho ao longo do processo de avaliação. Na devolutiva deve haver interação com as partes, tanto com os responsáveis quanto com o avaliando, possibilitando assim que estes possam expressar como se sentiram ao longo do processo e se concordam ou não com os resultados. Vale lembrar que cabe ao avaliador decidir pela opção de realizar a entrevista devolutiva em conjunto com a família e o avaliando ou de forma separada, levando sempre em consideração as especificidades do caso.

O laudo psicológico pode ser enviado ao serviço que solicitou a avaliação, desde que haja a anuência e autorização expressa concedida pelos responsáveis da criança ou adolescente. Neste caso, o psicólogo também deve ter a cautela de explicar os resultados obtidos por meio da avaliação, explanando as possíveis dúvidas que possam surgir. Em todos os casos de devolutiva deve-se explicar que a avaliação psicológica possui natureza dinâmica e não definitiva, ou seja, que os dados traduzidos no laudo se referem ao momento de vida atual da criança ou adolescente, sendo que este ainda se encontra em pleno processo de desenvolvimento de suas habilidades e competências.

Considerações finais

Na sequência deste capítulo procurou-se ilustrar a interdependência entre a função desempenhada pelo serviço público de avaliação psicoló-

gica alocado em um serviço-escola de Psicologia de uma universidade pública. Ademais, buscou-se elucidar algumas das especificidades do atendimento de crianças e adolescentes enquanto público-alvo preponderante nestes serviços, quer seja por questões de ordem escolar, ou, ainda, em razão de comportamentos externalizantes.

É notável a contribuição social possibilitada pelo serviço público de avaliação psicológica, que busca para além do desenvolvimento das competências práticas do estudante frente à futura profissão auxiliar a população menos favorecida com avaliações de qualidade executadas nos mais diversos âmbitos. Além disso, cumpre-se ainda o papel de interlocução e disseminação do conhecimento científico, com o desenvolvimento de diversas modalidades de atendimentos que auxiliam no aprimoramento das práticas profissionais.

A avaliação psicológica de crianças e adolescentes requer cuidados específicos para que se obtenha a descrição e os resultados corretos do funcionamento desta população. É um processo complexo e dinâmico que engloba a utilização de diferentes técnicas e instrumentos, além da possibilidade da atuação multiprofissional. Seus resultados dependem de uma análise minuciosa realizada por meio de medidas quantitativas e qualitativas, com a finalidade de que os encaminhamentos forneçam benefícios ao avaliando e a seus familiares. As competências necessárias para este tipo de avaliação devem ser desenvolvidas ao longo da formação profissional, abrangendo os aspectos éticos e desenvolvimentistas essenciais para a prática com o público em questão.

Outro ponto que merece nossa reflexão é o contexto de avaliação psicológica em um serviço público de clínica-escola. Esse cenário que atende a população, em sua maioria, de baixa renda requer um trabalho sério e comprometido socialmente, estar atento para as demandas trazidas e conhecer e respeitar o território do avaliando; apesar de não ser tarefa fácil, é de suma importância para o sucesso da avaliação. Posto isto, estar sensível à realidade social e ter sempre em foco o respeito à dignidade e à individualidade do ser humano são pontos-chave para aqueles que atuam nesse campo prático.

Em face do exposto, espera-se que o conteúdo apresentado possibilite um panorama do trabalho realizado no Serviço Público de avaliação psicológica, incorporando reflexões acerca de sua primorosa contribuição para o público-alvo de crianças e adolescentes, que possui especificidades importantes a serem consideradas em um processo de avaliação psicológica.

Referências

Achenbach, T. M. (2015). Multicultural Evidence-Based Assessment Using the Achenbach System of Empirically Based Assessment (Aseba) For Ages ½-90+. *Psychologia: Avances de la Disciplina, 9*(2), 13-23. http://www.scielo.org.co/scielo.php?pid=S1900-2386 2015000200001&script=sci_arttext& tlng=en

Achenbach, T. M., & Rescorla, L. A. (2001). *Manual for the Aseba School-Age Forms & Profiles.* Research Center for Children, Youth, & Families.

Amaral, A. E. V., Luca, L., Rodrigues, T. C., Leite, C. A., Lopes, F. L., & Silva, M. A. (2012). Serviços de psicologia em clínicas-escola: Revisão de literatura. *Boletim de Psicologia, 62*(136), 37-52. http://pepsic.bvsalud.org/scielo.php?script=sci_arttext & pid=S0006-59432012000100005 & lng=pt & tlng=pt.

Ambiel, R. A. M., Zuanazzi, A. C., Sette, C. P., Costa, A. R. L., & Cunha, F. A. (2019). Análise de ementas de disciplinas de Avaliação Psicológica: Novos tempos, velhas questões. *Avaliação Psicológica, 18*(1), 21-30. http://dx.doi.org/10.15689/ap.2019.1801.15229.03

Ariès, P. (1981). *História social da criança e da família.* LTC.

Avoglia, H. R. C. (2012). O sentido da avaliação psicológica no contexto e para o contexto: Uma questão de direito. *Psicólogo inFormação, 16*(16), 179-190. http://dx.doi.org/10.15603/2176-0969/pi.v16n16p179-190

Barbosa, F. D., Laurenti, M. A., & Silva, M. M. (2013). Significados do estágio em psicologia clínica, percepções do aluno. *Encontro: Revista de Psicologia, 16*(25), 31-53. https://revista.pgsskroton.com/index.php/renc/article/view/2430

Borsa, J. C. (2016). Considerações sobre a formação e a prática em avaliação psicológica no Brasil. *Temas em Psicologia, 24*(1), 131-143. http://dx.doi.org/10.9788/TP2016.1-09

Borsa, J. C., Segabinazi, J. D., Stenert, F., Yates, D. B., & Bandeira, D. R. (2013). Caracterização da clientela infantojuvenil de uma clínica-escola de avaliação psicológica de uma universidade brasileira. *Psico, 44*(1), 73-81. http://revistaseletronicas.pucrs.br/ojs/index.php/revistapsico/article/view/10599/8850

Brasil. (1962). *Lei n. 4.119 de 27 de agosto de 1962.* Dispõe sobre os cursos de formação em psicologia e regulamenta a profissão de psicólogo. https://www2.camara.leg.br/legin/fed/lei/1960-1969/lei-4119-27-agosto-1962-353841-publicacaooriginal-1-pl.html

Brasil. (2008). *Lei n. 11.788 de 25 de setembro de 2008.* Dispõe sobre o estágio de estudantes. http://www.planalto.gov.br/ccivil_03/_ato2007-2010/2008/lei/l11788.htm

Colombo, I. M., & Ballão, C. M. (2014). Histórico e aplicação da legislação de estágio no Brasil. *Educar em Revista, 53*, 171-186. https://www.scielo.br/pdf/er/n53/11.pdf

Conselho Federal de Psicologia. (2010). Avaliação psicológica: Diretrizes na regulamentação da profissão. http://satepsi.cfp.org.br/docs/Diretrizes.pdf

Conselho Federal de Psicologia. (2013). *Cartilha avaliação psicológica*. http://satepsi.cfp.org.br/docs/Cartilha-Avalia%C3%A7%C3%A3o-Psicol%C3%B3gica.pdf

Conselho Federal de Psicologia. (2019). *Resolução CFP n. 6/2019*. Institui regras para a elaboração de documentos escritos produzidos pela(o) psicóloga(o) no exercício profissional e revoga a Resolução CFP n. 15/1996, a Resolução CFP n. 7/2003 e a Resolução CFP n. 4/2019. https://cutt.ly/hb9L8ui

Conselho Nacional de Educação & Conselho Educação Superior. (2019). *Parecer n. 1.071 de 14 de dezembro de 2019*. http://portal.mec.gov.br/index.php?option=com_docman&view=download&alias=139201-pces1071-19&category_slug=dezembro-2019-pdf&Itemid=30192

Faiad, C., Pasquali, L., & Oliveira, K. L. (2019). Histórico da avaliação psicológica no mundo. In M. N. Baptista et al. (orgs.), *Compêndio de avaliação psicológica* (pp. 111-121). Vozes.

Fam, B. M., & Ferreira Neto, J. L. (2019). Análise das Práticas de uma Clínica-Escola de Psicologia: Potências e Desafios Contemporâneos. *Psicologia: Ciência e Profissão*, 39(e178561), 1-16. http://dx.doi.org/10.1590/1982-3703003178561

Giacomoni, C. H., & Bandeira, C. M. (2016). Entrevista com pais e demais fontes de informação. In C. S. Hutz, D. R. Bandeira, C. M. Trentini & J. S. Krug (orgs.), *Psicodiagnóstico* (pp. 206-210). Artmed.

Gomes, M. A. F., & Dimenstein, M. (2016). Serviço-escola de psicologia e as políticas de saúde e de assistência social. *Temas em Psicologia*, 24(4), 1.217-1.231. http://dx.doi.org/10.9788/TP2016.4-03Pt

Marturano, E. M., Silvares, E. F. M., & Oliveira, M. S. (2014). Serviços-escola de psicologia: Seu lugar no circuito de permuta do conhecimento. *Temas em Psicologia*, 22(2), 457-470. http://dx.doi.org/10.9788/TP2014.2-15

Muniz, M. (2018). Ética na avaliação psicológica: Velhas questões, novas reflexões. *Psicologia Ciência e Profissão*, 38(spe), 133-146. http://dx.doi.org/10.1590/1982-3703000209682

Nakano, T. C., & Roama-Alves, R. J., (2019). A avaliação Psicológica no Brasil. In M. N. Baptista et al. (orgs.), *Compêndio de avaliação psicológica* (pp. 122-132). Vozes.

Oliveira, K. L., Inácio, A. L. M., & Lúcio, P. S. (2017). Serviço de avaliação psicológica no contexto judiciário: Um relato de estágio. *Psicologia Ensino & Formação*, 8(2), 63-74. http://dx.doi.org/10.21826/2179-58002017816374

Oliveira, M. S., Pereira, R. F., Peixoto, A. C. A., Rocha, M. M., Oliveira-Monteiro, N., R., Macedo, M. M. K., & Silvares, E. F. M. (2014). Supervisão em serviços-escola de Psicologia no Brasil: Perspectivas dos supervisores e estagiários. *Psico*, 45(2), 1-9. http://revistaseletronicas.pucrs.br/ojs/index.php/revistapsico/article/view/15417/11714

Ortolan, M. L. M., & Sei, M. B. (2016). Plantão psicológico no serviço-escola de psicologia da Universidade Estadual de Londrina. *Revista Brasileira de Extensão Universitária*, 7(1), 29-35, 28. https://doi.org/10.36661/2358-0399.2016v7i1.3079

Ortolan, M. L. M., Sei, M. B., & Victrio, K. C. (2018). Serviço-escola de psicologia e potencialidades dos projetos de extensão: Construção de políticas públicas em saúde mental. *Revista Brasileira de Tecnologias Sociais*, 5(1), 78-85. https://doi.org/10.14210/rbts.v5n1.p78-85

Paula, A. V., Pereira, A. S., & Nascimento, E. (2007). Opinião de alunos de psicologia sobre o ensino em avaliação psicológica. *Psico-USF*, 12(1), 33-43. http://pepsic.bvsalud.org/scielo.php?script=sci_arttext&pid=S1413-82712007000100005

Piletti, N., Rossato, S. M., & Rossato, G. (2017). *Psicologia do desenvolvimento*. Contexto.

Pires, E. U. (2017). Avaliação de crianças e adolescentes: Aspectos cognitivos. In M. R. C. Lins & J. C. Borsa (orgs.), *Avaliação psicológica: Aspectos teóricos e práticos* (pp. 213-235). Vozes.

Reppold, T. C., Zanini, D. S., & Noronha, A. P. P., (2019). O que é avaliação psicológica? In M. N. Baptista et al. (orgs.), *Compêndio de avaliação psicológica* (pp. 15-28). Vozes.

Ribeiro, V. M., & Vóvio, C. L. (2017). Desigualdade escolar e vulnerabilidade social no território. *Educar em revista, 2*(spe), 71-87. https://doi.org/10.1590/0104-4060.51372

Schweitzer, L., & Souza, S. V. D. (2018). Os sentidos atribuídos à queixa escolar por profissionais de escolas públicas municipais. *Psicologia Escolar e Educacional, 22*(3), 565-572. https://doi.org/10.1590/2175-35392018034949

Sei, M. B., Skitnevsky, B., Trevisan, F. M., & Tsujiguchi, I. (2019). Caracterização da clientela infantil e adolescente de um serviço-escola de Psicologia paranaense. *Revista de Psicologia da Unesp 18*(2), 19-36. http://seer.assis.unesp.br/index.php/psicologia/article/view/1251

Sei, M. B., Zuanazzi, A. C., Oliveira, K. L., Lucio, P. S., & Cordeiro, S. N. (2019). Da avaliação à psicoterapia em um serviço-escola de psicologia: Uma interlocução entre práticas. *Gerais: Revista Interinstitucional de Psicologia, 12*, 96-106. https://doi.org/10.36298/gerais2019120108

Wechsler, S. M., Hutz, C. S., & Primi, R. (2019). O desenvolvimento da avaliação psicológica no Brasil: Avanços históricos e desafios. *Avaliação Psicológica, 18*(2), 121-128. https://doi.org/10.15689/ap.2019.1802.15466.02

Wielewicki, A. (2011). Problemas de comportamento infantil: Importância e limitações de estudos de caracterização em clínicas-escola brasileiras. *Temas em Psicologia, 19*(2), 379-389. http://pepsic.bvsalud.org/scielo.php?script=sci_arttext&pid=S1413-389X2011000200003

Zaia, P., Oliveira, K. S., & Nakano, T. C. (2018). Análise dos processos éticos publicados no Jornal do Federal. *Psicologia: Ciência e Profissão, 38*(1), 8-21. https://doi.org/10.1590/1982-3703003532016

24
Avaliação psicológica de crianças e adolescentes no contexto hospitalar

Clarissa Marceli Trentini
Universidade Federal do Rio Grande do Sul

Juliana Unis Castan
Flávia Moreira Lima
Hospital de Clínicas de Porto Alegre

Highlights
- A avaliação psicológica no hospital é dinâmica e influenciada por diversos fatores.
- Problemas de saúde são abordados em uma perspectiva biopsicossocial.
- Reações emocionais à doença/tratamento/prognóstico são centrais na avaliação.
- Avaliação no hospital compreende a tríade paciente-familiares-equipe.
- Avaliação e intervenção estão altamente interligadas no contexto hospitalar.

Este capítulo tem o objetivo de abordar a avaliação psicológica de crianças e adolescentes no ambiente hospitalar. Para tanto, inicialmente contextualiza o lugar do psicólogo no hospital geral, para então explorar as principais demandas, aspectos essenciais e etapas da avaliação para este público neste contexto. Por fim, são feitas considerações a respeito da elaboração do laudo psicológico e da evolução em prontuário, assim como ponderações éticas desta atividade neste ambiente multiprofissional.

Atuação do psicólogo no contexto hospitalar

Desde o final do século XX, diversos estudos têm reconhecido a influência de fatores emocionais, comportamentais e sociais na multideterminação das doenças (Lalonde, 1974).

Aspectos biopsicossociais podem ser um facilitador ou complicador na predisposição, instalação e manutenção de enfermidades, assim como influenciar prognóstico e adesão ao tratamento. Com esse novo modo de entender o processo saúde-doença, conhecido como modelo biopsicossocial, o psicólogo passou a fazer parte das equipes nos serviços de saúde, incluindo o hospital geral.

A atuação do psicólogo no contexto hospitalar geralmente está vinculada a equipes multiprofissionais e contempla ações voltadas para a tríade paciente-família-equipe. O psicólogo, em conjunto com os demais profissionais da saúde, contribui para o entendimento dos problemas de saúde a partir de uma perspectiva biopsicossocial, identificando vulnerabilidades e recursos do paciente, sua família e seu ambiente para, a partir desses dados, propor as intervenções psicológicas necessárias e pertinentes (Capitão, Scortegagna & Baptista, 2005).

De acordo com a definição do órgão que rege o exercício profissional do psicólogo no Brasil, o Conselho Federal de Psicologia ([CFP], 2007), o psicólogo especialista em Psicologia Hospitalar tem sua função centrada nos âmbitos secundário e terciário de atenção à saúde. Cabe a estes profissionais a avaliação e acompanhamento de questões emocionais de pacientes que foram ou serão submetidos a procedimentos médicos, centrando sua atenção no impacto da hospitalização e no processo de adoecimento e/ou de recuperação da saúde. Também atua avaliando e acompanhando familiares e intervém na relação entre paciente, familiares e equipe de saúde. Para tanto, utiliza-se de recursos como atendimento psicoterapêutico, grupos psicoterapêuticos, grupos de psicoprofilaxia, psicomotricidade no contexto hospitalar, avaliação diagnóstica, psicodiagnóstico, consultoria e interconsultoria, em diferentes cenários, como ambulatórios, Unidade de Terapia Intensiva (UTI), pronto atendimento, enfermarias em geral, entre outros (CFP, 2007).

O órgão ainda destaca o papel do psicólogo junto às equipes multi ou interdisciplinares, quando participa de tomada de decisões quanto à conduta considerando o sujeito em sua totalidade e, por meio do seu conhecimento e avaliação das características do paciente e seu contexto, busca promover apoio e suporte para o indivíduo e sua família (CFP, 2019a). Além da validação como especialidade pelo CFP, a Psicologia Hospitalar alcançou reconhecimento, importância e obrigatoriedade mediante a publicação de portarias do Ministério da Saúde, compiladas na publicação de Mäder (2016). Essas portarias regulamentam o atendimento em Psicologia nos procedimentos de média e alta complexidade, tais como assis-

tência à gestante de alto risco, centros de atendimento em oncologia, atendimento hospitalar de pacientes crônicos, UTIs, entre outros.

Entre as atividades do psicólogo no hospital, a avaliação psicológica é uma das mais requisitadas (Lange, 2008). De acordo com o objetivo que se pretende alcançar, a avaliação psicológica no contexto hospitalar pode ser pontual ou sistemática. Por exemplo, pode-se realizar uma avaliação inicial para identificar a necessidade de acompanhamento psicológico, ou uma avaliação para verificar os resultados de intervenções realizadas, ou ainda uma avaliação antes da alta para indicar a finalização do acompanhamento ou encaminhamento para seguimento em um outro ponto da rede de atenção à saúde (RAS).

O psicólogo busca informações de diferentes fontes para melhor compreender os sentimentos do paciente e seus familiares em relação à doença, tratamento, prognóstico e assistência prestada pela equipe. Avalia conhecimento e crenças que paciente e familiares têm sobre a doença e capacidade cognitiva e emocional para lidar com a mesma, fatores estes que tendem a influenciar o tratamento. É a partir da integração dos dados coletados por meio de diferentes métodos e fontes de informação que o psicólogo, juntamente com a equipe de saúde, estabelece o plano terapêutico do paciente, que pode incluir ou não intervenção psicológica.

Avaliação psicológica no contexto hospitalar

A avaliação psicológica no contexto hospitalar foca-se em como os aspectos emocionais interagem com outras variáveis, sejam de saúde, do ambiente ou do contexto. A partir de uma perspectiva biopsicossocial, considera a interação de componentes físicos/biológicos, emocionais, cognitivos, relacionais e comportamentais com questões de doença, tratamento e hospitalização, nos âmbitos do paciente, família, sistema de saúde e contexto sociocultural (Azevêdo, Schimidt & Crepaldi, 2019; Remor, 2019). Apesar de abarcar diversos âmbitos, a avaliação deve ser focal, considerando a demanda, as condições do paciente para realizar as atividades e o tempo para executá-las, especialmente ao ponderarmos a capacidade das crianças de manterem nível atencional em um ambiente adverso (Pires, 2017).

Diferentemente do *setting* de consultório, em que há maior controle e previsibilidade nos atendimentos, a avaliação no hospital é dinâmica e influenciada por diversos fatores. Coleta de exames ou de sinais vitais, assim como rotinas de alimentação, medicação e higiene podem gerar interrupções no processo avaliativo. O fato de, muitas vezes, as avaliações serem realizadas no leito dificulta a aplicação de alguns instrumentos e o uso de material gráfico, podendo exigir adaptação da mobília para estas atividades. A imprevisibilidade do quadro clínico do paciente, com possibilidade de mudanças bruscas no estado do paciente ou nas recomendações médicas são alguns dos fatores que impactam o processo de avaliação, exigindo do psicólogo flexibilidade, capacidade de adaptação e podendo, até mesmo, contraindicar o uso de algum instrumento. Além disso, o efeito de medicações pode influenciar a atenção, motivação e nível de energia, gerando alterações no desempenho de tarefas e no envolvimento com as atividades (Azevêdo et al., 2019; Ribeiro & Baptista, 2019; Stenzel, Ferreira, Dertelmann, Machado & Colognese, 2012; Zunino, Rohrsetzer, Lima & Castan, 2019).

Por outro lado, estar hospitalizado confere ao psicólogo a possibilidade de atender o paciente mais de uma vez ao dia, dependendo do nível de atenção e motivação do indivíduo. O contexto hospitalar também favorece a observação do paciente em outras atividades, como coleta de exames ou recreação, quando esta é oferecida pelo hospital, e o acesso direto a outros profissionais da saúde que estão em contato com o paciente (Azevêdo et al., 2019; Castan & Brentano, 2017; Zunino et al., 2019). De acordo com o Estatuto da Criança e Adolescente (Lei 8.069/1990), é direito da criança e do adolescente manter um acompanhante em tempo integral durante o período de hospitalização, o que permite ao psicólogo acesso a esta(s) pessoa(s) assim como à relação estabelecida entre eles.

O senso de urgência da avaliação, visto que o curso de uma enfermidade é imprevisível, deve coexistir com a capacidade de escuta e de respeitar o tempo do paciente, para que este possa entrar em contato com seu mundo interno e expressá-lo. Assim, há que se achar o ponto ótimo entre avaliações mais longas e profundas e avaliações mais curtas e superficiais. Para tanto, deve-se focar em aspectos mais prementes, relacionados ao adoecimento, tratamento e/ou internação, e utilizar-se de devoluções parciais tanto para as equipes como para o paciente e familiares, evidenciando a indicação de acompanhamento psicológico durante a internação ou após a alta, se necessário (Lopes & Amorim, 2004).

Estas questões que caracterizam o contexto, somadas aos efeitos da medicação e de estar distante de casa, dos relacionamentos afetivos e da rotina como se conhece, devem estar incluídas na avaliação. A Resolução CFP n. 9/2018 (CFP, 2018), ao estabelecer as diretrizes para a realização de avaliação psicológica, destaca a necessidade de considerar o contexto social, familiar e individual na escolha dos instrumentos e técnicas e na interpretação desses. Assim, o contexto hospitalar, associado às características específicas da infância e adolescência, trazem desafios ainda maiores para a prática do psicólogo.

Demandas de avaliação psicológica de crianças e adolescentes hospitalizados

A prática da avaliação psicológica de crianças e adolescentes no contexto hospitalar é ampla e diversificada, pois abrange uma faixa etária variada (0-17 anos) e diferentes ambientes (enfermarias, UTI, emergência, bloco cirúrgico, unidades especializadas como oncologia e transplantes). Adicionalmente, a avaliação de crianças e adolescentes não se limita apenas à atenção direta ao paciente, mas também à atenção que é dispensada à família e à equipe de saúde.

A avaliação psicológica pode ser indicada tanto quando há um quadro de sofrimento emocional intenso instalado, como quando se sabe que o processo de adoecer provoca estresse emocional (Jacintho & Celeri, 2000). Basicamente, a avaliação psicológica em um hospital geral é conduzida a partir de dois fluxos distintos: busca ativa, em que o psicólogo avalia todos os casos de determinada unidade, casos de uma unidade com alguns indicadores preestabelecidos ou ainda pacientes que se submeterão a determinados procedimentos; e interconsulta, em que a avaliação é solicitada pela equipe de saúde (Ribeiro & Batista, 2019).

A busca ativa, em geral, é realizada em unidades menores que lidam com uma enfermidade ou procedimento específicos. Por exemplo, em algumas unidades oncológicas ou de UTI pediátrica, o psicólogo pode definir como rotina avaliar toda e qualquer criança/familiar que interne. Em unidades de médio porte, o profissional da

psicologia pode estabelecer critérios para este atendimento. Como exemplo, pode-se avaliar todas as gestantes com menos de 16 anos, sendo este um indicador de uma possível necessidade de atendimento. Ainda, o indicador pode ser um procedimento, como amputações ou algum outro procedimento invasivo. Presumindo que estes são ansiogênicos, o psicólogo avalia crianças e adolescentes que terão que se submeter a eles (Lopes & Amorim, 2004). Nestes casos, a avaliação psicológica faz parte da rotina assistencial.

Nos casos de interconsulta, as avaliações partem de uma identificação inicial da equipe assistencial, a qual percebe sinais de ansiedade, depressão e/ou estresse na criança/adolescente e, assim, solicita consultoria para a Psicologia para que esses e outros aspectos possam ser avaliados e, assim, auxiliar a equipe no manejo e na compreensão das necessidades psicossociais do jovem. Essa situação é comum em enfermarias maiores, em que não há condições de avaliar todos os pacientes. Dificuldades de adesão ao tratamento, recusa em seguir orientações médicas e autossabotagem são alguns dos motivos alegados pelas equipes para chamar o psicólogo na tentativa de compreender o comportamento infantojuvenil (Jacintho & Celeri, 2000; Lopes & Amorim, 2004).

De forma geral, espera-se que a avaliação psicológica, ao identificar a representação que o paciente tem de sua doença, auxilie a equipe no manejo da criança, e a criança e familiares na adesão ao tratamento e no desenvolvimento de recursos adaptativos. Por meio da avaliação psicológica, pode-se compreender como o indivíduo está enfrentando a doença, dor ou tratamento: o quanto a criança e familiar compreende o que lhes foi informado, o que entendem do diagnóstico ou prognóstico, que sentido(s) atribuem às informações fornecidas, que recursos possuem para seguir recomendações, quais são os possíveis entraves ou dificuldades a serem enfrentadas, entre outras questões. Também, por meio deste processo, pode-se averiguar nível de adaptação e preparo para procedimentos possivelmente ansiogênicos e, assim, lançar mão de intervenções que visem a um melhor preparo no enfrentamento dessas situações. Estas questões tendem a impactar a assistência, a adesão ao tratamento e a capacidade de adaptação a mudanças.

Por vezes, ao responder uma solicitação, profissionais de saúde mental deparam-se com uma demanda maior da equipe do que da criança/adolescente em si. Pode ser que a situação desperte ansiedade na equipe que, na tentativa de não entrar em contato com suas dificuldades, as projeta na criança. Ou, ainda, situações em que crianças mais questionadoras ou opositoras podem provocar reações na equipe, a qual acaba por solicitar a avaliação psicológica em uma tentativa inconsciente de buscar uma forma de evitar lidar com aquelas emoções ou necessidades (Jacintho & Celeri, 2000).

Destaca-se que o psicólogo deve fazer uma avaliação situacional: avaliar a criança dentro do seu contexto, considerando determinantes históricos e culturais, assim como o local onde está e a relação com os profissionais de saúde que estão lhe prestando assistência, para que possa atuar nos níveis individual, familiar, institucional e social. Dessa forma, poderá planejar intervenções para além da dinâmica da criança e sua família, considerando também a equipe de saúde, o hospital e a sociedade de forma geral. O papel de educador do psicólogo aparece neste contexto: cabe ao psicólogo educar a equipe com relação ao que são reações esperadas de crianças e adolescentes em situações de estresse e vulnerabilidade, de acordo com as diferentes faixas etárias.

Outras demandas específicas de avaliação psicológica dizem respeito ao diagnóstico diferencial e avaliações de acompanhamento. O primeiro auxilia na diferenciação entre reações esperadas frente ao processo de adoecimento e ao estresse de uma mudança de ambiente, diferenciando-a dos transtornos psicológicos propriamente ditos (Azevêdo et al., 2019; Lopes & Amorim, 2004). Como exemplo, diferenciar entre um diagnóstico preciso de transtorno de ansiedade ou a manifestação de comportamento ansioso esperado frente a situações estressantes. Avaliações periódicas podem ser um recurso para analisar a progressão de doença, a qual pode estar associada a um declínio cognitivo, ou a efetividade de uma intervenção, em que se espera melhora da resposta, flexibilização de defesas ou ainda desenvolvimento de potencialidades.

Por fim, há situações em que a criança/adolescente é convidada a visitar o hospital, de maneira que ela não seja o foco do cuidado físico de saúde. Com a recente humanização do cuidado, a entrada de crianças/adolescentes em unidades fechadas, como UTI, vem sendo liberada e até mesmo estimulada (Borges, Genaro & Monteiro, 2010). Este momento, entretanto, é potencialmente ansiogênico para o jovem, considerando que tende a encontrar seu familiar em condições adversas e não habituais, muitas vezes, com aparência física alterada. Assim, é solicitada uma avaliação psicológica para preparar crianças/adolescentes para esta visita. Neste caso, o paciente do hospital é o familiar da criança ou adolescente, mas cabe ao psicólogo avaliar as condições do jovem e auxiliá-lo no processo de contato com o familiar.

Aspectos essenciais na avaliação psicológica de crianças e adolescentes hospitalizados

A avaliação psicológica no hospital geral ocorre em um momento específico da vida do sujeito frente ao adoecimento, tratamento e internação hospitalar (Fongaro & Sebastiani, 2013). Assim, deve abarcar informações sobre seu estado geral, fantasias e medos quanto à enfermidade, bem como expectativas e desejos com relação ao tratamento. Avaliam-se recursos e vulnerabilidades frente a situações adversas, capacidade de adaptação, rede de apoio e formas de estabelecer relações interpessoais.

Informações acerca do nível cognitivo e de autonomia frente a cuidados básicos e até mesmo tratamento auxiliam no planejamento terapêutico e permitem estimular a participação da criança ou adolescente nos seus cuidados, possibilitando que desenvolvam um papel ativo. Saber sobre a capacidade cognitiva e emocional auxilia a equipe a dar informações adequadas ao nível de compreensão individual, para que a criança possa integrar esses dados ao que já sabe da doença e de si (Jacintho & Celeri, 2000).

Ressalta-se que, por se tratar de indivíduos em pleno processo de desenvolvimento e de maturação cerebral, o psicólogo deve compreender as etapas do crescimento, a fim de que possa observar o que é esperado em cada fase (Jacintho & Celeri, 2000; Pires, 2017). Além das questões psicológicas e de desenvolvimento infantojuvenil, o profissional deve ter conhecimento básico sobre a patologia, tratamento, prognóstico e possíveis limitações impostas pela enfermidade da criança/adolescente, assim como sobre as necessidades e particularidades dos profissionais envolvidos na assistência do jovem.

Questões vinculares são um importante eixo a ser avaliado. Hospitalizações favorecem processos regressivos e de retraimento, além de exigirem uma nova reorganização familiar. Sobrecarga de tarefas, mudança de papéis e alterações na dinâmica entre irmãos tendem a impactar as vivências da criança e da sua família. É importante que se saiba as condições psicossociais para lidarem com as demandas impostas pela doença e/ou tratamento. Sentimentos como culpa, medo, raiva, impotência, incompetência e solidão costumam estar presentes e impactar a relação do cuidador tanto com a criança como com a equipe. Jacintho e Celeri (2000) destacam que a culpa sentida pelos pais pode ser projetada na equipe de saúde, influenciando a relação dos responsáveis com os profissionais.

A figura 1 apresenta um esquema resumido dos principais elementos de uma avaliação psicológica de crianças e adolescentes em hospital geral, os quais devem ser avaliados tanto em relação à criança quanto aos seus cuidadores:

Considerando as diversas facetas e possibilidades da avaliação psicológica de crianças e adolescentes hospitalizados, assim como a dinâmica, rotinas e características do contexto hospitalar, compreende-se a necessidade de protocolos assistenciais para otimizar este processo. Protocolos e fluxos permitem considerar a prioridade no cuidado e a urgência das avaliações. Estes protocolos, desenvolvidos e implementados pelo psicólogo (CFP, 2018), não devem ter estruturas rígidas ou imutáveis, mas diretrizes que organizam e sistematizam o processo de avaliação.

Figura 1
Aspectos essenciais na avaliação psicológica de crianças e adolescentes hospitalizados

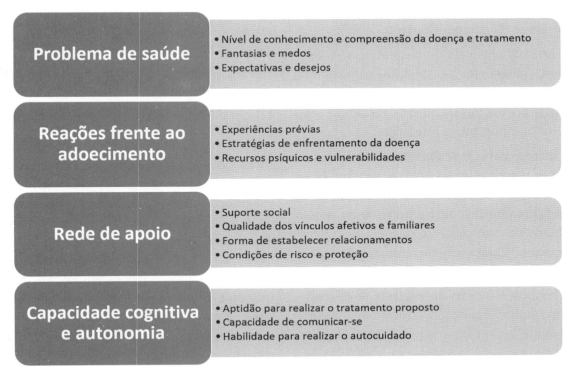

Processo de avaliação psicológica de crianças e adolescentes no contexto hospitalar

A avaliação geralmente se inicia com a análise do prontuário do paciente e contato com a equipe que fez a solicitação. Como nas demais avaliações psicológicas, o primeiro passo é compreender a demanda para definir indicação e objetivos. Essa etapa estrutura as demais. A partir do contato com a equipe/profissional solicitante, o psicólogo busca esclarecer o motivo do pedido de avaliação, quem são os profissionais envolvidos no cuidado do paciente, como é a relação paciente-família--equipe de saúde e informar-se sobre a história clínica e pessoal do paciente e sua família. Para uma boa avaliação, o psicólogo deverá ir além da compreensão apenas de aspectos psicológicos; terá também que compreender a questão de saúde (diagnóstico, tratamento e prognóstico). Nessa etapa, também é feita uma revisão do prontuário para coletar dados sobre o paciente, tais como idade, sexo, escolaridade, constituição familiar, processo de adoecimento e tratamento etc.

Se houver indicação de avaliação, o psicólogo entrará em contato com o paciente e seus responsáveis visando a trabalhar a demanda e obter consentimento para a avaliação. Como no hospital, geralmente, não é o paciente que busca a avaliação psicológica, mas sim o psicólogo que busca o paciente. É importante deixar claro para este e sua família como será o processo de avaliação e averiguar se estão de acordo. O contrato deve ser firmado tanto com o paciente como com seus responsáveis, deixando claras questões de sigilo e compartilhamento de informações com membros da equipe (Romano, 1999).

A partir da anuência do paciente e seus responsáveis, planeja-se a avaliação psicológica, selecionando métodos e técnicas que serão utilizados no processo. Ao escolher as técnicas e instrumentos é importante considerar:

• Tempo para a realização da avaliação: quanto tempo estima-se que o paciente ficará internado? Considerando o tratamento e condições clínicas, qual a previsão de possibilidade de duração e frequência dos atendimentos? Qual a urgência do resultado da avaliação para a equipe?

• Condições clínicas do paciente: está sonolento, muito medicado, fisicamente enfraquecido?

• Condições cognitivas: qual a capacidade de atenção e motivação?

• Rotinas da unidade de internação: como funciona a unidade? Quais são os horários de visita, brinquedoteca, apoio pedagógico, alimentação, medicação, exames etc.?

• Espaço físico e materiais disponibilizados pela instituição: existe um espaço físico adequado para aplicação de instrumentos padronizados e seu armazenamento? Quais materiais são disponibilizados pela instituição (testes, folhas de resposta, material gráfico e lúdico)?

• Possibilidade de privacidade: o paciente está em quarto individual, compartilhado com divisórias ou coletivo?

Na avaliação psicológica de crianças e adolescentes no contexto hospitalar, pode-se fazer uso de entrevistas, observações, instrumentos padronizados como fontes fundamentais de informação, além de consultas a fontes complementares (CFP, 2018). A entrevista com os responsáveis é parte essencial do processo, especialmente no caso de crianças pequenas. Para avaliar aspectos regressivos é preciso conhecer o nível de funcionamento prévio, ao que se tem acesso por meio do relato de adultos que conhecem a criança/adolescente (Jacintho & Celeri, 2000). Além das informações sobre a criança, essas entrevistas com os responsáveis permitem um conhecimento sobre o contexto psicossocial, com identificação de suas potencialidades e vulnerabilidades, aspecto fundamental em uma avaliação psicológica (CFP, 2018; Jacintho & Celeri, 2000). Esses dados vão ser relevantes, também, para compreender os fenômenos de comunicação e interação entre responsáveis e equipe de saúde, e para pensar possibilidades de encaminhamentos tanto durante a hospitalização como após, considerando a dinâmica familiar e social.

O contato com a criança/adolescente pode ser por meio de comunicação verbal, caixa de brinquedos, jogos e/ou material gráfico. É importante que o psicólogo fale na altura da criança e desenvolva uma linguagem em comum. Ao utilizar uma linguagem acessível, seja verbal e/ou lúdica, o psicólogo se aproxima da criança, favorecendo o estabelecimento de vínculo e confiança. Além das entrevistas clínicas e lúdicas, o psicólogo pode lançar mão de técnicas como observações, tanto da criança/adolescente como da interação dela com os pais e com a equipe (Krug, Bandeira & Trentini, 2016).

Questionários e testes padronizados são recursos que podem auxiliar o psicólogo a entrar em contato com o mundo interno e as vivências da criança/adolescente, e sua representação de doença, tratamento e cuidados. Ressalta-se, no entanto, o cuidado na escolha dos testes. Além da demanda e das habilidades do profissional psicólogo, deve-se observar dados referentes à normatização e padronização, assim como questões culturais do indivíduo a ser avaliado e contexto e condições da avaliação.

O Sistema de Avaliação de Testes Psicológicos (Satepsi) organiza e disponibiliza as informações básicas dos testes psicológicos que podem ser usados na prática profissional do psicólogo (http:// satepsi.cfp.org.br/). Entretanto, estas informações não são suficientes. Cabe ao profissional estudar as especificidades de cada instrumento e sua adequação ao contexto e população. Possíveis efeitos de medicações e de uma rotina diferente da usual devem ser considerados na seleção e interpretação dos instrumentos. Em ambientes hospitalares, as condições clínicas do avaliando e a indisponibilidade de tempo e de espaço físico adequados pode inviabilizar o uso de alguns instrumentos padronizados. Consequentemente, todos esses fatores devem ser considerados ao planejar uma avaliação psicológica neste contexto.

Além das fontes fundamentais (CFP, 2018), o profissional da psicologia pode lançar mão de fontes complementares, como instrumentos não psicológicos, mas embasados teoricamente, entrevistas com outros membros da equipe e atividades ecológicas. No uso de materiais, há que se ter o cuidado extra para que sejam esterilizados em cada uso, quando não for de uso individual. Os profissionais de saúde devem estar atentos para o processo de higienização de brinquedos, com a finalidade de evitar que esses brinquedos, ao invés de trazerem benefícios para a criança, agravem o seu estado de saúde (Silva & Mattos, 2009).

Ao final do processo de avaliação, o psicólogo tem um conjunto de informações de aspectos biopsicossociais do paciente e seu ambiente. Toda esta gama de dados deve ser integrada e interpretada considerando condicionantes sociais e históricos do indivíduo, assim como o contexto e situação atual (CFP, 2018). É essa integração que permite a compreensão do caso e o planejamento de intervenções psicológicas tanto para o período de hospitalização como para encaminhamentos posteriores.

A escrita do laudo psicológico deve retratar a integração dessas informações de forma respeitosa, ética e responsável, de modo a auxiliar paciente, família e equipe a acionar os recursos disponíveis para lidar com as dificuldades e potencialidades identificadas e de acordo com as normas para realização de documentos psicológicos preconizados na Resolução CFP n. 6/2019. Os resultados da avaliação devem ser trabalhados tanto com a criança/adolescente como com seus responsáveis e equipe. O psicólogo deve adequar o vocabulário e forma de expressão de acordo com as possibilidades de compreensão do interlocutor, buscando linguagem acessível, direta e compreensível.

Em casos de crianças e adolescentes hospitalizados, geralmente se faz ao menos três devolutivas: para paciente, familiar e equipe. Idealmente, ocorrem em momentos independentes, mas podem ser realizadas em conjunto se esta modalidade for indicada para o contexto. A devolução com paciente e familiar é uma oportunidade de fechamento, além de mais uma possibilidade de coletar informações e checar as interpretações realizadas. Já com a equipe de saúde é um momento de construção conjunta e entendimento do caso de forma integrada e complementar, visando a lançar luz sob novas questões e aspectos que auxiliem tanto na compreensão como na elaboração de estratégias para acompanhamento durante e após a hospitalização. Por vezes, a devolução é realizada em pequenas doses, considerando a organização e necessidade da equipe assistencial em ter e fazer uso dessas informações. Dessa forma, é comum que, em equipes em que o psicólogo participa do *round*, este faça pequenas devolutivas ao longo do processo, além da final.

A figura 2 representa esquematicamente as etapas do processo de avaliação psicológica de crianças e adolescentes internados no hospital geral a partir de solicitação da equipe.

Figura 2
Modelo de roteiro para avaliação psicológica de crianças e adolescentes hospitalizados

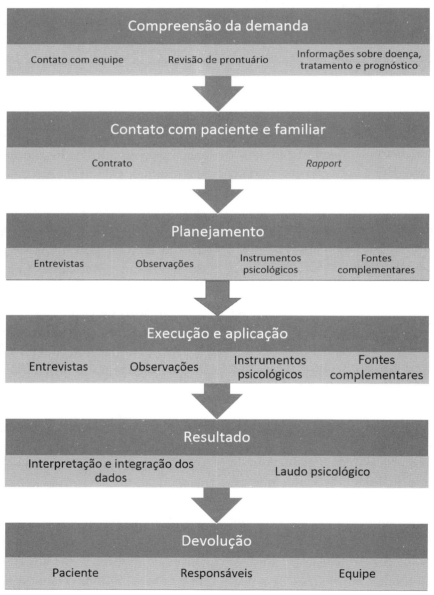

Ressalta-se a dinamicidade do processo de avaliação psicológica com crianças e adolescentes hospitalizados. A avaliação, historicamente um passo anterior à intervenção, carrega em si um potencial terapêutico que, muitas vezes, se mistura à própria intervenção de tratamento. O profissional, ao ter ciência disso, deve utilizar-se dos momentos de exploração de mundo interno e reflexão também como potenciais modificadores de comportamentos. No contexto hospitalar, marcado pela imprevisibilidade e mudanças rápidas de estado de saúde ou de tratamento, essa questão se torna ainda mais importante. Por meio da avaliação psicológica, o psicólogo pode ajudar o paciente a diminuir seu sofrimento, por meio da compreensão mais ampla do processo de adoecimento e mudança de rotina.

Evolução, laudo psicológico e cuidados éticos

A Resolução CFP n. 1/2009 (CFP, 2009) dispõe sobre a obrigatoriedade do registro, tanto dos atendimentos individuais como do laudo propriamente dito, decorrente do exercício profissional do psicólogo. No trabalho em hospital, este registro é realizado em prontuário, o qual geralmente é acessado por diversos profissionais. Assim, há que se ponderar eticamente sobre o que deve ser registrado e o impacto desses registros. De forma geral, devem ser registradas informações pertinentes à equipe, preservando o sigilo daquilo que não for necessário ao tratamento médico e manejo assistencial do paciente (Romano, 1999).

Somado a isso, a Resolução CFP n. 9/2018 (CFP, 2018) ressalta o compromisso ético com a justiça e a proteção dos direitos humanos. Ao realizar uma avaliação psicológica, cabe ao profissional os cuidados éticos e de proteção para evitar qualquer justificativa para formas de discriminação, violência ou opressão, ressaltando o respeito à diversidade. Este pensamento crítico deve estar presente durante todo o processo, e também ao elaborar o laudo ou realizar evolução em prontuário.

A Resolução n. 6 de 2019 (CFP, 2019b) traz as orientações básicas com relação à produção de documentos pelo psicólogo. O produto final e concreto da avaliação é o laudo psicológico, o qual ficará arquivado nos documentos do paciente. Segundo esta Resolução, o laudo psicológico pode ser definido como o documento resultado de um processo de avaliação psicológica, o qual apresenta dados técnicos e científicos dos fenômenos psicológicos, considerando as condicionantes históricas e sociais e o contexto atual, com objetivo e limitando-se a responder a demanda que originou a avaliação. Cabe ao psicólogo o cuidado para que o laudo retrate a dinamicidade e temporalidade das informações, evidenciando a natureza não cristalizada e o processo formativo e desenvolvimental em que esses jovens se encontram.

Esta mesma Resolução (CFP, 2019b) ressalta a obrigatoriedade da devolução dos resultados e da identificação de validade do documento. Em casos de crianças e adolescentes, a devolução deve ser realizada com o indivíduo e com o responsável, além de ser feita com a equipe que solicitou a avaliação. Cada um destes momentos deve ser registrado no prontuário do paciente. O responsável tem direito a uma cópia do laudo, o qual pode ser entregue em mãos ou ficar disponível para retirada, assim como cópia do próprio prontuário.

A validade do documento, indicada no último parágrafo do laudo, é determinada por uma série de fatores como a demanda, os procedimentos utilizados, as condições físicas e emocionais do avaliando e a análise realizada. Dessa forma, a validade do documento deve considerar o contexto hospitalar e as condições subótimas do avaliando, visto que está internado por alguma questão clínica ou psiquiátrica, distante de sua rotina e atividades diárias.

Considerações finais

A prática da avaliação psicológica de crianças e adolescentes no hospital é permeada pelas características deste contexto: rotinas estruturadas, equipamentos hospitalares, contato com diversos profissionais; e do próprio momento que o paciente e familiares estão vivendo: incremento da angústia, do não saber, da necessidade de se adaptar a uma rotina e ambiente diferente do habitual, medo da morte e do desconhecido, culpas. Essa dinamicidade exige do profissional da psicologia capacidade de adaptação e flexibilidade, além de disponibilidade e interesse em outras áreas e profissões, visto que precisa conhecer algumas características de doenças e tratamentos e sobre os processos de trabalho de outros profissionais da saúde, assim como sobre as rotinas da unidade e da instituição onde desenvolve a prática da avaliação psicológica.

Um exemplo da necessidade de flexibilidade e capacidade de adaptação exigidas do psicólogo hospitalar pode ser ilustrado pelos desafios impostos pelo novo coronavírus (Covid-19). Com as mudanças nas rotinas e nos processos de trabalho no contexto hospitalar, a equipe assistencial, incluindo os psicólogos, tem que reinventar formas de interação e contato com pacientes e familiares. Para avaliações de crianças e adolescentes com Covid-19, suspeito ou confirmado, avaliações devem ser realizadas sem uso de materiais ou apenas com material descartável ou higienizável. O uso da tecnologia e de dispositivos eletrônicos portáteis tem auxiliado na interação com crianças/adolescentes e seus responsáveis. Somado a isso, há que se integrar nos resultados da avaliação a ansiedade da sociedade, representada pelos pais ou mesmo pela equipe, frente a este novo desconhecido ameaçador.

Por fim, cabe referir que a identificação precoce de vulnerabilidades, dificuldades, potencialidades e capacidade adaptativa, dentro do contexto e realidade específicos de cada paciente, permite que recursos sejam utilizados para diminuir o impacto da doença e suas limitações, assim como para facilitar a adesão e uma postura ativa frente ao tratamento. Atendendo a criança ou adolescente e sua família na integralidade, a avaliação psicológica, além de gerar encaminhamentos intra e extra-hospitalares, pode ser vista como uma intervenção ao possibilitar a reflexão e conexões com o mundo interno.

Referências

Azevêdo, A. V. S., Schimidt, B., & Crepaldi, M. A. (2019). Avaliação psicológica de crianças hospitalizadas. In C. S. Hutz, D. R. Bandeira, C. M. Trentini & E. Remor (orgs.), *Avaliação psicológica nos contextos de saúde e hospitalar*. Artmed.

Borges, K. M. K., Genaro, L. T., & Monteiro, M. C. (2010). Visita de crianças em unidade de terapia intensiva. *Revista Brasileira de Terapia Intensiva, 22*(3), 300-304.

Capitão, C. G., Scortegagna, S. A., & Baptista, M. N. (2005). A importância da avaliação psicológica na saúde. *Avaliação Psicológica, 4*(1), 75-82.

Castan, J. U., & Brentano, V. B. (2017, jan./jul.). Psicodiagnóstico na unidade de internação psiquiátrica de um hospital universitário: Descrição da demanda de 2015. *Revista da SBPH, 20*(1), 195-208.

Conselho Federal de Psicologia (2019a). *Referências técnicas para atuação de psicólogas(os) nos serviços hospitalares do SUS.* Autor.

Conselho Federal de Psicologia (2019b). *Resolução n. 6, de 29 de março de 2019.* Autor.

Conselho Federal de Psicologia. (2007). *Resolução n. 13, de 2007.* Autor.

Conselho Federal de Psicologia. (2009). *Resolução n. 1, de 2019.* Autor.

Conselho Federal de Psicologia. (2018). *Resolução n. 9, de 25 de abril de 2018.* Autor.

Federal. (1990). *Estatuto da Criança e do Adolescente.* Lei Federal n. 8.069, 1990.

Fongaro, M. L., & Sebastiani, R. W. (2013). Roteiro de avaliação psicológica aplicada ao hospital geral. In V. A. Angerami-Camon (org.), *E a psicologia entrou no hospital.* Cengage Learning.

Jacintho, A. C. de A., & Celeri, E. H. R. V. (2000). Interconsulta em psiquiatria infantil. In N. J. Botega (org.), *Prática psiquiátrica no hospital geral: Interconsulta e emergência.* Artmed.

Krug, J. S., Bandeira, D. R., & Trentini, C. M. (2016). Entrevista lúdica diagnóstica. In C. S. Hutz, D. R. Bandeira, C. M., Trentini & J. S. Krug (orgs.), *Psicodiagnóstico.* Artmed.

Lalonde M. (1974). *A new perspective on the health of Canadians.* Monister of National Health and Welfare.

Lange, E. S. N. (2008). *Contribuições à psicologia hospitalar: Desafios e paradigmas.* Vetor.

Lopes, S. R. A., & Amorim, S. F. (2004). Avaliação psicológica no hospital geral. In W. L. Bruscato, C.

Benedetti & S. R. A. Lopes (orgs.), *A prática da psicologia hospitalar na Santa Casa de São Paulo: Novas páginas em uma antiga história.* Casa do Psicólogo.

Mäder, B. J. (2016). A prática assistencial: Portarias relacionadas à prática da(o) psicólogo hospitalar. In B. J. Mäder (org.), *Caderno de psicologia hospitalar: Considerações sobre assistência, ensino, pesquisa e gestão.* Conselho Regional de Psicologia do Paraná.

Pires, E. (2017). Avaliação de Crianças e Adolescentes: Aspectos cognitivos. In M. R. C. Lins & J. C. Borsa (orgs.), *Avaliação psicológica: Aspectos teóricos e práticos.* Vozes.

Remor, E. (2019). Avaliação psicológica em contextos de saúde e hospitalar. In C. S. Hutz, D. R. Bandeira, C. M. Trentini & E. Remor (orgs.), *Avaliação psicológica nos contextos de saúde e hospitalar.* Artmed.

Ribeiro, R. A., & Baptista, A. S. D. (2019). Avaliação psicológica hospitalar. In M. N. Baptista et al. (orgs.), *Compêndio de avaliação psicológica.* Vozes.

Romano, B. W. (1999). *Princípios para a prática da psicologia Clínica.* Casa do psicólogo.

Silva, T. M. A., & Mattos, E. L. M. (2009). Brinquedoteca hospitalar: Uma realidade de humanização para atender crianças hospitalizadas. In Congresso Nacional de Educação, *Anais PUC-PR.*

Stenzel, G. Q. L., Thomé Ferreira, V. R., Dertelmann, C. V., Machado, M. R., & Colognese, B. T. (2012). A avaliação psicológica no contexto hospitalar. *A psicologia no cenário hospitalar: Encontros possíveis,* 51.

Zunino, S., Rohrsetzer, F., Lima, F. M., & Castan, J. U. (2019). Psicodiagnóstico na internação psiquiátrica da infância e adolescência: Panorama do triênio 2015-2016-2017. *Clinical & Biomedical Research, 39*(3).

Parte III
Estudos de casos

25
Avaliação de bebês com atrasos no desenvolvimento

Mônia Aparecida da Silva
Universidade Federal de São João Del-Rei

Tatiele Jacques Bossi
Denise Ruschel Bandeira
Universidade Federal do Rio Grande do Sul

Highlights
- A avaliação de bebês é uma medida protetiva do desenvolvimento.
- A análise do desenvolvimento ocorre em todos os procedimentos da avaliação.
- Os atrasos no desenvolvimento podem afetar um ou mais domínios.
- Grandes variações no desenvolvimento típico dificultam a identificação de atrasos.

A avaliação de bebês com suspeita de atrasos no desenvolvimento é uma medida fundamental para direcionar intervenções e ajudar as crianças a atingirem seus potenciais. O presente capítulo discute este tipo de avaliação, a partir da experiência com um bebê atendido em um serviço-escola. O objetivo do capítulo é apresentar, com detalhes, a história da criança, seus cuidadores imediatos e variáveis diversas que auxiliaram no entendimento global do caso. Os procedimentos de avaliação são comentados em forma de diálogo com o leitor para ilustrar a construção do raciocínio clínico. O capítulo busca evidenciar que a avaliação de bebês é predominantemente uma análise do desenvolvimento, o que ocorre em todos os procedimentos utilizados. Ao final, são discutidas algumas implicações teóricas e práticas da avaliação do desenvolvimento de bebês.

Apresentação do bebê e de aspectos de sua história pessoal, clínica e de contexto imediato

Anthony[15], 23 meses no momento da avaliação, é o terceiro de quatro filhos de Ana (34 anos). Ele foi registrado por Pedro (35 anos), que não é pai biológico, mas que assume as responsabilidades da função paterna desde o nascimento do menino, como dedicar tempo para brincar, cuidar e educar. Não há contato entre Anthony e seu pai biológico. Cada filho de Ana é de um pai diferente, sendo, além de Anthony, um adolescente de 13 anos, uma menina de 8 anos e outra bebê (Antonella) de 1 ano de idade. Antonella é filha biológica de Pedro. Os dois filhos mais velhos moram com a avó materna e têm pouco contato com Anthony e Antonella, que moram

---

15. Todos os nomes são fictícios para preservar o sigilo. Informações muito singulares podem ser omitidas para preservar o anonimato.

com os pais. Ana e Pedro possuem escolaridade de Ensino Médio completo.

A gravidez de Anthony não foi planejada e houve o acompanhamento pré-natal com muitas complicações. No terceiro mês de gravidez, Ana teve descolamento de placenta, pressão alta e hemorragia. Ela realizou tratamento medicamentoso para manter a gestação por mais tempo, ficando 6 meses em repouso. O parto foi normal e a termo, com 39 semanas de gestação. Ao nascer, Anthony teve problemas cardiorrespiratórios pela inalação de mecônio (primeiras fezes liberadas pelo feto no útero), tendo nascido "roxo". Seus índices Apgar[16] foram 5 no primeiro minuto e 8 no quinto minuto. Ele passou 15 dias na Unidade de Terapia Intensiva (UTI) Neonatal, onde foi encaminhado à terapia ocupacional para cuidar da traqueia, lesionada no processo de aspiração do mecônio. Com 26 horas de vida, Anthony passou por um procedimento de cateterismo umbilical, com transfusão de sangue para combater a icterícia[17]. Ele só foi amamentado durante os primeiros dias de vida, quando estava no hospital, depois disso, Ana não conseguiu produzir leite.

Anthony caminhou aos 17 meses e falou suas primeiras palavras ("mamá" e "papá") após 1 ano de idade, não demonstrando saber outras palavras além dessas no momento da avaliação. Quando Antonella nasceu, Ana percebeu que Anthony começou a apresentar um comportamento mais retraído, não querendo tocar ou

interagir com a bebê. Na percepção de Ana, ele sentiu ciúmes e tentou buscar a atenção de Pedro, que também estava dedicando tempo aos cuidados de Antonella. Os pais relataram que aos 23 meses Anthony brigava bastante com a irmã, chegando a agredi-la fisicamente para conseguir o que queria.

A família procurou avaliação psicológica para Anthony de forma espontânea, uma vez que a mãe teve forte suspeita de que o menino apresentava Transtorno do Espectro Autista (TEA). Após ler a caderneta de saúde da criança, disponibilizada pelo Ministério da Saúde para acompanhamento do crescimento e do desenvolvimento infantil, ela passou a perceber, com certo estranhamento, alguns comportamentos sugestivos de TEA. Os principais eram o atraso no desenvolvimento da fala, sensibilidade e choro intensos diante de barulhos, dificuldade para interações sociais, comportamentos repetitivos (p. ex., andar em círculos dentro de casa; arrancar rodas dos carrinhos de brinquedo; assistir repetidamente os mesmos episódios do programa Chaves ou Galinha Pintadinha) e reações emocionais extremas (p. ex., choro intenso e prolongado). Nos momentos que ouvia barulhos como de furadeira e liquidificador, o menino tampava os ouvidos, balançava a cabeça e tremia. Quando contrariado, costumava se descontrolar, apresentando choro intenso, birra, tremores, além de bater os pés e se jogar no chão. Além de não falar, Anthony não atendia quando chamado, tinha bastante dificuldade para se envolver em relações sociais (preferia brincar sozinho) e tinha um padrão restrito de interesses (p. ex., por partes de brinquedos, como rodas). Além disso, tinha muitas dificuldades para começar a dormir, e quando deitava colocava a mão nos ouvidos e balançava a cabe-

---

16. Teste realizado pelo médico no primeiro e no quinto minuto de vida do bebê baseado em cinco critérios: frequência cardíaca, respiração, tônus muscular, prontidão reflexa e cor da pele. Cada critério recebe nota de 0 a 2, somando um total de 10 pontos.

17. Condição clínica causada pela concentração de bilirrubina na corrente sanguínea (hiperbilirrubinemia). A bilirrubina é formada quando a hemoglobina é decomposta como parte do processo de reciclagem de glóbulos vermelhos velhos ou danificados.

ça. Após dormir, geralmente apresentava sono agitado, acordando de madrugada e demorando muito a retomar o sono. Os pais haviam relatado esse padrão de comportamento para o pediatra, que salientou a necessidade de aguardar o transcorrer do desenvolvimento de Anthony, pois estes eram aspectos esperados para sua faixa etária e que não necessitavam de intervenções neste momento. Mesmo assim, Ana decidiu procurar pela avaliação psicológica.

Em relação aos aspectos favoráveis do desenvolvimento, Anthony apresentava melhor interação e demonstração de apego com os pais do que com pessoas não familiares. Em comparação com meses anteriores à avaliação, ele estava buscando mais o colo da mãe e demonstrando incômodo pelo fato de os pais darem atenção a Antonella. Além disso, Anthony estava respondendo mais às perguntas dos pais, como para mostrar alguma coisa ou pegar objetos. Contudo, os pais consideraram a ausência ou restrição de algumas habilidades esperadas para a idade como motivo de preocupação.

Análise preliminar do caso

As entrevistas clínicas e de anamnese são fontes fundamentais de informação, conforme resolução n. 9/2018 do Conselho Federal de Psicologia (CFP, 2018). Estão entre os recursos mais importantes de avaliação, especialmente de bebês, já que muitas informações devem ser buscadas com familiares e pessoas que têm contato direto com a criança. A avaliação de Anthony foi iniciada pela entrevista de anamnese com os pais. Neste tipo de entrevista, informações são amplamente exploradas para entender não só o desenvolvimento e a história de vida do bebê, mas seu contexto amplo e fatores de

risco e proteção que podem auxiliar na compreensão da demanda de avaliação. Alguns roteiros existentes são bons recursos para avaliadores iniciantes na entrevista inicial dos bebês, como os disponibilizados por Argimon e Lopes (2017) e Silva e Bandeira (2016).

Cabe ressaltar que os pais e/ou cuidadores principais costumam ser os principais informantes sobre o desenvolvimento e comportamentos de seus filhos. O discurso parental sobre os cuidados e a relação estabelecida com o bebê, entre outros fatores, permite um melhor entendimento de seus sintomas (Donelli, 2011). No entanto, outros adultos do convívio da criança como avós, tios, irmãos mais velhos e professoras de Educação Infantil (se o bebê frequenta o contexto escolar) também podem ser acessados, caso venham a contribuir para o entendimento da demanda apresentada para a avaliação. No caso de Anthony, como os pais trouxeram informações suficientes para o entendimento de seu caso, outros informantes não precisaram ser contatados neste momento de avaliação.

De acordo com Bellman et al. (2013), pais que verbalizam preocupações sobre seus filhos estão geralmente certos. No primeiro contato com a família, momento em que se decide se a avaliação é ou não necessária, vários indicadores confirmaram a pertinência da avaliação. Considerando o caso apresentado, fatores de risco potenciais ao desenvolvimento de Anthony foram identificados já na gravidez. Estes fatores ocorreram antes, durante e pós-parto e podem afetar o desenvolvimento cerebral e causar riscos ao desenvolvimento infantil em diferentes fases. Uma análise das condições clínicas de Ana incluiu hipertensão arterial, um fator de risco pré-natal e durante o nascimento do filho. A hipertensão é uma das principais causas de descolamento de placenta, condição que também afetou Ana, e foi sinalizado por sangramento vaginal. Assim, percebe-se que houve um efeito cascata de fatores de risco, que podem ter afetado o bebê. Dentre as principais consequências previstas para estas condições clínicas estão o baixo peso ao nascer, nascimento prematuro, baixo Apgar no primeiro e quinto minutos, sequelas no desenvolvimento infantil acarretadas pela falta de oxigenação e, em casos mais graves, sofrimento fetal e até a morte (Cassiano et al., 2020; Chaim et al., 2008; Okoye et al., 2019). No caso de Ana, o repouso indicado pelo médico e o seguimento do tratamento se mostraram como fatores atenuantes desses riscos.

Outro achado clínico relevante do caso foi a aspiração do mecônio, com consequências posteriores como a falta de oxigenação e a lesão da traqueia. A síndrome da aspiração meconial é uma condição clínica que pode levar ao óbito neonatal devido à insuficiência respiratória (Carvalho et al., 2020). No caso de Anthony é um dos indicadores de sofrimento durante seu nascimento, refletido pelo índice Apgar, especialmente do primeiro minuto, que foi de 5. A avaliação do primeiro minuto reflete como ocorreu a transição da vida intrauterina para a extrauterina, enquanto a do quinto minuto determina como o bebê reagiu pós-nascimento. Bebês que têm o resultado de Apgar entre 8 e 10 são considerados saudáveis, com boa adaptação e sem asfixia. Já os resultados de 6 e 7 são sugestivos de uma asfixia leve e transitória, os de 3 a 5, de asfixia moderada e os de 0 a 3, grave (Casey et al., 2001). A nota 5 de Anthony no primeiro minuto indica que ele nasceu com dificuldades em respirar, entretanto, houve um processo na adaptação até o quinto minuto, o que é positivo. Contudo, devido aos demais complicadores

pela aspiração do mecônio e lesão da traqueia, ele precisou de atenção intensiva neonatal, fatores que devem ser considerados como riscos ao desenvolvimento. Um outro risco foi a icterícia, que determinou a necessidade de transfusão de sangue. Reforça-se, nesse ponto, a necessidade de os profissionais que avaliam bebês entenderem a influência de múltiplos fatores no desenvolvimento infantil, mesmo que de outras áreas do conhecimento (Molinari et al., 2005). Entendimento de termos profissionais, de exames e dados clínicos diversos devem ser integrados à compreensão do clínico sobre o caso.

Em relação ao desenvolvimento motor, Anthony caminhou aos 17 meses. Embora tenha sido uma aquisição tardia, este não é um indicador negativo (Bellman et al., 2013) e deve ser considerado em relação a outras habilidades de desenvolvimento e fatores ambientais. Habilidades como sustentar a cabeça e o corpo e se sentar ocorreram conforme o esperado, o que ajuda a concluir que o atraso no caminhar pode não ter consequências maiores. Ainda, como os outros irmãos não moram junto, o que poderia ser um estímulo ao desenvolvimento motor amplo do menino, deve-se averiguar o incentivo dos pais à habilidade. A estimulação é um fator ambiental importante, de modo que a literatura mostra que os bebês e as crianças que frequentam outros contextos de desenvolvimento além da família, como a escola de Educação Infantil por exemplo, tendem a ter resultados melhores em seu desenvolvimento motor, uma vez que passam a ser mais estimulados (Zajonz et al., 2008). Nesse aspecto, deve-se considerar que Anthony não frequentava a Educação Infantil, de modo que o ambiente domiciliar era o único responsável por suas estimulações. Comportamentos como deixar a criança muito tempo no berço ou pegar pouco no colo, por exemplo, podem auxiliar no atraso da motricidade. Além disso, aos seus 12 meses, os pais passaram a estar envolvidos com os cuidados de um outro bebê, sua irmã mais nova, e, com isso, podem não ter estimulado Anthony o suficiente para que caminhasse no período esperado (entre os 12 e 15 meses). A chegada da irmã pode ter estimulado comportamentos emocionalmente mais regressivos no menino, que remetem a uma maior necessidade de dependência dos cuidadores (Oliveira & Lopes, 2010), o que também pode ter impactado no atraso motor para caminhar.

Os atrasos de Anthony na comunicação e linguagem foram mais evidentes. As palavras "mama" e "papa" normalmente surgem entre os seis e dez meses, sendo reconhecidas como balbucios, e tendem a se ampliar. Com Anthony, além do atraso na aquisição, a ampliação do repertório verbal não aconteceu. Aos 2 anos, já são esperados frases e o uso de vários gestos sociais para comunicar (cf. cap. 13 deste livro). Com a história clínica, entretanto, faltaram informações mais amplas sobre a comunicação expressiva e receptiva do menino, com detalhamento da parte gestual para melhor compreensão dos aspectos de linguagem. Há aspectos que os pais têm mais dificuldade de perceber, como a intenção comunicativa, devendo ser observados ou avaliados pela(o) psicóloga(o). Assim, como habitual no trabalho com bebês, a necessidade de uma avaliação ampla do desenvolvimento, utilizando diversos procedimentos, se configurava.

Quanto ao desenvolvimento socioemocional de Anthony, este foi marcado, já no início de sua vida, pela experiência de internação em UTI neonatal. A internação hospitalar logo após o nascimento ou nos primeiros dias de vida se configura como uma experiência emocional-mente exigente e de sofrimento psíquico para a família (Rosa & Gil, 2017; Schmidt et al., 2012) e para o bebê, que vivencia suas primeiras experiências de vida extrauterina sem o contato afetivo direto e corporal próximo de seus cuidadores (Donelli, 2011; Jerusalinsky, 2000). Tal aspecto exige a estruturação diferenciada da relação inicial mãe-pai-bebê (ou com outros cuidadores que exercem as funções parentais), a fim de comportar os cuidados médicos necessários no momento (Jerusalinsky, 2000). No caso de Anthony, sua mãe o acompanhou no período da internação e o amamentou. No entanto, considerando que as relações iniciais são estruturantes do psiquismo da criança, repercussões desse evento de internação hospitalar no seu desenvolvimento socioemocional (com desenvolvimento de sintomas psicofuncionais, p. ex.) podem vir a se manifestar ao longo dos meses e anos (Donelli, 2011; Jerusalinsky, 2000), o que remete à necessidade de uma avaliação/acompanhamento longitudinal do caso.

Além disso, no seu primeiro ano de vida, Anthony vivenciou a experiência de tornar-se irmão, ocasionada pelo nascimento de Antonella. Segundo os pais, quando ela nasceu, ele passou a apresentar comportamento mais retraído, interpretado pela mãe como ciúmes, de modo que ele não queria interagir com a irmã. Tais aspectos são esperados frente ao nascimento de um irmão mais novo, momento em que os filhos mais velhos podem apresentar comportamentos regressivos (Oliveira & Lopes, 2010). Inclusive, o atraso na aquisição do caminhar, como já pontuado, pode ser interpretado a partir dessa perspectiva. Além do mais, chama a atenção o fato de que, após transcorrido um ano do nascimento da irmã, no momento da avaliação, Anthony a agredia fisicamente para conseguir o que desejava. Isso pode ter acontecido pelo fato de a forma de expressão do menino ainda ser, predominantemente, não verbal. A literatura mostra que a adaptação de uma criança à chegada de um irmão pode impactar todo o primeiro ano seguinte ao nascimento, de modo que as agressões de Anthony podem ser um reflexo, ainda, da adaptação ao processo de tornar-se irmão (Volling, 2005). Segundo os pais, essas agressões se dirigiam apenas à irmã mais nova, e não aos irmãos mais velhos com quem o menino convivia cerca de uma vez ao mês.

Em vários momentos, os pais fizeram colocações sobre as dificuldades de interação social de Anthony, como sua preferência por brincar sozinho, bem como suas reações emocionais intensas quando contrariado. Aos 23 meses já é esperado que a criança interaja com os adultos de seu meio durante os momentos lúdicos, inclusive chamando a atenção destes nas brincadeiras ou demonstrando curiosidade pelas tarefas executadas pelos adultos, o que remete ao desenvolvimento da atenção compartilhada (Bosa, 2002; Franchini et al., 2019). Além disso, a criança já teria capacidade para a imitação dos gestos dos adultos, bem como interesse em ajudar as pessoas próximas. Nesta idade, a interação com outras crianças ainda se dá de forma predominantemente não verbal por meio do toque, da disputa de brinquedos, do olhar, da imitação, de expressões faciais, entre outros (Sestini, 2008).

Não ficou claro, no discurso parental, qual a forma de interação de Anthony com adultos e crianças durante os momentos lúdicos. Dessa forma, a realização da hora lúdica diagnóstica mostrou-se de extrema relevância neste caso em particular. Os pais demonstraram várias dificuldades em manejar os comportamentos indicativos de descontrole emocional de Anthony,

no sentido de o auxiliar a acalmar-se nos momentos de grande agitação. Nas entrevistas, eles também destacaram tentativas frustradas em colocar o menino de castigo, pois ele não aderia. Aos 23 meses já é esperado que o bebê tenha alcançado a regulação emocional, ao atingir o controle de emoções básicas, como a raiva, por exemplo. No entanto, ainda precisa do auxílio do adulto, tendo em vista que a autorregulação é esperada a partir dos 36 meses de idade (Linhares & Martins, 2015).

Mesmo com o conjunto de indicadores descritos, o pediatra não os considerou fatores de risco ao desenvolvimento, destacando serem comportamentos esperados para a faixa etária de Anthony. Talvez este profissional não tenha feito uma análise tão minuciosa, sem detalhar a entrevista e a observação pelo menos. Ainda, há registros de que muitos médicos, entre pediatras e neuropediatras, não estão preparados para a detecção precoce de sinais de risco para transtornos como o autismo, o que acaba por atrasar as intervenções (Flores & Smeha, 2013).

Procedimentos da avaliação e condução do raciocínio clínico

Hora lúdica diagnóstica: Após as entrevistas iniciais, foram feitas três sessões de hora lúdica diagnóstica com o menino (para uma descrição desse procedimento, cf. cap. 13). Uma das sessões ocorreu na presença da mãe, outra na presença do pai e uma foi apenas com Anthony. A observação do bebê e da sua interação com as figuras parentais durante a avaliação são fundamentais e permitem ampliar a percepção sobre a criança e a forma como interage com os cuidadores. Por vezes, informações contraditórias ou dificuldade de percepção dos pais, quando acontecem, podem ser mais bem compreendidas com a observação.

Anthony ignorou a avaliadora na maior parte do tempo em todos os atendimentos. Na primeira sessão, ele ficou de costas para ela quase o tempo todo. Inclusive, quando a avaliadora mudava de posição para enxergar o rosto do menino, nas posições de 90 graus ou de frente, ele se virava novamente de costas. Nas demais sessões, ele tendeu a evitar um pouco menos a avaliadora. Ele chorou de forma intensa durante os atendimentos, o que foi observado desde a chegada na sala de espera. Na verdade, a mãe relatou que já na saída de casa, na parada de ônibus, ele tinha demonstrado muito medo e choro. Este comportamento era frequente todas as vezes que a família saía de casa.

Anthony ignorava quando chamado pelo nome e não se direcionava a brinquedos mostrados pela avaliadora na grande maioria das tentativas. Ele apresentava desinteresse nítido em estabelecer relações de troca e de reciprocidade nas brincadeiras, mesmo com incentivo, e não foram percebidos esforços em chamar a atenção da avaliadora ou dos pais para os brinquedos ou atividades de seu interesse, o que remete a prejuízos no desenvolvimento da atenção compartilhada (Bosa, 2002; Franchini et al., 2019). Aos 12 meses já é esperado que crianças chamem ativamente as pessoas para mostrarem os seus interesses ou interagirem (Bosa, 2002). Anthony também demonstrou pouca energia e alta distração, ficando mais parado e sem foco no que ocorria na sessão. Expressou medo excessivo na presença de estímulos sonoros dos brinquedos, como o som do chocalho, colocar a mão na amoeba ou em uma lixa. Cabe ressaltar que os comportamentos de Anthony se mantiveram mesmo com a presença da mãe ou do pai na sala

de atendimento, o que indica não ter sido ocasionado pelo simples estranhamento da avaliadora. Ele também não sorriu espontaneamente nem para os pais e nem para a avaliadora.

A intensidade e a frequência dos comportamentos de Anthony exigem cautela e o planejamento da avaliação de modo a se utilizar de outros instrumentos psicológicos mais relevantes para obter um entendimento preciso do caso. Em casos semelhantes ao de Anthony, é imperativo considerar o sofrimento do menino em comparecer e estar no momento do atendimento, e tomar as medidas necessárias para diminuí-lo. O comparecimento é uma condição para a avaliação, mas nos casos em que o bebê apresenta sinais de intenso sofrimento, medidas para acalmá-lo como pedir a intervenção dos pais ou retirar brinquedos ou objetos ansiogênicos são uma responsabilidade ética. Além disso, nesse caso, optou-se por fazer apenas três sessões, necessárias para entender melhor os comportamentos e ver se eles eram consistentes de uma sessão para outra, sem prolongar excessivamente o tempo da avaliação.

Em relação à brincadeira, Anthony apresentou os mesmos interesses nas três sessões realizadas. O menino operava os brinquedos para manipulá-los, ação reconhecida como brincadeira exploratória, que inicia geralmente nos primeiros 4 meses de vida (Casby, 2003). Entretanto, as suas brincadeiras não tinham um propósito aparente ou enredo, ou mesmo usavam o objetivo de acordo com a sua função. Os gestos convencionais (p. ex., balançar a cabeça para dizer sim ou não), representacionais (p. ex., estender o braço para pedir colo) e simbólicos (p. ex., usar o brinquedo em atividades de faz de conta) não apareceram com a frequência esperada para sua faixa etária (Bosa, 2002; Franchini et al., 2019).

O início de ações de faz de conta imitativo ocorre por volta dos 12 meses (Assis, 1994; Mendes & Moura, 2004), e Anthony ainda não apresentava indícios deste tipo de brincar.

Anthony apresentou um padrão restrito de interesse e pouca flexibilidade para se adaptar às demandas do meio. Ele demonstrou comportamentos repetitivos nas sessões, como exploração de rodas e volantes dos carrinhos ou mover o carrinho apenas para frente e para trás. Mesmo um carrinho grande da sala de atendimento, que crianças de seu tamanho geralmente entram para serem empurradas pelos adultos, ele virou e explorou as rodas. Outros comportamentos repetitivos e estereotipados envolveram o mexer repetidamente nas bochechas com os dedos e apertar as mãos e tremer, sem fins aparentes. Ainda, foi notado o interesse em empilhar brinquedos, subir e descer em móveis e escadas e acender e apagar as luzes da sala usando o interruptor.

Anthony demonstrou falta de envolvimento na realização das tarefas propostas, pouca exploração do ambiente, baixa motivação e alta irritabilidade, o que confirmava o relato parental sobre o filho. Apresentou, também, certa letargia no comportamento sugerindo uma sensação de ausência, a qual é caracterizada por um estado aéreo, distraído e passivo. Essa conduta lentificada tendeu a ser expressa quando Anthony foi incentivado a realizar atividades, mostrando-se indiferente e desinteressado aos estímulos e às interações sociais. Ele também ignorava ou demorava a responder quando era chamado.

Com o avançar dos atendimentos, parece ter ocorrido um pouco mais de adaptação ao novo cenário. Anthony deu tchau para se despedir da avaliadora e também mandou beijos, com incentivo da mãe. Também ocorreu com baixa frequência o comportamento de apontar objetos de interesse, entretanto sem direcionar o olhar para a avaliadora para mostrar o que queria. Ele conseguiu se acalmar um pouco mais, parando de chorar em mais momentos, e explorou poucos estímulos. Além disso, o menino respondia mais às tentativas de interação propostas pelos pais do que pela avaliadora. Por fim, na sessão realizada na presença da mãe, ele demonstrou reciprocidade a um gesto da avaliadora. Ocorreu em um momento em que Anthony pegou uma panelinha que estava na mão da avaliadora, que fingiu ficar triste, abaixando a cabeça e esfregando os olhos. Em seguida, Anthony devolveu a panelinha para ela. Esses indicadores sugerem potencialidades do menino, como capacidade de adaptação e desenvolvimento de habilidades de interação social e comunicação não verbal, os quais devem ser considerados para a intervenção.

Avaliação do desenvolvimento por instrumento padronizado: Para avaliar as habilidades e aptidões de Anthony foi utilizado o Inventário Dimensional de Avaliação de Desenvolvimento Infantil (Idadi) (Silva et al., 2019). O Idadi[18] avalia, por meio do relato dos pais ou principais cuidadores, cinco grandes domínios do desenvolvimento infantil, a saber: cognitivo, socioemocional, motricidade ampla e fina, comunicação e linguagem expressiva e receptiva e comportamento adaptativo. Os resultados quantitativos são apresentados na tabela 1.

---

18. Previsto para ser lançado pela Editora Vetor em 2021.

Tabela 1

Escores desenvolvimentais de Anthony no Idadi de acordo com as perspectivas de sua mãe e de seu pai

Domínio	**Avaliação da mãe**			**Avaliação do pai**		
	Escore bruto	Escore z	Escore padronizado	Escore bruto	Escore z	Escore padronizado
Cognitivo	28	-1,88	72	28	-1.88	72
Socioemocional	22	-2,50	63	19	- 3,00	55
Comunicação e linguagem Expressiva	7	-1,73	74	12	-1,19	82
Comunicação e linguagem Receptiva	24	-0,90	86	18	-1,35	80
Motricidade ampla	36	-0,55	92	40	-0,31	95
Motricidade fina	25	-0,71	89	23	-0,92	86
Comportamento adaptativo	20	-1,92	71	21	-1,80	73

Os escores brutos de Anthony no Idadi foram transformados em escores z e padronizados para possibilitar a comparação com crianças da mesma idade. O escore z tem média igual a zero, sendo que valores positivos indicam escores acima da média e valores negativos indicam escores abaixo da média (Muniz & Freitas, 2019). Já o escore padronizado tem interpretação igual às escalas de Quociente Intelectual (QI), com média 100 e desvio padrão 15. A comparação das avaliações indicou convergência nas percepções do pai e da mãe. Percebe-se que Anthony tem desenvolvimento abaixo da média para sua idade em todos os domínios do Idadi, mas especialmente nos domínios cognitivo, socioemocional, comportamento adaptativo e comunicação e linguagem expressiva, onde seus resultados se situam a 1,5 desvios-padrão abaixo da média. Isso indica atrasos significativos no desenvolvimento que sugerem necessidade de acompanhamento clínico (Lobo et al., 2014). No domínio socioemocional, a classificação de atraso é ainda mais significativa ($z < -2,0$), sugestiva de gravidade (Bellman et al., 2013). As avaliações da motricidade ampla e fina podem ser classificadas como médio inferior, ou seja, ainda nos limites da média, mas também necessitando de atenção.

Uma avaliação qualitativa indicou potencialidades no desenvolvimento motor amplo de Anthony, como sentar sem apoio, caminhar e correr com equilíbrio, subir e descer escadas segurando o corrimão. As habilidades motoras globais (como caminhar, correr, pular) tendem a se diversificar e a melhorar com a idade (Rebelo et al., 2020). Quanto às habilidades motoras finas, Anthony conseguia manipular objetos grandes e pequenos com as mãos, ligar e desligar interruptores, empilhar objetos, encaixar brinquedos e abrir recipientes.

No que tange à cognição, os pais percebiam que Anthony era capaz de reconhecer as partes do corpo, identificar pessoas conhecidas em fotos e seguir comandos simples, como "leva no lixo", "guarda o brinquedo", "pega a colher". Entretanto, ele possuía dificuldades na classificação de estímulos, como em categorizar objetos de acordo com a semelhança, cor, forma ou tamanho. Isso pode implicar uma falha na compreensão de conceitos e características de um objeto, podendo influenciar na organização e no sentido dado aos estímulos ambientais (Papalia & Feldman, 2013). As brincadeiras de Anthony eram mais concretas e funcionais, usando os objetos de acordo com a sua função (fazendo o carrinho andar, p. ex.), ou mais exploratórias (p. ex., girar as rodinhas, apertar botão), mas sem tentativas de simbolização. O desempenho do brincar simbólico estava, portanto, com desenvolvimento aquém do esperado para a idade. Espera-se que o faz de conta, a representação, a imitação e a resolução criativa de problemas estejam presentes em crianças da faixa etária de Anthony (Assis, 1994; Mendes & Moura, 2004).

No domínio comunicação e linguagem expressiva, caracterizada pelo uso de linguagem e de gestos para transmitir informações e instruções necessárias à interação social, Anthony tende a não usar palavras para interagir com os outros, mesmo as palavras balbuciadas "mama", "dada" e "nanana" que já havia adquirido. Isso reforça o entendimento de que há atraso significativo no desenvolvimento da linguagem para sua faixa etária (Pedromônico et al., 2002). Suas expressões vocais são geralmente reduzidas ao choro e às palavras balbuciadas. Esses déficits são refletidos nas dificuldades em comunicar necessidades, sentimentos e ideias, influenciando o nível de controle do ambiente e a qualidade da interação social.

Em relação à linguagem receptiva, definida pela capacidade de compreender mensagens verbais e não verbais, Anthony demonstrou entender comandos simples (p. ex., apontar uma parte específica do corpo, pegar um brinquedo), e também algumas expressões verbais (p. ex., "vem cá"). Quanto à comunicação não verbal, tinha desenvolvido algumas habilidades gestuais como dar tchau ou jogar beijo, mas necessitava de muito incentivo. A comunicação era efetiva quando feita de forma simples e direta (p. ex., "pega a colher"). Por outro lado, foi identificada uma limitação do menino na utilização de gestos para comunicar suas necessidades, como pedir colo, apontar para algo que quer, ou chamar a atenção de seus cuidadores sobre algo do seu interesse (iniciativa de atenção compartilhada). A falta da linguagem não verbal pode implicar o atraso da linguagem verbal, já que os gestos parecem ajudar no surgimento das primeiras palavras (Flabiano-Almeida & Limongi, 2010). Assim, mesmo com restrições, os gestos são a principal forma de comunicação não verbal de Anthony.

Quanto ao desenvolvimento socioemocional, Anthony tende a agir de forma mais isolada, não demonstrando interesse pelo contato com outras crianças e com outras pessoas de fora do círculo familiar. Ele tende a não incluir terceiros em suas brincadeiras, demonstrando pouco interesse em atividades que estão sendo realizadas ao seu redor. Evidencia, somente de forma rara, afetos positivos como, por exemplo, o contentamento (sorriso espontâneo), diversão (risadas), sorriso social e manifestação de carinho. Anthony parece passar a maior parte do tempo com o humor irritável, expressando afetos negativos, como o choro e irritabilidade, de forma intensa. Embora a autorregulação emocional seja mais esperada por volta dos 36 meses, a irritabilidade de An-

thony é muito exacerbada para crianças da sua idade. Esse comportamento, então, pode indicar um futuro atraso no desenvolvimento da autorregulação emocional, caracterizada pelo controle do próprio comportamento para se conformar às expectativas sociais (Linhares & Martins, 2015). Isso pode ser uma consequência do próprio atraso no desenvolvimento da comunicação verbal e não verbal de Anthony, sendo que a expressão de sentimentos acaba se dando por meio de uma forma de comunicação mais regressiva, como birras e choro intenso, e não por meio de palavras ou gestos mais elaborados. Aos 23 meses, os bebês com desenvolvimento típico já demonstram interesse em ajudar os outros e as manifestações de afeto aumentam, o que também não foi identificado no caso do menino.

Avaliação de problemas de comportamento e hipótese de Transtorno do Espectro Autista

A análise do desenvolvimento pelas diferentes perspectivas de avaliação identificou sinais de autismo (Franchini et al., 2019; Möricke et al., 2019), por isso, foram utilizados instrumentos específicos para rastreamento e avaliação do TEA: Modified Checklist for Autism in Toddlers (M-Chat) (Castro-Souza, 2011) e Childhood Autism Rating Scale (Cars) (Pereira, 2007). O M-Chat foi respondido pelo pai e pela mãe, de forma independente, e a escala Cars pontuada pela avaliadora considerando todas as etapas do processo de avaliação psicológica.

No rastreio para TEA com o M-Chat é indicativo de alerta para o transtorno a confirmação de pelo menos três, de um total de 23 itens, que indicam falha no alcance da habilidade, ou pelo menos duas respostas de falha nos itens críticos (mais sugestivos do transtorno, envolvendo restrição em apontar, ignorar ao ser chamado, falta de iniciativas ou respostas de atenção compartilhada). Na perspectiva da mãe, foram preenchidos doze itens indicativos do transtorno, sendo três deles críticos. Já o pai pontuou dez itens indicativos de TEA, sendo três os mesmos itens críticos indicados pela mãe. Dos itens críticos, Anthony pontuou falta de interesse por outras crianças, não responder ao ser chamado pelo nome e não olhar para brinquedos que os pais estavam apontando (resposta de atenção compartilhada). Além disso, os pais concordaram que Anthony possuía sensibilidade excessiva a barulhos, limitação de brincadeira simbólica, restrição do gesto de apontar e de compartilhar interesse com os pais e ficar aéreo, olhando para o nada.

Tendo em vista o rastreio positivo para sinais de TEA, bem como a necessidade de uma investigação ampla e minuciosa dessa suspeita diagnóstica com diferentes procedimentos, a avaliadora pontuou a Cars (Pereira, 2007). A Cars é um instrumento de avaliação de sinais de autismo de 15 itens que permite identificar a presença e a gravidade dos sintomas. Os itens são pontuados pelo clínico, tendo em vista a entrevista com os principais cuidadores, informações coletadas de outras fontes bem como as sessões com a criança. A escala de resposta aos itens varia de 1 (dentro da normalidade) a 4 (sintomas de autismo grave). De um total de 60 pontos, resultados de 15 a 29,5 indicam normalidade, 30 a 36,5 indicativo de autismo leve a moderado e acima de 37 de autismo grave (Pereira, 2007). Os resultados para Anthony indicaram uma pontuação de 44,5, sugestiva de sintomatologia grave de TEA. Qualitativamente, os itens com maiores escores envolveram hipersensibilidade a estímulos auditivos, hiper-reatividade emocional quando frustrado ou confrontado, relacionamento interpessoal e comunicação verbal deficitários. Os itens com menor pontuação e, portanto, melhores resultados, envolveram adaptação a mudanças ambientais e rotina e contato visual com os pais. Os resultados dos instrumentos confirmaram os dados de observação das sessões de hora lúdica diagnóstica e demais procedimentos da avaliação.

Fontes complementares de informação: análise de vídeos do arquivo da família

A observação naturalística consiste no acesso direto ao comportamento em ambiente natural sem intervenções ou manipulações (Ferreira & Mousquer, 2004). Possibilita conhecer o bebê no seu ambiente familiar, podendo contribuir para a avaliação em curso. Uma das formas de se ter acesso a esse tipo de observação é por meio da análise de videogravações, tanto de eventos passados quanto de eventos atuais (vídeos feitos espontaneamente pela família ou requisitados pelo profissional). Os vídeos disponibilizados pelos pais, e gravados previamente à avaliação, evidenciaram alguns comportamentos de Anthony em sua casa, sem interferência do ambiente pouco familiar do consultório e da presença da avaliadora.

Os comportamentos observados reforçaram o fato de o menino ignorar todos os adultos ao ser chamado. Além disso, foi possível observar estereotipias, como o fato de andar em círculos na garagem e depois caminhar até o portão, voltar e andar em círculos novamente. Tratava-se de um comportamento repetitivo, sem função aparente e que não visava a interação, visto que neste momento Anthony também foi chamado repetidamente pela mãe e a ignorou. Um vídeo feito na cozinha da casa mostrava a capacidade do menino de obedecer a alguns comandos simples, como pegar objetos para a mãe e pedir banana. Ele falou "nanana", mas sem olhar para a mãe, que entregou a fruta para ele.

Integração dos resultados, conclusão da avaliação psicológica e indicações terapêuticas

A avaliação do desenvolvimento e do comportamento de Anthony indicou a existência de sintomas e atrasos que se constituem alertas para um acompanhamento clínico periódico e longitudinal do desenvolvimento. Anthony apresentou atrasos desenvolvimentais significativos em quase todos os domínios avaliados. Além disso, foram identificados sintomas que sugerem o diagnóstico de Transtorno de Espectro Autista (TEA).

Dentre os sintomas do TEA, Anthony apresenta prejuízos persistentes na comunicação e na interação social (p. ex., ignora quando chamado, geralmente não convida para a interação ou se recusa a interagir quando convidado). Apresenta atrasos significativos no desenvolvimento da linguagem verbal e no uso de gestos, compartilhamento reduzido de interesses, emoções ou afeto (poucos sorrisos sociais), não demonstrando envolvimento em brincadeiras imaginativas ou simbólicas ou interesse por outras crianças. Além desses, também se observou padrões restritos e repetitivos de interesses ou atividades, como movimentos motores de mexer nas bochechas e apertar os dedos sem finalidade aparente, andar em círculos, uso de objetos de forma repetitiva e não convencional (girar rodas dos carrinhos e volante, ligar e desligar interruptores, andar em círculos), insistência nas mesmas coisas (desenho da Galinha Pintadinha ou episódios do programa Chaves), padrões rígidos de comportamento (dificuldade em frequentar lugares novos) e hiper-reatividade a estímulos sensoriais (tapar os ouvidos frente a barulhos, desesperar-se frente a barulhos de aparelhos eletrodomésticos).

Contudo, apesar de preencher os critérios para TEA, deve-se considerar que Anthony ainda é muito jovem e está em uma fase muito intensiva do desenvolvimento, o que dificulta a realização do diagnóstico conclusivo. Nesses casos, uma avaliação por equipe multidisciplinar é imperativa, tendo em vista que problemas genéticos, de linguagem e outros aspectos desenvolvimentais devem ser considerados para o diagnóstico. Contudo, a intensidade e a abrangência dos sintomas de Anthony demandam o início imediato das intervenções e avaliação contínua, tendo em vista a importância do diagnóstico precoce.

Estudos destacam que há problemas sociocomunicativos e de atenção manifestos de bebês e crianças pequenas que predizem traços/comportamentos de autismo aos 4 e 5 anos (Möricke et al., 2019), principalmente os prejuízos na atenção compartilhada aos 12 meses (Franchini et al., 2019). Segundo Franchini et al. (2019), déficits em atenção compartilhada se traduzem em problemas de interação, de comunicação verbal e não verbal, na estruturação de brincadeiras, na demonstração de afeto e de desatenção, aspectos manifestados por Anthony em todas as etapas e procedimentos da avaliação.

Os pais de Anthony o trouxeram para atendimento ainda bebê, possibilitando uma avaliação precoce de seus atrasos. Quando isso acontece, aumenta-se a chance de um melhor prognóstico ao oportunizar intervenções multiprofissionais ao bebê em um momento de plasticidade neuronal intensa, que favorece seu desenvolvimento. A avaliação permitiu identificar potenciais de Anthony para a intervenção, como por exemplo o interesse por brinquedos, adaptação ao ambiente clínico e à avaliadora com o evoluir dos atendimentos, vínculos com os pais, imitação de gestos feitos pela mãe (beijo e tchau), iniciativas de pedido (p. ex., balbucio de "nanana" para pedir banana). Considerando as dificuldades e potencialidades de Anthony, alguns acompanhamentos terapêuticos foram planejados.

Em primeiro lugar, sugere-se que Anthony participe de serviço de Intervenção e Estimulação Precoce para um acompanhamento multiprofissional de promoção do desenvolvimento nos diferentes domínios. Idealmente, são desejáveis com fonoaudiologia, medicina, psicologia, psicopedagogia e terapia ocupacional. Tais profissionais devem levar em conta a importância dos pais (ou cuidadores que exercem funções parentais) no processo interventivo, ou seja, enfatizar a relação dos cuidadores com o bebê e dar orientações para que façam estimulação do desenvolvimento em casa. Dessa forma, será possível considerar essa relação inicial como primordial para a constituição psíquica de Anthony e seu consequente desenvolvimento (Rosi & Lucero, 2018). Além disso, os pais poderão melhorar a qualidade das relações estabelecidas com Anthony, tendo em vista que a literatura mostra que frente a bebês menos responsivos os pais tendem a se distanciar afetivamente nos momentos interativos com eles (Saboia, 2015). Isso é decorrente, principalmente, dos atrasos linguísticos verbais e não verbais da criança e ao seu desinteresse em estabelecer relações. Por isso, nesses casos, e no caso de Anthony em particular, se faz primordial intervenções que considerem o contexto familiar no todo e que se foquem não só naquilo que o bebê precisa desenvolver, mas no que ele também já traz como potencialidades. Além disso, o suporte emocional e a orientação

profissional aos pais devem ser considerados, já que cuidadores de crianças com problemas de desenvolvimento podem apresentar muitas dificuldades, sofrimento e sobrecarga.

A manutenção do acompanhamento pediátrico também é relevante. Embora o pediatra de Anthony tenha subestimado seus atrasos no desenvolvimento, entende-se que a família necessita de atendimentos dessa especialidade médica, tanto para acompanhar a saúde geral do menino como os aspectos desenvolvimentais. Seria ideal o atendimento regular por um pediatra com maiores conhecimentos sobre TEA, que dialogasse com a equipe multiprofissional sugerida acima. A literatura mostra que, isoladamente, há profissionais de pediatria que não se encontram preparados para a identificação de sinais de risco para o autismo, bem como para o encaminhamento para intervenções precoces, o que demonstra, mais uma vez, a importância do trabalho inter e multidisciplinar (Ferreira & Smeha, 2018; Flores & Smeha, 2013).

Sugere-se, também, uma avaliação genética para Anthony. Crianças com transtornos genéticos como Síndrome do Cromossomo X-Frágil, Síndrome de Angelman, de Prader-Willi e de Williams podem ter sintomas secundários como os de TEA (Gonçalves, 2010). Além disso, Ana relatou que um irmão mais velho de Anthony também apresentou atrasos de linguagem, reforçando a possibilidade de um componente genético. Além do exposto, avaliações genéticas completas ajudam a esclarecer possíveis explicações biológicas para aspectos comportamentais e cognitivos, como deficiências intelectuais.

Como última recomendação, reavaliações devem ser feitas periodicamente, para monitorar as habilidades de desenvolvimento adquiridas e verificar a persistência dos sintomas de TEA.

Além disso, as reavaliações de Anthony poderão fornecer uma medida da eficácia das intervenções, podendo-se readequar os objetivos de acordo com os resultados do trabalho multidisciplinar. O intervalo de tempo considerado para novas reavaliações pode considerar a evolução de Anthony ou as metas dos profissionais. Avaliações frequentes possibilitam o acompanhamento longitudinal do caso.

Considerações teóricas e práticas sobre a avaliação do desenvolvimento de bebês

Considera-se como bebê a criança dos 28 dias até os 24 meses de vida, também conhecida como lactente. Neste período da vida, o desenvolvimento ocorre de uma maneira intensiva e há habilidades da criança que podem mudar de um dia para o outro. Fatores de risco e de proteção podem agir e impactar definitivamente toda a vida da pessoa. Em função disso, quando há suspeitas de que o bebê não está atingindo seu potencial, pode ser necessária uma avaliação psicológica. Essa avaliação tem como objetivo central o desenvolvimento do bebê, no sentido de traçar um perfil desenvolvimental, identificar necessidades e/ou o risco de resultados adversos.

O desenvolvimento infantil é influenciado por múltiplos fatores biológicos, sociais e ambientais que interagem um com o outro, constituindo-se um grande desafio para a avaliação. Sozinho ou isolado, um fator de risco pode ter um efeito pequeno no desenvolvimento, entretanto, um acúmulo de fatores nocivos pode ter um impacto muito prejudicial na vida da criança. A avaliação de bebês exige o conhecimento em profundidade de teorias sobre o desenvolvimento infantil, bem como prática em observa-

ção de bebês em contextos diversos (p. ex., na clínica, com a família e na escola de Educação Infantil), além da consideração de diversos fatores que podem influenciar o desenvolvimento. A abordagem multimétodo, que inclui técnicas e procedimentos diversificados, bem como diferentes informantes, torna-se indispensável para a compreensão dos bebês. Entre as técnicas e procedimentos, destacam-se: os instrumentos padronizados de avaliação; as entrevistas com mãe, pai, professores da Educação Infantil e demais cuidadores do bebê; observação da interação pai-mãe-bebê e professores/cuidadores-bebê; e, preferencialmente, uma consideração destes dados de forma longitudinal, a fim de ver os progressos ou não em termos de desenvolvimento da criança ao longo dos meses (para uma visão sobre as etapas e procedimentos da avaliação psicológica na primeira infância, cf. o cap. 13 desta obra).

Como a avaliação de bebês é principalmente uma análise do desenvolvimento, serão discutidos alguns aspectos de referência enfatizados por Bentzen (2018) para explorar o mundo da criança nesta fase. Primeiramente, é importante entender a existência de diferentes domínios de desenvolvimento, sem perder de vista o caráter de indissociação e inter-relação entre eles. Cognição, motricidade, comunicação e linguagem, emoções, relações sociais e mudanças físicas caminham juntas, afetando-se mutuamente. Por exemplo, há uma relação de interdependência das dimensões motora e cognitiva (Pereira et al., 2016), bem como do desenvolvimento motor com o domínio emocional (Mahler et al., 1975/1977). Sendo assim, a avaliação deve envolver uma visão global dos diferentes domínios, sem perder de vista que o fato de um domínio estar bem não necessariamente implica que o outro está, mas que a diferença impacta na inter-relação entre eles.

Outro aspecto relevante é a ampla gama de diferenças individuais que caracterizam o desenvolvimento típico (Bentzen, 2018). Fatores diversos afetam a trajetória de cada criança, o que limita a sensibilidade e a especificidade de qualquer método de avaliação. Em nível de desenvolvimento, a sensibilidade diz da identificação correta de crianças com atraso, enquanto a especificidade significa refutar indicativos de atraso em crianças com habilidades típicas para a idade. Face às diferenças entre crianças e até variações entre habilidades da mesma criança, especialmente bebês, uma conclusão pode ser difícil nesta fase. Geralmente, o que ajuda o profissional a contornar suas dúvidas nestes momentos são a abordagem multimétodo e o acompanhamento longitudinal.

O terceiro aspecto se refere à natureza ativa e interativa do desenvolvimento infantil. Características individuais do bebê, como temperamento, comunicação, aparência, entre outras, contribuem para a forma com que as pessoas vão responder a ele, da mesma forma que o bebê se comporta de acordo com respostas e características dos seus cuidadores (Bentzen, 2018). Dessa forma, uma compreensão ampla, não apenas do contexto imediato da criança, mas de outras influências sociais que a afetam, é fundamental no processo avaliativo. Técnicas de observação da interação pai-mãe-bebê (ou de cuidadores que exerçam as funções parentais) e do bebê com outras pessoas de referência podem auxiliar no entendimento do caráter ativo e interativo do desenvolvimento.

Outro aspecto de análise é que o desenvolvimento ocorre dentro de um ambiente e cultura que o influenciam profundamente (Bentzen, 2018). Os prestadores de cuidados, como professoras, babás, avós, podem ter impacto decisivo no ambiente da criança. Variáveis como maior escolaridade materna (Hoff, 2003) ou do cuidador principal, melhor nível socioeconômico familiar (Grantham-McGregor et al., 2007), práticas parentais positivas (Tamis-LeMonda et al., 2004), entre muitos outros, podem impactar positivamente o desenvolvimento infantil. Além disso, o desenvolvimento do bebê sofre influência de variações culturais, como por exemplo a restrição de brincadeiras de faz de conta em países orientais comparado aos ocidentais. Tendo em vista o exposto, a avaliação do bebê deve ampliar o olhar para influências ambientais e culturais múltiplas. Entretanto, diante da diversidade de influências, deve-se priorizar o que é mais decisivo para investigar, de forma que a análise não seja demasiadamente longa. Mais uma vez, o caráter longitudinal da investigação pode auxiliar a testar hipóteses e a integrar informações.

O quinto aspecto refere-se à capacidade de recuperação, ou resiliência, da criança mesmo diante de experiências negativas ou adversas (Bentzen, 2018). Esse ponto tem especial destaque para avaliação precoce e, especialmente, para o direcionamento das intervenções para combater ameaças ao desenvolvimento. Quando os fatores de risco não são corretamente identificados e permanecem, somando-se a outros ao longo do tempo, eles tendem a intensificar os prejuízos desenvolvimentais da criança. No caso do bebê do capítulo, Anthony, caso intervenções intensivas não sejam realizadas para amenizar os sintomas, eles podem ir se agravando. Além disso, se Anthony realmente tiver TEA e não for identificado, as características do transtorno podem afetar suas relações com as pessoas, que passam a ser menos responsivas a ele. Por sua vez, a baixa responsividade e as práticas parentais inadequadas podem constituir fatores de risco incrementais ao desenvolvimento de Anthony. Portanto, a avaliação deve responder à demanda apresentada, mas também identificar aspectos dos cuidadores próximos, fatores ambientais, clínicos ou contextuais diversos que favoreçam a resiliência do bebê.

Por fim, o desenvolvimento é cumulativo, no sentido de que as habilidades iniciais vão se constituindo como bases para novas aquisições, assim sendo para todo o ciclo da vida. As habilidades desenvolvimentais aumentam em complexidade, organização e funcionamento na medida em que o tempo passa. Há uma maior diferenciação das habilidades das crianças na medida em que envelhecem, ou seja, elas vão se tornando mais qualificadas, específicas e independentes dos outros. Por fim, há uma integração hierárquica de habilidades, de modo que a criança combina várias aptidões para desempenhar funções mais complexas (Bentzen, 2018). Esse entendimento do desenvolvimento é importante para a análise qualitativa das etapas sucessivas do desenvolvimento longitudinalmente. Por vezes, o conhecimento de como uma habilidade é adquirida ou uma tarefa é realizada é muito mais importante do que saber se houve êxito ou fracasso em sua aquisição/realização. Análises qualitativas são recursos ricos na avaliação psicológica do bebê. Por exemplo, há casos em que o bebê pode apresentar uma estagnação ou regressão de habilidades adquiridas previamente, como de linguagem, cognição ou motricidade. Nestes casos algumas hipóteses podem ser levantadas para identificar como e em que etapa do processo isso aconteceu. Por exemplo, a perda ou estagnação da habilidade ocorreu em uma função específica? Se sim, isso afetou outros do-

mínios do desenvolvimento? Algum fator explicativo pode ser identificado? Houve uma falha na regulação entre o conjunto de habilidades da criança? O entendimento dessas características do desenvolvimento é um excelente guia ao profissional para o entendimento global do bebê.

Como conclusão, tão importante quanto fazer uma avaliação de bebês com qualidade é direcionar as ações necessárias. O objetivo de ajudar a criança é mais bem alcançado quando as conclusões e decisões de encaminhamentos são compartilhadas por meio de comunicação clara e objetiva com os pais ou responsáveis. Inclusive, ao se propor encaminhamentos deve-se compreender junto aos cuidadores se há dificuldades financeiras ou barreiras geográficas que podem dificultar o seguimento das orientações. O profissional deve se dedicar a facilitar condições, como por exemplo estabelecendo prioridades de atendimento e ajudando a família a localizar serviços mais próximos e/ou gratuitos ou de baixo custo. Nos casos em que há dúvidas sobre a existência de atrasos significativos do desenvolvimento, medidas de proteção e estimulação são indicadas. Auxiliar os pais e incentivá-los a serem bons observadores, bem como desenvolverem práticas parentais protetivas ao bebê, tornando-se mais atentos e sensíveis, é benéfico a qualquer criança.

Considerações finais

O objetivo principal deste capítulo foi apresentar a avaliação de um bebê com suspeita de atrasos no desenvolvimento, ampliando a reflexão sobre o processo com o intuito de facilitar o trabalho de estudantes e profissionais interessados na área. A avaliação de bebês atua na identificação de necessidades e/ou riscos de resultados adversos, sendo uma medida protetiva do desenvolvimento. Defende-se, na avaliação de bebês, a abordagem multimétodo, que inclui técnicas e procedimentos diversificados, bem como diferentes informantes. Destacam-se os instrumentos padronizados de avaliação; as entrevistas com mãe, pai, professores da Educação Infantil e demais cuidadores do bebê; observação do bebê e da interação cuidadores-bebê e professores-bebê; e, preferencialmente, uma consideração destes dados de forma longitudinal. O olhar multiprofissional é fundamental, especialmente em bebês que apresentam maiores riscos e que já visitaram outros profissionais. O conhecimento teórico do profissional é o principal guia para a condução do processo e para a sua conclusão. Como fim último, a avaliação de bebês deve definir os encaminhamentos e intervenções necessários para que a criança atinja seu potencial, que na maioria das vezes impacta toda a trajetória de vida.

Agradecimento

À psicóloga Ana Carolina Caputo Aucélio e ao psicólogo Dr. Sérgio Eduardo Silva de Oliveira. Dedicamos este capítulo a vocês, ao Anthony e à sua família. Sem vocês, ele não teria sido possível.

Referências

Argimon, I. I. L., & Lopes, R. M. F. (2017). Avaliação neuropsicológica infantil: Aspectos históricos, teóricos e técnico. In L. Tisser (org.), *Avaliação neuropsicológica infantil* (pp. 21-48). Sinopsys.

Assis, O. Z. M. de. (1994). O jogo simbólico na teoria de Piaget. *Pró-Posições*, *5*(1), 99-108. https://periodicos.sbu.unicamp.br/ojs/index.php/proposic/article/view/8644 338/11757

Bellman, M., Byrne, O., & Sege, R. (2013). Developmental assessment of children. *Bmj*, *346*, 31-35, e8687. https://doi.org/10.1136/bmj.e8687

Bentzen, W. R. (2018). *Guia para observação e registro do comportamento infantil*. Cengage.

Bosa, C. (2002). Atenção compartilhada e identificação precoce do autismo. *Psicologia: Reflexão e Crítica*, *15*(1), 77-88. https://doi.org/10.1590/S0102-79722002000100010

Carvalho, A. de S., Franco, J. M., Maciel, M. C. B., Alves, S. F. L., Stermer, P. R. R., Filho, L. E. C. de S., Chermont, A. G., Chermont, A. G., & Cunha, K. C. (2020). Mortalidade por síndrome de aspiração meconial em recém-nascidos no estado do Pará, região norte do Brasil. *Revista Eletrônica Acervo*

Saúde, *12*(5), 1-10. https://doi.org/10.25248/reas.e2743.2020

Casby, M. W. (2003). Developmental assessment of play: A model for early intervention. *Communication Disorders Quarterly*, *24*(4), 175-183. https://doi.org/10.1177/15257401030240040301

Casey, B. M., McIntire, D. D., & Leveno, K. J. (2001). The continuing value of the Apgar score for the assessment of newborn infants. *The New England Journal of Medicine*, *344*(7), 467-471. https://doi.org/10.1056/NEJM200102153440701

Cassiano, A. N., Vitorino, A. B. F., Oliveira, S. I. M., Silva, M. L. C., Sousa, N. M. L., & Souza, N. L. (2020). Desfechos perinatais em gestantes com síndromes hipertensivas: Uma revisão integrativa. *Revista de Enfermagem da UFSM*, *10*(e23), 1-20. https://doi.org/10.5902/2179769233476

Castro-Souza, R. M. (2011). *Adaptação Brasileira do M-Chat* [Dissertação de mestrado, Universidade de Brasília]. https://repositorio.unb.br/handle/10482/10210

Chaim, S. R. P., Oliveira, S. M. J. V., & Kimura, A. F. (2008). Hipertensão arterial na gestação e condições neonatais ao nascimento. *Acta Paulista de Enfermagem, 21*(1), 53-58. https://doi.org/10.1590/S0103-21002008000100008

Conselho Federal de Psicologia. (2018). *Resolução CFP n. 9/2018.* Estabelece diretrizes para a realização de avaliação psicológica no exercício profissional da psicóloga e do psicólogo, regulamenta o Sistema de Avaliação de Testes Psicológicos – Satepsi e revoga as resoluções n. 2/2003, n. 6/2004 e n. 5/2012 e notas técnicas n. 1/2017 e 2/2017. https://site.cfp.org.br/wp-content/uploads/2018/04/Resolu%C3%A7%C3%A3o-CFP-n%C2%BA-09-2018-com-anexo.pdf

Donelli, T. M. S. (2011). Considerações sobre a clínica psicológica com bebês que experimentaram internação neonatal. *Gerais: Revista Interinstitucional de Psicologia, 4*(2), 228-241. http://pepsic.bvsalud.org/scielo.php?script=sci_abstract&pid=S1983-82202011000200005&lng=pt&nrm=isso

Ferreira, M. E. V., & Smeha, L. N. (2018). E agora Dr.? O pediatra diante do diagnóstico do Transtorno do Espectro Autista. *PSI UNISC, 2*(1), 156-171. https://online.unisc.br/seer/index.php/psi/article/view/11128/7065

Ferreira, V. R. T., & Mousquer, D. N. (2004). Observação em psicologia clínica. *Revista de Psicologia da UNC, 2*(1), 54-61. http://leticiawfrancomartins.pbworks.com/w/file/fetch/116596914/observao_em_psicologia_clnica_observation_in_clinical_psychology.pdf

Flabiano-Almeida, F. C., & Limongi, S. C. O. (2010). O papel dos gestos no desenvolvimento da linguagem oral de crianças com desenvolvimento típico e crianças com síndrome de Down. *Revista da Sociedade Brasileira de Fonoaudiologia, 15*(3), 458-464. https://doi.org/10.1590/S1516-80342010000300023

Flores, M. R., & Smeha, L. N. (2013). Bebês com risco de autismo: O não olhar do médico. *Ágora: Estudos em Teoria Psicanalítica, 16*(spe), 141-157. https://doi.org/10.1590/S1516-14982013000300010

Franchini, M., Hamodat, T., Armstrong, V. L., Sacrey, L. A. R., Brian, J., Bryson, S. E., Garon, N., Roberts, W., Zwaigenbaum, L., & Smith, I. M. (2019). Infants at risk for autism spectrum disorder: Frequency, quality, and variety of joint attention behaviors. *Journal of Abnormal Child Psychology, 47*(5), 907-920. https://doi.org/10.1007/s10802-018-0471-1

Gonçalves, A. B. (2010). *Estudo citogenético, regiões 2q37 e 22q13.3 e condições médicas em doenças do espectro autístico* [Tese de doutorado, Universidade Estadual Paulista]. Arquivo da Biblioteca Digital Brasileira de Teses e Dissertações. http://bdtd.ibict.br/vufind/Record/UNSP_8a64ca538759d0a6c18f45ccec19e119

Grantham-McGregor, S., Cheung, Y. B., Cueto, S., Glewwe, P., Richter, L., Strupp, B., & International Child Development Steering Group. (2007). Developmental potential in the first 5 years for children in developing countries. *The Lancet, 369*(9555), 60-70. https://doi.org/10.1016/s0140-6736(07)60032-4

Hoff, E. (2003). The specificity of environmental influence: Socioeconomic status affects early vocabulary development via maternal speech. *Child Development, 74*(5), 1.368-1.378. https://doi.org/10.1111/1467-8624.00612

Jerusalinsky, J. (2000). Do neonato ao bebê: A estimulação precoce vai à UTI neonatal. *Estilos da Clínica, 5*(8), 49-63. https://doi.org/10.11606/issn.1981-1624.v5i8p49-63

Linhares, M. B., M., & Martins, C. B. S. (2015). O processo da autorregulação no desenvolvimento de crianças. *Estudos de Psicologia, 32*(2), 281-293. https://doi.org/10.1590/0103-166X2015000200012

Lobo, M. A., Paul, D. A., Mackley, A., Maher, J., & Galloway, J. C. (2014). Instability of delay classification and determination of early intervention eligibility in the first two years of life. *Research in Developmental Disabilities, 35*(1), 117-126. https://doi.org/10.1016/j.ridd.2013.10.017

Mahler, M., Pine, F., & Bergman, A. (1977). *O nascimento psicológico da criança.* Zahar. (Original publicado em 1975)

Mendes, D. M. L. F., & Moura, M. L. S. de. (2004). Desenvolvimento da brincadeira e linguagem em bebês de 20 meses. *Psicologia: Teoria e Pesquisa, 20*(3), 215-222. https://doi.org/10.1590/S0102-37722004000300002

Molinari, J. S. de O., Silva, M. de F., & Crepaldi, M. A. (2005). Saúde e desenvolvimento da criança: A família, os fatores de risco e as ações na atenção básica. *Psicologia Argumento, 23*(43), 17-26. https://doi.org/10.7213/rpa.v23i43. 19591

Möricke, E., Greven, C. U., Visser, J. C., Oosterling, I. J., Buitelaar, J. K., & Rommelse, N. N. J. (2019). Social-communicative and attention problems in infancy and toddlerhood as precursors of preschool autistic traits. *Attention Deficit and Hyperactivity Disorders, 11*(1), 113-122. https://doi.org/10.1007/s12402-018-00284-2

Muniz, M., & Freitas, C. P. P. (2019). Padronização e normatização de instrumentos psicológicos. In B. F. Damásio & J. C. Borsa (orgs.), *Manual de desenvolvimento de instrumentos psicológicos* (pp. 57-83). Vetor.

Okoye, H. C., Efobi, C. C., Chinawa, J. M., Odetunde, O. I., Chinawa, A. T., & Aniwada, E. C. (2019). Impact of parity and gestational age of mothers with hypertension on birth weight, red blood cells and mode of delivery of their babies. *African Health Sciences, 19*(4), 3.038-3.044. https://doi.org/10.4314/ahs.v19i4.25

Oliveira, D. S. de., & Lopes, R. C. S. (2010). Implicações emocionais da chegada de um irmão para o primogênito: Uma revisão da literatura. *Psicologia em Estudo, 15*(1), 97-106. https://doi.org/10.1590/S1413-73722010000100011

Papalia, D. E., Feldman, R. D. (2013). *Desenvolvimento Humano* (12. ed.). AMGH.

Pedromônico, M. R. M., Affonso, L. A., & Sañudo, A. (2002). Vocabulário expressivo de crianças entre 22 e 36 meses. *Revista Brasileira de Crescimento e Desenvolvimento Humano, 12*(2), 20-28. https://doi.org/10.7322/jhgd.39691

Pereira, A. M. (2007). *Autismo infantil: Tradução e validação da Cars para uso no Brasil* [Dissertação de mestrado, Universidade Federal do Rio Grande do Sul]. https://www.lume.ufrgs.br/bitstream/handle/10183/12936/000634977.pdf

Pereira, K. R. G., Saccani, R., & Valentini, N. C. (2016). Cognição e ambiente são preditores do desenvolvimento motor de bebês ao longo do tempo.

Fisioterapia e Pesquisa, 23(1), 59-67. https://doi.org/10.1590/1809-2950/14685223012016

Rebelo, M., Serrano, J., Duarte-Mendes, P., Paulo, R., Marinho, D. A. (2020). Desenvolvimento motor da criança: Relações entre habilidades motoras globais, habilidades motoras finas e idade. *Cuadernos de Psicología del Deporte, 20*(1), 75-85. https://doi.org/10.6018/cpd.385791

Rosa, R. R., & Gil, M. E. (2017). Suporte psicológico aos pais na unidade de tratamento intensivo neonatal: Encontros possíveis e necessários. *Revista da Sociedade Brasileira de Psicologia Hospitalar, 20*(2), 123-135. http://pepsic.bvsalud.org/pdf/rsbph/v20n2/v20n2a08.pdf

Rosi, R. S., & Lucero, A. (2018). Intervenção precoce versus estimulação precoce na clínica com bebês. *Tempo Psicanalítico, 50*(1), 174-193. http://pepsic.bvsalud.org/scielo.php?script=sci_arttext & pid=S0101-48382018000100009

Saboia, C. (2015). O brincar precoce do bebê como indicadores de risco de sofrimento psíquico. *Estilos da Clínica, 20*(2), 181-193. http://doi.org/10.11606/issn.1981-1624.v20i2p181-193

Schmidt, K. T., Sassá, A. H., Veronez, M., Higarashi, I. H., & Marcon, S. S. (2012). A primeira visita ao filho internado na unidade de terapia intensiva neonatal: Percepção dos pais. *Escola Anna Nery, 16*(1), 73-81. https://doi.org/10.1590/S1414-81452012000100010

Sestini, A. E. (2008). *Interação social e comunicação na primeira infância* [Tese de doutorado, Universidade de São Paulo]. Arquivo da Universidade de São Paulo. https://www.teses.usp.br/teses/disponiveis/47/47132/tde-06062008-173748/publico/Sestini_AE_do.pdf

Silva, M. A., & Bandeira, D. R. (2016). A entrevista de anamnese. In C. S. Hutz, D. R. Bandeira, C. M. Trentini & J. S. Krug (orgs.), *Psicodiagnóstico* (pp. 52-67). Artmed.

Silva, M. A., Mendonça Filho, E. J., & Bandeira, D. R. (2019). Development of the Dimensional Inventory of Child Development Assessment (Idadi). *Psico-USF, 24*(1), 11-26. https://doi.org/10.1590/1413-82712019240102

Tamis-LeMonda, C. S., Shannon, J. D., Cabrera, N. J., & Lamb, M. E. (2004). Fathers and mothers at play with their 2-and 3-year-olds: Contributions to language and cognitive development. *Child Development, 75*(6), 1.806-1.820. https://doi.org/10.1111/j.1467-8624.2004.00818.x

Volling, B. L. (2005). The transition to siblinghood: A developmental ecological systems perspective and directions for future research. *Journal of Family Psychology, 19*(4), 542-549. https://doi.org/10.1037/0893-3200.19.4.542

Zajonz, R., Müller, A. B., & Valentini, N. C. (2008). A influência de fatores ambientais no desempenho motor e social de crianças da periferia de Porto Alegre. *Revista de Educação Física/UEM, 19*(2), 159-171. https://doi.org/10.4025/reveducfis.v19i2.322

26
Avaliação de transtornos do neurodesenvolvimento

Transtorno do espectro do autismo

Tatiana Pontrelli Mecca
Faculdade de Ciências Médicas da Santa Casa de São Paulo

Highlights

- A avaliação psicológica pode auxiliar na identificação de comorbidades ou no diagnóstico diferencial de pessoas com TEA.
- Etapas da avaliação psicológica aplicada às pessoas com TEA.
- O uso de baterias com diferentes provas cognitivas deve ser valorizado em detrimento de testes com um único tipo de item, permitindo a identificação de "facilidades e dificuldades".
- Discrepâncias em habilidades verbais e de organização perceptual são comumente observadas, bem como a presença de deficiência intelectual ou altas habilidades/superdotação, caracterizando a heterogeneidade cognitiva do transtorno.

O Transtorno do Espectro do Autismo (TEA) é um transtorno do neurodesenvolvimento (Associação Americana de Psiquiatria [APA], 2014), de origem multifatorial, decorrente da interação entre fatores genéticos e ambientais, cuja herdabilidade está em torno de 80% (Bai et al., 2019). A prevalência no mundo é estimada em 1% (Elsabbagh et al., 2012), embora um estudo mais recente nos Estados Unidos indique números mais alarmantes de uma em cada 54 crianças aos 8 anos de idade (Maenner et al., 2020).

O diagnóstico é pautado em uma díade de prejuízos que inclui: (1) dificuldades no desenvolvimento da interação e comunicação social; (2) presença de comportamentos, atividades e interesses restritos repetitivos e estereotipados. No primeiro grupo estão déficits observados em diferentes contextos e que são persistentes de acordo com a história prévia ou atual na reci-

procidade socioemocional, nos comportamentos comunicativos não verbais, bem como no desenvolvimento, manutenção e compreensão dos relacionamentos. Já os sintomas referentes aos comportamentos restritos, repetitivos e estereotipados, aparecem no uso inadequado do corpo, objetos e da fala que ocorre de modo repetitivo e estereotipado, presença de rituais, preferência por rotinas, assuntos de interesse restritos, perseverações e alterações nas reações a estímulos sensoriais, que podem ser caracterizar por hiper ou hiporreações (APA, 2014).

O aparecimento dos sintomas pode ocorrer de diferentes formas: (a) início precoce, quando os sintomas tornam-se aparentes no primeiro ano de vida; (b) início regressivo, no qual os sintomas surgem após um período de desenvolvimento aparentemente típico e são precedidos da perda de habilidades sociais e linguísticas; (c) combinação dos padrões anteriores com aparecimento precoce dos sintomas e regressão de algumas habilidades previamente adquiridas; (d) padrão de estagnação caraterizado por um início típico de habilidades sociais e linguísticas, mas sem ganhos ou progressos posteriores (Boterberg et al., 2019).

Um dos grandes desafios diante de um transtorno complexo e de alta prevalência é a disponibilidade de serviços adequados no que tange à saúde e educação para estes pacientes. Ainda maiores são os desafios no estabelecimento de intervenções de qualidade, uma vez que estas dependem do planejamento e das estratégias adotadas por profissionais, e são influenciadas por características da criança, da família e da escola.

No caso das características individuais, há grande heterogeneidade e variabilidade na gravidade e apresentação dos sintomas. Estas podem ser parcialmente explicadas pelas variações no desenvolvimento das habilidades cognitivas, linguísticas, motoras e do processamento de informação sensorial (Maenner et al., 2020; Teixeira, Carreiro, Cantiere & Baraldi, 2017), com impacto na qualidade de vida desta população (Mehling & Tassé, 2016). Por exemplo, fatores como maior controle do comportamento e análise de situações de risco, bom desempenho acadêmico e linguagem estão associados a melhor prognóstico (Klein, 2009).

Apesar da grande variabilidade em termos de gravidade da apresentação dos sintomas, comumente observam-se prejuízos em duas grandes áreas: dificuldades na qualidade da interação e comunicação social; presença de comportamentos, atividades e interesses restritos, repetitivos e estereotipados, incluindo alterações na reatividade aos estímulos sensoriais (APA, 2014). Estes sintomas aparecem durante o período do desenvolvimento, observando-se alterações já nos três primeiros anos de vida e acarretam prejuízos clinicamente significativos para o indivíduo e sua família (Volkmar & Wiesner, 2019), incluindo implicações para o funcionamento adaptativo (Teixeira, Mecca & Silva, 2017).

Como não há um único marcador biológico que caracterize o TEA, o diagnóstico é clínico, sendo a avaliação multiprofissional considerada o padrão-ouro (Duarte & Velloso, 2019; Johnson & Myers, 2007). Neste contexto, a avaliação psicológica aplicada aos TEAs pode ser realizada com diferentes finalidades: auxílio no diagnóstico; conhecimento do perfil cognitivo e comportamental para planejamento de intervenção; recomendações de suportes educacionais especiais; verificação de possíveis efeitos de uma intervenção (Mecca, 2019a).

No caso da avaliação psicológica com finalidade diagnóstica, esta poderá contribuir para a identificação de comportamentos característicos do transtorno, identificação de possíveis comorbidades e diagnóstico diferencial (Mecca, 2019a), como a deficiência intelectual ou Transtorno de Déficit de Atenção e Hiperatividade (TDAH). Estas condições são frequentemente comórbidas ao TEA (Maenner et al., 2020; Yerys et al., 2019) ou mesmo confundida com ele. No TDAH, por exemplo, podemos citar os prejuízos nas funções executivas e no funcionamento social compartilhados com o TEA, que podem gerar dúvidas quanto ao diagnóstico (Antshel & Russo, 2019).

Para que tais objetivos sejam alcançados, o processo de avaliação deve ser composto por diferentes procedimentos: anamnese, uso de escalas, observação do comportamento (não estruturada, semiestruturada e totalmente estruturada) e uso de testes padronizados e normatizados (Mecca, 2019b).

Anamnese e observação do comportamento

Na anamnese, deve-se realizar as perguntas gerais sobre desenvolvimento neuropsicomotor, histórico médico, educacional e familiar da criança, bem como início das queixas e impactos dos sintomas no dia a dia da criança e da família, tal como feito no processo investigativo que ocorre na maioria dos casos clínicos na infância. Um exemplo de roteiro de anamnese infantil está disponível em Trevisan, Campanholo e Serrao (2018).

Marcos do desenvolvimento também podem ser investigados com o uso de *checklists*, tal como disponível em português pelo Centro de Controle de Doenças dos Estados Unidos (disponível pelo link: https://www.cdc.gov/ncbddd/actearly/pdf/other-lang/Brazilian-Portuguese-Checklists_LTSAE-P.pdf). Trata-se de um breve rastreio das principais características físicas/motoras, socioemocionais, de linguagem e comunicação e cognitivas, apresentadas aos 2, 4, 6, 9, 12, 18 meses, bem como aos 2 até os 5 anos de idade. Ademais, escalas de desenvolvimentos também podem ser utilizadas, as quais incluem perguntas direcionadas aos pais/cuidadores e itens de observação direta do comportamento, tais como a Bayley-III e o Denver-II.

Como a suspeita de TEA ocorre comumente nos primeiros anos de vida, com preocupações da família relacionadas à linguagem e interação social (Estes, John & Dager, 2019; Backes et al., 2019), um roteiro de como explorar a queixa clínica em pré-escolares pode ser encontrado em Antunes, Júlio-Costa e Malloy-Diniz (2018). No entanto, quando se trata de uma hipótese diagnóstica (HD) de TEA, existem características comportamentais e do desenvolvimento sociocognitivo que precisam ainda ser investigadas de modo mais específico e aprofundado. Um roteiro de anamnese que inclui perguntas mais direcionadas para TEA pode ser encontrado em Bosa e Salles (2018). Outros materiais também apresentam os indicadores comportamentais a serem investigados (Júlio-Costa & Antunes, 2017; Brasil, Ministério da Saúde, 2014; Volkmar & Wiesner, 2019). As principais características sobre os primeiros anos da criança a serem investigadas durante a anamnese diante de uma HD de TEA estão sumariadas a seguir:

1) Durante o primeiro semestre de vida, o bebê acompanhava ou buscava o olhar do cuidador?

2) Desde bebê presta mais atenção em pessoas ou objetos?

3) Dificuldade em comportamentos antecipatórios (p. ex., olhar para o cuidador e estender os braços para ser pego no colo) ou imitativos (p. ex., dar tchau, jogar beijo).

4) Uso de sorriso social espontâneo durante as interações (quando o adulto interage, toca, sorri, conversa, se aproxima).

5) Uso e exploração dos objetos de diferentes maneiras (chacoalha, coloca na boca, bate o objeto no chão).

6) Reage a sons do ambiente, tanto à voz humana quanto a ruídos (faz movimentos, chora, pisca, demonstra susto, procura pela fonte sonora direcionando a cabeça e o olhar).

7) Direciona o olhar para objetos que são manipulados pelo adulto?

8) Apresenta o apontar protodeclarativo? (Aponta para indicar interesse, para compartilhar a atenção com o outro e não somente para pedir algo.) O apontar protodeclarativo é acompanhado por uso do contato visual,

sorriso social e sons que indicam a intencionalidade da comunicação social.

9) Uso de linguagem referencial por volta de um ano de vida (palavras específicas para referenciar um objeto ou pessoa. Ex.: "mama" para mamãe e não para estímulos diferentes).

10) Segue espontaneamente o apontar de um adulto (resposta à atenção compartilhada).

Algumas famílias podem demonstrar dificuldades de recordar tais informações tão específicas a respeito do desenvolvimento da criança. Quando isso ocorre, o avaliador pode auxiliar solicitando que a família se recorde onde moravam naquele período ou quem cuidava da criança e como era a rotina. Além disso, alguns cuidadores podem ter dificuldade em compreender exatamente o comportamento que estamos investigando. Neste caso, o(a) psicólogo(a) pode utilizar um roteiro com vídeos que exemplificam os comportamentos no *"Instrumento de Vigilância Precoce – Manual e Vídeo"* (Lampreia & Lima, 2015) ou a *"Pictorial Infant Communication Scales – PICS"*, uma escala ilustrada composta por 16 questões sobre iniciativa e resposta à atenção compartilhada e comportamento de solicitação, aplicada aos cuidadores. O fato de ser ilustrada facilita o entendimento do cuidador sobre o comportamento avaliado. Porém, deve ser utilizada de forma qualitativa pois apesar deste instrumento apresentar tradução e adaptação para o português brasileiro (Montenegro, 2006), ainda carece de estudos de validade e precisão para seu uso em população brasileira.

Além do levantamento de sinais e sintomas, é importante compreender o quanto estas características impactam na aprendizagem, na qualidade das interações sociais da criança, bem como na sua independência e autonomia para executar suas atividades de vida diária. Por exemplo: os comportamentos repetitivos e as alterações podem diminuir com a ida da família a eventos sociais (como festas de aniversários) ou dificultar a permanência da criança em sala de aula durante determinadas atividades.

Outro ponto de investigação é a presença de padrões incomuns no desenvolvimento, por exemplo: os interesses sociais incomuns como o uso do corpo do outro como ferramenta, mas sem contato visual ou uso de sons; nas brincadeiras reproduzem falas de desenhos ou filmes de interesse, carregam brinquedos, mas não brincam de maneira funcional. As crianças podem conhecer todas as letras do alfabeto, mas não respondem ao próprio nome; podem ler aos 4 anos de idade, mas sem compreender o material lido; conseguem se lembrar de sequências complexas, mas não automatizam a sequência de uma atividade de vida diária.

Já a observação de comportamentos específicos para TEA pode ser realizada a partir de situações estruturadas ou livres. Para crianças entre 2 e 5 anos de idade, ou mesmo para aquelas a partir dos 6 anos, mas com atrasos significativos no desenvolvimento, recomenda-se a utilização do Protea-R (Bosa & Salles, 2018). Trata-se de um protocolo de observação o qual inclui o registro do comportamento em situações lúdicas e de interação social. O Protea-R tem grande utilidade principalmente para profissionais com pouca experiência na avaliação e atendimento de pessoas com TEA, uma vez que foi desenvolvido para ser utilizado em contexto de clínica-escola com estagiários do curso de psicologia.

O Protea-R é composto por itens que avaliam comportamentos sociocomunicativos em situações estruturadas e espontâneas, tais como: resposta e iniciativa à atenção compartilhada, direcionamento da atenção social, contato visual, expressões faciais, uso de gestos, sons, imitação, engajamento social, sorriso social, resposta ao contato físico, busca de assistência e retraimento/evitação/protesto (Bosa & Salles, 2018). Também avalia a forma e a qualidade da brincadeira, uma vez que esta apresenta diferenças significativas em relação às crianças com desenvolvimento típico (Kasari & Chang, 2014): exploração dos brinquedos no que tange à quantidade e contextos, formas de exploração, coordenação visuomotora, brincadeira funcional, brincadeira simbólica e sequência de brincadeira simbólica.

Um ponto importante a ser investigado é a possível regressão no desenvolvimento, que ocorre em torno de 32% de crianças com TEA (Barger, Campbell & Mcdonough, 2013). De modo geral, a regressão pode ser descrita como uma perda ou deterioração significativa por um período igual ou superior a 3 meses de habilidades previamente adquiridas (Backes et al., 2019), como por exemplo a perda de palavras. Neste caso, a análise de vídeos caseiros pode ser uma importante ferramenta na identificação da perda, uma vez que a regressão no desenvolvimento parece uma característica específica do TEA em comparação a outras condições (Thurm, Manwaring, Luckenbaugh, Lord & Swedo, 2014). Dessa forma, Backes et al. (2019) apresentam um protocolo de observação de vídeos caseiros, a partir do registro de comportamentos sociocomunicativos que podem guiar o profissional na análise do material apresentado pela família. Outra estratégia bastante útil neste processo é o uso de escalas de rastreamento.

Escalas de rastreamento de sinais e sintomas de TEA

Os questionários de rastreamento podem ser preenchidos por clínicos e/ou cuidadores. Dependendo da escala, até mesmo professores podem preencher auxiliando o profissional da psicologia na identificação de comportamentos em diferentes contextos. De modo geral, são ferramentas breves cujos itens avaliam os pontos cardinais do transtorno. Ressalta-se que diante de uma pontuação que indica risco para TEA, uma avaliação interdisciplinar mais compreensiva é recomendada (Backes, Mônego, Bosa & Bandeira, 2014; Johnson & Myers, 2007).

No Brasil, algumas escalas foram traduzidas e adaptadas, sendo que parte delas apresenta estudos psicométricos, tais como dados de sensibilidade e especificidade. A tabela 1, retirada e adaptada de Mecca (2019b), apresenta os instrumentos disponíveis, bem como faixa etária de aplicação, e dados psicométricos. Caso o leitor tenha interesse em mais informações sobre os instrumentos descritos, consultar as referências indicadas na legenda da tabela 1.

Por serem escalas de rastreio pode ser interessante utilizar mais de uma durante o processo de avaliação. Por exemplo, no ABC há questões para estímulos sensoriais não contempladas no ASQ. Enquanto neste há mais questões que investigam prejuízos na interação social recíproca quando comparada ao ABC. Como são breves, ambas podem ser utilizadas em conjunto de modo a fornecer mais informações sobre o paciente.

Tabela 1

Lista de instrumentos de rastreio para TEA com tradução para o português

Ferramenta	Idade	Tradução	Estudos psicométricos no Brasil
Modified Checklist for Autism in Toddlers (M-Chat)	18 a 24 meses	Sim[1]	303 sujeitos. Coeficiente Alfa = 0,95; sensibilidade = 0,94; especificidade = 0,91; diferença nos itens críticos da versão original[2]
M-Chat-R/F (revisado com follow-up)	16 a 30 meses	Sim[3]	Não foram encontrados
Checklist for Autism in Toddlers (Chat)	18-24 meses	Sim[4]	Não foram encontrados
Autism Behavior Checklist (ABC)	A partir dos 2 anos	Sim[5]	38 TEA; 43 TL; 52 típicos; sensibilidade = 0,92; especificidade = 0,93 para ponto de corte = 49[5]
Autism Screening Questionnaire (ASQ)	A partir dos 4 anos	Sim[6]	Sensibilidade = 0,92; Especificidade = 0,95 para ponto de corte = 15; Típicos (M=7,0), Down (M=9), TEA (M=21,7); Coeficiente Alfa = 0,89;
Escala de Avaliação de Traços Autísticos	A partir dos 2 anos	Sim[7]	sensibilidade = 0,82 e especificidade 0,75 para ponto de corte = 23[8]. Coeficiente Alfa = 0,71[7];
Early Screening of Autistic Traits Questionnaire (ESAT)	14-15 meses	Sim[9]	Não foram encontrados

Fonte: Mecca (2019b).

Nota. 1 (Losápio & Pondé, 2008); 2 (Castro-Souza, 2011); 3 (Robins et al., 2014); 4 (Lampreia & Lima, 2008); 5 (Marteleto & Pedromônico, 2005); 6 (Sato et al., 2009); 7 (Assumpção-Junior et al., 1999); 8 (Assumpção-Junior et al., 2008); 9 (Lampreia, 2013).

Além das escalas de rastreio, temos a tradução e adaptação da Childhood Autism Rating Scale (Cars), que em sua versão original é de observação da criança. Composta por 15 itens que avaliam: relacionamento interpessoal, imitação, resposta emocional, uso do corpo, uso de objetos, adaptação a mudanças, resposta visual, resposta auditiva, resposta ao paladar, olfato e tato, medo ou nervosismo, comunicação verbal, comunicação não verbal, nível de atividade, nível e coerência da resposta intelectual, e por fim impressões gerais sobre a presença ou não de TEA e o nível de gravidade do quadro (Pereira et al., 2008). Os comportamentos são classificados como normal (1 ponto), levemente anormal (2 pontos), moderadamente anormal (3 pontos) e gravemente anormal (4 pontos). Entre uma categoria e outra há pontos intermediários, pois o indivíduo pode apresentar prejuízos qualitativos maiores do que aqueles descritos em "levemente anormal", mas não chega a preencher os critérios para "moderadamente anormal", então atribui-se 2,5 pontos, de modo que a escala tenha sete possibilidades de pontuação em cada item (1; 1,5; 2; 2,5; 3; 3,5; 4). Foi verificada a sensibilidade (0,80) e especificidade (0,83) considerando o escore de 33 como ponto de corte (Matteo et al., 2009). O coeficiente Alfa foi de 0,82 e a correlação teste-reteste foi positiva, significativa e de alta magnitude ($r = 0,90$) (Pereira et al., 2008). A duração da aplicação é em torno de 50 minutos e diferente das demais escalas de rastreio, a Cars demanda um conhecimento maior do transtorno, bem como da apresentação clínica dos sintomas.

Escalas de problemas de comportamento e saúde mental

Existem outras escalas que podem ser utilizadas durante a avaliação que não são específicas de TEA, mas que auxiliam na identificação de prejuízos secundários ou mesmo decorrentes das alterações cognitivas do quadro. Como exemplo podemos tomar o levantamento de indicadores de saúde mental de modo geral, já que é frequente a presença de problemas internalizantes e externalizantes nos TEA. Estes, por sua vez, estão associados a desfechos mais negativos, impactando em pior prognóstico, dificuldades na aprendizagem e na adesão do paciente à intervenção (Antunes, Mecca & Júlio-Costa, no prelo).

Para tal investigação, podem ser utilizados os inventários da família Aseba, como o Child Behavior Checklist (CBCL) em suas versões para crianças pré-escolares (até 5 anos) e para crianças e adolescentes (dos 6 aos 18 anos). Estes questionários são respondidos pelos pais e possuem suas versões para professores (TRF). As traduções para o português, bem como o programa para inserção dos dados e comparação com amostras normativas brasileiras, podem ser obtidos no site Aseba (https://aseba.org/). Tanto o CBCL quanto o TRF avaliam problemas de comportamento que se dividem em quatro escalas: escalas das síndromes (emoção reativa, ansiedade/depressão, queixas somáticas, isolamento, problemas para dormir, problemas de atenção e comportamento agressivo); escalas orientadas pelo DSM (problemas afetivos, problemas de ansiedade, problemas invasivos do desenvolvimento, problemas de déficit de atenção/hiperatividade, problemas de oposição e desafio); escalas dos problemas internalizantes e externalizantes e problemas totais. A escala de problemas internalizantes é composta pela soma das escalas emoção reativa, ansiedade/depressão, queixas somáticas e isolamento; já a escala de problemas externalizantes é composta pelas escalas problemas de atenção e comportamento agressivo, e finalmente a escala de problemas totais (formada pela soma dos problemas de todas as escalas). As respostas são pautadas no comportamento da criança nos últimos meses. Cada item tem respostas que variam de 0 a 2, sendo que 0 é atribuído caso a afirmação não seja verdadeira para a criança, 1 se for um pouco verdadeira ou às vezes e, por fim, atribui-se 2, caso seja muito verdadeira ou sempre (Achenbach & Rescorla, 2001).

Como os inventários Aseba são relativamente longos (em torno de 100 questões), um rastreio mais breve pode ser utilizado, caso seja necessário, com o Questionário de Capacidades e Dificuldades (SDQ). Esse questionário é utilizado para rastrear problemas emocionais e de comportamento em crianças e adolescentes a partir de cinco áreas: sintomas emocionais, problemas de conduta, hiperatividade, problemas de relacionamento e comportamento pró-social. Os itens são pontuados em uma escala tipo Likert de três pontos (falso, mais ou menos verdadeiro e verdadeiro). Pode ser respondida por pais e professores em 5 a 10 minutos. Os pontos de corte correspondem a três classificações: normal, limítrofe e clínico, sendo diferentes quando respondidos por pais ou professores. A Classificação Normal é considerada casos "fora de risco", já a classificação Limítrofe é vista como "pequenos riscos" e, por fim, a classificação clínica é notada como "risco" (Goodman, 1997). A tradução e adaptação dos questionários em português, bem como os critérios de correção e interpretação, podem ser obtidos pelo livre-acesso em: https://sdqinfo.org/

Avaliação cognitiva

As informações coletadas durante a anamnese e a observação do comportamento, consideradas etapas de conceitualização clínica, ou seja, de levantamento das hipóteses a serem testadas (Malloy-Diniz et al., 2016), juntamente com as informações relatadas nos instrumentos de rastreio, ajudarão na escolha, na seleção dos instrumentos a serem aplicados durante a etapa de testagem direta com a criança. Por exemplo, se há um relato ou observação de atraso motor ou de linguagem expressiva e compreensiva, testes que recrutam estas habilidades podem não refletir de fato a capacidade cognitiva do paciente (Mecca, 2019b).

Neste caso, vale ressaltar que a avaliação com o uso de instrumentos de desempenho nem sempre é possível, pois parte das crianças com TEA não possuem comportamentos básicos compatíveis com o uso de testes. Entre eles, estão: a dificuldade de contato visual com o examinador durante as instruções; não rastrear todas as informações visuais dos estímulos presentes na avaliação em função de um possível hiperfoco; não compreender instruções ou elaborar respostas verbais (embora neste caso seja possível selecionar alguns instrumentos não verbais); não permanecer sentado; não emitir alguma resposta que o teste demanda, por exemplo, apontar para uma alternativa no item (Antunes et al., no prelo).

O início da investigação cognitiva se dá com a avaliação de inteligência como primeiro passo para verificar se há comorbidade com deficiência intelectual, tendo em vista a alta prevalência desta condição associada ao TEA. A inteligência é um dos importantes preditores associados a desfechos positivos nos TEA, como por exemplo menores prejuízos de funcionamento adaptativo, e contribui para a indicação do nível de suporte e assistência necessários (Montgomery, Dyke & Schwean, 2016; Teixeira et al., 2017).

Sugere-se, quando possível, utilizar baterias de múltiplas tarefas, como as Escalas Wechsler ou o SON-R 2½ – 7[a] ao invés de testes com apenas um único tipo de item (como nos testes de matrizes). As baterias com múltiplos subtestes que avaliam habilidades distintas permitem compreender o perfil cognitivo, identificando possíveis áreas de forças ou dificuldades do paciente. Já os testes de um único tipo de item podem favorecer o aparecimento de comportamentos repetitivos, como apontar sempre a alternativa da mesma posição (como nos testes de matrizes), ou comportamentos de respostas impulsivas pela dificuldade em rastrear todas as alternativas presentes no item (Antunes et al., no prelo).

No que tange ao estabelecimento do perfil cognitivo a partir de baterias de inteligência com múltiplos subtestes, a maioria dos estudos e do conhecimento a respeito das facilidades e dificuldades são oriundos do desempenho nas Escalas Wechsler. Parte dos estudos verificam desempenhos superiores em testes não verbais em relação aos testes verbais, mas o inverso também já foi verificado em alguns estudos, assim como a ausência de discrepância também é relatada (Joseph, 2011). Este aspecto é mais um fator apontando para a heterogeneidade cognitiva no transtorno. Alguns estudos apontam que estas discrepâncias podem ajudar a diferenciar o que se denominava síndrome de Asperger (SA) do autismo de alto funcionamento (AAF).

Anterior ao uso do termo "espectro", muitas vezes ambos os nomes eram apresentados como sinônimos. Uma metanálise mostrou que mais indivíduos diagnosticados com SA (sem atraso de fala, incluindo uma linguagem mais rebuscada e sem deficiência intelectual), possuem inteligência geral acima da média ou superior em comparação a indivíduos com AAF (apresentam atrasos na linguagem, mas não possuem deficiência intelectual). Neste grupo, mais indivíduos apresentam nível geral de inteligência médio inferior ou mesmo limítrofe. No caso do índice de compreensão verbal das escalas Wechsler, mais indivíduos com SA apresentam desempenho acima da média e superior, enquanto mais indivíduos com AAF apresentam desempenho na média, abaixo da média ou limítrofe em compreensão verbal. Já no índice de organização perceptual a distribuição de pessoas com SA e AAF nas diferentes classificações tende a ser mais semelhante (Chiang et al., 2014).

Planche e Lemmonier (2012) também investigaram possíveis diferenças de desempenhos entre pessoas com AS, AAF e desenvolvimento típico. Entre os principais achados está a discrepância entre QI Verbal e QI de Execução nos grupos clínicos. Na SA o QI verbal é superior ao QI execução, enquanto no AAF o perfil é o oposto. AAF apresenta melhor desempenho em Cubos e Código em relação à SA. E ambos apresentam prejuízos sensório-motores, visuoconstrutivos e na atenção auditiva.

Ainda em relação às escalas Wechsler, há alguns achados mais recorrentes nos TEAs: desempenho superior no subteste Cubos; desempenho inferior no subteste Compreensão; dificuldades no subteste Código (Montgomery et al., 2016; Oliveras-Rentas, Kenworthy, Roberson, Martin & Wallace., 2012). É comum observar desempenhos melhores do que a população normal, como no Cubos, e desempenhos inferiores a grupos com deficiência intelectual no Compreensão. Essa heterogeneidade cognitiva inter (se comparados a grupos típicos) e intra individual (discrepâncias cognitivas em um mesmo indivíduo) é parte da própria complexidade do transtorno (Klinger, O'Kelley & Mussey, 2009).

A análise de perfil também pode auxiliar no diagnóstico diferencial de TEA e Transtorno de Aprendizagem não verbal, uma condição cuja inteligência geral está preservada, e se caracteriza por prejuízos no processamento de informações visuoespaciais com melhor desempenho em tarefas verbais, podendo ser acompanhados de problemas com cálculo, com o funcionamento executivo em tarefas visuais (p. ex., memória visuoespacial), com habilidades motoras finas e sociais (Mammarella & Cornoldi, 2014). De modo geral, indivíduos com TEA apresentam mais dificuldades no subteste Vocabulário, enquanto em indivíduos com TANV este subteste tende a se caracterizar como uma área de força. Os prejuízos em Código nos TEA costumam ser decorrentes também de atrasos motores, que costumam ser menores e mais sutis em indivíduos com TANV (Montgomery et al., 2016).

Avaliar a inteligência também permite a identificação de casos de dupla-excepcionalidade ou diagnóstico diferencial de altas habilidades/superdotação. Assouline, Nicpon e Doobay (2009) afirmam que a criança com alta capacidade cognitiva pode apresentar comportamentos considerados indicativos de dificuldade socioemocional, como isolamento social e maior foco de interesse em uma área ou tema específico que resulta na diminuição da motivação social, sendo confundido com características do TEA. Mas quando estão em ambientes mais enriquecidos e com colegas do mesmo nível intelectual compartilhando os mesmos interesses, os problemas de deficiência social percebida tendem a desaparecer, ou são bastante reduzidos, excluindo-se a hipótese de TEA. Por outro lado, há crianças em que, apesar da alta capacidade cognitiva, os prejuízos sociais são graves e persistentes, com presença dos demais sintomas característicos dos TEA. O comprometimento social claramente não é consequência de um ambiente com baixa estimulação cognitiva. Nestes casos, deve-se ter atenção para uma conclusão falso-negativo para TEA, o que é, na verdade, um caso de dupla-excepcionalidade.

Há casos nos quais não é possível a avaliação com as Escalas Wechsler, em função de prejuízos na linguagem ou mesmo pela idade. O conhecimento sobre as trajetórias de desenvolvimento de pessoas com TEA que possuem nível mínimo ou quase nenhum de comunicação verbal é bastante reduzido, principalmente pelas limitações na disponibilidade de medidas adequadas para avaliação deste grupo (Kasari, Brady, Lord & Tager-Flusberg, 2013). Para estes casos, uma possibilidade é o uso do SON-R 2½ – 7[a] (Laros, Tellegen, Jesus & Karino, 2015).

Um estudo utilizando o SON-R 2½ – 7[a] com um grupo de 18 crianças com TEA mostrou desempenho semelhante à amostra normativa no subteste Mosaicos, que demanda habilidades visuoespaciais. Dificuldades foram observadas nos subtestes Categorias e Situações, que avaliam o raciocínio concreto e abstrato, com desempenho inferior à amostra normativa. No subteste Padrões, que engaja coordenação motora fina, planejamento e organização em uma atividade visuoconstrutiva, foram observadas dificuldades

mais proeminentes. Ademais, o QI Total obtido no instrumento apresentou correlação positiva e significativa com o funcionamento adaptativo em atividades de vida diária, e correlação negativa com a pontuação em escalas de rastreio de sintomas para TEA (Macedo et al., 2013).

No entanto, nem todas as crianças com autismo vão apresentar o mesmo perfil de desempenho. Além disso, durante o desenvolvimento esse perfil pode mudar, considerando não apenas a idade, mas também o nível de linguagem, as comorbidades e o tipo de estimulação e tratamentos recebidos ao longo da vida (Antunes et al., no prelo). Um estudo com a versão do SON-R 6-40 (ainda não disponível) indicou que as facilidades no subteste Mosaicos observadas na amostra com pré-escolares não estavam presentes em uma amostra de crianças a partir dos 6 anos de idade e adolescentes (Mecca et al., 2020).

Embora o presente capítulo tenha dado enfoque na inteligência, outras características cognitivas específicas devem ser investigadas, tais como atenção, controle inibitório, flexibilidade cognitiva e cognição social. Principalmente porque essas habilidades costumam estar prejudicadas também em pacientes com Transtorno de Déficit de Atenção e Hiperatividade (Mecca, Carreiro & Macedo, 2018) (para informações sobre avaliação dessas habilidades nos TEA, cf. Mecca, 2019a; Antunes et al., no prelo).

Há um consenso na literatura de que os prejuízos de cognição social e flexibilidade cognitiva são mais proeminentes nos TEAs (Semrud-Clikeman, Walkowiak, Wilkinson & Butcher, 2010; Lukito et al., 2017). No entanto, quando os prejuízos de controle inibitório e planejamento estão muito aquém do nível cognitivo geral, e há uma história clínica de sintomas de desatenção e hiperatividade que não são mais bem explicados pelo TEA, então uma comorbidade deve ser considerada (APA, 2014; Semrud-Clikeman et al., 2010). Para ilustrar este processo será apresentado a seguir um caso clínico de avaliação psicológica com finalidade de planejamento de intervenções e adaptações escolares para melhora no desempenho acadêmico.

Caso clínico

Identificação da paciente

Nome fictício: R. T.

Idade: 4 anos e 10 meses

Escolaridade: Ensino Infantil (escola privada).

Diagnóstico prévio: Transtorno do Espectro do Autismo (F.84.0; CID-10).

Encaminhamento para avaliação: Psiquiatra infantil.

Motivo da avaliação: investigação das funções cognitivas com finalidade de estabelecer diretrizes para intervenção clínica e em contexto escolar.

Situação atual

R. T. foi encaminhada para avaliação a pedido da psiquiatra infantil para realizar uma investigação de suas funções cognitivas com a finalidade de estabelecer diretrizes para intervenção. A paciente recebeu diversos tratamentos desde o diagnóstico (por volta dos 2 anos de idade), mas as informações obtidas na avaliação deverão auxiliar a família, a escola e a equipe de profissionais a tomarem decisões a respeito dos próximos passos. Os relatórios decorrentes da intervenção baseada em análise aplicada do comportamento apontam ganhos significativos

em diferentes habilidades, desde linguísticas, sociais e de aprendizagem.

Atualmente existem algumas queixas comportamentais, tais como agitação, dificuldade de permanecer sentada, insiste para ter suas vontades atendidas imediatamente, é desafiadora e machuca-se com frequência em função da agitação, às vezes faz birra. Apresenta dificuldades no desenvolvimento da coordenação motora.

Um dos aspectos motivadores da realização da avaliação é a aprendizagem escolar, pois a escola sinalizou dificuldades na realização de atividades que parecem não estar associadas à cognição, mas às alterações comportamentais. Há queixas dos pais, atualmente separados, por cada um estabelecer regras distintas para a paciente. Uma das dificuldades encontradas pela equipe profissional e pela escola era o fato de que o pai não seguia as orientações, se mostrando pouco colaborativo.

Anamnese

R. T. é a primeira filha do casal, que possui uma segunda filha com 2 anos de idade. Ambas as gestações se deram por inseminação. Durante o período gestacional houve diversas ocorrências relacionadas à saúde física e mental da mãe, alterações hormonais com impacto no ovário, no fígado, pulmões e pressão alta; situações estressoras decorrentes de familiares com graves problemas de saúde. A paciente nasceu a termo, de parto cesárea. A mãe relata o pós-parto como um período difícil, de cansaço físico e o excesso de situações estressoras impactaram nos cuidados com a filha.

Os primeiros sinais de atrasos no desenvolvimento apareceram antes dos 2 anos de idade, como excesso de choro, pouco contato visual com os cuidadores, demonstrava preferência por objetos em detrimento do contato social, permanecia muito tempo concentrada na televisão e ao mesmo tempo apresentava movimentos repetitivos (balanço de tronco). A escola notava o isolamento social e a dificuldade de realizar atividades quando comparada a crianças da mesma idade (não em função de pouca compreensão, mas por alterações comportamentais nomeadas pela escola como birra). Não foram observadas outras alterações nos marcos do desenvolvimento neuropsicomotor.

Há quase três anos faz terapia baseada na análise aplicada do comportamento (ABA) e por um ano fez intervenção fonoaudiológica. A mãe ainda relata ter sido uma criança bastante desatenta, com dificuldades de aprendizagem, e vê muitas características dela em R. T. Segundo ela, muitas queixas escolares são semelhantes às queixas que ela mesma recebia quando criança.

Importante!

Neste caso, a aplicação dos testes e a observação do comportamento não tinham por objetivo auxiliar no processo diagnóstico, que já havia sido realizado. Tanto a equipe de intervenção quanto a escola gostariam de orientações baseadas no perfil cognitivo para auxiliar na aprendizagem e compreender alguns comportamentos inadequados e incompatíveis com a situação de aprendizagem, muitas vezes não associados ao TEA. Como havia queixas relacionadas à agitação e inquietude, e relato da mãe quanto às características de desatenção, um segundo objetivo da avaliação foi também investigar história clínica e perfil cognitivo para TDAH como comorbidade ao TEA ou se as dificuldades apresentadas poderiam ser explicadas por um rebaixamento intelectual, embora a família e a escola relatem não haver prejuízos intelectuais aparentes.

Testagem e observação do comportamento

Avaliou-se: inteligência, atenção, memória, linguagem, cognição numérica, cognição social e praxia visuoconstrutiva. Foram aplicados testes psicológicos, escalas comportamentais, bem como tarefas multidisciplinares não restritas com dados normativos para a faixa etária da paciente. Os testes foram interpretados em percentil conforme os dados normativos e escore Z, cuja média é 0 e o desvio padrão (DP) 1. Os desempenhos que estão abaixo de 1 a 2 DP da média indicam certa dificuldade na habilidade avaliada. Foram consideradas deficitárias as habilidades cujos escores estão 2DP abaixo da média. A interpretação do escore Z foi feita com base na tabela descrita por Miotto e Navatta (2018). A síntese dos resultados quantitativos é apresentada na tabela 2.

Inteligência

A avaliação de inteligência foi realizada com o Teste não verbal de inteligência SON-R 2½ – 7[a]2 que avalia habilidades de execução (práxicas e visuoespaciais) e de raciocínio (concreto e abstrato), bem como QI Total (Laros et al., 2015). A paciente apresentou QI Total de 105 pontos (IC 80% = 97-112; percentil = 62%), indicando um funcionamento intelectual médio para crianças da mesma idade. Não foram observadas discrepâncias significativas entre as habilidades avaliadas.

No QI Execução obteve 99 pontos (IC 80%= 90-108; percentil = 47). Os testes de execução exigem habilidades motoras finas, práxicas e visuoespaciais. No QI Raciocínio obteve 110 pontos (IC 80% = 99-118; percentil = 74). Os testes de raciocínio demandam categorização, compreensão de contextos, semelhanças e diferenças. Ambos os desempenhos são considerados na média para a faixa etária.

No subteste Situações apresentou melhor desempenho, semelhante à média observada em crianças com 6 anos e 8 meses. No subteste Mosaicos apresentou desempenho semelhante à média observada em crianças com 5 anos. No subteste Categorias apresentou desempenho semelhante à média observada em crianças de 4 anos e 9 meses. Por fim, no subteste Padrões, apresentou menor desempenho, mas ainda dentro da média, semelhante ao observado em crianças com 4 anos e 6 meses. Apesar de pouco abaixo de sua idade, este desempenho ainda reflete adequação dos aspectos grafo-motores e práxicos.

Em muitos momentos não se mostrou engajada na tarefa, com dificuldades para se concentrar, embora com facilidade para compreender o que estava sendo solicitado. Sua motivação e cooperação também variaram, sendo necessário redirecioná-la para a atividade diversas vezes. Também é importante ressaltar que se recusou em muitos momentos a realizar as atividades, sendo necessárias negociações e pausas para que pudesse realizar o que era solicitado.

Linguagem compreensiva e expressiva

No Teste de Vocabulário Auditivo que avalia compreensão de palavras (Capovilla, Negrão & Damázio, 2011), apresentou desempenho deficitário (-2DP), correspondente ao percentil 2 (Z = -2,15), ou seja, muito aquém do esperado para a sua idade.

No Teste de Vocabulário Expressivo (Capovilla et al., 2011), que avalia nomeação de figuras, também apresentou desempenho muito rebaixado (≤ -3DP), correspondente ao percentil

≤ 1 (Z = -6,35), quando comparado a outras crianças da mesma faixa etária.

É importante ressaltar que durante a avaliação (especialmente de vocabulário expressivo), R. T. se recusou diversas vezes a responder, trazia outros assuntos para se esquivar da tarefa ou tentava chamar a atenção. Suas falas durante a realização das tarefas, a forma como nomeava os estímulos e respondia à avaliadora, sinalizam que seu desempenho poderia ser melhor se não apresentasse recusa e esquiva de demanda.

No domínio da Linguagem avaliado pelo Teste de Habilidades e Conhecimento Pré-Acadêmico – THCP (Silva, Flores-Mendoza & Telles, 2012), quando R. T. demonstrou estar mais cooperativa, apresentou desempenho esperado para a idade (Z = -0,57; percentil = 28), cuja classificação é média. Essa classificação se refere ao escore total obtido neste domínio. No entanto, ao verificar o perfil de acertos e erros, notou-se que R. T. acertou os itens de compreensão e cometeu alguns erros nos itens de expressão. Considerando o desempenho nas tarefas prévias, de fato a compreensão parece estar menos prejudicada quando comparada à expressão, sendo esta uma característica frequentemente observada em crianças com TEA.

Foram observados alguns neologismos, como por exemplo: "enganância" para engano/mentira e repetia diversas vezes a mesma frase (principalmente quando queria algo que não era prontamente atendida). Não foram observadas alterações muito significativas de prosódia.

Cognição numérica

O conhecimento numérico e de representação de magnitude foi avaliado inicialmente de modo qualitativo. R. T. apresentou erros quando solicitada a fazer contagem de 1 a 10 na sequência. Reconhece alguns números de forma mais consistente, como 1 e 3, mas em outros comete alguns erros. Também comete erros na nomeação. Demonstrou capacidade de representação não simbólica de magnitude, principalmente em itens com poucos estímulos e conhecimento do conceito de quantidade ("pouco e muito").

No domínio quantitativo do THCP (Silva et al., 2012), acertou 50% dos itens apresentados ($Z = -0,5$; percentil = 31). Mas alguns acertos foram ao acaso por respostas impulsivas, como por exemplo: senso numérico (identificar o conjunto com mais elementos, compreensão de maior e menor, mais e menos quantidade). Cometeu erros nos itens que demandavam contagem, uma habilidade já esperada para a sua idade. Apesar dos erros por impulsividade, seu desempenho permaneceu na média no THCP.

Atenção concentrada e seletiva

Na avaliação da atenção, R. T. apresentou dificuldades. Em uma tarefa de atenção por cancelamento (atenção para estímulos visuais) do THCP (Silva et al., 2012), apesar de inicialmente demonstrar compreender as instruções e realizar adequadamente os itens de treino, a paciente cometeu muitos erros por omissão e impulsividade (cancelar estímulos que não deveriam ser cancelados). Na classificação da tarefa de atenção por cancelamento seu desempenho foi considerado deficitário ($Z = -2,70$; percentil = 0,5).

Durante a avaliação foi necessário redirecionar atenção de R. T. em muitos momentos, solicitando que olhasse para os estímulos e recordasse a regra do cancelamento. R. T. demonstrou perda de *setting*, ou seja, um desengajamento rápido da atenção concentrada que a fez cometer erros por descuido. Observou-se durante as sessões que facil-

mente se distraía com estímulos externos, alheios ao contexto da avaliação, apresentou respostas impulsivas e dificuldade em inibir distratores, trazendo falas descontextualizadas em alguns momentos.

Memória de curto prazo

No domínio "memória "do THCP (Silva et al., 2012), R. T. apresentou desempenho médio inferior ($Z = -0,86$; percentil = 19). Dos quatro itens apresentados, a paciente acertou todos aqueles que demandavam memória auditiva e acertou 50% dos itens de memória visual. Com aumento da complexidade dos itens de memória visual, respondeu impulsivamente, com pressa de finalizar e não rastreou os estímulos corretamente. Em função dos desempenhos anteriores, a hipótese é que ela poderia ter um melhor desempenho se não fosse a dificuldade em inibir respostas impulsivas para se esquivar rapidamente da demanda.

Foi aplicada também a tarefa de *Span* de Dígitos (Dias & Mecca, 2019), cuja ordem direta avalia a manutenção da informação na memória de curto prazo e a ordem inversa, a manipulação da informação. R. T. apresentou desempenho médio ($Z = -0,63$; percentil = 26) na memorização de curto prazo para a sequência numérica em ordem direta.

Não foi possível avaliar a memória operacional pela ordem inversa porque demonstrou dificuldade em entender palavras como: "ao contrário", "de trás para frente" e "inverso", apesar do modelo dado pela avaliadora.

Para a avaliação de memória visuoespacial de curto prazo e operacional, foi realizada a Tarefa de Blocos de Corsi (Mecca & Dias, 2019) na qual deveria tocar em uma sequência de blocos na mesma ordem feita pela avaliadora e em seguida na ordem inversa. R. T. apresentou desempenho médio (Z= -0,11; percentil = 54) na memorização de curto prazo para a sequência em ordem direta. Na ordem inversa apresentou desempenho médio superior (Z= 0,74; percentil = 77).

Habilidades perceptomotoras e visuoconstrutivas

Este domínio foi avaliado a partir de cópia de figuras simples e complexas, letras e números no THCP (Silva et al., 2012). O desempenho nas cópias foi considerado médio para a sua idade (Z= 0,52, percentil = 70). Vale ressaltar que em geral os itens perceptomotores do THCP são mais simples quando comparados ao subteste Padrões do SON-R 2½ – 7[a].

Cognição social

A cognição social foi investigada de modo qualitativo a partir da observação do desempenho de tarefas que demandavam reconhecimento e nomeação de emoções básicas (alegria, tristeza, medo, nojo, raiva e surpresa), e tarefas de teoria da mente (atribuição de estados mentais, como perspectivas, pensamentos, desejos, emoções e crenças) de primeira-ordem.

R.T. demonstrou compreender, nomear e reconhecer emoções básicas em diferentes fotografias de rostos infantis. Durante a tarefa, chegou a imitar espontaneamente algumas expressões e sabia como demonstrar no rosto de forma correta cada uma delas. Demonstrou certa dificuldade quando o objetivo era compreender os contextos em que estas emoções aparecem. Sua maior dificuldade foi escolher uma figura que representasse a emoção de acordo com uma frase, por exemplo, "me mostre a criança que acabou de ganhar um doce muito gostoso".

Na tarefa de crença falsa por transferência de local, baseada no paradigma Sally & Anne (Mecca & Berberian, 2018), R. T. compreendeu facilmente a ação do personagem de acordo com a sua perspectiva e conseguiu explicar corretamente a crença falsa. Apesar de não utilizar termos que denotam estados mentais (p. ex., pensar), ela demonstrou entender a situação apresentada. Também conseguiu realizar tarefas qualitativas de compreensão de perspectiva visual, atribuição de pensamento, e atribuições complexas envolvendo questões implícitas, como mentira, engano, sarcasmo, ironia e gafes.

Habilidades pré-acadêmicas

R. T. demonstrou reconhecimento de cores, formas, números e letras ao realizar uma atividade de pareamento. Apesar de nomear incorretamente algumas letras e números, a paciente classificou corretamente os estímulos em seus grupos, sem necessitar de nenhuma ajuda. De maneira geral, demonstra menor dificuldade com nomeação e reconhecimento de letras quando comparada à nomeação e reconhecimento de números.

Em uma tarefa qualitativa de organização de cenas em sequências lógicas, R. T. demonstrou-se bastante desatenta. Ao solicitar que descrevesse as sequências realizadas, descreveu cada quadrinho, mas sem integrar as informações em uma sequência lógica com começo, meio e fim, além de cometer erros no estabelecimento das sequências.

Em uma atividade na qual eram apresentados alguns desenhos e a paciente deveria dizer o que era comum entre eles, por exemplo, "são animais", R. T. não conseguiu responder a esta tarefa e em alguns momentos fazia uma descrição de cada estímulo individualmente sem compreender o que havia de semelhante entre eles.

Tabela 2
Síntese dos resultados e classificação dos instrumentos utilizados

Função/teste	Percentil	Classificação
Memória operacional visuoespacial – Corsi (OI)	77	médio superior
QI Total – SON-R 2½ – 7[a]	62	médio
Raciocínio (ER) – SON-R 2½ – 7[a]	74	médio
Execução (EE) – SON-R 2½ – 7[a]	47	médio
Linguagem (THCP)	28	médio
Pensamento quantitativo (THCP)	31	médio
Memória e **atenção** auditiva – Dígitos (OD)	26	médio
Memória visuoespacial – Corsi (OD)	54	médio
Habilidades perceptomotoras (THCP)	70	médio
Memória (THCP)	19	médio inferior
Vocabulário receptivo (TVAud)	2	deficitário
Vocabulário expressivo (TVExp)	≤ 1	deficitário
Atenção concentrada (visual)	0,5	deficitário
Memória operacional auditiva – Dígitos (OI)	não compreendeu a tarefa	

Escala para rastreio de TDAH

Tanto os pais quanto a escola preencheram o SNAP-IV, escala de rastreio para sintomas de desatenção e hiperatividade/impulsividade. No questionário respondido pelos pais foram sinalizados 6 sintomas indicadores de desatenção: (1) não consegue prestar muita atenção a detalhes ou comete erros por descuido nos trabalhos da escola ou tarefas; (2) dificuldade de manter a atenção em tarefas ou atividades de lazer; (3) não segue instruções até o fim e não termina deveres de escola, tarefas ou obrigações; (4) dificuldade para organizar tarefas e atividades; (5) evita, não gosta ou se envolve contra a vontade em tarefas que exigem esforço mental prolongado e; (6) distrai-se com estímulos externos.

Dos nove indicadores de hiperatividade/impulsividade, quatro foram preenchidos pelos pais: (1) mexe com as mãos ou os pés ou se remexe na cadeira; (2) sai do lugar na sala de aula ou em outras situações em que se espera que fique sentada; (3) responde às perguntas de forma precipitada antes delas terem sido terminadas; (4) tem dificuldade de esperar sua vez. Resultados semelhantes foram obtidos pela escola. Esta ainda relatou dificuldade em brincar ou envolver-se em atividades de lazer de forma calma.

Conclusões e recomendações

De acordo com os resultados obtidos na avaliação, foi descartada a hipótese de deficiência intelectual que poderia explicar dificuldades de aprendizagem e de realização das atividades no contexto escolar.

Considerando o perfil cognitivo, R. T., apresentou melhor desempenho nas tarefas não verbais quando comparado às tarefas de linguagem. Tanto o vocabulário receptivo quanto o expressivo se mostraram aquém das demais habilidades. De forma semelhante, observou-se melhores desempenhos em provas de memória de curto prazo visuoespaciais em relação às provas auditivas. Neste caso, como estratégias de intervenção tanto no contexto clínico quanto educacional, recomenda-se o uso de recursos visuais em tarefas cujas instruções e formas de responder sejam verbais. Além disso, caso a paciente necessite, algumas atividades escolares podem ser modificadas em termos de apresentação dos estímulos (mudando do verbal para o não verbal: uso de objetos concretos ou de figuras). No caso do uso de instruções auditivas, deixá-las mais breves/curtas, fragmentando informações longas e complexas em pequenas partes, com destaque para novas informações ou estímulos que serão introduzidos nas tarefas.

Ao comparar os desempenhos da paciente nas diferentes provas de vocabulário, R. T. apresentou mais prejuízos de vocabulário expressivo em relação ao vocabulário receptivo. Porém, estes resultados podem estar associados aos diversos problemas de comportamento apresentados durante a prova, pois não condizem com o comportamento verbal apresentado durante as interações sociais e em outros contextos para além das tarefas. Apesar das alterações comportamentais, recomendou-se a continuidade do tratamento fonoaudiológico, pois além dos prejuízos nas tarefas observou-se o uso de frases repetitivas em diferentes contextos, e dificuldades narrativas durante a descrição de sequências lógicas.

Especificamente em relação às emoções, seu desempenho está adequado para a idade (nomeia e compreende estímulos emocionais em faces), exceto em relação à compreensão de emoções em contextos. Para este caso, recomendou-se treino de cognição social em terapia comportamental, especificamente voltado para compreensão e uso das emoções, previamente conhecidas, em diferentes contextos.

Quanto ao rastreio para TDAH, notou-se que os achados foram compatíveis tanto com o relato de dificuldades comportamentais feito pelos pais, pelos profissionais e pela escola quanto às observações do comportamento feitas durante a avaliação. Além disso, os sintomas estão presentes há mais de 6 meses, tanto em casa quanto na escola, e acarretam prejuízos na execução de atividades de vida diária e na aprendizagem. Ademais, o desempenho nas tarefas de atenção visual e atenção auditiva se mostraram muito aquém do nível cognitivo geral da paciente. Em função das características compatíveis com um quadro de TDAH, recomendou-se terapia analítico-comportamental, com orientação para os pais e para a escola, para trabalhar estratégias visando o aumento da capacidade de lidar com distratores e diminuir a agitação motora ou respostas impulsivas de modo a responder de forma mais adequada às demandas.

É necessária uma adaptação das atividades escolares no que tange à quantidade e ao tempo para que a paciente possa cumprir com o currículo escolar. Por exemplo: diminuir a quantidade de atividades de um mesmo conteúdo; aumentar o tempo disponível para a execução de tarefas;

uso de instruções mais breves e diminuição de distratores. Também foi sugerido retorno à psiquiatra infantil, para verificar se há necessidade de uso de medicação para controle destes comportamentos, tendo em vista a idade da paciente.

A intervenção analítico-comportamental poderá auxiliar também nos comportamentos de recusa, esquiva de demanda, no aumento do engajamento na tarefa e seguimento de regras, uma vez houve muitas dificuldades por parte de R. T. em se engajar, cooperar e motivar-se para a realização das tarefas. Estes comportamentos podem intensificar as dificuldades escolares, apesar de o funcionamento cognitivo geral estar dentro do esperado para a sua idade.

Considerações finais

No presente capítulo buscou-se discutir os elementos necessários para realização de uma avaliação do transtorno do espectro autista. Foram apresentados os elementos fundamentais para observação e avaliação desse quadro, assim como um exemplo de caso clínico. Em relação ao caso clínico apresentado, trata-se de um exemplo de como a avaliação psicológica pode contribuir não apenas para o processo diagnóstico de TEA, mas também na identificação de outros quadros possíveis como comorbidade, como no caso de TDAH, ou mesmo descartar outras hipóteses, como a deficiência intelectual. Ademais, o estabelecimento do perfil cognitivo pode contribuir para o direcionamento de estratégias de intervenção, baseadas nas habilidades mais preservadas ou prejudicadas. Isso permite acomodações e modificações nas instruções, nos tipos de tarefas e respostas que são exigidas da criança nos diferentes contextos.

É importante ressaltar que dada a heterogeneidade e complexidade do quadro, a avaliação deve ser composta de diferentes etapas e as conclusões devem ser pautadas a partir da sua integração: anamnese, queixa atual, escalas comportamentais, observação do comportamento em sessão, relatos de terceiros e desempenho nos testes cognitivos e em tarefas qualitativas. Destaca-se que o uso de testes é apenas uma das etapas da avaliação, sendo tão importante quanto as demais. E o conhecimento a respeito do desenvolvimento cognitivo é necessário para que se possa interpretar corretamente os resultados obtidos.

Além da apresentação de um caso clínico, o presente capítulo também descreveu as principais etapas necessárias na avaliação para a investigação psicológica de pessoas com TEA. Porém, o profissional psicólogo é apenas um dos membros da equipe necessários nesta etapa investigativa. Há um consenso na literatura de que o padrão-ouro da avaliação de pessoas com TEA é interdisciplinar, composto por diferentes estratégias e que considera as características do desenvolvimento de cada paciente na seleção das estratégias a serem utilizadas.

Longe de esgotar a discussão a respeito da avaliação psicológica nos TEA, recomenda-se a leitura de outros materiais que descrevem mais detalhadamente as escalas, os testes que podem ser utilizados, os diferentes perfis cognitivos e as estratégias adotadas tanto para a avaliação quanto para a intervenção com este grupo de indivíduos (Antunes et al., no prelo; Bosa & Teixeira, 2017; Júlio-Costa & Antunes, 2017; Mecca, 2019a, 2019b; Volkmar & Wiesner, 2019).

Referências

Achenbach, T. M., & Rescorla, L. A. (2001). *Manual for the Aseba School-Age Forms & Profiles*. University of Vermont, Research Center for Children, Youth & Families.

American Psychiatric Association. (2013). *Diagnostic and statistical manual of mental disorders* (5. ed.). https://doi.org/10.1176/appi.books.9780890425596

Antshel, K. M., & Russo, N. (2019). Autism spectrum disorders and ADHD: Overlapping phenomenology, diagnostic issues, and treatment considerations. *Current Psychiatry Reports, 21*(5), 34.

Antunes, A. M., Mecca, T. P., & Júlio-Costa, A. (no prelo). Transtorno do Espectro Autista: Avaliação neuropsicológica, intervenções e considerações sobre inclusão escolar. In R. P. Fonseca., M. C. Miranda & A. G. Seabra (orgs.), *Neuropsicologia escolar*. Pearson.

Antunes, A., Júlio-Costa, A., & Malloy-Diniz, L. F. (2018). Como explorar a queixa clínica na avaliação neuropsicológica de pré-escolares? In N. M. Dias & A. G. Seabra (orgs.), *Neuropsicologia com pré-escolares: Avaliação e intervenção* (pp. 61-79). Pearson.

Assouline, S. G., Nicpon, M. F., & Doobay, A. (2009). Profoundly gifted girls and autism spectrum disorder: A psychometric case study comparison. *Gifted child quarterly, 53*(2), 89-105.

Assumpção Junior, F. B., Gonçalves, J. D. M., Cuccolichio, S., Amorim, L. C. D., Rego, F., Gomes, C., & Falcão, M. S. (2008). Escala de avaliação de traços autísticos (ATA): Segundo estudo de validade. In *Anais*. Instituto de Psicologia da Universidade de São Paulo.

Assumpção, J. R., Evelyn, K., Rego, G. M., & Castanho, R. C. (1999). Escala de avaliação de traços autísticos (ATA): Validade e confiabilidade de uma escala para a detecção de condutas artísticas. *Arquivos de Neuropsiquiatria, 57*(1), 23-29.

Backes, B., Mônego, B. G., Bosa, C. A., & Bandeira, D. R. (2014). Psychometric properties of assessment instruments for autism spectrum disorder: A systematic review of Brazilian studies. *Jornal Brasileiro de Psiquiatria, 63*(2), 154-164.

Backes, B., Teixeira, M. C. T., Mecca, T. P., Brunoni, D., Zanon, R. B., & Bosa, C. A. (2019). Word loss trajectory in autism spectrum disorder: Analysis of home videos. *Revista Psicologia: Teoria e Prática, 21*(3), 437-455.

Bai, D., Yip, B. H. K., Windham, G. C., Sourander, A., Francis, R., Yoffe, R., ... & Gissler, M. (2019). Association of genetic and environmental factors with autism in a 5-country cohort. *JAMA Psychiatry, 76*(10), 1035-1043.

Barger, B., Campbell, J. M., & Mcdonough, J. (2013). Prevalence and onset of regression within autism spectrum disorders: A meta-analytic review. *Journal of Autism and Developmental Disorders, 43*, 817-828.

Bosa, C. A., & Salles, J. F. (2018). *Coleção Protea-R: Sistema de avaliação da suspeita de Transtorno do Espectro Autista*. Vetor.

Boterberg, S., Charman, T., Marschik, P. B., Bölte, S., & Roeyers, H. (2019). Regression in autism spectrum disorder: A critical overview of retrospective findings and recommendations for future research: invited contribution to the special issue of neuroscience and biobehavioral reviews on "regression in developmental disorders". *Neuroscience & Biobehavioral Reviews, 102*, 24-55.

Capovilla, F. C., Negrão, V. B., & Damázio, M. (2011). *Teste de vocabulário auditivo e teste de vocabulário expressivo*. Memnon.

Castro-Souza, R. M. (2011). *Adaptação brasileira do M-Chat (Modified Checklist for Autism in Toddlers)* [Dissertação de mestrado não publicada]. Universidade de Brasília.

Chiang, H. M., Tsai, L. Y., Cheung, Y. K., Brown, A., & Li, H. (2014). A meta-analysis of differences in IQ profiles between individuals with Asperger's disorder and high-functioning autism. *Journal of autism and developmental disorders, 44*(7), 1.577-1.596.

Dias, N. M., & Mecca, T. P. (2019). *Avaliação neuropsicológica cognitiva: Vol. 4. Memória de trabalho*. Memnon.

Duarte, C., & Velloso, R. L. (2019). *Importância do atendimento multidisciplinar nos transtornos do espectro do autismo*. Memnon.

Elsabbagh, M., Divan, G., Koh, Y. J., Kim, Y. S., Kauchali, S., Marcín, C., ... & Yasamy, M. T. (2012). Global prevalence of autism and other pervasive developmental disorders. *Autism Research, 5*(3), 160-179.

Estes, A., John, T. S., & Dager, S. R. (2019). What to tell a parent who worries a young child has autism. *JAMA Psychiatry, 76*(10), 1.092-1.093.

Goodman, R. (1997). The strengths and difficulties questionnaire: A research note. *Journal of Child Psychology and Psychiatry, 38*(5), 581-586.

Johnson, C. P., & Myers, S. M. (2007). Identification and evaluation of children with autism spectrum disorders. *Pediatrics, 120*(5), 1183-1215.

Joseph, R. M. (2011). The Significance of IQ and Differential Cognitive Abilities for Understanding ASD. In D. A. Fein (ed.), *The neuropsychology of autism* (pp. 282-294). Oxford University Press.

Julio-Costa, A., & Antunes, A. M. (2017). *Transtorno do espectro autista na prática clínica*. Pearson.

Kasari, C., & Chang, Y. C. (2014). Play development in children with autism spectrum disorders: Skills, object play, and interventions. *Handbook of autism and pervasive developmental disorders* (4. ed.).

Kasari, C., Brady, N., Lord, C., & Tager-Flusberg, H. (2013). Assessing the minimally verbal school-aged child with autism spectrum disorder. *Autism Research, 6*(6), 479-493.

Klein, S. K. (2009). Avaliação neuropsicológica: Conceitos básicos e utilidade clínica. In R. Tuchman & I. Rapin (orgs.), *Autismo: Abordagem neurobiológica* (pp. 284-300). Artmed.

Klinger, L. G., O'Kelley, S. E., & Mussey, J. L. (2009). Assessment of intellectual functioning in Autism Spectrum Disorders. In S. Goldstein, J. A. Naglieri & S. Ozonoff (eds.), *Assessment of autism spectrum disorders* (pp. 209-252). Guilford.

Lampreia, C. (2013). A regressão do desenvolvimento no autismo: Pesquisa e questões conceituais. *Revista Educação Especial, 26*(47), 573-586.

Lampreia, C., & Lima, M. M. R. (2008). *Instrumento de vigilância precoce do autismo: Manual e vídeo*. PUC-Rio; Loyola.

Laros, J. A., Tellegen, P. J., Jesus, G. R., & Karino, C. A. (2015). *Teste não verbal de inteligência SON-R 2½-7 [a]*. Hogrefe.

Losapio, M. F., & Pondé, M. P. (2008). Tradução para o português da escala M-Chat para rastreamento precoce de autismo. *Revista de Psiquiatria do Rio Grande do Sul, 30*(3), 101-108.

Lukito, S., Jones, C. R., Pickles, A., Baird, G., Happé, F., Charman, T., & Simonoff, E. (2017). Specificity of executive function and theory of mind performance in relation to attention-deficit/hyperactivity symptoms in autism spectrum disorders. *Molecular autism, 8*(1), 60.

Macedo, E. C., Mecca, T. P., Valentini, F., Laros, J. A., de Lima, R. M. F., & Schwartzman, J. S. (2013). Utilizando o teste não verbal de inteligência SON-R 2½-7 [a] para avaliar crianças com Transtornos do Espectro do Autismo. *Revista Educação Especial, 26*(47), 603-617.

Maenner, M. J., Shaw, K. A., Baio. J., et al. (2020). Prevalence of autism spectrum disorder among children aged 8 years: Autism and developmental disabilities monitoring network, 11 Sites, United States, 2016. *MMWR Surveill Summ; 69*(No. SS-4):1-12.

Malloy-Diniz, L. F., Mattos, P., Abreu, N., Fuentes, D. (2016). O exame neuropsicológico: O que é e para que serve? In L. F. Malloy-Diniz., P. Mattos., N. Abreu & D. Fuentes (orgs.), *Neuropsicologia: Aplicações clínicas* (pp. 21-34). Artmed.

Mammarella, I. C., & Cornoldi, C. (2014). An analysis of the criteria used to diagnose children with Nonverbal Learning Disability (NLD). *Child Neuropsychology, 20*(3), 255-280.

Marteleto, M. R. F., & Pedromônico, M. R. M. (2005). Validity of autism behavior checklist (ABC): Preliminary study. *Brazilian Journal of Psychiatry, 27*(4), 295-301.

Matteo, J. D., Cucolicchio, S., Paicheco, R., Gomes, C., Simone, M. F., & Assumpção Júnior, F. B. (2009).

Childhood Altism Rating Scale (Cars): Um estudo de validade. *Med. reabil, 28*(2), 34-37.

Mecca, T. P. (2019a). Aspectos cognitivos e avaliação neuropsicológica. In C. P. Duarte., & R. L. Velloso (orgs.), *A importância do atendimento multidisciplinar nos Transtornos do Espectro do Autismo* (pp. 128-159). Memnon.

Mecca, T. P. (2019b). Avaliação psicológica de indivíduos com transtorno do espectro do autismo. In C. R. Campos & T. C. Nakano (orgs.), *Avaliação psicológica direcionada a populações específicas* (vol. II, pp. 47-64). Vetor.

Mecca, T. P., Carreiro, L. R. R., & Macedo, E. C. (2018). Avaliação neuropsicológica de crianças com transtornos do neurodesenvolvimento. In M. R. C. Lins, M. Muniz & L. M. Cardoso (orgs.), *Avaliação psicológica infantil* (pp. 283-310). Hogrefe.

Mecca, T. P., & Berberian, A. A. (2018). Cognição Social. In E. C. Miotto., K. R. Campanholo., V. T. Serrao., & B. T. Trevisan (orgs.), *Manual de Avaliação Neuropsicológica – A prática da testagem cognitiva: Vol. 1. Instrumentos de avaliação neuropsicológica de aplicação multidisciplinar* (pp. 192-211). Memnon.

Mecca, T. P., Lima, R. M. F., Laros, J. A., Macedo, E. C., & Lowenthal, R. (2020). Transtorno do Espectro Autista: Avaliação de habilidades cognitivas utilizando o Teste Não verbal SON-R 6-40. *Psicologia: Teoria e Pesquisa, 36*, e3624.

Mehling, M. H., & Tassé, M. J. (2016). Severity of Autism Spectrum Disorders: Current Conceptualization, and Transition to DSM-5. *Journal of Autism and Developmental Disorders, 46*(6), 2.000-2.016.

Ministério da Saúde. (2014). *Diretrizes de atenção à reabilitação da pessoa com transtornos do espectro do autismo TEA.* Retrieved from http://portal.saude.gov.br/404.html

Miotto, E. C., & Navatta, A. C. R. (2018). Raciocínio clínico quantitativo e qualitativo. In E. C. Miotto, K. R. Campanholo, V. T. Serrao & B. T. Trevisan (orgs.), *Manual de avaliação neuropsicológica – A prática da testagem cognitiva: Vol. 1. Instrumentos de avaliação neuropsicológica de aplicação multidisciplinar* (pp. 36-42). Memnon.

Montenegro, M. (2006). *Avaliação e estudo dos comportamentos de orientação social e a atenção compartilhada nos transtornos invasivos do desenvolvimento* [Dissertação de mestrado não publicada]. Universidade Presbiteriana Mackenzie.

Montgomery, J. M., Dyke, D. I., & Schwean, V. L. (2016). Transtorno do Espectro do Autismo: Aplicações do WISC-IV para a avaliação e intervenção clínica. In A. Prifitera., D. H. Saklofske., & L. G. Weiss (orgs.), *WISC-IV: Avaliação clínica e intervenção* (pp. 327-368). Pearson.

Oliveras-Rentas, R. E., Kenworthy, L., Roberson, R. B., Martin, A., & Wallace, G. L. (2012). WISC-IV profile in high-functioning autism spectrum disorders: Impaired processing speed is associated with increased autism communication symptoms and decreased adaptive communication abilities. *Journal of autism and developmental disorders, 42*(5), 655-664.

Pereira, A., Riesgo, R. S., & Wagner, M. B. (2008). Autismo infantil: Tradução e validação da Childhood Autism Rating Scale para uso no Brasil. *J Pediatr (Rio J), 84*(6), 487-494.

Planche, P., & Lemonnier, E. (2012). Children with high-functioning autism and Asperger's syndrome: Can we differentiate their cognitive profiles? *Research in Autism Spectrum Disorders, 6*(2), 939-948.

Robins, D. L., Casagrande, K., Barton, M., Chen, C. M. A., Dumont-Mathieu, T., & Fein, D. (2014). Validation of the modified checklist for autism in toddlers, revised with follow-up (M-Chat-R/F). *Pediatrics, 133*(1), 37-45.

Sato, F. P., Paula, C. S., Lowenthal, R., Nakano, E. Y., Brunoni, D., Schwartzman, J. S., & Mercadante, M. T. (2009). Instrumento para rastreamento dos casos de transtorno invasivo do desenvolvimento: Estudo preliminar de validação. *Brazilian Journal of Psychiatry, 31*(1), 30-33.

Semrud-Clikeman, M., Walkowiak, J., Wilkinson, A., & Butcher, B. (2010). Executive functioning in children with Asperger syndrome, ADHD-combined type, ADHD-predominately inattentive type, and controls. *Journal of autism and developmental disorders, 40*(8), 1017-1027.

Silva, R. S., Flores-Mendoza, C., & Telles, M. (2012). *Teste de Habilidades e Conhecimento Pré--alfabetização (THCP)*. Vetor.

Teixeira, M. C. T. V., Carreiro, L. R. R., Cantiere, C. N., & Baraldi, G. (2017). Perfil cognitivo e comportamental do Transtorno do Espectro Autista. In C. A. Bosa., & M. C. T. V. Teixeira (orgs.), *Autismo: Avaliação psicológica e neuropsicológica* (pp. 29-42). Hogrefe.

Teixeira, M. C. T. V., Mecca, T. P., & Silva, N. A. (2017). Funcionamento adaptativo no Transtorno do Espectro Autista: Conceito e formas de avaliação. In C. A. Bosa., & M. C. T. V. Teixeira (orgs.), *Autismo: Avaliação psicológica e neuropsicológica* (pp. 135-150). Hogrefe.

Thurm, A., Manwaring, S. S., Luckenbaugh, D. A., Lord, C., & Swedo, S. E. (2014). Patterns of early skill attainment and loss in young children with autism. *Development and Psychopathology*, 26, 203-214.

Trevisan, B. T., Campanholo, K. R., & Serrao, V. T. (2018). A entrevista clínica – Anamnese. In E. C. Miotto, K. R. Campanholo, V. T. Serrao, & B. T. Trevisan (orgs.), *Manual de avaliação neuropsicológica: A prática da testagem cognitiva: Vol. 1. Instrumentos de avaliação neuropsicológica de aplicação multidisciplinar* (pp. 17-29). Memnon.

Volkmar, F., & Wiesner, L. A. (2019). *Autismo: Guia essencial para compreensão e tratamento*. Artmed.

Yerys, B. E., Bertollo, J. R., Pandey, J., Guy, L., & Schultz, R. T. (2019). Attention-deficit/hyperactivity disorder symptoms are associated with lower adaptive behavior skills in children with autism. *Journal of the American Academy of Child & Adolescent Psychiatry, 58*(5), 525-533.

27
Avaliação psicológica/neuropsicológica em um caso de suspeita de transtorno de aprendizagem com prejuízo na leitura/escrita

Cláudia Hofheinz Giacomoni
Érica Prates Krás Borges
Gabriella Koltermann
Jerusa Fumagalli de Salles
Universidade Federal do Rio Grande do Sul

Highlights

- Dificuldade de aprendizagem é uma das principais demandas para psicodiagnóstico na infância.
- É necessário avaliar diversos fatores, como os cognitivos, ambientais e psicológicos.
- O modelo de resposta à intervenção pode diferenciar uma dificuldade de um Transtorno Específico de Aprendizagem.
- A análise qualitativa de desempenho (como análise de erros) da criança ilustra seu perfil de dificuldades.

Dificuldades de aprendizagem caracterizam as principais demandas para avaliação psicológica de crianças em idade escolar. Essa grande demanda denota a importância da correta identificação por parte dos psicólogos de fatores neurodesenvolvimentais, cognitivos, ambientais e psicológicos explicativos para estas dificuldades. No entanto, esta não é uma tarefa fácil, visto que todos esses fatores estão intimamente interligados e requerem uma avaliação ampla e compreensiva (Fletcher, Lyon, Fuchs & Barnes, 2019). Por outro lado, entender os diversos fatores intrincados nas dificuldades de aprendizagem é relevante do ponto de vista clínico e educacional. A consideração cuidadosa de prejuízos co-ocorrentes e outros fatores em interação é fundamental para garantir diagnósticos precisos, para informar recomendações de intervenção ou tratamento e para realizar prognósticos para a criança (Hendren, Haft, Black, White & Hoeft, 2018).

O transtorno específico de aprendizagem é um dos tipos de dificuldades de aprendizagem em crianças. Este transtorno do neurodesenvolvimento pode ser definido como a presença de déficits significativos na aprendizagem de conteúdos acadêmicos (pelo menos 1,5 desvio-padrão abaixo do esperado para a idade na avaliação formal), que não pode ser explicada por déficit cognitivo geral (discrepância entre desempenho em testes que avaliam o Quociente de Inteligência – QI – e desempenho em habilidades acadêmicas), ou outras dificuldades, como as sensoriais (alterações visuais, auditivas etc.), bem como desvantagens ao processo de aprendizagem relacionadas ao ambiente da criança (American Psychiatric Association, 2014). Deficiências visuais ou auditivas e fatores escolares que não favoreçem a aprendizagem da criança devem ser descartados como causas da dificuldade acadêmica; ao mesmo tempo, deve-se considerar que a presença desses prejuízos/adversidades não exclui, necessariamente, a possibilidade de diagnóstico de transtorno específico de aprendizagem em crianças (Hendren et al., 2018).

Ainda, o diagnóstico de transtorno específico de aprendizagem pressupõe a necessidade de constatar a persistência das dificuldades após 6 meses de intervenção especializada, ou seja, este transtorno deve se caracterizar como um prejuízo acadêmico persistente, apesar de intervenções adequadas (APA, 2014). A inclusão da proposta de resposta à intervenção (da sigla em inglês, *response to intervention* – RTI) sugere que a hipótese diagnóstica deve ser confirmada após um período de intervenção eficaz e cientificamente embasada. Essa proposta baseia-se na premissa de que, considerando que há muitas variáveis ambientais que podem promover um falso positivo para um diagnóstico de Transtorno Específico de Aprendizagem, a evolução no período de 6 meses de intervenção ou a rapidez e o modo de resposta podem ser fatores decisivos para confirmá-lo ou não (Mousinho & Navas, 2015).

Estima-se que em torno de 3% a 11% das crianças em idade escolar apresentem transtorno específico de aprendizagem com prejuízo em algum dos domínios (leitura, escrita e/ou matemática) (Galuschka & Schulte-Körne, 2016; Haberstroh & Schulte-Körne, 2019). As dificuldades de leitura/escrita e matemática frequentemente co-ocorrem no mesmo indivíduo, fazendo-se necessária a investigação das habilidades acadêmicas conjuntamente. Ou seja, na queixa de dificuldade de leitura/escrita é cauteloso avaliarmos as habilidades matemáticas da criança, e vice-versa (Fletcher et al., 2019; Willcutt et al., 2019).

Neste capítulo, iremos focar na avaliação da queixa de dificuldades na aprendizagem da leitura/escrita em crianças de idade escolar, considerando a investigação da hipótese diagnóstica de Transtorno Específico da Aprendizagem com prejuízo na leitura/escrita (a dislexia do desenvolvimento). O próximo capítulo deste livro abordará a avaliação em transtornos específicos de aprendizagem da matemática.

Modelos neuropsicológicos e desenvolvimento da leitura/escrita em crianças

Para aprender a ler, a criança recorre a estratégias cognitivas para realizar o processo de decodificação das letras em sons (Vellutino, Fletcher, Snowling & Scanlon, 2004). Os modelos de dupla-rota de leitura pressupõem que temos à disposição as rotas fonológica e lexical. No início do processo de leitura, há a predominância da rota fonológica e, em paralelo, a leitura também vai se desenvolvendo por meio da compreensão do significado das palavras, por meio da representação lexical, sem necessidade de identificação de letras (rota lexical) (Coltheart, Rastle, Perry, Langdon & Ziegler, 2001; Nobre & Salles, 2014). Os modelos de dupla-rota também são aplicados para a compreensão do processo de escrita de palavras (Houghton & Zorzi, 2003).

Do ponto de vista cognitivo, a aprendizagem de leitura de palavras dependerá, desde o princípio, da capacidade da criança de adquirir entendimento e uso funcional do princípio alfabético. A compreensão do princípio alfabético (grafemas representam fonemas) é importante para adquirir proficiência em decodificação fonológica (Vellutino et al., 2004). No entanto, para atingir a compreensão do princípio alfabético da escrita é necessária a consciência do fonema, a qual consiste em uma habilidade metalinguística que possibilita o acesso consciente ao nível fonológico da fala e a manipulação cognitiva das representações neste nível (Navas, Pinto & Dellisa, 2009; Vellutino et al., 2004). Desse modo, o nível de leitura mais básico, o do nível da palavra, é fortemente influenciado pelas habilidades de processamento fonológico, como consciência fonológica. A memória de trabalho fonológica e nomeação seriada rápida – NSR (de letras, números, figuras, cores), constituintes do construto mais amplo de processamento fonológico juntamente com a consciência fonológica, também são preditores da leitura de palavras (Fletcher et al., 2019; Lima et al., 2019).

Na sequência do desenvolvimento, a compreensão da leitura, por sua vez, refere-se à habilidade de compreender palavras, sentenças e textos. Um dos modelos mais proeminentes sobre a compreensão leitora é o *"The simple-view of Reading"* (ou Visão Simples da Leitura), originalmente proposto por Gough e Tunmer (1986). Esse modelo, o qual já foi muito estudado e apresenta evidências robustas que o corroboram, propõe que a compreensão leitora é um produto de habilidades de decodificação e da compreensão da linguagem oral. A partir disso, as crianças necessitam desenvolver habilidades de compreensão oral e de decodificação adequadas para que alcancem a competência em compreensão leitora. Ou seja, se a criança não consegue ler palavras isoladas ou não possui habilidades de compreensão oral adequadas, ela não conseguirá ler de forma compreensiva (Gough & Tunmer, 1986).

Outro modelo influente na compreensão de leitura é o Modelo de Construção-Integração (Kintsch, 1988; van Dijk & Kintsch, 1983). Segundo este modelo, existiriam vários níveis de processamento do texto e cada um destes envolveria diferentes processos cognitivos. No nível inicial de processamento das palavras e frases, a criança deve decodificar as palavras, mas também reconhecer a sua função gramatical na frase. Os significados dessas palavras formarão proposições, relacionadas em uma rede complexa, a qual inclui processos inferenciais: a microestrutura do texto. Essa, no entanto, não garante a compreensão de seu significado, pois a criança também deve reconhecer tópicos globais e suas inter-relações de maneira que o significado das palavras e a microestrutura se organizem dentro de uma estrutura mais ampla: a macroproposição (Corso, Sperb & Salles, 2013; Kintsch, 1988; Van Dijk & Kintsch, 1983).

Já a fluência de leitura é conceituada como a habilidade de ler um texto rapidamente, acuradamente e com expressão adequada (prosódia). De forma geral, sugere-se que a fluência se associa com o acesso rápido ao significado da palavra lida e sua relação com as demais palavras da frase (Wolf & Katzir-Cohen, 2001). Assim, a leitura pode ser analisada em diferentes níveis, como a leitura de palavras isoladas e textos (fluência e compreensão leitora).

A escrita também envolve processos no nível da palavra, sentenças e texto. Na atividade de escrita de palavras, primeiramente, ao ouvir o estímulo, é realizada a análise auditiva, que segmenta e identifica os fonemas que o compõem. O estímulo, quando familiar, ativa o léxico de entrada fonológica, que identifica a sequência de fonemas como uma palavra. O componente léxico-semântico, desse modo, busca na memória lexical de longo prazo o significado da palavra e sua relação com outras palavras conhecidas previamente. Já a escrita de palavras e pseudopalavras não conhecidas pelo léxico é realizada a partir do procedimento de conversão fonema-grafema, que busca, a partir dos fonemas identificados na análise auditiva, a correspondência aos grafemas que compõem o estímulo (Houghton & Zorzi, 2003; Rodrigues & Salles, 2013). No que diz respeito à produção escrita de textos, esta atividade engloba a capacidade da criança de refletir acerca dos aspectos microlinguísticos do texto, como os coesivos e a pontuação, e dos aspectos macrolinguísticos, como organização geral do texto, seu conteúdo e sua estrutura, como noções sobre gêneros textuais (Salles & Correa, 2014; Spinillo & Simões, 2003).

Avaliação das habilidades e dificuldades de leitura/escrita em crianças

O entendimento dos processos de leitura/escrita, em razão da sua complexidade, não pode ser alcançado em sua totalidade sem considerar as diversas influências dessas habilidades no processo de aprendizagem (Oliveira et al., 2016). Portanto, ao avaliar uma suspeita de dislexia, existem alguns pontos que devem ser investigados para auxiliar no diagnóstico, os quais serão aprofundados na sequência deste capítulo: os fatores neurodesenvolvimentais/neurobiológicos, cognitivos, ambientais e psicológicos (Fletcher, 2009; Fletcher et al., 2019).

Modelos compreensivos das dificuldades de aprendizagem (Fletcher, 2009; Fletcher et al., 2019) postulam que esses componentes estão interligados. Por exemplo, os circuitos neurais envolvidos no desenvolvimento da leitura se de-

senvolvem por meio da instrução (fator ambiental) e da experiência da criança, de modo que estas reorganizam os circuitos neurais envolvidos na leitura e influenciam a expressão dos fatores biológicos. As forças e fraquezas acadêmicas são também influenciadas por características pessoais, como motivação e dificuldades emocionais/comportamentais como as que envolvem os sintomas de ansiedade, depressão, e/ou desatenção que interferem no desempenho acadêmico (Fletcher et al., 2019).

Quanto aos fatores neurobiológicos e do desenvolvimento, ainda precocemente, é possível identificar fatores de risco para a presença de dislexia na criança por meio de uma investigação detalhada do seu neurodesenvolvimento. O atraso no desenvolvimento da linguagem na primeira infância pode ser um sinal de alerta para a dislexia, de forma que os marcos da linguagem merecem uma atenção clínica especial. Logo que as crianças aprendem a ler, os centros de processamento da leitura são inseridos em uma rede de áreas de linguagem no hemisfério esquerdo do cérebro conectadas para a linguagem falada (Buchweitz, 2016). Assim, trocas não esperadas para a idade na fala, menores habilidades em vocabulário e prejuízo na compreensão da linguagem oral podem ser indicadores de possível dislexia (Rodrigues & Ciasca, 2016; Silva & Capellini, 2019).

No que diz respeito aos aspectos cognitivos, o uso de instrumentos padronizados no processo psicodiagnóstico também fornece informações essenciais sobre o desempenho cognitivo da criança em comparação à média e ao seu perfil de dificuldade. Atualmente, a Escala Wechsler de Inteligência para Crianças (WISC-IV) (Rueda, Noronha, Sisto, Santos & Castro, 2012) e as Matrizes Progressivas Coloridas de

Raven (De Paula, Schlottfeldt, Malloy-Diniz & Mizuta, 2018) são as principais medidas de avaliação da inteligência disponíveis para escolares. Apesar de demandar maior tempo para sua aplicação, o WISC-IV permite analisar o perfil cognitivo do paciente comparando seu desempenho nos diferentes índices que compõem o teste. Crianças com Transtorno Específico da Aprendizagem costumam apresentar desempenho deficitário nos índices de Memória Operacional (IMO) e Velocidade de Processamento (IVP), enquanto os índices de Compreensão Verbal (ICV) e Organização Perceptual (IOP) geralmente encontram-se preservados (Giofrè, Toffalini, Altoè & Cornoldi, 2017; Prifitera, Saklofske & Weiss, 2016).

Da mesma forma, a avaliação do desempenho em leitura/escrita precisa considerar o uso de instrumentos de avaliação com adequada base teórica e psicométrica. O Teste de Desempenho Escolar (TDE II) (Milnitsky, Giacomoni & Fonseca, 2019) e os volumes 1, 2, 4 e 5 da Coleção Anele – Avaliação Neuropsicológica da Leitura e da Escrita (Basso, Miná, Piccolo & Salles, 2018; Corso, Piccolo, Miná & Salles, 2017; Rodrigues, Miná & Salles, 2017; Salles, Piccolo & Miná, 2017) são exemplos de instrumentos que podem ser utilizados para avaliar o desempenho em leitura e escrita de crianças. Além disso, permitem ao avaliador analisar os tipos de erro cometidos pelo paciente, auxiliando na compreensão do perfil de dificuldades da criança. A análise dos tipos de erro é uma ferramenta importante na avaliação de casos de dislexia, porque indivíduos com esse diagnóstico costumam apresentar uma frequência elevada de erros na leitura e na escrita que não são esperados para sua faixa etária e escolaridade (Protopapas, Fakou, Drakopoulou, Skaloumbakas & Mouzaki, 2012).

No que tange aos fatores ambientais, é importante, também, compreender o desempenho acadêmico do paciente em comparação a seus colegas de classe, por exemplo. Um desempenho deficitário generalizado em crianças de uma mesma turma poderia indicar instrução escolar inadequada. Nesse caso, as dificuldades de leitura/escrita seriam mais bem explicadas por fatores ambientais, o que torna menos provável de a queixa referir-se a um quadro de dislexia. Ainda, o histórico de intervenções realizadas pelo paciente assim como sua resposta a elas poderia ser considerado um dos pontos mais relevantes a se analisar em um caso com suspeita de dislexia. Conforme já mencionado anteriormente, a persistência das dificuldades apesar de instrução adequada é um dos critérios diagnósticos para o transtorno (APA, 2014). Nestes contextos, além da entrevista com os responsáveis pela criança, entrevistas com profissionais da escola da criança ou profissionais de saúde que acompanham o caso em questão fazem-se relevantes também.

Para além da avaliação de aspectos do neurodesenvolvimento, cognitivos e ambientais (familiares e escolares) da criança, outras questões que podem ser investigadas em suspeitas de dislexia são a presença de sintomas de ansiedade, como ansiedade geral e ansiedade de desempenho, sintomas depressivos, e outras possíveis comorbidades, como a discalculia, o Transtorno de Déficit de Atenção/Hiperatividade (TDAH) e os Transtornos da Comunicação (APA, 2014; Hendren et al., 2018; McGrath & Stoodley, 2019; Willcutt et al., 2019). As habilidades sociais e emocionais/comportamentais são cada vez mais consideradas importantes para o desenvolvimento acadêmico da criança (Mundy et al., 2017). As dificuldades de leitura/escrita, em específico, estão associadas frequentemente a altas taxas de sintomas internalizantes e externalizantes (Willcutt et al., 2000).

Sendo assim, considerando-se um modelo integrado para diagnóstico das dislexias, haveria quatro etapas de avaliação a serem seguidas: (1) identificação de baixo desempenho em leitura/escrita; (2) uso do critério tradicional de exclusão (nível intelectual); (3) análise das diferenças intraindividuais (potencialidades e fraquezas); e (4) identificação de inadequada resposta à intervenção (Fletcher et al., 2011; Hale et al., 2010). Nesse contexto, o objetivo do presente capítulo é ilustrar o processo de avaliação psicológica/neuropsicológica na suspeita de transtorno específico de aprendizagem da leitura/escrita por meio da apresentação de um estudo de caso.

Descrição do Caso

A paciente L. foi encaminhada para avaliação psicológica para um serviço-escola de psicologia de uma universidade pela neurologista devido ao atraso na aprendizagem. No período da avaliação, L. tinha 10 anos e frequentava o 4º ano do Ensino Fundamental de uma escola pública de Porto Alegre. A menina havia recebido diagnóstico neurológico de TDAH aos 7 anos e iniciado atendimento psicológico, psicopedagógico e tratamento medicamentoso com metilfenidato, além da intervenção fonoaudiológica realizada desde os três anos. L. ingressou no ensino formal aos 5 anos, no ensino básico, e ao final do 2º ano do Ensino Fundamental não estava alfabetizada, apresentando dificuldades na leitura e na escrita. No 3º ano, a menina se alfabetizou com o auxílio de um professor particular, acompanhamento complementar às intervenções realizadas pela paciente. No período avaliativo, a paciente já estava realizando todas essas intervenções há mais de 2

anos e, apesar de ter apresentado alguma evolução, seu desempenho em leitura e escrita permanecia aquém do esperado para sua faixa etária.

Técnicas administradas

Técnicas distintas foram utilizadas para investigar a demanda da solicitante e as principais queixas familiares, bem como da paciente. Uma vez que o objetivo do presente capítulo se centra na discussão da prática avaliativa em crianças com queixa de dificuldade de aprendizagem, instrumentos de avaliação de leitura, escrita e habilidades associadas serão apresentados de maneira mais aprofundada. O capítulo também trará uma discussão sobre como as informações provenientes de demais técnicas podem ser utilizadas para complementar a hipótese diagnóstica de Transtorno Específico de Aprendizagem.

Foram utilizadas as seguintes ferramentas de avaliação da leitura, escrita e habilidades associadas:

1) Avaliação de Leitura de Palavras e Pseudopalavras – LPI – volume 1 da Coleção Anele (Salles, Piccolo & Miná, 2017).

2) Avaliação da Compreensão da Leitura Textual – Comtext – volume 2 da Coleção Anele (Corso, Piccolo, Miná & Salles, 2017).

3) Prova de Escrita sob Ditado – Avaliação Neuropsicológica Cognitiva: Leitura, escrita e aritmética, volume 3 (Seabra, Dias & Capovilla, 2013).

4) Teste Infantil de Nomeação – Avaliação Neuropsicológica Cognitiva: Linguagem oral, volume 2 (Seabra & Dias, 2012).

5) Subteste Consciência Fonológica – Instrumento de Avaliação Neuropsicológica Breve Infantil – Neupsilin (Salles et al., 2011).

6) Prova de Aritmética – Avaliação neuropsicológica cognitiva: Leitura, escrita e aritmética, volume 3 (Seabra, Dias & Capovilla, 2013).

Demais técnicas utilizadas:

Realizaram-se entrevistas com os pais e profissionais de saúde que acompanhavam a paciente (fonoaudióloga, psicóloga, psicopedagoga e neurologista). Esses contatos proporcionaram o entendimento das potencialidades e dificuldades de L. em diferentes contextos. Avaliaram-se aspectos emocionais e comportamentais da criança por meio de técnicas gráfica (H-T-P – Técnica projetiva de desenho: casa-árvore-pessoa) (Buck, 2003), pictórica (CAT-A – Teste de Apercepção Infantil) (Tardivo et al., 2010), questionários de heterorrelato respondidos pelos pais (CBCL – Child Behavior Checklist 6-18) (Achenbach, 2001) e escala TRF (Teacher Report Form) (Achenbach, 2001). A funcionalidade da paciente foi investigada por meio de questionário respondido pelos cuidadores. A Escala Wechsler de Inteligência para Crianças (WISC-IV) (Rueda et al., 2012) foi utilizada para descartar a presença de déficit cognitivo.

Procedimentos

O processo avaliativo foi realizado em um serviço-escola de psicologia vinculado a uma universidade. Primeiramente, os responsáveis pela paciente foram informados a respeito das condições de atendimento e participação em pesquisa e assinaram o Termo de Consentimento Livre e Esclarecido (TCLE) institucional. Foi realizada uma entrevista inicial de anamnese com os cuidadores para coletar dados a respeito do desenvolvimento inicial, histórico clínico e escolar.

Então, foram conduzidas sessões avaliativas semanais de uma hora de duração. A paciente não estava medicada durante o período da avaliação. Ao final do processo avaliativo, realizou-se uma entrevista devolutiva com a família bem como indicações de locais para encaminhamento.

Resultados e interpretação

Avaliação do desenvolvimento inicial

Dados a respeito dos marcos do desenvolvimento foram coletados em entrevista de anamnese com a família. O desenvolvimento motor da paciente ocorreu dentro do esperado. Apresentou dificuldade para mamar no peito, fazendo ingestão de fórmulas infantis por meio da mamadeira até os 6 meses. Antes do primeiro ano de idade, L. já pronunciava algumas palavras, entretanto, sua fala era de difícil compreensão. Apesar disso, conseguia compreender quando conversavam com ela. Iniciou a ingestão de alimentos sólidos com um pouco mais de um ano. Em torno dos 2,5 anos, a paciente parou de mamar e de utilizar a fralda diurna, parando com a fralda noturna alguns meses depois, com aproximadamente três anos. Aos três anos, a menina apresentava trocas na fala não esperadas para a idade, o que motivou seus pais a buscarem intervenção fonoaudiológica.

Avaliação da inteligência

Avaliou-se a inteligência da paciente por meio da Escala Weschler de Inteligência para Crianças (WISC-IV). Os resultados fornecidos pela escala estão expostos na tabela 1. L. demonstrou desempenho conforme o esperado para a idade nas medidas de raciocínio verbal, que envolve compreensão, abstração e vocabulário, e não verbal, como habilidades visuoespaciais e raciocínio fluido. No entanto, obteve escores abaixo da média nas medidas de funções executivas, principalmente no que se refere à memória de trabalho, o que costuma ser um perfil característico de pacientes com dificuldade de aprendizagem e déficits atencionais (Giofrè et al., 2017; Prifitera et al., 2016). Ressalta-se que L. não estava medicada nas sessões avaliativas, o que poderia explicar seu desempenho extremamente baixo no índice de Memória Operacional (IMO).

Tabela 1

Resultados da Escala Weschler de Inteligência para Crianças (WISC-IV) (Rueda et al., 2012)

Índices	Pontos ponderados	QI	IC 95%	Interpretação
ICV	26	93	86-101	Médio
IOP	31	102	95-109	Médio
IMO	8	65	60-75	Extremamente Baixo
IVP	12	77	71-89	Limítrofe
QIT	77	83	79-88	Médio Inferior

Nota. QI = Quociente de Inteligência; IC = Intervalo de Confiança; ICV = Índice de Compreensão Verbal; IOP = Índice de Organização Perceptual; IMO = Índice de Memória Operacional; IVP = Índice de Velocidade de Processamento; QIT = Quociente de Inteligência Total.

Pode-se observar que a menina apresentou uma discrepância significativa nos índices fatoriais. O Quociente de Inteligência Total (QIT) fornecido pela escala (médio-inferior), portanto, pode não ser representativo das reais capacidades da criança, pois é possível que seu prejuízo em memória de trabalho tenha afetado negativamente seu desempenho geral. A análise individual dos índices fatoriais, a avaliação da funcionalidade da criança (apresentada a seguir), bem como informações coletadas sobre seu funcionamento no ambiente escolar e observação clínica, indicam que a paciente apresenta capacidade cognitiva conforme o esperado para sua idade (dentro da média).

Avaliação da funcionalidade

Foi realizada uma entrevista com os responsáveis para investigar a funcionalidade da paciente. L. mostrou-se capaz de realizar tarefas de forma independente no domínio prático (como manter uma rotina de higiene, alimentação e organização) e social (como agir de acordo com a idade em momentos de interação). Demonstrou maior dificuldade no domínio conceitual na aprendizagem de conteúdos escolares (como escrita, leitura e matemática) do que nas demais habilidades conceituais (como identificar as horas e dias da semana), as quais consegue realizar sozinha. Nesse sentido, podemos concluir que a paciente apresentou funcionalidade adequada para a idade.

Entrevista com profissionais de saúde

Realizaram-se entrevistas por telefone com as profissionais de saúde que acompanhavam a paciente para coletar suas impressões e hipóteses a respeito do caso, bem como para investigar a resposta da criança aos tratamentos. Foram entrevistadas a fonoaudióloga, que acompanhava L. desde os 3 anos, a psicóloga e psicopedagoga, que a acompanhavam desde os 7 anos, e a neurologista, que encaminhou a menina para avaliação psicológica. A tabela 2 apresenta as principais informações coletadas durante as entrevistas.

Tabela 2

Resumo das principais informações coletadas nas entrevistas com os profissionais de saúde

Fonoaudióloga	Psicóloga	Psicopedagoga	Neurologista
Tratamento focado em questões da fala.	Evolução lenta nas dificuldades escolares.	Intervenção para leitura, escrita e matemática.	Déficits em habilidades específicas da escola.
Evolução lenta no tratamento.	Problemas atencionais e de comportamento.	Evolução lenta no tratamento.	Evolução lenta na aprendizagem mesmo com intervenção.
	Ansiedade e baixa autoconfiança.	Problemas atencionais e de memória de trabalho.	
		Suspeita de dislexia.	

Conforme exposto, todos os profissionais mencionaram evolução lenta no tratamento da criança, principalmente no que se refere à aprendizagem escolar. Foi apontado, também, a presença de sintomas de ansiedade e desatenção como questões comórbidas que interferiam tanto no tratamento como no desempenho escolar da criança. A persistência das dificuldades é uma característica do transtorno específico de aprendizagem (APA, 2014; Rodrigues & Ciasca, 2016), assim como a possível ocorrência de sintomas ansiosos e déficits atencionais (Hendren et al., 2018; McGrath & Stoodley, 2019; Willcutt et al., 2019), o que reforça a hipótese diagnóstica.

Avaliação da leitura (reconhecimento de palavras e compreensão leitora)

A tabela 3 apresenta o desempenho da paciente na Avaliação da Leitura de Palavras e Pseudopalavras Isoladas (LPI, Anele, vol. 1). Sua habilidade de leitura de palavras reais mostrou-se aquém do esperado para sua idade e anos de estudo, atingindo o percentil < 2,5. Isso indica que menos de 2,5% das crianças de sua faixa etária e escolaridade apresentaram desempenho semelhante. L. apresentou melhor desempenho em leitura de pseudopalavras do que palavras reais, além de ter conseguido ler mais palavras regulares do que irregulares, o que sugere um melhor uso da rota fonológica sobre a lexical. No entanto, ambas as rotas estão deficitárias (perfil ou padrão de dislexia mista).

A tabela 4 apresenta uma análise dos tipos de erro em leitura cometidos pela paciente. A frequência de erros por acréscimo, substituição ou omissão de fonemas sugere que a criança apresenta prejuízo na correspondência grafema-fonema, o que caracteriza um déficit significativo para sua idade e nível educacional. Erros do tipo desconhecimento de regras, regularização e neologismos evidenciam um predomínio do processo fonológico sobre o lexical, no entanto, percebe-se indícios do uso de estratégias lexicais com a presença de paralexias.

Tabela 3

Desempenho em leitura de palavras e pseudopalavras isoladas (LPI) (Anele vol. 1) (Salles, Piccolo & Miná, 2017)

	Acertos	Percentil por idade	Percentil por anos de estudo
Palavras Reais	27	< 2,5	< 2,5
Regulares	17	2,5	2,5
Irregulares	10	< 2,5	< 2,5
Pseudopalavras	16	10	10

Tabela 4

Análise do tipo de erro em leitura de palavras e pseudopalavras isoladas (LPI) (Anele, vol. 1) (Salles, Piccolo & Miná, 2017)

Tipo de erro	Resposta
Desconhecimento de regras contextuais	/pressente/ para "presente" e/táci/ para "táxi";
Regularização	/echercício/ para "exercício", /ficho/ para "fixo", /sachofone/ para "saxofone" e /ônich/para "ônix"
Acréscimo, substituição ou omissão	/venho/ para "velho", /contonete/ para "cotonete", /pareta/ para "paresta", /prantoca/ para "prantorca", /tôrce/ para "turse" e /jonha/ para "jolha".
Paralexia	/grande/ para "grade" e /lembre/ para "lebre";
Neologismo	/echiplo/ para "exemplo" e /crocificho/ para "crucifixo".

Desse modo, L. apresentou desempenho em leitura de palavras isoladas extremamente abaixo do esperado para sua faixa etária. A avaliação evidenciou defasagens na correspondência letra-som, o que costuma ser característico de crianças mais novas que estão em processo de alfabetização (Godoy, Pinheiro & Citoler, 2017). Como já salientado, foi possível observar uma discreta predominância do uso da rota fonológica sobre a lexical.

O extrato 1 apresenta o reconto realizado pela paciente na Avaliação da Compreensão de Leitura Textual (Comtext, Anele, vol. 2). L. evocou um total de cinco cláusulas, das quais três faziam parte da cadeia principal. De acordo com a tabela 5, o reconto de L. foi classificado no percentil 30 em relação ao total de cláusulas recontadas, e entre o percentil 2,5 e 7 no que se refere à macroestrutura. Esse tipo de desempenho no instrumento foi encontrado com maior frequência em crianças de até um ano de estudo (Corso, Piccolo, Miná & Salles, 2015). Ainda, as cláusulas recontadas pela paciente contêm apenas trechos do final da história, o que sugere efeito de recência em seu reconto.

Extrato 1

Reconto da história "O coelho e o cachorro" – Comtext (Anele, vol. 2) (Corso, Piccolo, Miná & Salles, 2017)

"Bem, essa história é sobre o cachorro e o coelho. Hm, ãm ele, mas eles que, mas o cachorro e seus amigos queriam fazer uma uma espetáculo pras crianças eu acho, um espetáculo eu acho. Um espetáculo. E aí tem que dar banho no coelho, colocar um sabão arrumando o coelho. O coitado do coelho eu acho. O coelho não gosta de tomar banho. E aí ele colo, o cachorro colocou perfume no coitado do coelho, e aí começou a apresentação das crianças. E aí as crianças disseram 'O coelho, coelho. O que, o que tem o coelho?' 'Ele morreu...' Que história mais ridiculinha, um pouco meio. Mas então, as crianças disseram 'O coelho não morreu na sexta-feira', e deu eu acho. Isso que eu falei".

Analisando a coerência textual e estratégias de evocação, nota-se a ocorrência de interferências como "o cachorro colocou perfume no coitado do coelho", "E aí as crianças disseram 'O coelho, coelho'" e "O coelho não morreu na sexta-feira" e uma reconstrução no trecho "seus amigos queriam fazer uma uma espetáculo pras crianças". Seu reconto apresenta pouca coerência e relações causais pobres, o que sugere que a criança não compreendeu a história. Em relação às respostas do questionário, L. acertou duas questões literais e apenas uma questão inferencial, o que equivale a um percentil total de 2,5. Sendo assim, suas dificuldades para evocar as cláusulas da história e responder o questionário denotam um alerta para déficit em compreensão textual.

Tabela 5

Desempenho em compreensão leitora – Comtext (Anele, vol. 2) (Corso, Piccolo, Miná & Salles, 2017)

	Acertos	Percentil
Cláusulas recontadas – Total	5	30
% de cláusulas da cadeira principal	3	2,5-7
Questionário – Total	3	2,5
Questões literais	2	7
Questões inferenciais	1	10

Crianças com prejuízo na leitura de palavras isoladas tendem a apresentar dificuldade na compreensão leitora, considerando que a decodificação das palavras é uma habilidade necessária, apesar de não suficiente, para o entendimento do texto (Corso & Salles, 2009). A memória de trabalho é outro fator importante para a integração das informações de uma história, o que pode explicar, em parte, o desempenho deficitário da paciente na avaliação da compreensão leitora (Corso, Sperb & Salles, 2013).

Avaliação da escrita

A avaliação da escrita consistiu no ditado de seis palavras reais e três pseudopalavras da Prova de Escrita sob Ditado (Seabra, Dias & Capovilla, 2013). Não foi possível aplicar a tarefa em sua forma completa, pois a paciente apresentou grande dificuldade e ansiedade de desempenho, sendo necessária a interrupção. As palavras reais utilizadas no ditado foram: "duas", "empada", "aprender", "mostra", "também" e "chupeta"; e as pseudopalavras foram: "jile", "ciparro" e "inha".

Tabela 6

Análise do tipo de erro em escrita de palavras reais e pseudopalavras sob ditado (Seabra, Dias & Capovilla, 2013)

Tipo de erro	Resposta
Surdo/sonoro	"chubeta" para "chupeta";
Neologismo	"dusas" para "duas", "motra" para "mostra", "ega" para "empada", "avede" para "aprender", "let" para "também" e "iaas" para "ciparro".

A tabela 6 apresenta os tipos de erro na escrita cometidos pela criança. L. escreveu apenas duas pseudopalavras de maneira correta, "jile" e "inha", fornecendo respostas incorretas para os demais estímulos da prova. Erros por neologismo foram os mais prevalentes, principalmente a escrita de não palavras quando os alvos eram palavras reais. Em alguns casos, como em "dusas" e "motra", temos acréscimo e omissão de um único grafema. Nas outras, no entanto, a criança produziu respostas completamente diferentes dos estímulos, como no caso de "ega", "avede" e "let". Observou-se ainda uma troca de grafema do tipo surdo/sonoro em "chubeta" e a escrita de uma pseudopalavra diferente do alvo em "iaas".

A presença de neologismos pode ser indicativa do uso da rota fonológica na escrita (Salles & Parente, 2007). Além disso, a grande quantidade de não palavras que diferem significativamente dos estímulos-alvo é mais um indício de que o conhecimento da conversão grafema-fonema não foi consolidado. Apesar de não ter sido possível uma interpretação quantitativa do desempenho da paciente por conta da interrupção da tarefa, a análise qualitativa apontou a presença de déficits importantes na escrita de palavras.

Avaliação de habilidades associadas à leitura/escrita

1 Linguagem

O desempenho em consciência fonológica e nomeação da paciente foi avaliado para especificar seu perfil de dificuldades nas habilidades associadas à leitura e escrita. Utilizou-se o subteste Consciência Fonológica do Neupsilin-Inf que avalia as habilidades de rima e subtração fonêmica, bem como o Teste Infantil de Nomeação. O escore obtido pela paciente no subteste de Consciência Fonológica foi comparado com os dados normativos para a idade presentes no manual do instrumento (grupo normativo), bem como com o desempenho de crianças com dificuldades em leitura (grupo com dificuldade) descrito por Zamo e Salles (2013). Como é possível notar por meio da tabela 7, L. apresentou déficits significativos em consciência fonológica em comparação ao grupo normativo e escore abaixo da média em relação ao grupo com dificuldade. Esse resultado denota prejuízo importante nessa habilidade, o que pode explicar os erros na conversão grafema-fonema identificados na avaliação da leitura e escrita.

Tabela 7

Desempenho no subteste Consciência Fonológica do Neupsilin-Inf (Salles et al., 2011)

	Acertos	Escore z (Grupo normativo)	Escore z (Grupo com dificuldade)
Consciência fonológica	3/10	-6.13 DP	-1.71 DP
Rima	1/4	-5.6 DP	-1.15 DP
Subtração Fonêmica	2/6	-4.75 DP	-0.87 DP

Nota: DP = desvio-padrão.

A tarefa de rima envolvia identificar dentre três palavras isoladas o par que terminava com o mesmo som. Já na tarefa de subtração fonêmica, era esperado que a criança subtraísse os sons iniciais e finais de sílabas, e a paciente necessitou de apoio visual para executá-la. L. apresentou desempenho extremamente baixo para sua faixa etária (grupo normativo) em ambas as tarefas, no entanto, percebemos que seu desempenho se assemelhou ao do grupo de crianças com dificuldade em leitura. Esse resultado condiz com a literatura que aponta relações significativas entre dificuldades em leitura e prejuízo no processamento fonológico (Anjos, Barbosa & Azoni, 2019; Zamo & Salles, 2013).

A tabela 8 traz o desempenho de L. no Teste Infantil de Nomeação, classificado como baixo. Déficits na habilidade de nomeação podem afetar de forma negativa o desempenho em leitura e compreensão leitora, pois quanto menos palavras a criança conhecer, mais difícil será para ela decodificá-las e compreender seu significado no texto (Guaresi et al., 2017; Silva & Pereira, 2019).

Tabela 8

Desempenho no Teste Infantil de Nomeação (Seabra & Dias, 2012)

	Acertos	Escore padrão	Interpretação
Estímulos nomeados corretamente	40/60	77	Baixo

Ao analisarmos os tipos de erro cometidos pela paciente (tab. 9), observamos uma maior incidência de erros por anomia, sugerindo que seu prejuízo na nomeação esteja relacionado a um vocabulário reduzido, o que também pode ser inferido sobre os erros do tipo parafasia semântica. Todavia, a presença de erros por alterações fonológicas (trocas na fala) pode ser um alerta para déficits na linguagem oral para além da escrita. Esse tipo de alteração denota um possível prejuízo na discriminação dos sons, o que poderia explicar, em parte, sua dificuldade no processamento fonológico (Silva & Capellini, 2019).

Tabela 9

Análise do tipo de erro no Teste Infantil de Nomeação (Seabra & Dias, 2012)

Tipo de erro	Respostas
Alteração fonológica	/competador/ para "computador"; /helecótero/ para "helicóptero"; /mocego/ para "morcego"; /liquidodificador/ para "liquidificador"; /célebro/ para "cérebro"; /alecate/ para "alicate" e /congumelo/ para "cogumelo".
Parafasia semântica	/sepente/ para "cobra"; /mamão/ para "caju"; /tubinho/ para "funil" e /hamster/ para "castor".
Anomia	"Coisa de energia" para "tomada"; "coisa de misturar massa" para "batedeira"; "coisa de metal para as folhas ficarem grudadas" para "grampeador"; "coisa para abrir tampinha de garrafa" para "abridor"; "coisa para o papel ficar junto do outro papel" para "clipe"; "coisa de kilos" para "balança"; "coisa que bate nos cavalos" para "chicote"; "coisa de desenho para fazer círculo" para "compasso" e "coisa de fazer assim" para "harpa".

2 Avaliação de habilidades aritméticas

Avaliou-se as habilidades aritméticas com a Prova de Aritmética (Seabra, Dias & Capovilla, 2013), que é dividida em duas partes: processamento numérico e cálculos. O desempenho da paciente na tarefa está descrito na tabela 10. L. obteve pontuação padrão de 35 em processamento numérico, o que representa um desempenho muito baixo para sua faixa etária. Seu prejuízo na escrita de palavras afetou de maneira negativa seu desempenho na tarefa de escrita de numerais por extenso, entretanto, também apresentou erros específicos de prejuízo na cognição numérica. Por exemplo, escreveu "sesi nove" para 69 e "cete e quaeteta e oito" para 7.048.

Tabela 10

Desempenho na Prova de Aritmética (Seabra, Dias & Capovilla, 2013)

	Pontuação padrão	Interpretação
Processamento numérico	35	Muito baixo
Cálculos	64	Muito baixo

Em relação aos cálculos, a paciente obteve pontuação padrão de 64, também classificada como muito baixa para a idade. L. acertou 75% das contas de soma e subtração, 25% das multiplicações e 0% das divisões. Na avaliação de problemas matemáticos, a paciente não conseguiu compreender o que estava sendo solicitado por conta de sua dificuldade em leitura, obtendo um total de zero ponto. Silva, Ribeiro e Santos (2015) estudaram a cognição numérica no transtorno específico de aprendizagem com prejuízo em matemática e observaram que as crianças que apresentavam prejuízo na leitura associado demonstraram déficits mais significativos nas habilidades aritméticas do que o grupo que possuía apenas prejuízo em matemática.

Avaliação emocional e comportamental

A avaliação dos aspectos emocionais e do comportamento demonstrou a presença de sintomas de ansiedade de desempenho e ansiedade geral, bem como insegurança e baixa autoestima. A tabela 11 apresenta um resumo dos principais resultados apontados pelas técnicas utilizadas na avaliação emocional e do comportamento. Tanto os questionários de relato preenchidos pelos pais e pela professora da escola como as técnicas projetivas apontaram sintomas importantes de ansiedade e sintomas e comportamentos relacionados. Estas constatações estão de acordo com o que já havia sido descrito pelos profissionais de saúde que a acompanhavam. Esse quadro também foi evidenciado pela observação clínica, visto que durante o processo avaliativo a paciente mostrou-se ansiosa na realização das tarefas, e em algumas situações recusou-se a completá-las. Tais sintomas agravam suas dificuldades.

Tabela 11

Resumo dos principais resultados da avaliação emocional e do comportamento

CBCL	TRF	HTP	CAT-A
Baixo desempenho escolar.	Medo de errar.	Retraimento e insegurança.	Sentimentos de punição e culpabilização por erros.
Medo de errar.	Perfeccionismo.	Pouca autonomia.	Ambivalência em relação à autoridade (ora desafia ora se submete).
Perfeccionismo.	Sentimento de culpa e desvalorização.		
Sentimento de culpa e desvalorização.	Sentimentos de medo, nervosismo e tensão.		Busca de autonomia.
Sentimentos de medo, nervosismo e tensão.	Dificuldade para lidar com críticas.		
Preocupação com julgamento de outros.	Choro frequente.		

Maiores níveis de ansiedade de desempenho e sintomas relacionados podem ser encontrados em crianças com dificuldade de aprendizagem e/ou déficits atencionais, sendo associados a um pior desempenho acadêmico nessas amostras (von der Embse et al., 2018; Whitaker Sena, Lowe & Lee, 2007). Apesar de uma forte relação recíproca entre dificuldades de aprendizagem e dificuldades emocionais/comportamentais em jovens, sua co-ocorrência é frequentemente sub-reconhecida e subtratada (Hendren et al., 2018). Uma metanálise acerca da relação entre ansiedade e transtornos de aprendizagem indicou que os estudantes com dificuldades de aprendizagem demonstraram escores médios mais altos nas medidas de ansiedade do que os estudantes sem dificuldades (Nelson & Harwood, 2011). Outro estudo com estudantes encontrou que uma percentagem maior de estudantes com dificuldades de aprendizagem estava em risco para indicadores altos de ansiedade (22,3% em comparação a 11,5% das crianças sem dificuldades), havendo, portanto, atualmente, uma maior conscientização sobre depressão e ansiedade comórbidas entre os alunos com dificuldades de aprendizagem e uma necessidade de promover a identificação e intervenção precoces (Gallegos, Langley & Villegas, 2012).

Considerações finais

Este capítulo abordou um estudo de caso de suspeita de dificuldades de aprendizagem da leitura (dislexia) em criança. Concluiu-se que as diferentes técnicas utilizadas no processo avaliativo (entrevistas com responsáveis, escola e outros profissionais da saúde, aplicação de testes cognitivos e neuropsicológicos, escalas de auto e heterorrelato, entre outras) permitiram investigar os principais aspectos relacionados ao possível transtorno. Merece destaque a análise qualitativa dos erros que forneceram um entendimento mais completo do perfil de dificuldades acadêmicas da paciente. Além disso, a avaliação de aspectos emocionais e de habilidades aritméticas revelou-se importante, visto que a paciente também apresentava dificuldades nesses âmbitos.

Ao final da avaliação foi possível concluir que os déficits de L. correspondiam ao transtorno específico de aprendizagem com prejuízo em leitura, escrita e também matemática, considerando (a) ausência de déficit cognitivo geral, (b) desempenho significativamente inferior à média em leitura, escrita e matemática e (c) prevalência das dificuldades após 2 anos de intervenção psicopedagógica e 7 anos de intervenção fonoaudiológica.

Realizou-se uma entrevista devolutiva com os pais e em momento separado com a paciente. Foi elaborado um laudo psicológico que foi entregue para a família durante a entrevista devolutiva junto a uma cópia do documento a ser entregue para a neurologista. Para maiores informações a respeito da construção de um laudo psicológico, consultar o capítulo desta obra que versa sobre o tema. Ainda, foi elaborada uma sín-

tese do processo avaliativo enviada para a escola com sugestões de adaptações, como: redução da quantidade de tarefas, fornecer mais tempo para realização de tarefas, simplificar o vocabulário das instruções, entre outras.

Por fim, em relação aos encaminhamentos resultantes do processo psicodiagnóstico, foi recomendado à família e à paciente (a) manutenção da intervenção fonoaudiológica, com ênfase na linguagem, (b) manutenção do atendimento neurológico, (c) prática de atividades extraclasse, como esportes em grupo, para estimular suas relações sociais e autoestima e (d) intervenção neuropsicológica para suas dificuldades específicas de aprendizagem.

Referências

Achenbach, T. M., Dumenci, L., & Rescorla, L. A. (2001). *Ratings of relations between DSM-IV diagnostic categories and items of the CBCL/6-18, TRF, and YSR*. University of Vermont.

American Psychiatric Association. (2014). *DSM-5: Manual diagnóstico e estatístico de transtornos mentais*. Artmed.

Anjos, A. B. L., Barbosa, A. L. A., & Azoni, C. A. S. (2019). Processamento fonológico em escolares com dislexia do desenvolvimento, TDAH e transtorno do desenvolvimento intelectual. *Rev. CEFAC, 21*(5), 1-7. http://dx.doi.org/10.1590/1982-0216/20192153119

Basso, F. P., Miná, C. S., Piccolo, L. R., & Salles, J. F. (2018). *Coleção Anele 5: Avaliação da Fluência de Leitura Textual – AFlet*. São Paulo, Vetor.

Bellak, L., & Abrams, D. M. (2010). *Teste de Apercepção Infantil (CAT-A) (Figuras de Animais) – Livro de Instruções: Vol. 1. Adaptação à População Brasileira*. Vetor.

Buchweitz, A. (2016). Language and reading development in the brain today: Neuromarkers and the case for prediction. *Jornal de Pediatria, 92*(3), S8-S13. https://doi.org/10.1016/j.jped.2016.01.005

Buck, J. N. (2003). *H-T-P: Casa-árvore-pessoa, técnica projetiva de desenho: Guia de interpretação* (R. C. Tardivo, Trad.). Vetor.

Coltheart, M., Rastle, K., Perry, C., Langdon, R., & Ziegler, J. (2001). DRC: A dual route cascaded model of visual word recognition and reading aloud. *Psychological Review, 108*, 204-256. https://doi.org/10.1037/0033-295X.108.1.204

Corso, H. V., & Salles, J. F. (2009). Relação entre leitura de palavras isoladas e compreensão de leitura textual em crianças. *Letras de Hoje, 44*(3), 28-35. http://revistaseletronicas.pucrs.br/ojs/index.php/fale/article/view/5761

Corso, H. V., Piccolo, L. R., Miná, C. S., & de Salles, J. F. (2015). Normas de desempenho em compreensão de leitura textual para crianças de 1º ano a 6ª série. *Psico, 46*(1), 68-78. https://doi.org/10.15448/1980-8623.2015.1.16900

Corso, H. V., Piccolo, L. R., Miná, C. S., & Salles, J. F. (2017). *Comtext – Avaliação da compreensão da leitura textual*. Vetor.

Corso, H. V., Piccolo, L. R., Miná, C. S., & Salles, J. F. (2017). *Coleção Anele 2: Avaliação da compreensão de leitura textual – Comtext*. Vetor.

Corso, H. V., Sperb, T. M. & Salles, J. F. (2013). Leitura de palavras e de texto em crianças: Efeitos de série e tipo de escola, e dissociações de desempenhos. *Letras de Hoje, 48*, 81-90. http://revistaseletronicas. pucrs.br/ojs/index.php/fale/article/view/12033

Corso, H. V., Sperb, T. M., & Salles, J. F. (2013). Comparação entre maus compreendedores e bons leitores em tarefas neuropsicológicas. *Revista Psicologia em Pesquisa, 7*(1), 37-49. http://dx.doi.org/10.5327/ Z1982-1247201300010005

De Paula, J. J., Schlottfeldt, C. G. M. F., Malloy-Diniz, L. F. M., & Mizuta, G. A. A. (2018). *Matrizes progressivas coloridas de Raven*. Pearson.

Fletcher, J. M. (2009). Dyslexia: The evolution of a scientific concept. *Journal of the International Neuropsychological Society, 15*(04), 501. https://doi. org/10.1017/S1355617709090900

Fletcher, J. M., Lyons, G. R., Fuchs, L. S., & Barnes, M. A. (2019). *Learning disabilities: From identification to intervention* (2. ed.). Guilford.

Fletcher, J. M., Stuebing, K. K., Barth, A. E., Denton, C. A., Cirino, P., Francis, D. J., & Vaughn, S. (2011). Cognitive correlates of inadequate response to reading intervention. *School Psych. Rev., 40*(1), 3-22. https:// pubmed.ncbi.nlm.nih.gov/23125475/

Gallegos, J., Langley, A., & Villegas, D. (2012). Anxiety, depression, and coping skills among Mexican school children. *Learning Disability Quarterly, 35*(1), 54-61. https://doi.org/10.1177/0731948711428772

Galuschka, K., & Schulte-Körne, G. (2016). The diagnosis and treatment of reading and/or spelling disorders in children and adolescents. *Deutsches Aerzteblatt Online, 113*(16), 279-286. https://dx.doi. org/10.3238%2Farztebl.2016.0279

Giofrè, D., Toffalini, E., Altoè, G., & Cornoldi, C. (2017). Intelligence measures as diagnostic tools for children with specific learning disabilities. *Intelligence, 61*, 140-145. https://doi.org/10.1016/j.intell. 2017.01.014

Godoy, D. M. A., Pinheiro, A. M. V., & Citoler, S. D. (2017). Initial literacy: Influence of phonemic awareness and teaching method. *Psicologia: Teoria e Prática, 19*(3), 226-241. https://doi.org/10.5935/1980-6906/ psicologia.v19n3p226-241

Gough, P. B., & Tunmer, W. (1986). Decoding, reading, and reading disability. *Remedial and Special Education, 7*, 6-10. https://doi.org/10.1177/0741932586 00700104

Guaresi, R., Oliveira, J. S., Oliveira, E., & Teixeira, L. (2017). A consciência fonológica e o vocabulário no aprendizado da leitura e da escrita na alfabetização. *Revista (Con)Textos Linguísticos, 11*(18), 97-109. https://periodicos.ufes.br/contextoslinguisticos/arti cle/view/15400#:~:text=Muitos%20estudos%20 t%C3%AAm%20sido%20realizados,da%20 escrita%20nas%20s%C3%A9ries%20iniciais

Haberstroh, S., & Schulte-Körne, G. (2019). The diagnosis and treatment of dyscalculia. *Deutsches Aerzteblatt Online, 116*(7), 107-114. https://dx.doi. org/10.3238%2Farztebl.2019.0107

Hale, J., Alfonso, V., Berninger, V., Bracken, B., Christo, C., Clark, E., Cohen, M., Davis, A., Decker, S., Denckla, M., Dumont, R., Elliott, C., Feifer, S., Fiorello, C., Flanagan, D., Fletcher-Janzen, E., Geary, D., Gerber, M., Gerner, M., ... Yalof1, J. (2010). Critical issues in response-to-intervention, comprehensive evaluation, and specific learning disabilities identification and intervention: An expert white paper consensus. *Learning Disability Quarterly, 33*(3), 223-236. https://doi.org/10.1177/073194871003300310

Hendren, R. L., Haft, S. L., Black, J. M., White, N. C., & Hoeft, F. (2018). Recognizing Psychiatric Comorbidity with Reading Disorders. *Frontiers in Psychiatry, 9*. https://doi.org/10.3389/fpsyt.2018.00101

Houghton, G., & Zorzi, M. (2003). Normal and impaired spelling in a connectionist dual-route architecture. *Cognitive Neuropsychology, 20*(2), 115-162. https://doi.org/10.1080/02643290242000871

Kintsch, W. (1988). The role of knowledge in discourse comprehension: A construction-integration model. *Psychology Reviews, 95*(2), 163-182. https:// doi.org/10.1037/0033-295X.95.2.163

Lima, M., da Rosa Piccolo, L., Puntel Basso, F., Júlio--Costa, A., Lopes-Silva, J. B., Haase, V. G., & Salles, J. F. (2019). Neuropsychological and environmental predictors of reading performance in Brazilian children. *Applied Neuropsychology: Child, 1*-12. https:// doi.org/10.1080/21622965.2019.1575737

McGrath, L. M., & Stoodley, C. J. (2019). Are There shared neural correlates between dyslexia and ADHD? A meta-analysis of voxel-based morphometry studies. *Journal Neurodev. Disorder, 11*(1), 31. https://doi.org/10.1186/s11689-019-9287-8

Milnitsky, L., Giacomoni, C. H., & Fonseca, R. P. (2019). *Teste de desempenho escolar 2ª edição (TDE II)*. Vetor.

Mousinho, R., & Navas, A. L. (2015). Mudanças apontadas no DSM-5 em relação aos transtornos específicos de aprendizagem em leitura e escrita. *Revista debates em Psiquiatria*. https://www.research gate.net/publication/306000108_MUDANCAS_APONTADAS_NO_DSM-5_EM_RELACAO_AOS_TRANSTORNOS_ESPECIFICOS_DE_APRENDIZAGEM_EM_LEITURA_E_ESCRITA

Mundy, L. K., Canterford, L., Tucker, D., Bayer, J., Romaniuk, H., Sawyer, S., Lietz, P., Redmon, G., Proimos, J., Allen, N., & Patton, G. (2017). Academic performance in primary school children with common emotional and behavioral problems. *Journal of School Health, 87*(8), 593-601. https://doi.org/10.1111/josh.12531

Navas, A. L. G. P., Pinto, J. C. B. R., & Dellisa, P. R. R. (2009). Avanços no conhecimento do processamento da fluência em leitura: Da palavra ao texto. *Revista da Sociedade Brasileira de Fonoaudiologia, 14*(3), 553-559. https://doi.org/10.1590/S1516-8034 2009000400021

Nelson, J. M., & Harwood, H. (2011). Learning Disabilities and Anxiety: A Meta-Analysis. *Journal of Learning Disabilities, 44*(1), 3-17. https://doi.org/10.1177/0022219409359939

Nobre, A. P., & Salles, J. F. (2014). O papel do processamento léxico-semântico em modelos de leitura. *Arq. bras. psicol., 66*(2).

Oliveira, A. G., Conceição, M. C. P., Figueiredo, M. R., Campos, J. L. M., Santos, J. N., & Martins-Reis, V. O. (2016). Associação entre o desempenho em leitura de palavras e a disponibilidade de recursos no ambiente familiar. *Audiol Commun Res., 21*. https://doi.org/10.1590/2317-6431-2016-1680

Prifitera, A., Saklofske, D. H., & Weiss, L. G. (2016). *WISC-IV – Avaliação Clínica e Intervenção*. Pearson Clinical Brasil.

Protopapas, A., Fakou, A., Drakopoulou, S., Skaloumbakas, C., & Mouzaki, A. (2012). What do spelling errors tell us? Classification and analysis of errors made by Greek schoolchildren with and without dyslexia. *Reading and Writing, 26*(5), 615-646. https://doi.org/10.1007/s11145-012-9378-3

Rodrigues, J. C., & Salles, J. F. (2013). Tarefa de escrita de palavras/pseudopalavras para adultos: Abordagem da neuropsicologia cognitiva. *Letras de Hoje, 48*(1), 50-58. http://revistaseletronicas.pucrs.br/ojs/index.php/fale/article/view/11960/8881

Rodrigues, J. C., Miná, C. S., & Salles, J. F. (2017). *Tarefa de leitura de palavras e pseudopalavras*. Vetor.

Rodrigues, S. D., & Ciasca, S. M. (2016). Dislexia na escola: Identificação e possibilidades de intervenção. *Revista Psicopedagogia, 33*(100), 86-97. http://pepsic.bvsalud.org/pdf/psicoped/v33n100/10.pdf

Rueda, F. J. M., Noronha, A. P. P., Sisto, F. F., Santos, A. A. A., & Castro, N. R. (2012). *Escala Wechsler de Inteligência para Crianças, quarta edição – WISC-IV*. Casa do Psicólogo.

Salles, J. F., & Correa, J. (2014). A produção escrita de histórias por crianças e sua relação com as habilidades de leitura e escrita de palavras/pseudopalavras. *Psicologia USP, 25*(2), 189-200. https://www.scielo.br/pdf/pusp/v25n2/0103-6564-pusp-25-02-0189.pdf

Salles, J. F., & Parente, M. A. M. P. (2007). Avaliação da leitura e escrita de palavras em crianças de 2ª série: Abordagem neuropsicológica cognitiva. *Psicologia: Reflexão e Crítica, 20*(2), 220-228. https://doi.org/10.1590/S0102-79722007000200007

Salles, J. F., Fonseca, R. P., Parente, M. A. M. P., Cruz-Rodrigues, C., Mello, C. D., Barbosa, T., & Miranda, M. C. (2011). *Neupsilin-INF: Instrumento de avaliação neuropsicológica breve para crianças*. Vetor.

Salles, J. F., Piccolo, L. R., & Miná, C. S. (2017). *LPI: Avaliação da Leitura de palavras e pseudopalavras isoladas*. Vetor.

Seabra, A. G., Dias, N. M., & Capovilla, F. C. (2013). *Avaliação neuropsicológica cognitiva: Leitura, escrita e aritmética* (vol. 3). Memnon.

Seabra, A., & Dias, N. (2012). *Avaliação neuropsicológica cognitiva: Linguagem oral* (vol. 2). Memnon.

Silva, C., & Capellini, S. A. (2019). Indicadores cognitivo-linguístico em escolares com transtorno fonológico de risco para a dislexia. *Distúrbios da Comunicação, 31*(3), 428-436. https://doi.org/10.23925/2176-2724.2019v31i3p428-436

Silva, C., & Pereira, F. B. (2019). Desempenho em provas de compreensão de leitura e vocabulário no Ensino Fundamental. *Revista Psicologia-Teoria e Prática, 21*(2). https://doi.org/10.1590/2317-1782/20182017145

Silva, P. A., Ribeiro, F. S., & Santos, F. H. (2015). Cognição numérica em crianças com transtornos específicos de aprendizagem. *Temas em Psicologia, 23*(1), 197-210. https://doi.org/10.9788/TP2015.1-13

Spinillo, A. G., & Simões, P. U. (2003). O desenvolvimento da consciência metatextual em crianças: Questões conceituais, metodológicas e resultados de pesquisas. *Psicologia: Reflexão e Crítica, 16*(3), 537-546. https://www.scielo.br/pdf/prc/v16n3/v16n3a12.pdf

Van Dijk, T. A., & Kintsch, W. (1983). *Strategies of discourse comprehension*. Academic.

Vellutino, F. R., Fletcher, J. M., Snowling, M. J., & Scanlon, D. M. (2004). Specific reading disability (dyslexia): What have we learned in the past four decades? *Journal of Child Psychology and Psychiatry and Allied Disciplines, 45*(1), 2-40. https://doi.org/10.1046/j.0021-9630.2003.00305.x

Von der Embse, N., Jester, D., Roy, D., & Post, J. (2018). Test anxiety effects, predictors, and correlates: A 30-year meta-analytic review. *Journal of Affective Disorders, 227*, 483-493. https://doi.org/10.1016/j.jad.2017.11.048

Whitaker Sena, J. D., Lowe, P. A., & Lee, S. W. (2007). Significant Predictors of Test Anxiety Among Students with and Without Learning Disabilities. *Journal of Learning Disabilities, 40*(4), 360-376. https://doi.org/10.1177/00222194070400040601

Wilcutt, E. G., McGrath, L. M., Pennington, B. F., Keenan, J. M., DeFries, J. C., Olson, R. K., & Wadsworth, S. J. (2019). Understanding Comorbidity Between Specific Learning Disabilities. *New Dir Child Adolesc Dev, 165*, 91-109. https://doi.org/10.1002/cad.20291

Willcutt, E. G., & Pennington, B. F. (2000). Psychiatric comorbidity in children and adolescents with reading disability. *J Child Psychol Psychiatry, 41*(8), 1.039-1.048. https://www.ncbi.nlm.nih.gov/pubmed/11099120

Wolf, M., & Katzir-Cohen, T. (2001). Reading fluency and its intervention. *Scientific Studies of Reading, 5*(3), 211-239. https://doi.org/10.1207/S1532799XSSR0503_2

Zamo, R. S., & Salles, J. F. (2013). Perfil neuropsicológico no Neupsilin-Inf de Crianças com dificuldades de leitura. *Psico, 44*(2), 204-214. http://revistaseletronicas.pucrs.br/ojs/index.php/revistapsico/article/view/11453

28
Avaliação de transtornos específicos da aprendizagem da matemática

Júlia Beatriz Lopes Silva
Giulia Moreira Paiva
Universidade Federal de Minas Gerais

Ricardo Moura
Universidade de Brasília

Highlights
- A matemática como disciplina complexa e multifacetada.
- Falta de instrumentos padronizados para o contexto brasileiro.
- Importância da avaliação do processamento numérico básico e da aritmética.
- Aspectos que devem ser investigados na história clínica.

Introdução

Aproximadamente um quarto da população mundial apresenta dificuldades com a matemática (Dowker, 2017), entretanto nem toda dificuldade pode ser considerada um transtorno de aprendizagem. No Brasil, é reportada uma prevalência de aproximadamente 6% de crianças em idade escolar com transtornos específicos de aprendizagem da matemática (Fortes et al., 2016).

A definição dos critérios diagnósticos deste transtorno é ainda bastante controversa, entretanto, sua relevância é indiscutível. Quando não há a realização do diagnóstico de transtorno de aprendizagem da matemática, o sujeito pode vivenciar repetidas experiências de fracasso, com impacto na autoestima (Haberstroh & Schulte-Körne, 2019) e absenteísmo

escolar (Schulte-Körne, 2016). Nos últimos anos, houve um aumento no interesse de pesquisa sobre cognição numérica (Haberstroh & Schulte-Körne, 2019), mas ainda falta operacionalização das novas descobertas em prol de desenvolvimento de instrumentos e técnicas de avaliação.

No presente capítulo serão abordados aspectos relativos à conceituação e ao diagnóstico dos transtornos de aprendizagem da matemática. A partir disso, serão discutidos os principais instrumentos de avaliação disponíveis no contexto brasileiro. Por fim, será apresentado um estudo de caso para discussão da aplicabilidade e limitação das técnicas de avaliação reportadas.

O que importa na avaliação da matemática?

Apesar de intuitivamente associada à aritmética (cálculos), a matemática não é uma disciplina de conteúdo unitário nem homogêneo, mas envolve conceitos e atividades de naturezas diversas, muitas delas já detectáveis mesmo antes do início da vida escolar. Algumas das habilidades numéricas necessárias para o raciocínio matemático são abstratas, não simbólicas, e independem da linguagem ou educação formal para que sejam desenvolvidas. Uma outra parte do raciocínio matemático, por sua vez, requer representações numéricas simbólicas, as quais são produtos culturais sofisticados que dependem de instrução formal para que sejam adquiridas.

Os seres humanos nascem capazes de abstrair informações numéricas relevantes do ambiente que permitem realizar tarefas numéricas básicas, incluindo comparar quantidades e estimar tamanho de conjuntos (Dehaene, 1992). Alguns estudos sugerem que a acuidade destas representações não simbólicas de quantidade é um dos principais preditores do desempenho na aritmética (Halberda, Mazzocco & Feigenson, 2008). Na mesma linha, estudos científicos observaram que crianças identificadas com discalculia do desenvolvimento cometem mais erros do que seus pares com desenvolvimento típico em tarefas de comparação de quantidades (Piazza et al., 2010). Esses achados indicam uma menor precisão das representações não simbólicas em crianças com dificuldade da matemática, sugerindo assim seu envolvimento na aprendizagem da matemática simbólica e nos cálculos aritméticos.

Posteriormente, na medida em que as crianças aprendem a falar e a contar, essas representações abstratas são mapeadas por símbolos, especificamente palavras e algarismos arábicos. A aprendizagem e uso destes sistemas simbólicos para representação numérica também é considerada crucial para a aprendizagem da matemática (De Smedt et al., 2009; Habermann et al., 2020). As habilidades de representar símbolos numéricos em diferentes notações e de converter entre essas notações (transcodificação numérica) são umas das primeiras tarefas matemáticas aprendidas pelas crianças no início da vida escolar e lidar com símbolos numéricos é também crucial para a aprendizagem de atividades matemáticas mais complexas. Durante o primeiro ano do Ensino Fundamental (cerca de 7 anos), as crianças ainda mostram dificuldades para escrever e ler números arábicos (Geary et al., 1999; Geary et al., 2000). Logo após, no terceiro e no quarto anos (crianças de 8 e 9 anos), a maioria dessas dificuldades com os algarismos arábicos já foi superada (Landerl et al., 2004).

Este assunto foi investigado em mais detalhes por Moura et al. (2013; 2015) utilizando a versão de 28 itens da Tarefa de Transcodificação Numérica (TTN) que será detalhada abaixo e investigando crianças brasileiras com e sem dificuldade de aprendizagem da matemática. Os resultados revelaram dificuldades importantes na TTN nas crianças com dificuldade de aprendizagem da matemática em comparação com o grupo-controle no segundo e terceiro anos, mas com a magnitude dessa diferença entre grupos diminuindo com a escolaridade até se igualar a partir do quarto ano. Tais resultados mostram que as crianças com dificuldade de aprendizagem da matemática tendem a alcançar seus pares na transcodificação numérica a partir do terceiro ano do Ensino Fundamental (Moura et al., 2013, 2015).

Além da representação não simbólica de quantidades e da transcodificação numérica, outros prejuízos são frequentemente observados em crianças com transtorno de aprendizagem da matemática. A seguir, serão discutidas abordagens para a realização do diagnóstico deste transtorno, assim como instrumentos que podem auxiliar nesta tarefa.

Como identificar os transtornos específicos de aprendizagem da matemática?

Duas questões importantes permeiam o diagnóstico das dificuldades de aprendizagem. A primeira questão é sobre os critérios de diagnóstico, e na literatura três abordagens são comumente relatadas (Haberstroh & Schulte-Körne, 2019). O critério de discrepância é provavelmente o mais comum na pesquisa científica e define a dificuldade de aprendizado a partir da discrepância entre um desempenho médio ou acima da média na capacidade cognitiva geral (geralmente medida pelo QI) e o baixo desempenho em testes padronizados matemáticos. O critério de limiar absoluto define a dificuldade apenas pelo desempenho abaixo de determinado ponto de corte em um teste escolar padronizado. O critério da resposta à intervenção estabelece o diagnóstico apenas após investigar como a pessoa responde a um conjunto de intervenções psicopedagógicas, de modo que a persistência da dificuldade ao longo do tempo, e não a discrepância entre capacidade e desempenho, são os principais critérios para o diagnóstico.

A segunda questão importante é a definição de quão baixo deve ser o desempenho em um teste escolar para diagnosticar a dificuldade de aprendizagem. Os pontos de corte frequentemente utilizados são os percentis 30, 25, 10 e 5. Dentre estas possibilidades, a utilização de pontos de corte mais altos (como os percentis 25 e 30) é menos conservadora e, naturalmente, mais propensas a falsos positivos. Pontuações de corte mais baixas, por outro lado, são mais conservadoras e menos propensas a falsos positivos. Alguns autores argumentam que a amostra de indivíduos rotulados com escores de corte mais altos é mais heterogênea, com suas dificuldades em matemática sendo mais atribuíveis a fatores sociais, educacionais e motivacionais e, portanto, são menos estáveis ao longo do tempo (Murphy et al., 2008). Por outro lado, os indivíduos cujo desempenho se enquadra nos escores de corte mais conservadores são um grupo mais homogêneo e suas dificuldades estão provavelmente associadas a fatores cognitivos. Mazzocco (2007) sugere que os indivíduos com desempenho abaixo do percentil 5 devem ser identificados como discalcúlicos (ou com transtorno de aprendizagem da matemática) e aqueles com desempenho abaixo do percentil 30 devem ser identificados como tendo "dificuldades matemáticas". Para quantificar o desempenho da matemática, diversos testes e tarefas podem ser utilizados, cada um deles com possíveis contribuições para a avaliação e também limitações que devem ser consideradas.

Instrumentos disponíveis para avaliação: contribuições e limitações

Como mencionado acima, a matemática envolve diversas habilidades subjacentes e pode ser classificada em termos de componentes específicos, consequentemente, os testes que se propõe a avaliá-la variam enormemente em relação ao seu escopo. Diferentes testes avaliam "diferentes matemáticas" e, consequentemente, afetam o diagnóstico (Szűcs & Goswami, 2013). Há uma ampla utilização de tarefas experimentais na literatura científica, entretanto, são poucos os instrumentos que apresentam estudos detalhados de suas propriedades psicométricas, assim como validação para a população brasileira (Viapiani et al., 2016b) e fundamentação teórica para a construção do teste. A seguir, serão descritos instrumentos disponíveis no contexto brasileiro, com uma ênfase referente a qual aspecto da cognição numérica avaliam, assim como vantagens e limitações de cada um deles. Tanto fontes fundamentais, como testes (Teste do Desempenho Escolar e Subteste de Aritmética do WISC), quanto tarefas que não são de uso exclusivo do psicólogo e estão disponíveis em publicações científicas serão analisadas.

Cabe ressaltar que, em caso de suspeita de transtorno de aprendizagem da matemática, é necessária uma avaliação diagnóstica detalhada, tendo em vista a complexidade do quadro. Nenhum teste mencionado abaixo deve ser interpretado de forma isolada como marcador diagnóstico, e sim, analisado em conjunto com informações da história clínica do paciente que apontem dificuldades básicas e crônicas com a matemática, assim como informações complementares, como relatórios da escola.

Teste do Desempenho Escolar (TDE) – versões I & II

TDE

Entre 1994 até 2019, o principal instrumento psicométrico disponível no Brasil para a avaliação de dificuldade de aprendizagem foi a primeira versão do Teste de Desempenho Escolar (TDE) (Stein, 1994), o qual foi extremamente útil na classificação do desempenho escolar de crianças, tanto no contexto clínico como de pesquisa.

O TDE não é um instrumento de uso exclusivo de psicólogos, sendo composto por três subtestes: escrita, leitura e aritmética, com normas para crianças da 1ª à 6ª série do Ensino Fundamental. Para a construção da amostra normativa, foram avaliados 538 estudantes, com uma média de 90 sujeitos por série de duas escolas municipais, duas estaduais e duas particulares de Porto Alegre. Oliveira-Ferreira et al. (2012) analisaram o desempenho de 1024 crianças mineiras (Belo Horizonte e Mariana) no TDE e concluíram que, das 499 que seriam classificadas como "desempenho inferior" (percentil abaixo de 25) no subteste de aritmética de acordo com as normas do manual, apenas 302 mantiveram esta classificação quando tiverem seu desempenho comparado com a média do próprio estado. Tal resultado sugere a importância de amostras representativas de diferentes regiões do Brasil. Além disso, é importante ressaltar que, no manual do teste, não são reportadas normas específicas ou diferenças significativas de desempenho entre crianças de escolas públicas e particulares.

O subteste de aritmética é organizado hierarquicamente em relação à dificuldade de seus itens, sendo composto por três itens de aplicação oral e 35 itens, os quais a criança deve resolver o maior número que conseguir. Com exceção de um dos itens orais, referente à comparação de magnitudes entre dois algarismos arábicos, todos os outros itens do teste apresentam cálculos, variando entre operações com algarismos de um dígito a cálculos mais complexos, envolvendo frações e potências.

TDE II

Em 2019 foi publicada a nova versão do Teste de Desempenho Escolar, o TDE-II (Stein et al., 2019), que apresenta uma série de avanços em relação à versão anterior. Um ponto importante é que, no manual, a interpretação dos escores de todos os subtestes é organizada em relação ao tipo de escola e por ano escolar (o TDE I é anterior à mudança no sistema educacional de série para anos).

Além disso, o desenvolvimento dos itens do subteste de aritmética foi fundamentado por meio de uma análise de livros didáticos na qual foi investigada a frequência de cada conteúdo por ano escolar (Viapiana, 2016a). Foram identificados os conteúdos de aritmética presentes em mais de 80% dos livros didáticos de cada ano escolar como contagem, ordem, composição e decomposição numérica, numeração decimal, frações, expressões numéricas (Stein et al., 2019). Desse modo, diferentemente da versão anterior do TDE, foram contemplados diversos aspectos do processamento numérico e de cálculos. A partir disso, foram criados itens com diferentes níveis de dificuldade, deste modo, o TDE-II procurou ampliar o leque de dificuldades dos itens, introduzindo itens mais adequados para o currículo e para as crianças dos anos iniciais e criando versões diferentes para as faixas escolares entre 1º e 5º ano (versão A), e 6º ao 9º (versão B), para o subteste de aritmética (Stein et al., 2019).

O TDE II também apresenta um diferencial de enfatizar a importância da análise qualitativa, como o registro de cálculos realizados mentalmente, se foram utilizados os dedos na contagem, se a criança armou a conta para resolvê-la e se fez representações visuais no papel (como riscos, bolinhas) (Viapiana et al., 2016a).

Em relação a estudos de validade convergente, Viapiana et al. (2016b) concluíram que a versão A do subteste de aritmética do TDE II correlacionou-se com os subtestes de leitura e escrita e apresentou correlações de nível moderado com índices de função executiva (memória de trabalho e controle inibitório). Já a versão B apresentou correlações fracas com os escores de leitura, escrita e com os subtestes de função executiva o que, segundo os autores, pode ser interpretado como uma evidência que as funções executivas parecem contribuir de forma mais específica com o processo inicial de aprendizagem matemática.

Prova de Aritmética

O subteste "Prova de Aritmética" (PA) faz parte do terceiro volume da coleção Avaliação Neuropsicológica Cognitiva (Seabra, Martins & Capovilla, 2013), que também contém provas de avaliação da leitura e escrita e pode ser utilizado por psicólogos, neuropsicólogos, psicopedagogos e professores para realizar uma avaliação das habilidades escolares.

Um aspecto interessante da PA é que ela foi construída a partir de modelos cognitivos da cognição numérica (McCloskey, Caramazza & Basili, 1985; Menon, 2010), o que permitiu a avaliação tanto de aspectos do processamento numérico, definido como a compreensão e conhecimento das propriedades numéricas, como também de computação matemática simples e complexa.

O instrumento se propõe a realizar uma avaliação mais abrangente da matemática, incluindo subtestes de escrita por extenso de números apresentados algebricamente, escrita da forma algébrica de números pronunciados pelo aplicador, escrita de sequências numéricas crescente e decrescente, comparação de grandeza numérica, cálculo de operações apresentadas por escrito e oralmente, e resolução de problemas matemáticos. De acordo com Seabra et al. (2010), estes subtestes podem ser agrupados nos fatores "processamento numérico" e "cálculos".

É atribuído um ponto a cada item e o resultado é interpretado tendo como referência uma amostra normativa composta por 363 crianças de 6-11 anos de escolas públicas municipais do interior de São Paulo. São apresentadas tabelas de pontuação-padrão organizadas por faixa etária e também para cada um dos fatores descritos anteriormente.

A PA apresenta evidências de validade à medida que se correlaciona com a nota escolar na disciplina de matemática, mudanças desenvolvimentais esperadas e relação com outros testes de habilidade acadêmica (Seabra, Martins & Capovilla, 2013). Este instrumento permite a avaliação da aritmética de uma maneira mais ampla e é fundamentado em um modelo cognitivo importante da área de cognição numérica. Entretanto, é composto de poucos itens em cada um dos subtestes, o que pode impactar na sua sensibilidade diagnóstica, principalmente em crianças mais velhas. Além disso, apenas 19 crianças compuseram a amostra de normatização relativa à faixa etária de 6 anos e foram coletados dados apenas de crianças de escolas públicas, podendo então ser um teste muito fácil para estudantes de escolas particulares.

Coruja Promat

Coruja Promat (Weinstein, 2016) é um roteiro útil para a sondagem das habilidades matemáticas dos anos iniciais do Ensino Fundamental,

do 1º ao 5º ano (6 a 13 anos). Tal instrumento se propõe basicamente a verificar se competências numéricas básicas foram adquiridas ou não, a fim de indicar as áreas de dificuldades e definir prioridades para a intervenção especializada. O instrumento pode ser utilizado por profissionais de diferentes áreas tanto em contextos educacionais quanto clínicos. A aplicação é realizada sempre individualmente, podendo ser os estímulos apresentados em versão física/impressa ou on-line, ambas com duração de 60 a 90 minutos. O roteiro é composto por 180 itens que se distribuem em quatro tarefas do domínio de representação não simbólica de magnitude, cinco tarefas voltadas à avaliação da contagem, duas tarefas de verificação da representação simbólica de magnitudes, uma tarefa que avalia a representação de numerais em linha numérica, duas tarefas de correspondência numérica, quatro tarefas de transcodificação numérica em suas diferentes correspondências, três tarefas de avaliação dos fatos numéricos e por último duas tarefas que avaliam a resolução de problemas, sendo que em uma das tarefas os problemas são apresentados por meio de palavras faladas e a outra tarefa por meio de palavras escritas.

Uma das principais limitações do Coruja Promat é o baixíssimo número de itens que constituem cada uma das tarefas. Cada uma das tarefas do Coruja Promat se propõe a avaliar determinada habilidade e, na maioria delas, as crianças são expostas a três itens. Dessa forma, o instrumento não é composto por normas que permitam aos avaliadores mensurar a discrepância entre o desempenho da criança avaliada e o desempenho médio das crianças no mesmo ano escolar. Além disso, apesar de ser aplicado individualmente, o instrumento não oferece oportunidades variadas de observação das estratégias de resolução, velocidade de processamento e tipos predominantes de erros (padrões de erros) dentro de uma mesma exigência. No entanto, como já exposto, o Coruja Promat pode ser considerado um instrumento do tipo "curricular" (semelhante a outros testes de desempenho escolar) (Kauffman & von Aster, 2012), assumindo como principal objetivo determinar se a criança alcançou os objetivos básicos de aprendizagem da sua faixa etária ou não, rastreando assim fraquezas em habilidades básicas de forma prática e rápida.

Subteste de Aritmética do WISC-IV

A Escala Wechsler de Inteligência para Crianças – 4ª Edição (WISC-IV) (Rueda et al., 2013) é um instrumento clínico de aplicação individual em crianças entre 6 anos e 0 meses e 16 anos e 11 meses, que objetiva avaliar a capacidade intelectual e o processo de resolução de problemas. Esta versão mais recente do WISC passou por uma série de atualizações, como exclusão e inclusão de subtestes, mas o subteste de Aritmética foi um dos que permaneceu, ainda que tenha passado por uma revisão de conteúdo, de aplicação e dos procedimentos de pontuação.

O subteste de Aritmética envolve agilidade mental, concentração, atenção, memória de curto e longo prazo e habilidade de raciocínio numérico. A criança deve resolver mentalmente problemas matemáticos apresentados oralmente, dentro de um limite de tempo. A ênfase no tempo é um aspecto importante dado que estimula estratégias de resgate de informações da memória de longo prazo. A resolução dos itens também pode envolver habilidades de sequenciamento, fluidez de raciocínio e lógica. Este subteste é sensível à avaliação da concentração e do controle de respostas impulsivas, sendo muito suscetível ao efeito da ansiedade. É um subteste suplementar do Índice de Memória Operacional, dado que requer boa capacidade de memória operacional, necessária para manter presentes todos os elementos do problema a ser resolvido.

Apesar de ser um teste com normas consistentes derivadas a partir de uma amostra substancialmente maior do que de outros testes e composta por crianças de diversos estados brasileiros, o Subteste de Aritmética do WISC-IV, como o próprio nome sugere, enfatiza a avaliação da aritmética e outros aspectos do processamento numérico básico, como a transcodificação numérica, não são contemplados.

Tarefa de Transcodificação Numérica

Na Tarefa de Transcodificação Numérica (TTN), os participantes são instruídos a escrever na forma arábica os números ditados em voz alta pelo aplicador (p. ex., *cento e cinquenta* → "150"). Três versões da TTN já foram elaboradas pelo Laboratório de Neuropsicologia do Desenvolvimento (LND) da UFMG. A primeira versão da tarefa foi composta por 28 itens, a segunda por 40 itens, e a terceira por 81 itens, todas elas contando com números de um a quatro dígitos. A administração da TTN é simples, podendo ser feita individualmente ou em grupos, e o tempo de administração varia conforme a versão, tarefa e idade dos participantes. A versão de 28 itens pode ser aplicada em cerca de 5 minutos em adultos e 10 minutos em crianças, e a versão de 81 itens demanda aproximadamente 15 minutos em adultos e 25 minutos em crianças. A cada resposta correta é atribuído um ponto, e não há critérios de interrupção.

Os itens das TTN foram elaborados de modo a impor diferentes graus de dificuldades aos participantes. A dificuldade de cada um dos itens reflete a sua complexidade sintática, a qual foi indexada pela quantidade de regras de transcodificação definidas pelo modelo ADAPT (A Developmental, Asemantic and Procedural Transcoding Model; Barrouillet et al., 2004). De acordo com o modelo ADAPT os números sintaticamente mais complexos demandam a aplicação de mais processos de conversão numérica verbal-arábica, além de mais recursos de memória de trabalho. Uma limitação desta tarefa é que ela apresenta efeito teto em crianças a partir do quarto ano escolar (Moura et al., 2015).

Avaliação das representações numéricas: Panamath e Numeracy Screener

Apesar de a pesquisa recente sobre aprendizagem da matemática e discalculia do desenvolvimento destacar o papel das representações numéricas não simbólicas na constituição do raciocínio numérico e, consequentemente, do desempenho na matemática, há ainda uma escassez de instrumentos especializados em medir tal construto. Uma razão para a falta de testes padronizados reside na complexidade envolvida na construção desses testes, uma vez que há a necessidade de controle de diversas variáveis visuais que se confundem com a quantidade numérica apresentada (Gebuis & Reynvoet, 2012). Neste contexto, duas tarefas se destacam e merecem ser mencionadas: o *Panamath* e a *Numeracy Screener*.

Panamath

O *Panamath* é uma tarefa computadorizada desenvolvida para a avaliação da acurácia das representações numéricas não simbólicas a partir da comparação de dois conjuntos de pontos, isto é, indicar qual deles é numericamente maior. São apresentados lado a lado na tela do computador, sobre um fundo cinza, um conjunto de pontos azuis e um conjunto de pontos amarelos. Nos dois conjuntos os pontos estão dispersos espacialmente de modo que dois ou mais pontos não ocupem uma mesma posição. O parâmetro manipulado no teste a fim de determinar a acurácia das representações não simbólicas é a proporção entre os dois conjuntos de pontos (maior dividido pelo menor). Os itens se tornam mais fáceis na medida em que aumenta a diferença entre as quantidades contidas em cada um dos dois conjuntos, de modo que a razão entre eles seja cada vez maior que 1. Por exemplo, 5 pontos *versus* 10 pontos, com uma razão igual 2, ou 8 pontos *versus* 22 pontos, com razão igual a 2,75. Por outro lado, itens com quantidades parecidas, isto é, razão próxima de 1, são mais difíceis. Por exemplo, 5 pontos *versus* 6 pontos, com razão 1,2, ou 18 pontos *versus* 22 pontos, com razão 1,2. É importante notar que a dificuldade depende da razão entre quantidades, e não das quantidades em si. O *Panamath* é bastante flexível, e a quantidade de itens apresentados depende de uma série de fatores ajustados pelo aplicador, como o tempo de duração dos estímulos e idade dos probandos. O teste pode ser encontrado para download ou aplicação on-line, ambos gratuitos, no endereço *panamath.org*. Após a aplicação do teste um relatório com os resultados é gerado automaticamente, sendo o escore de referência a fração de Weber (w), que indexa o grau de erro presente nas representações numéricas não simbólicas. Por ser uma medida de erro, valores maiores de w indicam uma menor precisão das respostas. Por fim, é importante ressaltar que as normas disponibilizadas não são brasileiras, e que o real impacto da fração de Weber e das representações não simbólicas de magnitude no desempenho matemático ainda são discutidos pela literatura científica.

Numeracy screener

O *Numeracy Screener* é uma tarefa de lápis e papel projetada para avaliar as representações numéricas simbólicas e não simbólicas por meio da comparação de números. No subteste simbólico, os itens são pares de algarismos arábicos variando entre 1 e 9, e no subteste não simbólico os itens são pares de conjuntos de pontos. Os participantes são instruídos, em ambos subtestes, a marcar com o lápis o número maior de cada par. Os participantes recebem um limite de tempo (variável dependendo da idade) para completar quantos itens puderem. O escore total é a quantidade de itens respondidos corretamente durante o tempo estabelecido. Dados sobre esse teste já foram publicados em periódicos científicos (Nosworthy et al., 2013). Os percentis correspondentes ao desempenho das crianças, de acordo com seu ano escolar, estão disponíveis gratuitamente para download no site *numeracyscreener.org*. É importante notar que ainda não existem normas brasileiras para este teste.

Questionário de ansiedade matemática

A ansiedade matemática é um tipo de fobia específica que pode ser definida como um sentimento de tensão que interfere na manipulação de números e resolução de problemas matemáticos (Aschraft & Ridley, 2005). Este tipo de ansiedade, mais especificamente seu componente de autoavaliação (ou seja, quão bom ou ruim você acha que é na matemática) está associado ao desempenho em aritmética (Haase et al., 2012) e, desse modo, é importante que seja levada em consideração na avaliação de crianças com dificuldade de aprendizagem da matemática.

O Questionário de Ansiedade Matemática é a versão brasileira, desenvolvida e padronizada por Wood et al. (2012) do *Math Anxiety Questionnaire* (Thomas & Dowker, 2000). Este é um instrumento de autorrelato para crianças de idade escolar, no qual elas devem responder perguntas referentes a: (1) "Quão bom você é em...?", (2) "Quando você gosta de...?", (3) "Quão feliz ou infeliz você se sente quando tem problemas com...?" e (4) "Quão preocupado você fica quando tem problemas com...?", contando com o apoio de figuras. Essas perguntas são respondidas em relação à matemática em geral, cálculos fáceis, cálculos difíceis, cálculos escritos, cálculos mentais e tarefas de casa de matemática. O coeficiente de consistência interna da tarefa (alfa de Cronbach) é de 0,88 (Wood et al., 2012).

Raciocínio clínico na avaliação dos transtornos específicos de aprendizagem da matemática

Pessoas com transtorno de aprendizagem da matemática podem apresentar dificuldades em todas as áreas da aritmética (operações aritméticas básicas, recuperação de fatos, problemas de palavras) e no processamento de números e quantidades, além de precisarem de mais tempo para resolução de problemas. O diagnóstico envolve, então, não apenas testes psicométricos (aritméticos) obrigatórios, mas também um exame clínico, histórico completo e avaliação psicossocial adicional (Haberstroh & Schulte-Körne, 2019).

Anamnese e observação do comportamento

A anamnese é um elemento crucial em qualquer processo de avaliação, dado que a testagem não é suficiente para a realização de um diagnóstico. No entanto, tendo em vista a escassez de instrumentos de testagem específica aos domínios de processamento numérico e de cálculo, as informações provenientes da entrevista clínica são extremamente úteis ao levantamento de hipóteses mais específicas, sendo em conjunto à observação do comportamento, frequentemente determinantes para a caracterização das dificuldades associadas à matemática possibilitando a delimitação do diagnóstico e prognóstico.

Ao investigar a história clínica, as perguntas relacionadas à aprendizagem devem ser adaptadas de acordo com sua idade e ano escolar, de modo que perguntas específicas devem ser feitas sobre a compreensão de quantidade, habilidades de contagem e desempenho matemático nas diferentes fases do desenvolvimento, compreendendo o início da vida escolar até o momento atual. Não se pode perder de vista a alta incidência de comorbidades e os impactos trazidos por diferentes transtornos à aprendizagem. Sendo assim, a entrevista deve incluir, impreterivelmente, perguntas que investiguem a possibilidade de presença de outros transtornos, sendo eles transtornos de aprendizagem e/ou psicopatologias, aversão à escola, ansiedade matemática e/ou fobia escolar (Kauffman & von Aster, 2012). No quadro 1 são sugeridas para a anamnese alguns pontos para a coleta de informações importantes.

Quadro 1

Roteiro de perguntas para anamnese de casos com dificuldades na matemática

---

História familiar

Existem outros membros da família (p. ex., mãe, pai, irmãos) que tiveram dificuldade em aprender a fazer cálculos?

Dificuldades primárias ou secundárias

A criança teve dificuldade para aprender a fazer cálculos ou uma aversão específica à aritmética desde o início do aprendizado ou o problema começou mais tarde, por exemplo, depois de uma doença ou algum outro evento sério em sua vida (incluindo doenças neurológicas e psiquiátricas e traumatismo craniano)?

Transtorno específico ou comprometimento geral da aprendizagem

A criança/adolescente frequenta uma escola normal?

A criança/adolescente tem dificuldade em outras disciplinas escolares além da matemática? Essas dificuldades são tão graves e/ou presentes em tantos assuntos que será difícil que passe normalmente para o próximo ano escolar?

Habilidades precursoras

A criança/adolescente ficava feliz em lidar com quantidades e números ainda em idade pré-escolar? Por exemplo, ela(e) aprendeu tabuada normalmente, contava em voz alta, dividia conjuntos de objetos (p. ex., compartilhava corretamente doces com os amigos) e jogava jogos de tabuleiro?

Contava até dez antes de entrar na escola?

Reconhecia uma pequena quantidade de objetos (um, dois ou três objetos) rapidamente antes de entrar na escola?

Promoção e educação apropriadas

A criança teve uma oportunidade adequada nos anos da pré-escola para incorporar conceitos quantitativos em joguinhos (p. ex., jogar jogos de tabuleiro)?

Existe alguma razão para pensar que a instrução da criança em matemática era ou é deficiente? Por exemplo, muitas outras crianças da mesma classe também têm dificuldade em calcular?

Problemas associados

Desenvolvimento da linguagem

Houve atraso no desenvolvimento da linguagem? (nota: nesse caso, também pode-se esperar dificuldade em contar e outros aspectos da aritmética baseados em aspectos linguísticos, como a recuperação de fatos aritméticos [p. ex., $2 \times 3 = 6$] ou a execução de exercícios que envolvam textos).

Habilidades visuoespaciais:

Tem dificuldade em desenhar ou copiar figuras geométricas (nota: dificuldades desse tipo podem ser difíceis de distinguir da função motora prejudicada durante o desenho) ou dificuldade na orientação espacial e temporal?

Atenção e memória de trabalho

Tem dificuldade na vida cotidiana quando confrontada com mais de uma tarefa ao mesmo tempo? Esquece frequentemente compromissos, trabalhos de casa etc.?

Outros distúrbios de aprendizagem

Apresenta, além da suspeita de discalculia, uma dificuldade na aquisição da linguagem escrita (leitura, ortografia)?

Acompanhado por problemas sociais e emocionais

Parece sofrer de ansiedade matemática, aversão à escola ou fobia escolar?

Queixas psicossomáticas

Tem queixa de dores de cabeça, dor abdominal, dentre outras, quando a prova de matemática está agendada ou quando tem lição de casa de matemática a fazer?

Desempenho escolar atual em matemática

Que nota a criança recebeu mais recentemente em matemática?

Quais aspectos da aritmética a criança/adolescente se sai bem atualmente? E quais aspectos ou componentes ela/ele apresenta dificuldades especiais? (nota: aqui, deve-se perguntar não apenas sobre as operações elementares [que podem ser afetadas de forma independente e em diferentes graus], mas também sobre álgebra, geometria etc.).

Intervenções e tratamentos prévios

O que foi feito até o momento para melhorar a capacidade matemática da criança/adolescente?

Foi fornecido algum tratamento para outras dificuldades de aprendizagem ou problemas comportamentais?

Se sim, o que parece ter melhorado? O que pareceu ser bem-sucedido?

Nota: Quadro adaptado de Kaufmann e von Aster (2012, p. 767).

Estudo de caso

Apresentação geral

P. J. é um garoto de 10 anos, estudante do 4º ano de uma escola particular de Minas Gerais. A família buscou por avaliação neuropsicológica no Ambulatório Número (Ambulatório da UFMG especializado em avaliação neuropsicológica de crianças e adolescentes com dificuldade de aprendizagem da matemática e síndromes genéticas). É filho único de uma família de classe média que possui rotina bem-estabelecida, acompanha suas atividades escolares e oferece auxílio sempre que necessário. A principal preocupação da família com relação a P. J. diz respeito às suas dificuldades com a matemática. Tais dificuldades começaram no início da escolarização e aumentaram à medida que a complexidade curricular aumentou. Constantemente P. J. exige atenção individualizada e apoio dos pais para concluir o para-casa de matemática, bem como tem apresentado uma intensa dificuldade para automatizar os fatos aritméticos (tabuada da multiplicação). O garoto tem dificuldade em se concentrar nos deveres de matemática, evita as atividades que contém cálculo interrompendo-as com muita frequência, queixa-se de cansaço e tenta convencer a família de que pode realizar tais atividades mais tarde. A mãe relata que a aprendizagem da matemática parece ser mais trabalhosa para P. J. do que para as outras crianças de sua idade. Ele aparenta ter aprendido como realizar a atividade de cálculo quando lhe é explicada, porém no dia seguinte a mesma dificuldade mantém-se presente. Não são exibidas dificuldades em nenhuma outra disciplina, sendo o desempenho de P. J. igual, e por vezes maior, que a média. Frequentemente é convidado a ajudar os colegas de classe em tarefas escolares de outras disciplinas, exceto matemática.

Os antecedentes de desenvolvimento, saúde e exame neurológico são completamente típicos. No início da escolarização, o garoto apresentou um pouco de dificuldade para realizar as letras cursivas e demorava para copiar do quadro. A mãe considera que a pré-escola tinha exigência incompatível com a idade cronológica das crianças. P. J. adora ler, gosta de desenhar história em quadrinhos e jogar basquete. Tem comportamento bem adaptado, é querido pelos colegas, professores e familiares. No histórico familiar, há dificuldades leves de aprendizagem da matemática na mãe (pedagoga e atualmente professora de geografia no Ensino Fundamental 2). O pai apresenta dificuldades de leitura e de planejamento (é motorista de aplicativo e não concluiu o curso de direito). Além disso, P. J. tem uma prima materna diagnosticada com dislexia e um primo com transtorno obsessivo-compulsivo.

P. J. foi acompanhado pela equipe do Ambulatório Número ao longo de dois semestres. Além da entrevista com os pais e visita à escola para coleta de informações, a avaliação foi composta por três etapas: (1) triagem, (2) avaliação dos domínios gerais e da leitura, e (3) avaliação das habilidades da cognição numérica, cujos instrumentos são listados na tabela 1.

Tabela 1

Instrumentos que compõem as três etapas da avaliação neuropsicológica de P. J.

Etapa	Domínio	Instrumento	Referência
1	Comportamento	CBCL	Bordin et al., 2013
		SNAP-IV	Mattos et al., 2006
	Inteligência	Matrizes Progressivas Coloridas de Raven (MPCR)	Angelini et al.,1999
2	Desempenho escolar	Teste de desempenho escolar (TDE)	Stein, 1994; Oliveira-Ferreira et al., 2012
	Destreza manual	Nine-hole peg test (9-HPT)	Poole et al., 2005
	Atenção – Alertness Visuoconstrução, Memória de trabalho e de curto prazo visuoespacial	Tempo de reação simples – TRS	Costa et al., 2011
		Figura complexa de Rey – cópia e recordação imediata	Oliveira, M., & Rigoni, M., 2014
		Cubos de Corsi (ordem direta e ordem inversa)	Santos et al., 2005
	Memória de trabalho e de curto prazo verbal	Span de dígitos (ordem direta e ordem inversa)	Rueda et al., 2013
	Funções Executivas Habilidades relacionadas à leitura	Teste dos Cinco Dígitos (FDT)	Sedó, M., de Paula, J. J., & Malloy-Diniz, L. F., 2015
		Leitura – FDT (Nomeação Rápida)	Sedó, M., et al., 2015
		Supressão de fonemas	Lopes-Silva et al., 2014
		Leitura de Palavras Isoladas (LPI)	Salles et al., 2013
		Fluência de leitura	Justi & Roazzi, 2012
3	Habilidades numéricas	Compreensão de Sentenças	de Araújo Vilhena et al., 2016
		Questionário de Ansiedade Matemática (QAM)	Haase et al., 2012, Wood et al., 2012
		Comparação de mag. não simbólica (w)	Costa et al., 2011; Pinheiro-Chagas et al., 2014
		Comparação de mag. simbólicas (P)	
		Estimação de pontos (cv)	Moura et al., 2013
		Leitura de números	

Legenda: w = fração de Weber; P = índice p (Lyons. 2014); cv = coeficiente de variância

Nota. Pronumero é um conjunto de três instrumentos: tarefa de transcodificação numérica, tarefa de cálculos aritméticos básicos (adição, subtração e multiplicação) e tarefa de problemas verbalmente formulados. Atualmente, o Pronumero está em preparação para publicação e tivemos autorização para utilização de suas normas neste estudo.

Resultados principais

P. J. foi extremamente cooperativo e amistoso durante as sessões de avaliação, mostrando-se alegre e à vontade na situação de testagem. Trata-se de uma criança bastante consciente de suas próprias dificuldades, que sabe descrever atividades e situações que considera difíceis, e relata perceber que precisa se esforçar mais do que os colegas para obter desempenho semelhante na matemática e por vezes, mesmo com esforço, não consegue. As escalas de comportamento respondidas pelos pais na etapa 1 (CBCL e SNAP) não indicam risco ou comportamentos com frequência sintomática e/ou sugestivas de psicopatologia. Já no Questionário de Ansiedade Matemática (QAM) respondido pela criança, os escores são superiores à média, sobretudo nas escalas referentes à autopercepção e atitude.

Como pode ser observado na figura 1, o desempenho de P. J. em atividades que envolveram as habilidades de leitura e escrita é dentro da média esperada. No subteste de aritmética do TDE, a criança apresenta desempenho médio, porém, durante a aplicação desta tarefa, foi possível notar lentidão na resolução de itens simples para seu ano escolar, a realização da tarefa de forma insegura e necessidade de suporte de contagem nos dedos para solucionar a maioria dos itens. Foram observadas dificuldades no planejamento da cópia da figura de Rey (havendo melhora significativa da qualidade do desenho em etapa seguinte [recordação imediata]), bem como em outros aspectos das funções executivas de acordo com os subtestes de contagem, escolha e inibição do FDT. No processamento numérico a comparação de magnitudes não simbólicas ($w = 0,42$. w [controles] $= 0,25$ [dp $= 0,13$]) e de magnitudes simbólicas (P $= 2635,38$. P [controles] $= 1625,60$ [sd $= 236,68$]) são compatíveis com a hipótese de comprometimento destes domínios. P. J. também apresentou desempenho inferior na transcodificação: em tarefa de leitura de números, mesmo tratando-se de uma tarefa extremamente simples e normalmente não oferecer desafio a garotos de sua faixa etária. Em contrapartida, na tarefa de ditado de números com itens mais complexos de até quatro dígitos, P. J. acertou todos os itens (81). O processamento de cálculo foi avaliado por meio de uma tarefa de fluência de cálculos de único dígito de adição, subtração e multiplicação (tarefa de cálculos aritméticos básicos – Pronumero) na qual P. J. conseguiu produzir corretamente uma quantidade de cálculos de adição e subtração aceitável dentro do limite de tempo; no entanto, isso ocorreu somente nos cálculos de adição e subtração nos quais a estratégia de contar rapidamente nos dedos pôde ser efetiva. Já no conjunto de cálculos simples da multiplicação, P. J. demonstrou saber realizar o procedimento de cálculo, porém não automatizou nenhuma das tabuadas e neste caso a estratégia de contagem nos dedos não foi suficientemente rápida/eficaz. P. J. também parece não compreender a comutatividade da multiplicação (p. ex., $3 \times 4 = 4 \times 3$). Foi possível observar a presença de dificuldades para estabelecer relação entre um tipo de cálculo e outro (p. ex., que a adição é o inverso de subtração e a divisão o inverso da multiplicação), o que pode explicar o maior uso de estratégias como contar nos dedos e baixa frequência de estratégias de decomposição na resolução de cálculos com números maiores.

Figura 1
Síntese dos resultados da avaliação de P. J. Escores-z de P. J. nas três etapas de avaliação

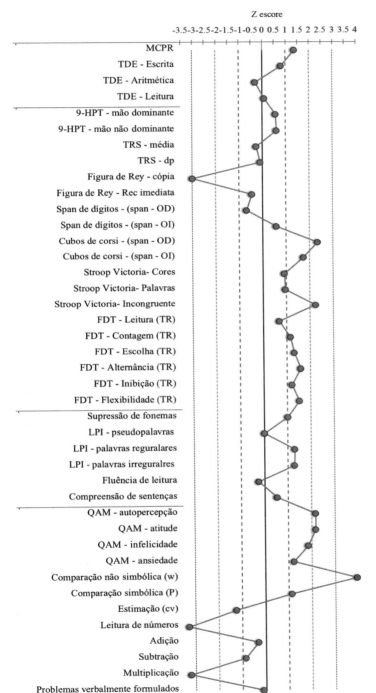

Nota. MCPR = Matrizes Coloridas Progressivas de Raven; TDE = Teste de Desempenho Escolar; 9-HTP = *Nine Hole Peg-Task*; FDT = *Five Digits Test* (Teste dos Cinco Dígitos); LPI = Leitura de Palavras Isoladas; QAM = Questionário de Ansiedade Matemática; TRS = Tempo de Reação Simples; Rec. = recordação; OD = ordem direta; OI = ordem inversa; TR = tempo de resposta; w = fração de weber; p = índice p (Lyons, 2014)[19].

19. Legenda: A interpretação deve ser realizada da seguinte forma: quanto maior o escore-z de J. P. em escalas do QAM, mais negativas são a autopercepção e a atitude, maior a infelicidade e ansiedade de J. P. (ou seja, quanto maior o escore-z, maior a desadaptação de J. P.); o mesmo acontece para as medidas de TRS, Stroop Victória, FDT, w, p, cv; quanto maior o escore-z, pior o desempenho. Todos os demais escores representados na tabela têm interpretação inversa; quanto maior o escore-z, melhor o desempenho.

Em síntese, P. J. tem uma avaliação neuropsicológica compatível com o diagnóstico comórbido de ansiedade matemática e discalculia do desenvolvimento com comprometimento do senso numérico. Os sintomas de ansiedade matemática são perceptíveis com a descrição de comportamentos evitativos narrados pela família em anamnese, pelo QAM respondidos pela criança, bem como pela observação de irregularidade nos erros de P. J. no que se refere à complexidade da tarefa. P. J. cometeu erros em uma tarefa de leitura de números simples, porém não cometeu novamente erros semelhantes em momentos que a avaliadora pediu que ele ditasse números para que ela preenchesse uma tabela a fim de verificar a consistência desse resultado experimentalmente.

Discussão do caso

Os instrumentos que apoiaram a hipótese de discalculia do desenvolvimento por meio de seus resultados quantitativos são instrumentos com normas ainda não disponíveis aos profissionais. Fica evidente a necessidade de observação comportamental pormenorizada na avaliação de crianças com dificuldade de aprendizagem da matemática, tendo em vista que as crianças podem estabelecer estratégias compensatórias variadas sobretudo no que tange a acurácia de cálculos mais simples e procedimentais. O desenvolvimento de estratégias que visam diminuir o impacto de suas próprias dificuldades está relacionado com diferentes fatores, podendo eles serem tanto extrínsecos, como o auxílio pedagógico e o acesso a intervenções especializadas, quanto intrínsecos, como a inteligência e metacognição. A metacognição, em especial, recebeu muita atenção em pesquisas educacionais mais gerais e, atualmente, tem sido investigada

em pesquisas no campo da matemática. O caso P. J. ilustra como o fato de conhecer sua própria tendência a cometer erros fáceis pode levar ao aumento das atividades de autorregulação (Schneider, 2010) e levar a melhorias no desempenho aritmético ao longo do tempo (Rinne & Mazzocco, 2014).

Considerações finais

O presente capítulo apresentou a importância da análise dos diversos componentes que constituem a cognição numérica e apresentou contribuições e limitações de instrumentos disponíveis para a avaliação. Por fim, também foram apresentados aspectos referentes à história clínica e observação do comportamento que devem ser levados em consideração na construção do raciocínio clínico na avaliação dos transtornos de aprendizagem da matemática, assim como um estudo de caso que demonstra a operacionalização dos conceitos apresentados.

Uma importante conclusão que pode ser derivada a partir do que foi exposto é que nenhum teste pode ser considerado o padrão-ouro para a realização do diagnóstico do transtorno de aprendizagem. Levando em consideração a complexidade desse transtorno de aprendizagem, é necessária uma avaliação detalhada dos diversos subcomponentes da matemática, para que possa ser produzida uma imagem precisa dos pontos fortes e fracos da criança, tanto em relação ao processamento numérico quanto à aritmética (Kauffman & Von Aster, 2012). A partir deste perfil detalhado, é possível o planejamento de uma intervenção mais individualizada e eficaz.

Referências

Angelini, W., Angelini, A., Alves, I. R. F. S., Custodio, E., Ramírez-Duarte, W. F., & Duarte, J. (1999). *Manual das matrizes progressivas coloridas de Raven: Escala especial*. Livraria do Psicólogo.

Ashcraft, M. H., & Ridley, K. S. (2005). Math anxiety and its cognitive consequences. In *Handbook of mathematical cognition* (pp. 315-327). Psychology Press

Barrouillet, P., Camos, V., Perruchet, P., & Seron, X. (2004). Adapt: A developmental, asemantic, and procedural model for transcoding from verbal to Arabic numerals. *Psychological Review, 111*(2), 368-394. https://doi.org/10.1037/0033-295X.111.2.368

Bordin, I. A., Rocha, M. M., Paula, C. S., Teixeira, M. C. E. V., Achenbach, T. M., Rescorla, L. A., &; Silvares, E. E. M. (2013). Child Behavior Checklist (CBCL), Youth Self-Report (YSR) and Teacher's Report Form (TRF): An overview of the development of the original and Brazilian versions. *Cadernos de Saúde Pública, 29*, 13-28. https://doi.org/10.1590/S0102-311X2013000100004

Costa, A. J., Lopes-Silva, J. G., Pinheiro-Chagas, P., Krinzinger, H., Lonnemann, J., Willmes, K., Wood, G., & Haase. V. G. (2011). A hand full of numbers: A role for offloading in arithmetics learning. *Frontiers in Psychology, 2*, 368. https://doi.org/10.3389/fpsyg.2011.0036810.3389/fpsyg.2011.003681)0.3389/fpsyg.2011.00368

de Araújo Vilhena, D., Sucena, A., Castro, S. L., & Pinheiro, Â. M. V. (2016). Reading test – sentence comprehension: An Adapted version of Lobrot's Lecture 3 test for Brazilian Portuguese. *Dyslexia, 22*(1), 47-63. https://doi.org/10.1002/dys.1521

De Smedt, B., Verschaffel, L., & Ghesquiere, P. (2009). The predictive value of numerical magnitude comparison for individual differences in mathematics achievement. *Journal of Experimental Child Psychology, 103*(4), 469-479. https://doi.org/S0022-0965(09)00026-5 [pii] 10.1016/j.jecp. 2009.01.010

Dehaene, S. (1992). Varieties of numerical abilities. *Cognition, 44*(1-2), 1-42. https://doi.org/10.1016/0010-0277(92)90049-N

Dowker, A. (2017). Interventions for primary school children with difficulties in mathematics. *Advances in child development and behavior, 53*, 255-287. https://doi.org/10.1016/bs.acdb.2017.04.004

Fortes, I. S., Paula, C. S., Oliveira, M. C., Bordin, I. A., de Jesus Mari, J., & Rohde, L. A. (2016). A cross-sectional study to assess the prevalence of DSM-5 specific learning disorders in representative school samples from the second to sixth grade in Brazil. *European Child & Adolescent Psychiatry, 25*(2), 195-207. http://dx.doi.org/10.1007/s00787-015-0736-y

Geary, D. C., Hamson, C. O., & Hoard, M. K. (2000). Numerical and arithmetical cognition: A longitudinal study of process and concept deficits in children with learning disability. *Journal of Experimental Child Psychology, 77*(3), 236-263. https://doi.org/10.1006/jecp.2000.2561

Geary, D. C., Hoard, M. K., & Hamson, C. O. (1999). Numerical and arithmetical cognition: Patterns of functions and deficits in children at risk for a mathematical disability. *Journal of Experimental Child Psychology, 74*(3), 213-239. https://doi.org/10.1006/jecp.1999.2515

Gebuis, T., & Reynvoet, B. (2012). Continuous visual properties explain neural responses to nonsymbolic number. *Psychophysiology, 49*(11), 1.481-1.491. https://doi.org/10.1111/j.1469-8986.2012.01461.x

Haase, V. G., Julio-Costa, A., Pinheiro-Chagas, P., Oliveira, L. D. F. S., Micheli, L. R., & Wood, G. (2012). Math self-assessment, but not negative feelings, predicts mathematics performance of elementary school children. *Child Development Research*. https://doi.org/10.1155/2012/982672

Habermann, S., Donlan, C., Göbel, S. M., & Hulme, C. (2020). The critical role of Arabic numeral knowledge as a longitudinal predictor of arithmetic development. *Journal of Experimental Child Psychology, 193*. https://doi.org/10.1016/j.jecp.2019.104794

Haberstroh, S., & Schulte-Körne, G. (2019). The diagnosis and treatment of dyscalculia. *Deutsches Ärzteblatt International, 116*(7), 107. https://doi.org/10.3238/arztebl.2019.0107

Halberda, J., Mazzocco, M. M. M., & Feigenson, L. (2008). Individual differences in non-verbal number acuity correlate with maths achievement. *Nature, 455*(7213), 665-668. https://doi.org/10.1038/nature07246

Justi, C. N. G., & Roazzi, A. (2012). The contribution of cognitive variables for reading and writing in Brazilian Portuguese. *Psicologia, Reflexão e Crítica, 25*(3), 605. https://doi.org/10.1590/S0102-79722012000300021

Kaufmann, L., & von Aster, M. (2012). The diagnosis and management of dyscalculia. *Deutsches Ärzteblatt International, 109*(45), 767. https://dx.doi.org/10.3238%2Farztebl.2012.0767

Landerl, K., Bevan, A., & Butterworth, B. (2004). Developmental dyscalculia and basic numerical capacities: A study of 8-9-year-old students. *Cognition, 93*(2), 99-125. https://doi.org/10.1016/j.cognition.2003.11.004

Lopes-Silva, J. B., Moura, R., Júlio-Costa, A., Haase, V. G., & Wood, G. (2014). Phonemic awareness as a pathway to number transcoding. *Frontiers in Psychology, 5*, 13. https://doi.org/10.3389/fpsyg.2014.00013

Lyons, I. M., Price, G. R., Vaessen, A., Blomert, L., & Ansari, D. (2014). Numerical predictors of arithmetic success in grades 1-6. *Developmental Science, 17*(5), 714-726. https://doi.org/10.1111/desc.12152

Mattos, P., Serra-Pinheiro, M. A. Rohde, L. A., &; Pinto, D. (2006). Apresentação de uma versão em português para uso no Brasil do instrumento MTA-SNAP-IV de avaliação de sintomas de transtorno do déficit de atenção/hiperatividade e sintomas de transtorno desafiador e de oposição. *Revista de Psiquiatria do Rio Grande do Sul, 28*, 290-297. https://doi.org/10.1590/S0101-81082006000300008

Mazzocco, M. M. M. (2007). Defining and differentiating mathematical learning disabilities and difficulties. In D. B. Berch & M. M. M. Mazzocco (eds.), *Why is math so hard for some children? The nature and origins of mathematical learning difficulties and disabilities* (pp. 29-47). Brookes.

McCloskey, M., Caramazza, A., & Basili, A. (1985). Cognitive mechanisms in number processing and calculation:

Evidence from dyscalculia. *Brain and Cognition, 4*, 171-196. https://doi.org/10.1016/0278-2626(85)90069-7

Menon, V. (2010). Developmental cognitive neuroscience of arithmetic: Implications for learning and education. *Mathematics Education, 42*, 515-525. https://dx.doi.org/10.1007%2Fs11858-010-0242-0

Moura, R., Lopes-Silva, J. B., Vieira, L. R., Paiva, G. M., Prado, A. C. D. A., Wood, G., & Haase, V. G. (2015). From "five" to 5 for 5 minutes: Arabic number transcoding as a short, specific, and sensitive screening tool for mathematics learning difficulties. *Archives of Clinical Neuropsychology, 30*(1), 88-98. https://doi.org/10.1093/arclin/acu071

Moura, R., Wood, G., Pinheiro-Chagas, P., Lonnemann, J., Krinzinger, H., Willmes, K., & Haase, V. G. (2013). Transcoding abilities in typical and atypical mathematics achievers: The role of working memory and procedural and lexical competencies. *Journal of Experimental Child Psychology, 116*(3), 707-727. https://doi.org/10.1016/j.jecp.2013.07.008

Murphy, M. M., Mazzocco, M. M. M., Hanich, L. B., & Early, M. C. (2007). Cognitive characteristics of children with Mathematics Learning Disability (MLD) vary as a function of the cutoff criterion used to define MLD. *Journal of Learning Disabilities, 40*(5), 458-478. https://doi.org/10.1177/00222194070400050901

Nosworthy, N., Bugden, S., Archibald, L., Evans, B., & Ansari, D. (2013). A two-minute paper-and-pencil test of symbolic and nonsymbolic numerical magnitude processing explains variability in primary school children's arithmetic competence. *Plos One, 8*(7). https://doi.org/10.1371/journal.pone.0067918

Oliveira-Ferreira, F., Costa, D. S., Micheli, L. R., Oliveira, L. D. F. S., Pinheiro-Chagas, P., & Haase, V. G. (2012). School achievement test: Normative data for a representative sample of elementary school children. *Psychology & Neuroscience, 5*(2), 157-164. https://doi.org/10.3922/j.psns.2012.2.05

Piazza, M., Facoetti, A., Trussardi, A. N., Berteletti, I., Conte, S., Lucangeli, D., ... Zorzi, M. (2010). Developmental trajectory of number acuity reveals a severe impairment in developmental dyscalculia. *Cognition, 116(1),* 33-41. https://doi.org/10.1016/j.cognition.2010.03.012

Pinheiro-Chagas, P., Wood, G., Knops, A., Krinzinger, H., Stalring-Alves, I., Willmes, K., & Haase, V. G. (2014). In how many ways is the approximate number system associated with exact calculation? *Plos One, 9*(11), e111155.

Poole, J. L., Burtner, P. A., Torres, T. A., McMullen, C. K., Markham, A., Marcum, M. L., Anderson, J. B., & Qualls, C. (2005). Measuring dexterity in children using the Nine-hole Peg Test. *Journal of Hand Therapy, 18,* 348-351. https://doi.org/10.1197/j.jht.2005.04.003

Rinne, L. F., & Mazzocco, M. M. M. (2014). Knowing right from wrong in mental arithmetic judgments: Calibration of confidence predicts the development of accuracy. *Plos One, 9*(7), 1-11. https://doi.org/10.1371/journal.pone.0098663

Rueda, F. J. M., Noronha, A. P. P., Sisto, F. F., Santos, A. A. A., & Castro, N. R. (2013). *Escala Wechsler de Inteligência para Crianças 4. Edição (WISC-IV): Manual técnico.* Casa do Psicólogo.

Salles, J. F., Piccolo, L. R., Zamo, R. S., & Toazza, R. (2013). Normas de desempenho em tarefas de leitura de palavras/pseudopalavras isoladas (LPI) para crianças de 1º ano a 7º ano. *Estudos e Pesquisas em Psicologia, 13,* 397-419. https://doi.org/10.12957/epp.2013.8416

Santos, F. H., Mello, C. B., Bueno, O. F. A., & Dellatolas, G. (2005). Cross-cultural differences for three visual memory tasks in Brazilian children. *Perceptual and Motor Skills, 101*(2), 421-433. https://doi.org/10.2466/PMS.101.6.421-433

Schneider, W. (2010). The development of metacognitive competences. In B. M. Glatzeder, A. von Müller & V. Goel (eds.), *Towards a theory of thinking* (pp. 203-214). Springer. https://link.springer.com/content/pdf/10.1007%2F978-3-642-03129-8_14.pdf

Schulte-Körne, G. (2016). Mental health problems in a school setting in children and adolescents. *Deutsches Ärzteblatt International, 113*(11), 183. https://dx.doi.org/10.3238%2Farztebl.2016.0183

Seabra, A. G., Dias, M., & Macedo, E. C. (2010). Desenvolvimento das habilidades aritméticas e composição fatorial da prova de Aritmética em estudantes do Ensino Fundamental. *Interamerican Journal of Psychology, 44*(3), 411-418. https://www.redalyc.org/articulo.oa?id=284/28420658010

Seabra, A. G., Martins, N. D., & Capovilla, F. C. (orgs.). (2013). *Avaliação neuropsicológica: Leitura, escrita e aritmética* (vol. 3). Memon.

Sedó, M., de Paula, J. J., & Malloy-Diniz, L. F. (2015). Teste dos Cinco Dígitos. Hogrefe.

Stein, L. M. (1994). *TDE: Teste de desempenho escolar.* Casa do Psicólogo.

Stein, L. M., Giacomoni, C. H., & Fonseca, R. P. (2019). *Teste de Desempenho Escolar II.* Vetor.

Szűcs, D., & Goswami, U. (2013). Developmental dyscalculia: Fresh perspectives. *Trends in Neuropscience and Education, 2*(2), 33-37. https://doi.org/10.1016/j.tine.2013.06.004

Thomas, G., & Dowker, A. (2000). Mathematics anxiety and related factors in young children. In *Proceedings of the British Psychological Society Developmental Section Conference.* British Psychological Society.

Viapiana, V. F., de Mendonça Filho, E. J., Fonseca, R. P., Giacomoni, C. H., & Stein, L. M. (2016a). Development of the arithmetic subtest of the school achievement test. *Psicologia: Reflexão e Crítica, 29*(1), 39. https://doi.org/10.1186/s41155-016-0045-5

Viapiana, V. F., Giacomoni, C. H., Stein, L. M., & Fonseca, R. P. (2016b). Evidências de validade do subteste aritmética do TDE-II: Da psicometria moderna à neuropsicologia cognitiva. *Revista Neuropsicologia Latino-americana, 8*(2), 16-26. https://www.redalyc.org/articulo.oa?id=4395/439546900002

Weinstein, M. C. A. (2016). Coruja Promat. Pearson. ISBN:7898621712494

Wood, G., Pinheiro-Chagas, P., Julio-Costa, A., Micheli, L. R., Krinzinger, H., Kaufmann, L., ... & Haase, V. G. (2012). Math anxiety questionnaire: Similar latent structure in Brazilian and German school children. *Child Development Research.* https://doi.org/10.1155/2012/610192

29
Avaliação de crianças e de adolescentes em risco de suicídio

Estudos de casos clínicos

Maycoln Leôni Martins Teodoro
Universidade Federal de Minas Gerais

Luciene Oliveira Rocha Lopes
Universidade Federal de Minas Gerais
Fundação Hospitalar do Estado de Minas Gerais

Luciana Almeida Santos
Fundação Hospitalar do Estado de Minas Gerais

Highlights
- Crianças e adolescentes mais novos apresentam comportamento suicida.
- O comportamento suicida é a ponta de um *iceberg*, resultado de um processo complexo e multifacetado.
- A identificação e avaliação correta do comportamento suicida podem salvar vidas.
- A avaliação correta do risco suicida potencializa ações assertivas.
- Crianças e adolescentes com comportamento suicida e os seus cuidadores necessitam de atenção especializada.

Introdução

O suicídio, definido como o ato de matar-se deliberadamente (WHO, 2014), é um grave problema de saúde pública, atravessado por inúmeras questões: biológicas, psíquicas, sociais e históricas. Não é um comportamento exclusivo de idosos ou de jovens de 15 a 29 anos, embora essas populações sejam as mais afetadas, atingindo também crianças e adolescentes mais novos. No Brasil, segundo dados da Organização Mundial da Saúde, atualizados em 2018 (WHO, 2020), há uma prevalência 2,70 casos para 100.000 habitantes nas idades entre 10 e 19 anos (os dados referentes a adultos apontam para um número de 6,10 suicídios por 100.000 habitantes, WHO, 2019). O suicídio durante a infância é um fenômeno raro em todo o mundo e as informações sobre as taxas de suicídios abaixo de 10 anos não são normalmente relatadas pelas agências internacionais em decorrência da dificuldade de atribuição da intenção de se matar para esta faixa etária (Oleske, 2014).

O ato suicida é a ponta de um *iceberg*, resultado de um processo complexo e multifacetado, que pode ser compreendido como uma última tentativa de aliviar o sofrimento e a dor emocional. No entanto, este fenômeno pode ser compreendido por meio de um contínuo, no qual há uma gradação que se inicia com pensamentos sobre a morte, as chamadas ideações suicidas, passando pelo planejamento até chegar à tentativa (Botega, 2015).

A ideação suicida pode ser concebida como cognições ou pensamentos com conteúdo de morte ou relacionadas à intenção de se matar (Wenzel et al., 2010). Diferentemente do ato suicida, as ideações são mais frequentes na população e possuem diferentes prevalências ao redor do mundo (3,10% a 15,90%, segundo Nock et al., 2008). A estimativa de frequência da ideação é fortemente dependente do questionário utilizado e do tempo avaliado. Por exemplo, Dias (2019) investigou 626 adolescentes com o Inventário da Frequência de Ideação Suicida e encontrou altas taxas de ideação suicida nesta amostra. Das cinco ideações apresentadas, 31% dos participantes assinalaram que já tinham pensado em cometer suicídio nos últimos 12 meses, enquanto 57,70% disseram que já tinham desejado não existir neste mesmo período.

A ideação suicida é necessária, mas não é suficiente para o desenvolvimento do planejamento e do ato suicida. No entanto, a avaliação de sua frequência e intensidade é fundamental para se ter uma ideia do estado atual do paciente. A intensificação dos pensamentos de morte pode estar relacionada à presença/ausência de fatores de risco e de proteção na vida da criança e do adolescente. Mesmo considerando diferentes contextos culturais, alguns protetores como suporte familiar, boa saúde mental e habilidades para resolver problemas e alguns riscos, como presença de depressão e esquizofrenia, são re-

lacionados com o suicídio em diferentes países (Oleske, 2014).

Dependendo da vulnerabilidade e das condições de proteção e risco do indivíduo, pode haver um agravamento da frequência e intensidade dos pensamentos de morte, fazendo com que o sujeito passe a planejar o ato suicida. Neste momento, estamos em um segundo estágio do contínuo do comportamento suicida, mais grave do que a ideação, no qual a pessoa busca conhecer métodos e qual a letalidade deles. A prevalência do planejamento também varia de acordo com diferentes culturas, mas é mais baixa do que a ideação suicida. Nock et al. (2008) encontraram uma frequência de 3,10% em uma amostra mundial, enquanto Botega et al. (2009) descrevem a taxa de 4,80% para uma amostra brasileira adulta. Infelizmente são escassos os dados para crianças e adolescentes na literatura mundial.

Avançando no espectro do comportamento suicida, temos o último estágio antes do suicídio, a tentativa. Apesar de ter baixa frequência nas pesquisas (2,70% em Nock et al., 2008 e 0,40% em Botega et al., 2009), a tentativa que não resulta em morte é um dos mais fortes preditores para tentativas futuras e para o suicídio consumado (WHO, 2014), o que exige que, independentemente da idade, a pessoa receba um acompanhamento mais próximo de profissionais de saúde e da família.

Tendo em vista a gravidade da presença das ideações com planejamento e as tentativas, a avaliação do comportamento suicida segue um caminho diferente dos processos tradicionais de avaliação e intervenção descritos neste livro. Enquanto em diversas áreas da psicologia é comum haver um período de avaliação e outro para intervenção, muitas vezes realizados por profissionais distintos, a avaliação do comportamento suicida exige ação imediata do profissional, como será demonstrado nos casos clínicos. Esperamos que o leitor saiba, ao final da leitura deste capítulo, investigar, identificar, avaliar e intervir adequadamente frente aos principais aspectos do comportamento suicida. Recomendamos que, ao identificar a presença de comportamentos suicidas conforme os descritos a seguir e, caso o profissional não se sinta preparado para o atendimento do caso, comunique à família e proceda imediatamente para o encaminhamento para a rede de saúde especializada.

Avaliação do comportamento suicida

O comportamento suicida (ideação com ou sem planejamento e tentativa) deve ser sempre avaliado no contexto clínico quando o profissional de saúde perceber sinais de desesperança, desespero, desamparo, tristeza, impulsividade ou rigidez do pensamento. Apesar de existirem escalas padronizadas para avaliação deste construto, a entrevista clínica é a forma mais eficaz para estabelecimento do vínculo e construção de uma relação sólida com o paciente. Almondes e Teodoro (2020) sugerem alguns exemplos de perguntas para serem feitas durante a entrevista em uma ordem de gravidade (quadro 1).

Quadro 1

Exemplos de perguntas para investigação do comportamento suicida

Ideação suicida	Você tem pensado que a vida não vale mais a pena?
	Se a morte viesse, ela seria bem-vinda?
Ideação com planejamento	Você tem algum plano ou ideia sobre como morrer?
	Você chegou a planejar como terminar com a sua vida?
Como, onde e quando (avaliação dos métodos)	Como/onde/como você pretende executar seu plano?
	Você possui os meios para executar este plano?
	Quando você pretende executar o seu plano?

Reprodução modificada de Almondes e Teodoro (2020). Material disponível livremente.

A avaliação do risco de suicídio pode ocorrer em diversos contextos: desde o consultório até ambientes hospitalares, bem como com públicos distintos, de idades e situações socioeconômicas diversificadas. O profissional deve se preparar para essas especificidades e para adequar sua linguagem ao público ao qual irá se direcionar. Especialmente com crianças e adolescentes, faz-se necessária uma avaliação com palavreado adequado, que se aproxime do paciente, favorecendo a avaliação, a abertura e intervenções pertinentes.

O clínico deve iniciar o questionamento pela presença de ideação suicida. Caso identifique pensamentos de morte, deve-se investigar o período temporal da cognição e sua intensidade. Em seguida, precisa avaliar se estes pensamentos são acompanhados de planejamento e, em caso de resposta positiva, passar para a avaliação dos métodos. Adicionalmente, investiga-se a presença de alguma tentativa de suicídio recente, o que poderia agravar o risco de tentativa atual.

A partir das respostas fornecidas pela criança ou adolescente, pode-se classificar o risco de suicídio em três níveis que implicarão intervenções distintas do terapeuta (adaptado de Almondes & Teodoro, 2020; Souza & Teodoro, 2018):

1) Risco baixo: o paciente possui ideação suicida, mas não tem um plano bem definido. O terapeuta deverá acolher sem julgar e oferecer apoio emocional. Técnicas de resolução de problema e observação sobre como os problemas foram resolvidos no passado podem ser utilizadas. Deve-se acompanhar a evolução ou desaparecimento das ideações suicidas e mudança de humor nas semanas seguintes: deve-se atentar para o agravamento do caso. Mesmo que o risco seja baixo, é recomendável que os cuidadores sejam comunicados, para que possam também observar e acompanhar a evolução do comportamento suicida. A criança e o adolescente precisam ser comunicados sobre essa necessidade.

2) Risco moderado: o paciente possui ideações e um plano bem definido, mas não pretende tentar o suicídio por enquanto. O terapeuta deve acolher o paciente e explorar as alternativas ao ato suicida. Neste estágio de risco, necessita-se comunicar ao paciente que os cuidadores precisam ser informados sobre o tema. Deve-se solicitar uma avaliação psiquiátrica de urgência ou encaminhamento para o Centro de Atenção Psicossocial da infância e da adolescência (CAPSi) e os cuidadores devem ser orientados a impedirem que o paciente tenha acesso aos meios para fazer a tentativa.

3) Risco alto: o paciente possui um plano e os meios para executá-lo, além de pretender fazê-lo em breve. Fatores como já ter tentado o suicídio anteriormente, abuso de drogas e transtornos mentais podem potencializar o risco. Neste caso de risco alto, os cuidadores devem ser comunicados imediatamente e orientados quanto a não deixarem o paciente sozinho. Deve-se solicitar prontamente o encaminhamento para a psiquiatria ou para o CAPSi e manter contato frequente com o paciente e cuidadores.

Não é objetivo deste capítulo discorrer sobre o manejo clínico do comportamento suicida em crianças e adolescentes, mas é importante saber que a conduta terapêutica para pacientes com riscos distintos é diferente. Enquanto o paciente com risco baixo pode ser acompanhado no próprio curso da terapia, aqueles com risco moderado e alto necessitam de imediata ativação da rede de apoio familiar (cuidadores) e de saúde.

Por se tratar de comportamento suicida em crianças e adolescentes, algumas vezes órgãos como o Conselho Tutelar, responsável pela educação escolar, e o Centro de Referência em Assistência Social (Cras) também precisam ser acionados, uma vez que eles atuam em defesa dos direitos e deveres das crianças e adolescentes, a fim de colaborar com o cuidado a este público específico. A rede de apoio social é um fator de proteção, então o trabalho conjunto com escolas, órgãos e projetos sociais, além da intensificação da ajuda na área da saúde, é extremamente importante nesses processos de crises suicidas.

Seja qual for a faixa etária do paciente, existem três características psicopatológicas que são comuns no estado mental dos suicidas que devem ser observadas durante a entrevista e que atuam para manter o pensamento suicida. Estas informações são importantes e complementam as já mencionadas sobre o grau do risco de suicídio. São elas: a ambivalência, a impulsividade e a rigidez. A ambivalência diz respeito ao conflito da coexistência dos desejos de viver e de morrer, o que gera dúvida sobre qual decisão deve ser tomada. A impulsividade é disparada por algum evento negativo e faz com que o indivíduo tome a decisão repentinamente. Ela pode durar de minutos a horas. Finalmente, a rigidez refere-se à dificuldade do paciente em mudar o foco do seu pensamento, fazendo com que o suicídio passe a ser a única saída para a resolução dos seus problemas (WHO, 2014). Agir terapeuticamente nestes estados é fundamental para auxiliar a criança ou o adolescente a se compreender melhor e encontrar outras possibilidades para resolver seus problemas e dificuldades.

As entrevistas realizadas antes ou após uma crise suicida precisam ser permeadas por empatia, ausência de julgamento, estratégias de resolução de problemas e a criação de um ambiente no qual a esperança possa ser inoculada, fazendo com que o paciente diminua o foco no suicídio como única forma de saída para os seus problemas. Shneidman, um grande estudioso deste fenômeno, dizia que existiam somente duas perguntas que deveríamos fazer para o paciente que tentou o suicídio: "Onde você se machucou?" e "Como posso te ajudar?" (Klott & Jongsma, 2015). Essas questões demonstram bem o "clima" que deve ser criado durante a entrevista, permitindo que a criança ou o adolescente fale sobre o fato.

Com relação às informações que podem ser coletadas em uma entrevista, apresentaremos a seguir uma adaptação de um modelo para crianças, adolescentes e seus cuidadores das sugestões de tópicos feita por Souza e Teodoro (2018) com base nos trabalhos de Worchel e Gearing (2010) e First (2015). Obviamente, o roteiro segue um conjunto de informações desejadas para compreender a situação vivida pela criança ou adolescente e, caso não seja o primeiro atendimento, poderá ser modificada e adaptada para a situação específica.

Roteiro de entrevistas com crianças e adolescentes

A coleta das informações deve ser feita em forma de entrevista. A ordem dos tópicos listados não é o mais importante e sim a forma de conduzir o processo, com escuta empática e sem julgamentos. Por exemplo, uma primeira entrevista com um adolescente que acabou de tentar o suicídio deverá iniciar-se pela apresentação do profissional e perguntas abertas sobre o acontecido. Por outro lado, uma entrevista em contexto clínico com um adolescente em risco moderado poderá abordar outros temas inicialmente antes de entrar na questão principal. Os tópicos sugeridos são:

1) Dados sociodemográficos. Em um contexto clínico, a obtenção destes dados pode ser utilizada para iniciar a formação do vínculo com o paciente. São relevantes informações ligadas às questões gerais sobre a vida do entrevistando como a escolaridade, com quem mora, estado civil, orientação sexual etc. Deve-se utilizar as informações para conhecer melhor as redes de apoio do paciente.

2) História de vida/Problema identificado. Quais são os fatos relevantes da vida do adolescente que refletem no problema atual? Qual o impacto na vida dos problemas relatados?

3) Suicidabilidade atual. Nesta seção deve-se avaliar o comportamento suicida, conforme descrito anteriormente no quadro 1.

4) História de suicídio. Existem tentativas passadas de suicídio? Como aconteceram? Deve-se avaliar, para cada tentativa, como ela ocorreu, qual o método e o que aconteceu após a tentativa.

5) História de suicídio familiar ou de colegas. A partir da descrição da rede familiar e social, o terapeuta deverá investigar histórias de tentativas ou de suicídios, além do impacto e das consequências.

6) Fatores de risco e de proteção: quais são os fatores que podem potencializar (risco) ou proteger (proteção) tentativas futuras? É importante investigar a área pessoal (história médica anterior, história de rejeição/abandono), ambiental e social (dificuldades econômicas, amizades), acesso a cuidado mental e físico, psiquiátrico e individual (baixa habilidade, culpa, vergonha), dentre outras.

Entrevistas com cuidadores

A entrevista com cuidadores pode ser realizada em diferentes formatos, que dependem da situação experienciada pelo paciente. Na clínica e, dependendo da demanda, ela pode ser feita com ou sem a presença do adolescente. No entanto, recomendamos que ele seja informado dos procedimentos com o intuito de evitar que a relação de confiança seja enfraquecida. Couto e Tavares (2016) apontam que existe uma relação entre apego inseguro ou vínculo parental ruim e conduta suicida em adolescentes, fato que reforça a necessidade de clareza nos relacionamentos.

Durante a entrevista, os cuidadores devem ser acolhidos com empatia e sem julgamentos, por mais que muitas vezes demonstrem sentimentos ambivalentes sobre o comportamento suicida das crianças e adolescentes. O tema suicídio ainda é tabu e atravessado por preconceitos muitas vezes relacionados a um ato de fraqueza, ou de querer "chamar a atenção".

Nesses encontros, os responsáveis devem ser questionados sobre diferentes aspectos da vida e do comportamento das crianças e dos adolescentes, tais como:

- presença de irritabilidade, desânimo, impulsividade, agressividade, tristeza;

- relações familiares e sociais;

- condutas escolares, tais como assiduidade e vivências de *bullying*;

- percepção de ideias, planejamento e tentativas prévias de suicídio: investigação do período temporal desse comportamento e sua intensidade;

- fatos que julgam relevantes na vida do paciente e possam refletir no problema atual;

- história de suicídio no contexto familiar ou na rede social da criança ou do adolescente;

- fatores de risco, tais como vulnerabilidade social, adoecimento mental dos pais e outros familiares, a falta de acesso a serviços de saúde e aos órgãos de defesa dos direitos e deveres de crianças e adolescente, a presença de métodos para se cometer o suicídio;

- fatores protetivos, tais como a rede de apoio social, bons vínculos familiares e habilidades para resolver problemas.

Os cuidadores devem ser orientados sobre a necessidade de atenção redobrada nos casos de risco moderado e alto de suicídio e sobre a retirada de armas brancas e de fogo, bem como de medicamentos de casa. Devem ser alertados sobre a necessidade de tratamento na rede de saúde mental e sobre a necessidade de apoio social. Fundamental durante essas avaliações é sensibilizar os cuidadores sobre o sofrimento apresentado e sobre as possibilidades de ajuda e recuperação física e mental das crianças e dos adolescentes.

A avaliação do risco de suicídio, a operacionalização das entrevistas individuais e com cuidadores, assim como os encaminhamentos em caso de tentativa de suicídio de crianças e adolescentes, serão exemplificados na próxima seção.

Casos clínicos

Pensando na avaliação do comportamento suicida de crianças e adolescentes, descreveremos três casos de tentativas atendidos em um hospital de urgência-emergência, com o objetivo de exemplificar características desse fenômeno nessa população, possibilitando um pensamento crítico reflexivo sobre a avaliação, intervenções e práticas preventivas. Os dados de identificação dos pacientes citados foram alterados e o nome da instituição na qual foram atendidos foi ocultado, visando à garantia ética do sigilo.

Caso 1

Margarete, 12 anos, foi admitida no hospital após uma tentativa de suicídio, por volta das quatro horas da manhã, levada pelo Serviço de Atendimento Móvel de Urgência (Samu). Segundo relato da mãe, a filha foi encontrada vomitando muito, com várias cartelas de medicamentos vazias ao seu redor. Ao chegar ao hospital, foram realizadas as condutas necessárias frente o relato de tentativa de suicídio por intoxicação exógena.

A adolescente havia ingerido medicamentos com grande toxicidade para o organismo, mas em decorrência do tempo hábil, a equipe conseguiu realizar condutas que impediram maiores danos ao corpo de Margarete. Sendo assim, às sete horas da manhã do mesmo dia, a psicologia foi acionada para o atendimento da paciente, que já se encontrava em condições de alta médica. Eram necessárias avaliações e intervenções em curto prazo de tempo, visto tratar-se de um hospital com alta demanda e rotatividade.

Margarete estava no leito e ao seu lado encontravam-se sua mãe e seu pai. A psicóloga se apresentou, informando que fazia parte da equipe do hospital. Em seguida, informou que gostaria de atendê-los, Margarete e pais, separadamente, para avaliar, compreender o ocorrido e fazer intervenções no sentido de ajudá-los. A jovem foi encaminhada à sala da psicologia para atendimento individualizado, realização de entrevista e de avaliação do risco de suicídio. Aos pais, foi solicitado que aguardassem na enfermaria, além de serem informados que também passariam por acolhimento e pela avaliação psicológica.

Ao iniciar a avaliação, Margarete foi convidada a expressar suas questões e seus sentimentos referentes à tentativa de suicídio sem medo de julgamentos, pois a única intenção era ajudá-la. A adolescente acabava de ter tentado suicídio, o que presumia um risco alto de nova tentativa. Já de início, ela disse ter tentado suicídio porque a vida estava muito difícil, esclareceu seu desejo de morrer claramente, afirmando que estava cansada de viver. Relatou ainda seus conflitos com choro copioso, expressando ora angústia, ora tristeza. Reafirmou seu desejo de acabar com a vida, dizendo que pesquisou na internet como cometer o suicídio, onde descobriu a toxicidade do medicamento que fez uso: medicação de baixo custo e facilmente acessível. Aqui, pode-se observar que Margarete, com seu relato, respondeu de forma positiva aos critérios apresentados no Quadro I, deixando claro seu desejo de morrer. A partir das respostas fornecidas pela adolescente, podemos classificá-la como tendo o risco alto de suicídio: Margarete planejou, buscou os meios para fazer e tentou o suicídio.

No decorrer da entrevista, a adolescente foi convidada a falar sobre seu contexto familiar, escolar, sobre suas redes de apoio e sobre as causas relacionadas à vontade de morrer. Ela informou morar com o pai, a mãe e mais cinco irmãos e que, há 2 anos, o primogênito da família havia sido assassinado em decorrência de envolvimento no tráfico de drogas. Margarete afirmou que os dois irmãos mais velhos estavam usando drogas, o que, segundo ela, gerava muitos conflitos em casa. Neste momento, recordou que a mãe estava bebendo muito e que o pai era muito agressivo. Verbalizou que não estava frequentando assiduamente a escola e que a única coisa que ainda tinha prazer em fazer era jogar bola, fato que o pai tinha proibido, julgando ser uma atividade apenas para meninos. Durante o atendimento, a jovem negou acompanhamentos psiquiátrico e psicológico prévios. Relatou que, na noite anterior, quando conversava com um garoto de sua idade, foi surpreendida pela mãe, que a agrediu e a proibiu de sair de casa. Segundo ela, esse desentendimento com a mãe foi "o pingo d'água" para que transbordasse todo o sofrimento que vinha vivenciando em sua vida. Margarete foi acolhida em suas angústias e convidada a desenvolver potencialidades cognitivas e comportamentais para enfrentar as suas dores, foi também convidada a lembrar de situações difíceis no passado e sobre como os problemas foram resolvidos. A entrevista foi permeada por empatia, ausência de julgamento e a criação de estratégias que tentaram diminuir o foco no suicídio como única forma de saída para os seus problemas.

Diante das questões psíquicas apresentadas por Margarete e, principalmente, por demonstrar manutenção do desejo de morrer com risco alto de nova tentativa de suicídio, a ela foi ofertado encaminhamento para um CAPSi, local onde ela poderia dizer sobre suas dores e angústias e tentar encontrar soluções frente o processo vivenciado. Margarete também foi informada que os pais seriam comunicados sobre o encaminhamento e sobre a necessidade de atenção redobrada, visto o seu sofrimento. A jovem prontamente aceitou o encaminhamento.

Dentre as três características psicopatológicas que são comuns no estado mental dos suicidas e que atuam para manter o pensamento suicida, Margarete apresentava a ambivalência: ao mesmo tempo em que reafirmava o desejo de morrer, percebia que a vontade era, na verdade, de acabar com os sofrimentos que a vida lhe trazia. Demonstrou interesse na prática de um esporte e foi receptiva para a possibilidade de receber ajuda por meio do encaminhamento. Margarete foi acompanhada até seu leito, onde os pais foram convidados a se direcionarem à sala da psicologia para entrevista familiar. Os pais foram atendidos separadamente, já que, devido ao quadro de crise, Margarete não poderia ser deixada sozinha. A terapeuta optou por um atendimento sem a presença da adolescente, frente à complexidade de conflitos familiares relatados.

A psicóloga pediu que a mãe falasse sobre sua percepção a respeito do comportamento de Margarete. A genitora julgava o ato da filha como uma necessidade de "chamar a atenção" e que era uma reação porque a havia agredido na noite anterior, após descobrir que ela mantinha um caso com um garoto envolvido com o tráfico de drogas. Não foram necessárias muitas perguntas para que a mãe se desmoronasse em lágrimas dizendo do medo de perder Margarete, da dor de ter perdido o filho mais velho assassinado, da angústia de não saber o que fazer com os dois filhos que estão usando drogas, do desemprego que fazia com que coisas básicas faltassem em casa, do sentimento persistente de tristeza e da quantidade de bebida alcoólica que estava ingerindo para dar conta de todas as situações vivenciadas. A genitora foi escutada, acolhida em sua dor e apresentada às possibilidades de acompanhamento em órgãos como Cras, Conselho Tutelar, projetos sociais, Atenção Básica e Centro de Atenção Psicossocial para pessoas que fazem uso abusivo de álcool e outras drogas (Caps AD). Além dos encaminhamentos, a mãe foi sensibilizada sobre o sofrimento de Margarete, sobre a tentativa de suicídio como consequência de vários fatores, sobre a necessidade de encaminhamentos para a filha e sobre os riscos do comportamento suicida, sendo orientada a retirar métodos letais de casa e a não deixar a filha sozinha.

O pai de Margarete disse poucas palavras durante a entrevista quando foi questionado sobre o estado emocional e mental da filha, mas expressou preocupação, apesar de julgar o ato da menina como uma dificuldade da jovem de aceitar limites. Ele afirmou que se sentia sobrecarregado em ser o único responsável por colocar comida em casa e se queixou sobre a dificuldade de conseguir um trabalho, embora afirmasse ser essa uma obrigação do homem. Lastimou o uso abusivo de álcool pela esposa, mas não verbalizou maiores detalhes da vida conjugal. O pai foi sensibilizado sobre o sofrimento da filha e seus riscos e aceitou o encaminhamento da jovem para o CAPSi.

O serviço social do hospital foi acionado e após discussão de caso, a rede intersetorial foi acionada: o caso foi criteriosamente e de forma ética discutido com a Atenção Básica, Conselho Tutelar, Cras e escola em que Margarete era matriculada. O caso foi também discutido pela psicologia com um projeto social que incentivava a prática de esporte na comunidade em que a adolescente residia. O responsável do projeto foi convidado a discutir com os demais serviços de encaminhamento e a ofertar a possibilidade de incluir Margarete e seu pai no projeto pela prática do futebol, já que esse era um ponto de vida para a adolescente e um ponto de dificuldade no relacionamento de ambos.

A avaliação de uma adolescente em crise suicida exige capacidade de escutar sem julgamentos, de modo a dar abertura para que o paciente fale sobre seu estado atual, revelando os pensamentos de morte e as emoções relacionadas a ele. A terapeuta avaliou em três entrevistas (uma com a adolescente, uma com a mãe e outra com o pai) os fatores de riscos, os fatores protetivos e qual a rede de apoio poderia ser acionada.

Durante a entrevista com Margarete, o risco de suicídio foi avaliado como alto em decorrência da tentativa com planejamento e busca de meios para efetivá-lo. Foram identificados na avaliação diversos fatores de risco como vulnerabilidade social, conflitos familiares, envolvimento dos irmãos com o tráfico de drogas, assassinato do irmão mais velho, além de envolvimento amoroso com um garoto que, segundo a genitora, estava também envolvido com o tráfico, baixa assiduidade escolar (esse dado não pode ser investigado com mais cautela em decorrência do curto tempo), presença de alcoolismo da mãe e questões de gênero relacionadas ao comportamento machista do pai. Os dados relatados pela adolescente foram ao encontro dos relatos dos pais em suas respectivas entrevistas. Todos esses riscos apresentados por Margarete estavam diretamente relacionados com a tentativa de suicídio, impactando sua vida a ponto de desejar a morte como fim desses sofrimentos. Margarete não relatou tentativas de suicídio prévias ou história de suicídio em parentes ou amigos. Quanto aos fatores de proteção, pode-se destacar o fato de a família estar no hospital e aceitar a avaliação e os encaminhamentos, bem como a motivação para a prática de futebol, que ainda se apresentava como uma atividade de prazer e esperança para a adolescente. Foram trabalhadas, durante a avaliação com Margarete, as possibilidades de alternativas ao suicídio, bem como a possibilidade de um tratamento para ajudá-la a enfrentar os problemas vivenciados. Por meio dessa cuidadosa avaliação, Margarete pôde ser encaminhada diretamente do hospital para o CAPSi, com o transporte do próprio hospital. A rede de apoio foi acionada, não só para ela, como também para seus pais.

Caso 2

Jonas, adolescente de 16 anos, foi internado com infecção de ferida pós-operatória na coluna. A cirurgia, realizada para estabilizar a coluna vertebral, tinha sido realizada 2 anos antes no mesmo hospital. O trauma, segundo o prontuário eletrônico da primeira internação, foi decorrente de uma tentativa de suicídio, com precipitação de altura da casa dos tios, em uma cidade interiorana. Nessas mesmas evoluções havia relatórios da psicologia e da psiquiatria descrevendo comportamentos de agressividade do paciente durante a internação, bem como avaliação do CAPSi e encaminhamento para saúde mental no momento da alta hospitalar.

Durante a internação atual, a equipe de enfermagem solicitou avaliação da psicologia, com relatos de comportamento agressivo e de uma briga entre o adolescente e a mãe, com agressão física de ambos, além de ameaça do paciente de evasão do hospital.

O adolescente estava em uma enfermaria com a mãe quando a psicóloga se apresentou dizendo que gostaria de realizar uma entrevista com Jonas e sua familiar, com intuito de saber se poderia ajudá-los a passarem pelo processo de hospitalização de forma mais adaptativa. Esclareceu que leu o prontuário da internação anterior e que o documento afirmava que naquele momento Jonas havia tentado suicídio. Acrescentou que gostaria de saber como Jonas estava emocionalmente, se estava fazendo o acompanhamento na rede de saúde mental à qual havia sido encaminhado e se poderia ser útil durante sua internação em relação a seus conflitos psíquicos. Durante esta aproximação, entretanto, a psicóloga percebeu um conflito intenso, em que ambos (mãe e filho) ficavam se agredindo mutuamente e se esquivavam dos questionamentos realizados. Sendo assim, as tentativas de entrevistas posteriores foram realizadas separadamente. O adolescente se mostrava arredio, respondia às perguntas de forma monossilábica, com humor disfórico. Na expectativa de propiciar a formação do vínculo com o paciente, o adolescente foi questionado sobre suas questões familiares, escola, rede de apoio e sobre a ferida nas costas que o havia trazido novamente ao hospital. Posteriormente, também foi questionado sobre a tentativa de suicídio anterior, se estava seguindo o tratamento e sobre os seus sofrimentos. Jonas afirmou que cursava o Ensino Médio e que morava com a irmã e o pai, por quem demonstrava grande desdém. Negava a primeira tentativa de suicídio, embora fossem discutidos, com o adolescente, os relatos no prontuário. Afirmava que não fazia tratamento algum, pois não se considerava louco. Durante a avaliação individual, Jonas falava pouco sobre sua vida, sempre com humor disfórico, palavreado agressivo, culpando constantemente o hospital por estar acabando com suas férias de janeiro e repetindo que gostaria de ir embora. Exaustivamente, era orientado sobre a necessidade do tratamento. A médica deixou claro que, se não se cuidasse, poderia ficar paraplégico em decorrência da gravidade da infecção na sua coluna, que exigia tratamento com antibiótico, administrado apenas no hospital. Nos atendimentos, às vezes, a angústia concedia lugar à fala, e dizia sobre sonhos, como o de ser tatuador. Nesses poucos momentos de abertura, a psicóloga tentava trabalhar os pensamentos e comportamentos de Jonas, pontuando suas ações de impulsividade e agressividade com a mãe e com a equipe do hospital.

Quanto à avaliação do risco de suicídio, o adolescente não falava de ideação ou plano, o que caracterizaria como baixo risco de acordo com a classificação mencionada anteriormente. No entanto, havia, além de uma tentativa anterior, impulsividade e rigidez de pensamentos, duas das três características psicopatológicas que são comuns no estado mental dos suicidas que devem ser observadas durante a entrevista e que atuam para manter o pensamento suicida. A impulsividade foi relatada no prontuário da internação anterior e era muito perceptível nos comportamentos de Jonas, embora não diretamente relacionada à ideação suicida durante essa última internação. Da mesma forma, o adolescente apresentava rigidez de seus pensamentos, ora na insistência de abandonar o tratamento e fugir, ora na rigidez referente em mudar o foco do seu

pensamento, fazendo com que a internação fosse vista como desnecessária. Foram feitas tentativas de intervenções para auxiliar o adolescente a se compreender melhor e encontrar outras possibilidades para resolver seus problemas e dificuldades. No referido hospital não havia presença da psiquiatria, mas foi realizado contato com um CAPSi solicitando uma interconsulta com esse profissional, mas Jonas se recusou a ir.

Durante esse tempo, a mãe foi avaliada e atendida três vezes. Mostrava-se muito ansiosa, queixava-se de ter que acompanhar o filho e repetia que estava exausta de tudo, pois reclamava que desde criança o adolescente lhe dava muito trabalho, com comportamentos inadequados, agressivos e com várias ameaças de suicídio, sendo o ápice a tentativa que ocasionou o então trauma na coluna. A mãe informou que teve dois filhos com o ex-marido e que se separaram quando Jonas tinha 5 anos. Posteriormente, ela afirmou que se casou novamente e que os filhos ficavam alternando a moradia com ela, com o pai e, também, em casa de outros familiares, todos em cidades diferentes. A mãe repetiu diversas vezes que precisava ir embora, que morava em outro estado e que, há um ano, tinha deixado os dois filhos (Jonas e seu irmão), definitivamente com o pai. A mãe insistia que precisava voltar para casa e trabalhar, pois não tinha mais dinheiro. Afirmava também que Jonas sempre resistiu aos tratamentos da saúde mental, inclusive após a primeira tentativa de suicídio. Foram realizadas intervenções que tentavam ajudar a mãe a compreender a complexidade dos comportamentos do filho, bem como o risco de novas tentativas de suicídio ou fuga do hospital. Mas a genitora demonstrava exaustão e impaciência frente ao filho, desconsiderando todo o sofrimento psíquico de Jonas. Esses relatos vão ao encontro de Couto e Tavares (2016) citados anteriormente, quando apontam que existe uma relação entre apego inseguro ou vínculo parental ruim e conduta suicida em adolescentes.

Tendo em vista esta situação, foi feito contato telefônico com o Conselho Tutelar da cidade do pai do adolescente, para que o mesmo ou outro familiar fosse localizado e pudesse ir para o hospital. O Conselho Tutelar informou que o adolescente era acompanhado pelo serviço, mas não aceitava nenhuma intervenção, sempre se mostrando muito agressivo. Relatou também que havia um longo histórico de abandono dos pais, marcado por grandes conflitos familiares. Jonas e sua mãe informaram que não tinham o telefone do pai, sendo que Jonas sempre afirmava: "pode ligar, ele não virá mesmo, nunca vem. Se não fosse o dinheiro que minha mãe mandava, eu passaria até fome na casa daquele homem".

Posteriormente, a mãe foi embora sem avisar a equipe do hospital, deixando o adolescente sozinho na enfermaria. Várias tentativas foram feitas pelo Conselho Tutelar para encontrar o pai ou algum outro familiar de Jonas, sempre frustradas. Após deixar o hospital, a mãe não atendeu às ligações telefônicas realizadas pela equipe da referida instituição.

No vigésimo dia de internação, Jonas se recusou a conversar com os outros pacientes da enfermaria e com a equipe, além de apresentar-se mais agressivo. Foram realizadas várias tentativas de diálogo com o adolescente, que de forma agressiva se negava a qualquer possibilidade de flexibilizar seus comportamentos ou de falar de suas questões, de seu sofrimento. Começou a ameaçar suicídio e a agredir verbalmente acompanhantes de pacientes e funcionários. A mãe fez contato telefônico com o hospital e exigiu que providên-

cias fossem tomadas pela equipe, porque o filho a havia telefonado dizendo que tentaria suicídio naquele dia.

Jonas deambulava agitadamente pelo hospital, recusava as medicações e ameaçava verbalmente se suicidar ou fugir. Foi oferecida ao jovem a possibilidade de ir a uma consulta psiquiátrica naquele dia, na intenção de que algum medicamento pudesse lhe ajudar, mas ele negou veemente. Frente à impossibilidade de qualquer diálogo foi solicitada contenção química, para que pudesse dar conta de toda a angústia que transbordava e ao mesmo tempo oferecer-lhe segurança. Trata-se de uma conduta excepcional que, antes de ser feita, é cuidadosamente discutida com a equipe interdisciplinar, visando minimizar os danos. Nesse momento havia um risco alto de suicídio, marcado pela rigidez de pensamentos, impulsividade, agressividade e abandono, sem nenhum familiar que pudesse oferecer amparo ao paciente. Toda a equipe se mobilizou para não o deixar sozinho, nem mesmo no banheiro. Enquanto isso, o serviço social se empenhava novamente na busca pelos familiares.

Com o uso dos medicamentos adequados e a orientação de um psiquiatra do CAPSi, Jonas foi se acalmando e a possibilidade de diálogo foi se apresentando no decorrer dos dias.

O adolescente começou a solicitar a presença da psicóloga e começou a externar seus conflitos internos. Queixou do abandono familiar, da tentativa de suicídio realizada anteriormente, do medo que sentia de ser abandonado pelas pessoas e dos comportamentos de agressividade para com os outros como formas de evitar novos abandonos. Jonas começou a elaborar suas vivências de desamparo, marcadas por uma mãe que nunca conseguiu oferecer amor e por um pai que oferecia desamor e descaso. Ele associou o comportamento suicida a esses sofrimentos e verbalizou que na verdade não era um desejo de morrer, mas de acabar com a dor emocional que era intensa e sufocante. Durante essas avaliações foram realizados acolhimentos sensíveis, sem julgamentos e com intervenções em que várias possibilidades de vida eram colocadas no lugar do suicídio, uma delas potencializada na internação: a possibilidade de falar e elaborar as dores emocionais sentidas. Técnicas de resolução de problema e observação sobre como os problemas foram resolvidos no passado também foram utilizadas. O adolescente aceitou ir a uma interconsulta com a psiquiatria ainda durante a internação e não recusou mais as medicações. Foi orientado sobre os benefícios dos remédios no controle de comportamentos que o colocam em risco.

Jonas recebeu visita de uma tia depois de um mês, que disse que cuidaria dele após a alta hospitalar. Essa familiar foi encontrada pelo Conselho Tutelar e pelo Cras do município do pai. Em entrevistas individuais realizadas com essa parente, foram corroboradas as queixas de Jonas quanto ao abandono dos pais. A tia conseguia perceber que o comportamento do adolescente era consequência dessas contingências vivenciadas. A equipe de profissionais do hospital orientou exaustivamente a familiar sobre a necessidade de continuidade de acompanhamento no CAPSi de sua cidade, local onde esse serviço foi acionado e onde o caso foi discutido. Da mesma forma, houve orientação para retirada dos métodos letais de casa e sobre a necessidade de um acompanhamento mais intenso nos dias subsequentes, frente ao comportamento suicida apresentado no hospital.

Jonas foi informado sobre a necessidade de continuidade de acompanhamento na cidade de sua tia após alta hospitalar. Nesse momento, demonstrava compreender a importância de continuar recebendo ajuda especializada frente aos sofrimentos relatados, embora negasse permanecer com ideação ou planejamento suicida. O caso foi novamente discutido e encaminhado para o Cras e para o Conselho Tutelar do município de sua nova residência. Jonas foi informado que a tia foi orientada sobre o encaminhamento e sobre a necessidade de uma atenção redobrada nos dias após a alta, pois a crise por ele vivenciada foi muito intensa e escancarou a necessidade de cuidados intensivos. O transporte da cidade da tia de Jonas foi acionado e ele foi encaminhado diretamente para o CAPSi, que, após o contato do hospital, o aguardava.

O caso de Jonas demonstra vários desafios quanto à avaliação clínica durante o momento que antecede uma crise suicida e durante a crise, ao mesmo tempo em que aponta potencialidades em não desistir dos cuidados diante dos sintomas de agressividade, impulsividade e negação das intervenções propostas, o que exige do terapeuta e da equipe presente: paciência, ação e não subestimação da ameaça suicida.

A abertura para que o paciente falasse sobre seu estado atual, revelando os pensamentos de morte e as emoções relacionadas a ele foi rechaçada várias vezes por Jonas, que demonstrava grande rigidez de pensamento e impulsividade. Embora no início o adolescente negasse pensamentos, planos, ou tentativas prévias de suicídio, havia em seu prontuário eletrônico e nas falas da mãe, a presença de comportamento suicida desde a infância, com uma tentativa prévia que afetava sobremaneira sua vida, inclusive o ameaçando de perder os movimentos. A terapeuta avaliou, durante as várias entrevistas diárias realizadas durante os 40 dias de internação, que o comportamento suicida tinha grande chance de retorno e que toda atenção seria necessária a esse caso. Como fator de risco predominante apareceu a relação com as figuras parentais, apresentando-se como ponto primordial nos sintomas psicopatológicos do adolescente que demonstrava uma personalidade instável emocionalmente, impulsiva e agressiva. Quando o comportamento suicida retornou, voltou com um risco alto e iminente, exigindo de toda a equipe cautela e atenção redobrada, além de intervenções como a contenção química.

Os dados relatados pelo adolescente impactaram sua vida, contribuindo para os comportamentos suicidas irem ao encontro dos relatos e comportamentos apresentados pela genitora, pelos órgãos como Conselho Tutelar e finalmente pela tia. Quanto aos fatores de proteção, pode-se destacar o fato do aparecimento de uma tia tentando oferecer amparo e cuidados ao sobrinho e a capacidade elaborativa apresentada por Jonas após a crise suicida. Foram trabalhadas, durante a avaliação com o adolescente, as possibilidades de alternativas ao suicídio, bem como a possibilidade de um tratamento para ajudá-lo a enfrentar os problemas vivenciados. Graças a essa cuidadosa avaliação, Jonas pôde ser encaminhado diretamente do hospital para o CAPSi, com o transporte da prefeitura da cidade da tia, onde permaneceria.

Faz-se importante ressaltar o cuidado em não culpabilizar os pais do adolescente: esse comportamento poderia apenas gerar novos conflitos ou sofrimentos. Não se deve minimizar todas as variáveis que interferem em comportamentos de abandono parentais: histórias de vida desses genitores, contexto sociocultural, possíveis doenças mentais. Além do mais, o comportamento suicida não é determinado por causa única, mas por vários fatores que se correlacionam.

Caso 3

Luís, 9 anos, chegou ao hospital trazido pela mãe, informando que encontrou o filho desacordado em seu quarto junto às cartelas vazias de comprimidos que a mãe usava para dormir. Enquanto o paciente era atendido pela equipe do hospital, a mãe foi convidada a conversar com a psicóloga em sala reservada. Durante a entrevista, a profissional se apresentou para a mãe do paciente e informou que estava ali para ajudar e colaborar com o momento vivenciado. Em seguida solicitou que ela contasse um pouco sobre a dinâmica familiar e sobre como ela estava se sentindo. A mãe relatou estar casada com o pai de Luís há 12 anos, que viviam uma vida normal, ambos trabalhando, filhos na escola e sonhos sendo realizados.

Com um discurso bastante comovente, a mãe informou que, há 8 meses, perderam o filho caçula de 2 anos, que morreu afogado em uma piscina. O garotinho foi encontrado pelo seu irmão, Luís. Segundo a mãe, toda a rotina e o relacionamento familiar mudaram a partir dessa perda. Ela abandonou o emprego, apresentou sintomas de depressão, deixando Luís aos cuidados do marido e fez duas tentativas de suicídio. Dessa maneira, relatou que o marido se afastou muito da relação conjugal. Foram realizadas intervenções de suporte com a mãe e informado que Luís receberia atendimento assim que estivesse em condições.

Após receber os cuidados médicos, Luís ficou em observação na enfermaria da pediatria junto a sua mãe e, após melhorar seu nível de consciência, foi convidado a se dirigir para a sala da psicologia, demonstrando boa receptividade para a conduta. A psicóloga iniciou o atendimento apresentando-se ao paciente, deixando-o à vontade na sala, dizendo que estava ali para conversar um pouco. Em seguida, perguntou-lhe se ele saberia dizer o que um psicólogo faz e pediu para que ele contasse um pouco sobre si mesmo. Luís se apresentou com certa timidez, cabeça baixa e dizendo que não sabia muito sobre o que um psicólogo fazia. Entretanto, era de seu conhecimento que a mãe consultava um psicólogo toda semana, mas não sabia o que acontecia lá. Percebia também que a mãe pegava fotos de seu irmão todas as vezes que voltava para casa e que chorava muito também.

A psicóloga explicou o que as pessoas fazem em uma sessão de psicoterapia e Luís, então, a interrompeu dizendo que queria dividir algo: "um dia escutei de minha mãe que morrer é ficar com Deus e encontrar pessoas que estão ao lado dele. Isso nunca saiu da minha cabeça. Fico sempre pensando que meu irmãozinho estaria lá, onde é morrer". Neste momento, a psicóloga avaliou o comportamento suicida do paciente, questionando o que ele entendia sobre "morrer e ficar com Deus" e "isso nunca ter saído de sua cabeça". A psicóloga perguntou, então, se ele pensava mesmo sobre essa possibilidade. Luís respondeu que pensava muito sobre isso, porque lá, talvez, pudesse rever seu irmão. Completou que brincava muito com ele e que comportamentos como sair para passear com seus pais nunca mais aconteceram. A psicóloga perguntou sobre a frequência que pensava sobre isso e Luís respondeu que esse pensamento acontecia todos os dias, que por vezes se deitava no quarto do irmão e ficava lembrando-se dele com seus brinquedos nas mãos.

Neste momento a psicóloga se aproximou de Luís e perguntou se foi assim que ele resolveu tomar os remédios que o levaram para o hospital e o que ele pensava sobre o que ele

tinha feito. Luís repetiu que estava com muitas saudades do irmão e que então tomou os remédios que a mãe um dia também havia tomado dizendo que iria se encontrar com Deus. E concluiu: "já que ela não conseguiu se encontrar com Deus, nem com meu irmão, quem sabe eu consigo". A psicóloga fez intervenções no sentido de mostrar para Luís que compreendia seu sofrimento, mas que havia outras formas de cuidar de sua dor, sem ser morrendo. Ela explicou que seria importante que Luís e os pais fossem acompanhados por profissionais que cuidam das emoções e que pediria para ele ser acompanhado por uma psicóloga perto de sua casa, pois percebia que ele estava sofrendo, precisando de ajuda.

Ao concluir a abordagem e realizar intervenções terapêuticas com a criança, a psicóloga também acolheu o pai que havia chegado ao hospital e solicitou atendimento. Ele chorou copiosamente, relatou que não poderia perder mais um filho e que, de certa forma, havia perdido também a esposa, já que eles não se relacionavam mais.

A alta hospitalar aconteceu nas horas seguintes, mesmo assim foi possível a articulação com o CAPSi e uma psicóloga do serviço se prontificou a acompanhar o caso de Luís, sendo o mesmo encaminhado direto do hospital para o acolhimento nesse serviço. Além do encaminhamento ao serviço de saúde mental, o Conselho Tutelar também foi acionado a fim de colaborar com o acompanhamento da criança. Também foi possível agendar um atendimento com um profissional particular para o pai, que tinha esta disponibilidade, e uma antecipação do retorno da mãe no serviço que já era acompanhada.

Este relato de fragmento de caso ilustra como a avaliação de uma criança em crise com comportamento suicida ocorreu, assim como a apresentação dos riscos e suas condutas finais. Inicialmente a psicóloga demonstrou tanto na entrevista com os pais como com o paciente atitudes de empatia, disponibilidade do tempo e local adequado para atendimento e fala direta e segura para abordar o assunto. Na entrevista com o paciente, constatou-se presença da ideação suicida, com pensamentos rígidos e recorrentes sobre a morte, a disponibilidade do método por meio dos medicamentos na casa, ciência de pelo menos uma tentativa de suicídio da mãe e fatores protetivos fragilizados, uma vez que toda a família vivenciava dificuldades com o luto pela perda do irmão de Luís. Estas constatações descritas no caso demonstram risco alto para o suicídio desta criança e a necessidade de condutas de encaminhamentos imediatos à rede de saúde mental de urgência, tanto para a criança quanto para seus pais.

Considerações finais

O suicídio apresenta-se como consequência de sofrimento de diversas ordens. Crianças muitas vezes são consideradas incapazes cognitivamente de pensarem sobre suicídio e os adolescentes são comumente julgados por tentá-lo ou o efetivarem como uma tentativa superficial de "chamar a atenção". Porém, os relatos de casos apresentados enfatizaram o risco real de suicídio em crianças ou adolescentes e a necessidade de intervenções rápidas.

Foram exemplificados, nos três casos, a complexidade envolvida no comportamento suicida; a necessidade do acolhimento integral do sofrimento apresentado; a importância do atendimento psicológico e da entrevista familiar; a necessidade de avaliação do risco de suicídio e de articulação da rede intersetorial. Observam-se os seguintes fatores de risco: vulnerabilidade social; questões de gênero; conflitos familiares; adoecimento mental sem a devida identificação e sem o devido tratamento; dificuldades de enfrentamento de problemas e de limites impostos; e fácil acesso a métodos letais.

Os autores deste capítulo convocam a atenção para a necessidade de identificação precoce do comportamento suicida na infância e na adolescência (com a devida identificação de sinais e sintomas) e para a necessidade de não subestimar a capacidade cognitiva para se matar e compreender o suicídio nessas fases da vida. A avaliação do risco suicida oferece possibilidade de intervenções precisas como foi exposto nos casos apresentados.

Em 2019, o Brasil assumiu um passo importante ao formular a lei 13.819/2019 que instituiu a Política Nacional de Prevenção da Automutilação e do suicídio, lei que enfatiza a necessidade de ações integrais e intersetoriais no campo da suicidologia. Porém, ainda há um longo caminho para efetivar tais condutas: ausência de locais específicos destinados a esse público; falta de capacitação de profissionais dos diversos setores (saúde, educação, órgãos sociais) sobre condutas frente aos pacientes com comportamento suicida; carência de políticas que avaliem as ações de prevenção já em curso; e estigma relacionado ao suicídio, o que faz com que haja um silêncio que dificulta práticas de identificação e tratamento em tempo.

Referências

Almodes, K. M., & Teodoro, M. (2020). *Os três Ds: Desespero, desamparo e desesperança em profissionais da saúde*. https://www.sbponline.org.br/enfrentamento-covid19

Botega, N. J. (2015). *Crise suicida: Avaliação e manejo*. Artmed.

Botega, N. J., Marín-León, L., Oliveira, H. B., Barros, M. B. A., Silva, V. F., & Dalgalarrondo, P. (2009). Prevalências de ideação, plano e tentativa de suicídio: Um inquérito de base populacional em Campinas, São Paulo, Brasil. *Cadernos de Saúde Pública, 25*(12), 2.632-2.638. https://www.scielo.br/scielo.php?script=sci_arttext & pid=S0102-311X2009001200010

Brasil. (2019). *Lei n. 13.819, de 26 de abril de 2019*. Institui a Política Nacional de Prevenção da Automutilação e do Suicídio, a ser implementada pela União, em cooperação com os estados, o Distrito Federal e os municípios; e altera a Lei n. 9.656, de 3 de junho de 1998. Diário Oficial da União, 26 de abril de 2019. http://www.planalto.gov.br/ccivil_03/_ato2019-2022/2019/lei/L13819.htm

Couto, V. V. D., & Tavares, M. S. A. (2016). Apego e risco de suicídio em adolescentes: Estudo de revisão. *Revista da Spagesp, 17*(2), 120-136. http://pepsic.bvsalud.org/scielo.php?script=sci_abstract&pid=S1677-29702016000200010&lng=pt&nrm=isso

Dias, F. J. S. (2019). *Adaptação e propriedades psicométricas do Frequency of Suicidal Ideation Inventory FSII-Br para adolescentes* [Dissertação de mestrado, Universidade Federal de Minas Gerais].

First, M. B. (2015). *Manual de diagnóstico diferencial do DSM-5*. Artmed.

Klott, J., & Jongsma, A. E. (2015). *The suicide and homicide risk assessment & prevention. Treatment planner*. New Jersey: John Wiley & Sons, Inc.

Nock, M. K., Borges, G., Bromet, E. J., Cha, C. B., Kessler, R. C., & Lee, S. (2008). Suicide and suicidal behavior. *Epidemiol Rev., 30*(1), 133-154. https://www.ncbi.nlm.nih.gov/pmc/articles/PMC2576496/

Oleske, D. M. (2014). Epidemiology. In K. E. Cannon & T. J. Hudzik (eds.), *Suicide: Phenomenology and neurobiology* (pp. 11-30). Springer.

Souza, R. S. B., & Teodoro, M. (2018). Comportamento suicida: Caracterização, avaliação e manejo clínico. In R. Gorayeb, M. C. Miyazaki & M. Teodoro (orgs.), *Propsico: Programa de Atualização em Psicologia Clínica e da Saúde* (1. ed., vol. 3, pp. 9-32). Artmed Panamericana.

Wenzel, A., Brown, G., & Beck, A. T. (2010). *Terapia Cognitivo-Comportamental: Para pacientes suicidas*. Artmed.

World Health Organization. (2014). *Preventing suicide. A global imperative*. Genebra. https://www.who.int/publications-detail/preventing-suicide-a-global-imperative

World Health Organization. (2019). *Suicide in the world. Global health estimatives*. Genebra. https://www.who.int/publications-detail/suicide-in-the-world

World Health Organization. (2020). Global health observatory data repositor. Genebra.https://apps.who.int/gho/data/node.main.MHSUICIDE10YEARAGEGROUPS?lang=en

Worchel, D., & Gearing, R., E. (2010). *Suicide assessment and treatment. Empirical and evidence-based practices*. Springer.

30
Avaliação de adolescente com problemas de comportamento

A utilização de múltiplos instrumentos no levantamento de hipóteses funcionais

Alessandra Turini Bolsoni-Silva
Universidade Estadual de São Paulo

Priscila Ferreira de Carvalho Kanamota
Universidade Federal do Mato Grosso do Sul

Highlights
- Avaliação dos problemas de comportamento de adolescentes via intervenção com pais/cuidadores.
- Promoção das habilidades sociais educativas parentais e da melhoria do relacionamento pais-filhos.
- O uso de medidas repetidas para a avaliação e análise do processo terapêutico.
- Mudanças na avaliação psicológica dos filhos após psicoterapia dos pais/cuidadores.

Os problemas de comportamento dos adolescentes são complexos e multideterminados (Lins, Alvarenga, Santos, Almeida & Santos, 2012). Dentre os problemas de comportamento comumente encontrados na adolescência estão o abuso de álcool e drogas, problemas de depressão e ansiedade, comportamento sexual negligente (envolvendo múltiplos parceiros sem proteção ao fazer sexo, com risco de gravidez indesejada ou de contrair DSTs) e violência. Existem diversos fatores de risco para problemas de comportamento dos jovens, desde variáveis genéticas até as estruturais como o racismo, a ausência de políticas públicas efetivas nas áreas de saúde, educação e emprego (Paludo & Koller, 2005; Adorno, 2002). Outro fator retratado em pesquisas que interferem na ocorrência de tais problemas são

as práticas educativas parentais que podem, se positivas, estimular as habilidades sociais infantis e, se negativas, aumentar o risco para problemas de comportamento (Baptista et al., 2011; Borden et al., 2014; García-Linares et al., 2014; Price et al., 2013).

Problemas de comportamento podem ser definidos de maneira topográfica e funcional, sendo que ambas as avaliações são relevantes e complementares. Achenbach e Rescorla (2001) os identificam como externalizantes (agressividade e desobediência) ou internalizantes (timidez e ansiedade), e pelo DSM-5 podem ser encontradas classificações que remetem a tais problemas comportamentais: Transtorno Opositor Desafiante, Distúrbio de Conduta, Transtorno de Déficit de Atenção e Hiperatividade, Transtornos de Humor e Transtornos de Ansiedade. Adicionalmente verificam-se explicações funcionais em que o adolescente pode estar mantendo os problemas comportamentais para produzir atenção, escapar de tarefa difícil ou como forma de reduzir/suprimir estimulação aversiva, por exemplo, cobranças/agressões dos pais (Bolsoni-Silva & Fogaça, 2018).

A literatura não é consensual quanto à definição de práticas educativas (Bolsoni-Silva & Fogaça, 2018), e neste capítulo será adotado o conceito de habilidades sociais educativas (HSE), definido por Bolsoni-Silva et al. (2016). Para essas autoras as HSEs são classes de respostas que podem ser organizadas em comunicação, afeto e limites, as quais são avaliadas de maneira funcional nas interações sociais estabelecidas com os filhos.

Quanto à avaliação de problemas de comportamento, a literatura demonstrou que diversas pesquisas focaram na avaliação dos comportamentos das crianças e, menos frequentemente, avaliaram as práticas educativas de pais ou de professores (Garcia et al., 2016; Santiago et al., 2016; Silveira & Wagner, 2009; Rohenkohl & Castro, 2012).

De Los Reyes et al. (2015) conduziram uma meta-análise tendo por fonte de dados 341 estudos publicados entre 1989 e 2014. O objetivo do estudo foi o de analisar pesquisas que compararam avaliações de diferentes informantes (pais, professores e o próprio adolescente/criança) a respeito da saúde mental de adolescentes e crianças. Os autores concluíram pouca concordância entre diferentes informantes quanto aos problemas de comportamento internalizantes, havendo maior concordância quanto aos externalizantes. Também observaram que quando os informantes compartilhavam o mesmo contexto (p. ex., avaliação de pais e de mães) a

concordância era maior. Desse modo, pode-se concluir que o comportamento do adolescente ocorre contingente aos ambientes familiar e escolar e, então, cabe investigar as interações estabelecidas para identificar a melhor terapêutica, sendo que os pais podem ser considerados bons informantes.

Este trabalho se insere em um trabalho maior que inclui aplicação e avaliação dos efeitos do Promove-Pais (Bolsoni-Silva & Fogaça, 2018), que é um treino de pais elaborado a partir de ampla literatura e com evidências de eficácia e efetividade (APA, 2006), garantindo estruturação por um lado e flexibilização por outro. O programa é considerado uma terapia analítico-comportamental (Meyer et al., 2010) que tem interface com o campo teórico-prático das habilidades sociais (Del Prette & Del Prette, 1999).

Nesse ínterim a formulação de caso, que resulta da coleta de dados a partir de múltiplos instrumentos de avaliação, de relato, de observação, topográficos e funcionais (Haynes & O´Brien, 1990; Virués-Ortega & Haynes, 2005), é de extrema importância e norteia a intervenção que será conduzida. A intervenção, por sua vez, deve incluir a identificação de déficits, excessos e reservas comportamentais (Kanfer & Saslow, 1976), análises funcionais molares e moleculares (Nery & Fonseca, 2018) e das interdependências comportamentais (Goldiamond, 1974/2002), de forma a definir os objetivos comportamentais e o acompanhamento da intervenção.

Para mensurar efeitos da intervenção torna-se relevante além de mensurar medidas de resultado também colher dados sessão a sessão sobre a interação terapêutica e comportamentos diretamente observados nesse contexto (Zamignani & Meyer, 2014).

Virués-Ortega e Haynes (2005) atestaram a relevância da formulação de caso como medidas de pré-teste e de acompanhamento da intervenção analítico-comportamental. No entanto, afirmam que raras são as pesquisas na área da clínica comportamental que efetivamente a utilizam em medidas de pré-teste e como norteadora do trabalho a ser desenvolvido com o cliente.

Objetivos

O presente capítulo tem por objetivo apresentar um estudo de caso clínico que utilizou diversos instrumentos na avaliação psicológica de um adolescente com problemas de comportamento. O relato ilustra a importância de se utilizar múltiplos instrumentos tanto na avaliação psicológica topográfica quanto no levantamento de hipóteses funcionais para a avaliação da possível alteração do quadro clínico, ao longo da intervenção.

Participantes

A avaliação psicológica e a intervenção psicoterápica foram realizadas com a mãe/cuidadora, que participava de um programa de desenvolvimento de habilidades sociais educativas parentais e que buscou terapia com queixas do comportamento do seu filho adolescente.

Instrumentos

Para a elaboração da avaliação psicológica do adolescente foi aplicado na mãe/cuidadora os instrumentos Inventário de Comportamentos da Infância e Adolescência entre 4 e 18 anos – Child Behavior Checklist (CBCL) versão para pais (Achenbach & Rescorla, 2001); o Roteiro de

Entrevista de Habilidades Sociais Educativas Parentais – RE-HSE-P (Bolsoni-Silva et al., 2011), o Roteiro de Entrevista Clínica Semiestruturada (Bolsoni-Silva et al., 2008) e o Sistema Multidimensional para a Categorização de Comportamentos na Interação Terapêutica (Zamignani, 2007).

O CBCL, versão para pais, é um instrumento de autorrelato, baseado na descrição topográfica dos sintomas apresentados pelos filhos. Investiga, a partir do relato de familiares, a frequência de 113 respostas indicativas de problemas de comportamento na criança ou adolescente. Os resultados são organizados em problemas internalizantes, externalizantes e totais, além de subescalas de problemas/transtornos, classificando-os em normal, limítrofe ou clínico (Achenbach & Rescorla, 2001). Estudos psicométricos identificaram critérios satisfatórios de teste-positividade e de morbidade para os perfis clínico e não clínico (Bardin et al., 2003).

O Roteiro de Entrevista de Habilidades Sociais Educativas Parentais (RE-HSE-P, Bolsoni-Silva et al., 2016b) foi elaborado de forma a possibilitar a descrição das relações funcionais entre os comportamentos dos pais e dos filhos. O instrumento RE-HSE-P apresenta as classificações clínico, não clínico e limítrofe segundo a frequência e qualidade dos comportamentos de habilidade social educativa parental (HSE-P) dos pais/cuidadores, habilidade social dos filhos (HS), práticas educativas negativas dos pais (PR NEG), problema de comportamento dos filhos (PROBL) e variáveis de contexto (CONT), de acordo com o Manual para correção do roteiro. O instrumento diferencia crianças com e sem problemas de comportamento, tendo o Inventário de Comportamentos da Infância e Adolescência (CBCL) (Achenbach & Rescorla, 2001) como referência em análises de Curva ROC (Bolsoni-Silva et al., 2016b). Este instrumento foi validado para mães e pais de pré-escolares, mas mostrou-se eficaz em pesquisa com mães de adolescentes (Kanamota et al., 2017).

O Roteiro de Entrevista Clínica Semiestruturada (Bolsoni-Silva et al., 2008) foi utilizado com o objetivo de receber o cliente, informar sobre o atendimento e coletar dados sobre queixas e variáveis relacionadas, de forma a identificar interesses dos clientes, compatibilidades ou não com o atendimento, levantamento de hipóteses funcionais e de objetivos comportamentais de tratamento.

O SiMCCIT de Zamignani (2007) foi escolhido por permitir avaliar as respostas do cliente na interação terapêutica durante todo o processo. Apresenta três diferentes dimensões de operacionalização de comportamento: eixo I – categorias referentes ao comportamento verbal vocal e verbal não vocal do terapeuta e cliente; eixo II – temas abordados em sessão; e eixo III – respostas motoras. Sendo possível a categorização de todos os eixos ou de apenas um deles. As categorias de comportamento verbais vocais da cliente mensuradas pelo instrumento são: relato (REL), concordância (CON), oposição (OPO), solicitação (SOL), melhora (MEL), metas (MET), cliente estabelece relações (CER), outras verbalizações (COU), silêncio (CSL) e interpretação (CIN). Para o presente capítulo foram utilizadas a medida das categorias: concordância (CON), relações (CER), solicitação (SOL) e melhora (MEL), por serem verbalizações que podem indicar aquisições comportamentais.

Histórico de atendimentos

Foram realizadas cerca de quatro sessões para a entrevista clínica e aplicação dos instrumentos que permitiram elaborar a formulação de caso, incluindo os objetivos comportamentais. Na sequência foram conduzidas 14 sessões de psicoterapia individual, seguindo o modelo de sessões semiestruturadas descrito em Bolsoni-Silva et al., (2019) e Bolsoni-Silva (2007), e com uso da Cartilha Informativa desenvolvida por Bolsoni-Silva et al., (2019). Essa cartilha foi escolhida, para servir de apoio no processo psicoterápico de pais/cuidadores, como biblioterapia, uma vez que apresenta temas relacionados a dificuldades geralmente encontradas na interação pais-filhos, servindo de modelos de comportamentos esperados.

As sessões tiveram por objetivo trabalhar três classes de habilidades sociais educativas, descritas como promissoras para o desenvolvimento de práticas parentais positivas e diminuição dos problemas de comportamento dos filhos (Bolsoni-Silva et al., 2008; Bolsoni-Silva & Marturano, 2010). O procedimento de intervenção utilizado foi o programa Promove-Pais (Bolsoni-Silva & Fogaça, 2018). Este programa previamente avaliado para tratamento de problemas de comportamento de crianças e na modalidade de grupo (Bolsoni-Silva & Marturano, 2010) foi adaptado para a intervenção individual com mães de adolescentes (Kanamota et al., 2017). As classes trabalhadas foram 1) Comunicação: conversar, fazer perguntas em geral, falar sobre sexo/sexualidade; 2) Expressividade: expressão de sentimentos positivos, negativos, opiniões e carinho; e 3) Estabelecimento de Limites: reação dos pais diante dos comportamentos adequados ou não do filho, situações e estratégias utilizadas para estabelecer limite e concordância/discordância entre os cônjuges. Tais comportamentos foram promovidos a partir da formulação de caso, previamente realizada.

Os dados coletados por meio dos instrumentos foram compilados em um estudo/formulação de caso contendo as queixas iniciais da cliente, história de vida, déficits, excessos e reservas comportamentais (quadro 1). O estudo de caso contém também a descrição das análises/hipóteses funcionais moleculares e molares, que orientaram a terapeuta na sistematização dos objetivos específicos a serem trabalhados no processo terapêutico da mãe (Nery & Fonseca, 2018).

Resultados e discussão

Os resultados são organizados em três conjuntos de dados: (1) formulação/estudo do caso; (2) medidas de resultado pré e pós-intervenção; (3) medidas de processo: interação terapêutica.

1 Formulação do caso

A cliente que participou do processo psicoterápico para o desenvolvimento de habilidades sociais educativas parentais foi Débora (nome fictício), 34 anos, Ensino Médio completo, casada pela segunda vez e mãe de três filhos (dois meninos de 8 anos e 16 anos e uma menina de 6 anos). Buscou terapia para lidar com seu filho adolescente, L. (16 anos), fruto do seu primeiro casamento.

A queixa de Débora era que seu filho L. chorava muito, reclamava de insônia, brigava com os irmãos, ficava muito tempo no celular com amigos, recusava-se a comer, respondia aos professores com palavrões, estava agressivo em casa e na escola, não copiava matéria e falava em se

matar. O adolescente foi descrito pela mãe como explosivo, enfrentativo, questionador e reclamão. Relatou que a convivência familiar estava insuportável a ponto de cogitar a possibilidade de mandá-lo morar com o pai biológico. Sobre as brigas em casa, a mãe informou que L. enfrentava a mãe com socos e palavrões, dizia não gostar da irmã por esta ser a "queridinha dos pais" (sic). Informou que L. havia terminado um namoro e que isso o deixou ainda pior em relação a se trancar no quarto, chorar e ficar nervoso.

Por meio da avaliação psicológica, foi possível verificar, na história de interação familiar, que mãe e filho tinham preferências e hábitos muito diferentes e que ambos se tratavam com agressividade. Débora achava o filho muito convencido pelo modo de se portar, corte de cabelo e pelas roupas que usava, chamando-o de babaca. L., por sua vez, reclamava que a mãe não lhe dava atenção e a pirraçava usando as roupas desaprovadas por ela, passando gel para arrepiar o cabelo e ouvindo som alto. Geralmente, nessas situações L. recebia atenção da mãe, mesmo que de forma negativa.

L. amava jogar futebol, mas reclamava que a mãe além de nunca ter tempo para vê-lo jogar, ainda reduziu o tempo de treino para que L. a ajudasse a cuidar dos outros filhos. Diante de alguma atitude de L. reprovada pela mãe, como o jeito de se vestir ou as músicas que ouvia, a mãe relatou que gritava com o filho, olhava de cara feia, batia de cinta, chutes e dava murros, ameaçava o filho até conseguir que este lhe obedecesse. Nessas situações, o filho revidava as agressões da mãe segurando-a pelos braços para não apanhar o que geralmente deixava os braços dela roxos. Débora relatou já ter quebrado uma bacia de plástico em L. quando ele não obedeceu a seu pedido de calar a boca diante de suas ordens.

Quadro 1

Análise funcional molecular: descrição das contingências quanto às queixas apresentada pela mãe

Antecedentes	Respostas do filho	Consequências	Processos	Efeitos
Padrasto agrada os outros filhos e priva L. de afeto.	*Problemas de comportamentos de L.:* briga com os irmãos.	*Atitudes da Mãe:* dá atenção negativa dizendo que ele está com ciúmes; faz piadas com a aparência dele; olha com reprovação, xinga, bate de cinta, chutes e murros.	R+ P+	Sente-se bem com a atenção devido ao seu histórico de privação.
Diante do pedido da mãe para se arrumar para sair.	Usa roupas apertadas e desaprovadas pela mãe; arrepia o cabelo com gel.			Raiva/Tristeza
Frente ao pedido para limpar a casa.	Liga músicas que a mãe não gosta e em volume alto durante a limpeza.			
Professores pedem para prestar atenção e copiar a matéria.	Responde aos professores, não copia matéria.	Fala com o filho e ameaça mandar o filho embora.	R+ P-	Medo
Mãe solicita que o filho atenda algum cliente.	Atende mal os clientes da mãe.	Evita pedir favores de trabalho ao filho.	R-	Alívio

Legenda: P+, punição positiva; P –, punição negativa; R+, reforçamento positivo; R –, reforço negativo.

Conforme apontado no quadro 1, L. apresenta problemas de comportamentos tanto diante de demandas familiares, laborais e escolares quanto diante de situações em que o padrasto agrada os outros irmãos. Como consequência recebe atenção da mãe que se dirige ao filho, fala com ele, ainda que seja por meio de práticas negativas como dar broncas, olhar feio, fazer piadas, bater, xingar. Como L. encontra-se privado de atenção e afeto, as consequências providas pela mãe acabam reforçando os comportamentos inadequados do adolescente. Ainda que receba punição física contingente aos problemas de comportamento, parece que o efeito da punição é momentâneo, servindo apenas para conter os comportamentos inadequados no momento em que ocorrem. Mas como o filho não aprendeu outra forma de conseguir atenção e afeto, as consequências providas pela mãe acabam mantendo os comportamentos inadequados do filho.

A mãe reclamou que gostaria que ele a ajudasse na venda dos produtos do laticínio da família, mas sempre que lhe fazia esse pedido o filho maltratava os clientes, falava que não tinha os produtos ou se recusava a atender. Dessa forma a mãe evitava colocá-lo neste tipo de trabalho por um lado, mas brigava com ele, por outro. Ao eximir o filho da responsabilidade de atender os clientes, a mãe reforçava o comportamento-problema do filho de ser mal-educado, pois o livrava da tarefa. E as brigas, ainda que ela pensasse estar corrigindo o filho, também mantinham esse comportamento-problema por se tratar de uma atenção negativa, vindo ao encontro da necessidade do filho de atenção parental.

Sobre a relação com o padrasto, este não interferia nas brigas de L., uma vez que a mãe lhe dizia que ele não era o pai biológico. Em relação à rotina de L., ele cursava o Ensino Médio no período matutino e trabalhava aos finais de semana como garçom em uma pizzaria. Durante as tardes ficava em casa e três vezes por semana treinava futebol no clube da cidade.

Nas sessões de avaliação psicológica inicial, quando questionada sobre os pontos positivos do filho, a mãe disse que não os observava, depois, a partir de perguntas da terapeuta, relatou que ele era carinhoso, ajudava na limpeza da casa (banheiro, louça, o quarto dele e carpir o quintal) e que era um ótimo jogador de futebol, comportamentos que não eram diretamente valorizados pela mãe. Informou que L. chegou a ser convidado por um olheiro para ir treinar em outra cidade, mas a mãe não autorizou que o filho fosse porque teria que arcar com todas as despesas e não tinha esse recurso. Depois de não ter dado certo mudar de cidade para treinar futebol, negociou com o filho de pagar uma academia para que ele ganhasse massa muscular e se aprimorasse. O menino ficou muito triste, mas aceitou; nesse caso a mãe cedeu em parte, podendo ser considerado uma reserva comportamental.

A expectativa da mãe para com o atendimento era de que ela conseguisse mudar o filho para que este não lhe respondesse mais e que fosse mais obediente.

Quadro 2

Análise Funcional Molecular – Descrição das contingências quanto às práticas parentais apresentada pela mãe frente aos comportamentos habilidosos de L.

Antecedentes	Respostas do filho	Consequências	Processos	Efeitos
Após o treino da academia; e com a mãe em casa assistindo TV.	*Atitudes de L.:* tenta fazer carinho na mãe e inicia conversa querendo mostrar seus músculos.	*Atitudes da mãe:* ignora ou pede para ele ficar quieto e sair, pois ela quer ver a novela.	P-	Decepção, raiva
Mãe solicita ajuda com serviço doméstico.	L. ajuda a limpar a casa, carpe o quintal e organiza seu quarto. Liga o som alto para pirraçar a mãe.	Critica o jeito de o filho limpar. Reclama das músicas que o filho ouve.	P+ R+	Fica feliz ao pirraçar a mãe
Diante do seu *hobby* preferido, jogo de futebol.	L. convida mãe para assistir. Joga muito bem.	Mãe não comparece ao jogo. Diminui tempo de treino no futebol para que o filho a ajude em casa. Recebe convite do treinador para treinar em time profissional em outra cidade.	P- R+	Frustração Felicidade pelo convite

Legenda: R–, reforço negativo; R+, reforço positivo; P+, punição positiva; P–, punição negativa.

É possível notar, como representado no quadro 2, que as iniciativas habilidosas do filho em se aproximar da mãe (com carinho, querendo conversar, ajudando em casa, convidando-a a assistir seu jogo) acabam sendo punidas ou ignoradas por ela, por não serem comportamentos valorizados ou mesmo por ela achar que são obrigações, como a limpeza da casa. Essa atitude da mãe de ignorar, criticar, reclamar, além de gerar raiva e frustração no filho, também o priva de atenção positiva. Nessas relações, L. aprende também que, para chamar a atenção da mãe, funciona melhor suas atitudes de pirraça, como ouvir som alto enquanto limpa a casa.

Sobre a história de vida de Débora, relatou que seus pais se separaram quando ela tinha 8 meses de idade. Sua mãe foi embora, deixando os filhos com o pai que se casou novamente. Informou que seu pai sempre foi bruto, sem educação e agressivo, o que pode ter colaborado com a aprendizagem do uso de comportamentos agressivos (práticas negativas) para tentar regular o comportamento agressivo do filho. A interação descrita pode ser entendida pelo modelo de ciclo coercitivo (Patterson, Reid & Dishion, 2002), em que mãe e filho se agridem mutuamente, cujas respostas são mantidas por reforçador negativo e eventual reforçador positivo. A própria cliente relatou acreditar que tenha aprendido esse "jeito explosivo" com o seu pai. Informou que se casou muito jovem, com 18 anos, para sair de casa e logo engravidou de L. Desse modo, a cliente entra em um relacionamento como estratégia de fuga/esquiva das agressões que enfrentava no ambiente familiar. Seu primeiro marido a traía, ia para festas, deixava-a sozinha em casa com o filho. Depois de muitas brigas, separaram-se quando L. tinha 3 anos. Após um tempo conheceu outro homem com quem permanece casada há 12 anos e teve mais dois filhos.

Débora informou que toda a responsabilidade de cuidar da casa, dos filhos e administrar a empresa familiar (laticínio) ficava por conta dela, gerando sobrecarga e estresse. Adicionalmente, demonstrou estar cansada e sobrecarregada porque não conseguia a obediência de L. para facilitar sua rotina. Nesse ponto do relato, parece que a cliente considera que a rotina doméstica seria também da responsabilidade do filho, uma vez que ela estava sobrecarregada, mas como ela impunha tal regra sem negociar, gerava conflitos.

À noite e finais de semana estava sempre cansada, sem tempo para diversão em família, ou seja, com escassez de reforçadores positivos. No seu casamento atual, também ocorriam brigas frequentes e agressões na frente dos filhos. Relatou uma traição por parte do marido e a pressão de L. para que se separasse do padrasto. Portanto, verifica-se que Débora teve uma história de aprendizagem de muita punição e pouco reforçadora, o que favorece um repertório de solução de problemas limitado, bem como sintomas de ansiedade associados. Nesse ínterim, lidar com as demandas de casada, trabalhadora e mãe, com esse repertório limitado, gera conflitos interpessoais em todas as esferas, aumentando o mal-estar.

Débora é uma mulher bonita, jovem, vaidosa, trabalhadora, porém controladora e rígida com a rotina que impõe para a família. A forma como ela obtém obediência, ao menos em parte das vezes, mantém tais respostas de controle e rigidez. Fala alto e de forma autoritária inclusive na interação terapeuta-cliente. Nas sessões queria decidir sobre o que fazer em terapia e quando terminava a sessão, apontando para o relógio e dizendo que o tempo da terapeuta havia acabado. Tem muita dificuldade de se colocar no lugar dos filhos, de elogiar ou demonstrar carinho, mas parece ser muito cuidadosa provendo as necessidades materiais deles. Mostra-se agradável e divertida quando conversa sobre assuntos de concordância mútua. É muito responsável nos compromissos, vindo pessoalmente desmarcar a sessão diante de algum imprevisto ou ligando com antecedência e já reagendando para o dia seguinte sendo, portanto, considerado reservas comportamentais da cliente. Adicionalmen-

te, embora demonstrasse ser pouco empática e muito autoritária, não parecia ser negligente nos cuidados com os filhos, sendo constantemente solicitada por eles para dar opinião sobre tudo ou para pedirem as coisas.

O quadro 3 apresenta a análise funcional molar do caso, ou seja, a compreensão funcional das variáveis históricas envolvidas no padrão comportamental dos problemas internalizantes e externalizantes do adolescente.

Quadro 3

Análise funcional molar do padrão de problemas de comportamento internalizantes e externalizantes do adolescente, obtidos na avaliação psicológica inicial

Respostas que caracterizam o padrão de comportamento	História de Aquisição	Contextos atuais mantenedores	Consequências que fortalecem o padrão	Consequências que enfraquecem o padrão
Agressão física e verbal à mãe, xingamento, fala irônica, provocação aos irmãos, crises de choro, reclamação, insônia, passar muito tempo no celular, recusa a comer, recusa em copiar matérias na escola, falar em se matar.	Negligência/ausência paterna. Modelo parental de agressividade e autoritarismo. Baixa demonstração de afeto e empatia por parte dos pais. Ciúmes da relação dos pais com seus irmãos.	Ambiente familiar com regras rígidas. Atenção da mãe contingente resolução de problemas e escassez de interações familiares prazerosas por conta da rotina com a empresa familiar. Traição do padrasto; Desinteresse acadêmico. Rompimento do namoro.	Atenção negativa por parte da mãe (R+). Evita trabalho na empresa da família (R-).	Diminuição do tempo de treino com futebol (P-). Sente-se sozinho e desprezado pelos pais (P-). Notas baixas pela não participação em atividades escolares (P+).

Conforme descrito no quadro 3, o padrão comportamental dos problemas internalizantes e externalizantes do adolescente foi aprendido e mantido no contexto familiar, com repercussão para o adolescente no contexto escolar e no relacionamento amoroso. É possível hipotetizar que, embora o padrão de comportamento do adolescente esteja sendo mantido por reforçadores provenientes da interação familiar, esse padrão tem trazido prejuízo em outros contextos, como

o escolar e social, pondo em risco a aprovação acadêmica do adolescente, o estabelecimento de relações significativas e o engajamento no seu *hobby*. Também, por mais que receba atenção negativa nos momentos de briga com a mãe e irmãos, parece ser aversivo para L. não se sentir valorizado e admirado tanto nas atividades que faz em casa quanto no seu envolvimento com o futebol. Tais consequências aversivas (privação) podem ser consideradas uma operação estabelecedora motivacional propiciando o engajamento do adolescente em aprender novas formas de agir, menos problemáticas e mais habilidosas.

Em relação à mãe buscar terapia na fase da adolescência, é bem provável que isso tenha acontecido por não estar mais conseguindo controlar o comportamento com suas práticas negativas, em decorrência do desenvolvimento físico do garoto, que consegue contracontrolar (Skinner, 2002, 2003). No entanto, observa-se que a atenção provida pela mãe, ainda que negativa, parece ser reforçadora para o adolescente, uma vez que este se sente sozinho e tem uma história de privação de afeto, o que pode funcionar como operação estabelecedora (Miguel, 2000; Todorov & Moreira, 2005).

O quadro 4 apresenta os principais excessos, déficits e reservas comportamentais apresentados tanto pela mãe quanto pelo filho adolescente. É muito importante para o processo terapêutico, quer este seja semiestruturado, como foi o caso dessa intervenção, ou não, que o terapeuta tenha clareza de quais comportamentos precisam aumentar ou diminuir de frequência. Bem como por onde iniciar a intervenção, planejando um processo de modelagem dos comportamentos-alvo.

Quadro 4

Descrição das reservas, excessos e déficits comportamentais apresentados tanto pela mãe quanto pelo filho adolescente, obtidos a partir dos resultados dos instrumentos CBCL, RE-HSE-P e Roteiro de entrevista clínica semiestruturada

Reservas comportamentais da mãe

Preocupação e cuidado com as necessidades materiais da família.

Presença de regras, limites e estruturação da rotina.

Tem bom vocabulário e destreza em descrever o que não gosta.

Comprometida e compromissada com a rotina familiar.

Disposição e interesse para terapia.

Dá opinião aos filhos e aceita alguma negociação.

Excessos	Déficits
Corrigir o filho com críticas, gritos e agressão física.	Empatia, negociar regras, limites, possibilidades, expressar assertivamente sentimentos negativos, opiniões, solicitar mudança de comportamento, lidar com críticas, admitir erros.
Seguir regra rigidamente, pouco sensível às consequências.	Dar elogios, carinho e atenção aos filhos ou contingentes a bom comportamento dos filhos.
Punir a aproximação do filho para diálogo e expressão de sentimentos.	Assertividade na relação com o marido e filhos.
Muito ocupada com a rotina de trabalho na empresa familiar.	Auto-observação e autoconhecimento (não discrimina relação entre suas práticas e os comportamentos do filho).
Impor, sem conversar/negociar, ao filho tarefas que seriam dela, como as condizentes ao cuidado dos outros filhos e trabalho.	Falta de relações de intimidade, ter com quem contar.

Reservas comportamentais do adolescente	
Faz pedidos, presta ajuda, conta intimidades, expressa carinhos.	
Demonstra ficar feliz com a atenção da mãe.	
A interação com a mãe tem alto valor reforçador.	
Trabalha em casa e fora, cumpre compromissos, honesto com dinheiro.	
Sensível, vaidoso e carinhoso.	
Excessos	**Déficits**
Teimoso, desafia as regras impostas pela mãe para obter atenção.	Reagir com enfrentamento assertivo aos limites e expectativas da mãe.
Agressivo verbalmente e fisicamente.	Seguir regras, negociar, conversar assertivamente, pedir mudança de comportamento.
Irônico.	Lidar com críticas, admitir erros.
Briga com irmãos.	

Os déficits, excessos e reservas comportamentais permitiram à terapeuta estabelecer os seguintes objetivos comportamentais trabalhados em psicoterapia com a mãe:

• Melhorar a qualidade da comunicação: fazer mais perguntas com relação à vida e interesses do filho. Dar atenção quando o filho inicia uma conversação. Diversificar contextos e assuntos das conversas que iniciava com o filho.

• Colocar-se no lugar do filho, identificando os direitos dele com relação a gostos pessoais, treino de empatia.

• Perceber como positivo e elogiar o fato de o filho adolescente ajudar em casa, ser responsável no trabalho fora de casa, se envolver com esporte, ser carinhoso.

• Ensinar reforçamento diferencial como substituição às críticas, agressões e outras práticas negativas, favorecendo que a mãe empregasse suas habilidades contingentes aos comportamentos positivos do filho.

• Agir com flexibilização de regras e expectativas com relação ao filho. Negociar.

• Desenvolver habilidades de expressão de sentimentos negativos, opiniões (discordar e concordar) com assertividade em relação ao marido e filho.

• Identificar os próprios direitos relacionados a descanso, lazer e fazer amigos.

• Dividir responsabilidades conjugais e tolerar quando os outros façam as coisas combinadas, ainda que do jeito deles e não do jeito e no tempo dela.

• Ter habilidades de observação, descrição de contingências, e desenvolvimento de autoconhecimento.

Além da formulação de caso, os demais instrumentos utilizados (SiMCCIT, CBCL e RE-HSE-P) permitiram avaliar as aquisições comportamentais da mãe no decorrer da terapia, bem como os problemas de comportamento do filho adolescente, a dinâmica da interação familiar e as práticas parentais que poderiam estar envolvidas no desenvolvimento e manutenção de tais problemas.

Os resultados do CBCL e RE-HSE-P aplicados com a mãe fizeram parte das variáveis investigadas para a composição da avaliação psicológica do adolescente. As figuras 1 e 2 apresentam os resultados obtidos na avaliação inicial com esses instrumentos. Já os resultados do instrumento SiMCCIT (fig. 3) compuseram a investigação e mensuração das categorias de relato verbal vocal da mãe (metas, melhora, concordância, estabelecimento de relações) que indicaram as aquisições comportamentais da mãe, de acordo com os objetivos terapêuticos promovidos em psicoterapia.

Figura 1
Resultados T escores e classificação em Limítrofe (L), Clínico (C) e Normal dos problemas de comportamento internalizantes, problemas sociais, transtorno afetivo, problema de atenção e problemas externalizantes, mensurados pelo instrumento CBCL, na avaliação psicológica inicial

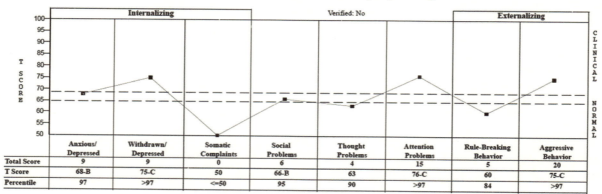

Os dados obtidos com o instrumento CBCL, na avaliação psicológica inicial, indicaram que L. estava com escore *clínico* para problemas de comportamento internalizante (depressão/ isolamento – escore 75), externalizante (agressividade – escore 75) e problema de atenção (escore 76). O escore para ansiedade (escore 68) e problemas sociais (escore 66) foram classificados como *limítrofe*. Desse modo, o adolescente, antes da intervenção, apresentava comorbidade de problemas internalizantes e externalizantes.

2 Medidas de resultado pré e pós-intervenção

Como a avaliação pela CBCL se baseia na frequência e intensidade de respostas dos clientes, pautadas nas descrições topográficas e não funcionais, a avaliação psicológica foi complementada com a análise dos dados do instrumento RE-HSE-P, com observações da entrevista clínica e das sessões terapêuticas. A figura 2 apresenta os resultados da aplicação do RE-HSE-P quanto às classes *comunicação*, *expressão de sentimentos e opiniões* e *estabelecimento de limites* nas avaliações iniciais e finais.

Figura 2
Resultados obtidos no RE-HSE-P nas medidas da avaliação psicológica inicial e final da mãe, referente às categorias comunicação, expressão de sentimentos e opiniões e estabelecimento de limites

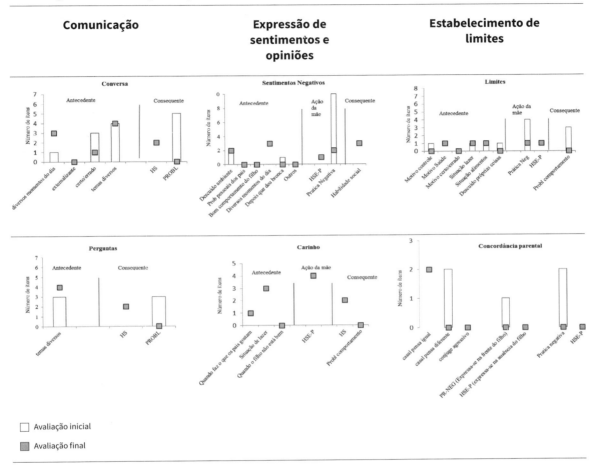

A avaliação inicial dos fatores do instrumento RE-HSE-P permitiram explorar a relação de contingência estabelecida na interação mãe e filho e de que forma os problemas de comportamento internalizantes e externalizantes do adolescente estavam sendo aprendidos e mantidos no contexto familiar.

Quanto à classe de habilidades *comunicação* (conversar, fazer perguntas), verifica-se que a mãe ocupava pouco tempo para *conversar* com o filho, mas quando o fazia era principalmente para expressar suas concepções de certo/errado relacionado a como ela gostaria que o filho fizesse as coisas (o jeito certo de cortar o cabelo e se vestir, de tratar os irmãos, de limpar a casa, segundo a mãe). Dentre os temas das conversas estavam as brigas com os irmãos, suas tarefas domésticas, uso do celular, sobre participar de um campeonato de futebol, o que a mãe fazia de forma agressiva e impositiva. Como consequência apareciam os problemas de comportamento: o adolescente geralmente gritava, agia com agressividade física e verbal, batia porta, enfrentava a mãe.

No que diz respeito a *fazer perguntas*, foi possível verificar que a mãe utilizava esse recurso somente para obter informações do seu interesse, por exemplo, se o filho havia vendido algum queijo (trabalho da família), se havia recebido em dinheiro ou em cheque, sobre o pai biológico do menino se havia ou não enviado o dinheiro da pensão. Como consequência, o adolescente apresentava comportamentos habilidosos com baixa frequência e se comportava de forma a irritar a mãe com piadinhas, ironia ou ignorando as perguntas. Constata-se que embora o instrumento indique diversidade dos temas abordados na comunicação, as ocasiões e os assuntos das conversas da mãe com o filho não estavam relacionados a temas de interesse do adolescente, além de serem feitas de forma ríspida e autoritária.

Em relação à classe de habilidades que envolve *expressão de sentimentos e opiniões*, foram selecionados os itens *expressar sentimentos negativos e carinho* para a análise. Os resultados da avaliação psicológica indicaram que a forma como Débora expressava seus sentimentos negativos, na avaliação inicial, era geralmente por meio de práticas negativas falando que não gostava do filho, por zombar, implicar, jogar as roupas dele no lixo, bater, xingar, gritar, mandando-o calar a boca, jogando objetos no filho e ameaçando-o. Isso acontecia frente ao descuido do menino com as próprias coisas, ou relacionadas à maneira de o filho se arrumar ou se portar em casa, ou quando atendia mal os clientes da empresa familiar. Como consequência o adolescente seguia o modelo de respostas fornecido pela mãe, modelo este nada habilidoso e de muita agressividade. O filho se comportava de forma a ignorar e sair de perto ou xingar a mãe.

Quanto às interações de demonstração de carinho, esse tipo de interação mãe-filho não acontecia. A mãe informou ter muita dificuldade em elogiar ou manter contato físico com os filhos por não ter tido modelo em casa e por considerar que eles poderiam lhe desrespeitar caso ela fosse mais dócil, seguindo regra que não descrevia contingência (Matos, 2001; Albuquerque & Paracampo, 2010). Dificultando que os filhos, principalmente L., aprendessem ou tivessem contexto apropriado para demonstrar afeto em casa. Além do mais, pode-se perceber na história de vida da mãe/cuidadora, houve falta de modelo de demonstração de carinho e expressão de sentimentos positivos por parte dos seus pais e cônjuges, marcado por interações com alta frequência de cobranças, traições, desamparo e agressões físicas e verbais. Dessa forma, um manejo terapêutico usado pela terapeuta foi o de auxiliar no desenvolvimento de tais habilidades sendo afetuosa com a cliente por elogiá-la, abraçá-la, dizer o quanto era bem-vinda na sessão. A terapeuta perguntava como a cliente se sentia quando tratada dessa forma, além de discutir a funcionalidade das regras construídas ao longo da interação com os filhos.

Quanto à classe *estabelecimento de limites*, a figura 2 apresenta os dados da avaliação inicial das categorias *limites e concordância parental*. É possível notar que a mãe o fazia para ter controle do comportamento do filho diante das reclamações da escola sobre suas conversas excessivas em sala de aula, bater nos irmãos, limpar a casa com som alto e enviar mensagens no celular. Nessas ocasiões a mãe relatava que ficava revoltada, batia, xingava, jogava e quebrava objetos no filho, ao que este reagia com ironia rindo da cara da mãe, desobedecendo, ignorando a fala da mãe e repetindo o erro para pirraçá-la. Ao final das brigas, a mãe conseguia fazer o filho obedecer, ainda que com alto custo.

Também é possível visualizar na figura 2 a falta de *concordância parental* na educação dos filhos. Débora relatou não concordar com a forma de o marido educar os filhos pois ele era "puxa-saco" (*sic*) da caçula que é a única menina e acabava não sendo carinhoso com os outros filhos. Informou que expressava seus desentendimentos com o marido na frente dos filhos e como consequência acabavam brigando e se agredindo fisicamente.

Percebe-se então que o estabelecimento de limites estava atrelado a práticas negativas. Segundo Pacheco e Hutz (2009) e Silveira et al. (2003), isso ocorre porque são os problemas externalizantes que causam mais incômodo aos pais e às demais pessoas do convívio familiar, fazendo com que os pais tomem providências urgentes para eliminá-los. Sabe-se que a punição, embora tenha efeitos colaterais, ainda é um comportamento utilizado pela eficácia dos seus efeitos imediatos em conter os problemas de comportamento dos filhos (Cameschi & Abreu-Rodrigues, 2005; Sidman, 1995).

Após o processo psicoterápico da mãe e o ensino das habilidades sociais educativas parentais, os instrumentos RE-HSE-P e CBCL foram novamente aplicados para uma segunda avaliação psicológica do filho adolescente. As figuras 2 e 3 apresentam os resultados desses instrumentos.

Conforme apresentado na figura 2, na avaliação psicológica final, no quesito *comunicação*, a mãe passou a interagir em diversos momentos do dia com o filho, quando chegavam em casa, ao almoçarem juntos, à noite, sobre temas diversos de maior interesse do filho, como: academia, namoro, trabalho e sobre seu cuidado com o cor-

po. Nessas ocasiões o filho apresentou comportamentos habilidosos respondendo às conversas da mãe e brincando de forma descontraída com ela, funcionando como reforçador positivo para ambos. Verifica-se ainda que a interação da mãe com *perguntas* alterou na diversidade dos temas, procurando saber sobre as vendas e recebimentos, mas também sobre os dias e desempenho nos treinos de futebol, ao que o adolescente passou a demonstrar comportamentos habilidosos ao relatar o que tinha feito e a fazer brincadeiras aceitáveis para a mãe, não apresentando problemas de comportamento.

Em relação à classe *expressão de sentimentos e opiniões,* os dados da avaliação psicológica final indicaram que a *expressão sentimentos negativos* diminui o escore das práticas negativas para 2 (gritando e às vezes batendo no filho) e passa a conversar descrevendo para o adolescente seus sentimentos negativos (HSE-P, escore 1) em diversos momentos do dia e diante do descuido do menino com as próprias coisas. Relatou um episódio no qual explicou para o filho que não gostava quando ele lavava a louça ou limpava a casa ao mesmo tempo em que enviava mensagens no celular, porque geralmente deixava a torneira ligada ou fazia o serviço de qualquer jeito. As habilidades sociais do adolescente aumentaram na avaliação psicológica final, obedecendo, explicando para a mãe por que agiu de determinada maneira e até descrevendo que não gostava quando a mãe gritava com ele.

Sobre a expressão de *carinho*, a mãe passou a demonstrar sentimentos, retribuir gestos de carinho, comprar presentes para os filhos, descrever comportamentos ao invés de brigar, passar mais tempo com a família, variar as conversas com os filhos e a se interessar pela vida e atividades do filho. O comportamento do adolescente também alterou sendo mais obediente aos pedidos da mãe, dando explicações dos seus comportamentos, sendo mais carinhoso e sorrindo.

A classe *estabelecimento de limites*, na avaliação final, também teve alterações, conforme apresentado na figura 2. Após a intervenção, a mãe passou a estabelecer limites por motivos de saúde, lazer, alimentos e descuidos do menino com as próprias coisas e não mais para ter controle sobre ele. A forma do estabelecimento de limites alterou, havendo diminuição no uso de práticas negativas e as habilidades sociais educativas aumentaram. Como consequência, os problemas de comportamento do adolescente diminuíram, conforme expresso na avaliação final.

Também é possível notar sobre a *concordância parental*, que ambos passaram a concordar mais com a forma de educar os filhos, que o marido passou a conversar mais, oferecendo mais explicação sobre o que o casal devia ou não fazer com todos os filhos (HSE-P, escore 3), aumentando a chance de consistência parental. E que embora ainda discutissem diante dos filhos, havia mais conversa em família (HSE-P, escore 1).

De forma geral, é possível notar na figura 2 que a intervenção oportunizou o aumento da classe de comportamentos referentes às habilidades sociais educativas parentais da mãe e habilidades sociais do adolescente (HSE-P e HS), além da diminuição da classe de comportamentos referentes às práticas negativas da mãe e problema de comportamento do filho (PR NEG e PROBL). Esses dados corroboram os encontrados por Bolsoni-Silva et al. (2008), e também trazem contribuições acerca dos estudos sobre a busca de evidências no treinamento de pais para mudanças de comportamentos dos filhos, evidenciando as interdependências comportamentais e a relevância de avaliar/descrever as interações sociais estabelecidas entre pais e filhos e não apenas o comportamento dos pais ou dos filhos (Bolsoni-Silva & Fogaça, 2018).

A figura 3 apresenta os resultados da avaliação psicológica de L. ao final do processo psicoterápico da mãe.

Figura 3
Resultados T escores e classificação em Limítrofe (L), Clínico (C) e Normal dos problemas de comportamento internalizantes, problemas sociais, transtorno afetivo, problema de atenção e problemas externalizantes, mensurados pelo instrumento CBCL, na avaliação psicológica final

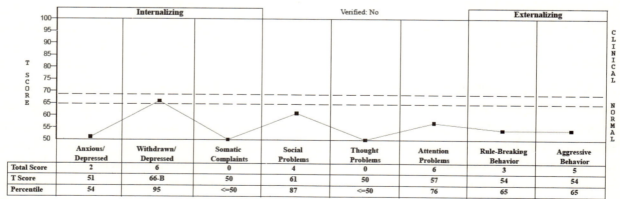

A primeira avaliação havia apresentado classificação *clínica* para problemas de comportamento inter e externalizantes. De acordo com a figura 3, os resultados do CBCL na avaliação psicológica final mudaram a classificação, sendo *normal* para problemas de comportamento do tipo externalizante, internalizante, problemas sociais, problemas de pensamento e atenção. Apenas o problema internalizante depressão/isolamento apresentou classificação limítrofe. Ainda assim, indicou melhora quando comparado à avaliação inicial no qual a depressão/isolamento apresentava classificação clínica.

Sendo assim, constata-se que as hipóteses funcionais e as metas terapêuticas geradas pela avaliação inicial mostraram-se acertadas e o trabalho psicoterápico com a mãe foi relevante para alteração dos problemas de comportamento dos adolescentes. Ao ser submetida à terapia e aprender práticas parentais positivas, verificou-se o efeito positivo na interação mãe-filho, o que serviu para alterar tanto o comportamento da mãe quanto os comportamentos-problema do filho. Tais achados demonstraram que apesar da cronicidade dos problemas do jovem, que tinha comorbidade de problemas internalizantes e externalizantes, a intervenção com a mãe foi suficiente para reduzir para não clínicos os problemas de comportamento e ampliar as habilidades sociais, reafirmando o treino parental como padrão-ouro no tratamento de problemas de comportamento (Bolsoni-Silva & Fogaça, 2018).

De acordo com Bolsoni-Silva et al. (2010), ao proporcionar que os pais desenvolvam práticas educativas habilidosas, esses poderão, por modelagem e modelação, ensinar seus filhos a terem interações mais habilidosas. Desse modo, os pais podem alterar suas práticas parentais para outras menos coercitivas, produzindo reações menos agressivas nos filhos e mais reforçadoras. Reações menos agressivas contingentes a práticas positivas podem fortalecer a manutenção de tais práticas. Além de se comportarem de maneira habilidosa diante de um problema de comportamento do filho, fornecendo modelo de como tratar e ser tratado pelos outros, tem-se nessa alteração de contingências o surgimento de uma nova relação parental, com possibilidade de interações que vão além da obediência às regras, mas também da possibilidade da amizade, diálogo, demonstração de carinho, respeito e amor (Webster-Stratton & Herbert, 1993). Tal proposta de trabalho está em consonância com a perspectiva construcional de Goldiamond (1974/2002) que afirma que habilidades sociais podem ser consideradas comportamentos funcionalmente equivalentes, ou seja, se o jovem consegue atenção, resolver problemas com repertório habilidoso, os problemas de comportamento perdem a função e tendem a diminuir; o mesmo raciocínio cabe também ao repertório da mãe, se ela aprende a estabelecer limites e a emitir outras respostas de interação positiva para obter afeto e obediência dos filhos, ela não precisa recorrer às práticas negativas, que tendem a reduzir de frequência.

O aumento da frequência e qualidade das habilidades da mãe/cuidadora e de seu filho, juntamente com a diminuição da frequência e da qualidade das práticas negativas da mãe e problemas de comportamento do filho, fornece indicativo da efetividade da intervenção quanto à ampliação de comportamentos habilidosos da mãe e redução das suas práticas negativas, além da aquisição e/ou desenvolvimento das habilidades sociais do filho adolescente e redução dos seus problemas de comportamento, corroborando dados de pesquisas com o Promove-Pais

(Bolsoni-Silva et al., 2008; Bolsoni-Silva & Marturano, 2010).

3 Medidas de processo: interação terapêutica

Como medidas de observação direta são muito importantes, além dos instrumentos de autorrelato aplicados na avaliação psicológica inicial e final, a análise das porcentagens das categorias verbais vocais de Débora, no decorrer das sessões, lançam luz sobre as mudanças comportamentais ocorridas ao longo do processo psicoterápico e evidenciam os ganhos terapêuticos da mãe.

Figura 4
Média da porcentagem das categorias verbais vocais Cliente Estabelece Relação (CER), Concordância (CON), Melhora (MEL) e Solicitação (SOL), mensurados pelo instrumento SiMCCIT, ao longo do processo psicoterápico da mãe

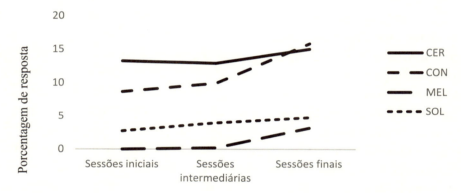

É possível visualizar na figura 4 um aumento das verbalizações das categorias verbais vocais Concordância (CON), Melhora (MEL) e Solicitação (SOL) no decorrer do processo psicoterápico, principalmente das sessões intermediárias para as sessões finais. Os dados de Concordância (CON) sugerem que, para Débora, houve adesão terapêutica, ou seja, uma maior aceitação por parte da cliente das recomendações, perguntas de reflexão, interpretações e informações providas pela terapeuta sobre as habilidades sociais educativas parentais. Já o aumento da categoria Solicitação (SOL) indica que a ocorrência de pedidos da cliente à terapeuta (informações, opiniões, asseguramento, recomendações ou procedimentos) aumentou ao longo do processo psicoterápico. O aumento dessas categorias parece demonstrar a confiança e contentamento da cliente em relação ao processo terapêutico e o mesmo ganho foi observado por Silveira (2009) no atendimento a mães de crianças com problema de comportamento. Esse dado é relevante para demonstrar que o Promove-Pais foi aplicado contingente às demandas da cliente, garantindo estruturação e flexibilização, estando de acordo com o recomendado pela Prática Baseada em Evidência (APA, 2006).

A categoria estabelecimento de relações entre eventos (CER) apresenta porcentagem de ocorrência inicial e final parecidas, sendo menor nas sessões intermediárias. No entanto, as verbalizações de relações entre eventos (CER) que ocorrem em maior frequência ao final da terapia são qualitativamente diferentes das relações estabelecidas no início do processo psicoterápico. O estabelecimento de relações entre eventos (CER) pode ser um indicativo de que a cliente aprendeu a descrever as variáveis controladoras de seu comportamento, aumentando o autoconhecimento (Zamignani & Meyer, 2014; Kanamota et al., 2014; Rose et al., 2012), condição primeira para o comportamento de autocontrole (Santos & Nogueira, 2020). Essa categoria ser mais frequente nas sessões iniciais pode ser um indicativo das relações ou hipóteses que a cliente faz de seus comportamentos e apresenta ao terapeuta como possíveis causas no início da terapia, mas que não necessariamente remete a regras do tipo tato (Zamignani, 2007; Kanamota, 2013; Almeida, 2020), as quais ocorreram ao final da intervenção. Já nas sessões finais o estabelecimento de relações apresentado pela cliente parece mais um indicativo do estabelecimento de relações entre eventos (CER) – indicativo de que a cliente está aprendendo a descrever as variáveis controladoras de seu comportamento e seguindo regras do tipo tato.

O aumento das verbalizações de Melhora (MEL) que dobram suas frequências ao longo do progresso terapêutico talvez seja a evidência mais direta da mudança da relação mãe-filho.

Considerações finais

A formulação de caso elaborada a partir da aplicação dos múltiplos instrumentos apontou a relação entre suas práticas e os comportamentos dos filhos. Práticas estas marcadas por punição e atenção negativa por parte da mãe, negligência do pai, brigas entre o casal diante dos filhos, diferença de tratamento entre os filhos caçulas e o adolescente. Toda essa interação negativa fez com que L. aprendesse, por modelo e modelagem, a se comportar de forma agressiva e opositiva tanto em casa quanto na escola.

Uma vez que as metas terapêuticas foram estabelecidas e trabalhadas, ficou evidente a mudança de atitude na relação mãe-filho. Esta passou a interagir com L. usando práticas parentais positivas o que foi evidenciado na diminuição dos problemas de comportamento do adolescente e aumento de suas habilidades sociais, como retratam as figuras 2 e 3 na avaliação final.

A utilização de múltiplos instrumentos de avaliação psicológica aplicados na mãe em diferentes momentos também exprimiram seus benefícios. Primeiramente foi importante para realizar o diagnóstico dos problemas de comportamento internalizantes e externalizantes do adolescente, também para analisar a relação de tais problemas com as práticas parentais, além de ser proveitoso no levantamento de hipóteses funcionais a serem trabalhadas na psicoterapia.

A replicação dos instrumentos de avaliação após a intervenção com a mãe/cuidadora também se mostrou favorável para mensurar tanto os resultados do processo psicoterápico da mãe quanto a constatação da alteração do diagnóstico clínico do adolescente.

Conclui-se, portanto, que para avaliar problemas de comportamento de adolescentes é preciso o uso combinado de instrumentos diagnósticos e funcionais, tanto de relato quanto de observação direta, de forma a descrever as interações sociais estabelecidas na história de aprendizagem e na atualidade, incluindo déficits, excessos e reservas comportamentais da díade. Tais medidas devem orientar a intervenção, que precisa seguir sendo avaliada processualmente e ao final da intervenção. Como limitações deste estudo destaca-se que a avaliação seria mais completa considerando também medidas (de relato e observacionais) na escola, com outros membros familiares e com o próprio adolescente, o que poderá ser considerado em futuras investigações.

Referências

Achenbach, T. M., & Rescorla, L. A. (2001). *Manual for the Aseba School-Age Forms & Profiles*. University of Vermont, Research Center for Children, Youth & Families.

Adorno, S. (2002). Exclusão socioeconômica e violência urbana. *Sociologias, 4*(8), 84-135.

Albuquerque, L. C., & Paracampo, C. C. P. (2010). Análise do controle por regras. *Psicologia USP, 21*(2), 253-273. https://dx.doi.org/10.1590/S0103-65642010000200004

Almeida, R. B. M. (2020). *Intervenções reflexivas na terapia analítico-comportamental: Um estudo experimental de caso único* [Dissertação de mestrado, Centro Paradigma de Ciência e Tecnologia do Comportamento].

American Psychological Association. (2006). Task force on evidence-based practice: Evidence based practice in psychology. *American Psychologist, 61*(4), 271-285. https://doi.org/10.1037/0003-066X.61.4.271

Baptista, M. N., Magna, L. A., McKay, D., & Del-Porto, J. A. (2011). Assessment of obsessive beliefs: Comparing individuals with obsessive-compulsive disorder to medical sample. *Journal of Behavior Therapy and Experimental Psychiatric, 42*(1), 1-5, 2011. https://doi.org/10.1016/j.jbtep.2010.08.002

Bardin, I. A. S., Mari, J. J., & Caeiro, M. F. (2003). Validação da versão brasileira do "Child Behavior Checklist" (CBCL) (Inventário de Comportamentos da Infância e Adolescência): Dados preliminares. *Revista ABP-APAL, 17*(2), 55-66.

Bolsoni-Silva, A. T. (2007). Intervenção em grupo para pais: Descrição de procedimento. *Temas em Psicologia, 15*(2), 217-235. http://pepsic.bvsalud.org/scielo.php?script=sci_arttext & pid=S1413-389X2007000200007 & lng=pt & tlng=en

Bolsoni-Silva, A. T., & Fogaca, F. F. S. (2018). *Promove – Pais. Treinamento de habilidades sociais educativas: Guia teórico e prático.* Hogrefe.

Bolsoni-Silva, A. T., & Loureiro, S. R. (2011). Práticas educativas parentais e repertório comportamental infantil: Comparando crianças diferenciadas pelo comportamento. *Paidéia, 21*, 61-71.

Bolsoni-Silva, A. T., & Marturano, E. M. (2010). Evaluation of group intervention for mothers/caretakers of kindergarten children with externalizing behavioral problems. *Revista Interamericana de Psicología, 44*(3), 411-417. http://www.redalyc.org/articulo.oa?id=28420658002

Bolsoni-Silva, A. T., Bitondi, F., & Marturano, E. M. (2008). Intervenção em grupo para pais: A importância do diagnóstico comportamental individual. In R. Cavalcanti (org.), *Análise do comportamento: Avaliação e intervenção* (pp. 79-100). Roca.

Bolsoni-Silva, A. T., Loureiro, S. R., & Marturano, E. M. (2011). Problemas de comportamento e habilidades sociais infantis: Modalidades de relato. *Psico, 42*, 347-354.

Bolsoni-Silva, A. T., Loureiro, S. R., & Marturano, E. M. (2016b). *Roteiro de entrevista de habilidades sociais educativas parentais (RE-HSE-P): Manual técnico.* Hogrefe; Ceteppe.

Bolsoni-Silva, A. T., Marturano, E. M., & Silveira, F. F. (2019). *Orientação para pais e mães. Como melhorar o relacionamento com seu filho.* Juruá.

Bolsoni-Silva, A. T., Silveira, F. F., & Marturano, E. M. (2008). Promovendo habilidades sociais educativas parentais na prevenção de problemas de comportamento. *Revista Brasileira de Terapia Comportamental e Cognitiva, 10*, 125-142. http://www.usp.br/rbtcc/index.php/RBTCC/article/view/182/151

Bolsoni-Silva, A. T., Silveira, F. F., & Ribeiro, D. C. (2008). Avaliação dos efeitos de uma intervenção com mães/cuidadoras: Contribuições do treinamento em habilidades sociais. *Contextos Clínicos, 1*(1), 19-27. http://pepsic.bvsalud.org/scielo.php?script=sci_arttext & pid=S1983-34822008000100003 & lng=pt & tlng=en

Bolsoni-Silva, A. T., Villas Boas, A. C. V., Romera, V. B., & Silveira, F. F. (2010). Caracterização de programas de intervenção com crianças e/ou adolescentes. *Arquivos Brasileiros de Psicologia, 62*, 104-114.

Borden, L. A., Herman, K. C., Stormont, M., Goel N., Darney, D., Reinke, W. M., & Webster-Stratton, C. (2015). Latent profile analysis of observed parenting behaviors in a clinic sample. *Journal Abnormal Child Psychology, 42*(5), 731-742. 2015. https://doi.org/10.1007/s10802-013-9815-z

Cameshi, C. E., & Abreu-Rodrigues, J. (2005). Contingências aversivas e comportamento emocional. In J. Abreu-Rodrigues & M. R. Ribeiro (orgs.), *Análise do comportamento: Pesquisa, teoria e aplicação* (pp. 113-137). Artmed.

De Los Reyes, A., Augenstein, T. M., Wang, M., Thomas, S. A., Drabick, D. A. G; Burgers, D. E., Rabinowitz, J. (2015). The validity of the multi-informant approach to assessing child and adolescent mental health. *Psychological Bulletin, 141*(4), 858-900, 2015. https://doi.org/10.1037/a0038498

Del Prette, Z. A. P., & Del Prette, A. (1999). *Psicologia das habilidades sociais: Terapia e educação*. Vozes.

García-Linares, M. C., García-Moral, A. T., & Casanova-Arias, P. F. (2014). Prácticas educativas paternas que predicen la agresividad evaluada por distintos informantes. *Revista Latinoamericana de Psicologia, 46*(3), 198-210. https://doi.org/10.1016/S0120-0534(14)70023-8

Goldiamond, I. (2002). Toward a constructional approach to social problems: Ethical and constitutional issues raised by applied behavioral analysis. *Behavior and Social Issues, 11*, 108-203. https://doi.org/http://dx.doi.org/10.5210/bsi.v11i2.92

Haynes, S. N., & O'Brien, W. H. (1990). Functional analysis in behavior therapy. *Clinical Psychology Review, 10*(6), 649-668.

Kanamota, P. F. C. (2013). *Estudo da influência das respostas de empatia e recomendação do terapeuta na interação terapeuta-cliente e descrição de efeitos de um procedimento de intervenção para o tratamento de mães de adolescentes com problemas de comportamento*. Universidade Estadual Paulista "Júlio de Mesquita Filho".

Kanamota, P. F. C., Bolsoni-Silva, A. T., & Kanamota, J. S. V. (2017). Efeitos do programa Promove-Pais, uma terapia comportamental aplicada a cuidadoras de adolescentes com problemas de comportamento. *Acta Comportamentalia, 25*, 197-214.

Kanamota, P. F. C., Kanamota, J. S. V., & Bolsoni-Silva, A. T. (2014). Um estudo de intervenção psicoterapêutica com mãe de adolescente com problema de comportamento. In D. R. Zamignani & S. B. Meyer (orgs.), *A pesquisa de processo em psicoterapia: Sistema multidimensional para a categorização de comportamentos na interação terapêutica* (pp. 181-194). Paradigma Núcleo da Análise do Comportamento.

Kanfer, F. H., & Saslow, G. (1976). An outline for behavioral diagnosis. In E. J. Mash & L. G. Terdal (eds.), *Behavior therapy assessment*. Springer.

Lins, T. C. S., Alvarenga, P., Santos, C. P., Almeida, P., & Santos, H. C. (2012). Problemas externalizantes e agressividade infantil: Uma revisão de estudos brasileiros. *Arquivos Brasileiros de Psicologia, 64*, 57-75.

Matos, M. A. (2001). Comportamento governado por regras. *Revista Brasileira De Terapia Comportamental e Cognitiva, 3*(2), 51-66. https://doi.org/10.31505/rbtcc.v3i2.135

Meyer, S. B., Del Prette, G., Zamignani, D. R., Banaco, R. A., Neno, S., & Tourinho, E. Z. (2010). Análise do comportamento e terapia analítico-comportamental. In E. Z. Tourinho & S. V. Luna (orgs.), *Análise do comportamento: Investigações históricas, conceituais e aplicadas* (pp. 153-174). Roca.

Miguel, C. F. (2000). O conceito de operação estabelecida na análise de comportamento. *Psicologia: Teoria e Pesquisa, 16*(3), 259-267. https://doi.org/10.1590/S0102-37722000000300009

Nery, L. B., & Fonseca, F. N. (2018). Análises funcionais moleculares e molares: Um passo a passo. In

A. K. C. R. De-Farias, F. N. Fonseca & L. B. Nery (orgs.), *Teoria e formulação de casos em análise comportamental clínica*. Artmed.

Pacheco, J. T. B., & Hutz, C. S. (2009). Variáveis familiares preditoras do comportamento antissocial em adolescentes autores de atos infracionais. *Psicologia: Teoria e Pesquisa, 25*(2), 213-219. https://doi.org/10.1590/S0102-37722009000200009

Paludo, S. S., & Koller, S. H. (2005). Resiliência na rua: Um estudo de caso. *Psicologia: Teoria e Pesquisa, 2*(21), 187-195.

Patterson, G., Reid, J., & Dishion, T. (2002). *Antisocial boys: Comportamento antissocial*. Esetec.

Price, J. M., Chiapa, A., & Walsh, N. E. (2013). Predictors of externalizing behavior problems in early elementary-aged children: The role of family and home environments. *The Journal of Genetic Psychology: Research and Theory on Human Development, 174*(4), 464-471. https://doi.org/10.1080/00221325.2012.690785

Rohenkohl, L. M. A., & Castro, E. K. (2012). Afetividade, conflito familiar e problemas de comportamento em pré-escolares de famílias de baixa renda: Visão de mães e professoras. *Psicologia: Ciência e Profissão, 32*(2), 438-451. https://doi.org/10.1590/S1414-98932012000200012

Rose, J. C. C., Bezerra, M. S. L., & Lazarin, T. (2019). Consciência e Autoconhecimento. In M. M. C. Hubner & M. B. Moreira (org.), *Temas clássicos da Psicologia sob a ótica da análise do comportamento*. Guanabara Koonan. https://www.academia.edu/11484320/fundamentos_de_psicologia_temas_classicos_da_psicologia_sob_a_ótica_da_análise_do_comportamento

Santiago, R. T., Garbacz, S. A., Beattie, T., & Moore, C. B. (2016). Parent-teacher relationships in elementary school: An examination of parent-teacher trust. *Psychology in the Schools, 53*(10), 1.003-1.017. https://doi.org/10.1002/pits.21971

Santos, R. L., & Nogueira, C. P. V. (2020). A Importância do Autoconhecimento para o Desenvolvimento do Repertório de Autocontrole. *Id on Line Revista Multidisciplinar de Psicologia, 14*, 49, 64-81.

Sidman, M. (1995). *Coerção e suas implicações*. Psy II.

Silveira, F. F. (2009). *Análise da interação terapêutica em uma intervenção de grupo com cuidadoras* [Dissertação de mestrado, Universidade Estadual Paulista].

Silveira, J. M., Silvares, E. F. M., & Marton, S. A. (2003). Programas preventivos de comportamentos antissociais: Dificuldades na pesquisa e implementação. *Estudos de Psicologia, 20*, 59-67. https://doi.org/http://dx.doi.org/10.1590/S0103-166X2003000300005

Silveira, L. M. O. B., & Wagner, A. (2009). Relação família-escola: Práticas educativas utilizadas por pais e professores. *Revista Semestral da Associação Brasileira de Psicologia Escolar e Educacional (Abrapee), 13*(2), 283-291. https://doi.org/10.1590/S1413-85572009000200011

Skinner, B. F. (1974/2002). *Sobre o behaviorismo*. Cultrix.

Skinner, B. F. (1979/2003). *Ciência e comportamento humano*. Martins Fontes.

Todorov, J. C., & Moreira, M. B. (2005). O conceito de motivação na psicologia, *Revista Brasileira de Terapia Comportamental e Cognitiva, 7*(1), 119-132.

Virués-Ortega, J., & Haynes, S. N. (2005). Functional analysis in behavior therapy: Behavioral foundations and clinical application. *International Journal of Clinical and Health Psychology, 5*(3), 567-587.

Webster-Stratton, C., & Herbert, M. (1993). What really happens in parent training? *Behavior Modification, 17*(4), 407-456. https://doi.org/10.1177/01454455930174002

Zamignani, D. R. (2007). *O desenvolvimento de um sistema multidimensional para a categorização de comportamentos na interação terapeuta-cliente* [Tese de doutorado, Universidade de São Paulo].

Zamignani, D. R., & Meyer, S. B. (2014). Aplicação do SiMCCIT em um conjunto de sessões de terapia analítico-comportamental. In D. R. Zamignani & S. B. Meyer (orgs.), *A pesquisa de processo em psicoterapia: Sistema multidimensional para a categorização de comportamentos na interação terapêutica* (pp. 83-106). Paradigma Núcleo da Análise do Comportamento.

31
Problematizando as avaliações em contexto de proteção às crianças e aos adolescentes

Estudos de casos

Marina Rezende Bazon
Roberta Noronha Azevedo
Fernanda Papa Buoso
Universidade de São Paulo

Highlights

- As famílias em proteção especial apresentam problemáticas multicausadas e dinâmicas.
- As avaliações que subsidiam as tomadas de decisão requerem abordagem multidimensional.
- O trabalho em "rede" é fundamental na área.
- Na "rede" há diferenças no modo de conceber os problemas e as soluções.
- Decisões são tomadas, baseadas em avaliações parciais/fragmentadas.

Este capítulo descreve, de forma sucinta, casos acompanhados em um programa socioassistencial, em relação aos quais, em algum momento, o Poder Judiciário tomou a decisão pelo acolhimento institucional das crianças/adolescentes, procedendo, assim, à suspensão do poder familiar, como medida de proteção. A intenção é expor os desafios de compreender as famílias em suas dificuldades e necessidades, assim como em ofertar-lhes ajuda capaz de efetivamente promovê-las, alterando as situações de ameaça ao desenvolvimento das crianças/adolescentes, problematizando, assim, as avaliações na área.

Em termos de quadro de referência, tem-se, em uma primeira instância, os aspectos do Direito normativo, na área. A Constituição Federal (1988) e o Estatuto da Criança e do Adolescente (ECA – 1990) preveem a convivência familiar e comunitária como um dos direitos fundamentais das crianças e dos adolescentes. A Lei 12.010 (2009) regulamenta e apresenta mecanismos para resguardar este e outros direitos que remetem a condições necessárias ao pleno desenvolvimento das crianças e dos adolescentes. Considerando-se o princípio de que as subjazem, a "proteção integral", entende-se que a atenção prestada à infância e à adolescência pressupõe o atendimento da família em seu conjunto, em uma perspectiva de fortalecimento dos vínculos entre seus membros e dela com a comunidade, bem como de sua competência para cumprir as funções que lhe são socialmente atribuídas. Esse enfoque valoriza a instituição "família", mas também fomenta sua vigilância e avaliação, a partir de diferentes perspectivas.

Situações de maus-tratos que possam implicar a suspensão ou a destituição do poder familiar e, consequentemente, acolhimento institucional ou familiar, assim como a adoção, são situações igualmente amparadas nessas leis. A orientação é para que o manejo das situações leve em conta, sobretudo, o superior interesse infantojuvenil, ou seja, aquilo que melhor convier às crianças e aos adolescentes envolvidos nessas situações. Nesse plano, para as tomadas de decisão judicial, preconiza-se que os operadores do Direito considerem o ponto de vista das próprias crianças e adolescentes sobre o que vivem, sua opinião, e busquem subsídios em estudos e avaliações técnicas psicossociais das famílias envolvidas nos processos relacionados a essas situações.

A garantia do direito de crianças e adolescentes serem ouvidos nos processos que lhes afetem, como vítima, testemunha ou como terceiro interessado, se mostra de difícil efetivação. O forte legado "menorista" ainda permeia as avaliações e a forma de condução de processos e decisões, sustentando uma espécie de "cultura" de bondade totalitária, em função da qual normalmente se deixa de lado a autonomia do sujeito, criança ou adolescente, para que se lhe apliquem aquilo que acreditam os adultos ser bom. A ausência de parâmetros de atuação aos diversos atores do sistema de proteção foi um dos obstáculos à transposição das práticas que transformam as crianças/os adolescentes em objetos das ações às que lhes consideram como sujeitos de direitos (Vieira Júnior, 2017).

Em outros contextos socioculturais, há esforços em desenvolver modelos de atuação que garantam a "fala" das crianças e dos adolescentes, a partir de certa idade, nos processos, na área da proteção. Fotheringham, Dunbar e Hensley (2013), por exemplo, descrevem o programa Speaking for Themselves: Hope for Children Caught in High Conflict Custody and Access Disputes Involving Domestic Violence. Trata-se de uma iniciativa canadense que tem como objetivos ouvir crianças e adolescentes envolvidos em situação de violência familiar, garantindo-lhes segurança e redução de risco de revitimização, após a tomada de decisão judicial. Os pesquisadores investigaram a efetividade do programa em cumprir com seus objetivos e encontraram que ele teve efeito positivo, tanto terapêutico quanto legal. Por meio dele, as crianças tinham seu ponto de vista representado, dado que na maioria dos casos sua opinião se fazia presente na tomada de decisão (Fotheringham et al., 2013). Os pesquisadores sublinham que pais/responsáveis abusivos, quando se deparavam com o fato de a criança ter um advogado para ela própria, no tribunal, ficavam ressentidos, alegando que a criança estava inventando mentiras, e desistiam da guarda. Isso ocorria porque dar voz à criança permitia que ela se tornasse central no processo e tivesse um amparo de profissionais que prezavam primariamente pelo seu bem-estar, o que, por sua vez, estava relacionado ao rompimento do processo de abuso que elas eram submetidas por esses pais. Na maioria dos casos em que se empregou o modelo, verificou-se um maior e melhor alinhamento entre a perspectiva da criança, a do seu terapeuta e, em algumas ocasiões, a dos tomadores de decisão legais (Fotheringham et al., 2013).

Em uma segunda instância, tem-se como referência os apontamentos da literatura sobre estudos/avaliações no âmbito do sistema de proteção. Nessa seara, a Psicologia se destaca e tem sido cada vez mais convocada a colaborar com a justiça (Machado & Matos, 2016), sendo que o aporte que ela pode oferecer é, sem dúvida, importante e legítimo, pois os aspectos que, em geral, estão em causa dizem respeito a objetos do seu interesse, enquanto disciplina científica: o desenvolvimento psicossocial, contextualizado nas interações humanas, e as condições que afetam e/ou arriscam afetar negativamente a adaptação psicológica e social das crianças e dos adolescentes (Zumbach, Wetzels & Koglin, 2018).

Do prisma dos operadores do Direito, espera-se da Psicologia um "olhar clínico" apurado, cientificamente rigoroso, sobre as questões que envolvem tomadas de decisão na esfera legal. Uma das principais demandas do Poder Judiciário aos psicólogos refere-se a informações sobre as características dos pais, pois sempre há uma preocupação com a presença de transtornos psiquiátricos nos genitores, na área da proteção infantil (Arch, Jarne, Peró & Guárdia, 2011; Zumbach, 2016). Sabe-se que pais submetidos a avaliação judicial nessa área apresentam mais frequentemente transtornos, quando comparados àqueles submetidos a avaliação no campo do Direito de Família, em processos de guarda ou direito de visita (Zumbach, 2016). O estudo de Zumbach (2016) destaca que tal aspecto estaria mais ligado ao uso/abuso e dependência de substâncias psicoativas e transtornos de personalidade. Estas problemáticas têm, em geral, maior relação com casos de suspensão e de destituição do poder familiar, do que com casos de disputa de guarda ou direitos de visitação, por exemplo.

Avaliações que focam atributos de personalidade dos pais/responsáveis, de forma descontextualizada, têm, todavia, pouco valor, conforme ressaltam as diretrizes da *American Psychological Association* (APA, 2010). Essas diretrizes pontuam que os psicólogos devem sempre considerar uma ampla gama de fatores/problemas que afetam a família e sua capacidade de cuidar adequadamente de crianças/adolescentes, estando atentos a variáveis do contexto e também àquelas que podem ajudar a melhorar seu exercício parental, em se considerando a oferta de apoio formal e informal (APA, 2010). Mais especificamente, orientam que os profissionais devem levar em consideração a dinâmica e as interações familiares, variáveis culturais e ambientais, pontos fortes e pontos a serem trabalhados nas partes envolvidas, bem como as necessidades físicas, psicológicas e educacionais da criança (APA, 2010). As diretrizes da APA ainda endossam a necessidade de o psicólogo também atuar de modo a garantir o enfoque no superior interesse da criança. O documento ressalta que, apesar de merecerem consideração, as preocupações práticas e pessoais dos pais/responsáveis não devem se sobressair aos interesses da criança ou do adolescente.

Embora não haja grande dissenso em relação às diretrizes para a Psicologia, no campo da proteção à infância e à juventude – incluindo-se a produção científica pertinente –, na transposição à prática de avaliação e manejo de casos, as ações profissionais padecem da falta de parâmetros a adotar, seja em termos de aspectos a serem privilegiados, seja em termos de instrumentos e de procedimentos a serem empregados. As práticas são, portanto, bastante assistemáticas, suscetíveis de produzirem resultados díspares (Pereira & Alarcão, 2010), sendo essa problemática uma questão verificada em diferentes realidades socioculturais (Rodriguez-Dominguez Espacia & Carbonell, 2015; Zumback & Koglin, 2015; Yohananoff, 2015). Aliás, as peculiaridades culturais e legais de cada país dificultam a proposição de modelos de avaliação e de intervenção que possam ser testados transculturalmente (Zumbach, 2016).

Buscando oferecer uma contribuição, nesse sentido, Pereira e Alarcão (2010) realizaram um levantamento e uma revisão de diferentes modelos de avaliação de parentalidade, para a área da proteção infantil, elaborados e implementados em diferentes contextos socioculturais, com o objetivo de investigar suas potencialidades e limitações. As autoras chegam a uma síntese que denota a prevalência de metodologias não validadas, que serviriam apenas de guias no processo avaliativo. Também apresentam as características convergentes entre os modelos, dentre as quais destacam a orientação para uma abordagem contextualizada das avaliações da parentalidade, a partir de uma articulação entre características do contexto, dos pais e da criança. Outra característica comum dos modelos investigados refere-se a uma orientação para uma análise do comportamento parental atual, levando em conta eventos passados para, a partir daí, fazer uma possível previsão do funcionamento parental (Pereira & Alarcão, 2010).

Na Espanha, especificamente, o estudo realizado por Arch, Jarne, Peró e Guárdia (2011), junto a 66 profissionais psicólogos forenses, denotou uma prática de avaliação de guarda em geral pautada no uso de instrumentos (projetivos e psicométricos), na revisão de documentos, em entrevistas e na observação direta da relação pais-criança, enfocando, principalmente, as competências parentais, em termos de cuidados primários, habilidades parentais e estabilidade psicológica (Arch et al., 2011). Além disso, denotou a consideração de aspectos como desordens psiquiátricas nos pais, a visão/opinião da criança (sobretudo, a partir dos 15 anos) e a presença ou não de comportamento antissocial e/ou infracional nos genitores. Verificou-se que os psicólogos compreendiam a competência pa-

rental como um critério favorável à guarda, e as demais variáveis como desfavoráveis. Já a visão/opinião da criança era considerada, porém não era o foco principal.

Na revisão sistemática realizada por Zumbach e Koglin (2015), sobre avaliações psicológicas em processos de Direito de Família, na América do Norte, evidencia-se também a prevalência de métodos que contemplam a entrevista com os pais, com a criança, a observação da relação dos pais com a criança e a apreciação das habilidades parentais. Os autores também apontam um aumento da diversidade de metodologias de avaliação, o que supostamente indicaria um crescimento na exploração científica da área, face à disponibilização crescente de instrumentos psicométricos. Eles questionam, contudo, se o emprego destes instrumentos, mesmo não sendo central na prática da avaliação, seria de fato exequível no contexto da proteção, visto que, em sua maioria, teriam sido desenvolvidos para aplicação em contexto clínico (Zumbach & Koglin, 2015).

É fato que a avaliação psicológica no contexto da proteção, voltada a subsidiar tomadas de decisão, difere em muitos aspectos da realizada no contexto clínico, em termos de foco da avaliação, da natureza da relação entre avaliador e avaliado(s) e da metodologia de trabalho empregada. Por isso, é preciso considerar sempre as exigências de adaptação dos procedimentos para não se incorrer em condutas antiéticas. Nessa direção, salienta-se a importância de sempre buscar o consentimento das partes envolvidas, na avaliação em proteção, mesmo que não haja demanda expressa por um consentimento formal. Esse movimento é essencial para garantir os direitos e a dignidade das pessoas (APA, 2010).

Ainda em termos metodológicos, as já referidas diretrizes da APA ressaltam a necessidade de se delinear uma avaliação com escopo e período de realização adequados ao caso que se apresenta. É importante que o tempo seja levado em consideração por conta da "transitoriedade" das informações (Pereira & Alarcão, 2010). Adotando-se uma perspectiva desenvolvimental, é preciso considerar que as pessoas, assim como as famílias, estão sempre em constante transformação, que o desenvolvimento é inexorável e se dá de forma ativa e nas interações com ambientes que também estão em constante mudança, e sofrem interferências de contextos mais amplos (Cicchetti, 2016). Para tanto, o psicólogo deve estar ciente dos próprios recursos para realizar uma avaliação que leve em conta a dinamicidade das situações e as múltiplas variáveis envolvidas, considerando que a vida da criança ou do adolescente continua, ao longo do processo avaliativo.

O ideal é que o acompanhamento e as tomadas de decisão, além de contextualizadas, sejam realizadas a partir do cruzamento de informações de diferentes atores do sistema de proteção. Em um nível mais técnico, a proposta de avaliação e decisão concertada entre diferentes atores, incluindo as crianças/os adolescentes e os pais/cuidadores, enfrenta muitas vezes os desafios de uma comunicação efetiva entre as partes. Nesse ponto, destaca-se tão somente a questão da linguagem de cada categoria/pessoa envolvida. No caso particular da Psicologia, se não se tomar os devidos cuidados, a linguagem, além de hermética aos outros profissionais que atuam conjuntamente em processos de casos de proteção, envolve termos muitas vezes maldefinidos, ou de definição difusa, propiciando obstáculos comunicacionais entre os atores envolvidos (González, Martínez, Piña & Segura, 2018).

Na revisão realizada por Pereira e Alarcão (2010) destaca-se, ainda, o risco da parcialidade da parte dos técnicos, devido ao envolvimento emocional com os casos. Dado que se trata de um cenário de grande tensão e baixa probabilidade de satisfação de todas as pessoas envolvidas, é primordial que se busque por certa imparcialidade, ou melhor, que se aceite como viés valorativo somente a perspectiva do que é melhor à criança ou ao adolescente. Em contextos de atuação em que se lida com migrantes e/ou imigrantes, as orientações da APA são de que o profissional leve sempre em conta o *background* cultural das famílias, estudando suas referências, caso as desconheça. Caso lhe pareça impossível se desfazer de preconceitos com relação ao *background* cultural dos envolvidos, o psicólogo deve se retirar da avaliação, se reportando imediatamente ao órgão competente (APA, 2010).

Para tanto, os profissionais devem ser vigilantes ao efeito que os próprios valores morais e preconceitos (racial, étnico, cultural etc.) podem ter sobre a avaliação (APA, 2010). Estes fatores, decorrentes e concorrentes ao desconhecimento da realidade concreta das famílias com as quais lida e avalia, de suas crenças e de suas percepções, culminam em uma coleta e interpretação de dados enviesadas, acarretando orientações e/ou encaminhamentos de comprometida qualidade (APA, 2010). Os esforços de controlar esses vieses implica considerar e explicitar sob quais condições a avaliação se dá, e quais seus consequentes impactos. Em efeito, por trás das prerrogativas das avaliações na área da proteção, tem-se muitas famílias em situação de vulnerabilidade em razão de condições socioeconômicas e culturais. As condições de vida que essas situações criam às famílias são, em alguma medida, somente superficialmente conhecidas dos profissionais que atuam na área da proteção. Ademais, é fundamental lembrar que, pelas legislações brasileiras, quando essa situação de vulnerabilidade dificulta o provimento de cuidado às crianças e aos adolescentes na família, a sociedade em geral e o poder público em específico devem se mobilizar e buscar alternativas às problemáticas existentes no sentido de preservar o direito fundamental à convivência familiar e comunitária (ECA, 1990).

Mediante todas essas considerações, conforme o que já foi mencionado, passa-se agora à descrição de um recorte no acompanhamento de três famílias, no sistema de proteção, em relação às quais, em algum momento, o Poder Judiciário tomou a decisão pelo acolhimento institucional das crianças/adolescentes, procedendo, assim, à suspensão do poder familiar como medida de proteção. A intenção é mostrar, em alguma medida, a complexidade da realidade em que vivem essas famílias e expor os desafios de compreendê-las e de ajudá-las, efetivamente, em vista à garantia dos direitos das crianças e adolescentes envolvidos, em especial àquele da convivência familiar e comunitária. Antes, porém, descreve-se, também de modo sucinto, o contexto no qual as famílias vão sendo avaliadas e de que forma as decisões que afetam radicalmente as suas vidas são tomadas.

Casos em proteção: contextualização do programa de acompanhamento das famílias e das tomadas de decisão

Os casos descritos neste capítulo estavam em seguimento em um Centro de Referência Especializado de Assistência Social (Creas) de um município de pequeno porte, com aproximadamente 40 mil habitantes, no interior do Estado de São Paulo. Vale esclarecer que o Creas é uma unidade estatal de abrangência municipal (ou regional nos casos de alguns municípios com menos de 20 mil habitantes) que tem como função principal a oferta no Sistema Único de Assistência Social (Suas) de trabalho social especializado junto a famílias ou a indivíduos que estejam vivenciando situação de risco psicossocial ou de violação de direitos (Lei 12.435/2011).

O Suas estabelece que o Creas é responsável pela execução de alguns serviços especializados, dentre eles o de Proteção e Atendimento Especializado a Famílias e Indivíduos, conhecido como Paefi. As demandas atendidas pelo Paefi, geralmente, remetem a algum tipo de violação de direitos. No caso das crianças e adolescentes, essas violações são, na maior parte dos casos, tipificadas como violência física, psicológica, sexual, negligência e/ou abandono e trabalho infantil (Lei 12.435/2011). O início do acompanhamento dos casos pelo Paefi pode ocorrer em função de demanda espontânea da parte da própria família/indivíduo ou de encaminhamento feito por outros setores da rede. Há grande variação nas situações e nas condições em que as famílias se encontram por ocasião do início do acompanhamento, em termos de problemáticas/necessidades e recursos, bem como em termos de respostas às intervenções propostas. As diretrizes de atuação do Creas indicam que, antes de qualquer ação direcionada à família, é fundamental conhecer bem suas características, suas dificuldades e suas potencialidades, à luz de sua própria história, e dos significados que seus membros atribuem às suas vivências familiares. Para isso, os técnicos do Creas também precisam conhecer as crenças e os valores de cada família.

Após um primeiro momento de avaliação da situação, os profissionais do Creas devem elaborar, em conjunto com a família, um plano de atendimento que será reavaliado periodicamente, conforme diretrizes técnicas constantes em normativas (Resolução CNAS n.109/2009). Concebe-se que, no decorrer do acompanhamento familiar, é comum que ocorram mudanças no contexto (que podem favorecer ou dificultar o alcance dos objetivos propostos) o que concorre, obviamente, para readequações no plano. Nesse ponto, vale comentar que é bastante comum as famílias resistirem a essa tarefa de elaborar um plano de atendimento para si mesmas, em razão de dificuldade para fazê-lo. Esta dificuldade decorre, em geral, do fato de nem sempre compartilharem a perspectiva que se constrói, no serviço, sobre suas dificuldades e necessidades. É comum que não considerem os eventos que vivem como violação de direitos ou formas de violência. Ou, não conseguem imaginar/propor meios realistas de alterar o cenário e desconhecem recursos disponíveis. Ainda assim, o plano deve ser construído por meio de um esforço de colaboração, sobretudo para que as ações escolhidas, os meios, façam sentido aos atendidos. Do contrário, dificilmente se engajarão nas intervenções propostas. No plano precisa estar claro quais são os pontos a serem superados e os meios que serão utilizados para este fim.

O serviço deve oferecer apoio, orientação e acompanhamento à família ou ao indivíduo para que ocorra a superação das situações de risco ou que corresponda à violação dos seus direitos. Dentre as principais ações/atividades diretamente voltadas às famílias estão a acolhida, o acesso à documentação pessoal, encaminhamentos para a rede de serviços, a orientação jurídica, o estudo psicossocial e o atendimento psicossocial, o fortalecimento da função protetiva da família, o fortalecimento da rede de apoio informal e a mobilização para o exercício da cidadania (Resolução CNAS n.109/2009). A frequência regular de contatos, o uso das intervenções domiciliares e a celeridade para cuidar das demandas mais urgentes são consideradas fundamentais.

Concebe-se que o trabalho deve ser em rede, ou seja, realizado por meio da articulação de toda a rede socioassistencial, assim como de serviços/programas das demais políticas públicas e os órgãos de defesa de direitos. Na perspectiva do Suas, é fundamental a interação entre os diversos setores da rede de proteção, considerando a complementaridade das especialidades de cada instituição. Considerando a perspectiva da família, é importante que compreenda que existe uma rede formal de serviços que a acompanha e que possa diferenciar as funções de cada órgão. Neste âmbito, a realização de reuniões regulares entre a família (os membros adultos) e os profissionais que compõem a rede (preferencialmente, os técnicos que serão referência para a família, em cada órgão) é recomendada. Estas são denominadas de reuniões ampliadas e têm como função favorecer a comunicação entre todos os agentes envolvidos na prestação de auxílio à família e destes com a própria família e constitui-se na principal estratégia para buscar uma visão mais abarcadora das problemáticas e das soluções, ou seja, a implementação de avaliações contextualizadas e dinâmicas como subsídio às tomadas de decisão e às ações de intervenção. É no contexto dessas reuniões que se deve elaborar os Planos Individuais de Atendimento (PIA), conforme as diretrizes da área (Resolução CNAS n.109/2009).

O acompanhamento socioassistencial tem como ponto de partida os acordos e as metas estabelecidos nos PIAs que é, também, a referência para avaliar o andamento das intervenções. Nas reuniões seguintes, assim como no acompanhamento da família pelos diversos técnicos dos diversos órgãos, esses acordos e metas precisam se constituir nas balizas para os diálogos estabelecidos. Há que se mencionar que os acordos não negociados e o estabelecimento meramente prescritivo de metas, sem oferecer tempo e condições para que a família se manifeste quanto ao que pensa e sente a respeito de como os órgãos públicos veem os problemas e dificuldades que ela vivencia, dificilmente o esforço empreendido terá êxito.

Nos casos de proteção às crianças e aos adolescentes, de acordo com o ECA (1990), nas situações em que se verifique risco para o desenvolvimento da criança ou do adolescente são aplicadas medidas que preservem os vínculos familiares e comunitários. Todavia, há situações em que os objetivos concertados entre os técnicos e a família não são atingidos, e as crianças/os adolescentes permanecem em situação de risco ou sofrendo maus-tratos. Em alguns destes casos faz-se necessária a aplicação de medida protetiva de acolhimento institucional por parte do Poder Judiciário, ou seja, em razão das condutas ou omissões dos pais ou responsáveis, a criança/o adolescente é afastada do convívio familiar para que haja preservação de seus direitos, como medida provisória e excepcional, como forma de transição para reintegração familiar ou, não sendo esta possível, para colocação em família substituta.

Participam das reuniões ampliadas os pais/responsáveis, os técnicos do Poder Judiciário, os do Creas, os conselheiros tutelares e outros, a depender das questões, como os do Centro de Atenção Psicossocial (Caps) ou de outros setores da política de saúde, os da política de educação, da habitação, por exemplo, e, por fim, os técnicos da instituição de acolhimento, no caso de as crianças/adolescentes terem sido acolhidos. Há que se cuidar, entretanto, para que sejam convidados a participar da reunião apenas os agentes diretamente envolvidos no caso a fim de que a reunião não se constitua em um espaço intimidador para a família e para se resguardar o sigilo das informações.

As três famílias em acompanhamento socioassistencial foram selecionadas para a descrição a seguir. Em relação a elas, a certa altura, tomou-se a decisão pela suspensão do poder familiar, com o consequente afastamento das crianças e dos adolescentes do convívio familiar e comunitário, com a aplicação da medida protetiva de acolhimento institucional, pelo Poder Judiciário. Isso ocorreu pelo fato de se tornarem muito evidentes as dificuldades e os desafios com os quais se lida na área da proteção às crianças e aos adolescentes. Os dados que apoiam a descrição remetem a um período de seguimento das famílias, na rede socioassistencial, de cerca de 2 anos. Do ponto de vista ético, foram tomadas providências no sentido de obliterar a possibilidade de identificação das pessoas e das famílias, não apenas com as alterações dos nomes, mas também fazendo uso de omissões e transformações na narrativa das situações vivenciadas.

Caso 1 – A família de Elisa e Yara

No início do acompanhamento no Paefi, Elisa tem 2 anos e Yara 9 meses. Ambas são filhas de Mariana, uma jovem de 18 anos. Mariana tem Ensino Fundamental completo e não está trabalhando no momento. Ela se declara solteira e indica que as crianças são de pais diferentes.

As meninas e Mariana residem com membros (10 pessoas) da família extensa, de origem, em uma casa, em um conjunto habitacional popular. A avó de Mariana é a chefe da família e proprietária da casa onde moram.

A renda com a qual vivem provém do trabalho de duas pessoas; essas recebem um salário-mínimo cada. Adicionalmente Mariana recebe pensão alimentícia da filha mais nova, no valor de R$ 200,00 mensais. Os outros membros adultos não têm renda advinda do trabalho, mas sabe-se que alguns têm envolvimento com o tráfico de drogas.

A família é, em alguma medida, acompanhada pelos serviços da rede protetiva do município desde que Mariana era criança, em função de inúmeras situações de violação de direitos, envolvendo vários de seus membros. Nessa época, Mariana era deixada na casa de parentes, por longas temporadas, por sua mãe, quando mudava de residência, indo para outro município.

A certa altura, Mariana se diz desgastada com os conflitos e as agressões mútuas, e constantes, entre ela e primos, que também moram na casa da avó. Mariana se considera uma pessoa irritável e ansiosa. Após uma briga, ela decide deixar essa casa e ir morar com o namorado (com quem estava se relacionando há 3 semanas), levando suas duas filhas consigo.

A casa desse namorado é considerada um local impróprio para as crianças, pelo Conselho Tutelar do município, por conta da aglomeração (muitas pessoas coabitando), sendo algumas delas suspeitas de envolvimento com tráfico de drogas. Os conselheiros tutelares tentam "sensibilizar" Mariana a essa perspectiva, buscando convencê-la, sem sucesso, a retornar para a casa da avó.

Diante da negativa de Mariana, o Conselho Tutelar decide pelo acolhimento institucional de Elisa e Yara, comunicando o ato à rede somente depois de implementá-lo, alegando que a situação era emergencial, pois, a esta altura, a avó de Mariana dizia que não a receberia de volta em sua casa.

O pai de Yara, a filha mais nova, expressa apoio à visão do Conselho Tutelar, indicando que a casa do namorado de Mariana era inadequada para as crianças. Ele a culpa pela situação e menciona o fato de que podia ajudar no cuidado de sua filha, ajudando a evitar o seu acolhimento em instituição.

De todo modo, o acolhimento é avalizado pelo Poder Judiciário, mesmo que a medida não tenha sido considerada e discutida em uma avaliação feita pela rede. No período que antecedeu o acolhimento não houve reunião ampliada com os outros setores e serviços da rede protetiva para discussão do caso.

Mariana manifesta sentir-se injustiçada com o acolhimento, pois em sua percepção jamais negligenciou as filhas, nunca as tendo deixado com outras pessoas. Mariana alega que sempre cuidou da saúde e da alimentação de ambas. Tão logo as crianças foram acolhidas, Mariana terminou o relacionamento com o namorado e voltou a morar na casa da avó.

Na sequência do acolhimento, houve duas reuniões da rede realizadas para avaliação da situação e planejamento do PIA, bem como uma audiência concentrada com a presença do juiz e do promotor de justiça. Nesse contexto, Mariana demonstra interesse em reaver a guarda das filhas e se empenha em cumprir os acordos firmados nos PIAs: faz cursos profissionalizantes, providencia, com auxílio do Creas, documentação pessoal, mantém contato regular com as crianças, frequenta atendimentos psicológicos e psiquiátricos no Caps e participa assiduamente de curso para aprimoramento das habilidades parentais no Creas.

Após 7 meses de acolhimento institucional, tendo Mariana retornado à casa da avó, e, principalmente, demonstrado, na opinião dos técnicos, maior clareza a respeito de quais teriam sido os comportamentos negligentes que culminaram no acolhimento institucional das filhas, o desacolhimento das crianças é determinado em uma audiência concentrada.

Após a reintegração das crianças à família e à comunidade de origem, a situação se mantém "funcional" por 6 meses. Aos poucos, os conflitos familiares voltam a ocorrer e aumentam em frequência e em gravidade.

Após dez meses da data do desacolhimento, Mariana solicita que as crianças sejam acolhidas novamente. A medida não foi, contudo, reaplicada. Segundo a avaliação dos técnicos, Mariana tem apresentado grande passividade diante dos problemas e teria condições de, novamente, lançar mão de alguns recursos para tentar proteger as filhas, como fez à época em que as crianças estavam acolhidas. Os técnicos do Creas são incumbidos de planejar e executar algumas ações no sentido de favorecer a atualização de tais recursos atinentes à capacidade protetiva de Mariana. Foram iniciadas intervenções visando fortalecer o vínculo entre Mariana e uma das primas que também mora na casa de sua avó, e tem uma filha da mesma faixa etária de Elisa e Yara; responsabilizar a mãe e a avó de Mariana, no sentido de maior compreensão e apoio a ela; motivar Mariana a retomar tratamento psiquiátrico (para minimizar especialmente os sintomas de ansiedade, irritabilidade e impulsividade). Ademais, o Ministério Público é acionado para garantir uma vaga em creche a uma das crianças.

Caso 2 – A família de Tatiana

No início do acompanhamento, Tatiana tem 12 anos. Ela é filha de Magnólia, que tem 44 anos, Ensino Médio completo e se declara solteira. Ambas residem no município há poucos meses e, até então, teriam morado na casa de uma amiga de Magnólia.

A mãe procura espontaneamente o Creas dizendo que estavam sem ter onde morar desde o dia anterior. Magnólia teria um trabalho em uma boate e renda mensal de um salário-mínimo e meio, em média.

Ela relata que há muitos anos não mora mais com seus pais, pois brigou com ambos (que são divorciados) e saiu de casa. Teria, antes, morado em várias cidades, e mantido relacionamentos com parceiros violentos, tendo, inclusive, que passar uma temporada com a filha em casa de proteção para vítimas de violência doméstica.

Diante da situação e sem a permissão de Magnólia para entrar em contato com seus pais ou outros membros de sua família, os técnicos do Creas convocam reunião ampliada com a rede protetiva do município (Creas, Cras, técnicos do Tribunal de Justiça e Conselho Tutelar). No dia anterior à reunião, o Conselho Tutelar tem a autorização de Magnólia para telefonar aos seus pais, visando verificar com eles a possibilidade de acolher ao menos a filha, uma vez que residem em cidade próxima. Esses, contudo, afirmam que não as aceitariam de volta, relatando muitos problemas de relacionamento com Magnólia – a filha – e dificuldades comportamentais de Tatiana – a neta.

Assim, no dia seguinte, na reunião, se salienta o fato de que Magnólia se considera uma pessoa facilmente irritável e de que Tatiana apresenta problemas de comportamento externalizantes e internalizantes, e difícil adaptação escolar e nesta mesma reunião se decide pelo acolhimento institucional de Tatiana.

Magnólia expressa profundo descontentamento com o acolhimento da filha, e mostra-se bastante irritada, dizendo que se soubesse que a situação culminaria em um acolhimento da filha jamais teria procurado ajuda.

Após o acolhimento da filha, Magnólia permanece na cidade e passa a residir com amigas.

Ao longo do tempo de acolhimento (6 meses), Magnólia não aceita a abordagem de visitas domiciliares, dificultando a aproximação dos técnicos do Creas e outros órgãos. Ela, contudo, aceita participar de três reuniões ampliadas com a rede protetiva para realizar a elaboração do PIA e a avaliação das metas estabelecidas, que foram: que alugasse uma casa e conseguisse trabalho em horário comercial (pois trabalhava em turno noturno) para que pudesse cuidar da filha.

Nos contatos com os profissionais da rede, Magnólia se mostra sempre bastante esquiva. Todavia, de uma a outra, se avalia que ela não cumpre os acordos firmados no PIA e que se mantém refratária às intervenções dos profissionais. Ela faz poucas visitas à filha na instituição de acolhimento, mesmo mediante intervenções da parte dos técnicos do Creas e da instituição de acolhimento visando fomentar aumento na frequência dessas visitas à filha. Este comportamento é interpretado pela rede como indicativo de que não está efetivamente empenhada em promover o desacolhimento da filha. Ela, por seu turno, justifica o comportamento em função de compromissos do trabalho e afirma nas reuniões que irá fazer o possível para reaver a guarda da filha.

São feitos contatos com os pais de Magnólia ao longo do período de acolhimento. Por meio desses contatos obtém-se a informação de que Tatiana já esteve acolhida, antes, e que a mãe de Magnólia acabou cedendo e aceitando ambas de volta, para que a menina fosse desacolhida. Todavia, nesse período em que moraram juntas, os desentendimentos eram frequentes. Os pais de Magnólia dizem que a filha "não quer trabalhar", "que se mantém acomodada" e "que gera desentendimentos cotidianos".

No momento, em função do não cumprimento das metas estabelecidas no PIA, os técnicos da rede consideram que não há perspectivas de desacolhimento da adolescente e ponderam, junto ao Poder Judiciário, a suspensão das visitas de Magnólia à filha. Essa suspensão teria o intuito de verificar se haveria alteração do padrão comportamental de esquiva/passividade da mãe quanto à recuperação da guarda da filha.

Caso 3 – A família de Davi

No início do acompanhamento, Davi tem 12 anos e mora com a avó materna, Carla, e com um tio que apresenta deficiência mental (severa). A avó acolheu Davi em sua residência quando ele tinha 7 anos de idade, em função do fato de a mãe, Maira, ter tido um surto psicótico e ser internada por alguns meses. Ela é portadora de transtorno mental com presença de alucinações e delírios persecutórios.

A casa em que residem é própria e conta com dois quartos, sala, cozinha, lavanderia e um banheiro. Carla recebe um salário-mínimo referente ao Benefício de Prestação Continuada (BPC) do filho deficiente.

Maira tem 37 anos e Ensino Fundamental completo e, além de Davi, tem outras duas filhas, maiores de idade. Ela mora sozinha e, quando está em condições de trabalhar, faz atividades autônomas de serviços gerais, obtendo, assim, renda. Depois que saiu da internação, chegou a morar por um período na casa de sua mãe, mas logo voltou a morar sozinha porque, segundo seu relato, ela e sua mãe sempre tiveram problemas de relacionamento e, por esta razão, depois de adulta, Maira evita residir com a mãe. Relata ter tido um relacionamento amoroso duradouro com um homem que diz ser o pai de Davi. Este, todavia, não registrou a criança em seu nome.

Carla apresenta boa capacidade de comunicação, organiza adequadamente a rotina do lar, e manifesta forte religiosidade e, com base nisto, valores morais um tanto rígidos. Maira (quando não está em crise) também apresenta boa capacidade intelectual e de comunicação.

Carla e Davi mencionam que sempre tiveram bom relacionamento. Carla sublinha que sempre o amou e se sentia responsável pelo neto, dado que Maira não conseguia cuidar dele adequadamente. Disse que Davi frequentava a escola assiduamente e não apresentava dificuldades psicológicas ou comportamentais relevantes. Todavia, na entrada da adolescência, passa a apresentar comportamentos vistos pela avó como inaceitáveis: não realizar as atividades domésticas, não ir ao culto religioso em sua companhia, mentir, sair e não voltar no horário combinado, fumar maconha e andar na companhia de amigos que também o fazem. Relata que tentou conversar com o neto muitas vezes sobre os comportamentos que estava apresentando, que o levou muitas vezes aos cultos religiosos, que lhe deu "algumas chances", mas que não tinha condições de mantê-lo em sua casa, mediante a apresentação de tais condutas.

Após uma discussão com a avó, Davi sai/evade a casa e passa uma noite na casa de amigos. Carla procura no dia seguinte o Conselho Tutelar, explica a situação e solicita ajuda. Davi diz para os conselheiros tutelares que a avó o expulsou de casa. Na sequência, é realizada uma reunião ampliada entre a família e a rede protetiva. Nesta, Carla diz que jamais expulsara o neto; mas que impôs condições de convívio familiar e diz que se ele não retornasse para casa até determinado horário não iria abrir o portão. Diz a ele também que só estaria disposta a continuar cuidando dele se ele refletisse sobre suas condutas e as alterasse. Nesta reunião Davi diz que não iria alterar seus comportamentos, que não suportava a avó insistindo em imposições moralistas e religiosas, e que não iria voltar para a casa dela. Maira, presente na reunião, não demonstra motivação e condições psicológicas de assumir a guarda do filho. As irmãs de Davi, também presentes na reunião, não se dispõem a acolher o irmão. Diante da situação, os técnicos avaliam e decidem pelo acolhimento institucional de Davi.

Carla demonstra tristeza e preocupação com o acolhimento institucional do neto. Todavia, insiste que só o aceita de volta se este demonstrar interesse em alterar seu padrão de conduta.

Davi permaneceu acolhido por 2,5 anos. Ao longo deste período de acolhimento apresentou sintomas importantes de problemas de saúde mental, sendo diagnosticado com transtorno psiquiátrico grave. Fez uso abusivo de drogas, passou a traficar e se envolveu em outros atos infracionais. Por algum tempo foi internado em clínica psiquiátrica e, depois, na Fundação Casa em função da prática de vários atos infracionais. A família segue em acompanhamento pela proteção social especial e mantém contato com Davi – a avó e a mãe o visitam frequentemente –, mas não há perspectivas de desacolhimento de Davi. Sua guarda, pela família, continua suspensa.

Reflexões sobre os casos: os desafios postos à avaliação e às tomadas de decisão em contexto de proteção

A descrição dos casos selecionados buscou ilustrar a complexidade das situações que se apresentam no contexto da proteção à infância e à adolescência e, especialmente, das questões que se colocam antes e depois da decisão de proceder à suspensão do poder familiar e, por consequência, ao acolhimento institucional, como uma medida que visa criar condições novas, que possibilitem alterar as situações de ameaça ao desenvolvimento dos filhos na família. A descrição não incidiu sobre os detalhes da atuação de cada ator da rede, tampouco na dos psicólogos envolvidos – os do Creas, os do Poder Judiciário, os da creche e/ou da Fundação Casa, em cada caso específicos –, seja porque não se tinha dados para documentá-la de forma imparcial, seja porque a ideia não era focalizar e analisar o que cada ator fez ou deixou de fazer.

Para aquilo que se pretende com o presente estudo, importa considerar que no jogo das forças entre cada setor da rede, entre cada técnico envolvido nos casos, determinadas avaliações prevalecem, determinadas decisões são tomadas e intervenções jurídicas e psicossociais feitas, e tudo isso converge para que o curso dos acontecimentos vá em certa direção, para a construção de determinada trajetória de desenvolvimento da família e da criança/adolescente. Nessa perspectiva, há que se mencionar que o trabalho em rede é um desafio à parte, porque muitas são as tensões no jogo das forças. Há, frequentemente, importantes dissonâncias entre os profissionais a respeito dos aspectos que se consideram relevantes em cada família, enquanto problema e enquanto recurso, assim como na maneira de estabelecer o relacionamento com ela. Há diferenças também no modo de os técnicos conceberem e utilizarem a reunião ampliada: alguns consideram contexto privilegiado de compartilhamento de informações e visões, aspecto fundamental da intervenção concertada; outros pensam que é lócus de observação, apenas, para realizar "coleta de dados" a respeito da família (para posteriormente serem elaborados os devidos relatórios). Há também interferências de um serviço/órgão no trabalho do outro, com sobreposições das ações e/ou, até mesmo, demandas impertinentes de um sobre o outro, quando um requisita que outro execute atividades que, a rigor, não são de sua responsabilidade, mas sim de quem os está requisitando. Pode-se dizer que há, por vezes, uma espécie de competição entre os setores, em termos de exercício de poder.

De todo modo, conforme mencionado, avaliações são feitas e decisões são tomadas. Considerando os três casos como objeto de reflexão, vale ressaltar que, a despeito das diferenças entre eles, em termos de recursos e de problemáticas presentes, frente aos três se optou, a certa altura do acompanhamento, pela aplicação da mesma medida de proteção: o acolhimento institucional. Considera-se que em todas essas situações, o olhar e, por conseguinte, as ações privilegiaram demandas individuais e pontuais, como se não se conseguisse tomar distância para "ver" maior e mais profundamente, para enxergar cada família como um sistema conectado a outros sistemas, regulando-se reciprocamente. Dentro disso, é patente certo improviso no modo de responder a cada situação, denotando a falta de um referencial teórico-metodológico compartilhado, para guiar o trabalho em rede.

O fator comum às três famílias é a vulnerabilidade socioeconômica, o que se denota facilmente no fato de as dificuldades que apresentam serem multidimensionais e transgeracionais, perpetuando-se ao longo do tempo, sem que tivessem efetivamente sido focalizadas em intervenções precoces, suscetíveis de promover nova funcionalidade, na mesma geração e, principalmente, de uma geração à outra. O problema assim concebido exige o uso de referenciais ecológicos de avaliação. Os modelos ecológicos têm em conta a interação entre o desenvolvimento ontogenético dos pais/responsáveis, que inclui as variáveis relacionadas à sua própria história, como o tipo de cuidado recebido na infância, dado que essa história condiciona ou explica sua capacidade para atender adequadamente os filhos, junto a mais uma série de outras variáveis, localizadas em sistemas diferentes, cada vez mais amplos: a família (microssistema), a comunidade (exossistema) e a cultura (macrossistema). Além disso, considera também o desenvolvimento da criança. São modelos que não postulam efeitos aditivos das variáveis situadas nestes sistemas, mas sim sua interação e a passagem do tempo (Belsky & Jaffee, 2006; Cicchetti, 2016).

Nesse prisma, a avaliação e a intervenção psicológicas, estritamente associadas a diagnósticos e a atendimentos atinentes ao campo da psicologia clínica, pode ter o seu lugar, mas está longe de ser ação suficiente. Assim, os fundamentos, os elementos oferecidos pelos psicólogos no campo da proteção, para qualquer que seja a ação, não podem decorrer somente da avaliação de carac-

terísticas psicológicas dos pais ou responsáveis, que implicam déficit na sua capacidade de exercer a parentalidade. Tampouco podem ser outorgados exclusivamente ao temperamento e/ou aos comportamentos problemáticos das crianças/adolescentes. Embora esses fatores sejam importantes (as características dos pais e das crianças/adolescentes), a atenção deve recair sobre a interação entre eles e as variáveis do ambiente, nos diferentes contextos. Essa abordagem move a atenção sobre outros aspectos como, por exemplo, as influências socioculturais, as fontes de estresse familiar, incluindo as condições socioeconômicas, as fontes e a qualidade de apoio formal e informal de que dispõem as famílias.

No caso de Elisa e Yara, por exemplo, os constantes e graves conflitos vividos por Mariana, na casa da avó, eram efetivamente um problema, pois, para ela, eram fonte de estresse e, ao que parece, constituíram o motivo que a fez deixar a casa da avó. Na casa do namorado, a condição de vulnerabilidade é a mesma, e os riscos que se apresentam às crianças, provavelmente, também, à exceção dos conflitos que afligiam Mariana. É interessante notar que sua competência parental nem é exatamente uma questão, porque, talvez, não fosse de fato um problema. Sua competência só se torna uma questão, por ocasião do desacolhimento das filhas, diante da irresolutividade dos conflitos na casa da avó, aos quais se vê novamente submetida.

No caso de Tatiana, o problema se apresentava, em efeito, em termos de direito violado, ao menos em uma primeira incursão, era o da habitação, como Magnólia mesma alega. Sua competência parental poderia ser uma questão efetiva, porque Tatiana apresentava importantes problemas de comportamento externalizantes e internalizantes. Mas isso nem pôde ser assim significado por Magnólia, pois a possibilidade de estabelecer com ela uma aliança, em prol de Tatiana, foi muito rapidamente minada pelos sentimentos que lhes são suscitados pelo acolhimento institucional de sua filha, de forma um tanto abrupta. Nesses dois casos, especificamente, a referência pela qual as famílias/as mães são avaliadas parece ser a de natureza moral e, não propriamente, técnica-científica.

É interessante notar que as mães, nesses dois casos, talvez, por considerarem que tinham capacidade de cuidar das filhas, mostraram, em um primeiro momento, grande empenho para voltar a ter consigo as crianças/adolescentes. Após o acolhimento institucional, por uma razão ou outra, o empenho diminuiu significativamente. Assim, pode-se dizer que aquilo que é em parte visado com a aplicação da medida de acolhimento institucional – criar condições de desenvolvimento à família – não se efetiva tal qual se espera, ao contrário.

No caso de Davi, em que o empenho da família para tê-lo consigo já se encontra fragilizado, de partida, e é, por assim dizer, a razão do acolhimento institucional, esse também diminui com a aplicação da medida de acolhimento institucional. É certo que Davi representava para a família um enorme desafio educativo, porque é provável que viesse apresentando, já há algum tempo, sinais da problemática de saúde mental que se revela de forma exuberante somente na transição da infância para a adolescência. O inusitado, nesse caso, é que não se impõe à família, ou à avó Carla, particularmente, uma abordagem visando ampliar sua competência para lidar melhor com Davi. O acolhimento do adolescente acontece quase que naturalmente, atendendo aos anseios da avó (sem resistência de um lado a outro).

Retomando a ideia de que as referências pelas quais as famílias ou os responsáveis são avaliados são, mais propriamente, de natureza moral, tem-se que Carla não apresenta problema e/ou dificuldade substancial; quem apresenta é Davi. Assim, por este prisma prevalecem as ações que privilegiam a perspectiva e os interesses de Carla. Nesse caso, embora Davi tenha sido instigado a expressar-se, a oferecer sua perspectiva, o que ele fala não é considerado, ou melhor, é considerado inadequado e se torna a razão para o acolhimento institucional. Nesse novo contexto de desenvolvimento que é o "abrigo", em princípio concebido como programa de proteção especial na medida da necessidade de Davi, seus problemas se avolumam e, dali para frente, a ideia de que o modo como ele se comporta – usando e traficando drogas – não se encaixa nas expectativas das figuras de autoridade, só se consolida.

De acordo com os artigos 22 e 24 do ECA (1990), a medida extrema de suspensão do poder familiar deve ser aplicada apenas nos casos em que, injustificadamente, os pais ou responsáveis deixarem de cumprir os deveres de cuidar e proteger das crianças e dos adolescentes. O acolhimento institucional, em particular, deve ser uma medida excepcional e provisória e o ECA obriga que se assegure a "preservação dos vínculos familiares e a integração em família substituta quando esgotados os recursos de manutenção na família de origem" (artigos 92 e 100). Nos cenários dos casos apresentados o acolhimento institucional não parece ter produzido os desdobramentos positivos esperados, imediatos e mediatos. Ao contrário, parece ter interferido na dinâmica das situações, gerando novas problemáticas. Assim, é oportuno perguntar: Quando, por que e como o afastamento de crianças e adolescentes se coloca, efetivamente, como a ação mais adequada? Em quais circunstâncias esta é a opção acertada? Que preocupações devem acompanhar a sua efetivação, de modo a, verdadeiramente, garantir a proteção infantil? Estas questões obviamente não apresentam respostas fáceis, tampouco certas. Elas remetem a parâmetros de avaliação para a área de proteção às crianças e adolescentes que não se encontram bem-estabelecidos. Muito esforço da parte dos acadêmicos e dos profissionais da área merece ainda ser feito no sentido de melhor explicitar e apurar os critérios que vigem, e aperfeiçoá-los, para desenvolver protocolos válidos, que ajudem a avaliar as situações em toda a sua complexidade e, assim, a subsidiar decisões mais acertadas.

O intuito principal deste capítulo não é o de esgotar os apontamentos sobre todas as questões relacionadas às situações de proteção infantil e ao acolhimento institucional, mas sim identificar algumas, relativas à avaliação por trás de decisões que impactam sobremaneira a vida das crianças e adolescentes que se quer proteger. Pretendeu-se, antes, apontar para a necessidade de que essas avaliações assumam prioritariamente uma abordagem ecológica, que consiga integrar variáveis em diferentes contextos, em interação, para além das características individuais das pessoas, tendo por base parâmetros científicos, relacionados ao desenvolvimento infantojuvenil.

Referências

American Psychological Association. (2010). Guidelines for child custody evaluations in family law proceedings. *American Psychologist, 65*(9), 863-867. https://doi.org/10.1037/a0021250

Arch, M., Jarne, A., Peró, M., & Guàrdia, J. (2011). Child custody assessment: A field survey of Spanish forensic psychologists' practices. *European Journal of Psychology Applied to Legal Context, 3*(2), 107-128.

Belsky, J., & Jaffee, S. R. (2006). The multiple determinants of parenting. In D. Cicchetti & D. J. Cohen (orgs.) (2006). *Developmental psychopathology: Risk, disorder, and adaptation* (vol. 3, pp. 38-85). John Wiley.

Brasil. (1990). *Lei n. 8.069, de 13 de julho de 1990.* Dispõe sobre o Estatuto da Criança e do Adolescente e dá outras providências. http://www.planalto.gov.br/ccivil_03/leis/l8069.htm

Brasil. (2009). *Lei n. 12.010, de 3 de agosto de 2009.* Dispõe sobre adoção; altera as leis n. 8.069, de 13 de julho de 1990 - Estatuto da Criança e do Adolescente, 8.560, de 29 de dezembro de 1992; revoga dispositivos da Lei n. 10.406, de 10 de janeiro de 2002 – Código Civil, e da Consolidação das Leis do Trabalho – CLT, aprovada pelo Decreto-Lei n. 5.452, de 1º de

maio de 1943; e dá outras providências. http://www.planalto.gov.br/ccivil_03/_Ato2007-2010/2009/Lei/L12010.htm

Brasil. (2011). *Lei n. 12.435, de 6 de julho de 2011.* Altera a Lei n. 8.742, de 7 de dezembro de 1993 que dispõe sobre a organização da Assistência Social. http://www.planalto.gov.br/ccivil_03/_Ato2011-2014/2011/Lei/L12435.htm

Cicchetti, D. (2016). Socioemotional, Personality, and Biological Development: Illustrations from a Multilevel Developmental Psychopathology Perspective on Child Maltreatment. *Annual Review of Psychology, 67*, 187-211. https://doi.org/10.1146/annurev-psych-122414-033259

Conselho Nacional de Assistência Social. (2009, 25 nov.). Resolução n. 109/2009. Aprova a tipificação nacional de serviços socioassistenciais. *Diário Oficial da União*, CXLVI, 225, seção I. https://sistemas.rj.def.br/publico/sarova.ashx/Portal/sarova/imagem-dpge/public/arq_pdf/cdedica/conanda/Resolucao_109.2009.pdf

Fotheringham, S., Dunbar, J., & Hensley, D. (2013). Speaking for themselves: hope for children caught in high conflict custody and access disputes involving domestic violence. *Journal of Family Violence, 28*(4), 311-324.

González, A. B., Martínez, R. E., Piña, M. A., & Segura, C. A. (2018). Riesgos psicosociales considerados por jueces de familia en decisiones sobre pérdida de patria potestad: Estudio exploratorio [Psychosocial risks considered by family judges in decisions on loss of parental authority: An exploratory study]. *Interdisciplinaria, 5*(1), 189-204.

Machado, A., & Matos, M. (2016). Regulação das responsabilidades parentais: Discursos dos magistrados sobre a prática pericial. [Child custody evaluation: Perceptions of judges about the psychological forensic assessment]. *Psicologia, 30*(1), 15-28. https://dx.doi.org/10.17575/rpsicol.v30i1.1062

Pereira, D., & Alarcão, M. (2010). Avaliação da parentalidade no quadro da proteção à infância. *Temas em Psicologia, 18*(2), 499-513.

Rodríguez-Domínguez, C., Espacia, A. J., & Carbonell, X. (2015). Informe pericial psicológico en tribunales de familia: Análisis de su estructura, metodología y contenido. *Escritos de Psicología (Internet), 8*(1), 44-56. https://dx.doi.org/10.5231/psy.writ.2015.1203

Vieira Júnior, E. G. (2017). Breves considerações acerca da participação de crianças e adolescentes em procedimentos judiciais [Brief considerations of children and adolescentes in judicial proceedings]. *Revista da Esmesc, 24*(30), 81-104. http://dx.doi.org/10.14295/revistadaesmesc.v24i30.p81

Zumbach, J. (2016). Mental disorders in children and parents in family law proceedings: Cases on child protection matters versus child custody and visitation issues. *Journal of Child and Family Studies, 25*(10), 3.097-3.108.

Zumbach, J., & Koglin, U. (2015). Psychological evaluations in family law proceedings: A systematic review of the contemporary literature. *Professional Psychology: Research and Practice, 46*(4), 221-234. https://doi.org/10.1037/a0039329

Zumbach, J., Wetzels, P., & Koglin, U. (2018). Predictors of psychological recommendations in child protection evaluation. *Child Abuse & Neglect, 84*, 196-204. https://doi.org/10.1016/j.chiabu.2018.08.003

32
Avaliação psicológica de crianças e adolescentes com suspeita de abuso sexual

Luiziana Souto Schaefer
Adriana Miele
Daniela Valle Krieger
Instituto-Geral de Perícias do Rio Grande do Sul

Highlights
- Abuso sexual infantil: definição, prevalência e efeitos associados.
- Avaliação psicológica de vítimas de abuso sexual na rede de proteção.
- Avaliação psicológica forense do abuso sexual: a produção da prova pericial.

A avaliação psicológica de crianças e adolescentes com suspeita de abuso sexual é um processo complexo que demanda que o profissional constantemente mantenha um olhar interdisciplinar, indo muito além das questões teórico-técnicas do processo de avaliação psicológica. Os casos que envolvem suspeita de violação de direitos, como são as situações de violência sexual contra crianças e adolescentes, exigem que o profissional esteja atento e certifique-se de algumas questões éticas e legais antes mesmo de iniciar o processo avaliativo.

Ao receber este tipo de demanda para avaliação, seja no âmbito privado ou público, o psicólogo precisa assegurar que tal suspeita já foi notificada para os órgãos de segurança pública ou Ministério Público, pois não cabe ao profissional da psicologia atuar, de forma paralela e independente, na investigação destes crimes. A legislação brasileira é clara quando estabelece que "nenhuma criança ou adolescente será objeto de qualquer forma de negligência, discriminação, exploração, violência, crueldade e opressão, punido

na forma da lei qualquer atentado, por ação ou omissão, aos seus direitos fundamentais" (Brasil, 1990, ECA, art. 5º) e que "Qualquer pessoa que tenha conhecimento ou presencie ação ou omissão, praticada em local público ou privado, que constitua violência contra criança ou adolescente tem o dever de comunicar o fato imediatamente ao serviço de recebimento e monitoramento de denúncias, ao conselho tutelar ou à autoridade policial, os quais, por sua vez, cientificarão imediatamente o Ministério Público" (Brasil, 2017, art. 13). Ao mesmo tempo, o próprio *Código de Ética Profissional do Psicólogo* adverte que a quebra de sigilo estaria autorizada nas situações de violação de direitos humanos, uma vez que "o psicólogo baseará o seu trabalho no respeito e na promoção da liberdade, da dignidade, da igualdade e da integridade do ser humano, apoiado nos valores que embasam a Declaração Universal dos Direitos Humanos" e que "o psicólogo trabalhará visando promover a saúde e a qualidade de vida das pessoas e das coletividades e contribuirá para a eliminação de quaisquer formas de negligência, discriminação, exploração, violência, crueldade e opressão" (Conselho Federal de Psicologia, 2005).

Apesar de a legislação brasileira ressaltar, por meio dos inúmeros dispositivos legais, a obrigatoriedade de que todos comuniquem casos de suspeita de violação de direitos aos órgãos competentes, é comum que os profissionais da psicologia sejam solicitados por famílias ou instituições, como escolas por exemplo, a identificar se aquela criança ou adolescente está sendo vítima de alguma forma de violência sexual. E o mais grave: muitas vezes os psicólogos, influenciados pela ansiedade das famílias ou por falta de conhecimento, acabam aceitando averiguar estes possíveis crimes. Portanto, é importante destacar que, caso o profissional seja acionado diante destas suspeitas, ele deverá orientar as pessoas sobre a obrigatoriedade de comunicação destes casos, de forma a evitar compactuar ou ser conivente com estas violações e, principalmente, de forma a assegurar que as medidas protetivas sejam garantidas. Entretanto, na hipótese de estarmos diante de uma situação que já foi notificada aos órgãos competentes, cabe ao profissional da psicologia avaliar qual a demanda que está sendo solicitada para o seu trabalho e a sua competência para executá-la.

O psicólogo pode atuar na avaliação psicológica de suspeitas de abuso sexual contra crianças e adolescentes em diferentes contextos e com diferentes propósitos de avaliação, seja na saúde, na assistência social, na segurança pública ou no sistema judiciário. Este capítulo tem como principal objetivo abordar a temática da violência sexual contra crianças e adolescentes, elucidando as diferenças na atuação do psicólogo diante destas suspeitas. Posteriormente, a avaliação psicológica forense do abuso sexual será apresentada em suas especificidades e será ilustrada por meio de casos práticos.

Abuso sexual infantil

O abuso sexual infantil é definido pela Organização Mundial da Saúde (World Health Organization, 2002) como qualquer interação, que pode ou não incluir contato físico, entre uma criança ou adolescente – que não estão aptos para compreender totalmente ou consentir com aquele ato – e alguém em estágio de desenvolvimento psicossexual mais avançado. Este indivíduo utiliza a criança ou adolescente para a sua própria estimulação sexual ou para a estimulação sexual de outros.

A prevalência do abuso sexual na população geral tem sido estimada em 11,8%, sendo mais prevalente entre meninas (18% a 19,7%) do que entre meninos (7,6% a 7,9%) (Pereda, Guilera, Forns & Gómez-Benito, 2009; Stoltenborgh et al., 2011). Quanto aos dados nacionais, segundo o Balanço Anual de 2018 (Brasil, 2019), o Disque 100 (Disque Direitos Humanos) recebeu 76.216 denúncias envolvendo crianças e adolescentes, sendo 17.093 dos registros referentes à violência sexual. Além disso, segundo dados do Sistema de Informação de Agravos de Notificação (Sinan/Ministério da Saúde), a maioria dos casos de violência sexual contra crianças e adolescentes são perpetrados por pessoas próximas, por familiares ou conhecidos, com os quais as vítimas possuíam algum vínculo e estabeleciam uma relação de confiança com este agressor, e que, em 33,8% dos casos, as vítimas sofreram agressões sexuais recorrentes (Brasil, 2018).

Os efeitos associados à vitimização sexual durante a infância e adolescência apresentam uma grande variabilidade que pode ser atribuída tanto a fatores intrínsecos quanto a fatores extrínsecos. Entre os fatores extrínsecos à criança, podemos citar: uso de substâncias psicoativas por parte dos responsáveis, violência doméstica, fatores de vulnerabilidade sociais e econômicos na família, características da dinâmica da violência sofrida pela vítima, a duração do abuso, a diferença de idade entre a criança e o agressor, o tipo de relação estabelecida, falta de suporte social, dificuldade de acesso a tratamento especializado, ausência de figuras protetivas etc. Entre os fatores intrínsecos, podemos citar: sentimentos de autorresponsabilização diante de abuso, de dificuldades físicas, emocionais e/ou de aprendizagem da criança, de baixa autoestima, entre outros (Habigzang & Koller, 2006; Murray, Nguyen & Cohen, 2014; Schaefer, Lobo, Brunnet & Kristensen, 2016; World Health Organization, 2003).

As consequências do abuso sexual variam desde efeitos mínimos até efeitos mais graves, tanto a curto, médio e longo prazo, que podem surgir imediatamente após a exposição à situação abusiva ou de forma tardia. Os prejuízos associados ao abuso sexual incluem não somente aqueles identificados na saúde física e mental das vítimas, mas também na esfera escolar, familiar, social, econômica e, mais tardiamente, no contexto laboral. Como exemplos de reações psicopatológicas desencadeadas tanto no curto quanto no longo prazo, podemos incluir: transtorno de estresse pós-traumático, transtornos de humor, transtornos de ansiedade, transtorno de déficit de atenção/hiperatividade, transtornos alimentares, transtornos dissociativos, entre outros (Cicchetti & Toth, 2005; Manglio, 2009). As crianças e adolescentes também podem apresentar sintomas como pensamentos e comportamentos sexuais inapropriados e avançados para a idade, sentimentos de raiva, tristeza, culpa e vergonha,

baixa autoestima, automutilação, dificuldades de aprendizagem, preocupação com imagem corporal, uso e abuso de substâncias psicoativas, fugas do lar, comportamentos disruptivos, sintomas somáticos, alterações no ciclo do sono, isolamento social, enurese e encoprese (Cutajar et al., 2010; Habigzang & Koller, 2006; Manglio, 2009; Schaefer et al., 2018). Na idade adulta, os efeitos deletérios da exposição à violência sexual na infância e adolescência incluem a revitimização, promiscuidade sexual, problemas sociais, tentativas de suicídio, baixo nível educacional e de renda, maior suscetibilidade ao desenvolvimento de transtornos mentais, incluindo a associação a transtornos de personalidade (De Jong et al., 2015; Dube et al., 2005).

Por todos os efeitos associados ao abuso em diferentes âmbitos de vida e em diferentes fases do desenvolvimento, a violência sexual é considerada um grave problema de saúde pública a nível mundial e campanhas de enfrentamento e prevenção a este tipo de violência são anualmente incentivadas e publicitadas pelos diferentes órgãos internacionais e nacionais da rede de proteção. No Brasil, a legislação tem avançado a fim de tipificar este tipo de crime nas suas mais variadas formas de expressão, além de incluir mecanismos para coibir estas práticas e desenvolver ferramentas de proteção, de prevenção e de garantias de direitos entre as crianças e os adolescentes. Como exemplos, podemos citar diferentes dispositivos legais e políticas públicas como o Estatuto da Criança e do Adolescente, promulgado em 1990, a Lei 13.431/2017 (conhecida como a Lei da Escuta Protegida), a criação dos Centros de Referência Especializados de Assistência Social, o Plano Nacional de Enfrentamento da Violência Sexual, entre outros (Brasil, 1990, 2017).

Avaliação psicológica de vítimas de abuso sexual na rede de proteção

A Lei 8.609/1990, conhecida como Estatuto da Criança e do Adolescente, prevê políticas de atendimento à população infantojuvenil em situação de violação de seus direitos, as quais devem advir da articulação entre ações governamentais e não governamentais, estruturando serviços que garantam a prevenção e o tratamento médico e psicossocial pertinentes a cada situação (Brasil, 1990). Portanto, a rede de proteção deve atuar de forma articulada, coordenada e efetiva, atendendo tanto as demandas das crianças e adolescentes vítimas de violência como as de seus familiares, a fim de garantir proteção integral. A partir desses pressupostos, a rede de proteção deverá oferecer cuidados no âmbito da saúde, desenvolvendo estratégias de reparação e de tratamento das vítimas; oferecer serviços no âmbito da assistência social, com o objetivo de auxiliar vítimas e suas famílias a superar as condições de vulnerabilidade e prevenir situações que indicam risco potencial; e oferecer amparo no âmbito da justiça e segurança pública, a fim de garantir o cumprimento de medidas protetivas, bem como de coerção de crimes e responsabilização de perpetradores (Schaefer & Miele, 2018).

De forma a assegurar um atendimento multidisciplinar, acolhedor e humanizado às crianças e aos adolescentes vítimas de violência sexual, os diferentes órgãos que compõem a rede de proteção contam com profissionais da psicologia no seu quadro técnico. Portanto, a atuação do psicólogo em cada uma destas frentes deverá ser estruturada a fim de garantir o cumprimento da finalidade da instituição e do contexto no qual o profissional está inserido.

A participação dos profissionais da psicologia na assistência social ocorre, por exemplo, por meio do atendimento psicossocial às vítimas e suas famílias, conforme previsto nas diretrizes do Sistema Único de Assistência Social (Suas), sendo que tal atendimento difere da psicoterapia e da avaliação psicológica clínica pela forma de intervenção e pelos seus objetivos, ainda que possa e deva ter efeitos terapêuticos. A psicoterapia tem o seu lugar na atenção à saúde, mais especificamente nos serviços de saúde mental. Portanto, é importante destacar que nem todas as crianças e nem todos os adolescentes que passam pelos serviços da assistência social têm demanda para a psicoterapia e o psicólogo do Centro de Referência Especializado de Assistência Social (Creas) deve avaliar adequadamente cada situação, indicando a psicoterapia quando necessário (Conselho Federal de Psicologia, 2009, 2013).

Quanto à participação dos psicólogos no âmbito da saúde, há previsão legal de que as crianças e jovens vítimas de violência que apresentem sofrimento psíquico recebam tratamento médico e psicológico direcionado às suas necessidades. Normalmente, os objetivos da avaliação psicológica clínica estão voltados, principalmente, para avaliar possível sintomatologia na criança e os impactos ocasionados em virtude da situação abusiva. Tal avaliação será importante para estabelecer o diagnóstico e o prognóstico do caso, subsidiando possíveis encaminhamentos para intervenções terapêuticas, incluindo psicoterapia (Schaefer, Donat & Kristensen, 2018). No contexto nacional, os atendimentos em saúde mental são providos pelo Sistema Único de Saúde (SUS), por meio dos Centros de Atendimento Psicossocial (Caps), mais especificamente, por meio dos Centros de Atendimento Psicossocial Infantil (CAPSi). Ao serviço de saúde mental, cabe a avaliação diagnóstica, a prescrição e a execução do tratamento mais adequado (Schaefer & Miele, 2018).

Portanto, todos os infantes vítimas de violência sexual devem ser alvo de atenção psicossocial no âmbito da assistência social. A partir da avaliação específica da situação, se a equipe concluir pela necessidade de atendimentos específicos em saúde mental, as crianças e adolescentes deverão ser encaminhados para os serviços de saúde. Cabe destacar que a avaliação psicológica e o atendimento especializado em saúde mental são importantes mediadores dos efeitos da violência sexual. As vítimas que recebem atendimento especializado após a revelação da situação de violência apresentam diminuição importante dos sintomas psicopatológicos secundários à vitimização, melhorando a qualidade de vida desses indivíduos de maneira duradoura (Cohen et al, 2004; Schaefer & Miele, 2018).

Quando a participação dos profissionais da psicologia ocorre por meio de avaliações psicológicas realizadas no âmbito da justiça e da segurança pública, tais avaliações forenses são denominadas de perícia psicológica (Schaefer, Rossetto & Kristensen, 2012). No contexto da violência sexual, as perícias psicológicas costumam ser solicitadas com a finalidade de que seja produzida uma prova técnica sobre o crime que está sendo investigado e julgado. Portanto, este recurso avaliativo tem suas particularidades, as quais serão discutidas em profundidade na próxima seção, uma vez que a avaliação psicológica forense se difere substancialmente da avaliação e atendimentos psicológicos realizados no âmbito da assistência social e da saúde.

Avaliação psicológica forense do abuso sexual: a produção da prova pericial no contexto da investigação criminal

As perícias são procedimentos de avaliação realizados somente a partir da solicitação de autoridades policiais (Delegado de Polícia Civil) e judiciárias (Promotor de Justiça e Juiz de Direito), por meio de ofício. Tais procedimentos têm como objetivo buscar evidências concretas que sustentem a ocorrência ou não de um fato de interesse da justiça (Távora & Alencar, 2010; Taborda, 2004).

Quanto às perícias dos casos de violência sexual contra crianças e adolescentes, uma vez que se trata de produzir uma prova técnica em um contexto que envolve possíveis crimes sexuais, o dispositivo legal que regulamenta as perícias criminais é o Código de Processo Penal (Brasil, 2019, 2018, 2008, 1941). Nos artigos 158 e 159 do referido Código é dito, respectivamente, que "Quando a infração deixar vestígios, será indispensável o exame de corpo de delito, direto ou indireto, não podendo supri-lo a confissão do acusado" e que "O exame de corpo de delito e outras perícias serão realizados por perito oficial, portador de diploma de curso superior" (Brasil, 1941). Convém mencionar que tanto no Código de Processo Penal (Brasil, 1941) quanto na Lei Federal 12.030/2009 (Brasil, 2009), é referido que as perícias de natureza criminal são realizadas por peritos oficiais, portadores de diploma de curso superior, sendo exigido concurso público e formação acadêmica específica detalhada em regulamento, de acordo com a necessidade de cada órgão e por área de atuação profissional.

Especificamente quando se trata da investigação de crimes sexuais, o objetivo da perícia é trazer materialidade a um possível fato delituoso, por meio da descrição clara de vestígios e indícios da ocorrência deste fato. A avaliação pericial dos crimes sexuais é tradicionalmente feita por meio de exames físicos, realizados por médico investido da função de perito oficial (médico-legista). Este profissional elabora o laudo pericial baseado em indicadores objetivos tais como presença de ruptura himenal, presença de indicadores físicos de atos libidinosos, coleta e avaliação de vestígios biológicos, entre outros procedimentos próprios da medicina e sexologia forense. Porém, devido às características específicas dos crimes sexuais envolvendo crianças e adolescentes, a materialidade do delito em muitos casos não pode ser provada por meio do exame físico (Sena, Silva & Neto, 2018).

A perícia psicológica tem, portanto, o objetivo de encontrar os vestígios deixados na memória da suposta vítima, bem como avaliar possíveis indicadores clínicos da situação de violência em estudo. Além disso, a perícia psicológica pode contribuir avaliando as competências emocionais e cognitivas das vítimas ao emitir seu testemunho. Tais objetivos são alcançados por meio dos conhecimentos e procedimentos específicos da Ciência Psicológica (Rovinski, 2007; Schaefer, Rossetto & Kristensen, 2012). A perícia psicológica, assim como as perícias das outras áreas do conhecimento, tal como preconiza o Código de Processo Penal brasileiro, é conduzida por profissional habilitado, detentor do cargo de perito oficial, ou, na ausência deste, "por 2 (duas) pessoas idôneas, portadoras de diploma de curso superior preferencialmente na área específica, dentre as que tiverem habilitação técnica relacionada com a natureza do exame" (Brasil, 2008, 1941). Entre as possíveis atuações do psicólogo no contexto forense, há, ainda, a figura do assistente técnico, o qual pode ser indicado pe-

las partes do processo judicial para acompanhar os procedimentos da perícia oficial, formulando quesitos ao perito e fornecendo parecer técnico sobre a condução dos procedimentos periciais. Dessa forma, a participação do psicólogo investido na função de assistente técnico tem como finalidade garantir os princípios constitucionais do devido processo legal, que abrangem a ampla defesa e o contraditório.

É importante destacar que, quando as autoridades solicitam uma perícia psicológica em uma suposta vítima de abuso sexual, não estão incluídas questões referentes ao suposto agressor. O fato de não se incluir o(s) suspeito(s) na perícia psicológica da(s) vítima(s) não torna esta avaliação tendenciosa ou invalida o processo. A imparcialidade e a neutralidade que são exigidas dos peritos no âmbito criminal que honram o compromisso de exercer suas atribuições com autonomia e rigor técnico-científico não pressupõem que estes tenham que ouvir todas as partes e todos os envolvidos para fundamentar suas conclusões. Por exemplo, na perícia física, o perito médico-legista irá examinar vestígios compatíveis com uma situação de violência e irá estabelecer o nexo causal entre as lesões e a suposta situação abusiva. O resultado da avaliação médico-legal independe da versão do suspeito sobre os fatos alegados e a ausência de vestígios físicos, por exemplo, não implica necessariamente que a situação alegada não tenha ocorrido.

De maneira semelhante, a perícia psicológica oficial emitirá suas conclusões com base na avaliação da suposta vítima, independentemente da versão do(s) suspeito(s) acerca dos fatos alegados. Não é função pericial apontar culpados ou inocentes, decidir ou julgar, pois isto compete ao Poder Judiciário. Além disso, ainda na fase pré-processual, de inquérito policial, compete à autoridade reunir todos os elementos probatórios da investigação. Além disso, nas fases iniciais da investigação pode até nem haver um suspeito. Posteriormente, os elementos probatórios reunidos na fase de investigação da infração penal são enviados ao Ministério Público e, caso o inquérito policial tenha trazido indícios suficientes da autoria e do cometimento do crime, o Ministério Público oferecerá a denúncia que, posteriormente, irá instaurar o processo judicial (Brasil, 1941, art. 100-106). Portanto, os exames periciais são importantes elementos probatórios e, por vezes, decisivos para a instauração do processo judicial.

Entrevista forense

Quando entrevistamos crianças no contexto forense é necessário ter em mente as diversas vulnerabilidades desta etapa peculiar do desenvolvimento humano: as crianças se encontram em diferentes estágios de seu desenvolvimento cognitivo e, por esse motivo, tanto os processos mnemônicos quanto a capacidade de expressão verbal são, também, peculiares. Dessa maneira, é fundamental que o profissional que procede à avaliação seja conhecedor dos processos do desenvolvimento humano e saiba exatamente o que esperar e como avaliar as diferentes faixas-etárias da infância e da adolescência. Para além dos processos cognitivos, cabe destacar que as crianças são mais vulneráveis à sugestionabilidade e à intrusão de conteúdos relacionados à fantasia e à imaginação. Cabe sublinhar, porém, que, apesar dessas vulnerabilidades, as crianças são, em muitos casos, capazes de descrever acontecimentos os quais foram vivenciados por elas de maneira direta ou indireta (Blandón-Gitli & Pezdek, 2009; Brady, Poole & Warren, 1999; Brubacher, Glisic, Roberts & Powell, 2010; Ceci & Bruck, 1995).

No que se refere especificamente à investigação de crimes relacionados ao abuso sexual infantil, apoiar ou refutar a hipótese de incidência real de um caso de abuso sexual é uma tarefa complexa, uma vez que em grande parte das ocorrências desta natureza as únicas testemunhas do fato são a própria criança agredida e o perpetrador, pessoa que não raramente possui laços afetivos e familiares com a vítima. Tais laços costumam incrementar a dificuldade para a produção de um relato, por parte da vítima, a respeito de possíveis vivências abusivas (Habigzang, 2010). Fatores psicológicos, tais como vergonha e autoatribuições de culpa, bem como fatores intrínsecos à dinâmica do abuso sexual, também constituem aspectos que aumentam a complexidade da avaliação (Furniss, 2003; Daignault & Hébert, 2009; Schaefer, Rossetto & Kristensen, 2012).

A natureza complexa da avaliação psicológica forense requer procedimentos e métodos rigorosos do ponto de vista técnico e científico, os quais possuam a devida objetividade e levem em consideração as peculiaridades do fenômeno a ser acessado no processo de avaliação. É consenso entre os estudiosos da área que a avaliação dos casos de abusos sexuais deve levar em consideração diversos fatores, sem que se estabeleça um indicador único para o diagnóstico deste tipo de situação (Beltran & Marin, 2012; Schaefer, Rossetto & Kristensen, 2012).

Não há, atualmente, evidências suficientes para o estabelecimento de uma metodologia de avaliação única e sensível para a detecção de casos de abuso, sendo que a estratégia mais recomendável é o procedimento de uma avaliação compreensiva e multidimensional, que inclua diferentes instrumentos e técnicas (*American Professional Society on the abuse of children*,

2002). Nesse sentido, Beltran e Marin (2012) sugerem, a partir dos resultados de um estudo de revisão dos principais procedimentos e instrumentos de avaliação psicológica do abuso sexual, que as diferentes etapas da avaliação contemplem: (a) uso de protocolos para coleta de depoimentos adaptados para vítimas de abuso sexual; (b) aplicação de escalas de confiabilidade para os resultados obtidos na entrevista; (c) administração de instrumentos clínicos, adequadamente validados para o contexto local, que rastreiem a presença de sintomas psicológicos e comportamentais e evidenciem as diferenças em relação a crianças não vítimas ou vítimas de outros eventos traumáticos.

No que diz respeito aos instrumentos de avaliação psicológica, o Conselho Federal de Psicologia prevê na resolução n. 5/2012 a necessidade de se considerar os aspectos culturais e sociais em uma avaliação psicológica, além da utilização de instrumentos devidamente validados para a população brasileira (Conselho Federal de Psicologia, 2012). No contexto forense, destaca-se que a avaliação acurada e sistematicamente organizada permite uma melhor detecção dos sintomas e do evento ocorrido.

No que se refere às melhores práticas de entrevista forense com adolescentes e infantes, a literatura científica apresenta consensos claros a respeito de práticas que devem e que não devem ser adotadas. Quanto ao modo como não se deve entrevistar uma criança no contexto forense, sabemos que é necessário, em primeiro lugar, evitar a utilização de questões sugestivas. Da mesma forma, questionar uma criança de maneira intimidatória ou agressiva não produz bons resultados. Deve-se evitar a formulação de questões complexas, confusas ou múltiplas. Por fim, deve-se evitar o recurso à imaginação e ao universo

da ludicidade, incluindo o cuidado com a preparação da sala de entrevista, que deverá ser neutra, acolhedora e sem o uso de recursos lúdicos e distratores (Brown, 2011; Poole & Lamb, 1998; Ridley, Gabbert & La Rooy, 2013).

Na direção oposta, a literatura científica preconiza que, para que a entrevista forense seja capaz de aportar resultados fiáveis, é necessário que o profissional que conduz essa entrevista tenha formação específica em entrevista forense, bem como esteja submetido à supervisão e aperfeiçoamento continuados. No contexto forense, é fortemente recomendado que a entrevista seja feita por meio da utilização de um protocolo de entrevista forense. O protocolo eleito deve, ainda, ter estudos científicos que sustentem sua eficácia e confiabilidade, bem como deve ser adaptado à linguagem e à cultura locais (Lamb, Hershkowitz, Orbach & Esplin, 2008; Saywitz, Lyon & Goodmann, 2011; Stewart, Katz & La Rooy, 2011).

A finalidade por trás da utilização dos protocolos é estimular que a criança seja capaz de entregar o melhor resultado possível, de acordo com suas potencialidades, por meio da entrevista forense. A aplicação do protocolo visa, portanto, estimular a competência da criança em informar, estimular o discurso espontâneo da criança sobre acontecimentos por meio da utilização de questionamentos abertos, os quais ensejam respostas mais extensas, precisas e ricas em informação.

Entre os instrumentos de entrevista forense de ampla aplicação prática e sustentação teórica sólida destaca-se o protocolo de entrevista forense do National Institute of Child Health and Human Development (NICHD) (Lamb, Hershkowitz, Orbach & Esplin, 2008; Lamb, Orbach, Hershkowitz, Esplin & Horowitz, 2007, versão brasileira por Williams, Hackbarth, Blefari & Padilha, 2012). Esse instrumento compreende uma etapa introdutória na qual o entrevistador faz sua apresentação pessoal, combina que a criança deve relatar os eventos de maneira detalhada, bem como deve dizer somente a verdade. Nessa mesma etapa, o entrevistador autoriza a criança a usar as frases: "Eu não me lembro" ou "Eu não sei" quando necessário, além de corrigir o entrevistador quando ele disser alguma coisa errada. Segue-se, então, a fase de *rapport*, cujo objetivo é criar as condições ambientais necessárias para que seja estabelecido um vínculo entre a criança e o entrevistador. Ainda nessa fase, é solicitado à criança que descreva com detalhes algum evento neutro vivenciado recentemente. Esta etapa tem como objetivo familiarizar a criança com a dinâmica da entrevista, bem como treiná-la para o tipo de resposta que deve ser produzida durante a entrevista e, ainda, avaliar os recursos verbais do entrevistado. Após a fase de *rapport*, a parte substantiva da entrevista é introduzida por meio de questionamentos abertos, do tipo "conte-me tudo sobre", partindo sempre das informações trazidas pelo próprio entrevistado. Durante essa fase, o entrevistador deve guiar a criança por meio de questionamentos e orientações do tipo: "o que aconteceu depois?" ou "você mencionou tal objeto/pessoa/situação, conte-me tudo sobre isso". Caso restem dúvidas a respeito de questões cruciais para o entendimento do caso, o entrevistador ainda pode usar questões cuja resposta é do tipo sim ou não. Por fim, o entrevistador procede a uma retomada de temas neutros, agradece a cooperação, pergunta se há mais alguma coisa que a criança queira relatar e se coloca à disposição para responder às perguntas que a criança queira dirigir.

O protocolo de entrevista forense do NICHD pode ser utilizado por profissionais treinados que não necessariamente tenham formação específica em saúde mental, tais como policiais. Portanto, a aplicação desse protocolo no contexto da perícia psicológica é uma ferramenta valiosa que auxilia na obtenção do relato livre por parte da criança acerca da situação abusiva experienciada. Entretanto, este procedimento deve ser utilizado dentro de um contexto avaliativo que deverá incluir fontes complementares de informação, como entrevistas com os responsáveis, avaliação de indicadores clínicos, uso de testes psicológicos, entre outros, conforme especificado na Resolução n. 9/2018 do Conselho Federal de Psicologia (CFP, 2018).

Indicadores clínicos

É consenso na literatura científica que há uma ampla gama de sintomas e acometimentos psicológicos e psiquiátricos os quais são oriundos de vivências abusivas na infância. Na perspectiva da psicologia forense não é possível, no entanto, entender tais acometimentos, sejam eles emocionais, cognitivos ou comportamentais, como evidências que atestem a ocorrência da suposta situação de violência. Isso porque não há um conjunto específico de sintomas ou uma síndrome exclusiva da infância marcada pela violência sexual (Schaefer, Lobo, Brunnet & Kristensen, 2016). As manifestações clínicas nesse contexto são múltiplas, inespecíficas, os sintomas podem iniciar tardiamente, após o encerramento das investigações, bem como pode não haver a emergência de quadro sintomatológico (Gava, da Silva & Dell'Aglio, 2013). Além disso, os contextos das possíveis vítimas que se apresentam para a perícia são os mais variados, havendo frequentemente sobreposição de variáveis que podem estar relacionadas ao aparecimento de determinados sintomas e dificultando, dessa forma, o estabelecimento de um nexo de causalidade entre os acometimentos psicológicos e a situação que está sendo estudada. Uma investigação pericial que tenha como foco central a avaliação dos sintomas não apresenta, portanto, consistência suficiente para contribuir para o estabelecimento da materialidade do delito em estudo (Gava, Pelisoli & Dell'Aglio, 2013).

Se a avaliação de sintomas clínicos no contexto forense não é suficiente como procedimento pericial, ela é sempre aliada à coleta adequada do testemunho, uma ferramenta fundamental para que seja possível atingir o objetivo de caracterizar o dano psicológico eventualmente oriundo do abuso sexual alegado. Ou seja, não é possível estabelecer se houve ou não o fato delituoso avaliando apenas os possíveis sintomas, mas essa mesma avaliação dos sintomas constitui parte importante dos procedimentos periciais, sendo fundamental para que o perito possa responder se houve danos às estruturas psicológicas da vítima e qual é, no momento da avaliação, a extensão desse dano (Schaefer, Lobo, Brunnet & Kristensen, 2016).

No contexto da perícia oficial gaúcha, o estudo conduzido por Gava, da Silva e Dell`Aglio (2013) identificou os principais acometimentos psicológicos encontrados em crianças e jovens alegadamente vítimas de abusos sexuais submetidos à perícia psíquica. Os sintomas mais prevalentes neste estudo foram os sintomas depressivos, medos ou pânico, prejuízo acadêmico, ansiedade, lembranças intrusivas e recorrentes do evento traumático, agressividade, isolamento social e retraimento. O estudo listou, ainda, como fatores mediadores de impacto psicológico o tipo de abuso sofrido, sexo e faixa-etária dos periciados, com a intensidade, frequência e pre-valência dos sintomas variando conforme esses mediadores.

Laudo psicológico pericial

O documento resultante do processo de perícia psicológica é o laudo psicológico (laudo pericial). Este documento tem por finalidade a comunicação sistematizada dos resultados aferidos por meio dos procedimentos periciais. O Conselho Federal de Psicologia tem emitido normativas para os profissionais psicólogos a respeito da redação de documentos desde 2001, tendo sido publicadas resoluções nesse sentido em 2001, 2002, 2003 e mais recentemente, em 2019. A finalidade dessas normativas é garantir a uniformidade, a clareza e a qualidade das produções escritas pela categoria, enfatizando a responsabilidade do profissional ao emitir comunicações escritas sobre os serviços prestados. Cabe destacar que, na redação de seus documentos, o profissional da psicologia deve adotar integralmente os princípios éticos, técnicos e científicos da profissão.

Conforme a Resolução CFP n. 6/2019, o laudo psicológico oferecerá subsídio a decisões relacionadas ao sujeito, ao grupo ou ao contexto no qual surgiu a demanda a ser avaliada, sendo o instrumento de comunicação dos resultados de um processo complexo de avaliação psicológica. Tanto no decorrer da avaliação quanto no processo de confecção do documento, o psicólogo estará atento ao caráter dinâmico e mutável dos processos psicológicos. As informações registradas no laudo devem ser suficientes para a compreensão da situação em avaliação e do raciocínio técnico empregado.

O laudo psicológico é composto de seis itens: o primeiro, denominado Identificação, é o item no qual se registram os dados identificatórios do sujeito ou instituição avaliados, bem como os dados do solicitante da avaliação e do profissional autor do documento. A identificação deve conter, ainda, a exposição breve dos motivos da avaliação. A descrição da demanda é a etapa na qual se explicita detalhadamente o motivo da solicitação, identificando as fontes dessas informações.

O item "Procedimentos" deve apresentar um registro detalhado dos procedimentos do trabalho, bem como a descrição dos recursos utilizados. O item "Análise" deve conter uma exposição descritiva e objetiva dos dados coletados, relacionando-os com as demandas que ensejaram a avaliação. As afirmações do psicólogo devem estar sustentadas em teorias e fatos bem especificados. O item "Conclusão" apresenta as conclusões aferidas pelo psicólogo por meio do conteúdo apresentado na análise. Esse item apresenta, ainda, encaminhamentos e intervenções, diagnóstico, prognóstico e hipótese diagnóstica, evolução do caso, orientação ou sugestão de projeto terapêutico. Deve-se ainda fazer constar local e data da expedição do documento, nome completo e número de inscrição do psicólogo que firma o laudo psicológico. Por fim, na etapa Referências, são informadas as fontes científicas ou referências bibliográficas utilizadas na confecção do documento.

Casos práticos

A seguir serão apresentadas algumas vinhetas fictícias inspiradas em casos reais atendidos em um serviço de perícia oficial com o objetivo de ilustrar os diversos aspectos que tornam a perícia psicológica dos casos de abuso sexual uma tarefa árdua e complexa. A consideração de fatores intrínsecos e extrínsecos, da dinâmica do abuso e da dinâmica familiar onde ele está

inserido é fundamental para o sucesso da avaliação e, consequentemente, para a qualidade da prova pericial que será oferecida à autoridade solicitante.

Caso 1

M., 12 anos, sexo masculino. Chega ao serviço acompanhado pela Conselheira Tutelar. Até a data da notificação residia com a mãe, pai e outros três irmãos mais novos (10, 8 e 3 anos de idade) em uma casa simples, localizada em uma região pobre da cidade. O genitor trabalha como catador e a mãe é portadora de doença mental não especificada, com histórico de internações psiquiátricas. A família já vinha recebendo acompanhamento do Conselho Tutelar em função de vulnerabilidade psicossocial e negligência com os filhos (dificuldade de higiene, alimentação e cuidados básicos). Recentemente, o Conselho Tutelar foi acionado depois que vizinhos ouviram gritos e choro do periciado dentro da casa da família. Ao ser questionado sobre o episódio M. teria relatado abuso sexual cometido pelo pai. O suposto abuso sexual foi notificado e o periciado e os irmãos foram abrigados.

Durante anamnese a acompanhante não possuía informações sobre o desenvolvimento do periciado (marcos do desenvolvimento, sintomas ou alterações de comportamento prévias e atuais) informando somente que M. costumava passar bastante tempo nas ruas e apresentava muitas faltas escolares. No abrigo, M. apresentou comportamento agressivo e dificuldade com as regras impostas.

Entrevista com M.

Durante a fase de estabelecimento das regras da entrevista, o periciado ouviu a perita com atenção. Distinguiu de forma correta afirmações verdadeiras e falsas, reconheceu ausência de informação e corrigiu a perita de forma adequada, demonstrando condições cognitivas para relatar de forma livre. Porém, ao longo da entrevista apresentou comportamento resistente e pouco colaborativo e apesar de relatar um episódio claramente abusivo, o fez de forma breve e com poucos detalhes. Com dificuldade descreveu toques no corpo e, durante a fase de investigação de sintomas, verificou-se dificuldades prévias no desempenho escolar e nos relacionamentos (dificuldade de aprendizagem, brigas e comportamento violento na escola). Ao ser questionado, relatou sentimentos de raiva e revolta associados ao genitor.

Caso 2

S., 7 anos, sexo feminino, comparece ao serviço acompanhada pela genitora, que demonstra intensa preocupação com a filha. A genitora informa que se separou do pai de S. quando esta tinha 5 anos de idade e, após um período residindo sozinha com a filha, se casou novamente e encontra-se grávida do segundo filho. S. segue visitando o pai, com quem mantém bom vínculo, quinzenalmente. A avaliação pericial foi solicitada depois que S. relatou na escola abuso sexual cometido por um amigo da família. Ao tomar conhecimento dos fatos a própria genitora registrou boletim de ocorrência. Durante a anamnese, forneceu informações detalhadas sobre o desenvolvimento da periciada, sem alterações importantes. Recentemente, percebeu leve irritação e mudança de humor na filha, mas nunca suspeitou de qualquer situação abusiva, associando as alterações de S. à chegada do bebê.

Entrevista com S.

Durante a fase de estabelecimento das regras da entrevista, S. estava visivelmente ansiosa. Distinguiu de forma adequada entre verdade e mentira, reconheceu ausência de informações e corrigiu a perita, evidenciando capacidade para relato livre. Durante a fase de *rapport*, relatou de forma detalhada um evento neutro. Seguindo o mesmo padrão, relatou abuso sexual sistemático com detalhes, descrições de interações e reprodução de diálogos. Relatou sentimentos de tristeza, dificuldade para dormir, pesadelos e lembranças vividas associados aos abusos. A entrevista também verificou intenso sentimento de culpa e ansiedade associada à revelação, já que o agressor costumava dizer que a família não acreditaria nela caso revelasse os abusos.

Caso 3

J., 16 anos, sexo feminino, comparece para avaliação psicológica acompanhada do namorado atual, com quem reside. O boletim de ocorrência foi registrado recentemente, mas os abusos ocorreram dos 9 aos 13 anos de idade. Na época, J. residia com a irmã, com o agressor e com os filhos do casal, após a morte da mãe. Com a ajuda da família do namorado atualmente se sentiu protegida e encorajada para realizar a denúncia. O acompanhante informou que J. costumava fazer cortes nos braços e pernas e que chegou a tomar uma cartela de remédios (com necessidade de atendimento médico). Atualmente, J. está grávida do namorado, parou de estudar e não mantém atividade laboral.

Entrevista com J.

Durante a fase de estabelecimento das regras da entrevista, J. escutou atentamente a perita e distinguiu de forma adequada entre mentira e verdade, reconheceu ausência de informação e corrigiu informações falsas, demonstrando capacidade de relato livre. Durante a fase de *rapport*, relatou evento neutro de forma clara. Apresentou dificuldade de relatar o início das situações abusivas, alegando dificuldade de memória. De forma mais detalhada, foram relatadas as últimas situações abusivas (aos 13 anos) e ameaças de morte aos sobrinhos (filhos do agressor) para manutenção do segredo. Durante algum tempo chegou a tomar pílulas anticoncepcionais fornecidas pelo agressor. Após a notificação, não obteve apoio da família e chegou a receber ameaças da irmã por meio de rede social.

A entrevista verificou sintomas depressivos, crises de ansiedade, episódios de automutilação e tentativa de suicídio. Os sintomas foram atenuados depois que J. deixou a casa do agressor e da irmã. Durante a entrevista, relatou que não pensa mais em morrer e que não fez mais cortes no corpo para não prejudicar seu bebê.

Comentários acerca dos casos apresentados

Com base nos casos expostos, percebe-se, de forma clara, a complexidade e amplitude do fenômeno da violência sexual em crianças e adolescentes. No primeiro caso, a violência sexual aparece associada a um contexto de vulnerabilidade econômica, com histórico de negligência e doença mental de um dos genitores, configurando um contexto de baixa proteção. Com relação ao relato, o fato de tratar-se de episódio abusivo único e recente poderia ser determinante para a emissão de um relato bastante detalhado da situação abusiva, o que, conforme descrito, não se confirmou. Também se verifica a presença de sintomas externalizantes anteriores ao episódio abusivo e que podem ter interferido no relato por meio da pouca colaboração na entrevista. Ainda com relação ao primeiro caso, é notável a participação de outras instâncias de proteção e assistência social ampliando a proteção à vítima.

O segundo caso apresenta o abuso sexual dentro de uma família reconstituída, com melhores condições financeiras e ambiente de proteção adequado. Os episódios abusivos repetidos foram cometidos por uma pessoa sem vínculo biológico em quem a vítima e a família confiavam. Neste caso, o detalhamento do relato foi fundamental para o entendimento da situação abusiva e do estabelecimento do nexo causal entre o abuso e as alterações de comportamento da periciada. A vinheta ressalta a inespecificidade das alterações e a possível associação destas com outro evento familiar (gravidez da mãe). Outro ponto relevante foi o fato de que a perícia psicológica verificou também a presença de sintomas de trauma mais intensos do que os reportados pela genitora na anamnese.

O caso 3 evidencia um histórico de abuso revelado somente após o afastamento do agressor, o que ressalta a importância da consideração do contexto da revelação. Na vinheta, o caráter sistemático dos episódios e o tempo transcorrido entre as situações abusivas e o momento da avaliação pericial foram determinantes para a dificuldade de relato, principalmente com relação ao início dos episódios. Dentro desse contexto, a narração dos últimos episódios e o fornecimento de detalhes específicos foram importantes para a validação do relato, como por exemplo o uso de anticoncepcionais fornecidos pelo agressor. Outro ponto a ser considerado é a gravidade dos sintomas apresentados na época e o impacto em longo prazo das agressões, determinando, muito provavelmente, gravidez precoce, abandono escolar e ausência de atividade laboral em um momento mais avançado do desenvolvimento. A importância do atendimento em saúde mental durante a fase mais crítica dos sintomas também apresenta papel fundamental dentro do contexto de abuso sexual.

Considerações finais

Ao longo do presente capítulo foram apresentadas diferentes atuações do profissional da psicologia dentro do contexto da avaliação psicológica do abuso sexual em crianças e adolescentes. A alta prevalência do fenômeno e as consequências para a saúde mental das vítimas tornam imprescindível o trabalho integrado e multidisciplinar. Seja no âmbito da assistência social, do atendimento em saúde e na prática forense, a avaliação e a condução das práticas psicológicas são processos complexos e exigem do profissional conhecimento teórico e técnico para assegurar a qualidade da intervenção. Dentro dessa perspectiva, a avaliação psicológica no contexto forense, tal como descrita ao longo do capítulo, é indispensável, pois constitui, em um amplo número de casos, um dos principais elementos probatórios sobre a ocorrência do abuso sexual. Dessa forma, as conclusões de uma avaliação psicológica forense devem ter como base a escolha de um protocolo de entrevista validado cientificamente, a observação das regras para entrevista, a qualidade do relato colhido, a avaliação criteriosa dos sintomas, assim como a consideração da amplitude do fenômeno e suas múltiplas apresentações.

Referências

American Professional Society on the Abuse of Children (Apsac). (2002). *Investigative interviewing in cases of alleged child abuse: Practice guidelines.* American Professional Society on the Abuse of Children.

Beltran, P. N., & Marin, M. A. (2012). Exploración psicológica forense del abuso sexual en la infancia: Una revisión de procedimientos e instrumentos. *Papeles del psicólogo, 33*(1), 36-47.

Blandón-Gitlin, I., & Pezdek, K. (2009). Children's memory in forensic contexts: Suggestibility, false memory, and individual differences. In B. L. Bottoms, C. J. Najdowski & G. S. Goodman (eds.), *Children as victims, witnesses, and offenders: Psychology science and the law* (pp. 57-80). Guilford.

Brady, M. S., Poole, D. A., Warren, A. R., & Jones, H. R. (1999). Young children's responses to yes-no questions: Patterns and problems. *Applied Developmental Science, 3*(1), 47-57.

Brasil. (1941). *Código de Processo Penal.* http://www.planalto.gov.br/ccivil_03/decreto-lei/Del3689.htm

Brasil. (1990). *Lei n. 8.069, de 13 de julho de 1990.* Dispõe sobre o Estatuto da Criança e do Adolescente e dá outras providências. http://www.planalto.gov.br/ccivil_03/leis/l8069.htm

Brasil. (2008). *Lei n. 11.690, de 9 de junho de 2008.* Altera dispositivos do Decreto-Lei n. 3.689, de 3 de outubro de 1941 – Código de Processo Penal, relativos à prova, e dá outras providências. http://www.planalto.gov.br/ccivil_03/_Ato2007-2010/2008/Lei/L11690.htm

Brasil. (2009). *Lei n. 12.030, de 17 de setembro de 2009.* Dispõe sobre as perícias oficiais e dá outras providências. http://www.planalto.gov.br/ccivil_03/_ato2007-2010/2009/lei/L12030.htm

Brasil. (2017). *Lei n. 13.431, de 4 de abril de 2017.* Estabelece o sistema de garantia de direitos da criança e do adolescente vítima ou testemunha de violência e altera a Lei n. 8.069, de 13 de julho de 1990 (Estatuto da Criança e do Adolescente). http://www.planalto.gov.br/ccivil_03/_ato2015-2018/2017/Lei/L13431.htm

Brasil. (2018). *Boletim epidemiológico*. https://www.saude.gov.br/images/pdf/2018/junho/25/2018-024.pdf

Brasil. (2018). *Lei n. 13.721/2018, de 2 de outubro de 2018*. Altera o Decreto-Lei n. 3.689, de 3 de outubro de 1941 (Código de Processo Penal), para estabelecer que será dada prioridade à realização do exame de corpo de delito quando se tratar de crime que envolva violência doméstica e familiar contra mulher ou violência contra criança, adolescente, idoso ou pessoa com deficiência. http://www.planalto.gov.br/ccivil_03/_ato2015-2018/2018/Lei/L13721.htm

Brasil. (2019). *Dados de abuso e exploração sexual contra crianças e adolescentes*. https://cutt.ly/pne0pXD

Brasil. (2019). *Lei n. 13.964, de 24 de dezembro de 2019*. Aperfeiçoa a legislação penal e processual penal. http://www.planalto.gov.br/ccivil_03/_ato2019-2022/2019/lei/L13964.htm

Brown, D. A. (2011). The use of supplementary techniques in forensic interviews with children. In M. E. Lamb, D. J. L. Rooy, L. C. Malloy & C. Katz (eds.), *Children's testimony: A handbook of psychological research and forensic practice*. John Wiley & Sons.

Brubacher, S. P., Glisic, U., Roberts, K. P., & Powell, M. (2010). Children's ability to recall unique aspects of one occurrence of a repeated event. *Applied Cognitive Psychology, 25*(3), 351-358.

Ceci, S. J., & Bruck, M. (1995). *Jeopardy in the court room: A scientific analysis of children's testimony*. American Psychological Association.

Cicchetti, D., & Toth, S. L. (2005). Child maltreatment. *Annual Review of Clinical Psychology, 1*, 409-438.

Cohen, J. A., Deblinger, E., Mannarino, A. P., & Steer, R. A. (2004). A multisite, randomized controlled trial for children with sexual abuse-related PTSD symptoms. *Journal of the American Academy of Child and Adolescent, 43*(4), 393-402.

Conselho Federal de Psicologia – CFP. (2005). *Resolução CFP n. 10/2005*. Aprova o Código de Ética Profissional do Psicólogo. http://site.cfp.org.br/wp-content/uploads/2012/07/codigo_etica.pdf

Conselho Federal de Psicologia. (2009). *Serviço de proteção social a crianças e adolescentes vítimas de violência, abuso e exploração sexual e suas famílias: Referências para a atuação do psicólogo*. https://site.cfp.org.br/wp-content/uploads/2009/10/CREPOP_Servico_Exploracao_Sexual.pdf

Conselho Federal de Psicologia. (2012). *Resolução n. 5/2012 Sobre o uso, a elaboração e a comercialização de testes psicológicos – Sistema de Avaliação de Testes Psicológicos (Satepsi)*. https://site.cfp.org.br/wp-content/uploads/2012/03/Resolucao_CFP_005_12_1.pdf

Conselho Federal de Psicologia. (2013). *Referências técnicas para a prática de psicólogas(os) no Centro de Referência Especializado da Assistência Social – Creas*. CFP. https://site.cfp.org.br/publicacao/referencias-tecnicas-sobre-a-pratica-de-psicologas-os-no-centro-de-referencia-especializado-da-assistencia-social-creas/

Conselho Federal de Psicologia. (2018). *Resolução CFP n. 9/2018*. Estabelece diretrizes para a realização de avaliação psicológica no exercício profissional da psicóloga e do psicólogo, regulamenta o Sistema de Avaliação de Testes Psicológicos – Satepsi e revoga as resoluções n. 2/2003, n. 6/2004 e n. 5/2012 e notas técnicas n. 1/2017 e 2/2017. https://site.cfp.org.br/wp-content/uploads/2018/04/Resolu%C3%A7%C3%A3o-CFP-n%C2%BA-09-2018-com-anexo.pdf

Conselho Federal de Psicologia. (2019). *Resolução CFP n. 6/2019 – Comentada*. Orientações sobre elaboração de documentos escritos produzidos pela(o) psicóloga(o) no exercício profissional. https://site.cfp.org.br/wp-content/uploads/2019/09/Resolu%C3%A7%C3%A3o-CFP-n-06-2019-comentada.pdf

Cutajar, M. C., Mullen, P. E., Ogloff, J. R., Thomas, S. D., Wells, D. L., & Spataro, J. (2010). Psychopathology in a large cohort of sexually abused children followed up to 43 years. *Child Abuse & Neglect, 34*(11), 813-822. https://doi.org/10.1016/j.chiabu.2010.04.004

Daignault, I. V., & Hébert, M. (2009). Profiles of school adaptation: Social, behavioral and academic functioning in sexually abused girls. *Child Abuse & Neglect, 33*(1), 102-115.

De Jong, R., Alink, L., Bijleveld, C., Finkenauer, C., & Hendriks, J. (2015). Transition to adulthood of child sexual abuse victims. *Aggression and violent behavior, 24,* 175-187. https://doi.org/10.1016/j.avb.2015.04.012

Dube, S. R., Anda, R. F., Whitfield, C. L., Brown, D. W., Felitti, V. J., Dong, M., & Giles, W. H. (2005). Long-term consequences of childhood sexual abuse by gender of victim. *American Journal of Preventive Medicine, 28*(5), 430-438. https://doi.org/10.1016/j.amepre.2005.01.015

Furniss, T. (1993). *Abuso sexual da criança: Uma abordagem multidisciplinar.* Artes Médicas.

Gava, L. L., da Silva, D. G., & Dell'Aglio, D. D. (2013). Sintomas e quadros psicopatológicos identificados nas perícias em situações de abuso sexual infantojuvenil. *Psico, 44*(2), 9.

Gava, L. L., Pelisoli, C., & Dell'Aglio, D. D. (2013). A perícia psicológica em casos de suspeita de abuso sexual infantojuvenil. *Avaliação psicológica, 12*(2), 137-145.

Habigzang, L. F. (2010). *Avaliação de impacto e processo de um modelo de grupoterapia cognitivo-comportamental para meninas vítimas de abuso sexual* [Dissertação de mestrado não publicada]. Universidade Federal do Rio Grande do Sul.

Habigzang, L. F., & Koller, S. H. (2006). Terapia cognitivo-comportamental e promoção de resiliência para meninas vítimas de abuso sexual intrafamiliar. In D. D. Dell'Aglio, S. H. Koller & M. A. M. Yunes (orgs.), *Resiliência e psicologia positiva: Interfaces do risco à proteção* (pp. 233-258). Casa do Psicólogo.

Lamb, M. E., Hershkowitz, I., Orbach, Y., & Esplin, P. W. (2008). *Tell me what happened: Structured investigative interviews of child victims and witnesses.* Wiley.

Manglio, R. (2009). The impact of child sexual abuse on health: A systematic review or reviews. *Clinical Psychology Review, 29,* 647-657. https://doi.org/10.1016/j.cpr.2009.08.003

Murray, L. K., Nguyen, A., & Cohen, J. A. (2014). Child sexual abuse. *Child and Adolescent Psychiatric Clinics of North America, 23*(2), 321-337. https://doi.org/10.1016/j.chc.2014.01.003

Pereda, N., Guilera, G., Forns, M., & Gómez-Benito, J. (2009). The prevalence of child sexual abuse in community and student samples: A meta-analysis. *Clinical Psychology Review, 29*(4), 328-338. https://doi.org/10.1016/j.cpr.2009.02.007

Poole, D. A., & Lamb, M. E. (1998). *Investigative interviews of children: A guide for helping professionals* (vol. I). American Psychological Association. http://www.apa.org/pubs/books/431711A.aspx

Ridley, A. M., Gabbert, F., & La Rooy, D. J. (eds.). (2013). *Suggestibility in legal contexts: Psychological research and forensic implications.* Wiley-Blackwell.

Rovinski, S. L. R. (2007). *Fundamentos da perícia psicológica forense.* Vetor.

Saywitz, K. J., Lyon, T. D., & Goodman, G. S. (2011). Interviewing children. In J. E. B. Myers & American Professional Society on the Abuse of Children (eds.), *The APSAC handbook on child maltreatment* (III, pp. 337-360). Sage.

Schaefer, L. S., & Miele, A. (2018). O impacto da Lei 13.431/2017 na atuação do(a) psicólogo(a) em casos de suspeita de violência contra crianças e adolescentes. In L. Potter (org.), *A escuta protegida de crianças e adolescentes: Os desafios da implantação da Lei 13.431/2017* (vol. 1, pp. 91-102). Livraria do Advogado.

Schaefer, L. S., Donat, J. C., & Kristensen, C. H. (2018). Avaliação de crianças com suspeita de abuso sexual. In M. Lins, M. Muniz & L. M. Cardoso (orgs.), *Avaliação psicológica infantil* (vol. 1, pp. 429-448). Hogrefe.

Schaefer, L. S., Lobo, B. O. M., Brunnet, A. E., Kristensen, C. H. (2016). Reações pós-traumáticas em crianças: Como, por que e quais aspectos avaliar? *Interação em Psicologia, 20*(1), 112-123. https://doi.org/10.5380/psi.v20i1.30294

Schaefer, L. S., Rossetto, S., & Kristensen, C. H. (2012). Perícia psicológica no abuso sexual de crianças e adolescentes. *Psicologia: Teoria e*

Pesquisa, 28, 227-234. https://doi.org/10.1590/S0102-37722012000200011

Sena, C. A., Silva, M. A., & Neto, G. H. F. (2018). Incidência de violência sexual em crianças e adolescentes em Recife, Pernambuco, no biênio 2012-2013. *Ciência e Saúde Coletiva, 23*(5). https://doi.org/10.1590/1413-81232018235.18662016

Stewart, H., Katz, C., & La Rooy, D. J. (2011). Training forensic interviewers. In M. E. Lamb, D. J. L. Rooy, L. C. Malloy & C. Katz (eds.), *Children's testimony: A handbook of psychological research and forensic practice* (pp. 199-216). John Wiley & Sons.

Stoltenborgh, M., van IJzendoorn, M. H., Euser, E. M., & Bakermans-Kranenburg, M. J. (2011). A global perspective on child sexual abuse: Meta-analysis of prevalence around the world. *Child Maltreatment, 16*(2), 79-101. https://doi.org/10.1177/1077559511403920

Taborda, J. G. V. (2004). Exame pericial psiquiátrico. In E. Abdalla-Filho, M. Chalub & J. G. V. Taborda (orgs.), *Psiquiatria forense* (pp. 43-67). Artmed.

Távora, N., & Alencar, R. (2010). *Curso de direito processual penal* (4. ed.). Juspodvim; Tyler.

Williams, L. C. A., Hackbarth, C., Blefari, C. A., & Padilha, M. G. S. (2012). *Guia de entrevista forense NICHD.* http://nichdprotocol.com/nichdbrazil.pdf

World Health Organization. (2002). *World report on violence and health.* World Health Organization.

World Health Organization. (2003). *Guidelines for medico-legal care of victims of sexual violence.* World Health Organization.

Sobre os autores

Adriana Jung Serafini

É psicóloga pela Pontifícia Universidade Católica do Rio Grande do Sul (PUC-RS), com mestrado e doutorado em Psicologia pela Universidade Federal do Rio Grande do Sul. É professora associada 1 do Departamento de Psicologia da Universidade Federal de Ciências da Saúde de Porto Alegre (UFCSPA), docente do Programa de Pós-Graduação Psicologia e Saúde, vice-coordenadora do Laboratório de Pesquisa em Avaliação Psicológica na mesma universidade.

Adriana Miele

É psicóloga e mestre em Psicologia pela Pontifícia Universidade Católica do Rio Grande do Sul (PUC-RS), especialista em Psicologia Jurídica (Conselho Federal de Psicologia), perita criminal psicóloga no Departamento Médico-Legal do Instituto-Geral de Perícias do Rio Grande do Sul (IGP-RS). E-mail: adrianamiele83@gmail.com

Alessandra Gotuzo Seabra

É psicóloga, com mestrado, doutorado e pós-doutorado em Psicologia Experimental pela Universidade de São Paulo (USP). É professora e coordenadora do Programa de Pós-Graduação em Distúrbios do Desenvolvimento da Universidade Presbiteriana Mackenzie (UPM), além de Bolsista de produtividade 1B do CNPq . É editora associada da revista *Psicologia: Teoria e Prática* e coordenadora do Grupo de Neuropsicologia Infantil. É vice-presidente do Instituto Brasileiro de Neuropsicologia e Comportamento (IBNeC) e membro do Conselho Deliberativo do Instituto Brasileiro de Avaliação Psicológica (Ibap). Integra a Rede Ciência para a Educação (CpE). Escreveu diversos artigos, livros e capítulos de livros sobre neuropsicologia, funções executivas, leitura, escrita e problemas de aprendizagem.

Alessandra Turini Bolsoni-Silva

É professora associada (livre-docente) do Departamento de Psicologia da Faculdade de Ciências de Bauru da Universidade Estadual Paulista (Unesp). É graduada em Psicologia (1997) e tem mestrado em Educação Especial pela Universidade Federal de São Carlos (2000). Doutorou-se em Psicologia pela Universidade de São Paulo (2003). Tem pós-doutorado em Saúde Mental pela USP de Ribeirão Preto (2009). Coordena Grupo de Pesquisa Anpepp Relações Interpessoais e Competência Social. É membro associado pleno da Sociedade Brasileira de Psicologia. Participa de Grupos de Pesquisa CNPq Relações Interpessoais e Habilidades Sociais (coordenado pela Professora-doutora Zilda A. P. Del Prette) e Redetac – Rede de colaboração interinstitucional para a pesquisa e o desenvolvimento das terapias analítico-comportamentais (coordenado pelo Professor Doutor Denis Zamignani). Coordena o Grupo de Pesquisa Anpepp Relações Interpessoais e Competência Social. É bolsista Produtividade 1D do CNPq.

Amanda Lays Monteiro Inácio

É psicóloga, doutoranda pelo Programa de Pós-Graduação Stricto Sensu em Psicologia da Universidade São Francisco. Tem mestrado pelo Programa de Mestrado e Doutorado em Educação da Universidade Estadual de Londrina e Especialista em Clínica Psicanalítica pela mesma universidade. Atua como professora-assistente de graduação na Universidade Estadual de Londrina e na Faculdade Tecnológica do Vale do Ivaí. Atualmente coordena a Comissão de Avaliação Psicológica do Conselho Regional de Psicologia 8ª região. E-mail: amandalmonteiroo@gmail.com

Ana Celi Pallini

É psicóloga pela Universidade São Francisco (*campus* Itatiba), com mestrado e doutorado pelo Programa de Pós-Graduação Stricto Sensu da Universidade São Francisco, com área de concentração em Avaliação psicológica. É bolsista pela Coordenação de Aperfeiçoamento de Pessoal de Nível Superior (Capes).

Ana Cláudia Dutra Cipriano Lara

É mestre em Psicologia: Cognição e Comportamento e graduada em Psicologia pela Universidade Federal de Minas Gerais. Especialista em Terapia Cognitivo-Comportamental na Infância e Adolescência pelo Centro de Terapia Cognitiva Veda na cidade de São Paulo e pelo Proficoncept de Portugal. Atua em clínica multiprofissional com terapia cognitivo-comportamental para crianças e adolescentes. É docente no curso de Pós-graduação em Psicologia: Terapia Cognitivo-Comportamental na Pontifícia Universidade Católica de Minas Gerais.

André Vilela Komatsu

É professor-colaborador do Departamento de Sociologia da Faculdade de Filosofia, Letras e Ciências Humanas da Universidade de São Paulo (USP-SP); pesquisador do Núcleo de Estudos da Violência (NEV-USP); membro do Grupo de Estudos e Pesquisa em Desenvolvimento e Intervenção Psicossocial (GEPDIP). Tem graduação, mestrado e doutorado em Psicologia, todos pela Universidade de São Paulo, com estágio doutoral na Universidade de Barcelona.

Andreia Mello de Almeida Schneider

É graduada em Administração de Empresas pela Unisinos (1997) e em Psicologia pela Ulbra (2007), tem mestrado em Psicologia pela PUC-RS (2011), formação em psicanálise pelo Centro de Estudos Psicanalíticos de Porto Alegre (CEPdePA, 2014) e Doutorado em Psicologia pela UFRGS (2020). Realizou estágio de doutorado sanduíche na University of Toledo em Ohio, Estados Unidos, junto ao Professor Gregory J. Meyer, pesquisador e principal autor do R-PAS. Possui certificado de proficiência para administração e codificação do R-PAS. Atualmente é pesquisadora do R-PAS, e colaboradora no Grupo de Estudo, Aplicação e Pesquisa em Avaliação Psicológica – Geapap da UFRGS. Atua em consultório como psicóloga clínica no atendimento de pacientes e conduzindo processos psicodiagnósticos, além de ministrar cursos, grupos de estudos, palestras e oferecer supervisão em psicodiagnóstico e Rorschach (R-PAS). Elabora pareceres de laudos periciais.

Ariane C. Ramello Carvalho

É neuropsicóloga, formada em Psicologia pela PUC, doutoranda e mestre em Distúrbios do Desenvolvimento pela Universidade Presbiteriana Mackenzie (UPM). Atualmente é professora e supervisora no curso de Pós-graduação em Reabilitação Neuropsicológica do HC-FMUSP (Divisão de Neurologia do Hospital das Clínicas da Faculdade de Medicina da USP) e atua na área clínica há mais de 12 anos, trabalhando com avaliação e reabilitação neuropsicológica, com orientação e treinamento de pais, assim como terapeuta cognitivo-comportamental. Além disso, atua como pesquisadora do Grupo de Neuropsicologia Infantil da Universidade Presbiteriana Mackenzie. Tem ampla experiência nas seguintes áreas: neuropsicologia cognitiva, funções executivas, programas de intervenção, intervenção precoce e orientação de pais.

Beatriz Cancela Cattani

É graduada em Psicologia pela PUC-RS (2011), com especialização em Psicologia Clínica, ênfase em Avaliação Psicológica pela UFRGS (2014), mestrado (2016) e doutorado (2020) em Psicologia pela UFRGS, vinculada ao Grupo de Estudo, Aplicação e Pesquisa em Avaliação Psicológica (Geapap). É docente dos cursos de Psicologia e de Especialização em Avaliação Psicológica das Faculdades Integradas de Taquara (Faccat), também atuando como supervisora de estágios de graduação no serviço-escola da instituição (Cesep). É perita terceirizada em varas de família e juizados da infância e da juventude do Rio Grande do Sul e Santa Catarina. Atua em consultório particular com psicodiagnóstico, avaliações para fins jurídicos e psicoterapia de orientação psicanalítica.

Bruna Guimarães Marques

É psicóloga (UFRRJ), mestre em Psicologia (UFRRJ) e pesquisadora do Núcleo de Ações e Reflexões em Neuropsicologia do Desenvolvimento (Narn/UFRRJ). Atua como supervisora clínica na área de avaliação neuropsicológica e terapia cognitivo-comportamental.

Carmem Beatriz Neufeld

É livre-docente pela FFCLRP-USP, pós-doutora em Psicologia pela UFRJ, doutora e mestre em Psicologia pela PUC-RS. Coordena o Laboratório de Pesquisa e Intervenção Cognitivo-Comportamental – LaPICC-USP. É professora associada do Departamento de Psicologia da Faculdade de Filosofia, Ciências e Letras de Ribeirão Preto da Universidade de São Paulo. Presidente da Federação Latino-Americana de Psicoterapias Cognitivas e Comportamentais – Alapcco, além de bolsista produtividade do CNPq.

Carolina Rosa Campos

É professora-adjunta no curso de Psicologia da Universidade Federal do Triângulo Mineiro (UFTM), doutora em Psicologia como Profissão e Ciência pela Pontifícia Universidade Católica de Campinas, membro do GT Avaliação Psicológica em Psicologia Positiva e Criatividade na Anpepp. Atua principalmente com avaliação psicológica, habilidades cognitivas, pessoas com deficiência, educação e inclusão escolar.

Caroline Tozzi Reppold

Tem graduação, mestrado, doutorado e pós-doutorado em Psicologia pela UFRGS, pós-doutorado em Avaliação Psicológica pela Universidade São Francisco e pós-doutorado em Ciências da Educação pela Universidade do Minho/Portugal. Professora Associada III da Universidade Federal de Ciências da Saúde de Porto Alegre (UFCSPA). Coordena o Laboratório de Pesquisa em Avaliação Psicológica da UFCSPA, é membro do Conselho Deliberativo do Ibap e da ABP+ (Associação Brasileira de Psicologia Positiva), vice-coordenadora do GT Avaliação em Psicologia Positiva e Criatividade da Associação Nacional de Pesquisa e Pós-graduação em Psicologia (Anpepp). Integra a Comissão Consultiva de Avaliação Psicológica do Conselho Federal de Psicologia (Satepsi). É bolsista produtividade em pesquisa do CNPq. Atualmente, desenvolve pesquisas na área de Fundamentos e Medidas em Psicologia, relacionadas à construção e busca de evidências de validade de instrumentos de avaliação psicológica e neuropsicológica e à Psicologia Positiva.

Clarissa Marceli Trentini

É psicóloga (PUC-RS) especialista em Avaliação Psicológica (UFRGS), mestre em Psicologia Clínica (PUC-RS), doutora em Ciências Médicas: Psiquiatria (UFRGS). Atua como professora dos cursos de graduação e pós-graduação do Instituto de Psicologia da UFRGS. É bolsista produtividade em pesquisa do CNPq, nível 1C.

Claudia Hofheinz Giacomoni

É psicóloga pela Pontifícia Universidade Católica do Rio Grande do Sul, com mestrado e doutorado em Psicologia pela Universidade Federal do Rio Grande do Sul, com estágio sanduíche na Yale University. Atua como professora do Departamento de Psicologia do Desenvolvimento e da Personalidade e do Programa de Pós-Graduação em Psicologia da Universidade Federal do Rio Grande do Sul. Coordena o Nepp (Núcleo de Estudos em Psicologia Positiva), ligado à Universidade Federal do Rio Grande do Sul. É fundadora e membro da Associação Brasileira de Psicologia Positiva (ABP+) e membro do Instituto Brasileiro de Avaliação Psicológica (Ibap).

Daniela Sacramento Zanini

É psicóloga, doutora em Psicologia pela Universidade de Barcelona (Espanha). Atualmente é professora-adjunta II do curso de Psicologia e pós-graduação, mestrado e doutorado em Psicologia, da Pontifícia Universidade Católica de Goiás. É conselheira do Conselho Federal de Psicologia e coordenadora da Comissão Consultiva de Avaliação Psicológica (CCAP/Satepsi) (gestão 2017-2019). Membro da Comissão Consultiva de Avaliação Psicológica (CCAP/Satepsi) na gestão 2020-2023. Membro da diretoria do Instituto Brasileiro de Avaliação Psicológica-Ibap (2019-2021) e do GT Pesquisa em Avaliação Psicológica Positiva e Criatividade da Anpepp. Bolsista produtividade CNPq 2.

Daniela Valle Krieger

É psicóloga e mestre em Psicologia (UFRGS), perita criminal psicóloga no Departamento Médico-Legal do Instituto-Geral de Perícias do Rio Grande do Sul (IGP-RS).

E-mail: danikrieger@hotmail.com

Débora de Hollanda Souza

É Ph.D. em Psicologia do Desenvolvimento (The University of Texas at Austin), professora associada do Departamento de Psicologia da Universidade Federal de São Carlos, membro do Instituto Nacional de Ciência e Tecnologia sobre Comportamento, Cognição e Ensino (INCT-ECCE) e do Laboratório de Interação Social (LIS/UFSCar). Coordena o Grupo de Pesquisa sobre Desenvolvimento Sociocognitivo e da Linguagem (GPDeSoL).

Denise Balem Yates

É psicóloga, mestre, doutora em psicologia e especialista em neuropsicologia pela Universidade Federal do Rio Grande do Sul (UFRGS), especialista em Avaliação Psicológica pelo Conselho Federal de Psicologia, com estágios-sanduíche na Ludwig-Maximilians-Universität e University of Cambridge. Coordenadora do Centro de Avaliação Psicológica e do Programa de Orientação a Práticas Parentais (UFRGS).

Denise Ruschel Bandeira

É psicóloga graduada pela Pontifícia Universidade Católica do Rio Grande do Sul (PUC-RS) e Mestre e Doutora em Psicologia pela Universidade Federal do Rio Grande do Sul (UFRGS). Professora de graduação e pós-graduação do Instituto de Psicologia da UFRGS. Atualmente é diretora do Centro Interdisciplinar de Pesquisa e Atenção à Saúde da UFRGS. Tem experiência nas áreas de avaliação psicológica, com maior ênfase no desenvolvimento infantil. Coordenadora do Grupo de Pesquisa (GT) Avaliação e Intervenção no Desenvolvimento Infantil e Adolescente da Associação Nacional de Pesquisa e Pós-Graduação em Psicologia (Anpepp). É pesquisadora 1C do CNPq.

Emmy Uehara

É psicóloga (UFRJ), mestre e doutora em Psicologia Clínica (PUC-Rio), professora-adjunta do Departamento de Psicologia e do Programa de Pós-Graduação em Psicologia da Universidade Federal Rural do Rio de Janeiro (UFRRJ). Coordena o Núcleo de Ações e Reflexões em Neuropsicologia do Desenvolvimento (Narn/UFRRJ) e ST3M²-C/UFRRJ – Estudos Transdisciplinares sobre Empoderamento de Meninas e Mulheres na Ciência.

Érica Prates Krás Borges

Tem graduação em Psicologia pela Universidade Federal do Rio Grande do Sul (UFRGS). É mestranda pelo Programa de Pós-Graduação em Psicologia da Universidade Federal do Rio Grande do Sul (UFRGS) e integrante do Núcleo de Estudos em Neuropsicologia Cognitiva (Neurocog).

Ernesto Magallón-Neri

É professor do Departamento de Psicologia Clínica e Psicobiologia (Universidade de Barcelona), doutor em Psicologia Clínica e da Saúde, especialista em avaliação e diagnóstico infantojuvenil, em ambientes clínicos e comunitários e pesquisador do Instituto de Neurociências da Universidade de Barcelona. Publicou estudos sobre patologia da personalidade em adolescentes, transtornos alimentares, adicções e serviços de saúde mental. Atualmente, participa de estudos associados à vitimização na adolescência, avaliação ecológica momentânea, e saúde mental em pessoas com transtorno do espectro autista e em suas famílias.

Evandro de Morais Peixoto

É docente do Programa de Pós-Graduação Stricto Sensu em Psicologia da Universidade São Francisco USF. Tem pós-doutorado em Psicologia pela USF; doutorado em Psicologia como Profissão e Ciência pela Pontifícia Universidade Católica de Campinas, com estágio doutoral PDSE desenvolvido na Université du Québec à Trois-Rivières-QC Canadá. É mestre em Psicologia pela PUC-Campinas, graduado em Psicologia pela Universidade Presbiteriana Mackenzie. É membro do GT Avaliação Psicológica em Psicologia Positiva e Criatividade na Anpepp. Membro da Comissão de Avaliação Psicológica CFP.

Fabiano Koich Miguel

Tem graduação em Psicologia (2002) pela Universidade Presbiteriana Mackenzie, especialização em Psicologia do Trânsito (2003) pela Universidade Cruzeiro do Sul, mestrado (2006) e doutorado (2010) em Avaliação Psicológica pela Universidade São Francisco, com doutorado-sanduíche na Universidade de Évora (Portugal) e University of Toledo (Estados Unidos). Desenvolve pesquisas em inteligência emocional e construção de instrumentos informatizados. Atualmente é professor-adjunto da Universidade Federal de São Carlos (UFSCar), e foi pesquisador convidado na Università degli Studi di Torino (Itália) em 2015-2016 e na University of Toledo (Estados Unidos) em 2018. E-mail: fabiano@avalpsi.com.br

Fernanda Papa Buoso

É graduada em Psicologia pela Faculdade de Filosofia, Ciências e Letras de Ribeirão Preto da Universidade de São Paulo (2019).

Flávia Moreira Lima

É psicóloga (UCPel), mestre e doutora em Psiquiatria e Ciências do Comportamento pela UFRGS. Atua como psicóloga do Hospital de Clínicas de Porto Alegre, nas áreas de Saúde Mental da Infância e Adolescência – Internação Psiquiátrica e CAPSi. Preceptora da Residência Integrada Multiprofissional do HCPA – ênfase Saúde Mental.

Gabriella Koltermann

Tem graduação em Psicologia pela Universidade Federal de Santa Maria (UFSM). É mestre e doutoranda pelo Programa de Pós-Graduação em Psicologia da Universidade Federal do Rio Grande do Sul (UFRGS). Integra o Núcleo de Estudos em Neuropsicologia Cognitiva (Neurocog).

Giovanna Nunes Cauduro

É psicóloga pela Universidade Federal de Ciências da Saúde de Porto Alegre (UFCSPA), Mestre e Doutoranda pelo Programa de Pós-Graduação em Psicologia pela Universidade Federal do Rio Grande do Sul (PPGPsico/UFRGS) no Grupo de Estudos, Aplicação e Pesquisa em Avaliação Psicológica (Geapap). Supervisora no Programa de Orientação a Práticas Parentais (Propap/UFRGS). É psicóloga colaboradora no Núcleo de Estudos em Avaliação Psicológica e Psicoterapia Comportamental e Cognitivo-Comportamental (Napsicc/UFCSPA). Integrante de doutorado no grupo de trabalho de Avaliação e Intervenção no Desenvolvimento Infantil e Adolescente da Associação Nacional de

Pesquisa e Pós-Graduação em Psicologia (Anpepp). É membro da International Society for the Study of Behavioural Development (ISSBD). Suas áreas de interesse são: avaliação psicológica; desenvolvimento infantil; parentalidade; análise do comportamento; análise comportamental clínica.

Giulia Moreira Paiva

É psicóloga, mestranda em Neurociências no Instituto de Ciências Biológicas da UFMG.

Gustavo Kastien Tartaro

É psicólogo graduado e pós-graduado em Saúde e Clínica pelo Centro Universitário Fundação Hermínio Ometto FHO. Aluno em conclusão de mestrado em Psicologia pelo Programa de Pós-Graduação stricto sensu Universidade São Francisco (USF), com ênfase em Avaliação Psicológica em Saúde Mental.

Isabela Maria Freitas Ferreira

É psicóloga pela Universidade Federal do Triângulo Mineiro (UFTM), neuropsicóloga pelo Instituto de Pós-Graduação (IPOG), mestre e doutoranda pela Faculdade de Filosofia, Ciências e Letras de Ribeirão Preto da Universidade de São Paulo (FF-CLRP-USP); formada em Terapia de Esquemas; Integrante do Laboratório de Pesquisa e Intervenção Cognitivo-Comportamental da USP.

Izabel Hazin

É graduada em Psicologia pela Pontifícia Universidade Católica de São Paulo (1994), especialista em Neuropsicologia pela Universidade Federal de Pernambuco (2002), mestre (2000), doutora (2006) em Psicologia Cognitiva pela Universidade Federal de Pernambuco e Pós-Doutorado pela Universitè René Descartes – Paris V (2010). Atualmente é professora associada 4 do Departamento de Psicologia da Universidade Federal do Rio Grande do Norte. Coordena o Grupo de Pesquisa LAPEN (Laboratório de Pesquisa e Extensão em Neuropsicologia da UFRN). Coordenadora do Programa de Pós-Graduação em Psicologia da UFRN, presidente do Instituto Brasileiro de Neuropsicologia e Comportamento (IBNeC), vice-presidente da Sociedade Latino-Americana de Neuropsicologia (Slan), membro do XVIII Plenário (conselheira) do Conselho Federal de Psicologia, coordenadora da Comissão Consultiva de Avaliação Psicológica – CCAP (gestão 2020-2022), integrante do GT da Anpepp Neuropsicologia. Bolsista de Produtividade do CNPq – Nível 2.

Janaína Thaís Barbosa Pacheco

É psicóloga, com mestrado e doutorado em Psicologia pela Universidade Federal do Rio Grande do Sul. Realizou estágio de pós-doutorado (Bolsista PNPD/Capes) na Pontifícia Universidade Católica do Rio Grande do Sul. Docente do Curso de Psicologia da Universidade Federal de Ciências da Saúde de Porto Alegre (UFCSPA). Professora e orientadora do Programa de Pós-Graduação em Psicologia e Saúde da UFCSPA, Coordenadora do Núcleo de Pesquisa em Avaliação Psicológica e Intervenções Comportamentais (NaPsic) e da Liga Acadêmica de Psicologia Comportamental/UFCSPA. Psicoterapeuta e supervisora clínica. Atualmente, orienta e desenvolve projetos de pesquisa nas seguintes linhas de investigação: (1) psicopatologia desenvolvimental: fatores de risco e de proteção em adolescentes e adultos jovens (com ênfase em estudos sobre parentalidade e sobre o impacto da tecnologia e de mídias sociais); (2) desenvolvimento e avaliação de intervenções em psicoterapia comportamental; (3) adaptação de instrumentos de avaliação de construtos relacionados às psicoterapias comportamentais contextuais.

Jerusa Fumagalli de Salles

É fonoaudióloga pela Universidade Federal de Santa Maria (UFSM), mestre e doutora em Psicologia pela Universidade Federal do Rio Grande do Sul (UFRGS). Atua como professora do Departamento de Psicologia do Desenvolvimento e da Personalidade e do Programa de Pós-Graduação em Psicologia da Universidade Federal do Rio Grande do Sul. Coordenadora do Núcleo de Estudos em Neuropsicologia Cognitiva (Neurocog).

Joice Dickel Segabinazi

É psicóloga pela Universidade Federal de Santa Maria (UFSM), Especialista em Neuropsicologia (CFP), com mestrado e doutorado em Psicologia pela UFRGS, e pós-doutorado em Medicina: Ciências Médicas pela UFRGS; professora de cursos de Especialização em Avaliação Psicológica e Neuropsicologia; Professora-adjunta do Curso de Psicologia da PUC-RS; parecerista *ad hoc* do Sistema de Avaliação de Testes Psicológicos (Satepsi) e sócia-fundadora da Expertise – Avaliação e Formação em Psicologia.

Júlia Beatriz Lopes Silva

É psicóloga, mestre e doutora em Saúde da Criança e do Adolescente pela Faculdade de Medicina da UFMG. Professora-adjunta do Departamento de Psicologia e orientadora no Programa de Pós-Graduação em Psicologia: Cognição e Comportamento da UFMG. É pesquisadora do Laboratório de Neuropsicologia do Desenvolvimento (LND) da UFMG.

Juliana Maltoni

É psicóloga pela Faculdade de Filosofia, Ciências e Letras de Ribeirão Preto da Universidade de São Paulo (FFCLRP-USP); mestre em Ciências pelo Departamento de Psicologia da FFCLRP-USP; especialista em Terapia Cognitiva; formada em Terapia de Esquemas; integrante do Laboratório de Pesquisa e Intervenção Cognitivo-Comportamental da USP.

Juliana Nassau Fernandes

É mestre em Medicina Molecular e psicóloga pela Universidade Federal de Minas Gerais, com graduação sanduíche na University of Melbourne.

Atua em clínica multiprofissional com avaliação neuropsicológica, terapia cognitivo-comportamental e treinamento de pais. Ministra cursos, treinamentos e palestras a profissionais da saúde e da educação. É docente em cursos de graduação em Psicologia no Centro Universitário Una e na Faculdade Alis de Itabirito e de pós-graduação em diferentes instituições.

Juliana Unis Castan

É psicóloga (PUC-RS), mestre em Counseling and Personnel Services (University of Maryland, College Park, Estados Unidos) – reconhecido pela Universidade Federal do Rio Grande do Sul (UFRGS), especialista em Psicologia Hospitalar pelo Conselho Federal de Psicologia. Atua como psicóloga do Hospital de Clínicas de Porto Alegre, nas áreas de Saúde Mental – Internação Psiquiátrica, Caps, Programa de Identidade de Gênero – e Neurologia – Cirurgia da Epilepsia. É preceptora da Residência Integrada Multiprofissional do HCPA ênfase Saúde Mental.

Karina da Silva Oliveira

Atualmente, é professora do Curso de Psicologia da Universidade Federal de Minas Gerais, pós-doutoranda do Programa de Pós-Graduação Stricto Sensu em Psicologia da Universidade São Francisco (USF), doutora em Psicologia pela Pontifícia Universidade Católica de Campinas, membro do Avaliação Psicológica em Psicologia Positiva e Criatividade na Anpepp, docente do curso de Psicologia da Universidade Federal de Minas Gerais. Seus principais temas de investigação são: avaliação psicológica, resiliência, competências socioemocionais e criatividade.

Katya Luciane Oliveira

É psicóloga, mestre em Avaliação Psicológica pelo Programa de Pós-Graduação Stricto Sensu da Universidade São Francisco. Doutora em Psicologia, Desenvolvimento Humano e Educação pela Unicamp. Atua como professora associada do Programa de Pós-Graduação Stricto Sensu em Psicologia e do Programa de mestrado e doutorado em Educação da Universidade Estadual de Londrina. É bolsista produtividade nível 2 do CNPq. Coordena o Laboratório de Avaliação e Pesquisa Psicológica da UEL. É vice-coordenadora do Grupo de Pesquisa Anpepp. Integra a diretoria do Ibap (gestão 2019-2021). É conselheira federal coordenadora da Comissão Consultiva de Avaliação Psicológica – CCAP (gestão 2020-2022). E-mail: katyauel@gmail.com

Laura Nichele Foschiera

É graduada em psicologia pela Pontifícia Universidade Católica do Rio Grande do Sul (PUC-RS). Atualmente faz mestrado no Programa de Pós-Graduação em Psicologia da PUC-RS e integra o Grupo de Pesquisa Violência, Vulnerabilidade e Intervenções Clínicas (GPeVVIC). As suas temáticas de interesse são: desenvolvimento humano em situação de vulnerabilidade psicossocial, violência contra crianças e adolescentes, violência sexual e intervenção clínica.

Luciana Almeida Santos

É mestre em Psicologia: Programa de Pós-Graduação em Psicologia (PUC-Minas). Especialista em Clínica Psicanalítica (PUC-Minas), tem graduação em Psicologia pela UFMG. Atua como psicóloga hospitalar do Hospital João XXIII/FHEMIG. Membro da Abeps (Associação Brasileira de Estudos e Prevenção de Suicídio).

Luciene Oliveira Rocha Lopes

É mestranda do Programa de Pós-Graduação em Psicologia: Cognição e Comportamento (UFMG), especialista em Psicologia Hospitalar (Conselho Federal de Psicologia) e pós-graduada em Neuropsicologia (FUMEC). Atua como psicóloga hospitalar do Hospital João XXIII/FHEMIG. Membro da Abeps – Associação Brasileira de Estudos e Prevenção de Suicídio.

Lucila Moraes Cardoso

Tem graduação em Psicologia, mestrado e doutorado em Psicologia com área de concentração Avaliação Psicológica pela Universidade São Francisco. Atualmente é professora-adjunta do curso de Psicologia e do Programa de Pós-Graduação em Educação da Universidade Estadual do Ceará (UECE) e colaboradora no Programa de Pós-Graduação em Psicologia da Universidade Federal do Ceará (UFC). Coordenadora do Laboratório de Estudos e Práticas em Avaliação Psicológica (Leapsi) da UECE. Membro da diretoria da Associação Brasileira de Rorschach e Métodos Projetivos (ASBRo). Coordenadora do GT Métodos Projetivos nos Contextos da Avaliação Psicológica da Associação Nacional de Pesquisa e Pós-Graduação em Psicologia (Anpepp). Membro da Comissão Consultiva de Avaliação Psicológica do Conselho Federal de Psicologia (Satepsi). Bolsista Produtividade em Pesquisa do CNPq. Tem experiência na área de Psicologia, com ênfase em Fundamentos e Medidas da Psicologia, atuando principalmente com os Métodos Projetivos e avaliação de crianças.

Luísa Fernanda Habigzang

É graduada em Psicologia pela Universidade do Vale do Rio dos Sinos (Unisinos), mestre em Psicologia do Desenvolvimento pela Universidade Federal do Rio Grande do Sul (UFRGS) e doutora em Psicologia pela UFRGS. Realizou pós-doutorado em psicologia na UFRGS. É professora do Programa de Pós-Graduação em Psicologia da Pontifícia Universidade Católica do Rio Grande do Sul (PUC-RS), onde coordena o Grupo de Pesquisa Violência, Vulnerabilidade e Intervenções Clínicas (GPeVVIC). É pesquisadora bolsista produtividade CNPq nível 1D. As suas temáticas de interesse são: desenvolvimento humano em contextos de violência e vulnerabilidade; desenvolvimento e avaliação de programas psicossociais ou psicoterapêuticos para enfrentamento à violência; desenvolvimento e avaliação de programas de treinamento para profissionais que atuam com populações vulneráveis.

Luiziana Souto Schaefer

É psicóloga, mestre e doutora em Psicologia (PUC-RS), especialista em Psicologia Clínica e em Psicologia Jurídica (Conselho Federal de Psicologia – CFP) com pós-doutorado em Medicina Legal e Ciências Forenses (Universidade do Porto). Atua como perita criminal psicóloga no Departamento Médico-Legal do Instituto-Geral de Perícias do Rio Grande do Sul (IGP-RS). E-mail: luiziana.schaefer@gmail.com

Maíra Biajoni Guimarães

É psicóloga (UFRRJ), mestre em Psicologia (UFRRJ) e pesquisadora do Núcleo de Ações e Reflexões em Neuropsicologia do Desenvolvimento (Narn/UFRRJ). Atua como psicóloga clínica na área de Avaliação Neuropsicológica, Reabilitação Cognitiva e Psicoterapia e como psicóloga no Centro de Referência em Assistência Social (Cras) do município de Barra Mansa, RJ.

Makilim Nunes Baptista

Tem mestrado em Psicologia pela Pontifícia Universidade Católica de Campinas (1997) e doutorado pelo departamento de Psiquiatria e Psicologia Médica da Universidade Federal de São Paulo (2001). Atualmente é docente do Programa de Pós-Graduação Stricto-Sensu em Psicologia da Universidade São Francisco – Campinas; bolsista produtividade pelo CNPq; coordenador do Laboratório de Avaliação Psicológica em Saúde Mental (Lapsam-III) do Programa de Pós-Graduação Stricto-Sensu em Psicologia da Universidade São Francisco; presidente do Ibap; Membro do Grupo de Trabalho de Família da União Latino-Americana de Entidades de Psicologia (Ulapsi); membro da Red Mundial Suicidologos. Tem experiência na área de Psicologia, com ênfase em avaliação psicológica, tratamento e prevenção psicológica, atuando principalmente nos seguintes temas: depressão, suporte familiar, suicídio, adolescentes e estresse.

Marcela Mansur-Alves

É psicóloga, doutora em Neurociências. Atua como professora-adjunta do Departamento de Psicologia da Universidade Federal de Minas Gerais, orientadora no mestrado e no doutorado do Programa de Pós-Graduação em Psicologia: Cognição e Comportamento (UFMG). Também coordena o Laboratório de Avaliação e Intervenção na Saúde (Lavis/UFMG) e integra a diretoria do Ibap, gestões 2017-2019 e 2019-2021. E-mail: marmansura@gmail.com

Maria Forns i Santacana

É catedrática de Avaliação Psicológica (Universidade de Barcelona, Espanha) com vasta experiência docente no Departamento de Personalidade, Avaliação e Tratamentos Psicológicos (1991-2014). É doutora em Psicologia, especialista em psicologia clínica, em psicopedagogia e orientação escolar. Atua como pesquisadora principal em vários projetos de pesquisa. Tem publicações nas áreas de habilidades de comunicação referencial, linguagem privada e social em crianças, bilinguismo, e avaliação de programas educacionais. Mais recentemente, publicou pesquisas sobre dimensionalidade e especificidade das estratégias de enfrentamento, vitimização, perfis de risco psicopatológico e resiliência em adolescentes. Autora de inúmeras publicações em várias revistas internacionais.

Marina de Pol Poniwas

É graduada em Psicologia pela Pontifícia Universidade Católica do Paraná (2008), com especialização em Terapia Comportamental e Cognitiva pela Universidade de São Paulo (2009), em Psicologia Jurídica pela Pontifícia Universidade Católica do Paraná (2012). Atuou como psicóloga do Suas trabalhando no Centro de Referência Especializado da Assistência Social (Creas). Foi gerente da proteção social especial e coordenadora da proteção social especial de média complexidade no município de Curitiba. Desde 2014, atua como analista judiciária psicóloga no Tribunal de Justiça do Paraná, nas matérias de Infância e Juventude, Família e Juizado Especial Criminal. Integrou a Comissão Nacional de Direitos Humanos do Conselho Federal de Psicologia (Gestão 2017-2019). Atualmente é conselheira do Conselho Federal de Psicologia (Gestão 2019-2022).

Marina Rezende Bazon

É professora associada do Departamento de Psicologia da Faculdade de Filosofia, Ciências e Letras de Ribeirão Preto da Universidade de São Paulo. É graduada em Psicologia pela Universidade de São Paulo (1991), tem mestrado em Science – Psychoéducation pela Université de Montreal (1995) e doutorado em Psicologia pela Universidade de São Paulo (1999). Coordena o Grupo de Estudos e Pesquisa em Desenvolvimento e Intervenção Psicossocial (GEPDIP). É membro associado pleno da Sociedade Brasileira de Psicologia; membro fundador da Associação de Criminologia de Língua Portuguesa; membro diretor da International Society for Criminology.

Marina Souto Lopes Bezerra de Castro

É psicóloga clínica e jurídica no Núcleo de Atendimento e Formação em Psicologia, na cidade de São Carlos, onde cursou a graduação em Psicologia, finalizada em 2003. Mestre e doutora em Filosofia pela mesma Universidade (UFSCar), realizou pós-doutorado junto ao Laboratório de Análise e Prevenção da Violência (Laprev – UFSCar) sob supervisão da Professora Lúcia C. A. Williams, com o tema da alienação parental. Trabalhou como psicóloga judiciária pelo Tribunal de Justiça do Estado de São Paulo de 2010 a 2016.

Maycoln Leôni Martins Teodoro

É professor associado do Departamento de Psicologia e do Programa de Pós-Graduação em Psicologia: Cognição e Comportamento (UFMG); coordenador do Laboratório de Processos Cognitivos (LabCog) e bolsista produtividade 1D (CNPq).

Monalisa Muniz

É psicóloga, mestre e doutora em Psicologia, com ênfase em Avaliação Psicológica, pela Universidade São Francisco. Atualmente é professora do Departamento de Psicologia da Universidade Federal de São Carlos (UFSCar) atuando na graduação e na pós-graduação em Psicologia (PPGPsi). É pesquisadora do Laboratório de Desenvolvimento Humano e Cognição (Ladheco). Líder do Grupo de Pesquisa "Inteligência Emocional" certificado pelo CNPq. Integra a diretoria do Instituto Brasileiro de Avaliação Psicológica (Ibap) (2009-2011; 2011-2013; 2013-2015; 2015-2017; 2017-2019/presidente; 2019-2021) e do GT Pesquisa em Avaliação Psicológica da Anpepp. Conselheira titular do Conselho Regional de Psicologia da região 6-SP, na gestão 2016-2019. Membro da Comissão Consultiva de Avaliação Psicológica (CCAP/Satepsi) na gestão 2020-2023.

Mônia Aparecida da Silva

É psicóloga, doutora e pós-doutora em Psicologia pela Universidade Federal do Rio Grande do Sul. Professora-adjunta do Departamento de Psicologia e do Programa de Pós-Graduação em Psicologia da Universidade Federal de São João Del-Rei (UFSJ). Membro associado do Instituto Brasileiro de Avaliação Psicológica (Ibap) e do Grupo de Pesquisa (GT) Avaliação e Intervenção no Desenvolvimento Infantil e Adolescente da Associação Nacional de Pesquisa e Pós-Graduação em Psicologia (Anpepp). Suas principais áreas de pesquisa são desenvolvimento infantil e avaliação psicológica.

Natália Benincasa Velludo

É psicóloga, mestre em Psicologia pela Universidade Federal de São Carlos (UFSCar) e doutoranda no Programa de Pós-Graduação em Psicologia (PPGPsi/UFSCar). Integra o Laboratório de Interação Social (LIS/UFSCar) e o Grupo de Pesquisa sobre Desenvolvimento Sociocognitivo e da Linguagem (GPDeSoL).

Patricia Emi de Souza

É psicóloga, mestranda em Psicologia pelo Programa de Pós-Graduação Stricto Sensu da Universidade Estadual de Londrina. É especialista em Neuropsicologia e Terapia Cognitiva e Psicóloga Especialista em Psicologia do Trânsito, com vínculo ao Detran-PR, atuando como presidenta de Junta Administrativa de Recursos contra Exames Médicos e Psicológicos (JUMP DETRAN). Atualmente é colaboradora da Comissão de Avaliação Psicológica do Conselho Regional de Psicologia 8ª região. E-mail: patriciaemi@hotmail.com

Patrícia Waltz Schelini

É graduada em Psicologia pela Pontifícia Universidade Católica de Campinas; tem mestrado em Psicologia pela Pontifícia Universidade Católica de Campinas (bolsista CNPq), doutorado em Psicologia pela mesma Universidade (bolsista Fapesp), pós-doutorado pela Universidade do Minho (Portugal), sob a orientação do Prof. Dr. Leandro da Silva Almeida. Atualmente é professora associada 4 do Departamento de Psicologia da Universidade Federal de São Carlos, onde ministra aulas na graduação e na pós-graduação e desenvolve estudos sobre a inteligência/cognição, metacognição e pensamento imaginativo. É bolsista produtividade do CNPq e coordenadora do Grupo de Trabalho "Pesquisa em Avaliação Psicológica" da Anpepp. E-mail: patriciaws01@gmail.com

Pedro Saulo Rocha Martins

É psicólogo e mestrando em Psicologia, Cognição e Comportamento pela Universidade Federal de Minas Gerais. Membro do Laboratório de Avaliação e Intervenção na Saúde (Lavis/UFMG).

Priscila Ferreira de Carvalho Kanamota

É professora do Departamento de Psicologia da Universidade Federal do Mato Grosso do Sul (UFMS – Paranaíba), graduada em Psicologia pela Universidade Federal de Londrina (2004); tem especialização em Análise do Comportamento Aplicada (2007), em Terapia Comportamental (2018); tem mestrado em Psicologia do Desenvolvimento e Aprendizagem pela Universidade Estadual Paulista (2013). Participa do Grupo de Pesquisa CNPq Redetac – Rede de colaboração interinstitucional para a pesquisa e o desenvolvimento das terapias analítico-comportamentais (Coord. Prof. Dr. Denis Zamignani).

Priscila Lawrenz

É graduada em Psicologia pela Universidade do Vale do Rio dos Sinos (Unisinos) e mestre em Psicologia pela Pontifícia Universidade Católica do Rio Grande do Sul (PUC-RS). Atualmente realiza doutorado no Programa de Pós-Graduação em Psicologia da PUCRS e integra o Grupo de Pesquisa Violência, Vulnerabilidade e Intervenções Clínicas (GPeVVIC). As suas temáticas de interesse são: desenvolvimento humano; violência; maus-tratos contra crianças e adolescentes; estresse de minoria; orientação sexual; gênero; intervenções com pais e cuidadores.

Rachel de Faria Brino

É professora associada do Departamento de Psicologia, com mestrado e doutorado em Educação Especial e graduação em Psicologia pela UFSCar. Pesquisadora do Laboratório de Análise e Prevenção de Violência (Laprev – UFSCar). Atua, principalmente, em projetos de pesquisa voltados a prevenção e combate da violência intrafamiliar e escolar. Atua também no Projeto de Extensão Fênix (Unidade Saúde Escola – UFSCar), com equipe interdisciplinar no atendimento a vítimas de violência sexual.

Ricardo Franco de Lima

É formado em Psicologia pela Universidade São Francisco, especialista em Neuropsicologia (Conselho Federal de Psicologia), mestre e doutor em

Ciências Médicas (Faculdade de Ciências Médicas da Universidade Estadual de Campinas, FCM/Unicamp) com aprimoramento em Psicologia Clínica em Neurologia Infantil pela mesma universidade. É docente do curso de Psicologia da Universidade São Francisco, coordena o Núcleo Campinas da Associação Brasileira de Neurologia, Psiquiatria Infantil e Profissões Afins (Abenepi). Foi presidente do Capítulo Paulista na gestão 2017-2019; do Centro de Investigação da Atenção e Aprendizagem (Ciapre) na gestão 2016-2019.

Ricardo Moura

É psicólogo, mestre em Saúde da Criança e do Adolescente pela Faculdade de Medicina da UFMG, e doutor em Neurociências pela mesma instituição. Atua como professor-adjunto do Departamento de Processos Psicológicos Básicos do Instituto de Psicologia da UnB.

Roberta Noronha Azevedo

É graduada em Psicologia pela Faculdade de Filosofia, Ciências e Letras de Ribeirão Preto da Universidade de São Paulo (2000-2004); especialista (pós-graduação *lato sensu*) em sexualidade humana pela Faculdade de Medicina da Universidade de São Paulo (2007-2009); mestre em Psicologia, na área de concentração "Saúde e Desenvolvimento", pela Faculdade de Filosofia, Ciências e Letras da Universidade de São Paulo (2014-2017), trabalhando com a temática dos maus-tratos infantis, especificamente a punição corporal e o abuso físico contra crianças e adolescentes. Atua no contexto social-comunitário trabalhando com situações de violação de direitos humanos em um Centro de Referência Especializado de Assistência Social e em consultório psicológico.

Sabrina Mazo D'Affonseca

É professora-adjunta do Departamento de Psicologia e do Programa de Pós-Graduação em Psicologia da Universidade Federal de São Carlos (UFSCar). Possui pós-doutorado em Educação Especial e em Psicologia, mestrado em Educação Especial e graduação em Psicologia pela UFSCar. É pesquisadora do Laboratório de Análise e Prevenção de Violência (Laprev – UFSCar). Atua, principalmente, no âmbito de prevenção de violência e intervenção psicoterapêutica com mulheres, adolescentes e crianças.

Sérgio Eduardo Silva de Oliveira

É psicólogo, doutor em Psicologia pela Universidade Federal do Rio Grande do Sul (UFRGS), com estágio de doutoramento na University of Minnesota, Estados Unidos. Possui os títulos de mestre em Psicologia (UFRGS) e de especialista em Avaliação Psicológica (UFRGS). É professor-adjunto do Departamento de Psicologia Clínica e do Programa de Pós-Graduação em Psicologia Clínica e Cultura da Universidade de Brasília (UnB). Coordena o projeto de extensão intitulado Serviço de Avaliação Psicológica (SAPsi) e o Núcleo de Estudos em Avaliação Psicológica Clínica (Neapsic) na UnB. É membro associado do Instituto Brasileiro de Avaliação Psicológica (Ibap) e do Grupo de Pesquisa (GT) Avaliação Psicológica e Psicopatologia da Associação Nacional de Pesquisa e Pós-Graduação em Psicologia (Anpepp).

Tatiana Pontrelli Mecca

É psicóloga, mestre, doutora, com pós-doutorado em Distúrbios do Desenvolvimento pela Universidade Presbiteriana Mackenzie (UPM); docente do Departamento de Saúde Mental da Faculdade de Ciências Médicas da Santa Casa de São Paulo (FCMSCSP), dos cursos de Pós-Graduação em Neurociência Aplicada à Educação e Aprendizagem e Psicopedagogia da UPM, do curso de Neuropsicologia do Centro de Estudos de Neurologia Prof. Dr. Antônio Branco Lefèvre, vinculado à Divisão de Clínica Neurológica do Instituto Central do Hospital das Clínicas da Faculdade de Medicina da Universidade de São Paulo (FMUSP). Coordena o Grupo de Investigação em Neuropsicologia e Desenvolvimento Infantil (Gindi) na FCMSCSP, além de atuar como psicóloga no Instituto de Neuropsicologia e Desenvolvimento Humano.

Tatiele Jacques Bossi

É psicóloga, doutora e pós-doutora em Psicologia pela Universidade Federal do Rio Grande do Sul (UFRGS), pesquisadora associada do Núcleo de Infância e Família (Nudif – UFRGS) e do Grupo de Pesquisa (GT) Parentalidade e Desenvolvimento Infantil em Diferentes Contextos da Associação Nacional de Pesquisa e Pós-Graduação em Psicologia (Anpepp). Suas principais áreas de pesquisa são desenvolvimento infantil e psicologia educacional.

Coleção Avaliação Psicológica

– *Avaliação Psicológica – Aspectos teóricos e práticos*
Manuela Lins e Juliane Callegaro Borsa (orgs.)

– *Compêndio de Avaliação Psicológica*
Makilim Nunes Baptista, Monalisa Muniz et al.

– *Avaliação Psicológica – Guia para a prática profissional*
Katya Luciane de Oliveira, Patrícia Waltz Schelini e Sabrina Martins Barroso (orgs.)

– *Formação e estratégias de ensino em Avaliação Psicológica*
Katya Luciane Oliveira, Monalisa Muniz, Thatiana Helena de Lima, Daniela S. Zanini e Acácia Aparecida Angeli dos Santos (orgs.).

– *Avaliação psicológica na infância e adolescência*
Marcela Mansur-Alves, Monalisa Muniz, Daniela Sacramento Zanini, Makilim Nunes Baptista (orgs.)

CULTURAL
- Administração
- Antropologia
- Biografias
- Comunicação
- Dinâmicas e Jogos
- Ecologia e Meio Ambiente
- Educação e Pedagogia
- Filosofia
- História
- Letras e Literatura
- Obras de referência
- Política
- Psicologia
- Saúde e Nutrição
- Serviço Social e Trabalho

CATEQUÉTICO PASTORAL
Catequese
- Geral
- Crisma
- Primeira Eucaristia

Pastoral
- Geral
- Sacramental
- Familiar
- Social
- Ensino Religioso Escolar

TEOLÓGICO ESPIRITUAL
- Biografias
- Devocionários
- Espiritualidade e Mística
- Espiritualidade Mariana
- Franciscanismo
- Autoconhecimento
- Liturgia
- Obras de referência
- Sagrada Escritura e Livros

Teologia
- Bíblica
- Histórica
- Prática
- Sistemática

VOZES NOBILIS
Uma linha editorial especial, com importantes autores, alto valor agregado e qualidade superior.

REVISTAS
- Concilium
- Estudos Bíblicos
- Grande Sinal
- REB (Revista Eclesiástica Brasileira)

PRODUTOS SAZONAIS
- Folhinha do Sagrado Coração de Jesus
- Calendário de mesa do Sagrado Coração de Jesus
- Agenda do Sagrado Coração de Jesus
- Almanaque Santo Antônio
- Agendinha
- Diário Vozes
- Meditações para o dia a dia
- Encontro diário com Deus
- Guia Litúrgico

VOZES DE BOLSO
Obras clássicas de Ciências Humanas em formato de bolso.

CADASTRE-SE
www.vozes.com.br

EDITORA VOZES LTDA.
Rua Frei Luís, 100 – Centro – Cep 25689-900 – Petrópolis, RJ
Tel.: (24) 2233-9000 – Fax: (24) 2231-4676 – E-mail: vendas@vozes.com.br

UNIDADES NO BRASIL: Belo Horizonte, MG – Brasília, DF – Campinas, SP – Cuiabá, MT
Curitiba, PR – Fortaleza, CE – Goiânia, GO – Juiz de Fora, MG
Manaus, AM – Petrópolis, RJ – Porto Alegre, RS – Recife, PE – Rio de Janeiro, RJ
Salvador, BA – São Paulo, SP